# 노 동 법

[제 18 판]

이 상 윤 저

法 文 社

자식사랑으로 평생을 바치신 부모님께
이 책을 바칩니다.

# 제18판을 내면서

이번 개정판은 최근에 개정된 노동 법률과 새로이 나온 대법원 판례를 충실히 반영하였다. 노동조합법과 근로기준법은 크게 개정된 것이 없으나, 남녀고용평등법, 산업재해보상보험법 및 고용보험법 등은 중요 부분이 상당 부분 개정되었다. 또한 대법원 판례도 전원합의체 판결을 통하여 취업규칙의 효력 및 쟁의행위시 조합원의 불법행위로 인한 손해배상 산정 등에 관하여 중요한 판례가 많이 나왔다. 개정판은 이러한 법령과 판례의 새로운 법규정과 이론을 충실히 반영하되 미흡하다고 판단되는 부분에 대하여는 신랄한 비판을 제기하였다.

18차례의 교과서를 집필하면서 일본 노동법 이론을 무비판적으로 답습하던 과거의 노동법 분야의 관행을 우리나라의 고유한 법현실에 부합되게 고쳐나가는 과정에서 새로운 이론을 제시하고 법체계를 정립하였다는 점에서 커다란 자부심을 느끼게 되었다. 물론 법원의 좋은 판례와 선후배, 동료들의 넓고 깊은 이론들, 그리고 독자들의 성원과 질타가 없었더라면 이러한 일은 불가능 하였을 것이라 생각된다.

부디 이 교과서가 노동법을 공부하는 학자와 실무가들에게 많은 도움이 되었으면 더 이상 바랄 것이 없겠고, 미흡한 점은 따가운 질책을 하여 주셔서 좀 더 원숙하고 깊이있는 교과서가 될 수 있도록 많은 격려를 부탁드리는 바이다.

2024년 1월 15일
용산 자택에서

이　상　윤

# 제17판을 내면서

　　이번 개정판은 새로이 개정된 노동 법률과 대법원 판례 등을 반영하였다. 무엇보다도 ILO 협약을 반영하여 노동조합법이 대폭 손질되었고, 노동의 유연성 확보 및 근로자의 권익 향상을 위하여 근로기준법상의 근로시간에 관한 규정이 많이 개정되었다. 또한 대법원 판례 역시 복잡하고 다양한 노사관계를 반영하여 법령의 개정에 비견되는 중요한 판례들이 대두되고 있다. 이러한 노동법 및 판례의 발전은 과거 일본 노동법을 그대로 답습하여 왔던 노동법계에서 탈피하여 우리나라 고유의 노동법령을 정착화하기 위한 커다란 발전이라고 본다.

　　금번 개정판에서는 새로운 노동 법령과 대법원 판례들을 충실히 반영하고 이에 사견을 첨부하였으며 우리나라 법령 및 노사 현장에 부적절함에도 불구하고 무분별하게 학계에서 다수설로 통용되고 있는 일본 학설을 비판하는 데 주안점을 두었다. 부디 독자들의 학문연구 및 실무해결에 조금이나마 도움이 되었으면 하는 바람이다.

2021년 1월 20일
연세대학교 연구실에서


이　상　윤

# 제16판을 내면서

이번 개정판은 새로운 노동법령 개정내용과 새로운 판례를 반영하였다. 근로시간 단축과 최저임금 인상이라는 정책적 과제를 해결하고자 근로기준법과 최저임금법이 대폭 개정되었으므로 관련 내용을 분석하고 판례를 소개하였다. 사용종속관계에 관한 대법원 판례가 새로운 견해를 제시하고 있는 바, 한편으로는 노동법의 새로운 시각을 던져주는 반면에 다른 한편으로는 논리적인 비약이 있어 이에 대한 비판을 제기하였다. 또한, 최근 이슈가 되고 있는 특수고용근로자에 관한 법리를 검토하였다. 무엇보다도 독자들의 요청에 따라 교과서를 전부 한글화하여 한글세대 독자들이 읽기 쉬운 교과서를 만들고자 노력하였다.

금번 개정판이 독자들의 학문연구 및 실무해결에 커다란 도움이 되었으면 하는 바람이다.

2018년 12월 25일
연세대학교 연구실에서

이 상 윤

# 제15판을 내면서

　최근 노동법분야의 새로운 판례들이 계속 나오고 있고, 법이론 및 실무분야에서도 기존에 볼 수 없었던 참신한 이론들이 대두되고 있다. 산별노조 지부의 조직변경 및 사이닝 계약 등이 대표적 사례이다. 특히 산별노조 지부의 조직변경 문제는 단순히 지부에 국한된 문제가 아니라 노동자단체간의 갈등 및 사용자개념의 확장문제를 포함하는 복잡하고도 새로운 문제점을 담고 있어 그 시사하는 바가 무척 크다고 할 것이다. 특히 노노갈등은 사용자만을 부당노동행위의 주체로 삼고 있던 종전의 노동법적 체계에서 벗어나 근로자측에 의한 근로자의 근로삼권 침해행위를 부당노동행위로 포함시키는 새로운 패러다임의 구축이 시급하다고 본다. 법률 개정분야에서는 최근 민감한 정치사안으로 인하여 국회에 계류되어 있는 많은 법률들이 개정절차를 밟지 못하고 있는 실정이다.

　금번 개정판은 상기 새로운 분야의 판례 및 이론을 충실히 반영하여 독자에게 필요한 교과서를 만들고자 노력하였다. 금번 개정판이 독자들의 학문연구 및 실무해결에 커다란 도움이 되었으면 하는 바람이다.

2017년 2월 25일
연세대학교 연구실에서

이　상　윤

# 제14판을 내면서

　금년에도 노동관계 법령의 일부가 개정되고 새로운 대법원 판례가 대두되었다. 금번 개정판은 이러한 노동관계 법령 및 판례의 바뀐 부분을 충분히 반영하여 충실한 교과서를 만들고자 노력하였다.

　그동안 많은 개선 노력이 있었지만 아직도 국내 주요 노동법 학설의 상당 부분이 검증되지 아니한 일본 학설을 그대로 베껴서 주장되고 있는 실정이다. 일본의 노동법체계는 과거에는 우리나라와 상당히 유사하여 일본 이론을 그대로 베껴써도 외형상 문제가 없었으나, 현재는 우리나라 노동법과 일본은 법령 내용도 상당히 다르며, 또한 일본 노동법 이론은 글로벌 스탠다드 및 노사현실에도 부합되지 않는 극좌파 이론들이 많고 학문적 검증과정도 거치지 아니한 극단적 주장에 불과한 것도 많은 실정이다. 다행히 최근의 대법원 판례가 이를 극복하고 글로벌 스탠다드에 부합되는 합리적인 판결을 내놓고 있다. 이는 국내 노동법 학계의 흐름을 일본 종속일변도에서 벗어나 탈일본화를 꾀하는 자신감의 발로라 볼 수 있으며 건전한 노사관계의 정착에 크게 기여하고 있다.

　본 교과서는 이러한 대법원 판결을 충실히 반영하고 있으며, 또한 대법원 판결의 새로운 흐름에 크게 기여하여 왔다고 자부하고 있다. 금번 개정판이 독자들의 학문적 연구는 물론 실무적 운용에 커다란 도움이 되기를 기원하는 바이다.

2014년 12월 12일
연세대학교 연구실에서


이　상　윤

# 제13전면개정판을 내면서

   이번에 독자들의 꾸준한 성원에 힘입어 전면개정판을 출간하게 되어 무척 감사하고 기쁘게 생각합니다.

   금번 개정판은 우선 새로운 제·개정 법률 및 대법원 판례를 반영하였고, 그 과정에서 기존의 「노사관계법」이라는 용어를 대법원 판례에서 사용하는 용어인 「노동조합법」으로 바꾸었습니다. 또한 직접고용 및 간접고용의 개념 도입, 연봉제의 추가설명, 외국인근로자에 대한 개념 설명 및 근로시간 면제제도의 보완 등을 통하여 교과서를 새로이 단장하였습니다.

   제 교과서에 수록된 상당수의 이론은 우리나라의 학설상으로는 소수설에 속하지만 거시적으로 볼 때에는 세계의 글로벌 스탠다드에 부합되고 우리나라의 현행 대법원 판례의 형성에도 많은 영향을 미쳐서 제 이론과 대법원 판례는 거의 일치한다는 자부심을 갖고 있습니다.

   우리 노동법을 공부하시는 분들께 조금이나마 도움이 되었으면 하는 간절한 바람입니다.

2013년 1월 10일
연세대학교 법학전문대학원 연구실에서


이 상 윤

# 제6판을 내면서

노동조합법(1996년) 및 노동법(1997년)을 출간한 지 벌써 15년이 경과하였다. 그동안 독자들의 성원에 힘입어 꾸준히 개정판을 출간하게 되어 감사한 마음 그지 없고 반면에 더 좋은 책을 써서 보답하여야겠다는 책임감에 저자의 어깨 또한 더욱 무거워지는 심정이다.

본 교과서에 실린 저자의 주요 학설 중 일부는 우리나라에서는 소수설로 분류되고 있으나, 전 세계 주요 선진국의 관점에서는 글로벌 스탠다드에 부합되는 다수설이라고 자부하고 있다. 본 교과서가 출간된 이래 본 교과서에 실린 새로운 학설 및 견해는 우리나라의 대법원 판례 및 정부의 정책결정에 많은 영향을 끼친 바 있으며, 또한 저자 역시 대법원 판례 및 정부의 정책으로부터 많은 점을 배워 교과서에 반영한 바 있다. 본 교과서에 실린 주요 학설 및 견해는 학설상 소수설로 분류되는 것도 있지만, 대부분의 대법원 판례와 정부의 정책결정 방향과 일치하고 있음을 밝히는 바이다.

금번 개정판은 주요 판례 및 법 개정 내용을 반영하고, 일부 내용을 조금 가다듬었다. 부디 독자들에게 커다란 도움이 되었으면 하고 기원할 뿐이다.

2010년 12월 6일
연세대학교 법과대학 연구실에서

이 상 윤

# 제5판을 내면서

최근 10년간을 유예하여 오던 복수노조금지 조항 및 노조전임 임금금지 문제가 「노동조합 및 노동관계조정법」이 개정됨으로써 전격적으로 시행하게 되었다. 이에 따라 관련 법규정을 검토하고 반영하였다. 또한, 그동안의 새로운 판례 및 학설, 개정된 법령 등을 수록하였다.

부디 노동법을 공부하는 분들께 조금이나마 도움이 되었으면 하고 간절히 바라는 바이다.

2010년 1월 7일
연세대학교 법학전문대학원 연구실에서

이 상 윤

## 제4판을 내면서

최근 근로기준법·최저임금법·남녀고용평등법 및 근로자참여및협력증진에관한법률 등이 일부 개정되었다. 따라서 이를 반영하고, 또한 새로이 나온 대법원 판례를 수록하였다.

부디 노동법을 공부하는 분들께 조금이나마 도움이 되었으면 하고 간절히 바라는 바이다.

2008년 8월 10일
연세대학교 법과대학 연구실에서

이 상 윤


## 제3판을 내면서

최근 근로기준법이 3차에 걸쳐 새로이 개정되었다. 비록 내용에 커다란 변화는 없었지만 전면에 걸친 조문정리 및 자구수정으로 인하여 독자들이 기존의 교과서를 그대로 보기에 상당히 불편함을 겪은 바 있다. 따라서 이를 반영하고 또한 새로이 나온 대법원 판례를 수록하였다.

부디 노동법을 공부하는 분들께 조금이나마 도움이 되었으면 하고 간절히 바라는 바이다.

2007년 8월 10일
연세대학교 법과대학 연구실에서

이 상 윤

# 제2판을 내면서

　　최근 비정규직근로자의 보호를 위하여 「기간제및단시간근로자보호등에관한법률」이 제정되고, 「파견근로자보호등에관한법률」이 개정되었다. 또한, 노동법의 선진화를 위하여 「근로기준법」, 「노동조합및노동관계조정법」 및 「근로자참여및협력증진에관한법률」이 대폭 개정되었다.

　　금번 제2판에서는 최근 제·개정된 노동관계 법령 및 주요 판례들을 반영하였고, 새로운 학설 등을 참조하여 기존 교과서를 보완하였다.

　　부디 노동법을 공부하는 분들께 조금이나마 도움이 되었으면 하고 간절히 바라는 바이다.

2007년 1월 30일

연세대학교 법과대학 연구실에서

이　상　윤

# 수정판을 내면서

　　최근 근로기준법과 노동조합및노동관계조정법 등이 개정되는 등 관련 법령이 제·개정되었고 새롭고 중요한 판례들이 많이 나왔다. 또한 주요한 학설 등을 제시하고 있는 새로운 교과서들이 다수 출간되었다. 따라서, 금번 수정판에서는 이러한 제·개정 법률, 판례 및 새로운 교과서 등을 보완·반영하여 내용을 정확하고 풍요롭게 하였다.

　　부디 노동법을 공부하는 분들에게 조금이나마 도움이 되었으면 하고 간절히 바라는 바이다.

2006년 6월 22일

연세대학교 법과대학 연구실에서

이　상　윤

# 머 리 말(신판)


　　1950년대 우리나라에 노동법이 처음 도입된 이래, 노동법분야는 훌륭하신 스승님과 선배들의 노력에 힘입어 눈부신 질적·양적 발전을 거듭하여 왔다.

　　이 책은 이러한 우리나라 노동법의 발전과 스승님·선배님들의 노고에 조금이라도 보답하고 기여하자는 마음에서 쓰여졌다. 하지만 오히려 누가 될까봐 두려운 마음이 앞서며, 앞으로 모자라고 부족한 부분에 대하여는 기탄 없는 질타를 주시길 바라는 바이다.

　　이 책은 내용과 형식면에서 다음과 같은 측면에 중점을 두었다.

　　우선 노동법이론과 노사현실의 괴리를 극복하고, 이를 일치시키고자 노력하였다. 나아가 우리나라 노사현실에 부합되는 노동법이론의 정립에 노력하였다. 이 과정에서 외국노동법이론을 우리나라의 노동법체계 및 노사현실에 부합되도록 제한적으로 수용·소개하여 우리나라의 노동법이론 정립에 필요한 자료로서 참고하였다.

　　우리나라에 소개된 외국이론 중에서 독일의 경우, 일부 특별법 이외에는 노동법에 관한 기본법령도 갖추고 있지 못하거니와, 노동조합은 산업별 노조를 중심으로 하여 기업 내의 노사관계에 직접 간여하지 못하는 것을 전제로 하여 이론이 전개되고 있으므로 기업별 노조를 중심으로 하는 우리나라의 노사현실에 부합되지 아니한다. 일본의 이론은 우리나라와 일본의 노동법 내용이 거의 유사하여 우리나라에 가장 많이 소개되고 주요 학설로서 채택·수용되고 있으나, 일본에서조차 노사현실과 괴리된다는 것을 이유로 비판되고 있는 일본이론을 노사현실을 달리 하고 있는 우리나라에서 무비판적으로 보편적 학설로서 받아들이는 것은 타당하지 아니하다고 본다. 노동법은 정치·경제·사회·문화 등 모든 분야에 걸쳐 한 국가의 민족성과 역사가 반영된 법이다. 일본노동법이론의 수용은 우리나라의 민족성을 점차 일본화시킴으로써 일본의 정신적 예속화 내지 식민지를 초래할 우려가 있으므로 학문적 사대주의의 극복이라는 차원은 물론 나아가 민족정기의 보전이라는 민족적 차원에서라도 일본법 및 이론의 단순한 모방·수용은 의도적으로 회피하여야 할 것이다. 한편 미국의 이론은 그 내용이 우리나라에 대부분 소개되어 있지 아니하고 있으며, 일본을 통하여 소개된 일부 내용도 불문법국가인 미국에서는 대부분의 주요 노동법이론이 대법원판례로 형성되어 있음에도 불구하고 미국의 실정법만을 미국의 노동법으로 잘못 이해하고 있는 실정이다.

그 동안 스승님과 선배님들이 이루어낸 우리나라 노동법이론 및 판례는 외국 이론에 의존하지 아니하더라도 충분히 독자적인 이론체계를 정립할 수 있을 정도로 질적·양적 측면에 있어 성숙·발전되어 있다고 보며, 이 책은 이의 실현에 노력하였다.

여러 모로 부족한 拙稿가 책으로 출간되기까지 도와 주신 많은 분들의 지도와 격려에 커다란 감사를 드린다. 또한 어려운 출판여건에도 불구하고 이 책을 출간하여 주신 법문사 배효선 사장님과 직원께도 깊이 감사드린다. 마지막으로 항상 불초를 염려하여 주시는 어머님과 장기적인 집필에 내조를 아끼지 아니한 아내의 고마움도 잊을 수 없다.

2005년 8월 15일

연세대학교 법과대학 연구실에서

李 相 潤

## 제5판을 내면서

금번 개정판은 최근에 주5일제 도입을 주된 내용으로 개정된 근로기준법을 비롯하여 최저임금법·산업안전보건법·산업재해보상보험법·국민연금법 및 고용보험법의 개정된 부분을 반영하였다. 또한, 최근 주요 학설 및 대법원 판례를 정리하여 반영하였다.

부디 노동법을 공부하는 분들께 조금이나마 도움이 되었으면 하고 간절히 바라는 바이다.

2003년 10월 15일
연세대학교 법과대학 연구실에서
이 상 윤

## 제4판을 내면서

최근 노동관련 법령이 개정되고 새롭고 중요한 판례들이 많이 나왔다. 일부 학설은 일본에서도 노사현실과 괴리되고 학문적 근거가 없다고 비판되고 있음에도 불구하고 이를 무비판적으로 수용하는 견해가 제기되고 있다.

금번 개정판에서는 이러한 관련 법령 및 판례를 수용하고 새로운 학설 등을 보완·반영하였다. 우리 독자 여러분들에게 조금이나마 도움이 되었으면 하고 간절히 바라는 바이다.

2002년 3월 21일
연세대학교 법과대학 연구실에서
이 상 윤

## 제3판을 내면서

최근 근로기준법이 개정되고 노사정위원회법이 제정되는 등 관련 법령이 제·개정되었고 새롭고 중요한 판례들이 많이 나왔다. 따라서, 금번 개정판에서는 이러한 제·개정 법률·판례 및 새로운 학설 등을 보완·반영하였다.

우리 독자 여러분께 조금이나마 도움이 되었으면 하고 간절히 바라는 바이다.

1999년 5월 15일

연세대학교 법과대학 연구실에서

이 상 윤

## 제2판을 내면서

1997년에 노동법 교과서가 처음 출간된 이후 많은 걱정을 하였다. 다행히 스승, 선·후배, 동료 및 독자 여러분들의 호평에 깊은 감사를 드리며, 이를 커다란 격려의 말씀으로 받아들여 학문에 더욱 정진하고자 한다.

이번 제2판에서는 그 동안의 새로운 법률의 제·개정된 부분을 반영하였고, 새로운 학설 및 판례도 참조하였다.

부디 노동법을 공부하는 분들께 조금이나마 도움이 되었으면 하고 간절히 바라는 바이다.

1998년 7월 26일

연세대학교 법과대학 연구실에서

이 상 윤

# 머 리 말(구판)

　　1950년대 우리나라에 노동법이 처음 도입된 이래, 노동법분야는 훌륭하신 스승님과 선배들의 노력에 힘입어 눈부신 질적・양적 발전을 거듭하여 왔다. 특히 1996년에 발족된 노사관계개혁위원회를 통하여 기존의 노동관련법령을 전면 제・개정함으로써 근로자의 근로기본권의 향상과 국가경쟁력의 강화를 도모한 것은 勞動法史에 있어 건국 이래 최대의 변혁이자 업적으로 길이 칭송될 것으로 본다. 당대의 석학과 최고실무자들이 장기간 한자리에 모여 올바른 노동법의 개정방향을 놓고 격의 없이 논의한 것은 그 절차 및 내용면에 있어 참으로 유래 없는 일로 평가되어야 할 것이다. 이 책은 이러한 우리나라 노동법의 발전과 스승님・선배님들의 노고에 조금이라도 보답하고 기여하자는 마음에서 쓰여졌다. 하지만 오히려 누가 될까봐 두려운 마음이 앞서며, 앞으로 모자라고 부족한 부분에 대하여는 기탄 없는 질타를 주시길 바라는 바이다.

　　이 책은 내용과 형식면에서 다음과 같은 측면에 중점을 두었다.

　　우선 노동법이론과 노사현실의 괴리를 극복하고, 이를 일치시키고자 노력하였다. 나아가 우리나라 노사현실에 부합되는 노동법이론의 정립에 노력하였다. 이 과정에서 외국노동법이론을 우리나라의 노동법체계 및 노사현실에 부합되도록 제한적으로 수용・소개하여 우리나라의 노동법이론 정립에 필요한 자료로서 참고하였다.

　　우리나라에 소개된 외국이론 중에서 독일의 경우, 일부 특별법 이외에는 노동법에 관한 기본법령도 갖추고 있지 못하거니와, 노동조합은 산업별 노조를 중심으로 하여 기업 내의 노사관계에 직접 간여하지 못하는 것을 전제로 하여 이론이 전개되고 있으므로 기업별 노조를 중심으로 하는 우리나라의 노사현실에 부합되지 아니한다. 일본의 이론은 우리나라와 일본의 노동법 내용이 거의 유사하여 우리나라에 가장 많이 소개되고 주요 학설로서 채택・수용되고 있으나, 일본에서조차 노사현실과 괴리된다는 것을 이유로 비판되고 있는 일본이론을 노사현실을 달리 하고 있는 우리나라에서 무비판적으로 보편적 학설로서 받아들이는 것은 타당하지 아니하다고 본다. 노동법은 정치・경제・사회・문화 등 모든 분야에 걸쳐 한 국가의 민족성과 역사가 반영된 법이다. 일본노동법이론의 수용은 우리나라의 민족성을 점차 일본화시킴으로써 일본의 정신적 예속화 내지 식민지를 초래할 우려가 있으므로 학문적 사대주의의 극복이라는 차원은 물론 나아가 민족정기의 보전이라는 민족적 차원에서라도 일본법 및 이론의 단순한 모방·수용은 의도적으로 회피하여야 할 것이다. 한편 미국의 이론은 그 내용이 우리나라에 대부분 소개되어 있지 아니하고 있으며, 일본을 통하여 소개된 일부 내용도 불문법국가인 미국에서는 대부분의 주요노동법이론이 대법원판례로 형성되어 있음에도 불구하고 미국의 실정법만을 미국의 노동법으로 잘못 이해하고 있는 실정이다.

그 동안 스승님과 선배님들이 이루어낸 우리나라 노동법이론 및 판례는 외국이론에 의존하지 아니하더라도 충분히 독자적인 이론체계를 정립할 수 있을 정도로 질적·양적 측면에 있어 성숙·발전되어 있다고 보며, 이 책은 이의 실현에 노력하였다.

여러모로 부족한 拙稿가 책으로 출간되기까지 도와 주신 많은 분들의 지도와 격려에 커다란 감사를 드린다. 우선 여러모로 부족한 제자를 학문적·인간적으로 성장할 수 있도록 많은 지도와 격려를 하여 주신 김유성 교수님께 감사드린다. 또한 서울대 이흥재 교수님과 한양대 손창희 교수님께도 깊은 감사를 드리며, 이미 출간된「노동조합법」에 대해 편지와 전화 등으로 예기치 못한 성원을 보내 준 독자 여러분께도 감사드리는 바이다. 또한 어려운 출판여건에도 불구하고 이 책을 출간하여 주신 법문사 배효선 사장님과 편집부 직원께도 깊이 감사드린다. 마지막으로 항상 불초를 염려하여 주시는 어머님과 장기적인 집필에 내조를 아끼지 아니한 아내의 고마움도 잊을 수 없다.

1997년 4월 20일
연세대학교 법과대학 연구실에서
李 相 潤

# 차    례

## 제1부 총    칙

### 제1편    총    설

### 제 2 편   근로기본권

# 제 2 부  개별적 근로관계

## 제 1 편     총     설

**제 3 편**　　　　근로관계의 내용

# 제 2 장 근로시간 263

## 제 1 절 의 의 263

## 제 2 절 근로시간의 보호 269

## 제 3 절 시간외근로와 시간외근로수당 281

## 제 5 장  안전과 보건 및 직장 내 괴롭힘　　　　　　401

# 제 4 편    근로관계의 변경


## 제 1 장   총     설                                                               463

## 제 2 장   인사이동                                                               467

## 제 5 편    근로관계의 종료

# 제3부 집단적 노사관계

### 제1편 단 결 권

## 제 2 편　　단체교섭권

## 제 1 장　단체교섭　　　　　　　　　　　　　　　　　　　689

## 제 4 편　노동쟁의조정제도

## 제 1 장  총　설　919

## 제 2 장  노동쟁의조정제도　924

## 제 5 편     부당노동행위구제제도

# 제 1 장 총    설               949

# 제 2 장   부당노동행위의 유형          958

## 제 6 편 　　노사협의회

# 제 1 장 총 설　　　　　　　　　　　　　1009

# 제 2 장 노사협의회제도　　　　　　　　　1014

## 제 1 절 의 의 ·············································· 1014

## 제 2 절 노사협력법의 주요내용 ················· 1019

| 제 7 편 | 노동위원회 |
|---|---|

# 제 1 장　총　　설　　　　　　　　　　　　　　　　　　1031

## 제 1 절　의　　의 ······································································· 1031

## 제 2 절　노동위원회의 특성 ······················································ 1031

Ⅰ. 노동위원회의 독립성 ·····················································1031

Ⅱ. 노동위원회의 공정성 ·····················································1032

Ⅲ. 노동위원회의 전문성 ·····················································1033

# 제 2 장　노동위원회의 조직 및 업무　　　　　　　　　　1034

## 제 1 절　노동위원회의 종류 및 조직 ········································ 1034

Ⅰ. 노동위원회의 종류 및 관장 ············································1034

Ⅱ. 노동위원회의 조직 ························································1035

## 제 2 절　노동위원회의 회의 ····················································· 1038

Ⅰ. 회의의 구성 및 업무 ·····················································1038

Ⅱ. 회의의 운영 ································································1043

## 제 3 절　노동위원회의 권한 및 의무 ········································· 1043

# 참조법률

고용보험법 [시행 2023.7.1.] [법률 제19210호, 2022.12.31.]

고용상 연령차별금지 및 고령자고용촉진에 관한 법률 [시행 2022.6.10.] [법률 제18921호, 2022.6.10.]

고용정책기본법 [시행 2023.9.29.] [법률 제19312호, 2023.3.28.]

공직선거법 [시행 2023.9.15.] [법률 제19234호, 2023.3.14.]

공무원 노동조합 관련 해직공무원등의 복직 등에 관한 특별법 [시행 2021.4.13.] [법률 제17889호, 2021.1.12., 제정]

공무원의 노동조합 설립 및 운영에 관한 법률 [시행 2023.12.11.] [법률 제18922호, 2022.6.10.]

공휴일에 관한 법률 [시행 2022.1.1.] [법률 제18291호, 2021.7.7., 제정]

교원의 노동조합 설립 및 운영에 관한 법률 [시행 2023.12.11.] [법률 제18924호, 2022.6.10.]

국가유공자등 예우 및 지원에 관한 법률 [시행 2023.10.1.] [법률 제19523호, 2023.7.11.]

국민연금법 [시행 2023.9.29.] [법률 제19294호, 2023.3.28.]

근로기준법 [시행 2021.11.19.] [법률 제18176호, 2021.5.18.]

근로자직업능력개발법 [시행 2023.7.4.] [법률 제19174호, 2023.1.3.]

근로자퇴직급여보장법 [시행 2022.7.12.] [법률 제18752호, 2022.1.11.]

기간제 및 단시간 근로자 보호등에 관한 법률 [시행 2021.5.18.] [법률 제18177호, 2021.5.18.]

근로자참여 및 협력증진에 관한 법 [시행 2022.12.11.] [법률 제18927호, 2022.6.10.]

남녀고용평등 및 일·가정 양립지원에 관한 법률 [시행 2022.5.19.] [법률 제18178호, 2021.5.18.]

노동위원회법 [시행 2022.5.19.] [법률 제18179호, 2021.5.18.]

노동조합 및 노동관계조정법 [시행 2021.7.6.] [법률 제17864호, 2021.1.5.]

독립유공자예우에 관한 법률 [시행 2023.6.5.] [법률 제19228호, 2023.3.4.]

사립학교법 [시행 2022.8.11.] [법률 제19066호, 2022.12.13.]

사회보장기본법 [시행 2021.12.9.] [법률 제18215호, 2021.6.8.]

산업안전보건법 [시행 2023.8.8.] [법률 제19611호, 2023.8.8.]

산업재해보상보험법 [시행 2023.7.1.] [법률 제18928호, 2022.6.10.]

선원법 [시행 2024.1.25.] [법률 제19772호, 2023.10.24.]

외국인근로자의 고용 등에 관한 법률 [시행 2022.12.11.] [법률 제18929호, 2022.6.10.]

임금채권보장법 [시행 2021.10.14.] [법률 제18042호, 2021.4.13.]

장애인 고용촉진 및 직업재활법 [시행 2022.7.12.] [법률 제18754호, 2022.1.11.]

정치자금법 [시행 2023.8.8.] [법률 제19624호, 2023.8.8.]

직업안정법 [시행 2022.2.18.] [법률 제18425호, 2021.8.17.]

최저임금법 [시행 2020.5.26.] [법률 제17326호, 2020.5.26.]

파견근로자보호 등에 관한 법률 [시행 2020.12.8.] [법률 제17605호, 2020.12.8.]

출입국관리법 [시행 2023.12.14.] [법률 제19435호, 2023.6.13.]

# 주요참고문헌 및 인용약어

[한국서적]

김유성, 「노동법Ⅱ」, 2001 ·································· 김유성, 노동법(Ⅱ)
김유성·이흥재, 「노동법Ⅱ」, 1994 ·················· 김유성·이흥재, 노동법
김수복, 「노동법」, 2004 ································· 김수복, 노동법
김려수, 「한국노동법」, 1975
김치선, 「노동법강의」, 1994 ·························· 김치선, 노동법
김형배, 「노동법」, 2014 ····························· 김형배, 노동법
_____, 「근로기준법」, 2002 ·························· 김형배, 근로기준법
박상필, 「한국노동법」, 1994 ························· 박상필, 노동법
_____, 「근로기준법해설」, 1989 ··················· 박상필, 「해설」
박홍규, 「노동법론」, 1995 ··························· 박홍규, 노동법
_____, 「고용법, 근로기준법」, 2005 ··············· 박홍규, 노동법Ⅰ
_____, 「노동단체법」, 2002 ······················· 박홍규, 노동법Ⅱ
심태식, 「노동법개론」, 1989
오정근, 「이론과 실제 노동법」, 1969
이병태, 「최신노동법」, 2008 ························· 이병태, 노동법
이상윤, 「노동조합법」, 1996 ························· 이상윤, 노동조합법
_____, 「노동법」, 1997 ····························· 이상윤, 노동법
_____, 「노사관계법」, 2005 ······················· 이상윤, 노사관계법
_____, 「근로기준법」, 2000 ······················· 이상윤, 근로기준법
이영희, 노동법, 2001 ······························· 이영희, 노동법
이을형, 「노동법」, 1998 ····························· 이을형, 노동법
이학춘·이상국·고준기·이상덕, 노동법(Ⅱ), 2004 ······················
이학춘·이상국·고준기·이상덕, 노동법(Ⅱ)
임종률, 「노동법」, 2015 ····························· 임종률, 노동법
홍영균, 「노동법론」, 1962
김수복, 「산업재해보상보험법」, 1995
_____, 「노사협의회법 해설」, 1990
김치선, 「노동자의 단결권」, 1970 ··················· 김치선, 단결권
김형배·윤성천·임종률·하경효, 「집단적 노사자치에 관한 법」, 1992
송강직, 「단결권」-유니언 숍 협정을 중심으로, 1992
신인령, 「노동기본권연구」, 1987
_____, 「노동법과 노동문제」, 1989
임종률, 「쟁의행위와 형사책임」, 1982
권영성, 「헌법학원론」, 2009 ························· 권영성, 헌법학
김철수, 「헌법학신론」, 2009 ························· 김철수, 헌법학
이영희, 「근로계약론」, 1988
하갑래, 「근로기준법」, 2009 ························· 하갑래, 근로기준법
_____, 「집단적 노동관계법」, 2010 ··············· 하갑래, 집단적 노동관계법
허 영, 「한국헌법론」, 2009 ························· 허 영, 헌법학

[일본서적]

角田邦重·西谷 敏·菊池高志,「勞働法講義 2」, 1985 ·················· 角田 外, 勞働法
菅野和夫,「勞働法」, 1993 ······································· 菅野, 勞働法(1993)
＿＿＿,「勞働法」, 1989 ··············································· 菅野, 勞働法
光岡井博,「勞働法」, 1974
＿＿＿,「團體交涉權의 研究」, 1986 ······················· 光岡, 團體交涉權
久保敬治,「新版 勞働法」, 1972 ·································· 久保, 勞働法
久保敬治·浜田富士郎,「勞働法」, 1993 ···················· 久保·浜田, 勞働法
東京大學勞 法研究會,「注釋勞働組合法」, 上(1980), 下(1982)
峯村光郎·恒藤武二,「勞働法講義」, 1970
山口浩一郎,「勞働組合法」, 1983
石井照久,「新版 勞働法」, 1972 ·································· 石井, 勞働法
＿＿＿,「勞働法の研究」, Ⅰ(1967), Ⅱ(1967), Ⅲ(1970)
石川吉石衡門,「勞働組合法」, 1978
沼田稻次郎,「改訂版 勞働法要說」, 1971 ···················· 沼田, 要說
吾妻光俊,「新訂 勞働法」, 1974 ································ 吾妻, 勞働法
有泉亨,「勞働法概說」, 1994 ···································· 有泉亨, 勞働法
伊藤博義·保原喜志夫·山口浩一郎,「勞働保護法の研究」, 1994
日本勞働法學會,「新勞働法講座」, 1970〜1971
＿＿＿,「現代勞働法講座」, 1980〜1992
林信雄,「日本勞働法論」, 1970 ·································· 林信雄, 勞働法
前田達男·萬井陸令·西谷 敏,「勞働法學の理論と課題」, 1988
中山和久·深山喜一郎·宮本安美·本田尊正·岸井貞男·伊藤博義·萬井陸令,「注釋勞
    組合法, 勞働關係調整法」, 1982 ························· 中山 外, 勞働法
淺井精信,「新訂 勞働法」, 1969 ································ 淺井, 勞働法
片岡昇,「勞働法(1)」, 1993 ······································ 片岡, 勞働法
花見忠,「勞使紛爭處理の國際比較」, 1984
外尾健一,「勞働團體法」, 1975 ·································· 外尾, 勞働團體法
秋田成就,「勞働契約論」, 1974
官島尙史,「勞働法學」, 1964


[독일서적]

Adomeit, *Rechtsquellenfragen im Arbeitsrecht*, 1969.
Becker/Etzel/Friedrich/Gröninger/Hillebrecht/Rost/Weigand/Weller/M.Wolf/I.Wolf,
    *Gemeinschaftskommentar zum Kündigungsschutzgesetz und zu sonstigen kündigungs-
    schutzrechtlichen Vorschriften*, 3. Aufl., 1989.
Birk, *Europäsches Arbeitsrecht*, 1990.
Birk/Konzen/Löwisch/Raiser/Seiter, *Entwurf zur Regelung koliektiver Arbeitskonflikte*, 1988
    (譯書, 金亨培 譯, 集團的 勞使紛爭의 規律에 관한 法律, 1990) ····················
    Birk 外(金亨培 譯),「集團的 勞使紛爭의 規律에 관한 法律」.
Brox－Rühers, *Arbeitskampfrecht*, 2. Aufl., 1981 ································

Brox—Rühers, *Arbeitskampfrecht*, 2. Aufl.

Dütz, *Arbeitsrecht*, 1990.

Gamillscheg, *Arbeitsrecht*, Bd. I, 7. Aufl., 1987.

Hanau—Adomeit, *Arbeitsrecht*, 8. Aufl., 1986.

_____, *Arbeitsrecht*, 10. Aufl., 1992 ·················································································
　Hanau—Adomeit, ArbR, 10. Aufl.

Hueck—Nipperdey, *Grundriß des Arbeitsrechts*, 5. Aufl., 1970 ·······························
　Hueck—Nipperdey, Grundriß 5. Aufl.

_____, *Lehrbuch des Arbeitsrechts*, Bd. I, 7. Aufl., 1963.

_____, *Lehrbuch des Arbeitsrechts*, Bd. II, Halb. 1, 7. Aufl., 1967 ·······················
　Hueck—Nipperdey, Lehrbuch, Bd. II/1, 7. Aufl.

_____, *Lehrbuch des Arbeitsrechts*, Bd. II, Halb. 2, 7. Aufl., 1970 ·······················
　Hueck—Nipperdey, Lehrbuch, Bd. II/2, 7. Aufl.

Hugo Seiter, *Streikrecht und Aussperrungsrecht*, 1975.

Löwisch, *Arbeitsrecht*, 3. Aufl., 1991 ······························· Löwisch, ArbR, 3. Aufl.

_____, *Münchner—Handbuch Arbeitsrecht*, Bd. III, 1993.

Nikisch, *Arbeitsrecht*, Bd. I, 3. Aufl., 1961 ····················································
　Nikisch, ArbR, Bd. I, 3. Aufl.

Söllner, *Grundriß des Arbeitsrechts*, 10. Aufl., 1990 ·········································
　Söllner, Grundriß 10. Aufl.

Zöllner, *Arbeitsrecht*, 3. Aufl., 1983.

Zöllner/Loritz, *Arbeitsrecht*, 4. Aufl., 1992 ··················································
　Zöllner/Loritz, ArbR, 4. Aufl.


[영국서적]

Bob Hepple & Sandra Fredman, *Labour Law and Industrial Relations in Great Britain*, 1992.

Citrine, *Trade Union Law*, 1967.

Cyril Grunteld, *Trade Unions and the Individual in English Law*, 1963.

Drake, *Labour Law*, 1973.

G. Pitt, Employment Law, 1994 ····················································· Pitt, Employment Law.

Kahn—Freund, *Legal Framework in the System of Industrial Relation in Great Britain*, 1963 ············································································· Kahn—Freund, Legal Framework.

_____, *Labor and the Law*, 2nd ed., 1977.

Peter Wallington, *Butterworths Employment Law Handbook*, 1990.

Richard Kinder, *Trade Union Law at Work*, 1980.

Rideout, *Principles of Labour Law*, 1972.

Smith & Wood, *Industrial Law*, 4th ed., 1989 ············ WeSmith & Wood, *Industrial Law*.

Wedderburn, *Cases and Materials on Labour Law*, 1967.

## [미국서적]

Anthony Woodiwiss, Law, *Labour and Society in Japan*, 1992.

Benjamin Aaron, Joyce M. Najita, James L. Stern, *Public—Sector Bargaining*, 2nd ed., 1990 ················································································· Aaron 외, P. S. Bar.

Charles J. Coleman, *Managing Labor Relations in the Public Sector*, 1990.

Dilts Walsh, *Collective Bargaing and Impasse Resolution in the Public Sector*, 1988.

Donald H. Wollett, Joseph R. Grodin, June M. Weisberger, *Collective Bargaining in public Employment*, 1994 ································································ Wollett 외, Col. Bar.

Edwards, Clark, Craver, *Labor Relations Law in the Public Sector*, 1991 ·························· Edwards 외, Lab. Rel. L.

Ellen M. Bussey, *Federal Civil Service Law and Procedures*, 1990.

Gorman, *Basic Text on Labor Law*, 1976.

Gregory, *Labor and the Law*, 1961.

Millis and Brown, *From the Wagner Act to Taft—Hartley*, 1950.

Mueller and Myers, *Labor Law and Legislation*, 1962.

Oberer, Hanslowe, *Anderson Heinsz, Labor Law*, 1986 ······················· Oberer 외, Lab. L.

Raymond L. Hogler, *Public Sector Strikes*, 1988.

Robert A. Gorman, *Labor Law*, 1977 ································································ Gorman, Lab. L.

Samuel Estreicher & Michael C. Harper, *The Law Governing the Employment Relationship*, 1990.

Sugeno, *Japanese Labor Law*, 1994.

Tadashi A. Hanami, *Labour Law and Industrial Relations in Japan*, 1979.

Taylor and Witney, *Labor Relations Law*, 1971.

William B. Gould, *Strikes, Disputes Procedures, and Arbitration*, 1985.


## [세계 각국의 노동법제에 관한 종합적 문헌]

ILO, *Conciliation and Arbitration Procedures in Labour Disputes*, 1980.

R. Bean, *Comparative Industrial Relations*, 1985.

Roger Blan Point, *European Labour Law*, 1993.

R. Blanpain, International Encyclopaedia for Labour Law and Industrial Relations, 12 Vols., 1979.

# 제**1**부 총 칙

제 **1** 편

# 총 설

노 동 법

# 제1장 노동법의 형성 및 발전

## 제1절 노동법의 형성

### I. 자본주의의 형성 및 발전

산업혁명은 자본주의사회를 형성하여 기존의 생산방식에 대한 경제적·사회적 변혁을 가져왔다. 즉, 근로자는 유일한 생존수단으로서 사용자에게 자신의 노동력을 상품으로 제공하고 그 대가로서 임금을 수령하여 생존을 유지할 수밖에 없었다. 근로자들은 인격체로서의 존엄성을 인정받지 못하였으며, 사용자는 근로자를 기계와 마찬가지로 일종의 생산수단 또는 상품의 일부분으로 취급하였다. 따라서 국민은 경제적 강자인 자본가와 경제적 약자인 근로자의 2계급으로 분열되었다. 이러한 불안정한 노사대립관계는 산업혁명을 거쳐 초기자본주의가 성립된 서구제국에 있어 커다란 사회적 문제를 야기하였다. 예컨대, 산업혁명의 선구자인 영국에서 1818년에 발생한 기계파괴운동인 「러다이트운동」(Luddite Movement) 및 일종의 대정부 정치투쟁인 1838년의 「차아티스트운동」(Chartist Movement) 등은 근로자의 불만을 단적으로 표현하고 있는 사건이다.

### II. 자본주의의 변화

#### 1. 시민법원리

자본주의사회는 시민법원리를 법적 기반으로 하고 있다. 시민법원리는 모든 개인이 자유·평등한 인격자라는 것을 전제로 형성된 것이었으나 이러한 자유와 평등은 형식적인 이론에 불과한 것이었다. 오히려 자본주의사회가 발전됨에 따라 부자유하고 불평등한 사회가 대두되었고, 새로운 특권계급인 자본가계급과 경제적 약자로서의 노동자계급이 대립하게 되었다.

## 2. 사회법원리

사회법은 일반적으로 시민법의 기본원리를 수정하는 의미를 갖는 법을 말한다. 즉 사회법은 사적 자치를 원칙으로 하는 시민법원리에 국가가 개입하여 형식적인 자유와 평등을 초래하고 있는 시민법원리를 수정함으로써 실질적인 자유와 평등을 도모하고자 대두된 새로운 법원리인 것이다.

### (1) 사회법의 범위

일반적으로 사회법이라 함은 사적 자치라는 시민법의 기본원리를 국가가 개입·수정하기 위하여 대두된 사법 및 공법의 중간영역에 속하는 법원리를 통칭하는 것이다. 따라서 사회법의 범위에는 노동법·경제법 및 사회보장법 등이 포함된다. 사회보장법만을 사회법으로 보는 견해도 있으나 이는 독일 등 일부 국가에서 사회보장법이라는 특정 법분야를 사회법으로 부르는 것에 불과하다.

### (2) 노동법의 원리

근대 사법의 원리는 소유권절대의 원칙, 계약자유의 원칙, 그리고 과실책임의 원칙 등 3대원칙을 기반으로 하고 있다. 그러나 노동법은 개별적 근로관계에 있어 근로기본권을 소유권에 대립시킴으로써 소유권절대의 원칙을 제한하였고, 근로계약의 기준을 국가가 설정하고 이를 강제함으로써 계약자유의 원칙도 수정하였다. 한편 재해보상제도의 분야에 사용자의 무과실책임을 도입함으로써 과실책임의 원칙도 극복하였다.

집단적 노사관계의 경우에도 기존의 시민법원리하에서는 근로자의 노동조합 결성 및 가입행위를 공모(conspiracy) 및 독점(trust) 등 민사·형사상의 불법행위로 간주하고 이를 제한·금지하였다. 그러나, 노동법원리하에서는 근로자들의 근로삼권을 점차 용인하고 이를 합법화 하기 시작하였다. 이러한 근로삼권의 보호는 점차 소극적 용인·합법화의 단계를 벗어나 최근에는 헌법상의 기본권으로 인정되는 등 적극적인 법적 보장의 대상이 되고 있다.

# 제 2 절 노동법의 발전

## Ⅰ. 영국 노동법의 발전

### 1. 개 요

영국은 세계 최초로 산업혁명이 일어난 국가이므로, 따라서 근로자를 보호하고 노사관계를 규율하기 위한 노동법 역시 가장 먼저 제정되었다. 영국은 불문헌법국가이지만 동일한 불문헌법국가인 미국과 달리 성문헌법조차도 갖고 있지 아니하다. 또한 「의회주권의 원칙」 아래 사법부에 위헌법률심사권한이 인정되지 아니하므로 의회가 제정한 법률은 영국에 있어 최고의 법이 되고 있다. 따라서 영국의 노동법은 의회의 법률에 의하여 우선적으로 규율되며, 부수적으로 법원의 판례 및 노사관행 등에 의하여 규율되고 있다.

영국에서 개별적 근로관계는 의회의 법률에 의하여 비교적 상세히 규정되고 있으나, 집단적 노사관계는 노사자치의 원칙에 따라 당사자의 자주적 결정을 존중하여 주는 것이 일반적이다. 그러나 최근에는 집단적 노사관계에도 관련법령을 제정하여 노사자치의 원칙에 일정한 제한을 부여하는 경향이 점차 대두되고 있다.

### 2. 개별적 근로관계법

영국에 있어 근로자의 근로조건을 보호하기 위한 최초의 노동법은 1802년의 「도제의건강및도덕에관한법률」(The Health and Morals of Apprentices Act)이다. 그 후 1833년의 「공장연소근로자보호법」(The Act to Regulate the Labour of Children and Young Persons in Mills and Factories)이 제정될 때까지 5개의 공장법이 제정되었으나, 이는 모두 공장에서 근로하는 연소근로자의 근로조건보호에 국한하여 적용되었다. 1833년의 「공장연소근로자보호법」은 ⅰ) 연소근로자의 최저근로연령을 규정하고, ⅱ) 연령별 법정근로시간을 제한하고 있으며, ⅲ) 동법시행의 효율성 확보를 위한 근로감독관을 두고 있다는 점에서 근대적 노동법으로서의 기본적 체계를 갖추고 있는 최초의 입법이라고 평가되고 있다.

한편, 1844년의 「공장법개정법」(The Act to Amend the Laws Relating to Labour in Factories)은 보호대상인 근로자의 범위를 연소근로자에서 여성근로자까지로 확대하였으며, 1864년의 「공장법확장적용법」(The Factory Act Extension Act)은 섬유공장을 중심으로 적용되어 오던 공장법을 황인·탄약 등의 위해작업공장에도 확대적용하였다. 1901년의 「공장법」은 그 동안 존재하였던 다수의 개별법을 정리·통합하여 하나의 단일법으로 제정된 것이나, 이 역시 모든 근로자의 근로조건에 적용되는 일반법에는 해당되지 아니하였다.

일반근로자에게도 적용되는 일반법으로서의 최초의 노동법은 1975년의 고용보호법(Employment Protection Act)이다. 동 고용보호법은 임금 및 해고제한 등의 개별적 근로관계는 물론 노동조합의 조직·활동 등의 집단적 노사관계도 규율하는 포괄적인 노동법이다. 1978년에는 개별적 근로관계를 주된 규율대상으로 하는 일반법으로서 「고용보호(통합)법」(Employment Protection(Consolidation) Act)이 제정되었다. 동 「고용보호(통합)법」은 ⅰ) 1963년의 근로계약법(Contracts of Employment Act), 1965년의 「해고근로자보상규칙」(Redundancy Payments Pensions Regulations), 1975년의 「성차별금지법」(Sex Discrimination Act) 및 1976년의 「인종차별금지법」(Race Relations Act) 등 개별적 근로관계에 관한 법령을 흡수통합함과 동시에, ⅱ) 1975년의 「고용보호법」 및 1976년의 「노동조합및노동조합법」(Trade Union and Labour Relations Act) 등 개별적 근로관계와 집단적 노사관계가 함께 규정되어 있던 법률 중에서 개별적 근로관계에 관한 규정만을 추출하여 이를 포괄적인 단일법으로 제정한 것이다. 최근에는 1980년에 「고용법」(Employment Act)이 제정되어 개별적 근로관계를 규율하고 있다.

### 3. 집단적 노사관계법

영국에 있어 근로자의 단결권은 「근로자규제법」(The Statute of Labourers) 및 「근로자단결제한법」(Combination of Workmen Act)에 의하여 제한·금지되어 왔다. 그러나 1824년의 「근로자단결제한법폐지법」(Combination Laws Repeal Act)과 1825년의 동법개정에 의하여 「근로자단결제한법」이 폐지됨에 따라 근로자의 경제적 단결에 관하여는 형사책임이 면제되었으며, 또한 1859년의 「근로자방해법」(Molestation of Workmen Act)은 노동조합의 평화적 단체교섭을 합법이라고 규정하였다.

노동조합을 합법적 단체로서 정식으로 인정한 법률은 1871년의 「노동조합법」(Trade Union Act)이다. 동법은 ⅰ) 노동조합의 정의를 규정하고, ⅱ) 노동조합에게 법인격을 부여하였으나, ⅲ) 단체협약의 이행 및 위반으로 야기되는 일체의 손해배상소송을 제기하지 못하도록 규정하였다. 이는 노동조합의 법적 실체는 최소한도로 인정하되, 기타의 문제는 당사자가 자주적으로 해결하는 노사자치의 원칙을 반영하고 있는 것이다.

한편, 1875년의 「공모및재산보호법」(Conspiracy and Protection of Property Act)은 노동조합활동에 관한 형사면책을 인정하고, 1906년의 「노동쟁의법」(Trade Dis- pute Act)은 민사면책을 인정하였다.

1971년의 「노사관계법」(Industrial Relations Act)은 노동조합의 조직 및 활동 등에 관한 포괄적 내용을 규정하고 있는 일반법이다. 동법은 ⅰ) 근로자 및 사용자 양 당사자에 대한 부당노동행위의 인정, ⅱ) 근로자부당해고의 금지, ⅲ) 배타적 교섭제도의 인정, ⅳ) 신사협정으로 인식되어 온 단체협약에 대한 강제적 법적 효력의 부여 및 ⅴ) 노동조합의 등록의무강화 등을 규정하고 있으며, 이러한 규정의 상당부분은 미국 노동법의 영향을 받아 제정되었다. 동법은 노동조합의 조직 및 활동에 대한 다양한 법적 제한을 부과함으로써 「노사자치의 원칙」을 근간으로 하는 집단적 노사관계에 상당한 변화를 가져왔다.

한편 노동당이 집권하게 되자 1971년의 「노사관계법」은 1974년 「노동조합및노사관계법」(Trade Union and Labour Relations Act)의 제정에 의하여 폐지되고, 따라서 노동조합에 대한 법적 규제 및 제한은 대폭 완화되었다. 그러나, 1979년에 보수당이 집권하게 되자, 1980년의 「고용법」(Employment Act) 및 1984년의 「노동조합법」을 제정하여 다시 노동조합의 설립 및 활동에 관한 제한을 강화하였다. ⅰ) 1980년 「고용법」은 쟁의행위의 목적·당사자 및 장소 등에 대한 요건을 규정하고, 쟁의행위에 대한 형사·민사면책의 범위를 축소하였으며, ⅱ) 1984년 「노동조합법」은 쟁의행위에 대한 조합원의 찬반투표실시 및 임원의 선출 등 조합 내부의 민주적 운영에 관한 규정을 두고 있다.

최근에는 1992년 「노동조합및노사관계(통합)법」(Trade and Labour Relations(Con- solidation) Act)이 제정되어 집단적 노사관계에 관한 일반법으로서 기존의 관련 법률을 흡수 통합하여 규정하고 있다. 동법하에서 단체협약은 당사자가 문서로서 합의하는 경우에 한하여 법적 구속력이 인정된다.

## Ⅱ. 독일 노동법의 발전

### 1. 개    요

독일은 서구제국 중에서 산업혁명이 가장 늦게 진행된 국가로서, 따라서 노동법의 형성·발전도 늦게 시작되었다. 현행 독일 헌법은 제9조제3항에서 단결의 권리를 보장하고 있고, 또한 단체협약의 법적 효력을 인정하고 있으나, 근로자의 단체교섭권 및 단체행동권에 관하여는 명문의 규정을 아니두고 있다. 따라서 근로자의 단체교섭권 및 단체행동권은 학설 및 법원·헌법재판소의 판결에 의하여 인정되고 있다.

## 2. 개별적 근로관계법

독일에는 개별적 근로관계를 통일적으로 규율하는 일반법은 존재하지 아니하며, 다수의 개별법에 의하여 규율되고 있을 뿐이다. 개별적 근로관계에 대하여는 개별법에 의한 특별규정이 없는 한 민법전의 관련규정이 적용되는 것이 원칙이다.

독일 최초의 노동입법은 1839년의 「프로이센아동노동법」이었다. 동법은 ⅰ) 연소근로자의 최저취업연령을 규정하고, ⅱ) 연소근로자의 법정근로시간을 제한하였으며, ⅲ) 연소근로자의 야간근로를 금지하였다. 동법은 1849년 법 및 1853년 법에 의하여 확장적용되었고, 1869년 및 1878년의 「공업조례령」에 계수되어 그 적용범위가 점차 확대되었다.

그러나, 19세기 후반 독일의 노동입법은 비스마르크 재상에 의하여 사회보장정책과 병행하여 추진되었다. 즉 1870년대의 독일에서는 독일사회주의노동당이 창설되는 등 공산주의가 주도하는 급진적 노동운동이 발달하였다. 비스마르크는 이러한 급진적 노동운동을 약화·저지시키는 수단으로서 「사회주의자단속법」을 제정하는 한편, 근로자에 대한 사회보장제도를 실시한 것이다. 이에 따라 1881년에 「근로자보험법」을 제정하여 전 독일의 근로자에게 적용되는 질병·사고·노령·장해보험제도를 실시하였으며, 1883년에 「질병보험법」, 1884년에 「산업재해보험법」 및 1889년에 「장해·재해및노령보험법」을 제정하였고, 이에 「유가족보험법」을 추가하여, 1911년에 현행법인 「라이히보험법」(Reichversicherungsordnung, RVO)으로 통합되었다.

최근의 개별적 근로관계를 규율하는 개별법으로서는 1951년의 「해고제한법」, 1951년의 「가내노동법」, 1967년의 「산모근로자보호법」, 1973년의 「근로자의 안전·보건법」 및 1985년의 「취업촉진법」 등이 있다.

## 3. 집단적 노사관계법

독일에서는 집단적 노사관계를 포괄적으로 규정하는 일반법은 존재하지 아니한다. 다만 1949년의 「단체협약법」(Tarifvertragsgesetz)이 제정되어 단체협약의 효력 등에 관하여 규정하고 있을 뿐이다. 단체교섭의 당사자·대상 및 방법 등에 관하여는 당사자자치의 원칙에 따라 국가가 개입하지 아니하는 것을 원칙으로 하고 있다.

독일에서도 다른 선진제국과 마찬가지로 초기에는 근로자의 단결권행사를 제한·금지하여 왔다. 1845년의 프로이센공업조례령은 근로자의 단결을 금지하였다. 1869년의 북독일연맹공업조례령은 근로자의 단결금지를 폐지하였으나, 동법 제153조는 ⅰ) 노동조합에의 가입강제를 금지하고, ⅱ) 단체협약에 법적 구속력을 인정하지 아니하였다. 동법 제153조는 1918년의 법으로 폐지되어 근로자의 단결의 자유가 보장되었다. 1918년에 제정된 바이마르헌법은 단결권의 보장과 단체협약의 법적 효력을 명문으로 인정하였다. 동헌법 제157조는 「통일노동법전」을 제정할 것임을 명문으로 규정하였으나, 이는 실현되지 못하였다.

한편 독일의 집단적 노사관계의 특징은 산업별 노조형태를 채택하고 있으므로 노동조합의 조직 및 활동은 산업별 단위로 행하여지고, 개별기업이나 사업장단위에서는 단체교섭 등 노동조합활동이 제한되는 것이 원칙이다. 다만, 개별기업이나 사업장에서는 근로자대표 또는 노동조합의 대표가 기업구성원의 자격으로서 기업경영에 참여할 수 있는 공동결정제도를 인정하고 있다.

공동결정제도는 1951년의 「광산공동결정법」, 1952년 및 1972년의 「경영조직법」 및 1976년의 「공동결정법」 등에 의하여 그 적용대상사업장 및 공동결정의 범위가 확대되어 왔다.

## Ⅲ. 미국 노동법의 발전

### 1. 개    요

미국도 독일과 마찬가지로 산업혁명이 뒤늦게 진행되었으므로 그 결과 노동법도 비교적 뒤늦게 발전되었다.

미국의 경우 근로자의 단결권·단체교섭권 및 단체행동권에 관하여 성문헌법에서는 아무런 규정도 아니두고 있으며, 단지 1935년의 「전국노사관계법」(National Labor Relations Act: NLRA)이라는 연방법률에 명문으로 규정되어 있을 뿐이다. 그러나, 이러한 사실을 이유로 미국에서의 근로삼권이 법률적 수준의 보호를 받고 있는 것에 불과한 것으로 속단하여서는 아니 된다.[1] 미국은 불문법국가로서 성문헌법에도

---

1) 일본 및 우리나라의 통설은 미국에서의 근로삼권이 성문헌법상에 규정되어 있지 아니하고 NLRA라는 연방법률에 규정되어 있음을 이유로 동 권리는 헌법적 보호를 받지 못하는 법률상의 권리에 불과하다고 한다. 그러나, 이러한 논거는 대륙법적 성문법체계에서는 타당할 수도 있으나, 최소한 불문법국가로서 위헌법률심사제도를 채택하고 있는 미국에서는 아무런 논리적 설득력을 갖지 못한다고 할 것이다. 미국의

일부 기본권이 명문으로 규정되어 있기는 하나 대부분의 기본권은 연방대법원의 판결에 의하여 확인·창설되고 있다. 근로자의 근로삼권도 이러한 불문법상의 기본권 중의 하나이며, 성문헌법상의 기본권과 동일한 수준의 헌법적 보호를 받고 있는 것이다.

연방대법원 판례는 NLRA 제7조에 규정된 근로자의 단결권 및 단체교섭권을 헌법상의 기본권(fundamental right)으로 판시하고 있다.[2] 다만, 연방대법원은 단체행동권 중 피케팅 및 보이콧 등은 헌법상 기본권에 해당된다고 명백히 판결하고 있으나,[3] 파업이 헌법상의 기본권에 해당되는지의 여부에 관하여는 아직까지도 이를 긍정 또는 부정하는 판결을 내린 바 없다. 연방대법원은 파업을 무제한적인 절대적 권리(absolute right)가 아니라고 소극적으로 판시하고 있을 뿐이다.[4] 이에 대하여 대다수의 학설은 파업은 강제노동을 금지하고 있는 제13차 개정헌법 및 적법절차를 규정하고 있는 제14차 개정헌법에 의하여 보장된다는 견해를 피력하고 있으며, 노사 관행상으로도 파업의 행사가 연방정부 또는 주정부의 법률에 의하여 부정된 예도 없다.[5]

한편, 공공부문의 근로자에 대하여는 단결권만이 헌법적으로 보장되고 단체교섭권 및 단체행동권은 법률적 보호를 받고 있다. 공공부문의 근로자는 민간부문의 근

---

근로삼권이 헌법적 보호를 받지 못한다는 전제하에 일본 및 우리나라에서는 ⅰ) 근로삼권이 법률로 인정되고 있는 미국에서의 부당노동행위제도는 정책적 목적이 중요시되므로 근로삼권의 헌법상 보호를 목적으로 하는 일본 또는 우리나라의 부당노동행위제도와 근본취지를 달리한다는 견해, ⅱ) 미국의 전국노사관계법(NLRA) §8(a)(3)은 유니언 숍을 규정하고 있고 위헌성 여부는 문제시되지 아니한다는 견해, ⅲ) 미국식의 배타적 교섭제도는 단체교섭권이 헌법상 보호되지 아니하고 있는 미국에서는 위헌 여부의 문제가 발생하지 아니하나, 근로삼권을 헌법상 보호하고 있는 우리나라에서는 단체교섭권을 침해하여 위헌 여부가 문제시된다는 견해, ⅳ) 미국에서는 헌법에 결사의 자유만이 규정되어 있다는 견해 등이 제시되고 있다. 이러한 견해는 법적 논거가 명확하지 아니하고, 실제 미국에서는 이러한 관점에서 상기 제도가 운영되거나 논의되지 아니하고 있다.

2) Allen－Bradley Local No. 1111 v. Wisconsin Employment Relations Board, 315 U.S. 740 (1942). 동 판례는 "Sec. 7 of the Federal Act, 29 U.S.C.A. §157, guarantees labor its 「fun-damental right」 to self－organization and collective bargaining"이라고 판시하고 있다. 한편, NLRA의 헌법상 상거래조항(Commerce Clause)의 위헌성 여부를 심사한 대법원판례인 NLRB v. Jones & Laughlin Steel Corp., 301 U.S.1, 33(1937)에서도 이미 "… the right of employees to self－organi-zation and to select representatives of their own choosing for collective bargaining or other mutual protection without restraint or coercion by their employer. That is a 「fundamental right」"라고 판시하여 근로삼권이 헌법상의 권리임을 제시하고 있다. 단결권 및 단체교섭권의 근거를 제1차 헌법개정조항의 「결사의 자유」(Right of Association) 및 제14차 헌법개정조항의 적법절차조항(Due Process of Law)에서 찾는 판례도 있다. 한편 결사의 자유 역시 미국 성문헌법에 규정되어 있는 권리가 아니라 미국 대법원이 판례에 의하여 창설한 불문헌법상의 기본권임에 유의하여야 한다.

3) Thornhill v. Alabama, 310 U.S. 88(1940). 피케팅이 헌법상의 보호를 받기 위하여는 평화적 수단과 합법적 목적을 갖추어야 한다.

4) Dorchy v. Kansas, 272 U.S. 306(1926).

5) Gorman, Lab. L., p. 210 이하; Oberer 외, Lab. L., p. 317 이하 참조.

로자와 마찬가지로 단결권·단체교섭권 및 단체행동권을 보장하여 줄 것을 요구하여 왔다. 이에 대하여 연방대법원은 공공부문의 단결권은 민간근로자와 마찬가지로 헌법적 보호를 받으나, 공공부문의 단체교섭권 및 단체행동권은 민간부문과 달리 연방정부 또는 주정부가 법률에 의하여 허용하는 경우에 한하여 보장되는 법률적 권리에 불과하다고 판결하고 있다.6) 결론적으로 ⅰ) 민간부문의 근로자는 근로삼권 전체가 헌법적 보호를 받고 있으나, ⅱ) 공공부문의 근로자는 단결권만이 헌법적 보호를 받고 단체교섭권 및 단체행동권은 법률적 보호를 받고 있는 것이다.

### 2. 개별적 근로관계법

미국의 개별적 근로관계를 규율하는 연방차원의 일반법으로서는 1938년의 「공정근로기준법」(Fair Labor Standard Act)이 있다. 다만 동법은 근로자의 ⅰ) 최저임금의 보장 및 현금지급의 원칙 등 임금의 보호와, ⅱ) 1주 40시간 이상의 근로를 규제하는 근로시간의 보호를 주된 내용으로 규정하고 있을 뿐이다. 그 밖에 휴가·휴일·해고 및 고충처리 등 기타의 근로조건에 관하여 「공정근로기준법」은 아무런 규정도 아니 두고 있으며, 이러한 사항은 개별 주의 실정에 부합되게 각주 의회에서 제정한 주노동법에 의하여 규율되는 것이 원칙이다. 즉, 연방노동법은 모든 주에서 공통적으로 적용되어야 할 기본적인 기준 및 원칙을 제시하고, 개별 주는 연방노동법에 위배되지 아니하는 범위 내에서 각자 주노동법을 제정하여 이를 적용하는 것이다.

한편, 개별적 근로관계에 관한 연방법률로서 근로자의 직업상 안전과 건강을 보호하기 위한 1970년의 「직업안전보건법」(Occupational Safety and Health Act: OSHA) 등 다수의 법률이 제정되어 있다.

### 3. 집단적 노사관계법

미국에서도 다른 나라의 경우와 마찬가지로 최초에는 근로자의 단결권이 제한·금지되어 왔으나, 점차 법적 보호를 받기 시작하였다. 이를 주요법률이 제정되어 온 순서에 따라 설명하여 보면 다음과 같다.

### (1) 셔 먼 법

근로자의 단결권은 1890년의 셔먼법(Sherman Act)에 의하여 제한·금지되었다.

---

6) Shelton v. Tucker, 364 U.S. 479(1960); NAACP v. Button, 371 U.S. 415(1963); Minnesota State Bd. for Community Coll. v. Knight, 465 U.S. 271(1984). Edwards 외, Lab. L., p. 113 이하; Wollett & Weisberger 외, Col. Bar., p. 20 이하 참조.

동법은 본래 독점금지법(antitrust law)의 일종에 해당하는 경제입법으로서 그 입법목적은 기업의 경제적 발전을 억제하는 어떠한 계약·단체 또는 행위도 불법화 하는 것이었다. 그러나, 사용자들은 근로자의 단결활동이 동법의 독점금지 목적에 위반된다고 주장하고 법원은 이에 동조하여 근로자의 단결활동에 대한 금지명령을 내려왔다.

### (2) 클레이톤법

1914년에 제정된 클레이톤법(Clayton Act)은 셔먼법의 보완법으로서 ⅰ) 근로자의 단결권·단체교섭권이 독점금지법에 위반되지 아니함을 인정하였으며, ⅱ) 보수적인 법원이 근로자의 단결활동을 제한·금지하는 수단으로 사용하였던 단결활동 금지명령의 행사를 금지하였고, 또한 ⅲ) 인간의 노동은 상품이 아님을 명문으로 선언하였다.

### (3) 노리스-라가디아법

1914년의 클레이톤법에서 근로자의 단결활동이 독점금지법에 위배되지 아니함을 인정하였음에도 불구하고 보수적 법원들은 계속하여 독점금지법을 적용하여 단결활동을 제한·금지하였다. 이에 따라 1932년에 근로자의 단결활동을 적극적으로 인정하기 위한 미국 최초의 연방노동입법이라고 할 수 있는 「반금지명령법」(Anti-Injunction Act)을 제정하였다. 이를 통칭 「노리스-라가디아법」이라고도 부른다.

동법의 주요 내용은 ⅰ) 연방법원이 근로자의 단결활동에 대하여 어떠한 경우에도 금지명령을 내릴 수 없도록 규정하고, ⅱ) 단체교섭권과 쟁의권을 확인함으로써 이를 통한 근로자의 경제적 지위향상을 도모함에 있다.

### (4) 와그너법

1935년에 집단적 노사관계의 일반법으로서 「전국노사관계법」(National Labor Relations Act)이 제정되었다. 동법의 입안자는 미국 상원의원 와그너였으며, 이에 따라 동법을 일명 「와그너법」(Wagner Act)이라고도 부른다. 동법 주요 내용으로 ⅰ) 근로자의 단결권, 단체교섭권 및 단체행동권 등 근로삼권에 대한 법적 보장, ⅱ) 단체교섭을 위한 배타적 교섭제도의 도입 및 ⅲ) 노사분쟁의 평화적 해결을 목적으로 한 노동쟁의조정제도 등을 규정하였다. 또한 동법은 ⅰ) 사용자측에 한하여 부당노동행위(unfair labor practice)를 인정하고 있으며, ⅱ) 클로즈드 숍(closed shop)제도를 인정하는 반면에 오픈 숍(open shop)제도는 금지하였다.

### (5) 태프트-하틀리법

1947년에 와그너법의 개정법으로서 「노사관계법」(Labor Management Relations Act)이 제정되었다. 동법은 상원의원 태프트와 하원의원 하틀리가 입안한 것으로서 일명 「태프트−하틀리법」(Taft−Hartley Act)이라고도 부른다. 태프트−하틀리법은 ⅰ) 종래에 사용자에게만 인정되어 오던 부당노동행위를 근로자에게도 인정하고, ⅱ) 클로즈드 숍제도를 금지하고 오픈 숍제도를 원칙으로 채택하였으며, ⅲ) 조합원과 비조합원 간의 차별대우를 완전히 금지하였고, ⅳ) 동일산업계 전체를 상대로 하는 단체교섭을 금지하였으며, ⅴ) 쟁의행위는 60일간의 냉각기간이 경과된 후에 행할 것을 규정하였다.

### (6) 랜드럼-그리핀법

미국의 노동조합은 1935년의 와그너법 제정 이래 급속히 발전하여 왔다. 그러나 미국 노동조합이 조합 내부문제의 처리에 관하여 반민주적 운영을 하는 것이 커다란 문제로 대두되었다. 이에 따라 노동조합 내의 민주성을 확립하고자 1958년의 「노조운영보고・공개법」(Labor Management Reporting and Disclosure Act)이 제정되었다. 이를 「랜드럼−그리핀법」(Landrum−Griffin Act)이라고 부른다. 동법의 입법목적은 노동조합 내부의 부정행위, 조합원들의 권리침해 및 권한남용 등을 방지하여 조합 내부의 민주적 운영을 도모하고자 하는 것이다.

## Ⅳ. 우리나라의 노동입법

### 1. 개    요

우리나라의 노동입법의 가장 큰 특색은 명문의 헌법규정에 의하여 근로기본권으로서 「근로의 권리」 및 「근로삼권」이 보호받고 있다는 사실이다. 즉 헌법 제32조제1항은 「모든 국민은 근로의 권리를 가진다」라고 규정하여 근로의 권리를 보장하고 있으며, 제33조제1항은 「근로자는 근로조건의 향상을 위하여 자주적인 단결권・단체교섭권 및 단체행동권을 가진다」라고 규정하여 근로삼권을 보장하고 있다. 이에 따라 다수의 법령이 제정되어 근로자의 헌법상 근로기본권을 구체화 함으로써 이를 보장하고 있다.

선진국의 노동입법들은 노사간에 자율적・관행적으로 이미 형성된 노사관계를 국가가 사후에 승인하여 법제화 하는 것이 일반적이다. 이에 반하여, 우리나라 최초의 노동입법7)은 당사자간의 자치적인 노사관계가 충분히 형성되기도 전에 국가정책적 필요성에 따라 법령에 의하여 노사관계를 강제로 설정하였다는 점이 또 다른 특색 중의 하나이다.8)

한편, 우리나라의 최초의 노동입법은 대부분 일본 노동입법을 그대로 모방·계수하였다. 일본 노동법은 제2차 세계대전 이후 미국 맥아더 군정하에서 미국 노동법의 영향을 크게 받아 제정되었으므로9) 우리나라의 노동입법 역시 미국 노동법의 영향을 당연히 받게 되었다.10) 예컨대, 근로삼권의 병렬적 나열, 부당노동행위구제제도, 노동쟁의조정제도, 기업별 노동조합활동 및 단체교섭제도, 노동위원회제도 등은 미국 노동법의 제도를 계수한 것으로 볼 수 있다. 그러나, 미국법만의 영향을 받은 것은 아니며, 단체협약의 지역적 구속력 등은 독일 단체협약법의 내용을 계수한 것이다.

최초의 노동입법이 외국의 것을 모방·계수한 것은 사실이나, 점차 노동법령의 제정 및 개정 등을 통하여 우리나라의 노사현실에 부합되는 노동법체계를 갖추어 가고 있음은 물론이다. 1996년 및 1997년의 노사관계개혁위원회에 의한 노동입법 제정 및 개정 작업은 대표적인 예라고 할 수 있을 것이다.

## 2. 개별적 근로관계법

헌법 제32조에 규정된 「근로의 권리」를 보장하기 위하여 다수의 법령이 제정되었다.

개별적 근로관계법의 모법은 1953년에 제정된 「근로기준법」(1953. 5. 10, 법률 제286호)이다. 근로기준법은 근로조건의 기준을 정함으로써 근로자의 기본적 생활을 보장·향상시키는 것을 목적으로 제정되었다. 1962년에는 「선원법」(1962. 1. 10, 법률 제963호)이 제정되어 선원에 관한 근로조건을 근로기준법과는 별도로 정하게 되었고, 1963년에는 「산업재해보상보험법」(1963. 11. 5, 법률 제1438호)이 제정되어 근로기준법상의 재해보상제도와 병행하여 산업재해에 관한 사회보험제도를 실시하였다. 1986년에는 「최저임금법」(1986. 12. 31, 법률 제3927호)이 제정됨에 따라 그동안 근로기준법에서 규정하여 오던 최저임금에 관한 규정(동법 제34조 및 제35조)이 삭제되고, 별도

---

7) 우리나라 최초의 노동입법에는 1953년 3월에 제정된 노동조합법, 노동쟁의조정법, 노동위원회법 및 동년 5월에 제정된 근로기준법이 있으며, 이들을 일반적으로 노동4법이라고 부른 바 있다.

8) 김치선, 노동법, p. 58.

9) William B. Gould, Japan's Reshaping of American Labor Law(Cambridge: MIT Press, 1984).

10) 김치선, 노동법, p. 58; 김형배, 노동법, p. 59; 박홍규, 노동법, pp. 124~125; Jennifer L. Porges, The Development of Korean Labor Law and the Impact of the American System, 12 Com. Lab. L. J. 335(1991).

로 최저임금법의 적용을 받게 되었다. 1990년에는 「산업안전보건법」(1990. 1. 13, 법률 제4220호)이 전문개정되어 근로자의 안전과 보건에 관한 사항을 규정함에 따라 근로 기준법 제6장의 안전과 보건에 관한 규정이 삭제되고 산업안전보건법의 적용을 받게 되었다. 1997년에는 노사관계개혁위원회의 개정작업이 결실을 맺어 근로기준법 (1997. 3. 13, 법률 제5309호)이 대폭 개정되었으며, 이는 정치적인 이유로 제정의 형식을 취하고 있다. 1998년에는 파견근로자의 권익을 보호하고, 동제도를 합법화 하기 위하여 「파견근로자보호 등에 관한 법률」(1998. 2. 20, 법률 제5512호)이 제정되었고, 기업이 도산하는 경우 근로자의 임금채권을 보장하기 위하여 「임금채권보장법」 (1998. 2. 20, 법률 제5513호)이 제정되었으며, 근로자의 퇴직금을 보호하기 위하여 「근로자퇴직급여보장법」(2005. 1. 27, 법률 제7379호)이 제정되었다.

한편, 헌법 제32조제1항에 규정된 근로의 권리는 취업자뿐 아니라 실업자 등 미취업자에게도 보장되어야 한다. 이에 따라 현재는 고용되어 있지 아니하나 향후 고용되어 사용자와 개별적 근로관계를 맺을 것으로 예정하고 있는 미취업근로자를 보호하기 위한 다수의 고용정책에 관한 법령이 제정되었다.

국가의 고용정책에 관한 기본법은 1993년에 제정된 「고용정책기본법」(1993. 12. 27, 법률 제4643호)이다. 고용정책기본법의 부속법 내지 특별법으로서 ⅰ) 2004년에 「근로자직업능력개발법」(2004. 12. 31, 법률 제7298호)이 제정되어 종전의 근로자직업 훈련촉진법(1997. 12. 24, 법률 제5474호)이 폐지되었고, ⅱ) 1987년에 「남녀고용평등법」 (1987. 12. 4, 법률 제3989호)이 제정되었으며, ⅲ) 「직업안정법」(1994. 1. 7, 법률 제4733 호)이 제정됨에 따라 종전의 직업안정및고용촉진에관한법률(1989. 6. 16, 법률 제4135 호)은 폐지되었고, ⅳ) 「고용보험법」(1993. 12. 17, 법률 제4644호)이 고용정책기본법과 함께 제정되었다.

한편, 2006년에 기간제 및 단시간근로자의 보호를 위하여 「기간제 및 단시간근로자 보호 등에 관한 법률」(2006. 12. 21, 법률 제8074호)이 제정되었다.

### 3. 집단적 노사관계법

헌법 제33조에 규정된 「근로삼권」을 보장하기 위하여 다수의 법령이 제정되었다.
우선 1953년에 노동조합법(1953. 3. 8, 법률 제280호), 노동쟁의조정법(1953. 3. 8, 법률 제279호), 노동위원회법(1953. 3. 8, 법률 제281호)이 제정되었다. 1961년 5 · 16군사 쿠데타 이후 제3공화국에서 「근로자의단체활동에관한임시조치법」(1961. 8. 20, 법률 제 672호) 및 「외국인투자기업의노동조합및노동쟁의조정에관한임시특례법」(1970. 1. 1, 법

률 제2192호) 등이 제정되어 근로자의 근로삼권을 제한·금지하였으나, 곧 폐지되었
다. 제4공화국에서 「국가보위에관한특별조치법」(1971. 12. 27, 법률 제2312호)을 제정하
여 동법 제9조제1항에서 근로자의 단체교섭권 및 단체행동권을 제한하였으나, 이 역
시 폐지되었다.

한편, 1981년에 「노사협의회법」(1981. 4. 8, 법률 제3422호)이 제정됨에 따라 종전
에 노사협의제도를 규정하고 있던 노동조합법 제6조는 폐지되고, 노사협의제도는 노
사협의회법의 적용을 받게 되었다.

1997년에 노사관계개혁위원회의 입법활동에 의하여 「노동조합 및 노동관계조정
법」(1997. 3. 13, 법률 제5310호)이 제정되었다. 「노동조합 및 노동관계조정법」은 종전
의 노동조합법과 노동쟁의조정법을 폐지·통합하여 이를 단일화 한 집단적 노사관
계에 관한 기본법이다. 한편, 역시 노사관계개혁위원회의 입법활동에 의하여 종전의
노사협의회법이 폐지되고 1997년에 「근로자참여 및 협력증진에 관한 법률」(1997. 3.
13, 법률 제5312호)이 제정되었다.

## 제 3 절 노동법의 국제화

### I. 의 의

근로자의 근로기본권이 국내적 보호를 받게 되고 점차 신장되자 이러한 근로기
본권을 국제적으로 보호하기 위한 움직임이 대두되기 시작하였다.

국제노동회의의 필요성을 최초로 제시한 국제노동운동가는 영국의 로버트 오웬
(Robert Owen) 및 프랑스의 다니엘 르그랑(Daniel Le Grand) 등이지만 실현되지 못하
였다. 국제적 차원에서 국제노동회의의 개최를 최초로 주장한 국가는 1889년의 스위
스였으나, 최초로 실현된 것은 독일에 의한 베를린국제노동회의이다. 1899년에 독일
정부의 주도하에 개최된 베를린국제노동회의는 14개 국가의 대표가 참석한 가운데
개최되어 국제협약은 체결하지 못하였으나 다음과 같은 내용의 권고결의안을 채택하
였다. ① 광산노동보호, ② 일요일휴무인정, ③ 연소자노동보호, ④ 부녀자노동보호.

그 후 1905년과 1906년에는 스위스정부의 초청에 의하여 베른(Bern)국제노동회
의가 소집되었으며, 동 회의에서 마침내 최초의 국제노동조약을 체결하였다. 그 주
요 내용은 다음과 같다. ① 성냥공업에 있어서의 황인사용금지, ② 부녀자 야간근로

금지, ③ 베를린회의 결의안의 재확인.

이러한 근로기본권을 국제적으로 보호하기 위한 노력은 결국 국제노동기구(International Labor Organization: ILO)의 성립으로 결실을 보게 되었다. 최근에는 소위 블루라운드(Blue Round: BR)라고 불리우는 국제무역과 근로기본권의 연계 움직임이 대두되고 있다. 블루라운드라 함은 근로자의 열악한 근로조건을 이용하여 낮은 가격의 상품을 생산함으로써 국제무역상의 경쟁력을 갖추고자 하는 국가 또는 개인 등을 규제하는 것을 말한다.

ILO가 근로자의 근로기본권 자체의 보호에 주된 목적을 두고 있는 반면에, 블루라운드는 공정한 국제무역의 실현을 주된 목적으로 하고 근로기본권의 보호는 부차적인 목적에 불과하다는 점에 차이가 있다.

## Ⅱ. 국제노동기구[11]

### 1. 연  혁

#### (1) 성  립

제1차 세계대전중 선진국간에 국제적 노동조직의 필요성이 대두되었고, 이에 따라 국제노동기구 형성의 기초가 마련되었다.

그리하여 제1차 세계대전이 종식되고 1919년에 프랑스 파리에서 조인된 베르사유평화조약의 제1편은 국제연맹의 설립을 규정하였고, 동조약 제13편은 국제노동기구의 설립을 규정함으로써 이에 따라 ILO가 성립되었다.

#### (2) 목  적

ILO의 목적은 ILO헌장과 필라델피아선언에서 그 내용을 파악할 수 있다.

##### (가) ILO 헌장

ILO의 목적은 ILO헌장(Constitution)의 전문에 명문으로 규정되어 있다. ILO헌장 전문은 "세계의 항구적인 평화는 사회정의를 기초로 하여 확립될 수 있는바, 이러한 사회정의는 곤궁과 궁핍을 초래하는 열악한 근로조건을 개선하는 경우에만 달성될 수 있으므로 근로조건의 개선이 ILO의 가장 커다란 과제이다"라고 규정하고 있다. 즉, ILO는 근로자의 근로조건의 개선을 통하여 세계평화에 이바지하는 것을 주된 목적으로 하고 있는 것이다.

---

11) ILO에 관한 상세한 내용은 이을형, 「국제노동기구」(1994, 숭실대학교출판부) 참조.

⑷ 필라델피아 선언

1944년 제26차 ILO총회에서 필라델피아선언이 채택되었다. 필라델피아선언은 ILO의 목적을 구체화 하고 있으며, 일명 「국제노동기구의 목적과 목표에 관한 선언」이라고도 불리우고 있다. 동 선언은 1946년에 캐나다의 몬트리올에서 개최된 제29회 ILO총회에서 채택한 ILO헌장의 전문과 부속서를 구성하고 있다.

필라델피아선언 제1절은 ILO 목적의 근본원칙으로서 다음의 4개 항목을 규정하고 있다. ① 노동은 상품이 아니다. ② 사회의 지속적인 진보를 위하여 표현 및 결사의 자유는 필수불가결하다. ③ 일부계층의 빈곤은 전체의 번영에 위험하다. ④ 빈곤의 극복은 근로자대표 및 사용자대표가 정부대표와 동등한 지위에서 자유로운 토의 및 민주적 결정에 참가함으로써 수행되는 것이 필요하다.

(3) 발   전

ILO는 1919년 베르사유협약에 의하여 창설되었다. 창설 당시에는 국제연맹의 산하기관이었으나, 제2차 세계대전의 종료와 함께 국제연맹이 해체됨에 따라 1946년에 국제연합 전문기구 중의 하나가 되었다.

ILO의 전체 회원국은 약 170여개국이며, 우리나라는 1991년 12월 9일 이에 가입하였다. ILO헌장에 의하면 국제연합 회원국은 ILO가입을 신청하기만 하면 자동적으로 회원자격이 부여되나, 국제연합 회원국이 아닌 경우에는 총회의 의결을 거쳐 가입에 대한 승인을 받아야 한다. ILO의 현재 본부는 스위스 제네바에 있으며, 1969년 창립 50주년에 노벨평화상을 수상한 바 있다.

2. 주요조직

ILO는 다른 UN 전문기구와 달리 정부대표만이 참가하는 것이 아니라 근로자대표 및 사용자대표도 함께 참여하는 노·사·정 3자협의기구(tripartite)라는 특징을 가지고 있다. ILO는 매년 개최되는 총회(General Assembly), 집행기관인 이사회(Governing Body), 그리고 상설 국제노동사무국(International Labor Office)으로 구성되어 있다. 또한 지역회의, 산업별 위원회, 그리고 전문가회의 등의 보조기관들을 통해서도 업무를 수행한다.

(1) 총   회

총회는 ILO 회원국이 모두 참여하는 전체회의로서 ⅰ) 이사회 구성원을 선출하고, ⅱ) ILO 예산을 승인하며, ⅲ) 노동·사회문제 등 ILO 현안에 대한 협의 및 결정을 한다.

총회는 소위 3자 협의기구로서 각 국가의 대표단은 정부대표 2인, 노사대표 각 1인의 4인으로 구성된다. 이들 대표는 서로 독립하여 자유롭게 발언하고 투표권을 행사할 수 있다.

### (2) 이 사 회

이사회는 ILO 정책 및 사업에 관한 사항을 토의·결정하는 기관으로서 통상 1년에 3차례 제네바에서 개최된다. 이사회는 28개국의 정부대표, 14개국의 사용자대표, 14개국의 근로자대표로 구성되어 있으며, 인원은 총 56명이다. 이사들의 임기는 3년이며, 28명의 정부대표 중에서 10명은 주요 산업국가의 이사 중에서 상임이사로 선출되고 18명의 정부이사는 총회에서 선출된다.

### (3) 사 무 국

사무국은 ⅰ) 근로자의 근로조건 및 생활수준에 관한 정보의 수집·배포, ⅱ) 국제협약을 체결할 목적으로 총회에 제출되는 사항의 심사·검토 및 ⅲ) 총회 또는 이사회가 명하는 특별조사의 실시를 행한다. ILO 사무국은 이사회에서 선출한 사무총장이 통할한다. 사무총장은 이사회가 승인한 규정에 따라 사무국직원을 임명한다.

### (4) 지역회의 및 산업별 위원회제도

#### ㈎ 지역회의

세계의 각 지역은 지역별로 다른 지역과 구분되는 독특하고 고유한 노사관계 및 사회문제를 갖고 있다. 이에 따라 ILO는 지역별 문제에 국한된 사항을 논의하기 위한 지역회의를 설치하고 있다. 지역회의에서는 지역문제에 대한 토의 및 해결안을 제시한다. 이러한 지역회의의 권한·임무 및 절차에 관한 사항은 이사회에서 작성되고 총회의 확인을 얻어 결정된다. 현재, 지역회의로는 아시아지역회의, 아메리카지역회의, 유럽지역회의, 중근동지역회의 및 아프리카지역회의의 5가지 종류가 있다.

#### ㈏ 산업별 위원회제도

ILO에는 이사회에 부속되어 있는 8개의 전문위원회 외에 각 개별 산업을 대상으로 산업별 회의가 조직되어 있다. 현재는 탄광, 운수, 철강, 금속, 섬유, 건축, 토목,

공공산업, 석유 및 화학공업 등 10개의 산업별 위원회가 설치되어 있다.

### 3. ILO협약 및 권고

#### (1) 협약과 권고의 법적 성격

ILO협약은 일반적인 국제조약과 마찬가지로 회원국이 비준(ratification)하는 경우에 한하여 회원국을 구속하는 법적 효력이 발생한다.

ILO의 결정방법에는 협약(Convention)과 권고(Recommendation)의 두 가지 종류가 있다. ⅰ) 협약은 가맹국이 비준함으로써 구속력을 가지는 문서이나, ⅱ) 권고는 협약을 보완하거나 또는 모든 회원국에게 공통적으로 실시하기에는 부적합하므로 각 국가별로 자유로이 채택하되 이 경우의 기준을 권고하는 방침에 해당된다.

#### (2) 협약과 권고의 채택 · 제정

협약과 권고의 채택 · 제정절차는 다음과 같다. 먼저 ILO의 이사회나 비중 있는 노사단체 등이 특정 사안을 이사회에 건의하게 된다. 건의사항을 접수한 이사회는 동 건의사항을 이사회의 의제로 채택할 것인지의 여부 및 이사회의 심의를 거쳐 다시 총회의 의제로 채택할 것인가의 여부를 결정하게 된다. 총회의 의제로 채택되면 ⅰ) 제1차 토의에서 해당 사안을 심의하여, 이를 협약으로 할 것인가, 권고로 할 것인가를 결정하고, ⅱ) 다음해의 제2차 토의에서 제1차 토의의 내용을 재심의함과 동시에 그 결과에 따라 협약이나 권고 또는 이 두 가지 모두를 채택하게 된다. 이 때에는 출석한 총회대표 3분의 2의 동의를 필요로 한다.

#### (3) 협약과 권고의 실시

##### (가) 협 약

총회에서 협약이 채택되면 ILO 사무총장은 이를 각 회원국에게 통보한다. 이에 따라 각 회원국은 이를 자국의 입법기관에 보고하고 그 사본을 국내의 주요 노사단체에 각각 송부하여야 하며, 이 경우 비준의 필요성 여부와 적용가능성 등에 관한 의견을 그 사본과 함께 첨부하여야 한다. 가맹국의 입법기관이 협약을 비준한 경우에는 정부책임자가 서명한 결과통보문을 ILO 사무총장에게 송부하여야 한다. 비준되지 아니한 경우에는 그 협약이 다루고자 하는 사항에 관한 자국의 법률 및 관행의 실태를 이사회에 보고하여야 한다.

(나) 권　고

ILO는 총회에서 채택된 권고를 모든 회원국에게 통보한다. 회원국은 입법기관에서 비준절차를 밟지 아니하여도 무방하다. 여타의 절차는 협약과 동일하게 처리한다.

**4. 시행감독**

ILO는 협약과 권고를 회원국이 제대로 시행하고 있는지를 확인·감시하기 위하여 「협약과 권고의 적용 전문가위원회」와 「의사진행규정 및 협약 권고위원회」라는 기구를 설치·운영하고 있다. 또한 협약위반사항을 신고할 수 있는 제도와 협약준수와 관련된 불만신고 등을 접수할 수 있는 절차를 마련해두고 있다.

**5. 주요협약의 내용**

ILO협약이나 권고의 내용은 비단 근로기본권의 보호에 국한되는 것이 아니라 사회보장 등 경제·사회적 문제에 걸쳐 상당히 광범위하다. 현재까지 채택된 주요협약 및 권고를 살펴보면 다음과 같다.

(1) 기본적 인권

① 동일가치·동일노동 보수에 관한 협약(1951, 제100호), ② 고용 및 직업의 차별대우 금지에 관한 협약(1958, 제111호), ③ 결사의 자유 및 단결권의 보호에 관한 협약(1948, 제87호), ④ 강제노동 폐지에 관한 협약(1957, 제105호) 등이 있다.

(2) 노사관계

① 전국적 규모사업에 있어 공기업·근로자단체 및 사용자단체 간의 협의와 협력에 관한 권고(1960, 제113호), ② 기업 내 경영자와 근로자 간의 대화촉진에 관한 권고(1967, 제129호), ③ 기업 내 고충해결을 위한 심사에 관한 권고(1967, 제130호), ④ 근로자대표에 관한 협약(1971, 제135호), ⑤ 기업 내 근로자대표에게 부여된 보호와 편의에 관한 권고(1971, 제143호), ⑥ 단체교섭촉진에 관한 협약(1981, 제154호) 등이 있다.

(3) 근로기준

① 제조업근로자의 근로시간을 1일 8시간 및 1주 48시간으로 제한하는 협약(1919, 제1호), ② 최저임금결정제도 설정에 관한 협약(1928, 제26호), ③ 근로시간 단축에 관한 권고(1962, 제116호), ④ 연차유급휴가에 관한 협약(1970, 제32호) 등이 있다.

(4) 여성근로

① 야간에 있어서 부녀자의 고용에 관한 협약(1952, 제103호), ② 가사책임을 갖는 부녀자의 고용에 관한 권고(1965, 제123호), ③ 야간근로에 관한 협약(1990, 제171호) 등이 있다.

(5) 근로자복지 및 사회보장

① 사회보장의 최저기준에 관한 협약(1952, 제102호), ② 업무상 재해의 경우에 있어서 급부에 관한 협약(1964, 제121호), ③ 근로자주택에 관한 권고(1961, 제115호), ④ 사회보장권리의 유지에 관한 협약(1982, 제157호), ⑤ 선원의 사회보장에 관한 협약(1987, 제165호) 등이 있다.

# 제2장 노동법의 주요체계

## 제1절 노동법의 정의

### Ⅰ. 의 의

근대 시민법사회에서의 근로자와 사용자의 관계는 불평등관계로서 근로자의 채용 여부, 근로조건의 내용 및 근로관계의 종료 여부는 사용자의 일방적 의사에 따라 결정되었다. 그러나 근로자는 자신의 노동력을 사용자에게 상품으로서 제공하는 방법 이외에는 생존수단이 없었으므로 이러한 불평등관계에도 불구하고 사용자의 지휘·명령에 종속되어 근로를 제공할 수밖에 없었다. 이러한 불평등관계를 「종속노동관계」라고 하며, 이러한 시민법상의 종속노동관계를 극복하고자 대두된 법개념이 바로 노동법이다. 따라서, 일반적으로 노동법이라 함은 「종속적 노동에 관한 법」이라고 정의되고 있다.[1]

### Ⅱ. 종속노동의 본질

「종속노동」의 본질에 관하여는 다양한 견해가 제기되고 있다.

#### 1. 학 설

#### (1) 경제적 종속설

근로자는 사용자에 비하여 경제적으로 약한 지위에 있다는 경제적 불평등을 종속노동의 본질적 내용으로 파악하려는 견해이다. 사용자에게 고용되어 사용되는 것

---

[1] 김치선, 노동법, p. 71; 박상필, 노동법, p. 23; 이병태, 노동법, p. 3. 이에 대하여 ⅰ) 종속노동은 채권·채무관계의 이면에 불과하다는 견해(김형배, 노동법, p. 17), ⅱ) 종속노동은 노동법을 이해하기 위한 하나의 기초개념이라는 견해(박홍규, 노동법, p. 23) 등이 있다.

이외에는 경제적으로 독립해서 생활을 영위할 수 없는 상태에 있는 근로자는 사용자의 채용 여부에 따라 자신의 생존 여부가 결정되므로 근로조건의 결정 및 근로관계의 유지에 있어 사용자에게 종속될 수밖에 없다는 견해이다.

### (2) 인격적 종속설

근로자의 사용자에 대한 인격적 종속을 종속노동의 본질적인 내용으로 파악하는 견해이다. 근로자는 사용자의 지휘·명령에 따라 근로를 제공하게 되며, 이 경우 제공되는 근로는 단순한 상품이 아니라 근로자의 인격과 불가분의 관계에 있으므로 근로자는 자신의 인격을 사용자의 지휘·감독하에 종속하게 된다는 것이다.

인격적 종속설은 근로계약을 채권관계와 인간관계의 복합적인 관계라고 주장하는 견해에 대한 이론적 근거를 제공하고 있다.

### (3) 조직적 종속설

근로자가 근로계약의 체결에 의하여 사용자의 경영조직에 편입됨으로써 사용자의 조직지휘·운영권에 복종하게 되는 것을 종속노동관계의 본질적인 내용으로 파악하는 견해이다.

사용자는 소유권에 근거하여 경영조직을 지휘·운영할 수 있는 권한을 갖고 있는바, 경영조직에는 물적 시설뿐 아니라 근로자의 노동력도 포함되므로, 따라서 근로자는 사용자의 지휘·명령에 종속하게 된다는 견해이다.

### (4) 법률적 종속설

사용자의 소유권은 근로자를 고용하는 기능과 함께 제공된 노동력을 관리하는 권리를 법률에 의하여 부여받고 있다는 사실을 종속노동관계의 본질적 내용으로 파악하는 견해이다. 사용자는 소유권자이며 동시에 노동력에 대한 관리권과 처분권을 갖고 있으므로 단순한 근로의 제공자인 근로자는 사용자의 법적 권리에 종속할 수밖에 없다고 한다.

### (5) 타인결정설

근로의 내용이 타인인 사용자에 의하여 결정된다는 사실을 종속노동의 본질적인 내용으로 파악하는 견해이다.

근로의 급부를 도급관계와 같은 특정근로와, 시간급과 같은 종류근로로 나누고, 전자의 경우에는 급부의 내용이 자율적으로 결정되나 후자의 경우에는 타인인 사용자의 지시에 따라 근로의 내용이 결정되기 때문에 결과적으로 근로자는 사용자의 지휘명령권에 따르게 된다는 견해이다.

## 2. 판례 및 사견

### (1) 판례 및 학설

대법원 판례는 종속노동관계라는 용어 대신에 「사용종속관계」라는 용어를 사용하여 민법상의 고용관계와 구별되는 종속노동관계의 개념을 인정하고 있다. 다만, 근로기준법은 물론 학설·판례도 사용종속관계의 개념에 대한 명확한 기준을 제시하고 있지 아니하다. 그러나, 대체로 ⅰ) 사용자의 업무지시가 명령인가 아니면 의뢰·부탁인가의 여부, ⅱ) 근로자가 사용자의 업무지시를 수행할 것인지를 결정할 수 있는 재량권의 보유 여부, ⅲ) 근로시간 및 근로장소가 사용자에 의하여 결정되는지의 여부, ⅳ) 보수가 근로의 대가인지 아니면 독립적 사업에 대한 용역비 등의 보수인지 여부, ⅴ) 근로자가 다른 직무를 겸직할 수 있거나 타인의 근무로 대체할 수 있는지의 여부, ⅵ) 근로계약체결시 근로조건결정과정에서 근로자의 불리한 지위의 존재 여부 및 ⅶ) 근로자에 대한 사용자의 징계가능성 여부 등이 제시되고 있다.[2]

### (2) 사　　견

종속노동의 본질에 관한 학설의 대립은 기본적인 관점의 차이에 불과하므로 이를 포괄적·복합적으로 파악하는 것이 현재의 일반적인 견해이다.[3] 따라서, 사견으로는 노동법의 대상이 반드시 종속노동관계에 국한되는 것은 아니나 최소한 종속노동관계는 노동법의 가장 본질적이고 근본적인 대상이 된다고 본다. 노동법은 시민법 하에서의 종속노동관계를 극복하고자 하는 목적에서 대두되었으나, 현재는 그 규율 대상이 보다 넓다고 할 것이다.

구체적인 내용 및 체계에 대하여는 후술하기로 한다.

---

2) 박상필, 노동법, p. 135; 김형배, 근로기준법, p. 22; 대판 1987. 6. 9, 86다카2920; 대판 1989. 7. 11, 88다카21296; 대판 1991. 1. 15, 90다11431; 대판 1994. 12. 9, 94다22859; 근기 01254-6463(1988. 4. 25); 근기 01254-12276(1990. 9. 3).

3) 이병태, 노동법, p. 4.

# 제2절 노동법의 법적 지위

## Ⅰ. 노동법과 사법·공법과의 관계

노동법은 사법과 공법의 중간영역에 속하는 법으로서 사법 및 공법의 성질을 함께 보유하고 있다.

### 1. 노동법과 사법의 관계

노동법은 시민법체계하의 사법적 원리의 모순을 극복하고자 새로이 대두된 법분야이다. 이러한 관점에서 볼 때에 노동법은 사법과 별개의 독립된 법분야로 파악하는 것이 타당할 것이다.[4] 예컨대, 노동법 체계하에서는 당사자가 근로조건을 임의로 결정하는 것이 아니라 법률의 규정에 의하여 강제하고 이를 위반하는 경우 형벌을 부과하게 되는바, 이러한 점은 전통적인 사법체계와 명백히 구별되는 것이다.

다만, 노동법은 사법체계를 부정하고 이와 대립되는 것은 아니며, 근로자의 실질적 자유와 평등을 확보하기 위하여 양자는 상호보완관계에 있다고 보아야 할 것이다. 즉, 노사간의 근로관계에는 노동법령 및 노동법의 기본원리를 우선 적용하되, 이것이 불가능한 경우에 사법이 적용된다고 할 것이다. 예컨대, ⅰ) 근로계약 및 단체협약 등의 체결방법 및 효력 등에 관하여는 근로기준법 및 노동조합법 등 관련법령에 명문으로 규정되어 있으므로 이에 따르되, ⅱ) 이들 위반에 관한 손해배상의 청구 등에 관하여는 관련법령에 명문의 규정이 없으므로 노동법원리에 위배되지 아니하는 한도 내에서 민법의 규정을 적용하여야 할 것이다. 그러나, 노동법이 민법의 특별법적 성질을 갖는다는 것을 의미하는 것은 아니다.

### 2. 노동법과 공법의 관계

노동법은 공법적 성질도 갖고 있다. 근로계약의 체결, 근로조건의 결정 및 효력에 관하여 명문의 법률로 이를 규정하고 이를 위반하는 경우 형벌을 부과하는 것은 명백히 노동법의 공법적 성질을 보여주는 것이다. 또한 노동쟁의조정제도 및 노동위원회제도 등은 국가에 의한 노사관계에의 개입·감독을 의미하는 것이며, 이는 노사

---

4) 박홍규, 노동법(Ⅰ), p. 59 이하 참조.

간의 실질적 자유와 평등을 도모함은 물론 나아가 전체 사회의 공익을 존중하고자 하는 공법적 성격이라고 볼 수 있다.

## Ⅱ. 노동법과 경제법·사회보장법의 관계

노동법·경제법 및 사회보장법은 모두 시민법원리의 모순점을 극복하고자 대두된 사회법의 한 분야를 구성한다는 점에서 공통점을 갖고 있으나, 그 규제의 대상·방법 및 법적 근거에서는 각기 독자성을 갖고 있다. 우리나라의 경우 노동법은 헌법 제32조 및 제33조를, 사회보장법은 헌법 제34조를, 경제법은 헌법 제119조를 각각 법적 근거로 하고 있다.

### 1. 노동법과 경제법의 관계

#### (1) 경제법의 의의

종래의 시민법원리는 경제 질서에 대하여 국가의 개입이나 간섭을 배제하는 자유방임주의를 채택하고 있다. 그러나 이러한 자유방임적 시장경제질서는 형식적 자유경쟁에 그치게 되고 독점기업의 횡포, 인플레이션의 증가, 공황의 발생 및 유산자와 무산자 간의 빈부차 확대 등 많은 경제적·사회적 문제를 야기하였다. 이에 따라 국가가 자유방임적 경제에 개입하여 경쟁 제한적 요소를 제거함으로써 자유경쟁원리를 회복하는 등 경제 전반에 걸친 규제와 조정을 하기 위하여 대두된 법이 바로 경제법이다.

#### (2) 경제법의 법적 근거

우리나라 헌법 제119조 내지 제127조는 국가의 경제법에 관한 헌법적 근거를 제시하고 있다. 이 중 가장 중요한 조항은 제119조로서, 동조는 대한민국의 경제질서에 대하여 ⅰ) 시장경제질서를 원칙으로 하되, ⅱ) 경제성장과 소득분배의 균형, 독점과 경제적 남용의 방지 및 경제주체간의 조화를 위하여 국가가 경제에 관한 규제와 조정을 할 수 있다고 규정하고 있다.

이러한 헌법규정에 근거하여 다수의 경제법이 제정되어 있다. 「독점규제및공정거래에관한법률(1980. 12. 31, 법률 제3320호)」은 독점금지를 통한 시장경제질서의 회복을 위한 법으로서 경제법으로서 기본적 영역을 차지하고 있는 법이라고 할 것이다. 최근에는 경제의 규율대상이 확대됨에 따라 경제법의 범위도 실물경제 및 화폐경제

분야는 물론 대외무역법, 외국환거래법 및 관세법 등 국제경제의 분야까지 확장되고
있다.

### (3) 노동법과 경제법의 관계

노동법과 경제법은 사회법의 한 부분을 구성한다는 점에서 동질성을 갖고 있다.
그러나 노동법은 노사관계를 사회 정책적 측면에서 규율함에 반하여, 경제법은 경제
분야를 경제 정책적 측면에서 규율한다는 점에서 양자는 구별된다고 할 것이다.

## 2. 노동법과 사회보장법의 관계

### (1) 사회보장법의 의의

#### (가) 개 요

종래의 시민법원리는 과실책임주의하에서의 「자기책임」을 원칙으로 하고 있다.
따라서 개인이 질병·노령·위험 등으로 인하여 생활능력을 상실한 경우에도 이는
개인 자신의 책임이므로 타인이나 국가는 아무런 책임도 부담하지 아니하였다. 사회
보장법은 이러한 시민법상의 모순을 극복하고 개인의 생활위험·생활불능 및 생활
장해에 대하여 국가 또는 사회가 직접 개입함으로써 국민의 생존권을 보장하기 위
하여 대두된 법개념이다.

#### (나) 사회보장법의 구성

사회보장법은 크게 사회보험·공공부조 및 사회복지의 세 분야로 구성되어 있다.

① **사회보험:** 사회보험은 생활능력과 관계 없이 특정 위험·질병·노령 및
사망 등의 재해가 발생할 것에 대비하는 사전대책으로서의 사회보장제도이다. 보험
가입자가 보험비용의 일부 또는 전부를 부담하게 되며, 보험가입자의 생활능력 유무
에 상관 없이 보험혜택이 부여된다.

② **공공부조:** 공공부조는 생활능력이 없는 자에 대한 국가 또는 사회의 생
활지원을 내용으로 하는 사회보장제도이다. 공공부조는 일정한 최저수준의 생활을
설정하고 그 기준에 미달하는 자에 대하여 소득을 확보시키는 제도이다. 공공부조는
생활능력이 없는 자에게 무상으로 혜택이 부여된다는 점에서 생활능력의 유·무와
관계 없이 지원되고, 보험료의 일부 또는 전부를 보험가입자가 부담하는 사회보험과
구별된다.

③ **사회복지:** 사회복지는 고령자·장애인·아동 및 모자 등 특정 계층에 대
하여 생활능력의 유무에 상관 없이 금전적 급여가 아닌 공적서비스를 제공하는 사

회보장제도이다. 사회복지는 반드시 금전적 급여를 하지 아니한다는 점에서 금전적
급여를 원칙으로 하는 사회보험제도 및 공공부조제도와 구별된다.

### (2) 사회보장법의 법적 근거

우리나라 헌법 제34조는 사회보장법의 헌법적 근거를 제시하고 있다. 동조제1항
은 모든 국민이 인간다운 생활을 할 권리가 있다고 규정하여 사회보장의 생존권적
기본원리를 천명하고 있으며, 동조제2항은 국가의 사회보장의무를, 제3항은 여자의
복지증진, 제4항은 노인과 청소년의 복지증진, 제5항은 생활능력이 없는 자의 보호,
제6항은 재해예방의무를 각각 규정하고 있다.

헌법 제34조의 규정에 근거하여 사회보장제도에 관한 일반법으로서 「사회보장기
본법」(1995. 12. 30, 법률 제5134호)이 제정되어 있으며, 개별법으로서 다음과 같이 다
수의 사회보장법이 제정되어 있다.

#### (가) 사회보험법

사회보험법에는 국민건강보험법, 고용보험법, 산업재해보상보험법, 국민연금법,
공무원연금법, 사립학교교직원연금법 및 군인연금법 등이 제정되어 있다.

#### (나) 공공부조법

공공부조법에는 국민기초생활보장법, 의료급여법, 재해구호법, 의사상자보호법,
독립유공자예우에관한법률, 국가유공자등예우및지원에관한법률 등이 제정되어 있다.

#### (다) 사회복지법

사회복지법에는 사회복지사업법, 아동복지법, 영유아보육법, 한부모가족지원법,
모자보건법, 노인복지법 및 장애인복지법 등이 제정되어 있다.

### (3) 노동법과 사회보장법의 관계

노동법과 사회보장법은 사회법의 한 부분을 구성한다는 점에서 동질성을 갖고
있다. 그러나 노동법은 근로자와 사용자의 노사관계를 규율함에 반하여, 사회보장법
은 사회구성원인 일반국민에 대한 국가·사회의 사회복지를 규율대상으로 하는 점
에서 양자는 구별된다고 할 것이다. 노동법이 근로의 능력과 의사가 있는 근로자를
보호함에 반하여 사회보장법은 근로의 능력이 없는 국민을 보호한다는 점을 노동법
과 사회보장법의 근본적인 차이로 지적하는 견해도 있으나5) 이는 타당하지 아니하
다. 사회보장법 중 사회보험법과 사회복지법은 근로능력의 유무를 전제로 하지 아니

---

5) 김형배, 노동법, p. 95.

하고 그 혜택이 부여되는 것이 일반적이기 때문이다.

　　사회보장법이 근로자를 대상으로 하는 노동보험법에서 출발되었다는 점을 이유로 사회보장법을 노동법의 한 분야로 보는 견해도 있으나, 사회보장법은 이러한 노동보험법을 포괄하고 있는 보다 광범위한 개념의 법분야이다. 물론 산업재해보상보험법 및 고용보험법 등이 근로자를 대상으로 적용된다는 측면을 강조하는 경우에는 노동법의 영역에, 사회보험적 측면을 강조하는 경우에는 사회보장법의 영역에 속하기 때문에 노동법과 사회보장법이 교차 중복되는 법영역으로 볼 수도 있을 것이다. 그러나, 이러한 이유로 노동법과 사회보장법이 상호 독자적인 법체계를 갖고 있다는 점을 부인할 수는 없을 것이며, 사회보장법에 있어서의 근로관계라는 요소는 사회보장의 구조에 간접적으로 반영될 뿐이다.

# 제 3 절　노동법의 법적 체계

## I. 의　　의

　　노동법의 체계는 이를 크게「개별적 근로관계법」과「집단적 노사관계법」으로 구분하는 것이 일반적이다.[6]

　　개별적 근로관계는 근로자 개인과 사용자 간의 근로관계를 의미하며, 집단적 노사관계는 노동조합 등 근로자집단과 사용자 간의 노사관계를 의미한다. 개별적 근로관계는 헌법 제32조의「근로의 권리」보호를, 집단적 노사관계는 헌법 제33조의「근로삼권」보호를 헌법적 근거로 하고 있다.[7]

　　최근에는 개별적 근로관계법과 집단적 노사관계법 이외에도 고용정책기본법, 직업훈련기본법 및 고용보험법 등을 내용으로 하는「노동시장법」또는「고용정책법」이 대두되고 있다. 이에 대하여 ⅰ) 개별적 근로관계법을 근로관계의 성립・존속・변경 및 종료에 관한 포괄적인 법으로 보고, 노동시장법 또는 고용정책법은 이러한 근로관계의 성립을 장래에 예정하여 이를 전제로 하는 법이므로 이는 개별적 근로

---

6) 독일에서는 죌르너(Söllner)나 아도마이트(Adomeit) 등이 노동법을 개별적・집단적 근로관계로 이분화 하는 것에 비판을 가하고 새로운 분류방법을 채택하고 있다. 아도마이트는 노동법이 다수의 법원으로 형성되어 있으므로 이들 법원간의 서열에 따라 노동법의 체계를 정립하였다. 따라서 노동법의 체계를 ⅰ) 헌법, ⅱ) 법률, ⅲ) 단체협약, ⅳ) 경영협정, ⅴ) 근로계약, ⅵ) 취업규칙의 순서로 분류하고 있다.

7) 박상필, 노동법, p. 45; 이병태, 노동법, p. 43.

관계법에 포함된다는 견해와,[8] ⅱ) 노동시장법 또는 고용정책법은 개별적 근로관계법과는 별개의 제3의 새로운 체계에 속한다는 견해[9]가 있다.

사견으로는 노동시장법 또는 고용정책법을 개별적 근로관계법의 한 부분으로 보고자 한다. 즉, 개별적 근로관계법을 헌법 제32조에 규정된 근로의 권리를 보장하기 위하여 근로관계의 성립·존속·변경 및 종료 등을 규율하고 있는 광의의 노동법으로 파악하고자 한다. 따라서, 근로기준법 등이 이미 고용된 취업근로자의 개별적 근로관계를 규율하고 있다면, 노동시장법 또는 고용정책법 등은 현재 고용되어 있지 아니한 미취업근로자의 개별적 근로관계를 장래에 예정하고 이를 보호·규율하는 법이라고 할 것이다.

## Ⅱ. 개별적 근로관계법

### 1. 관련규정

> 헌법 제32조 ① 모든 국민은 근로의 권리를 가진다. 국가는 사회적·경제적 방법으로 근로자의 고용의 증진과 적정임금의 보장에 노력하여야 하며, 법률이 정하는 바에 의하여 최저임금제를 시행하여야 한다.
> ③ 근로조건의 기준은 인간의 존엄성을 보장하도록 법률로 정한다.
> ④ 여자의 근로는 특별한 보호를 받으며, 고용·임금 및 근로조건에 있어서 부당한 차별을 받지 아니한다.
> ⑤ 연소자의 근로는 특별한 보호를 받는다.
> ⑥ 국가유공자·상이군경 및 전몰군경의 유가족은 법률이 정하는 바에 의하여 우선적으로 근로의 기회를 부여받는다.

### 2. 주요내용

개별적 근로관계는 ⅰ) 취업중인 근로자의 현재 존속하는 개별적 근로관계와 ⅱ) 미취업자의 향후 존속예정인 개별적 근로관계로 나누어 볼 수 있다.[10]

### (1) 취업자의 개별적 근로관계

시민법체계하에서 근로자는 부자유·불평등한 지위에 있으므로 불리한 근로조건을 감수하면서 근로계약을 체결하여야 한다. 따라서 개별적 근로관계법은 근로자 개인과 사용자 간의 근로계약의 체결 및 근로관계의 내용·변경 및 종료절차 등에 국

---

8) 이병태, 노동법, p. 44.
9) 김유성, 노동법(Ⅱ), p. 1; 김수복, 노동법, p. 97; 박홍규, 노동법(Ⅰ), p. 50.
10) 이병태 교수는 개별적 근로관계를 ⅰ) 취업보장에 관한 법률, ⅱ) 근로조건보호에 관한 법률 및 ⅲ) 사회보험에 관한 법률의 셋으로 구분하고 있다. 이병태, 노동법, p. 44.

가가 개입하여 일정한 법적 기준을 제시함으로써 근로자의 근로조건을 보호하는 것을 근본목적으로 하고 있다.

헌법 제32조제3항은 근로조건의 기준은 인간의 존엄성을 보장하도록 법률로 정하도록 규정하고, 동조제1항은 적정임금·최저임금의 보장을, 동조제4항 및 제5항은 여성근로자와 연소근로자의 근로를 각각 보호하도록 규정하고 있어 취업자의 개별적 근로관계보호에 대한 헌법적 근거를 제시하고 있다. 이에 따라, 「근로기준법」, 「선원법」, 「최저임금법」, 「산업안전보건법」, 「남녀고용평등 및 일·가정양립지원에 관한 법률」 및 「산업재해보상보험법」 등이 제정되어 있다.

### (2) 미취업자의 개별적 근로관계

이미 취업의 기회가 부여된 취업근로자의 개별적 근로관계를 보호하는 것도 필요하지만, 향후 개별적 근로관계를 예정하고 있는 미취업근로자에게 취업의 기회를 부여하는 것도 매우 중요한 일이다. 헌법 제32조에서 보장하고 있는 「근로의 권리」의 내용도 근로자에게 취업의 기회를 부여하는 것을 본질적 내용으로 보고, 여타의 권리는 파생적 내용으로 파악하는 것이 일반적인 견해이다.

헌법 제32조제1항은 근로의 권리보호와 근로자에 대한 고용증진의무를, 동조제6항은 국가유공자 등에 대한 우선적 취업기회부여를 규정하고 있어 미취업자의 개별적 근로관계보호에 관한 헌법적 근거를 제시하고 있다. 이에 따라 「고용정책기본법」, 「직업안정법」, 「근로자직업능력개발법」, 「고용보험법」, 「국가유공자 등 예우 및 지원에 관한 법률」, 「독립유공자예우에 관한 법률」, 「고용상 연령차별금지 및 고령자고용촉진에 관한 법률」 및 「장애인고용촉진 및 직업재활법」 등이 제정되어 있다.

## Ⅲ. 집단적 노사관계법

### 1. 관련규정

헌법 제33조  ① 근로자는 근로조건의 향상을 위하여 자주적인 단결권·단체교섭권 및 단체행동권을 가진다.

### 2. 주요내용

집단적 노사관계법은 노동조합 또는 근로자대표 등의 근로자집단과 사용자 간의 노사관계를 규율하는 법이다. 예컨대, ⅰ) 근로자들이 노동조합을 조직하고 이에 가입하거나, 사용자와 단체교섭을 실시하고 쟁의행위를 하는 노사관계, 또는 ⅱ) 단체교섭에 대신하거나 이에 병행하여 노사협의를 하는 노사관계 등이 이에 해당된다.

집단적 노사관계법은 시민법체계하에서 사용자에 비하여 부자유·불평등한 지위에 있었던 근로자 개인을 단결이라는 법적 수단을 통하여 근로자단체로서 조직화시킴으로써 사용자와 실질적으로 대등한 지위를 확보시키는 것을 주된 목적으로 하고 있다.

헌법 제33조제1항은 근로자의 단결권·단체교섭권 및 단체행동권을 보장한다고 규정함으로써 집단적 노사관계법의 헌법적 근거를 제시하고 있다. 이에 따라 노동조합및노동관계조정법 및 근로자참여및협력증진에관한법률 등이 제정되어 있다.

## Ⅳ. 개별적 근로관계법과 집단적 노사관계법의 관계

개별적 근로관계법과 집단적 노사관계법은 각각 별개의 법체계와 헌법적 근거를 갖고 있으나, 양자는 근로자의 근로기본권보호를 위하여 상호 밀접하게 연관되어 있다.[11]

첫째, 집단적 노사관계는 개별적 근로관계의 존재를 전제로 하고 있다. 즉, 근로자가 사용자에게 고용되어 근로관계를 맺지 아니한다면, 노동조합 등이 근로조건의 유지·개선을 위하여 단체교섭이나 쟁의행위를 행하는 것은 무의미하게 될 것이다.

둘째, 개별적 근로관계법은 임금 및 근로시간 등의 근로조건을 법정함으로써 국가가 이에 직접적으로 간섭·개입하게 된다. 이에 반하여 집단적 노사관계법은 근로조건의 내용에 국가가 직접 개입하는 것이 아니라, 근로자의 지위를 사용자와 실질적으로 대등한 지위로 보장하여 대등한 당사자간의 교섭이 가능하게 함으로써 근로조건을 간접적으로 향상시키고 있다.

셋째, 개별적 근로관계는 반드시 집단적 노사관계의 도움이 없이도 유지될 수 있으나, 개별적 근로관계만으로는 노사당사자 간의 실질적으로 대등한 지위를 확보할 수 없다. 따라서 필연적으로 집단적 노사관계의 존재를 필요로 한다.

---

11) 박상필, 노동법, p. 46 이하.

# 제 4 절 노동법의 법원

## I. 의 의

일반적으로 법원이라 함은 법의 존재형식을 말한다. 따라서, 노동법의 법원이라 함은 노동법의 존재형식을 말하며, 노동법에 속하는 법규범의 총칭이라고 할 수 있을 것이다. 노동법의 법원에는 대체로 실정노동법, 관습노동법, 자치규범 및 행정해석·판례가 해당된다. 다만 실정법들이 모든 국민에게 적용되는 일반적·객관적 법규범임에 반하여, 자치규범은 노사당사자 사이에만 적용되는 제한적 법규범이므로 양자는 그 성질을 근본적으로 달리 한다고 할 것이다.

## II. 법원(法源)의 종류

### 1. 실정노동법

#### (1) 국 내 법

노동법의 법원으로 가장 중요한 것은 국가에서 제정한 실정법이며, 이에는 헌법과 법률이 대표적이다.

헌법은 국가의 기본법이므로 노동법의 존재근거는 우선 헌법에 의하여 부여된다. 우리나라의 헌법 제32조와 제33조는 근로자의 근로기본권을 규정하고 있으며 이에 따라 각종 노동관계법이 제정되고 있다. 예컨대,「근로기준법」,「노동조합 및 노동관계조정법」,「근로자참여 및 협력증진에 관한 법률」및「노동위원회법」을 비롯하여「최저임금법」,「선원법」,「남녀고용평등과 일·가정 양립 지원에 관한 법률」,「산업재해보상보험법」등이 대표적인 경우이다.

#### (2) 국 제 법

ILO협약 등 노동에 관한 국제협약은 헌법 제6조제1항에 의하여 국내법과 동일한 효력을 갖게 된다.

> 헌법 제6조 ① 헌법에 의하여 체결·공포된 조약과 일반적으로 승인된 국제법규는 국내법과 동일한 효력을 갖는다.

우리나라는 1991년 ILO에 가입하였다. ILO협약은 노동법의 법원으로서 중요한 역할을 하고 있다. ILO협약은 일반적으로 승인된 국제법규가 아니므로 개개 협약별로 국회의 비준절차를 거친 후에 국내법과 동일한 효력을 갖는다.

ILO협약은 2011년 현재 189개이며, 이중 우리나라는 28개의 협약을 비준하였다.

## 2. 관습노동법

관습노동법이라 함은 관습법의 형식으로 존재하는 노동에 관한 법규범을 말한다.

자본주의사회에 있어서의 개별적 근로관계 또는 집단적 노사관계는 상당히 다양하고 복잡하기 때문에 성문법상의 명문규정만으로는 모든 노사관계의 문제를 규율할 수 없다. 따라서, 성문법으로서 규율하기 곤란한 노사관계에 대하여는 관습노동법이 보완·적용되는 것이 일반적이며, 관습노동법은 노동법의 법원으로서 중요한 위치에 있다고 하겠다. 그러나 우리나라와 같이 노사관계의 역사가 짧은 나라에 있어서는 관습노동법이 형성될 수 있는 기회가 부족하였으므로 관습노동법은 그 비중이 낮다고 할 것이다.[12]

일반적인 법원을 설명하는 경우 「관습법」과 「사실인 관습」을 구별하는 것이 상례이나, 노동법의 경우 이를 엄격히 구별할 실익은 없다고 본다.[13] 다만, 일정한 노사관행이 관습노동법으로 인정받기 위하여는 ⅰ) 관행이 기업사회에서 일반적으로 근로관계를 규율하는 규범적 사실로서 명확히 승인되거나, ⅱ) 기업의 구성원이 일반적으로 아무런 이의도 제기하지 아니한 채 기업 내에서 사실상의 제도로서 확립되어 있어야 한다.[14]

## 3. 자치규범

노동법의 법원으로서 자치규범이 있다. 자치규범에는 노사당사자가 자율적으로 설정하는 단체협약·취업규칙 및 노동조합의 조합규약 등이 포함된다.

자치규범은 국가가 제정한 법규범에 해당하지 아니하므로 과연 이러한 자치규범에 대하여 노동법의 법원성을 인정할 수 있는가에 관해서 견해가 나뉘고 있다. 노동법의 법원을 설명함에 있어 법원의 개념을 국가가 제정한 일반적·추상적 법규범으

---

12) 박상필, 노동법, p. 58; 김형배, 노동법, p. 100.
13) 이병태, 노동법, p. 47.
14) 대판 1993. 1. 26, 92다11695; 대판 2002. 4. 23, 2000다50701; 대판 2014. 4. 29, 2009다88631; 대판 2012. 4. 26, 2011다87174; 대판 2013. 12. 12, 2011다51434; 대판 2014. 2. 27, 2011다109531.

로 파악하는 경우 자치규범이 노동법의 법원에 해당될 수 없음은 명백하다. 그러나 법원의 개념을 노사당사자 간의 노사관계를 규율·구속하는 재판규범으로 파악하는 경우에는 자치규범도 노동법의 법원으로 될 수 있을 것이다. 항시 변화하고 복잡 다양한 노사관계의 현실과 특수성을 감안하여 볼 때에 국가의 실정노동법은 그 자체 완전할 수 없으며 반드시 자치규범을 통한 보완을 절대적으로 필요로 하고 있다. 따라서 자치규범이 관계법령에 위반되거나 사회통념에 위배되지 아니하는 한 이를 노동법의 법원에 포함시켜 해석·운영하는 것이 타당할 것이다.15)

### (1) 단체협약

단체협약은 노동조합과 사용자가 단체교섭을 실시하고 그 결과 합의된 사항을 문서화한 것을 말한다. 대부분의 견해는 단체협약의 법원성을 인정하고 있으나, 그 근거에 대하여는 이를 ⅰ) 계약으로 보는 견해, ⅱ) 규범으로 보는 견해 등으로 나뉘어 있다. 단체협약을 계약 또는 규범 중 어느 것으로 파악하는 경우에도 노사당사자를 구속하는 재판규범으로서의 법원성이 인정됨은 물론이다.16)

### (2) 취업규칙

취업규칙은 사업장에서 근로자에게 적용되는 근로조건 및 복무규율 등에 관하여 사용자가 일방적으로 작성한 규범을 말한다.

대부분의 견해는 취업규칙의 법원성을 인정하고 있으나, 그 근거에 대하여는 ⅰ) 근로기준법 제93조에서 취업규칙의 법원성을 찾는 견해,17) ⅱ) 근로자가 취업규칙에 대하여 반대하지 아니하는 한, 취업규칙에 의하여 근로관계가 정하여진다는 「사실인 관습」에서 취업규칙의 법원성을 찾는 견해18) 등으로 나뉘어 있다. 이러한 다양한 견해가 제기되고 있는 이유는 사용자가 「일방적」으로 작성한 취업규칙이 어떻게 노사당사자 쌍방을 구속하는 규범으로 적용될 수 있는가에 관하여 서로 논거를 달리 하고 있기 때문이다.

사견으로는 취업규칙은 단체협약 및 근로계약 등을 구체화 하고 있는 부분과 사용자가 일방적으로 규정한 부분으로 구성되어 있는바, 전자는 당사자간의 합의에 의

---

15) 김치선, 노동법, p. 92; 박상필, 노동법, p. 59; 이병태, 노동법, p. 49; 김수복, 노동법, p. 104. 반대: 박홍규, 노동법(Ⅰ), p. 62 이하.
16) 단체협약을 일종의 신사협정으로 파악하는 영국에서는 당사자가 단체협약에 대하여 법적 효력을 부여하겠다는 의사를 문서로서 합의한 경우에 한하여 단체협약의 법원성이 인정되고 있다. 1992년 노동조합 및노사관계(통합)법.
17) 박상필, 노동법, p. 60; 이병태, 노동법, p. 48.
18) 김형배, 노동법, p. 99.

하여, 후자는 사용자의 경영권에 근거하여 노사당사자를 구속하는 법원성을 갖는다고 본다.

### (3) 조합규약

조합규약은 노동조합의 조직 및 활동·운영에 관하여 조합원이 자율적으로 정한 기본규칙을 말한다. 조합규약은 조합 내부의 기관이나 조합원을 구속한다는 한도 내에서 법원성을 가진다고 보아야 할 것이다.[19] 이 경우 조합규약이 사용자 등 조합원이 아닌 제3자를 구속하지 아니함은 물론이다.

### 4. 행정해석 및 판례

행정해석과 판례에 대하여 노동법상의 법원성을 인정할 것인지의 여부에 관하여 의문이 제기되고 있다.

### (1) 행정해석

행정해석은 고용노동부 또는 법무부가 노동행정의 지침이나 노동법에 관한 유권해석을 국민 또는 하부기관에 표명하는 것을 말한다.

행정해석은 하급관청의 행정을 구속하기는 하나, 국민에 대하여 재판기준으로서의 법적 구속력은 갖지 아니하는 것이 원칙이다.[20] 그러나, 행정해석은 노동행정을 통하여 현실의 노사관계에 중대한 영향을 줄 뿐 아니라, 현실적으로 법원의 재판기준으로도 중요한 근거를 제공하고 있다는 사실을 간과할 수 없을 것이다.

### (2) 판    례

대륙법체계를 채택하고 있는 우리나라에서 판례는 법원이 될 수 없는 것이 원칙이다. 따라서 이론상으로는 노사관계에 대한 판례법이란 존재할 수 없다고 할 것이다. 그러나 대법원의 판례는 해당 사건의 하급법원을 구속할 뿐 아니라 다른 사건의 대법원 판례에도 영향을 주어 결과적으로 노사관계를 규율하는 사실상의 구속력을 갖고 있다. 특히, 전원합의체 판결은 유사한 사건에 대하여 동일한 판결을 계속 내릴 때에는 실질적인 구속력을 갖게 될 것이다.

---

19) 박상필, 노동법, p. 61; 이병태, 노동법, p. 49.
20) 대판 1990. 1. 25, 89누3654; 대판 1990. 9. 25, 90누2727; 대판 1993. 2. 23, 92누7122. 고용노동부 예규는 행정기관 내부의 사무처리기준을 규정한 것에 불과하며, 국민이나 법원을 구속하지 아니한다.

## Ⅲ. 법원의 적용순서

노동법 법원의 적용순서라 함은 법원이 충돌하는 경우 과연 어느 법원을 우선적으로 적용시켜야 할 것인지의 문제를 말한다. 노동법 법원의 적용순서를 설명함에 있어 실정법과 자치규범을 구분하지 아니하고 획일적으로 다루고 있는 견해가 있다.[21] 그러나, 실정법은 국가가 제정한 모든 국민에게 적용되는 일반적 법규범인 데 반하여, 자치규범은 노사당사자 간의 노사관계를 규율하는 제한적 법규범으로서 양자는 그 성질을 근본적으로 달리 하므로 이하에서는 이를 구별하여 논의하기로 한다.

### 1. 실정노동법 간의 적용순서

실정노동법 간에 충돌이 생긴 경우 ⅰ) 상위의 법 사이에는 상위법 우선의 원칙이, ⅱ) 동위의 법 사이에는 신법 우선의 원칙 및 특별법 우선의 원칙이 적용된다.

이러한 원칙들은 모든 법령에 적용되는 일반적인 법원칙으로서, 노동법에만 국한되어 적용되는 원칙은 아니다.

### 2. 실정노동법과 자치규범 간의 적용순서

실정노동법과 자치규범이 충돌하는 경우 실정노동법이 우선 적용된다. 실정노동법은 국가가 제정한 강행적 법규범이므로 노사당사자가 임의로 정한 자치규범이 이에 위배될 수 없음은 당연하다고 할 것이다. 「근로기준법」(제15조, 제96조 및 제97조) 및 「노동조합 및 노동관계조정법」(제33조)은 단체협약, 취업규칙 및 조합규약 등이 실정노동법에 위배되어서는 아니됨을 명문으로 규정하고 있다.

실정노동법과 자치규범 간에도 유리한 조건우선의 원칙이 적용된다는 견해[22]가 있으나 이는 타당하지 아니하다고 할 것이다. 이러한 견해는 실정노동법에서 근로조건의 최저기준을 규정하고 있는 경우에 한하여 성립될 수 있는 것이나, 실정노동법은 근로조건의 최저기준만을 규정하고 있는 것만은 아니다. 또한, 실정노동법에서 근로조건의 최저기준을 정하고 있는 경우에도 최저기준은 유리한 조건 우선의 원칙에 의하여 인정되는 것이 아니라, 실정노동법의 강행적 효력에 근거하여 인정되는 것이다.

---

21) 이병태, 노동법, p. 51.
22) 김형배, 노동법, p. 106.

### 3. 자치규범 간의 적용순서

#### (1) 상위(相位)의 자치규범

##### (가) 원   칙

서로 다른 계층의 자치규범이 충돌하는 경우에는 높은 자치규범이 낮은 자치규범보다 우선 적용된다. 따라서 단체협약, 취업규칙 및 근로계약의 순서로 적용되며, 취업규칙은 단체협약에 위반되어서는 아니되고, 근로계약은 취업규칙에 위배되어서는 아니 된다.

##### (나) 예외 : 유리한 조건우선의 원칙

유리한 조건우선의 원칙이라 함은 서로 다른 자치규범이 근로조건을 정하고 있는 경우 가장 유리한 근로조건을 정하고 있는 자치규범이 상위·하위에 상관없이 우선적으로 적용되는 원칙을 말한다.

상위의 자치규범이 최저기준을 정하고 있는 것이 명백하다면 유리한 조건우선의 원칙이 적용되는 것이 당연하나, 그러하지 아니한 경우에도 동 원칙이 적용될 것인지에 관하여 견해가 나뉘고 있다.

① **단체협약과 근로계약 간의 관계:**   단체협약과 근로계약의 관계에 대하여 ⅰ) 단체협약이 언제든지 근로계약보다 우선 적용되므로 유리한 조건우선의 원칙이 배제된다는 견해,[23] ⅱ) 단체협약 및 근로계약 중 유리한 근로기준을 정하고 있는 것이 우선 적용되므로 유리한 조건우선의 원칙이 적용된다는 견해,[24] ⅲ) 노동운동을 저해하거나 그 기준이 불합리하지 아니한 범위 내에서만 유리한 조건우선의 원칙이 적용된다는 견해[25] 등이 있다. 사견으로는 유리한 조건우선의 원칙을 부정하는 첫번째 견해에 찬동하는 바이며, 그 논거에 관하여는 후술하기로 한다.

② **취업규칙과 근로계약 간의 관계:**   취업규칙과 근로계약간에는 유리한 조건우선의 원칙이 적용되며, 취업규칙에 미달하는 근로계약은 그 부분에 관하여는 무효가 된다(근로기준법 제97조).

---

23) 김유성, 노동법(Ⅱ), p. 162; 박홍규, 노동법(Ⅱ), p. 276.
24) 박상필, 노동법, p. 448; 김형배, 노동법, p. 107.
25) 이병태, 노동법, p. 53.

### (2) 동위(同位)의 자치규범

#### (가) 원   칙

서로 같은 계층의 자치규범이 충돌하는 경우에는 나중에 성립된 새로운 자치규범이 우선 적용되는 것이 원칙이다. 예컨대, 구단체협약과 신단체협약이 근로조건을 정하고 있는 경우 신단체협약의 기준이 우선 적용된다.

> **관 련**
> **판 례**
> 대판 2002. 11. 26, 2001다36504      단체협약은 노동조합이 사용자 또는 사용자단체와 근로조건 기타 노사관계에서 발생하는 사항에 관하여 체결하는 협정으로서, 협약자치의 원칙상 노동조합은 사용자와 사이에 근로조건을 유리하게 변경하는 내용의 단체협약뿐만 아니라 근로조건을 불리하게 변경하는 내용의 단체협약을 체결할 수 있으므로, 근로조건을 불리하게 변경하는 내용의 단체협약이 현저히 합리성을 결하여 노동조합의 목적을 벗어난 것으로 볼 수 있는 경우와 같은 특별한 사정이 없는 한 그러한 노사간의 합의를 무효라고 볼 수는 없고, 노동조합으로서는 그러한 합의를 위하여 사전에 근로자로부터 개별적인 동의나 수권을 받을 필요가 없는 것이다.

이러한 원칙은 신법우선의 원칙을 자치규범 간에도 적용한 것이다.[26] 다만, 신법우선의 원칙은 구법과 신법이 동시에 존재하는 것을 전제로 하여 적용되는 원칙이나, 자치규범의 경우에는 신자치규범이 성립되는 경우 구자치규범은 소멸되는 것이 일반적이므로 그 적용범위는 그다지 넓다고 볼 수 없을 것이다.

#### (나) 예   외

신자치규범을 제정하는 경우 구자치규범에서 정한 근로기준보다 높은 기준을 규정하여야 하며, 그러하지 아니하는 경우 신단체협약은 유효하게 성립되지 아니한다는 소수견해가 있다. 이러한 견해에 의하면 신자치규범이 구자치규범보다 우선 적용된다는 원칙에 대한 예외를 인정하는 것이 될 것이다.

한편 두 개의 취업규칙이 존재하는 경우 보다 유리한 근로조건을 정하고 있는 취업규칙이 우선 적용된다는 대법원 판례가 있다.[27]

---

26) 이러한 원칙을 노동법에서 특별히 질서원칙(Ordnungsprinzip)이라고 부르는 견해(김형배, 노동법, p. 109)도 있으나, 이에 대하여 일반 법원칙하의 신법우선의 원칙을 적용한 것에 불과하다는 비판(박홍규, 노동법, p. 986)도 있다.

27) 대판 1994. 5. 27, 93다5751.

제 **2** 편

# 근로기본권

노

동

법

제 2 편

# 근로기준법

제1장 총 칙
제2장 근로의 계약
제3장 임금

# 제1장 총 설

## 제1절 근로기본권의 의의

### I. 개 요

근로기본권이라 함은 근로자에 대하여 헌법이 보장하고 있는 기본권으로서 헌법 제32조의 근로의 권리와 헌법 제33조의 단결권·단체교섭권·단체행동권의 근로삼권 등을 포괄하여 지칭하는 개념이다.[1]

근로자의 근로기본권에 대응하는 사용자의 헌법상 권리는 헌법 제23조제1항의 재산권의 보장이다. 근로자의 근로기본권과 사용자의 재산권·경영권은 서로 조화와 균형을 이루면서 행사되어야 한다. 근로자의 근로기본권의 행사는 사용자의 재산권·경영권의 제한을 정당화 할 수 있으나 재산권의 본질적 내용을 침해하여서는 아니 된다.

최근에는 근로자의 근로기본권에 근로의 권리 및 근로삼권 이외에도 근로자의 경영참가권을 인정하려는 움직임이 일부 국가에서 대두되고 있다. 근로자의 경영참가권은 대체로 근로자들이 기업의 경영·자본 및 이윤배분 등에 참여할 수 있는 법적 권리를 지칭하며, 이는 사용자의 재산권보호에 대한 헌법상 원리에 커다란 수정을 가져오고 있다. 우리나라에서는 근로자의 경영참가권에 대하여 헌법에서 아무런 규정도 두고 있지 아니하며, 「근로자참여및협력증진에관한법률」에서 소극적 의미의 경영참가를 인정하고 있을 뿐이다.

근로자의 근로기본권이 헌법상의 기본권으로 보장됨에 따라 모든 노동관계 법령은 근로자의 근로기본권을 보장하는 방향으로 제개정·집행 및 해석되어야 한다.

---

[1] 근로기본권의 개념을 보다 넓게 정의하는 경우에는 근로의 권리 및 근로삼권 이외에 생존권이 추가되며, 보다 좁게 정의하는 경우에는 노동삼권만을 지칭한다. 상세한 내용은 신인령, 「노동기본권연구」(미래사, 1987), pp. 1~6 참조.

## Ⅱ. 경영권 개념의 실체여부

근로자의 근로삼권은 헌법 제33조에 명문으로 규정되고 있다. 그러나 사용자의 경영권은 헌법에 명문으로 규정되어 있지 아니하므로 과연 경영권이 헌법상의 권리인지의 여부에 관하여 의문이 제기될 수 있다.

### 1. 학　설

#### (1) 경영권 긍정설

경영권 긍정설은 비록 헌법에 경영권을 인정하는 명문의 규정은 없으나 경영권은 헌법상의 권리라는 견해이다.[2] 동 견해는 ⅰ) 헌법 제23조제1항의 재산권보장, ⅱ) 헌법 제119조제1항의 사유재산제도 보장, ⅲ) 헌법 제15조의 직업선택의 자유에서 경영권의 개념을 도출하고 있다.

최근 대법원 판례도 상기 헌법조항을 근거로 「헌법」규정들의 취지를 기업 활동의 측면에서 보면 "모든 기업은 그가 선택한 사업 또는 영업을 자유롭게 경영하고 이를 위한 의사결정의 자유를 가지며, 사업 또는 영업을 변경(확장·축소·전환)하거나, 처분(폐지·양도)할 수 있는 자유를 갖고 있고 이는 헌법에 의하여 보장되고 있는 것이다. 이를 통틀어 경영권이라 부른다"라고 하여 경영권의 실체를 헌법상 권리로 인정하고 있다.[3]

**관련 판례**　　대판 2003. 7. 22, 2002도7225　　헌법 제23조제1항전문은 '모든 국민의 재산권은 보장된다'라고 규정하고 있고, 제119조제1항은 '대한민국의 경제질서는 개인과 기업의 경제상의 자유와 창의를 존중함을 기본으로 한다'라고 규정함으로써, 우리 헌법이 사유재산제도와 경제활동에 관한 사적자치의 원칙을 기초로 하는 자본주의 시장경제질서를 기본으로 하고 있음을 선언하고 있다. 헌법 제23조의 재산권에는 개인의 재산권뿐만 아니라 기업의 재산권도 포함되고, 기업의 재산권의 범위에는 투하된 자본이 화체된 물적 생산시설뿐만 아니라 여기에 인적조직 등이 유기적으로 결합된 종합체로서의 '사업' 내지 '영업'도 포함된다. 그리고 이러한 재산권을 보장하기 위하여는 그 재산의 자유로운 이용·수익뿐만 아니라 그 처분·상속도 보장되어야 한다. 한편, 헌법 제15조는 '모든 국민은 직업선택의 자유를 가진다'라고 규정하고 있는바, 여기에는 기업의 설립과 경영의 자유를 의미하는 기업의 자유를 포함하고 있다. 이러한 규정들의 취지를 기업 활동의 측면에서 보면, 모든 기업은 그가 선택한 사업 또는 영업을 자유롭게 경영하고 이를 위한 의사결정의 자

---

2) 김형배, 노동법, p. 186; 박종희, 경영권에 관한 연구(한국경총, 2004. 6), p. 22 이하.
3) 대판 2003. 7. 22, 2002도7225; 대판 2003. 11. 13, 2003도687; 대판 2018. 9. 13, 2017두38560.

유를 가지며, 사업 또는 영업을 변경(확장·축소·전환)하거나 처분(폐지·양도)할 수 있는 자유를 가지고 있고 이는 헌법에 의하여 보장되고 있는 것이다. 이를 통틀어 경영권이라고 부르기도 한다. 그러나 물론 기업의 이러한 권리도 신성불가침의 절대적 권리일 수는 없다. 모든 자유와 권리에는 그 내재적 한계가 있을 뿐만 아니라, 헌법 제23조제2항이 '재산권의 행사는 공공복리에 적합하도록 하여야 한다'라고 규정하고 있고, 기업의 이러한 권리의 행사는 경우에 따라 기업에 소속된 근로자의 지위나 근로조건에 영향을 줄 수 있어 근로자의 노동3권과 충돌이 일어날 수 있기 때문이다.

### (2) 경영권 부정설

경영권 부정설은 헌법 및 법률에 근거가 없으므로 경영권은 법적 권리가 아니라는 견해이다.[4] 동 견해는 경영권이라는 것은 법률상의 구체적 권리가 아니라 관념적·정책적 산물에 불과하고, 특정 개인 또는 집단이 기업에 대한 지배력을 행사하는 현상일 뿐이라고 한다. 따라서, 특정 단체교섭 대상이 경영권에 해당되는지의 여부에 따라 의무적 교섭대상에 해당되는지의 여부를 판단하는 것은 타당하지 아니하다고 한다.[5]

## 2. 사    견

사견으로는 경영권 긍정설에 찬동하는 바이다. 기업의 재산권은 단순히 기업의 물적시설에 국한되는 것이 아니라 여기에 인적조직이 결합된 유기적 종합체로서의 경영도 포함되기 때문이다. 인적조직으로서의 근로자들은 경영에 편입될 때에, 즉 입사할 때에 명시적 또는 묵시적으로 동 경영의 관리체제에 따를 것을 합의하고 있다고 할 것이다. 경영권 부정설은 합리적인 논거없이 주장되고 있는 일본의 이론을 우리나라에서 무비판적으로 수용하고 있는 대표적 이론 중의 하나이다.

## Ⅲ. 경영권과 근로기본권의 조화

경영권과 근로기본권은 모두 헌법상의 기본권으로서 상호 조화되고 존중되어야 한다.

헌법상 기업의 경영에 관한 의사결정의 자유는 무제한적인 것이 아니라 또 다른 헌법상 기본권인 근로삼권과 조화롭게 조정되어야 함을 당연히 전제하고 있다.[6] 또

---

4) 김유성, 노동법(Ⅱ), p. 142; 이병태, 노동법, p. 215; 도재형, "구조조정에 해당하는 쟁의행위의 정당성", 「노동법률」(2003. 9), p. 23.
5) 김유성, 노동법(Ⅱ), p. 142; 이병태, 노동법, p. 216.

한, 기업의 경영에 관한 의사결정의 자유 등과 근로자들의 일반적 행동자유권 등이 '근로조건' 설정을 둘러싸고 충돌하는 경우에는, 구체적인 사안에서의 이익형량과 함께 기본권들 사이의 실제적인 조화를 꾀하는 해석 등을 통하여 이를 해결하여야 한다.

**관련 판례** **대판 2018. 9. 13, 2017두38560** 헌법 제23조제1항전문은 '모든 국민의 재산권 헌법 제10조는 "모든 국민은 인간으로서의 존엄과 가치를 가지며, 행복을 추구할 권리를 가진다."라고 규정한다. 이러한 행복추구권에서 파생되는 일반적 행동자유권은 모든 행위를 하거나 하지 않을 자유를 내용으로 하고, 그 보호 영역에는 개인의 생활방식과 취미에 관한 사항도 포함된다. 이에 따라 헌법 제32조 제3항 역시 '근로조건'의 기준이 '인간의 존엄성'을 보장하도록 법률로 정한다고 규정하고 있고, 제33조 제1항은 근로자의 근로조건 향상을 위하여 근로 3권을 인정하고 있다. 이러한 조항들은 기업의 경영에 관한 의사결정의 자유가 무제한적인 것이 아니라 그 의사결정과 관계되는 또 다른 기본권 주체인 근로자와의 관계 속에서 그 존엄성을 인정하는 방향으로 조화롭게 조정되어야 함을 당연히 전제하고 있다. 헌법 제119조 제2항이 국가로 하여금 경제주체 간의 조화를 통한 경제의 민주화를 위하여 경제에 관한 규제와 조정을 할 수 있도록 규정한 취지 역시 이와 궤를 같이한다.

기업의 경영에 관한 의사결정의 자유 등 영업의 자유와 근로자들이 누리는 일반적 행동자유권 등이 '근로조건' 설정을 둘러싸고 충돌하는 경우에는, 근로조건과 인간의 존엄성 보장 사이의 헌법적 관련성을 염두에 두고 구체적인 사안에서의 사정을 종합적으로 고려한 이익형량과 함께 기본권들 사이의 실제적인 조화를 꾀하는 해석 등을 통하여 이를 해결하여야 하고, 그 결과에 따라 정해지는 두 기본권 행사의 한계 등을 감안하여 두 기본권의 침해 여부를 살피면서 근로조건의 최종적인 효력 유무 판단과 관련한 법령 조항을 해석·적용하여야 한다.

상기 헌법조항들은 기업의 경영에 관한 의사결정의 자유가 무제한적인 것이 아니라 그 의사결정과 관계되는 또 다른 기본권 주체인 근로자와의 관계 속에서 그 존엄성을 인정하는 방향으로 조화롭게 조정되어야 함을 당연히 전제하고 있다.

## 제2절 근로기본권의 이념적 배경

근대 시민사회에서의 각국의 헌법은 국민의 기본권보장에 노력하여 왔으며, 그 중에서도 자유권의 보호를 중심으로 하여 발전되어 왔다. 이러한 헌법상의 자유권은 개인의 자유와 평등을 실현하고 계약자유의 원칙 및 사유재산제도를 기반으로 하는 자본주의사회의 발전에 크게 기여하였다. 그러나 자본주의의 발전은 점차 일반대중

6) 대판 2018. 9. 13, 2017두38560.

의 빈곤 및 빈부격차의 증대를 가져 와 오히려 개인의 자유를 구속하고 불평등을 초래하였다.

이에 따라 기존의 자유권적 기본권에 대한 재검토를 하여 새로운 개념의 기본적 인권, 즉 생존권적 기본권의 보장이 요청되기에 이르렀다. 생존권적 기본권의 보장은 기존의 형식적 자유와 평등의 원리를 지양하고 자본주의사회의 모순을 극복함으로써 실질적 자유와 평등의 원리를 구현하고자 하는 데에 근본목적을 두고 있다. 이 생존권적 기본권은 여러 가지 기본권을 포함하고 있으나, 그 중 근로자를 위한 생존권이 상당히 중요한 부분을 차지하고 있으며, 이러한 근로자의 생존권적 기본권이 바로 근로기본권인 것이다.

1919년 독일 바이마르(Weimar)헌법을 위시하여 제2차 세계대전 이후의 다수의 국가의 헌법이 근로기본권을 선언하고 있으며, 근로기본권에 대한 헌법적 보장은 사실상 현대 헌법의 특색 중 하나로 되었다. 우리나라에 있어서도 1948년의 제1공화국 헌법 이래 지속적으로 근로자의 근로의 권리와 단결권·단체교섭권 및 단체행동권을 보장하고 있다.

# 제2장 근로의 권리

## 제1절 근로의 권리의 의의

### Ⅰ. 개 념

근로의 권리라 함은 다음과 같이 소극적 개념과 적극적 개념의 두 가지 개념을 동시에 내포하고 있는 개념이다.

#### 1. 소극적 개념

근로의 권리를 소극적으로 정의하는 경우의 근로의 권리라 함은 개인이 근로를 행함에 있어서 국가 또는 타인의 방해를 받지 아니하고 자유로이 근로를 하거나 또는 근로를 하지 아니할 수 있는 권리를 말한다. 소극적 개념은 근로의 권리를 헌법상의 자유권적 기본권의 관점에서 파악하고 있다.

#### 2. 적극적 개념

근로의 권리를 적극적으로 정의하는 경우의 근로의 권리라 함은 근로의 능력과 의사가 있는 개인이 국가에 대하여 근로기회의 제공을 요구하고, 국가가 근로의 기회를 제공하지 못하는 경우에는 이에 대신하여 생활비의 지급을 요청할 수 있는 권리를 말한다. 적극적 개념은 근로의 권리를 헌법상의 생존권적 기본권의 관점에서 파악하고 있다.

## Ⅱ. 관련규정

> 헌법 제32조 ① 모든 국민은 근로의 권리를 가진다. 국가는 사회적·경제적 방법으로 근로자의 고용의 증진과 적정임금의 보장에 노력하여야 하며, 법률이 정하는 바에 의하여 최저임금제를 시행하여야 한다.
> ② 모든 국민은 근로의 의무를 진다. 국가는 근로의 의무의 내용과 조건을 민주주의원칙에 따라 법률로 정한다.
> ③ 근로조건의 기준은 인간의 존엄성을 보장하도록 법률로 정한다.
> ④ 여자의 근로는 특별한 보호를 받으며, 고용·임금 및 근로조건에 있어서 부당한 차별을 받지 아니한다.
> ⑤ 연소자의 근로는 특별한 보호를 받는다.
> ⑥ 국가유공자·상이군경 및 전몰군경의 유가족은 법률이 정하는 바에 의하여 우선적으로 근로의 기회를 부여받는다.

# 제 2 절  근로의 권리의 주요내용

근로의 권리의 개념 중 적극적 개념은 크게 본원적 내용과 파생적 내용으로 분류하여 볼 수 있다.[1]

## Ⅰ. 본원적 내용

헌법 제32조제1항에 규정된 근로의 권리의 본원적 내용은 근로기회청구권과 생활비지급청구권으로 나뉘어 정의되고 있다.

### 1. 근로기회청구권

근로기회청구권이라 함은 근로의 의사와 능력이 있는 자는 누구든지 국가에 대하여 근로의 기회를 청구할 수 있는 권리를 말한다.

근로의 기회는 일반적으로 근로의 기회를 가지지 못하던 미취업자가 새로이 취업하는 경우를 의미하지만, 취업자가 지속적으로 근로를 할 수 있는 안정적 취업의 유지도 근로의 기회에 포함시켜야 할 것이다.[2] 다시 말하면 실업중에 있는 근로자가

---

1) 이를 허영 교수는 "일할 자리에 관한 권리"와 "일할 환경에 관한 권리"(허영, 헌법학, pp. 496~501)로, 권영성 교수는 "본질적 내용"과 "보완적 내용"(권영성, 헌법학, pp. 669~674)으로 분류하고 있다.
2) 김치선, 노동법, p. 139; 박홍규, 노동법, p. 76.

취업할 수 있는 권리는 물론 취업중에 있는 근로자가 부당한 해고를 당하지 아니하는 권리까지도 함께 포함시켜야 한다.

## 2. 생활비지급청구권

생활비지급청구권이라 함은 국가가 근로의 기회를 제공할 수 없는 경우 이에 상응하는 상당한 생활비의 지급을 국가에 청구할 수 있는 권리를 말한다. 즉, 국가가 국민의 취업권을 보장하지 못하는 경우 이에 대한 보완책으로써 생활비지급의 책임을 부담하도록 하는 권리이다.

## Ⅱ. 파생적 내용

헌법 제32조는 근로의 기회에 대한 파생적 내용으로서 다음과 같은 사항을 규정하고 있다.

## 1. 국가의 고용증진 및 적정·최저임금의 보장

현행 헌법은 「국가는 사회적·경제적 방법으로 근로자의 고용의 증진과 적정임금의 보장에 노력하여야 하며, 법률이 정하는 바에 의하여 최저임금제를 시행하여야 한다」라고 규정하고 있다(헌법 제32조제1항).

### (1) 고용증진의무

국가는 국민의 고용증진에 대한 의무를 지고 있으며, 이를 위하여 사회보장제도·실업보험제도 및 연금제도 등 사회적·경제적 시책을 강구하여야 한다. 이에 따라, ⅰ) 국민의 취업기회를 제공하기 위한 「고용정책기본법」, 「직업안정법」, 「근로자직업능력개발법」 및 「고용보험법」, ⅱ) 여성의 취업보장을 위한 「남녀고용평등과 일·가정 양립 지원에 관한 법률」, ⅲ) 고령자 및 장애인의 직업재활 및 고용기회확대를 위한 「고용상 연령 차별금지 및 고령자 고용촉진에 관한 법률」, 「장애인 고용촉진 및 직업재활법」 등을 제정하고 있다.

### (2) 적정·최저임금의 보장

국가는 근로자에게 「적정임금」을 보장하도록 노력하여야 하고 「최저임금제」를 시행하여야 한다. 「적정임금」이란 근로자의 근로능력과 국가·기업의 사회적·경제적 여건 등을 고려하여 적정하다고 판단되는 임금을 말하며, 「최저임금」보다는 높은 수준의 임금을 말한다. 「최저임금」이란 본인과 그 가족이 인간다운 생활을 영위하는 데 필요한 최저한의 임금을 말한다. 이에 따라 「근로기준법」 및 「최저임금법」 등이 제정되어 있다.

### 2. 근로조건의 법정화

현행 헌법은 「근로조건의 기준은 인간의 존엄성을 보장하도록 법률로 정한다」라고 규정하고 있다(헌법 제32조제3항). 자유주의국가에서는 근로자의 근로조건은 근로자와 사용자간의 자유로운 계약에 의하여 결정되는 것이 원칙이다. 그러나 근로자의 교섭력이 일반적으로 사용자보다 약하므로 인간의 존엄성을 보호·유지할 수 있는 최저기준보다도 낮은 수준의 근로조건을 계약으로 체결할 우려가 있다. 따라서 이를 방지하고자 최저기준의 근로조건을 법률로 정하기 위한 「근로기준법」을 제정하고 있다.

### 3. 여성근로자의 보호와 차별대우의 금지

현행 헌법은 「여자의 근로는 특별한 보호를 받으며, 고용·임금 및 근로조건에 있어서 부당한 차별을 받지 아니 한다」라고 규정하고 있다(헌법 제32조제4항). 여성의 근로는 모성 및 신체적·생리적 특성으로 인하여 특별한 보호가 필요하기 때문이다.

헌법의 규정에 따라 「근로기준법」 제5장은 여성과 연소자의 근로보호에 관한 별도의 규정을 두고 있으며, 또한 「남녀고용평등 및 일·가정양립지원에 관한 법」이 제정되어 남녀근로자간의 균등대우와 여성근로자의 모성보호를 규정하고 있다.

### 4. 연소자의 근로보호

현행 헌법은 「연소자의 근로는 특별한 보호를 받는다」라고 규정하고 있다(헌법 제32조제5항). 이에 따라, 「근로기준법」 제5장은 「여성과 소년」의 근로보호에 관한 별도의 규정을 두어 연소근로자의 근로를 보호하고 있다.

### 5. 국가유공자·유가족 등의 근로기회보장

현행 헌법은 「국가유공자·상이군경 및 전몰군경의 유가족은 법률이 정하는 바에 의하여 우선적으로 근로의 기회를 부여 받는다」라고 규정하고 있다(헌법 제32조제6항). 국가와 민족을 수호하기 위하여 자신을 희생한 자와 그 유가족에 대하여 특별대우를 하는 것은 최소한의 국민적 예우에 해당할 것이다. 이에 따라, 「국가유공자

제 1 부 총 칙

등 예우 및 지원에 관한 법률」은 국가유공자 및 그 유가족에 대하여, 「독립유공자 예우에 관한 법률」은 독립유공자 및 그 유가족에 대하여 우선 취업의 기회를 부여하고 있다.

# 제 3 절 근로의 권리의 법적 성질

## I. 학 설

### 1. 자유권설

근로의 권리를 자유권으로 이해하는 견해는 근로의 권리란 곧 근로에 대한 자유권을 의미한다. 즉, 이는 개인이 근로의 기회를 얻음에 있어서 국가 또는 타인이 이를 침해하지 못하며, 개인이 근로의 여부·종류·내용 및 장소 등을 자유로이 선택할 수 있는 권리를 의미한다.

### 2. 생존권설

근로의 권리를 생존권으로 파악하는 견해는 근로의 권리를 국가의 책임하에 근로기회의 보장을 요구할 수 있는 권리로 파악하며, 이러한 견해는 다시 법적 권리설 및 방침규정설의 두 가지로 나누어진다.

#### (1) 법적 권리설

##### (가) 추상적 권리설

추상적 권리설에 의하면 근로의 권리는 국가가 근로의 권리를 보장하기 위하여 구체적인 법령을 제정하는 경우에만 국민이 동 법률에 근거하여 근로의 권리를 요구할 수 있는 추상적 성질의 권리라고 한다.[3] 헌법상 근로의 권리는 이러한 법률의 제정 및 해석에 있어서의 지침을 제공하고 있다고 한다.

##### (나) 구체적 권리설

구체적 권리설에 의하면 근로의 권리는 이의 실현을 위한 구체적인 입법이 없는 경우에도 입법부작위에 대한 위헌소송을 제기하는 등 국민이 국가에 대하여 구체적

---

3) 박상필, 노동법, p. 85; 김형배, 노동법, p. 118; 임종률, 노동법 p. 18; 이병태, 노동법, p. 77.

으로 근로를 요구할 수 있는 성질의 권리라고 한다.[4]

### (2) 방침규정설

방침규정설에 의하면 헌법상 근로의 권리는 근로의 권리의 내용을 실현하기 위한 국가의 정치적·도의적 의무를 선언한 프로그램적 규정에 불과하다고 한다.[5]

## Ⅱ. 사  견

사견으로는 근로의 권리는 자유권적 성격과 생존권적 성격을 동시에 지니고 있다고 본다.[6]

근로의 권리의 생존권적 성격에 대하여 근로의 권리는 최소한 구체적인 법률의 해석지침이 되므로 단순한 방침규정이 아니라 법적 권리로서의 성질을 갖는다. 근로의 권리를 법적 권리로 파악하는 경우에도 이는 추상적 권리로 보아야 할 것이다. 그 이유는 근로의 권리의 내용은 현실적으로 그 실현이 거의 불가능한 권리이기 때문이다. 현행 헌법에서는 직업선택의 자유와 재산권을 헌법상의 권리로 인정하고 있는바, 이러한 권리를 침해하지 아니하고는 근로기회청구권을 행사하는 것이 사실상 불가능하며 더군다나 개인의 의사와 능력에 상응하는 취업의 기회를 보장하는 것은 그 실현이 더욱더 어렵다고 할 것이다.[7] 생활비지급청구권도 직접적으로 직업선택의 자유 및 재산권을 침해하지 아니하나, 각 개인의 근로의사 여부 및 근로능력에 상응하는 생활비를 정확히 산정하는 것은 불가능하므로 엄밀한 의미의 구체적 권리로 인정할 수 없을 것이다.

또한, 헌법 제32조제1항에서 국가는 근로자의 고용증진에 「노력하여야」 한다고 규정하고 있음에도 불구하고 이를 구체적 권리라고 파악하는 것은 무리한 해석이라고 본다.

---

4) 김철수, 헌법학, p. 841; 권영성, 헌법학, p. 669; 박홍규, 노동법, p. 74. 권영성 교수는 「불완전한 구체적 권리」라는 표현을 사용하고 있다.

5) 박일경, 「신헌법학원론」(일명사, 1986), p. 344.

6) 권영성, 헌법학, p. 668; 박상필, 노동법, p. 85; 김형배, 노동법, p. 113.

7) 생산수단의 사유화를 인정하지 아니하는 사회주의헌법에서 보호되고 있는 근로의 권리조차도 이를 법적 권리로 볼 수 없으며, 체제적 보장을 수반하는 확인적 규정이라고 보는 것이 타당하다고 한다. 박상필, 노동법, p. 83.

# 제 4 절 근로의 권리의 주체

## Ⅰ. 국민 및 근로자

헌법 제32조제1항은 「모든 국민은 근로의 권리를 가진다. 국가는 사회적·경제적 방법으로 근로자의 고용의 증진보장에 노력하여야 한다」라고 규정하고 있다. 헌법규정은 전단에서는 국민을, 후단에서는 근로자를 그 권리의 주체로서 규정하고 있으므로 근로의 권리의 주체에 대하여는 견해가 나뉘고 있다.

### 1. 학    설

#### (1) 국민이라는 설

근로의 권리의 주체를 국민으로 보는 견해는 첫째, 헌법이 명문의 규정으로 모든 「국민의 권리」임을 밝히고 있으며, 둘째, 근로자라 함은 일반적으로 사용자와 근로계약관계를 맺고 있는 자를 지칭하나 근로의 권리는 이러한 근로자뿐 아니라 향후 근로계약관계를 예상하고 있는 일반 국민도 향유할 수 있는 권리라는 점에 근거하고 있다.8)

#### (2) 근로자라는 설

근로의 권리의 주체를 근로자로 보는 견해9)는 첫째, 헌법이 근로의 권리가 「국민의 권리」라고 규정하고 있는 것은 국민 모두가 근로자가 될 수 있다는 것을 의미하고 있을 뿐이고 둘째, 근로의 권리를 국민의 권리라고 하는 경우 근로의 권리는 근로기본권의 하나가 될 수 없다는 주장을 취하고 있다.

### 2. 사    견

사견으로는 ⅰ) 근로의 권리 보유의 주체는 일반국민, ⅱ) 근로의 권리 행사의 주체는 근로자로 파악하는 것이 타당하다고 본다.10) 즉, 근로의 권리는 기본권의 일종

---

8) 김형배 교수는 근로의 권리는 "모든 국민을 위한 권리이되, 특히 근로대중의 기본권"이라는 견해를 취하고 있다. 김형배, 노동법, pp. 117~118.
9) 박홍규, 노동법, p. 209.
10) 기본권의 주체를 기본권 보유의 주체(기본권 능력)와 기본권 행사의 주체(기본권 행사능력)로 이원화 하는 견해에 관하여는 허영, 헌법학, pp. 235~237 참조.

으로서 모든 국민이 보유할 수 있는 것이나, 그 행사는 근로자에 한하여 인정된다고 할 것이다. 근로자는 근로의 의사와 능력이 있는 자를 말하며, 이에는 취업자뿐 아니라 실업자 또는 해고자 등의 미취업자도 포함됨은 물론이다.

## II. 외국인 및 법인

### 1. 외 국 인

외국인은 근로의 권리의 주체가 될 수 없다.[11) 근로의 권리는 국가내적인 사회정책적 권리이기 때문에, 외국인은 취업의 기회 등 근로의 기회를 주장할 수 없다.[12)

### 2. 법     인

근로의 권리는 소위 자연인의 권리이므로 법인은 근로의 권리의 주체가 될 수 없다.[13)

# 제 5 절  근로의 권리의 효력

## I. 대국가적 효력

근로의 권리는 국가에 대한 효력을 가지는 바, 이에 따라 국가는 근로의 권리를 보장할 의무를 진다. 국가는 소극적으로 취업을 방해하거나 강요하여서는 아니되며, 나아가 적극적으로 취업의 기회를 확대하도록 노력하여야 한다.

## II. 대사인적 효력

근로의 권리는 사인 간에도 효력을 가진다는 것이 일반적인 견해[14)인바, 개인은 다른 개인의 근로의 권리를 침해하여서는 아니 된다. 근로의 권리의 대사인적 효력

---

11) 대판 1993. 11. 26, 93구16774.

12) 김철수, 헌법학, p. 841; 권영성, 헌법학, p. 669.

13) 김철수, 헌법학, p. 841.

14) 권영성, 헌법학, p. 676. 근로의 권리를 국가와 국민간의 관계로 파악하여 대사인적 효력을 부인하는 견해도 있다. 박상필, 노동법, p. 94 참조.

과 관련하여 다음과 같은 문제점이 제기되고 있다.

## 1. 해고자유의 제한

근로의 권리의 보장이 사용자의 해고의 자유를 제한하는 근거가 될 수 있느냐가 문제되고 있다. 해고라 함은 사용자가 일방적으로 근로계약 내지 근로관계를 종료시키는 단독행위를 말한다.

### (1) 부 정 설

부정설은 근로의 권리는 국가와 국민의 관계를 규율하는 대국가적 효력만을 가질 뿐이며 사용자와 근로자의 근로관계를 규율하는 대사인적 효력을 갖지 아니한다는 이유로 이를 부정한다.[15]

### (2) 긍 정 설

긍정설은 근로의 권리는 국가와 국민 간에서뿐만 아니라 개별적 근로관계에도 적용된다는 것을 논거로 하여 이를 긍정하고 있다.[16]

## 2. 여성과 연소근로자의 보호

여성과 연소근로자의 근로의 권리의 대사인적 효력이 과연 간접적 효력인지[17] 또는 직접적 효력인지[18]에 대하여 서로 다른 견해가 제기되고 있으나, 모두 대사인적 효력을 인정하고 있다는 점에서는 일치하고 있다.

---

15) 박상필, 노동법, p. 86. 박상필 교수는 사용자의 해고의 자유에 관한 법리를 근로의 권리와 결부시켜 논한다는 것은 법률적으로 무리한 해석이라는 견해를 취하고 있다.
16) 김철수, 헌법학, p. 843; 권영성, 헌법학, p. 671; 허영, 헌법학 p. 500; 김치선, 노동법, p. 139; 박흥규, 노동법, p. 76 참조.
17) 허영, 헌법학, p. 502.
18) 권영성, 헌법학, p. 676.

# 제 3 장  근로삼권

## 제 1 절  근로삼권의 의의

### Ⅰ. 개    념

근로삼권이라 함은 근로자의 단결권·단체교섭권 및 단체행동권을 통칭하는 개념이다. 이는 경제적 약자인 근로자들이 사용자와 대등한 지위를 확보하기 위하여 자주적인 노동조합을 조직하고, 노동조합을 통하여 사용자와 교섭을 수행하며, 원활한 교섭을 뒷받침하기 위하여 단체행동을 할 수 있는 권리를 말한다.

### Ⅱ. 관련규정

**헌법 제33조**  ① 근로자는 근로조건의 향상을 위하여 자주적인 단결권·단체교섭권 및 단체행동권을 가진다.
② 공무원인 근로자는 법률이 정하는 자에 한하여 단결권·단체교섭권 및 단체행동권을 가진다.
③ 법률이 정하는 주요방위산업체에 종사하는 근로자의 단체행동권은 법률이 정하는 바에 의하여 이를 제한하거나 인정하지 아니할 수 있다.

## 제 2 절  근로삼권의 주요내용

단결권·단체교섭권 및 단체행동권의 주요 내용은 각각 다음과 같다.

## I. 단 결 권

근로자의 단결권이라 함은 근로자들이 자주적으로 노동조합을 설립·운영하고 이에 가입하며, 노동조합을 운영할 수 있는 권리를 말한다.

### 1. 협의의 단결권과 광의의 단결권

단결권을 협의로 해석하는 경우 이는 단체교섭권 및 단체행동권과 분리되는 별개의 개념으로서 근로자가 노동조합을 조직·운영하거나 이에 가입하는 등 단결할 수 있는 권리를 말한다. 단결권을 광의로 해석하는 경우 이는 단체교섭권 및 단체행동권을 포함하는 권리를 말한다.

우리 헌법 제33조의 단결권은 협의의 단결권 개념으로 파악되는 것이 일반적인 견해이다.

### 2. 단결권과 결사의 자유

현행 헌법 제21조는 모든 국민에게 결사의 자유를 보장하고 있다. 그러나 헌법은 제33조에서 근로자의 단결권을 결사의 자유와는 별개의 기본권으로 따로이 보장하고 있는바, 결사의 자유와 단결권의 관계에 대하여는 견해가 나뉘고 있다.

#### (1) 광의의 결사의 자유에 포함된다는 설

단결권은 광의의 결사의 자유에 포함되는 권리로서, 근로자가 향유하는 결사의 자유의 특수한 형태에 불과하다는 견해이다. 우리나라의 소수설이다.[1]

#### (2) 개별적인 기본권이라는 설

단결권은 그 역사적 배경·성격 및 법적 효과 등에 있어서 결사의 자유와 전혀 다른 별개의 기본권이라는 견해이다. 통설[2]이며, 그 논거는 대체로 다음과 같다.

첫째, 결사의 자유가 국가로부터의 간섭·방해를 배제하는 소극적 자유권임에 반하여, 단결권은 소극적 자유권적 성질은 물론 국가로부터의 보호를 요구할 수 있는

---

1) 영미법체계하의 국가들은 일반적으로 근로자의 단결권을 결사의 자유에 포함되는 것으로 이해하고 있다. Donn Fudo, Japanese Labor Law: The Legitimacy of the Absolute Prohibition Against Concerted Activity under PCNELR Law, 10:205 U. Haw. L. Rev. 255, 266(1988).

2) 김철수, 헌법학, p. 856; 허영, 헌법학, p. 506; 김치선, 노동법, p. 149; 김형배, 노동법, p. 139; 이병태, 노동법. p. 79; 이영희, 노동법 p. 104.

적극적 생존권의 성격을 함께 갖고 있다.

둘째, 근로자의 단결권은 국가는 물론 사용자로부터의 간섭 및 방해를 방지하기 위한 권리로서 단결권에 대한 사실상의 침해자는 국가가 아니고 사용자임에 반하여, 결사의 자유는 일반적으로 국가로부터의 자유를 의미한다.

### 3. 개별적 단결권과 집단적 단결권

#### (1) 개별적 단결권

개별적 단결권이라 함은 「근로자개인」이 노동조합을 결성하거나 이에 가입할 수 있는 권리 및 노동조합의 조합원으로서 노동조합의 운영 및 활동에 참여하는 권리를 말한다.

#### (2) 집단적 단결권

집단적 단결권이라 함은 근로자단체인 「노동조합」이 해당 조직을 유지·확대하거나 이를 운영할 수 있는 권리를 말한다.

#### (3) 양자의 관계

개별적 단결권과 집단적 단결권은 상호 불가분의 관계에 있다. 근로자 개인의 단결권은 궁극적으로 노동조합을 결성하고 노동조합을 통하여 단결권을 포함한 근로삼권을 행사하는 데에 그 목적이 있다고 할 것이다. 이러한 의미에서 개별적 단결권에 대한 침해는 동시에 집단적 단결권 자체에 대한 침해가 될 수 있다. 예컨대, 조합원임을 이유로 하는 해고 기타 불이익처분은 근로자 개인의 단결권에 대한 침해임과 동시에 노동조합의 존립 및 운영을 위협함으로써 집단적 단결권을 침해한다.

한편, 노동조합의 집단적 단결권은 노동조합의 운영 및 활동에 있어 조합원 개인의 단결권을 존중·보호하여야 하는바, 이것이 바로 조합의 민주적 운영에 관한 문제 및 단결강제에 관한 문제이다. 이에 관하여는 후술하기로 한다.

### 4. 적극적 단결권과 소극적 단결권

적극적 단결권이란 단결을 할 권리, 즉 노동조합을 결성하고 이에 가입하며 노동조합의 구성원으로서 활동을 할 수 있는 적극적 권리이다. 이에 반하여, 소극적 단결권이란 단결하지 아니할 권리, 즉 원하는 경우 노동조합에 가입하지 아니하거나 언제든지 노동조합으로부터 탈퇴할 수 있는 소극적 권리를 말한다.

단결권의 개념에 소극적 단결권, 즉 단결하지 아니할 자유까지도 포함되는 것인

제1부 총칙

가에 대하여 견해가 나뉘고 있다. 이는 ⅰ) 소극적 단결권의 헌법적 근거를 어디에서 찾아야 하는가의 문제와, ⅱ) 근로자에 대한 단결강제가 인정될 수 있는가의 문제로 크게 나누어 고찰할 수 있다.

### (1) 학    설

#### (가) 소극적 단결권 긍정설

근로자의 단결권에는 단결하지 아니할 자유, 즉 소극적 단결권이 포함되어 있으므로 노동조합의 가입·선택 및 탈퇴의 자유가 보장된다는 견해이다. 이러한 긍정설은 소극적 단결권은 적극적 단결권의 이면이며, 따라서 헌법상 단결권에는 소극적 단결권이 당연히 포함되어 있다는 것을 논거로 하고 있다. 소극적 단결권을 인정하는 입장은 단결권도 자유권적 기본권의 속성을 부정하는 것은 아니며, 자유권적 기본권의 본질적이고 핵심적인 내용은 원하지 아니하는 행위를 국가나 타인으로부터 강제당하지 아니하는 것이라고 한다.

긍정설은 소극적 단결권의 문제가 처음 제기되었던 독일의 판례 및 다수설의 입장이나, 우리나라에서는 소수 견해이다.[3] 미국에서도 연방노동조합법 Sec.7.은 ⅰ) 근로삼권을 적극적으로 행사할 수 있는 권리와 ⅱ) 유니온 숍(union shop)의 경우를 제외하고는 이를 소극적으로 행사하지 아니할 권리를 명문으로 보장하고 있으며, 나아가 외견상으로는 유니언 숍을 허용하고 있어 부분적으로 소극적 단결권을 부정하고 있는 것처럼 보이나,[4] 이는 근로자가 단지 조합비만 납부하면 되는 에이전시 숍(agency shop)에 불과하며 단결의 강제는 위헌이다.[5]

#### (나) 소극적 단결권 부정설

소극적 단결권 부정설에는 ⅰ) 소극적 단결권 자체를 부정하는 완전부정설과 ⅱ) 소극적 단결권이 단결권에 의하여 보장되는 것은 아니나, 다른 헌법규정 또는 헌법원리에 의하여 인정된다는 제한부정설로 나누어 볼 수 있다.

① **완전부정설:**    소극적 단결권 자체를 부인하는 완전부정설은 헌법 제33조의 단결권 보장은 당연히 적극적 단결권을 의미하는 것으로 근로자는 원하지 아니하는 경우에도 노동조합에 가입하여야 하는 일정한 단결강제가 예정되고 있다고 한다. 이러한 부정설은 근로자는 단결권을 통해서만 실질적 평등을 실현할 수 있으므로 소

---

3) 허영, 헌법이론과 헌법(中)(박영사, 1985), p. 330; 권영성, 헌법학, p. 682. 독일의 경우 소극적 단결권을 포함한다고 보는 학자는 Kaskel, Örtmann, Jacobi, Anschuz, Nikisch 등이 있다.

4) NLRA §8(a)(3).

5) NLRB v. Hershey Foods Corp., 513 F. 2d 1083(9th Cir. 1975).

극적 단결권은 전혀 보장될 여지가 없다는 것을 논거로 하고 있다.

소극적 단결권을 부정하는 견해도 단결강제의 범위에 관하여 견해가 나뉘고 있다. 즉, 단결강제의 인정이 개별 근로자의 단결선택의 자유를 부정하는가에 관한 문제로서 일반적 단결강제와 제한적 단결강제 간의 논의이다.

㉠ 일반적 단결강제설      근로자는 노동조합에 반드시 가입하여야 하나, 노동조합 중 원하는 노동조합을 선택할 수 있는 단결선택의 권리를 갖고 있다는 견해이다. 다시 말하면 단결강제 방식 가운데 일반적 단결강제는 단결선택의 자유가 허용되는 것이므로 당연히 합헌이라는 것이며, 현재 우리나라의 다수설이다.6) 이러한 견해는 사용자로 하여금 특정 노동조합에 소속하는 근로자만 고용하고 또 근로자가 해당 조합에서 탈퇴 또는 제명되는 경우에는 해고하도록 하는 제한적 단결강제는 결과적으로 개별 근로자의 단결선택의 자유를 제한하는 것이므로 당연히 위법·무효라고 한다.

㉡ 제한적 단결강제설      근로자는 노동조합에 반드시 가입하여야 하며, 또한 노동조합 중 원하는 노동조합을 선택할 수 있는 권리도 부여되지 아니한다는 견해이다. 개별 근로자의 단결권은 근로자 전체의 지위 향상을 위한 노동조합이라는 조직체를 결성함으로써 비로소 의미를 가진다는 것을 고려하여 볼 때에 노동조합의 조직 강화를 위하여는 개별 근로자의 단결선택의 자유를 합리적인 범위 내에서 제한하는 것이 용인되어야 한다고 보는 견해이다.7)

② **제한부정설:**      제한부정설은 소극적 단결권이 헌법 제33조의 단결권에 의하여 보장되는 것은 아니나, ⅰ) 헌법상 일반적 행동의 자유8) 또는 ⅱ) 결사의 자유에 의하여 보호받는다는 견해이다.

제한부정설을 취하면서도 앞에서 설명한 일반적 단결강제설 또는 제한적 단결강제설을 택하는 견해가 있는바, 논리의 모순을 피하기 위하여는 소극적 단결권이 제한되는 별도의 헌법적 논거가 필요하다.9)

한편, 예외적으로 인정되는 유니언 숍 협정의 예를 들어 제한적 단결강제를 일반화 하는 견해도 있으나, 이는 원칙과 예외를 혼동하고 있는 것으로 판단된다.

---

6) 이병태, 노동법, p. 82.
7) 백재봉, 「노동조합 설립의 자유」(1971), p. 105.
8) 김유성, 노동법(Ⅱ), p. 25; 김형배, 노동법, p. 145; 임종률, 노동법, p. 25; 권영성, 헌법학, p. 682.
9) 김유성, 교수는 자유권적인 일반적 행동의 자유는 생존권적인 적극적 단결권에 의하여 제한받는다고 한다. 김유성, 노동법(Ⅱ) p. 25.

### (2) 사    견

생각건대, 근로자의 소극적 단결권은 다음과 같은 이유에서 인정되어야 한다고 본다. 다만, 소극적 단결권도 절대적 권리는 아니며, 따라서 다른 여타의 기본권과 마찬가지로 헌법상 기본권의 제한 및 한계의 법리에 의하여 본질적 내용을 침해받지 아니하는 범위 내에서 제한을 받을 수 있음은 물론이다.

첫째, 소극적 단결권은 적극적 단결권의 이면으로 보아 소극적 단결권은 단결권에 포함·보장되는 것으로 보아야 한다. 근로자의 지위에서 행사하는 권리는 모두 단결권의 행사로 통일적으로 파악되어야 하며, 이를 단결권, 결사의 자유 또는 일반적인 행동의 자유 등으로 분리하여 파악하는 것은 타당하지 아니하다고 본다.

둘째, 단결권의 생존권적 측면이 자유권적 측면보다 중요한 의미를 지니는 것은 주지의 사실이나 단결권의 자유권적 측면, 즉 노동조합의 가입·탈퇴 여부에 대하여 누구의 간섭·방해도 받지 아니하고 근로자의 자유의사에 따라 결정할 수 있다는 측면을 부인하여서는 아니 된다. 단결권의 중심이 적극적 단결권의 보장에 있음은 명백하나, 이는 소극적 단결권을 부인하는 과정에서 발전되어 온 것이 아니라 오히려 소극적 단결권은 너무나 당연하게 보장되었으므로 주목을 받지 못한 것에 불과하다.

셋째, 근로자의 소극적 단결권을 부인하는 견해는 소극적 단결권의 내용을 다른 근로자 또는 노동조합의 적극적 단결권의 행사, 즉 단결강제의 범위로 파악하고 있다. 그러나 이는 특정 근로자의 단결권의 범위를 논하면서 이에 대한 구체적 논의를 회피한 채 다른 근로자 또는 노동조합의 단결권의 범위에 관한 논의로 비약하는 결과를 가져 오고 있다.

넷째, 소극적 단결권을 부인하는 견해는 결과적으로 근로자에게 단결의 의무를 부과하고 있다. 이러한 견해는 단결권이라는 근로자의 권리가 갑자기 의무로 전환되는 점에 대하여 헌법상 기본권이론의 측면에서 아무런 논거도 제시하지 못하고 있다.

소극적 단결권을 부인하는 견해는 우리나라의 판례·행정해석 및 노사현실에 의하여 뒷받침되지 못하고 있는 견해이다.

## Ⅱ. 단체교섭권

근로자의 단체교섭권이라 함은 근로자가 조직한 노동조합이 근로조건을 유지·개선하기 위하여 사용자와 교섭할 수 있는 권리를 말한다. 단결권은 그 단결 자체만으로는 무의미하며, 단결의 존재의의는 그 단결된 힘을 배경으로 사용자와 단체교섭을 전개함으로써 근로자의 근로조건을 개선하여 근로자의 경제적 또는 사회적 지위를 향상시키는 것을 주된 목적으로 하고 있는 것이다.

## Ⅲ. 단체행동권

단체행동권은 단체교섭이 결렬되어 노동쟁의가 발생하는 경우 쟁의행위를 할 수 있는 권리를 의미하며, 이는 근로자가 자신의 주장을 관철하기 위하여 업무의 정상적인 운영을 저해하는 행위를 할 수 있는 권리이다. 그러나 직장폐쇄는 근로자의 단체행동권에 포함되지 아니한다.[10]

# 제 3 절  근로삼권의 상호관계

## Ⅰ. 근로삼권상호연계론과 근로삼권상호무관론

### 1. 근로삼권상호연계론

근로삼권상호연계론이라 함은 근로자의 단결권·단체교섭권 및 단체행동권의 삼자는 상호 밀접한 불가분의 관계가 있다는 견해를 말한다.[11] 이는 근로삼권이 유기적으로 밀접하게 작용하는 경우에만 헌법상 근로삼권 보호의 목적을 충분히 달성할 수 있으며 이 중 어느 하나라도 결여되는 경우에는 그 실효성을 확보할 수 없다는 것을 의미한다.

근로자의 단결은 그 자체만으로는 아무런 의미가 없으며 궁극적으로 근로자의 사회적·경제적 지위향상은 단체교섭을 통한 근로조건의 개선·향상에 의존할 수밖에 없다. 이 단체교섭권은 근로자의 단결권을 전제로 하여 발생한다는 의미에서 단결권과 단체교섭권을 분리하여 생각할 수 없다고 할 것이다. 또한, 단체교섭은 단체행동권의 행사라는 쟁의수단을 뒷받침으로 하여 유리하게 전개할 수 있으므로 단체행동권은 단체교섭에 있어서 근로자의 지위를 사용자와 대등하게 유지하는 역할을 하고 있다.

---

10) 권영성, 헌법학, p. 687.
11) 김치선, 노동법, p. 146; 박상필, 노동법, p. 89; 김형배, 노동법, p. 124; 이영희, 노동법, p. 92.

## 2. 근로삼권상호무관론

근로삼권상호무관론이라 함은 단결권·단체교섭권 및 단체행동권은 상호 아무런 관련성이 없다는 견해를 말한다.12)

이러한 견해에 의하면 단결권은 단체교섭권 또는 단체행동권의 행사를 위한 전제조건으로서 인정되는 것은 아니라고 한다. 또한, 단체행동권은 단체교섭을 유리하게 전개하기 위한 수단이 아니라 단체교섭의 수행 여부와는 상관없이 근로자의 목적달성을 위하여 수시로 행사될 수 있는 권리이다. 단체교섭권은 굳이 단결의 목적을 위하여 행사되는 것이 아니라, 단결의 목적과는 상관없이 다른 목적의 달성을 위하여 행사될 수 있는 권리이다. 현재 근로삼권상호무관론을 취하는 견해는 거의 없다.

## II. 단결권중심론과 단체교섭권중심론

근로삼권상호연계론을 취하는 경우에도 근로삼권 중 어떤 권리를 가장 중요한 목적이 되는 권리로 보는가에 따라 단결권중심론과 단체교섭권중심론으로 분류하여 볼 수 있다.

### 1. 단결권중심론

단결권중심론은 근로삼권의 중심이 되는 권리를 단결권으로 보아 단결권을 목적된 권리로, 단체교섭권과 단체행동권을 그 수단적 권리로 파악하는 견해이다.13)

단결권중심론에 의하면 단결의 목적은 대사용자관계를 전제로 하는 근로조건의 유지·개선으로부터 대사용자관계를 반드시 전제로 하지 아니하는 근로자의 인간적 생존보장으로 확대되었다고 한다. 이에 따라 단결권의 목적을 실현하기 위한 수단적 권리로서의 단체교섭권 및 단체행동권의 행사범위도 단결권의 목적범위의 확대와 마찬가지로 당연히 확대되어야 한다고 한다. 단결권중심론을 따르는 경우에는 노동조합이 단체교섭권 및 단체행동권을 반드시 사용자를 상대로 행사할 필요가 없고, 사용자가 아닌 제3자에게도 행사할 수 있으므로 그만큼 단체교섭권 및 단체행동권의 행사범위가 넓어진다고 할 것이다.

---

12) 김유성 교수는 근로삼권의 상호관련성에 대하여 어느 하나의 권리가 다른 권리에 의하여 정당성이 규정되는 적극적 의미의 개념이 아니라, 생존권이념의 실현을 위하여 근로삼권 중 어느 하나도 결여되어서는 아니 된다는 소극적 의미로 파악하여야 한다는 견해를 취하고 있다. 김유성, 노동법(II), p. 28.

13) 이영희, 노동법, p. 93; 배병우, "단체교섭권의 대상과 범위", 「노사관계」 제1권 제2호(1990), p. 50 이하.

## 2. 단체교섭권중심론

단체교섭권중심론은 근로삼권의 중심이 되는 권리를 단체교섭권으로 보아 단체교섭권을 목적된 권리로, 단결권 및 단체행동권을 그 수단적 권리로 파악하는 견해이다. 근로자의 단결은 궁극적으로 단체교섭권을 행사하기 위한 전단계로 파악하고 있으며, 단체행동권은 단체교섭을 원활히 하기 위하여 인정되고 있다. 독일·일본·미국 및 우리나라 등의 통설이다.[14]

단체교섭권중심론에 의하면 단체교섭권의 행사는 근본적으로 대사용자관계를 기본 전제로 하므로 단체교섭권에 대한 수단적 권리로서의 단체행동권의 정당성 범위는 대사용자관계에 국한되어야 한다는 견해를 취한다. 단결의 목적범위에 대사용자관계를 전제로 하지 아니하는 목적도 포함될 수는 있으나, 이는 단체교섭의 대상이 될 수 없다고 한다. 단체교섭권중심론은 단체행동권의 행사를 대사용자관계를 전제로 하고 있으므로 단결권중심론과 비교하여 볼 때에 단체행동권의 행사범위가 좁아진다.

# 제 4 절  근로삼권의 법적 성질

## I. 학    설

### 1. 자유권설

근로자의 자유로운 단결권·단체교섭권 및 단체행동권의 행사에 대하여 국가 또는 타인으로부터 부당한 방해나 간섭을 받지 아니하는 소극적인 자유권의 일종으로 보고 있는 견해이다.[15]

### 2. 생존권설

근로자의 근로삼권의 행사에 대하여 국가가 이를 적극적으로 보호·조장하여 주도록 요구할 수 있는 생존권의 일종으로 보고 있는 견해이다.[16]

---

14) 김치선, 노동법, p. 146; 박상필, 노동법, p. 90; 하갑래, 집단적 노동관계법, p. 72; 김형배, 노동법, p. 127; 대판 1990. 5. 15, 90도357(단체교섭권은 근로조건의 향상을 위한 생존권의 근본취지에 비추어 볼 때에 근로삼권 중 핵심적 권리이다).
15) 박일경, 신헌법학원론, p. 303 이하.

### 3. 혼합권설

근로삼권은 근로자가 근로삼권을 행사하는 것을 국가 또는 타인이 방해하여서는 아니 된다는 자유권적 측면과 국가가 적극적으로 근로삼권의 행사를 보장하여 주도록 요구할 수 있는 생존권적 측면을 동시에 갖고 있다는 견해이다. 다수설이다.[17]

**관련 판례**    **헌재 1998. 2. 27, 94헌바13·26, 95헌바44**   근로삼권의 성격은 국가가 단지 근로자의 단결권을 존중하고 부당한 침해를 하지 아니함으로써 보장되는 자유권적인 측면인 국가로부터의 자유뿐 아니라, 근로자의 권리행사의 실질적 조건을 형성하고 유지해야 할 국가의 적극적 활동을 필요로 한다. 이는 곧, 입법자가 근로자단체의 조직, 단체교섭, 노동쟁의 등에 관한 노동조합관련법의 제정을 통하여 노사간의 세력 균형이 이루어지고 근로자의 근로삼권이 실질적으로 기능할 수 있도록 하기 위하여 필요한 법적 제도와 법규범을 마련하여야 할 의무가 있다는 것을 의미한다.

## Ⅱ. 사 견

근로자의 근로삼권이 국가나 타인의 간섭이나 방해 없이 자율적으로 이루어질 수 있도록 보장한다는 의미에서 근로삼권의 자유권적 성질을 부인할 수 없다. 그러나 근로삼권의 실현은 국가의 제도적인 보호에 의해서 비로소 가능하다는 점에서 근로삼권이 갖는 생존권적 측면도 무시할 수 없다고 할 것이다. 결국 근로자의 근로삼권은 자유권적 측면과 생존권적 측면을 함께 내포하고 있는 복합적인 성질의 기본권이라고 할 수 있다.

# 제5절 근로삼권의 주체

## Ⅰ. 근 로 자

### 1. 근로자 개인

근로삼권의 주체로서의 근로자라 함은 기본적으로 근로의 능력과 의사를 갖고

---

16) 문홍주, 「한국헌법」(해암사, 1987), p. 309.
17) 김철수, 헌법학, p. 850; 허영, 헌법학, p. 504; 권영성, 헌법학, p. 678; 하갑래, 집단적 노동관계법, p. 65; 김형배, 노동법, p. 129; 박상필, 노동법 p. 91; 김유성, 노동법(Ⅱ), p. 22; 이영희, 노동법, p. 93; 헌재 1998. 2. 27, 94헌바13·26, 95헌바44(병합).

있는 자를 의미하며, 「직업의 종류를 불문하고 임금·급료 기타 이에 준하는 수입에 의하여 생활하는 자」를 말한다(노동조합법 제2조제1호). 또한, 현재 실업중에 있는 자는 물론 해고의 효력을 다투고 있는 자도 노동조합법상의근로자로 보아야 한다.[18] 한편, 소작인·자영농·어민 및 소상공업자는 근로자에 해당되지 아니한다는 것이 일반적 견해이다.[19]

근로자 개인은 동시에 단결권의 보유 및 행사의 주체가 될 수 있으나, 단체교섭권 및 단체행동권에 대하여는 보유의 주체만이 될 수 있을 뿐이며 행사의 주체가 될 수 없다. 이는 단체교섭 및 단체행동의 성질상 근로자는 단결체를 통하여 단체교섭 및 단체행동을 행할 수 있을 뿐이며, 근로자 개인이 독자적으로 단체교섭 및 단체행동을 행할 수 없음을 의미한다.[20]

### 2. 근로자의 단결체

헌법 제33조제1항은 근로삼권이 근로자만의 권리인 것으로 표현하고 있으나, 근로자들의 단결체인 노동조합도 근로삼권의 주체가 된다. 노동조합은 기존의 조직을 보다 강화하기 위하여 새로운 조합원을 가입시키고, 조합을 유지·운영하는 등 단결권을 행사할 수 있다. 또한, 노동조합은 사용자와 단체교섭을 하고 단체교섭이 결렬되는 경우 쟁의행위를 하는 등 단체교섭권 및 단체행동권의 주체가 될 수 있다.

근로자 개인은 단체교섭권 및 단체행동권의 행사의 주체가 될 수 없는 반면, 노동조합은 단결권·단체교섭권 및 단체행동권의 보유의 주체는 물론 행사의 주체도 될 수 있다.

## Ⅱ. 사 용 자

사용자는 헌법 제33조제1항에 규정된 근로삼권의 주체가 될 수 없다.[21] 그 이유는 근로삼권은 근로자의 권리이기 때문이다.

사용자가 사용자단체를 결성하는 것은 근로삼권의 행사가 아니라 결사의 자유의 행사이다. 사용자가 근로자와 단체교섭을 수행하는 것은 사용자가 단체교섭권을 보유하고 있는 것이 아니라 근로자가 단체교섭권을 행사하는 데 있어 그 단체교섭의

---

18) 김철수, 헌법학, p. 852; 허영, 헌법학, p. 505.
19) 김철수, 헌법학, p. 522.
20) 권영성, 헌법학, p. 684; 김치선, 노동법, p. 156.
21) 김철수, 헌법학, p. 855; 권영성, 헌법학, p. 681.

상대방이 되는 것에 불과하다. 사용자의 직장폐쇄는 근로자의 단체행동권의 행사에 대응한 사용자의 재산권의 행사로 파악하여야 할 것이다.

# 제 6 절  근로삼권의 효력

## Ⅰ. 대국가적 효력

근로삼권의 대국가적 효력은 크게 두 가지로 나누어 볼 수 있다.[22]

첫째는 근로삼권의 자유권적 성격에 근거한 소극적 효력으로서, 이는 근로삼권에 대한 국가권력의 부당한 간섭 또는 방해를 배제하는 효력을 말한다. 국가권력이 근로삼권을 침해하는 경우 국가는 위헌의 책임과 불법행위의 책임을 진다.

둘째는 근로삼권의 생존권적 성격에 근거한 적극적 효력으로서, 이는 근로삼권의 행사를 국가가 보호하여 주도록 요구할 수 있는 효력을 말한다. 국가가 정당한 근로삼권의 행사에 대하여 민사·형사책임의 면제를 확인하여 주거나, 사용자의 부당노동행위를 제한하는 부당노동행위구제제도를 입법화 하는 행위는 모두 근로삼권의 대국가적 효력 중 적극적 효력의 내용이다.[23]

## Ⅱ. 대사인적 효력

### 1. 의    의

근로삼권의 대사인적 효력은 대사용자 효력과 대근로자 효력으로 크게 나누어 볼 수 있다.

첫째, 근로삼권의 대사용자 효력은 사용자가 근로자의 근로삼권을 침해하는 행위, 즉 부당노동행위로부터 보호를 받을 수 있는 효력을 말한다. 둘째, 근로삼권의 대근로자 효력은 다른 근로자가 근로자의 근로삼권을 침해하는 행위로부터 보호를 받을 수 있는 효력을 말한다. 근로자가 노동조합을 설립·운영하거나 노동조합에서 탈퇴하는 것을 다른 근로자가 방해하는 경우, 이는 근로자의 근로삼권을 침해하게

---

22) 허영, 헌법학, p. 507.

23) 형사책임의 면제를 근로삼권의 대국가적 효력 중 소극적 효력, 즉 자유권적 효력의 확인으로 보는 견해(김유성, 노동법(Ⅱ), p. 21)도 있다. 이는 형사면책의 법적 성질에 관한 관점의 차이라고 본다.

된다.

## 2. 학　설

### (1) 부 정 설

근로삼권의 대사인적 효력을 부정하는 견해는 헌법상의 기본권은 그 성질상 사인간에 직접적인 권리·의무관계를 발생시키지 아니하므로, 근로삼권의 경우에도 사인의 국가에 대한 권리로서만 파악하여야 하며 사인간에는 효력을 가지지 아니한다고 본다.

### (2) 긍 정 설

#### (가) 직접적용설

근로삼권의 직접적용설을 주장하는 견해는 비록 헌법에 기본권의 직접적 효력을 인정하는 명문의 규정은 없으나 사용자와 근로자 간 또는 근로자와 근로자 간의 관계를 기본전제로 하고 있는 근로삼권의 본질상 근로삼권의 효력은 명백히 사용자 또는 근로자에게 직접적으로 적용된다고 한다. 우리나라의 다수설이다.[24]

#### (나) 간접적용설

근로삼권의 간접적용설을 주장하는 견해는 첫째, 우리나라 헌법은 독일기본법상의 근로자의 단결권에 관한 규정(제9조제3항)과는 달리 대사인간의 직접적 효력을 명문으로 규정하고 있지 아니하며 둘째, 직접적 효력을 인정하는 것은 결과적으로 근로삼권의 '주관적 사권'을 인정하여 근로삼권을 근거로 한 사법상의 권리를 발생시키는 모순을 가져온다는 논거에 근거하고 있다. 우리나라의 소수설이다.[25]

> **관련판례**　서울민지판 1994. 12. 30, 94가합39968　헌법 제33조와 같이 기본권에 관련된 조항은 다같이 사인에 불과한 노사간의 법률관계에 직접 적용될 수 없는 것이다.

## 3. 사　견

사견으로는 근로자의 근로삼권은 대국가적 효력뿐 아니라 대사인적 효력도 갖고 있으며, 대사인적 효력 중에서도 간접적용설에 찬동한다.

---

24) 김유성, 노동법(Ⅱ), p. 227; 김철수, 헌법학, p. 851; 권영성, 헌법학, p. 690; 김치선, 노동법, p. 146; 김형배, 노동법, p. 131.
25) 허영, 헌법학, p. 515; 임종률, 노동법, p. 23. 임종률 교수는 민법 제103조를 매개로 하여 간접적 효력을 갖는다고 한다.

직접적용설에 의하면 근로자와 사용자 간의 민사재판에서 법원이 헌법 제33조제1항을 판결의 직접적인 근거규범으로 적용하여야 한다. 그러나 헌법 제33조제1항은 그 내용이 지극히 추상적이므로 법원은 이의 해석을 통하여 재판에 적용하여야 될 것이고, 이러한 법원의 헌법해석은 헌법을 구체화 하는 입법기능과 동일시되어 국회의 입법권을 침해하여 헌법상 삼권분립의 원칙에 위배될 우려가 있을 수 있다.

생각건대, 근로자의 근로삼권은 다음과 같이 간접적용설에 입각하여 전개되어야 한다고 판단된다.

근로자의 근로삼권의 대사인적 효력은 노동조합및노동관계조정법 제81조의 부당노동행위 금지조항을 매개로 하여 사용자 등 사인에게 간접적으로 적용된다고 본다. 노동조합및노동관계조정법 제81조는 사용자가 근로삼권을 침해하는 부당노동행위의 구체적인 유형을 규정하고 있는바, 이는 한편으로는 국가가 마련한 공법적·행정적 구제제도인 부당노동행위구제제도의 구제유형임과 동시에 다른 한편으로는 사용자에 대한 사법상 부당노동행위의 금지명령의 유형이기 때문이다.

공법적·행정적 구제제도로서의 부당노동행위구제제도는 사용자에 의하여 침해된 근로삼권을 국가가 구제하여 주는 제도로서 근로삼권의 대국가적 효력의 측면을 보여주고 있다. 이와 동시에, 노동조합및노동관계조정법 제81조는 사용자에게 근로자의 근로삼권을 침해하는 사법상의 부당노동행위를 금지하고 있는 강행규정이다.[26] 헌법 제33조제1항의 근로삼권의 효력은 노동조합및노동관계조정법 제81조의 강행규정을 매개로 하여 근로자와 사용자 간의 사법관계에 간접적으로 적용된다고 본다.

# 제 7 절   근로삼권의 제한 및 한계

## I. 의   의

근로삼권은 어떠한 경우에도 제한할 수 없는 절대적인 권리가 아니라 그 자체 내재적 한계를 갖고 있으며 또한 다른 기본권 및 헌법상의 기본원리 등에 의하여 제한될 수 있는 상대적 권리이다. 이러한 근로삼권의 제한은 그 본질적 내용을 침해하여서는 아니 된다.

---

26) 대판 1993. 12. 21, 93다11463.

## Ⅱ. 근로삼권의 제한

### 1. 근로삼권의 내재적 한계

근로삼권의 내재적 한계라 함은 근로삼권에 내재되고 있는 본질적 성격으로 인하여 근로삼권의 행사범위가 당연히 제한되는 원리를 말한다. 근로삼권은 다른 기본권과 조화·균형되게 행사되어야 하며, 헌법의 기본원리를 침해하여서는 아니 된다.

예컨대, 헌법 제33조제1항은 근로자의 근로삼권이 "근로조건의 향상을 위하여" 자주적으로 행사될 것을 명문으로 규정하고 있다. 그러나 근로삼권이 근로조건의 향상을 위하여 행사되어야 한다는 의무는 헌법의 규정에 의하여 부과되는 창설적 의무가 아니라 근로삼권에 내재하는 본질적인 한계이다. "근로조건의 향상을 위하여" 행사될 것이 요구되는 까닭에 근로조건의 향상과는 관계없는 정치적 파업 등은 내재적 한계를 일탈한 것으로서 헌법상 근로삼권보장의 대상이 되지 아니한다.

### 2. 근로삼권의 외재적 제한

#### (1) 공무원에 대한 근로삼권의 제한

##### (가) 관련규정

헌법 제33조  ② 공무원인 근로자는 법률이 정하는 자에 한하여 단결권·단체교섭권 및 단체행동권을 가진다.

##### (나) 이론적 근거

공무원의 근로삼권이 제한되는 이론적 근거에 관해서는 ⅰ) 공무원은 국가 또는 지방자치단체와 특별권력관계를 맺고 포괄적 지배를 받는 지위에 있으므로, 이에 따라 근로삼권이 제한된다는 특별권력관계설, ⅱ) 공무원은 국민 전체에 대한 봉사자이기 때문에 근로삼권의 향유에 있어 제한을 받는다는 국민전체봉사자설, ⅲ) 공무원의 직무는 공공성이 강하여 그 수행이 중단될 경우 국익을 해할 수 있으므로 그 근로삼권이 제한된다는 직무성질설 등이 있다.[27]

##### (다) 근로삼권의 제한내용

헌법 제33조제2항은 공무원인 근로자 중 「법률이 정하는 자」에 한하여 근로삼권을 행사할 수 있다고 규정하고 있다. 이에 근거하여 노동조합및노동관계조정법 제5

---

27) 권영성, 헌법학, p. 692.

조 단서는 공무원과 교원의 노동조합 조직과 가입의 자유는 따로 법률로 정하도록 하고 있으며, 각 개별법에서 공무원 및 교원의 근로삼권을 각기 규정하고 있다. 법률로 규정되지 아니한 공무원은 근로삼권이 인정되지 아니한다.

① **공무원의 노동조합 설립 및 운영 등에 관한 법률:** 6급 이하의 공무원 중 법률로 정하는 자는 공무원노동조합을 설립하고 이에 가입할 수 있다(동법 제5조 및 제6조). 공무원노조의 대표자는 그 노동조합에 관한 사항 또는 조합원의 보수·복지 그 밖의 근무조건에 관한 사항에 대하여 교섭하고 단체협약을 체결할 권한을 갖는다(동법 제8조본문). 그러나 법령 등에 의하여 국가 또는 지방자치단체가 그 권한으로 행하는 정책결정에 관한 사항, 임용권의 행사 등 그 기관의 관리·운영에 관한 사항으로서 근무조건과 직접 관련되지 아니하는 사항은 교섭의 대상이 될 수 없다(동법 제8조단서). 체결된 단체협약의 내용 중 법령·조례 또는 예산에 의하여 규정되는 내용과 법령 또는 조례에 의한 위임을 받아 규정되는 내용은 단체협약으로서의 효력을 가지지 아니한다(동법 제10조제1항). 노동조합과 그 조합원은 파업, 태업 그 밖에 업무의 정상적인 운영을 저해하는 일체의 행위를 하여서는 아니 된다(동법 제11조). 단체교섭이 결렬되는 경우 당사자 일방 또는 쌍방은 중앙노동위원회에 조정을 신청할 수 있다(동법 제12조제1항).

② **국가공무원법 및 지방공무원법:** 국가공무원법 제66조단서는 국회규칙·대법원규칙·대통령령 등으로 범위를 정하는 사실상 노무에 종사하는 현업공무원에 대하여 근로삼권을 인정하고 있다. 사실상 노무에 종사하는 공무원은 ⅰ) 정보통신부, 철도청 및 국립의료원의 작업현장에서 노무에 종사하는 기능직 공무원 및 고용직 공무원으로서, ⅱ) 서무·인사·기밀업무에 종사하는 자, 경리·물품납부사무에 종사하는 자, 보안목표시설의 경비에 종사하는 자, 승용차의 운전에 종사하는 자를 제외한 자를 말한다(공무원복무규정 제28조). 또한, 지방공무원법 제58조단서도 국가공무원법 제66조단서와 동일한 내용을 규정하고 있으며 사실상 노무에 종사하는 공무원의 범위를 조례로써 정하고 있다. 현업공무원은 단결권·단체교섭권 및 단체행동권을 행사할 수 있다.

③ **특정직공무원에 관한 법:** 경찰공무원법, 소방공무원법 및 군인사법은 현역 군인·군무원·경찰관·소방관 등의 공무원이 근로삼권을 행사할 수 없도록 규정하고 있다. 또한, 청원경찰법은 청원경찰에 대하여 경찰공무원법을 준용하도록 되어 있어 이들은 근로삼권을 행사할 수 없다.

제 1 부 총 칙

| 관련<br>판례 | 헌재 2008. 7. 31, 2004헌바9 청원경찰 업무의 특성상 단결권행사나 단체교섭권의 행사만으로도 시설의 경비업무에 지장을 초래할 가능성이 높고, 청원경찰에 대한 신분보장과 그 업무의 공공성, 업무수행의 특수성 등을 고려할 때, 군인이나 경찰관과 마찬가지로 청원경찰에 대하여도 단체행동권뿐만 아니라 단결권과 단체교섭권도 제한할 필요성이 충분히 인정되므로, 제한의 필요성과 피해의 최소성도 갖추었다. 또한 청원경찰법 조항으로 인하여 입는 청원경찰의 불이익에 비하여 국가나 사회의 중추를 이루는 중요시설의 운영에 안정을 기함으로써 얻게 되는 국가안전보장, 질서유지 등의 공익이 매우 크므로 법익의 균형성도 갖추었고, 유사한 집단행위 또는 쟁의행위에 대한 처벌 규정에 비추어 볼 때 과잉형벌의 문제를 제기하지 아니하며, 형벌체계상의 균형을 상실하였다거나 책임과 형벌 간의 비례원칙에 위반된다고 보기도 어렵다. 따라서, 이 사건 청원경찰법 조항이 과잉금지의 원칙이나 책임과 형벌 간의 비례성원칙에 위반되어 청구인들의 근로 3권을 침해한다고 인정되지 아니한다. |
|---|---|

④ **교원의 노동조합 설립 및 운영 등에 관한 법률:** 초·중등교육법 제19조에서 규정하고 있는 교원은 국·공립 또는 사립여부에 상관없이 특별시·광역시·도 단위 또는 전국단위로 노동조합을 설립하고 이에 가입할 수 있다(동법 제2조 및 제4조).

교원노조의 대표자는 임금·근로조건·후생복지 등 경제적·사회적 지위향상에 관한 사항에 대하여 교육부장관, 시·도교육감 또는 사립학교를 설립·경영하는 자와 단체교섭을 실시하고 단체협약을 체결하는 권한을 갖는다(동법 제6조제1항). 체결된 단체협약의 내용 중 법령·조례 및 예산에 의하여 규정되는 내용과 법령 또는 조례에 의한 위임을 받아 규정되는 내용은 단체협약으로서의 효력을 가지지 아니한다(동법 제7조제1항).

교원노조는 단체행동권을 행사할 수 없으며(동법 제8조), 이의 대상수단으로서 중앙노동위원회에 의한 조정 및 강제중재절차가 적용된다(동법 제9조 및 제10조). 교원노조의 노동쟁의에 대한 조정 및 중재를 위하여 중앙노동위원회에 교원노동관계조정위원회를 둔다(동법 제11조).

⑤ **공무원직장협의회의 설립·운영에 관한 법률:** 국가기관·지방자치단체 및 그 하부기관에 근무하는 공무원은 직장협의회를 설립하고 이에 자유로이 가입하거나 탈퇴할 수 있다(동법 제2조 및 제4조).

다만, 국가공무원법 제66조 및 지방공무원법 제58조에 의하여 노동운동이 허용되는 공무원은 협의회에 가입할 수 없다(동법 제3조제2항).

직장협의회는 기관장과 ⅰ) 해당 기관 고유의 근무환경개선에 관한 사항, ⅱ) 업무능률향상에 관한 사항, ⅲ) 소속공무원의 고충에 관한 사항, ⅳ) 그 밖에 기관의 발전에 관한 사항에 관하여 협의할 수 있다. 이는 공무원에 대하여 사실상의 단결권 및 제한된 범위의 단체협의권을 인정하고 있는 것이다. 그러나 단체행동권은 인정되지 아니하고 있다.

### (2) 주요방위산업체에 종사하는 근로자의 단체행동권제한

#### (가) 관련규정

> 헌법 제33조  ③ 법률이 정하는 주요방위산업체에 종사하는 근로자의 단체행동권은 법률이 정하는 바에 의하여 이를 제한하거나 인정하지 아니할 수 있다.

#### (나) 근로삼권의 제한내용

헌법 제33조제3항은 주요방위산업체에 종사하는 근로자의 단체행동권을 제한 또는 금지할 수 있다고 규정하고 있다.

노동조합및노동관계조정법 제41조제2항은 단체행동권이 제한되는 근로자를  ⅰ) 「방위사업법에 의하여 지정된 주요방위산업체에 종사하는 근로자」 중  ⅱ) 전력, 용수 및 주로 방산물자를 생산하는 업무에 종사하는 자로 규정하고 있다. 따라서 주요방위산업체에 종사하는 근로자라 할지라도 방산물자의 생산 등에 직접 관련된 자만의 단체행동권이 제한되며 그 외의 자는 단체행동권을 행사할 수 있다. 방위산업체 종사근로자에 대한 근로삼권의 제한은 법률이 정하는 「주요」방위산업체의 근로자의 「단체행동권」에 한정되므로,  ⅰ) 법률로 정하여지지 아니한 방위산업체의 근로삼권과  ⅱ) 주요방위산업체의 단결권과 단체교섭권에 대해서는 이를 제한할 수 없다.

### (3) 헌법 제37조 제2항에 의한 근로삼권의 제한

#### (가) 관련규정

> 헌법 제37조  ② 국민의 모든 자유와 권리는 국가의 안전보장·질서유지 또는 공공 복리를 위하여 필요한 경우에 한하여 법률로써 제한할 수 있으며, 제한하는 경우 에도 자유와 권리의 본질적 내용을 침해할 수 없다.

#### (나) 학 설

근로삼권을 헌법 제37조제2항에 의하여 제한할 수 있는가에 대하여는 견해가 대립되고 있다.

① **긍정설:**　　　국가의 안전보장·질서유지와 공공복리의 필요가 있을 때에는 법률로써 이를 제한할 수 있다는 견해이다. 우리나라의 다수설이다.[28]

| 관 련<br>판 례 | 헌재 2009. 10. 29, 2007헌마1359 　헌법 제33조제1항에서는 근로자의 단결권·단체교섭권 및 단체행동권을 보장하고 있는바, 현행 헌법에서 공무원 및 법률이 정하는 주요방위산업체에 종사하는 근로자와는 달리 특수경비원에 대해서는 단체행동권 등 근로3권의 제한에 관한 개별적 제한규정을 두고 있지 않다고 하더라도, 헌법 제37조제2항의 일반유보조항에 따른 기본권제한의 원칙에 의하여 특수경비원의 근로3권 중 하나인 단체행동권을 제한할 수 있다. |
|---|---|

② **공공복리를 위한 제한부정설:** 　근로삼권의 실효성을 확보하려는 그 자체가 공공의 복리에 합치하는 것이므로 공공의 복리를 이유로 하여 제한한다는 것은 불합리하다는 견해이다. 우리나라의 소수설이다.[29]

(다) 관련법률

① **선원법:** 　선원법 제25조의 규정에 따라 선원은 쟁의행위가 금지된다.

② **경비업법:** 　경비업법 제15조의 규정에 따라 특수경비원은 쟁의행위가 금지된다.

(4) 비상사태 등에 의한 제한

국가비상사태에 있어서는 헌법 제76조의 규정에 따라 대통령의 긴급재정경제처분·명령과 긴급명령에 의하여 근로삼권이 잠정적으로 제한될 수 있으며, 헌법 제77조의 규정에 의한 비상계엄선포에 의하여 단체행동이 제약받을 수도 있다.

## Ⅲ. 근로삼권 제한의 한계

우리나라 헌법은 근로삼권을 근로자의 기본권으로서 명문으로 규정하는 한편, 이를 제한할 수 있는 헌법적 근거 역시 명문으로 규정하고 있다.

따라서, 근로삼권은 절대적 권리가 아니라 제한을 받을 가능성이 있는 상대적 권리라 할 수 있으나, 그 제한은 필요한 최소한에 그쳐야 할 것이고 근로삼권의 전면적 부인 또는 본질적 내용의 침해는 인정될 수 없을 것이다.[30]

---

28) 헌재 2009. 10. 29, 2007헌마1359; 김철수, 헌법학, p. 864; 김형배, 노동법, p. 163.

29) 김소영, "근로기본권과 공공의 복리", 「노동법에 있어서 권리와 책임」(김형배 교수 화갑기념논문집, 1994), pp. 56~83 참조.

30) 김철수, 헌법학, p. 865; 권영성, 헌법학, p. 694; 허영, 헌법학, p. 513 참조.

# 제 2 부  개별적 근로관계

제 *1* 편

# 총  설

노 동 법

# 제1장 개 설

## 제1절 의 의

자본주의체제하에서는 근로자와 사용자가 대등한 지위에서 자유로이 근로계약을 체결하는 것을 원칙으로 하고 있다. 그러나 자본주의의 발달에 따라 근로자는 자신의 노동력을 낮은 임금에라도 팔아 연명해야 하는 약한 지위에 놓이게 된 반면에 사용자는 막강한 자본력을 바탕으로 열악한 근로조건으로도 근로자를 마음대로 고용할 수 있는 강한 지위를 갖게 되었다. 이러한 상황에서 근로자와 사용자가 자유로이 근로계약을 체결하도록 방치하는 것은 결과적으로 근로자의 인간적 존엄성을 침해함은 물론 생존권까지도 위협하는 것이 되었다. 이에 따라, 근로자와 사용자가 체결하는 근로계약에 국가가 개입하여 근로계약의 성립·내용·변경 및 종료 등에 관한 일정한 기준을 법으로 설정하고, 그 설정된 기준을 위반할 경우 해당 근로계약을 무효로 함과 동시에 사용자에 대하여 제재를 부과하게 되었다.

이는 근로계약의 당사자가 자유로이 결정하여야 할 근로조건에 대하여 국가가 근로조건보호법을 제정하여 개입함으로써 전통적인 시민법체계하에서의 「계약자유의 원칙」에 대한 수정을 의미하는 것이다.

# 제 2 절 법적 체계

## Ⅰ. 근로기준법

근로자의 근로조건의 기준을 정하는 기본법이자 모법으로서 「근로기준법」이 있다. 근로기준법은 근로관계의 성립·내용·변경 및 종료 등 근로조건 전반에 걸쳐 규정하고 있는 일반법이다.

근로기준법은 전체 12장 및 부칙으로 구성되어 있다. 그 내용은 제1장 「총칙」, 제2장 「근로계약」, 제3장 「임금」, 제4장 「근로시간과 휴식」, 제5장 「여성과 소년」, 제6장 「안전과 보건」, 제7장 「기능 습득」, 제8장 「재해보상」, 제9장 「취업규칙」, 제10장 「기숙사」, 제11장 「근로감독관 등」, 제12장 「벌칙」으로 되어 있다.

## Ⅱ. 부속법령

근로기준법의 부속법령으로서는 「최저임금법」·「근로자퇴직급여보장법」·「산업안전보건법」 및 「근로감독관규정」 등이 존재한다.

## Ⅲ. 관련법령

근로기준법의 관련법령으로서는 「임금채권보장법」·「파견근로자 보호 등에 관한 법률」·「기간제 및 단시간근로자보호 등에 관한 법률」·「산업재해보상보험법」·「근로자직업능력개발법」·「직업안정법」·「선원법」·「기능장려법」·「남녀고용평등과 일·가정 양립 지원에 관한 법률」·「고용상 연령차별금지 및 고령자 고용촉진에 관한 법률」 및 「장애인 고용촉진 및 직업재활에 관한 법」 등이 있다.

이러한 법령들은 근로기준법에 대한 특별법으로서의 성격을 갖는다.

# 제2장   근로기준법의 적용대상

## 제1절   근로기준법의 적용범위

### Ⅰ. 관련규정

**근로기준법 제11조 [적용범위]** ① 이 법은 상시 5명 이상의 근로자를 사용하는 모든 사업 또는 사업장에 적용한다. 다만, 동거하는 친족만을 사용하는 사업 또는 사업장과 가사사용인에 대하여는 적용하지 아니한다.
② 상시 4명 이하의 근로자를 사용하는 사업 또는 사업장에 대하여는 대통령령으로 정하는 바에 따라 이 법의 일부 규정을 적용할 수 있다.
③ 이 법을 적용하는 경우에 상시 사용하는 근로자 수를 산정하는 방법은 대통령령으로 정한다.
**근로기준법 제12조 [적용범위]** 이 법과 이 법에 따른 대통령령은 국가, 특별시·광역시·도, 시·군·구, 읍·면·동, 그 밖에 이에 준하는 것에 대하여도 적용한다.

### Ⅱ. 근로기준법의 적용범위

#### 1. 일반적인 적용범위

#### (1) 기본원칙

근로기준법은 ⅰ) 상시 5명 이상의 근로자를 사용하는 모든 사업 또는 사업장에 전면 적용함을, ⅱ) 상시 4명 이하의 근로자를 사용하는 사업 또는 사업장에는 부분 적용함을 원칙으로 한다.

#### (가) 사업 또는 사업장

① **사업 또는 사업장의 개념:**     사업 또는 사업장은 근로기준법의 적용대상이 되는 기본단위이다. 사업 또는 사업장의 개념에 대하여 근로기준법은 아무런 규정도

아니두고 있다. 따라서 이는 해석에 의존하는 수밖에 없다. 사업과 사업장은 대체로 양자를 구별하지 아니하고 하나의 동일한 개념으로 파악하는 것이 일반적이다.

이에 대하여 사업은 방문판매나 중개업과 같이 근로제공이 반드시 일정한 장소에서 이루어질 것을 요건으로 하지 아니한다는 점에서 이를 사업장과 구별하는 견해1)가 있으나 이러한 구별은 명확하지 아니하다.

근로기준법의 적용을 받는「사업」에 해당되기 위하여는 일정한 장소에서 유기적인 조직하에「업」으로서 행하여져야 한다.「업」으로 행하는 경우 ⅰ) 이를 계속적으로 행하여야 한다는 견해2)와 ⅱ) 그 사업이 1회적이거나 그 사업이 일시적이라고 하여 근로기준법의 적용대상에서 제외되는 것은 아니라는 견해3)로 나뉘어 있다.

<blockquote>
관 련
판 례
대판 1994. 10. 25, 94다21979　상시 5인 이상의 근로자를 사용하는 사업이라면 당해 사업이 1회에 그치든 사업기간이 일시적이든 간에 상관없이 모두 근로기준법의 적용대상이 된다.
</blockquote>

「업」으로 행한다 함은 반드시 영리를 목적으로 하여야 하는 것은 아니다.

개인이 목수를 고용하여 집을 수선하거나 정원사로 하여금 정원수를 손질하게 하는 것은「업」이 아니므로 근로기준법의 적용대상이 아니다.4) 그러나 건축업을 하는 개인이 목수를 고용하여 타인에게 팔 집을 건축하거나, 원예업을 하는 자가 정원사로 하여금 타인에게 팔 정원수를 손질하는 것은「업」에 해당되므로 근로기준법의 적용대상이 된다.

<blockquote>
관 련
판 례
서울지판 1996. 9. 10, 96가단90373　근로기준법 제10조의 사업 또는 사업장이라 함은 그것이 영리목적으로 행해지는 것은 물론 영리목적이 없는 사회사업이나 교육·종교단체의 계속적 활동 등 사회통념상 업으로 행하여진다고 인정되는 것은 모두 포함되므로 학교육성회 역시 근로기준법 적용을 받는 사업장에 해당한다.
</blockquote>

② **구체적인 사례:**　근로기준법은 ⅰ) 대한주택공사, 대한석탄공사 및 중소기업협동조합 등의 정부투자기관이나 공기업, ⅱ) 국가 및 지방자치단체에 고용된 공무원이 아닌 근로자, ⅲ) 종교단체·사회사업단체 및 정치단체 등에도 적용된다. 한편, 우리나라에 소재하는 외국인기업에도 근로기준법이 적용되나, 외국에 소재하는

---

1) 김형배, 근로기준법, p. 41.
2) 김형배, 근로기준법, p. 40; 하갑래, 근로기준법, p. 89.
3) 임종률, 노동법, p. 331; 대판 1994. 10. 25, 94다21979.
4) 대판 1987. 4. 14, 87도153; 법무 811－22540(1980. 9. 4).

우리나라 기업에는 적용되지 아니하는 것이 원칙이다. 본사가 국내에 있는 경우 외국의 지점·출장소에 근무하는 내국인 근로자에게도 근로기준법이 적용된다.[5]

허가를 받지 아니하거나 신고를 하지 아니하는 등 사업의 법적 요건이 결여된 경우에도 근로의 제공 자체가 강행법규에 위배되는 불법행위가 아닌 한 근로기준법이 적용된다.[6]

### (나) 상시의 기준

근로기준법이 적용되는 사업 또는 사업장은 「상시」 5명 이상의 근로자를 고용하고 있어야 한다.

「상시」의 개념 및 기준에 대하여 근로기준법은 이를 대통령령으로 정하도록 규정하고 있다(동법 제11조제3항). "상시 사용하는 근로자 수"는 해당 사업 또는 사업장에서 법적용사유 발생일 전 1개월 동안 사용한 근로자의 연 인원을 같은 기간중의 가동일수로 나누어 산정한다(동법시행령 제7조의2제1항).[7] 「연 인원」에서 ⅰ) 파견근로자는 제외되나, ⅱ) 통상근로자, 기간제 근로자 및 단시간근로자는 포함되며, ⅲ) 동거하는 친족인 근로자도 다른 근로자와 함께 근무하는 경우 이에 포함된다(동법시행령 제7조의2제4항).

### (다) 5명 이상

5명 이상의 사업장에는 근로기준법이 전면 적용되나, 4명 이하의 사업장에는 근로기준법이 부분 적용된다.

① **5명 이상의 판단기준:**  근로기준법이 적용되는 사업 또는 사업장은 「5명」 이상의 근로자를 고용하고 있어야 한다. 「5명」 이상이라 함은 하나의 사업 또는 사업장을 전제로 하고 있으므로, 독립된 개체로서의 하나의 사업 또는 사업장의 범위를 확정지어주는 판단기준이 필요하게 된다.

사업주가 여러 개의 사업을 영위하고 있을 때 ⅰ) 각각의 사업에 근로기준법이 개별적으로 적용되는지 아니면 ⅱ) 이들 중 일부 또는 전부를 하나의 사업으로 보아 근로기준법이 일괄 적용되는지는 개개 사업의 독립성 여부에 따라 판단된다.[8]

그 구체적인 판단기준은 다음과 같이 독립성 등을 기준으로 하는 것이 일반적이다.[9]

5) 임종률, 노동법, p. 331; 대판 1970. 5. 26, 70다523·524.
6) 이영희, 노동법, p. 394.
7) 동법시행령 제7조의2제2항은 예외를 규정하고 있다.
8) 임종률, 노동법, p. 332; 하갑래, 근로기준법, p. 93.
9) 근기 01254-13555(1990. 9. 26); 근기-6224(2016. 10. 6).

사업 또는 사업장의 독립성 여부를 판단함에 있어 하나의 법인은 동일 사업  또는 사업장으로 판단하는 것이 원칙이다. 다만, 하나의 법인에 소속되어 있다 할지라도 근로자 채용, 임금 결정 및 지급, 승진·징계 등 인사노무관리와 예산·회계 등을 독립적으로 구분하여 운영하고, 사업장에 경영담당자가 정해져 있고 근로조건의 결정권과 경영상 책임이 해당 경영담당자에게 전속되어 있는 경우에는 별개의 독립된 사업장으로 볼 수 있다.

② **4명 이하의 사업장:**      상시 4명 이하의 근로자를 고용하는 사업 또는 사업장에 대하여는 대통령령으로 근로기준법의 일부 조항만이 적용된다.

따라서 다음의 예외를 제외하고는 근로기준법의 모든 규정이 4명 이하의 사업장에도 5명 이상의 사업장과 마찬가지로 적용된다.[10]

㉠ 법령 요지 등의 게시(근로기준법 제14조)      사용자는 근로기준법 및 동법시행령의 요지와 취업규칙을 사업장에 비치하지 아니하여도 무방하다.

㉡ 근로조건의 위반(동법 제19조제2항)      근로계약 체결시에 명시된 근로조건이 사실과 다른 경우에도 근로자는 노동위원회에 손해배상을 청구할 수 없으며, 사용자는 귀향여비를 지급할 의무가 없다. 그러나 일반법원에 손해배상청구를 하거나, 근로계약을 해제할 수 있음은 물론이다.

㉢ 해고 등의 제한(동법 제23조제1항)      사용자는 정당한 이유의 존재여부와 상관없이 해고·휴직·정직·전직·감봉 그 밖의 징벌을 할 수 있다. 이 경우 근로자는 노동위원회에 그 구제를 신청할 수 없다(동법 제28조 내지 제33조). 경영상 이유에 의한 해고에 관한 규정은 적용되지 아니한다(동법 제24조 및 제25조). 사용자는 해고시 서면통지의무가 없다(동법 제27조). 퇴직금 지급의무는 존재한다.

㉣ 휴업수당(동법 제46조)      사용자는 휴업수당을 지급할 의무를 부담하지 아니한다.

㉤ 근로시간제도      ⅰ) 4시간 근로·30분 휴게, 8시간 근로·1시간 휴게(동법 제54조), ⅱ) 1주 1일 이상의 유급휴일(동법 제55조) 및 ⅲ) 농축수산업 종사업자 등에 대한 근로시간, 휴게·휴일규정의 적용 제외(동법 제63조)만이 적용되고, 그외의 근로시간에 관한 규정은 적용되지 아니한다.

㉥ 여성·미성년근로자      ⅰ) 사용자는 임산부와 18세 미만인 사람을 도덕상 유해·위험한 사업에 사용하지 못하며(동법 제65조제2항), ⅱ) 임산부와 18세 미만인

---

10) 현행 근로기준법시행령 별표1.

사람을 야간근로·휴일근로에 종사시킬 수 없고(동법 제70조), ⅲ) 산후 1년이 경과되지 아니한 여성을 1일 2시간, 1주 6시간, 1년 150시간을 초과하는 시간외근로를 시킬 수 없으며(동법 제71조), ⅳ) 여성과 18세 미만인 사람을 갱내근로시킬 수 없다(동법 제72조). 그러나 사용자는 18세 이상의 여성을 근로자의 동의없이 야간근로·휴일근로시킬 수 있다(동법 제70조제1항). 또한 월 1회의 무급생리휴가(동법 제73조) 및 육아시간(동법 제75조)을 주지 아니하여도 무방하다.

ⓐ 기능습득     기능습득자의 폐단제외에 관한 규정(동법 제77조)은 적용되지 아니한다.

ⓞ 취업규칙     취업규칙은 상시 10명 이상의 근로자를 사용하는 사업장에서만 필요하므로, 4명 이하의 사업장에는 취업규칙에 관한 규정(동법 제93조 내지 제97조)이 적용되지 아니한다.

ⓩ 기숙사     기숙사에 관한 규정(동법 제98조 내지 제100조)은 적용되지 아니한다.

### (2) 예     외

근로기준법은 동거하는 친족만을 사용하는 사업 또는 사업장과 가사사용인에 대하여는 적용하지 아니한다(근로기준법 제11조제1항단서).

#### (가) 동거하는 친족만을 사용하는 사업 또는 사업장

동거하는 친족만을 사용하는 사업은 근로기준법의 적용대상에서 제외된다. 그 이유는 동거의 친족만이 일을 하는 경우에는 사용종속관계를 쉽사리 인정할 수 없고 또한 동거의 친족관계에까지 국가가 개입하는 것은 바람직하지 아니하기 때문이다.[11]

동거라 함은 세대를 같이하면서 생활을 공동으로 하는 것을 의미한다.[12] 친족이라 함은 민법 제770조에서 규정하는 친족, 즉 8촌 이내의 혈족 및 4촌 이내의 인척과 배우자를 말한다.

근로자 중에 동거하는 친족뿐 아니라 '동거하지 아니하는 친족' 또는 '친족이 아닌 근로자'가 함께 혼합되어 있는 경우에는 근로기준법이 적용된다.

#### (나) 가사사용인

가사사용인이란 개인 가정의 운전기사·가정부·파출부 및 개인주택 관리인 등

---

11) 김형배, 근로기준법, p. 42; 하갑래, 근로기준법, p. 95.
12) 법무 811-19400(1978. 9. 7).

가사에 종사하는 자를 말한다. 가사사용인의 근로제공은 주로 개인의 사생활과 밀접한 관련을 맺고 있어 이에 대하여 국가가 개입하여 지도·감독하는 것은 적합하지 아니하므로 이를 근로기준법의 적용대상에서 배제하는 것이다.

가사사용인인지의 여부는 근로의 장소 및 내용 등을 그 실제에 따라 구체적으로 판단하여 가정의 사생활에 관한 것인가의 여부를 결정하여야 할 것이다.13)

## 2. 국가 및 지방자치단체에 대한 적용범위

근로기준법 및 동법시행령은 국가, 특별시·광역시·도, 시·군·구, 읍·면·동, 그 밖에 이에 준하는 것에 대하여도 적용된다(동법 제12조).

### (1) 국가공무원 및 지방공무원에 대한 적용

국가공무원 및 지방공무원에게는 국가공무원법, 지방공무원법, 공무원복무규정 및 공무원보수규정 등이 특별법으로서 일반법인 근로기준법에 우선하여 적용된다. 이러한 특별법에 관련 규정이 없거나 미비되어 있는 경우 근로기준법이 보충적으로 적용된다.

### (2) 국가 및 지방자치단체에 의하여 고용된 사인(私人)

공무원이 아닌 자로서 국가 및 지방자치단체에 고용되어 근로를 제공하는 민간인에게는 근로기준법이 적용된다.

# 제2절  근로기준법상의 근로자 및 사용자

## I. 근 로 자

### 1. 관련규정

근로기준법 제2조 [정의] 1. "근로자"란 직업의 종류와 관계없이 임금을 목적으로 사업이나 사업장에 근로를 제공하는 사람을 말한다.

---

13) 김형배, 근로기준법, p. 43; 하갑래, 근로기준법, p. 96.

## 2. 근로자의 개념

근로기준법 제2조제1호는 근로기준법의 적용대상으로서의 근로자의 개념을 정의하고 있다.14)

근로기준법상의 근로자라 함은 ⅰ)「직업의 종류에 관계없이」, ⅱ)「사업 또는 사업장」에서, ⅲ)「임금을 목적으로 근로를 제공」하는 사람을 말한다.

### (1) 직업의 종류에 관계없이

근로기준법상의 근로자는 종사하는 직업의 종류와 상관 없이 성립된다. 즉, 정신노동, 육체노동, 사무노동의 구별도 문제가 되지 아니하며 상용, 일용, 임시직, 촉탁직 등 근무형태나 직종·직급 등이 근로자 여부를 판단하는 기준이 되지 아니한다.

예컨대, ⅰ) 회사에 고용된 의사·변호사 등의 전문직 기술자, ⅱ) 단시간 근로자, ⅲ) 아르바이트 학생, ⅳ) 일용근로자, ⅴ) 실습생, ⅵ) 수련의 및 ⅶ) 신문판매요원 등은 모두 근로자이다. 그러나 ⅰ) 자영업자 및 ⅱ) 농부 등은 근로자에 해당되지 아니한다.

한편, 일반 외국인은 물론 불법체류외국인도 내국인과 마찬가지로 근로기준법상의 근로자에 해당된다.

> **관련 판례** 　대판 1995. 9.15, 94누12067　출입국관리법에 위반하여 취업자격 없는 외국인이 취업한 경우, 동법의 목적은 취업자격 없는 외국인의 고용이라는 사실적 행위 자체를 금지하고자 하는 것이지, 이미 취업한 외국인이 제공한 근로에 따른 권리나 이미 형성된 근로관계에 있어서의 근로자로서의 노동관계법령상의 제반 권리까지 제한하는 것은 아니다.

### (2) 사업 또는 사업장

근로기준법상의 근로자는 「사업 또는 사업장」에서 근로를 제공하여야 한다. 근로기준법상의 근로자는 「사업 또는 사업장」에서 근로를 제공하여야 하므로 사용자에게 현실적으로 고용되어 있는 취업자만이 근로자에 해당되며, 실업자 및 해고자는 해당되지 아니한다. 이에 반하여 노동조합법상의 근로자의 개념에는 사용자에게 고용되어 있는 취업자뿐 아니라 실업자 및 해고자 등의 미취업자도 포함된다. 이와 같이 근로기준법 및 노동조합및노동관계조정법(이하 "노동조합법"이라 한다)상의 근로자

---

14) 근로기준법상 근로자의 정의는 최저임금법, 산업안전보건법, 산업재해보상보험법, 근로자퇴직급여보장법, 임금채권보장법, 사내근로복지기금법 및 노사협력법에서도 근로자의 정의로 사용되고 있다.

범위가 서로 상이한 이유는 양 법이 각자 추구하는 목적을 달리 하고 있기 때문이
다. 근로기준법은 취업근로자에게 적용될 최저한도의 근로기준을 정하는 법이므로
실업자·해고자 등 미취업근로자에게는 근로기준법이 적용되지 아니하는 것이 원칙
이다. 그러나 노동조합법은 헌법상 근로자의 근로삼권을 보호하는 것을 목적으로 하
고 있는바, 근로삼권은 취업근로자만이 행사하는 것이 아니라 실업자·해고자 등의
미취업근로자도 이를 행사할 수 있으므로 노동조합법상의 근로자 개념에는 미취업근
로자도 포함되는 것이다.

### (3) 임금을 목적으로 근로를 제공

근로기준법상의 근로자는 「임금을 목적으로 근로를 제공하는」 사람이어야 한
다. 「임금을 목적으로 근로를 제공하는」 사람이라 함은 근로자가 사용자에게 고용되
어 사용자의 지휘·명령에 따라 자신의 노무를 제공하고 그 대가로 임금을 수령받
는 사람을 말한다.

「임금」이라 함은 근로기준법 제2조제5호에 규정된 임금을 말한다. 따라서 명목
에 관계 없이 근로의 대상으로 지급되는 것은 모두 포함된다.

현재 임금을 받고 있지 아니하더라도 근로계약관계를 유지하고 있는 근로자도
근로기준법이 적용된다. 예컨대, ⅰ) 무급으로 휴직·정직중인 자, ⅱ) 파업참가근로
자 또는 ⅲ) 무급의 노조전임자 등이 이에 해당될 것이다.

### (4) 사용종속관계의 존재

#### (가) 의　의

근로기준법상의 근로자 개념에 해당하기 위하여는 근로기준법 제2조제1호에 규
정된 요건 이외에도 이와 별도로 근로자와 사용자 간에 사용종속관계가 존재하여야
한다.

사용종속관계는 노동법의 보호대상이 되는 근로자와 민법상의 피고용인 등 근로
자가 아닌 자를 구분하는 핵심적 기준으로서, 사용종속관계가 존재하는 경우에만 노
동법상의 근로자로서 인정받게 된다. 즉, 당사자 간의 계약이 민법상의 고용계약이
든 또는 도급계약이든 그 계약의 형식에 관계없이 그 실질에 있어 근로자가 사업
또는 사업장에 임금을 목적으로 「종속적인 관계」에서 사용자에게 근로를 제공하여
야 한다.15)

---

15) 대판 1996. 4. 26, 95다20348; 대판 1997. 11. 28, 97다7998; 대판 2000. 1. 28, 98두9219.

「종속적인 관계」가 존재하는지의 여부는 ⅰ) 업무의 내용이 사용자에 의하여 정하여지고 취업규칙·복무규정·인사규정 등의 적용을 받으며 업무수행과정에 있어서도 사용자로부터 구체적이고 직접적인 지휘·감독을 받는지의 여부, ⅱ) 사용자에 의하여 근무시간과 근무장소가 지정되고 이에 구속을 받는지 여부, ⅲ) 근로자 스스로 제3자를 고용하여 업무를 대행케 하는 등 업무의 대체성 유무, ⅳ) 비품·원자재·작업도구 등의 소유관계, ⅴ) 보수가 근로 자체의 대상적 성격을 갖고 있는지 여부와 기본급이나 고정급이 정하여져 있는지의 여부 및 근로소득세의 원천징수 여부 등 보수에 관한 사항, ⅵ) 근로제공관계의 계속성과 사용자에의 전속성의 유무와 정도, ⅶ) 사회보장제도에 관한 법령 등 다른 법령에 의하여 근로자로서의 지위를 인정받는지의 여부, ⅷ) 양 당사자의 경제·사회적 조건 등 당사자 사이의 관계 전반에 나타나는 동 사정을 종합적으로 고려하여 판단하여야 한다.[16)]

### (나) 근로기준법 및 노동조합법상 사용종속관계의 관계

① **학설 및 판례:**　근로기준법 및 노동조합법상의 근로자성 여부를 판단함에 있어 사용되는 사용종속관계의 기준이 동일한지의 여부에 관하여 견해가 나뉘고 있다.

㉠ 양자를 동일시하는 견해　근로기준법상의 사용종속관계를 노동조합법상의 사용종속관계와 동일시하는 견해이다.[17)]

이러한 견해는 근로기준법과 노동조합법이 모두 사용종속관계의 존재를 전제로 하는 근로자를 보호대상으로 한다는 측면에서는 동일하며, 다만 입법목적상 적용범위와 보호방법 등에 차이가 있을 뿐이라는 것을 논거로 하고 있다.

종전의 대법원 판례의 입장이다. 하급심 판례는 근로기준법 및 노동조합법상의 근로자성 판단에 적용되는 사용종속관계의 기준이 동일한 것임을 직접적으로 언급하고 있다.[18)] 즉, 레미콘 운송업자가 노동조합법상의 근로자가 될 수 있는지의 여부를 판단함에 있어 행정법원 및 고등법원은 「근로기준법이나 노동조합법이나 종속노동의 대가로 생활을 영위하는 자의 보호를 목적으로 하는 점에서는 차이가 없고, 단지 근로자의 보호를 위한 방법론상의 차이가 있는 것에 불과하다」는 입장을 취하고 있다.

---

16) 대판 1996. 4. 26, 95다20348; 대판 1997. 11. 28, 97다7998; 대판 2000. 1. 28, 98두9219; 대판 2002. 7. 26, 2000다27671.

17) 강희원·김영문, "근로자개념과 계약의 자유"(중앙경제사, 2001), p. 381 이하.

18) 서울행판 2001. 9. 4, 2001구6783(프라자 컨트리클럽사건); 서울고판 2001. 12. 28, 2001라183(프라자 컨트리클럽사건).

서울행판 2001. 9. 4, 2001구6783; 서울고판 2001. 12. 28, 2001라183　　근로기준법
이나 노동조합법이나 종속노동의 대가로 생활을 영위하는 자의 보호를 목적으로
하는 점에서는 차이가 없고, 다만 근로기준법은 특정의 사용자와 근로자의 현실적
인 근로관계를 그 규율대상으로 하는 반면에 노동조합법은 그와 같은 현실적인 근
로관계에서의 근로조건의 유지·개선 등을 효과적으로 달성할 수 있는 근로자의
보호를 위한 방법론적인 차이가 있는 것에 불과한 것이다. 따라서 근로자인지 여
부를 판단하는 기준인 사용종속성이나 근로의 대상성에 관한 판단에 있어서 근로
기준법과 노동조합법 사이에 어떤 차이가 있다고 할 수 없다.

ⓛ 양자를 구별하는 견해

노동조합법상의 사용종속관계가 보다 광범위하다는 견해와 근로기준법상의 사용
종속관계가 보다 광범위하다는 견해로 나뉘고 있다.

（ⅰ）노동조합법상의 사용종속관계가 광범위하다는 견해　　노동조합법상의 사용종속
관계 기준이 근로기준법상의 사용종속관계 기준보다 광범위하다는 견해이다.

최근의 대법원판례는 사용종속관계를 충족하지 못하여 근로기준법상의 근로자는 아니지
만 경제적 종속관계를 충족하는 경우 노동조합법상의 근로자에 해당될 수 있다는 판결을 내
리고 있다.[19]

2018년 학습지교사 사건에서는 근로기준법과 상이한 경제적 종속관계의 개념을 "노무제
공자의 소득이 특정 사업자에게 주로 의존하고 있는지, 노무를 제공 받는 특정 사업자가 보
수를 비롯하여 노무제공자와 체결하는 계약 내용을 일방적으로 결정하는지, 노무제공자가
특정 사업자의 사업 수행에 필수적인 노무를 제공함으로써 특정 사업자의 사업을 통해서 시
장에 접근하는지, 노무제공자와 특정 사업자의 법률관계가 상당한 정도로 지속적·전속적인
지, 사용자와 노무제공자 사이에 어느 정도 지휘·감독관계가 존재하는지, 노무제공자가 특
정 사업자로부터 받는 임금·급료 등 수입이 노무 제공의 대가인지 등을 종합적으로 고려하
여 판단하여야 한다"고 하여 제시하고 있다.

즉, 근로기준법상의 근로자성 판단에는 기존의 사용종속관계를, 노동조합법상의 근로자
성 판단에는 경제적 종속관계를 적용함으로써 기준의 2원화를 제시하고 있다. 이러한 대법
원 판례는 경제적 종속관계의 개념 및 기준을 구체적으로 제시하지 못하고 있고, 근로기준
법상의 근로자는 아니지만 노동조합법상의 근로자에 해당하는 근로자의 권리를 구체적으로
분석하지 못하고 있다는 문제점이 제시될 수 있다. 그러나 집단적 노사관계에서 새로이 대
두되는 사용종속관계의 현황을 잘 반영하고 있다고도 판단된다.

（ⅱ）근로기준법상의 사용종속관계가 광범위하다는 견해　　근로기준법상의 사용종속
관계 기준이 노동조합법상의 사용종속관계 기준보다 광범위하다는 견해이다. 이러한 견해에
의하면 노동조합법상의 사용종속관계는 근로기준법상의 사용존속관계보다 더욱 엄격한 기준

---

19) 대판 2014. 2. 13, 2011다78804; 대판 2018. 6. 15, 2014두12598, 12604; 대판 2018. 10. 12, 2015두
38092.

을 충족하여야 하므로 비록 근로기준법상의 사용종속관계가 존재하여 근로자에 해당되는 경우에도 노동조합법상의 사용종속기준을 충족하지 못하여 근로자에 해당되지 아니하는 경우도 있다고 한다. 국내에 이런 견해를 주장하는 학설은 없다. 다만, 미국의 대법원 판례는 ⅰ) 전국노사관계법(NLRA)상의 노동조합을 결성할 수 있는 근로자의 개념에는 소위 「관리·통제권한」 기준을 적용하여 엄격히 판단하고 있으나, ⅱ) 공정근로기준법(FLSA)상의 근로기준보호를 받을 수 있는 근로자의 개념에는 보다 포괄적이고 완화된 「경제현실」 기준을 적용하고 있다. 미국의 대법원 판례는 ⅰ) 사용종속관계는 개별 법령의 입법목적에 따라 별도로 판단하여야 되며, ⅱ) 근로기준법(공정근로기준법)상의 근로자라 할지라도 모두 노동조합을 조직할 수 없다는 것을 논거로 하고 있다.

　② **사　견:**　　근로기준법상의 사용종속관계 기준과 노동조합법상의 사용종속관계의 기본 원리는 동일하지만 표현 방법은 개별법마다 다른 것이 원칙이라고 본다. 근로기준법과 노동조합법은 모두 근로자의 보호를 목적으로 하고 있으며, 단지 근로기준법은 최저기준의 보장을 통하여, 노동조합법은 단결체의 보장을 통하여 목적을 달성하고자 한다는 점에서 차이점이 있기 때문이다. 그러나 사용종속관계의 존재는 근로기준법 및 노동조합법상의 근로자에게 공통적으로 요구되는 내재적 요소라 할지라도 근로기준법과 노동조합법은 서로 노사관계가 상이하게 전개되므로 이 상이함을 반영한 새로운 사용종속관계 개념의 필요성이 제기되고 있다. 기존의 사용종속관계 개념은 내용 및 용어가 근로기준법상의 근로관계를 중심으로 형성되어 있다. 종전에는 집단적 노사관계도 주로 취업 근로자를 중심으로 전개되었으므로 근로기준법 및 노동조합법상 동일한 사용종속관계 기준을 적용하더라도 커다란 문제점이 없었다. 그러나 미취업근로자를 포함하는 초기업별 노조 활동 등 새로이 대두되는 노동조합법상의 노사관계를 판단하는 데 종전의 사용종속관계 기준만으로는 부적합할 수도 있다. 최근의 대법원 판례는 이러한 새로운 필요성을 반영하고 있는 것으로 보인다.

　다만, 노동조합법상의 상당 규정은 근로기준법상의 근로기준 및 개념을 바탕으로 하고 있으므로 근로기준법이 적용되지 않는 근로자에게 노동조합법을 적용하는 경우 관련 규정의 정비가 필요하다고 할 것이다.

### (다) 사용종속관계의 구체적 판단
#### ① 사용자가 1인인 경우
　㉠ 근로기준법상 및 노동조합법상 사용종속관계가 없는 경우
　(ⅰ) 개별적 근로관계　　근로기준법상 사업장의 근로자에 해당되지 아니한다. 따라서 임금·퇴직금 등의 지급요구, 고용승계 또는 해고무효 등 근로기준법상의 권리를 주장할 수 없다.

(ii) 집단적 노사관계     노동조합법상 사업장의 근로자에 해당하지 아니한다. 따라서 사업장에서 노동조합 활동이 허용되지 아니한다. 예컨대 노동조합을 조직하거나 단체교섭을 요구할 수 없으며, 부당노동행위 구제신청도 인정되지 않는 것이 원칙이다. 이들이 노동조합을 조직하고 신고절차를 마친 경우에도 사용자는 이들의 단체교섭 요구에 응할 의무가 없다.

Ⓛ **근로기준법상 사용종속관계가 있는 경우**

(ⅰ) 개별적 근로관계     근로기준법상 사업장의 근로자에 해당된다. 따라서 임금·퇴직금 등의 지급요구, 고용승계 또는 해고무효 등 근로기준법상의 모든 권리를 주장할 수 있다.

(ii) 집단적 노사관계     노동조합법상 사업장의 근로자에 해당된다. 따라서 사업장에서 자유롭게 노동도합을 조직하거나 이에 가입할 수 있다. 사용자에게 단체교섭을 요구할 수 있으며, 부당노동행위 구제신청도 인정된다.

Ⓒ **근로기준법상 사용종속관계는 없으나, 노동조합법상 사용종속관계는 있는 경우**

일반적인 사용종속관계의 기준은 충족시키지 못하나 경제적 종속성은 인정되는 근로자를 말한다. 최근의 대법원 판례에 따른 이들의 개별적 근로관계를 보면 사용종속관계의 기준을 충족시키지 못하므로 근로기준법상의 근로자가 아니지만, 집단적 노사관계를 보면 경제적 종속성이 인정되므로 노동조합법상의 근로자에 해당된다고 한다.[20]

(ⅰ) 개별적 근로관계     근로기준법상의 근로자가 아니므로 근로기준법상의 권리를 주장할 수 없다. 또한, 근로기준법상의 근로자에게 적용되는 근로자퇴직급여보장법 및 최저임금법도 적용되지 않는다. 노사 당사자 간의 고용계약에 의하여 근로조건이 정해진다.

(ii) 집단적 노사관계     노동조합법상의 근로자에 해당되므로 노동조합법상의 권리를 행사할 수 있다. 그러나 근로기준법상 취업근로자를 대상으로 하는 기업별노조의 조직 및 가입 등 근로기준법상의 근로자를 전제로 하는 노동조합 활동은 제한된다.

② **사용자가 복수인 경우:**     근로자의 사용자는 1인인 것이 일반적이나, 도급·하청 및 파견과 같이 고용사업주와 사용사업주가 상이하여 2인 이상인 경우도 있다.

㉠ **고용사업주가 형식적·명목적인 경우**     모회사가 자회사의 인사·예산·경영을 지배하는 경우 또는 노동법상의 문제가 생기자 사용사업주의 지시에 따라 고용사업주가 회사 운영을 중단한 경우 등과 같이 고용사업주가 형식적·명목적인 경우이거나 Paper Company에 불과한 경우 등을 말한다.

(ⅰ) 근로자와 사용사업주간에 "사용종속관계"가 존재하는 경우 양자간에는 간접고용관계(묵시적 고용관계)가 성립된다.[21] 따라서 해당 근로자는 사용사업주의 근로자가 고용한

---

20) 대판 2014. 2. 13, 2011다78804.
21) 대판 2015. 2. 26, 2012다96922.

것으로 의제된다.

> 관 련
> 판 례
>
> **대판 2015. 2. 26, 2012다96922**   원고용주에게 고용되어 제3자의 사업장에서 제3자의 업무를 수행하는 사람을 제3자의 근로자라고 하기 위해서는, 원고용주가 사업주로서의 독자성이 없거나 독립성을 결하여 제3자의 노무대행기관과 동일시할 수 있는 등 그 존재가 형식적·명목적인 것에 지나지 아니하고, 사실상 당해 피고용인은 제3자와 종속적인 관계에 있으며 실질적으로 임금을 지급하는 주체가 제3자이고 근로 제공의 상대방도 제3자이어서, 당해 피고용인과 제3자 사이에 묵시적 근로계약관계가 성립하였다고 평가할 수 있어야 한다(대법원 2010. 7. 22, 선고 2008두4367 판결 등 참조).

( ii ) 사용사업주가 "기본적인 근로조건 등을 실질적·구체적으로 지배·결정"하는 경우   사용사업주가 근로자의 노동조합 조직 또는 운영을 지배하거나 개입하는 경우 부당노동행위에 해당된다. 이는 사용사업주와 근로자간에 사용종속관계에까지 이르지는 않더라도 사용사업주가 "기본적인 근로조건 등을 실질적·구체적으로 지배·결정"하는 경우에는 간접고용은 인정되지 아니하나 최소한 부당노동행위구제는 인정하는 것이다.[22]

> 관 련
> 판 례
>
> **대판 2010. 3. 25, 2007두8881**   원청회사가 사내 하청업체 소속 근로자들의 기본적인 노동조건 등에 관하여 고용사업주인 사내 하청업체의 권한과 책임을 일정부분 담당하고 있다고 볼 정도로 실질적·구체적으로 지배·결정할 수 있는 지위에 있고 사내 하청업체의 사업폐지를 유도하고 그로 인하여 사내 하청업체 노동조합의 활동을 위축시키거나 침해하는 지배·개입행위를 하였다면, 원청회사는 부당노동행위 구제명령의 대상인 사용자에 해당한다고 한 사례

( iii ) 소사장(小社長)법인 소속 근로자   기존 기업이 경영합리화를 이유로 기존의 근로자들을 구성원으로 하는 소사장법인을 설립한 경우 소사장법인 소속의 근로자들이 기존 기업소속의 근로자에 해당되는지가 의문이 될 수 있다.

이 경우 소사장임원이 사업주로서 독자성이 없거나, 기존 사업의 한 부서와 동일시 할 수 있는 등 그 존재가 형식적·명목적인 것에 불과하고 사실상 소사장법인 소속의 근로자가 기존 사업에 종속되어 근로를 제공하는 경우에는 기존 사업 소속 근로자로 보아야 할 것이다.[23]

> 관 련
> 판 례
>
> **대판 2002. 11. 26, 2002도649**   기존 기업이 경영합리화라는 명목으로 소사장법인을 설립한 후 그 소속 근로자들에게 직접 임금을 지급하고, 인사 및 노무관리에도 구체적이고 직접적인 관리·감독을 하여 온 경우, 기존 기업의 대표이사가 소사장법인 소속 근로자들에 대한 관계에서도 사용자의 지위에 있다.

ⓒ 고용사업주가 실질적인 경우   고용사업주가 실질적인 경우라 함은 도급·

---

22) 대판 2010. 3. 25, 2007두8881.
23) 대판 2002. 11. 26, 2002도649.

파견 및 근로자공급사업 등과 같이 고용사업주가 독립적인 사업으로서의 실체를 갖추고 있는 경우를 말한다.

(ⅰ) 근로자파견관계가 없는 경우　　　근로자와 사용사업주간에 사용종속관계가 없는 경우로서 민법상의 고용·도급 또는 직업안정법상의 근로자공급사업이 해당된다. 근로자는 사용사업주에게 노동법상의 권리를 주장할 수 없고, 고용사업주에게 그 권리를 주장할 수 있다. 근로자는 고용사업주로부터 임금을 받고, 고용사업주를 상대로 노동조합 활동을 하는 것이 원칙이다. 청소용역업체, KTX 여승무원 및 하역근로자 등이 이에 해당된다.

하역근로자는 하역노조가 고용한 근로자이며, 한진해운같은 사용사업주의 근로자가 아니다. 하역노조는 하역근로자를 고용하여 직업안정법상의 "근로자공급사업자"로서 근로자공급사업을 하는 "사용자"임과 동시에 하역근로자를 조합원으로 하여 조직된 노동조합이다.24)

(ⅱ) 근로자파견관계가 있는 경우

㈀ 파견근로자　　　사용사업주와 근로자간에 사용종속관계가 있는 경우의 대표적인 사례가 근로자파견이다. 대법원 판례는 "사용종속관계" 대신에 별도의 "근로자파견관계"라는 기준을 제시하여 파견근로자의 판단 지표로 삼고 있다.25) 대법원 판례는 '근로자파견'이라 함은 '파견사업주가 근로자를 고용한 후 그 고용관계를 유지하면서 근로자파견계약의 내용에 따라 사용사업주의 "지휘·명령"을 받아 사용사업주를 위한 근로에 종사하게 하는 것'이라 판결하고 있다.26)

　　근로자파견은 파견근로자법에 따른 보호와 제한을 받게 된다. 사용자들은 파견근로자법상의 제한을 회피하기 위하여 외형상으로는 도급 등의 형식을 취하나, 실제로는 파견근로자를 지휘·통제하여 사용하는 바, 소위 위장도급 또는 불법파견의 문제가 발생하게 된다. 예컨대 파견사업주가 근로자파견법상의 합법적인 파견사업주가 아니거나 또는 수행 업무가 파견업종에 해당되지 않는 경우가 이에 해당된다. 대법원 판례는 외형상 도급계약을 체결하였으나, 그 계약이 위장도급 또는 불법파견에 해당하는지를 판단하는 기준으로서 "근로자를 고용하여 타인을 위한 근로에 종사하게 하는 경우 그 법률관계가 근로자파견에 해당하는지 여부는 당사자들이 붙인 계약의 명칭이나 형식에 구애받을 것이 아니라, ⅰ) 계약의 목적 또는 대상에 특정성, 전문성, 기술성이 있는지 여부, ⅱ) 계약당사자가 기업으로서 실체가 있는지와 사업경영상 독립성을 가지고 있는지 여부, 및 ⅲ) 계약 이행에서 사용사업주가 지휘·명령권을 보유하고 있는지 여부 등 그 근로관계의 실질에 따라 판단하여야 한다."고 판결하고 있다.

---

24) 대판 2002. 5. 28, 2001다72074.
25) 대판 2010. 7. 22, 선고 2008두4367; 대판 2015. 2. 26, 2012다96922.
26) 대판 2010. 7. 22, 선고 2008두4367.

| 관 련 판 례 | **대판 2015. 2. 26. 2012다96922**    원고용주가 어느 근로자로 하여금 제3자를 위한 업무를 수행하도록 하는 경우 그 법률관계가 위와 같이 파견법의 적용을 받는 근로자파견에 해당하는지는 당사자가 붙인 계약의 명칭이나 형식에 구애될 것이 아니라, 제3자가 당해 근로자에 대하여 직·간접적으로 그 업무수행 자체에 관한 구속력 있는 지시를 하는 등 상당한 지휘·명령을 하는지, 당해 근로자가 제3자 소속 근로자와 하나의 작업집단으로 구성되어 직접 공동 작업을 하는 등 제3자의 사업에 실질적으로 편입되었다고 볼 수 있는지, 원고용주가 작업에 투입될 근로자의 선발이나 근로자의 수, 교육 및 훈련, 작업·휴게시간, 휴가, 근무태도 점검 등에 관한 결정 권한을 독자적으로 행사하는지, 계약의 목적이 구체적으로 범위가 한정된 업무의 이행으로 확정되고 당해 근로자가 맡은 업무가 제3자 소속 근로자의 업무와 구별되며 그러한 업무에 전문성·기술성이 있는지, 원고용주가 계약의 목적을 달성하기 위하여 필요한 독립적 기업조직이나 설비를 갖추고 있는지 등의 요소를 바탕으로 그 근로관계의 실질에 따라 판단하여야 한다. |
|---|---|

근로자파견법상 파견근로자를 2년이상 고용한 경우에는 사용자에게 파견근로자의 고용의무가 발생하나, 불법파견의 경우에는 2년이상 고용하지 않더라도 즉시 고용의무가 발생한다.

(ㄴ) 하청근로자    하청근로자라 함은 원청사업주에게 부품등을 납품하거나, 원청회사의 업무를 지원하는 하청사업주 소속의 근로자가 원청사업주의 사업장에서 근로를 제공하는 근로자를 말한다. 원청회사와 하청회사는 외형상으로 하청근로자 사용에 대한 도급계약을 체결하지만 실제로는 하청근로자가 원청회사의 "지휘·명령"을 받아 근로를 제공하므로 이것이 도급인지 아니면 불법파견인지의 문제가 발생하게 된다.

대법원판례는 자동차 생산라인 등 원청 및 하청 근로자들이 대동소이한 업무를 수행하므로 하청근로자들이 원청사업주의 "지휘·명령"을 받는 것으로 보아 이를 불법파견으로 판단하고 근로자파견법에 따라 사용사업주에게 고용의무를 부과하고 있다.[27]

### 3. 특별법의 적용을 받는 근로자

특별법에서 해당 근로자들의 근로조건에 관한 사항을 규정하고 있는 경우 해당 부분에 한하여 근로기준법의 적용이 배제될 수 있다. 어떠한 법이 근로기준법의 특별법으로 인정되기 위해서는 입법목적 및 규제대상 등이 근로자의 근로조건결정에 관한 것이어야 한다.[28]

### (1) 국가공무원법 등의 적용을 받는 공무원

공무원은 국가공무원법, 지방공무원법, 교육공무원법, 공무원복무규정 및 공무원

---

27) 대판 2010. 7. 22, 2008두4367.
28) 대판 1990. 3. 13, 89다카24780(의료보험법은 근로기준법과 입법목적, 규정사항 등을 달리하므로 전면적으로 근로기준법의 특별법이라고 볼 수 없다). 근기 01254-9222(1991. 6. 27).

보수규정 등의 적용을 받으며 그러한 법령에 근로조건이 포괄적으로 정하여져 있다. 이러한 법령은 근로기준법의 특별법으로서 근로기준법에 우선하여 적용되므로 근로 기준법은 그 한도 내에서 적용되지 아니한다.29)

**관 련**
**판 례**
대판 1996. 4. 23, 94다446 　　공무원도 임금을 목적으로 근로를 제공하는 근로 기준법 제14조 소정의 근로자이므로, 공무원연금법, 공무원보수규정, 공무원수당규 정 등에 특별한 규정이 없는 경우에는 공무원에 대하여도 성질에 반하지 아니하는 한 원칙적으로 근로기준법이 적용되므로, 국가의 부당한 면직처분으로 인하여 공 무원이 그 의사에 반하여 근로를 제공할 수 없는 경우 공무원의 최저생활을 보장 할 필요성은 사기업의 근로자와 동일하므로 근로기준법 제45조의 휴업수당은 공무 원에게도 적용된다.

### (2) 선　　원

선원의 직무·근로조건·직업안정 및 직업훈련 등에 대해서는 「선원법」이 적용 되며, 근로기준법의 적용이 배제된다.

### (3) 사립학교교원

사립학교법은 교원의 자격·임면·복무·신분보장 및 징계 등에 대해 근로기준 법과 별도로 규정하고 있다. 따라서 사립학교법에서 규정하고 있는 근로조건에 대하 여는 근로기준법의 적용이 배제된다.30)

그러나 사립학교교원의 근로조건에 관하여 사립학교법이 규정하고 있지 아니하 는 경우에는 근로기준법이 적용된다.31)

### (4) 청원경찰

청원경찰에 대한 근로조건의 기준에 관하여는 근로기준법에 우선하여 청원경찰 법령이 적용된다. 동법에 규정되지 아니한 사항에 대하여 근로기준법이 적용된다.

### (5) 기간제 및 단시간근로자

기간제 및 단시간근로자에 대하여는 「기간제 및 단시간근로자 보호 등에 관한 법률」이 적용된다.

단시간근로자의 개념 및 근로조건의 기본원칙에 관하여는 근로기준법 제2조제8 호 및 제18조에서 각각 규정하고 있다. 이에 관하여는 후술한다.

---

29) 대판 1987. 2. 24, 86다카1355; 대판 1996. 4. 23, 94다446.
30) 근기 01254-9246(1991. 6. 27).
31) 대판 1979. 9. 25, 78다2312.

### (6) 파견근로자

파견근로자에 대하여는 「파견근로자 보호 등에 관한 법률」이 적용된다. 이에 관하여는 후술한다.

### (7) 외국인근로자

외국인근로자에 대하여는 「외국인근로자의 고용 등에 관한 법률」이 적용되고 있다. 외국인근로자도 내국인근로자와 동등한 대우를 받는 것이 원칙이다.

## 4. 근로자의 명부작성

사용자는 각 사업장별로 근로자 명부를 작성하고 근로자의 성명, 생년월일, 이력, 그 밖에 대통령령으로 정하는 사항을 적어야 한다. 다만, 대통령령으로 정하는 일용근로자에 대해서는 근로자 명부를 작성하지 아니할 수 있다(동법 제41조제1항). 근로자 명부에 적을 사항이 변경된 경우에는 지체 없이 정정하여야 한다(동법 제41조제2항).

# Ⅱ. 사 용 자

## 1. 관련규정

> 근로기준법 제2조 [정의] 2. "사용자"란 사업주 또는 사업경영담당자, 그 밖에 근로자
> 에 관한 사항에 대하여 사업주를 위하여 행위하는 자를 말한다.

## 2. 사용자의 개념

근로기준법 제2조제2호는 사용자에 관하여 정의하고 있다.[32]

근로기준법상의 사용자라 함은 ⅰ) 사업주, ⅱ) 사업경영담당자 또는 ⅲ) 그 밖에 근로자에 관한 사항에 대하여 사업주를 위하여 행위하는 자를 말한다.

### (1) 사 업 주

「사업주」라 함은 경영의 주체를 말한다. 개인기업의 경우에는 경영주 개인을 의미하고 법인기업인 경우에는 법인을 가리킨다.

비영리단체일지라도 「입주자대표회의」와 같이 근로자를 직접 고용하고 지휘·명

---

[32] 근로기준법상의 사용자 정의는 노동조합및노동관계조정법(제2조제2호), 최저임금법(제2조) 및 근로자참여및협력증진에관한법률(제3조제3호) 등에서도 사용되고 있다.

령한다면 해당 단체 자체가 사업주가 된다.33) 하도급의 경우 하도급회사에 고용된 근로자는 ⅰ) 하도급회사의 사업주가 사용자로 되는 것이 원칙이지만, ⅱ) 하도급회사 전체가 원기업의 지휘·명령에 따르는 경우에는 그 원기업의 사업주가 사용자로 된다.34)

사업주는 근로자와 체결한 근로계약의 타방 당사자인 것이 일반적이다.

### (2) 사업경영담당자

「사업경영담당자」라 함은 사업주로부터 사업경영의 전부 또는 일부에 대하여 포괄적 위임을 받고 권한을 행사하거나 책임을 부담하는 자를 말한다.35)

구체적으로는 주식회사의 대표이사, 합명·합자회사의 업무집행사원, 유한회사의 이사·지배인 및 회사정리절차의 개시 이후의 관리인36) 등이 이에 해당된다. 그러나 회사의 임원이라 할지라도 사업주로부터 포괄적 또는 일반적 권한을 위임받지 못한 경우에는 사업의 경영담당자라고 할 수 없다.37) 한편, 형식상으로는 대표이사의 직위에서 사임하였으나 실질적으로는 사주로서 회사를 경영하였다면 사용자에 해당된다.38)

### (3) 근로자에 관한 사항에 대하여 사업주를 위하여 행위하는 자

「근로자에 관한 사항에 대하여 사업주를 위하여 행위하는 자」는 채용·인사·급여·후생·노무관리 및 재해방지 등의 근로조건의 결정 또는 근로의 제공에 관하여 지휘·명령 내지 감독을 할 수 있는 일정한 책임과 권한이 사업주에 의하여 주어진 자를 말한다.39) 이와 같은 책임과 권한의 유무는 부장 또는 과장이라는 형식적인 직명에 따를 것이 아니라 구체적인 책임과 권한에 의하여 판단되어야 할 것이다.40)

| 관 련 판 례 | 대판 1983. 11. 8, 83도2505  근로자들을 선발·고용하고 작업을 지휘·감독하면서 회사로부터 임금 명목의 돈을 지급받아 이를 근로자들에게 지급하는 업무를 행하여 왔다면 '근로자에 관한 사항에 대하여 사업주를 위하여 행위하는 자'에 해당한다. |
|---|---|

---

33) 법무 811-7401(1980. 3. 27).
34) 대판 1986. 8. 19, 83다카657; 대판 1990. 10. 30, 90다카23592.
35) 대판 1988. 11. 22, 88도1162; 대판 2008. 4. 10, 2007도1199.
36) 대판 1989. 8. 8, 89도426.
37) 대판 1988. 11. 22, 88도1162.
38) 대판 2002. 11. 22, 2001도3889.
39) 대판 2004. 11. 26, 2004도6285; 대판 2008. 10. 9, 2008도5984.
40) 대판 1978. 2. 14, 77다3673; 대판 1983. 6. 28, 83도1090; 대판 1989. 11. 14, 88누6924. 근로에 관한 사항을 감독할 수 있다는 이유만으로 사용자라고 단정할 수 없다.

### 3. 사용자 개념의 상대성

「사용자 개념의 상대성」이라 함은 근로기준법상의 사용자는 근로자를 전제하지 아니하고는 존재할 수 없으며, 또한 동시에 근로자의 지위도 함께 보유할 수 있다는 것을 말한다.[41)]

즉 「사업주」가 아닌 사용자, 즉 「사업경영담당자」 및 「사업주를 위하여 행위하는 자」는 한편으로는 근로기준법상의 사용자에 해당되지만, 다른 한편으로는 근로계약의 당사자인 근로자에도 해당될 수 있는 것이다.

예컨대, 이사·총무과장·공장장·지점장 및 영업소장 등과 같이 중간관리자는 ⅰ) 하위근로자에 대하여는 사용자로부터 위임받은 지시권과 감독권을 행사하는 「사업경영담당자」 또는 「사업주를 위하여 행위하는 자」로서 사용자의 지위에 있으나, ⅱ) 사업주에 대하여는 사업주에 의하여 고용되어 그의 지휘와 명령을 받는 사용종속관계에 놓인 근로자에 해당되는 것이다.[42)] 그러므로 이러한 사용자 겸 근로자에게는 재해보상·퇴직급여 및 해고 등의 근로기준법의 규정이 적용될 수 있다.[43)]

기업의 부장급 등은 근로기준법상의 근로자에 해당되나 법인의 이사 등이 근로자에 해당하는지의 여부에 관하여 의문점이 제기될 수 있다. 주식회사의 이사 및 감사 등 임원은 회사로부터 일정한 사무처리의 위임을 받고 있는 것이므로, 사용자의 지휘·감독 아래 일정한 근로를 제공하고 소정의 임금을 받는 고용관계에 있는 근로자가 아니며, 따라서 일정한 보수를 받는 경우에도 이를 근로기준법 소정의 임금이라 할 수 없고, 회사의 규정에 의하여 이사 등 임원에게 퇴직금을 지급하는 경우에도 그 퇴직금은 근로기준법 소정의 퇴직금이 아니라 재직중의 직무집행에 대한 대가로 지급되는 보수에 불과하다.[44)] 특히 대규모 회사의 임원이 전문적인 분야에 속한 업무의 경영을 위하여 특별히 임용되어 해당 업무를 총괄하여 책임을 지고 독립적으로 운영하면서 등기 이사와 마찬가지로 회사 경영을 위한 의사결정에 참여하여 왔고 일반 근로자와 차별화된 처우를 받은 경우에는, 이러한 구체적인 임용 경위, 담당 업무 및 처우에 관한 특수한 사정을 충분히 참작하여 회사로부터 위임받은 사무를 처리하는지를 가려야 한다.[45)]

---

41) 「사용자 개념의 상대성」을 「근로자 개념의 상대성」 또는 「근로자·사용자 개념의 중복성 또는 중첩성」이라고 부르기도 한다. 박상필, 근로기준법강의, p. 140.
42) 대판 1976. 10. 26, 76다1090.
43) 근기 01254-1455(1989. 1. 30).
44) 대판 2003. 9. 26, 2002다6468; 대판 2013. 9. 26, 2012도6537.
45) 대판 2017. 11. 9, 2012다10959.

**대판 2017. 11. 9, 2012다10959**  대규모 금융회사인 갑 보험회사에서 미등기임
원인 상무로 선임되어 '방카슈랑스 및 직접마케팅(Direct Marketing)' 부문을 총괄
하는 업무책임자(Function Head)의 업무를 담당하다가 해임된 을이 근로기준법상
근로자에 해당하는지 문제된 사안에서, 갑 회사의 규모, 경영 조직 및 대규모 금융
회사로서의 특수성, 갑 회사의 경영목적상 필요에 의하여 을이 외부에서 미등기임
원으로 선임된 경위, 그 과정에서 고려된 을의 전문적인 능력 및 담당 직위와의
상관관계, 을이 실제로 담당한 포괄적인 권한과 업무수행 실태, 갑 회사의 의사결
정·경영에 대한 을의 참여 정도, 갑 회사의 임원과 직원에 대한 구분 및 분리 임
용, 직원보다 현저하게 우대받은 을의 보수 및 처우, 해임의 경위와 취지 등에 관
한 여러 사정을 관련 법리에 비추어 종합하여 보면, 을은 갑 회사의 대표이사 등
으로부터 구체적인 지휘·감독을 받으면서 정해진 노무를 제공하였다기보다 기능
적으로 분리된 특정 전문 부분에 관한 업무 전체를 포괄적으로 위임받아 이를 총
괄하면서 상당한 정도의 독자적인 권한과 책임을 바탕으로 처리하는 지위에 있었
으므로 근로기준법상 근로자에 해당한다고 보기 어렵다.

그러나, 회사의 이사 또는 감사 등 임원이라고 하더라도 그 지위 또는 명칭이 형
식적·명목적인 것이고 실제로는 매일 출근하여 업무집행권을 갖는 대표이사나 사
용자의 지휘·감독 아래 일정한 근로를 제공하면서 그 대가로 보수를 받는 관계에
있다거나 또는 회사로부터 위임받은 사무를 처리하는 외에 대표이사 등의 지휘·감
독 아래 일정한 노무를 담당하고 그 대가로 일정한 보수를 지급받아 왔다면 그러한
임원은 근로기준법상의 근로자에 해당한다.46) 예컨대, 중소기업의 상무가 월급 및
상여금을 수령하고, 사업주가 퇴직금 지급의무를 인정하고 있는 경우 회사에서의 상
무이사란 지위는 형식적·명목적인 것이고 실제로는 일반근로자와 같이 업무집행권
자의 지시·감독에 따라 노무에 종사하였을 개연성이 높으므로 근로기준법상의 근
로자에 해당된다.47)

대체로 사업주로부터 위임받은 지시권과 감독권만을 행사하는 사용자는 근로자가
될 수 없는 반면에,48) 이러한 지시권과 감독권의 행사 이외에도 자신의 고유업무를
수행하여 노무를 제공하는 사용자는 근로자가 될 수 있다49)고 해석하고 있다.

### 4. 사용자 개념의 확장

근로기준법상 법적 의무를 부담하는 사용자는 근로계약상의 사용자, 즉 근로자가
계약을 체결한 사업 또는 사업장의 사업주가 되는 것이 원칙이다. 최근에는 근로자

---

46) 대판 2003. 9. 26, 2002다6468; 대판 2013. 6. 27, 2010다57459; 대판 2017. 11. 9, 2012다10959.
47) 대판 1997. 12. 23, 97다44393
48) 대판 1992. 12. 22, 92다28228.
49) 대판 1992. 5. 12, 91누11490; 대판 2009. 4. 23, 2008도11087.

가 근로계약을 체결한 사업 또는 사업장이 아닌 다른 사업장의 사업주에게도 사용
자성을 확대 적용하는 경우가 있다. 이를 사업자개념의 확장이라고 부른다.[50]

예컨대 ⅰ) 모기업이 자회사에 대하여 주식소유, 임원파견, 업무도급 등의 방법에
의하여 자회사의 경영을 지배하는 경우에는 자회사의 근로자에 대하여 모기업 사업
주가 사용자로서의 지위를 갖게 되며,[51] ⅱ) 근로자파견 등의 경우 근로계약을 체결
한 파견사업주는 물론 사용사업주도 공동의 사용자로서 파견근로자에 대한 법적 책
임을 부담하게 되고, ⅲ) 위장도급의 경우 이를 직접고용으로 보게 되며,[52] ⅳ) 형식
상 대표이사직에서 사임하였으나, 실질적인 사주로서 회사를 사실상 경영하여 온 자
를 사용자로 보는 것[53] 및 ⅴ) 간접고용 등이 이에 해당될 것이다.

원고용주에게 고용되어 제3자의 사업장에서 근로를 제공하는 피고용인의 경우
제3자를 사용자로 보기 위하여는 ⅰ) 원고용주의 존재가 형식적·명목적인 것에 지
나지 아니하고, ⅱ) 제3자와 피고용인 간에 사용종속관계가 존재하는 등 간접적·묵
시적 근로관계가 성립되어 있다고 평가될 수 있어야 한다.[54] 또한, 기존기업의 일부
조직이 소위 「소사장기업」으로 독립된 경우, 소사장기업에 고용되어 기존기업의 사
업장에서 종사하는 자를 기존기업의 근로자로 보기 위해서는 ⅰ) 소사장기업이 형식
적·명목적인 것에 지나지 아니하고, ⅱ) 근로자와 기존기업 간에 시용종속관계가
존재하여야 한다.[55]

관 련
판 례
　대판 2010. 7. 22, 2008두4367　　원고용주에게 고용되어 제3자의 사업장에서 제
3자의 업무에 종사하는 자를 제3자의 근로자라고 할 수 있으려면, 원고용주는 사
업주로서의 독자성이 없거나 독립성을 결하여 제3자의 노무대행기관과 동일시할
수 있는 등 그 존재가 형식적, 명목적인 것에 지나지 아니하고, 사실상 당해 피고
용인은 제3자와 종속적인 관계에 있으며, 실질적으로 임금을 지급하는 자도 제3자
이고, 또 근로제공의 상대방도 제3자이어서 당해 피고용인과 제3자 간에 묵시적
근로계약관계가 성립되어 있다고 평가될 수 있어야 한다.

---

50) 임종률, 노동법, p. 335.
51) 대판 2002. 11. 26, 2002도649.
52) 대판 2003. 9. 23, 2003두3420.
53) 대판 2002. 11. 22, 2001도3889.
54) 대판 2008. 6. 12, 2008도769; 대판 2010. 7. 22, 2008두4367.
55) 대판 2002. 11. 26, 2002도649.

# 제3장 근로기준법상의 근로조건결정규범

## 제1절 의 의

### I. 개 요

#### 1. 관련규정

근로기준법 제5조 [근로조건의 준수] 근로자와 사용자는 각자가 단체협약, 취업규칙과 근로계약을 지키고 성실하게 이행할 의무가 있다.

#### 2. 근로조건결정규범의 개념

근로자와 사용자는 임금 및 근로시간 등의 근로조건을 서로 대등한 지위에서 자유로이 결정할 수 있는 근로계약체결 자유의 원칙을 갖는 것이 원칙이다. 그러나 근로조건은 근로계약에 의하여만 결정되는 것이 아니라 근로기준법 등의 관련법령·단체협약·취업규칙 및 노사관행 등에 의하여도 결정된다. 이렇게 근로기준을 결정하는 관련법령·단체협약·취업규칙·근로계약 및 노사관행 등을 「근로조건의 결정규범」이라고 한다.

#### 3. 근로계약의 공동화(空洞化)현상

근로조건은 근로자와 사용자가 근로계약의 체결에 의하여 이를 자유로이 결정하는 것이 원칙이다. 그러나 실제의 경우 대부분의 구체적인 근로조건은 관련법령·단체협약 및 취업규칙 등에 의하여 이미 결정되어 있으며, 근로계약은 이미 결정된 근로조건에 대하여 근로자가 이를 수용할지의 여부만을 결정하는 계약이 되는 것이 일반적이다. 이를 「근로계약의 공동화현상」이라고 한다.

근로계약의 공동화현상과 관련하여 문제시되는 것은 근로자와 사용자 간에 근로계약을 체결하였으나 당사자 쌍방의 권리·의무가 구체적으로 확정되지 아니한 근로계약을 유효하게 성립된 것으로 볼 수 있는가의 문제이다. 근로조건이 근로계약이 아닌 법령·단체협약 및 취업규칙 등에 의하여 정하여진다 할지라도 근로자가 나중에 이를 거부할 수 있는 자유를 갖고 있는 한 계약은 유효하게 성립된 것으로 보아야 할 것이다. 또한, 근로기준법은 근로계약에는 주요 근로조건에 대하여 명시의무와 서면작성의무를 부과하고 있다.

## Ⅱ. 근로조건결정규범의 유형

근로자의 근로조건의 내용을 구체적으로 결정하는 규범에는 관계법령·단체협약·취업규칙 및 근로계약 등이 있다.

### 1. 관계법령

근로조건은 관계법령에 의하여 결정되며, 이러한 관계법령에는 근로기준법, 최저임금법, 선원법, 남녀고용평등법 및 산업안전보건법 등이 있다.

### 2. 단체협약

근로조건은 단체협약에 의하여도 결정된다. 단체협약이라 함은 노동조합과 사용자가 단체교섭을 실시하고 당사자의 합의에 따라 개별적 근로관계 또는 집단적 노사관계 등에 관하여 체결한 협약을 말한다.

단체협약은 근로자단체인 노동조합과 사용자 간에 체결되는 협약이라는 점에서 근로자 개인과 사용자 간에 체결되는 근로계약과 구별된다. 또한 단체협약은 당사자 간의 합의에 의하여 체결되고 그 효력이 노동조합 및 노동조합의 조합원에게만 미치는 협약이라는 점에서 사용자가 일방적으로 작성하고 모든 근로자에게 효력이 미치는 취업규칙과도 구별된다.

### 3. 취업규칙

취업규칙이라 함은 근로자가 준수하여야 할 규율과 임금·근로시간 등의 근로조건 등에 관하여 사용자가 일방적으로 정한 사업장규칙을 말한다. 취업규칙은 기업경영에 있어 근로자의 행동기준을 체계적으로 질서화 하고 근로자의 근로조건을 획일화하기 위하여 작성되는 것이다.

### 4. 근로계약

근로계약이라 함은 근로자가 사용자에게 근로를 제공하고 사용자는 이에 대하여 임금을 지급함을 목적으로 체결된 계약이다(근로기준법 제2조제4호).

# 제 2 절  근로조건결정규범 상호간의 관계

## Ⅰ. 법령과 단체협약·취업규칙·근로계약 간의 관계

### 1. 법령과 단체협약 간의 관계

헌법에 위반하는 단체협약은 무효이다. 단체협약의 내용 자체는 물론 이의 적용·해석에 있어서도 헌법 제33조제1항의 근로삼권을 침해하여서는 아니 된다. 법령 중 강행법규에 위반되는 단체협약도 당연히 무효가 된다. 예컨대, 사법상 공서양속에 위배되는 단체협약이나, 근로기준법의 기준에 미달하는 내용의 단체협약 또는 노동조합법상의 부당노동행위를 내용으로 하는 단체협약 등은 무효이다.

위법한 단체협약에 대하여 행정관청은 노동위원회의 의결을 얻어 그 시정을 명할 수 있다(노동조합법 제31조제3항).

### 2. 법령과 취업규칙 간의 관계

#### (1) 관련규정

근로기준법 제96조 [단체협약의 준수] ① 취업규칙은 법령이나 해당 사업 또는 사업장에 대하여 적용되는 단체협약과 어긋나서는 아니 된다.
② 고용노동부장관은 법령이나 단체협약에 어긋나는 취업규칙의 변경을 명할 수 있다.

#### (2) 주요내용

취업규칙이 법령에 어긋나서는 아니 된다(근로기준법 제96조제1항). 이 경우 법령에 어긋나는 취업규칙의 효력에 관하여 근로기준법은 아무런 규정도 두고 있지 아니하나, 위반되는 취업규칙의 부분은 당연무효라고 하여야 할 것이다. 여기서 말하는 「법령」이라 함은 근로기준법 등 노동조합법령이 중심이 되겠으나 이에 국한되지 아니하고 국가가 제정한 모든 법령을 포함한다. 법령의 내용에 관하여는 훈시규정이나 단속규정도 포함된다는 견해도 있으나, 규정의 취지에 비추어 볼 때 강행법규만을 의미하는 것으로 보아야 할 것이다.

법령에 어긋나는 취업규칙이 무효가 되는 경우에 무효가 된 취업규칙의 부분이 해당 법령에 의하여 대체되느냐의 문제가 제기될 수 있다. 근로기준법 제99조에는 동법 제97조 및 노동조합법 제33조와 같은 대체적 효력에 관한 규정이 없고 오히려 제2항에서 고용노동부장관의 취업규칙 변경명령이 규정되어 있는 것으로 보아 이를 부정적으로 해석하는 견해도 있다. 그러나 고용노동부장관이 변경명령을 하는 것은 무효로 된 취업규칙을 그대로 두는 경우 근로자에게 부정적인 영향력을 미칠 우려가 있으므로 이를 조속히 제거하기 위한 제도에 불과하므로 취업규칙 중의 무효가 된 조항에 대하여는 관련 법령이 대체적용되는 것으로 해석하여야 될 것이다.

한편, 취업규칙의 내용이 헌법 규정에 위반되는 경우 민법 제103조의 간접적용을 통하여 동 취업규칙을 무효화하는 판례도 있다.[1] 예컨대 어느 회사의 취업규칙에서 수염 기르는 것을 금지하고 있는 경우 동 취업규칙은 근로자의 헌법상 일반적 행동자유권을 침해하므로 근로기준법 제96조 제1항 및 민법 제103조에 따라 무효라고 판결하고 있다.

### 3. 법령과 근로계약 간의 관계

#### (1) 관련규정

근로기준법 제15조 [이 법을 위반한 근로계약] ① 이 법에서 정하는 기준에 미치지 못하는 근로조건을 정한 근로계약은 그 부분에 한정하여 무효로 한다.
② 제1항에 따라 무효로 된 부분은 이 법에서 정한 기준에 따른다.

#### (2) 주요내용

법령에 위배되는 근로조건의 기준은 해당 부분에 한정하여 무효로 된다. 법령에는 근로기준법 등의 노동관련 법령은 물론 기타 사법상의 강행규정 등이 모두 포함된다. 예컨대, 근로자의 임금에 관하여 사용자와 합의하여 이를 받지 아니하기로 하는 근로계약은 근로기준법 위반으로 무효이다.[2] 법령에 위반되어 무효로 된 근로계약의 부분은 법령에서 규정하고 있는 기준이 적용된다.

---

1) 대판 2018. 9. 13, 2017두38560.
2) 대판 1976. 9. 28, 75다801.

## Ⅱ. 단체협약과 근로계약 간의 관계

### 1. 관련규정

> 노동조합법 제33조 [기준의 효력] ① 단체협약에 정한 근로조건 기타 근로자의 대우
> 에 관한 기준에 위반하는 취업규칙 또는 근로계약의 부분은 무효로 한다.
> ② 근로계약에 규정되지 아니한 사항 또는 제1항의 규정에 의하여 무효로 된 부분
> 은 단체협약에 정한 기준에 의한다.

### 2. 주요내용

노동조합법 제33조제1항은 단체협약에 정한 근로조건 기타 근로자의 대우에 관한 기준에 위반하는 근로계약의 부분을 무효로 하여 규범적 효력 중 「강행적」 효력을 규정하고 있으며, 동조제2항은 무효로 된 부분은 단체협약에 정한 기준이 적용된다고 하여 규범적 효력 중 「보충적」 효력을 규정하고 있다.[3]

#### (1) 강행적 효력

강행적 효력이라 함은 단체협약에서 정한 근로조건 기타 대우에 관한 기준에 위반하는 근로계약의 부분을 무효로 하는 효력을 말한다(노동조합법 제33조제1항). 이는 단체협약의 본질상 그 효력이 근로계약의 효력보다 우월하므로 당연히 인정되는 효력이다. 이 경우 「기준」의 개념을 「절대기준」으로 파악하는 견해에 따르면 단체협약의 기준과 상이한 근로계약은 그 내용이 단체협약의 기준보다 유리하거나 불리하거나에 상관 없이 모두 무효가 된다. 이에 반하여 「기준」의 개념을 「최저기준」으로 파악하는 견해에 따르면 「유리한 조건 우선의 원칙」이 적용되므로 단체협약에서 정한 기준에 미달하는 근로계약의 내용만이 무효가 된다고 한다.

#### (2) 보충적 효력

보충적 효력이라 함은 근로조건 기타 근로자의 대우에 관한 기준에 관하여 근로계약에 아무런 관련규정을 두고 있지 아니하거나 단체협약의 강행적 효력이 적용됨으로써 근로계약에 무효가 된 부분이 있는 경우에 단체협약에서 정한 기준이 대신하여 적용되는 것을 말한다(노동조합법 제33조제2항).

---

3) 단체협약의 규범적 효력에 관하여는 제3부 제2편에서 후술하기로 한다.

## Ⅲ. 단체협약과 취업규칙 간의 관계

### 1. 관련규정

노동조합법 제33조 [기준의 효력] 〈생략〉
근로기준법 제96조 [단체협약준수] 〈생략〉

### 2. 주요내용

#### (1) 노동조합법 제33조

단체협약에 정한 근로기준에 위반되는 취업규칙은 무효이다(노동조합법 제33조제1항). 무효로 된 취업규칙의 부분에는 단체협약의 기준이 적용된다(동법 제33조제2항 전단).

이 경우 동법 제33조제2항후단에서는 근로계약에 규정되지 아니한 사항에 대하여도 단체협약이 적용된다고 규정하고 있으나, 취업규칙에 관하여는 아무런 명문의 규정도 아니두고 있다. 취업규칙에 규정되지 아니한 사항에도 단체협약이 적용되는 것으로 해석될 수도 있으나, 조합원에게만 적용되는 단체협약을 모든 근로자에게 적용하는 것은 불합리할 수도 있다고 본다.

#### (2) 근로기준법 제96조

취업규칙은 해당 사업장에 적용되는 단체협약과 어긋나서는 아니 된다(근로기준법 제96조제1항). 노동조합법 제33조는 단체협약의 규범적 부분에 위반하는 취업규칙은 무효라고 규정하고 있다. 이에 반하여 근로기준법 제96조는 취업규칙은 단체협약에 어긋나서는 아니 된다고만 규정하고 단체협약과 어긋나는 취업규칙의 효력에 대하여는 아무런 규정도 아니두고 있으나, 이 역시 무효라고 해석하여야 할 것이다. 고용노동부장관은 단체협약에 저촉되는 취업규칙의 변경을 명할 수 있다(동법 제96조제2항).

#### (3) 유리한 조건 우선의 원칙과의 관계

취업규칙에서 정한 근로조건보다 불리하게 신단체협약을 체결하는 경우 ⅰ) 유리한 조건 우선의 원칙에 따라 취업규칙이 적용되는지 아니면, ⅱ) 상위규범인 단체협약이 우선 적용되는지의 여부가 의문시될 수 있다. 이에 대하여 대법원 판례는 단체협약이 취업규칙보다 우선 적용된다고 판결하고 있다.[4]

제 2 부   개별적 근로관계

관 련
판 례
대판 2002. 12. 27. 2002두9063    단체협약의 개정 경위와 그 취지에 비추어 볼 때, 단체협약의 개정에도 불구하고 종전의 단체협약과 동일한 내용의 취업규칙이 그대로 적용된다면 단체협약의 개정은 그 목적을 달성할 수 없으므로 개정된 단체협약에는 당연히 취업규칙상의 유리한 조건의 적용을 배제하고 개정된 단체협약이 우선적으로 적용된다는 내용의 합의가 포함된 것이라고 봄이 당사자의 의사에 합치한다고 할 것이고, 따라서 개정된 후의 단체협약에 의하여 취업규칙상의 면직기준에 관한 규정의 적용은 배제된다고 보아야 할 것이다.

## Ⅳ. 취업규칙과 근로계약 간의 관계

### 1. 관련규정

> 근로기준법 제97조 [위반의 효력] 취업규칙에서 정한 기준에 미달하는 근로조건을 정한 근로계약은 그 부분에 관하여는 무효로 한다. 이 경우 무효로 된 부분은 취업규칙에 정한 기준에 따른다.

### 2. 주요내용

#### (1) 기본원칙

근로계약으로 정한 근로조건이 취업규칙에서 정한 기준에 미달하는 경우에는 그 부문에 관하여는 무효이다(근로기준법 제97조전단). 이 경우 무효로 된 부문은 취업규칙에서 정한 기준에 따른다(동조후단).

#### (2) 구체적 내용

##### (가) 취업규칙의 기준에 「미달」

근로기준법 제97조에서는 취업규칙의 기준에 「미달하는」 근로계약만을 무효로 하도록 규정하고 있어 취업규칙에서 정한 기준이 최저기준임을 명확히 하고 있다. 즉 ⅰ) 단체협약의 경우에는 노동조합법 제33조제1항에서 그 기준에 「위반」되는 근로계약의 부분을 무효로 한다고 규정하고 있어 그 기준을 「상회」하는 근로계약일지라도 무효라고 해석할 여지가 있는 데 반하여, ⅱ) 취업규칙의 경우에는 그 기준을 상회하는 근로계약을 무효라고 해석할 여지는 없다.

취업규칙의 근로조건이 근로자 과반수의 동의를 받아 유효하게 변경된 경우에도 그 근로조건이 근로계약을 하회하는 경우에는 반드시 유효하지 않다는 대법원 판례가 있다. 이에 관하여는 취업규칙 부분에서 후술하기로 한다.

---

4) 대판 2002. 12. 27. 2002두9063.

### (나) 미달하는 「부분」에 한하여

취업규칙에 정한 기준에 미달하는 근로조건을 정한 근로계약은 취업규칙의 「기준에 미달하는 부분」만이 무효로 되고 근로계약의 나머지 다른 부분은 그대로 유효하다.

### (다) 근로계약에 규정되지 아니한 사항

근로계약에 규정되지 아니한 사항에 대하여 취업규칙이 보충적으로 적용될 수 있는가 하는 의문점이 제기된다. 근로계약의 대부분이 근로조건의 내용을 구체적으로 정하지 아니하고 단체협약 또는 취업규칙에 그 내용을 위임하는 경우에 특히 문제가 된다.

취업규칙을 일종의 계약으로 보는 입장에 의하면 취업규칙의 내용은 당사자의 합의에 의하여 계약내용으로 되므로 근로계약에 정함이 없는 경우에도 취업규칙이 당연히 대체적으로 적용된다고 한다.[5]

그러나 취업규칙을 법규범으로 파악하는 경우에도 취업규칙에 규범적 효력이 인정되는 점 등에 비추어 보충적 효력을 인정하는 것이 타당한 것으로 판단된다.[6]

5) 김형배, 근로기준법, p. 118.
6) 심태식, 노동법, p. 344.

# 제4장 근로기준법의 기본원리

근로기준법은 그 기본원리로서 ① 최저근로조건보장의 원칙, ② 근로조건대등결정의 원칙, ③ 근로조건준수의무의 원칙, ④ 균등대우의 원칙, ⑤ 강제노동금지의 원칙, ⑥ 폭행금지의 원칙, ⑦ 중간착취배제의 원칙, ⑧ 공민권행사보장의 원칙, ⑨ 기능습득자의 보호 등을 규정하고 있다. 이는 근로기준법의 기본원칙이자 근로자의 기본권을 보호하기 위한 노동헌장적 규정이다.

## 제1절 최저근로조건보장의 원칙

### I. 관련규정

근로기준법 제3조 [근로조건의 기준] 이 법에서 정하는 근로조건은 최저기준이므로 근로 관계 당사자는 이 기준을 이유로 근로조건을 낮출 수 없다.

### II. 주요내용

근로기준법상의 근로조건은 최저기준이므로, 당사자는 동 기준을 이유로 근로조건을 낮춰서는 아니 된다(근로기준법 제3조).

근로기준법은 근로자의 근로조건의 기준을 정함으로써 근로자의 기본적 생활을 보장·향상시키는 것을 목적으로 하고 있다(동법 제1조). 이 경우 근로조건의 기준이라 함은 「최저근로기준」을 말하며, 사용자는 최저근로조건보다 낮은 수준의 근로조건을 정하여서는 아니 된다. 또한, 「최저근로기준」만 충족·유지시키면 충분한 것으로 판단하여 기존의 근로조건을 「최저근로기준」 수준으로 낮춰서도 아니 된다. 근로조건법에 의해 정해진 최저근로기준은 산업 및 업종의 종류, 기업간의 격차, 직급의 상·하 및 지역차등을 일체 무시하고 모든 근로자들에게 일률적으로 적용된다.[1]

---

1) 박홍규, 노동법(I), p. 147.

다만, 사회통념상 사회적·경제적 사정의 변화 등으로 인하여 근로조건을 저하시키지 아니하면 아니될 객관적 타당성이 있거나, 단체협약 또는 취업규칙 등에 의한 것이라면 근로기준법 제3조 위반이 되지 아니한다.[2]

근로기준법 제3조 위반에 대해서는 아무런 벌칙도 부과하지 아니하고 있다.

## 제 2 절 근로조건대등결정의 원칙

### Ⅰ. 관련규정

**근로기준법 제4조** [근로조건의 결정] 근로조건은 근로자와 사용자가 동등한 지위에서 자유의사에 따라 결정되어야 한다.

### Ⅱ. 주요내용

근로자 및 사용자는 형식적으로나 실질적으로 대등한 입장에서 자유의사에 따라 근로조건을 결정하여야 한다(근로기준법 제4조). 근로조건대등결정의 원칙은 근로자 및 사용자가 근로계약을 처음 체결하는 경우에 우선 적용된다. 또한 근로관계가 지속되는 경우에도 근로자의 동의가 없이는 사용자가 임의로 근로조건을 저하시키거나 이를 강제로 변경시킬 수 없다.

근로기준법 제4조 위반에 대해서는 아무런 벌칙도 부과하지 아니하고 있다. 근로기준법 제4조를 위반하여 근로조건을 저하시킨 경우 그 부분에 한하여 무효가 된다.

## 제 3 절 근로조건의 준수

### Ⅰ. 관련규정

**근로기준법 제5조** [근로조건의 준수] 근로자와 사용자는 각자가 단체협약, 취업규칙과 근로계약을 지키고 성실하게 이행할 의무가 있다.

---

2) 임종률, 노동법, p. 365; 박홍규, 노동법(Ⅰ), p. 148; 하갑래, 근로기준법, p. 129.

## II. 주요내용

노·사가 대등한 입장에서 단체협약·취업규칙 및 근로계약 등을 통하여 근로조건을 결정한 이상 이를 지키고 성실히 이행하여야 한다(근로기준법 제5조).

취업규칙의 경우 사용자가 이를 일방적으로 작성하게 되므로 근로자에게 준수의무를 부과하는 것은 법이론상 맞지 아니한다는 견해3)도 있으나 취업규칙은 일종의 근로조건결정규범으로서 이는 당사자를 구속하게 되므로 근로자도 취업규칙을 준수할 의무가 있다고 할 것이다.

노동조합법 제92조제2호는 「노·사간에 체결된 단체협약 중 일부 중요한 내용을 위반한 자는 1천만원 이하의 벌금에 처한다」고 규정하고 있다. 그러나 노동조합법 및 근로기준법은 취업규칙이나 근로계약 위반 그 자체에 대해서는 아무런 벌칙도 두지 아니하고 있다.

## 제 4 절  균등대우의 원칙

균등대우의 원칙이라 함은 근로자를 차별대우하여서는 아니 된다는 원칙을 말한다. 이에 대한 개별법으로서 i) 근로기준법은 성별, 국적, 신앙 또는 사회적 신분, ii) 노동조합법은 인종, 종교, 성별, 연령, 신체적 조건, 고용형태, 정당 또는 신분, iii) 남녀고용평등법은 성별, iv) 기간제근로자보호법은 기간제 또는 단시간 근로, v) 파견근로자보호법은 파견근로, vi) 장애인차별금지법은 장애인, vii) 고용상 연령차별금지 및 고령자 고용촉진에 관한 법률은 연령, viii) 외국인근로자보호법은 외국인, ix) 고용정책기본법은 성별, 신앙, 연령, 신체조건, 사회적 신분, 출신지역, 학력, 출신학교, 혼인 및 임신 또는 병력, x) 직업안정법은 성별, 종교, 사회적 신분, 또는 혼인여부를 이유로 한 차별대우를 금지하고 있다.

이하에서는 근로기준법과 「고용상 연령차별금지 및 고령자 고용촉진에 관한 법률」에 관하여 설명하기로 한다.

---

3) 김형배, 노동법, p. 198, 295.

## Ⅰ. 관련규정

근로기준법 제6조 [균등한 처우] 사용자는 근로자에 대하여 남녀의 성을 이유로 차별적 대우를 하지 못하고, 국적·신앙 또는 사회적 신분을 이유로 근로조건에 대한 차별적 처우를 하지 못한다.

## Ⅱ. 주요내용

사용자는 근로자에 대하여 성별·국적·신앙 또는 사회적 신분을 이유로 근로조건을 차별하여서는 아니 된다(근로기준법 제6조).

### 1. 차별대우의 개념

근로기준법 제6조에서의 차별대우라 함은 특정 집단에 속하는 근로자를 다른 집단에 속하는 근로자와 다르게 대우하는 것을 말한다. 따라서, 차별대우 금지의 원칙 또는 균등대우의 원칙이라 함은 어느 근로자를 특정 집단에 속한다는 이유로 다른 집단의 근로자와 차별대우하는 것을 금지하는 원칙을 말한다. 차별대우는 특정 근로자 집단에 속하는 근로자는 물론 어느 집단에도 속하지 아니하는 근로자 개인에게도 발생할 수 있으나, 근로기준법 제6조에서의 차별대우는 외국인 및 성별 등 특정 근로자 집단에 속하는 근로자를 대상으로 한다.

차별의 개념에는 직접차별과 간접차별이 있다. 직접차별과 간접차별의 개념에 관하여 남녀고용평등법에서는 명문의 규정을 두고 있으나, 근로기준법은 아무런 규정도 아니 두고 있다.

### (1) 직접차별

직접차별이라 함은 어느 근로자와 다른 근로자를 외형상은 물론 실질적으로도 차별대우하는 것을 말한다. 예컨대, 여자근로자의 임금을 남자근로자의 80%만 지급하는 것 또는 내국인 근로자에게 지급되는 상여금을 외국인 근로자에게는 지급하지 아니하는 것 등이 이에 해당된다.

외형상은 차별대우에 속하나 실질적으로는 차별대우가 아닌 것은 직접차별에 해당하지 아니한다. 즉, 차별을 정당화할 수 있는 합리적 이유가 존재하는 경우에는 직접차별에 해당하지 아니한다. 예컨대, ⅰ) 차별의 근거가 업무수행의 능력, 방법,

여건 및 실적 등 업무와 직접적 관련이 있는 경우, ii) 기존의 잘못된 차별대우를 개선하기 위하여 특정 집단의 근로자를 우대조치하는 적극적 개선조치의 경우 및 iii) 여성의 모성보호, 장애인 또는 고령자 및 독립유공자 등 보호대상자에 대한 우대 또는 보호조치는 직접차별에 대한 예외에 해당한다.

근로행태 및 근무성적 등 근로자의 근무능력의 객관적 평가 등에 의한 합리적인 차별대우는 근로기준법 제6조 위반이라고 볼 수 없다.[4] 예컨대, i) 근로자의 개인적인 업무의 성질 및 능력이나 근무부서의 난이도 등에 따라 상여금 지급액의 차등을 두는 것이나, ii) 근속연한에 따라 상여금 지급률의 차등을 두거나, iii) 근속수당·학자금 등의 근로조건에 차별을 두는 것은 근로기준법 제6조에 위반되는 차별적 처우가 아니다. 또한, 사용자가 업무능력 및 업무태도에 따라 근로자를 우대조치하는 것도 근로기준법 제6조에서 규정한 균등처우에 위반되지 아니한다.

차별적 처우에 해당하기 위해서는 차별을 받았다고 주장하는 근로자와 그가 비교대상자로 지목하는 근로자가 본질적으로 동일한 비교집단에 속해 있어야 한다.[5]

### (2) 간접차별

간접차별이라 함은 외형상으로는 차별에 해당하지 않는 것처럼 보이나, 실질적으로는 차별대우하는 것을 말한다. 간접차별은 외형상으로는 모든 근로자를 균등대우하고 있으나, 실질적으로는 특정 집단에 속하는 근로자가 균등대우의 조건을 충족하는 것이 어려워 사실상 불이익을 당하게 되는 것을 말한다. 예컨대, 모든 근로자에게 한국어능력을 테스트하고 그 결과에 따라 수당을 지급하는 경우 외형상 동일한 테스트일지라도 실질적으로 한국어능력이 부족한 외국인을 차별하는 결과를 가져 올 수 있다. 간접차별의 경우에도 차별을 정당화 할 수 있는 정당한 이유가 있는 경우에는 차별대우에 해당하지 아니함은 물론이다.

### 2. 차별대우의 사유

### (1) 의 의

근로기준법에서 금지하고 있는 차별적 대우는 「성별·국적·신앙 또는 사회적 신분」을 이유로 하는 것이다.

이 경우 근로기준법에 명시된 「성별·국적·신앙 또는 사회적 신분」만이 차별금

---

4) 박홍규, 노동법, p. 401; 대판 1991. 7. 12, 90다카17009.
5) 대판 2015.10.29, 2013다1051.

지의 사유로서 국한되는 것인지 아니면 이들 사항은 차별금지의 단순예시사항으로서 이들 이외에도 차별금지의 다른 사유가 존재하는지의 여부가 문제시된다. 이에 대하여는 이를 단순예시규정으로 보는 견해도 있으나, 이를 위반하는 경우 형벌이 부과되므로 죄형법정주의의 원칙상 제한열거규정으로 파악하는 견해도 있다.[6]

### (2) 성별을 이유로 한 차별

역사적으로 여성근로자는 남성근로자와 동일한 근로의 능력과 의사를 갖고 있음에도 불구하고 남성근로자에 비하여 근로의 기회가 제공되지 아니하거나, 채용되는 경우에도 열악한 근로조건이 제공되는 것이 일반적이었다.

이러한 성별에 따른 차별대우를 금지하고자 우리나라는 헌법 제11조제1항, 제32조제4항, 제34조제3항과 제36조제2항에서 여성의 보호를 규정하고 있다. 또한 근로기준법 제6조 및 제5장은 여성근로자의 평등대우와 보호를 규정하고 있다.[7]

한편 여성근로자보호에 관한 특별법으로서 「남녀고용평등과 일·가정 양립 지원에 관한 법률」을 제정하여 시행하고 있다. 남녀고용평등법에 따라 여성근로자에 대하여 모집과 채용(동법 제7조), 임금(동법 제8조), 교육·배치 및 승진(동법 제10조), 정년·퇴직 및 해고(동법 제11조) 등에 관한 차별대우를 하여서는 아니 된다.

관 련 판 례 **대판 1993. 4. 9, 92누15765**  단체협약에서 동일부서 내의 남녀정년을 남자는 55세, 여자는 53세로 달리 정하고 있는 경우, 이는 근로기준법 제5조와 남녀고용평등법 제8조 위반으로서 무효이다.

남녀고용평등법에 관한 상세한 내용은 후술하기로 한다.

### (3) 국적을 이유로 한 차별

#### (가) 국적차별

국적이라 함은 국적법상의 국민으로서의 지위를 말한다.

국적에 의한 근로조건상의 차별대우는 금지된다.[8] 특정 국적에 의한 차별대우가 문제될 수 있는 것은 주로 한국인 근로자와 외국인 근로자와의 차별적인 대우이나,

---

6) 박홍규, 노동법, p. 404.

7) UN에서는 기본적 인권보장 차원에서 1967년도에 "여성에 대한 차별철폐선언"을 채택하였고, 1979년도에는 "여성에 대한 모든 형태의 차별철폐협약"을 채택하였다. 우리나라는 1984. 12. 18. 이 협약을 비준하였다. ILO헌장은 여성근로자도 「동일가치의 노동에 관하여는 남녀동액의 보수」를 받아야 한다는 원칙을 선언하고 있다(ILO 제100호조약: 동일가치의 근로에 대한 남녀근로자의 동일보수에 관한 조약).

8) ILO에서는 1958년에 「고용 및 직업상 차별대우금지에 관한 권고(제111호)」를 채택하여 국적을 이유로 한 차별대우를 금지하고 있다.

특정 외국의 국적을 가진 근로자와 다른 외국의 국적을 가진 근로자 간의 차별대우도 이에 포함된다. 또한 이중국적자, 무국적자에 대하여 차별적인 대우를 하는 경우에도 근로기준법 제6조 위반이 된다.9) 일반 외국인은 물론 출입국관리법 등을 위반한 불법취업 외국인에게도 근로기준법 등 노동관계법을 적용하는 것이 원칙이다. 관련 법령에서 예외적으로 외국인에 대한 차별대우를 규정하는 경우도 있다. 예컨대, 외무공무원 등 관련 법령은 국가안보 및 국가기밀의 유지 등을 이유로 외국인의 채용을 금지하고 있다.

국적에 따라 근로조건을 차별한 것이 근로기준법 제6조 위반이 되는지 여부의 판단은 외국인 근로자와 내국인 근로자 사이의 근로조건 등을 종합적으로 비교하여야 하며 이러한 차별이 국적만을 이유로 한 것인지 아니면 업무능력, 직장보장의 정도, 생계비 및 채용시의 기타 여건 등을 감안한 합리적 차별인지를 구체적으로 검토하여 판단하여야 한다.10)

**관 련 판 례**   대판 1995. 9. 15, 94누12067    외국인도 근로기준법상의 근로자에 해당되며, 외국인이라는 것을 이유로 임금 및 근로시간 등 근로조건에 있어 어떠한 차별도 받지 아니한다.

### (나) 인종·고유국적차별

대한민국의 국적을 갖고 있음에도 불구하고 흑인·혼혈아 등의 인종(race) 또는 화교·베트남인 등의 고유국적(national origin)을 이유로 차별대우하는 것이 근로기준법 제6조의 위반이 되는가의 문제가 있다.

국적의 법적 개념에는 인종 또는 고유국적의 개념이 포함되지 아니하는 것이 원칙이다. 그러나 국적을 이유로 하는 차별을 금지한다는 개념은 동일한 국적을 가진 근로자는 균등하게 대우한다는 사실을 당연한 전제로 하고 있으므로 우리나라 국적을 가진 근로자를 인종 또는 고유국적을 이유로 차별대우하여서는 아니될 것이다.

### (4) 신앙을 이유로 한 차별

### (가) 의 의

신앙이라 함은 기독교·천주교 및 불교 등의 종교적 신념을 의미한다. 따라서 신앙을 이유로 한 차별금지라 함은 특정 종교를 갖고 있거나 또는 종교가 없는 것을 이유로 근로조건에 대해 차별적인 대우를 하지 못한다는 것을 의미한다. 근로자의

---

9) 하갑래, 근로기준법, p. 136; 대판 1995. 9. 15, 94누12067.
10) 하갑래, 근로기준법, p. 137.

내면적 신앙의 자유는 절대적 자유이나, 이러한 신앙이 외부로 표출되어 종교행위로 되는 경우에는 종교행위가 경영질서를 문란하게 하는 경우에 한하여 이를 규제할 수 있다.

예컨대, 종업원이 회사의 종교행사에 참가하는 것을 거부하였다고 하여 이에 대하여 차별대우를 하거나, 채용 당시 종교적 신앙에 관련된 어떠한 사실을 밝히지 아니하였다는 것을 이유로 하는 징계해고는 근로기준법 제6조 위반이다. 그러나 근무시간중에 종교행사를 치루는 것과 같이 기업의 경영질서를 문란하게 하거나 저해하는 것을 이유로 하여 이를 제한한다 하더라도 근로기준법 제6조 위반은 아니다.

**(나) 구체적 사례**

① **정치적 신조:**　　　신앙의 개념에 정치적 신조가 포함되는지의 여부가 문제시된다.

이에 대하여 ⅰ) 균등대우원칙의 근본취지가 근로능력의 평가와 관계없는 불합리한 근로조건의 차별금지에 목적이 있으므로 신앙에는 종교적 신념 이외의 정치적 신조도 포함된다고 해석하는 견해와,11) ⅱ) 신앙은 그 개념상 종교적 양심이므로 정치적 신조는 이에 포함되지 아니하는 것으로 보는 것이 타당하다는 견해가 있다.12)

신앙의 개념에 정치적 신조는 포함되지 아니하나, 정치적 신조를 이유로 하는 차별대우는 금지된다고 할 것이다.

② **경향사업체(傾向事業體):**　　　경향사업체라 함은 특정한 종교적 활동 또는 정치적 목적 등의 수행과 관련되어 영위되는 사업체를 말한다. 경향사업체는 그 추구하고자 하는 활동 또는 목적이 사업의 수행에 필요불가결하여 이러한 활동 또는 목적의 추구 없이는 사업을 영위할 필요가 없다는 점에서 일반사업체와 구별된다.13) 경향사업체의 경우 종교적 활동 또는 정치적 목적 등이 근로의 주된 내용을 이루고 있을 때에는 해당 종교나 정당의 목적에 반하는 행위를 한 근로자에 대하여 해고 등의 차별대우를 하더라도 근로기준법 위반에 해당되지 아니한다.14)

예컨대, 기독교 교리를 연구·전파하기 위하여 설립된 신학교에서 직원 또는 교사가 기독교 교리에 반하는 내용의 행위나 강의를 하는 경우 해당 직원 또는 교사에 대한 해고 등의 차별대우는 정당하다고 할 것이다.

---

11) 김형배, 노동법, p. 240.

12) 박홍규, 노동법, p. 406.

13) 박홍규 교수는 경향사업체를 (ⅰ) 경향성과 영리목적을 분리할 수 없는 경우와 (ⅱ) 경향성과 영리목적을 분리할 수 있는 경우로 나누고 있다. 박홍규, 노동법, p. 407.

14) 김형배, 근로기준법, p. 67; 이영희, 노동법, p. 452.

### (5) 사회적 신분을 이유로 한 차별

사용자는 근로자의 사회적 신분을 이유로 하여 차별대우를 하여서는 아니 된다. 무엇이 「사회적 신분」인가에 대하여는 견해가 나뉘고 있다. 이에는 사회적 신분을 ⅰ) 사람이 태어나면서부터 가지고 있는 봉건적·특권적인 선천적 신분이라고 보는 견해15)와 ⅱ) 선천적인 신분뿐 아니라 자기 의사에 의하여 피할 수 없는 후천적인 신분도 포함된다는 견해16)가 있다.

사견으로는 일제시대하에 대부분의 봉건적 계급체제가 붕괴된 우리나라의 현재 실정을 감안하여 볼 때에 사회적 신분을 봉건적 신분으로 해석하는 것은 커다란 설득력이 없다고 본다. 이러한 관점에서 사회적 신분은 선천적 신분뿐 아니라 후천적 신분도 포함한다는 견해에 찬동하는 바이다. 이 경우 선천적 신분에는 출신지역 및 혈연 등이 해당되고, 후천적 신분에는 학연관계, 장애자, 극빈자, 수형자, 권력층, 부유층 및 고아 등이 이에 해당될 수 있다고 본다.

> **관 련 판 례**  서울민지판 1994. 9. 16, 94가합40258  사회적 신분이란 사람이 태어나면서부터 생리적으로 가지고 있는 지위 또는 후천적으로 가지게 된 지위로서 자신의 의사로도 피할 수 없는 것을 가리키는 것이고, 「노조의 선출직 간부」라는 일시적 지위는 이에 해당되지 아니한다.

국가기관에서 근로를 제공하는 민간인과 동일·유사한 업무를 수행하는 공무원과의 근로조건을 차별하는 것은 사회적 신분에 의한 차별에 해당되지 아니 한다.

국가가 근로계약을 체결하고 국토관리사무소에서 도로의 유지·보수 업무를 하는 도로보수원 또는 과적차량 단속 등의 업무를 하는 과적단속원으로 근무하는 "민간인"들과 이와 동일 또는 유사한 업무를 담당하는 운전직 "공무원" 및 과적단속직 "공무원"들에게 각종 수당을 달리 지급하는 것은 근로기준법 제6조를 위반한 차별적 처우에 해당하지 않는다.17)

> **관 련 판 례**  대판 2023. 9. 21, 2016다255941(전원합의체)  [다수의견] 공무원의 경우 헌법이 정한 직업공무원 제도에 따라 국가 또는 지방자치단체와 공법상 신분관계를 형성하고 각종 법률상 의무를 부담하는 점, 공무원의 근무조건은 법령의 규율에 따라 정해지고 단체협약을 통해 근로조건 개선을 도모할 수 있는 대상이 아닌 점, 전보

---

15) 박상필, 노동법, p. 153.
16) 임종률, 노동법, p. 372; 이병태, 노동법, p. 528; 박홍규, 노동법(Ⅰ), p. 156; 김형배, 노동법, p. 241; 헌재 1995. 2. 23, 93헌바43; 대부분의 헌법학자.
17) 대판 2023. 9. 21, 2016다255941(전원합의체).

인사에 따른 공무원 보직 및 업무의 변경가능성과 보수체계 등의 사정을 고려하면, 공무원이 아닌 사람들로서 국가 산하 국토교통부 소속 지방국토관리청장과 기간의 정함이 없는 근로계약을 체결하고 지방국토관리청 산하 국토관리사무소에서 도로의 유지·보수 업무를 하는 도로보수원 또는 과적차량 단속 등의 업무를 하는 과적단속원으로 근무하는 사람들(이하 도로보수원과 과적단속원을 통틀어 '국도관리원'이라 한다)의 무기계약직 근로자로서의 고용상 지위는 공무원에 대한 관계에서 근로기준법 제6조에서 정한 사회적 신분에 해당한다고 볼 수 없고, 공무원을 본질적으로 동일한 비교집단으로 삼을 수 없다.

위와 같이 국도관리원의 고용상 지위가 공무원에 대한 관계에서 사회적 신분에 해당한다거나 국도관리원과 같거나 유사한 업무를 담당하고 있는 운전직 공무원 및 과적단속직 공무원이 국도관리원의 비교대상이 될 수 없는 이상, 불리한 처우에 대한 합리적 이유가 인정되는지에 관하여 더 나아가 판단할 필요 없이 국가가 국도관리원에게 근로조건에 관한 차별적 처우를 했다고 볼 수 없다.

## (6) 기타의 사유로 인한 차별

성별·국적·신앙 또는 사회적 신분 이외의 사유로 차별하는 것이 허용되는 지에 관하여 의문이 제기될 수 있다. 예컨대, ⅰ) 혈연, 지연, 학연 등에 의한 승진 차별, ⅱ) 입사년도에 따른 초봉의 차별, ⅲ) 개인 감정에 따른 집단 따돌림, ⅳ) 연봉제 도입에 따른 개인별 연봉의 차별 등이 이에 해당된다. 이러한 차별은 근로기준법 제6조에서 금지하고 있는 차별 사유에 해당되지 아니하나 사회적 합리성을 갖추고 있는 경우에 한하여 정당성이 인정될 것이다.

## 3. 차별대우의 시기

### (1) 채용의 경우

근로계약이 체결되기 전까지의 채용과정에서도 사용자가 근로자를 차별대우를 하여서는 아니되는지의 문제가 발생한다. 이러한 문제는 결국 채용이 근로기준법 제6조의 「근로조건의 개념」에 포함될 수 있는가의 문제이다. 이에 관하여 학설은 ⅰ) 채용을 근로조건에 포함시키는 견해도 있으나,[18] ⅱ) 채용은 근로관계 이전의 사항이므로 남녀고용평등법 등에서와 같이 별도의 규정이 없으면 포함되지 아니한다는 견해가 다수설이다.[19]

---

18) 박홍규, 노동법(Ⅰ), p. 157.
19) 임종률, 노동법, p. 367; 이병태, 노동법, p. 528; 김형배, 노동법, p. 244; 대판 1992. 8. 14, 92다 1995.

**대판 1992. 8. 14, 92다1995** 근로기준법 제100조에서 취업규칙에 정한 기준에 미달하는 근로조건을 판단하는 경우 등 근로조건에는 채용에 관한 기준은 포함되지 아니한다.

사견으로는 채용과정의 일부는 근로조건에 포함되는 것이 원칙이라고 본다. 예컨대, ⅰ) 남녀근로자를 채용하면서 여성근로자에게만 신장, 체중 및 용모단정 등의 신체적 조건을 부과하거나, ⅱ) 특정 지역출신 근로자를 채용하지 아니하거나, 또는 ⅲ) 사용자와 동일한 종교를 믿는 근로자를 우대하는 등의 채용행위는 이러한 차별대우가 근로자의 업무수행 또는 기업경영과 밀접히 연관되어 있지 아니하는 한, 근로기준법 제6조의 위반으로 보는 것이 타당할 것이다.

### (2) 고용중의 경우

근로자를 고용중에 사용자가 임금 및 근로시간 등의 근로조건에 관하여 근로자를 차별대우하는 것은 근로기준법 제6조의 위반이다. 근로자를 차별대우하는 방법에는 ⅰ) 감봉 등의 경제적 차별, ⅱ) 징계·전직 및 해고 등의 인사적 차별 및 ⅲ) 기타 정신적 학대 등의 정신적 차별이 포함된다.

### (3) 고용종료의 경우

근로자를 해고하는 경우에도 사용자에게 근로기준법 제6조상의 차별대우금지의무가 부과되는지가 문제시된다. 즉 해고가 근로조건에 포함되는지의 여부에 관한 문제이다. 해고의 기준이나 사유가 단체협약 또는 취업규칙 등으로 정해져 있는 경우 이는 근로조건에 포함되나, 해고처분 자체는 근로조건이 아니라는 데에 학설은 대부분 일치하고 있다.[20] 따라서 단체협약 또는 취업규칙에 정하여진 해고의 기준이나 사유에 해당되어 근로자를 해고하는 경우 성별·국적·신앙 및 사회적 신분 등을 이유로 차별대우 하여서는 아니 된다.

### 4. 차별대우의 내용

차별대우의 구체적 내용으로서 임금, 근로시간, 휴가, 휴일 및 교육훈련 등의 근로조건과 승진, 징계, 인사 및 해고 등의 신분상의 불이익 조치가 해당됨은 물론이다.

최근에는 이에 부가하여 직장내 괴롭힘 등 정신적 불이익이 차별대우의 주요 방법으로 대두되고 있다. 예컨대, 집단 따돌림, 모욕적 언행, 품위 손상, 성희롱, 일감

---

20) 김형배, 노동법, p. 243; 박홍규, 노동법(Ⅰ), p. 197.

안 주기, 회식 강제참석 및 허튼 일 시키기 등이 이에 해당된다. 직장내 괴롭힘은 특정 집단에 속하는 근로자뿐 아니라 특정 개인에 대하여도 발생하는 것이 일반적이다. 직장내 괴롭힘은 차별대우의 주요 형태로서 입법화되는 것이 세계적인 추세이다. 그러나, 우리나라에서는 아직 이를 명문화하고 있는 일반 규정은 입법화되고 있지 아니하며, 단지 남녀고용평등법에서 성희롱을 규제하는 등 개별법 차원의 제한된 보호수준에 머무르고 있을 뿐이다.

근로자는 인간의 존엄과 가치를 지닌 인격체로서 근로계약에 따른 근로제공은 단순히 임금획득만을 목적으로 하는 것이 아니라 자아실현 및 원만한 인간관계의 형성 등 자신의 인격을 실현시키고 있다.[21] 따라서, 근로자의 직장내 괴롭힘을 규제할 수 있는 조속한 입법이 요구된다고 할 것이다.

## Ⅲ. 벌칙규정

근로기준법 제6조를 위반하는 자는 500만원 이하의 벌금에 처한다(동법 제114조 제1호). 한편, 근로계약의 불이행 또는 불법행위로 인한 민사상의 손해배상책임도 부담하는 것으로 보아야 할 것이다.

## Ⅳ. 연령차별의 금지

「고용상 연령차별금지 및 고령자 고용촉진에 관한 법률」(이하 "고령자고용촉진법"이라 한다)은 근로자의 연령차별을 금지하고 있다.

### 1. 관련규정

고령자고용촉진법 제4조의4 [모집·채용 등에서의 연령차별 금지] ① 사업주는 다음 각 호의 분야에서 합리적인 이유 없이 연령을 이유로 근로자 또는 근로자가 되려는 자를 차별하여서는 아니 된다.
1. 모집채용
2. 임금, 임금 외의 금품 지급 및 복리후생
3. 교육·훈련
4. 배치·전보·승진
5. 퇴직·해고
② 제1항을 적용할 때 합리적인 이유 없이 연령 외의 기준을 적용하여 특정 연령 집단에 특히 불리한 결과를 초래하는 경우에는 연령차별로 본다.

---

21) 대판 1996. 4. 23, 95다6823.

## 2. 주요내용

### (1) 연령차별의 금지

#### (가) 기본원칙

사업주는 다음의 분야에서 합리적인 이유없이 연령을 이유로 근로자 또는 근로자가 되려는 자를 차별하여서는 아니 된다(동법 제4조의4제1항).

(ⅰ) 모집·채용, (ⅱ) 임금, 임금 외의 금품 지급 및 복리후생, (ⅲ) 교육·훈련, (ⅳ) 배치·전보·승진, (ⅴ) 퇴직·해고

합리적인 이유 없이 연령 외의 기준을 적용하여 특정 연령집단에 특히 불리한 결과를 초래하는 경우에는 연령차별로 본다(동법 제4조의4제2항).

#### (나) 예 외

다음 어느 하나에 해당하는 경우에는 연령차별로 보지 아니한다(동법 제4조의5).

(ⅰ) 직무의 성격에 비추어 특정 연령기준이 불가피하게 요구되는 경우

(ⅱ) 근속기간의 차이를 고려하여 임금이나 임금 외의 금품과 복리후생에서 합리적인 차등을 두는 경우

(ⅲ) 이 법이나 다른 법률에 따라 근로계약, 취업규칙, 단체협약 등에서 정년을 설정하는 경우

(ⅳ) 이 법이나 다른 법률에 따라 특정 연령집단의 고용유지·촉진을 위한 지원조치를 하는 경우

### (2) 차별에 대한 구제조치

#### (가) 진정(陳情)과 권고의 통보

연령차별 금지의 위반으로 연령차별을 당한 피해자는「국가인권위원회법」제30조에 따라 국가인권위원회에 그 내용을 진정할 수 있다(동법 제4조의6제1항).

국가인권위원회는 진정을 조사한 결과 연령차별이 있다고 판단하여 피진정인, 그 소속 기관·단체 또는 감독기관의 장에게 구제조치 등을 권고할 경우 그 권고내용을 고용노동부장관에게도 통보하여야 한다(동법 제4조의6제2항).

#### (나) 시정명령

고용노동부장관은 국가인권위원회로부터 구제조치 등의 권고를 받은 사업주가 정당한 사유 없이 권고를 이행하지 아니하고 그 피해의 정도가 심각하다고 인정되면 피해자의 신청에 의하거나 직권으로 시정명령을 할 수 있다(동법 제4조의7제1항).

**(3) 해고 그 밖의 불리한 처우의 금지**

사업주는 근로자가 이 법이 금지하는 연령차별행위에 대한 진정, 자료제출, 답변·증언, 소송, 신고 등을 하였다는 이유로 근로자에게 해고, 전보, 징계, 그 밖의 불리한 처우를 하여서는 아니 된다(동법 제4조의9).

# 제 5 절   강제근로금지의 원칙

## Ⅰ. 관련규정

> **근로기준법 제7조** [강제근로의 금지] 사용자는 폭행, 협박, 감금, 그 밖에 정신상 또는 신체상의 자유를 부당하게 구속하는 수단으로써 근로자의 자유의사에 어긋나는 근로를 강요하지 못한다.

## Ⅱ. 주요내용

근로기준법 제7조는 헌법 제12조의 강제노역금지규정을 구체적으로 실현하고자 하는 취지에서 강제근로의 금지를 규정하고 있다.

강제근로라 함은 근로자의 자유로운 의사에 반하여 근로하게 하거나 이직을 방해하는 것을 말한다. 동조는 강제노동의 방법으로서 폭행, 협박, 감금, 그 밖에 정신 또는 신체상의 자유를 부당하게 구속하는 수단의 4가지 유형을 들고 있다.

강제근로의 수단으로서 폭행·협박·감금 등의 개념에 대하여 이를 ⅰ) 형법상의 폭행(형법 제260조)·협박(동법 제283조)·감금(동법 제276조)의 개념으로 해석하는 견해[22]와 ⅱ) 형법상의 범죄가 되는 구성요건과는 언제나 동일하다고 해석할 것은 아니며, 노동을 강제하는 수단의 하나로서 예시한 데 불과하고 형법의 구성요건보다는 신축성을 가지고 해석하여야 한다는 견해가 있다.[23]

사견으로는 폭행·협박·감금 등을 형법상의 폭행·협박·감금의 개념으로 좁게 해석하되, 기타의 행위는 「그 밖에 정신 또는 신체의 자유를 구속하는 수단」에 포함되는 것으로 넓게 해석하는 것이 타당하다고 본다. 예컨대 족쇄, 해고위협 및 주민

---

22) 하갑래, 근로기준법, p. 161.
23) 김형배, 근로기준법, p. 78; 박홍규, 노동법(Ⅰ), p. 163.

등록증·여권 등의 강제보관 등은 강제근로의 구체적 수단이 될 수 있다.

한편, 근로계약불이행에 대한 위약예정(근로기준법 제20조), 전차금상계(동법 제21조) 및 강제저축(동법 제22조)도 강제노동의 수단으로 사용될 수 있음에 유의하여야 한다.

근로기준법 제7조 위반이 성립되기 위해 ⅰ) 강제적인 근로가 실제로 행하여지는 것이 필요하다는 견해와 ⅱ) 강제근로의 준비단계 등 강제근로가 실제로 이루어지지 아니한 경우에도 동조 위반이 된다는 견해로 나뉘고 있다. 실제의 강제근로가 필요하지 아니하다는 견해가 다수설이다.[24)]

근로기준법 제7조에 위반하여 강제근로를 시킨 경우에는 5년 이하 징역 또는 3,000만원 이하의 벌금에 처한다(동법 제107조).

# 제 6 절  폭행의 금지

## Ⅰ. 관련규정

> 근로기준법 제8조 [폭행의 금지] 사용자는 사고의 발생이나 그 밖의 어떠한 이유로도 근로자에게 폭행을 하지 못한다.

## Ⅱ. 주요내용

봉건적인 노사관계 아래서 근로자가 업무와 관련하여 보복적인 또는 징계적인 가혹행위를 당하는 것을 방지하고자 근로기준법은 형법과 별도로 사고발생 기타 여하한 이유로도 폭행을 금지하고 있다(근로기준법 제8조).

### 1. 형법과의 관계

사용자가 근로자에게 폭행을 한 경우에도 근로관계와 상관없이 사적인 문제로 행한 폭행은 일반형사문제가 되어 형법이 적용되나, 근로관계에서 발생한 폭행은 근로기준법 제8조 위반이 된다. 따라서 업무수행시간중이라 하더라도 업무와 관련 없이 발생한 폭행은 형법 위반이며, 반면에 업무시간 외에 사업장 밖에서 발생한

---

24) 박상필, 근로기준법, p. 53; 김형배, 노동법, p. 302; 박홍규, 노동법(Ⅰ), p. 163.

폭행이라 하더라도 업무와 관련되어 발생하였다면 근로기준법 제8조 위반이다.[25]

  형법상의 폭행죄는 피해자가 원하는 경우에 한하여 처벌되는 반의사불벌죄에 해당되나, 동조 위반의 죄는 피해자가 원하지 아니하더라도 처벌되는 일반범죄이다.

### 2. 근로기준법 제7조와의 관계

  근로기준법 제8조의 폭행금지의 원칙은 근로기준법 제7조의 강제근로금지규정과 중복되는 점이 있다. 동법 제7조는 폭행으로 인하여 근로자의 자유의사가 구속되면서 행하여지는「강제근로」를 금하려는 데 그 목적이 있으나, 이에 반하여 제8조는 근로자에 대한「폭행」자체를 금지하려는 데 그 취지를 두고 있다.

## Ⅲ. 벌칙규정

  근로기준법 제8조에 위반하여 근로자에게 폭행을 가한 경우에는 5년 이하의 징역 또는 3,000만원 이하의 벌금에 처한다(근로기준법 제107조).

# 제 7 절  중간착취의 배제

## Ⅰ. 관련규정

근로기준법 제9조 [중간착취의 배제] 누구든지 법률에 따르지 아니하고는 영리로 다른 사람의 취업에 개입하거나 중간인으로서 이익을 취득하지 못한다.

## Ⅱ. 주요내용

  근로기준법은 취업시 또는 취업중에 노·사의 중간에 개입하여 이익을 얻는 중간착취를 배제하고 있다. 중간착취라 함은 타인의 취업을 소개하거나 알선을 조건으로 소개료·수수료 등을 수령하거나, 취업 후에 중개인·사용자 등이 그 지위를 이용하여 근로자의 임금의 일부를 착취하는 것을 말한다.

---

25) 하갑래, 근로기준법, p. 164.

## 1. 누구든지

중간착취는 누구든지 이를 하여서는 아니 된다. 「누구든지」라고 함은 근로기준법의 적용을 받는 사업주 또는 사용자는 물론이고, 기타 사인·단체 등을 묻지 아니하며 공무원도 이에 포함될 수 있다.

## 2. 법률에 따르지 아니한 경우

개입 또는 중개행위가 다음과 같이 법률에 근거하는 경우에는 동조의 적용을 받지 아니한다.

### (1) 직업안정법에 의한 경우

직업안정법에 규정된 ⅰ) 유료직업소개사업(동법 제19조), ⅱ) 근로자모집사업(동법 제28조) 및 ⅲ) 근로자공급사업(동법 제33조)의 경우에는 중간착취에 해당되지 아니한다.

### (2) 파견근로자보호 등에 관한 법률에 의한 경우

근로자파견사업은 「파견근로자보호 등에 관한 법률」에 의한 사업이므로 중간착취에 해당되지 아니한다.[26] 상세한 내용은 후술한다.

## 3. 영리의 목적

근로기준법 제9조는 중개행위를 반복함으로써 영업으로 이를 행하는 것을 금지하려는 데 목적이 있으므로 영리를 목적으로 하는 한 주업 또는 부업을 따지지 아니한다. 이에 대하여 ⅰ) 우연적이고 1회적인 것은 이 법 위반으로 볼 수 없다는 견해,[27] ⅱ) 1회의 행위라 하더라도 반복·계속의 의사가 있는 것으로 인정되면 법 위반이 된다는 견해[28] 및 ⅲ) 영리의 목적을 가진 이상 우연한 1회의 개입도 법 위반이 되고 반드시 반복·계속의 의사는 필요하지 아니하다는 견해[29] 등으로 나뉘고 있다.

## 4. 타인의 취업에 개입하거나 중간인으로서 이익을 취득

「타인의 취업에 개입하여」라는 것은 근로기준법이 적용되는 근로관계의 개시 및

---

26) 파견근로자보호등에관한법률(1998. 2. 20, 법률 제5512호)이 제정되어 있다.
27) 김형배, 근로기준법, p. 83.
28) 하갑래, 근로기준법, p. 165.
29) 임종률, 노동법, p. 377; 이병태, 노동법, p. 536; 박홍규, 노동법, p. 357.

재계약 등에 관여하여 알선 또는 소개행위를 하는 등 근로관계의 성립 또는 갱신에 영향을 주는 행위를 말한다.[30)]

　타인의 취업에 개입하는 행위에는 ⅰ) 취업 알선을 약속하면서 금품을 수령하는 행위도 포함되며, ⅱ) 반드시 근로관계의 성립 또는 직접적으로 영향을 미칠 정도로 구체적인 소개 또는 알선행위에까지 나가야 되는 것은 아니다.[31)]

　「중간인으로서 이익을 취득」하는 행위는 근로관계의 존속 중에 사용자와 근로자 사이의 중간에서 근로자의 근로제공과 관련하여 사용자 또는 근로자로부터 이익을 취득하는 것을 말한다.[32)]

> **관 련 판 례**　대판 2008. 9. 25, 2006도7660　제3자가 영리로 타인의 취업을 소개 또는 알선하는 등 근로관계의 성립 또는 갱신에 영향을 주는 행위에는 취업을 원하는 사람에게 취업을 알선해 주기로 하면서 그 대가로 금품을 수령하는 정도의 행위도 포함된다고 볼 것이고, 반드시 근로관계 성립 또는 갱신에 직접적인 영향을 미칠 정도로 구체적인 소개 또는 알선행위에까지 나아가야만 한다고 볼 것은 아니다. 따라서, 회사의 노동조합 간부로 상당기간 근무하였기 때문에 회사의 취업자 선정에 관하여 사실상 영향력을 미칠 수 있는 지위에 있는 피고인이 구직자들로부터 그 회사에 취업할 수 있도록 알선해 달라는 부탁을 받고 이를 승낙하면서 그 대가로 금원을 교부받은 피고인의 행위가 구 근로기준법 제8조에서 금지하는 행위에 해당한다고 판단한 것은 정당하다.

　따라서, 동조 위반에는 ⅰ) 근로관계의 성립과정에서 취업을 조건으로 하는 것과, ⅱ) 근로관계의 성립 후에 근로관계의 존속·유지를 조건으로 하는 것이 모두 해당된다.

## 5. 이익의 취득

　이익이라 함은 보상금·수수료·소개료·중개 및 수고비 등 형식적 명칭에 상관없이 일체의 금품 및 경제적 가치가 있는 것을 포함하며, 유·무형 모두가 해당된다. 또한 근로자·사용자는 물론 제3자 등 누구로부터 이익을 받았는가도 묻지 아니한다.

---

30) 김형배, 근로기준법, p. 82; 김치선, 노동법, p. 183. 대판 2007. 8. 23, 2007도3192; 대판 2008. 9. 25, 2006도7660. 이에 대하여 근로기준법의 적용범위를 넘어 노동법 전체에 적용된다는 견해가 있다. 박홍규, 노동법, p. 429.

31) 대판 2008. 9. 25, 2006도7660.

32) 대판 2007. 7. 26, 2007도3193; 대판 2007. 8. 23, 2007도3192.

## Ⅲ. 벌칙규정

근로기준법 제107조는 동법 제9조에 위반하여 중간착취를 한 자에 대하여는 5년 이하의 징역 또는 3,000만원 이하의 벌금에 처한다고 규정하고 있다.

# 제 8 절 공민권행사의 보장

## Ⅰ. 관련규정

**근로기준법 제10조** [공민권행사의 보장] 사용자는 근로자가 근로시간중에 선거권 그 밖의 공민권의 행사 또는 공의 직무를 집행하기 위하여 필요한 시간을 청구하면 거부하지 못한다. 다만, 그 권리 행사나 공의 직무를 수행하는 데에 지장이 없으면 청구한 시간을 변경할 수 있다.

## Ⅱ. 주요내용

근로자가 주권자로서의 「공민권행사」 또는 「공의 직무집행」을 위하여 필요한 시간을 청구하는 경우 사용자는 이를 거부하지 못한다(근로기준법 제10조본문). 다만, 권리행사 또는 공의 직무집행에 지장이 없는 한 청구한 시간을 변경할 수 있다(동조단서).

### 1. 선거권 그 밖의 공민권행사 및 공(公)의 직무에 해당하는 업무

#### (1) 선거권 그 밖의 공민권

선거권 그 밖의 공민권이라 함은 대통령·국회의원·지방자치단체의 장·지방의회의원 등의 법령에 근거한 공직의 선거권·피선거권은 물론 국민투표권 등과 같이 국민으로서 공무에 참가하는 권리 및 의무를 말한다. 근로자가 스스로 입후보하는 피선거권은 포함되나 다른 후보자를 위한 선거운동은 공민권행사에 포함되지 아니한다.[33]

---

33) 하갑래, 근로기준법, p. 320; 박홍규, 노동법, p. 429.

### (2) 공의 직무

공의 직무라 함은 법령에 근거를 두고 있는 공적인 직무를 말한다. 이에는 ⅰ) 노동위원회 위원의 업무 등 법령에 의해 설치된 심의회 또는 위원회의 직무, ⅱ) 민사소송법·노동위원회법 등 법령에 의한 증인·감정인의 직무, ⅲ) 공직선거법에 의한 입회인의 직무, ⅳ) 향토예비군설치법·민방위기본법 등에 근거를 둔 소집훈련 및 ⅴ) 전국적인 주민등록갱신이나 군입대를 위한 신체검사 참여 등이 해당된다.

## 2. 필요한 시간의 부여

### (1) 기본원칙

근로자가 근로시간중이라도 공민권행사 등을 위해 「필요한 시간」을 청구하는 경우에 사용자는 이를 거부할 수 없다.

필요한 시간은 공민권의 행사 또는 공의 직무의 성질에 따라 판단되어야 한다. 일반적으로 해당 공민권의 행사 또는 공의 직무집행에 필요한 최소한의 시간뿐만 아니라 왕복시간 등 부수적인 시간 및 사전준비나 사후정리가 필요할 경우 이를 포함한 충분한 시간을 의미한다.[34]

### (2) 시간의 변경

사용자는 공민권의 행사 또는 공의 직무를 집행하는 데 지장이 없으면 근로자가 청구한 시간을 변경할 수 있다(근로기준법 제10조단서). 공민권행사 또는 공의 직무의 집행에 지장을 주지 아니한다면 청구한 날짜의 변경도 가능할 것이다.[35]

또한 공의 직무의 집행에 필요한 시간을 부여하지 아니하여도 공무집행에 직접적인 지장을 가져오지 아니하면 그 시간을 부여하지 아니할 수 있다.[36]

## 3. 공민권행사와 근로관계

평균임금의 산정시 병역법, 향토예비군설치법 또는 민방위기본법에 의한 의무이행을 위하여 휴직하거나 근로하지 못한 기간중에 임금을 지급받지 못한 기간이 있을 경우에는 그 기간은 평균임금의 산정기준이 되는 기간에서 제외한다(근로기준법시행령 제2조제7호).

---

34) 김형배, 근로기준법, p. 87; 하갑래, 근로기준법, p. 272.
35) 하갑래, 근로기준법, p. 273.
36) 근기 01254－9404(1991. 6. 28).

연차유급휴가를 부여하기 위한 개근 여부를 산정하는 경우 근로기준법 제10조에 의한 공민권행사를 위한 시간은 이를 근로한 것으로 본다.

한편, 공직수행으로 인하여 회사의 업무수행에 현저한 지장을 주는 등 겸직이 불가능한 경우에는 해고의 대상이 된다.[37)]

## Ⅲ. 벌칙규정

근로기준법 제10조에 위반하는 경우에는 2년 이하의 징역 또는 1,000만원 이하의 벌금형이 과해진다(근로기준법 제110조제1호).

# 제 9 절  기능습득자의 보호

## Ⅰ. 관련규정

근로기준법 제77조 [기능습득자의 보호] 사용자는 양성공, 수습, 그 밖의 명칭을 불문하고 기능의 습득을 목적으로 하는 근로자를 혹사하거나 가사, 그 밖의 기능습득과 관계없는 업무에 종사시키지 못한다.

## Ⅱ. 주요내용

사용자는 기능습득중인 근로자에게 부여된 형식적인 명칭 또는 지위 여하를 불문하고 이들 근로자에게 과도한 근로 등 혹사를 하거나 잡역 및 가사 등 기능습득과 무관한 업무에 종사시켜서는 아니 된다(근로기준법 제77조).

### 1. 기능습득을 목적으로 하는 근로자

기능습득을 목적으로 하는 근로자라 함은 직위·명칭 여하를 불문하고 기능의 습득을 목적으로 하는 모든 근로자를 말한다. 대체로 양성공·견습공·훈련생 및 수습공 등의 근로자들이 이에 해당된다.

---

37) 임종률, 노동법, p. 373.

## 2. 혹    사

「혹사」라 함은 기능습득중에 있는 근로자가 기능습득을 구실로 하여 일반근로자와 달리 열악하고 불리한 근로조건하에서 사용되는 것을 의미한다. 그러나 근로기준법은 「혹사」의 의미에 관하여 구체적인 규정을 두고 있지 아니하므로 과연 어떠한 행위가 「혹사」에 해당되느냐의 여부는 일반적인 사회통념에 의하여 판단할 수밖에 없을 것이다.[38]

## 3. 가사, 그 밖의 기능습득과 관계 없는 업무

기능습득중에 있는 근로자를 「가사, 그 밖의 기능습득과는 관계없는 업무」에 사용하여서는 아니 된다. 과연 어떠한 업무가 「가사, 그 밖의 기능습득과 관계없는 업무」에 해당되는가의 여부는 단체협약·취업규칙 및 근로계약 등에 규정되어 있는 경우 이에 따라 결정되어야 하고, 그러하지 아니한 경우에는 사회통념에 비추어 구체적으로 판단되어야 할 것이다. 예컨대, 사용자의 가사 등 개인적인 잡무 등에 사용되거나, 업무와 무관하게 사업장의 청소·숙직 및 잔심부름 등에 임의로 사용되는 것은 「가사 그 밖의 기능습득과 관계없는 업무」에 해당할 것이다.

## Ⅲ. 벌칙규정

근로기준법 제77조에 위반하는 경우에는 500만원 이하의 벌금에 처한다(근로기준법 제114조제1호).

---

38) 박상필, 「해설」, p. 404; 김형배, 근로기준법, p. 468.

# 제5장 근로기준법의 실효성확보

## 제1절 의 의

　근로기준법은 최저근로조건을 명문의 법률로 규정함으로써 근로자의 기본적 생활을 보장·향상시키는 것을 목적으로 하고 있다. 근로기준법상의 최저근로기준은 강행법규로서 반드시 준수되어 실효성이 확보되어야 한다. 근로기준법은 이러한 실효성의 확보를 위하여 민·형사 및 행정의 세 가지 측면에서 이를 규정하고 있다.

　첫째, 당사자가 자유로이 근로계약을 체결하였을지라도, 근로계약의 내용이 근로기준법상의 최저기준에 미달하는 경우에는 해당 근로계약의 민사상 효력은 무효가 되고, 무효가 된 부분에는 근로기준법상의 근로조건이 대체적으로 적용된다(근로기준법 제15조).

　둘째, 사용자가 근로기준법상의 최저근로조건을 근로자에게 적용하지 아니하는 등 근로기준법을 위반하는 경우에는 형사상의 벌칙이 적용된다(동법 제107조 이하).

　셋째, 근로기준법이 입법취지에 부합되게 제대로 시행되고 있는지를 사전에 점검·감독하고, 근로자의 사후적 권리구제를 효율적으로 보장하기 위하여 고용노동부 산하에 근로감독관을 설치하고 있다(동법 제11장).

　이하에서는 근로감독관제도에 관하여 구체적으로 설명하기로 한다.

# 제 2 절   근로감독관제도

## Ⅰ. 근로감독관의 설치

> **근로기준법 제101조 [감독기관]** ① 근로조건의 기준을 확보하기 위하여 고용노동부
> 와 그 소속 기관에 근로감독관을 둔다.
> ② 근로감독관의 자격, 임면, 직무 배치에 관한 사항은 대통령령으로 정한다.

근로조건의 기준을 확보하기 위하여 고용노동부와 그 소속 기관에 근로감독관을
설치하며, 근로감독관의 자격·임면·직무 배치 등에 관하여는 대통령령으로 정한다
(근로기준법 제101조).

근로기준법 제101조의 규정에 따라 근로감독관의 자격과 임면에 관해서는 「근로
감독관규정」에 규정되어 있다.

## Ⅱ. 근로감독관의 권한과 의무

### 1. 근로감독관의 권한

근로감독관의 핵심적 권한은 근로조건의 기준을 정한 여러 법률, 즉 근로기준법
이외에도 근로자참여및협력증진에관한법률·산업안전보건법·최저임금법 및 남녀고
용평등법 등에 규정된 사용자의 근로조건준수의무가 제대로 이행되는지의 여부를 감
독하는 것이다. 즉 법령에서 정한 최저근로기준이 준수되도록 행정지도를 하고, 위
반사항을 적발하여 이를 시정 또는 제재를 하는 것이 근로감독관의 주요 역할이다.

### (1) 행정적 권한

> **근로기준법 제102조 [근로감독관의 권한]** ① 근로감독관은 사업장, 기숙사, 그 밖의
> 부속 건물에 임검하고 장부와 서류의 제출을 요구할 수 있으며 사용자와 근로자에
> 대하여 심문할 수 있다.
> ② 의사인 근로감독관이나 근로감독관의 위촉을 받은 의사는 취업을 금지하여
> 야 할 질병에 걸릴 의심이 있는 근로자에 대하여 검진할 수 있다.
> ③ 제1항 및 제2항의 경우에 근로감독관이나 그 위촉을 받은 의사는 그 신분증명
> 서와 고용노동부장관의 임검 또는 검진지령서를 제시하여야 한다.
> ④ 제3항의 임검 또는 검진지령서에는 그 시일과 장소, 범위를 분명하게 적어야
> 한다.

(가) 현장조사 · 장부 및 서류의 제출요구 및 심문

근로감독관의 행정상의 권한으로서 ⅰ) 사업장 · 기숙사 그 밖의 부속건물을 현장조사하고, ⅱ) 장부와 서류의 제출을 요구할 수 있으며, ⅲ) 사용자와 근로자에 대하여 심문을 할 수 있다(근로기준법 제102조제1항).

① **현장조사:**     현장조사라 함은 노동법령 위반 여부를 조사할 행정상의 목적으로 사업장에 들어가 검사하는 것을 의미한다. 따라서 이는 범죄수사를 위한 사법상의 수색과는 구별되므로, 현장조사를 하는 경우 형사소송법상의 수색영장은 필요로 하지 아니한다.[1] 그러나 현장조사시에는 신분증명서와 현장조사 시일 · 장소 및 범위를 명기한 고용노동부장관의 현장조사지령서를 제시하여야 한다(동법 제102조제3항 및 제4항).

② **장부 및 서류의 제출:**     근로감독관은 필요한 장부 및 서류의 제출을 요구할 수 있다. 이 경우 제출을 요구할 수 있는 자료는 노동법령 위반 여부를 조사하기 위하여 필요한 것에 국한되며, 이 이외에 세무조사 및 범죄수사 등을 위한 자료는 이에 해당되지 아니한다.

③ **심 문:**     근로감독관은 사용자 또는 근로자에 대하여 「심문」할 수 있다. 이러한 심문은 노동법령의 위반 여부에 대하여 질문하고 진술을 구하는 행정처분의 일종이므로 일반범죄수사를 위하여 행하는 형사소송법상의 심문과는 구별되어야 한다.[2]

(나) 근로자에 대한 검진

의사인 근로감독관 또는 근로감독관으로부터 위촉을 받은 의사는 취업을 금지시켜야 할 질병에 걸렸다고 의심이 되는 근로자의 검진을 행할 수 있다(근로기준법 제102조제2항). 이와 같은 검진의 경우에도 신분증명서 및 검진의 시일 · 장소 및 범위를 명기한 고용노동부장관의 검진지령서를 제시하여야 한다(동법 제102조제2항, 제3항, 제4항).[3]

---

1) 박상필, 노동법, p. 367; 김형배, 근로기준법, p. 748.
2) 박상필, 노동법, p. 367; 김형배, 근로기준법, p. 749.
3) 1990년 1월 13일의 근로기준법의 개정으로 근로기준법 제65조 내지 제73조가 삭제되고 산업안전보건법 제43조 이하의 규정이 근로기준법의 해당규정을 대체하게 되었다. 따라서 근로자의 건강진단에 관해서는 근로감독관이 산업안전보건법 제51조에 의하여 감독권한을 행사하고 있으므로 근로기준법상의 검진조치는 사실상 그 실효성이 약화되었다고 할 수 있을 것이다.

## (2) 사법적 권한

> 근로기준법 제102조 [근로감독관의 권한] ⑤ 근로감독관은 이 법이나 그 밖의 노동
> 관계법령 위반의 죄에 관하여 「사법경찰관리의 직무를 행할 자와 그 직무범위에
> 관한 법률」이 정하는 바에 따라 사법경찰관의 직무를 행한다.
> 근로기준법 제105조 [사법경찰권 행사자의 제한] 이 법이나 그 밖의 노동관계법령에
> 의한 현장조사, 서류의 제출, 심문 등 수사는 검사와 근로감독관이 전담하여 수행
> 한다. 다만, 근로감독관의 직무에 관한 범죄의 수사는 그러하지 아니하다.

근로감독관은 근로기준법 기타 노동관계법령 위반사항에 대해서는 「사법경찰관
리의직무를행할자와그직무범위에관한법률」이 정하는 바에 따라 사법경찰관의 직무권
한을 행사할 수 있다(근로기준법 제102조제5항). 이 경우 「노동관계법령」이라 함은 근
로기준법 및 남녀고용평등법 등 개별적 근로관계에 관한 법령 이외에도 노동조합법
및 근로자참여및협력증진에관한법률 등 집단적 노사관계에 관한 법령도 이에 포함된
다.[4]

근로감독관은 노동관계법령 위반에 국한하여 사법경찰관으로서의 권한을 행사할
수 있으며 이와 관련이 없는 일반범죄사건에 대해서는 권한을 행사할 수 없다. 또한
사업장에 대한 현장조사, 서류의 제출 및 심문 등의 수사는 검사와 근로감독관만이
전담하며, 일반사법경찰관은 이에 관하여 수사권이 없다(동법 제105조본문). 그러나
근로감독관의 직무에 관한 범죄의 수사에 한하여는 일반사법경찰관도 권한을 행사할
수 있다(동조단서).

## 2. 근로감독관의 의무

### (1) 관련규정

> 근로기준법 제103조 [근로감독관의 의무] 근로감독관은 직무상 알게 된 비밀을 엄수
> 하여야 한다. 근로감독관을 그만 둔 경우에도 또한 같다.

### (2) 주요내용

근로감독관은 직무상 알게 된 비밀을 엄수하여야 한다(근로기준법 제103조전단).
직무상 지득한 비밀의 범위에는 기업의 영업비밀, 노사관계 및 사용자·근로자 개인
신상에 관한 비밀 등 그 공개가 관련당사자에게 불이익을 주는 사항이 모두 포함되
는 것으로 널리 해석해야 한다.[5] 이러한 비밀엄수의무는 근로감독관으로서 재직하는

---

4) 법무 811 – 21329(1981. 7. 10).
5) 박상필, 노동법, p. 369; 김형배, 근로기준법, p. 755.

기간은 물론 퇴직한 경우에도 준수되어야 한다(동법 제103조후단).

근로감독관이 근로기준법 제103조에 위반하여「직무상 알게 된」비밀을 누설하였을 때에는 500만원 이하의 벌금형에 처하게 된다(동법 제114조제1호).

### 3. 감독기관에 대한 신고

사업 또는 사업장에서 근로기준법 및 동법시행령에 위반한 사실이 있는 경우에는 근로자는 그 사실을 고용노동부장관 또는 근로감독관에게 통보할 수 있다(근로기준법 제104조제1항). 사용자는 이러한 통고사실을 이유로 근로자에게 해고 그 밖에 불리한 처우를 하여서는 아니 된다(동법 제104조제2항). 이에 위반하는 경우 2년 이하의 징역 또는 1천만원 이하의 벌금형에 처하게 된다(동법 제110조제1호).

제 *2* 편

# 근로관계의 성립

노

동

법

# 제1장 개 설

## 제1절 의 의

근로자와 사용자가 서로 근로계약을 체결함으로써 당사자간의 근로관계가 성립된다.

근로자와 사용자가 근로계약을 체결하는 경우 서로 동등한 지위에서 자유로이 이를 체결하는 것이 원칙이다. 이를 「근로계약체결 자유의 원칙」이라 부르며, 이러한 원칙은 시민법상의 「계약자유의 원칙」에 기초하고 있다.

그러나 근로자와 사용자는 형식적·이념적으로 동등하다고 평가될 수 있으나, 양자는 실제로 서로 동등하지 아니하며 사용자는 근로자보다 우월한 지위에서 사실상 근로자에게 근로계약의 체결을 강제하고 있다. 따라서, 근로자가 불평등한 지위에서 자기 의사에 반하여 사용자와 근로계약을 체결하는 것을 시정하고 실질적으로 대등하고 자유로운 근로계약의 체결을 보장하기 위하여 국가는 근로계약에 대한 일정한 법적 제한을 두고 있다. 즉, 국가는 근로자와 사용자 간의 사적인 근로계약에 일정한 법적 요건 및 제한을 부과함으로써 시민법하에서의 「근로계약체결자유의 원칙」을 수정하고 있는 것이다.

## 제2절 근로계약체결의 자유 및 법적 제한

근로자와 사용자는 근로계약체결의 자유를 갖고 있다. 근로계약체결의 자유는 크게 당사자가 ⅰ) 근로계약을 체결할 것인지의 여부를 결정하는 자유와 ⅱ) 근로계약을 체결하기로 결정한 경우 해당 근로계약체결의 형식·내용 및 방법 등을 결정하는 자유로 나누어 볼 수 있다. 이 중 전자의 경우에는 비교적 근로계약체결의 자유가 폭넓게 인정되고 있으나, 이에 반하여 후자의 경우에는 근로계약체결에 대한 법적 규제와 제한이 비교적 광범위하게 인정되고 있다.

## I. 근로계약체결 여부의 결정

근로계약을 체결할 것인지의 여부를 결정하는 자유를 ⅰ) 근로자측에서는 직업선택의 자유로, ⅱ) 사용자측에서는 채용의 자유로 파악할 수 있다.[1]

### 1. 채용 여부 및 채용인원

사용자는 근로자를 고용할지의 여부 및 만일 고용하는 경우 몇 명의 근로자를 고용할 것인가의 여부를 결정할 자유가 있다. 이러한 결정은 경영상의 필요성에 비추어 기업이 자유로이 판단하는 것이며, 이는 영업의 자유의 한 내용을 이루고 있다.

현행법상에는 기업의 채용 여부 및 채용인원결정에 관하여 이를 강제하는 일반법은 존재하지 아니한다. 다만, 「국가유공자 등 예우 및 지원에 관한 법률」, 「독립유공자 예우에 관한 법률」, 「고용상 연령차별금지 및 고령자 고용촉진법률」 및 「장애인 고용촉진 및 직업재활법」 등에서 국가·지방자치단체·공기업 및 일부 민간기업에게 일정비율의 채용의무를 부과하고 있다.

### 2. 모집방법의 자유

사용자는 근로자의 모집방법을 결정할 수 있는 자유를 갖는다. 예컨대, 모집방법에 대하여는 직업안정법에서 이를 규정하고 있으나 사용자가 근로자를 채용함에 있어서 어떠한 모집방법을 택할 것인가에 대해서 특별한 법적 규제를 아니하고 있다. 공공직업안정기관을 통한 모집, 학교를 통한 모집, 신문광고 및 잡지 등에 의한 모집 등 어떤 방법을 택하는가는 사용자의 자유이다(직업안정법 제28조).

### 3. 근로자선택의 자유

사용자는 어떠한 근로자를 채용할 것인가를 결정하는 자유, 즉 근로자 선택의 자유를 갖는다.

채용기준으로서는 능력·기능·지능·학력·연령·경험·성격 및 건강 등 여러 가지가 있으나 이들 요소 중 어느 기준에 의하여 근로자를 채용할 것인가는 원칙적

---

[1] 상세한 내용은 이영희, 노동법, p. 406 이하; 김수복, 노동법, p. 245 이하 참조.

으로 사용자의 자유이다. 다만, 노동관계법령은 다음과 같이 제한을 규정하고 있다.

### (1) 근로기준법

근로기준법 제6조는 「사용자는 근로자에 대하여 남녀의 성을 이유로 차별적 대우를 하지 못하며 국적, 신앙 또는 사회적 신분을 이유로 근로조건에 대한 차별적 처우를 하지 못한다」고 규정하고 있다. 근로기준법 제6조가 근로자의 채용에도 적용되는 것인지에 관하여 ⅰ) 이를 긍정하는 견해와 ⅱ) 동법 제6조는 채용후의 근로조건에만 적용되는 것이라고 하여 이를 부정하는 견해로 나뉘어 있음은 이미 설명한 바 있다.

또한, 동법 제64조는 15세 미만인 연소근로자의 채용을 원칙적으로 제한하고 있으며, 동법 제65조는 여성 및 연소근로자의 유해·위험사업에의 채용제한을 규정하고 있다.

### (2) 남녀고용평등과 일·가정 양립 지원에 관한 법률

남녀고용평등법 제7조제1항은 「사업주는 근로자의 모집과 채용에 있어서 남녀를 차별하여서는 아니 된다」는 의무규정을 두고 있다. 이를 위반한 경우 500만원 이하의 벌금에 처한다(동법 제37조제4항).

### (3) 고용상 연령차별금지 및 고령자 고용촉진에 관한 법률

「고용상 연령차별금지 및 고령자 고용촉진에 관한 법률」 제4조의4는 모집·채용에 있어 합리적인 이유없이 연령을 이유로 차별하는 것을 금지하고 있다. 이를 위반하는 경우 500만원 이하의 벌금에 처한다(동법 제23조의3제2항)

### (4) 직업안정법

직업안정법 제2조는 「누구든지 성별·종교·사회적 신분 또는 혼인 여부 등을 이유로 직업소개·직업지도 또는 고용관계의 결정에 있어서 차별대우를 받지 아니한다」는 규정을 두어 근로자선택의 자유에 대한 제한을 두고 있다. 이를 위반하여도 아무런 처벌이 부과되지 아니한다.

### (5) 고용정책기본법

고용정책기본법 제7조는 「사업주는 근로자를 모집·채용함에 있어서 합리적인 이유 없이 성별, 신앙, 사회적 신분, 출신지역, 학력, 출신학교, 혼인·임신 또는 병력 등을 이유로 차별을 하여서는 아니되며, 균등한 취업기회를 보장하여야 한다」고 규정하고 있다. 이를 위반하여도 아무런 처벌이 부과되지 아니한다.

### 4. 계약체결의 자유

사용자는 특정 근로자와의 근로계약을 체결할 것인지의 여부에 관한 자유를 가지며 이를 강제당하지 아니한다.

만일 사용자가 근로자의 채용을 거부하는 것이 위법한 경우에도 그 위법은 민사상의 손해배상책임을 부담하는 데 그칠 뿐이고 근로자가 사용자에 대하여 고용계약 체결 자체를 강제할 수는 없다. 예컨대, 「장애인고용촉진 및 직업재활법」에서 사업주에 대하여 대통령령이 정하는 기준고용률 이상의 장애인을 고용하여야 할 의무를 부과하고 있으나(동법 제28조), 사업주가 이러한 의무를 위반하는 경우에도 「장애인고용부담금」만을 고용노동부장관에게 납부하면 족하며, 장애인을 반드시 고용하지 아니하여도 무방하다(동법 제33조).[2]

또한 「고용상연령차별금지 및 고령자고용촉진에관한법률」에서도 사업주에게 고령자고용의 「노력」을 규정하고 있으며, 이를 의무화하고 있는 것은 아니다(동법 제12조).

### 5. 채용 대상자 조사의 자유

사용자는 근로자의 채용 여부를 판단하는 과정에서 응모자에 관한 구체적인 판단자료를 얻는 것이 필요하게 되고, 따라서 본인으로부터 일정 사항에 대한 신고를 하게 하는 등 조사가 필요하게 된다. 어떠한 사항에 대한 조사를 하는가는 사용자의 재량에 속한다고 할 수 있다. 이 경우 근로자와 사용자는 서로 근로계약의 체결과 관련된 다양한 정보를 성실히 고지하거나 조회에 응할 의무를 부담한다.

## Ⅱ. 근로계약체결에 대한 법적 제한

근로자와 사용자가 근로계약을 체결하기 이전까지는 근로계약의 체결여부에 관하여 대체로 이를 자유로이 결정할 수 있는 것이 원칙이다. 그러나 근로자와 사용자가 일단 근로계약을 체결하기로 결정한 경우에는 체결의 형식·방법·내용 및 기간 등에 관하여 근로기준법 등 관련법령에서 법적 제한을 부과하고 있다.

근로기준법은 근로계약체결에 대한 법적 제한으로서 ⅰ) 동등하고 자유로운 근로

---

2) 국가 및 지방자치단체는 소속공무원 정원의 3% 이상을 장애인으로 고용하여야 하는 의무를 부담한다. 동법 제27조제1항.

조건의 결정(근로기준법 제4조), ⅱ) 균등대우의 원칙(동법 제6조), ⅲ) 중간착취의 배제(동법 제9조) 및 ⅳ) 근로계약에 관한 규정(동법 제2장)을 정하고 있다.

근로기준법 제2장은 근로계약의 당사자·형식·내용·기간 및 효력 등에 관하여 규정하고 있으며, 이는 근로계약에 관한 가장 포괄적이고도 중요한 법적 규제이다. 이하에서는 이에 관하여 설명하기로 한다.

# 제2장 근로계약의 법적 성질

## 제1절 의 의

### Ⅰ. 관련규정

근로기준법 제2조 [정의] 4. "근로계약"이란 근로자가 사용자에게 근로를 제공하고 사용자는 이에 대하여 임금을 지급하는 것을 목적으로 체결된 계약을 말한다.

### Ⅱ. 근로계약의 개념

근로계약은 근로자가 사용자에게 근로를 제공하고 사용자는 임금을 지급하는 것을 내용으로 하는 근로기준법상의 계약을 말한다(근로기준법 제2조제4호).

원래 전통적인 시민법체계하에서는 근로자와 사용자 간의 근로제공과 임금지급에 관한 합의에 대하여 민법상의 고용계약에 관한 규정들이 적용되며, 이는 대등한 당사자간의 사적 자치를 전제로 하는 것이었다.

그러나 사용자와 근로자 간의 실제 관계는 불평등하게 되어 이들 당사자간의 계약은 더 이상 자유의사에 기초한 계약이 될 수 없게 되었다.

이에 따라, 근로자와 사용자가 고용계약을 체결하는 경우 근로자의 지위를 법적으로 보호함으로써 당사자가 실질적으로 자유롭고 대등한 관계를 유지시킬 수 있도록 하기 위하여 대두된 법적 개념이 바로 근로계약이다. 근로계약은 근로기준법에 의하여 일정한 법적 제한이 부과되고 있어 사적 자치를 근간으로 하고 있는 시민법상의 고용계약과 구분된다.

# 제 2 절   근로계약과 고용계약

근로계약은 종래의 사법상 고용계약의 개념을 수정·극복하고 대두된 새로운 계약개념이므로 근로계약과 고용계약 간의 법적 성질이 문제시된다.

## I. 민법상 노무공급계약의 형태

민법상 노무공급계약에는 고용(민법 제655조 내지 제663조), 도급(동법 제664조 내지 제674조) 및 위임(동법 제680조 내지 제692조)의 세 가지 형태가 있다. 이 경우 노무의 제공자를 각각 노무자·수급인 및 수임인이라고 한다.

### 1. 고용계약

고용계약은 노무자가 사용자에게 노무제공을 약정하고 이에 사용자가 보수지급을 약정하는 계약이다(민법 제655조). 고용계약은 일의 '완성'을 약속하는 「도급」과 구별되며 또한 독립된 근로제공의 형태인 「위임」과도 구별된다. 고용계약은 근로자가 자신의 근로를 사용자의 지배하에 둔다는 점에서 근로계약과 가장 유사하다.

### 2. 도급계약

도급계약은 수급인이 어떤 일을 '완성'할 것을 약정하고 도급인이 그 일의 '결과'에 대하여 보수를 지급할 것을 약정하는 계약이다(민법 제664조). 따라서 수급인이 일을 완성하지 못하면 도급인에게 보수를 청구할 수 없음이 원칙이며, 도급은 사용자로부터 독립된 사업체에 의해 영위되는 것이 일반적이다.[1]

### 3. 위임계약

위임계약은 위임자가 수임자에게 사무의 처리를 위탁하고 수임자가 이를 승낙하는 계약이다(민법 제680조). 위임계약하에서는 보수의 약속이 계약성립의 요건이 아니므로 수임자가 보수를 받을 수 있는 것은 특약이 있는 경우에 한정된다(동법 제686

---

[1] 형식상 도급계약적 외관을 가졌어도 근로제공이 사용자의 지휘명령에 따라 종속적으로 이루어지고 도급인의 사업에 특정한 근로공급만을 목적으로 하며 그 근로제공에 대하여 능률급 또는 성과급을 지급받는다면 실질적으로 근로기준법의 적용대상이 되는 근로계약에 해당된다. 대판 1987. 5. 26, 87도604; 서울민지판 1990. 5. 17, 89가합49176.

조).

위임계약은 독립적으로 업무를 수행한다는 점에서 고용계약과 구별되며 도급계약과 유사하다.

## Ⅱ. 근로계약과 고용계약의 관계

근로계약은 민법상 고용계약의 개념을 극복·수정하여 대두된 개념이므로 양자의 관계에 대하여는 다양하고도 복잡한 견해가 제기되어 왔다.[2] 이러한 견해의 대립은 근로계약이 내포하고 있는 「사용종속관계」의 개념을 전통적인 민법체계하에서 어떻게 해석하는가의 문제로 귀착된다.

### 1. 학    설

학설은 크게 근로계약과 고용계약을 구별하지 아니하는 구별부정설과 이들을 구별하는 구별긍정설로 나누어 볼 수 있다.

#### (1) 구별부정설

구별부정설은 근로계약을 민법상의 고용계약과 동일하게 보는 견해이다. 구별부정설도 고용계약설과 근로계약설로 나누어 볼 수 있다.

##### (가) 고용계약설

고용계약설은 근로계약을 민법상 고용계약의 한 유형으로서 파악하는 견해이다. 고용계약설에 의하면 근로계약의 내용이 비록 사용종속관계를 내포하고 있기는 하나 사용종속관계는 계약의 본질적 요소가 아니라고 한다. 따라서, 사용종속관계의 성격이 배제된 근로계약의 성질은 근로자와 사용자 간의 순수한 채권·채무관계에 불과하며 결국 근로계약은 민법상의 고용계약과 동일하다고 한다.[3]

이러한 견해는 민법 등의 시민법질서와 노동법 등의 사회법질서를 구분하지 아니하고 있으며 또한 사용종속관계를 노동법의 고찰대상으로 보는 입장에 반대하고 있다.

##### (나) 근로계약설

근로계약설은 민법상의 고용계약의 개념에는 이미 사용종속관계가 내포되어 있

---

2) 상세한 내용은 이영희, 「근로계약론」(인하대학교 출판부, 1988); 이영희, 노동법, p. 371 이하 참조.
3) 品妻, 勞働法(1956), p. 287.

으므로 이러한 관점에서 볼 때에 사용종속관계를 본질적 내용으로 하는 근로계약과 고용계약은 구별할 수 없다고 한다.4) 이러한 견해는 사용종속성이라는 개념은 민법상의 고용계약에 본질적으로 내재되어 있는 개념으로서, 종속성의 존재는 고용계약을 민법상의 다른 노무계약인 위임계약 및 도급계약과 구별하는 기준으로 사용되고 있다고 한다.

### (2) 구별긍정설

구별긍정설은 근로계약을 민법상의 고용계약과 구별하여 파악하는 견해이다. 구별긍정설도 민법상 계약설과 독자적 계약설로 나누어 볼 수 있다.

### (가) 민법상 계약설

민법상 계약설은 근로계약이 고용계약과 구별된다는 점은 인정하고 있으나, 근로계약도 고용계약과 마찬가지로 민법상의 계약에 불과하다고 한다.

민법상 계약설도 ⅰ) 민법상 노무제공계약 중에서 대등적·독립적·자유적 노무제공은 고용계약으로, 불평등·종속적 노무제공은 근로계약으로 보는 견해5)와, ⅱ) 근로관계는 채권적 계약관계의 한 유형으로서 민법의 고용관계에 속하지만 특별법에 의한 보호를 받기 때문에 고용관계의 특수한 형태로 보아야 한다는 견해 등이 있다.6)

후자의 견해는 근로계약에 대한 근로기준법의 규정을 민법에 대한 특별법적 성격을 지니고 있는 것으로 파악하고 있다.

### (나) 독자적 계약설

독자적 계약설은 근로계약이 민법상의 고용계약을 수정·극복하고 대두된 개념으로서 근로계약은 민법상의 계약이 아니라 고용종속관계가 존재함으로써 민법과는 별개의 근로기준법상의 계약이라고 한다.7) 이러한 견해는 근로계약의 개념·형식 및 내용 등은 근로기준법의 규정에 의하여 정하여지는 실정법상의 개념이라고 한다.

## 2. 사    견

사견으로는 구별긍정설 중에서 독자적 계약설에 찬동하고자 한다. 즉, 근로계약

---

4) 이병태, 노동법, p. 573; 곽윤직, 채권각론(1983), p. 347; 이종복, 해지의 해고제한의 법리(1985), p. 102.

5) Hueck-Nipperdey, Lehrbuch, Bd. Ⅰ, 1963, S. 36, 독일의 통설적 견해이다.

6) 김형배, 근로기준법, pp. 98~99.

7) 임종률, 노동법, p. 342; 김치선, 노동법, p. 186; 김수복, 노동법, p. 198.

은 「근로조건의 내용과 기준은 법률로 정한다」는 헌법 제32조에 근거하여 근로기준법에서 별도로 규정하고 있는 근로계약을 의미한다.

　　본래 근로계약과 고용계약의 관계에 대한 학설의 대립은 근로계약에 대한 독자적인 법체계를 가지지 아니하고 고용계약에 관한 민법규정만을 갖추고 있는 독일[8]이나, 근로계약에 관한 독자적인 노동기준법이 규정되어 있으나 근로계약의 개념에 대한 아무런 정의도 하고 있지 아니한 일본[9]에서 활발히 논의되어 온 것이다. 우리나라에서는 헌법 제32조에 근거하여 근로기준법에서 명문으로 근로계약 및 그 개념을 규정하고 있으므로 이는 근로계약을 민법상의 고용계약과 구별하는 근로기준법상의 계약으로 보는 것이 타당하다고 본다.

# 제 3 절　직접고용과 간접고용

## I. 개　념

　　노동법상 사용자가 근로자를 사용하는 방법은 크게 직접고용과 간접고용(묵시적 고용)으로 나누어 볼 수 있다. 직접고용은 사용자가 근로자와 근로계약을 직접 체결하고, 해당 근로자를 사용자의 사업 또는 사업장(이하 '사업'이라 한다)에서 사용하는 형태의 고용을 말한다. 이에 반하여 간접고용이라 함은 어느 사용자와 근로계약을 체결한 근로자를 다른 사용자가 근로계약을 체결하지 아니하고 자신의 사업에서 사용하는 형태의 고용을 말한다. 직접고용과 간접고용은 모두 사용자의 지휘·명령하에서 근로를 제공하므로 사용사업주와 근로자 간에 사용종속관계가 존속한다는 점에서는 일치한다. 그러나, 직접고용은 사용자 자신이 직접고용한 근로자, 즉 자신의 사업 소속의 근로자를 사용함에 반하여, 간접고용은 다른 사용자가 고용한 근로자, 즉 다른 사업 소속의 근로자를 사용한다는 점에서 양자는 구별된다. 직접고용은 사용자가 근로계약을 체결한 자신의 근로자를 사용한다는 점에서 직접고용으로 불리우며, 간접고용은 사용자가 근로계약을 체결하지 아니하고 타인이 근로계약을 체결한 근로

---

8) 독일에서도 최근에는 근로계약에 대한 실정법적 검토가 제시되고 있다. 예컨대, 독일근로계약법안 제1조 1항은 「사용자와 노동자는 계약자유의 원칙에 따라 근로계약에 의하여 근로관계를 설정한다. 양 당사자는 노동법질서의 구조 내에서 근로계약의 내용을 정한다」라고 규정하고 있다.

9) 일본 노동기준법에서 근로계약이라는 개념을 사용하고 있으나 이러한 "근로계약"이라는 용어는 단지 형식적 표현의 문제라는 견해도 있다. 官島尙史, 勞働法學(1964), p. 58.

자를 사용한다는 점에서 간접고용이라 불리운다.

### (1) 협의의 간접고용 개념

협의의 간접고용이 성립하기 위하여는 ⅰ) 사용사업주와 근로자 간에 사용종속관계가 존재하여야 하며, ⅱ) 고용사업주의 사업이 외형상·형식적으로만 존재하고 실질이 없는 페이퍼 컴퍼니(paper company)이거나, 사용사업주에 종속되어 비독립적인 사업일 것의 요건이 충족되어야 한다.[10] 협의의 간접고용 개념은 근로계약이 체결되어 있지 아니한 사용사업주와 근로자 간에도 고용관계의 존재를 사실상 인정함으로써 사용사업주의 근로자에 대한 법적 책임을 묻기 위한 조건을 제시하는 개념이다. 다만, 고용사업주가 사업으로서의 실질 및 독립성을 갖추고 있는 경우 간접고용이 성립되지 아니하므로 사용사업주의 노동법상 책임을 묻기 어렵다 할 것이다.

### (2) 광의의 간접고용 개념

광의의 간접고용이 성립하기 위하여는 ⅰ) 사용사업주와 근로자 간에 사용종속관계가 존재할 것의 요건만으로 충분하며, ⅱ) 고용사업주는 외형상 형식적으로만 존재하고 실질이 없는 페이퍼 컴퍼니(paper company)이거나, 사용사업주에 종속되어 비독립적인 사업일 것의 요건은 필요하지 아니하다. 광의의 간접고용 개념에 의하면 고용사업주가 사업으로서의 실질 및 독립성을 갖추고 있는 경우에도 간접고용이 성립되므로 사용사업주의 책임을 묻기가 보다 용이하다 할 것이다. 그러나, 이 경우 사용사용주 및 고용사업주의 "복수 사용자" 개념이 대두되므로 사용사용주 및 고용사업주 간의 법적 책임을 어떻게 분담시킬지의 복잡한 문제가 제기된다.

## Ⅱ. 유사개념과의 구별

유사개념과의 구별은 다음과 같다.

### 1. 아웃소싱(outsourcing)과의 구별

아웃소싱이라 함은 업무수행을 위하여 사업 소속 근로자를 사용하는 것이 아니라 사업 외부의 근로자를 사용하는 것을 말한다. 아웃소싱은 노동법상의 도급 및 파견은 물론 민법상의 고용, 위임 및 도급 등을 포함하는 광의의 개념이다. 아웃소싱은 사용자와 근로자 간의 사용종속관계가 존재하는 고용형태는 물론 존재하지 아니

---

10) 대판 2015. 2. 26, 2012다96922.

하는 고용형태를 모두 포함한다. 그러나, 간접고용은 사용자와 근로자 간의 사용종속관계가 존재하여야 한다는 점에서 아웃소싱과 구별된다.

## 2. 근로자 임차(worker lease)와의 구별

근로자 임차라 함은 어느 사용자가 고용한 근로자를 다른 사용자가 임차하여 사용하는 것을 말한다. 상기 아웃소싱과 사실상 동일·유사한 개념으로서 미국 등에서 판례 및 실무에서 일반적으로 사용되는 개념이다. 근로자 임차의 경우 사용사업주와 근로자 간에 사용종속관계가 존재하는지의 여부에 따라 법적 관계가 달리 적용된다.

## 3. 근로자 공급과의 구별

근로자 공급이라 함은 직업안정법에서 인정되는 제도로서 노동조합이 자신 소속의 근로자를 일정 사업에 공급하여 노무를 제공하는 것을 말한다. 예컨대, 항만의 하역노조가 소속근로자를 관련 사업에 공급하는 것 등이 이에 해당된다. 근로자 공급은 사용자가 업무수행을 위하여 사업 소속 근로자를 사용하는 것이 아니라 사업 또는 사업장 외부의 근로자를 사용한다는 점에서 일종의 아웃소싱에 해당된다. 그러나, 근로자 공급의 경우 근로자와 사용사업주 간에 사용종속관계가 존재하지 아니한다는 점에서 간접고용과 구별된다.

## 4. 전출과의 구별

전출이라 함은 어느 사업에 고용된 근로자가 자신의 소속은 그대로 유지한 채 다른 사업에서 근로를 제공하는 인사이동의 한 형태를 말한다. 전출의 경우 사용사업주와 근로자 간에 사용종속관계의 존재여부, 근로의 내용, 부서 및 장소 등은 근로자, 사용사업주 및 고용사업주의 합의에 따르며 구체적으로 정하여진 바는 없다. 이와 같은 관점에서 볼 때에 간접고용은 광의의 전출의 한 형태에 해당될 것이다.

## 5. 근로자 소개와의 구별

근로자 소개사업은 직업안정법에 의하여 직업소개소가 무료 또는 유료로 사용자에게 근로자를 소개하여 주는 제도이다. 직업소개소는 근로자와 어떠한 근로계약도 체결하지 아니하고 사용자와 근로자 간의 근로계약 체결을 매개할 뿐이다. 사용자와 근로자 간에 근로계약이 체결되므로 양자간에 직접고용관계가 성립된다고 할 것이다.

## Ⅲ. 주요 형태

### 1. 파견 및 도급

파견과 도급은 어느 사용자가 다른 사용자에게 고용된 근로자를 사용한다는 점에서 양자는 동일하며, 아웃소싱의 대표적 유형에 해당된다. 그러나, 파견은 사용사업주와 파견근로자 간에 사용종속관계가 존재한다는 점에서 간접고용에 해당되나, 도급은 사용사업주와 도급근로자 간에 사용종속관계가 존재하지 아니하며 도급사업주의 지휘·명령하에서 근로를 제공한다는 점에서 간접고용에 해당되지 아니한다.

### 2. 하청근로

하청근로라 함은 원청회사의 사용자가 하청회사 소속의 근로자를 원청회사의 사업에서 사용하는 것을 말한다. 하청근로자는 원청회사의 근로자와 동일한 부서에서 동일한 업무를 수행하는 것이 일반적이다. 따라서, 하청근로자는 원청근로자와 마찬가지로 원청회사의 사용자와 사용종속관계가 존재하므로 간접고용의 대표적 형태에 해당된다. 최근의 대법원 판례는 하청근로를 불법파견으로 판결하고 있다.

### 3. 소사장기업

소사장기업이라 함은 회사의 임원 등 고위직에게 소규모의 독립된 회사를 설립하여 주고 동 회사에서 본사의 업무 중 일부를 수행하게 하는 제도이다. 예컨대, 철강회사의 임원을 퇴직시키면서 해당 회사가 생산하는 철강을 독점적으로 운반하는 철강운송회사를 설립하여 주거나, 상품의 포장회사를 설립하여 주는 것이 이에 해당된다. 소사장기업에 고용된 근로자를 본사에서 사용하는 경우 사용종속관계가 존재한다면 이는 간접고용의 한 형태에 해당된다.11)

### 4. 매장 직원의 파견

생산업체가 백화점 또는 대규모 할인 매장에 상품을 납품하면서 동 상품을 판매하는 직원까지도 함께 파견하여 매장에서 판매활동을 하는 경우가 있다. 생산업체가 매장을 임차하여 자신이 고용한 직원을 사용하여 직접 판매활동을 하는 것은 직접고용에 해당된다. 그러나, 생산업체는 상품만을 납품할 뿐이고, 백화점 또는 할인 매

---

11) 대판 2002. 11. 26, 2002도649.

장측에서 이를 구매하여 판매하는 경우 생산업체 소속 직원으로 하여금 상품판매를 시키는 것은 간접고용에 해당된다고 할 것이다.

## Ⅳ. 주요 쟁점

### 1. 합법성 문제

간접고용 중 "파견"은 근로자파견법에 의하여 인정되는 합법적 형태로서 법적 효과가 법률에 의하여 부여된다. 그러나, 파견 이외의 하청근로 등에 대하여 간접고용이 과연 인정될 것인지의 여부에 관하여는 견해가 나뉘고 있다.

#### (1) 긍정하는 견해

하청근로 등은 현행 법체계하에서 합법적으로 인정되는 고용형태라고 한다. 따라서, 하청근로자의 근로조건은 원청회사와 하청회사 간의 합의에 따라 결정된다고 한다. 이러한 견해에 따르면 사용사업주는 하청근로자에 대하여 간접고용관계의 성립에 따른 어떤 법적 책임도 부담하지 아니하며, 하청업체가 직접고용관계에 따라 책임을 부담한다고 한다. 하청근로자의 근로조건은 원청회사와 하청회사 간의 합의에 따라 결정된다고 한다. 경총 등 사용자 측에서 주장되는 견해이다.

#### (2) 부정하는 견해

하청근로 등은 현행 법체계하에서 합법적으로 인정되는 고용형태가 아니라고 한다. 따라서, 원청회사와 하청근로자 간에는 사용종속관계 또는 근로자파견관계가 존재하는 경우 사용사업주와 하청근로자 간에는 직접고용관계 또는 간접고용관계가 성립된다고 한다. 이러한 견해에 따르면 사용사업주는 하청근로자에 대하여 직접 또는 간접고용관계의 성립에 따른 법적 책임을 부담한다고 한다. 노동조합 측에서 주장되는 견해이다. 대법원 판례도 ⅰ) 간접고용관계의 성립을 인정하여 사용사업자의 부당노동행위 책임을 인정하거나,[12] ⅱ) 하청근로를 불법파견으로 보아 파견근로자보호법상의 고용의무를 인정하고 있다.[13]

하청근로의 경우 근로자파견업종에 해당되지도 아니하고 하청사업주가 파견사업주의 허가를 받지도 아니하는 것이 일반적이므로 대체로 현행 근로자파견법상 불법파견에 해당되는 것이 일반적일 것이다. 하청근로를 불법파견으로 보는 경우 2년을

---

12) 대판 2008. 7. 10, 2005다75088.
13) 대판 2010. 7. 22, 2008두4367.

초과하지 아니 하더라도 근로자를 직접 고용하여야 한다(동법 제6조의2제1항).

## (3) 사    견

현행법상 하청근로 등의 간접고용은 불법파견에 해당된다고 본다. 우리나라의 경우 근로자파견법의 적용범위를 매우 엄격히 해석하여 파견근로자 이외에는 다른 간접고용을 인정할 여지가 거의 없기 때문이다. 다만, 미국 및 일본 등 간접고용이 비교적 자유로운 경쟁 대상국과 비교할 때에 향후 법개정을 통하여 간접고용을 예외적으로 인정하여 고용의 탄력성을 제고할 필요가 있다 할 것이다. 예컨대, 일시적·간헐적으로 인력을 확보하여야 할 필요가 있는 경우 등에는 반드시 근로자 파견을 통하지 않더라도 이를 허용하여야 하고, 기술의 이전, 공장의 신설 및 연구 개발 등의 경우 등 하청근로자의 도움이 단기간 한정적으로 필요한 경우에는 간접근로를 광범위하게 인정하여야 할 것이다. 물론 간접고용이라는 것을 이유로 직접고용 근로자와 근로조건을 차별대우해서는 아니될 것이다.

## 2. 복수의 사용자 문제

간접고용의 경우 기존의 고용사업주 외에 사용사업주가 추가되어 복수의 사용자 문제가 발생하게 된다. 물론 ⅰ) 고용사업주가 유명무실한 경우에 한하여 간접고용을 인정하거나, ⅱ) 하청근로자를 불법파견으로 보아 사용사업주가 직접고용한 것으로 보는 경우에는 복수 사용자 문제가 발생하지 아니한다. 그러나, 향후 관련 법령의 제개정을 통하여 하청근로 등의 간접고용이 합법적 형태로 인정되는 경우에는 복수 사용자의 문제가 반드시 해결되어야 할 문제로 대두될 것이다.

기존의 논의는 간접고용의 인정 등을 통하여 하청근로자 등을 사용사업주로 부터 보호하기 위한 하청근로자와 사용사업주 간의 양면적 관계에 중점이 놓여 있었다. 그러나, 향후에 복수 사용자 관계가 인정되는 경우 ⅰ) 사용사업주와 고용사업주의 계약관계 및 ⅱ) 고용사업주와 근로자 간의 단체협약, 근로계약 등의 고용관계가 추가로 고려대상이 되어야 하며 사용사업주, 고용사업주와 근로자 간의 고용관계 및 사업관계를 균형있게 보장하기 위한 삼면적 관계가 논의의 대상이 되어야 할 것이다.14)

---

14) 이상윤, 미국의 임차근로자의 법적 지위, 노동법논총(2011).

# 제3장 근로계약의 체결

근로계약이 유효하게 체결되기 위하여는 당사자·형식·내용 및 기간 등에 관하여 근로기준법이 규정하고 있는 일정한 요건을 갖추어야 한다.

## 제1절 근로계약의 당사자

근로계약의 당사자는 근로자와 사용자이다.

### Ⅰ. 근 로 자

#### 1. 의 의

근로계약체결의 당사자로서의 근로자는 근로의 능력과 의사가 있는 자로서 사용자와 근로계약을 체결하고 이에 따라 근로를 제공하고자 하는 자를 말한다. 근로계약체결의 당사자인 근로자는 근로기준법 제2조제1호에 규정된 근로자 개념과 구별된다. 근로기준법 제2조제1호에 규정된 근로자는 사용자와 이미 근로계약을 체결하여 사업 또는 사업장에 고용된 근로자를 의미한다.

근로계약체결의 당사자와 관련하여 근로기준법은 미성년자에 관한 규정을 두고 있다.[1]

---

1) 이외에도 ⅰ) 18세 미만인 자와 근로계약을 체결하는 경우 근로조건을 서면으로 명시하여 교부하여야 하고(동법 제67조), ⅱ) 15세 미만인 자는 원칙적으로 고용할 수 없으며(동법 제64조), ⅲ) 임신중이거나 산후 1년이 경과되지 아니한 여성과 만 18세 미만인 자는 도덕상 또는 보건상 유해·위험한 사업에 사용하지 못한다(동법 제65조)라는 규정을 두고 있다.

## 2. 미성년자의 근로계약체결

### (1) 관련규정

근로기준법 제67조 [근로계약] ① 친권자나 후견인은 미성년자의 근로계약을 대리할 수 없다.
② 친권자, 후견인 또는 고용노동부장관은 근로계약이 미성년자에게 불리하다고 인정하는 경우에는 이를 해지할 수 있다.
③ 사용자는 18세 미만인 사람과 근로계약을 체결하는 경우에는 제17조에 따른 근로조건을 서면(「전자문서 및 전자거래 기본법」 제2조제1호에 따른 전자문서를 포함한다)으로 명시하여 교부하여야 한다.

### (2) 주요내용

친권자 또는 후견인의 근로계약 대리행위가 금지되는 미성년자는 민법 제4조에 규정된 만 19세에 달하지 아니한 자를 말한다.[2]

친권자 또는 후견인은 미성년자의 근로계약을 대리할 수 없다(근로기준법 제67조 제1항). 민법하에서 미성년자가 고용계약을 체결하고자 하는 경우 ⅰ) 미성년자 자신이 친권자·후견인의 동의를 얻어[3] 직접 계약을 체결하는 방법과, ⅱ) 친권자·후견인이 법정대리인으로서 미성년자의 동의를 얻어[4] 계약을 체결하는 방법의 두 가지 경우가 인정된다. 그러나 근로기준법하에서 미성년자가 근로계약을 체결하고자 하는 경우 전자의 방법은 허용되나, 후자의 방법은 허용되지 아니한다. 그 이유는 친권자·후견인일지라도 그 권한을 남용하여 미성년자가 원하지 아니하는 근로를 강제할 우려가 있으므로 이를 방지하기 위한 것이다.

한편, 친권자·후견인 또는 고용노동부장관은 근로계약이 미성년자에게 불리하다고 인정될 때에는 향후 이를 해제할 수 있다(동법 제67조제2항). 과연 무엇이 "불리"한지의 여부는 친권자·후견인 또는 고용노동부장관의 판단을 최대한도로 존중하여야 하며, 이러한 판단이 객관적 근거가 결여되어 있고 주관적 수준에 그친다 할지라도 이를 다툼의 대상으로 할 수 없다고 할 것이다. 고용노동부장관에게도 근로계약의 해지권을 부여한 이유는 친권자·후견인이 자신의 이익을 위하여 미성년자에게 불리한 근로계약을 해지하지 아니하는 경우 이들을 대신하여 근로계약을 해지하기

---

2) 2013년 7월 1일부터 만 19세가 적용된다.
3) 근로자가 직접 근로계약을 체결하는 경우 친권자·후견인 등 법정대리인의 동의가 ⅰ) 필요 없다는 견해(임종률, 노동법, p. 372; 이영준, 민법총칙, p. 806)와 ⅱ) 필요하다는 견해(김형배, 노동법, p. 268; 곽윤직, 민법총칙, p. 168)로 나뉘고 있으나, 후자의 견해가 타당하다고 본다.
4) 본래 민법상 법정대리인은 미성년자의 동의없이도 미성년자의 재산상의 법률행위를 할 수 있다. 그러나, 미성년자의 행위를 목적으로 하는 채무행위의 경우에는 미성년자의 동의를 요하므로, 고용계약의 체결시 법정대리인은 미성년자의 동의를 요한다.

위한 것이다.

사용자는 18세 미만인 사람과 근로계약을 체결하는 경우에는 제17조에 따른 근로조건을 서면으로 명시하여 교부하여야 한다(동법 제67조제3항). 이 경우 서면은 「전자문서 및 전자거래 기본법」에 따른 전자문서를 포함한다.

## Ⅱ. 사 용 자

근로계약체결의 당사자는 사용자이다. 사용자의 개념에는 여러 가지 형태가 있으나 근로계약체결의 당사자로서의 사용자는 사업주에 국한되는 것이 원칙이다. 따라서, 사업주가 아닌 사용자, 즉 「사업경영담당자」 또는 「사업주를 위하여 행위하는 자」는 사업주로부터 근로계약체결의 권한을 위임받은 경우에 한하여 근로계약체결의 당사자가 될 수 있다. 사업주로부터의 명시적·묵시적 권한의 위임을 받지 못하거나, 또한 사업주에게 근로계약체결의 책임을 부과할 근거가 전혀 없는 경우에는 근로계약을 실제로 체결한 자가 근로계약상의 모든 책임을 부담한다.5)

그러나 사업주가 아닌 사용자와 근로자 간에 근로계약이 체결되지 아니한 경우에도 실제로 당사자간에 사용종속관계가 존재한다면 해당 사용자는 사업주로 간주될 수도 있음에 유의하여야 한다.6)

예컨대, 「파견근로자보호등에관한법률」하에서의 파견근로자를 사용하는 사업주 또는 자회사와 근로계약을 맺은 근로자에 대한 모회사의 사업주 등이 이에 해당될 것이다. 이는 소위 「근로계약 없는 근로관계」의 한 유형에 해당되며, 사용자 개념이 확대되고 있음을 보여주는 것이다.7)

## 제 2 절  근로계약의 형식

근로계약의 체결은 특별한 형식을 요구하지 아니하며, 문서는 물론 구두에 의하

---

5) 서울특별시가 경영하는 국민학교 교장이 임시고용원을 채용함에 있어 보수의 전액을 시의 예산에서가 아니라 학교의 부형들로 조직되고 학교장도 그 당연직 이사로 되어 있는 육성회비에서 지급키로 되어 있는 경우에는 해당 임시고용원은 서울특별시와의 근로계약에 따라 근무한 것이라 볼 수 없다(대판 1980. 4. 22, 79다1566).

6) 대판 1989. 9. 26, 89도1191.

7) 김형배, "근로기준법상의 근로자와 사용자의 개념", 「노동법연구」, p. 103 이하.

여도 이를 체결할 수 있다.

## I. 문서에 의한 근로계약

문서에 의하여 근로계약을 체결하는 경우 문서가 반드시 "계약서"라는 명칭·외형을 갖출 필요는 없으며, "서약서" 또는 "약정서" 등의 형태도 무방하다. 예컨대, 근로자로부터 취업규칙을 준수하겠다는 "서약서"를 제출받고 호봉 및 근무처 등을 기재한 "사령장"을 교부한 후 근로의 제공을 받아왔다면 근로계약이 체결되었다고 할 수 있다.[8]

## II. 구두(口頭) 등에 의한 근로계약

근로의 개시라는 사실관계가 존재함에도 불구하고 근로계약이 체결되어 있지 아니한 경우 근로계약이 체결되었는지의 여부에 관한 의문이 제기될 수 있다.

일반적으로 사용종속관계 아래서 근로의 제공과 임금의 지급이라는 실질적 사실이 있다고 인정되면 서면계약이 체결되어 있지 아니한 경우에도 구두계약 및 관행·관습에 의하여 근로계약이 체결되어 있는 것으로 보아야 한다.[9] 예컨대, 근로자가 타인의 명의로 근로를 제공한 경우 해당 근로자 자신의 명의로는 근로계약이 체결되어 있지 아니하지만, 해당 근로자와 사업주 간에는 실질적인 근로계약이 체결된 것으로 본다.[10]

다만, 근로계약 체결시에 주요 근로조건에 대한 명시의무 및 서면작성의무를 이행하지 아니하는 경우 유효한 근로계약의 성립으로 보기는 어렵다 할 것이다.

---

8) 법무 811-10228(1979. 5. 1).

9) 대판 1979. 2. 13, 78다2245; 대판 1986. 8. 19, 83다카657; 대판 1994. 9. 30, 94다1418; 근기 1451-4133(1984. 5. 9).

10) 법무 811-8509(1979. 4. 10).

# 제 3 절  근로계약의 내용

## I. 근로조건의 명시의무

### 1. 의    의

근로기준법은 근로계약에 포함되어 반드시 명시되어야 하는 근로조건을 규정하고 있다(근로기준법 제17조). 근로기준법에서 근로조건을 명시하도록 규정하고 있는 이유는 사용자가 자신의 우월한 지위를 남용하여 구체적인 근로조건을 제시하지 아니한 채 근로조건의 불확정상태하에서 근로자의 근로를 수령하는 것을 방지하기 위한 것이다.

즉, 근로조건의 명시의무는 ⅰ) 계약자유의 원칙하에서 계약당사자인 근로자로 하여금 자신이 체결하고자 하는 근로계약의 내용을 충분히 알고서 근로계약을 체결하도록 함과 동시에, ⅱ) 계약보호의 원칙하에서 근로자가 보호받아야 할 최소한도의 근로조건을 계약으로 명시하도록 하는 역할을 하고 있다.

### 2. 관련규정[11]

근로기준법 제17조 [근로조건의 명시] ① 사용자는 근로계약을 체결할 때에 근로자에게 다음 각 호의 사항을 명시하여야 한다. 근로계약 체결 후 다음 각 호의 사항을 변경하는 경우에도 또한 같다.
1. 임금
2. 소정근로시간
3. 제55조에 따른 휴일
4. 제60조에 따른 연차 유급휴가
5. 그 밖에 대통령령으로 정하는 근로조건
② 사용자는 제1항제1호와 관련한 임금의 구성항목·계산방법·지급방법 및 제2호부터 제4호까지의 사항이 명시된 서면(「전자문서 및 전자거래 기본법」 제2조제1호에 따른 전자문서를 포함한다)을 근로자에게 교부하여야 한다. 다만, 본문에 따른 사항이 단체협약 또는 취업규칙의 변경 등 대통령령으로 정하는 사유로 인하여 변경되는 경우에는 근로자의 요구가 있으면 그 근로자에게 교부하여야 한다.

---

11) 근로조건의 명시의무는 공공직업안정기관에 대한 구인신청이나 근로자의 모집에 있어서도 한정적으로 요구되고 있다(직업안정법 제10조).

### 3. 근로조건의 의무적 명시내용

사용자가 의무적으로 명시하여야 할 근로조건의 범위는 임금·소정근로시간, 휴일, 연차 유급휴가 및 대통령령으로 정하는 사항 기타의 근로조건을 말한다(근로기준법 제17조제1항).

이 경우 "대통령령으로 정하는 근로조건"이란 ⅰ) 취업의 장소와 종사하여야 할 업무에 관한 사항, ⅱ) 취업규칙에서 정한 사항 및 ⅲ) 사업장의 부속기숙사에 근로자를 기숙하게 하는 경우에는 기숙사규칙에서 정한 사항을 말한다(동법시행령 제8조).

### 4. 근로조건의 명시시기

사용자가 근로자에 대하여 근로조건을 명시하여야 할 시기는 「근로계약의 체결시」이다(근로기준법 제17조).

근로계약의 체결시라 함은 반드시 근로자와 사용자 간에 근로계약이 유효하게 성립되는 시기에 국한되는 것은 아니며, 근로계약의 체결 이전일지라도 근로자와 사용자 간에 계약에 관한 교섭이 진행되는 시기를 포함하는 것으로 넓게 해석하여야 할 것이다.[12]

근로계약이 변경되는 경우에도 근로조건을 명시하여야 한다.[13] 이 경우 새로운 계약을 다시 체결할 필요는 없으며, 사보에의 게재 및 게시판에의 공시 등을 통하여 명시하여도 무방할 것이다.

### 5. 근로조건의 명시방법

근로조건의 명시방법은 문서 또는 구두 등의 어떠한 방법에 의하여도 무방하다고 본다. 다만, ⅰ) 임금의 구성항목·계산방법·지급방법, ⅱ) 소정근로시간, ⅲ) 휴일 및 ⅳ) 연차유급휴가에 관한 사항은 반드시 서면(「전자문서 및 전자거래 기본법」 제2조제1호에 따른 전자문서를 포함한다)으로 명시하여 근로자에게 교부하여야 한다(동법 제17조제2항본문).

서면 명시 사항이 단체협약 또는 취업규칙의 변경 등 대통령령으로 정하는 사유로 인하여 변경되는 경우에는 근로자가 요구하는 경우 이를 교부하여야 한다(동법 제17조제2항단서).

---

12) 이영희, 노동법, p. 428. 김형배 교수는 사용자가 근로자와 고용에 관한 의사표시를 하는 때라고 보고 있다. 김형배, 근로기준법, p. 169.
13) 동법 제17조제1항.

근로조건은 근로계약 이외에도 취업규칙 및 단체협약 등에 통일적으로 정하는 것이 일반적이다. 따라서 근로계약에는 해당 근로자의 개별적 사항만을 명시하고, 모든 근로자에게 공통적으로 적용되는 근로조건에 대해서는 근로계약에 단서규정을 두어 「취업규칙 및 단체협약에 따른다」고 규정할 수 있다.14) 이 경우 취업규칙 및 단체협약은 근로자들이 계약을 체결하기 전에 그 내용을 미리 볼 수 있도록 사전에 배포・게시하여야 한다.

이 경우 서면은 「전자문서 및 전자거래 기본법」에 따른 전자문서를 포함한다.

## 6. 명시위반에 대한 구제방법

### (1) 사용자에 대한 제재

사용자가 근로계약체결시에 명시하여야 할 근로조건을 명시하지 아니한 경우에는 벌칙이 적용된다(근로기준법 제114조제1호).

### (2) 근로자에 대한 구제

명시된 근로조건이 사실과 다른 경우에 근로자는 근로조건의 위반을 이유로 손해배상을 청구할 수 있으며, 또한 근로관계를 즉시 해제하고 귀향여비를 신청할 수 있다(근로기준법 제19조).

> 근로기준법 제19조 [근로조건의 위반] ① 제17조에 따라 명시된 근로조건이 사실과 다를 경우에 근로자는 근로조건 위반을 이유로 손해의 배상을 청구할 수 있으며 또는 즉시 근로계약을 해제할 수 있다.
> ② 제1항에 따라 근로자가 손해배상을 청구할 경우에는 노동위원회에 신청할 수 있으며, 근로계약이 해제되었을 경우에는 사용자는 취업을 목적으로 거주를 변경하는 근로자에게 귀향 여비를 지급하여야 한다.

### (가) 손해배상청구권

명시된 근로조건이 사실과 다른 경우에 근로자는 채무불이행으로 인한 손해배상을 노동위원회에 청구할 수 있다(동법 제19조제1항).

일반법원에 제소하여 손해배상을 청구할 수도 있으나 이는 소송의 비용과 시간이 많이 소요되므로 근로기준법은 노동위원회에 대하여 손해배상을 청구할 수 있는 구제절차를 마련하고 있는 것이다. 따라서, 근로자는 노동위원회에 의한 손해배상절차 또는 일반법원에 의한 구제절차 중 어느 한 절차를 선택적으로 행사할 수

---

14) 김형배, 근로기준법, p. 171; 하갑래, 근로기준법, p. 177.

있다.

노동위원회에 대한 손해배상청구의 신청은 사용자의 근로조건 위반에 관한 모든 손해배상청구에 대하여 허용되는 것은 아니며 근로계약 「체결시」에 명시된 근로조건이 취업 후 사실과 다른 경우에만 국한하여 인정되는 것이다.[15] 예컨대, 근로기준법 제23조제1항에 위반된 부당해고나 노동조합법 제81조에 규정된 사용자의 부당노동행위로 인하여 근로자가 손해를 입은 경우 이를 이유로 노동위원회에 손해배상청구신청을 하였다 하더라도 노동위원회가 이를 심리·결정할 권한은 없다.[16]

### ⑷ 계약의 즉시해지권

명시된 근로조건이 사실과 다른 경우에 근로자는 근로계약을 즉시해제할 수 있다(동법 제19조제2항).

근로계약의 체결 후 상당기간이 경과한 경우에는 즉시해지권을 행사할 수 없다.[17]

근로기준법 제19조제2항은 「해제」라는 문언을 사용하고 있으나, 이 경우 근로계약관계를 장래에 향하여 소멸시키는 것이므로 이는 해지를 의미한다고 할 것이다.

### ㈐ 귀향여비

근로자가 근로관계를 해제하고 귀향하는 경우 사용자는 취업을 목적으로 거주를 변경하는 근로자에게 귀향여비를 지급하여야 한다(동법 제19조제2항후단).

취업을 목적으로 거주를 변경하는 것과 귀향은 상이한 것이므로 귀향여비를 지급하는 것은 모순이라는 견해가 있다.[18]

## 7. 법령 주요 내용 등의 게시

사용자는 이 법과 이 법에 따른 대통령령의 주요 내용과 취업규칙을 근로자가 자유롭게 열람할 수 있는 장소에 항상 게시하거나 갖추어 두어 근로자에게 널리 알려야 한다(동법 제14조제1항).

---

15) 대판 1983. 4. 12, 82누507; 대판 1984. 9. 11, 84누448; 대판 1985. 11. 12, 84누576; 대판 1986. 1. 21, 83누667; 대판 1989. 2. 28, 87누496 참조.
16) 대판 1983. 4. 12, 82누507.
17) 대판 1997. 10. 10, 97누5732.
18) 이영희, 노동법, p. 429.

## Ⅱ. 금지되는 근로조건

### 1. 의   의

금지되는 근로조건이라 함은 어떠한 경우에도 근로계약의 내용으로 규정되어서는 아니되는 근로조건을 말한다. 예컨대, 관련법령에 위배되거나 공서양속에 어긋나는 근로조건을 말한다.

근로기준법은 금지되는 근로계약으로서  ⅰ) 위약예정의 금지,  ⅱ) 전차금상계의 금지 및 ⅲ) 강제저축의 금지 등의 세 가지 형태를 명문으로 규정하고 있다.

### 2. 위약예정의 금지

#### (1) 관련규정

근로기준법 제20조 [위약 예정의 금지] 사용자는 근로계약 불이행에 대한 위약금 또는 손해배상액을 예정하는 계약을 체결하지 못한다.

#### (2) 주요내용

근로자가 근로계약을 향후 이행하지 아니하는 경우 사용자가 손해발생의 여부 및 실제 발생된 손해액과 상관없이 일정한 액수의 「위약금」이나 「손해배상」을 청구할 수 있도록 미리 계약에 정하여 두는 것을 위약예정계약이라고 한다. 민법상 손해배상액의 예정은 실제 손해배상액과 상관없이 인정된다. 그러나, 근로기준법은 위약예정 때문에 근로자가 직장을 포기하고 싶어도 포기하지 못하고 자유의사에 반하는 강제근로를 하는 것을 방지하고, 근로자의 자유로운 직장선택을 보호할 목적으로 위약예정계약을 금지하고 있다.

##### (가) 위약금을 예정하는 계약의 금지

위약금이라 함은 근로자의 채무불이행의 경우에 근로자가 사용자에게 실제 손해의 발생 여부 및 손해의 액수와 상관없이 일정액을 지불할 것을 미리 약정하는 것이다.

이는 실제 손해의 발생 여부 및 손해액수와 상관없이 당사자간의 계약내용에 따라 위약금이 부과되므로 일종의 벌금부과적 성격을 갖는다.

위약금의 부담자는 근로자·친권자·신원보증인·보증인·연대보증인 또는 제3자가 될 수도 있는바, 모두 근로기준법 제20조의 위반이 된다.19)

(나) 손해배상액을 예정하는 계약의 금지

손해배상액의 예정이라 함은 근로자의 채무불이행의 경우에 실제 발생된 손해액과 관계없이 일정한 금액의 손해배상액을 미리 정하는 것을 말한다.

위약금예정은 그 법적 성질상 채무불이행의 경우에만 해당되나 손해배상은 채무불이행뿐 아니라 불법행위의 경우에도 발생할 수 있다. 그러나 근로기준법 제20조는 문언상 「채무불이행」으로 인한 손해배상액의 예정만 금지하도록 규정하고 있으므로, 과연 「불법행위」로 인한 경우에도 손해배상액의 예정이 금지되는 것인지에 관하여 의문이 제기될 수 있다. 동조의 취지가 손해배상의 사유 및 액수를 불문하고 손해배상액의 예정을 통한 근로자의 강제노동을 금지하고 있는 것이므로 이를 긍정적으로 해석하여야 될 것이다.[20]

근로자의 채무불이행 및 불법행위 등으로 사용자에게 손해가 발생했을 때 실제로 발생한 손해에 해당하는 손해배상을 할 수 있도록 단체협약 및 취업규칙 등에 정하는 것은 허용되며 근로기준법 제20조에 위배되지 아니한다.[21] 예컨대 ⅰ) 근로자가 지각·조퇴·결석 등을 하는 경우에 임금을 삭감하는 것이나, ⅱ) 신원보증계약 등의 체결 등이 이에 해당된다.

① **교육훈련비용:** 약정이 사용자가 근로자의 교육훈련 또는 연수를 위한 비용을 우선 지출하고 근로자는 실제 지출된 비용의 전부 또는 일부를 상환하는 의무를 부담하기로 하되 장차 일정기간 동안 근무하는 경우에는 그 상환의무를 면제해 주기로 하는 내용인 경우에는, ⅰ) 그러한 약정의 필요성이 인정되고, ⅱ) 주로 사용자의 업무상 필요와 이익을 위하여 원래 사용자가 부담하여야 할 성질의 비용을 지출한 것에 불과한 정도가 아니라 근로자의 자발적 희망과 이익까지 고려하여 근로자가 전적으로 또는 공동으로 부담하여야 할 비용을 사용자가 대신 지출한 것으로 평가되며, ⅲ) 약정 근무기간 및 상환비용이 합리적이고 타당한 수준이어서 동 약정으로 인하여 근로자의 의사에 반하는 강제 근로를 의무화하지 않는다면 이러한 약정까지 근로기준법 제20조에 위반되는 것은 아니다.[22]

예컨대, 교육·훈련·파견 또는 연수기간 중에 지급된 금품이 ⅰ) 해당 기간중 당연히 지급되어야 하는 임금의 성격을 갖는 경우에는 이를 반환하기로 하는 약정

---

19) 김형배, 근로기준법, p. 179; 하갑래, 근로기준법, p. 200.
20) 김형배, 근로기준법, p. 178; 하갑래, 근로기준법, p. 201.
21) 근기 01254－1160(1993. 6. 4); 01254－455(1993. 3. 25).
22) 대판 2008. 10. 23, 2006다37274.

이 근로기준법 위반에 해당되나, ⅱ) 사용자의 임의적·은혜적 성격의 금품에 해당되거나, 교육비에 해당하는 경우에는 이를 반환하기로 하는 약정이 근로기준법 위반에 해당되는 것은 아니다.23)

관 련
판 례

대판 2003. 10. 23, 2003다7388    해외연수 후의 의무재직기간을 부여하면서 그 불이행에 대한 제재로서 "교육비용"의 반환을 약정하는 것은 위약금예정이 아니나, "임금"의 반환을 약정하는 것은 위약금예정에 해당되므로 근로기준법 위반에 해당된다. 해외연수의 실질이 교육훈련에 있는 것이 아니라, 출장업무의 수행에 있다면 지급된 금품은 "임금"에 해당되므로 동 금품의 반환을 내용으로 하는 약정은 임금의 반환약정으로서 위약금예정금지의 원칙에 위배된다.

교육훈련 또는 해외 연수의 목적이 ⅰ) 회사의 신제품개발, 또는 회사에 필요한 전문기술의 습득 등 회사의 업무를 위한 것일 때에는 근로자가 비용반환의 의무가 없으나, ⅱ) 교육훈련 또는 해외 연수과정의 전부 또는 일부가 근로자 개인의 일반적인 학력 또는 경력 향상을 위한 것일 때에는 그 한도 내에서 비용반환의 의무가 있다고 할 것이다.24)

② 사이닝 보너스(singing bonus):    경력 있는 전문 인력을 채용하기 위한 방법으로 근로계약 등을 체결하면서 사용자가 일회성의 인센티브 명목으로 근로자에게 지급하는 이른바 사이닝 보너스 또는 전속계약금이라는 것이 있다. 사이닝 보너스가 ⅰ) 종전 회사로 부터의 이직에 따른 보상이나 근로계약 등의 체결에 대한 대가로서의 성격만 가지는지, 아니면 ⅱ) 더 나아가 계약기간 동안의 이직 금지 또는 전속근무 약속에 대한 대가 및 임금 선급으로서의 성격도 함께 가지는지 문제시 될 수 있다, 전자에 해당하는 경우 계약기간 동안에 사직할 지라도 사이닝 보너스를 반환할 의무가 없으나, 후자일 경우 사이닝 보너스를 반환하여야 한다. 해당 계약이 어디에 해당하는지의 여부는 계약이 체결된 동기 및 경위, 당사자가 계약에 의하여 달성하려고 하는 목적과 진정한 의사, 계약서에 특정 기간 동안의 전속근무를 조건으로 사이닝보너스를 지급한다거나 기간의 중간에 퇴직하거나 이직할 경우 이를 반환한다는 등의 문언이 기재되어 있는지 및 거래의 관행 등을 종합적으로 고려하여 판단하여야 한다.25)

---

23) 대판 2003. 10. 23, 2003다7388; 대판 2004. 4. 28, 2001다53875.
24) 대판 2003. 10. 23, 2003다7388.
25) 대판 2015. 6. 11, 2012다55518.

관 련
판 례   **대판 2015. 6. 11, 2012다55518**   기업이 경력 있는 전문 인력을 채용하기 위한 방법으로 근로계약 등을 체결하면서 일회성의 인센티브 명목으로 지급하는 이른바 사이닝보너스가 이직에 따른 보상이나 근로계약 등의 체결에 대한 대가로서의 성격만 가지는지, 더 나아가 의무근무기간 동안의 이직금지 내지 전속근무 약속에 대한 대가 및 임금 선급으로서의 성격도 함께 가지는지는 해당 계약이 체결된 동기 및 경위, 당사자가 계약에 의하여 달성하려고 하는 목적과 진정한 의사, 계약서에 특정 기간 동안의 전속근무를 조건으로 사이닝보너스를 지급한다거나 기간의 중간에 퇴직하거나 이직할 경우 이를 반환한다는 등의 문언이 기재되어 있는 지 및 거래의 관행 등을 종합적으로 고려하여 판단하여야 한다. 만약 해당 사이닝보너스가 이직에 따른 보상이나 근로계약 등의 체결에 대한 대가로서의 성격에 그칠 뿐이라면 계약 당사자 사이에 근로계약 등이 실제로 체결된 이상 근로자 등이 약정근무기간을 준수하지 아니하였더라도 사이닝보너스가 예정하는 대가적 관계에 있는 반대급부는 이행된 것으로 볼 수 있다.

## (3) 위반의 효과

위약예정의 계약을 체결하는 경우 500만원 이하의 벌금에 처한다(근로기준법 제114조제1호).

## 3. 전차금(前借金)상계의 금지

### (1) 관련규정

근로기준법 제21조 [전차금 상계의 금지] 사용자는 전차금이나 그 밖에 근로할 것을 조건으로 하는 전대채권과 임금을 상계하지 못한다.

### (2) 주요내용

근로기준법은 근로자의 강제노동을 금지하고 불리한 근로조건을 감수하게 하는 것을 방지하기 위하여 전차금 또는 전대채권과 임금을 상계하지 못하도록 규정하고 있다. "상계"라 함은 전차금 변제부분을 근로자의 임금채권에서 소멸시키는 일방적 의사표시를 말한다.26)

#### (가) 전차금과 전대채권(前貸債權)

「전차금」이라 함은 근로자가 근로를 제공하여 향후 임금에서 변제하기로 하고 근로계약을 체결할 때에 사용자로부터 미리 차용한 금전을 말한다. 「전대채권」이란 전차금 이외에 근로자 또는 그 친권자 등에게 지급되는 금전으로서 전차금과 동일한 내용을 가지는 것이다.

---

26) 임종률, 노동법, p. 408.

(나) 상계금지의 범위 및 한계

근로기준법 제21조가 금지하고 있는 상계대상은 전차금 등의 대여 자체가 아니라, 전차금 그 밖에 근로할 것을 조건으로 하는 전대채권과 임금과의 상계이다.[27]

근로자의 자발적인 의사에 의하여 상계를 하는 경우에는 상계의 원인, 기간, 금액 및 금리의 유무 등을 감안하여 상계가 근로자의 강제노동 또는 신분구속을 강요하는 수단이 될 수 있는지를 구체적으로 판단하여 예외적으로 허용된다고 보아야 한다.[28]

따라서, 사용자가 근로자에게 임금과의 상계를 전제로 하지 아니하고 전차금을 대여하는 것은 허용된다고 할 것이다. 예컨대, 임금을 지급일 전에 지급하는 가불, 학자금대여 또는 주택구입자금의 대부 등은 근로자의 편의를 위하여 임금의 일부를 미리 지급한 것으로 근로기준법 제21조에 위배되지 아니한다.[29]

### (3) 위반의 효과

전차금상계금지 조항을 위반하면 500만원 이하의 벌금에 처한다(근로기준법 제114조제1호).

## 4. 강제저축과 저축금관리

### (1) 관련규정

> 근로기준법 제22조 [강제 저금의 금지] ① 사용자는 근로계약에 덧붙여 강제저축 또는 저축금의 관리를 규정하는 계약을 체결하지 못한다.
> ② 사용자가 근로자의 위탁으로 저축을 관리하는 경우에는 다음 각호의 사항을 지켜야 한다.
> 1. 저축의 종류·기간 및 금융기관을 근로자가 결정하고, 근로자 본인의 이름으로 저축할 것
> 2. 근로자가 저축증서 등 관련자료의 열람 또는 반환을 요구할 때에는 즉시 이에 따를 것

### (2) 주요내용

사용자가 근로자 임금의 일정액을 강제로 저축하게 하고 그 반환을 어렵게 하는 경우 근로자는 자신의 의사에 반하여 회사에 구속되는 결과를 가져올 우려가 있다. 또한 저축금이 기업의 경영자금으로 유용되는 경우 경영이 악화된다면 그 반환이

---

27) 김형배, 근로기준법, p. 182; 이영희, 노동법, p. 426.
28) 임종률, 노동법, p. 408; 김형배, 근로기준법, p. 182.
29) 김형배, 근로기준법, p. 182; 하갑래, 근로기준법, p. 206.

어렵게 될 수도 있다. 따라서, 이러한 폐단을 방지하기 위하여 근로기준법은 강제저
축 및 저축금관리를 금지하고 있다.

### ⑺ 강제저축 또는 저축금관리의 금지

① **강제저축의 금지:** 근로기준법 제22조의 「근로계약에 덧붙여」라 함은 근
로계약의 체결 또는 존속조건으로서 근로계약에 명문으로 또는 묵시적으로 강제저축
을 강요하는 것을 말한다.

강제저축의 범위에는 사용자 자신이 저축의 명의자가 되는 것은 물론 사용자가
지정하는 제3자, 즉 특정 은행·우체국 및 공제조합 등의 금융기관과 저축계약을 하
도록 하는 것도 포함된다.

② **저축금관리의 금지:** 사용자 자신이 직접 근로자의 예금을 받아 스스로 관
리하는 「사내예금」은 물론 사용자가 개개 근로자 명의로 은행 기타 금융기관에 예
금한 후 그 통장과 인감을 보관하거나 예금의 인출을 금지·제한하는 경우도 이에
포함한다.[30]

### ⑷ 근로자의 위탁에 의한 저축금관리

근로자의 자유의사에 의하여 저축금을 사용자에게 관리하여 줄 것을 위탁하는
경우 사용자는 저축금을 관리할 수 있다(근로기준법 제22조제2항).

다만, 이러한 경우라고 하더라도 사실상 강제저금으로 작용하거나, 사용자가 임
의로 처분·유용하는 것을 방지하기 위하여 사용자는 ⅰ) 저축의 종류·기간 및 금
융기간을 근로자가 결정하고, 근로자 본인의 이름으로 저축할 것, ⅱ) 근로자가 저
축증서 등 관련자료의 열람 또는 반환을 요구할 때에는 즉시 이에 따를 것의 사항
을 준수하여야 한다(근로기준법 제22조제2항).

### (3) 위반의 효과

사용자가 제22조제1항의 강제저축금지규정에 위반한 경우에는 2년 이하의 징역
또는 1천만원 이하의 벌금을 받는다(근로기준법 제110조제1호).

---

30) 하갑래, 근로기준법, p. 208.

# 제 4 절   근로계약의 기간

## I. 원   칙

### 1. 의   의

근로계약의 기간이라 함은 근로계약의 존속기간을 말한다. 근로계약에는 "기간의 정함이 없는" 근로계약과 "기간의 정함이 있는" 근로계약의 두 형태가 있다. 기간의 정함이 없는 근로계약은 한 번 체결하는 경우 별도의 재계약 체결없이도 정년까지 근로계약이 유효하게 존속하는 근로계약을 말한다. 기간의 정함이 있는 근로계약은 기간을 정해서 체결하므로 정년보장이 되지 아니하고 별도의 계약 갱신 또는 재계약 체결이 없는 한 근로계약의 기간만료로 인하여 근로관계가 자동적으로 종료하는 것을 말한다.

### 2. 양자의 구별

기간의 정함이 없는 근로계약과 있는 근로계약의 구별은 근로계약의 기간에 관한 규정의 문언을 살펴보아 기간을 두고 있는지의 여부로 판단하는 것이 원칙이다. 근로계약의 기간을 ⅰ) 총 기간(예컨대, 계약체결일부터 1년), ⅱ) 시점과 종점(예컨대, 2015년 1월 1일부터 2015년 12월 31일까지), 또는 일의 완성시점(예컨대, 건물이 준공되는 때) 등으로 정하는 경우에는 기간의 정함이 있는 근로계약이 된다. 근로계약의 기간을 정년으로 정하거나 아무런 규정도 아니 두는 경우에는 기간의 정함이 없는 근로계약으로 보는 것이 일반적이다.

다만, 외형상 기간의 정함이 있는 근로계약을 체결하였을지라도 실질적으로는 기간의 정함이 없는 근로계약으로 보게 되는 경우도 있다. 근로계약의 체결 동기와 경위, 내용, 기간을 정한 목적과 당사자의 진정한 의사, 동종의 근로계약 체결방식에 관한 관행 및 근로자보호법령 등을 종합적으로 고려하여 볼 때에 기간의 정함이 단지 형식에 불과하다고 판단되는 때에는 근로계약서의 문언에도 불구하고 이를 기간의 정함이 없는 근로계약을 체결한 것으로 보아야 할 것이다.[31]

---

31) 대판 2006. 2. 24, 2005두5673; 대판 2007. 7. 12, 2005두2247.

## 3. 근로계약의 기간

근로계약은 별도의 규정이 없는 한 기간의 정함이 없는 근로계약, 즉 정년보장이 원칙이며, 예외적으로 기간에 대한 특약이 있는 경우에만 기간의 정함이 있는 근로계약이 된다.

## Ⅱ. 정년근로자의 보호

### 1. 고령자고용촉진법에 의한 보호

정년에 대하여 근로기준법은 아무런 규정도 아니두고 있으나, "고용상 연령차별금지 및 고령자고용촉진에 관한 법률"에서 이를 규정하고 있다. 동법은 "사업주는 근로자의 정년을 60세 이상으로 정하여야 하며, 사업주가 근로자의 정년을 60세 미만으로 정한 경우에는 정년을 60세로 정한 것으로 본다"고 규정하고 있다(동법 제19조). 이에 관하여는 제5편제2장제2절의 정년제도에서 상세히 후술한다.

### 2. 계약 갱신에 대한 정당한 기대권

정년퇴직 근로자에게도 기간제 근로자와 마찬가지로 근로계약의 갱신기대권이 인정된다.

근로계약, 취업규칙, 단체협약 등에서 정년에 도달한 근로자가 일정한 요건을 충족하면 기간제 근로자로 재고용해야 한다는 취지의 규정을 두고 있거나, 그러한 규정이 없더라도 사업장에 그에 준하는 정도의 재고용 관행이 확립되어 있다고 인정되는 등 근로계약 당사자 사이에 근로자가 정년에 도달하더라도 일정한 요건을 충족하면 기간제 근로자로 재고용될 수 있다는 신뢰관계가 형성되어 있는 경우에는 특별한 사정이 없는 한 근로자는 그에 따라 정년 후 재고용되리라는 기대권을 가진다.[32]

부당해고기간 중에 정년에 도달한 근로자에게 정년 후 기간제 근로자로 재고용되리라는 갱신기대권이 인정된다.[33]

종전의 대법원 판례는 정년퇴직 근로자의 근로계약 갱신에 대하여 기간제 근로자에 비하여 사용자의 재량권이 폭넓게 인정되었으나 최근의 대법원 판례는 양자를 구분하지 않고 있다.

---

32) 대판 2023. 11. 2, 2023두41727; 대판 2023. 6. 29, 2018두62492.
33) 대판 2023. 6. 1, 2018다275925.

관 련
판 례 **대판 2023. 11. 2, 2023두41727** 근로자의 정년을 정한 근로계약, 취업규칙이나 단체협약 등이 법령에 위반되지 않는 한 그에 명시된 정년에 도달하여 당연퇴직하게 된 근로자와의 근로관계를 정년을 연장하는 등의 방법으로 계속 유지할 것인지는 원칙적으로 사용자의 권한에 속하는 것으로서, 해당 근로자에게 정년 연장을 요구할 수 있는 권리가 있다고 할 수 없다. 그러나 근로계약, 취업규칙, 단체협약 등에서 정년에 도달한 근로자가 일정한 요건을 충족하면 기간제 근로자로 재고용해야 한다는 취지의 규정을 두고 있거나, 그러한 규정이 없더라도 재고용을 실시하게 된 경위 및 실시기간, 해당 직종 또는 직무 분야에서 정년에 도달한 근로자 중 재고용된 사람의 비율, 재고용이 거절된 근로자가 있는 경우 그 사유 등의 여러 사정을 종합해 볼 때, 사업장에 그에 준하는 정도의 재고용 관행이 확립되어 있다고 인정되는 등 근로계약 당사자 사이에 근로자가 정년에 도달하더라도 일정한 요건을 충족하면 기간제 근로자로 재고용될 수 있다는 신뢰관계가 형성되어 있는 경우에는 특별한 사정이 없는 한 근로자는 그에 따라 정년 후 재고용되리라는 기대권을 가진다. 이와 같이 정년퇴직하게 된 근로자에게 기간제 근로자로의 재고용에 대한 기대권이 인정되는 경우, 사용자가 기간제 근로자로의 재고용을 합리적 이유 없이 거절하는 것은 부당해고와 마찬가지로 근로자에게 효력이 없다. 이러한 법리는, 특별한 사정이 없는 한 기간제 근로자가 정년을 이유로 퇴직하게 된 경우에도 마찬가지로 적용된다.

## Ⅲ. 기간제 근로자의 보호

기간의 정함이 있는 근로계약을 체결한 근로자는 소위 기간제 근로자가 된다.

### 1. 기간제 및 단시간근로자 보호 등에 관한 법률에 의한 보호

기간제 근로자는 후술하는 "기간제 및 단시간근로자 보호 등에 관한 법률"에 의한 보호를 받게 된다. 기간제 근로자를 2년 이상 고용하는 경우에는 기간의 정함이 없는 근로계약을 체결한 것으로 본다(동법 제4조).

### 2. 계약 갱신에 대한 정당한 기대권

기간제 근로자의 경우 기간이 만료됨으로써 근로관계는 사용자의 갱신 거절의 의사표시가 없어도 당연히 종료되는 것이 원칙이다. 그러나, 기간제 근로자에게 근로계약이 갱신될 수 있으리라는 정당한 기대권이 인정될 수 있는 경우, 이 기대권에 반하는 사용자의 근로계약 갱신 거절의 효력은 무효이고 또한 부당해고가 된다. 정당한 기대권은 ⅰ) 근로계약, 취업규칙 및 단체협약 등에서 기간이 만료되더라도 일정한 요건이 충족되면 해당 근로계약이 갱신된다는 규정을 두고 있거나, ⅱ) 근로계약의 내용과 근로계약의 체결 동기 및 경위, 계약 갱신의 기준 등 갱신에 관한 요건이나 절차의 설정 여부 및 실태, 근로자가 수행하는 업무의 내용 등 해당 근로관계를 둘러싼 여러 사정을 종합하여 볼 때 근로계약 당사자 사이에 일정한 요건이 충족되면 근로계약이 갱신된다는 신뢰관계가 형성되어 있는 경우에 인정된다.[34] 예컨대, 단기의 근로계약이 장기간에 걸쳐서 반복하여 갱신되어 근로계약에서 정한 기간이 단지 "형식"에 불과하게 된 경우가 이에 해당될 것이다.[35]

따라서, 기간제 근로자의 계약이 갱신되기 위하여는 ( i ) 정당한 기대권이 존재하고 또한 ( ii ) 갱신에 필요한 요건을 충족하여야 한다.

"기간제 및 단시간근로자 보호 등에 관한 법률"의 시행만으로 시행 전에 형성된 계약갱신에 대한 정당한 기대권이 배제 또는 제한되는 것은 아니다.[36]

관 련
판 례
대판 2014. 2. 13, 2011두12528　기간을 정하여 근로계약을 체결한 근로자의 경우 기간이 만료됨으로써 근로자로서 신분관계는 당연히 종료되고, 근로계약을 갱신하지 못하면 갱신 거절의 의사표시가 없어도 당연 퇴직되는 것이 원칙이다. 그러나 근로계약, 취업규칙, 단체협약 등에서 기간이 만료되더라도 일정한 요건이 충족되면 당해 근로계약이 갱신된다는 취지의 규정을 두고 있거나, 그러한 규정이 없더라도 근로계약의 내용과 근로계약이 이루어지게 된 동기 및 경위, 계약 갱신의 기준 등 갱신에 관한 요건이나 절차의 설정 여부 및 실태, 근로자가 수행하는 업무의 내용 등 당해 근로관계를 둘러싼 여러 사정을 종합하여 볼 때 근로계약 당사자 사이에 일정한 요건이 충족되면 근로계약이 갱신된다는 신뢰관계가 형성되어 있어 근로자에게 근로계약이 갱신될 수 있으리라는 정당한 기대권이 인정되는 경우에는, 사용자가 이를 위반하여 부당하게 근로계약의 갱신을 거절하는 것은 부당해고와 마찬가지로 아무런 효력이 없고, 기간만료 후의 근로관계는 종전의 근로계약이 갱신된 것과 동일하다.

---

34) 대판 2011. 4. 14, 2009두3354; 대판 2011. 11. 10, 2010두24128; 대판 2013. 2. 14, 2011두24361; 대판 2014. 2. 13, 2011두12528.
35) 대판 2013. 2. 14, 2011두24361.
36) 대판 2011. 4. 14, 2009두3354; 대판 2011. 11. 10, 2010두24128; 대판 2013. 2. 14, 2011두24361; 대판 2014. 2. 13, 2011두12528.

# 제4장 근로계약과 근로관계

## 제1절 근로관계의 의의

근로관계라 함은 일반적으로 근로자가 사용자에게 근로를 제공하고 사용자는 근로자에게 임금을 지급하는 것을 내용으로 하는 근로계약의 체결에 의하여 성립된 당사자간의 법률관계를 말한다. 이러한 근로관계의 법적 성질에 관하여는 견해가 나뉘고 있다.[1]

## I. 학 설

### 1. 채권관계설

채권관계설은 근로관계를 근로자와 사용자 간의 근로제공 및 임금지급에 관한 순수한 쌍무적 채권·채무관계로 파악하고 있다.[2]

이러한 견해에 의하면 근로관계의 성립으로 인하여 발생하는 근로제공 및 임금지급 등의 주된 의무는 물론 충실의무 및 배려의무 등의 부수적인 의무도 채권·채무관계에서 도출되는 의무로 파악하고 있다. 채권관계설은 현대의 노사관계에서 근로자가 기업이라는 조직체에 편입되어 자신의 생활의 주요 부분을 기업에서 종사하고 있다는 측면을 간과하고 있다고 할 것이다.

### 2. 인간관계설

인간관계설은 근로관계가 근로자와 사용자 간의 채권·채무관계를 규율하고 있음은 물론 나아가 하나의 인간관계를 형성하는 것으로 파악하고 있다.[3] 인간관계라

---

1) 상세한 내용은 이영희, 전게논문, pp. 128~151; P. Schwerdtner, Fürsorgetheorie und Entgelttheorie im Recht der Arbeitsbedingunger, 1970, S. 16 참조.
2) 김형배, 노동법, p. 260; E. Wolf, Das Arbeitsverhältnis—Personnenrechtliches Gemein-schftsverhältnis oder Schuldverhältnis, 1970, S. 10.

함은 근로자와 사용자는 상대방을 서로 채권자 또는 채무자로서만 파악하는 것이 아니라, 근로자는 기업이라는 하나의 조직에 편입되고 이에 따라 양 당사자가 인적으로 결합된 하나의 공동체관계를 설정하게 되는 관계를 말한다. 이러한 견해에 의하면 충실의무 및 배려의무 등의 의무는 인간관계의 설정에 따른 당사자간의 인간관계에서도 도출될 수 있는 의무라고 한다. 인간관계설은 그 내용 및 범위에 대한 정확한 견해를 제시하지 못하고 있다.

> **관 련 판 례** 대판 1996. 4. 23, 95다6823  근로자는 인간의 존엄과 가치를 지닌 인격체이고, 근로계약에 따른 근로제공은 단순히 임금획득만을 목적으로 하는 것이 아니라, 자아의 실현, 기술습득, 능력향상 및 원만한 인간관계의 형성 등 자신의 인격을 실현시키고 있다.

## Ⅱ. 사    견

사견으로는 인간관계설에 찬동하고자 한다. 그 이유는 인간관계설은 근로관계의 본질이 근로자와 사용자 간의 채권·채무관계라는 점을 충분히 인정하고 있으며, 나아가 근로자는 회사라는 조직의 구성원으로서의 지위를 보유한다는 노사관계의 현실을 제대로 반영하고 있기 때문이다.

특히 우리나라에서는 기업체에 소속감이 강하고 기업 내에서의 인적 유대가 중요시되고 있다는 현실을 감안하여 볼 때에 근로관계를 단순히 채권·채무관계로 파악하는 것은 비현실적인 견해라고 판단된다.

## 제2절  근로계약과 근로관계의 관계

유효한 근로계약이 체결되는 경우 당연히 근로관계가 성립되는지의 여부에 대하여, 즉, 근로계약과 근로관계의 관계에 대하여 학설이 대립되어 왔다.[4]

---

3) 대판 1996. 4. 23, 95다6823. 독일에서는 인간관계를 「인법적 공동체관계」(personer-rechtliches Gemeinschaftsverhältnis)를 형성하는 것으로 파악하는 견해도 있다. Hueck-Nipperdey, Lehrbuch, Bd. Ⅰ; A. Nikisch, ArbR, Bd. Ⅰ, 3. Aufl., 1961, S. 31.

4) Nikisch, ArbR, Bd. Ⅰ, S. 164ff.; 김형배, 근로기준법, pp. 97~98.

## Ⅰ. 학   설

### 1. 계 약 설

계약설에 의하면 유효한 근로계약이 체결된 경우 이와 동시에 근로관계도 성립된다고 한다.

### 2. 편 입 설

편입설에 의하면 근로관계가 성립하기 위해서는 유효한 근로계약의 체결 이외에 근로자의 작업개시 또는 경영체계로의 편입이라는 사실적 요소가 필요하다고 한다.

## Ⅱ. 사   견

사견으로는 계약설이 타당하다고 본다. 편입설은 근로관계를 법적 개념 이외에도 사실적 개념을 그 요소로서 파악하고 있으나, 근로관계는 법적 개념으로 보아야 하기 때문이다. 또한, 편입설은 근로관계를 채권관계의 측면에서 파악하고 있으나 근로관계를 채권관계와 인간관계로 나누어 파악하는 경우 근로계약의 체결과 동시에 근로자는 회사의 종업원이라는 신분을 취득하게 된다.

# 제 3 절   비전형적인 근로관계

## Ⅰ. 의   의

비전형적인 근로관계는 수습, 시용, 채용내정, 견습, 가채용 및 연수 등 기업에 따라 다양한 형태의 명칭으로 행하여지고 있으나 대체로 채용내정, 시용 및 수습의 3가지 개념으로 논의되는 것이 일반적이다.

## Ⅱ. 채용내정

### 1. 의   의

채용내정의 개념이 무엇인가에 대하여는 다양한 견해가 제시되고 있다. 일반적으로 채용내정이라 함은 회사가 근로자를 채용하기로 내정은 되어 있으나 아직 정식의 근로계약을 체결하지 아니한 경우를 의미한다.[5]

## 2. 채용내정의 법적 성질

채용내정의 법적 성질에 관하여는 다양한 견해가 제시되고 있다.

### (1) 학    설

#### (가) 근로계약예약설

근로계약예약설에 의하면 채용내정을 노사당사자가 근로계약의 체결을 약속한 예약이라고 본다. 사용자는 객관적으로 합리적이라고 판단되는 사정이 발생한 경우에 한하여 예약을 해제할 수 있다고 한다. 이러한 예약을 불이행하여 근로계약을 체결하지 아니하는 경우에 당사자는 손해배상을 청구할 수 있으나 근로계약의 체결 자체를 요구할 수는 없다고 한다.

#### (나) 근로계약체결과정설

근로계약체결과정설에 의하면 채용내정은 일련의 근로계약체결과정의 한 절차라고 한다. 즉, 채용내정은 채용공고에서 근로계약체결까지의 일련의 절차 중에서 한 부분에 불과하므로 나머지 절차가 충족되는 경우에 한하여 근로계약이 체결된다고 한다. 다만, 사용자가 객관적이고 합리적인 사유가 없는 데도 불구하고 근로계약체결절차를 중도에서 중지하는 경우에는 채용내정자는 손해배상을 청구할 수 있다고 한다.

#### (다) 근로계약성립설

근로계약성립설에 의하면 회사의 모집공고를 사용자에 의한 청약의 유인으로, 응모자의 응모를 근로자의 청약으로, 채용내정을 사용자의 승낙으로 간주함으로써 근로계약이 성립된 것으로 본다. 우리나라의 다수설이다.[6]

---

5) 채용내정의 개념은 일반적으로 ⅰ) 회사로부터 합격통지를 받았으나 아직 정식의 근로계약을 체결하기 이전의 경우, ⅱ) 회사와 정식의 근로계약을 체결하였으나, 근로자의 학교졸업 또는 군대전역 등 일정한 조건이 부과되는 경우, ⅲ) 회사와 아무런 조건 없이 정식의 근로계약을 체결하였으나, 연수, 교육훈련 및 근로제공 등이 개시되고 있지 아니한 경우 등으로 구분하여 볼 수 있다. 이 중 본래의 의미의 채용내정은 첫 번째의 경우인 회사로부터 합격통지를 받았으나 정식의 근로계약을 체결하기 이전의 경우를 말한다고 할 것이다. 두 번째 및 세 번째의 경우는 사실상 채용내정의 문제라기보다는 이미 체결된 조건부 근로계약의 효력 및 근로관계의 성질에 관한 문제로 파악하는 것이 보다 정확할 것이다. 김형배 교수는 채용내정의 개념으로서 세 가지 개념을 혼용하여 사용하고 있으나, 대체로 채용내정을 학교졸업 등의 불확실한 사실의 발생을 조건으로 하여 시험에 합격시킨 경우 등으로 정의하고 있는 것으로 보인다(김형배, 근로기준법, pp. 103~104). 이러한 견해는 정식근로계약 체결이전의 입사시험 합격자의 법적 지위와 조건부 근로계약하의 근로자의 법적 지위라는 별개의 문제를 혼용하여 사용하고 있다고 할 것이다.

## (2) 사    견

채용내정은 그 형태가 다양하고 복잡하다. 따라서 채용내정의 법적 성질에 관하여 이를 일률적으로 논하기는 곤란하며 채용내정의 문언과 의미, 단체협약·취업규칙 등의 채용절차에 관한 규정, 관행, 기타 구체적인 사정 등을 통하여 종합적으로 판단하는 것이 필요하다고 할 것이다.7)

사견으로는 ⅰ) 채용내정이 근로계약체결의 마지막 과정인 경우와 ⅱ) 채용내정이 근로계약체결의 중간과정인 경우로 나누어 보고자 한다.

첫째, 채용내정이 근로계약체결의 마지막 과정인 경우에는 근로계약성립설이 타당하다고 본다.8) 예컨대, 최종적인 채용사실의 통지 등이 이에 해당될 것이다. 이 경우 채용내정의 통지는 근로계약체결의 승낙이 될 것이다.

| 관 련<br>판 례 | 대판 2000. 11. 28, 2000다51476    회사가 채용내정자들에게 최종합격통보를 하여줌으로써 당사자간에는 근로계약관계가 유효하게 성립되어 늦어도 근무개시 약속기한인 1998. 4. 6. 이후에는 채용내정자들이 회사의 근로자가 되었다고 할 것이므로 그 후의 신규채용의 취소통보는 실질적으로 해고에 해당한다. |
|---|---|

둘째, 채용내정이 근로계약체결의 중간과정에 해당하는 경우에는 근로계약체결과정설이 타당하다고 본다. 예컨대, 사용자가 합격통지 또는 채용내정을 통지하면서 채용내정자에게 일정 기일까지 계약서 및 서약서 등의 일정 서류를 갖추어 이를 제출하도록 하는 등 추가적인 근로계약절차를 밟아줄 것을 요구하는 경우가 이에 해당될 것이다. 따라서 이러한 통지를 받은 지원자 중에서 사용자의 요구에 응하여 일정 기일까지 필요한 절차를 밟은 자만이 사용자와의 실질적인 근로계약을 체결하는 것으로 보아야 한다. 즉 이 경우 ⅰ) 사용자의 합격통지는 사용자의 「승낙」이 아니라 근로자에 대하여 근로계약의 나머지 절차를 밟아서 근로계약의 체결을 확정할 것을 요구하는 「반대청약」(counter-offer)으로, ⅱ) 근로자의 이에 대한 응낙은 근로계약체결의 「승낙」으로 보는 것이 타당하다고 본다. 판례는 채용내정이라는 개념을 사용하고 있지 아니하나, 최종적인 근로계약체결 이전의 단계는 근로계약의 체결이 있었다고 볼 수 없다고 판결하고 있다.

---

6) 임종률, 노동법, p. 386; 김형배, 근로기준법, p. 105; 박홍규, 노동법(Ⅰ), p. 281; 하갑래, 근로기준법, p. 191.

7) 이병태, 노동법, p. 578; 이영희, 노동법, p. 414; 하갑래, 근로기준법, p. 192.

8) 대판 2000. 11. 28, 2000다51476; 대판 2002. 12. 10, 2000다25910.

관 련
판 례
서울민지판 1989. 12. 12, 89가합16022    사원모집광고 또는 면접시의 구두약속
은 특별한 사정이 없는 한 근로계약상의 청약의 유인 또는 준비단계에 불과하고
그 자체로서는 근로계약의 내용이 될 수 없다.

## 3. 채용내정과 근로관계

근로자가 채용내정이 되는 경우에도 곧바로 채용되어 근로를 제공하는 것은 아
니다. 채용내정 이후의 근로관계의 성질에 관하여 견해가 나뉘고 있다.

### (1) 근로계약체결설의 경우

채용내정을 근로계약의 체결로 보는 견해에 의하면 채용내정기간을 근로제공의
무의 이행시기가 도래하지 아니하거나 근로계약의 효력이 발생하지 아니한 것으로
보고 있다.[9]

따라서 근로제공과 관련된 근로기준법상의 규정들은 적용되지 아니하나, 균등대
우(근로기준법 제6조), 계약기간(동법 제16조), 근로조건의 명시(동법 제17조), 위약예정
의 금지(동법 제20조), 해고(동법 제23조), 해고의 예고(동법 제26조) 등 근로제공을 전
제로 하지 아니하는 규정은 적용된다고 본다.[10]

채용내정의 취소는 근로계약의 해지로서 근로기준법 제23조의 규정에 의한 해고
에 해당된다.[11] 따라서, 사용자는 근로기준법 제23조의 「정당한 이유」 없이는 채용
내정자를 해고하여서는 아니 된다고 한다.

### (2) 근로계약체결과정설의 경우

채용내정의 기간중에는 근로계약이 체결되어 있지 아니하여 근로관계가 존재하
지 아니한 것으로 보고 있다. 따라서 근로기준법은 적용되지 아니하는 것이 원칙이
나, 채용내정은 근로계약의 체결과정에 속하고 있으므로 이에 관련되는 근로기준법
의 규정은 적용된다고 한다. 예컨대, 균등대우의 원칙(근로기준법 제6조) 및 근로조건
의 명시(동법 제17조) 등이 이에 해당된다. 채용내정의 취소는 근로계약체결 청약의
철회에 해당된다. 따라서 채용내정의 취소에는 근로기준법 제23조의 규정이 적용되

---

9) 채용내정중의 근로관계의 법적 성질에 관하여는 ⅰ) 채용내정 중에는 근로계약의 효력이 발생하지
아니하나, 당사자가 약정한 채용시기부터 효력을 발생한다는 「효력시기설」, ⅱ) 근로계약으로서의 일반적
인 효력은 발생하였으나 근로의 제공에 관하여만 시기가 붙어 있다는 「취업시기설」 및 ⅲ) 채용내정에 의
하여 근로계약의 효력은 발생하였으나 근로제공의무의 이행기가 현실적으로 도래하지 아니하였다는 「의무
이행기설」 등이 있다.

10) 하갑래, 근로기준법, p. 193.

11) 대판 2000. 11. 28, 2000다51476; 김형배, 근로기준법, p. 107; 하갑래, 근로기준법, p. 192.

지 아니할 것이다.

## Ⅲ. 시용(試用)

### 1. 의    의

시용이라 함은 근로계약을 체결하고 입사한 근로자를 그대로 정규사원으로 임명하지 아니하고 시용기간 동안 근로자의 직업적성과 업무능력 등을 판단한 후 최종적으로 근로관계의 계속 여부를 결정하고자 하는 제도이다. 한편, 근로자에게도 향후 본인이 담당하게 될 업무가 자신에게 적합한지의 여부를 검토하는 기회를 부여하는 등 시용기간이 근로자를 위해서 설정되는 경우도 있다.

### 2. 시용의 법적 성질

시용의 법적 성격에 관하여는 시용기간중에 근로의 제공 및 임금의 수령이 수반되는 근로관계가 존재하므로 근로계약이 이미 체결되었다는 점에서는 거의 이론이 없다.

시용의 법적 성질은 당사자간의 시용계약내용에 따라 구체적으로 판단하는 것이 원칙이다. 그러나 시용계약내용이 명확하지 아니한 경우 그 법적 성질에 관하여 다음과 같은 견해가 제기되고 있다.

#### (1) 학    설

##### (가) 정지조건부근로계약설

정식 근로자로서 적격하다는 평가를 근로계약의 효력발생조건으로 하여 정식채용된다는 견해이다.

##### (나) 해제조건부근로계약설

정식 근로자로서 적절하지 못하다는 평가를 근로계약의 해제조건으로 하여 정식채용된다는 견해이다.

##### (다) 해지권유보근로계약설

사용자는 정식근로자로서 적절하지 못하다는 평가를 이유로 근로관계를 해지할 수 있는 권리를 유보한다는 견해이다.

### (2) 사 견

해지권유보설에 찬동하는 바이다. 통설 및 대법원의 판례도 해약권유보근로계약설의 입장을 취하고 있다.[12]

| 관 련<br>판 례 | 대판 2006. 2. 24, 2002다62432    시용중의 근로관계는 일종의 해약권이 유보된 근로관계로서, 시용기간중의 해고 또는 본사원채용거부는 유보해약권의 행사라고 할 것이다. |
|---|---|

## 3. 시용과 근로관계

시용은 근로자와 사용자 간의 근로계약이 체결되어 있는 고용형태이다. 사용자는 근로자를 시용으로 채용하는 경우 이를 근로계약에 명시하여야 하며, 이를 명시하지 아니하는 경우 일반근로자로 채용된 것으로 보아야 할 것이다.[13]

| 관 련<br>판 례 | 대판 1999. 11. 12, 99다30473    근로계약에서 시용기간을 적용할 것인지의 여부를 명시하지 아니한 이상 시용근로자가 아닌 정식사원으로 채용된 근로자라고 인정된다고 할 것이므로 근로자에 대한 해고가 정식근로자에 대한 해고로서 정당한 사유가 있는지의 여부를 판단하여야 한다. |
|---|---|

### (1) 시용의 적용대상 업무

시용은 근로자가 구체적인 직무의 수행에 요구되는 객관적 능력 및 자격 등을 갖추고 있는지의 여부를 판단하는 데 그 필요성이 인정된다. 한편, 인적 결합요소가 강한 우리나라의 노사현실을 감안하여 볼 때에 사용자가 근로자를 채용함에 있어 객관적인 업무능력이나 자격 이외에도 성실성 및 인품 등의 전인격적인 주관적 요소를 판단대상에 포함시키는 것도 무방하다고 본다.[14]

### (2) 시용의 기간

시용계약을 체결하는 경우 반드시 시용기간을 정하여야 한다. 시용기간에 대하여 근로기준법은 아무런 규정도 두고 있지 아니하므로 이는 취업규칙 및 근로계약 등 당사자의 합의에 의하여 정하는 것이 원칙이다.

---

12) 임종률, 노동법, p. 389; 이병태, 노동법, p. 579; 김형배, 근로기준법, p. 111; 대판 2006. 2. 24, 2002다62432; 대판 2006. 6. 30, 2005다21531.
13) 대판 1999. 11. 12, 99다30473.
14) 이영희, 노동법, p. 415; 김수복, 「채용에서 퇴직까지의 노사문제」, pp. 40~44; 하갑래, 근로기준법, p. 185.

그러나 시용기간은 그 기간이 구체적으로 확정되어 있지 아니하거나 시용계약의 근본취지에 위배될 정도로 장기간이어서는 아니 된다.

### (3) 시용근로자의 근로조건

시용근로자의 근로조건은 근로계약에서 정하는 바에 따른다. 시용근로자의 근로조건을 일반근로자와 동일하게 정할 수도 있으며, 또한 합리적인 범위안에서 다르게 정할 수 있다.

### (4) 시용 후의 본채용거부

시용기간중에 근로자를 해고하거나 시용기간의 종료 후에 사용자가 근로자의 본채용을 거부하는 것은 근로기준법 제23조의 해고에 해당한다. 시용은 정식의 근로계약을 체결한 후에 유지되는 근로관계이기 때문이다. 따라서 근로기준법 제23조제1항의 「정당한 이유」가 있는 경우에 한하여 해고하거나 본채용을 거부할 수 있다. 이 경우 「정당한 이유」라 함은 통상의 해고보다는 폭넓게 인정되나 최소한 해고 또는 본채용이 거부되기에 충분한 객관적이고 합리적인 이유가 존재하여 사회통념상 상당하다고 인정되는 경우를 의미한다.[15)

| 관 련 판 례 | **대판 2015. 11. 27, 2015두48136** 시용기간중에 있는 근로자를 해고하거나 시용기간 만료시 본계약의 체결을 거부하는 것은 사용자에게 유보된 해약권의 행사로서 당해 근로자의 업무능력, 자질, 인품, 성실성 및 업무 적격성을 관할·판단하려는 시용제도의 취지·목적에 비추어 볼 때에 보통의 해고보다는 넓게 인정되나, 이 경우에도 객관적으로 합리적인 이유가 존재하여 사회통념상 상당하다고 인정되어야 할 것이다. |
|---|---|

예컨대, 시용기간중 업무수행능력이 다른 근로자에 비하여 부족하거나, 업무수행에 부적합할 경우 또는 경력·학력의 현저한 허위기재 등은 본채용의 거부사유에 해당된다.

---

15) 대판 1992. 8. 18, 92다15710; 대판 1994. 1. 11, 92다44695; 대판 1999. 2. 23, 98두5965; 대판 2001. 2. 23, 99두10889; 대판 2006. 2. 24, 2002다62432; 대판 2006. 6. 30, 2005다21531; 대판 2015. 11. 27, 2015두48136.

## Ⅳ. 수습(修習)

### 1. 의    의

광의의 수습의 개념은 좁은 의미에서의 수습과 시용으로 나누어 볼 수 있다. 좁은 의미의 수습이라 함은 정식의 근로계약체결 후에 근로자의 근무능력이나 사업장에서의 적응능력을 향상시키기 위하여 설정되는 근로관계를 말한다.

### 2. 근로기준법의 적용

수습근로자도 근로계약이 체결된 근로자이므로 근로기준법의 규정이 전면적으로 적용된다. 따라서 수습근로자도 근로기준법 제23조상의 정당한 이유가 없이는 해고하여서는 아니 된다. 다만 ⅰ) 수습근로자로서 3개월 미만인 자에 대하여는 해고예고 관련조항이 적용되지 아니하며(근로기준법 제35조), ⅱ) 1년 이상의 기간을 정하여 근로계약을 체결하고 수습을 시작한 지 3개월 이내인 자에 대하여는 일반 최저임금과 다른 금액으로 최저임금을 정할 수 있다(최저임금법 제5조제2항).

# 제5장 근로계약과 당사자의 권리 및 의무

## 제1절 의 의

### I. 개 요

근로계약이 체결되는 경우 당사자간의 대표적인 권리·의무는 i ) 근로제공에 대한 근로자의 근로제공 의무 및 사용자의 근로수령 권리와, ii ) 임금지급에 대한 근로자의 임금수령 권리 및 사용자의 임금지급 의무로 볼 수 있다. 또한 근로자는 충실의무를, 사용자는 배려의무를 부담하고 있다.

### II. 법적 성질

근로계약에 따라 근로자는 근로제공 의무와 사용자는 임금지급 의무를 부담하고 있다는 데에 이설이 없다. 그러나 과연 근로계약의 체결에 따라 근로자가 충실의무를, 사용자가 배려의무를 부담하고 있는지의 여부에 관하여는 다양한 견해가 제기되고 있다.[1]

#### 1. 학 설

##### (1) 긍 정 설

###### (가) 완전긍정설

완전긍정설에 의하면 근로계약에는 근로제공의무 및 임금지급의무 이외에도 충실의무 및 배려의무가 별도로 존재한다고 한다. 이러한 충실의무 및 배려의무의 존재는 근로계약의 채권계약적 성질에 근거하는 것이 아니라 인간계약적 성질에서 도

---

1) 상세한 내용은 이영희, 노동법, p. 433 이하 참조.

출되고 있다고 한다.

완전긍정설은 근로관계를 단순히 채권·채무관계만으로 파악하지 아니하고 채권관계 및 인간관계가 혼합된 복합적 관계로 파악하는「인간관계설」의 입장에서 대체로 제기되고 있다.

### (나) 제한긍정설

제한긍정설에 의하면 충실의무 및 배려의무의 존재는 채권계약상의 성실의무 또는 보호·주의의무에 그 근거를 두고 있으며, 충실의무 및 배려의무를 근로제공의무 및 임금지급의무의 종된 의무 또는 부수적 의무로 파악하고 있다. 제한긍정설은 충실의무 및 배려의무를 인정하고 있다는 점에서는 완전긍정설과 일치하나, 완전긍정설이 충실의무 및 배려의무의 근거를 인간적 근로관계에서 찾고 있는 데에 반하여 제한긍정설은 그 근거를 채권적 근로관계에 두고 있다는 점에서 구별되고 있다. 제한긍정설은 대체로 근로관계를 순수한 채권관계로 파악하는「채권관계설」의 입장에서 제기되고 있다.

### (2) 부 정 설

부정설에 의하면 근로계약에는 채권계약상의 근로제공의무 및 임금지급의무 이외에 충실의무 및 배려의무는 포함되지 아니한다고 한다. 이러한 견해는 근로자의 충실의무는 근로자의 사용자에 무제한적인 인적 구속을 초래하고 사용자의 배려의무는 그 내용이 불명확하므로 구체적인 법적 의무로 존재할 수 없다고 한다.

### 2. 사   견

사견으로는 완전긍정설의 입장에서 충실의무 및 배려의무를 근로계약상 근로제공의무 및 임금지불의무와는 별개의 독립된 의무로 보고자 한다. 다만, 이러한 충실의무 및 배려의무가 민법상의 성실의무에서도 도출될 수 있다는 점을 부정하는 것은 아니며, 충실의무 및 배려의무는 인간적 근로관계는 물론 채권적 근로관계에서도 모두 도출된다고 본다.

# 제2절 근로자의 의무

근로자의 의무는 크게 근로제공의무와 충실의무로 구분하여 볼 수 있다.

## I. 근로제공의무

### 1. 의　의

근로자는 근로계약에 따라 사용자에게 근로를 제공하여야 할 의무를 부담한다.[2]
근로자가 근로의무를 이행한다는 것은 반드시 근로를 실제로 제공하여야 하는
것을 의미하는 것은 아니며, 근로자 자신의 노동력을 사용자의 지휘·명령하에 처분
가능한 상태에 두는 것으로 충분하다.[3]

예컨대, 병원의 간호사가 손님이 없는 동안 대기상태에 있는 것도 근로를 제공하
고 있는 것에 해당된다.

근로제공의무의 내용은 크게 ⅰ) 근로자가 자신의 의사에 반하여 반드시 근로제
공의 의무를 부담하는지의 여부와, ⅱ) 근로자가 근로를 제공하는 경우 근로의 구체
적인 종류·내용·장소·시간 및 양·질은 과연 어떻게 결정되는지의 문제로 나누
어 볼 수 있다. 근로제공의무의 내용은 관련법령·단체협약·취업규칙·근로계약·
경영관행 및 사회통념 등에 의하여 결정된다.

근로기준법 등의 관련법령은 근로제공의무에 관하여 근로자를 보호한다는 취지
에서 근로자에 대한 강제근로를 금지시키고 있으며, 또한 근로시간을 제한하여 근로
자의 노동력을 보호하고 있다. 한편, 근로제공의 구체적인 종류·내용·장소·시간
및 양·질에 관하여는 당사자가 관련법령에 위배되지 아니하는 범위 안에서 단체협
약·취업규칙 및 근로계약 등에 의하여 이를 자유로이 약정할 수 있는 것이 원칙이
며,[4] 이러한 약정이 없는 경우에는 근로계약의 취지, 경영관행 및 사회통념 등에 의
하여 결정되는 것이 원칙이다.

---

2) 대판 1991. 6. 25, 90누2246.
3) 작업대기상태란 통상적으로 사용자의 지시에 응할 수 있는 일정한 장소적 범위 내에서 작업준비의
상태를 갖추고 있는 것으로 충분하다(대판 1965. 2. 4, 64누162; 법무 811－28682, 1980. 5. 15).
4) 상세한 내용은 김형배, 근로기준법, p. 110 이하; 박홍규, 노동법, p. 369 이하 참조.

## 2. 주요내용

### (1) 강제노동의 금지

근로자는 근로계약에 따라 근로제공의 의무를 부담한다. 그러나 근로자의 의사에 반한 강제근로는 금지된다. 근로기준법 제6조는 사용자는 근로자의 자유의사에 반하는 근로를 강요하지 못한다고 규정하고 있다. 따라서, 근로자는 원하지 아니하는 경우 다음과 같이 근로를 제공하지 아니하여도 무방하다.

첫째, 근로자는 근로계약을 종료시키는 사직의 자유를 갖는다. 기간의 정함이 없는 근로계약의 경우 근로자는 아무런 손해배상책임도 부담하지 아니하고 자유로이 사직할 수 있다. 기간의 정함이 있는 근로계약의 경우에도 근로자는 자유로이 사직할 수 있으며, 다만 근로계약 위반으로 인한 손해배상책임만을 부담할 뿐이다.

둘째, 근로자는 근로계약의 존속기간중에도 일정한 경우 근로를 제공하지 아니할 수 있다. 예컨대, 근로의 제공이 관련법령·단체협약·취업규칙 및 근로계약 등에서 정한 사항에 위배되는 경우에는 사용자가 근로의 제공을 요구하는 경우에도 이를 거부할 수 있다. 무단결근·지각 등 근로자의 귀책사유로 인한 근로제공불이행의 경우에도 사용자는 근로자에게 근로제공의 이행을 강제할 수 없으며, 단지 손해배상책임 또는 징계책임만을 물을 수 있을 뿐이다.

### (2) 근로시간의 법정

근로기준법 제4장 및 제5장은 법정근로시간 및 휴식을 규정함으로써 근로시간에 대한 법적 제한을 부과하고 있다. 이는 근로자의 장시간 근로방지를 통하여 노동력을 보호함과 동시에, 근로자가 여가선용을 통하여 인간다운 생활을 영위할 수 있도록 하려는 취지이다.

당사자는 이러한 법정근로시간을 위배하지 아니하는 범위 안에서 단체협약·취업규칙 및 근로계약에 의하여 근로시간을 정하여야 한다.

### (3) 근로삼권의 행사와 근로제공의무

근로자의 근로제공의무는 헌법 제33조에 의한 근로삼권의 행사와 다음과 같은 관점에서 논의되고 있다.

첫째, 노조전임자의 인정 여부 문제이다. 노조전임자라 함은 근로시간중에 근로제공을 하지 아니하고 노동조합활동만을 전담하는 노동조합의 임원을 말한다. 노조전임자도 근로자로서 근로제공의 의무를 부담하는 것이 원칙이므로 노조전임자의 인정 여부는 소위 임의교섭대상으로서 사용자가 원하는 경우에 한하여 단체교섭 등을 통하여 결정하는 것이 원칙이다.

둘째, 근로시간중의 단체교섭 허용 문제이다. 단체교섭은 근로시간 이외의 시간에 행하는 것이 원칙이다. 그러나 사용자가 이를 허용하거나 당사자가 합의하는 경우에는 근로시간중에도 단체교섭을 행할 수 있다. 사용자가 근로시간중에 단체교섭을 허용하는 것은 노동조합법 제81조상의 부당노동행위에 해당되지 아니한다.

셋째, 쟁의행위중의 근로제공의무 문제이다. 파업은 그 본질상 근로자가 사용자에 대하여 근로제공을 거부하는 행위이다. 파업은 헌법상 기본권이므로, 근로자가 파업을 하는 경우에도 근로제공의무의 불이행으로 인한 민사·형사상의 책임을 부담하지 아니한다.

### (4) 유해·위험작업

근로의 내용이 근로자에게 유해·위험한 경우 근로자는 근로제공의 중지를 사용자에게 요청할 수 있다. 이 경우 근로제공을 거부하여도 근로계약 위반으로 인한 손해배상책임을 부담하지 아니하는 것이 원칙이다. 산업안전보건법은 산업재해발생의 급박한 위험이 있을 때 또는 중대재해가 발생하였을 때에는 ⅰ) 사용자는 즉시 작업을 중시시키고 근로자를 작업장소로부터 대피시키도록 의무화하고 있으며(동법 제51조), ⅱ) 근로자가 스스로 작업을 중지하고 대피할 수 있으며, 대피한 경우에는 이를 직상급자에게 보고하고 직상급자로 하여금 적절한 조치를 취하도록 규정하고 있다 (동법 제52조).

### (5) 보직청구권[5]

(가) 의  의

보직청구권이라 함은 근로제공의 의무가 있는 근로자가 근로를 제공하고자 하는 의사와 능력이 있음에도 불구하고 사용자가 근로자에게 업무를 주지 아니하는 경우 근로자가 사용자에게 업무를 수행할 수 있도록 보직을 청구할 수 있는 권리를 말한다. 예컨대, ⅰ) 사용자가 근로계약은 체결하였으나 업무를 주지 아니하는 경우, ⅱ) 근로자를 해고는 하지 아니하였으나 직위해제한 경우, ⅲ) 근로자의 휴직 또는 출근

---

5) 김형배, 근로기준법, pp. 230~232; 박홍규, 노동법, pp. 371~375 참조. 보직청구권을 김형배 교수 및 임종률 교수는 취업청구권, 박홍규 교수는 취로청구권이라고 부르나, 취업청구권은 취업의 기회를 청구하는 권리와 혼동될 수 있다는 점에서, 취로청구권은 일본식 용어로서 우리나라의 근로관계에서 사용되지 아니하는 용어라는 점에서 이하에서는 보직청구권이라고 부르기로 한다.

정지 등의 사유가 종료되거나 또는 법원에 의하여 해고무효처분이 내려진 경우에도 근로자에게 복직을 시키지 아니하는 경우 과연 근로자가 자신에게 보직을 줄 것을 사용자에게 청구(복직청구권)할 수 있는가의 문제이다.

### (나) 법적 성질

근로자가 보직청구권을 갖고 있는지에 관하여는 다양한 견해가 제기되고 있다.

### ① 학  설

㉠ 긍정설      긍정설은 근로관계의 존재가 단순히 근로자와 사용자 간의 채권·채무관계만을 의미하는 것이 아니라 근로자의 노동을 통한 인격실현의 과정이라는 측면을 중시함으로써 보직청구권을 인정하고 있다. 독일의 다수설6) 및 우리나라 판례7)의 태도이다.

이러한 견해는 사용자가 근로자에게 근로는 시키지 아니하는 경우 임금 지급을 하였다 할지라도 이는 근로자의 권리를 침해하는 것이 된다고 한다.

**관 련**
**판 례**   대판 1996. 4. 23, 95다6823    사용자가 정당한 이유 없이 근로자의 근로제공을 계속적으로 거부하는 경우에는 근로자의 인격적 법익을 침해하는 것이므로 사용자는 이에 대한 손해배상책임을 부담한다.

㉡ 부정설      부정설은 근로는 근로계약상의 의무에 불과하고 권리가 아니므로 보직청구권이 법률규정 또는 근로계약상 당사자간의 약정에 의하여 명시된 경우를 제외하고는 근로자의 보직청구권이 인정되지 아니한다고 한다. 일본의 다수설이다.8)

이러한 견해에 의하면 사용자가 근로자에게 근로의 기회는 부여하지 아니하였으나 임금은 지급하였다면 이는 사용자의 근로계약상의 의무를 이행한 것이므로 아무런 책임도 부담하지 아니한다고 한다.

② 사  견:      원칙적으로 보직청구권을 인정하는 긍정설에 찬동한다. 근로관계는 근로자와 사용자 간의 채권·채무관계에 불과한 것이 아니라 이는 인간관계도 형성하고 있다. 근로자는 회사에 취업한 후 회사에서 일상생활의 대부분을 보내고 있고, 회사 내의 상사 및 동료 등과 고유한 인간관계를 형성하고 있으며 또한, 회사의 업무는 자신의 능력과 인격을 향상시키는 기회가 된다. 따라서, 근로자에게 업무를 부여하지 아니하는 것은 소속된 사회에서 명백히 인격의 존엄성을 침해당하는

---

6) Hueck‒Nipperdey, Lehrbuch, Bd. Ⅰ, S. 380; Nikisch, ArbR, Bd. Ⅰ, S. 513; 박홍규, 노동법, p. 373.

7) 대판 1993. 12. 21, 93다11463; 대판 1994. 2. 8, 92다893; 대판 1996. 4. 23, 95다6823.

8) 菅野, 勞働法, p. 60; 임종률, 노동법, p. 347; 김형배, 근로기준법, p. 231.

것이며 자신의 능력과 인격을 향상시킬 수 있는 기회를 박탈당하는 것이다.

### (다) 보직청구권과 인사상의 불이익

근로관계의 존재가 근로자의 능력이나 기술의 습득·유지 또는 향상을 위한 경우 사용자가 근로자에게 업무를 주지 아니한다면 이는 명백히 근로자에게 손해를 주게 된다. 따라서, 이러한 경우는 근로계약상 당사자간의 묵시적 약정에 의하여 근로자에게 보직청구권이 인정된다고 보아야 할 것이다.9) 예컨대, 견습용, 기술자, 연구원, 배우 및 수련의 등이 이에 해당된다.

그러나 근로관계의 존재가 위와 같이 근로자의 능력이나 기술의 습득 유지 또는 향상을 위한 경우가 아닐지라도 사용자가 근로자에게 업무를 주지 아니하는 경우 이 역시 근로자에게 손해를 주게 된다고 보아야 할 것이다. 이는 근로기준법 제6조의 근로자의 균등대우원칙 및 제23조제1항의 정당한 이유 없는 정직·휴직금지에 위배될 뿐 아니라, 기업관행상 근로자에 대한 해고의 압력수단 등 인사상의 불이익 조치로 사용되는 것이 일반적이다. 따라서, 근로자에게 업무를 주지 아니하는 사용자의 행위가 근로자를 해고하기 위한 간접적·묵시적 압력으로 사용되는 경우에는 근로기준법 제23조제1항에 규정된 정직·휴직·해고의 「정당한 이유」에 해당되어야 된다.

## Ⅱ. 충실의무

근로자는 근로제공의무 이외에도 사용자에 대한 충실의무를 부담한다. 충실의무라 함은 사용자 또는 경영상의 이익이 침해되지 아니하도록 특정행위를 하여야 하는 작위의무와 특정행위를 하여서는 아니되는 부작위의무를 말한다. 충실의무의 개념 및 범위는 근로관계의 내용에 따라 구체적·개별적으로 판단되어야 한다. 근로자의 충실의무에는 대체로 ⅰ) 사용자의 지휘·명령에 따라야 하는 명령이행의무, ⅱ) 근로자가 사용자의 이익을 보호하고 이를 침해하여서는 아니되는 성실의무, ⅲ) 최선을 다하여 근로를 제공하여야 하는 직무전념의무, ⅳ) 근로자가 업무상 지득한 기업비밀을 외부에 누설하지 아니할 비밀유지의무,10) ⅴ) 근로자가 사업주와 경쟁이 될 수 있는 동종 또는 유사한 사업을 하여서는 아니 된다는 경업금지의무11) 및 기

---

9) 김형배, 근로기준법, p. 231.

10) 비밀유지의무에 관하여 근로기준법은 아무런 명문의 규정도 두고 있지 아니하나, 「부정경쟁방지법」은 영업비밀침해행위에 대한 예방청구권·손해배상청구권 및 신용회복청구권을 규정하고 있다.

11) 경업금지의무를 「경업피지의무」라고도 한다(김형배, 근로기준법, p. 136). 경업금지의무에 관하여

타  vi) 회사의 사회적 신용을 훼손하지 아니할 의무 등이 이에 해당된다.[12]

# 제 3 절  사용자의 의무

사용자의 의무는 크게 임금지급의 의무와 배려의무로 구분하여 볼 수 있다.

## Ⅰ. 임금지급의무

### 1. 의    의

사용자는 근로계약에 따라 근로자에게 임금을 지급하여야 할 의무를 부담한다. 임금은 근로자가 제공한 근로에 대한 반대급부로서 지급되는 것이므로 근로자가 근로를 제공하지 아니하는 경우 사용자 역시 임금을 지급하지 아니하는 것이 원칙이다. 그러나 근로를 제공하지 아니하는 경우에도 임금이 지급되는 경우가 있다. 예컨대, 유급휴일·유급휴가 및 유급휴직 등이 이에 해당된다.

임금지급의무의 내용은 관련법령·단체협약·취업규칙·근로계약·경영관행 및 사회통념에 의하여 결정된다. 관련법령은 근로자의 임금을 보호한다는 취지하에 최저임금법은 최저임금의 보호를, 근로기준법은 임금액 및 임금지급방법 등에 관하여 규정하고 있다. 한편, 임금지급의 구체적인 산정방법 및 임금지급의 시기·장소 등에 대하여는 당사자가 관련법령에 위배되지 아니하는 범위 안에서 단체협약·취업규칙 및 근로계약 등에 의하여 자유로이 약정할 수 있으며, 이러한 약정이 없는 경우에는 근로계약의 취지·경영관행 및 사회통념에 의하여 결정되는 것이 원칙이다.

### 2. 주요내용

#### (1) 무노동·무임금의 원칙

근로자가 근로를 제공하지 아니하는 경우, 사용자는 임금지급의 의무를 부담하지 아니한다. 이를 「무노동·무임금의 원칙」이라고 한다. 무노동·무임금의 원칙과 관

---

근로기준법은 명문의 규정을 두고 있지 아니하나, 상법에서 이를 제한적으로 규정하고 있다. 상법 제17조는 "상업사용인은 영업주 허락 없이 자기 또는 제3자의 계산으로 영업주의 영업부류에 속한 거래를 … 하지 못한다"라고 규정하여 상법사용인이 고용중에 사용주의 영업부류에 속하는 행위를 하지 못하도록 금지하고 있다.

12) 상세한 내용은 박홍규, 노동법, p. 378 이하 참조.

제 2 부  개별적 근로관계

련된 주요 문제로서 ⅰ) 파업시의 임금지급 여부와 ⅱ) 노조전임자의 임금지급 여부가 대두되고 있다.

### (가) 파업시의 임금지급

파업은 그 본질상 근로자가 근로의 제공을 거부하는 것이므로, 사용자는 무노동·무임금의 원칙에 따라 임금지급의 의무를 부담하지 아니하는 것이 원칙이다. 다만, 이 경우 지급되지 아니하는 임금의 범위에 관하여는 견해의 대립이 있는 바, 이에 관하여는 후술한다.

### (나) 노조전임자의 임금지급

노조전임자는 근로를 제공하지 아니하고 노조업무만을 전담하므로 사용자는 무노동·무임금의 원칙에 따라 임금지급의 의무를 부담하지 아니하는 것이 원칙이다. 노조전임자는 전임기간 동안 사용자로부터 어떠한 급여도 받아서는 아니되며(노동조합법 제24조제2항), 사용자의 노조전임자에 대한 임금지급은 부당노동행위가 되나, 근로시간면제가 허용된 경우는 예외로 한다(동법 제81조제4호).

### (2) 감급(減給)·감봉

사용자는 근로자가 근로를 제공한 경우에도 근로기준법 제23조제1항에 의한 정당한 이유가 있는 경우에는 징계·제재의 수단으로 감급 또는 감봉조치를 취함으로써 임금의 일부를 지급하지 아니할 수 있다. 다만, 취업규칙에서 감급의 제재를 정할 때에는 그 감액은 1회의 금액이 평균임금의 1일분의 반액을 초과하거나, 총액이 1임금지급기에 있어서의 임금총액의 10분의 1을 초과하지 못한다(근로기준법 제95조).

### (3) 휴업수당

사용자의 귀책사유로 인하여 휴업하는 경우 근로자는 근로제공의 의무를 이행하고자 하여도 그 이행이 불가능하게 된다. 이러한 경우 근로자가 비록 근로를 제공하지 아니하였다 할지라도 사용자는 근로기준법 제46조에 따라 휴업기간중 근로자에게 평균임금의 70퍼센트 이상에 해당하는 수당을 지급하여야 한다(근로기준법 제46조본문).

## Ⅱ. 배려의무

사용자는 임금지급의무 이외에도 근로자에 대한 배려의무를 부담한다. 배려의무의 개념 및 범위는 근로관계의 내용에 따라 구체적·개별적으로 판단되어야 하는 것이 원칙이나, 대체로 회사 종업원으로서의 근로자를 전반적으로 보호하고, 근로자의 이익을 침해하지 아니할 의무를 의미한다고 하는 것이다.

배려의무에는 일반적으로 ⅰ) 근로자의 생명 및 신체를 업무상의 위험·위해로부터 보호하여야 하는 안전배려의무,[13] ⅱ) 사용자는 신의칙에 근거하여 위법한 해고의 의사표시를 하여서는 아니 된다는 위법해고회피의무,[14] ⅲ) 사업장 내에서 근로자의 소지품이 도난·훼손되지 아니하도록 하는 보관의무[15] 등이 해당된다.

---

13) 대판 1989. 8. 8, 88다카33190.
14) 박홍규, 노동법, p. 387.
15) 김형배, 근로기준법, p. 155.

제 *3* 편

# 근로관계의 내용

노 동 법

# 제1장 임 금

## 제1절 의 의

임금은 근로자의 생존과 직결되어 있으므로 근로조건 중에서 가장 중요한 위치를 차지하고 있다. 또한, 임금은 근로시간·휴일·휴가 및 휴업수당 등 다수의 근로조건과도 밀접한 관련을 맺고 있다. 따라서 임금문제는 근로자의 근로조건을 정하는 근로기준법에 있어서 가장 중요한 보호의 대상이 되고 있다.[1]

## 제2절 임금·통상임금 및 평균임금

근로기준법은 임금·통상임금 및 평균임금 등 세 가지 형태의 임금에 관하여 규정하고 있다.

### I. 임 금

#### 1. 관련규정

**근로기준법 제2조 [정의]** 5. "임금"이란 사용자가 근로의 대가로 근로자에게 임금, 봉급, 그 밖에 여하한 명칭으로든지 지급하는 일체의 금품을 말한다.

---

1) 임금의 중요성을 감안하여 임금기준은 국내는 물론 국제적으로도 보호되어 ILO에까지 반영되어 있다. 예컨대, 1928년 「최저임금결정제도의 설정에 관한 조약」(제26호), 1949년 「임금보호에 관한 조약」(제95호), 1970년 「최저임금결정에 관한 조약」(제131호) 및 「동권고」(제135호) 등이 채택되어 있다.

## 2. 임금의 개념

임금은 ① 사용자가 근로자에 지급하는, ② 근로의 대가로서, ③ 명칭과는 상관없이 지급되는 일체의 금품을 말한다(근로기준법 제2조제5호).

### (1) 사용자가 근로자에게 지급

임금은 사용자로부터 근로자에게 지급되어야 한다. 따라서, 사용자가 아닌 제3자가 지급하였다면 이를 근로기준법상의 「임금」이라고 할 수 없다. 예컨대, 접객업소 또는 골프장 등에서 접객부 또는 캐디가 손님으로부터 받는 봉사료 또는 팁은 사용자가 지급하는 것이 아니므로 임금으로 보지 아니하는 것이 원칙이다.[2] 그러나 봉사료 또는 팁을 사용자가 손님으로부터 일단 받은 후 이를 나중에 근로자에게 분배하는 경우에는 근로기준법상의 임금이라고 볼 수 있다.[3]

택시 기사의 초과운송수입금은 외형상 승객인 제3자가 지급하지만, 실제로는 사용자가 받은 운송수입금 전체에서 일정액을 공제하고 나머지 금액을 기사에게 지급하는 것이므로 임금에 해당된다고 볼 것이다.[4]

산재보험·의료보험·국민연금·고용보험 등 각종 사회보험제도에 의하여 지급되는 보험급여는 사용자가 지급하는 것이 아니므로 임금에 해당되지 아니한다.[5]

업무집행권을 가진 이사 등 근로자가 아닌 임원에게 지급되는 보수, 순수한 훈련생에게 지급되는 금품, 또는 학습지교사, 레미콘운송업자, 보험설계사, 골프장캐디 등의 특수 고용직에게 지급되는 보수 등은 근로자에게 지급되는 것이 아니므로 임금에 해당되지 아니한다.[6]

### (2) 근로의 대가

근로의 대가라 함은 사용종속관계 아래서 제공되는 근로에 대한 보상을 의미한다. 즉, 근로자가 사용자의 지휘·명령하에서 제공한 근로에 대한 반대급부라고 할 수 있을 것이다.

어떤 금품이 근로의 대상으로 지급된 것인지의 여부를 판단하는 기준은 ⅰ) 그

---

2) 박상필, 노동법, p. 194; 김형배, 근로기준법, p. 162.
3) 박상필, 노동법, p. 216; 대판 1992. 4. 28, 91누8104(골프장캐디의 봉사료도 사용자가 고객으로부터 일괄 납부받고 시설이용료와 봉사료를 구분하지 아니하고 영수증을 발행한 경우, 동 봉사료는 임금에 해당된다).
4) 대판 1993. 12. 24, 91다36192. 하갑래, 근로기준법, p. 412.
5) 임종률, 노동법, p. 392; 대판 1994. 7. 29, 92다30801.
6) 하갑래, 근로기준법, p. 412.

금품지급의무의 발생이 근로제공과 직접적으로 또는 밀접하게 관련된 것으로 볼 수 있어야 하고, ⅱ) 이러한 관련 없이 그 지급의무의 발생이 개별 근로자의 특수하고 우연한 사정에 의하여 좌우되는 경우에는 그 금품의 지급이 단체협약·취업규칙·근로계약 등이나 사용자의 방침 등에 의하여 이루어진 것이라 하더라도 그러한 금품은 근로의 대상으로 지급된 것으로 볼 수 없다.[7)]

| 관 련<br>판 례 | 대판 2004. 5. 14, 2001다76328   근로자 개인의 실적에 따라 결정되는 성과급은 지급조건과 지급시기가 단체협약 등에 정하여져 있다고 하더라도 지급조건의 충족 여부는 근로자 개인의 실적에 따라 달라지는 것으로서 근로자의 근로제공 자체의 대상이라고 볼 수 없으므로 임금에 해당된다고 할 수 없다. |
|---|---|

예컨대 ⅰ) 단체협약·취업규칙 또는 관례·관행에 따라 지급되는 급식비·교육비·급식수당·체력단련비·가족수당, ⅱ) 퇴직금 및 휴업수당 또는 ⅲ) 정기적·제도적으로 지급되고 지급액이 확정되어 있는 상여금, ⅳ) 유급휴일 및 연차 유급휴가 기간중에 지급되는 급여 등은 근로의 대가로서 임금에 포함된다.[8)]

그러나 ⅰ) 근로자의 개인적인 길흉화복을 이유로 지급되는 임의적·의례적인 경조금 및 위문금, ⅱ) 해고예고에 대신하여 지급되는 해고수당, ⅲ) 회사창립일 등 축일에 호의적으로 특별히 지급하는 금품 또는 ⅳ) 장비구입비, 출장비, 판공비 및 업무비용 등과 같이 실비변상적인 금품은 근로의 대가가 아니므로 임금이 아니다.[9)]

### (3) 명칭과는 무관

사용자가 근로자에게 근로에 대한 대가로 금품을 지급하면 그 명칭과 관계 없이 임금이 된다. 따라서 근로기준법 제2조제5호에서 「임금, 봉급…」이라고 표현한 것은 임금에 포함되는 금품의 여러 가지 형태를 예시한 데 불과하다. 따라서 수당·퇴직금·정보비 및 복리후생비 등 명칭만을 가지고 임금에의 해당 여부를 판단하여서는 아니되며 구체적으로 근로에 대한 대가로 지급되었는지의 여부를 살펴보아 판단하여야 한다.

제2부 개별적 근로관계

---

7) 대판 2004. 5. 14, 2001다76328.

8) 대판 1982. 10. 26, 82다카342; 대판 1982. 11. 23, 81다카1275; 대판 1983. 2. 8, 81다카1140; 대판 1989. 4. 11, 87다카2901; 대판 1990. 2. 27, 89다카2292; 대판 1990. 11. 27, 90다카10312.

9) 대판 1976. 1. 27, 74다1588; 대판 1990. 11. 27, 90다카10312; 근기 1455-37763(1981. 12. 22).

## Ⅱ. 통상임금과 평균임금

### 1. 통상임금

#### (1) 관련규정

> 근로기준법시행령 제6조 [통상임금] ① 법과 이 영에서 "통상임금"이란 근로자에게 정기적이고 일률적으로 소정근로 또는 총근로에 대하여 지급하기로 정한 시간급금액, 일급 금액, 주급 금액, 월급 금액 또는 도급 금액을 말한다.

근로기준법은 통상임금이라는 개념을 사용하고 있으나 이에 관한 아무런 정의도 아니하고 있으며 동법시행령에서 이를 정의하고 있다.

#### (2) 통상임금의 개념

통상임금이라 함은 근로자에게 정기적·일률적으로 소정근로 또는 총근로에 대하여 지급하기로 정하여진 시간급금액·일급금액·주급금액·월급금액 또는 도급금액을 말한다(근로기준법시행령 제6조제1항).

통상임금은 근로계약에서 정한 소정의 근로를 제공하면 확정적으로 지급되는 임금으로서 소정근로시간에 통상적으로 제공하는 근로의 가치를 금전적으로 평가한 것이다.[10]

#### (3) 통상임금의 판단기준

어떠한 임금이 통상임금에 해당하는지의 여부는 명확하지 아니한 바 이를 대법원 판례를 중심으로 설명하면 다음과 같다.[11] 일반적으로 통상임금은 소정근로의 대가로서 정기성·일률성·고정성을 갖추어야 한다.

##### (가) 소정근로의 대가

통상임금은 소정근로의 대가로서 지급되는 임금을 의미하며 이는 "소정근로시간에 통상적으로 제공하기로 정한 근로에 관하여 사용자와 근로자가 지급하기로 약정한 금품"을 말한다.[12]

따라서, ⅰ) 근로자가 소정근로시간을 초과하여 근로를 제공하여 지급받는 임금, ⅱ) 근로계약에서 제공하기로 정한 근로 외의 근로를 특별히 제공함으로써 사용자로

---

10) 대판 2013. 12. 18, 2012다89399.
11) 대판 2013. 12. 18, 2012다89399; 대판 2013. 12. 18, 2012다94643.
12) 대판 2013. 12. 18, 2012다89399.

부터 추가로 지급받는 임금, ⅲ) 소정근로시간의 근로와는 관련 없이 지급받는 임금 등은 소정근로의 대가로 볼 수 없으므로 통상임금에 해당되지 아니한다.13) 근로계약 에서 정한 근로가 아닌 연장근로, 야간근로 및 휴일근로 등 특별한 근로를 제공하고 추가로 지급받은 임금은 통상임금에 해당되지 아니한다.

모든 임금은 근로의 대가인 것이 원칙이다. 소정 근로의 양과 질과 전혀 관련이 없는 은혜적 수당은 통상임금에서 제외된다.

예컨대 사용자가 선택적 복지제도를 시행하면서 직원 전용 온라인 쇼핑사이트에 서 물품을 구매하는 방식 등으로 사용할 수 있는 복지포인트를 단체협약 또는 취업 규칙 등에 근거하여 근로자들에게 계속적·정기적으로 지급한 경우라고 할지라도 그것이 근로의 대상으로 지급된 것으로 볼 수 없다면 이러한 복지포인트는 임금에 해당하지 않고, 따라서 통상임금에도 해당하지 않는다.14)

> **관 련**
> **판 례**
>
> 대판 2019. 8. 22, 2016다48785(전원합의체)    [다수의견] 사용자가 근로자에게 지급하는 금품이 임금에 해당하려면 먼저 그 금품이 근로의 대상으로 지급되는 것 이어야 하므로 비록 금품이 계속적·정기적으로 지급된 것이라 하더라도 그것이 근로의 대상으로 지급된 것으로 볼 수 없다면 임금에 해당한다고 할 수 없다. 여 기서 어떤 금품이 근로의 대상으로 지급된 것이냐를 판단함에 있어서는 금품지급 의무의 발생이 근로제공과 직접적으로 관련되거나 그것과 밀접하게 관련된 것으로 볼 수 있어야 한다.
>
> 사용자가 선택적 복지제도를 시행하면서 직원 전용 온라인 쇼핑사이트에서 물 품을 구매하는 방식 등으로 사용할 수 있는 복지포인트를 단체협약, 취업규칙 등 에 근거하여 근로자들에게 계속적·정기적으로 배정한 경우라고 하더라도, 이러한 복지포인트는 근로기준법에서 말하는 임금에 해당하지 않고, 그 결과 통상임금에 도 해당하지 않는다.

### ⑷ 정기성·일률성·고정성

통상임금은 정기성·일률성·고정성을 갖추어야 한다. 근로기준법시행령은 정기 성·일률성만을 법적 요건으로 규정하고 있으나, 대법원 판례는 이에 고정성을 별도 의 요건으로 추가하고 있다.

① 정기성:    정기성이라 함은 미리 정해진 "일정한 기간"마다 정기적으로 지 급되는 것을 말한다. 이 경우 일정한 기간이 과연 어느 정도의 기간인지에 대하여 근로기준법령은 아무런 기준도 제시하지 않고 있다.

근로기준법 제43조제2항 본문은 "임금은 매월 1회 이상 일정한 날짜를 정하여

---

13) 대판 2013. 12. 18, 2012다89399.
14) 대판 2019. 8. 22, 2016다48785(전원합의체); 대판 2019. 11. 28, 2019다261084.

지급하여야 한다"고 규정하고 있다. 따라서, 매월 1회 이상 지급되는 임금이 통상임금에 해당한다는 점에는 의문의 여지가 없다. 그러나, 1개월을 초과하는 기간마다 지급되는 임금은 동조의 규정에 부합하지 아니 하므로 통상임금에 해당하는지의 여부에 관하여 의문이 제기될 수 있다. 이에 대하여 대법원 판례는 "임금이 1개월을 넘는 기간마다 정기적으로 지급되는 경우, 이는 노사간의 합의 등에 따라 임금이 1개월을 넘는 기간마다 분할지급되고 있는 것일 뿐이며, 그 지급주기가 1개월을 넘는다는 사정만으로 그 임금이 통상임금에서 제외된다고 할 수는 없다"고 판결하고 있다.[15] 따라서, 임금의 지급기간이 2개월, 3개월, 6개월 또는 1년 등 1개월을 초과하여 지급되더라도 정기적으로 지급되는 것이면 통상임금이 될 수 있다.

　② **일률성:**　　　일률성이라 함은 임금이 '모든 근로자'에게 지급되는 것을 말한다. 이 경우 '일정한 조건 또는 기준에 달한 모든 근로자'에게만 지급되는 임금도 일률성을 갖추고 있는 것에 포함된다.[16]

　'일정한 조건 또는 기준'은 통상임금이 소정근로의 가치를 평가한 개념이라는 점을 고려할 때 작업 내용이나 기술, 면허, 경력 및 근속기간 등과 같이 소정근로의 가치 평가와 관련된 조건이어야 한다.[17] 예컨대, 근속기간에 따라 임금의 지급여부나, 임금 계산방법 또는 금액이 달라지는 경우에는 통상임금에 해당된다. 단체협약 및 취업규칙 등에서 휴직자, 복직자 또는 징계대상자에 대하여 임금 지급을 제한하고 있는 경우에도 이는 해당 근로자의 개인적 특수성을 고려한 것일 뿐이므로 정상적인 근로관계를 유지하고 있는 근로자에 대하여는 임금의 일률성이 부정되지 아니한다.

　가족수당 명목으로 모든 근로자에게 일정 금액이 지급되는 경우 가족수당은 통상임금에 포함된다. 가족수당이 부양가족이 있는 경우에만 지급되거나 부양가족 수에 따라 차등 지급되는 경우에는 소정근로의 가치평가와 관련된 일정한 조건 또는 기준에 따라 차등지급되는 것이 아니므로 일률성이 부정되어 통상임금에서 제외된다. 다만, 가족수당의 기본금액을 모든 근로자에게 동일하게 지급하면서 부양가족 수에 따라 추가적으로 지급하는 경우에는 그 기본금액은 통상임금에 해당된다.

　③ **고정성:**　　　고정성은 임금의 지급 여부가 업적, 성과 기타 추가적인 조건과 관계없이 사전에 이미 확정되어 있는 것을 말한다.

---

15) 대판 2013. 12. 18, 2012다89399.
16) 대판 2013. 12. 18, 2012다89399.
17) 대판 2013. 12. 18, 2012다89399.

관 련
판 례 **대판 2013. 12. 18, 2012다89399** … '고정성'이라 함은 '근로자가 제공한 근로에 대하여 그 업적, 성과 기타의 추가적인 조건과 관계없이 당연히 지급될 것이 확정되어 있는 성질'을 말하고, '고정적인 임금'은 '임금의 명칭 여하를 불문하고 임의의 날에 소정근로시간을 근무한 근로자가 그 다음 날 퇴직한다 하더라도 그 하루의 근로에 대한 대가로 당연하고도 확정적으로 지급받게 되는 최소한의 임금'이라고 정의할 수 있다.

매 근무일수에 비례하여 일정액이 지급되는 임금은 고정성이 인정되어 통상임금에 해당된다. 그러나, 실제 근무성적에 따라 지급 여부나 지급액이 달라지는 성과급과 같은 임금은 고정성이 없어 통상임금이 될 수 없다. 상여금이 경영실적이나 업무성적에 따라 변동지급되는 경우가 대표적인 경우에 해당된다. 다만, 성과급이 최소한 보장되는 고정적인 부분과 변동지급되는 부분으로 합산되어 지급되는 경우 고정적인 부분은 통상임금에 해당된다.

전년도 실적에 따라 다음 해에 지급되는 성과급의 경우 당해연도에는 금액이 확정되어 있으므로 고정성이 인정되나, 다만 지급시기만 늦춘 경우에는 일반 성과급처럼 고정성이 부정된다.

관 련
판 례 **대판 2013. 12. 18, 2012다89399** … 지급 대상기간에 이루어진 근로자의 근무실적을 평가하여 이를 토대로 지급여부나 지급액이 정해지는 임금은 일반적으로 고정성이 부정된다고 볼 수 있다. 그러나 근무실적에 관하여 최하 등급을 받더라도 일정액을 지급하는 경우와 같이 최소한도의 지급이 확정되어 있다면, 그 최소한도의 임금은 고정적 임금이라고 할 수 있다.

'추가적 조건'이란 업적 및 성과이외의 조건으로서 그 성취 여부가 불분명한 조건을 의미한다. 추가적인 조건의 충족여부에 따라 지급되거나, 또는 지급액이 달라지는 임금 부분은 고정성이 결여되어 있다 할 것이다. 예컨대, 임금 지급일 기타 특정 시점에 재직중인 근로자에게만 지급하는 임금은 고정성이 결여되어 통상임금에 해당되지 아니한다.[18] 그러나, 퇴직 시점까지의 근무일수에 비례하여 지급되는 임금은 통상임금에 포함된다. 매월 15일 이상 근무 등과 같이 일정 근무일수를 채워야만 지급되는 임금은 성취여부가 불분명하므로 통상임금에 해당하지 아니한다.

관 련
판 례 **2013. 12. 18, 2012다89399** … 매 근무일마다 일정액의 임금을 지급하기로 정함으로써 근무일수에 따라 일할계산하여 임금이 지급되는 경우에는 … 고정적 임금에 해당한다. 그러나 일정 근무일수를 충족하여야만 지급되는 임금은 소정근로를 제공하는 외에 일정 근무일수의 충족이라는 추가적인 조건을 성취하여야 비로

---

18) 대판 2013. 12. 18, 2012다89399; 대판 2013. 12. 18, 2012다94643.

소 지급되는 것이고, 이러한 조건의 성취여부는 임의의 날에 연장 · 야간 · 휴일 근로를 제공하는 시점에서 확정할 수 없는 불확실한 조건이므로 고정성을 갖춘 것이라 할 수 없다. … 근무일수가 15일 이상이면 특정 명목의 급여를 전액 지급하고, 15일 미만이면 근무일수에 따라 그 급여를 일할계산하여 지급하는 경우, 소정근로를 제공하기만 하면 최소한 일할계산되는 금액의 지급은 확정적이므로, 그 한도에서 고정성이 인정된다.

연장 · 야간 · 휴일 근로수당은 근로의 제공 여부가 확실하지 않으므로 고정성을 갖추고 있지 아니하여 통상임금에 포함되지 않는 것이 원칙이다. 그러나, 근로의 제공 여부가 단체협약, 취업규칙 또는 근로계약에 의하여 확정되어 있거나, 포괄임금계약 등을 체결하여 수당의 지급이 확정되어 있는 경우에는 고정성을 갖추고 있는 것으로 볼 수 있다.

### (4) 통상임금 제외 합의의 효력

#### (가) 기본원칙

노사가 특정 임금 또는 수당을 통상임금에 포함하거나 또는 포함하지 않기로 하는 내용의 단체협약을 체결하는 등 당사자간에 합의를 하는 경우가 있다. 노사합의에는 단체협약이나 취업규칙 등의 명시적 합의는 물론 묵시적 합의 또는 근로관행도 포함된다. 이러한 합의가 과연 유효한지의 여부가 문제시될 수 있다.

근로기준법의 근로기준은 최저기준이므로 이를 상회하는 근로기준을 정하는 것은 유효하나, 이보다 낮은 근로조건을 정하는 것은 무효이다(동법 제3조 및 제15조). 따라서, 통상임금에 포함되지 않는 임금 또는 수당을 통상임금에 포함시키는 노사간의 합의는 근로기준법상의 최저기준을 상회하는 것이므로 유효하다고 할 것이다. 그러나, 통상임금에 해당하는 정기상여금 등의 임금을 통상임금에서 제외하기로 하는 노사간의 합의는 「근로기준법」에 위반되어 무효이다. 따라서 통상임금에 해당되는 임금을 기존의 통상임금 산정에 포함시켜 다시 시간외근로수당을 계산한 다음, 이미 지급받은 수당과의 차액을 추가임금으로 소급하여 청구할 수 있다. 이에 대하여 사용자가 소멸시효의 항변을 할 경우 최종 3년분만 인정된다.

**관련판례** 2013. 12. 18, 2012다89399 … 근로기준법이 정하는 근로조건은 최저기준이므로(근로기준법 제3조), 그 기준에 미치지 못하는 근로조건을 정한 근로계약은 그 부분에 한하여 무효로 되며, 이에 따라 무효로 된 부분은 근로기준법에서 정한 기준에 따른다(근로기준법 제15조). 통상임금은 위 근로조건의 기준을 마련하기 위하여 법이 정한 도구개념이므로, 사용자와 근로자가 통상임금의 의미나 범위 등에 관하여 단체협약 등에 의해 따로 합의할 수 있는 성질의 것이 아니다.

(나) 예외: 신의성실의 원칙

통상임금에 해당하는 정기상여금 등의 임금을 통상임금에서 제외하기로 하는 노사간의 합의는 원칙적으로 무효이다. 그러나, 신의성실의 원칙[19](신의칙)의 요건을 갖춘 경우에는 예외적으로 유효하게 되어 추가임금의 청구가 허용되지 아니한다.[20]

<table>
<tr><td>관 련<br>판 례</td><td>2013. 12. 18, 2012다89399　… 노사합의 내용이 근로기준법의 강행규정을 위반한다고 하여 그 노사합의의 무효 주장에 대하여 예외 없이 신의칙의 적용이 배제되는 것은 아니다. 위에서 본 신의칙을 적용하기 위한 일반적인 요건을 갖춤은 물론 근로기준법의 강행규정성에도 불구하고 신의칙을 우선하여 적용하는 것을 수긍할만한 특별한 사정이 있는 예외적인 경우에 한하여 그 노사합의의 무효를 주장하는 것은 신의칙에 위배되어 허용될 수 없다.</td></tr>
</table>

사용자가 신의칙 적용을 주장할 수 있는 것은 다음의 요건을 모두 갖춘 경우에만 허용된다.[21]

첫째, 신의칙은 정기 상여금에만 적용되며, 여타의 수당 또는 임금에는 적용되지 아니한다. 즉, 통상임금에 포함하지 않기로 합의한 항목이 정기상여금이어야 한다.

둘째, 노사가 정기상여금이 통상임금에서 제외하는 합의를 하고 이를 전제로 하여 전체적인 임금수준 및 임금인상률 등 그 밖의 임금 조건을 정하여야 한다.

셋째, 근로자에게 추가임금을 지급할 경우 예측하지 못한 재정적 부담으로 기업에 '중대한 경영상 어려움'을 초래하거나 그 존립이 위태롭게 될 수 있다는 사정이 있어야 한다.

<table>
<tr><td>관 련<br>판 례</td><td>2013. 12. 18, 2012다89399　… 피고와 노동조합의 임금협상 실태와 피고와 관리직 직원들 사이에 이 사건 ① 상여금을 통상임금에서 제외하기로 하는 ② 명시적 또는 묵시적 노사합의 내지 관행이 이루어졌는지 여부, 그리고 이 사건 상여금이 통상임금에 산입될 경우 ③ 피고가 부담하게 될 추가 법정수당액과 전년도 대비 실질임금 인상률 및 그에 관한 과거 수년간의 평균치, 피고의 재정 및 경영상태, … 등을 심리하여 2007년부터 2010년까지의 미사용연차휴가수당 등의 지급을 구하는 원고의 이 사건 청구가 신의칙에 위배되는지를 살펴보았어야 할 것이다.</td></tr>
</table>

---

19) 신의성실의 원칙: 법률관계당사자는 상대방의 이익을 배려하여야 하고, 형평에 어긋나거나 신뢰를 저버리는 내용 또는 방법으로 권리행사를 하여서는 아니 된다는 근대 민법의 대원칙으로서 모든 법 영역에 적용될 여지가 있는 추상적인 일반규범이다

20) 대판 2013. 12. 18, 2012다89399.

21) 동 원칙은 동 판결이후의 합의에는 적용되지 아니한다. 따라서, 이 판결이전에 합의한 경우에만 사용자는 신의칙 적용을 주장할 수 있다. 대판 2013. 12. 18, 2012다89399.

### (5) 통상임금의 산정

통상임금은 시간급으로 산정함이 원칙이다. 그 이유는 통상임금을 기초단위로 산정하는 연장·야간·휴일근로수당이 시간단위로 계산되기 때문이다. 그러나 임금은 시간급으로 지급되는 경우도 있으나, 일급·주급·월급 또는 도급제임금 등으로 지급되는 것이 보다 일반적이다. 따라서 시간급 이외의 임금을 시간급으로 환산하는 것이 필요하다.22)

통상임금을 일급금액으로 산정할 때에는 시간급금액에 1일의 소정근로시간수를 곱하여 계산한다(근로기준법시행령 제6조제3항).

통상임금이 최저임금보다 낮은 경우라도 최저임금을 통상임금으로 보아서는 아니 된다.23)

기준근로시간을 초과하는 연장근로시간에 대한 임금으로서 월급 형태로 지급되는 고정수당을 시간급 통상임금으로 환산하는 경우, 총근로시간 수에 포함되는 약정근로시간 수를 산정할 때는 특별한 정함이 없는 한 근로자가 실제로 근로를 제공하기로 약정한 시간 수 자체를 합산하여야 하며 가산수당 산정을 위한 '가산율'을 고려한 연장근로시간 수와 야간근로시간 수를 합산할 것이 아니다.24)

근로자의 월급에 통상임금으로 볼 수 없는 법정 또는 단체협약 및 취업규칙에 의한 약정 유급휴일에 대한 임금이 포함되어 있어 월급 금액으로 정하여진 통상임금을 확정하기 곤란한 경우, 근로자가 법령, 단체협약 또는 취업규칙에 따라 유급휴일에 근무한 것으로 의제되는 근로시간을 소정근로시간에 합하여 총근로시간을 산정한 다음 유급휴일에 대한 임금이 포함된 월급을 총근로시간 수로 나누는 방식으로

---

22) 통상임금을 시간급금액으로 산정할 경우에는 다음 방법에 의하여 산정된 금액으로 한다(근로기준법시행령 제6조제2항).
   1. 시간급금액으로 정하여진 임금은 그 금액
   2. 일급금액으로 정하여진 임금은 그 금액을 1일의 소정근로시간수로 나눈 금액
   3. 주급금액으로 정하여진 임금은 그 금액을 주의 통상임금 산정기준시간수(법 제2조제1항제7호의 규정에 의한 주의 소정근로시간과 소정근로시간 외의 유급처리되는 시간을 합산한 시간)로 나눈 금액
   4. 월급금액으로 정하여진 임금은 그 금액을 월의 통상임금 산정기준시간수(주의 통상임금산정기준시간에 1년간의 평균주수를 곱한 시간을 12로 나눈 시간)로 나눈 금액
   5. 일·주·월 외의 일정한 기간으로 정하여진 임금은 제2호 내지 제4호에 준하여 산정된 금액
   6. 도급금액으로 정하여진 임금은 그 임금산정기간에 있어서 도급제에 의하여 계산된 임금의 총액을 해당 임금산정기간(임금마감일이 있는 경우에는 임금마감기간을 말한다)의 총근로시간수로 나눈 금액
   7. 근로자가 받는 임금이 제1호부터 제6호까지의 규정에서 정한 둘 이상의 임금으로 되어 있는 경우에는 제1호부터 제6호까지의 규정에 따라 각각 산정된 금액을 합산한 금액
23) 대판 2017. 12. 28, 2014다49074.
24) 대판 2020. 1. 22, 2015다73067(전원합의체).

시간급 통상임금을 산정할 수 있다.[25)]

## 2. 평균임금

### (1) 관련규정

> 근로기준법 제2조 [정의] ① 이 법에서 사용하는 용어의 뜻은 다음과 같다.
> 6. "평균임금"이란 이를 산정하여야 할 사유가 발생한 날 이전 3개월 동안에 그 근로자에게 지급된 임금의 총액을 그 기간의 총일수로 나눈 금액을 말한다. 근로자가 취업한 후 3개월 미만인 경우도 이에 준한다.
> ② 제1항제6호에 따라 산출된 금액이 그 근로자의 통상임금보다 적으면 그 통상임금액을 평균임금으로 한다.

### (2) 평균임금의 개념

평균임금이라 함은 근로자가 일정한 기간 동안 실제 제공한 근로에 대하여 실제로 지급받은 임금을 말한다. 평균임금은 이를 산정할 사유가 발생한 날 이전 3월간에 해당 근로자에 대하여 지급된 임금의 총액을 그 기간의 총일수로 나눈 금액을 말한다(근로기준법 제2조제1항제6호).

### (3) 평균임금의 산정

#### (가) 기본원칙

평균임금이라 함은 이를 산정해야 할 사유가 발생한 날 이전 3개월 동안에 그 근로자에 대하여 지급된 임금의 총액을 그 기간의 총일수로 나눈 금액을 말한다(근로기준법 제2조제1항제6호).

##### ① 3월간의 임금총액

㉠ 원　칙　　평균임금에 포함되기 위하여는 첫째, 근로기준법 제2조제1항제5호상의 "임금"의 범위에 포함되어야 하고, 둘째, 그 지급에 관하여 단체협약 및 취업규칙 등에 의하여 사용자의 지급의무가 부과되어야 한다.[26)] 임금총액에는 근로기준법상의 임금 모두가 포함되며 실제 지급된 임금은 물론 산정사유 발생 이전에 임금채권으로 확보된 임금도 이에 포함된다. 예컨대 상여금, 정근수당, 연장·야간·휴일 근로 임금·수당 및 연차유급휴가수당 등이 모두 포함된다.[27)] 셋째, 대법원 판례는 이 외에도 "계속적, 정기적"으로 지급될 것을 평균임금의 요건으로 하고 있다.

---

25) 대판 2019. 10. 18, 2019다230899.
26) 대판 1992. 4. 14, 91다5587.
27) 하기휴가비도 근로자가 실제 하기휴가를 실시하였는지의 여부에 상관없이 일률적으로 지급되었다면, 이는 평균임금의 산정기초가 된다. 대판 1996. 5. 14, 95다19256.

그러나, 연장근로수당 등의 시간외근로수당은 "계속적, 정기적"으로 지급되지 아니함에도 불구하고 평균임금에 포함되는 대표적인 수당임을 감안하여 볼 때에 동 요건은 재고되어야 할 것이다.

연차휴가수당은 퇴직하는 연도의 이전 연도 1년간의 근로에 대한 대가로서 퇴직하는 당해년도의 근로에 대한 대가가 아니므로, 이전 연도의 일부가 퇴직한 날 이전 3개월간 내에 포함되는 경우에 그 포함된 부분에 해당하는 연차휴가수당만이 평균임금 산정의 기준이 되는 임금 총액에 산입된다.[28]

관련 판례  **대판 2011. 10. 13, 2009다86246**  퇴직금 산정의 기준이 되는 평균임금은 퇴직하는 근로자에 대하여 퇴직한 날 이전 3개월간에 그 근로의 대상으로 지급된 임금의 총액을 그 기간의 총일수로 나눈 금액을 말하고, 퇴직하는 해의 전 해에 개근하거나 9할 이상 출근함으로써 구 근로기준법(2003. 9. 15. 법률 제6974호로 개정되기 전의 것) 제59조에 의하여 연차유급휴가를 받을 수 있었는 데도 이를 사용하지 아니하여 그 기간에 대한 연차휴가수당 청구권이 발생하였다고 하더라도 연차휴가수당은 퇴직하는 해의 전 해 1년간의 근로에 대한 대가이지 퇴직하는 그 해의 근로에 대한 대가가 아니므로, 연차휴가권의 기초가 된 개근 또는 9할 이상 근로한 1년간의 일부가 퇴직한 날 이전 3개월간 내에 포함되는 경우에 그 포함된 부분에 해당하는 연차휴가수당만이 평균임금 산정의 기준이 되는 임금 총액에 산입된다.

ⓛ 예 외  ⅰ) 임시로 지불된 임금·수당과 ⅱ) 통화 이외의 것으로 지불된 임금으로서 고용노동부장관이 정하는 것 이외의 것은 산입하지 아니한다(동법시행령 제2조제2항).

(ⅰ) 임시로 지불된 임금과 수당  「임시로 지불된 임금과 수당」이라 함은 일시적·돌발적 사유로 인하여 지급되는 임금·수당으로서 그 지급사유의 발생이 불확정적인 것을 말한다.[29]

관련 판례  **대판 2003. 4. 22, 2003다10650**  평균임금 산정의 기초가 되는 임금 총액에는 사용자가 근로의 대상으로 근로자에게 지급하는 금품으로서, 근로자에게 계속적·정기적으로 지급되고 단체협약, 취업규칙, 급여규정, 근로계약, 노동관행 등에 의하여 사용자에게 그 지급의무가 지워져 있는 것은 그 명칭 여하를 불문하고 모두 포함된다 할 것이나, 근로자가 특수한 근무조건이나 환경에서 직무를 수행함으로 말미암아 추가로 소요되는 비용을 변상하기 위하여 지급되는 실비변상적 금원 또는 사용자가 지급의무 없이 은혜적으로 지급하는 금원 등은 평균임금 산정의 기초가 되는 임금 총액에 포함되지 아니한다.

예컨대, 해외에 근무하는 동안 근로자가 국내에 근무하는 동일한 직급·호봉의 국내직원

---

28) 대판 2011. 10. 13, 2009다86246.
29) 대판 1978. 12. 31, 78다2007; 대판 1981. 10. 13, 81다697.

의 급여보다 많은 금액을 받은 경우 그 차액은 근로의 대상으로 지급받은 것이 아니라 실비 변상적인 것이거나 해외근무라는 특수조건에 따라 임시로 지급받은 임금으로 보아야 하므로 평균임금에 산입되지 아니한다.[30]

> **관 련** **대판 1995. 5. 12, 94다55934**   일시적 또는 일부 근로자에게만 지급되는 교통
> **판 례** 비·자가운전보조비 및 자녀 학자금보조금 등의 순수한 복리후생비는 근로의 대가
> 로 볼 수 없으므로 평균임금의 산정대상에서 제외된다.

(ⅱ) 통화 이외의 것으로 노동부장관이 정하는 것 이외의 것     통화 이외의 것으로 지급되는 것 중 평균임금에 포함되는 임금은 "법령, 단체협약 또는 취업규칙의 규정에 의하여 지급되는 현물급여"를 말한다.[31] 예컨대 급식 등이 이에 해당된다. 이 이외의 것은 평균임금의 산정에 포함되지 아니한다.

② **3개월 동안의 총일수**

㉠ **원  칙**     3개월간의 총일수는 「평균임금을 산정하여야 할 사유가 발생한 날 이전 3개월간」을 말한다.

취업 후 3개월 미만인 경우에는 그 기간만을 대상으로 그 기간을 산정한다(근로기준법 제2조제1항제6호).

㉡ **예  외**     평균임금 산정기간중에 다음에 해당하는 기간이 있는 경우에는 그 기간과 그 기간중에 지불된 임금은 평균임금 산정기준이 되는 기간과 임금의 총액에서 공제한다(동법시행령 제2조제1항).[32]

ⅰ) 근로기준법 제35조제5호의 규정에 의한 수습사용중인 기간, ⅱ) 근로기준법 제46조의 규정에 의한 사용자의 귀책사유로 인하여 휴업한 기간, ⅲ) 근로기준법 제74조의 규정에 의한 출산전후휴가기간, ⅳ) 근로기준법 제78조의 규정에 의한 업무수행으로 인한 부상 또는 질병의 요양을 위하여 휴업한 기간, ⅴ) 남녀고용평등법 제19조의 규정에 의한 육아휴직기간, ⅵ) 노동조합및노동관계조정법 제2조제6호의 규정에 의한 쟁의행위기간, ⅶ) 「병역법」·「향토예비군설치법」 또는 「민방위기본법」에 의한 의무이행을 위하여 휴직하거나 근로하지 못한 기간. 다만, 그 기간중 임금을 지급받은 경우에는 그러하지 아니하다. ⅷ) 업무외 부상·질병, 기타의 사유로 인하여 사용자의 승인을 얻어 휴업한 기간.

상기 수습기간의 경우 "수습기간과 정상근무기간이 함께 포함되어 있는 기간"을

---

30) 대판 1990. 11. 9, 90다카4683.
31) 고용노동부예규 제30호(1981. 5. 7) 「평균임금 산정에 포함되는 임금의 범위예시와 확인요령」.
32) 동 시행령에 규정된 기간은 제한적 열거규정이다. 대판 2003. 7. 25, 2001다12669.

전제로 하는 것이므로 수습기간만이 있는 경우에는 그대로 수습기간기간만을 평균임금 산정대상으로 한다.33)

관련
판례     대판 2014. 9. 4, 2013두1232   '수습기간과 그 기간 중에 지급된 임금은 평균임금 산정기준이 되는 기간과 임금의 총액에서 공제한다'는 내용의 근로기준법 시행령 제2조 제1항 제1호는, 그 기간을 제외하지 않으면 평균임금이 부당하게 낮아짐으로써 결국 통상의 생활임금을 사실대로 반영함을 기본원리로 하는 평균임금 제도에 반하는 결과를 피하고자 하는 데 입법 취지가 있으므로, 적용범위는 평균임금 산정사유 발생일을 기준으로 그 전 3개월 동안 정상적으로 급여를 받은 기간뿐만 아니라 수습기간이 함께 포함되어 있는 경우에 한한다. 따라서 근로자가 수습을 받기로 하고 채용되어 근무하다가 수습기간이 끝나기 전에 평균임금 산정사유가 발생한 경우에는 위 시행령과 무관하게 평균임금 산정사유 발생 당시의 임금, 즉 수습사원으로서 받는 임금을 기준으로 평균임금을 산정하는 것이 평균임금 제도의 취지 등에 비추어 타당하다.

남녀고용평등법상의 육아기 근로시간 단축기간, 가족돌봄휴직기간 및 가족돌봄휴가기간은 평균임금 산정기간에서 제외된다(동법 제19조의3제4항, 제22조의2제6항단서). 정당하지 아니한 쟁의행위 기간은 총일수에 포함된다.34)

직위해제기간, 대기발령기간 및 감봉기간에 대하여는 ⅰ) 이를 총일수에서 제외하여야 한다는 견해35)와 ⅱ) 총일수에 포함시켜야 한다는 견해36)로 나뉘어 있다. 범죄행위 등 근로자의 귀책사유로 ⅰ) 직위해제되었거나 휴직 또는 감봉된 기간은 3월간의 총일수에 포함된다고 보는 견해와37) ⅱ) 3월간의 총일수에서 제외되어, 휴직전 3개월 동안의 임금을 기준으로 산정한다는 견해38)로 나뉘어 있다.

근로자가 평균임금 산정기간중에 고의적으로 현저하게 평균임금을 높이기 위한 행위를 함으로써 근로기준법에 의한 평균임금의 산정이 부적당한 경우, ⅰ) 문제가 된 항목에 대하여는 평균임금은 근로자가 의도적으로 평균임금을 높이기 위한 행위를 하기 직전 3개월 동안의 임금을 기준으로, ⅱ) 문제가 되지 아니한 임금항목에 대하여는 그대로 퇴직전 3개월 동안의 임금을 기준으로 산정한다.39)

---

33) 대판 2014. 9. 4, 2013두1232.
34) 대판 2010. 5. 28, 2006다17287.
35) 이병태, 노동법, p. 693.
36) 기준 1955-2679(1971. 1. 22).
37) 대판 1994. 4. 12, 92다20309.
38) 대판 1999. 11. 12, 98다49357.
39) 대판 2009. 10. 15, 2007다72519.

| 관 련 판 례 |
|---|

**대판 2009. 10. 15, 2007다72519** 근로자가 의도적으로 현저하게 평균임금을 높이기 위한 행위를 함으로써 근로기준법에 의하여 그 평균임금을 산정하는 것이 부적당한 경우에 해당하게 된 때에는 근로자가 그러한 의도적인 행위를 하지 않았더라면 산정될 수 있는 평균임금 상당액을 기준으로 하여 퇴직금을 산정하여야 하고, 이러한 경우 평균임금은 특별한 사정이 없는 한 근로자가 의도적으로 평균임금을 높이기 위한 행위를 하기 직전 3개월 동안의 임금을 기준으로 하여 근로기준법 등이 정하는 방식에 따라 산정한 금액 상당이 된다. 그러나 이러한 산정 방식은 어디까지나 근로자의 의도적인 행위로 인하여 현저하게 높아진 임금항목에 한하여 적용되어야 할 것이므로, 근로자에게 지급된 임금이 여러 항목으로 구성되어 있어 그러한 임금항목들 가운데 근로자의 의도적인 행위로 현저하게 많이 지급된 것과 그와 관계없이 지급된 임금항목이 혼재되어 있다면, 그 중 근로자의 의도적인 행위로 현저하게 많이 지급된 임금 항목에 대해서는 그러한 의도적인 행위를 하기 직전 3개월 동안의 임금을 기준으로 하여 근로기준법이 정하는 방식에 따라 평균임금을 산정하여야 하지만, 그와 무관한 임금항목에 대해서는 근로기준법에 정한 원칙적인 산정 방식에 따라 퇴직 전 3개월 동안의 임금을 기준으로 평균임금을 산정하여야 한다.

### (나) 예외적인 산정방법

평균임금의 일반적인 산정원칙에 대하여 다음과 같은 예외를 두고 있다.

① **일용근로자:** 일용근로자에 대하여는 고용노동부장관이 사업별 또는 직업별로 정하는 금액을 평균임금으로 한다(동법시행령 제3조).

② **특별한 경우:** 일반적인 평균임금의 산정방법에 의하여 평균임금을 산정할 수 없는 경우에는 고용노동부장관이 정하는 바에 의한다(동법시행령 제4조).

평균임금을 산정할 수 없다는 것은 ⅰ) 그 산정이 기술상 불가능한 경우는 물론 ⅱ) 근로기준법의 관계규정에 의하여 그 평균임금을 산정하는 것이 현저하게 불합리한 경우까지도 포함된다.[40]

③ **평균임금의 조정:** 재해보상을 위해 평균임금을 산정함에 있어 그 기준일을 사유발생일로 고정하게 되면 재해보상기간이 장기간으로 되는 경우 평균임금이 실제 재해보상을 받는 시점의 현실과 부합하지 아니할 수 있다. 이러한 문제점을 해결하기 위해 같은 사업장의 동종근로자의 통상임금 변동률 등을 기준으로 평균임금을 조정할 수 있도록 하고 있다(동법시행령 제5조).

예컨대, 재해근로자가 소속한 사업 또는 사업장에서 동일한 직종의 근로자에게 지급된 통상임금의 평균액이 상·하로 5퍼센트 이상 변동한 경우 그러한 변동률에 따라 평균임금이 증감된다(동법시행령 제5조제1항).

---

40) 대판 1995. 2. 28, 94다8631.

④ **평균임금의 보장**

㉠ **관련규정**

> **근로기준법 제2조 [정의]** ② 제1항제6호에 따라 산출된 금액이 그 근로자의 통상임금
> 보다 적으면 그 통상임금액을 평균임금으로 한다.

㉡ **주요내용**     평균임금이 통상임금보다 저액일 때는 통상임금을 평균임금으로 한다(근로기준법 제2조제2항).

평균임금을 지급하는 기본취지는 평균임금이 통상임금보다 높은 것이 일반적이므로 평균임금이 지급되어야 할 기간중에 보다 많은 금액을 지급하고자 하는 것이다. 그러나 이전 3개월간에 근로자에 대하여 지급된 임금이 특별한 사유로 인하여 다른 기간에 지급된 임금보다 적은 경우에는 평균임금이 통상임금보다 저액이 될 가능성이 있으므로 동 제도의 취지에 위배될 우려가 있다. 동 규정은 이러한 불합리한 점을 방지하기 위한 것이다.

### 3. 통상임금과 평균임금의 범위 및 상호관계

근로기준법에서 각종 수당, 보상금 및 퇴직금 등을 지급하는 경우 다음과 같이 통상임금 또는 평균임금을 기준으로 그 액수를 정하고 있다.

#### (1) 통상임금이 적용되는 경우

해고예고수당(근로기준법 제26조), 연장근로수당(동법 제56조), 야간근로수당(동법 제56조), 휴일근로수당(동법 제56조), 연장·야간·휴일근로에 대한 임금, 기타 법에 「유급」으로 표시되어 있는 경제적 보상의 경우에는 통상임금을 기준으로 하여 그 액수를 산정한다.

#### (2) 평균임금이 적용되는 경우

퇴직급여(동법 제34조), 휴업수당(동법 제46조), 휴업보상·장해보상·유족보상·장사비·일시보상·분할보상 등 각종 재해보상(동법 제79조 내지 제85조) 및 감급의 제한(동법 제95조) 등에는 평균임금을 기준으로 하여 그 액수를 산정한다.

#### (3) 통상임금 또는 평균임금이 적용되는 경우

연차유급휴가수당(동법 제60조)의 경우에는 통상임금 또는 평균임금 중 어느 것을 기준으로 하여 그 액수를 산정하여도 무방하다. 취업규칙 등에서 산정방법을 정하지 않은 경우 그 성질상 통상임금을 기준으로 하여 산정한다.41)

# 제 3 절 임금수준의 보호

## Ⅰ. 의 의

헌법 제32조제1항은 「국가는 법률이 정하는 바에 의하여 최저임금제를 실시하여야 한다」고 규정하고 있다. 이에 따라 종전의 근로기준법은 근로조건의 최저기준을 정하고 있었다. 임금은 근로조건 중에서 가장 중요한 것이므로 근로기준법이 임금에 관한 최저기준을 반드시 정하여야 함은 물론이다. 다만 임금의 최저기준을 정하고 있었던 종전의 근로기준법 제34조 및 제35조는 1986년 12월 31일에 삭제되고, 최저임금법에 의하여 대체되었다. 즉 현재의 최저임금제도는 근로기준법이 아닌 최저임금법에 의하여 규율되고 있는 것이다. 다만, 근로기준법은 도급근로자에 대한 임금보호를 규정하고 있을 뿐이다.

## Ⅱ. 근로기준법상 도급근로자의 임금보호

### 1. 관련규정

근로기준법 제47조 [도급 근로자] 사용자는 도급이나 그 밖에 이에 준하는 제도로 사용하는 근로자에게 근로시간에 따라 일정액의 임금을 보장하여야 한다.

### 2. 주요내용

### (1) 의 의

도급제하에서 근로자는 근로시간에 상관없이 일의 완성 여부에 따라 임금을 지급받는 것이 원칙이다. 그러나 도급제하에서도 어느 정도의 합리적인 근로시간은 예상될 수 있는 것이다. 원자재의 공급지연 및 사업장의 내부사정 등 근로자의 책임이 아닌 사용자의 귀책사유로 인하여 일의 완성이 지연되는 경우에는 근로자는 임금을 지급받지 못하여 생활의 위협을 받게 된다. 도급근로자의 임금보호는 이를 방지하기 위한 규정이다.

---

41) 대판 2019. 10. 18, 2018다239110.

### (2) 적용대상

적용대상은 「도급이나 그 밖에 이에 준하는 제도」로 사용하는 근로자이다. 「도급」은 근로기준법의 적용을 받는 도급에 한정되며, 근로기준법의 적용을 받지 아니하는 민법상의 도급은 적용대상이 아니다.[42]

근로기준법의 적용을 받는 도급과 민법상의 구별은 명확하지 아니하다. 고정급이 60% 이상인 경우 근로기준법상의 도급이 아니라는 일부의 행정해석이 있다.

「그 밖에 이에 준하는 제도」라 함은 청부제·성과급제 및 능률제 등을 말한다.

### (3) 보장액의 수준

근로기준법은 도급근로자의 임금수준을 보장하여야 한다고 규정하고 있을 뿐 구체적인 보장액의 수준에 관하여는 아무런 규정도 아니두고 있다. 따라서 이는 해석에 의존할 수밖에 없다.

도급근로자 등의 보장임금액이 근로계약·취업규칙 또는 단체협약 등에 규정되어 있는 경우 이에 따른다. 근로계약·취업규칙 또는 단체협약 등에 아무런 규정이 없는 경우 도급근로자에게 보장되는 임금액은 ⅰ) 일반근로자에게 보장되는 임금수준이라는 견해와, ⅱ) 최저임금수준 이상이라는 견해, ⅲ) 근로기준법 제45조에서 규정하고 있는 휴업수당에 상당하는 평균임금의 60퍼센트 이상의 임금수준이라는 견해 등이 있다. 대체로 휴업수당에 상당하는 임금수준을 보장하여야 한다는 견해가 일반적이다.[43]

## Ⅲ. 최저임금법상의 임금보호

### 1. 의    의

최저임금제도라 함은 국가가 임금의 결정에 직접 개입하여 임금의 최저수준을 정하고 사용자에게 최저수준 이상의 임금지급을 법적으로 강제하는 제도이다. 최저임금은 사용자가 근로자에게 지급하여야 할 임금의 최저수준을 정한 것일 뿐이지 임금인상률이나 인상방법을 정하는 기준은 아니다.[44]

---

42) 하갑래, 근로기준법, p. 443.
43) 박상필, 「해설」, p. 250; 김형배, 근로기준법, p. 265.
44) 하갑래, 근로기준법, p. 443; 임금 32240-21342(1989. 12. 26).

## 2. 최저임금법의 적용범위

### (1) 적용대상 사업장

### (가) 관련규정

> **최저임금법 제3조 [적용범위]** ① 이 법은 근로자를 사용하는 모든 사업 또는 사업장 (이하 "사업"이라 한다)에 적용한다. 다만, 동거하는 친족만을 사용하는 사업과 가사사용인에 대하여는 적용하지 아니한다.
> ② 이 법은 선원법의 적용을 받는 선원과 선원을 사용하는 선박의 소유자에 대하여는 이를 적용하지 아니한다.

### (나) 주요내용

① **원 칙:** 최저임금법은 근로자를 사용하는 모든 사업 또는 사업장에 적용되나, 다만 동거의 친족만을 사용하는 사업과 가사사용인에 대하여는 적용이 제외된다(최저임금법 제3조제1항).

② **예 외:** 최저임금법은 선원법의 적용을 받는 선원 및 선원을 사용하는 선박의 소유자에 대하여는 적용되지 아니한다(동법 제3조제2항).

### (2) 적용대상 근로자

### (가) 관련규정

> **최저임금법 제7조 [최저임금의 적용 제외]** 다음 각호의 어느 하나에 해당하는 사람으로서 사용자가 대통령령으로 정하는 바에 의하여 고용노동부장관의 인가를 받은 사람에 대하여는 제6조를 적용하지 아니한다.
> 1. 정신장애나 신체장애로 근로능력이 현저히 낮은 사람
> 2. 그밖에 최저임금을 적용하는 것이 적당하지 아니하다고 인정되는 사람

### (나) 주요내용

최저임금법이 적용되는 사업장이라 하더라도 ⅰ) 근로자의 정신 또는 신체의 장애가 해당 근로자를 종사시키고자 하는 업무의 수행에 직접적으로 현저한 지장을 주는 것이 명백하다고 인정되는 사람, 및 ⅱ) 그 밖에 최저임금을 적용하는 것이 적당하지 아니하다고 인정되는 사람에 대하여는 고용노동부장관의 인가를 받아 최저임금을 적용하지 아니할 수 있다(동법 제7조).

## 3. 최저임금의 결정절차

### (1) 최저임금위원회

고용노동부장관은 최저임금위원회가 심의·의결한 최저임금안에 따라 최저임금

을 결정하여야 한다(최저임금법 제8조제1항).

최저임금위원회는 근로자를 대표하는 근로자위원, 사용자를 대표하는 사용자위원 및 공익을 대표하는 공익위원 각 9인으로 구성된다(동법 제14조제1항). 위원장과 부위원장은 공익위원 중에서 최저임금위원회가 선출하며, 위원은 고용노동부장관의 제청에 의하여 대통령이 위촉한다(동법 제15조, 동법 제14조제6항 및 시행령 제12조).

### (2) 결정절차

#### (가) 심의요청

최저임금의 심의는 고용노동부장관이 최저임금위원회에 다음 연도에 적용될 최저임금의 심의를 요청함으로써 개시된다(최저임금법 제8조제1항).

#### (나) 심   의

고용노동부장관의 심의요청을 받은 최저임금위원회는 요청을 받은 날로부터 90일 이내에 심의하여 최저임금안을 고용노동부장관에게 제출하여야 한다(동법 제8조제2항).

#### (다) 고시 및 이의제기

고용노동부장관은 최저임금위원회로부터 최저임금안을 제출받아 이를 고시하고, 고시된 날로부터 10일 이내에 노·사는 이의를 제기할 수 있다(동법 제9조제1항 및 제2항).

#### (라) 최저임금의 재심의

고용노동부장관은 ⅰ) 최저임금위원회가 심의하여 제출한 최저임금안에 따라 최저임금을 결정하기가 어렵다고 인정되거나, ⅱ) 최저임금안에 대한 노·사대표의 이의가 이유 있다고 인정되면, 최저임금안을 제출받은 날로부터 20일 이내에 그 이유와 내용을 명시하여 최저임금위원회에 10일 이상의 기간을 정하여 재심의를 요청할 수 있다(동법 제8조제3항 및 제9조제3항). 재심의를 함에 있어 재적위원 과반수의 출석과 출석위원 3분의 2 이상의 찬성으로 당초의 최저임금안을 재의결한 때에는 그에 따라 최저임금을 결정하여야 한다(동법 제8조제5항).

#### (마) 최저임금의 결정·고시

고용노동부장관은 매년 8월 5일까지 최저임금을 결정하고 지체 없이 그 내용을 고시하여야 하며, 고시된 임금은 다음 연도 1월 1일부터 효력을 발생한다(동법 제8조 및 제10조).

## 4. 최저임금의 결정기준

### (1) 관련규정

최저임금법 제4조 [최저임금의 결정기준과 구분] ① 최저임금은 근로자의 생계비, 유사근로자의 임금, 노동생산성 및 소득분배율 등을 고려하여 정한다. 이 경우 사업의 종류별로 구분하여 정할 수 있다.
② 제1항에 따른 사업의 종류별 구분은 제12조에 따른 최저임금위원회의 심의를 거쳐 고용노동부장관이 정한다.

### (2) 주요내용

#### (가) 최저임금제의 형태

최저임금제는 모든 산업의 근로자에게 일률적으로 적용하는 「일반적 최저임금제」와 특정한 산업의 근로자에게만 적용하는 「산업별 최저임금제」로 나눌 수 있다.[45]

우리나라의 최저임금법은 제4조에 최저임금을 「사업의 종류별」로 구분함으로써 법문상 「산업별 최저임금제」를 채택하고 있다. 그러나 실제로는 1인 이상의 모든 산업에 적용함으로써 「일반적 최저임금제」로 운용되고 있다.

#### (나) 최저임금의 결정기준

최저임금을 정하는 경우 그 결정기준으로서는 근로자의 생계비, 유사근로자의 임금, 노동생산성 및 소득분배율 등을 고려하여야 한다(최저임금법 제4조). 이외에도 일반적인 임금수준, 다른 사회집단의 생활수준, 기업의 지불능력, 취업상황 및 경제상황 등이 고려의 대상이 될 수 있다.[46]

## 5. 최저임금액의 결정

### (1) 관련규정

최저임금법 제5조 [최저임금액] ① 최저임금액(최저임금으로 정한 금액을 말한다. 이하 같다)은 시간·일·주 또는 월을 단위로 하여 정한다. 이 경우 일·주 또는 월을 단위로 하여 최저임금액을 정하는 때에는 시간급으로도 이를 표시하여야 한다.
② 1년 이상의 기간을 정하여 근로계약을 체결하고 수습 중에 있는 근로자로서 수습을 시작한 날부터 3개월 이내인 자에 대하여는 대통령령으로 정하는 바에 따라 제1항에 따른 최저임금액과 다른 금액으로 최저임금액을 정할 수 있다. 다만, 단순노무업무로 고용노동부장관이 정하여 고시한 직종에 종사하는 근로자는 제외한다.
③ 임금이 통상적으로 도급제나 그밖에 이와 비슷한 형태로 정하여져 있는 경우로

45) 정병석·김헌수, 「최저임금법」, pp. 49~54.
46) 김형배, 근로기준법, p. 261; 하갑래, 근로기준법, p. 447.

서 제1항에 따라 최저임금액을 정하는 것이 적당하지 아니하다고 인정되면 대통령령으로 정하는 바에 따라 최저임금액을 따로 정할 수 있다.

## (2) 주요내용

### ㈎ 최저임금액의 결정단위

최저임금액은 시간·일·주 또는 월단위로 정하며, 일·주 또는 월단위로 정한 경우에는 시간급으로도 이를 표시하여야 한다(최저임금법 제5조제1항). 최저임금의 적용대상이 되는 근로자의 임금을 정하는 단위기간이 상기 최저임금의 단위기간과 다를 때에는 해당 근로자의 임금을 최저임금의 단위기간에 맞추어 환산한다(동법 제5조의2).

### ㈏ 수습사용중에 있는 자

1년 이상의 기간을 정하여 근로계약을 체결하고 수습 중에 있는 근로자로서 수습을 시작한 날부터 3개월 이내인 자에 대하여는 대통령령으로 정하는 바에 따라 제1항에 따른 최저임금액과 다른 금액으로 최저임금액을 정할 수 있다(동법 제5조제2항본문). 다만, 단순노무업무로 고용노동부장관이 정하여 고시한 직종에 종사하는 근로자는 제외한다(동법 제5조제2항단서). 1년 미만의 기간제 근로자의 경우 단순 업무에 종사하는 경우가 많음에도 불구하고 수습기간 중에 최저임금보다도 낮은 수준의 임금을 지급하는 사례가 있어, 이들에게도 최저임금액을 보장하고, 1년 이상의 기간제 근로자의 경우 수습시작 후 3개월이 지나면 수습기간일지라도 최저임금을 보장하기 위한 것이다.

### ㈐ 도급제 근로자의 최저임금

임금이 도급제나 그밖에 이와 비슷한 형태로 정하여져 있는 경우에는 생산고 또는 업적의 일정 단위에 의하여 최저임금액을 따로 정할 수 있다(동법 제5조제3항 및 동법시행령 제4조). 현재는 도급제 근로자에 적용되는 최저임금액이 정하여지지 아니하고 있다.

## 6. 최저임금의 효력

### (1) 관련규정

> **최저임금법 제6조** [최저임금의 효력] ① 사용자는 최저임금의 적용을 받는 근로자에 대하여 최저임금액 이상의 임금을 지급하여야 한다.
> ② 사용자는 이 법에 의한 최저임금을 이유로 종전의 임금수준을 낮추어서는 아니된다.
> ③ 최저임금의 적용을 받는 근로자와 사용자 사이의 근로계약 중 최저임금액에 미

치지 못하는 금액을 임금으로 정한 부분은 무효로 하며, 이 경우 무효로 된 부분은 이 법으로 정한 최저임금액과 동일한 임금을 지급하기로 한 것으로 본다.

④ 제1항과 제3항에 따른 임금에는 매월 1회 이상 정기적으로 지급하는 임금을 산입한다. 다만, 다음 각 호의 어느 하나에 해당하는 임금은 산입하지 아니한다.

1. 「근로기준법」 제2조제1항제8호에 따른 소정근로시간(이하 "소정근로시간"이라 한다) 또는 소정의 근로일에 대하여 지급하는 임금 외의 임금으로서 고용노동부령으로 정하는 임금

2. 상여금, 그 밖에 이에 준하는 것으로서 고용노동부령으로 정하는 임금의 월 지급액 중 해당 연도 시간급 최저임금액을 기준으로 산정된 월 환산액의 100분의 25에 해당하는 부분

3. 식비, 숙박비, 교통비 등 근로자의 생활 보조 또는 복리후생을 위한 성질의 임금으로서 다음 각 목의 어느 하나에 해당하는 것

　가. 통화 이외의 것으로 지급하는 임금

　나. 통화로 지급하는 임금의 월 지급액 중 해당 연도 시간급 최저임금액을 기준으로 산정된 월 환산액의 100분의 7에 해당하는 부분

⑤ 제4항에도 불구하고 「여객자동차 운수사업법」 제3조 및 같은 법 시행령 제3조제2호다목에 따른 일반택시운송사업에서 운전업무에 종사하는 근로자의 최저임금에 산입되는 임금의 범위는 생산고에 따른 임금을 제외한 대통령령으로 정하는 임금으로 한다.

⑥ 제1항 및 제3항은 다음 각호의 어느 하나에 해당하는 사유로 근로하지 아니한 시간 또는 일에 대하여 사용자가 임금을 지급할 것을 강제하는 것은 아니다.

1. 근로자가 자기의 사정으로 소정근로시간 또는 소정의 근로일의 근로를 하지 아니한 경우

2. 사용자가 정당한 이유로 근로자에게 소정근로시간 또는 소정의 근로일의 근로를 시키지 아니한 경우

⑦ 도급으로 사업을 행하는 경우 수급인이 도급인이 책임져야 할 사유로 수급인이 근로자에게 최저임금액에 미치지 못하는 임금을 지급한 경우 도급인은 해당 수급인과 연대하여 책임을 진다.

⑧ 제7항에 따른 도급인이 책임져야 할 사유의 범위는 다음 각호와 같다.

1. 도급인이 도급계약 체결당시 인건비 단가를 최저임금액에 미치지 못하는 금액으로 결정하는 행위

2. 도급인이 도급계약 기간중 인건비 단가를 최저임금액에 미치지 못하는 금액으로 낮춘 행위

⑨ 2차례 이상의 도급으로 사업을 행하는 경우에는 제7항의 수급인은 하수급인으로 보고, 제7항과 제8항의 도급인은 직상수급인(하수급인에게 직접 하도급을 준 수급인)으로 본다.

## (2) 주요내용

### (가) 최저임금 이상의 임금지급

사용자는 최저임금의 적용을 받는 자에 대하여 최저임금액 이상의 임금을 지급하여야 한다(최저임금법 제6조제1항). 다만, ⅰ) 근로자가 자기의 사정으로 인해 소정의 근로시간 또는 소정의 근로일의 근로를 하지 아니한 경우나, ⅱ) 사용자가 정당

한 이유로 근로자에게 소정의 근로시간 또는 소정의 근로일의 근로를 시키지 아니한 경우에도 최저임금 이상 임금의 지급을 강제하는 것은 아니다(동법 제6조제5항).

(나) 최저임금에 포함되는 임금

최저임금에 미달하는지의 여부는 근로자가 받는 임금 중에서 최저임금법에 따라 동법시행규칙 별표에 규정된 최저임금과의 비교시에 산입되는 임금만을 뽑아서, 결정·고시된 최저임금액과 비교한다. 이 경우 최저임금에는 매월 1회 이상 정기적으로 지급하는 임금을 산입한다(동법 제6조제4항본문). 다만, 다음의 어느 하나에 해당하는 임금은 산입하지 아니한다(동법 제6조제4항단서).

( i ) 소정근로시간 또는 소정의 근로일에 대하여 지급하는 임금 외의 임금으로서 고용노동부령으로 정하는 임금

( ii ) 상여금, 그 밖에 이에 준하는 것으로서 고용노동부령으로 정하는 임금의 월 지급액 중 해당 연도 시간급 최저임금액을 기준으로 산정된 월 환산액의 100분의 25에 해당하는 부분47)

( iii ) 식비, 숙박비, 교통비 등 근로자의 생활 보조 또는 복리후생을 위한 성질의 임금으로서 다음의 어느 하나에 해당하는 것

(ㄱ) 통화 이외의 것으로 지급하는 임금

(ㄴ) 통화로 지급하는 임금의 월 지급액 중 해당 연도 시간급 최저임금액을 기준으로 산정된 월 환산액의 100분의 7에 해당하는 부분48)

이 경우 일반택시운송사업에서 운전업무에 종사하는 근로자의 최저임금에 산입되는 임금의 범위는 생산고에 따른 임금을 제외한 대통령령으로 정하는 임금으로 한다(동법 제6조제5항). 근로자와 사용자가 최저임금 산정에 산입되지 아니하는 임금을 당사자간의 약정에 의하여 산입하기로 합의한 경우 이는 무효이다.49)

(다) 임금과 최저임금의 산정기간이 다른 경우의 환산

근로자의 임금을 정하는 단위가 된 기간이 그 근로자에게 적용되는 최저임금액을 정할 때의 단위가 된 기간과 다른 경우에는 그 근로자에 대한 임금을 다음의 구분에 따라 시간에 대한 임금으로 환산한다(동법시행령 제5조제1항). 이는 최저임금의 계산에 주휴일을 포함하기 위한 규정이다.

( i ) 일단위로 정해진 임금        그 금액을 1일의 소정근로시간 수로 나눈 금액

---

47) "100분의 25"는 다음의 비율로 한다. 1. 2020년은 100분의 20, 2. 2021년은 100분의 15, 3. 2022년은 100분의 10, 4. 2023년은 100분의 5, 5. 2024년부터는 100분의 0(동법 부칙 제2조제1항)

48) "100분의 7"은 다음에 따른 비율로 한다. 1. 2020년은 100분의 5, 2. 2021년은 100분의 3, 3. 2022년은 100분의 2, 4. 2023년은 100분의 1, 5. 2024년부터는 100분의 0(동법 부칙 제2조제2항)

49) 대판 2007. 1. 11, 2006다64245.

( ii ) 주단위로 정해진 임금    그 금액을 1주의 최저임금 적용기준 시간 수(1주 동안의 소정근로시간 수와 「근로기준법」 제55조제1항에 따라 유급으로 처리되는 시간 수를 합산한 시간 수를 말한다)로 나눈 금액

( iii ) 월단위로 정해진 임금    그 금액을 1개월의 최저임금 적용기준 시간 수((ii)에 따른 1주의 최저임금 적용기준 시간 수에 1년 동안의 평균의 주의 수를 곱한 시간을 12로 나눈 시간 수를 말한다)로 나눈 금액

( iv ) 시간·일·주 또는 월 외의 일정 기간을 단위로 정해진 임금    제1호부터 제3호까지의 규정에 준하여 산정한 금액

### (라) 최저임금을 이유로 한 임금수준 저하의 금지

사용자는 최저임금을 이유로 종전의 임금수준을 저하시켜서는 아니 된다(동법 제6조제2항). 이 경우 비교가 되는 종전의 임금은 최저임금에 산입하는 임금뿐 아니라 산입되지 아니하는 임금까지 합한 임금총액을 기준으로 하여야 할 것이다.[50]

### (마) 최저임금에 미달하는 근로계약의 효력

최저임금액에 미달하는 임금을 정한 근로계약은 그 부분에 한하여 무효로 하며, 무효로 된 부분은 최저임금법에 의하여 정한 최저임금액과 동일한 임금을 지급하기로 정한 것으로 본다(동법 제6조제3항).

고정급이 최저임금에 미달하는 것을 회피할 목적으로 사용자가 소정근로시간을 기준으로 산정되는 시간당 고정급의 외형상 액수를 증가시키기 위해 실제 근로시간의 변경 없이 소정근로시간만을 형식적으로 단축하기로 한 합의는 무효이다.[51]

**관 련**
**판 례**    대판 2019. 4. 18, 2016다2451(전원합의체)    2008. 3. 21. 법률 제8964호로 개정된 최저임금법 제6조 제5항의 시행에 따라 정액사납금제하에서 생산고에 따른 임금을 제외한 고정급이 최저임금에 미달하는 것을 회피할 의도로 사용자가 소정근로시간을 기준으로 산정되는 시간당 고정급의 외형상 액수를 증가시키기 위해 택시운전근로자 노동조합과 사이에 실제 근무형태나 운행시간의 변경 없이 소정근로시간만을 단축하기로 한 합의의 효력은 무효이다. 이러한 법리는 사용자가 택시운전근로자의 과반수로 조직된 노동조합 또는 근로자 과반수의 동의를 얻어 소정근로시간을 단축하는 내용으로 취업규칙을 변경하는 경우에도 마찬가지로 적용된다.

### (바) 도급사업의 최저임금보호

도급으로 사업을 행하는 경우에 수급인이 도급인의 책임있는 사유로 근로자에게 최저임금액에 미달하는 임금을 지급한 때에는 도급인은 해당 하수급인과 연대하여

---

50) 하갑래, 근로기준법, p. 454; 임금 32240-365(1989. 3. 13).
51) 대판 2019. 4. 18, 2016다2451(전원합의체).

책임을 진다(동법 제6조제7항).

상기 직상수급인의 책임있는 사유라 함은 ⅰ) 도급인이 도급계약의 체결당시 인건비 단가를 최저임금액에 미치지 못하는 금액으로 결정하는 행위 또는 ⅱ) 도급인이 도급계약 기간중 인건비 단가를 최저임금액에 미치지 못하는 금액으로 인하한 행위를 말한다(동법 제6조제8항).

2차례 이상의 도급으로 사업을 행하는 경우 수급인은 하수급인으로, 도급인은 직상수급인으로 본다(동법 제6조제9항).

(사) 벌 칙

최저임금법 제6조를 위반하여 최저임금에 미달하는 임금을 지급하거나 최저임금을 이유로 종전의 임금수준을 저하시킨 자는 3년 이하의 징역 또는 2천만원 이하의 벌금에 처하거나 이를 병과할 수 있다(동법 제28조).

## Ⅳ. 고령자고용촉진법상의 임금보호

### 1. 관련규정

> 고령자고용촉진법 제19조 [정년] ① 사업주는 근로자의 정년을 60세 이상으로 정하여야 한다.
> ② 사업주가 제1항에도 불구하고 근로자의 정년을 60세 미만으로 정한 경우에는 정년을 60세로 정한 것으로 본다.
> 제19조의2 [정년연장에 따른 임금체계 개편 등] ① 제19조제1항에 따라 정년을 연장하는 사업 또는 사업장의 사업주와 근로자의 과반수로 조직된 노동조합(근로자의 과반수로 조직된 노동조합이 없는 경우에는 근로자의 과반수를 대표하는 자를 말한다)은 그 사업 또는 사업장의 여건에 따라 임금체계 개편 등 필요한 조치를 하여야 한다.

### 2. 임금피크제도

#### (1) 의 의

고령자고용촉지법은 근로자의 정년을 60세 이상으로 정하고, 이에 따라 임금체계 개편 등의 필요한 조치를 취하도록 의무화하고 있다(동법 제19조 및 제20조). 임금체제개편의 구체적인 내용에 대하여 동법은 아무런 규정도 아니 두고 있으나, 대체로 임금피크제도 등이 논의되고 있다.

임금피크제도라 함은 일정 연령을 기준으로 임금·근로시간 및 근로일수 조정 등을 통해 임금을 감액해 나가는 대신 일정기간 동안 고용을 보장하는 제도를 말한다.

우리나라의 기존 임금체계는 연공서열제를 채택하고 있어 근무기간이 늘어남에 따라 자동적으로 임금이 상승하게 된다. 이에 따라, 정년이 늘어나게 되면 기업은 고임금 부담으로 인하여 근로자의 정년연장을 회피하게 되고 여러 가지 탈법행위를 통하여 근로자를 정년 이전에 해고하고자 시도할 것이다. 임금피크제는 일정 근무기간이 지나면 종전처럼 임금이 상승하는 것이 아니라 오히려 감소하며, 이 대신에 정년기간을 연장하여 주는 제도이다. 따라서 사용자는 임금 부담없이 기존 근로자의 정년을 연장하고, 또 절감된 임금으로 신규 인력을 채용할 수 있으며, 근로자는 장기적인 고용안정을 누릴수 있다.

### (2) 임금피크제와 취업규칙의 불이익 변경

임금피크제의 신규도입은 임금체계의 변경이고 임금체계는 대부분 취업규칙에 규정되어 있으므로, 임금피크제의 도입은 취업규칙의 변경을 수반하게 된다. 취업규칙의 불이익변경에는 근로자대표의 동의가, 불이익변경이 아닌 경우에는 근로자대표의 의견청취가 필요하다. 따라서 근로자대표가 임금피크제 도입에 반대하거나, 동의를 하지 않는 경우에도 사용자가 임금피크제를 도입할 수 있는지 의문시 될 수 있다.

임금피크제의 도입이 근로자에게 불리하지 아니한 경우에는 근로자대표의 의견청취만으로 충분하고 동의를 받을 필요가 없으므로 별로 문제될 것이 없다. 예컨대, 임금피크제의 적용이 근로자의 선택에 달려 있거나, 희망퇴직제 간에 선택사항인 경우 또는 도입후 재직기간에 받을 수 있는 임금총액이 종전보다 월등히 많은 경우 등이 이에 해당될 것이다. 그러나, 임금피크제의 도입이 근로자에게 불리한 경우에는 근로자대표의 동의를 받아야 하므로 근로자대표가 반대하는 경우에는 임금피크제를 도입할 수 없는 것이 원칙이다. 이 경우에도 임금피크제의 도입이 사회적 타당성이 있는 경우에는 근로자대표의 동의가 없더라도 이를 유효하게 볼 수도 있다. 이는 개별 사업장별로 해당 임금피크제의 도입경위, 내용, 근로자대표와 협의정도, 다른 사업장과의 비교 등을 통하여 구체적으로 판단되어야 한다.

### (3) 임금피크제도와 퇴직금

임금피크제도를 도입하는 경우 근로자의 평균임금이 감소하게 되는 바, 이는 퇴직금의 감소를 초래하게 되므로 이에 대한 해결책이 없이는 근로자가 임금피크제도의 도입에 동의하기 어렵다. 이에 따라 평균임금이 감소하기 이전 적정 시점에서 퇴직금을 중간정산하고 임금피크제도를 도입하는 것이 필요하다.

퇴직금의 중간정산은 대통령령으로 정하는 일정한 경우에만 허용되는 바, 근로자 퇴직급여보장법시행령 제3조는 "사용자가 기존의 정년을 연장하거나 보장하는 조건으로 단체협약 및 취업규칙 등을 통하여 일정 나이, 근속시점 또는 임금액을 기준으로 임금을 줄이는 제도를 시행하는 경우" 즉, 임금피크제를 채택하는 경우 퇴직금 중간정산을 인정하고 있다.

# 제4절 임금지급방법의 보호

## Ⅰ. 임금지급의 원칙

### 1. 개요 및 관련규정

> 근로기준법 제43조 [임금지급] ① 임금은 통화로 직접 근로자에게 그 전액을 지급하여야 한다. 다만, 법령 또는 단체협약에 특별한 규정이 있는 경우에는 임금의 일부를 공제하거나 통화 이외의 것으로 지급할 수 있다.
> ② 임금은 매월 1회 이상 일정한 날짜를 정하여 지급하여야 한다. 다만, 임시로 지급하는 임금, 수당, 그 밖에 이에 준하는 것 또는 대통령령으로 정하는 임금에 대하여는 그러하지 아니하다.

근로기준법 제43조는 직접불·전액불·통화불 및 매월 1회 이상의 정기불의 임금지급의 4가지 원칙을 규정하고 있다.

### 2. 직접불의 원칙

임금은 반드시 근로자 본인에게 지급되어야 한다. 임금직접불의 원칙은 임금을 확실하게 근로자 본인이 직접 수령함으로써 근로자의 생활을 보호하고자 하는 데 그 취지가 있다. 예컨대, ⅰ) 근로자의 친권자·후견인 또는 임의대리인에게 임금을 지급하거나, ⅱ) 노동조합에 임금을 지급하는 것 또는 ⅲ) 임금채권의 양도시 양수인에게 임금을 지급하는 것은 모두 직접불의 원칙에 위배된다.[52]

<u>관 련</u>   대판 1996. 3. 22, 95다2630   근로자가 그 임금채권을 양도한 경우라 할지라도
<u>판 례</u>   그 임금의 지급에 관하여는 근로기준법 제42조제1항에 정한 임금 직접지급의 원칙이 적용되어 사용자는 직접 근로자에게 임금을 지급하지 아니하면 안 되고, 그 결

---

52) 대판 1988. 12. 13, 87다카2803(전원합의체).

과 비록 적법·유효한 양수인이라도 스스로 사용자에 대하여 임금의 지급을 청구할 수 없으며, 그러한 법리는 근로자로부터 임금채권을 양도받았거나 그의 추심을 위임받은 자가 사용자의 집행재산에 대하여 배당을 요구하는 경우에도 그대로 적용된다.

그러나 ⅰ) 근로자의 희망에 의하여 지정된 은행의 본인명의로 개설된 보통예금 구좌에 입금하는 것, ⅱ) 근로자에게 불가피한 사정이 있어 처자가 인감을 가지고 임금을 수령하는 경우와 같이 사자(使者)에게 임금을 지급하는 것, ⅲ) 선원법에 따라 선원의 청구에 의하여 가족 등 다른 제3자에게 지급하는 경우, ⅳ) 임금채권이 압류되어 사용자가 채권자인 제3자에게 압류된 금액을 지급하는 경우 등은 직접불의 원칙에 위배되지 아니한다.

> **관련 판례** 　대판 1988. 12. 13, 87다카2803　임금채권을 제3자에게 양도한 경우에도 임금채권의 압류(민사소송법 제579조 및 제579조의2)의 경우를 제외하고는 사용자는 근로자에게 임금을 직접 지급하여야 한다.

## 3. 전액불의 원칙

### (1) 의　　의

임금은 전액이 근로자에게 지급되어야 하는 것이 원칙이다. 이것은 위약예정·전차금상계 및 강제저축 등을 통하여 임금의 일부만을 지급함으로써 야기될 수 있는 강제노동을 방지함과 동시에 근로자의 유일한 생존수단인 임금을 충분히 확보·지급하기 위한 취지이다.

그러나 지각·결근 등에 임금이 지급되었거나 계산착오로 인하여 임금이 과다지급되었다면, 근로자의 차기 임금액에서 이를 공제하여도 전액불의 원칙에 위배되지 아니하는 것으로 보아야 할 것이다.[53]

> **관련 판례** 　대판 1995. 6. 29, 94다18553　계산의 착오 등으로 임금이 초과지급되었을 때에, 초과임금의 반환·공제의 방법 및 시기 등이 합리적이고, 근로자의 경제생활에 안정을 해칠 염려가 없는 경우 초과임금의 반환청구권을 자동채권으로 하여 임금을 공제할 수 있다.

학자금·대출금 또는 주택자금 등을 근로자의 자유로운 의사에 따라 근로자와의 합의에 의하여 임금에서 공제하는 것은 전액불의 원칙에 위배되지 아니한다. 이 경우 사용자는 근로자의 자유로운 의사를 인정할 만한 객관적 이유와 증거를 제시할

---

53) 대판 1995. 11. 10, 94다54566; 대판 1996. 10. 25, 96다5343.

수 있어야 한다.[54]

그러나 사용자는 근로자에 대한 불법행위·채무불이행으로 인한 손해배상채권 등의 채권과 임금을 일방적으로 상계할 수 없다.[55]

### (2) 예 외

법령 또는 단체협약에 특별한 규정이 있는 경우에는 임금의 일부를 공제할 수 있다.

### (가) 법령에 의한 예외

법령에 의하여 임금 일부의 공제가 인정되는 것에는 근로소득세, 국민연금기여금 및 의료보험료 등이 있다.

### (나) 단체협약에 의한 예외

단체협약을 통해 공제가 인정되는 경우는 노동조합의 조합비를 조합원의 임금에서 사용자로 하여금 사전공제하게 하고, 사용자가 이를 노동조합에 일괄납입하게 하는 조합비 사전공제제도(check-off system) 및 대부금 반환 등이 있다.

근로기준법 제43조에 법령·단체협약에 의한 예외만을 규정하고 있으므로, 취업규칙 및 근로계약 등에 의하여는 임금의 일부를 공제할 수 없다고 보아야 할 것이다.[56]

**관 련**
**판 례**
　대판 2022. 12. 1, 2022다219540, 219557　　근로기준법 제43조 제1항에 의하면 임금은 직접 근로자에게 그 전액을 지급하여야 하므로, 사용자가 임의로 근로자에게 지급하여야 할 임금 중 일부를 공제하지 못하는 것이 원칙이고, 이는 경제적·사회적으로 종속관계에 있는 근로자를 보호하기 위한 것이다. 다만 사용자는 같은 항 단서에 따라 법령 또는 단체협약에 특별한 규정이 있는 경우에는 예외적으로 임금의 일부를 공제하여 지급할 수 있지만, 그 예외의 경우를 넓게 인정하게 되면 임금을 생계수단으로 하는 근로자의 생활안정을 저해할 우려가 있으므로 그에 해당하는지는 엄격하게 판단하여야 한다. 위와 같은 근로기준법 제43조의 규정 형식이나 취지, 법적 성격 등에 비추어 보면, 취업규칙이나 근로계약에 임금의 일부를 공제할 수 있는 근거를 마련하였다고 하더라도 그 효력이 없다고 보아야 한다.

---

54) 김형배, 노동법, p. 363; 대판 2001. 10. 23, 2001다25184.
55) 대판 1989. 11. 24, 88다카25038; 대판 1990. 5. 8, 88다카26413.
56) 대판 2022. 12. 1, 2022다219540, 219557; 하갑래, 근로기준법, p. 468.

## 4. 통화불의 원칙

### (1) 의   의

임금은 통화로 근로자에게 지급되어야 하는 것이 원칙이다. '통화'라 함은 우리나라에서 강제통용력이 있는 화폐를 말한다. 따라서, 우리나라 화폐일지라도 현재는 통용되지 아니하는 주화폐 또는 현재 외국에서 통용되는 외국화폐는 이에 포함되지 아니한다.

동 규정은 현금 대신에 ⅰ) 회사제품 등의 현물급여 또는 ⅱ) 현재 강제통용력이 없는 회사주식·어음·당좌수표 등의 급여를 방지하기 위한 것이다. 그러나 ⅰ) 단체협약을 체결하여 근로자에게 현금수당 및 점심식사제공 중에서 어느 하나를 임의로 선택하게 하거나, ⅱ) 은행발행 자기앞수표·보증수표로 임금을 지급하는 것[57] 또는 ⅲ) 성과배분제도를 도입하면서 성과지급수단으로 주식을 지급하는 경우 등은 통화불의 원칙에 위배되지 아니한다고 할 것이다.

### (2) 예   외

법령 또는 단체협약에 특별한 규정이 있는 경우에는 통화 이외의 것으로 지급할 수 있다.

#### (가) 법령에 의한 예외

선원법에 의하여 기항지에서 통용되는 통화로 지급되는 경우 통화불의 원칙에 위배되지 아니한다.

#### (나) 단체협약에 의한 예외

단체협약을 체결하여 수당·상여금 등을 현물·주식 또는 상품교환권으로 지급할 수 있다. 노동조합과의 단체협약에 의한 예외만이 인정되므로 ⅰ) 취업규칙·근로계약에 의하거나, ⅱ) 노사협의회의 의결·합의 또는 근로자 대표와의 서면합의에 의한 것은 인정되지 아니한다.[58]

## 5. 매월 1회 이상 정기불의 원칙

### (1) 의   의

임금은 매월 1회 이상 일정한 날짜를 정하여 지급되어야 한다. 동 규정은 사용자

---

57) ⅰ) 근로자의 동의가 필요하다는 견해(이병태, 노동법 p. 724; 임종률, 노동법, p. 409)와 ⅱ) 동의가 필요없다는 견해(이영희, 노동법, p. 505; 김형배, 노동법, p. 366)로 나뉘고 있다.

58) 임종률, 노동법, p. 410.

가 임금지급을 부정기적으로 하거나 장기간 동안 하지 아니하는 경우 근로자가 생활영위에 필요한 임금을 충분히 확보할 수 없기 때문에 이를 방지하기 위한 것이다. 여기서 매월이라 함은 매월 1일부터 말일까지 즉 역일상의 1월을 의미하는 것이 아니라 1개월의 기간을 말한다.

취업규칙에는 반드시 임금지급시기를 명시하여야 한다(근로기준법 제93조).

### (2) 정기불원칙의 예외

임시로 지급되는 임금·수당 그 밖에 이에 준하는 것과 대통령령으로 정하는 임금(근로기준법 제43조2항단서) 등은 정기불원칙의 적용을 받지 아니한다. 구체적으로 ⅰ) 1개월을 초과하는 기간의 출근성적에 따라 지급하는 정근수당, ⅱ) 1개월을 초과하는 일정 기간을 계속하여 근무한 경우에 지급되는 근속수당, ⅲ) 1개월을 초과하는 기간에 걸친 사유에 따라 산정되는 장려금·능률수당 또는 상여금, ⅳ) 그 밖에 부정기적으로 지급되는 제 수당 등이 이에 해당된다(동법시행령 제23조).

## Ⅱ. 연 봉 제

### 1. 연봉제의 개념

연봉제라 함은 임금의 산정단위를 1년으로 하는 임금제도를 말한다.[59) 임금의 산정단위는 시간급, 일급, 주급 또는 월급 등 각각 1시간, 1일, 1주 또는 1월을 산정단위로 하는 것이 일반적이나, 최근에는 1년을 산정단위로 하는 연봉제의 도입이 급증하고 있다.

연봉제를 채택하는 경우 근로자 개인의 업무 능력, 업적, 또는 공헌도 등을 평가하여 임금지급액이 결정되는 것이 일반적이다. 따라서, 근무기간에 따라 임금이 자동승급되는 기존의 연공서열형 임금체계와는 그 양상을 달리한다. 연봉제는 직위분류제하에서 근로자개인의 업무능력과 실적을 중시하는 미국 등에서 발전된 제도이며, 우리나라 및 일본 등과 같이 계급제하에서 연공서열을 중시하는 기업제도와는 잘 부합되지 아니하는 제도이다. 그러나, 최근 우리나라에서도 기업의 경쟁력 강화 및 노동시장의 유연화 제고 등을 위하여 연봉제의 도입이 증가되고 있다.

---

59) 김형배, 노동법, p. 417; 하갑래, 근로기준법, p. 456 이하 참조.

## 2. 연봉제의 종류 및 적용대상

### (1) 연봉제의 종류

연봉제는 근로기준법에 위배되지 아니하는 한 다양한 형태의 제도를 채택할 수 있다.

#### (가) 급여항목

연봉제는 ⅰ) 모든 급여항목을 하나의 연봉에 일괄 포함시키는 완전연봉제와 ⅱ) 급여항목 중 일부를 연봉에 포함시키지 아니하고 이를 별도로 지급하는 부분연봉제로 나누어 볼 수 있다.

완전연봉제를 채택하는 경우 연장근로수당, 야간근로수당 및 휴일근로수당 등과 같이 지급여부 및 지급액수가 확정되지 아니한 항목에 대하여 고정된 액수의 임금을 지급하게 되므로 운용상 근로기준법에 위배될 우려가 있다. 따라서, ⅰ) 연장근로수당, 야간근로수당 및 휴일근로수당 등이 통상적으로 발생하는 일반 근로자에게는 이러한 수당을 연봉과 별도로 지급하는 부분연봉제가 채택되는 것이 일반적이고, ⅱ) 재량근로시간제도 등을 채택하여 연장근로수당, 야간근로수당 및 휴일근로수당 등이 일반적으로 발생하지 아니하는 특수직 근로자에게는 완전연봉제가 적용되는 것이 일반적이다.

#### (나) 구성항목

연봉제는 ⅰ) 구성항목이 근로자의 업무 능력과 실적에 대하여 지급되는 성과급으로만 구성되는 순수연봉제와 ⅱ) 이에 부가하여 연공서열적 기본급이 추가로 지급되는 혼합연봉제로 나누어 볼 수 있다. 순수연봉제의 경우 전년도 업무실적에 따라 연봉이 증액 또는 감액될 수도 있다. 혼합연봉제의 경우 성과급 부분은 전년도 업무실적에 따라 연봉이 증액 또는 감액될 수도 있으나, 연공서열적 기본급 부분은 자동으로 매년 증액되고 감액되지 아니하는 것이 일반적이다.

### (2) 연봉제의 적용대상

연봉제가 모든 근로자에게 적합한 것은 아니며, 연봉제의 근본취지에 비추어 볼 때에 그 채택이 용이하고 효율적인 근로자에 한정하여 적용하는 것이 필요하다. 이 경우 사업 또는 사업장의 근로자 중 일부에게만 연봉제를 실시하여도 국적, 신앙, 성별 또는 사회적 신분에 의한 차별에 해당되지 아니하므로 근로기준법 제46조 위반에 해당되지 아니한다.[60]

첫째, 연봉제는 제도의 취지상 업무의 성과가 업무 능력이나 열성, 창의력 및 실적 등에 크게 의존되는 직종에 적합하며, 업무의 성과가 근로시간에 비례하는 일반 근로자에게는 부적합하다. 예컨대, 연봉제는 금융회사의 펀드 매니저, 영업직, 연구직, 예술직 또는 고위 관리 감독직 등에 적합하다.

둘째, 연봉제는 연장근로수당, 야간근로수당 및 휴일근로수당 등의 법정수당이 발생하지 아니하는 직종에 적합하며, 법정수당의 지급이 당연히 예상되는 일반 근로자에게는 적합하지 아니하다. 예컨대, 재량 근로시간제도가 적용되는 근로자 또는 법정수당의 지급이 불필요한 근로자 등에게 적합하다.

법정수당이 지급되어야 하는 직종의 경우 연봉액수를 확정짓기 어려워 운용상의 어려움이 따르며, 근로기준법에 위반되지 아니하기 위해서는 완전연봉제가 아닌 부분연봉제를 채택하여야 한다.

## 3. 연봉제와 근로기준법

연봉제를 채택하는 경우에도 근로기준법에 부합되어야 함은 물론이다. 연봉제는 근로자의 업무능률을 극대화하고, 경영의 효율성을 제고할 수 있다는 장점이 있으나, 근로기준법상 근로자의 권리를 침해하여서는 아니 된다.

### (1) 연봉제의 채택

연봉제를 사업장에 도입하는 경우 근로계약, 취업규칙 및 단체협약의 법리에 부합되어야 한다.

### (가) 근로계약

근로계약을 체결하는 경우 "임금의 구성항목, 계산방법 및 지급방법"은 반드시 서면으로 명시하여야 하는 항목 중의 하나이다. 따라서, 연봉제를 채택하는 경우 연봉의 구성항목, 계산방법 및 지급방법 등을 서면으로 명시하여야 함은 물론이다. 특히 법정수당의 포함여부 및 퇴직금 계산방법 등에 관하여 노사간에 다툼이 발생될 소지기 크므로 이를 구체적으로 명시하는 것이 필요하다. 연봉제를 채택한다고 하여 반드시 근로계약의 기간이 1년으로 되는 것은 아니며, 연봉제의 채택과 근로계약기간은 무관하다고 할 것이다.[61]

---

60) 하갑래, 근로기준법, p.456.
61) 하갑래, 근로기준법, p. 458.

### (나) 취업규칙 및 단체협약

취업규칙으로 연봉제를 도입하는 경우 취업규칙의 작성 및 변경에 관한 법리가 적용된다.

연봉제의 도입이 근로자에게 불이익한 경우 근로자 과반수(또는 근로자 과반수가 가입된 노동조합)의 동의를 받아야 한다. 근로자의 일부에 대하여만 연봉제를 실시하는 경우 ⅰ) 연봉제의 적용을 받지 아니하는 근로자를 포함하는 근로자 전체의 의견 청취 또는 동의에 의한 의사결정이 필요한 것인지 아니면 ⅱ) 연봉제를 적용받는 일부 근로자만의 의사결정만으로도 충분한 것인지에 관하여 의문이 제기될 수 있다. 이에 대하여 여러 가지 견해가 제기되고 있으나, 최근의 대법원 판례는 취업규칙의 불이익변경시 변경 대상이 되는 근로자의 의사결정만으로도 충분하다는 후자의 견해를 채택하고 있다.[62]

단체협약을 체결하여 연봉제를 도입할 수 있음은 물론이다. 그러나, 단체협약은 노동조합법 제35조 및 제36조에 의한 효력확장의 경우를 제외하고는 조합원에게만 그 효력이 적용되는 것이 원칙이므로 비조합원에게도 당연히 연봉제를 실시할 수 없음은 물론이다. 단체협약에 의하여 임금이 인상되는 경우 별도의 특약이 없는 한 연봉제하에서의 연봉도 그만큼 인상되는 것이 원칙이다.

### (2) 법정수당의 지급

연봉제를 채택하는 경우 연봉액이 사전에 일정액으로 고정되는 것이 원칙이다. 그러나, 법정수당은 지급여부 및 지급액수가 확실하지 아니하고 변동되며 또한 일단 발생하는 경우 이를 지급하지 아니하면 근로기준법 위반이 되므로 연봉제를 채택하는 경우에도 이는 반드시 지급되어야 한다. 순수연봉제는 법정수당의 이러한 변동되는 금액을 정확하게 반영하지 못하고 고정금액만을 지급하게 되므로 근로기준법 위반이 될 우려가 있기 때문에 법정수당을 연봉과 별도로 지급하게 되는 부분연봉제가 채택되어야 근로기준법에 부합된다.

다만, 순수연봉제를 채택하는 경우에도 법정수당 지급의 예외가 인정되는 경우에는 그 한도 내에서 근로기준법 위반에 해당되지 아니한다.

### (가) 포괄임금제도

연장근로수당, 야간근로수당 및 휴일근로수당 등의 법정수당은 그 지급사유가 발생할 때마다 정확히 계산하여 근로자에게 지급하는 것이 근로기준법상의 원칙이다.

---

62) 대판 2009. 5. 28, 2009두2238.

제2부 개별적 근로관계

그러나, 감시적·단속적 근로 등과 같이 근로시간의 산정이 어려운 경우 등 근로시간에 관한 규정을 그대로 적용할 수 없는 때에는 예외적으로 법정수당을 일일이 계산하지 아니하고 일정액의 법정수당을 지급하는 것이 허용된다.[63] 이러한 법정수당 지급방법을 포괄임금제도라 한다. 포괄임금제도가 허용되는 근로자에게는 순수연봉제를 적용하여도 근로기준법에 위배될 우려가 적다. 그러나, 포괄임금제도가 허용되지 아니하는 근로자에게 순수연봉제를 적용하는 경우 법정수당을 정확히 계산하지 아니하고 실제 지급되어야 하는 법정수당보다 낮은 수준의 금액을 지급할 우려가 있어 근로기준법에 위배될 가능성이 있다. 포괄임금제도에 관하여는 상세히 후술한다.

(나) 재량적 근로시간제도

재량적 근로시간제도라 함은 업무의 성질에 비추어 업무수행 방법을 근로자의 재량에 위임할 필요가 있는 업무에 대하여 사용자가 근로자대표와 서면합의로 정한 시간을 근로한 것으로 보는 근로시간제도를 말한다. 실제 근로시간과 상관없이 당사자간의 합의에 의하여 근로시간이 사전에 결정되므로 연장근로, 야간근로 및 휴일근로의 발생 여부 및 금액 역시 당사자간의 합의로 연봉에 포함시킬 수 있다.

당사자간의 합의로 정한 근로시간에 연장근로, 야간근로 및 휴일근로의 발생이 불가피한 경우 법정수당이 당연히 연봉에 포함되어 지급되어야 함은 물론이다.

(다) 근로시간제도의 적용제외

농수산업 또는 관리, 감독업무 등에 종사하는 근로자에게는 업무의 특성상 근로시간, 휴게 및 휴일에 관한 규정의 적용을 배제하고 있다. 따라서, 연장근로수당 및 휴일근로수당 등은 당사자의 합의에 따라 연봉에 포함시켜도 무방하다.

그러나, 이들 근로자에게도 야간근로 및 휴가에 관한 규정은 적용되므로 그 금액이 확정되지 아니한 야간근로수당 또는 연차유급휴가 근로임금을 연봉에 포함시키는 경우 근로기준법에 위배될 우려가 있다. 연차유급휴가 수당의 경우 그 금액이 사전에 고정되어 있으므로 이를 연봉에 포함시켜 지급하여도 무방하다고 할 것이다.

(3) 퇴 직 금

연봉에 퇴직금을 포함시키는 것은 일종의 퇴직금 중간정산제도의 채택으로서 퇴직금을 매년 중간정산하여 연봉에 포함시켜 분할지급하겠다는 취지이다.

종전의 퇴직금 정산제도는 정산 사유에 상관없이 당사자간의 합의만 있으면 인

---

63) 대판 2010. 5. 13, 2008다6052.

정되었으므로 일정한 조건을 충족시키는 경우 연봉에 퇴직금을 포함시켜도 근로기준법에 위배되지 아니하였다. 그러나, 최근의 개정된 퇴직금 중간정산제도는 특별한 사유가 있는 경우에만 인정되므로 이러한 특별한 사유가 없이 연봉에 퇴직금을 포함시키는 것은 위법한 퇴직금 중간정산제도를 채택하는 것이 되어 무효이다.

### (4) 연봉의 지급시기

연봉제라는 것은 ⅰ) 임금의 산정단위를 의미하는 것이며 ⅱ) 임금을 1년에 한 번씩 지급한다는 임금의 지급시기를 의미하는 것은 아니다. 근로기준법은 "임금은 매월 1회이상 일정한 날짜를 정하여 지급하여야 한다"고 규정하고 있다(동법 제43조 제2항). 따라서, 연봉제를 채택하는 경우에도 이를 분할하여 매월 1회이상 일정한 날짜를 정하여 지급하여야 한다.

### (5) 연봉제와 근로계약 기간

#### (가) 기간의 정함이 없는 근로계약인 경우

기간의 정함이 없는 근로계약, 즉 정년이 있는 근로자에게 연봉제를 도입하면서 매년 업무실적을 평가하여 그 결과에 따라 연봉을 조정하고 이를 받아들이지 아니하는 때에는 근로계약을 종료시키는 경우가 있다. 이는 일종의 해고로서 정당한 사유가 있는 경우에만 해고가 유효하게 성립한다는 해고제한의 법리가 적용된다. 즉, 연봉의 삭감사유가 해고의 정당한 사유에 해당되거나, 연봉의 조정 정도가 근로자의 업무실적 또는 회사의 재정상태와 부합됨에도 불구하고 근로자가 이를 합리적 근거 없이 받아들이지 아니하는 경우에 한하여 근로계약의 종료가 인정된다고 할 것이다. 업무평가가 행하여지지 않았거나, 불합리한 경우에는 근로자가 연봉 삭감에 동의하지 아니 하였다 할지라도 이를 이유로 근로계약을 종료시킬 수 없다.

#### (나) 기간의 정함이 있는 근로계약인 경우

기간의 정함이 있는 근로계약, 즉 기간제 근로계약을 체결한 근로자의 경우 계약기간이 끝남에 따라 당연히 고용이 종료하게 되며, 이 경우 해고제한의 법리가 적용되지 아니한다. 따라서, 사용자는 계약기간이 종료할 때에 연봉액을 조정하고 근로자가 이를 받아들이지 않는 경우 계약갱신을 거부하여도 부당해고에 해당되지 아니한다. 연봉제가 채택되어 있다하여 계약기간이 반드시 1년 동안 보장되어 있는 것은 아니며, 업무실적이 부진한 경우 계약기간 중이라도 계약을 종료하거나 해고할 수 있음은 물론이다.

## Ⅲ. 임금의 비상시 지급

### 1. 관련규정

근로기준법 제45조 [비상시 지급] 사용자는 근로자가 출산, 질병, 재해, 그 밖에 대
통령령으로 정하는 비상한 경우의 비용에 충당하기 위하여 임금 지급을 청구하면
지급기일 전이라도 이미 제공한 근로에 대한 임금을 지급하여야 한다.

### 2. 주요내용

근로기준법은 임금지급방법의 원칙을 정한 제43조의 규정에 대한 예외로 근로자
에게 발생한 비상한 경우에 이미 제공한 근로에 대한 임금을 청구하면 사용자는 이
를 지급하도록 규정하고 있다(근로기준법 제45조).

#### (1) 비상한 경우의 개념

근로자가 출산·질병·재해 기타 비상한 경우의 비용에 충당하기 위한 경우에
비상시 지급이 인정된다.

질병은 업무상 및 업무외 질병을 모두 포함한다. 재해는 화재·홍수·천재·지
변 및 사변 등을 의미한다. 「기타 대통령령이 정한 비상한 경우」에는 근로자 또는
그의 수입에 의하여 생계를 유지하는 자가 ⅰ) 출산하거나, 질병 또는 재해를 당한
경우, ⅱ) 혼인 또는 사망한 경우, ⅲ) 부득이한 사유로 인해 일주일 이상 귀향하게
되는 경우 등이 이에 포함된다(근로기준법시행령 제25조).

#### (2) 비상시 지급의 대상

비상시 지급을 청구할 수 있는 자는 근로자이나, 그 지불의 대상은 근로자 또는
그의 수입에 따라 생계를 유지하는 자이다. 친족에 해당하지 아니하는 경우에도 근
로자가 부양의무를 지고 있다면 그러한 자의 비상한 사유에 대해 비상시지급이 인
정된다.[64] 그러나 친족에 해당하는 경우에도 독립하여 생계를 유지하고 있는 자는
비상시 지급이 인정되지 아니한다.

#### (3) 비상시 지급의 효과

근로자의 비상시 지급청구가 있으면 사용자는 임금의 지급기일 전이라도 이를
지급해야 한다(근로기준법 제45조). 단체협약 및 취업규칙 등에 별도로 정하여 있지

---

64) 이병태, 노동법, p. 731; 김형배, 근로기준법, p. 271.

아니하는 한 사용자는 이미 제공된 근로에 대한 대가만 지급하는 것이 원칙이다.

## Ⅳ. 임금대장 및 임금명세서

사용자는 각 사업장별로 임금대장을 작성하고 임금과 가족수당 계산의 기초가 되는 사항, 임금액, 그 밖에 대통령령으로 정하는 사항을 임금을 지급할 때마다 적어야 한다(동법 제48조제1항). 사용자는 임금을 지급하는 때에는 근로자에게 임금의 구성항목·계산방법, 제43조제1항 단서에 따라 임금의 일부를 공제한 경우의 내역 등 대통령령으로 정하는 사항을 적은 임금명세서를 서면(「전자문서 및 전자거래 기본법」 제2조제1호에 따른 전자문서를 포함한다)으로 교부하여야 한다(동법 제48조제2항).

# 제 5 절　휴업수당과 파업시의 임금지급

## Ⅰ. 의　　의

노동법은 민법상의 근로제공에 관한 채권·채무관계에 대하여 일정한 예외를 두고 있다.

첫째, 사용자의 귀책사유로 인하여 제공된 근로를 수령하지 못하여 휴업하는 경우에는 근로자에게 민법상의 임금을 지급하는 것이 아니라 근로기준법상의 휴업수당 지급책임을 지게 된다.

둘째, 근로자가 근로를 제공하지 아니한 경우에도 이것이 노동조합법상의 정당·합법적인 파업에 해당하는 경우에도 무노동·무임금 원칙에 따라 사용자는 임금을 지급하지 아니한다(동법 제44조).

## Ⅱ. 휴업수당

### 1. 관련규정

**근로기준법 제46조 [휴업수당]** ① 사용자의 귀책사유로 휴업하는 경우에 사용자는 휴업기간 동안 그 근로자에게 평균임금의 100분의 70 이상의 수당을 지급하여야 한다. 다만, 평균임금의 100분의 70에 해당하는 금액이 통상임금을 초과하는 경우에는 통상임금을 휴업수당으로 지급할 수 있다.

② 제1항에도 불구하고 부득이한 사유로 사업을 계속하는 것이 불가능하여 노동위원회의 승인을 받은 경우에는 제1항의 기준에 못미치는 휴업수당을 지급할 수 있다.

## 2. 주요내용

사용자의 귀책사유로 휴업하는 경우에 사용자는 휴업기간중 그 근로자에게 평균임금의 100분의 70 이상의 휴업수당을 지급하여야 한다(근로기준법 제46조제1항). 사용자의 귀책사유로 휴업하여 근로자가 근로를 제공하지 못할 때에는 민법의 규정에 의해 임금을 청구할 수는 있으나, 이 경우 사용자의 고의·과실 등이 인정되어야 하고 민사소송절차를 거침에 따라 많은 시간이 소요되므로 근로자의 권리구제가 충분하지 못하게 된다. 이러한 문제점을 해결하고 근로자를 보호하기 위하여 근로기준법상의 휴업수당제도를 두게 된 것이다.

### (1) 휴업의 개념

휴업이라 함은 근로자가 근로의 능력과 의사를 갖추고 있음에도 불구하고, 경영상의 이유로 근로의 제공이 불가능하거나 사용자가 근로를 수령하지 아니하는 경우를 말한다.

근로자가 근로의 능력과 의사를 갖추고 있어야 하므로 이러한 능력 또는 의사가 없는 경우 휴업이 아니라 근로계약상의 근로제공 의무의 불이행에 해당된다. 휴업은 사업장 전체뿐 아니라 일부에도 적용되며, 근로자 1인도 휴업의 대상이 될 수 있다.[65] 경영상의 이유로 근로자에게 대기발령을 내리는 경우 이는 휴업에 해당한다.[66] 경영상의 이유 이외에 징계 또는 차별을 목적으로 사용자가 근로자의 근로를 수령하지 아니하는 경우 이는 휴업이 아니라 징계 또는 차별에 해당되므로 이에는 정당한 사유를 필요로 한다.

휴업은 1일 단위뿐 아니라 시간단위의 휴업도 인정된다. 따라서, 일용근로자의 경우 근로제공 의무가 없는 출근 다음날에는 휴업이 인정되지 아니하나, 출근일 당일에는 시간별로 휴업이 인정된다.

### (2) 사용자의 귀책사유

사용자의 「귀책사유」로 휴업하는 경우 사용자는 근로자에게 휴업수당을 지급하

---

65) 하갑래, 근로기준법, p. 507.
66) 대판 2013. 10. 11, 2012다12870.

여야 한다. 이 경우 휴업수당제도상의 귀책사유는 민법상의 귀책사유와는 별개의 개념으로서 그 범위를 달리 하고 있다.

민법상의 귀책사유는 「고의·과실 또는 이와 동등시되는 사유」를 요건으로 하고 있다. 이에 비하여 휴업수당제도상의 귀책사유의 개념은 민법상의 고의·과실 등 귀책사유를 포함함은 물론 사용자의 고의·과실이 없는 경우에도 사용자의 세력범위 안에서 발생한 경영장애는 사용자의 귀책사유에 해당된다.[67]

예컨대, ① 공장의 화재·파괴, ② 영업부진, 원자재의 부족, 조업정지 또는 휴업 및 ③ 하급업체의 부도 및 조업중단 등은 비록 사용자의 고의·과실 또는 이와 동등시되는 사유에 의하여 발생된 것이 아닐지라도 사용자의 세력범위에 속하는 경영장애라고 보아야 할 것이다. 그러나 천재지변 및 이에 준하는 사유, 부분파업시의 휴업 및 직장폐쇄 등의 경우는 휴업수당이 지급사유인 사용자의 귀책사유에 해당되지 아니한다.

### (3) 휴업수당액

근로기준법 제46조의 규정에 의한 휴업수당액은 평균임금의 70퍼센트 이상이다. 사용자의 귀책사유로 인한 휴업기간중에 근로자가 임금의 일부를 받은 경우에는 휴업기간중에 해당하는 평균임금에서 이미 지급된 임금을 뺀 나머지 금액에 100분의 70을 곱하여 휴업수당액을 산정한다(근로기준법시행령 제26조본문).

다만, 평균임금의 100분의 70에 상당하는 금액이 통상임금을 초과하는 경우에는 통상임금을 휴업수당으로 지급할 수 있다(동법 제46조제1항단서). 이는 휴업근로자에게 지급되는 임금이 정상근로자에게 지급되는 통상임금보다 상회하는 것은 형평성에 어긋나는 등 임금관리체계상의 모순을 가져 오고 기업경영을 더욱 악화시킬 우려가 있기 때문에 이를 방지하기 위한 것이다. 근로자가 휴업기간중에 임금의 일부를 지급받았다면 통상임금을 휴업수당으로 지급하는 경우 통상임금과 휴업기간중에 지급받은 임금과의 차액을 지급하여야 한다(동법시행령 제26조단서).

### (4) 휴업수당의 감액

사용자가 귀책사유가 있다 하더라도 부득이한 사유로 사업계속이 불가능하여 노동위원회의 승인을 받은 경우, 사용자는 평균임금의 100분의 70 이하의 휴업수당을

---

67) 김형배, 근로기준법, p. 282; 박홍규, 노동법(Ⅰ), p. 428; 하갑래, 근로기준법, p. 507. 이병태 교수는 오히려 세력범위 외로부터 발생한 경우로 파악하고 있으나(이병태, 노동법, p. 717) 논리가 명확하지 아니하다.

지급할 수 있다(근로기준법 제46조제2항).

### (가) 부득이한 사유

부득이한 사유라 함은 천재지변·전쟁 등과 같은 불가항력적인 사유 외에도 사용자로서 최대의 주의를 기울였으나 사회통념에 비추어 피할 수 없는 사고 등이 이에 포함된다고 할 수 있다. 예컨대 ⅰ) 수도 및 전력공급의 장기중단, ⅱ) 홍수·산사태 및 지진 등으로 인한 작업불능 또는 ⅲ) 전시중의 생산설비 징발 등이 이에 해당될 것이다.

대법원 판례는 정당성이 상실된 파업으로 인하여 정상조업이 불가능한 경우 이를 부득이한 사유로 보고 있다.[68]

그러나 파업의 경우 휴업의 법리가 적용되는 것이 아니라 파업의 합법·불법 여부에 상관없이 무노동·무임금 원칙의 법리에 의하여 해결되어야 하며, 따라서 사용자의 귀책사유에 해당되지 아니하는 것으로 보아야 할 것이다.

> **관련 판례** 대판 2000. 11. 24, 99두4280 정당성을 갖추지 못한 쟁의행위로 정상조업이 불가능하여 휴업을 하는 경우 휴업수당지급의 예외신청을 받아들인 것은 정당하다.

### (나) 노동위원회의 승인

부득이한 사유로 사업계속이 불가능하다고 하더라도 노동위원회의 승인을 받지 못하면 휴업수당을 지급하여야 한다.[69] 구체적으로 불가항력 등 부득이한 사유로 사업계속이 불가능하다는 데에 대한 입증책임은 휴업수당지급의 책임을 면제받고자 하는 사용자에게 있다.[70]

### (다) 감액의 정도

근로기준법 제46조제2항은 평균임금의 100분의 70에 「못미치는」 휴업수당을 지급할 수 있다고 규정하고 있다. 학설은 「못미치는」의 개념에 대하여 ⅰ) 평균임금의 100분의 70보다 「감면」은 하되 적정수준의 휴업수당은 반드시 지급하여야 한다는 견해[71]와, ⅱ) 평균임금의 100분의 70보다 「감면」하는 것은 물론 완전한 「면제」도 허용된다는 견해[72]로 나뉘어 있다.

사견으로는 현행법은 휴업수당의 최저금액을 명문으로 규정하고 있지 아니하므

---

68) 대판 2000. 11. 24, 99두4280.
69) 대판 1968. 9. 17, 68누151; 근기 1455－26530(1982. 9. 24).
70) 대판 1970. 2. 24, 69다1568.
71) 박홍규, 노동법(Ⅰ), p. 430.
72) 임종률, 노동법, p. 407; 김형배, 노동법, p. 336; 대판 2000. 11. 24, 99두4280.

로 휴업수당을 지급하지 아니하는 것이 사회적 통념에 비추어 합리성을 갖추고 있다면 완전면제도 허용된다고 본다.

### (5) 기타 관련문제

#### (가) 부분파업과 휴업수당

파업에 참가한 근로자에게는 당연히 휴업수당이 지급되지 아니한다.[73] 부분파업시에 파업불참가자나 비조합원이 근로를 희망하여 근로제공의 이행상태에 있었으나, 사용자가 이의 수령을 거부한 경우 근로자는 임금 또는 휴업수당을 청구할 수 있는가의 문제가 제기될 수 있다.

① 근로희망자만으로 조업을 할 수 있는 경우: 사용자가 근로제공을 희망하는 근로자의 현실적인 근로제공을 거부하면 근로기준법상의 임금지급책임을 부담한다.

② 근로희망자만으로 조업을 할 수 없는 경우: 부분파업으로 인한 조업계속불능이 근로기준법 제46조에 규정된 휴업수당의 경감을 위한 「부득이한 사유」에 해당하느냐 하는 문제가 제기된다. 이에 대하여 ⅰ) 부분파업을 일종의 불가항력으로서 이를 부득이한 사유에 해당하는 것으로 보는 견해는 사용자의 휴업수당지급의무를 부인하며,[74] ⅱ) 부분파업을 사용자의 세력범위 내에 있는 노동력의 공급부족현상으로 보는 견해는 사용자에게 파업비참가근로자에 대한 휴업수당지급의무가 있다고 본다.[75]

사견으로는 파업은 근로기준법 제46조의 「부득이한 사유」에 해당되지 아니하므로 파업시의 임금지급문제는 휴업수당의 지급 여부와는 별개의 문제라고 할 것인바, 파업으로 인하여 조업이 불가능한 경우 사용자는 무노동·무임금원칙에 의하여 조업희망자에게도 일체의 휴업수당지급의무가 발생되지 아니한다고 본다.[76]

#### (나) 직장폐쇄와 휴업수당

직장폐쇄가 합법적인 경우 사용자는 임금지급의무나 휴업수당지급의무를 부담하지 아니한다. 그러나 직장폐쇄가 위법한 경우에는 근로기준법 제45조의 규정에 의한 휴업수당을 지급해야 한다는 견해가 있다.[77]

그러나 위법한 직장폐쇄는 근로기준법 제46조의 「휴업」에 포함되는 개념이 아니기 때문에, 사용자는 휴업수당지급의무를 부담하는 것이 아니라 근로계약상의 채무

---

73) 대판 1995. 12. 21, 94다26721.
74) 대판 2000. 11. 24, 99두4280.
75) 이병태, 노동법, p. 717; 이영희, 노동법, p. 509; 박홍규, 노동법, p. 890.
76) 김형배, 노동법, p. 399.
77) 기준 1455.9−11349(1969. 10. 30).

불이행책임에 따라 임금 전액의 지급의무를 부담한다고 보아야 할 것이다.[78]

### (다) 민법상의 임금지급청구와 휴업수당

근로기준법 제46조의 휴업수당지급사유로서 사용자의 「귀책사유」에 ⅰ) 민법상의 고의·과실은 물론 ⅱ) 기타 부득이한 사유가 포함됨은 이미 설명한 바와 같다. 사용자의 귀책사유가 「부득이한 사유」에 해당하는 경우 이는 민법상의 고의·과실과 무관하므로 근로기준법 제46조의 휴업수당만이 지급된다는 점에 이론(異論)이 없다. 그러나 사용자의 귀책사유가 민법상의 고의·과실에 해당하는 경우 근로기준법 제46조의 휴업수당지급 이외에도 민법 제538조[79])에 의한 임금 전액의 지급의무가 발생하는가에 관하여 의문이 제기될 수 있다.

이에 대하여는 ⅰ) 근로기준법상의 휴업수당지급의무와 민법상의 임금지급의무가 경합한다는 견해[80])와 ⅱ) 근로기준법상의 휴업수당지급의무만 발생한다는 견해[81])가 있다. 사견으로는 전자의 견해에 찬동하는 바이다.

### (라) 휴업기간중 다른 기업에 취업한 경우

휴업기간 또는 부당해고기간중에 근로자가 다른 기업에 취업하여 임금 등의 중간수입을 수령한 경우 휴업수당 또는 임금에서 동 중간수입을 공제하여야 하는가의 문제가 발생한다. 이에 대하여 판례는 근로기준법 제46조에 의한 휴업수당(평균임금의 100분의 70)은 강행규정에 의한 기준금액이므로 최소한 휴업수당에 해당하는 금액을 지급하고 이를 초과하는 금액에서 중간수입을 공제할 수 있다고 한다.[82]

**관련 판례** 대판 1996. 4. 23, 94다446　근로자가 해고기간중에 지급받을 수 있었던 보수 중 근로기준법 제45조 소정의 휴업수당의 한도에서는 이를 이익공제의 대상으로 삼을 수 없고, 그 휴업수당을 초과하는 금액에서 중간수입을 공제하여야 한다.

## Ⅲ. 파업시의 임금지급

파업기간중에는 근로자의 근로가 제공되지 아니하는바, 사용자는 파업기간중에

---

78) 김형배, 근로기준법, p. 278.
79) 민법 제538조제1항은 쌍무계약의 채무자가 채권자의 귀책사유로 인하여 채무를 이행할 수 없게 된 때에는 채무자는 채권자에 대하여 그 이행을 청구할 수 있다고 규정하고 있다.
80) 임종률, 노동법, p. 406; 이병태, 노동법, p. 716; 김형배, 노동법, p. 336; 박홍규, 노동법, p. 642; 기준 1455. 9-8444 (1968. 9. 7).
81) 일본의 통설 및 판례.
82) 대판 1993. 11. 9, 93다37915; 대판 1996. 4. 23, 94다446.

임금의 전부 또는 일부를 지급하여야 할 의무를 부담하지 아니한다(노동조합법 제44조). 이 경우 지급이 면제되는 임금의 범위와 그 근거에 대하여 다양한 의견이 제시되고 있다.

## 1. 임금공제의 근거

### (1) 학    설

#### (가) 정지효과적용론

정지효과적용론은 파업참가기간에 대하여 임금을 공제할 수 있다는 근거를 파업의 정지적 효과에서 도출하려는 견해이다. 이러한 견해는 정당한 파업은 근로계약상 근로자의 근로제공의무와 사용자의 임금지급의무를 일시 정지시키는 법적 효과를 가지므로, 파업기간중에는 임금을 당연히 공제할 수 있게 된다고 한다.[83]

#### (나) 무노동·무임금적용론

무노동·무임금적용론은 임금은 근로제공의 대가 또는 반대급부이므로, 파업을 하여 근로제공을 중단한 경우에는 당연히 임금을 공제할 수 있게 된다. 이를 소위 무노동·무임금의 원칙이라 부른다. 따라서 근로자의 결근·조퇴·지각 등으로 인한 근로제공의 중단은 물론, 파업참가로 인한 근로제공의 중단에 대하여도 임금을 공제할 수 있게 된다.[84]

### (2) 사    견

사견으로는 무노동·무임금적용론에 찬동하는 바이다.

## 2. 임금공제의 범위

### (1) 학    설

#### (가) 의사해석설

의사해석설에 의하면 쟁의행위기간중의 임금지급 여부는 당사자간의 의사해석에 달려 있다고 한다. 이러한 견해는 단체협약·취업규칙의 규정, 종래의 기업관행 및 통상의 결근·지각·조퇴에 관한 임금공제 여부 등을 해석하여 문제된 임금항목이

---

83) 김형배, "무노동·무임금", 「월간 신동아」(1990. 3), p. 307; 하경효, "파업참가노동자에 대한 쟁의기간중의 임금지급문제", 「노사관계」 1권 2호(한국노사발전연구원, 1990), p. 8 이하.

84) 임종률, "파업참가자에 대한 임금삭감의 범위", 「현대노사」(한국노동문제연구원, 1993. 8), p. 24; 菅野和夫, 勞働法(1990), p. 520; 外尾建一, 勞働團體法(1975), p. 508; 秋田成就, "賃金の法的關係論", 「季刊 勞働法」, 93호(1974), p. 14.

파업기간중에 지급 또는 공제되어야 하는지의 여부를 결정하여야 한다고 한다.[85]

### (나) 임금이원론

임금이원론에 의하면 근로관계를 근로의 제공과 임금의 수령을 내용으로 하는 채무적 관계와 종업원의 지위를 취득하는 신분적 관계로 나누고, 채무적 관계에 대하여는 교환적 임금이, 신분적 관계에 대하여는 보장적 임금이 지급된다고 한다. 임금이원론을 취하는 경우에도 ⅰ) 근로가 제공되지 아니하는 파업에 대하여는 교환적 임금이 지급되지 아니하나, 보장적 임금은 근로의 제공과 상관없이 지급되는 임금이므로 파업기간중에도 종업원의 지위가 유지되는 한 지급되어야 한다는 견해와,[86] ⅱ) 쟁의행위기간중에는 근로자가 사용자의 이익에 대하여 완전한 대립적 관계에 있으므로 교환적 임금은 물론 보장적 임금 역시 지급되지 아니한다는 견해[87]로 나뉘고 있다.

### (다) 임금일원론

임금일원론에 의하면 사용자가 근로자에게 지급하는 모든 금품은 근로의 대상으로 지급되는 것이므로 근로가 제공되지 아니하는 파업에 대하여는 어떠한 명목의 금품도 지급하지 아니할 수 있다는 견해이다.[88]

이러한 견해는 임금이원론하에서의 보장적 임금도 근로의 제공을 전제로 하여 지급되는 것이므로 파업기간중에 제공할 필요가 없다고 한다.

**관 련**
**판 례** 대판 2007. 6. 15, 2006다13070 근로기준법상 "임금"이라 함은 '사용자가 근로의 대상으로 근로자에게 임금, 봉급 기타 어떠한 명칭으로든지 지급하는 일체의 금품'을 말하는 것이고, 현행 실정법하에서는, 모든 임금은 근로의 대가로서 '근로자가 사용자의 지휘를 받으며 근로를 제공하는 것에 대한 보수'를 의미하므로 현실의 근로 제공을 전제로 하지 않고 단순히 근로자로서의 지위에 기하여 발생한다는 이른바 생활보장적 임금이란 있을 수 없다.

### (2) 사 견

사견으로는 파업기간중에 임금은 일체 지급되지 아니하는 것이 원칙이라고 본다. 그 이유는 임금이원론의 입장에서 임금을 교환적 임금과 보장적 임금으로 나누는 것에 찬동하나, 보장적 임금은 종업원의 지위를 보유하는 경우 무조건 지급되는 것

---

85) 菅野和夫, 勞働法(弘文堂, 1988), p. 521.
86) 대판 1992. 3. 27, 91다36307; 대판 1992. 6. 23, 92다11466. 대법원의 이러한 판결을 계약해석설로 파악하는 견해도 있다. 임종률, 전게논문, p. 421; 대판 1991. 8. 23, 91다3542.
87) 片岡昇, 사용자의 爭議對抗行爲, 勞働法實務大系 6, 總合勞働研究所, p. 224.
88) 하경효, 전게논문, p. 18; 대판 1995. 12. 21, 94다26721; 대판 2007. 6. 15, 2006다13070.

이 아니라 근로의 제공이라는 채무적 관계의 존재를 전제로 할 때에만 지급되는 것으로 보아야 하기 때문이다.

파업은 근로자가 자신의 의사에 의하여 근로의 제공을 거부함으로써 채무관계의 존재를 중지시키는 것이므로 교환적 임금은 당연히 지급되지 아니하고, 파업기간중에 종업원이라는 신분관계를 유지하고 있다고 하나, 신분관계는 채무관계의 존재를 전제로 하여 인정되는 것이므로 근로자가 스스로 채무관계를 중단시키는 파업기간중에는 신분관계에 따른 보장적 임금 역시 지급되지 아니하는 것으로 보아야 할 것이다.

다만, 사용자가 임의로 또는 단체협약에 의하여 임금을 지급하는 것은 무방하다.

## 제 6 절  임금채권의 보호

임금채권을 보호하는 방법에는 ⅰ) 체불임금에 대한 보호, ⅱ) 사망·퇴직시 임금지급에 대한 보호, ⅲ) 임금채권의 우선변제제도, ⅳ) 임금채권의 지급보장제도, ⅴ) 임금채권의 시효제도 및 ⅵ) 도급사업에 대한 임금채권보호제도 등이 있다.

### Ⅰ. 체불임금에 대한 보호

사용자가 임금을 체불하는 경우 형벌이 부과된다.

#### 1. 3년 이하의 징역 또는 2천만원 이하의 벌금

사용자가 ⅰ) 제43조의 규정에 의한 일반적인 「임금」을 지급하지 아니하는 경우, ⅱ) 제36조의 규정에 의하여 근로자의 「사망·퇴직시의 금품청산」을 하지 아니하는 경우, ⅲ) 제44조의 규정에 의한 「도급사업」에 대한 임금지급을 하지 아니하는 경우, ⅳ) 제46조의 규정에 의한 「휴업수당」을 지급하지 아니하는 경우 및 ⅴ) 제56조의 규정에 의한 「시간외근로수당」을 지급하지 아니하는 경우에는 3년 이하의 징역 또는 2,000만원 이하의 벌금이 부과된다(근로기준법 제109조제1항). 동 형벌은 소위 반의사불벌죄에 해당되므로, 피해자의 명시한 의사에 반하여 공소를 제기할 수 없다(동법 제109조제2항).

단순히 사용자가 경영부진 등으로 자금압박을 받아 이를 지급할 수 없었다는 것만으로는 형사책임을 면할 수 없다.[89]

그러나, 단순한 불황 등 경영부진이 아니라 사용자가 최선을 다했음에도 불구하고 임금의 체불 또는 미불이 불가피한 것이 사회통념상 객관적으로 인정되는 경우에는 형사책임이 면제된다.[90]

> **관 련 판 례**  대판 2008. 10. 9, 2008도5984  기업이 불황이라는 사유만으로 사용자가 근로자에 대한 임금 등을 체불하는 것은 허용되지 아니한다. 그러나 모든 성의와 노력을 다했어도 임금의 체불이나 미불을 방지할 수 없었다는 것이 사회통념상 긍정할 정도가 되어 사용자에게 더 이상의 적법행위를 기대할 수 없거나 불가피한 사정이 있었음이 인정되는 경우, 그러한 사유는 구 근로기준법(2007. 4. 11. 법률 제8372호로 전부 개정되기 전의 것) 제36조 위반죄의 책임조각사유가 된다.

## 2. 1천만원 이하의 벌금

근로기준법 제45조의 규정에 위반하여 「비상시지급」을 하지 아니하는 경우 1천만원 이하의 벌금이 부과된다(동법 제113조). 동법 제47조의 규정에 위반하여 「도급근로자」에 대한 임금지급을 하지 아니하는 경우, 500만원 이하의 벌금이 부과된다(근로기준법 제114조). 이는 반의사불벌죄에 해당되지 아니한다.

## 3. 체불사업주 명단 공개

고용노동부장관은 임금, 보상금, 수당, 그 밖의 모든 금품(이하 "임금등"이라 한다)을 지급하지 아니한 "체불사업주"가 명단 공개 기준일 이전 3년 이내 임금등을 체불하여 2회 이상 유죄가 확정된 자로서 명단 공개 기준일 이전 1년 이내 임금등의 체불총액이 3천만원 이상인 경우에는 그 인적사항 등을 공개할 수 있다(동법 제43조의2 제1항본문). 다만, 체불사업주의 사망·폐업으로 명단 공개의 실효성이 없는 경우 등 대통령령으로 정하는 사유가 있는 경우에는 그러하지 아니하다(동법 제43조의2제1항단서).

고용노동부장관은 명단 공개를 할 경우에 체불사업주에게 3개월 이상의 기간을 정하여 소명 기회를 주어야 한다(동법 제43조의2제2항).

체불사업주의 인적사항 등에 대한 공개 여부를 심의하기 위하여 고용노동부에 임금체불정보심의위원회를 둔다. 이 경우 위원회의 구성·운영 등 필요한 사항은 고용노동부령으로 정한다(동법 제43조의2제3항).

---

89) 대판 2002. 11. 26, 2002도649; 대판 2007. 11. 30, 2006도7329.
90) 대판 2008. 10. 9, 2008도5984.

## 4. 임금 등 체불자료의 제공

고용노동부장관은 「신용정보의 이용 및 보호에 관한 법률」에 따른 종합신용정보 집중기관이 임금등 체불자료 제공일 이전 3년 이내 임금등을 체불하여 2회 이상 유죄가 확정된 자로서 임금등 체불자료 제공일 이전 1년 이내 임금등의 체불총액이 2천만원 이상인 체불사업주의 인적사항과 체불액 등에 관한 "임금등 체불자료"를 요구할 때에는 임금등의 체불을 예방하기 위하여 필요하다고 인정하는 경우에 그 자료를 제공할 수 있다(동법 제43조의3제1항본문). 다만, 체불사업주의 사망·폐업으로 임금등 체불자료 제공의 실효성이 없는 경우 등 대통령령으로 정하는 사유가 있는 경우에는 그러하지 아니하다(동법 제43조의3제1항단서).

임금등 체불자료를 받은 자는 이를 체불사업주의 신용도·신용거래능력 판단과 관련한 업무 외의 목적으로 이용하거나 누설하여서는 아니 된다(동법 제43조의3제2항).

## Ⅱ. 사망·퇴직시 임금지급에 대한 보호

### 1. 관련규정

> **근로기준법 제36조** [금품 청산] 사용자는 근로자가 사망 또는 퇴직한 경우에는 그 지급 사유가 발생한 때부터 14일 이내에 임금, 보상금, 그 밖의 일체의 금품을 지급하여야 한다. 다만, 특별한 사정이 있을 경우에는 당사자 사이의 합의에 의하여 기일을 연장할 수 있다.
>
> **근로기준법 제37조** [미지급 임금에 대한 지연이자] ① 사용자는 제36조에 따라 지급하여야 하는 임금 및 「근로자퇴직급여 보장법」 제2조제5호에 따른 급여(일시금만 해당된다)의 전부 또는 일부를 그 지급 사유가 발생한 날부터 14일 이내에 지급하지 아니한 경우 그 다음 날부터 지급하는 날까지의 지연 일수에 대하여 연 100분의 40 이내의 범위에서 「은행법」에 따른 은행이 적용하는 연체금리 등 경제여건을 고려하여 대통령령으로 정하는 이율에 따른 지연이자를 지급하여야 한다.
> ② 제1항은 사용자가 천재·사변, 그 밖에 대통령령으로 정하는 사유에 따라 임금지급을 지연하는 경우 그 사유가 존속하는 기간에 대하여는 적용하지 아니한다.

### 2. 금품청산

#### (1) 기본원칙

사용자는 근로자가 사망 또는 퇴직한 경우 그 지급 사유가 발생한 때로부터 14일 이내에 임금·보상금, 그 밖의 모든 금품을 지급하여야 한다(근로기준법 제36조본문).

## (2) 예    외

특별한 사정이 있는 경우 당사자간의 합의에 의하여 기일을 연장할 수 있다.

## (3) 미지급 임금에 대한 지연이자의 부과

### (가) 기본원칙

상기 근로기준법 제36조의 규정에 의하여 청산되어야 하는 금품 중 ⅰ) 임금 및 ⅱ)「근로자퇴직급여보장법」 제2조제5호에 따른 급여(일시금만 해당된다)의 전부 또는 일부를 지급하지 아니하는 경우 사용자는 지연이자를 지급하여야 한다(동법 제37조제1항). 이 경우 지연이자는 지급사유가 발생한 날부터 14일이 경과한 후 그 다음 날부터 지급하는 날까지의 지연일수에 대하여 연 40퍼센트의 범위 내에서 은행법에 의한 은행이 적용하는 연체금리 등 경제여건을 고려하여 대통령령으로 정하는 이율에 의한 지연이자를 지급하여야 한다(동법 제37조제1항).

지연이자지급제도는 ⅰ) 재직중의 미지급임금 및 ⅱ) 퇴직 후의 퇴직급여일시금을 제외한 금품에는 적용되지 아니한다. 이들 금품에는 당사자간의 별도의 합의가 없는 한 민법 또는 상법에 의한 법정이율이 적용된다.[91)]

### (나) 예    외

사용자가 천재·사변 그 밖의 대통령령으로 정하는 사유에 의하여 임금지급을 지연하는 경우 그 사유가 존속하는 기간에 대하여는 적용하지 아니한다(동법 제37조제2항).

## Ⅲ. 임금채권의 우선변제

### 1. 관련규정

근로기준법 제38조 [임금채권의 우선변제] ① 임금, 재해보상금, 그 밖에 근로관계로 인한 채권은 사용자의 총재산에 대하여 질권·저당권 또는 「동산·채권등의 담보에 관한 법률」에 따른 담보권에 따라 담보된 채권 외에는 조세·공과금 및 다른 채권에 우선하여 변제되어야 한다. 다만, 질권·저당권 또는 「동산·채권등의 담보에 관한 법률」에 따른 담보권에 우선하는 조세·공과금에 대하여는 그러하지 아니하다.
② 제1항에도 불구하고 다음 각호의 어느 하나에 해당하는 채권은 사용자의 총재산에 대하여 질권·저당권 또는 「동산·채권 등의 담보에 관한 법률」에 따른 담보권에 따라 담보된 채권, 조세·공과금 및 다른 채권에 우선하여 변제되어야 한다.

---

91) 하갑래, 근로기준법, p. 487.

1. 최종 3월분의 임금
2. 재해보상금

**근로자퇴직급여보장법 제12조** [퇴직급여등의 우선변제] ① 사용자에게 지급의무가 있는 퇴직금, 제15조에 따른 확정급여형퇴직연금제도의 급여, 제20조제3항에 따른 확정기여형퇴직연금제도의 부담금 중 미납입 부담금 및 미납입 부담금에 대한 지연이자, 제25조제2항제4호에 따른 개인형퇴직연금제도의 부담금 중 미납입 부담금 및 미납입 부담금에 대한 지연이자(이하 "퇴직급여등"이라 한다)는 사용자의 총재산에 대하여 질권 또는 저당권에 의하여 담보된 채권을 제외하고는 조세·공과금 및 다른 채권에 우선하여 변제되어야 한다. 다만, 질권 또는 저당권에 우선하는 조세·공과금에 대하여는 그러하지 아니하다.
② 제1항에도 불구하고 최종 3년간의 퇴직급여등은 사용자의 총재산에 대하여 질권 또는 저당권에 의하여 담보된 채권, 조세·공과금 및 다른 채권에 우선하여 변제되어야 한다.
③ 퇴직급여등 중 퇴직금, 제15조에 따른 확정급여형퇴직연금제도의 급여는 계속근로기간 1년에 대하여 30일분의 평균임금으로 계산한 금액으로 한다.
④ 퇴직급여등 중 제20조제1항에 따른 확정기여형퇴직연금제도의 부담금 및 제25조제2항제2호에 따른 개인형퇴직연금제도의 부담금은 가입자의 연간 임금총액의 12분의 1에 해당하는 금액으로 계산한 금액으로 한다.

## 2. 임금채권 우선변제의 의의

임금은 근로자의 생활보호에 가장 중요한 의미를 갖고 있다. 그러나 사용자가 도산하여 임금지불능력을 상실할 경우 임금채권의 추심이 사실상 불가능하게 된다. 근로기준법은 이러한 취지에서 임금채권과 그 밖에 근로관계로 인한 채권이 다른 채권, 조세·공과금 등보다 우선변제되어야 함을 명시하고, 특히 최종 3개월분의 임금 및 재해보상금에 대해서는 최우선적으로 변제되어야 함을 명시하고 있으며, 근로자퇴직급여보장법도 퇴직급여등에 대한 우선변제를 규정하고 있다. 이 제도는 특히 사용자가 도산·파산하거나 사용자의 재산이 다른 채권자에 의하여 압류되었을 경우에 근로자의 임금채권을 다른 채권자의 채권 또는 조세·공과금보다 우선하여 변제받도록 함으로써 근로자의 생활보장을 확보하기 위한 제도이다.

## 3. 임금채권과 사용자 총재산의 개념

### (1) 임금채권의 개념

임금채권이라 함은 「임금·퇴직급여등·재해보상금 그 밖의 근로관계로 인한 채권」을 말한다.
① **임금 및 재해보상금 등:**    「임금 및 재해보상금」은 근로기준법상의 임금 및 재해보상금을 말하며, 「근로관계로 인한 채권」이라 함은 각종 수당·상여금·귀향여비 및 해고예고수당 등 근로자가 근로관계를 원인으로 하여 사용자로부터 수령할

수 있는 모든 금품에 대한 채권을 말한다.

② **퇴직급여등:**      퇴직급여등은 근로자퇴직급여보장법상의 ⅰ) 사용자에게 지급의무가 있는 퇴직금, ⅱ) 확정급여형퇴직연금제도의 급여, ⅲ) 확정기여형퇴직연금제도의 부담금 중 미납입 부담금 및 미납입 부담금에 대한 지연이자, ⅳ) 개인형퇴직연금제도의 부담금 중 미납입 부담금 및 미납입 부담금에 대한 지연이자를 말한다(동법 제12조제1항).

퇴직급여등 중 퇴직금 및 확정급여형퇴직연금제도의 급여는 계속근로기간 1년에 대하여 30일분의 평균임금으로 계산한 금액으로 한다(동법 제12조제3항).

퇴직급여등 중 확정기여형퇴직연금제도의 부담금 및 개인형퇴직연금제도의 부담금은 가입자의 연간 임금총액의 12분의 1에 해당하는 금액으로 계산한 금액으로 한다(동법 제12조제4항).

### (2) 사용자 총재산의 개념

임금채권은 「사용자의 총재산」에 우선하여 변제된다.

「사용자」라 함은 근로기준법 제2조제1항제2호에 의한 사용자 중에서 사업주만이 해당된다. 따라서 개인인 경우에는 사업주, 회사인 경우에는 회사가 사용자가 된다. 회사가 법인인 경우 총재산은 법인 그 자체의 재산 총액을 의미하므로 대표이사인 사장의 개인재산은 이에 포함되지 아니한다. 그러나 합자회사·합명회사 등의 무한책임사원 또는 개인회사의 사업주의 개인재산은 「사용자의 총재산」에 해당된다.[92] 사용자의 총재산은 동산·부동산은 물론 각종 유·무형의 재산권을 포함한다. 따라서 사용자의 제3자에 대한 채권도 사용자의 총재산에 포함된다.

### 4. 임금채권과 다른 채권의 우선순위

### (1) 순     위

임금채권과 다른 채권의 우선순위를 정리하면 다음 순서와 같다(근로기준법 제38조).[93]

① 최종 3월분의 임금·최종 3년간의 퇴직급여등 및 재해보상금(최우선변제), ② 질권·저당권 또는 「동산·채권등의 담보에 관한 법률」에 따른 담보권[94]에 우선하

---

92) 대판 1996. 2. 9, 95다719.

93) 종전의 근로기준법에서는 퇴직금을 우선변제의 대상으로 규정하고 있었으나, 「근로자퇴직급여보장법」(2005. 1. 27, 법률 제7379호)이 제정됨에 따라 근로기준법에서 「퇴직금」을 삭제하게 되고, 근로자퇴직급여보장법에서 퇴직급여등을 우선변제 대상으로 규정하게 되었다. 관련법률이 변경되었으나, 실제 규율내용은 종전과 거의 동일하다.

는 조세·공과금,[95] ③ 질권·저당권 또는 「동산·채권등의 담보에 관한 법률」에 따른 담보권에 의하여 담보된 채권, ④ ①에 해당하지 아니하는 임금·퇴직금·재해보상금 그 밖에 근로관계로 인한 채권, ⑤ 조세·공과금 및 다른 채권.

한편, 퇴직급여등에 대하여는 「동산·채권등의 담보에 관한 법률」에 의한 담보권의 적용이 배제된다.[96]

### (2) 최우선변제 임금

#### (가) 의 의

임금채권의 우선변제 중에서도 근로자의 최종 3월분의 임금·최종 3년간의 퇴직급여등 및 재해보상금은 어떠한 형태의 조세·공과금 및 채권에 대해서도 우선하여 변제받는다. 이는 사용자가 도산·파산한 경우 청산절차에 따라 다른 채권에 대하여 우선변제를 하고 나면 근로자의 임금채권에 대한 우선변제적 효력이 유명무실하여질 수 있다는 점을 반영하여 최우선변제를 인정한 것이다.

#### (나) 최우선변제의 범위

최우선변제의 대상이 되는 임금채권은 「최종 3월분의 임금·최종 3년간의 퇴직급여등 및 재해보상금」이다.

① **임 금**: 최우선변제되는 임금은 「최종 3월분의 임금」이다.

「최종 3월분」의 임금이라 함은 사용자의 재산을 청산하기 위한 원인이 된 사실이 발생한 때를 기준으로 소급해서 3개월 사이에 지급사유가 발생한 임금 중 지급받지 못한 임금으로 해석된다.[97] 우선변제의 대상이 되는 「임금」은 근로기준법 제2조제1항제5호에 규정된 「임금」 중 지급받지 못한 임금을 의미한다.[98] 이 경우 그 밖에 근로관계로 인한 채권은 임금에 포함되지 아니한다.[99] 3개월 사이에 임금을 전액 받은 「달」이 있는 경우, 그 「달」을 제외한 3개월을 의미하는 것이 아니며, 이 「달」을 포함하여 3개월을 계산한다.[100]

---

94) 「동산·채권등의 담보에 관한 법률」이 제정된 이유는 현행법상 ⅰ) 동산과 채권의 경우 공시방법이 불완전하고, ⅱ) 지적재산권의 경우 민법상 질권의 방법으로만 담보로 제공할 수 있어 이들을 담보로 이용하는 데 한계가 있으므로 거래의 안전 및 자산유동화의 활성화를 도모하기 위한 것이다.

95) 상세한 내용은 「국세기본법」과 「지방세법」에 규정되어 있다.

96) 종전의 「근로자퇴직급여보장법」은 담보권에 관한 규정을 두고 있었으나, 개정법률(법률 제10967호, 2011. 7. 25)에서는 관련규정을 삭제하였다.

97) 하갑래, 근로기준법, p. 493; 근기 68220-140(1993. 3. 15).

98) 임종률, 노동법, p. 568. 이에 대하여 각종 수당이나 상여금을 제외한 정기임금 내지 기본급만을 임금으로 보는 견해(김형배, 노동법, p. 393)도 있다.

99) 이병태, 노동법, p. 735. 반대: 박홍규, 노동법, p. 493; 대판 2008. 6. 26, 2006다1930.

② **퇴직급여등:** 최우선변제되는 퇴직급여는 「최종 3년간의 퇴직급여등」이다 (근로자퇴직급여보장법 제12조제2항). 종전의 근로기준법은 「퇴직금 전액」을 최우선변제의 대상으로 보았으나, 이는 담보물권제도의 본질적 내용을 침해할 소지가 있다는 헌법재판소의 헌법불합치결정에 따라 현행법은 「최종 3년간」으로 그 기간을 한정한 것이다.[101]

| 관 련 판 례 | **헌재 1997. 8. 21, 94헌바19** 퇴직금우선변제조항은 질권 또는 저당권의 본질적 내용을 침해할 소지가 있고, 그 담보물권의 효력제한에 있어서 입법자가 준수하여야 할 과잉금지의 원칙에 위배되는 것으로 위헌성이 있다. |
|---|---|

③ **재해보상금:** 재해보상금은 사용자의 재산을 청산하여야 할 당시의 사용자가 지급하여야 할 각종 보상이다. 재해보상금은 1989년 3월 29일 이후에 발생한 재해보상금 전액이 해당된다.

**(3) 일반변제 임금**

ⅰ) 최우선변제에 해당하지 아니하는 임금·퇴직급여등 및 ⅱ) 그 밖에 근로관계로 인한 채권은 조세·공과금 및 다른 채권에 우선하여 변제된다. 이에는 3월분을 초과하는 임금, 3년분을 초과하는 퇴직급여등 및 저축금·보증금·해고예고수당 등이 포함된다.

# Ⅳ. 임금채권의 지급보장제도

## 1. 의 의

임금채권의 보장제도라 함은 임금 및 퇴직금을 지급받지 못한 상태로 퇴직하거나 재직중인 근로자에게 국가가 사용자를 대신하여 이를 지급하는 제도를 말한다.

임금채권의 보장을 위하여 임금채권보장법(1998. 2. 20, 법률 제5513호)이 제정되어 있다.

---

100) 대판 2008. 6. 26, 2006다1930.
101) 헌재 1997. 8. 21, 94헌바19, 95헌바34, 97헌가11.

## 2. 퇴직근로자에 대한 임금채권의 지급

### (1) 관련규정

> **임금채권보장법 제7조** [퇴직한 근로자에 대한 대지급금의 지급] ① 고용노동부장관은 사업주가 다음 각호의 어느 하나에 해당하는 경우에 퇴직한 근로자가 지급받지 못한 임금 등의 지급을 청구하면 제3자의 변제에 관한 민법 제469조의 규정에 불구하고 그 근로자의 미지급 임금 등을 사업주를 대신하여 지급한다.
> 1.~5. (생략)
> ② 제1항에 따라 고용노동부장관이 사업주를 대신하여 지급하는 체불 임금등 대지급금(이하 "대지급금"이라 한다)의 범위는 다음 각호와 같다. 다만, 대통령령으로 정하는 바에 따라 제1항제1호부터 제3호까지의 규정에 따른 대지급금의 상한액과 같은 항 제4호 및 제5호에 따른 대지급금의 상한액은 근로자의 퇴직 당시의 연령 등을 고려하여 따로 정할 수 있으며 대지급금이 적은 경우에는 지급하지 아니할 수 있다.
> 1.~5. (생략)

### (2) 주요내용

#### (가) 지급사유

고용노동부장관은 사업주가 다음의 어느 하나에 해당하는 경우에 퇴직한 근로자가 지급받지 못한 임금등의 지급을 청구하면 사업주를 대신하여 이를 지급한다(동법 제7조제1항).

(ⅰ)「채무자 회생 및 파산에 관한 법률」에 따른 회생절차개시의 결정이 있는 경우

(ⅱ)「채무자 회생 및 파산에 관한 법률」에 따른 파산선고의 결정이 있는 경우

(ⅲ) 고용노동부장관이 미지급 임금등을 지급할 능력이 없다고 인정하는 경우

(ⅳ) 사업주가 근로자에게 미지급 임금등을 지급하라는 다음의 어느 하나에 해당하는 판결, 명령, 조정 또는 결정 등이 있는 경우

ⅰ)「민사집행법」제24조에 따른 확정된 종국판결, ⅱ)「민사집행법」제56조제3호에 따른 확정된 지급명령, ⅲ)「민사집행법」제56조제5호에 따른 소송상 화해, 청구의 인낙(認諾) 등 확정판결과 같은 효력을 가지는 것, ⅳ)「민사조정법」제28조에 따라 성립된 조정, ⅴ)「민사조정법」제30조에 따른 확정된 조정을 갈음하는 결정, ⅵ)「소액사건심판법」제5조의7제1항에 따른 확정된 이행권고결정

(ⅴ) 고용노동부장관이 근로자에게 제12조에 따라 체불임금등과 체불사업주 등을 증명하는 서류(이하 "체불 임금등·사업주 확인서"라 한다)를 발급하여 사업주의 미지급 임금등이 확인된 경우

### (나) 지급대상임금

임금채권의 지급대상은 ⅰ) 근로기준법에 따른 임금채권의 최우선변제가 인정되는 임금과 ⅱ) 근로자퇴직급여보장법에 따른 최종 3년간 퇴직급여등 및 ⅲ) 근로기준법에 의한 최종 3월분의 휴업수당 및 ⅳ)「근로기준법」 제74조제4항에 따른 출산전후휴가기간 중 급여(최종 3개월분으로 한정한다)이다(임금채권보장법 제7조제2항본문).

다만, 근로자의 퇴직 당시의 연령 등을 고려하여 미지급금의 그 상한액을 따로 정할 수 있으며, 체당금이 적은 경우에는 지급하지 아니할 수 있다(동법 제7조제2항단서).

### (다) 지급대상근로자 및 사용자

동법은 산업재해보상보험법 제6조의 규정에 의한 사업에 적용된다(동법 제3조본문). 다만, 국가 및 지방자치단체가 직접 행하는 사업에는 적용되지 아니한다(동법 제3조단서). 체당금의 지급대상이 되는 근로자와 사업주의 기준은 대통령령으로 정한다(동법 제7조제4항).

### (라) 지급 주체

체당금은 민법 제469조의 규정에 불구하고 고용노동부장관이 체당금의 지급을 청구한 근로자에게 사업주를 대신하여 직접 지급한다(동법 제7조제1항). 고용노동부장관이 체당금을 지급한 경우에는 그 지급한 금액의 한도 안에서 해당 사업주에 대한 해당 근로자의 미지급 임금 등의 청구권을 대위한다(동법 제8조제1항).

> **민법 제469조** [제3자의 변제] ① 채무의 변제는 제3자도 할 수 있다. 그러나 채무의 성질 또는 당사자의 의사표시로 제3자의 변제를 허용하지 아니하는 때에는 그러하지 아니하다.
> ② 이해관계 없는 제3자는 채무자의 의사에 반하여 변제하지 못한다.

### (마) 부담금의 징수

고용노동부장관은 미지급임금과 퇴직금을 대신 지급하는 데 소요되는 비용에 충당하기 위하여 사업주로부터 부담금을 징수한다(동법 제9조제1항). 부담금은 해당 사업에 종사하는 근로자의 보수총액의 1천분의 2의 범위 안에서 임금채권보장기금심의위원회의 심의를 거쳐 고용노동부장관이 정하는 부담금비율을 곱하여 산정한 금액으로 한다(동법 제9조제2항).

## 3. 재직근로자에 대한 임금채권의 보장

### (1) 관련규정

> **임금채권보장법 제7조의2** [재직 근로자에 대한 대지급금의 지급] ① 고용노동부장관은 사업주가 제7조제1항제4호 또는 제5호에 해당하는 경우 해당 사업주와 근로계약이 종료되지 아니한 근로자(이하 "재직 근로자"라 한다)가 지급받지 못한 임금등의 지급을 청구하면 제3자의 변제에 관한 「민법」 제469조에도 불구하고 대지급금을 지급한다.
> ② 제1항에 따라 고용노동부장관이 지급하는 대지급금의 범위는 다음 각 호와 같다.
> 1.~3. (생략)
> ③ 대지급금의 지급대상이 되는 재직 근로자와 사업주의 기준 및 대지급금의 상한액은 해당 근로자의 임금이나 소득 수준 및 그 밖의 생활 여건 등을 고려하여 대통령령으로 정한다.

### (2) 주요내용

고용노동부장관은 사업주가 제7조제1항제4호 또는 제5호에 해당하는 경우 해당 사업주와 근로계약이 종료되지 아니한 "재직 근로자"가 지급받지 못한 임금등의 지급을 청구하면 제3자의 변제에 관한 「민법」 제469조에도 불구하고 대지급금을 지급한다(동법 제7조의2제1항).

고용노동부장관이 지급하는 대지급금의 범위는 다음과 같다(동법 제7조의2제2항).

( i ) 재직 근로자가 체불 임금에 대하여 제7조제1항제4호에 따른 판결, 명령, 조정 또는 결정 등을 위한 소송 등을 제기하거나 해당 사업주에 대하여 진정·청원·탄원·고소 또는 고발 등을 제기한 날을 기준으로 맨 나중의 임금 체불이 발생한 날부터 소급하여 3개월 동안에 지급되어야 할 임금 중 지급받지 못한 임금

( ii ) ( i )과 같은 기간 동안에 지급되어야 할 휴업수당 중 지급받지 못한 휴업수당

( iii ) ( i )과 같은 기간 동안에 지급되어야 할 출산전후휴가기간 중 급여에서 지급받지 못한 급여

## V. 임금채권의 시효

### 1. 관련규정

> **근로기준법 제49조** [임금의 시효] 이 법에 따른 임금채권은 3년간 행사하지 아니하면 시효로 소멸한다.

## 2. 주요내용

임금채권의 소멸시효기간은 3년이다(근로기준법 제49조). 이는 민법상의 급료채권의 소멸시효기간(민법 제163조의2)과 동일하다.

### (1) 임금채권의 범위

임금채권의 「임금」 범위에는 근로기준법 제2조제1항제5호에 해당하는 모든 임금이 포함된다. 예컨대 임금, 상여금, 시간외근로수당, 연차유급휴가수당, 퇴직금 및 각종 수당이 모두 이에 해당된다.

### (2) 시효기산일

소멸시효기간은 그 채권을 행사할 수 있는 날로부터 진행한다.

임금의 종류별로 소멸시효의 기산일을 예시하면 ① 임금은 임금지급 정지일부터, ② 상여금은 그 상여금에 관한 권리가 발생한 때부터,[102] ③ 연차유급휴가 근로수당은 연차유급휴가 근로수당청구권이 발생한 날부터,[103] ④ 퇴직금은 퇴직한 날부터 진행한다.

## Ⅵ. 도급근로자의 임금지급보장

### 1. 관련규정

근로기준법 제44조 [도급 사업에 대한 임금지급] ① 사업이 한 차례 이상의 도급에 따라 행하여지는 경우에 하수급인(도급이 한 차례에 걸쳐 행하여진 경우에는 수급인을 말한다)이 직상수급인(도급이 한 차례에 걸쳐 행하여진 경우에는 도급인을 말한다)의 귀책사유로 근로자에게 임금을 지급하지 못한 경우에는 그 직상 수급인은 그 하수급인과 연대하여 책임을 진다. 다만, 직상 수급인의 귀책사유가 그 상위 수급인의 귀책사유에 의하여 발생한 경우에는 그 상위 수급인도 연대하여 책임을 진다.
② 제1항의 귀책사유 범위는 대통령령으로 정한다.

### 2. 주요내용

사업이 수차의 도급에 의한 경우 하수급인이 직상수급인의 귀책사유로 인하여 근로자에게 임금을 지급하지 못한 때에는 그 직상수급인이 그 하수급인과 연대책임

---

102) 대판 1980. 5. 13, 79다2322.
103) 대판 1980. 5. 13, 79다2322.

을 부담한다(근로기준법 제44조제1항본문). 다만, 직상수급인의 귀책사유가 그 상위수급인의 귀책사유에 의하여 발생한 경우에는 그 상위수급인도 연대하여 책임을 진다(동법 제44조제1항단서).

하수급인은 대부분의 경우 도급인 또는 직상수급인에 대한 종속도가 높고 그 사업의 규모가 영세하므로 근로자에게 임금을 주지 못할 위험성이 상대적으로 크기 때문에 직상수급인의 연대책임을 규정하고 있는 것이다.

### (1) 직상수급인(直上受給人)의 정의

사업에서 2차례 이상인 여러 차례의 도급이 이루어져서 수급인이 2인 이상 있는 경우 어느 하수급인이 바로 위 직상 수급인의 귀책사유로 근로자에게 임금을 지급하지 못한 경우에는 그 직상 수급인은 그 하수급인과 연대하여 책임을 진다. 도급이 한 차례에 걸쳐 이루어진 경우에는 하수급인 및 직상수급인이란 개념이 존재하지 않으므로 하수급인을 수급인으로, 직상수급인을 도급인으로 본다(동법 제44조제1항). 따라서 동 규정은 도급의 횟수에 상관없이 적용된다.

### (2) 연대책임요건

#### (가) 직상수급인

연대책임을 지는 직상수급인의 귀책사유의 범위는 ⅰ) 정당한 사유 없이 도급계약에서 정한 도급금액 지급일에 도급금액을 지급하지 아니한 경우, ⅱ) 정당한 사유 없이 도급계약에서 정한 원자재공급을 지연하거나 공급을 하지 아니한 경우, ⅲ) 정당한 사유 없이 도급계약의 조건을 이행하지 아니하여 하수급인이 도급사업을 정상적으로 수행하지 못한 경우에 인정된다(근로기준법시행령 제24조).

#### (나) 직상수급인의 상위수급인

직상수급인의 귀책사유가 그 상위수급인의 귀책사유에 의하여 발생한 경우에는 그 상위수급인도 직상수급인과 연대하여 책임을 진다. 예컨대, 상위수급인인 갑이 직상수급인 을에게 공사대금을 연체하여 을이 하수급인 병에게 공사대금을 지급하지 못하게 되고, 그 결과 병이 소속 근로자에게 임금을 지급하지 못한 경우 갑과 을은 연대하여 병 소속 근로자에게 임금지급의 책임을 부담한다. 상위수급인의 범위에는 직상수급인의 바로 윗 단계인 상위수급인뿐 아니라 모든 상위수급인이 포함된다.

종전에는 2차 이상의 하도급이 행하여지는 경우에도 연대책임의 범위를 직상수급인에 한정하였다. 그러나, 현행 규정은 수차례 하도급이 이루어지는 경우 하위수

제2부 개별적 근로관계

258 제3편 근로관계의 내용

급인이 상위수급인의 대금지급 등에 의하여 연차적으로 커다란 영향을 받게 되는 도급업의 현실을 감안하여 연대책임의 범위를 직상수급인은 물론 상위수급인까지로 확대하고 있다.

### (3) 직상수급인의 책임의 범위와 입증책임

직상수급인과 하수급인은 근로자의 임금에 대하여 연대채무를 진다. 따라서, 근로자는 그 중 일인 또는 양자 모두에 대하여 동시에 또는 순차적으로 임금채무의 전부 또는 일부의 이행을 청구할 수 있다. 이 경우 직상수급인은 하수급인에게 먼저 임금을 청구할 것을 항변할 수 없다.

## 3. 건설업에 대한 특례규정

건설업의 경우 여러 단계의 하도급 구조로 인하여 건설현장에 종사하는 근로자들의 근로계약 관계가 불안정하고, 특히 임금 미지급이 다른 업종에 비해 자주 발생하고 있다. 이에 따라 건설 하도급 관계에서 발생하는 임금지급 방식을 개선하여 ⅰ) 직상수급인의 임금지급 연대책임 규정(동법 제44조의2) 및 임금에 관한 일종의 채권자대위권 규정(동법 제44조의3)을 신설하게 되었다.

### (1) 건설업 도급에서의 임금지급 연대책임

#### (가) 관련규정

> 제44조의2 [건설업에서의 임금 지급 연대책임] ① 건설업에서 사업이 2차례 이상 「건설산업기본법」 제2조제11호에 따른 도급(이하 "공사도급"이라 한다)이 이루어진 경우에 같은 법 제2조제7호에 따른 건설사업자가 아닌 하수급인이 그가 사용한 근로자에게 임금(해당 건설공사에서 발생한 임금으로 한정한다)을 지급하지 못한 경우에는 그 직상수급인은 하수급인과 연대하여 하수급인이 사용한 근로자의 임금을 지급할 책임을 진다.
> ② 제1항의 직상수급인이 「건설산업기본법」 제2조제7호에 따른 건설사업자가 아닌 때에는 그 상위수급인 중에서 최하위의 같은 호에 따른 건설사업자를 직상수급인으로 본다.

#### (나) 요 건

건설업에서 ⅰ) 사업이 2차례 이상 「건설산업기본법」에 따른 "공사도급"이 이루어진 경우에 ⅱ) 「건설산업기본법」에 따른 건설사업자가 아닌 하수급인이 그가 사용한 근로자에게 임금을 지급하지 못한 경우 그 직상수급인은 하수급인과 근로자의 임금을 지급할 연대책임을 부담한다(동법 제44조의2제1항).

① 건설업에서 사업이 2차례 이상 「건설산업기본법」에 따른 공사도급이 이루어진 경우: 「2차례 이상」의 공사도급이 이루어진 경우란 발주자로부터 최하위 하수급업자(「건설산업기본법」상 건설사업자가 아닌 경우도 포함한다)까지의 도급이 2차례 이상 이루어진 경우를 말한다. 공사도급은 「건설산업기본법」에 따른 "공사도급"만을 의미한다. 여타의 공사도급은 이에 해당하지 아니한다.

② 건설사업자가 아닌 하수급인이 그가 사용한 근로자에게 임금을 지급하지 못한 경우: 건설사업자가 아닌 하수급인이어야 한다. 「건설사업자가 아닌 하수급인」이란 「건설산업기본법」 제2조제7호에 따른 건설사업자에 해당되지 아니 하면서 건설공사 또는 이에 수반되는 업을 영위하는 자를 말한다. 임금은 해당 건설공사에서 발생한 임금으로 한정한다. 「해당 건설공사에서 발생한 임금」이란 직상수급인과 하수급인 간에 체결한 도급계약 범위 내에 있는 건설공사 시행과정에서 발생하는 임금을 말한다. 다른 건설공사 또는 사업 등에서 발생한 임금 기타의 채권은 이에 포함되지 아니한다.

③ 직상수급인이 건설사업자인 경우: 직상수급인은 「건설산업기본법」에 따른 건설사업자이어야 한다. 직상수급인이 「건설산업기본법」에 따른 건설사업자가 아닌 때에는 그 상위수급인 중에서 최하위의 건설사업자를 직상수급인으로 본다(동법 제44조의2제2항).

### (다) 효 과

직상수급인은 하수급인과 연대하여 하수급인이 사용한 근로자의 임금을 지급할 책임을 부담한다. 임금을 지급하지 못한 경우가 발생하면 충분하며, 직상수급인의 귀책사유가 있는지 여부는 문제되지 아니한다. 일반 도급사업의 경우 직상수급인의 귀책사유를 요건으로 하고 있으나, 건설업의 경우 이를 배제하여 건설근로자의 법적 보호를 강화하고 있다.

직상수급인은 하수급인과 연대하여 책임을 지므로 하수급인이 임금체불을 청산한 경우 그 범위 내에서 직상수급인의 연대책임은 면하게 되고, 또한 직상수급인이 연대책임을 이행하면 그 범위 내에서 하수급인의 체불임금 책임은 면하게 된다.

### (2) 건설업 도급에서의 근로자의 임금채권 대위행사

### (가) 관련규정

제44조의3 [건설업의 공사도급에 있어서의 임금에 관한 특례] ① 공사도급이 이루어진 경우로서 다음 각 호의 어느 하나에 해당하는 때에는 직상수급인은 하수급인에게 지급하여야 하는 하도급 대금 채무의 부담 범위에서 그 하수급인이 사용한 근

로자가 청구하면 하수급인이 지급하여야 하는 임금(해당 건설공사에서 발생한 임금으로 한정한다)에 해당하는 금액을 근로자에게 직접 지급하여야 한다.

1. 직상수급인이 하수급인을 대신하여 하수급인이 사용한 근로자에게 지급하여야 하는 임금을 직접 지급할 수 있다는 뜻과 그 지급방법 및 절차에 관하여 직상수급인과 하수급인이 합의한 경우
2. 「민사집행법」 제56조제3호에 따른 확정된 지급명령, 하수급인의 근로자에게 하수급인에 대하여 임금채권이 있음을 증명하는 같은 법 제56조제4호에 따른 집행증서, 「소액사건심판법」 제5조의7에 따라 확정된 이행권고결정, 그 밖에 이에 준하는 집행권원이 있는 경우
3. 하수급인이 그가 사용한 근로자에 대하여 지급하여야 할 임금채무가 있음을 직상수급인에게 알려주고, 직상수급인이 파산 등의 사유로 하수급인이 임금을 지급할 수 없는 명백한 사유가 있다고 인정하는 경우

② 「건설산업기본법」 제2조제10호에 따른 발주자의 수급인(이하 "원수급인"이라 한다)으로부터 공사도급이 2차례 이상 이루어진 경우로서 하수급인(도급받은 하수급인으로부터 재하도급 받은 하수급인을 포함한다. 이하 이 항에서 같다)이 사용한 근로자에게 그 하수급인에 대한 제1항제2호에 따른 집행권원이 있는 경우에는 근로자는 하수급인이 지급하여야 하는 임금(해당 건설공사에서 발생한 임금으로 한정한다)에 해당하는 금액을 원수급인에게 직접 지급할 것을 요구할 수 있다. 원수급인은 근로자가 자신에 대하여 「민법」 제404조에 따른 채권자대위권을 행사할 수 있는 금액의 범위에서 이에 따라야 한다.

③ 직상수급인 또는 원수급인이 제1항 및 제2항에 따라 하수급인이 사용한 근로자에게 임금에 해당하는 금액을 지급한 경우에는 하수급인에 대한 하도급 대금 채무는 그 범위에서 소멸한 것으로 본다.

### (나) 의 의

동 규정은 ⅰ) 민법상 「채권자대위권」의 개념을 원용하여 ⅱ) 하수급인이 사용한 근로자들이 일정한 조건하에서 ⅲ) 자신을 고용한 하수급인에게 임금을 청구하는 것이 아니라 ⅳ) 직상수급인 또는 원수급인에게 임금을 직접 지급하여 줄 것을 청구할 수 있는 권리를 규정한 것이다(동법 제44조의3).

기본적으로 채권자대위권의 법리가 적용되므로 ⅰ) 직상수급인은 하수급인에 대한 하도급 대금채무의 범위 내에서 임금해당액의 지급책임을 지고, ⅱ) 원수급인은 원수급인과 하수급인들 간에 하도급 대금채무가 순차적으로 존재하고, 채권·채무 중 최소의 금액 범위 내에서 임금해당액의 지급책임을 진다.

### (다) 주요내용

① 직상수급인의 임금 해당액 지급책임(동법 제44조의3제1항)

㉠ 공사도급이 이루어진 경우    공사도급이 이루어진 경우란 원수급인에서부터 도급이 1차례 이상 이루어진 경우를 말한다.

㉡ 직상수급인이 하수급인에게 지급하여야 하는 하도급 대금채무의 부담 범위 내

직상수급인이 하수급인에게 지급하여야 하는 하도급 대금채무가 있어야 한다. 하도급 대금채무는 공사비, 자재비 및 인건비 등 어떠한 명칭에도 불구하고 도급계약에서 정한 도급금액 지급일에 지급하기로 약정한 금액 중 지급하지 아니하고 있는 일체의 금액을 말한다.

ⓒ 다음의 어느 하나에 해당하는 경우

(ⅰ) 직상수급인이 하수급인을 대신하여 하수급인이 사용한 근로자에게 지급하여야 하는 임금을 직접 지급할 수 있다는 뜻과 그 지급방법 및 절차에 관하여 직상수급인과 하수급인이 합의한 경우

(ⅱ)「민사집행법」제56조제3호에 따른 확정된 지급명령, 하수급인의 근로자에게 하수급인에 대하여 임금채권이 있음을 증명하는「민사집행법」제56조제4호에 따른 집행증서,「소액사건심판법」제5조의7에 따라 확정된 이행권고결정, 그 밖에 이에 준하는 집행권원이 있는 경우

(ⅲ) 하수급인이 그가 사용한 근로자에 대하여 지급하여야 할 임금채무가 있음을 직상수급인에게 알려주고, 직상수급인이 파산 등의 사유로 하수급인이 임금을 지급할 수 없는 명백한 사유가 있다고 인정하는 경우

ⓔ 하수급인이 사용한 근로자들이 직상수급인에 대하여 임금지급 청구 「임금에 해당하는 금액」이란 해당 건설공사에서 발생한 임금으로 한정한다. 청구는 구두나 서면 모두 가능하며, 청구할 수 있는 기간은 임금채권을 행사할 수 있는 3년의 기간 이내이며, 직상수급인의 공사대금 채무가 소멸한 경우에는 청구할 수 없다.

ⓜ 하수급인이 지급하여야 하는 임금에 해당하는 금액을 근로자에게 직접 지급

직상수급인은 하수급인을 대신하여 히수급인이 고용한 근로자에게 임금에 해당하는 금액을 직접 지급하여야 한다.

② 원수급인의 임금 해당액 지급책임(동법 제44조의3제2항)

㉠ 공사도급이 원수급인으로부터 2차례 이상 이루어진 경우 공사도급이 1차례만 이루어진 경우에는 직상수급인과 원수급인이 동일하게 되므로 동조 제1항의 규정이 적용된다.

㉡ 원수급인과 하수급인들 간에 하도급대금채무가 순차적으로 존재 「원수급인」은「건설산업기본법」제2조제7호에 따른 발주자의 수급인을 말하며, 하수급인에는 도급받은 하수급인으로부터 재하도급을 받은 하수급인을 포함한다. 원수급인과 하수급인들 간에 하도급대금채무가 순차적으로 존재하여야 한다.

㉢ 하수급인이 사용한 근로자에게 그 하수급인에 대한 일정한 임금채권이 있는 경우

하수급인이 사용한 근로자에게 그 하수급인에 대하여 "「민사집행법」제56조제3호

에 따른 확정된 지급명령, 하수급인의 근로자에게 하수급인에 대하여 임금채권이 있음을 증명하는 같은 법 제56조제4호에 따른 집행증서, 「소액사건심판법」 제5조의7에 따라 확정된 이행권고결정, 그 밖에 이에 준하는 집행권원이 있는 경우"(동조 제1항제2호에 따른 집행권원이 있는 경우)이어야 한다.

  ㉣ 하수급인의 근로자들이 임금을 원수급인에게 직접 요구    하수급인이 사용한 근로자들이 임금에 해당하는 금액을 원수급인에게 직접 지급할 것을 요구하여야 한다.

  ㉤ 원수급인은 하수급인의 근로자에게 임금을 직접 지급    원수급인은 하수급인의 근로자가 자신에 대하여 「민법」 제404조에 따른 채권자대위권을 행사할 수 있는 금액의 범위에서 임금을 직접 지급하여야 한다.

  ③ **법적 효과:**    직상수급인 도는 원수급인이 하수급인이 사용한 근로자에게 임금 해당액을 지급한 경우에는 하수급인에 대한 하도급 대금채무는 그 범위에서 소멸한 것으로 본다(동법 제44조의3제3항).

# 제2장 근로시간

## 제1절 의 의

### I. 개 요

근로기준법 등 노동관계법령은 근로자의 최장근로시간을 제한하고 있다. 그 이유는 근로시간의 상한을 설정하여 신체적·정신적 피로를 회복함과 동시에 생산성을 향상시키고자 하는 것이다. 나아가 근로자에게 근로시간 이외의 여가를 확보함으로써 인간다운 생활을 영위하게 하는 데 있다.

근로기준법은 근로시간보호에 관한 규정을 두고 있으며, 1일 8시간, 1주 40시간을 원칙으로 하고 이에 대한 약간의 예외를 인정하고 있다.

### II. 근로시간의 개념 및 산정

#### 1. 근로시간의 개념

#### (1) 근로시간

(가) 근로시간의 개념

근로시간의 개념에 대하여 견해가 나뉘고 있다.

① 학 설

㉠ 지휘·감독설  지휘·감독설에 의하면 근로기준법상의 근로시간이라 함은 근로자가 사용자의 지휘·감독하에서 근로계약에 따라 실제로 근로를 제공하는 실근로시간을 말한다.[1]

근로시간은 사용자의 지휘·감독 아래 있는 시간을 의미하므로 근로자가 그의 노동력을 사용자의 처분하에 둔 시간이면 근로시간에 포함되며 실제로 해당 시간에

---

1) 대판 1992. 10. 9, 91다14406.

근로자가 근로를 제공하였는지의 여부는 문제시되지 아니한다.2)

ⓒ 업무성설     업무성설에 의하면 근로자가 ⅰ) 사용자의 지휘·감독하에서 근로를 제공한 시간은 물론 ⅱ) 사용자의 지휘·감독이 없을지라도 근로계약상의 업무를 수행하는 시간도 근로시간에 포함된다고 한다.3) 이러한 견해는 근로자가 근로계약상의 업무에 종사하는 경우 반드시 사용자의 지휘·감독하에 이를 수행하는 것은 아니므로 동 업무수행시간도 근로시간의 보충적 기준으로 설정되어야 한다고 한다.

② 사 견:     사견으로는 "업무성"이라는 개념을 별도로 설정할 필요는 없으며, 광의의 명시적·묵시적인 「사용자의 지휘·명령」의 개념에 포함된다고 본다. 근로시간의 개념을 설정하는 데 있어 사용자의 「지휘·명령」이라는 개념은 특정 시간이 사용자를 위한 시간인가 아니면 근로자가 자유로이 처분할 수 있는 시간인가를 구분하는 하나의 기준을 의미하는 것이며, 이것이 곧 사용자의 실제적이고 구체적인 「지휘·명령」행위에 국한되는 것은 아니다.

따라서 근로계약상의 업무수행시간은 근로자가 자유로이 처분할 수 있는 시간이 아니라 사용자를 위하여 근로를 제공하는 시간이므로 곧 사용자의 지휘·명령에 속하는 시간이라고 볼 수 있을 것이다.

(나) 구체적 사례

① 실근로의 제공에 부수되는 시간:     실근로에 부수된 작업이 단체협약·취업규칙 및 근로계약 등에 의무화되어 있거나 사용자의 지휘·명령하에 행하여지는 경우 또는 업무수행에 필수불가결한 경우 등에는 이에 소요되는 시간은 근로시간에 포함된다.4)

예컨대, ⅰ) 복장을 갈아입는 시간, ⅱ) 작업도구의 준비시간, ⅲ) 작업지시 및 작업조편성 등을 위한 작업 전 회의시간 및 ⅳ) 작업종료 후 정돈시간 등은 근로의 제공에 부수되는 시간으로서 근로시간에 포함된다. 다만, 갱내의 입·출갱소요시간에 대하여 이를 ⅰ) 근로시간에 포함시키는 견해5)와 ⅱ) 근로시간에 포함시키지 아니하는 견해6)로 나뉘고 있다.

② 대기시간:     근로시간을 산정하는 경우 작업을 위하여 근로자가 사용자의

---

2) 김형배, 근로기준법, p. 329; 하갑래, 근로기준법, p. 253.
3) 임종률, 노동법, p. 433.
4) 대판 1993. 3. 9, 92다22770; 법무 811−11278(1978. 5. 31).
5) 임종률, 노동법, p. 436.
6) 이병태, 노동법, p. 757; 대판 1993. 12. 28, 93다38529; 대판 1994. 12. 23, 93다53276.

지휘 · 감독 아래에 있는 대기시간 등은 근로시간으로 본다(동법 제50조제3항). 대기시간 및 휴식 · 수면시간 등은 실제로 작업에 종사하지 않았더라도 근로자가 사용자의 지휘 · 감독하에 놓여 있는지 아니면 그 시간을 자유롭게 이용할 수 있는지의 여부에 따라 휴게시간인지 아니면 근로시간인지의 여부가 결정된다.[7]

근로계약에서 정한 휴식시간이나 대기시간이 근로시간에 속하는지 휴게시간에 속하는지는 특정 업종이나 업무의 종류에 따라 일률적으로 판단할 것이 아니다. 이는 근로계약의 내용이나 해당 사업장에 적용되는 취업규칙과 단체협약의 규정, 근로자가 제공하는 업무의 내용과 해당 사업장에서의 구체적 업무 방식, 휴게 중인 근로자에 대한 사용자의 간섭이나 감독 여부, 자유롭게 이용할 수 있는 휴게 장소의 구비 여부, 그 밖에 근로자의 실질적 휴식을 방해하거나 사용자의 지휘 · 감독을 인정할 만한 사정이 있는지와 그 정도 등 여러 사정을 종합하여 개별 사안에 따라 구체적으로 판단하여야 한다.[8]

**관 련 판 례** 대판 2018. 7. 12, 2013다60807 버스운송사업을 영위하는 갑 주식회사에 소속된 버스운전기사인 을 등이 버스운행을 마친 후 다음 운행 전까지 대기하는 시간이 근로시간에 해당하는지 문제된 사안에서, 제반 사정에 비추어 을 등의 대기시간에는 근로시간에 해당하지 않는 시간이 포함되어 있다고 보아야 하는데도, 을 등의 대기시간이 일정하지 않다는 등의 사정만으로 대기시간 전부가 근로시간에 해당한다고 본 원심판단에 법리오해 등의 잘못이 있다.

예컨대, 사용자의 지휘 · 감독하에 ⅰ) 간호사 · 식당종업원이 고객이 없는 동안에 대기하는 시간, ⅱ) 노선버스 운전기사가 승차시간 사이에 배차를 위해 기다리는 시간, ⅲ) 근로 도중에 사용자의 업무중단지시 및 대기명령이 내려진 경우 등은 일반적으로 근로시간에 포함된다.

③ **일 · 숙직근무:** 일 · 숙직근무시간은 그 근무의 내용 및 방법 등이 통상적인 업무와 동일하다고 인정되는 경우에 한하여 근로시간으로 인정된다.[9] 그 이유는 일 · 숙직근무는 통상적인 업무에 부수되는 업무로서 근무자체의 내용 및 방법 등이 통상적인 업무보다 낮은 수준인 것이 일반적이기 때문이다.

④ **예비군 및 민방위훈련:** 예비군훈련시간은 향토예비군설치법 제10조에 의하여 근로시간으로 본다. 또한 민방위훈련시간도 민방위기본법 제23조에서 근로시간으로 보고 있다.

---

7) 대판 1992. 4. 14, 91다20548; 대판 2019. 10. 31, 2013두5845.
8) 대판 2017. 12. 5, 2014다74254; 대판 2018. 7. 12, 2013다60807; 대판 2019. 10. 31, 2013두5845.
9) 대판 1990. 12. 26, 90다카13465.

## (2) 기준근로시간

기준근로시간은 근로자의 최장근로시간을 정하고 있는 법정근로시간을 말한다. 기준근로시간은 ⅰ) 성인근로자의 경우 1일 8시간, 1주 40시간(근로기준법 제50조), ⅱ) 연소근로자의 경우 1일 7시간, 1주 35시간(동법 제69조), ⅲ) 유해·위험작업의 경우 1일 6시간, 1주 34시간(산업안전보건법 제139조제1항)이 된다.

이 경우 "1주"라 함은 휴일을 포함한 7일을 말한다(동법 제2조제1항제7호).[10] 종전에는 1주의 범위에서 휴일을 제외한 것으로 사용되던 관행이 노사현장에 있었으므로 이를 명확하게 하기 위하여 법개정을 한 것이다.

## (3) 소정근로시간

### (가) 관련규정

> **근로기준법 제2조 [정의]** ① 8. "소정근로시간"이란 제50조, 제69조 본문 또는 「산업안전보건법」 제139조제1항에 따른 근로시간의 범위에서 근로자와 사용자사이에 정한 근로시간을 말한다.

### (나) 주요내용

소정근로시간이라 함은 기준근로시간, 즉 ⅰ) 성인의 경우 1일 8시간, 1주 40시간(동법 제50조), ⅱ) 연소자의 경우 1일 7시간, 1주 35시간(동법 제69조), ⅲ) 유해위험작업의 경우 1일 6시간, 1주 34시간(산업안전보건법 제139조제1항)의 범위 안에서 당사자가 합의한 근로시간을 말한다(근로기준법 제2조제1항제7호).

소정근로시간의 개념은 시간급 통상임금의 산정에 있어 일급이나 월급을 시간급으로 환산하기 위하여 주로 사용된다. 소정근로시간을 초과하여 근무하는 경우라도 총근로시간이 기준근로시간의 범위 내인 경우에는 근로기준법 제56조상의 시간외근로에 해당되지 아니한다.[11]

---

10) 동 개정규정은 다음의 구분에 따른 날부터 시행한다.
  1. 상시 300명 이상의 근로자를 사용하는 사업 또는 사업장, 「공공기관의 운영에 관한 법률」 제4조에 따른 공공기관, 「지방공기업법」 제49조 및 같은 법 제76조에 따른 지방공사 및 지방공단, 국가·지방자치단체 또는 정부투자기관이 자본금의 2분의 1 이상을 출자하거나 기본재산의 2분의 1 이상을 출연한 기관·단체와 그 기관·단체가 자본금의 2분의 1 이상을 출자하거나 기본재산의 2분의 1 이상을 출연한 기관·단체, 국가 및 지방자치단체의 기관: 2018년 7월 1일(제59조의 개정규정에 따라 근로시간 및 휴게시간의 특례를 적용받지 아니하게 되는 업종의 경우 2019년 7월 1일)
  2. 상시 50명 이상 300명 미만의 근로자를 사용하는 사업 또는 사업장: 2020년 1월 1일
  3. 상시 5명 이상 50명 미만의 근로자를 사용하는 사업 또는 사업장: 2021년 7월 1일
11) 대판 1991. 6. 28, 90다카14758.

## 2. 근로시간의 산정

### (1) 기본원칙

근로시간은 작업의 개시부터 종료까지의 시간에서 휴게시간을 제외한 시간을 말한다(동법시행령 제41조). 특별한 사유가 없는 경우 근로시간의 시업·종업의 시각은 단체협약 및 취업규칙 등에 정하여지는 출근시간과 퇴근시간이 되는 것이 일반적이다. 그러나 시업·종업의 시각은 정확하게 출근시각 또는 퇴근시각을 의미하는 것이 아니라, 출근 전후의 작업준비 및 작업 후 정리정돈 등 실근로에 부수적인 작업도 이에 포함됨은 이미 밝힌 바와 같다.

### (2) 근로시간산정의 특례

#### (가) 관련규정

> 근로기준법 제58조 [근로시간 계산의 특례] ① 근로자가 출장이나 그 밖의 사유로 근로시간의 전부 또는 일부를 사업장 밖에서 근로하여 근로시간을 산정하기 어려운 경우에는 소정근로시간을 근로한 것으로 본다. 다만, 그 업무를 수행하기 위하여 통상적으로 소정근로시간을 초과하여 근로할 필요가 있는 경우에는 그 업무의 수행에 통상 필요한 시간을 근로한 것으로 본다.
> ② 제1항단서에도 불구하고 그 업무에 관하여 근로자대표와의 서면합의를 한 경우에는 그 합의에서 정하는 시간을 그 업무의 수행에 통상 필요한 시간으로 본다.
> ③ 〈생략〉
> ④ 제1항과 제3항의 시행에 필요한 사항은 대통령령으로 정한다.

#### (나) 대상 업무

근로시간 계산의 특례로서 소위 인정근로시간제도를 인정하는 규정이다. 인정근로시간제도가 적용되는 업무는 ⅰ) 출장이나 기타의 사유로 근로시간의 전부 또는 일부를 사업장 밖에서 근로하여 ⅱ) 근로시간을 산정하기 어려운 업무이다.

첫째, "사업장 밖 근로"만이 해당되므로 사업장 안의 업무에 대하여는 적용되지 아니한다. 따라서, 업무의 성질상 ⅰ) 업무 자체가 전부 사업장 밖 근로인 경우, ⅱ) 업무가 사업장 밖 근로와 사업장 안 근로가 혼재되어 있는 경우 및 ⅲ) 업무가 본래 사업장 안 근로이나, 일시적으로 사업장 밖 근로를 수행하게 되는 경우 등이 모두 해당된다.

하나의 업무에 사업장 밖 근로와 사업장 안 근로가 혼재되어 있는 경우 ⅰ) 이를 묶어 하나의 인정근로시간제도를 적용할 것인지 아니면 ⅱ) 사업장 밖 근로에만 인정근로시간제도를 적용한 후 이를 사업장 안 근로시간과 합산할 것인지에 관한 의문이 제기될 수 있다. 인정근로시간제도의 취지상 후자의 견해가 타당하다고 본다.12)

둘째, 근로시간을 산정하기 "어려운" 업무만이 해당되므로 사업장 밖 근로일지라도 근로시간의 산정이 용이한 업무의 경우는 해당되지 아니한다. 근로시간을 산정할 수 있는 경우에는 산정된 근로시간을 근로한 것으로 본다.

(다) 근로시간의 산정

① **기본원칙:**　　근로자가 출장이나 그 밖의 사유로 근로시간의 전부 또는 일부를 사업장 밖에서 근로하여 근로시간을 산정하기 어려운 때에는 당사자가 약정한 소정근로시간을 근로한 것으로 본다(근로기준법 제58조제1항본문). 이는 근로시간의 산정이 어려운 경우 실근로시간과 임금의 계산 등에 관하여 당사자간에 분쟁발생의 소지가 있으므로 소위 「인정근로시간제도」를 도입하여 일정 시간을 근로한 것으로 보는 제도이다.

② **예　외:**　　실근로시간이 소정근로시간을 초과하는 경우

㉠ 근로자대표와 서면합의가 있는 경우　　서면합의에서 정한 시간을 업무수행에 통상 필요한 근로시간으로 본다(동법 제58조제2항).

㉡ 근로자대표와 서면합의가 없는 경우　　해당 업무를 수행하기 위하여 통상적으로 소요되는 실제 근로시간이 소정근로시간을 초과하는 경우에는 그 업무의 수행에 통상 필요한 시간을 근로한 것으로 본다(동법 제58조제1항단서). 업무수행에 "통상 필요한 시간"이라 함은 사회통념상 일반인이 해당 업무를 수행하는 데 객관적으로 소요되는 시간을 말한다.

(라) 법적 효과

인정근로시간제도는 근로시간의 산정에 적용되는 특례규정이다. 따라서, 산정된 근로시간 및 근로시간대에 따라 연장근로, 야간근로 및 휴일근로에 관한 규정은 그대로 적용되며, 또한 휴게, 휴일 및 휴가에 관한 규정도 모두 적용되는 것이 원칙이다.

---

12) 하갑래, 근로기준법, p. 314.

## 제 2 절  근로시간의 보호

### Ⅰ. 기본체계

현행 노동법체계상 근로자의 근로시간보호는 크게 근로기준법상의 보호와 산업안전보건법상의 보호로 나누어 볼 수 있다.

#### 1. 근로기준법상의 보호

근로기준법상의 근로시간보호는 ⅰ) 일반근로자의 근로시간보호와, ⅱ) 여성근로자·연소근로자의 근로시간보호로 나누어 볼 수 있다. 다만, 사업의 성질 또는 업무의 특수성으로 인하여 출·퇴근 시간을 엄격하게 적용하는 것이 불가능하거나, 근로시간에 관한 보호를 적용하는 것이 부적절한 근로자에게는 근로기준법상의 근로시간에 관한 규정의 적용을 배제하고 있다(근로기준법 제63조).

#### 2. 산업안전보건법상의 근로시간보호

산업안전보건법은 유해·위험한 작업에 종사하는 근로자의 근로시간을 보호하고 있다.

##### (1) 관련규정

산업안전보건법 제139조 [유해·위험작업에 대한 근로시간 제한 등] ① 사업주는 유해하거나 위험한 작업으로서 높은 기압에서 하는 작업 등 대통령령으로 정하는 작업에 종사하는 근로자에게는 1일 6시간, 1주 34시간을 초과하여 근로하게 해서는 아니 된다.
② 사업주는 대통령령으로 정하는 유해하거나 위험한 작업에 종사하는 근로자에게 필요한 안전조치 및 보건조치 외에 작업과 휴식의 적정한 배분 및 근로시간과 관련된 근로조건의 개선을 통하여 근로자의 건강 보호를 위한 조치를 하여야 한다.

##### (2) 주요내용

사업주는 유해하거나 위험한 작업으로서 높은 기압에서 하는 작업 등 대통령령으로 정하는 작업에 종사하는 근로자에게는 1일 6시간, 1주 34시간을 초과하여 근로하게 해서는 아니 된다(동법 제139조제1항). "높은 기압에서 하는 작업 등 대통령령으로 정하는 작업"이란 잠함(潛函) 또는 잠수 작업 등 높은 기압에서 하는 작업을 말한다(동법시행령 제99조제1항).

산업안전보건법에서 유해·위험작업의 근로시간보호에 대하여는 연장근로가 인정되지 아니한다. 그 이유는 유해·위험작업의 근로시간보호는 근로자의 건강·안전의 보호에 근본적인 목적을 두고 있기 때문이다.

### Ⅱ. 일반근로자의 근로시간보호

### 1. 기준근로시간

#### (1) 관련규정

> 근로기준법 제50조 [근로시간] ① 1주간의 근로시간은 휴게시간을 제외하고 40시간을 초과할 수 없다.
> ② 1일의 근로시간은 휴게시간을 제외하고 8시간을 초과할 수 없다.

#### (2) 기준근로시간의 내용

근로기준법은 1일 8시간, 1주 40시간을 기준근로시간으로 정하고 있다(근로기준법 제50조).[13] 즉, 사용자는 휴게시간을 제외하고 1일에 8시간, 1주일에 40시간을 초과하여 근로자를 근로하게 하여서는 아니 된다. "1주"라 함은 휴일을 포함한 것을 말한다(동법 제2조제1항제7호).

「1주」및 「1일」의 개념은 반드시 특정 일·특정 시간부터 특정 일·특정 시간까지를 의미하는 것이 아니라, 「1일」은 24시간 동안, 「1주」는 7일 동안의 시간적 길이를 말하며 단체협약·취업규칙 및 근로계약에서 정한 바가 없는 경우 1주는 일요일부터 토요일까지, 1일은 오전 0시부터 오후 12시까지의 달력상의 시간을 말한다. 그러나 하나의 근로가 2일에 걸쳐 지속적으로 행하여지는 경우에도 전체 근로시간이 8시간 이내인 한 동조 위반에 해당되지 아니한다.

#### (3) 근로시간의 신축적 운용

탄력적 근로시간제도(근로기준법 제51조) 및 선택적 근로시간제도(동법 제52조)를 채택하는 경우 1주 평균 40시간을 초과하지 아니하는 범위 안에서 1일 8시간, 1주 40시간을 초과하여 근무할 수 있다.

### 2. 기준근로시간의 연장

기준근로시간은 당사자의 합의에 의하여 연장할 수 있는 것이 원칙이다(근로기

---

13) 2011년 7월 1일부터 5명 이상의 근로자를 사용하는 모든 사업 또는 사업장에 적용되었다.

준법 제53조제1항 및 제2항). 다만 ⅰ) 특별한 사정이 있거나(동법 제53조제3항), ⅱ) 특별한 사업에 대하여는(동법 제59조) 연장된 근로시간을 예외적으로 추가연장할 수 있다.

### (1) 기본원칙: 당사자의 합의

#### (가) 관련규정

> 근로기준법 제53조 [연장 근로의 제한] ① 당사자간에 합의하면 1주 간에 12시간을 한도로 제50조의 근로시간을 연장할 수 있다.
> ② 당사자 간에 합의하면 1주간에 12시간을 한도로 제51조 및 제51조의2의 근로시간을 연장할 수 있고, 제52조제1항제2호의 정산기간을 평균하여 1주간에 12시간을 초과하지 아니하는 범위에서 제52조제1항의 근로시간을 연장할 수 있다.

#### (나) 주요내용

당사자의 합의가 있는 경우에는 ⅰ) 1일 8시간, 1주 40시간의 기준근로시간(근로기준법 제50조) 및 ⅱ) 탄력적 근로시간제도(동법 제51조)와 선택적 근로시간제도(동법 제52조) 등의 기준근로시간의 신축적 운용에 대하여 1주간에 12시간을 한도로 근로시간을 연장할 수 있다(동법 제53조). 이를 나누어 설명하여 보면 다음과 같다.

① **당사자:** 연장근로의 합의를 할 수 있는 근로자측 「당사자」가 「근로자 개인」을 의미하는 것인지, 아니면 「노동조합」 등 「근로자단체」를 의미하는 것인지에 관한 해석상의 문제가 있다.

이에 대하여 ⅰ) 「근로자 개인」의 개별적인 합의가 원칙이고 단체협약 등 「근로자단체」의 집단적 합의가 허용되는 경우에도 「근로자 개인」의 합의권을 제한하지 아니하는 범위 내에서만 인정된다는 견해와[14] ⅱ) 근로자 개인의 개별적인 합의는 근로자에게 불리하게 적용될 가능성이 있으므로, 원칙적으로 사용자와 대등한 교섭력을 보유하고 있는 노동조합 또는 근로자대표가 당사자가 되는 것으로 보아야 한다는 견해가 있다.[15]

근로기준법 제51조 및 제52조에서는 근로자대표를 명시하고 있으나 동조에서는 명시하지 않고 있으며, 개별적 근로관계의 당사자는 근로자 개인이 원칙임에 비추어 볼 때에 전자의 견해가 타당하다고 본다.

② **합의의 방법:** 연장근로에 대한 합의는 근로자 보호를 위하여 노사합의서

---

및 근로계약 등과 같은 서면에 의한 협정을 말하며, 해당 합의에는 연장근로의 사유, 기간 및 시간, 종류 및 대상근로자 등이 반드시 명기되어야 한다.[16] 이에 대하여 서면은 물론 구두합의도 인정된다는 견해도 있다.[17]

연장근로가 관행화되어 있어도 당사자간에 합의가 성립된 것으로는 볼 수 없다.[18] 다만, 연장근로의 필요성이 생길 때마다 당사자가 일일이 합의를 하는 것은 번거로운 일이므로, 따라서 근로계약 및 취업규칙 등에 연장근로의 구체적인 사유를 정하여 근로자가 포괄적으로 동의하고, 이러한 사유가 발생할 때마다 별도의 합의 없이 연장근로를 하도록 하는 것은 무방하다고 할 것이다.[19] 이러한 포괄적 동의에는 근로자가 언제든지 거부권을 행사할 수 있어 사용자의 남용이 배제되어야 한다.

③ **1주에 12시간 연장:** 당사자의 합의에 의하여 연장할 수 있는 근로시간은 1주에 12시간이다.[20] 1주라 함은 휴일이 포함되어 있으므로 12시간 연장근로를 하는 경우 1주 최대 근로시간은 52시간이 된다.

이 경우 주 12시간을 산정함에 있어 ⅰ) 1주 동안 1일 8시간을 초과하는 각각의 근로시간을 합산하는 것인지 아니면 ⅱ) 1주 동안의 총 근로시간을 합산하여 산정하는 것인지에 관한 해석의 문제가 생길 수 있다.

대법원 판례는 ⅱ)의 입장을 채택하여 연장근로가 1주 12시간을 초과하였는지의 여부는 1주간의 근로시간 중 40시간을 초과하는 근로시간을 기준으로 판단하여야 한다고 판결하고 있다. 즉, 1일 8시간을 초과한 시간의 합이 12시간을 넘더라도 주당 40시간을 초과한 시간이 12시간을 넘지 않으면 법위반이 아니라고 본 것이다. 대법원의 판결은 근로기준법 제56조는 1일 8시간을 초과하거나 1주간 40시간을 초과하는 연장근로에 대해서는 통상임금의 50% 이상을 가산한 임금을 지급하도록 정하고 있는데, 연장근로에 대하여 가산임금을 지급하도록 한 규정은 사용자에게 금전적 부담을 가함으로써 연장근로를 억제하는 한편, 연장근로는 근로자에게 더 큰 피로와 긴장을 주고 근로자가 누릴 수 있는 생활상의 자유시간을 제한하므로 이에 상응하는 금전적 보상을 해 주려는 데에 그 취지가 있는 것으로서, 연장근로 그 자체를 금지하기 위한 목적의 규정은 아니라는 것이다.

---

16) 이병태, 노동법, p. 775; 김형배, 노동법, p. 450.
17) 임종률, 노동법, p. 428; 하갑래, 근로기준법, p. 260.
18) 대판 1979. 3. 13, 76도3657.
19) 하갑래, 근로기준법, p. 261; 대판 1995. 2. 10, 94다19228.
20) 개정법의 시행일(또는 신고일)부터 3년간은 12시간을 16시간으로 본다. 이 경우 최초의 4시간에 대하여는 50%가 아니라 25%의 가산임금이 지급된다.

1주 12시간을 초과하지 아니하는 범위 내에서 1일 8시간을 초과하여도 무방하다. 1주 12시간을 연장하는 경우 1일의 연장근로시간에 대한 최장제한은 없다고 할 것이다.

연소근로자와 산후 1년 미만의 여성근로자에 대하여는 예외규정이 있는 바, 이는 후술한다.

## (2) 예     외

### (가) 30명 미만 사업장에 대한 예외[21]

#### ① 관련 규정

> **근로기준법 제53조 [연장근로의 제한]** ③ 상시 30명 미만의 근로자를 사용하는 사용자는 다음 각 호에 대하여 근로자대표와 서면으로 합의한 경우 제1항 또는 제2항에 따라 연장된 근로시간에 더하여 1주 간에 8시간을 초과하지 아니하는 범위에서 근로시간을 연장할 수 있다.
> 1. 제1항 또는 제2항에 따라 연장된 근로시간을 초과할 필요가 있는 사유 및 그 기간
> 2. 대상 근로자의 범위
> ⑥ 제3항은 15세 이상 18세 미만의 근로자에 대하여는 적용하지 아니한다.

#### ② 요   건

㉠ **실체적 요건**    30명 미만의 근로자를 사용하는 사업이어야 한다.

㉡ **절차적 요건**    사용자와 근로자대표가 다음 사항에 대하여 서면으로 합의하여야 한다.

(ⅰ) 연장된 근로시간을 초과할 필요가 있는 사유 및 그 기간

(ⅱ) 대상 근로자의 범위

#### ③ 적용범위

상기 요건을 충족하는 경우 ⅰ) 기준근로시간의 연장(동법 제53조제1항) 또는 ⅱ) 탄력적 근로시간, 선택적 근로시간의 연장(동법 제53조제1항)에 따라 연장된 근로시간에 더하여 1주에 8시간을 초과하지 아니하는 범위에서 근로시간을 연장할 수 있다. 동 규정은 15세 이상 18세 미만의 근로자에 대하여는 적용하지 아니한다(동법 제53조제6항).

---

21) 법률 제15513호(2018.3.20.) 부칙 제2조의 규정에 의하여 2022년 12월 31일까지 유효하다.

(나) 특별한 사정에 대한 예외

① 관련규정

> 근로기준법 제53조 [연장근로의 제한] ④ 사용자는 특별한 사정이 있으면 고용노동
> 부장관의 인가와 근로자의 동의를 받아 제1항과 제2항의 근로시간을 연장할 수 있
> 다. 다만, 사태가 급박하여 고용노동부장관의 인가를 받을 시간이 없는 경우에는
> 사후에 지체 없이 승인을 받아야 한다.
> ⑤ 고용노동부장관은 제4항에 따른 근로시간의 연장이 부적당하다고 인정하면 그
> 후 연장기간에 상당하는 휴게시간이나 또는 휴일을 줄 것을 명할 수 있다.
> ⑦ 사용자는 제4항에 따라 연장 근로를 하는 근로자의 건강 보호를 위하여 건강검
> 진 실시 또는 휴식시간 부여 등 고용노동부장관이 정하는 바에 따라 적절한 조치
> 를 하여야 한다.

② 요 건: 　　　화재 및 재해 등 긴급하고 불가피한 사고에 대처하기 위하여 필
요한 경우와 같이 「특별한 사정」이 있는 경우에는 이미 당사자의 합의에 의하여 1
주에 12시간 연장된 근로시간을 추가로 연장할 수 있다(근로기준법 제53조제4항).

㉠ 실체적 요건　　　연장근로를 하기 위하여는 「특별한」 사정이 존재하여야 한
다. 특별한 사정의 정의에 대하여 근로기준법은 아무런 규정도 아니두고 있다. 대체
로, 천재, 사변 기타 이에 준하는 재해와 긴급하고 불가피한 사고로서 사회통념에
비추어 일반적인 업무운영과정에서 이를 예견할 수 없는 경우라고 해석된다.[22]

예컨대, ⅰ) 풍수해, ⅱ) 시설의 폭발·화재 및 산업설비의 고장, 기타 ⅲ) 사업운
영상 통상적으로 예견할 수 없는 사태로서 단순한 경영상의 긴급한 업무 또는 필요
에 의한 연장근로가 아니라고 인정되는 경우 등이 이에 해당될 것이다.

그러나 업무량 증가 등 개인경영상의 필요에 의한 경우 또는 단순한 기계고장
등 통상적으로 예견되는 사태 등은 이에 해당되지 아니할 것이다.

㉡ 절차적 요건　　　특별한 사유가 존재하여 연장근로를 하기 위하여는 ⅰ)「고
용노동부장관의 인가」와 ⅱ)「근로자의 동의」를 받아야 한다.

연장근로에 대한 인가는 근로시간의 연장을 하기 이전에 신청하는 것이 원칙이나
고용노동부장관의 인가를 받을 여지가 없는 경우에는 근로시간의 연장이후에 「지체
없이」 승인을 얻어야 한다(동법 제53조제4항단서).

특별한 사정으로 인해 연장근로를 할 경우에도 근로자 개인의 동의가 필요하다.
동의방법은 근로자단체의 집단적 동의도 가능하나 개인적으로 동의를 하지 아니한
근로자개인에 대해 연장근로를 시킬 수 없다.

---

22) 임종률, 노동법, p. 432; 김형배, 노동법, p. 453; 하갑래, 근로기준법, p. 266.

③ **적용범위:**  상기 요건을 충족하는 경우  ⅰ) 기준근로시간의 연장(동법 제53조제1항) 및 ⅱ) 탄력적 근로시간·선택적 근로시간의 연장(동법 제53조제2항)에 대하여 근로시간을 추가로 연장할 수 있다. 즉, 1주 40시간뿐 아니라, 1주 52시간을 초과하여 연장근로가 가능하다.

여자·연소근로자에 대하여 동조의 연장근로시간이 적용되는가에 관한 의문이 제기되고 있다. 이에 대하여 동 제도의 취지가 재해 등 예외적인 경우에 한하여 적용되는 것이라는 점과 본인의 동의가 없으면 어차피 연장근로를 시킬 수 없다는 점에서 동 연장근로시간제도의 적용을 긍정하는 것이 타당하다는 견해가 있다.[23]

고용노동부장관은 상기 근로시간의 연장이 부적당하다고 인정될 때에는 그 후 연장시간에 상당하는 휴게 또는 휴일을 줄 것을 명할 수 있다(동법 제53조제5항).

「연장이 부적당하다」는 것은 특별한 사정이 없음에도 연장근로를 하였거나, 필요한 한도를 넘어 연장근로를 한 것을 말하고 고용노동부장관의 인가 또는 본인의 동의를 받았는지의 여부와는 무관하다.[24]

④ **건강검진 실시 또는 휴식시간 부여 등:**  사용자는 연장 근로를 하는 근로자의 건강 보호를 위하여 건강검진 실시 또는 휴식시간 부여 등 고용노동부장관이 정하는 바에 따라 적절한 조치를 하여야 한다(동법 제53조제7항).

### (다) 특별한 사업에 대한 예외

#### ① 관련규정

> **근로기준법 제59조** [근로시간 및 휴게시간의 특례] ① 「통계법」 제22조제1항에 따라 통계청장이 고시하는 산업에 관한 표준의 중분류 또는 소분류 중 다음 각 호의 어느 하나에 해당하는 사업에 대하여 사용자가 근로자대표와 서면으로 합의한 경우에는 제53조제1항에 따른 주 12시간을 초과하여 연장근로를 하게 하거나 제54조에 따른 휴게시간을 변경할 수 있다.
> 1. 육상운송 및 파이프라인 운송업. 다만, 「여객자동차 운수사업법」 제3조제1항 제1호에 따른 노선여객자동차운송사업은 제외한다.
> 2. 수상운송업
> 3. 항공운송업
> 4. 기타 운송관련 서비스업
> 5. 보건업
> ② 제1항의 경우 사용자는 근로일 종료 후 다음 근로일 개시 전까지 근로자에게 연속하여 11시간 이상의 휴식 시간을 주어야 한다.

② **요 건:**  근로기준법은 다음의 요건에 해당하는 경우 제53조제1항의 규정

---

23) 하갑래, 근로기준법, p. 268.
24) 임종률, 노동법, p. 445.

에 의한 1주 12시간을 초과하여 연장근로하게 하거나,25) 제54조 규정에 의한 휴게시간을 변경할 수 있다(동법 제59조).

㉠ 실체적 요건    근로시간 및 휴게의 특례가 인정되기 위하여는 통계법에 따라 통계청장이 고시하는 산업에 관한 표준의 중분류 또는 소분류 중 다음의 사업에 해당되어야 한다.

(ⅰ) 육상운송 및 파이프라인 운송업. 다만, 여객자동차 운수사업법 제3조제1항제1호에 따른 노선여객자동차운송사업은 제외한다.

(ⅱ) 수상운송업

(ⅲ) 항공운송업

(ⅳ) 기타 운송관련 서비스업

(ⅴ) 보건업

㉡ 절차적 요건    사용자가 근로자 대표와 서면합의를 한 경우에 한하여 인정된다.

③ 적용범위:    동 특례는 ⅰ) 기준근로시간의 1주 12시간 연장근로(동법 제53조제1항)를 초과하여 연장근로하거나, ⅱ) 제54조의 규정에 의한 휴게시간을 변경할 수 있다. 휴게시간의 변경이라 함은 휴게시간은 부여하되 그 시각을 변경하는 것을 의미하며, 휴게시간을 단축하거나 부여하지 아니하는 것으로 해석되어서는 아니 된다. 동 특례는 근로기준법 제53조의 규정과 달리 탄력적 근로시간·선택적 근로시간의 연장(동법 제53조제2항)을 초과하는 연장에도 적용되는 것인지의 여부에 관하여 명문의 규정을 두고 있지 아니하나, 이는 긍정적으로 해석되어야 할 것이다. 다만, 연소근로자의 연장근로제한, 임산부의 연장근로제한 및 산업안전보건법상의 유해·위험작업의 근로시간의 연장에는 적용되지 아니함에 유의하여야 할 것이다.

사용자는 연장근로를 하게 하거나 휴게시간을 변경한 경우에는 근로일 종료 후 다음 근로일 개시 전까지 근로자에게 연속하여 11시간 이상의 휴식 시간을 주어야 한다(동법 제59조제2항).

---

25) 개정법의 시행일(또는 신고일)부터 3년간은 12시간을 16시간으로 본다. 이 경우 최초의 4시간에 대하여는 50%가 아니라 25%의 가산임금이 지급된다.

| 대상 | 연장 원칙 | 연장된 근로시간을 추가 연장 | | |
|---|---|---|---|---|
| | | 30인 미만 사업장 | 특별한 사정 | 특별한 사업 |
| | • 당사자 합의<br>　- 1주 12시간<br>　　연장 | • 사용자와 근로자<br>　대표 간 서면 합의<br>• 연장된 12시간에<br>　1주에 8시간을 초<br>　과 않는 범위에서<br>　추가 연장 | • 특별한 사정: 화재,<br>　재해 등<br>• 고용노동부장관 인<br>　가 및 근로자 동의<br>• 추가 연장 | • 특별한 사업<br><br>• 사용자와 근로자<br>　대표 간 서면 합의<br>• 추가 연장 |
| 기준근로시간 | ○ | ○ | ○ | ○ |
| 탄력적·선택적<br>근로시간제도 | ○ | ○ | ○ | ? |
| 휴게시간변경 | × | × | × | ○ |

## Ⅲ. 연소근로자 및 여성근로자의 근로시간보호

### 1. 연소근로자의 근로시간보호

#### (1) 관련규정

> 근로기준법 제69조 [근로시간] 15세 이상 18세 미만인 사람의 근로시간은 1일에 7시
> 간, 1주에 35시간을 초과하지 못한다. 다만 당사자 사이의 합의에 따라 1일에 1시
> 간, 1주에 5시간을 한도로 연장할 수 있다.

#### (2) 주요내용

15세 이상 18세 미만인 사람의 근로시간은 1일에 7시간, 1주에 35시간을 초과하지 못한다. 다만 당사자 사이의 합의에 따라 1일 1시간, 1주에 5시간을 한도로 연장할 수 있다(근로기준법 제69조). 연소근로자에 대한 근로시간을 제한하는 취지는 이들이 신체적으로나 정신적으로 성인근로자보다 미숙하므로 이들 연소자의 심신 및 성장을 보호하기 위한 것이다.

연소근로자에 대하여는 탄력적 근로시간제도 및 선택적 근로시간제도는 인정되지 아니한다(동법 제51조제3항 및 제52조제1호). 또한 상시 30인 미만의 근로자를 사용하는 사업장에 허용되는 근로시간의 추가연장도 15세 이상 18세 미만의 근로자에 대하여는 적용하지 아니한다(동법 제53조제6항).

## 2. 18세 이상의 여성근로자의 근로시간보호

### (1) 관련규정

> 근로기준법 제71조 [시간외근로] 사용자는 산후 1년이 지나지 아니한 여성에 대하여
> 는 단체협약이 있는 경우라도 1일에 2시간, 1주에 6시간, 1년에 150시간을 초과하
> 는 시간외근로를 시키지 못한다.

### (2) 주요내용

사용자는 산후 1년이 지나지 아니한 여성에 대하여 단체협약이 있는 경우라도 1
일 2시간, 1주에 6시간, 1년에 150시간을 초과하는 시간외근로를 시키지 못한다(근
로기준법 제71조). 동 조항의 취지는 출산으로 인하여 신체가 허약한 여성의 건강을
보호하기 위한 것이다.

## 3. 여성근로자와 연소근로자의 근로시간보호

### (1) 관련규정

> 근로기준법 제70조 [야간근로와 휴일근로의 제한] ① 사용자는 18세 이상의 여성을
> 오후 10시부터 오전 6시까지의 사이 및 휴일에 근로시키려면 그 근로자의 동의를
> 받아야 한다.
> ② 사용자는 임산부와 18세 미만자를 오후 10시부터 오전 6시까지의 시간 및 휴일
> 에 근로시키지 못한다. 다만, 다음 각 호의 어느 하나에 해당하는 경우로서 고용
> 노동부장관의 인가를 받으면 그러하지 아니한다.
> 1. 18세 미만자의 동의가 있는 경우
> 2. 산후 1년이 지나지 아니한 여성의 동의가 있는 경우
> 3. 임신중의 여성이 명시적으로 청구하는 경우
> ③ 사용자는 제2항의 경우 고용노동부 장관의 인가를 받기 전에 근로자의 건강 및
> 모성 보호를 위하여 그 시행 여부와 방법 등에 관하여 그 사업 또는 사업장의 근
> 로자 대표와 성실하게 협의하여야 한다.

### (2) 주요내용

상세한 내용은 제2부 제3편 제4장에서 기술한다.

## 4. 임신중인 여성근로자와 연소근로자의 근로시간보호

### (1) 관련규정

> 근로기준법 제51조 [탄력적 근로시간제] ③ 제1항과 제2항은 15세 이상 18세 미만의
> 근로자와 임신 중인 여성 근로자에 대하여는 적용하지 아니한다.

## (2) 주요내용

탄력적 근로시간제는 15세 이상 18세 미만의 근로자와 임신중인 여성 근로자에 대하여는 적용하지 아니한다(근로기준법 제51조제3항).

## Ⅳ. 특수근로자에 대한 적용제외

### 1. 관련규정

**근로기준법 제63조** [적용의 제외] 이 장과 제5장에서 정한 근로시간, 휴게와 휴일에 관한 규정은 다음 각 호의 어느 하나에 해당하는 근로자에 대하여서는 적용하지 아니한다.
1.~4. (생략)
**근로기준법시행령 제34조** [근로시간 등의 적용제외근로자] 법 제63조제4호에서 "대통령령이 정한 업무"라 함은 사업의 종류에 불구하고 관리·감독업무 또는 기밀을 취급하는 업무를 말한다.

### 2. 주요내용

근로기준법은 모든 사업 또는 사업장의 근로자에게 적용되는 것이 원칙이다. 그러나 사업의 성질 또는 업무의 특수성으로 인하여 출·퇴근시간을 엄격하게 정할 수 없다거나 근로시간·휴일·휴게의 적용이 적절하지 아니한 업종·직종·근로형태에 대해서는 그 적용을 배제하고 있다(근로기준법 제63조).

동 규정의 취지는 사업의 성질 또는 업무의 특수성으로 인하여 근로기준법에서 정한 근로시간·휴게·휴일에 관한 규정을 적용하는 것이 오히려 불합리한 경우를 방지하기 위한 것이다.[26]

#### (1) 적용범위

근로기준법 제4장(근로시간과 휴식)과 제5장(여성과 소년) 중 근로시간·휴게·휴일에 관한 규정은 특수근로자에게 적용되지 아니한다.

근로기준법 제4장과 제5장에 있는 조항이라도 다음과 같이 근로시간·휴게 및 휴일과 관련이 없는 조항은 특수근로자에게 적용된다.

##### (가) 야간근로

제56조의 규정 중 야간근로에 대한 야간근로수당, 제70조의 여성과 연소자의 야

---

26) 대판 2020. 2. 6, 2018다241083.

간근로금지에 관한 규정은 특수근로자에게 적용된다.27)

### (나) 휴 가

제60조의 연차유급휴가,28) 제73조의 생리휴가 및 제74조의 산전·후휴가는 적용된다.

### (2) 적용배제 대상근로자

근로시간·휴게 및 휴일에 관한 규정이 적용되지 아니하는 사업과 근로자는 다음과 같다(근로기준법 제63조).

① 토지의 경작·개간, 식물의 식재·재배·채취 사업·그 밖의 농림사업, ② 동물의 사육, 수산 동식물의 채취·포획·양식사업, 그 밖의 축산·양잠·수산 사업, ③ 감시 또는 단속적29)으로 근로에 종사하는 사람으로서 사용자가 고용노동부장관의 승인을 받은 사람, ④ 대통령령으로 정하는 업무에 종사하는 근로자. 이 경우 「대통령령이 정한 업무」라 함은 사업의 종류에 불구하고 관리·감독업무 또는 기밀을 취급하는 업무를 말한다(동법시행령 제34조).

상기 ①에서 말하는 '그 밖의 농림 사업'은 ①에 규정된 '토지의 경작·개간, 식물의 재식·재배·채취 사업'과 유사한 사업으로서 제1차 산업인 농업·임업 및 이와 직접 관련된 사업을 의미한다고 보아야 한다.30) 만약 사용자가 농업·임업을 주된 사업으로 영위하면서 이와 구별되는 다른 사업도 함께 영위하는 경우라면, 그 사업장소가 주된 사업장소와 분리되어 있는지, 근로자에 대한 지휘·감독이 주된 사업과 분리되어 이루어지는지, 각각의 사업이 이루어지는 방식 등을 종합적으로 고려하여 그 사업이 '그 밖의 농림 사업'에 해당하는지 여부를 판단하여야 한다.31)

<u>관 련</u>  <u>판 례</u>  **대판 2020. 2. 6, 2018다241083**  산림조합법에 따라 설립된 지역산림조합인 갑 산림조합과 일용직 근로계약을 체결하고 갑 조합의 건설현장에서 산림피해지 복구 공사 등에 종사한 을 등이 갑 조합을 상대로 주휴수당 등의 지급을 구한 사안에서, 을 등이 제공한 근로의 내용은 일반적인 건설 근로자와 크게 차이가 없을 뿐만 아니라, 을 등은 갑 조합의 주된 사업장인 영림 사업장이 아닌 건설현장에서 근무하면서 근로를 제공하였는데, 건설현장은 영림 사업장과 장소적으로 분리되어

---

27) 기준 1455.3 − 10674(1968. 11. 15); 근기 01254 − 4823(1987. 3. 25); 근기 01254(1990. 2. 16).

28) 근기 68207 − 238(1994. 2. 1).

29) 근로기준법시행규칙 제12조는 ⅰ) 감시적 업무로서 감시업무를 주업무로 하며, 상태적으로 정신적·육체적 피로가 적은 업무, ⅱ) 단속적 근로로서 근로의 형태가 간헐적·단속적으로 이루어져서 휴게시간 또는 대기시간이 많은 업무를 규정하고 있다.

30) 대판 2020. 2. 6, 2018다241083.

31) 대판 2020. 2. 6, 2018다241083.

있는 점, 갑 조합은 건설현장에 연중 상시적으로 을 등과 같은 일용직 근로자를 투입한 반면, 영림 사업장에는 기후의 영향을 고려하여 특정 기간에만 근로자를 투입하였고, 이에 따라 건설현장과 영림 사업장에 투입된 인력을 별도로 관리하고 있는 점에 비추어 갑 조합이 건설현장에서 영위하는 사업은 갑 조합의 주된 사업인 임업과 구별되고, 그 사업은 근로기준법 제63조 제1호에서 규정한 '그 밖의 농림 사업'에 해당한다고 보기 어려운데도, 이와 달리 본 원심판단에 법리오해의 잘못이 있다고 한 사례.

# 제 3 절  시간외근로와 시간외근로수당

## I. 관련규정

**근로기준법 제56조** [연장·야간 및 휴일근로] ① 사용자는 연장근로(제53조·제59조 및 제69조 단서에 따라 연장된 시간의 근로를 말한다)에 대하여는 통상임금의 100분의 50 이상을 가산하여 근로자에게 지급하여야 한다.
② 제1항에도 불구하고 사용자는 휴일근로에 대하여는 다음 각 호의 기준에 따른 금액 이상을 가산하여 근로자에게 지급하여야 한다.
1. 8시간 이내의 휴일근로: 통상임금의 100분의 50
2. 8시간을 초과한 휴일근로: 통상임금의 100분의 100
③ 사용자는 야간근로(오후 10시부터 다음 날 오전 6시 사이의 근로를 말한다)에 대하여는 통상임금의 100분의 50 이상을 가산하여 근로자에게 지급하여야 한다.
**근로기준법 제57조** [보상휴가제] 사용자는 근로자대표와의 서면 합의에 따라 제56조에 따른 연장근로·야간근로 및 휴일근로에 대하여 임금을 지급하는 것을 갈음하여 휴가를 줄 수 있다.

## II. 주요내용

시간외근로라 함은 근로기준법에 정하여진 기준근로시간 이외의 시간에 근로를 하는 것을 말한다. 근로기준법에서는 1주 40시간, 1일 8시간의 범위에서 주간에 근로하고 휴일에는 근로하지 아니하는 것을 원칙으로 한다. 이 경우 ⅰ) 1주 40시간, 1일 8시간을 초과하여 근로하는 것을 연장근로, ⅱ) 주간이 아닌 야간에 근로하는 것을 야간근로, ⅲ) 휴일에 근로하는 것을 휴일근로라고 하며, 시간외근로라 함은 연장근로·야간근로 및 휴일근로를 포괄하여 총칭하는 개념이다.

사용자는 시간외근로인 연장근로·야간근로 및 휴일근로에 대하여 통상임금의 일정 비율 이상을 가산하여 지급하여야 한다(근로기준법 제56조).

시간외근로에 대한 "가산수당"은 통상임금의 50%를 지급하나, 시간외근로에 대한 "임금"이 기본급, 통상임금, 평균임금 중 어느 것을 지급하여야 하는지 의문이 제기될 수 있다. 이 경우에도 통상임금을 지급하는 것이 타당하다고 본다.[32)]

사용자와 근로자대표가 서면으로 합의하는 경우 연장근로·야간근로 및 휴일근로에 대하여 임금지급 대신에 휴가를 부여할 수 있다(동법 제57조).

여성근로자 및 연소근로자에 대하여는 시간외근로에 대하여 예외규정을 두고 있으며, 이에 대하여는 후술한다.

## 1. 연장근로

### (1) 지급대상

#### (가) 지급되는 경우

근로기준법은 ⅰ) 당사자의 합의에 의하여 1주일에 12시간 한도 내에서 근로시간을 연장한 경우(근로기준법 제53조제1항 및 제2항),[33)] ⅱ) 30인 미만의 사업장인 경우(동법 제53조제3항) ⅲ) 특별한 사정이 있는 경우에 고용노동부장관의 인가와 본인의 동의를 얻어 근로시간을 연장한 경우(동법 제53조제4항), ⅳ) 특별한 사업에 대하여 근로자대표와의 서면합의를 통하여 근로시간을 연장한 경우(동법 제59조) 및 ⅴ) 연소근로자의 연장근로(동법 제69조단서)의 경우에는 모두 연장된 근로시간에 대하여 연장근로수당을 지급하여야 한다고 규정하고 있다.

연장근로를 하여 1일 8시간 및 1주 40시간의 기준근로시간을 모두 초과하는 경우 ⅰ) 연장근로수당은 중복하여 지급되는 것이 아니라, ⅱ) 1일 8시간 초과 연장근로시간의 합과 1주 40시간 초과 연장근로시간을 비교하여 많은 시간을 기준으로 수당이 지급된다.

#### (나) 지급되지 아니하는 경우

탄력적 근로시간제도 및 선택적 근로시간제도 등을 채택하는 경우 1일 8시간을 초과하여 근무하여도 연장근로수당이 지급되지 아니한다. 다만, 이에 대하여는 예외가 인정되고 있는 바, 후술하기로 한다.

---

32) 하갑래, 근로기준법, p. 264.

33) ① 탄력적 근로시간제도하에서의 연장근로의 산정기준은 ⅰ) 단위기간의 1주평균근로시간이 40시간을 초과하는 경우 해당 초과근로시간, ⅱ) a) 1일의 소정근로시간이 8시간을 초과하는 경우 해당 소정근로시간을 초과하는 근로시간 b) 1일의 소정근로시간이 8시간에 미달하는 경우 8시간을 초과하는 근로시간이 연장근로시간에 해당된다.
② 선택적 근로시간제도하에서의 연장근로의 산정기준은 ⅰ) 1주 평균근로시간이 40시간을 초과하는 경우 해당 초과근로시간, ⅱ) 정산기간에 있어 총기준근로시간을 초과하는 시간을 연장근로시간으로 본다.

근로계약에서 기준근로시간보다 근로시간을 짧게 약정하는 경우 근로계약에 규정된 소정근로시간을 초과하더라도 1일 8시간, 1주 40시간의 기준근로시간 이내의 근로인 경우에는 시간외근로수당이 지급되지 아니한다.

**관 련**
**판 례**

　　**대판 1991. 6. 28, 90다카14758**　　당사자간에 약정한 소정근로시간이 1일 6시간인 경우 1일 6시간을 초과하여 근무하여도 1일 8시간의 법정근로시간에 미달하는 경우에는 연장근로수당이 지급되지 아니한다.

예외적으로 단시간근로자의 경우 소정근로시간을 초과하는 근로에 대하여 기준근로시간을 초과하지 않더라도 통상임금의 50퍼센트 이상을 가산하여 지급하여야 한다(기간제근로자법 제6조제3항).

### (2) 지 급 액

사용자는 연장근로시간에 대하여 연장근로수당으로서 통상임금의 50퍼센트와 연장근로임금으로서 통상임금의 100퍼센트의 총 150퍼센트를 지급하여야 한다.[34]

### 2. 휴일근로

### (1) 지급대상

근로자가 휴일근로를 한 경우 이에 대하여 휴일근로수당을 지급하여야 한다(근로기준법 제56조).

근로기준법 제56조의 휴일근로에서의 휴일이란 ⅰ) 근로기준법 제55조의 주휴일, ⅱ) 법정휴일 및 ⅲ) 단체협약이나 취업규칙에 의하여 휴일로 정하여져 있어서 근로자가 근로할 의무가 없는 약정휴일을 말한다.[35] 즉, 휴일에는 법정휴일과 약정휴일이 있다. 법정휴일은 육아휴직을 제외하고는 유급휴일이며, 약정휴일은 당사자의 약정에 따라 유급 또는 무급휴일 여부가 결정되는 것이 원칙이다.[36] 근로기준법 제55조의 휴일은 법정유급휴일이다. 휴일근로수당은 법정·약정휴일 및 유급·무급휴일을 가리지 않고 모두 지급되는 것이 원칙이다.

당사자간의 합의 또는 단체협약에 의하여 통상의 근로일과 휴일을 대체하는 경우 원래의 휴일은 통상의 근로일이 되고 그 날의 근로는 휴일근로가 아닌 통상근로

---

34) 당사자간의 합의(제53조제1항) 및 특별한 사업에 대한 예외(제58조제1항)의 경우 신법시행일(또는 신고일)로부터 3년간에 대하여는 16시간의 연장근로가 인정되며, 이 경우 최초의 4시간에 대하여는 50%가 아닌 25%의 가산임금이 지급된다[부칙(2003. 9. 15) 제3조].

35) 대판 1991. 5. 14, 90다14089; 대판 2020. 2. 13, 2015다73043.

36) 근기 01254-9659(1989. 6. 14); 근기 01254-4043(1991. 3. 23).

가 되므로 휴일근로수당이 지급되지 아니하는 것이 원칙이다.37)

<blockquote>
관 련
판 례

대판 2000. 9. 22, 99다7367    법령·단체협약 등에서 특정된 휴일을 근로일로 하고 대신 통상의 근로일을 휴일로 교체할 수 있도록 하는 규정을 두거나, 그렇지 않더라도 근로자의 동의를 얻은 경우 미리 근로자에게 교체할 휴일을 특정하게 고지하면 달리 보아야 할 사정이 없는 한 이는 적법한 휴일대체가 되어 원래의 휴일은 통상의 근로일이 되고 그 날의 근로는 휴일근로가 아닌 통상근로가 되므로 사용자는 근로자에게 휴일근로수당을 지급할 의무를 지지 않는다.
</blockquote>

### (2) 지 급 액

( i ) 유급휴일에 근무하는 경우 본래 근무를 하지 아니하여도 당연히 지급되는 임금 100퍼센트 및 휴일근로한 임금 100퍼센트를 합하여 200퍼센트의 임금이, ( ii ) 무급휴일에 근무하는 경우 휴일에 근로한 임금 100퍼센트가 임금으로 지급된다.

여기에 추가하여 사용자는 ⅰ) 8시간 이내의 휴일근로에 대하여 통상임금의 100분의 50을, ⅱ) 8시간을 초과한 휴일근로에 대하여 통상임금의 100분의 100 이상을 가산하여 근로자에게 지급하여야 한다. ⅱ) 의 경우 휴일근로수당과 연장근로수당이 중복적으로 지급됨을 의미한다.

## 3. 야간근로

### (1) 지급대상

오후 10시부터 오전 6시까지의 근로를 야간근로라 한다. 야간근로에는 야간근로수당을 지급하여야 한다(근로기준법 제56조). 야간근로의 경우는 주간근로에 비하여 근로자의 정신적·육체적 피로가 가중되고 인간의 생리적 주기에도 역행하므로 이에 대한 보상으로서 야간근로수당을 지급하는 것이다.

### (2) 지 급 액

야간근로에 대한 지급액은 야간근로임금으로서 통상임금의 100퍼센트와 야간근로수당으로서 통상임금의 50퍼센트를 합한 통상임금의 총 150퍼센트를 지급하여야 한다. 연장근로·휴일근로가 야간근로에 해당하는 경우 연장근로수당 및 휴일근로수당에 야근근로수당이 추가로 지급된다.38)

---

37) 대판 2000. 9. 22, 99다7367; 대판 2008. 11. 13, 2007다590.
38) 임종률, 노동법, p. 459.

#### 4. 보상휴가제도

사용자는 근로자대표와의 서면합의에 따라 연장근로·야간근로 및 휴일근로에 임금을 지급하는 대신 휴가를 부여할 수 있다(근로기준법 제57조).

이 경우 「임금」의 범위가 무엇인지에 대하여 의문이 제기될 수 있다. 이에 대하여 근로에 대한 임금을 지급하는 대신에 이를 휴가로 대체하는 것은 근로자의 생존권을 침해하는 것이므로 연장근로·야간근로 및 휴일근로에 대한 실제 「임금」은 근로자에게 지급되어야 하고 「가산임금」만이 대체대상에 해당되며, 동 「가산임금」에 해당하는 근로시간을 산정하여 휴가를 부여하여야 한다는 견해가 있다.[39]

그러나 대체휴가제도는 임금을 휴가로 대체하는 것이 아니라 당사자의 합의에 의한 근로시간대의 변경에 해당되므로, 연장근로·야간근로 및 휴일근로에 대한 실제 「임금」은 물론 「가산임금」 모두가 대체대상에 해당되고, 동 전체임금의 전부 또는 일부에 해당하는 근로시간을 산정하여 대체휴가를 부여할 수가 있다고 보아야 할 것이다.

예컨대, A시간을 연장근로하였다면, 근로자 대표와의 서면합의에 따라 1.5A시간에 해당하는 대체휴가를 부여할 수 있다.

#### 5. 포괄임금제도

근로계약을 체결함에 있어서 사용자는 근로자에 대하여 기본임금을 결정하고, 이에 연장근로수당, 야간근로수당 및 휴일근로수당 등의 시간외근로수당을 합산하여 지급함이 원칙이다. 그러나 근로형태 및 업무의 성질 등에 따라서는 시간외근로수당을 명확하게 확정하기 어려운 경우가 있으며, 또한 계산의 편의와 직원의 근무의욕을 고취하는 뜻에서 일당으로 또는 매월 일정액의 시간외근로수당을 지급하는 경우가 있다. 이러한 임금지급방법을 포괄임금제도라고 한다.[40]

포괄임금제도의 형식에 관하여 일반임금과 달리 별도의 특약을 필요로 한다는 견해도 있으나, 포괄임금도 임금의 일종이므로 일반임금에 관한 법령 및 근로계약·취업규칙·단체협약 등의 적용으로 충분하며, 별도의 특약이 반드시 필요한 것은 아니라고 본다.

---

39) 김형배, 노동법, p. 460.

40) 이를 포괄산정임금제도(하갑래, 근로기준법, p. 286) 또는 정액수당제도(김형배, 노동법, p. 392)라고 하기도 한다.

포괄임금제도의 법적 효력에 관하여는 다양한 견해가 제시되고 있는 바, 이를 검토하여 보면 다음과 같다.

### (1) 주요내용

포괄임금약정이 성립되었는지의 여부는 근로시간, 근로형태와 업무의 성질, 임금 산정의 단위, 단체협약과 취업규칙의 내용, 동종 사업장의 실태 등 여러 사정을 전체적·종합적으로 고려하여 구체적으로 판단하여야 한다.[41]

### (가) 근로시간의 산정이 가능한 경우

① **시간외근로시간을 구체적으로 산정하는 경우:** 시간외근로시간의 산정이 가능하여, 시간외근로시간 및 시간외근로수당을 산정한 후에 이보다 높은 수준의 수당을 지급하는 내용의 포괄임금제도를 약정하는 경우가 있다. 이는 근로기준법상의 기준을 최저기준으로 하고, 이보다 높은 수준의 임금을 지급하는 것으로서 근로기준법의 기본취지에 부합하므로 유효한 것이 당연하다. 근로자의 근무의욕을 고취하고자 하는 포괄임금제도의 근본취지에도 부합된다고 할 것이다.

산정된 법정 시간외근로수당보다 낮은 수준의 포괄임금제도를 약정하는 것은 강행규정 위반으로서 무효이다.

**관련 판례** 대판 2006. 4. 28, 2004다66995, 67004 사용자는 근로계약을 체결함에 있어서 근로자에 대하여 기본임금을 결정하고 이를 기초로 제 수당을 가산하여 지급함이 원칙이라 할 것이나 근로시간, 근로형태와 업무의 성질 등을 참작하여 계산의 편의와 직원의 근무의욕을 고취하는 뜻에서 기본임금을 미리 산정하지 아니한 채 제 수당을 합한 금액을 월급여액이나 일당임금으로 정하거나 매월 일정액을 제 수당으로 지급하는 내용의 이른바 포괄임금제에 의한 임금지급계약을 체결한 경우에 그것이 근로자에게 불이익이 없고 제반 사정에 비추어 정당하다고 인정될 때에는 이를 무효라고 할 수 없다.

노사간에 실제의 연장근로시간과 관계없이 일정 시간을 연장근로시간으로 간주하기로 합의한 경우 사용자는 근로자의 실제 계산한 연장근로시간이 상기 합의한 시간에 미달함을 이유로 근로시간을 다툴 수 없다.[42]

② **시간외근로시간을 구체적으로 산정하지 아니하는 경우:** 시간외근로시간의 산정이 가능함에도 불구하고 사용자가 이를 구체적으로 산정하지 아니한 채 포괄임금제도를 약정하는 경우가 있다. 이러한 경우의 포괄임금제도의 법적 효력에 관하여

는 ⅰ) 시간외근로수당 산정의무를 부과하고 있는 근로기준법상의 강행규정 위반으로서 설사 포괄임금이 결과적으로 법정 시간외근로수당보다 높은 수준일지라도 당연 무효라는 견해43)와 ⅱ) 당연히 무효로 볼 것이 아니라 약정된 포괄임금이 산정된 법정 수당보다 높은 수준인 경우에는 유효하고 법정 수당에 미달하는 경우에만 무효로 보아야 한다는 견해44)가 있다.

사견으로는 법정 근로수당의 산정이 가능함에도 불구하고 이를 구체적으로 산정하지 아니한 채 포괄임금제도의 약정을 하는 것은 무효로 보고자 한다. 그 이유는 사용자가 우월한 지위를 남용하여 근로자에게 실제 법정근로수당보다 낮은 수준의 포괄임금을 사실상 강제할 우려가 있고, 근로자는 사용자에게 법정근로수당의 구체적인 산정을 요구할 수 있는 힘이 미약하기 때문에 근로기준법상의 최저수준보다도 낮은 수준의 임금을 그대로 용인할 수밖에 없기 때문이다.

또한, 법정 시간외근로수당의 산정은 근로기준법상 사용자에게 부과된 강행법상의 의무로서 이를 산정하지 아니하는 것은 무효라 할 것이다.

**관련 판례**  대판 2010. 5. 13. 2008다6052  감시·단속적 근로 등과 같이 근로시간의 산정이 어려운 경우가 아니라면 달리 근로기준법상의 근로시간에 관한 규정을 그대로 적용할 수 없다고 볼 만한 특별한 사정이 없는 한 앞서 본 바와 같은 근로기준법상의 근로시간에 따른 임금지급의 원칙이 적용되어야 할 것이므로, 이러한 경우에도 근로시간 수에 상관없이 일정액을 법정수당으로 지급하는 내용의 포괄임금제 방식의 임금 지급계약을 체결하는 것은 그것이 근로기준법이 정한 근로시간에 관한 규제를 위반하는 이상 허용될 수 없다.

### (나) 근로시간의 산정이 불가능한 경우

감시·단속적 근로의 경우와 같이 근로시간, 근로형태 및 업무성질을 고려하여 볼 때에 시간외근로시간의 산정이 용이하지 아니한 경우가 있다. 시간외근로시간의 산정이 용이하지 아니한 경우에도 이의 산정을 강제하는 것이 근로기준법의 취지에 부합되는 것은 아니므로 이러한 경우에 포괄임금제도를 약정하는 것은 근로자에게 불이익이 없고 제반 사정에 비추어 합리적이라고 판단되는 한 이는 유효한 것으로 보아야 할 것이다.

---

43) 대판 2010. 5. 13, 2008다6052.
44) 대판 1997. 4. 25, 95다4056; 대판 2020. 2. 6, 2015다233579.

**관련 판례** 대판 2010. 5. 13, 2008다6052 　　원칙적인 임금지급방법은 근로시간 수의 산정을 전제로 한 것인데, 예외적으로 감시단속적 근로 등과 같이 근로시간, 근로형태와 업무의 성질을 고려할 때 근로시간의 산정이 어려운 것으로 인정되는 경우가 있을 수 있고, 이러한 경우에는 사용자와 근로자 사이에 기본임금을 미리 산정하지 아니한 채 법정수당까지 포함된 금액을 월급여액이나 일당임금으로 정하거나 기본임금을 미리 산정하면서도 법정 제 수당을 구분하지 아니한 채 일정액을 법정 제 수당으로 정하여 이를 근로시간 수에 상관없이 지급하기로 약정하는 내용의 이른바 포괄임금제에 의한 임금 지급계약을 체결하더라도 그것이 달리 근로자에게 불이익이 없고 여러 사정에 비추어 정당하다고 인정될 때에는 유효하다 할 것이다.

시간외근로시간의 산정이 불가능한 경우임에도 불구하고, 시간외근로시간의 산정을 전제로 하여 근로기준법상의 법정수당과 포괄임금의 차액을 청구할 수 없다.[45]

### (2) 근로자의 동의

포괄임금제도를 도입하면서 근로자의 동의가 필요한지의 여부에 관하여 의문이 제기될 수 있다. 이에 대하여 ⅰ) 당사자간에 포괄임금 산정 내역에 관한 구체적이고 명시적인 합의가 있어야 한다는 명시적 합의설과 ⅱ) 묵시적 합의도 가능하지만 이조차 없는 경우에는 포괄임금약정이 성립되었다고 볼 수 없다는 묵시적 합의설 등이 대립하고 있다. 사견으로는 현행법하에서는 근로계약의 체결 및 변경시에 임금의 구성항목, 계산방법 및 지불방법에 관한 사항을 서면으로 명시하도록 규정하고 있는 바, 이에 따라 포괄임금약정도 이의 대상으로 보아 명시적 합의로 하는 것이 타당할 것이다.

**관련 판례** 대판 2016.10.13, 2016도1060 　　단체협약이나 취업규칙 및 근로계약서에 포괄임금이라는 취지를 명시하지 않았음에도 묵시적 합의에 의한 포괄임금약정이 성립하였다고 인정하기 위해서는, 근로형태의 특수성으로 인하여 실제 근로시간을 정확하게 산정하는 것이 곤란하거나 일정한 연장·야간·휴일근로가 예상되는 경우 등 실질적인 필요성이 인정될 뿐 아니라, 근로시간, 정하여진 임금의 형태나 수준 등 제반 사정에 비추어 사용자와 근로자 사이에 정액의 월급여액이나 일당임금 외에 추가로 어떠한 수당도 지급하지 않기로 하거나 특정한 수당을 지급하지 않기로 하는 합의가 있었다고 객관적으로 인정되는 경우이어야 한다.

---

45) 대판 2010. 5. 13, 2008다6052.

# 제 4 절   근로시간의 신축적 운용

## Ⅰ. 의    의

최근의 산업구조의 변화, 직업의 전문화 및 업무의 계절적 변동 등 근로관계의 새로운 변화에 따라 근로시간의 신축적 운영을 필요로 하고 있다. 예컨대, 업무량의 변동폭이 큰 사업에 있어서 사업주는 업무량의 변동에 따라 근로시간을 조정하기를 원하게 되며, 또한 전문직종·주부근로자는 자기가 원하는 시간에 자유로이 근로를 제공하기를 원하는 경우도 있다.

근로시간의 신축적 운용에 관하여는 ⅰ) 탄력적 근로시간제도, ⅱ) 선택적 근로시간제도, ⅲ) 재량적 근로시간제도, ⅳ) 교대제 근로제도 등이 논의되고 있다.

## Ⅱ. 탄력적 근로시간제도

### 1. 관련규정

근로기준법 제51조 [3개월 이내의 탄력적 근로시간제] ① 사용자는 취업규칙 (취업규칙에 준하는 것을 포함한다)에서 정하는 바에 따라 2주 이내의 일정한 단위기간을 평균하여 1주 간의 근로시간이 제50조제1항의 근로시간을 초과하지 아니하는 범위에서 특정한 주에 제50조제1항의 근로시간을, 특정한 날에 제50조제2항의 근로시간을 초과하여 근로하게 할 수 있다. 다만, 특정한 주의 근로시간은 48시간을 초과할 수 없다.

② 사용자는 근로자대표와의 서면 합의에 따라 다음 각 호의 사항을 정하면 3개월 이내의 단위기간을 평균하여 1주 간의 근로시간이 제50조제1항의 근로시간을 초과하지 아니하는 범위 안에서 특정한 주에 제50조제1항의 근로시간을, 특정한 날에 제50조제2항의 근로시간을 초과하여 근로하게 할 수 있다. 다만, 특정한 주의 근로시간은 52시간을, 특정한 날의 근로시간은 12시간을 초과할 수 없다.

1. 대상 근로자의 범위

2. 단위기간(3개월 이내의 일정한 기간으로 정하여야 한다)

3. 단위기간의 근로일 및 그 근로일별 근로시간

4. 그 밖에 대통령령으로 정하는 사항

③ 제1항과 제2항은 15세 이상 18세 미만의 근로자와 임신중인 여성 근로자에 대하여는 적용하지 아니한다.

④ 사용자는 제1항 및 제2항에 따라 근로자를 근로시킬 경우에는 기존의 임금수준이 낮아지지 아니하도록 임금보전방안을 강구하여야 한다.

　제51조의2 [3개월을 초과하는 탄력적 근로시간제] ① 사용자는 근로자대표와의 서면
　합의에 따라 다음 각 호의 사항을 정하면 3개월을 초과하고 6개월 이내의 단위기
　간을 평균하여 1주간의 근로시간이 제50조제1항의 근로시간을 초과하지 아니하는
　범위에서 특정한 주에 제50조제1항의 근로시간을, 특정한 날에 제50조제2항의 근
　로시간을 초과하여 근로하게 할 수 있다. 다만, 특정한 주의 근로시간은 52시간
　을, 특정한 날의 근로시간은 12시간을 초과할 수 없다.
　1. 대상 근로자의 범위
　2. 단위기간(3개월을 초과하고 6개월 이내의 일정한 기간으로 정하여야 한다)
　3. 단위기간의 주별 근로시간
　4. 그 밖에 대통령령으로 정하는 사항
　② 사용자는 제1항에 따라 근로자를 근로시킬 경우에는 근로일 종료 후 다음 근로
　일 개시 전까지 근로자에게 연속하여 11시간 이상의 휴식 시간을 주어야 한다. 다
　만, 천재지변 등 대통령령으로 정하는 불가피한 경우에는 근로자대표와의 서면 합
　의가 있으면 이에 따른다.
　③ 사용자는 제1항제3호에 따른 각 주의 근로일이 시작되기 2주 전까지 근로자에
　게 해당 주의 근로일별 근로시간을 통보하여야 한다.
　④ 사용자는 제1항에 따른 근로자대표와의 서면 합의 당시에는 예측하지 못한 천
　재지변, 기계 고장, 업무량 급증 등 불가피한 사유가 발생한 때에는 제1항제2호에
　따른 단위기간 내에서 평균하여 1주간의 근로시간이 유지되는 범위에서 근로자대
　표와의 협의를 거쳐 제1항제3호의 사항을 변경할 수 있다. 이 경우 해당 근로자에
　게 변경된 근로일이 개시되기 전에 변경된 근로일별 근로시간을 통보하여야 한다.
　⑤ 사용자는 제1항에 따라 근로자를 근로시킬 경우에는 기존의 임금 수준이 낮아
　지지 아니하도록 임금항목을 조정 또는 신설하거나 가산임금 지급 등의 임금보전
　방안을 마련하여 고용노동부장관에게 신고하여야 한다. 다만, 근로자대표와의 서
　면합의로 임금보전방안을 마련한 경우에는 그러하지 아니하다.
　⑥ 제1항부터 제5항까지의 규정은 15세 이상 18세 미만의 근로자와 임신 중인 여
　성 근로자에 대해서는 적용하지 아니한다.

## 2. 주요내용

### (1) 탄력적 근로시간제도의 개념

　탄력적 근로제도라 함은 수주 또는 수개월간의 일정 근로시간을 기준근로시간으
로 정하고, 수주간 또는 수개월간의 근로시간을 평균하여 1일 또는 1주의 평균 근로
시간이 기준근로시간을 초과하지 아니하는 경우 특정일, 특정주 또는 특정월의 근로
시간이 기준근로시간을 초과하여도 무방한 제도를 말한다. 예컨대, 관련법령에서 1
주 40시간을 기준근로시간으로 정한 경우, 첫째주는 36시간, 둘째주는 44시간, 셋째
주는 40시간을 근무하더라도 3개 주의 평균 근로시간은 40시간이므로 이는 1주 40
시간의 근로시간으로 간주되어 연장근로수당을 지급하지 아니한다 할지라도 관련법
령에 위배되지 아니한다.

　탄력적 근로제도는 기후조건에 커다란 영향을 받는 계절적 사업, 또는 건설업과

고객의 요구에 따라 수요·공급의 증감이 격심한 사업 등 근로시간의 탄력적 운용이 필요한 사업에서 절실히 요구되고 있다. 근로시간을 탄력적으로 운용하는 경우 기업측에서는 생산성을 높일 수 있고 근로자측에서는 격주토요휴무제 등 여가시간을 효율적으로 활용할 수 있다.

### (2) 탄력적 근로시간제도의 유형

탄력적 근로시간제도에는 ⅰ) 2주 이내 48시간제도, ⅱ) 2주 초과 3개월 이내 52시간제도 및 ⅲ) 3개월 초과 52시간제도의 세 가지 유형이 있다.

### (가) 2주 이내 48시간제도(근로기준법 제51조제1항)

① **채 택:** 사용자가 취업규칙 또는 취업규칙에 준하는 것으로 정하여야 한다. 취업규칙의 작성의무가 있는 10인 이상의 근로자를 사용하고 있는 사용자는 취업규칙의 작성 및 변경을 통하여 이를 채택하여야 한다. 따라서, 취업규칙의 변경에 관한 법리가 적용된다. 취업규칙이 아닌 근로계약이나 근로자의 개별적 동의를 통하여 도입한 것은 강행법규 위반으로서 무효이다.[46]

10인 미만의 근로자를 사용하고 있는 사용자는 취업규칙의 작성의무가 없으므로 「취업규칙에 준하는 것」으로 이를 채택하여야 한다. 「취업규칙에 준하는 것」이라 함은 특정한 명칭·형식 등에 구애됨이 없이 당사자간의 서면합의에 의한 것이면 충분한 것으로 보아야 할 것이다.

② **근로시간:** ⅰ) 2주간의 근로시간을 평균하여 1주의 평균근로시간이 40시간을 초과하지 아니하고, ⅱ) 어느 주라도 1주의 최장근로시간이 48시간을 초과하지 아니할 것. 이 경우 3개월 52시간제도와 달리 1일 최장근로시간을 규정하고 있지 아니하므로 1일 근로시간의 한도는 없는 것으로 해석되어야 할 것이다.

### (나) 2주 초과 3개월 이내 52시간제도(동법 제51조제2항)

① **채 택:** 사용자와 근로자대표와의 서면합의에 의하여 다음 사항을 정하여야 한다(동법 제51조제2항 및 동법시행령 제28조제1항). 이 경우 개별근로자의 동의는 별도로 필요하지 아니한 것으로 해석되어야 할 것이다.[47]

ⅰ) 대상 근로자의 범위, ⅱ) 단위기간(3개월 이내의 일정기간), ⅲ) 단위기간의 근로일 및 그 근로일별 근로시간, ⅳ) 그 밖에 대통령령으로 정하는 사항. 「그 밖에 대통령령으로 정하는 사항」이라 함은 서면합의의 유효기간을 말한다(동법시행령 제28조).

---

46) 대판 2023. 4. 27, 2020도16431.
47) 하갑래, 근로기준법, p. 319. 반대: 김형배, 근로기준법, p. 352.

② **근로시간:** ⅰ) 3개월간의 근로시간을 평균하여 1주의 평균근로시간이 40시간을 초과하지 아니하고, ⅱ) 어느 주라도 1주의 최장근로시간이 52시간을, 1일의 근로시간은 12시간을 초과하지 아니할 것.

(다) 3개월 초과 52시간 제도

① **채 택:** 사용자는 근로자대표와의 서면 합의에 따라 ⅰ) 대상 근로자의 범위, ⅱ) 단위기간(3개월을 초과하고 6개월 이내의 일정한 기간으로 정하여야 한다), ⅲ) 단위기간의 주별 근로시간, ⅳ) 그 밖에 대통령령으로 정하는 사항에 관한 사항을 정하여야 한다(동법 제51조의2제1항).

② **근로시간:** ⅰ) 3개월을 초과하고 6개월 이내의 단위기간을 평균하여 1주간의 근로시간이 40시간을 초과하지 아니하고, ⅱ) 어느 주라도 근로시간이 52시간을, 1일의 근로시간은 12시간을 초과할 수 없다.

③ **근로시간 통보:** 사용자는 각 주의 근로일이 시작되기 2주 전까지 근로자에게 해당 주의 근로일별 근로시간을 통보하여야 한다(동법 제52조의2제3항). 사용자는 근로자대표와의 서면 합의 당시에는 예측하지 못한 천재지변, 기계 고장, 업무량 급증 등 불가피한 사유가 발생한 때에는 단위기간 내에서 평균하여 1주간의 근로시간이 유지되는 범위에서 근로자대표와의 협의를 거쳐 단위기간의 주별 근로시간을 변경할 수 있다(동법 제52조의2제4항전단). 이 경우 해당 근로자에게 변경된 근로일이 개시되기 전에 변경된 근로일별 근로시간을 통보하여야 한다(동법 제52조의2제4항후단).

④ **휴식시간의 부여:** 사용자는 근로자를 근로시킬 경우에는 근로일 종료 후 다음 근로일 개시 전까지 근로자에게 연속하여 11시간 이상의 휴식 시간을 주어야 한다(동법 제52조의2제2항본문). 다만, 천재지변 등 대통령령으로 정하는 불가피한 경우에는 근로자대표와의 서면 합의가 있으면 이에 따른다(동법 제52조의2제2항단서).

(3) 효과 및 적용범위

상기 요건을 충족하는 경우 근로기준법에 규정된 1주 40시간, 1일 8시간의 근로시간을 초과하여 근로하게 할 수 있다(동법 제52조제1항 및 제52조의2제1항). 탄력적 근로시간제도는 15세 이상 18세 미만의 근로자와 임신 중인 여성 근로자에 대해서는 적용하지 아니한다(동법 제52조제3항 및 제52조의2제6항).

(4) 가산임금의 지급

탄력적 근로시간제도를 채택하는 경우 1주 40시간 및 1일 8시간의 기준근로시간을 초과하여 연장근로하는 경우에도 가산임금을 지급하지 않아도 되는 것이 원칙이다. 다만, 사용자는 단위기간 중 근로자가 근로한 기간이 그 단위기간보다 짧은 경우에는 그 단위기간 중 해당 근로자가 근로한 기간을 평균하여 1주간에 40시간을 초과하여 근로한 시간 전부에 대하여 가산임금을 지급하여야 한다(동법 제51조의3).

### (5) 임금보전방안의 강구

탄력적 근로시간제도를 채택하는 경우 기존의 임금수준이 저하되지 아니하도록 임금보전방안을 강구하여야 한다. 이는 종전의 근로기준법하에서는 탄력적 근로시간제도를 채택하는 경우 연장근로수당이 지급되어야 하나, 현행법하에서는 연장근로수당이 지급되지 아니하므로 근로자에게 임금손실을 가져 올 우려가 있어 이를 보전하기 위한 것이다.

#### (가) 2주 이내 및 3개월 이내 탄력적 근로시간제도

2주 이내 및 3개월 이내의 탄력적 근로시간제도를 채택하는 경우 근로기준법은 사용자의 임금보전의무를 규정하고 있지만 구체적인 방법은 제시하고 있지 아니하여 실효성이 의문시될 수 있다.

사용자가 임금보전방안의무를 이행하지 아니하는 경우 근로기준법은 아무런 벌칙규정도 아니 두고 있으며, 다만 고용노동부장관은 필요한 경우 사용자에게 임금보전방안의 내용을 제출하도록 명하거나, 이를 직접 확인할 수 있다고 규정하고 있을 뿐이다(동법시행령 제28조제2항).

그러나 탄력적 근로시간제도는 취업규칙 또는 당사자간의 서면합의로 채택되므로 사용자가 임금보전방안을 강구하지 아니하는 경우에는 근로자대표가 취업규칙의 변경에 동의하지 아니하거나, 서면합의에 응하지 아니함으로써 사용자로 하여금 임금보전의무를 강구하도록 사실상 의무화 할 수 있을 것이다.

#### (나) 3개월 초과 탄력적 근로시간제도

3개월 초과 탄력적 근로시간제도는 사용자의 임금보전의무를 보다 구체화하고 있다. 사용자는 기존의 임금 수준이 낮아지지 아니하도록 임금항목을 조정 또는 신설하거나 가산임금 지급 등의 임금보전방안을 마련하여 고용노동부장관에게 신고하여야 한다(동법 제52조의2제5항본문). 다만, 근로자대표와의 서면합의로 임금보전방안을 마련한 경우에는 그러하지 아니하다(동법 제52조의2제5항단서).

## Ⅲ. 선택적 근로시간제도

### 1. 관련규정

> **근로기준법 제52조 [선택적 근로시간제]** ① 사용자는 취업규칙(취업규칙에 준하는 것을 포함한다)에 따라 업무의 시작 및 종료 시각을 근로자의 결정에 맡기기로 한 근로자에 대하여 근로자대표와의 서면 합의에 따라 다음 각 호의 사항을 정하면 1개월(신상품 또는 신기술의 연구개발 업무의 경우에는 3개월로 한다) 이내의 정산기간을 평균하여 1주간의 근로시간이 제50조제1항의 근로시간을 초과하지 아니하는 범위에서 1주간에 제50조제1항의 근로시간을, 1일에 제50조제2항의 근로시간을 초과하여 근로하게 할 수 있다.
> 1. 대상 근로자의 범위(15세 이상 18세 미만의 근로자는 제외한다)
> 2. 정산기간
> 3. 정산기간의 총 근로시간
> 4. 반드시 근로하여야 할 시간대를 정하는 경우에는 그 시작 및 종료 시각
> 5. 근로자가 그의 결정에 따라 근로할 수 있는 시간대를 정하는 경우에는 그 시작 및 종료 시각
> 6. 그 밖에 대통령령으로 정하는 사항
> ② 사용자는 제1항에 따라 1개월을 초과하는 정산기간을 정하는 경우에는 다음 각 호의 조치를 하여야 한다.
> 1. 근로일 종료 후 다음 근로일 시작 전까지 근로자에게 연속하여 11시간 이상의 휴식 시간을 줄 것. 다만, 천재지변 등 대통령령으로 정하는 불가피한 경우에는 근로자대표와의 서면 합의가 있으면 이에 따른다.
> 2. 매 1개월마다 평균하여 1주간의 근로시간이 제50조제1항의 근로시간을 초과한 시간에 대해서는 통상임금의 100분의 50 이상을 가산하여 근로자에게 지급할 것. 이 경우 제56조제1항은 적용하지 아니한다.

### 2. 주요내용

#### (1) 선택적 근로시간제도의 개념

선택적 근로제도(flexible working hours)[48]라 함은 당사자가 일정한 정산기간(accounting period) 동안의 총근로시간을 결정한 다음, 근로자가 자신의 근로제공시간을 일정한 시간대에서 자유로이 선택할 수 있는 근로시간제도이다.[49]

최근의 급격한 산업화·전문화·도시화에 수반하여 통근문제 및 교통문제 등이 대두되었고, 전문직·연구직 근로자 등 직무의 성질상 근무시간을 고정할 필요가 없는 업무가 증가하였다. 또한 주부 등의 근로자가 근로시간을 자주적으로 선택하여

---

48) 이를 「탄력적 근로시간제도」 및 「유동근무시간제도」 등으로도 부르고 있다.
49) 김교숙, "신축적 근로시간제의 도입을 위한 제언", 「노동조합」 제4호(한국노동법학회, 1994. 12), p. 116.

그의 개인생활과 업무를 조화시키면서 여가를 활용할 수 있도록 하는 것이 필요하게 되었다. 이에 따라 대두된 근로시간제도가 바로 선택적 근로시간제도이다.

### (2) 선택적 근로시간제도의 요건

선택적 근로시간제도는 다음의 요건을 충족하여야 한다.

(가) 취업규칙(이에 준하는 것을 포함한다)에 의하여 업무의 시작 및 종료시각을 근로자의 결정에 맡기기로 할 것

(나) 근로자대표와의 서면합의에 따라 다음의 사항을 정할 것

ⅰ) 대상근로자의 범위(15세 이상 18세 미만의 근로자는 제외한다), ⅱ) 정산기간(1개월 이내의 일정한 기간으로 정하여야 한다. 다만, 신상품 또는 신기술의 연구개발 업무의 경우에는 3개월), ⅲ) 정산기간의 총근로시간, ⅳ) 반드시 근로하여야 할 시간대를 정하는 경우에는 그 시작 및 종료시각, ⅴ) 근로자가 그의 결정에 의하여 근로할 수 있는 시간대를 정하는 경우에는 그 시작 및 종료시각, ⅵ) 그 밖에 대통령령으로 정하는 사항.「그 밖에 대통령령으로 정하는 사항」이라 함은 표준근로시간(유급휴가 등의 계산기준으로 사용자와 근로자대표가 합의하여 정한 1일의 근로시간)을 말한다(근로기준법시행령 제29조).

(다) 정산기간을 평균하여 1주의 평균근로시간이 40시간을 초과하지 아니할 것

### (3) 선택적 근로제도의 구체적 내용

(가) 대상근로자

선택적 근로제도가 적용되는 근로자는 사용자가 취업규칙에 의하여 시작 및 종료시각을 근로자의 결정에 맡기기로 한 근로자이다(근로기준법 제52조본문). 다만, 15세 이상 18세 미만의 근로자는 제외된다(동조제1호).

(나) 정산기간 및 총근로시간

선택적 근로제도를 운영하기 위하여는 근로자가 원하는 근로시간대에 근로를 제공하되, 일정한 단위기간 동안에 총근로시간을 설정하고 최소한 총근로시간에 해당하는 근로를 제공하여야 한다. 이 경우 일정한 단위기간을 「정산기간」이라고 한다.50)

예컨대, 정산기간을 1개월, 정산기간중의 총근로시간을 100시간으로 설정하는 경우 근로자는 언제든지 원하는 근로시간에 근로를 제공할 수 있으나, 1개월간에 최소한 100시간의 근로는 제공하여야 한다. 정산기간은 1개월 이내의 일정한 기간으로

---

50) 이를 「회계기간」 또는 「조정기간」이라고도 한다.

한다(동법 제51조제1항). 다만, 신상품 또는 신기술의 연구개발 업무의 경우에는 3개월로 한다(동법 제51조제1항).

### (다) 의무근로시간대와 선택근로시간대

선택적 근로시간제도하에서 근로자는 총근로시간 범위 안에서 당사자간의 합의에 따라 자유로이 근로시간대를 선택할 수 있다. 일반적으로 근로시간대는 ⅰ) 개별근로자가 의무적으로 출근하여 근로하여야 하는 의무근로시간대(core time)와, ⅱ) 개별근로자가 근로 여부를 자유로이 선택할 수 있는 선택적 근로시간대(flexible time)로 나누어 볼 수 있다. 즉, 근로자는 의무근로시간대에는 반드시 근로를 제공하여야 하나 선택적 근로시간대에는 시업 및 종업의 시각뿐만 아니라 근로 여부도 일정한 범위 내에서 자유로이 결정할 수 있다. 예컨대, 오전 10시부터 12시까지를 의무근로시간대로 설정하는 경우, 근로자는 동 시간 동안 반드시 근로를 제공하여야 하나, 그 이외의 시간은 선택적 근로시간대로서 근로제공 여부를 자유로이 결정할 수 있다. 의무근로시간대를 설정하는 경우 부분선택적 근로시간제가 되며, 의무근로시간대를 설정하지 않는 경우 완전선택적 근로시간제가 된다.

### (4) 적용범위

상기 요건을 충족하는 경우 정산기간 동안의 총근로시간을 평균하여 1주 평균근로시간이 40시간을 초과하지 아니하는 범위 안에서 근로기준법 제50조에 규정된 1주 40시간, 1일 8시간의 기준근로시간을 초과하여 연장근로할 수 있다.

### (5) 1개월을 초과하는 정산기간

신상품 또는 신기술의 연구개발 업무의 경우 1개월을 초과하여 3개월 이내로 정산기간을 정할 수 있다(동법 제52조제1항). 이 경우 다음의 조치를 하여야 한다.(동법 제52조제2항).

(ⅰ) 근로일 종료 후 다음 근로일 시작 전까지 근로자에게 연속하여 11시간 이상의 휴식 시간을 줄 것. 다만, 천재지변 등 대통령령으로 정하는 불가피한 경우에는 근로자대표와의 서면 합의가 있으면 이에 따른다.

(ⅱ) 매 1개월마다 평균하여 1주간의 근로시간이 1주 40시간의 근로시간을 초과한 시간에 대해서는 통상임금의 100분의 50 이상을 가산하여 근로자에게 지급할 것. 이 경우 제56조제1항의 가산근로수당 지급은 적용하지 아니한다.

# Ⅳ. 재량적 근로시간제도

## 1. 관련규정

**근로기준법 제58조 [근로시간계산의 특례]** ③ 업무의 성질에 비추어 업무수행 방법을 근로자의 재량에 위임할 필요가 있는 업무로서 대통령령으로 정하는 업무는 사용자가 근로자대표와 서면 합의로 정한 시간을 근로한 것으로 본다. 이 경우 그 서면 합의에는 다음 각 호의 사항을 명시하여야 한다.
1. 대상 업무
2. 사용자가 업무의 수행 수단 및 시간 배분 등에 관하여 근로자에게 구체적인 지시를 하지 아니한다는 내용
3. 근로시간의 산정은 그 서면합의로 정하는 바에 따른다는 내용
④ 제1항과 제3항의 시행에 필요한 사항은 대통령령으로 정한다.

## 2. 주요내용

### (1) 재량적 근로시간제도의 의의

연구개발, 정보처리시스템의 분석, 설계업무, 기사취재 등 고도의 전문적·창의적 업무는 사용자의 구체적 지시에 따라 이를 수행하는 것보다 근로자의 재량에 맡기는 것이 바람직하다. 따라서 업무수행을 재량에 맡기고, 근로의 시간보다는 근로의 성과에 따른 임금지급 및 근로시간 책정이 필요하게 된다. 이와 같이 고도의 전문적 업무에 종사하는 근로자에 대하여는 실제 근로시간을 당사자간의 약정에 의하여 결정하게 되는바, 이를 재량적 근로시간제도라고 한다.

재량적 근로시간제도는 전문직 근로자에게만 주로 인정된다는 점에서 주부 등 비전문직 근로자에게도 인정되는 선택적 근로시간제도와 구분된다. 또한, 재량적 근로제도는 근로시간의 결정이 곤란한 경우에 근로시간의 길이를 확정하겠다는 취지의 제도이나 선택적 근로제도는 근로시간대의 변경과 관련하여 근로시간의 배분과 관련된 제도이다.

### (2) 재량적 근로시간제도의 요건

재량적 근로시간제도는 다음의 요건을 충족하여야 한다.

① 업무의 성질에 비추어 업무수행 방법을 근로자의 재량에 위임할 필요가 있는 업무로서 다음의 업무에 해당될 것(근로기준법시행령 제31조)

ⅰ) 신상품 또는 신기술의 연구개발이나 인문사회과학 및 자연과학분야의 연구업무, ⅱ) 정보처리시스템의 설계 또는 분석업무, ⅲ) 신문·방송 또는 출판사업에 있

어서 기사의 취재, 편성 또는 편집업무, ⅳ) 의복·실내장식·공업제품·광고 등의 디자인 또는 고안업무, ⅴ) 방송프로그램·영화 등의 제작사업에 있어서 프로듀서 또는 감독업무, ⅵ) 그 밖에 고용노동부장관이 정하는 업무

② 사용자는 근로자대표와 근로시간에 대하여 다음의 사항을 명시한 서면합의를 할 것(근로기준법 제58조제3항)

ⅰ) 대상업무, ⅱ) 사용자가 업무의 수행 수단 및 시간 배분 등에 관하여 구체적인 지시를 하지 아니한다는 내용, ⅲ) 근로시간의 산정은 그 서면합의로 정하는 바에 따른다는 내용

### (3) 법적 효과

상기 요건을 충족시키는 경우에는 사용자와 근로자 당사자가 합의한 시간을 근로시간으로 본다(근로기준법 제58조제3항). 당사자가 합의한 재량적 근로시간이 법정근로시간을 초과하는 경우에는 연장근로수당이 지급된다. 근로자가 휴일근로·야간근로를 하지 않고도 업무수행이 가능함에도 불구하고 자신의 선택에 의하여 휴일근로·야간근로를 한 경우에는 휴일근로수당·야간근로수당이 지급되지 않는 것이 원칙이다. 재량적 근로시간제도하에서도 휴게·휴일 및 휴가에 관한 규정은 그대로 적용된다.

## V. 교대제근로제도

### 1. 의 의

교대제근로라 함은 1일 근로를 2개 조 이상의 근로자들이 일정한 시간마다 각조를 교대로 작업하는 근로형태를 말한다.

교대제의 유형은 교대조의 수와 교대순번에 따라 2조 격일제, 2조 1일 2교대제, 3조 1일 2교대제, 3조 1일 3교대제, 4조 1일 3교대제 등의 형태가 있다.

교대제근로는 다음과 같은 경우에 채택된다.[51]

첫째, 철강·정유 및 화학의 경우와 같이 업무의 중단이 생산 자체를 불가능하게 하거나, 중단된 업무의 재개비용이 너무 커서 경제적 타격을 줄 우려가 있는 경우이다. 둘째, 공공의 일상생활에 필수적인 가스·전기·수도·운수 및 통신업무 등의 경우 이러한 업무의 중단이 국민의 일상생활에 커다란 부정적 영향을 주는 경우이

---

51) 김형배, 근로기준법, p. 362.

다. 셋째, 이윤극대화라는 경영목적을 달성하기 위하여 기업시설을 최대한으로 가동할 필요가 있는 경우이다.

## 2. 교대제근로제도와 근로기준법

교대제근로에 대하여 현행 근로기준법은 아무런 명문의 규정도 아니 두고 있다. 따라서 사업장에서 교대제근로제도를 채택·운용하고 있는 경우 근로기준법상의 일반규정이 그대로 적용되는 것이 원칙이다. 따라서, 교대조의 편성방법, 휴일근로·야간근로·연장근로의 채택 여부 및 시간, 휴게·휴일의 부여방법, 1일근로제공시간 및 시간외근로수당의 지급 등에 관한 근로기준법상의 요건을 충족하여야 한다. 근로기준법상 1일 8시간의 근로원칙을 준수하기 위하여는 4조 1일 3교대제를 채택하여야 한다.

# 제3장  휴게·휴일·휴가

## 제1절 개 요

### Ⅰ. 의 의

근로가 장기간 계속되면 근로자의 건강·신체에 부정적 영향을 미치게 되고 업무상 능률이 낮아진다. 그러므로 근로자의 심신을 보호하고 생산성을 유지·향상하기 위하여 근로자에게 충분한 휴게·휴일·휴가를 부여하여야 한다. 또한 휴게·휴일·휴가는 근로자의 인간으로서의 사회적·문화적 생활의 향유를 위해서도 필요하다. 또한, 휴가·휴일 등은 육아 또는 가족돌봄을 가능케 함으로써 일·가정의 양립을 지원하고 있다.

### Ⅱ. 법적 체계

#### 1. 근로기준법상의 체계

#### (1) 기본원칙

근로기준법 제54조는 휴게에 관하여, 동법 제55조는 휴일에 관하여, 동법 제60조는 휴가에 관하여 규정하고 있다.

근로기준법상 근로자에 해당하는 경우 휴게, 휴일 및 휴가에 관한 규정이 적용되는 것이 원칙이다. 예컨대, 격일제 근로자, 교대제 근로자, 탄력적 근로시간제도 및 선택적 근로시간제도 적용 근로자, 기간제 근로자 및 단시간 근로자 등 근로의 형태 및 종류에 상관없이 휴게, 휴일 및 휴가가 부여되는 것이 원칙이다.

다만, 근로기준법은 다음과 같은 예외를 두고 있다.

## (2) 예    외

### (가) 상시 근로자가 4인 미만인 사업장

상시근로자가 4인 미만인 사업장의 경우 연차유급휴가와 생리휴가는 인정되지 아니하나, 주휴일, 출산전후 휴가 및 육아휴직은 인정된다.

### (나) 특수 근로자에 대한 적용 제외

근로기준법 제63조의 농림, 수산, 축산업 등에 종사하는 특수근로자에게는 휴게 및 휴일에 관한 규정이 적용되지 아니한다. 그러나, 연차휴가, 출산전후 휴가 및 생리휴가는 특수근로자에게도 부여된다.

### (다) 초단시간 근로자

4주 동안을 평균하여 1주 동안의 소정근로시간이 15시간 미만인 초단시간 근로자는 주휴일과 연차유급휴가가 부여되지 아니한다.

### (라) 일용직 근로자

일용직 근로자에게도 휴게시간이 부여된다. 일용직 근로자는 소정 근로일의 개념이 적용되지 아니함으로 소정 근로일을 전제로 하는 휴일과 휴가는 적용되지 아니하는 것이 원칙이다.

그러나, 일용직 근로자라 할지라도 일반 근로자와 마찬가지로 장기간 근속하여 근로일이 계속되는 경우에는 휴일 또는 휴가가 부여되어야 한다.

## 2. 남녀고용평등법상의 체계

남녀고용평등법은 휴가에 대하여 출산전후휴가 등에 대한 지원(동법 제18조), 난임치료휴가(동법 제18조의3) 및 가족돌봄휴가(동법 제22조의2)를 규정하고 있다. 또한 동법은 육아휴직(동법 제19조) 및 가족돌봄휴직(동법 제22조의2)을 규정하고 있다. 이에 대하여는 제4장에서 상세히 설명하기로 한다.

제2부 개별적 근로관계

# 제2절 휴게시간

## Ⅰ. 관련규정

> **근로기준법 제54조 [휴게]** ① 사용자는 근로시간이 4시간인 경우에는 30분 이상, 8
> 시간인 경우에는 1시간 이상의 휴게시간을 근로시간 도중에 주어야 한다.
> ② 휴게시간은 근로자가 자유롭게 이용할 수 있다.

## Ⅱ. 주요내용

휴게제도는 근로자가 지속하여 근로를 제공함에 따라 누적되는 피로와 권태를 감소·방지하여 근로자의 심신을 보호하고 생산성을 향상시키는 데 그 취지를 부여하고 있다. 이러한 취지에서 근로기준법 제54조는 휴게시간의 부여를 의무화 하고 있으며, 동법 제93조는 휴게시간을 취업규칙의 기재사항으로 명시하고 있다.

### 1. 휴게시간의 의의

휴게시간이란 근로자가 근로시간 도중에 사용자의 지휘·감독을 받지 아니하고 근로제공의 의무 없이 자유로이 사용할 수 있는 시간을 말한다. 따라서, 실제로 근로를 제공하고 있지 아니하나 사용자의 지휘·감독하에 놓여 있는 시간은 휴게시간에 해당되지 아니한다. 예컨대, 간호사가 환자가 없어 대기하는 시간 등은 휴게시간이 아니다.

### 2. 휴게시간의 길이와 부여방법

#### (1) 휴게시간의 길이

사용자는 근로자에게 근로시간 4시간에 대하여 30분 이상, 8시간에 대하여 1시간 이상의 휴게시간을 근로시간의 도중에 주어야 한다(근로기준법 제54조제1항). 여기에서 「근로시간 4시간에 대하여」라 함은 근로시간의 총계가 「4시간을 초과해서 8시간 미만 근로하는 경우」에는 근로시간의 도중에 30분 이상의 휴게를 주어야 하며, 8시간 이상을 근무하는 경우에는 1시간 이상의 휴게시간을 부여하여야 한다는 것을 의미한다.[1]

## (2) 휴게시간의 부여방법

근로기준법 제54조는 근로시간 도중에 휴게시간을 부여하도록 규정하고 있으므로 업무의 개시 전 또는 업무의 종료 후에 휴게시간을 부여하는 것은 허용되지 아니한다.

또한 휴게시간은 일시에 부여하여야 하며 이를 분할하여 부여하여서는 아니 된다. 그러나 휴게시간을 일시에 부여하는 것이 원칙이라 할지라도 분할부여를 무조건 위법시하는 것은 타당하지 아니하며 업무의 성질 등에 비추어 사회통념상 합리성이 있다면 이를 인정하여야 할 것이다.2)

## 3. 자유이용의 원칙과 예외

휴게시간은 근로자가 자유롭게 이용할 수 있다(근로기준법 제54조제2항). 휴게시간은 사용자의 지휘·감독으로부터 완전히 이탈하는 자유로운 시간이므로 근로자는 휴게시간을 마음대로 사용할 수 있는 것이 원칙이다. 예컨대, 휴게시간중에 유인물을 배포하는 등 노동조합활동을 하는 것은 다른 근로자의 휴게를 방해하거나 직장질서를 문란하게 하지 아니하는 한 이를 위법으로 볼 수 없을 것이다.3)

다만 직장질서 또는 시설관리를 위하여 필요한 최소한의 조치, 예컨대 외출신고제 등은 허용된다. 휴게시간중의 불규칙적이고 간헐적인 업무수행이 휴게시간인지 아니면 대기시간에 해당되어 근로시간으로 간주되는지의 여부는 구체적인 상황에 비추어 개별적으로 판단되어야 할 것이다.

## 4. 적용제외

휴게시간에 관한 원칙에는 근로기준법상의 예외가 인정된다. 첫째, 근로기준법 제59조는 사용자가 근로자대표와 서면합의를 한 경우에 휴게시간을 변경할 수 있다고 규정하고 있다. 둘째, 동법 제63조에 해당하는 농림수산업종사자 또는 감시·단속적으로 근로에 종사하는 근로자에 대하여는 휴게·휴일에 관한 규정을 적용하지 아니한다.

---

1) 임종률, 노동법, p. 453; 박상필, 근로기준법, p. 282; 김형배, 근로기준법, p. 386.
2) 임종률, 노동법, p. 441; 하갑래, 근로기준법, p. 281; 근기 01254-884(1992. 6. 22).
3) 이영희, 노동법, p. 537; 임종률, 노동법, p. 441; 대판 1991. 11. 12, 91누4164.

# 제 3 절 휴 일

## I. 관련규정

**근로기준법 제55조 [휴일]** ① 사용자는 근로자에게 1주에 평균 1회 이상의 유급휴일을 보장하여야 한다.
② 사용자는 근로자에게 대통령령으로 정하는 휴일을 유급으로 보장하여야 한다. 다만, 근로자대표와 서면으로 합의한 경우 특정한 근로일로 대체할 수 있다.
**동법시행령 제30조 [주휴일]** ① 법 제55조제1항에 따른 유급휴일은 1주 동안의 소정근로일을 개근한 자에게 주어야 한다.
② 법 제55조제2항 본문에서 "대통령령으로 정하는 휴일"이란 「관공서의 공휴일에 관한 규정」 제2조 각호(제1호는 제외한다)에 따른 공휴일 및 같은 영 제3조에 따른 대체공휴일을 말한다.

## Ⅱ. 주요내용

사용자는 근로자에게 1주일에 평균 1회 이상의 유급휴일을 보장하여야 한다(근로기준법 제55조제1항). 사용자는 근로자에게 대통령령으로 정하는 휴일을 유급으로 보장하되, 근로자대표와 서면으로 합의한 경우 특정한 근로일로 대체할 수 있다(동법 제55조제2항).

### 1. 휴일의 개념

#### (1) 휴일의 의의

휴일은 근로자가 사용자의 지휘·명령으로부터 완전히 벗어나 근로를 제공하지 아니하는 날을 말한다.4)

근로기준법상의 휴일제도는 근로자의 심신보호 및 여가의 활용을 통한 인간으로서의 사회적·문화적 생활의 향유를 위한 취지에서 규정된 것이다.

#### (2) 휴일과 휴가의 구별 및 관계

휴일과 휴가는 모두 근로자가 사용자의 지휘·명령으로부터 완전히 벗어나는 날이라는 점에서 동일하다. 그러나 휴일은 처음부터 근로의 의무가 없는 날로서 소정

---

4) 근기 1455-7105(1973. 7. 12).

근로일에서 제외되는 데 반하여, 휴가는 본래 근로의무가 있는 날이나 근로자의 청구 또는 특별한 법정사유의 충족에 따라 근로의무가 면제된다는 차이가 있다.[5]

휴일은 법정휴일과 약정휴일로 나눌 수 있다. 법정휴일은 주휴일, 근로자의 날, 「관공서의 공휴일에 관한 규정」에 따른 휴일 등 법률규정에 의하여 반드시 의무적으로 부여하여야 하는 휴일이다. 이에 반하여 약정휴일은 회사창립일 등 부여 여부·부여조건 및 부여일수에 대하여 단체협약 및 취업규칙 등을 통하여 당사자가 임의로 결정하는 휴일이다.

법정휴일·휴가 중 ⅰ) 주휴일, 근로자의 날, 「관공서의 공휴일에 관한 규정」에 따른 휴일, 연차휴가, 산전·후휴가는 유급이나, ⅱ) 생리휴가 및 육아휴직제는 무급이다. 약정휴일·휴가에 대한 유·무급 여부는 노·사가 단체협약 및 취업규칙 등에 의하여 임의로 정한다.

## 2. 휴일부여대상자

근로기준법은 주휴일을 부여받을 수 있는 근로자에 대하여 아무런 제한도 아니두고 있다. 따라서 격일제근무,[6] 교대제근무,[7] 일용직 및 시간제 근로 등 근로형태나 근로자의 종류를 불문하고 주휴일부여의 요건이 충족되면 당연히 부여하여야 한다.

다만, 근로기준법 제63조에 해당하는 농림수산업종사자 또는 감시·단속적으로 근로에 종사하는 근로자 등에게는 근로기준법상의 휴일에 관한 규정이 적용되지 아니하므로 주휴일을 부여하지 아니할 수 있다.

「경제자유구역의지정및운영에관한특별법」은 경제자유구역에 입주하는 외국인투자기업에 대하여는 유급이 아니라 무급휴일을 줄 수 있도록 규정하고 있다(동법 제17조제4항).

## 3. 휴일부여의 내용

### (1) 주 휴 일

사용자는 1주간의 소정근로일을 개근한 근로자에 대하여 1주일에 평균 1회 이상의 유급휴일을 보장하여야 한다(근로기준법 제55조제1항 및 동법시행령 제30조).

여기서 소정근로일이라 함은 당사자가 근로하기로 정한 날을 말하며, 1주일에 6

5) 김수복, 「채용에서 퇴직까지의 노사문제」(중앙경제사), p. 239; 하갑래, 근로기준법, p. 359.
6) 대판 1989. 11. 28, 88다카1145.
7) 대판 1991. 7. 26, 90다카11636; 대판 1992. 1. 8, 90다카21633.

일을 개근하면 주휴일을 부여하여야 할 것이다. 개근이라 함은 결근이 없는 것을 말하며, 조퇴·지각 등이 있는 경우에도 개근에 해당된다. 또한, 1주간의 소정근로일이 6일 미만인 경우에도 소정근로일을 개근하면 주휴일을 부여하여야 한다.

1회의 휴일이라 함은 원칙적으로 오전 0시부터 오후 12시까지의 역일을 의미한다. 그러나 교대제작업 등의 경우 2일간에 걸쳐 계속 24시간의 휴식을 보장하면 휴일을 부여한 것으로 간주된다.[8]

주휴일은 단체협약, 취업규칙 및 근로계약 등에 의하여 정하여지는 것이 원칙이며, 반드시 일요일일 필요는 없으나 대체로 일요일인 것이 일반적이다.

### (2) 근로자의 날

근로자의 날은 「근로자의날제정에관한법률」에 의하여 매년 5월 1일로 정하여져 있으며, 동일을 근로기준법에 의한 유급휴일로 규정하고 있다.

### (3) 관공서의 휴일에 관한 규정[9]에 따른 휴일

사용자는 근로자에게 대통령령으로 정하는 휴일을 유급으로 보장하여야 한다(동법 제56조제2항본문). 이 경우 "대통령령으로 정하는 휴일"이란 「관공서의 공휴일에 관한 규정」에 따른 공휴일 및 대체공휴일을 말한다(동법시행령 제30조제2항).

#### (가) 공휴일

「관공서의 공휴일에 관한 규정」에 따른 공휴일에는 ⅰ) 일요일 ⅱ) 국경일 중 3·1절, 광복절, 개천절 및 한글날 ⅲ) 1월 1일 ⅳ) 설날 전날, 설날, 설날 다음날 ⅴ) 부처님오신날(음력 4월 8일) ⅵ) 5월 5일(어린이날) ⅶ) 6월 6일(현충일) ⅷ) 추석 전날, 추석, 추석 다음날(음력 8월 14일, 15일, 16일) ⅸ) 12월 25일(기독탄신일) ⅹ)「공직선거법」제34조에 따른 임기만료에 의한 선거의 선거일 ⅺ) 그 밖에 정부에서 수시 지정하는 날이 있다(동규정 제2조).

#### (나) 대체공휴일

공휴일이 다음의 어느 하나에 해당하는 경우에는 그 공휴일 다음의 첫 번째 비공휴일을 대체공휴일로 한다(동규정 제3조제1항).

( i ) 국경일 중 3·1절, 광복절, 개천절 및 한글날 또는 어린이날이 토요일이나 일요일

---

8) 이영희, 노동법, p. 545; 임종률, 노동법, p. 443; 기준 1455.9-6327(1969. 6. 7); 근기 01254-3068 (1987. 2. 25); 근기 01254-3665(1987. 3. 6).

9) 동규정의 상위 법률로서 「공휴일에 관한 법률」(시행 2022. 1. 1, 법률 제18291호)이 제정되어 있다. 동법률에서 규정하고 있는 공휴일은 「관공서의 휴일에 관한 규정」과 동일하다.

과 겹치는 경우

(ⅱ) 설날 전날, 설날, 설날 다음날 또는 추석 전날, 추석, 추석 다음날이 일요일과 겹치는 경우

(ⅲ) 국경일 중 3·1절, 광복절, 개천절 및 한글날, 설날 전날, 설날, 설날 다음날, 어린이날, 또는 추석 전날, 추석, 추석 다음날이 토요일·일요일이 아닌 날에 다른 공휴일과 겹치는 경우

대체공휴일이 같은 날에 겹치는 경우에는 그 대체공휴일 다음의 첫 번째 비공휴일까지 대체공휴일로 한다(동규정 제3조제2항). 대체공휴일이 토요일인 경우에는 그 다음의 첫 번째 비공휴일을 대체공휴일로 한다(동규정 제3조제3항).

### 4. 휴일근로와 임금지급

유급휴일에 근로를 시키는 경우에도 휴일근로 임금과 수당을 지급하는 경우 동조 위반은 아니나, 1주 52시간 한도의 연장근로 제한 규정은 준수되어야 할 것이다.

근로자 개인사정에 의하여 휴직한 경우 휴직기간중의 유급휴일에 대한 임금청구권은 발생하지 아니한다.[10]

# 제 4 절  휴    가

근로기준법상 휴가제도에는 연차유급휴가(동법 제60조), 생리휴가(동법 제73조) 및 출산전후휴가(동법 제74조) 등이 규정되어 있다. 이중 생리휴가 및 출산전후휴가에 대하여는 제4장에서 설명하기로 하고, 이하에서는 연차휴가에 관하여만 논의하기로 한다.

## Ⅰ. 관련규정

**근로기준법 제60조 [연차유급휴가]** ① 사용자는 1년간 80퍼센트 이상 출근한 자에게 15일의 유급휴가를 주어야 한다.
② 사용자는 계속하여 근로한 기간이 1년 미만인 근로자 또는 1년간 80퍼센트 미만 출근한 근로자에게 1개월 개근 시 1일의 유급휴가를 주어야 한다.

---

10) 대판 2009. 12. 24, 2007다73277.

## Ⅱ. 연차유급휴가의 법적 성질

연차유급휴가의 법적 성질에 관하여는 다수의 견해가 제시되고 있다.11)

### 1. 학   설

#### (1) 청구권설

청구권설에 의하면 연차유급휴가권은 사용자에 대하여 연차유급휴가를 부여할 것을 청구하는 청구권이며, 이 경우 연차유급휴가가 유효하게 성립하기 위하여는 사용자의 승인을 필요로 한다고 한다. 다만, 사용자는 「사업운영에 심대한 지장이 있는 경우」(근로기준법 제60조제5항단서)를 제외하고는 이를 의무적으로 승인하여야 한다는 구속을 받고 있다고 한다.

#### (2) 형성권설

형성권설에 의하면 연차유급휴가권은 사용자의 급부행위를 청구하는 청구권을 의미하는 것이 아니라 연차유급휴가의 시기와 종기를 근로자가 일방적으로 결정할 수 있는 권리를 말한다고 한다. 즉, 연차유급휴가는 근로자의 일방적인 의사표시에 의하여 성립하고, 사용자의 승인은 연차유급휴가의 성립요건과는 관계가 없다고 하며, 사용자의 시기변경권은 연차유급휴가의 효력발생을 소극적으로 저지하는 것에 불과하다고 한다.

#### (3) 시기지정권설

시기지정권설에 의하면 근로자가 제60조제1항 또는 제2항의 법적 요건을 갖추게 되면 동시에 연차유급휴가권이 발생한다고 한다. 다시 말하면, 연차유급휴가권은 ⅰ) 청구권설과 같이 청구와 승인에 의하여 발생하는 권리도 아니고, ⅱ) 형성권설과 같이 근로자의 일방적 의사표시만으로 형성되는 권리도 아니며, 근로기준법에 의하여 당연히 인정되는 근로자의 권리라고 한다. 그러므로 근로자의 연차유급휴가의 「청구」는 연차유급휴가시기의 「지정」을 의미한다고 한다.

#### (4) 종류채권설

종류채권설에 의하면 근로자의 연차유급휴가권은 일종의 종류채권이며, 제60조

---

11) 박상필, 노동법, p. 278 이하; 김형배, 근로기준법, p. 406 이하 참조.

제3항의 「청구」는 이 종류채권을 특정하기 위한 「지정」 또는 「의사표시」라고 한다.

### (5) 2 분 설

2분설은 연차유급휴가권과 시기지정권을 구분하는 설이다. 즉, 근로자의 연차유급휴가의 권리는 제60조제1항 또는 제2항의 요건을 갖추게 되면 「법률상 당연히」 발생하는 권리이며, 근로자의 청구에 의하여 권리가 발생하는 것은 아니라고 한다. 그리고 제60조제3항의 연차유급휴가의 청구는 이미 발생한 연차유급휴가권에 대하여 구체적인 시기를 특정하기 위한 「시기지정권」을 정한 것이라 한다.

## 2. 사      견

사견으로는 이분설에 찬동하는 바이다.[12)]

## Ⅲ. 주요내용

### 1. 기본원칙

사용자는 ⅰ) 1년간 80퍼센트 이상 출근한 근로자에게 15일의 연차유급휴가를, ⅱ) 1년간 80퍼센트 미만 출근한 근로자 또는 계속하여 근로한 기간이 1년 미만인 근로자에게 1개월 개근시 1일의 유급휴가를 부여하도록 규정하고 있다(근로기준법 제60조제1항 및 제2항).

이 경우 출근율산정에 있어 문제시되는 특정 기간은 다음과 같이 처리한다.[13)]

### (1) 1년간의 계산

1년간의 기산일은 해당 근로자의 채용일로 보는 것이 원칙이다. 이 경우 다수의 근로자 개인의 채용일은 각기 다른 것이 일반적이므로 동일한 사업장 내에서 기산일의 통일을 기하기 위하여, 모든 근로자에게 획일적으로 적용되는 기산일을 정하여도 무방할 것이다.[14)]

여기에서 80퍼센트를 산정할 때에 「1년간」이라 함은 ⅰ) 역력상의 365일을 의미하는 것이 아니라, ⅱ) 1년의 총일수에서 휴일을 제외한 소정근로일수를 말한다. 휴일 및 근로일의 여부는 단체협약, 취업규칙 및 근로계약 등에 의하여 결정

---

12) 박상필, 노동법, p. 279; 김형배, 근로기준법, p. 407.

13) 상세한 내용은 고용노동부 지침 "연차유급휴가 등의 부여시 소정근로일수 및 출근여부 판단기준" (근기 68207－709, 1997. 5. 3) 참조.

14) 근기 01254－96(1987. 6. 15); 근기 01254－1448(1989. 1. 28).

된다.

## (2) 출근의 개념

### (가) 관련규정

> **근로기준법 제60조** [연차 유급휴가] ⑥ 제1항부터 제2항까지의 규정을 적용하는 경
> 우 다음 각 호의 어느 하나에 해당하는 기간은 출근한 것으로 본다.
> 1. 근로자가 업무상의 부상 또는 질병으로 휴업한 기간
> 2. 임신 중의 여성이 제74조제1항부터 제3항까지의 규정에 따른 휴가로 휴업한
>    기간
> 3. 「남녀고용평등과 일·가정 양립 지원에 관한 법률」 제19조제1항에 따른 육아휴
>    직으로 휴업한 기간

### (나) 출근의 산정

근로기준법은 업무상 부상 또는 질병으로 휴업한 기간, 출산전·후 휴가기간 및 육아휴직기간은 출근한 것으로 본다(근로기준법 제60조제6항). 다만, 출근율산정 대상 기간 전부가 업무상 질병·부상기간 등이라면 근로자의 휴가청구권은 발생하지 아 니할 것이다. 연차휴가 및 생리휴가 등 법정휴가를 사용한 기간은 출근한 것으로 보 아야 한다.[15]

업무상 부상 또는 질병으로 휴업한 기간, 출산휴가 또는 육아휴직기간 등과 같이 출근한 것으로 본다는 명문의 법률 규정이 있는 경우에는 문제가 없다. 그러나, 쟁 의행위기간 등과 같이 명문의 규정이 없는 경우 출근율 및 휴가일수의 산정이 문제 시될 수 있다.

단체협약, 취업규칙 및 근로계약 등에 출근 인정 여부들에 관하여 규정을 두고 있는 경우에는 근로기준법상 강행규정에 위배되지 않는 한, 이를 유효한 것으로 보 면 될 것이다. 예컨대, 취업규칙에서 정직 또는 직위해제 등의 징계기간을 소정근로 일수에는 포함시키되, 출근일수에는 포함시키지 아니하기로 규정하고 있는 경우 이 는 근로기준법 위반에 해당되지 아니한다.[16]

대체적으로 사용자의 위법하거나 무효인 행위로 근로자가 출근하지 못한 경우에 는 그 기간을 소정근로일수 및 출근일수에 포함하는 것이 원칙이다. 그러나, 근로자 의 위법한 행위 또는 귀책사유로 출근하지 아니한 경우에는 그 기간을 소정근로일 수에 포함하나 출근일수에서는 제외한다. 당사자의 합법적이고 유효한 권리의 행사

---

15) 임종률, 노동법, p. 451.
16) 대판 2008. 10. 9, 2008다41666.

또는 의무의 이행으로 출근하지 못한 경우에는 이 기간을 소정근로일수 및 출근일수에서 제외한다.

### ① 구체적인 출근율 산정

㉠ 쟁의행위기간　　정당한 쟁의행위 기간은 소정근로일수 및 출근일수에서 제외된다. 정당하지 아니한 쟁의행위 기간은 소정근로일수에 포함되나 출근일수에서 제외된다.[17]

㉡ 부당해고기간　　부당해고로 인하여 출근하지 못한 기간은 그 기간을 소정근로일수 및 출근일수에 모두 포함한다.[18] 부당해고기간이 소정근로일수 전부를 차지하는 경우도 마찬가지이다.

㉢ 직장폐쇄기간　　적법한 직장폐쇄로 인하여 ⅰ) 쟁의행위에 참가하지 아니한 근로자 또는 ⅱ) 정당한 쟁의행위에 참가한 근로자가 출근하지 못한 기간은 원칙적으로 소정근로일수 및 출근일수에서 제외되어야 한다. 적법한 직장폐쇄 중 근로자가 정당성을 상실한 쟁의행위에 참가한 기간은 소정근로일수에 포함되나 결근한 것으로 처리한다.[19]

위법한 직장폐쇄로 인하여 근로자가 출근하지 못한 기간은 소정근로일수 및 출근일수에 모두 산입되는 것으로 본다. 다만, 만일 위법한 직장폐쇄가 없었어도 해당 근로자가 쟁의행위에 참가하여 근로를 제공하지 않았을 것이 명백하다면, 이러한 쟁의행위가 ⅰ) 적법한 경우에는 그 기간을 연간 소정근로일수에서 제외하고, ⅱ) 위법한 경우에는 소정근로일수에 포함시키되 결근한 것으로 본다.[20]

**관련 판례**　대판 2019. 2. 14, 2015다66052　사용자의 적법한 직장폐쇄로 인하여 근로자가 출근하지 못한 기간은 원칙적으로 연차휴가일수 산정을 위한 연간 소정근로일수에서 제외되어야 한다. 다만 노동조합의 쟁의행위에 대한 방어수단으로서 사용자의 적법한 직장폐쇄가 이루어진 경우, 이러한 적법한 직장폐쇄 중 근로자가 위법한 쟁의행위에 참가한 기간은 근로자의 귀책으로 근로를 제공하지 않은 기간에 해당하므로, 연간 소정근로일수에 포함시키되 결근한 것으로 처리하여야 한다.

이와 달리 사용자의 위법한 직장폐쇄로 인하여 근로자가 출근하지 못한 기간을 근로자에 대하여 불리하게 고려할 수는 없으므로 원칙적으로 그 기간은 연간 소정근로일수 및 출근일수에 모두 산입되는 것으로 보는 것이 타당하다. 다만 위법한 직장폐쇄 중 근로자가 쟁의행위에 참가하였거나 쟁의행위 중 위법한 직장폐쇄가 이루어진 경우에 만일 위법한 직장폐쇄가 없었어도 해당 근로자가 쟁의행위에 참

---

17) 대판 2013. 12. 26, 2011다4629.
18) 대판 2014. 3. 13, 2011다95519; 대판 2019. 2. 14, 2015다66052.
19) 대판 2019. 2. 14, 2015다66052.
20) 대판 2019. 2. 14, 2015다66052.

가하여 근로를 제공하지 않았을 것이 명백하다면, 이러한 쟁의행위가 적법한지 여부를 살펴 적법한 경우에는 그 기간을 연간 소정근로일수에서 제외하고, 위법한 경우에는 연간 소정근로일수에 포함시키되 결근한 것으로 처리하여야 한다. 이처럼 위법한 직장폐쇄가 없었다고 하더라도 쟁의행위에 참가하여 근로를 제공하지 않았을 것임이 명백한지는 쟁의행위에 이른 경위 및 원인, 직장폐쇄 사유와의 관계, 해당 근로자의 쟁의행위에서의 지위 및 역할, 실제 이루어진 쟁의행위에 참가한 근로자의 수 등 제반 사정을 참작하여 신중하게 판단하여야 하고, 그 증명책임은 사용자에게 있다.

ⓔ 노조전임　　　근로제공의무가 면제되는 노조전임기간은 연차휴가일수 산정을 위한 소정근로일수에서 제외된다.[21] 다만 노조전임기간이 연차휴가 취득 기준이 되는 연간 총근로일 전부를 차지하고 있는 경우라면, 단체협약 등에서 달리 정하지 않는 한 이러한 노조전임기간에 대하여는 연차휴가에 관한 권리가 발생하지 않는다.[22]

ⓜ 출근정지기간　　　근로자의 귀책사유로 인한 정직 등 출근정지기간은 소정근로일수에 포함되나 결근한 것으로 처리한다.[23] 그러나, 사용자의 부당하거나 무효인 징계처분인 경우 소정근로일수 및 출근일수에 포함된다.

② **휴가일 산정:**　　　연간 소정근로일수에서 쟁의행위기간 등의 일수를 제외한 나머지 일수를 기준으로 출근율을 산정하여 8할 이상을 충족하였는지를 판단한다.

$$\frac{\text{실제출근일수}}{\text{소정근로일수} - \text{쟁의행위 등의 일수}} \geq 8\text{할}$$

휴가일수는 8할 이상을 충족하였을 때에 부여되는 최장 연차유급휴가일수에 "연간 소정근로일수에서 쟁의행위기간 등의 일수를 제외한 나머지 일수"를 연간 소정근로일수로 나눈 비율을 곱하여 산정한다.

$$\text{휴가일수} = \frac{\text{소정근로일수} - \text{쟁의행위기간 등의 일수}}{\text{소정근로일수}} \times \text{최장휴가일수}$$

근로기준법 제60조제1항의 법문은 출근율이 8할 이상인 경우 15일을 주도록 규정하고 있음에도 불구하고, 이를 아무런 법적 근거도 없이 출근율에 비례하여 삭감

---

21) 대판 2019. 2. 14, 2015다66052.
22) 대판 2019. 2. 14, 2015다66052.
23) 대판 2019. 2. 14, 2015다66052.

하도록 하는 대법원 판례는 동조에 위배되는 것으로서 쉽사리 납득이 되지 않는다고 할 것이다.

> **관 련**
> **판 례**    대판 2013. 12. 26, 2011다4629    근로자가 정당한 '쟁의행위 등'을 하여 현실적으로 근로를 제공하지 아니한 경우, 쟁의행위 등은 헌법이나 법률에 의하여 보장된 근로자의 정당한 권리행사이고 그 권리행사에 의하여 쟁의행위 등 기간 동안 근로관계가 정지됨으로써 근로자는 근로의무가 없으며, 쟁의행위 등을 이유로 근로자를 부당하거나 불리하게 처우하는 것이 법률상 금지되어 있으므로(노동조합 및 노동관계조정법 제3조, 제4조, 제81조 제5호), 근로자가 본래 연간 소정근로일수에 포함되었던 쟁의행위 등 기간 동안 근로를 제공하지 아니하였다 하더라도 이를 두고 근로자가 결근한 것으로 볼 수는 없다. 그런데 다른 한편 그 기간 동안 근로자가 현실적으로 근로를 제공한 바가 없고, 근로기준법, 노동조합 및 노동관계조정법 등 관련 법령에서 그 기간 동안 근로자가 '출근한 것으로 본다'는 규정을 두고 있지도 아니하므로, 이를 두고 근로자가 출근한 것으로 의제할 수도 없다. 따라서 이러한 경우에는 헌법과 관련 법률에 따라 쟁의행위 등 근로자의 정당한 권리행사를 보장하고, 아울러 근로자에게 정신적·육체적 휴양의 기회를 제공하고 문화적 생활의 향상을 기하려는 연차유급휴가 제도의 취지를 살리는 한편, 연차유급휴가가 1년간의 근로에 대한 대가로서의 성질을 갖고 있고 현실적인 근로의 제공이 없었던 쟁의행위 등 기간에는 원칙적으로 근로에 대한 대가를 부여할 의무가 없는 점 등을 종합적으로 고려할 때, 연간 소정근로일수에서 쟁의행위 등 기간이 차지하는 일수를 제외한 나머지 일수를 기준으로 근로자의 출근율을 산정하여 연차유급휴가 취득 요건의 충족 여부를 판단하되, 그 요건이 충족된 경우에는 본래 평상적인 근로관계에서 8할의 출근율을 충족할 경우 산출되었을 연차유급휴가일수에 대하여 '연간 소정근로일수에서 쟁의행위 등 기간이 차지하는 일수를 제외한 나머지 일수'를 '연간 소정근로일수'로 나눈 비율을 곱하여 산출된 연차유급휴가일수를 근로자에게 부여함이 합리적이다.

### (3) 계속근로연수별 연차유급휴가

#### (가) 계속근로연수가 1년 미만인 경우

계속하여 근로한 기간이 1년 미만인 근로자에게는 1월간 개근시 1일의 유급휴가가 부여된다(근로기준법 제60조제2항).

#### (나) 계속근로연수가 1년 이상 3년 미만인 경우

계속근로연수가 1년 이상 2년 미만인 근로자에게는 ⅰ) 1년간 80퍼센트 이상 출근한 경우 15일의 연차유급휴가가, ⅱ) 1년간 80퍼센트 미만 출근한 경우 1개월 개근시 1일의 유급휴가가 부여된다(동법 제60조제1항, 제3항).

#### (다) 계속근로연수가 3년 이상인 경우

근로기준법은 공로보상적 차원에서 3년 이상 계속 근로한 근로자에게 최초 1년을 초과하는 계속근로연수 2년에 대하여 각 1일씩 연차 유급휴가 일수를 가산하도록 하고 있다(근로기준법 제60조제4항).

### ① 관련규정

> **근로기준법 제60조 [연차 유급휴가]** ④ 사용자는 3년 이상 계속해서 근로한 근로자에게는 제1항에 따른 휴가에 최초 1년을 초과하는 계속 근로 연수 매 2년에 대하여 1일을 가산한 유급휴가를 주어야 한다. 이 경우 가산휴가를 포함한 총휴가 일수는 25일을 한도로 한다.

### ② 적용대상:

근로자가 가산휴가를 받기 위해서는 ⅰ) 3년 이상 계속 근로하여야 하며, 또한 ⅱ) 휴가산정 대상기간중에 80퍼센트 이상 출근하여야 한다. 가산휴가는 80퍼센트 이상 출근자에게만 부여되며, 80퍼센트 미만 출근자의 경우에는 1개월 개근시 1일의 유급휴가가 부여되고 가산휴가는 발생하지 아니한다. 다만, 가산휴가청구권은 산정대상기간중의 출근율을 기준으로 하여 발생하며 산정대상기간 전년도 이전의 출근율은 고려하지 아니한다.[24]

### ③ 가산휴가의 최대한도:

가산일수를 포함한 총 휴가일수는 25일을 한도로 한다(근로기준법 제60조제4항후단).

$$\frac{n-1}{2}+15=h(n=1, 3, 5 \cdots 21; h \leq 25)$$

$n$: 계속근로연수　　$h$: 휴가일수

## 2. 휴가부여시기

근로기준법은 연차 유급휴가 부여시기와 관련하여 근로자의 시기지정권·사용자의 시기변경권을 규정하고 있다.

### (1) 관련규정

> **근로기준법 제60조 [연차 유급휴가]** ⑤ 사용자는 제1항부터 제4항까지의 규정에 따른 휴가를 근로자가 청구한 시기에 주어야 하며 그 기간에 대하여는 취업규칙 등에서 정하는 통상임금 또는 평균임금을 지급하여야 한다. 다만, 근로자의 청구한 시기에 유급휴가를 주는 것이 사업 운영에 막대한 지장이 있는 경우에는 그 시기를 변경할 수 있다.

---

24) 하갑래, 근로기준법, p. 390; 법무 811 – 28675(1979. 12. 6).

## (2) 근로자의 시기지정권

사용자는 근로자가 청구하는 시기에 연차 유급휴가를 부여하여야 한다(근로기준법 제60조제5항). 이를 근로자의 연차 유급휴가의 시기지정권이라고 한다.

시기지정권의 행사방법에 대해서는 근로기준법에 규정되어 있지 아니하다. 따라서 단체협약 및 취업규칙 등에 구체적인 방법 및 절차 등을 규정하는 것이 원칙이다. 이러한 규정이 없을지라도 서면 또는 구두의 방법으로 시기지정의 의사가 전달되었다면 시기지정권의 행사로 보아야 할 것이다.[25]

## (3) 사용자의 시기변경권

사용자는 근로자가 청구한 시기에 연차 유급휴가를 부여하여야 하나 「사업운영에 막대한 지장」이 있는 경우에는 그 시기를 변경할 수 있다(근로기준법 제60조제5항). 이를 사용자의 시기변경권이라고 한다.

막대한 지장이 있는지의 여부는 기업의 규모, 업무의 양·성질, 업무수행의 긴박성, 대행자의 배치난이도 및 동일한 시기에 휴가를 청구하는 자의 수 등을 고려하여 합리적·구체적으로 판단하되, 근로자가 받게 되는 불이익이 최소한에 그치도록 합리적인 기간 내에서 시기변경권을 행사하여야 할 것이다.[26]

시기변경권의 행사방법에 대해서는 법령에 명문으로 규정된 바 없다. 따라서 단체협약 및 취업규칙 등에 구체적인 방법 및 절차 등을 규정하는 것이 원칙이다.[27] 이러한 규정이 없을지라도 구두 또는 서면의 방법으로 시기변경의 의사표시가 전달되었다면 정당한 시기변경권의 행사로 볼 수 있을 것이다.[28]

관 련
판 례    **대판 1992. 6. 23, 92다7542**    취업규칙에 연차유급휴가를 행하는 경우 사전에 기관장에 신청하여 승인을 얻도록 규정하고 있다 할지라도 이는 근로자의 시기지정권을 박탈하는 것이 아니라, 사용자의 시기변경권의 적절한 행사를 위한 것이므로 이는 유효하다.

---

25) 부상으로 출근하지 못한 근로자가 인사책임자에게 전화를 걸어 치료기간중 연차유급휴가를 실시한 것으로 처리하여 달라고 하였으나, 사용자가 이를 결근처리한 경우, 이는 적법한 연차휴가의 청구에 해당하며 사용자가 시기변경권을 행사하였다고 볼 만한 근거가 없다는 이유로 결근처리는 잘못되었다(대판 1992. 4. 10, 92누404).

26) 근기 01254-3454(1990. 3. 8); 하갑래, 근로기준법, p. 410.

27) 취업규칙에 연차유급휴가를 청구하는 경우 사전에 기관장에 신청하여 승인을 얻도록 규정하고 있다면, 이는 근로자의 시기지정권을 박탈하는 것이 아니라 사용자의 시기변경권의 적절한 행사를 위한 것이므로 유효하다(대판 1992. 6. 23, 92다7542).

28) 김형배, 근로기준법, p. 411; 하갑래, 근로기준법, p. 393.

사용자가 시기변경권을 행사하는 경우 ⅰ) 다른 날을 휴가일로 제안하여야 한다는 견해29)와 ⅱ) 제안할 필요가 없다는 견해30)가 있다. 사견으로는 사용자가 휴가일을 제안할 수 있으나, 근로자의 시기지정권을 구속하지 못하는 것으로 보고자 한다.

사용자가 시기변경권을 행사하였음에도 불구하고 근로자가 일방적으로 연차휴가를 사용한 경우에 사용자는 그 근로자에 대해 무단결근처리할 수 있다.31)

사용자의 시기변경권은 ⅰ) 사용자가 연차유급휴가의 시기를 변경하여 이를 특정할 수 있는 권리라는 견해32)와 ⅱ) 근로자로 하여금 연차유급휴가의 다른 시기를 청구하도록 하는 항변권적인 성질을 갖고 있는 것으로 해석하는 견해가 있다.33)

### 3. 연차유급휴가의 분할사용 및 사용용도

#### (1) 분할사용

근로기준법은 연차유급휴가권의 분할사용 여부에 대해서 명문의 규정을 두고 있지 아니하다. 그러므로 연차휴가를 분할하여 주는 경우에 동 조항에 위배되느냐 하는 문제가 발생한다. 연차유급휴가는 계속하여 부여하는 것이 원칙이다. 다만 근로자가 분할하여 청구한 때에는 분할하여 부여할 수 있을 것이다. 그러나 근로자의 분할사용권도 근로기준법 제60조제5항 단서에 규정된 사용자의 「시기변경권」에 의한 제한을 받는다고 할 것이다.

#### (2) 사용용도

연차휴가의 사용목적에 관해서는 근로기준법에서 명문의 규정을 두고 있지 아니하므로 이는 근로자가 자유로이 결정할 수 있는 것이 원칙이다. 이 경우 휴가중에 근로자가 다른 직업에 종사하는 것이 허용되는지의 여부에 관한 의문점이 제기될 수 있다. 이에 대하여 근로자 개인의 생활사정에 관련된 문제이므로 이는 근로기준법에 위반되는 일이라고 단정할 수 없다는 견해가 있다.34) 그러나 이는 단체협약·취업규칙 및 근로계약에서 정하는 바에 따르는 것이 원칙이며, 본래의 업무수행을 저해하지 아니하는 범위 내에서 허용되는 것으로 보아야 할 것이다.

한편, 근로자의 다수가 일제히 연차유급휴가를 사용하여 출근하지 아니한 경

---

29) 이병태, 노동법, p. 821.
30) 임종률, 노동법, p. 456.
31) 기준 1455.9 − 7666(1968. 8. 14); 하갑래, 근로기준법, p. 393.
32) 박홍규, 노동법(Ⅰ), p. 381.
33) 박상필, 노동법, p. 592.
34) 임종률, 노동법, p. 457; 김형배, 근로기준법, p. 412.

우가 있다. 이는 본래적 의미의 연차유급휴가가 아니라 일종의 쟁의행위에 해당되므로 쟁의행위의 요건을 충족시키는 경우에 한하여 정당성이 인정된다고 할 것이다.[35]

## 4. 휴가청구권의 소멸 및 휴가의 사용촉진

### (1) 관련규정

**근로기준법 제60조 [연차 유급휴가]** ⑦ 제1항·제2항 및 제4항에 따른 휴가는 1년간 (계속하여 근로한 기간이 1년 미만인 근로자의 제2항에 따른 유급휴가는 최초 1년의 근로가 끝날 때까지의 기간을 말한다) 행사하지 아니하면 소멸된다. 다만, 사용자의 귀책사유로 사용하지 못한 경우에는 그러하지 아니하다.

**근로기준법 제61조 [연차 유급휴가의 사용 촉진]** ① 사용자가 제60조제1항·제2항 및 제4항에 따른 유급휴가(계속하여 근로한 기간이 1년 미만인 근로자의 제60조제2항에 따른 유급휴가는 제외한다)의 사용을 촉진하기 위하여 다음 각 호의 조치를 하였음에도 불구하고 근로자가 휴가를 사용하지 아니하여 제60조제7항 본문에 따라 소멸된 경우에는 사용자는 그 사용하지 아니한 휴가에 대하여 보상할 의무가 없고, 제60조제7항 단서에 따른 사용자의 귀책사유에 해당하지 아니하는 것으로 본다.
1. 제60조제7항 본문에 따른 기간이 끝나기 6개월 전을 기준으로 10일 이내에 사용자가 근로자별로 사용하지 아니한 휴가 일수를 알려주고, 근로자가 그 사용 시기를 정하여 사용자에게 통보하도록 서면으로 촉구할 것
2. 제1호에 따른 촉구에도 불구하고 근로자가 촉구를 받은 때부터 10일 이내에 사용하지 아니한 휴가의 전부 또는 일부의 사용 시기를 정하여 사용자에게 통보하지 아니하면 제60조제7항 본문에 따른 기간이 끝나기 2개월 전까지 사용자가 사용하지 아니한 휴가의 사용 시기를 정하여 근로자에게 서면으로 통보할 것
② 사용자가 계속하여 근로한 기간이 1년 미만인 근로자의 제60조제2항에 따른 유급휴가의 사용을 촉진하기 위하여 다음 각 호의 조치를 하였음에도 불구하고 근로자가 휴가를 사용하지 아니하여 제60조제7항 본문에 따라 소멸된 경우에는 사용자는 그 사용하지 아니한 휴가에 대하여 보상할 의무가 없고, 같은 항 단서에 따른 사용자의 귀책사유에 해당하지 아니하는 것으로 본다.
1. 최초 1년의 근로기간이 끝나기 3개월 전을 기준으로 10일 이내에 사용자가 근로자별로 사용하지 아니한 휴가 일수를 알려주고, 근로자가 그 사용 시기를 정하여 사용자에게 통보하도록 서면으로 촉구할 것. 다만, 사용자가 서면 촉구한 후 발생한 휴가에 대해서는 최초 1년의 근로기간이 끝나기 1개월 전을 기준으로 5일 이내에 촉구하여야 한다.
2. 제1호에 따른 촉구에도 불구하고 근로자가 촉구를 받은 때부터 10일 이내에 사용하지 아니한 휴가의 전부 또는 일부의 사용 시기를 정하여 사용자에게 통보하지 아니하면 최초 1년의 근로기간이 끝나기 1개월 전까지 사용자가 사용하지 아니한 휴가의 사용 시기를 정하여 근로자에게 서면으로 통보할 것. 다만, 제1호 단서에 따라 촉구한 휴가에 대해서는 최초 1년의 근로기간이 끝나기 10일 전까지 서면으로 통보하여야 한다.

35) 대판 1992. 3. 13, 91누10473.

## (2) 휴가청구권의 소멸

근로기준법은 근로자의 연차 휴가청구권의 소멸을 근로자의 귀책사유로 인한 경우와 사용자의 귀책사유로 인한 경우로 구분하여 규정하고 있다.

### (가) 근로자의 귀책사유

근로자의 귀책사유로 인하여 ⅰ) 1년 이상 근로한 근로자가 1년간 또는 ⅱ) 1년 미만 근로한 근로자가 최초 1년의 근로가 끝날 때까지 연차유급휴가청구권을 행사하지 아니하면 소멸된다(동법 제60조제7항). 근로자의 귀책사유라 함은 근로자가 연차유급휴가를 청구하지 아니한 경우를 말한다. 근로자가 한 번이라도 휴가를 청구하였음에도 사용자가 시기변경권을 행사하여 휴가를 사용하지 못하였다면 이는 사용자의 귀책사유로 보아야 한다.36) 휴가청구권의 소멸시효는 근로자가 휴가를 청구할 지위를 얻게 된 때, 즉 개근의 근로를 마친 다음날부터 진행된다.37)

### (나) 사용자의 귀책사유

사용자의 귀책사유로 근로자가 휴가를 사용하지 못한 경우에는 휴가청구권은 소멸되지 아니하고 이월된다.38) 사용자의 귀책사유라 함은 사용자가 시기변경권을 행사한 것을 말한다.39)

## (3) 휴가의 사용촉진

사용자가 연차유급휴가의 사용촉진을 위하여 다음과 같이 일정한 조치를 취하였음에도 불구하고 근로자가 휴가를 사용하지 아니한 경우 휴가는 소멸된다(근로기준법 제61조).

### (가) 사용자의 사용촉진조치

사용자는 다음의 사용촉진조치를 취하여야 한다.

① 근로기간이 1년 이상인 근로자

㉠ 근로자가 연차유급휴가를 1년간 행사하지 아니하여 휴가가 소멸하는 기간이 끝나기 6개월 전을 기준으로 10일 이내에 사용자가 근로자별로 사용하지 아니한 휴가일수를 알려주고, 근로자가 그 사용시기를 정하여 사용자에게 통보하도록 서면으로 촉구할 것

---

36) 하갑래, 근로기준법, p. 393.
37) 대판 1972. 11. 28, 71다1758.
38) 근기 01254-15763(1985. 3. 28).
39) 하갑래, 근로기준법, p. 394.

ⓛ 상기 촉구에 불구하고 근로자가 촉구를 받은 때부터 10일 이내에 사용하지 아니한 휴가의 전부 또는 일부의 사용시기를 정하여 사용자에게 통보하지 아니한 경우에는 휴가가 소멸하는 기간이 끝나기 2개월 전까지 사용자가 사용하지 아니한 휴가의 사용시기를 정하여 근로자에게 서면으로 통보할 것

### ② 근로기간이 1년 미만인 근로자

㉠ 최초 1년의 근로기간이 끝나기 3개월 전을 기준으로 10일 이내에 사용자가 근로자별로 사용하지 아니한 휴가 일수를 알려주고, 근로자가 그 사용 시기를 정하여 사용자에게 통보하도록 서면으로 촉구할 것. 다만, 사용자가 서면 촉구한 후 발생한 휴가에 대해서는 최초 1년의 근로기간이 끝나기 1개월 전을 기준으로 5일 이내에 촉구하여야 한다.

ⓛ 상기 촉구에도 불구하고 근로자가 촉구를 받은 때부터 10일 이내에 사용하지 아니한 휴가의 전부 또는 일부의 사용 시기를 정하여 사용자에게 통보하지 아니하면 최초 1년의 근로기간이 끝나기 1개월 전까지 사용자가 사용하지 아니한 휴가의 사용 시기를 정하여 근로자에게 서면으로 통보할 것. 다만, ㉠ 단서에 따라 촉구한 휴가에 대해서는 최초 1년의 근로기간이 끝나기 10일 전까지 서면으로 통보하여야 한다

#### (나) 사용촉진조치의 효과

사용자의 상기 사용촉진조치에 불구하고 근로자가 휴가를 사용하지 아니하였을 경우에는 다음의 효과가 발생한다.

① 연차유급휴가가 소멸된다.

② 사용자는 사용하지 아니한 휴가에 대하여 보상할 의무를 부담하지 아니한다.

③ 사용자의 귀책사유로 연차유급휴가를 사용하지 못한 경우(동법 제60조제7항단서)에 해당되지 아니한다.

다만 위와 같은 휴가 미사용은 근로자의 자발적인 의사에 따른 것이어야 한다. 근로자가 지정된 휴가일에 출근하여 근로를 제공한 경우, ⅰ) 사용자가 휴가일에 근로한다는 사정을 인식하고도 노무의 수령을 거부한다는 의사를 명확하게 표시하지 아니하거나 근로자에 대하여 업무 지시를 하였다면 ⅱ) 특별한 사정이 없는 한 근로자가 자발적인 의사에 따라 휴가를 사용하지 않은 것으로 볼 수 없어 사용자는 근로자가 이러한 근로의 제공으로 인해 사용하지 아니한 휴가에 대하여 여전히 보상할 의무를 부담한다.[40)]

## 5. 연차유급휴가와 근로임금

### (1) 연차유급휴가임금

유급휴가중에 근로를 제공하지 아니하여도 당연히 지급되는 수당은 단체협약 또는 취업규칙 등에서 정하는 통상임금 또는 평균임금으로 하여야 한다(근로기준법 제60조제5항). 취업규칙 등에서 연차휴가수당의 산정 기준을 정하지 않았다면, 그 성질상 통상임금을 기초로 하여 산정하여야 한다.[41] 이 경우 연차유급휴가임금은 유급휴가를 주기 전 또는 준 직후의 임금지불일에 지급하여야 한다(동법시행령 제33조).

### (2) 연차휴가근로수당

연차유급휴가를 사용하지 아니하고 근로자가 근로한 경우 또는 1년이 지나기 전에 퇴직한 경우 등에는 사용자는 이에 대한 임금을 별도로 지급하여야 한다. 이를 연차휴가근로수당이라고 한다. 이러한 연차휴가근로수당 역시 취업규칙 등에 다른 정함이 없다면 마찬가지로 통상임금을 기초로 하여 산정하는 것이 타당하다.[42] 이 경우 사용자의 휴가사용촉구에도 불구하고 근로자가 근로한 경우에는 임금을 지급할 필요가 없다.

연차유급휴가를 1년간 사용하지 아니하여 휴가청구권이 소멸하였다 할지라도 휴가기간중의 근로제공에 대한 임금청구권은 소멸하지 아니한다.[43]

### (3) 휴일근로수당

연차유급휴가를 사용하지 아니하고 근로를 제공하여 연차휴가근로수당을 지급하는 경우에도 근로기준법 제56조에 규정한 휴일근로수당이 지급되어야 하는가의 문제가 발생한다. 이에 대하여 ⅰ) 연차휴가제도는 주휴일제도나 시간외근로제도와는 그 취지가 다르다는 점, ⅱ) 근로기준법의 규정에서도 휴일과 휴가를 명백히 구분하고 있다는 점, ⅲ) 근로기준법 제56조의 시간외근로수당 지급대상에서 휴가를 규정하고 있지 아니하다는 점 등을 고려하여 볼 때에 시간외근로수당을 지급할 사용자의 법적 의무는 없는 것으로 본다.[44]

---

40) 대판 2020. 2. 27, 2019다279283.
41) 대판 2019. 10. 18, 2018다239110.
42) 대판 2019. 10. 18, 2018다239110.
43) 근기 01254－22722(1985. 12. 17); 근기 01254－333(1986. 2. 21).
44) 하갑래, 근로기준법, p. 396; 대판 1990. 10. 26, 90다카12493; 대판 1991. 6. 28, 90다카14758.

## 6. 연차유급휴가의 대체

### (1) 관련규정

**근로기준법 제62조** [유급휴가의 대체] 사용자는 근로자대표와의 서면 합의에 따라 제60조에 따른 연차 유급휴가일을 갈음하여 특정한 근로일에 근로자를 휴무시킬 수 있다.

### (2) 주요내용

사용자는 근로자대표와의 서면합의에 따라 연차유급휴가일에 갈음하여 특정한 근로일에 근로자를 휴무시킬 수 있다(근로기준법 제62조). 이는 본래의 연차휴가는 근로자의 장기간근로에 따른 정신적·육체적 피로를 회복하기 위하여 마련된 제도이지만, 수당으로 대체하는 등 본래의 취지가 점차 상실되고 있다. 따라서 노사합의로 연차휴가를 타휴일과 대체가능하도록 하여 경영여건과 근로자측 사정에 따라 휴일과 근무일의 신축적인 연계운용이 가능하도록 하는 제도이다. 예컨대, 경영사정상 업무량이 현저히 감소한 날, 징검다리 휴일 또는 명절 전후 등에는 근로일에 근로자를 휴무하도록 하고 이를 연차 유급휴가로 갈음할 수 있도록 한 것이다.

동 규정은 연차유급휴가일에 갈음하여 특정한 "근로일"로 이를 대체할 수 있도록 규정하고 있다. 근로기준법상 휴일은 근로의무가 없는 날이어서 "근로일"에 해당되지 않으므로 휴일을 대체휴가일로 정할 수는 없다.[45]

연차유급휴가를 대체하기 위하여는 근로자대표와의 서면합의를 필요로 한다. 이 경우 서면합의의 내용으로서 ⅰ) 특정 근로일에 휴무하고 그 날을 휴가일에 갈음할 수 있다는 취지를 규정하면 충분하고 특정 근로일의 날짜나 적용대상 근로자의 범위 등을 규정할 필요는 없다는 견해[46]와 ⅱ) 특정 근로일의 조건·시기·부서 및 대상 등을 규정하여야 한다는 견해[47]가 있다.

사견으로는 서면합의의 내용이 지나치게 포괄적이고 추상적인 경우에는 휴가의 시기지정권을 무의미하게 만들 우려가 있으므로 후자의 견해에 찬동하는 바이다.

---

45) 대판 2019. 10. 18, 2018다239110.
46) 임종률, 노동법, p. 458.
47) 이병태, 노동법, p. 824; 김형배, 노동법, p. 418.

# 제4장 특별보호대상 근로자

일반근로자와는 구별되는 특수성으로 인하여 특별보호의 대상이 되는 근로자에는 ⅰ) 여성 및 연소근로자, ⅱ) 기간제 및 단시간 근로자, ⅲ) 파견근로자, ⅳ) 장애인 및 고령근로자, ⅴ) 공무원 및 교원, ⅵ) 선원, ⅶ) 외국인근로자 및 ⅷ) 특수형태근로종사자 등이 있다.

## 제1절 여성 및 연소근로자

### Ⅰ. 의 의

#### 1. 개 요

노동법은 여성과 연소근로자에 대하여 다음과 같은 이유에서 특별한 법적 보호를 규정하고 있다.

첫째, 연소근로자는 성인근로자에 비하여 신체적으로 열악하다. 또한 연소근로자는 신체적·정신적으로 성장과정에 있으므로 장시간의 노동은 이들의 건강과 신체적 성장을 방해하게 되고, 연소자의 교육기회를 박탈하는 결과를 가져오게 된다. 따라서 연소근로자의 신체적·정신적 성장을 보호하고, 원숙한 인간으로 성장할 수 있도록 특별한 법적 보호규정을 두고 있는 것이다.

둘째, 여성근로자는 여성의 신체적·생리적인 특성과 모성의 보호라는 점에서 남성근로자와 구별되고, 또한 전통적으로 남성근로자와의 평등대우라는 측면에서 법적 보호를 필요로 하고 있다. 여성근로자는 인류종족의 번식이라는 숭고한 사명하에 임신 및 출산 등의 생리적 특성을 갖고 있으므로, 이를 단지 근로자라는 이유로 경시할 수 없다. 또한, 여성근로자는 전통적으로 채용 및 근로조건 등에서 남성근로자에 비하여 차별대우를 받아왔으므로 이에 대한 평등대우의 확보가 필요하다고 할 것이다.

최근의 여성근로자에 대한 보호는 신체적 열악함의 보호라는 측면으로부터 모성의 보호 및 남녀평등의 보호라는 측면으로 점차 그 중점이 변화하고 있다. 즉 여성근로자에 있어서는 기술혁신 및 근무환경의 개선 등으로 인하여 여성의 신체적 열악함은 이제 커다란 문제점이 되지 아니하는 것이다.

## 2. 기본체계

헌법 제32조제4항 및 제5항은 여성과 연소근로자의 근로에 대한 특별보호를, 헌법 제36조제2항은 모성의 보호를 규정하고 있으며, 근로기준법 제5장과 남녀고용평등법1)은 이를 구체화 하고 있다.

근로기준법은 여성근로자 및 연소근로자의 보호에 관하여 모두 규정하고 있으나, 남녀고용평등법은 여성근로자의 보호에 관하여만 규정하고 있다. 한편, 근로기준법이 여성근로자의 신체적·생리적 특성의 보호에 중점을 두고 있는 점에 반하여, 남녀고용평등법은 여성근로자의 남성근로자에 대한 평등대우 및 일·가정 양립지원에 중점을 두고 있다.

## Ⅱ. 여성과 연소자에 대한 공통된 보호

근로기준법은 여성과 연소자에 대한 공통된 보호로서 ⅰ) 탄력적 근로시간제도의 금지(동법 제51조), ⅱ) 유해·위험사업에의 사용금지(동법 제65조), ⅲ) 야간·휴일근로의 금지(동법 제70조) 및 ⅳ) 갱내근로의 금지(동법 제72조)를 규정하고 있다.

## 1. 탄력적 근로시간제도의 금지

### (1) 관련규정

근로기준법 제51조 [탄력적 근로시간제] ③ 제1항과 제2항은 15세 이상 18세 미만의 근로자와 임신 중인 여성 근로자에 대하여는 적용하지 아니한다.

### (2) 주요내용

탄력적 근로시간제는 15세 이상 18세 미만의 근로자와 임신중의 여성근로자에 대하여는 이를 적용하지 아니한다(동법 제51조제3항).

---

1) 1987. 12. 4, 법률 제3989호.

## 2. 유해 · 위험사업에의 사용금지

### (1) 관련규정

근로기준법 제65조 [사용 금지] ① 사용자는 임신중이거나 산후 1년이 지나지 아니한 여성(이하 "임산부"라 한다)과 18세 미만자를 도덕상 또는 보건상 유해 · 위험한 사업에 사용하지 못한다.
② 사용자는 임산부가 아닌 18세 이상의 여성을 제1항에 따른 보건상 유해 · 위험한 사업 중 임신 또는 출산에 관한 기능에 유해 · 위험한 사업에 사용하지 못한다.
③ 제1항 및 제2항에 따른 금지직종은 대통령령으로 정한다.

### (2) 주요내용

사용자는 여성근로자와 연소근로자를 도덕상 또는 보건상 유해 · 위험 사업에 사용하여서는 아니 된다(근로기준법 제65조). 그 이유는 신체적으로 열악한 여성근로자나 업무능력이 미숙하고 경험이 부족한 연소자를 도덕 · 보건상 유해 · 위험하다고 인정되는 업무에 종사시키는 것을 금지하여 이들의 신체 · 건강상의 안전 및 도덕성을 보호하기 위한 것이다.

① **임산부 및 18세 미만자:** 사용자는 ⅰ) 임신중이거나 산후 1년이 경과되지 아니한 여성(임산부)과 ⅱ) 18세 미만자를 도덕상 또는 보건상 유해 · 위험한 사업에 사용하여서는 아니 된다(동법 제65조제1항).

② **임산부가 아닌 18세 이상의 여성:** 사용자는 임산부가 아닌 18세 이상의 여성을 상기 보건상 유해 · 위험한 사업중 임신 또는 출산에 관한 기능에 유해 · 위험한 사업에 사용하지 못한다(동법 제65조제2항).

③ **유해 · 위험한 사업의 유형:** 유해 · 위험한 사업의 유형은 대통령령으로 규정한다(동법 제65조제3항).

## 3. 야간 · 휴일근로의 금지

### (1) 관련규정

근로기준법 제70조 [야간근로와 휴일근로의 제한] ① 사용자는 18세 이상의 여성을 오후 10시부터 오전 6시까지의 사이 및 휴일에 근로시키려면 그 근로자의 동의를 받아야 한다.
② 사용자는 임산부와 18세 미만자를 오후 10시부터 오전 6시까지의 사이 및 휴일에 근로시키지 못한다. 다만, 다음 각호의 어느 하나에 해당하는 경우로서 고용노동부장관의 인가를 받으면 그러하지 아니하다.
1. 18세 미만자의 동의가 있는 경우

2. 산후 1년이 지나지 아니한 여성의 동의가 있는 경우
3. 임신중의 여성이 명시적으로 청구하는 경우
③ 사용자는 제2항의 경우 고용노동부 장관의 인가를 받기 전에 근로자의 건강 및 모성 보호를 위하여 그 시행 여부와 방법 등에 관하여 그 사업 또는 사업장의 근로자 대표와 성실하게 협의하여야 한다.

### (2) 주요내용

사용자가 여성과 18세 미만자에 대하여 야간근로와 휴일근로에 종사시키는 경우에는 일정한 제한이 부과된다(근로기준법 제70조).

인간은 주행성동물이므로 야간근로는 인간의 생체 주기를 깨뜨려서 특히 신체적으로 약한 여성과 연소자에 대하여 부정적 영향을 가져오고, 또한 우리나라 사회는 여성과 연소자의 야간활동이 범죄의 대상이 되는 등 이를 바람직하게 보지 아니하고 있으므로 이를 금지하고 있는 것이다.

또한 휴일근로를 제한하는 이유는 연소자에게 휴식을 통하여 신체적·정신적으로 성장할 기회를 부여하고 여성근로자의 신체적·모성적 보호를 위한 것이다. 「휴일」에는 ⅰ) 근로기준법 제55조의 주휴일 및 ⅱ) 동법 제60조의 연차유급휴가 등의 법정휴일 및 약정휴일이 포함된다고 본다.[2]

#### (가) 18세 이상의 여성근로자

사용자는 18세 이상의 여성을 오후 10시부터 오전 6시까지의 사이 및 휴일에 근로시키고자 하는 경우에는 해당 근로자의 동의를 얻어야 한다(동법 제70조제1항).

#### (나) 임산부와 18세 미만자

① **기본원칙:**      사용자는 ⅰ) 임산부, 즉 임신중이거나 산후 1년이 경과되지 아니한 여성과 ⅱ) 18세 미만자를 오후 10시부터 오전 6시까지의 사이 및 휴일에 근로시키지 못한다(동법 제70조제2항본문).

② **예  외:**      다음의 하나에 해당하는 경우로서 고용노동부장관의 인가를 얻은 경우에는 근로시킬 수 있다(동법 제70조제2항단서).

(ⅰ) 18세 미만자의 동의가 있는 경우
(ⅱ) 산후 1년이 경과되지 아니한 여성의 동의가 있는 경우
(ⅲ) 임신중의 여성이 명시적으로 청구하는 경우

③ **근로자대표와의 성실한 협의:**      사용자는 상기 고용노동부장관의 인가를 얻기 이전에 근로자의 건강 및 모성보호를 위하여 그 시행여부와 방법 등에 관하여 해

---

2) 박상필, 근로기준법, p. 342; 김형배, 근로기준법, p. 424.

당 사업 또는 사업장의 근로자 대표와 성실하게 협의하여야 한다(동법 제70조제3항).

| 구 분 | | | 기준근로시간 | 연장근로 | 야간 · 휴일근로 |
|---|---|---|---|---|---|
| 18세 미만 (연소근로자) | | | 1일 7시간 1주 35시간 (제69조) | • 당사자 합의에 의하여 1일 1시간, 1주일 5시간 한도로 연장(제69조) | • 원칙: 금지 • 예외: 고용노동부장관의 인가와 당사자 동의(제70조제2항) |
| 18세 이상 | 임산부 아닌 여성 | | 1일 8시간 1주 40시간 (제50조) | • 당사자 합의(제53조) | • 원칙: 해당 근로자 동의(제70조 제1항) |
| | 임 산 부 | 임 신 중 | 1일 8시간 1주 40시간 (제50조) | • 원칙: 금지 － 당사자 요구가 있는 경 우 경이한 종류의 근로로 전환(제74조제4항) | • 원칙: 금지 • 예외: 고용노동부장관의 인가 및 당사자의 명시적 청구(제70조제 2항) |
| | | 산후 1년 이내 | 1일 8시간 1주 40시간 (제50조) | • 단체협약이 있는 경우라도 1일 2시간, 1주 6시간, 1년 150시간 초과금지(제71조) | • 원칙: 금지 • 예외: 고용노동부장관의 인가 및 당사자 동의(제70조제2항) |

## 4. 갱내근로의 금지

### (1) 관련규정

근로기준법 제72조 [갱내근로의 금지] 사용자는 여성과 18세 미만인 사람을 갱내에 서 근로시키지 못한다. 다만, 보건 · 의료, 보도 · 취재 등 대통령령으로 정하는 업 무를 수행하기 위하여 일시적으로 필요한 경우에는 그러하지 아니하다.

### (2) 주요내용

### (가) 기본원칙

사용자는 여성근로자와 18세 미만인 사람을 갱내에서 근로시키지 못한다(근로기 준법 제72조본문). 갱내근로는 미진으로 인한 호흡기질환 및 갱내붕괴사고 가능성 등 이 존재하는 등 작업환경이 극히 열악 · 위험하기 때문에 신체적으로 열악한 여성과 연소자의 근로를 금지하고 있는 것이다.

작업장소가 갱내로 판단되는 한 그 작업의 내용이 반드시 광업이 아닐지라도 갱 내근로에 해당된다. 따라서, 갱내에서 행하는 채광업무는 물론 경리 · 인사 및 의료 등의 사무직 업무도 이에 포함된다.

**(나) 예 외**

본래의 업무는 갱내근로가 아니나, 본래의 업무를 수행하기 위한 수단으로 갱내에 출입하는 것은 갱내근로로 볼 수 없을 것이다. 즉, 보건·의료, 보도·취재 등 대통령령이 정하는 업무를 수행하기 위하여 일시적으로 필요한 경우에는 갱내근로에 해당되지 아니한다(동법 제72조단서).

## Ⅲ. 연소근로자에 대한 특별보호

근로기준법은 연소근로자의 특별보호제도로서 ⅰ) 최저취업연령보호(근로기준법 제64조), ⅱ) 연소자증명서의 비치(동법 제66조), ⅲ) 미성년자의 근로계약보호(동법 제67조), ⅳ) 미성년자의 임금청구(동법 제68조) 및 ⅴ) 연소자 근로시간의 제한(동법 제69조) 등을 규정하고 있다.

### 1. 최저취업연령의 보호

#### (1) 관련규정

> 근로기준법 제64조 [최저 연령과 취직인허증] ① 15세 미만인 사람(초·중등교육법에 따른 중학교에 재학중인 18세 미만인 사람을 포함한다)는 근로자로 사용하지 못한다. 다만, 대통령령으로 정하는 기준에 따라 고용노동부장관이 발급한 취직인 허증을 지닌 사람은 근로자로 사용할 수 있다.
> ② 제1항의 취직인허증은 본인의 신청에 따라 의무교육에 지장이 없는 경우에는 직종을 지정하여서만 발행할 수 있다.
> ③ 고용노동부장관은 거짓이나 그 밖의 부정한 방법으로 제1항 단서의 취직인허증을 발급받은 사람에게는 그 인허를 취소하여야 한다.

#### (2) 주요내용

15세 미만인 사람은 고용노동부장관이 발급한 취직인허증을 소지한 사람에 한하여 근로자로 사용할 수 있다고 하여 최저취업연령을 규정하고 있다(근로기준법 제64조). 이는 근로자로서 취업할 수 있는 최저한의 연령인 최저취업연령을 15세로 제한하고 있는 것이다. 최저취업연령의 설정은 성장과정에 있는 연소자의 신체 및 건강의 보호는 물론, 정신적 성숙을 위한 중학교 수준의 의무교육의 기회를 부여하기 위하여 마련된 제도이다. 따라서, 15세 이상 18세 미만인 사람으로서 「중학교에 재학하는 자」는 비록 15세 이상일지라도 15세 미만인 사람에 포함되어 법적 보호를 받게 된다(동법 제64조제1항).

### (가) 기본원칙

사용자는 원칙적으로 15세 미만의 사람을 근로자로 사용하여서는 아니 된다(근로기준법 제64조).

사용자는 18세 미만인 사람에 대하여 그 연령 및 가족관계를 증명하는 서류를 사업장에 비치하여야 할 의무가 있으므로(동법 제66조), 근로자의 연령이 만15세에 달하였는가의 여부를 확인할 의무는 사용자에게 있다고 할 것이다.[3]

### (나) 예 외

15세 미만인 사람이라 할지라도 대통령령이 정하는 기준에 따라 고용노동부장관이 발급한 취직인허증을 지닌 사람은 근로자로 사용할 수 있다(근로기준법 제64조단서). 13세 미만인 사람은 취직인허증을 받을 수 없으나, 예술공연 참가를 위한 경우에는 예외적으로 받을 수 있다(동법시행령 제35조제1항).

## 2. 18세 미만 연소자증명서의 비치

### (1) 관련규정

> 근로기준법 제66조 [연소자증명서] 사용자는 18세 미만인 사람에 대하여는 그 연령을 증명하는 가족관계 기록사항에 관한 증명서와 친권자 또는 후견인의 동의서를 사업장에 갖추어 두어야 한다.

### (2) 주요내용

사용자는 18세 미만인 사람의 연령을 증명하는 가족관계 기록사항에 관한 증명서와 친권자 또는 후견자의 동의서를 사업장에 갖추어 두어야 한다(근로기준법 제66조). 다만, 15세 미만인 사람의 경우 취직인허증으로서 가족관계 기록사항에 관한 증명서[4] 및 동의서를 대신할 수 있다(동법시행령 제36조제1항).

동의서라 함은 미성년자의 근로계약체결에 관한 동의서를 말한다. 즉, 미성년자의 근로계약체결에 대하여 친권자 또는 후견인이 이를 대리할 수 없으나(동법 제67조제1항), 이에 대한 동의는 필요한 것을 의미한다.

---

3) 김형배, 근로기준법, p. 433.
4) 「가족관계의 등록 등에 관한 법률」(법률 제8435호 2007. 5. 17)의 제정에 따른 것이다.

### 3. 미성년자의 근로계약

#### (1) 관련규정

> **근로기준법 제67조** [근로계약] ① 친권자나 후견인은 미성년자의 근로계약을 대리할 수 없다.
> ② 친권자, 후견인 또는 고용노동부장관은 근로계약이 미성년자에게 불리하다고 인정하는 경우에는 향후 이를 해지할 수 있다.
> ③ 사용자는 18세 미만인 사람과 근로계약을 체결하는 경우에는 제17조에 따른 근로조건을 서면(『전자문서 및 전자거래 기본법』 제2조제1호에 따른 전자문서를 포함한다)으로 명시하여 교부하여야 한다.

#### (2) 주요내용

주요내용은 이미 설명한 바 있으므로 생략한다.

### 4. 미성년자의 임금청구

#### (1) 관련규정

> **근로기준법 제68조** [임금청구] 미성년자는 독자적으로 임금을 청구할 수 있다.

#### (2) 주요내용

미성년자는 독자적으로 임금을 청구할 수 있다(근로기준법 제68조). 이는 민법상 행위능력이 없는 미성년자에게 법정대리인의 동의 없이 단독으로 임금을 청구할 수 있는 권리를 인정한 규정이다. 따라서, 사용자는 미성년자에게 임금을 지급하면서 법정대리인의 동행·동의를 요구하여서는 아니 된다.

이 경우 임금의 청구는 미성년근로자에게 허용되는 것은 물론 친권자에게도 허용된다고 해석되어야 할 것이다. 다만, 임금의 청구를 미성년근로자가 하든 또는 친권자가 하든 간에 임금은 미성년근로자에게 직접 지불되어야 하므로(동법 제43조제1항본문), 친권자는 이를 대리수령할 수 없다.

근로기준법 제68조에서 규정하고 있는 미성년근로자의 임금청구권의 내용을 친권자의 임금대리수령을 금지하고 있는 것으로 해석하는 견해[5]도 있으나, 동조는 단순히 미성년근로자의 독자적인 임금청구권을 허용하고 있는 규정이며 친권자 임금대리수령금지는 동법 제43조제1항 본문의 「직접불의 원칙」에서 규정하고 있는 것으로 보아야 할 것이다.

---

5) 김형배, 근로기준법, p. 441.

미성년자인 근로자는 「임금채권보장법」의 규정에 따라 독자적으로 체당금을 청구할 수 있다(임금채권보장법 제10조제3항).

### (3) 벌칙규정

현행 근로기준법은 동조 위반에 대한 벌칙규정을 아니두고 있다. 동조 위반의 경우는 결과적으로 해당 미성년근로자에게 직접 임금을 지급하지 아니한 것이 되므로 근로기준법 제43조의 직접불의 원칙을 위반한 것이 되어 이에 해당하는 형벌이 부과된다는 견해가 있다.[6]

그러나 동조는 미성년근로자에게 독자적인 임금청구권을 부여하고 있는 조항으로서, 동조 위반이 근로기준법 제43조상의 직접불원칙을 위반하는 것과는 직접적인 관련이 없다고 할 것이다.

## 5. 연소자 근로시간의 제한

### (1) 관련규정

> 근로기준법 제69조 [근로시간] 15세 이상 18세 미만인 사람의 근로시간은 1일에 7시간, 1주에 35시간을 초과하지 못한다. 다만, 당사자 사이의 합의에 따라 1일에 1시간, 1주에 5시간을 한도로 연장할 수 있다.

### (2) 주요내용

#### (가) 기본원칙

15세 이상 18세 미만 근로자의 근로시간은 「1일 7시간, 1주 35시간」을 원칙으로 한다(근로기준법 제69조본문). 근로기준법은 15세 미만자의 근로시간에 대하여는 아무런 규정도 아니두고 있다. 15세 미만자를 사용하는 경우에도 당연히 1일 7시간, 1주 35시간의 원칙이 적용되는 것으로 해석하여야 할 것이다.

#### (나) 예 외

당사자의 합의에 의하여 1일에 1시간, 1주에 5시간의 한도로, 연장근로를 시킬 수 있다(근로기준법 제69조단서). 이 경우 미성년근로자의 근로시간은 최장 1일에 8시간, 1주에 40시간이 될 것이다.

#### (다) 적용범위

근로기준법 제53조제3항의 특별한 경우에 대한 연장예외 및 동법 제59조의 특별

---

6) 김형배, 근로기준법, p. 443.

한 사업에 대한 연장예외가 연소근로자에게도 인정될 것인지의 여부에 관하여는 후술하는 여성근로자의 경우와 마찬가지로 인정되어야 한다고 본다.

## Ⅳ. 여성 근로자에 대한 특별보호

### 1. 기본체계

여성 근로자의 보호에 관한 일반법으로서는 「근로기준법」 및 「남녀고용평등 및 일·가정양립지원에관한법률(이하 "남녀고용평등법"이라 한다)」이 있다.

근로기준법은 제6조에서 「남녀의 차별적 대우금지」를 규정하고 있고, 제5장에서는 「여성 근로자의 근로보호」를 규정하고 있다. 남녀고용평등법은 제2장에서 「남녀의 차별적 대우금지」, 제3장에서 「여성 근로자의 모성보호」를 각각 규정하고 있으며, 남녀차별금지법은 제2장에서 「남녀차별금지」를 규정하고 있다.

근로기준법 제6조의 「남녀의 차별적 대우금지」는 일반적이고 추상적인 원칙을 선언하고 있는 데에 반하여, 남녀고용평등법 제2장은 「남녀의 차별적 대우금지」를 모집·채용·임금·교육·배치·승진·정년·퇴직 및 해고 등의 모든 분야에 걸쳐 구체적으로 규정하고 있다. 또한 근로기준법 제5장은 여성 근로자의 「신체적 약함」과 「모성보호」를 동시에 규정하고 있는 반면에, 남녀고용평등법 제3장은 「모성보호」만을 규정하고 있다. 이와 같은 관점에서 볼 때에 근로기준법은 「여성 근로자의 근로보호」라는 측면이, 남녀고용평등법은 「남녀의 차별적 대우금지」라는 측면이 보다 강조되고 있는 것으로 볼 수 있다.

### 2. 근로기준법상의 여성 근로자보호

근로기준법은 여성 근로자의 특별보호제도로서 ⅰ) 생리휴가(제73조), ⅱ) 출산전·후유급휴가제도(제74조), ⅲ) 육아시간(제75조), ⅳ) 태아검진시간(제74조의2), ⅴ) 해고시기의 제한(제23조제2항) 및 ⅵ) 시간외근로제한(제71조)을 규정하고 있다.

### (1) 무급생리휴가

#### (가) 관련규정

근로기준법 제73조 [생리휴가] 사용자는 여성 근로자가 청구하면 월 1일의 생리휴가를 주어야 한다.

### (나) 주요내용

여성 근로자가 청구하는 경우 매월 1일의 무급생리휴가를 부여하여야 한다(근로기준법 제73조). 이는 여성 근로자가 생리기간중에 무리하게 근로함으로써 정신적·육체적 건강을 해치는 것을 예방하기 위한 것이다.

생리휴가제도는 여성 근로자의 특수한 신체적·생리적 사정을 보호하기 위하여 설정된 제도이므로 직종, 근로시간 및 개근여부 등에 상관없이 임시직 근로자·시간제 근로자 등을 포함한 모든 여성 근로자에게 생리 여부사실에 따라 부여되어야 한다.[7]

임신·폐경 등 생리현상이 없는 여성 근로자에게는 생리휴가를 부여하지 아니하여도 무방하다고 해석된다.[8] 그 이유는 생리휴가제도는 생리 때문에 일하기 힘든 여성 근로자를 특별히 보호하는 데 목적이 있는 것이지 생리현상이 없는 여성근로자까지 보호하고자 하는 것은 아니기 때문이다.

### (2) 출산전·후휴가

### (가) 관련규정

> 근로기준법 제74조 [임산부의 보호] ① 사용자는 임신 중의 여성에게 출산 전과 출산 후를 통하여 90일(한 번에 둘 이상 자녀를 임신한 경우에는 120일)의 출산전후휴가를 주어야 한다. 이 경우 휴가 기간의 배정은 출산 후에 45일(한 번에 둘 이상 자녀를 임신한 경우에는 60일) 이상이 되어야 한다.
> ② 사용자는 임신 중인 여성 근로자가 유산의 경험 등 대통령령으로 정하는 사유로 제1항의 휴가를 청구하는 경우 출산 전 어느 때라도 휴가를 나누어 사용할 수 있도록 하여야 한다. 이 경우 출산 후의 휴가 기간은 연속하여 45일(한 번에 둘 이상 자녀를 임신한 경우에는 60일) 이상이 되어야 한다.
> ③ 사용자는 임신 중인 여성이 유산 또는 사산한 경우로서 그 근로자가 청구하면 대통령령으로 정하는 바에 따라 유산·사산 휴가를 주어야 한다. 다만, 인공 임신중절 수술(「모자보건법」 제14조제1항에 따른 경우는 제외한다)에 따른 유산의 경우는 그러하지 아니하다.
> ④ 제1항부터 제3항까지의 규정에 따른 휴가 중 최초 60일(한 번에 둘 이상 자녀를 임신한 경우에는 75일)은 유급으로 한다. 다만, 「남녀고용평등과 일·가정 양립 지원에 관한 법률」 제18조에 따라 출산전후휴가급여 등이 지급된 경우에는 그 금액의 한도에서 지급의 책임을 면한다.
> ⑤ 사용자는 임신 중의 여성 근로자에게 시간외근로를 하게 하여서는 아니 되며, 그 근로자의 요구가 있는 경우에는 쉬운 종류의 근로로 전환하여야 한다.
> ⑥ 사업주는 제1항에 따른 출산전후휴가 종료 후에는 휴가 전과 동일한 업무 또는 동등한 수준의 임금을 지급하는 직무에 복귀시켜야 한다.
> ⑦ 사용자는 임신 후 12주 이내 또는 36주 이후에 있는 여성 근로자가 1일 2시간의 근로시간 단축을 신청하는 경우 이를 허용하여야 한다. 다만, 1일 근로시간이

---

7) 하갑래, 근로기준법, p. 903; 법무 811−31778(1980. 12. 4); 근기 11455−10531(1970. 11. 7).
8) 근기 01254−1553(1989. 11. 1); 근기 01254−1245(1993. 6. 15).

8시간 미만인 근로자에 대하여는 1일 근로시간이 6시간이 되도록 근로시간 단축을 허용할 수 있다.

⑧ 사용자는 제7항에 따른 근로시간 단축을 이유로 해당 근로자의 임금을 삭감하여서는 아니 된다.

⑨ 제7항에 따른 근로시간 단축의 신청방법 및 절차 등에 필요한 사항은 대통령령으로 정한다.

### (나) 주요내용

근로기준법은 여성 근로자의 모성을 보호하고 임신·출산중의 심신을 보호하고자 출산전·후휴가를 부여하고 있다.[9]

#### ① 출산전·후휴가의 부여

㉠ 출산전·후휴가　　사용자는 여성 근로자가 임신한 경우 출산전·후를 통하여 90일(한 번에 둘 이상의 자녀를 임신한 경우에는 120일)의 유급휴가를 부여하여야 하며, 이 경우 휴가는 출산 후에 45일(한 번에 둘 이상의 자녀를 임신한 경우에는 60일) 이상 주어야 한다(근로기준법 제74조제1항). 출산 전에 45일 이상을 휴가로 사용하였을 경우에도 출산 후에 45일 이상의 유급보호휴가를 주어야 한다.

㉡ 출산전·후휴가의 분할사용　　사용자는 임신 중인 여성 근로자가 유산의 경험 등 대통령령으로 정하는 사유로 출산전후휴가를 청구하는 경우 출산 전 어느 때라도 휴가를 나누어 사용할 수 있도록 하여야 한다(동법 제74조제2항전단). 이 경우 출산 후의 휴가 기간은 연속하여 45일(한 번에 둘 이상의 자녀를 임신한 경우에는 60일) 이상이 되어야 한다(동법 제74조제2항후단).

㉢ 유산·사산휴가　　사용자는 임신 중인 여성이 유산 또는 사산한 경우에 해당 근로자가 신청하면 유산·사산휴가를 주어야 한다(동법 제74조제3항본문). 다만, 모자보건법 제14조제1항에 따른 합법적인 인공 임신중절 수술이외의 불법적인 인공 임신중절수술에 의한 유산의 경우는 그러하지 아니하다(동법 제74조제3항단서).

㉣ 휴가기간중 임금　　출산전·후 휴가 및 유산·사산휴가중 최초 60일(한 번에 둘 이상의 자녀를 임신한 경우에는 75일)은 유급으로 한다(동법 제74조제4항본문). 나머지 무급으로 처리되는 휴가기간에 대하여는 국가가 통상임금에 상당하는 출산전후휴가급여를 지급하여야 한다(남녀고용평등법 제18조제1항; 고용보험법 제76조). 남녀고용평등법 제18조에 따라 출산전후휴가급여 등이 지급된 때에는 그 금액의 한도 안에서 사용자의 지급책임이 면제된다(근로기준법 제74조제4항단서). 이에 따라 고용보험은 출산전후휴가급여에 관한 규정을 두고 있다(고용보험법 제75조 내지 제76조).

---

9) 박상필, 노동법, p. 289; 법무 811－6870(1979. 3. 21); 근기 01254－4937(1991. 4. 9).

고용보험법상의 출산전후휴가급여는 근로기준법상의 90일기간에 대하여 지급하되, 근로자의 수가 일정기준을 초과하는 기업에 대하여는 휴가기간중 60일을 초과하는 일수에 한하여 지급한다(동법 제76조제1항). 사업주가 근로자에게 출산전후휴가 수당을 미리 지급한 경우, 사업주는 근로자 대신에 출산전후휴가급여를 받을 권리를 대위한다(동법 제75조의2).

② **근로제공의무의 경감**

㉠ 시간외근로의 금지        사용자는 임신 중인 여성근로자에 대하여 시간외근로를 시켜서는 아니 된다(근로기준법 제74조제5항). 이는 시간외근로가 임신 중의 근로자에게 과중한 신체적·정신적 부담을 주는 것을 방지하여 산모 및 태아를 보호하기 위한 것이다. 이 경우 시간외근로는 「연장근로」만을 의미하며, 휴일근로 및 야간근로는 고용노동부장관의 인가와 근로자의 명시적 청구가 있는 경우 허용된다(동법 제70조제2항).

㉡ 쉬운 업무로의 전환        임신 중인 여성근로자의 청구가 있는 경우에는 쉬운 업무로 전환시켜야 한다(동법 제74조제5항). 근로기준법은 「쉬운 업무」의 종류에 대해서는 아무런 규정도 아니두고 있다. 따라서 「쉬운 근로」의 여부는 사회통념에 따라 구체적으로 판단되어야 한다. 대체로 임신 중의 여성이 수행하기에 신체적·정신적으로 보다 수월하고 용이한 업무라고 보아야 할 것이다.

③ **원직복귀의무:**        사업주는 출산전후휴가의 종류후에 근로자를 휴가전과 동일한 업무 또는 동등한 수준의 임금을 지급하는 직무에 복귀시켜야 한다(동법 제74조제6항).

④ **임신중 근로시간단축:**        사용자는 임신 후 12주 이내 또는 36주 이후에 있는 여성 근로자가 1일 2시간의 근로시간 단축을 신청하는 경우 이를 허용하여야 한다. 다만, 1일 근로시간이 8시간 미만인 근로자에 대하여는 1일 근로시간이 6시간이 되도록 근로시간 단축을 허용할 수 있다(동법 제74조제7항).

사용자는 상기 근로시간 단축을 이유로 해당 근로자의 임금을 삭감하여서는 아니 된다(동법 제74조제8항).

근로시간 단축의 신청방법 및 절차 등에 필요한 사항은 대통령령으로 정한다(동법 제74조제9항). 고용보험법은 육아기 근로시간 단축을 30일(출산전후휴가기간과 중복되는 기간은 제외한다) 이상 실시한 피보험자 중 일정한 요건을 모두 갖춘 피보험자에게 고용노동부장관이 육아기 근로시간 단축 급여를 지급한다고 규정하고 있다(동법 제73조의2제1항).

⑤ **해고의 제한:**    출산전·후 유급휴가기간중의 여성근로자에 대하여는 근로기준법 제23조제2항의 규정에 의하여 해고가 제한된다. 천재·사변 그 밖에 부득이한 사유로 인하여 사업계속이 불가능한 경우로서 고용노동부장관의 인정을 받은 경우를 제외하고는 출산전·산후의 휴업기간과 그 후의 30일 동안에는 여성근로자를 해고할 수 없다(근로기준법 제23조제2항).

## (3) 유급수유시간

### (가) 관련규정

> 근로기준법 제75조 [육아 시간] 생후 1년 미만의 유아를 가진 여성 근로자가 청구하면 1일 2회 각각 30분 이상의 유급 수유 시간을 주어야 한다.

### (나) 주요내용

생후 1년 미만의 유아를 가진 여성 근로자가 청구하는 경우 사용자는 1일 2회 각각 30분 이상의 유급 수유 시간을 부여하여야 한다(근로기준법 제75조). 이는 직장생활을 계속 영위하면서도 유아의 양육을 가능하게 함으로써, 유아를 가진 직장여성의 모성보호와 근로제공을 동시에 확보하고자 하는 제도이다.

① **육아시간의 청구권자:**    육아시간을 청구할 수 있는 자는 생후 1년 미만의 유아를 가지는 여성 근로자로서 기혼·미혼을 불문한다. 이 경우 「유아」라 함은 여성근로자 자신이 출산한 자이든 또는 타인이 출산한 자이든 이를 불문한다.[10]

② **육아시간:**    사용자는 1일 2회, 각각 30분 이상의 유급수유시간을 주어야 한다. 수유시간은 반드시 사실상의 수유시간만에 한정되는 것이 아니라 여성 근로자가 이에 부수하여 유아를 보살피는 시간도 이에 포함된다.[11]

## (4) 태아검진시간

### (가) 관련규정

> 근로기준법 제74조의2 [태아검진 시간의 허용 등] ① 사용자는 임신한 여성근로자가 「모자보건법」 제10조에 따른 임산부 정기건강진단을 받는데 필요한 시간을 청구하는 경우 이를 허용하여 주어야 한다.
> ② 사용자는 제1항에 따른 건강진단 시간을 이유로 그 근로자의 임금을 삭감하여서는 아니 된다.

---

10) 박상필, 근로기준법, p. 357; 김형배, 근로기준법, p. 455.
11) 김형배, 근로기준법, p. 456.

(나) 주요내용

사용자는 임신한 여성근로자가 임산부 정기건강진단을 받는 데 필요한 시간을 청구하는 경우 이를 허용하여야 한다(동법 제74조의2제1항). 사용자는 상기 건강진단 시간을 이유로 그 근로자의 임금을 삭감하여서는 아니 된다(동법 제74조의2제2항).

### (5) 해고시기의 제한

#### (가) 관련규정

> 제23조 [해고 등의 제한] ② 사용자는 근로자가 업무상 부상 또는 질병의 요양을 위하여 휴업한 기간과 그 후 30일 동안 또는 산전산후의 여성이 이 법에 따라 휴업한 기간과 그 후 30일 동안은 해고하지 못한다.

#### (나) 주요내용

이에 관하여는 후술한다.

### (6) 연장근로제한

#### (가) 관련규정

> 근로기준법 제71조 [시간외근로] 사용자는 산후 1년이 지나지 아니한 여성에 대하여는 단체협약이 있는 경우라도 1일에 2시간, 1주에 6시간, 1년에 150시간을 초과하는 시간외근로를 시키지 못한다.

#### (나) 주요내용

① **기본원칙:** 산후 1년이 지나지 아니한 여성에 대하여는 단체협약이 있는 경우에도 1일에 2시간, 1주에 6시간, 1년에 150시간을 초과하여 연장근로를 시킬 수 없다(근로기준법 제71조). 단체협약에 의하여도 연장근로를 시킬 수 없으므로 취업규칙·근로계약 기타 당사자간의 약정에 의하여도 연장근로를 시킬 수 없음은 물론이다.

② **여타의 연장근로규정과의 관계**

㉠ 근로기준법 제53조제1항과의 관계 산후 1년이 경과되지 아니한 여성근로자에게도 남성근로자와 마찬가지로 근로기준법 제50조의 「1일 8시간」, 「1주에 40시간」의 기준근로시간이 적용된다. 또한, 근로기준법 제53조제1항의 「당사자의 합의에 의하여 1주에 12시간 한도로 연장근로할 수 있다」고 하는 예외규정은 산후 1년이 경과한 여성근로자에게도 적용되나, 1주에 6시간을 초과하는 연장근로를 합의할 수 없다고 할 것이다.

ⓛ 근로기준법 제53조제2항과의 관계   근로기준법 제53조제2항은 탄력적 근로시간제도 및 선택적 근로시간제도에 대하여 1주 12시간을 한도로 근로시간을 연장할 수 있다고 규정하고 있다. 여성근로자에게 탄력적 근로시간제도 및 선택적 근로시간제도가 채택될 수 있음은 물론이다.

ⓒ 근로기준법 제53조제3항과의 관계   근로기준법 제53조제3항의 「특별한 사정이 있는 경우에는 고용노동부장관의 인가와 근로자의 동의를 얻어 연장근로를 시킬 수 있다」는 예외규정이 동법 제71조의 산후 1년이 경과되지 아니한 여성의 연장근로의 경우에도 적용될 수 있는지의 여부가 의문시된다. 이에 대하여는 여성근로자의 보호라는 관점에서 근로기준법 제53조제3항이 적용되지 아니한다는 견해가 있다.[12] 그러나 동 제도의 취지가 재해 등에 대처하기 위한 일시적인 연장이라는 점과 본인의 동의가 없으면 연장근로가 불가능하다는 점에서 연장근로가 인정되어야 한다고 본다.

ⓔ 근로기준법 제59조와의 관계   근로기준법 제59조는 특별한 사업에 대하여 「제53조제1항의 규정에 의한 주 12시간을 초과하여 연장근로」하게 할 수 있다고 규정하고 있다. 특별한 사업에 대하여는 연장근로가 일시적인 것이 아니라 상시적일 수 있으며, 본인의 동의를 필요로 하지 아니한다는 점에서 동법 제71조가 적용되는 것으로 보아야 할 것이다.

### 3. 남녀고용평등법상의 여성근로자보호

#### (1) 의   의

#### (가) 목   적

남녀고용평등법은 「남녀근로자의 차별대우금지」와 「여성근로자의 모성보호」를 가장 중요한 목적으로 규정하고 있으며, 이를 통하여 결과적으로 근로여성의 지위향상과 일·가정의 양립지원을 도모하고 있다(동법 제1조).

#### (나) 적용범위

#### ① 관련규정

> **남녀고용평등법 제3조** [적용범위] ① 이 법은 근로자를 사용하는 모든 사업 또는 사업장(이하 "사업"이라 한다)에 적용한다. 다만, 대통령령으로 정하는 사업에는 이 법의 일부 또는 전부를 적용하지 아니할 수 있다.

---

12) 김형배, 근로기준법, p. 459. 반대: 박상필, 근로기준법, p. 345.

② **주요내용:** 남녀고용평등법은 근로자를 사용하는 모든 사업 또는 사업장에 적용된다(동법 제3조제1항).

다만, "동거의 친족 또는 가사사용인만으로 이루어지는 사업 또는 사업장"은 그 적용이 전부 배제된다(동법시행령 제2조제1항). 또한 상시 5인 미만의 근로자를 사용하는 사업에 대하여는 임금(법 제8조), 임금외의 금품(법 제9조), 교육배치 및 승진(법 제10조) 및 정년·퇴직 및 해고(법 제11조제1항)에 관한 규정이 적용되지 아니한다(동법시행령 제2조제2항).

### (2) 여성근로자에 대한 차별대우금지

남녀고용평등법은 사용자로 하여금 남녀의 차별을 금지하고 평등한 대우를 하여 줄 것을 의무화 하고 있다.

### (가) 차별대우의 개념

#### ① 관련규정

> **남녀고용평등법 제2조** [정의] 1. "차별"이라 함은 사업주가 근로자에게 성별, 혼인, 가족 안에서의 지위, 임신 또는 출산 등의 사유로 합리적인 이유 없이 채용 또는 근로의 조건을 달리하거나 그밖의 불이익한 조치를 취하는 경우(사업주가 채용 또는 는 근로의 조건은 동일하게 적용하더라도 그 조건을 충족시킬 수 있는 남성 또는 여성이 다른 한 성에 비하여 현저히 적고 그에 따라 특정 성에게 불리한 결과를 초래하며 그 조건이 정당한 것임을 입증할 수 없는 경우를 포함한다)를 말한다. 다만, 다음 각목의 어느 하나에 해당하는 경우를 제외한다.
> 가. 직무의 성격에 비추어 특정 성이 불가피하게 요구되는 경우
> 나. 여성근로자의 임신, 출산, 수유 등 모성보호를 위한 조치를 취하는 경우
> 다. 그밖에 이 법 또는 다른 법률에 따라 적극적 고용개선조치를 취하는 경우

#### ② 주요내용

㉠ 기본원칙    "차별"이라 함은 사업주가 근로자에게 성별, 혼인, 가족 안에서의 지위, 임신 또는 출산 등의 사유로 합리적인 이유 없이 채용, 또는 근로의 조건을 달리하거나 그 밖의 불이익한 조치를 취하는 것을 말한다(남녀고용평등법 제2조제1호본문). 이 경우 사업주가 채용 또는 근로의 조건은 동일하게 적용하더라도 그 조건을 충족시킬 수 있는 남성 또는 여성이 다른 한 성에 비하여 현저히 적고 그에 따라 특정 성에게 불리한 결과를 초래하며, 그 조건이 정당한 것임을 입증할 수 없는 경우에도 이를 차별로 본다(동법 제2조제1호). 전자의 경우를 직접차별, 후자의 경우를 간접차별이라 한다.

㉡ 예  외    여성근로자에 대한 차별대우의 개념에 해당할지라도 다음과 같은

경우에는 차별대우의 범주에서 제외된다(동법 제2조제1호단서).

(ⅰ) 직무의 성질상 차별　　　직무의 성질상 특정 성이 불가피하게 요구되는 경우에는 해당 특정 성을 우선고용하여도 차별대우에 해당되지 아니한다(동법 제2조제1호단서가목).

(ⅱ) 여성근로자의 모성보호　　　여성근로자의 임신·출산·수유 등 모성보호를 위하여 남성근로자보다 우대조치하는 것은 차별대우에 해당하지 아니한다(동법 제2조제1호단서나목). 여성근로자의 신체적·생리적 특수성 및 인류종족보존의 신성한 의무를 감안하여 볼 때에 이는 당연한 조치이다. 따라서, a) 여성근로자에 대한 수유시간의 허용, b) 보육시설의 제공, c) 유해·위험·야간작업의 금지, d) 시간외근로의 제한 및 e) 갱내근로의 금지 등은 여성근로자를 남성근로자보다 우대하는 조치라 할지라도 차별대우의 개념에 해당되지 아니한다.

(ⅲ) 여성근로자에 대한 적극적 고용개선조치　　　「적극적 고용개선조치」라 함은 현존하는 남녀간의 고용차별을 해소하거나 고용평등을 촉진하기 위하여 잠정적으로 특정 성을 우대하는 조치를 말한다(동법 제2조제3호). 여성근로자에 대하여 현존하는 체계적·전통적 차별대우를 해소하기 위하여 국가·지방자치단체 또는 사업주가 여성근로자를 남성근로자보다 잠정적으로 우대하는 조치는 차별대우에 해당되지 아니한다.

### (나) 모집과 채용에 있어서의 평등

#### ① 관련규정

> **남녀고용평등법 제7조** [모집과 채용] ① 사업주는 근로자를 모집하거나 채용할 때 남녀를 차별하여서는 아니 된다.
> ② 사업주는 여성근로자를 모집·채용할 때 그 직무의 수행에 필요하지 아니한 용모·키·체중 등의 신체적 조건, 미혼조건 그밖의 고용노동부령으로 정하는 조건을 제시하거나 요구하여서는 아니 된다.

#### ② 주요내용

㉠ 모집·채용에 있어서의 남녀균등대우　　　남녀고용평등법은 모집 및 채용에 있어서 남녀를 균등하게 대우하도록 규정하고 있다(동법 제7조제1항).[13]

「모집」이란 사용자의 신문·방송 및 연고채용 등을 통한 직접모집뿐 아니라, 직업안정기관에의 구인신청 및 위탁모집 등을 통한 간접모집 등 명칭이나 방법에 관계없이 사업주가 근로조건을 제시하고 근로계약의 체결을 권유하는 것을 말한다. 「채용」이란 사용자가 근로자와 근로계약을 체결하는 행위를 말한다.

㉡ 외모등 제한의 금지　　　사업주는 여성근로자를 모집·채용함에 있어서 직무수행에 관련 없는 용모·키·체중 등의 신체적 조건, 미혼조건 그 밖의 고용노동부

---

13) 고용정책기본법 제19조는 "사업주는 근로자를 모집·채용함에 있어서 합리적인 이유 없이 성별, 신앙, 연령, 사회적 신분, 출신지역, 출신학교, 「혼인·임신」 또는 병력 등을 이유로 차별을 하여서는 아니되며, 균등한 취업기회를 보장하여야 한다"고 규정하고 있다.

령이 정하는 조건을 제시하거나 요구하여서는 아니 된다(동법 제7조제2항).

### (다) 임금에 있어서의 평등

#### ① 관련규정

> **남녀고용평등법 제8조 [임금]** ① 사업주는 동일한 사업 내의 동일가치의 노동에 대하여는 동일한 임금을 지급하여야 한다.
> ② 동일가치노동의 기준은 직무수행에서 요구되는 기술, 노력, 책임 및 작업조건 등으로 하고, 사업주가 그 기준을 정할 때에는 제25조에 따른 노사협의회의 근로자를 대표하는 위원의 의견을 들어야 한다.
> ③ 사업주가 임금차별을 목적으로 설립한 별개의 사업은 동일한 사업으로 본다.

② **주요내용:**      여성이라는 이유만으로 임금지급에 있어 남녀를 차별대우하는 것은 남녀고용평등법 제8조에 위반된다.

㉠ **동일가치노동에 대한 동일임금의 지급**      사업주는 동일한 사업 내에서 동일한 가치의 노동에 대하여는 여성근로자와 남성근로자간의 차별대우 없이 동일한 임금을 지급하여야 한다(동법 제8조제1항).

「동일가치노동」이란 직무수행에서 요구되는 기술·노력·책임 및 작업조건 등의 기준에서 볼 때 서로 비교되는 남녀간의 노동이 본질적으로 동일한 가치가 있다고 인정되는 노동을 말한다(동법 제8조제2항).

「동일가치노동」에는 ⅰ) 동일한 노동은 물론 ⅱ) 실질적으로 거의 같은 성질의 노동 또는 ⅲ) 직무가 다소 상이하더라도 객관적인 직무평가 등에 의하여 본질적으로 "동일한 가치"가 있다고 인정되는 노동에 해당되는 것을 모두 포함한다.[14)]

이 경우 "동일한 가치"의 판단은 동법 제8조제2항에서 규정하고 있는 "직무수행에서 요구되는 기술, 노력, 책임 및 작업조건"을 비롯하여 "근로자의 학력·경력·근속연수" 등의 기준을 종합적으로 고려하여 판단하여야 한다.[15)]

**관 련 판 례**     **대판 2013. 3. 14, 2010다101011**    구 남녀고용평등법(2001. 8. 14, 법률 제6508호로 전문 개정되기 전의 것) 제6조의2 제2항 소정의 '기술, 노력, 책임 및 작업조건'은 당해 직무가 요구하는 내용에 관한 것으로서, '기술'은 자격증, 학위, 습득된 경험 등에 의한 직무수행능력 또는 솜씨의 객관적 수준을, '노력'은 육체적 및 정신적 노력, 작업수행에 필요한 물리적 및 정신적 긴장, 즉 노동 강도를, '책임'은 업무에 내재한 의무의 성격·범위·복잡성, 사업주가 당해 직무에 의존하는 정도를, '작업조건'은 소음, 열, 물리적·화학적 위험, 고립, 추위 또는 더위의 정도 등 당해 업무에 종사하는 근로자가 통상적으로 처하는 물리적 작업환경을 말한다.

---

14) 대판 2003. 3. 14, 2002도3883.
15) 대판 2003. 3. 14, 2002도3883; 대판 2013. 3. 14, 2010다101011.

비교되는 남녀근로자간의 노동이 외형상 동일하거나 유사한 일을 하더라도 해당 근로자 사이에 학력 · 경력 · 근속연수 및 직급 등에 차이가 있고 그것이 객관적 · 합리적인 기준으로 정립되어 있는 경우 이에 따라 임금을 차등지급하는 것은 임금차별에 해당되지 아니한다.

ⓛ 동일가치노동의 결정    동일가치노동의 기준은 사업자가 결정하되, 남녀고용평등법 제25조의 규정에 의한 노사협의회의 근로자를 대표하는 위원의 의견을 들어야 한다(남녀공용평등법 제8조제2항). 동일가치노동 · 동일임금원칙은 서로 비교되는 남녀의 노동이 모두 하나의 사업 내에서 이루어지는 경우에 한정한다. 다만, 사업이 별개로 나누어져 있다 하더라도 임금차별을 목적으로 한 것이라고 인정되면 이는 하나의 사업으로 보아야 한다(동법 제8조제3항).

### (라) 임금 외의 금품에 있어서의 평등

#### ① 관련규정

남녀고용평등법 제9조 [임금 외의 금품 등] 사업주는 임금 외에 근로자의 생활을 보조하기 위한 금품의 지급 또는 자금의 융자 등 복리후생에서 남녀를 차별하여서는 아니 된다.

② **주요내용:**    사용자는 단지 여성이라는 이유만으로 임금 외의 금품 등 복리후생에 대하여 남녀를 차별대우하여서는 아니 된다(남녀공용평등법 제9조).

예컨대, 근로의 질 · 양 등에 관계없이 근로자에게 주택대여 또는 주택수당,[16] 가족수당,[17] 교통수당, 통근수당 및 김장수당 등과 같은 생활보조적 또는 후생적 금품을 지급하거나 자금을 융자함에 있어 성별을 이유로 차별하는 것도 차별대우에 해당된다.

### (마) 교육 · 배치 및 승진에 있어서의 평등

#### ① 관련규정

남녀고용평등법 제10조 [교육·배치 및 승진] 사업주는 근로자의 교육 · 배치 및 승진에서 남녀를 차별하여서는 아니 된다.

② **주요내용:**    사업주는 근로자의 교육 · 배치 및 승진에서 남녀를 차별하여서는 아니 된다(동법 제10조).

차별이 금지되는 분야는 교육 · 배치 및 승진이다.

---

16) 부소 68240 – 200(1994. 6. 21); 감독 68213 – 480(1995. 2. 11).
17) 부소 01254 – 116(1992. 3. 25).

첫째, 차별대우가 금지되는 「교육」에는 신입사원교육, 관리감독자훈련 및 국내외 연수 등 명칭에 관계없이 근로자의 직무수행능력의 배양 또는 향상을 위하여 사업주가 소속 근로자를 대상으로 실시하는 모든 교육 및 직업훈련이 포함된다.

둘째, 차별대우가 금지되는 「배치」란 근로자의 인사이동을 의미하고, 「승진」이란 근로자를 현재의 직급 또는 직위로부터 보다 상위의 직급 또는 직위에 임명하는 것을 말한다.

### (바) 정년 · 퇴직 및 해고에 있어서의 평등

#### ① 관련규정

> **남녀고용평등법 제11조** [정년·퇴직 및 해고] ① 사업주는 근로자의 정년 · 퇴직 및 해고에서 남녀를 차별하여서는 아니 된다.
> ② 사업주는 여성근로자의 혼인 · 임신 또는 출산을 퇴직사유로 예정하는 근로계약을 체결하여서는 아니 된다.

#### ② 주요내용:     사용자는 여성인 것을 이유로 근로자의 정년 · 퇴직 · 해고에

대하여 남성과 차별대우하거나 혼인 · 임신 또는 출산을 퇴직사유로 예정하는 근로계약을 하여서는 아니 된다(동법 제11조).

㉠ 정년 · 퇴직 및 해고 차별의 금지     사업주는 근로자의 정년 · 퇴직 및 해고에 대하여 남녀근로자간에 차별대우를 하여서는 아니 된다(동법 제11조제1항).

정년설정의 합리성을 판단함에 있어서 단지 일반적으로 여성의 육체적 · 정신적 능력이 남성보다 부족하다거나 여성근로자의 평균적인 근속연수가 남성근로자에 비해 짧다든가 하는 것을 합리성의 근거로 삼아서는 아니 된다. 예컨대, 동일직종에서 남성은 55세, 여성은 40세와 같이 합리적 이유 없이 남녀간 정년을 달리 정하는 것은 차별적 처우이다.[18]

해고를 하기 위해서는 정당한 이유가 있어야 하므로 단지 여자라는 이유만으로 해고하는 것은 남녀고용평등법 제11조뿐 아니라 근로기준법 제23조 및 제24조(경영해고) 위반이 된다. 예컨대, 해고대상자를 선정하는 과정에서 그 기준을 ⅰ) 기혼의 여자, ⅱ) 30세 이상의 여자 또는 ⅲ) 자녀가 있는 여자, ⅳ) 맞벌이 부부인 경우의 여자 등과 같이 해고이유가 여성임을 근거로 하는 경우에는 차별적인 해고이다.

㉡ 결혼퇴직제(독신조항)의 금지     사업주는 근로여성의 혼인 · 임신 또는 출산을 퇴직사유로 하는 근로계약을 체결하여서는 아니 된다(동법 제11조제2항). 이러한

---

18) 부소 01254-3381(1991. 3. 12).

근로계약의 내용을 결혼퇴직제 또는 독신 조항이라고 한다.

결혼퇴직제나 독신 조항은 합리적인 이유가 인정되지 아니하는 한 남녀고용평등법 제8조에 위배된다. 예컨대, 여성근로자가 결혼하였다는 이유로 본인이 사직서를 제출하였다 하더라도 권고·강요에 의하였거나, 진의에 의한 의사표시가 아니라면 이를 이유로 퇴직시킬 수 없을 것이다.[19]

### (사) 차별적 처우의 시정

근로자는 사업주로부터 차별적 처우등을 받은 경우 노동위원회에 그 시정을 신청할 수 있다(동법 제26조제1항본문). 다만, 차별적 처우등을 받은 날(차별적 처우등이 계속되는 경우에는 그 종료일)부터 6개월이 지난 때에는 그러하지 아니하다(동법 제26조제1항단서).

### (3) 여성근로자의 모성보호 및 직장과 가정생활의 양립지원

남녀고용평등법은 ⅰ) 모성보호를 위하여 출산전후휴가에 대한 지원(동법 제18조) 및 배우자 출산휴가(동법 제18조의2)를 규정하고 있으며, ⅱ) 일·가정의 양립지원을 위하여 육아휴직제도(동법 제19조), 육아기 근로시간단축(제19조의2), 육아지원조치(동법 제19조의5), 직장복귀지원(동법 제19조의6) 및 직장보육시설설치(동법 제21조) 등을 규정하고 있다.

### (가) 출산전후휴가 지원
#### ① 관련규정

**남녀고용평등법 제18조** [출산전후휴가 등에 대한 지원] ① 국가는 제18조의2에 따른 배우자 출산휴가, 「근로기준법」 제74조에 따른 출산전후휴가 또는 유산·사산 휴가를 사용한 근로자 중 일정한 요건에 해당하는 사람에게 그 휴가기간에 대하여 통상임금에 상당하는 금액(이하 "출산전후휴가급여등"이라 한다)을 지급할 수 있다.
② 제1항에 따라 지급된 출산전후휴가급여등은 그 금액의 한도에서 제18조의2제1항 또는 「근로기준법」 제74조제4항에 따라 사업주가 지급한 것으로 본다.
③ 출산전후휴가급여등을 지급하기 위하여 필요한 비용은 재정이나 「사회보장기본법」에 따른 사회보험에서 분담할 수 있다.
④ 근로자가 출산전후휴가급여등을 받으려는 경우 사업주는 관계 서류의 작성·확인 등 모든 절차에 적극 협력하여야 한다.
⑤ 출산전후휴가급여등의 지급요건, 지급기간 및 절차 등에 관하여 필요한 사항은 따로 법률로 정한다.

#### ② **주요내용:** 국가는 제18조의2에 따른 배우자 출산휴가, 「근로기준법」 제

---

19) 기준 811－16014(1979. 7. 5); 부소 32140－7692(1988. 5. 26); 부소 68240－311(1994. 9. 23).

74조에 따른 출산전후휴가 또는 유산·사산 휴가를 사용한 근로자 중 일정한 요건에 해당하는 사람에게 그 휴가기간에 대하여 통상임금에 상당하는 출산전후휴가급여등을 지급할 수 있다(동법 제18조제1항).

출산전후휴가급여등은 그 금액의 한도에서 제18조의2제1항 또는 「근로기준법」 제74조제4항에 따라 사업주가 지급한 것으로 본다(동법 제18조제2항).

출산전후휴가급여등을 지급하기 위하여 필요한 비용은 재정이나 「사회보장기본법」에 따른 사회보험에서 분담할 수 있다(동법 제18조제3항). 이에 따라 고용보험법에서 출산전후휴가급여등의 지급요건, 지급기간 및 절차등에 관하여 별도로 규정하고 있다(동법 제18조제5항 및 고용보험법 제75조).

### (나) 배우자 출산휴가
### ① 관련규정

> 남녀고용평등법 제18조의2 [배우자 출산휴가] ① 사업주는 근로자가 배우자의 출산을 이유로 휴가(이하 "배우자 출산휴가"라 한다)를 청구하는 경우에 10일의 휴가를 주어야 한다. 이 경우 사용한 휴가기간은 유급으로 한다.
> ② 제1항 후단에도 불구하고 출산전후휴가급여등이 지급된 경우에는 그 금액의 한도에서 지급의 책임을 면한다.
> ③ 배우자 출산휴가는 근로자의 배우자가 출산한 날부터 90일이 지나면 청구할 수 없다.
> ④ 배우자 출산휴가는 1회에 한정하여 나누어 사용할 수 있다.
> ⑤ 사업주는 배우자 출산휴가를 이유로 근로자를 해고하거나 그 밖의 불리한 처우를 하여서는 아니 된다.

### ② 주요내용:
사업주는 근로자가 배우자의 출산을 이유로 "배우자 출산휴가"를 청구하는 경우에 10일의 휴가를 주어야 한다(동법 제18조의2제1항전단). 이 경우 사용한 휴가기간은 유급으로 하며, 출산전후휴가급여등이 지급된 경우에는 그 금액의 한도에서 지급의 책임을 면한다(동법 제18조의2제1항후단 및 제2항). 배우자 출산휴가는 근로자의 배우자가 출산한 날부터 90일이 지나면 청구할 수 없다(동법 제18조의2제제3항). 배우자 출산휴가는 1회에 한정하여 나누어 사용할 수 있다(동법 제18조의2제제4항). 사업주는 배우자 출산휴가를 이유로 근로자를 해고하거나 그 밖의 불리한 처우를 하여서는 아니 된다(동법 제18조의2제제5항).

### (다) 육아휴직제도
### ① 관련규정

> 남녀고용평등법 제19조 [육아휴직] ① 사업주는 임신중인 여성근로자가 모성을 보호하거나 근로자가 만8세 이하 또는 초등학교 2학년 이하의 자녀(입양한 자녀를 포함

한다. 이하 같다)를 양육하기 위하여 휴직(이하 "육아휴직"이라 한다)을 신청하는
경우에 이를 허용하여야 한다. 다만, 대통령령으로 정하는 경우에는 그러하지 아니
하다.
② 육아휴직의 기간은 1년 이내로 한다.
③ 사업주는 육아휴직을 이유로 해고나 그밖의 불리한 처우를 하여서는 아니되며,
육아휴직기간에는 그 근로자를 해고하지 못한다. 다만, 사업을 계속할 수 없는 경
우에는 그러하지 아니한다.
④ 사업주는 육아휴직을 마친 후에는 휴직 전과 같은 업무 또는 같은 수준의 임금
을 지급하는 직무에 복귀시켜야 한다. 또한 제2항의 육아휴직기간은 근속기간에
포함한다.
⑤ 기간제근로자 또는 파견근로자의 육아휴직 기간은 「기간제 및 단시간근로자 보
호 등에 관한 법률」 제4조에 따른 사용기간 또는 「파견근로자보호 등에 관한 법률」
제6조에 따른 근로자파견기간에서 제외한다.
⑥ 육아휴직의 신청방법 및 절차 등에 관하여 필요한 사항은 대통령령으로 정한다.

② **주요내용:**　　　여성근로자가 출산을 한 경우 모성을 보호하고 아기의 양육을
위해 산전·후 휴가 외에 육아휴직을 인정하는 것이 일반적인 추세이다. 이러한 취
지에서 남녀고용평등법에 육아휴직제도를 규정하고 있다.

㉠ 신청권자　　　육아휴직신청권자는 임신중인 여성근로자 또는 육아휴직청구일
현재 만8세 이하 또는 초등학교 2학년 이하의 자녀(입양한 자녀를 포함한다)를 가지고
있는 여성근로자 및 남성근로자이다(남녀고용평등법 제19조제1항). 여성근로자에는 산
모·입양모 및 대리모까지를 포함한다.[20] 배우자인 근로자도 육아휴직의 신청권자로
포함시킨 이유는 여성근로자 대신에 그 배우자가 영유아의 양육을 담당할 수도 있
기 때문이다. 이 경우 자녀에는 친자 외에 법률상 양자도 포함되며 법률상 혼인관계
뿐 아니라 사실상 혼인관계로 인한 자녀도 포함된다.

㉡ 청구시기와 기간

(ⅰ) 신청시기　　　육아휴직은 만8세 이하 또는 초등학교 2학년 이하의 자녀가 있는 경
우 언제든지 신청할 수 있다(동법 제19조제2항). 그러나 육아휴직은 그 제도의 취지상 출산
전으로 소급하여 사용할 수는 없다.[21]

(ⅱ) 신청대상기간　　　육아휴직청구기간은 1년을 초과하지 아니하는 범위 내에서 근로
자가 필요로 하는 기간이 된다(동법 제19조제2항).

㉢ 불리한 처우의 금지　　　사업주는 근로여성에게 육아휴직을 이유로 해고 기
타 불리한 처우를 하여서는 아니되며, 육아휴직기간 동안은 해당 근로자를 해고하지
못한다(동법 제19조제3항본문). 「육아휴직을 이유로 한 불리한 처우」란 다른 합리적인

---

20) 부소 01254-4565(1991. 4. 1).
21) 부소 01254-16806(1990. 12. 5).

이유 없이 육아휴직을 이유로 여성근로자에게 행해지는 차별대우를 말한다.[22) 다만,
사업을 계속할 수 없는 경우는 그러하지 아니하다(동법 제19조제3항단서).

　㉣ 휴직후 복직　　　사업주는 육아휴직 종료 후에는 휴직 전과 동일한 업무 또
는 동등한 수준의 임금을 지급하는 직무에 복귀시켜야 한다(동법 제19조제4항전단).
또한, 육아휴직기간은 근속기간에 포함된다(동법 제19조제4항후단).

　㉤ 육아휴직기간　　　기간제근로자 또는 파견근로자의 육아휴직 기간은 「기간제
및 단시간근로자 보호 등에 관한 법률」 제4조에 따른 사용기간 또는 「파견근로자보
호 등에 관한 법률」 제6조에 따른 근로자파견기간에서 제외한다(동법 제19조제5항).

　㉥ 비용지원　　　국가는 사업주가 근로자에게 육아휴직을 부여한 경우 해당 근
로자의 생계비용과 사업주의 고용유지비용의 일부를 지원할 수 있다(동법 제20조제1
항). 이에 따라 고용보험법은 육아휴직급여를 지급한다(고용보험법 제70조).

### (라) 난임치료휴가

#### ① 관련규정

> **남녀고용평등법 제18조의3 [난임치료휴가]** ① 사업주는 근로자가 인공수정 또는 체
> 외수정 등 난임치료를 받기 위하여 휴가(이하 "난임치료휴가"라 한다)를 청구하는
> 경우에 연간 3일 이내의 휴가를 주어야 하며, 이 경우 최초 1일은 유급으로 한다.
> 다만, 근로자가 청구한 시기에 휴가를 주는 것이 정상적인 사업 운영에 중대한 지
> 장을 초래하는 경우에는 근로자와 협의하여 그 시기를 변경할 수 있다.
> ② 사업주는 난임치료휴가를 이유로 해고, 징계 등 불리한 처우를 하여서는 아니
> 된다.
> ③ 난임치료휴가의 신청방법 및 절차 등은 대통령령으로 정한다.

　② **주요내용:**　　　사업주는 근로자가 인공수정 또는 체외수정 등 난임치료를 받
기 위하여 "난임치료휴가"를 청구하는 경우에 연간 3일 이내의 휴가를 주어야 하며,
이 경우 최초 1일은 유급으로 한다(동법 제18조의3제1항본문). 다만, 근로자가 청구한
시기에 휴가를 주는 것이 정상적인 사업 운영에 중대한 지장을 초래하는 경우에는
근로자와 협의하여 그 시기를 변경할 수 있다(동법 제18조의3제1항단서). 사업주는 난
임치료휴가를 이유로 해고, 징계 등 불리한 처우를 하여서는 아니 된다(동법 제18조
의3제2항본문).

---

22) 부소 32140－1404(1989. 9. 27).

## (마) 육아기 근로시간 단축

### ① 관련규정

> **남녀고용평등법 제19조의2 [육아기 근로시간 단축]** ① 사업주는 근로자가 만 8세 이하 또는 초등학교 2학년 이하의 자녀를 양육하기 위하여 근로시간의 단축(이하 "육아기 근로시간 단축"이라 한다)을 신청하는 경우에 이를 허용하여야 한다. 다만, 대체인력 채용이 불가능한 경우, 정상적인 사업 운영에 중대한 지장을 초래하는 경우 등 대통령령으로 정하는 경우에는 그러하지 아니하다.
> ② 제1항 단서에 따라 사업주가 육아기 근로시간 단축을 허용하지 아니하는 경우에는 해당 근로자에게 그 사유를 서면으로 통보하고 육아휴직을 사용하게 하거나 출근 및 퇴근 시간 조정 등 다른 조치를 통하여 지원할 수 있는지를 해당 근로자와 협의하여야 한다.
> ③ 사업주가 제1항에 따라 해당 근로자에게 육아기 근로시간 단축을 허용하는 경우 단축 후 근로시간은 주당 15시간 이상이어야 하고 35시간을 넘어서는 아니 된다.
> ④ 육아기 근로시간 단축의 기간은 1년 이내로 한다. 다만, 제19조제1항에 따라 육아휴직을 신청할 수 있는 근로자가 제19조제2항에 따른 육아휴직 기간 중 사용하지 아니한 기간이 있으면 그 기간을 가산한 기간 이내로 한다.
> ⑤ 사업주는 육아기 근로시간 단축을 이유로 해당 근로자에게 해고나 그 밖의 불리한 처우를 하여서는 아니 된다.
> ⑥ 사업주는 근로자의 육아기 근로시간 단축기간이 끝난 후에 그 근로자를 육아기 근로시간 단축 전과 같은 업무 또는 같은 수준의 임금을 지급하는 직무에 복귀시켜야 한다.
> ⑦ 육아기 근로시간 단축의 신청방법 및 절차 등에 관하여 필요한 사항은 대통령령으로 정한다.

② **주요내용:**  사업주는 근로자가 만 8세 이하 또는 초등학교 2학년 이하의 자녀를 양육하기 위하여 "육아기 근로시간 단축"을 신청하는 경우에 이를 허용하여야 한다(동법 제19조의2제1항본문). 다만, 대체인력 채용이 불가능한 경우, 정상적인 사업 운영에 중대한 지장을 초래하는 경우 등 대통령령으로 정하는 경우에는 그러하지 아니하며 이 경우에는 해당 근로자에게 그 사유를 서면으로 통보하고 육아휴직을 사용하게 하거나 출근 및 퇴근 시간 조정 등 다른 조치를 통하여 지원할 수 있는지를 해당 근로자와 협의하여야 한다(동법 제19조의2제1항단서 및 제2항).

사업주가 해당 근로자에게 육아기 근로시간 단축을 허용하는 경우 단축 후 근로시간은 주당 15시간 이상이어야 하고 35시간을 넘어서는 아니 된다(동법 제19조의2제3항). 육아기 근로시간 단축의 기간은 1년 이내로 하되, 다만, 육아휴직을 신청할 수 있는 근로자가 육아휴직 기간 중 사용하지 아니한 기간이 있으면 그 기간을 가산한 기간 이내로 한다(동법 제19조의2제4항).

사업주는 육아기 근로시간 단축을 이유로 해당 근로자에게 해고나 그 밖의 불리

제 2 부  개별적 근로관계

한 처우를 하여서는 아니 된다(동법 제19조의2제5항).

사업주는 근로자의 육아기 근로시간 단축기간이 끝난 후에 그 근로자를 육아기 근로시간 단축 전과 같은 업무 또는 같은 수준의 임금을 지급하는 직무에 복귀시켜야 한다(동법 제19조의2제6항).

③ **육아기 근로시간 단축중의 근로조건:** 사업주는 육아기 근로시간 단축을 하고 있는 근로자에 대하여 근로시간에 비례하여 적용하는 경우 외에는 육아기 근로시간 단축을 이유로 그 근로조건을 불리하게 하여서는 아니 된다(동법 제19조의3제1항).

육아기 근로시간 단축을 한 근로자의 근로조건(육아기 근로시간 단축 후 근로시간을 포함한다)은 사업주와 그 근로자 간에 서면으로 정한다(동법 제19조의3제2항).

사업주는 육아기 근로시간 단축을 하고 있는 근로자에게 단축된 근로시간 외에 연장근로를 요구할 수 없다(동법 제19조3제3항본문). 다만, 그 근로자가 명시적으로 청구하는 경우에는 사업주는 주 12시간 이내에서 연장근로를 시킬 수 있다(동법 제19조의3제3항단서).

육아기 근로시간 단축을 한 근로자에 대하여 평균임금을 산정하는 경우에는 그 근로자의 육아기 근로시간 단축 기간을 평균임금 산정기간에서 제외한다(동법 제19조의3제4항).

④ **육아휴직과 육아기 근로시간 단축의 사용형태:** 근로자는 육아휴직을 2회에 한정하여 나누어 사용할 수 있다(동법 제19조의4제1항전단). 근로자는 육아기 근로시간 단축을 나누어 사용할 수 있다. 이 경우 임신중인 여성근로자가 모성보호를 위하여 육아휴직을 사용한 횟수는 육아휴직을 나누어 사용한 횟수에 포함하지 아니한다(동법 제19조의4제1항후단). 나누어 사용하는 1회의 기간은 3개월(근로계약기간의 만료로 3개월 이상 근로시간 단축을 사용할 수 없는 기간제근로자에 대해서는 남은 근로계약기간을 말한다) 이상이 되어야 한다(동법 제19조의2제2항).

㈔ **육아지원을 위한 기타조치**

사업주는 만8세 이하 또는 초등학교 2학년 이하의 자녀를 양육하는 근로자의 육아를 지원하기 위하여 다음의 어느 하나에 해당하는 조치를 하도록 노력하여야 한다(동법 제19조의5제1항).

( i ) 업무를 시작하고 마치는 시간 조정

(ii) 연장근로의 제한

(iii) 근로시간의 단축, 탄력적 운영 등 근로시간 조정

(iv) 그 밖에 소속 근로자의 육아를 지원하기 위하여 필요한 조치

⒮ 근로자의 가족돌봄 등을 위한 지원

① **가족돌봄휴직:** 사업주는 근로자가 조부모, 부모, 배우자, 배우자의 부모, 자녀 또는 손자녀(이하 "가족"이라 한다)의 질병, 사고, 노령으로 인하여 그 가족을 돌보기 위한 "가족돌봄휴직"을 신청하는 경우 이를 허용하여야 한다(동법 제22조의2제1항본문).

다만, ⅰ) 대체인력 채용이 불가능한 경우, ⅱ) 정상적인 사업 운영에 중대한 지장을 초래하는 경우 및 ⅲ) 본인 외에도 조부모의 직계비속 또는 손자녀의 직계존속이 있는 경우 등 대통령령으로 정하는 경우에는 그러하지 아니하다(동법 제22조의2제1항단서). 사업주가 가족돌봄휴직을 허용하지 아니하는 경우에는 해당 근로자에게 그 사유를 서면으로 통보하고, 다음의 어느 하나에 해당하는 조치를 하도록 노력하여야 한다(동법 제22조의2제3항).

( ⅰ ) 업무를 시작하고 마치는 시간 조정
( ⅱ ) 연장근로의 제한
( ⅲ ) 근로시간의 단축, 탄력적 운영 등 근로시간의 조정
( ⅳ ) 그 밖에 사업장 사정에 맞는 지원조치

② **가족돌봄휴가:** 사업주는 근로자가 가족(조부모 또는 손자녀의 경우 근로자 본인 외에도 직계비속 또는 직계존속이 있는 등 대통령령으로 정하는 경우는 제외한다)의 질병, 사고, 노령 또는 자녀의 양육으로 인하여 긴급하게 그 가족을 돌보기 위한 "가족돌봄휴가"를 신청하는 경우 이를 허용하여야 한다(동법 제22조의2제2항본문). 다만, 근로자가 청구한 시기에 가족돌봄휴가를 주는 것이 정상적인 사업 운영에 중대한 지장을 초래하는 경우에는 근로자와 협의하여 그 시기를 변경할 수 있다(동법 제22조의2제2항단서).

③ **근로시간:** 단축 사업주는 근로자가 다음의 어느 하나에 해당하는 사유로 근로시간의 단축을 신청하는 경우에 이를 허용하여야 한다(동법 제22조의4제1항본문). 다만, 대체인력 채용이 불가능한 경우, 정상적인 사업 운영에 중대한 지장을 초래하는 경우 등 대통령령으로 정하는 경우에는 그러하지 아니하다(동법 제22조의4제1항단서).

( ⅰ ) 근로자가 가족의 질병, 사고, 노령으로 인하여 그 가족을 돌보기 위한 경우
( ⅱ ) 근로자 자신의 질병이나 사고로 인한 부상 등의 사유로 자신의 건강을 돌보기 위한 경우
( ⅲ ) 55세 이상의 근로자가 은퇴를 준비하기 위한 경우
( ⅳ ) 근로자의 학업을 위한 경우

(아) 직장어린이집의 설치

① 관련규정

> 남녀고용평등법 제21조 [직장어린이집 설치 및 지원 등] ① 사업주는 근로자의 취업을 지원하기 위하여 수유·탁아 등 육아에 필요한 어린이집(이하 "직장어린이집"이라고 한다)을 설치하여야 한다.
> ② 직장어린이집을 설치하여야 할 사업주의 범위 등 직장어린이집의 설치 및 운영에 관한 사항은 「영유아보육법」에 따른다.
> ③ 고용노동부장관은 근로자의 고용을 촉진하기 위하여 제1항의 규정에 의한 직장어린이집의 설치·운영에 필요한 지원 및 지도를 하여야 한다.
> ④ 사업주는 직장어린이집을 운영하는 경우 근로자의 고용형태에 따라 차별하여서는 아니 된다.

② **주요내용:**　　　사업주는 근로자가 육아의 양육 등에 신경을 쓰지 아니하고 편안한 상태에서 계속 취업을 할 수 있도록 수유·탁아 등 육아에 필요한 직장어린이집을 제공하여야 한다(동법 제21조제1항). 직장어린이집의 기준과 운영에 관한 사항은 영유아보육법이 정하는 바에 따른다(동법 제21조제2항). 사업주는 직장어린이집을 운영하는 경우 근로자의 고용형태에 따라 차별해서는 아니 된다(동법 제21조제4항).

(4) 직장내 성희롱 금지

(가) 직장내 성희롱의 개념

"직장내 성희롱"이라 함은 사업주, 상급자 또는 근로자가 직장 내의 지위를 이용하거나 업무와 관련하여 다른 근로자에게 성적 언동 등으로 성적 굴욕감 또는 혐오감을 느끼게 하거나 성적 언동 또는 그 밖의 요구 등에 따르지 아니하였다는 이유로 근로조건 및 고용에서 불이익을 주는 것을 말한다(남녀고용평등법 제2조제2호).

'지위를 이용하거나 업무 등과 관련하여'라는 요건은 포괄적인 업무관련성을 나타낸 것으로서 업무수행의 기회나 업무수행에 편승하여 성적 언동이 이루어진 경우뿐 아니라 권한을 남용하거나 업무수행을 빙자하여 성적 언동을 한 경우도 이에 포함된다.

'성적 언동 등'이란 남녀 간의 육체적 관계나 남성 또는 여성의 신체적 특징과 관련된 육체적, 언어적, 시각적 행위로서 사회공동체의 건전한 상식과 관행에 비추어 볼 때 객관적으로 상대방과 같은 처지에 있는 일반적이고도 평균적인 사람으로 하여금 성적 굴욕감이나 혐오감을 느끼게 할 수 있는 행위를 의미한다. 따라서 상대방이 주관적 성적 굴욕감이나 혐오감을 느꼈다는 이유만으로 성희롱이 성립할 수는 없다.[23]

| 관 련 판 례 | 대판 2007. 6. 14, 2005두6461 성희롱이 성립하기 위해서는 행위자에게 반드시 성적 동기나 의도가 있어야 하는 것은 아니지만, 당사자의 관계, 행위가 행해진 장소 및 상황, 행위에 대한 상대방의 명시적 또는 추정적인 반응의 내용, 행위의 내용 및 정도, 행위가 일회적 또는 단기간의 것인지 아니면 계속적인 것인지 여부 등의 구체적 사정을 참작하여 볼 때, 객관적으로 상대방과 같은 처지에 있는 일반적이고도 평균적인 사람으로 하여금 성적 굴욕감이나 혐오감을 느낄 수 있게 하는 행위가 있고, 그로 인하여 행위의 상대방이 성적 굴욕감이나 혐오감을 느꼈음이 인정되어야 한다. |
|---|---|

이 경우 어떠한 성적 언동이 업무관련성이 인정되는지 여부는 쌍방 당사자의 관계, 행위가 행해진 장소 및 상황, 행위의 내용 및 정도 등의 구체적 사정을 참작하여 판단하여야 한다.24)

### (나) 직장내 성희롱의 예방 및 금지

사업주, 상급자 또는 근로자는 직장내 성희롱을 하여서는 아니 된다(동법 제12조). 사업주는 직장내 성희롱을 예방하고 안전한 근로환경에서 일할 수 있는 여건조성을 위하여 직장내 성희롱의 예방을 위한 교육을 매년 실시하여야 한다(동법 제13조제1항). 사업주는 성희롱예방교육을 고용노동부장관이 지정하는 성희롱예방교육기관에 위탁하여 실시할 수 있다(동법 제13조의2제1항).

### (다) 직장내 성희롱 발생시 조치

누구든지 직장 내 성희롱 발생 사실을 알게 된 경우 그 사실을 해당 사업주에게 신고할 수 있다(동법 제14조제1항). 사업주는 신고를 받거나 직장 내 성희롱 발생 사실을 알게 된 경우에는 지체 없이 그 사실 확인을 위한 조사를 하여야 한다(동법 제14조제2항전단). 이 경우 사업주는 직장 내 성희롱과 관련하여 "피해근로자"가 조사 과정에서 성적 수치심 등을 느끼지 아니하도록 하여야 한다(동법 제14조제2항후단). 사업주는 조사 기간 동안 피해근로자등을 보호하기 위하여 필요한 경우 해당 피해 근로자등에 대하여 근무장소의 변경, 유급휴가 명령 등 적절한 조치를 하여야 한다(동법 제14조제3항전단). 이 경우 사업주는 피해근로자등의 의사에 반하는 조치를 하여서는 아니 된다(동법 제14조제3항후단). 사업주는 조사 결과 직장 내 성희롱 발생 사실이 확인된 때에는 피해근로자가 요청하면 근무장소의 변경, 배치전환, 유급휴가 명령 등 적절한 조치를 하여야 한다(동법 제14조제4항). 사업주는 조사 결과 직장 내 성희롱 발생 사실이 확인된 때에는 지체 없이 직장 내 성희롱 행위를 한 사람에 대

---

23) 대판 2007. 6. 14, 2005두6461.
24) 대판 2006. 12. 21, 2005두13414.

하여 징계, 근무장소의 변경 등 필요한 조치를 하여야 한다(동법 제14조제5항전단). 이 경우 사업주는 징계 등의 조치를 하기 전에 그 조치에 대하여 직장 내 성희롱 피해를 입은 근로자의 의견을 들어야 한다(동법 제14조제5항후단). 사업주는 성희롱 발생 사실을 신고한 근로자 및 피해근로자등에게 ⅰ) 파면, 해임, 해고, 그 밖에 신분상실에 해당하는 불이익조치, ⅱ) 징계, 정직, 감봉, 강등, 승진 제한 등 부당한 인사조치, ⅲ) 직무 미부여, 직무 재배치, 그 밖에 본인의 의사에 반하는 인사조치, ⅳ) 성과평가 또는 동료평가 등에서 차별이나 그에 따른 임금 또는 상여금 등의 차별 지급, ⅴ) 직업능력 개발 및 향상을 위한 교육훈련 기회의 제한, ⅵ) 집단 따돌림, 폭행 또는 폭언 등 정신적·신체적 손상을 가져오는 행위를 하거나 그 행위의 발생을 방치하는 행위, ⅶ) 그 밖에 신고를 한 근로자 및 피해근로자등의 의사에 반하는 불리한 처우 등에 해당하는 불리한 처우를 하여서는 아니 된다.

### (라) 고객 등에 의한 성희롱 방지

사업주는 고객 등 업무와 밀접한 관련이 있는 사람이 업무수행 과정에서 성적인 언동 등을 통하여 근로자에게 성적 굴욕감 또는 혐오감 등을 느끼게 하여 해당 근로자가 그로 인한 고충 해소를 요청할 경우 배치전환, 유급휴가의 명령 등 적절한 조치를 취하도록 노력하여야 한다(동법 제14조의2제1항).

사업주는 근로자가 상기 피해를 주장하거나 고객 등으로부터의 성적 요구 등에 따르지 아니하였다는 것을 이유로 해고나 그 밖의 불이익한 조치를 하여서는 아니 된다(동법 제14조의2제2항).

### (마) 벌 칙

ⅰ) 사업주, 상급자 또는 근로자가 성희롱을 한 경우 1천만원 이하의 과태료, ⅱ) 사업주가 성희롱을 한 자에 대하여 징계, 그 밖에 이에 준하는 조치를 취하지 아니하는 경우 500만원 이하의 과태료, ⅲ) 사업주가 성희롱 예방교육을 실시하지 아니한 경우 300만원 이하의 과태료가 부과된다(동법 제39조). 사업주가 직장내 성희롱과 관련하여 피해근로자에게 해고 그 밖에 불이익한 조치를 취하는 경우 3년 이하의 징역 또는 2천만원 이하의 벌금에 처한다(동법 제37조제1항).

### (5) 분쟁의 자율적 해결

사업주는 근로자로부터 고충의 신고를 받은 때에는 「근로자참여및협력증진에관한법률」에 해당 사업장에 설치된 노사협의회에 고충의 처리를 위임하는 등 자율적인 해결을 위하여 노력하여야 한다(남녀고용평등법 제25조).

# 제 2 절  기간제 및 단시간근로자

## I. 의    의

### 1. 개    요

노동법은 기간제 및 단시간근로자에 대하여 다음과 같은 이유에서 특별한 법적 보호를 규정하고 있다.

첫째, 기간제 및 단시간근로자는 정규직근로자에 비하여 동일한 근로를 제공함에도 불구하고 근로조건이 열악하다. 따라서 임금 등 근로조건에서 정규직과 기간제·단시간근로자간의 차별금지를 통한 동등한 대우가 필요하다.

둘째, 기간제 및 단시간근로자는 계약직·임시직이 대부분이므로 고용이 불안정하다. 따라서, 사용자의 계약 갱신 거부 등으로부터 이들을 보호하여 안정된 일자리를 제공하는 것이 필요하다.

기간제 및 단시간근로자의 보호는 ⅰ) 근로자에 대한 근로조건 향상 및 고용안정과 ⅱ) 사용자의 고용 유연성이 조화·균형되도록 하여야 한다. 기간제 및 단시간근로자를 무조건 정규직으로 전환하는 것은 단기적으로 이들 근로자를 보호하는 효과를 가져올 수도 있다. 그러나 장기적으로는 고용비용의 상승을 가져와 ⅰ) 이들 근로자는 물론 정규직 근로자의 고용감소를 초래할 뿐더러 ⅱ) 기업의 경쟁력을 약화시켜 궁극적으로는 기업의 존속 및 근로자의 근로조건에 부정적 결과를 가져올 수 있다.

### 2. 기본체계

기간제근로자에 대하여는 「기간제및단시간근로자보호에관한법률」(이하 "기간제근로자법"이라 한다)이 적용되고 있다. 단시간근로자에 대하여는 ⅰ) 「근로기준법」 제2조제1항제8호·제18조 및, ⅱ) 「기간제근로자법」이 적용되고 있다.

「기간제근로자법」은 특별법으로서 우선 적용되며, 동법에서 규정되고 있지 아니한 사항에 대하여는 일반법인 근로기준법이 적용된다.

## Ⅱ. 적용범위

### 1. 관련규정

> 기간제근로자법 제3조 [적용범위] ① 이 법은 상시 5인 이상의 근로자를 사용하는 모든 사업 또는 사업장에 적용한다. 다만, 동거의 친족만을 사용하는 사업 또는 사업장과 가사사용인에 대하여는 적용하지 아니한다.
> ② 상시 4인 이하의 근로자를 사용하는 사업 또는 사업장에 대하여는 대통령령으로 정하는 바에 따라 이 법의 일부 규정을 적용할 수 있다.
> ③ 국가 및 지방자치단체의 기관에 대하여는 상시 사용하는 근로자의 수와 관계없이 이 법을 적용한다.

### 2. 주요내용

#### (1) 기본원칙

「기간제근로자법」은 상시 5인 이상의 근로자를 사용하는 모든 사업 또는 사업장에 적용된다(동법 제3조제1항본문).

#### (2) 예　　외

##### ㈎ 동거의 친족만을 사용하는 사업 또는 사업장과 가사사용인

동법을 적용하지 아니한다(동법 제3조제1항단서).

##### ㈏ 4인 이하의 사업장

상시 4인 이하의 근로자를 사용하는 사업 또는 사업장에 대하여는 대통령령으로 정하는 바에 따라 이 법의 일부 규정을 적용한다(동법 제3조제2항).

##### ㈐ 국가 및 지방자치단체의 기관

상시 사용하는 근로자의 수와 관계없이 동법을 적용한다(동법 제3조제3항).

## Ⅲ. 기간제근로자의 보호

### 1. 기간제근로자의 개념

"기간제근로자"라 함은 기간의 정함이 있는 기간제근로계약을 체결한 근로자를 말한다(동법 제2조제1호).

기간제 근로계약서를 작성한 경우에도 그 기간의 정함이 단지 형식적인 것에 불과할 경우에는 계약서의 문언에 불구하고 기간의 정함이 없는 근로계약을 체결한 것으로 본다.25) 이 경우 해당 계약서의 내용과 근로계약이 체결된 동기 및 경위, 기간을 정한 목적과 당사자의 진정한 의사, 동종의 근로계약 체결방식에 관한 관행 및 관련 법령 등을 종합적으로 고려하여 이를 판단한다.26)

## 2. 기간제근로자의 사용

### (1) 원    칙

사용자는 2년을 초과하지 아니하는 범위 안에서(기간제근로계약의 반복갱신 등의 경우에는 그 계속근로한 총기간이 2년을 초과하지 아니하는 범위 안에서) 기간제근로자를 사용할 수 있다(동법 제4조제1항본문). 기간제근로자의 육아휴직 기간은 사용기간에서 제외한다(남녀고용평등법 제19조제5항).

근로계약기간이 만료하면서 그 근로계약기간을 갱신하거나 동일한 조건의 근로계약을 반복하여 체결한 경우에는 갱신 또는 반복된 계약기간을 합산하여 계속 근로 여부와 계속 근로 연수를 판단하여야 한다. 이 경우 체결된 근로계약 사이에 일부 공백 기간이 있다 하더라도 그 기간이 전체 근로계약기간에 비하여 길지 아니하고 계절적 요인이나 방학 기간 등 해당 업무의 성격에 기인하거나 대기 기간·재충전을 위한 휴식 기간 등의 사정이 인정되는 경우에는 근로관계의 계속성은 그 기간 중에도 유지된다.27)

관 련
판 례

대판 2006. 12. 7, 2004다29736     대학입시학원 종합반 강사들이 매년 계약기간을 2월 중순경부터 그 해 11월경까지로 정한 근로계약을 반복하여 체결한 경우, 계약기간이 아닌 기간에 강사들이 수능시험 문제 풀이, 논술 강의, 대학 지원자 및 대학 합격자 파악·보고 등의 업무를 수행한 점 등에 비추어 볼 때 계약기간이 아닌 기간도 강의 외 부수업무 수행과 다음 연도 강의를 위한 재충전 및 강의 능력 제고를 위한 연구기간으로서 근로관계가 계속되었다고 보기에 충분하다.

반복하여 체결된 기간제 근로계약 사이에 근로관계가 존재하지 않는 공백기간이 있는 경우에는, 공백기간의 길이와 공백기간을 전후한 총사용기간 중 공백기간이 차지하는 비중, 공백기간이 발생한 경위, 공백기간을 전후한 업무내용과 근로조건의 유사성, 사용자가 공백기간 동안 해당 기간제근로자의 업무를 대체한 방식과 기간제근로자에 대해 취한 조치, 공백기간에 대한 당사자의 의도나 인식, 다른 기간제근로자들에 대한 근로계약 반복·갱신 관행 등을 종합하여 공백기간 전후의 근로관계가

---

단절 없이 계속되었다고 평가될 수 있는지 여부를 가린 다음, 공백기간 전후의 근로기간을 합산하여 계속근로한 총기간을 산정할 수 있는지 판단하여야 한다.[28]

## (2) 예　　외

### ㈎ 2년 초과사용의 허용사유

다음에 해당하는 경우에는 2년을 초과하여 기간제근로자로 사용할 수 있다(동법 제4조제1항단서).

① 사업의 완료 또는 특정한 업무의 완성에 필요한 기간을 정한 경우

사용자가 이 규정의 적용을 회피하기 위하여 형식적으로 사업의 완료 또는 특정한 업무의 완성에 필요한 기간을 정한 근로계약을 반복갱신하여 체결하였으나 각 근로관계의 계속성을 인정할 수 있는 경우에는 '사업의 완료 또는 특정한 업무의 완성에 필요한 기간을 정한 경우'에 해당한다고 할 수 없다.[29]

| 관 련<br>판 례 | 대판 2017. 2. 3, 2016다255910　사용자가 기간제법 제4조 제2항의 적용을 회피하기 위하여 형식적으로 사업의 완료 또는 특정한 업무의 완성에 필요한 기간을 정한 근로계약을 반복갱신하여 체결하였으나 각 근로관계의 계속성을 인정할 수 있는지는 각 근로계약이 반복갱신하여 체결된 동기와 경위, 각 근로계약의 내용, 담당 업무의 유사성, 공백기간의 길이와 발생이유, 공백기간 동안 근로자의 업무를 대체한 방식 등 관련 사정을 종합적으로 고려하여 판단하여야 한다. |
|---|---|

② 휴직·파견 등으로 결원이 발생하여 해당 근로자가 복귀할 때까지 그 업무를 대신할 필요가 있는 경우

③ 근로자가 학업, 직업훈련 등을 이수함에 따라 그 이수에 필요한 기간을 정한 경우

④「고령자고용촉진법」상의 고령자와 근로계약을 체결하는 경우

⑤ 전문적 지식·기술의 활용이 필요한 경우와 정부의 복지정책·실업대책 등에 의하여 일자리를 제공하는 경우로서 대통령령으로 정하는 경우

㉠ 전문적 지식·기술의 활용이 필요한 경우(동법시행령 제3조제1항)

(ⅰ) 박사 학위(외국에서 수여받은 박사 학위를 포함한다)를 소지하고 해당분야에 종사하는 경우

(ⅱ)「국가기술자격법」제9조제1항제1호에 따른 기술사 등급의 국가기술자격을 소지하고 해당 분야에 종사하는 경우

---

28) 대판 2019. 10. 17, 2016두63705.
29) 대판 2017. 2. 3, 2016다255910.

( iii ) 별표 2에서 정한 전문자격을 소지하고 해당 분야에 종사하는 경우

ⓛ 정부의 복지정책·실업정책 등에 의하여 일자리를 제공하는 경우(동법시행령 제3조제2항)

( i ) 「고용정책기본법」, 「고용보험법」 등 다른 법령에 따라 국민의 직업능력 개발, 취업촉진 및 사회적으로 필요한 서비스 제공 등을 위하여 일자리를 제공하는 경우

( ii ) 「제대군인 지원에 관한 법률」 제3조에 따라 제대군인의 고용증진 및 생활안정을 위하여 일자리를 제공하는 경우

( iii ) 「국가보훈기본법」 제19조제2항에 따라 국가보훈대상자에 대한 복지증진 및 생활안정을 위하여 보훈도우미 등 복지지원 인력을 운영하는 경우

⑥ 그 밖에 ① 내지 ⑤까지에 준하는 합리적인 사유가 있는 경우로서 대통령령으로 정하는 경우(동법시행령 제3조제2항)

### (나) 근로계약 체결의 의제

사용자가 상기 사유가 없거나 소멸되었음에도 불구하고 2년을 초과하여 기간제근로자로 사용하는 경우에는 그 기간제근로자는 기간의 정함이 없는 근로계약을 체결한 근로자로 본다(동법 제4조제2항).

상기 계약기간을 산정하는 데 있어 예외에 해당하는 단시간 근로기간과 예외에 해당하지 않는 단시간 근로기간이 함께 있는 경우 "예외에 해당하는 기간"은 합산에서 제외된다.[30]

2년이 초과하는 경우 새로운 근로계약이 체결된 것으로 볼 수 있는 바, 이 새로운 근로계약이 기간의 정함이 있는 근로계약인 것은 법문의 규정에 의하여 명확하지만 구체적인 내용이 무엇인지에 관하여는 다음과 같이 견해의 대립이 있을 수 있다.

#### ① 학 설

㉠ 불완전전환설        동 조항의 효력은 기간제근로자의 근로계약이 "기간의 정함이 있는" 근로계약에서 "기간의 정함이 없는" 근로계약으로 전환되는 것으로 국한되며, 전환된 근로계약의 구체적 내용은 당사자간의 합의에 따라 자유로이 결정된다고한다. 이러한 견해에 따르면, 기간제근로자가 정년은 보장되지만, 근로기준은 정규직근로자와 동일하게 되는 것이 아니라 계약직 근로자의 근로기준이 그대로 유지되어도 무방하다고 한다. 즉, 기간제근로자로서의 근로기준이 그대로 유지되면서 계약을 매년 반복 갱신 체결하여 정년만이 보장되어도 동 조항에 위배되지 않는 것이라고한다. 근로계약의 체결 등 당사자간의 합의가 없는 경우 취업규칙이 적용되므로 정

---

30) 대판 2014. 11. 27, 2013다2672.

규직 근로자와 동일한 법적 지위를 갖는다고 한다.[31)]

ⓛ 완전전환설    동 조항의 효력은 기간제근로자의 근로계약이 "기간의 정함이 있는" 근로계약에서 "기간의 정함이 없는" 근로계약으로 전환되는 것은 물론 근로기준도 정규직 근로자와 동일하게 적용된다고 한다. 이러한 견해에 따르면, 기간제근로자가 정규직 근로자와 마찬가지로 정년도 보장되고 근로조건도 동일하게 되어 완전히 정규직 근로자로 신분이 전환된다고 한다.

ⓒ 사 견    사견으로는 완전전환설에 찬동하고자 한다. 동종 또는 유사한 업무를 수행하는 경우 종전에 기간제근로자이었음을 이유로 정규직 근로자와 근로조건을 차별대우하여서는 아니 되기 때문이다(동법 제8조제1항). 이는 사용자가 2년을 초과하여 기간제 근로자로 사용하는 경우는 물론 갱신기대권이 있으나 거절되어 부당해고되었으나 원직복직명령을 받은 경우 또는 소위 무기계약직으로 신규채용하거나 고용전환을 하는 경우에도 동일하게 적용되어야 할 것이다. 대법원도 완전전환설에 따르고 있다.[32)]

파견근로자의 경우, 사용사업주가 파견근로자를 직접 고용하는 경우 파견근로자법 제6조의2제3항제1호는 "사용사업주의 근로자 중 해당 파견근로자와 동종 또는 유사업무를 수행하는 근로자가 있는 경우에는 그 근로자에게 적용되는 취업규칙 등에서 정하는 근로조건에 의할 것"이라는 규정을 두어 파견근로자를 보호하고 있는바, 기간제 근로자의 경우에도 같은 취지의 규정이 신설되어야 할 것으로 보인다.

② 판 례:    대법원 판례는 "기간의 정함이 없는 근로계약을 체결한 것으로 간주되는 근로자의 근로조건에 대하여는, 해당 사업 또는 사업장 내 동종 또는 유사한 업무에 종사하는 기간의 정함이 없는 근로계약을 체결한 근로자가 있을 경우 달리 정함이 없는 한 그 근로자에게 적용되는 취업규칙 등이 동일하게 적용된다"고 판결하고 있다.[33)] 다만, 대법원 판례는 기간제근로자의 근로기간이 2년을 경과하기 이전에 무기계약직으로 전환하는 경우에도 적용되는지의 여부에 관하여는 구체적으로 판단하고 있지 아니하다. 그러나, 기간제근로자보호법의 근본 취지를 감안하여 본다면 당연히 무기계약직 근로자에게도 적용되어야 하는 것이 타당할 것이다.

---

31) 김형배, 노동법, p. 1193.
32) 대판 2019. 12. 24, 2015다254873.
33) 대판 2019. 12. 24, 2015다254873.

**관련
판례**  대판 2019. 12. 24, 2015다254873   [1] '기간제 및 단시간근로자 보호 등에 관한 법률'(이하 '기간제법'이라 한다) 제4조 제2항은 "사용자가 제1항 단서의 사유가 없거나 소멸되었음에도 불구하고 2년을 초과하여 기간제근로자로 사용하는 경우에는 그 기간제근로자는 기간의 정함이 없는 근로계약을 체결한 근로자로 본다."라고 정하고 있다. 이러한 규정에 따라 기간의 정함이 없는 근로계약을 체결한 것으로 간주되는 근로자의 근로조건에 대하여는, 해당 사업 또는 사업장 내 동종 또는 유사한 업무에 종사하는 기간의 정함이 없는 근로계약을 체결한 근로자가 있을 경우 달리 정함이 없는 한 그 근로자에게 적용되는 취업규칙 등이 동일하게 적용된다. 구체적 이유는 다음과 같다.

① 기간제법 제4조 제2항은 사용자가 기간제근로자를 2년을 초과하여 사용한 경우의 효과에 관하여 그 근로계약기간을 정한 것만이 무효로 된다거나, 또는 근로계약기간을 제외한 나머지 기존 근로조건은 여전히 유효하다는 식으로 규정하고 있지 않다.

② 기간제법 제8조 제1항은 "사용자는 기간제근로자임을 이유로 당해 사업 또는 사업장에서 동종 또는 유사한 업무에 종사하는 기간의 정함이 없는 근로계약을 체결한 근로자에 비하여 차별적 처우를 하여서는 아니 된다."라고 정하고 있다. 위 규정이 문언상으로는 기간제근로자에 대한 차별적 처우만을 금지하고 있지만, 규정 취지와 공평의 관념 등을 함께 고려하면, 기간제법 제4조 제2항에 따라 기간의 정함이 없는 근로계약을 체결한 것으로 간주되는 근로자의 근로조건은 다른 특별한 사정이 없는 한 동종 또는 유사 업무에 종사하는 기간의 정함이 없는 근로계약을 체결한 근로자에게 적용되는 근로조건보다 불리하여서는 아니 된다고 해석된다.

③ 기간제근로자의 근로조건 보호를 강화함으로써 노동시장의 건전한 발전에 이바지함을 목적으로 하는 기간제법은 기간제근로자의 사용기한을 원칙적으로 2년으로 제한하고, 그 위반에 대해서는 벌칙 규정을 두는 대신에 기간의 정함이 없는 근로계약을 체결한 근로자로 간주하는 조항을 마련하였다(제1조, 제4조 제1항, 제2항). 이러한 기간제법의 목적, 관련 규정 체계와 취지, 제정 경위 등을 종합하면, 사용자의 사업 또는 사업장 내에 동종 또는 유사한 업무에 종사하는 기간의 정함이 없는 근로계약을 체결한 근로자가 있다면, 다른 특별한 사정이 없는 한 그 근로자에게 적용되는 근로조건이 기간제법 제4조 제2항에 따라 기간의 정함이 없는 근로계약을 체결한 것으로 간주되는 근로자에게도 동일하게 적용된다고 해석함이 타당하다.

## 3. 기간제 근로계약의 갱신

기간제 근로계약 당사자 사이의 근로관계는 그 계약기간이 만료함에 따라 사용자의 해고 등 별도의 조치를 기다릴 것 없이 당연히 종료된다. 그러나, 근로계약에서 정한 기간이 단지 "형식"에 불과하게 된 경우 또는 근로자에게 근로계약이 갱신될 수 있으리라는 정당한 "기대권"이 인정되고, 갱신의 요건을 충족하는 때에는, 사용자가 근로계약의 갱신을 거절하는 것은 부당해고에 해당되어 무효이고, 이 경우 기간만료 후의 근로관계는 종전의 근로계약이 갱신된 것과 동일하다고 할 것이다.[34)]

정년퇴직 근로자에게도 기간제 근로자와 마찬가지로 근로계약의 갱신기대권이 인정된다.[35] 종전의 대법원 판례는 정년퇴직 근로자의 근로계약 갱신에 대하여 기간제 근로자에 비하여 사용자의 재량권이 폭넓게 인정되었으나 최근의 대법원 판례는 양자를 구분하지 않고 있다. 이에 관하여는 제2편제3장제4절 근로계약의 기간에서 이미 설명한 바와 같다.

근로계약이 종료된 후 근로자가 계속하여 근로를 제공하는 경우에 사용자가 상당한 기간 내에 이의를 제기하지 아니한 때에는 종전의 근로계약과 동일한 조건으로 재고용한 것으로 보는 것이 타당하다.[36]

「기간제 및 단시간근로자 보호 등에 관한 법률」의 시행만으로 시행 전에 형성된 계약갱신에 대한 정당한 기대권이 배제 또는 제한되는 것은 아니다.[37]

### 4. 기간제근로자의 우선 고용

사용자는 기간의 정함이 없는 근로계약을 체결하고자 하는 경우에 해당 사업 또는 사업장의 동종 또는 유사한 업무에 종사하는 기간제근로자를 우선적으로 고용하도록 노력하여야 한다(동법 제5조).

### 5. 고용보험법상의 보호

고용노동부장관은 사업주가 「기간제 및 단시간근로자 보호 등에 관한 법률」 제2조제1호의 기간제근로자에게 직업능력개발 훈련을 실시하는 경우에는 대통령령으로 정하는 바에 따라 우대 지원할 수 있다(동법 제27조제2항).

## Ⅳ. 단시간근로자의 보호

### 1. 단시간근로자의 개념

단시간근로자라 함은 해당 사업장의 동종 업무에 종사하는 통상근로자보다 1주간의 소정근로시간이 짧은 근로자를 말한다(기간제근로자법 제2조제2호 및 근로기준법 제2조제1항제9호).

---

34) 대판 2011. 4. 14, 2009두3354; 대판 2011. 11. 10, 2010두24128; 대판 2013. 2. 14, 2011두24361; 대판 2014. 2. 13, 2011두12528; 대판 2016. 11. 10, 2014두45765.
35) 대판 2023. 11. 2, 2023두41727; 대판 2023. 6. 29, 2018두62492.
36) 대판 1986. 2. 25, 85다카2096.
37) 대판 2011. 4. 14, 2009두3354; 대판 2011. 11. 10, 2010두24128; 대판 2013. 2. 14, 2011두24361; 대판 2014. 2. 13, 2011두12528.

## 2. 근로기준법상의 보호

### (1) 관련규정

> 근로기준법 제18조 [단시간근로자의 근로조건] ① 단시간근로자의 근로조건은 그 사업장의 같은 종류의 업무에 종사하는 통상 근로자의 근로시간을 기준으로 산정한 비율에 따라 결정되어야 한다.
> ② 제1항에 따라 근로조건을 결정할 때에 기준이 되는 사항이나 그 밖에 필요한 사항은 대통령령으로 정한다.
> ③ 4주 동안(4주 미만으로 근로하는 경우에는 그 기간)을 평균하여 1주 동안의 소정근로시간이 15시간 미만인 근로자에 대하여는 제55조와 제60조를 적용하지 아니한다.

### (2) 주요내용

### ㈎ 단시간근로자의 보호

단시간근로자의 근로조건은 단시간근로자와 해당 사업장의 동종업무에 종사하는 통상근로자의 근로시간을 상호 비교하여 그 비율대로 결정된다(근로기준법 제18조제1항). 상기 근로조건결정의 기준 등 그 밖에 필요한 사항은 다음과 같이 대통령령으로 정한다(동법 제18조제2항 및 동법시행령 제9조제1항 [별표 2]).

① **근로계약의 체결:**  사용자가 단시간근로자를 고용할 경우에는 임금·근로시간, 그 밖의 근로조건을 명확히 기재한 근로계약서를 작성하여 근로자에게 교부하여야 한다.

단시간근로자의 근로계약서에는 계약기간, 근로일, 근로시간의 시작과 종료시각, 시간급임금 그 밖에 고용노동부장관이 정하는 사항이 명시되어야 한다.

② **임금의 계산:**  단시간근로자의 임금산정 단위는 시간급을 원칙으로 한다.

시간급임금을 일급 통상임금으로 산정할 경우에는 1일 소정근로시간수에 시간급임금을 곱하여 산정한다. 단시간근로자의 1일 소정근로시간수는 4주간의 소정근로시간을 그 기간의 통상근로자의 총 소정근로일수로 나눈 시간수로 한다.

③ **초과근로:**  사용자는 단시간근로자를 소정근로일이 아닌 날에 근로시키거나 소정근로시간을 초과하여 근로시키고자 할 경우에는 근로계약서·취업규칙 등에 그 내용 및 정도를 명시하여야 하며, 초과근로에 대하여 가산임금을 지급하기로 한 경우에는 그 지급률을 명시하여야 한다.

사용자는 근로자와의 합의가 있는 경우에 한하여 초과근로를 시킬 수 있다.

제 2 부  개별적 근로관계

④ **휴일·휴가의 적용**

㉠ **유급휴일**　　사용자는 단시간근로자에 대하여 근로기준법 제55조의 규정에 의한 유급휴일을 주어야 한다. 이 경우 사용자가 지급하는 임금은 일급통상임금을 기준으로 한다.

㉡ **연차유급휴가**　　사용자는 단시간근로자에 대하여 연차유급휴가를 주어야 한다. 이 경우 유급휴가는 각각 다음의 방식으로 계산한 시간단위로 하며, 1시간 미만은 1시간으로 본다. 이 경우 사용자가 지급하여야 하는 임금은 시간급을 기준으로 한다.

$$\text{통상근로자의 연차휴가일수} \times \frac{\text{단시간근로자의 소정근로시간}}{\text{통상근로자의 소정근로시간}} \times 8\text{시간}$$

㉢ **무급생리휴가 및 출산전후휴가**　　사용자는 여성인 단시간근로자에 대하여 근로기준법 제73조의 규정에 의한 무급생리휴가 및 근로기준법 제74조의 규정에 의한 출산전후휴가를 주어야 한다.

사용자가 지급하여야 하는 임금은 일급 통상임금을 기준으로 한다.

⑤ **취업규칙의 작성 및 변경**

㉠ **별도의 취업규칙을 작성하는 경우**　　사용자는 단시간근로자에게 적용되는 취업규칙을 통상근로자에게 적용되는 취업규칙과 별도로 작성할 수 있다.

취업규칙을 작성하거나 이를 변경하고자 할 경우에는 적용대상이 되는 단시간근로자 과반수의 의견을 들어야 한다. 다만, 취업규칙을 단시간근로자에게 불이익하게 변경하는 경우에는 그 동의를 얻어야 한다.

㉡ **별도의 취업규칙을 작성하지 아니하는 경우**　　단시간근로자에게 적용될 별도의 취업규칙이 작성되지 아니한 경우에는 통상근로자에게 적용되는 취업규칙이 적용된다. 다만, 취업규칙에서 단시간근로자에 대하여 적용이 배제되는 규정을 두거나 달리 적용한다는 규정을 둔 경우에는 이에 따른다.

(나) **초단시간근로자에 대한 적용배제규정**

1주간의 소정근로시간이 뚜렷하게 짧은 초단시간근로자에 대하여는 다음과 같이 근로기준법의 일부규정이 적용되지 아니한다.

① **적용배제대상자:**　　4주 동안(4주 미만으로 근로하는 경우에는 그 기간)을 평균하여 1주간의 소정근로시간이 15시간 미만인 근로자를 말한다(동법 제18조제3항).

② **적용배제규정:**　　상기 근로자에 대하여는 유급주휴일 및 연차유급휴가를 적

용하지 아니한다(동법 제18조제3항).

## 3. 기간제근로자법상의 보호

### (1) 단시간근로자의 초과근로 제한

사용자는 단시간근로자에 대하여 「근로기준법」 제2조의 소정근로시간을 초과하여 근로하게 하는 경우에는 해당 근로자의 동의를 얻어야 한다. 이 경우 1주간에 12시간을 초과하여 근로시킬 수 없다(동법 제6조제1항).

단시간근로자는 사용자가 상기 동의를 얻지 아니하고 초과근로를 하게 하는 경우에는 이를 거부할 수 있다(동법 제6조제2항).

사용자는 소정근로시간에 대한 초과근로에 대하여 기준근로시간을 초과하지 않는 경우에도 통상임금의 100분의 50 이상을 가산하여 지급하여야 한다(동법 제6조제3항).

### (2) 단시간근로자의 우선 고용

사용자는 통상근로자를 채용하고자 하는 경우에는 해당 사업 또는 사업장의 동종 또는 유사한 업무에 종사하는 단시간근로자를 우선적으로 고용하도록 노력하여야 한다(동법 제7조제1항).

사용자는 가사, 학업 그 밖의 이유로 근로자가 단시간근로를 신청하는 때에는 해당 근로자를 단시간근로자로 전환하도록 노력하여야 한다(동법 제7조제2항).

## 4. 고용보험법상의 보호

해당 사업에서 1개월간 소정근로시간이 60시간 미만이거나 1주간의 소정근로시간이 15시간 미만인 근로자에게는 이 법을 적용하지 아니한다(동법 제10조제1항제2호 및 동법시행령 제3조제1항).

그러나, 상기 규정에 불구하고 다음의 어느 하나에 해당하는 근로자는 법 적용대상으로 한다(동법시행령 제3조제2항).

( i ) 해당 사업에서 3개월 이상 계속하여 근로를 제공하는 근로자

(ii) 일용근로자

## Ⅴ. 기간제근로자 및 단시간근로자에 공통된 보호

### 1. 차별적 처우의 금지 및 시정

#### (1) 개 요

사용자는 기간제근로자임을 이유로 해당 사업 또는 사업장에서 동종 또는 유사한 업무에 종사하는 기간의 정함이 없는 근로계약을 체결한 근로자에 비하여 차별적 처우를 하여서는 아니 된다(동법 제8조제1항).

사용자는 단시간근로자임을 이유로 해당 사업 또는 사업장의 동종 또는 유사한 업무에 종사하는 통상근로자에 비하여 차별적 처우를 하여서는 아니 된다(동법 제8조제2항).

#### (2) 주요내용

⑺ 기간제 또는 단시간 근로자임을 이유로

기간제 또는 단시간 근로자임(이하 "비정규직 근로자"라 한다)을 이유로 차별대우하여서는 아니 된다. 따라서, 비정규직 근로자에 해당하는 한, 업무의 형태 또는 명칭에 상관없이 차별금지제도가 적용된다. 수습근로자, 임시직 근로자, 아르바이트 근로자, 또는 일용직 근로자 등에게도 차별금지가 적용된다. 무허가 사업에도 차별금지제도가 적용되나, 매춘, 폭력 및 도박 등의 범죄행위를 행하는 불법사업에는 적용되지 아니한다.

비정규직 근로자에 해당하지 아니하는 일반 정규직 근로자의 경우 동법상의 차별금지제도가 적용되지 아니하며, 근로기준법상의 차별대우 금지조항이 적용된다.

한편, 기간제근로자를 사용한 지 2년이 경과하여 기간의 정함이 없는 근로자로 전환되었으나, 매년 계약이 갱신되는 기간제근로자(이를 "상근계약직 근로자"로 부르기로 한다)가 있다. 상근계약직 근로자에 대하여 기간제근로자법이 적용되어 차별금지 보호대상이 되는지에 관하여 의문이 제기될 수 있다. 이에 대하여 상근계약직 근로자는 정년이 보장되므로 기간제근로자법상의 기간제근로자에 해당하지 아니하며 따라서 동법상의 차별금지 보호대상이 아니라 근로기준법상의 균등대우 의무만이 적용된다는 견해가 있다. 그러나, 상근계약직 근로자는 매년 근로계약을 갱신하고 있어 기간제근로자의 형태를 취하고 있으며, 또한 이들을 보호대상에서 제외하는 경우 기간제근로자와 일반근로자의 차별금지라는 법목적을 심각하게 훼손할 수 있다는 점에서 상근계약직 근로자에게도 기간제근로자법상의 차별금지 규정이 적용되어야 한다고 본다.

### (나) 해당 사업 또는 사업장에서

차별금지의 비교 대상이 되는 근로자는 "해당 사업 또는 사업장"(이하 "사업"이라한다)에서 함께 근무하는 정규직 근로자이다.

해당 사업이라 함은 하나의 동일한 사업을 의미하는 것이므로 다른 사업에 소속된 정규직 근로자 또는 비정규직 근로자는 비교대상이 아니다.

하나의 동일한 사업에 해당하는 경우에도 사업장이 지역적으로 분산되어 있는 등 인사 및 회계 등에서 상호 분리 독립되어 있는 경우에는 각각의 분리 독립된 사업장 별로 비교대상을 고려하여야 할 것이다.[38]

### (다) 동종 또는 유사한 업무 종사 근로자

비정규직 근로자와 비교대상이 되는 정규직 근로자는 동종 또는 유사한 업무에 종사하는 기간의 정함이 없는 근로계약을 체결한 근로자이다. 동종업무라 함은 근로자의 지위, 종류, 고용기간 또는 근로계약의 형식에 상관없이 같은 직종에서 직무 또는 작업내용이 동일한 업무를 말한다.[39] 다만, 동종 업무의 판단은 남녀고용평등법상의 "동일노동 동일임금" 원칙에서 요구되는 엄격한 기준이 적용되는 것이 아니라 사회통념에 따라 구체적, 개별적으로 판단되어야 한다.[40] 유사업무라 함은 직무 또는 작업내용이 동일 수준에 이르지는 않지만, 주된 업무내용, 업무방법 및 업무환경 등 핵심요소에 있어 본질적 차이가 없는 업무를 말한다.

비교 대상 근로자로 선정된 근로자와 기간제근로자의 업무가 동종 또는 유사한 업무에 해당하는지는 근로계약, 취업규칙 및 단체협약 등에 명시된 업무 내용이 아니라 근로자가 실제 수행하여 온 업무를 기준으로 판단한다. 이 경우 이들이 수행하는 업무가 서로 완전히 일치하지 않고 업무의 범위 또는 책임과 권한 등에서 다소 차이가 있다고 하더라도 주된 업무의 내용에 본질적인 차이가 없다면, 특별한 사정이 없는 이상 이들은 동종 또는 유사한 업무에 종사한다고 보아야 한다.[41]

기간제근로자에 대한 구체적인 차별행위가 동법상의 차별금지 규정이 시행된 이후에 행하여진 경우, 차별의 근거가 되는 취업규칙, 단체협약 및 근로계약 등이 규

---

38) 하갑래, 근로기준법, p. 839.
39) 대판 1992. 12. 22, 92누13189.
40) 하갑래, 근로기준법, p. 840.
41) 대판 2012. 10. 25, 2011두7045; 대판 2014. 11. 27, 2011두5391.

정 시행 전에 작성 또는 체결되었다거나, 또는 근로 제공 등이 규정 시행 전에 이루어졌더라도 동법 상의 차별금지 규정이 적용된다.42) 다만, 차별금지 규정이 시행되기 이전에 이미 형성된 법률관계에 대한 사용자의 정당하고 중대한 신뢰 때문에 법률관계에 따른 결과가 위 규정 시행 후 차별적 처우로 나타나더라도 사용자가 이를 철회·변경하거나 달리 회피할 것을 기대할 수 없는 예외적 경우에 한하여 적용이 제한될 수 있다.43)

예컨대, 전년도 경영실적평가에 따른 성과상여금을 정규직 근로자들에게만 차등 지급하고 기간제근로자들에게는 전혀 지급하지 않은 것은, 양자의 업무 및 임금체계에 합리적인 차이가 있다고 보이므로 차별적 처우에 해당하지 아니한다.44)

관 련 판 례   **서울행판 2009. 6. 3, 2008구합24743**   대학교의 시간강사가 전임강사, 초빙강사, 강의전담교수에 비하여 합리적인 이유 없이 차별적인 처우를 받고 있다는 이유로 학교법인을 상대로 차별적 처우의 시정 신청을 한 사안에서, 강의를 주된 업무로 하는 시간강사와 달리 전임강사는 강의와 연구를 모두 주된 업무로 하고 있고 초빙강사는 해당 연도에 채용된 사람이 없어 근로조건을 확정할 수 없으므로 전임강사와 초빙강사는 비교대상근로자에 해당하지 않고, 강의전담교수는 연가를 제외하고 출근의무를 부담하고 시간강사에 비하여 주당 강의 시간이 많아 상당한 정도 부수적인 연구시간이 소요될 것으로 보이는 점 등에 비추어, 강의전담교수에 비하여 시간강사를 임금 그 밖의 근로조건 등에서 합리적인 이유 없이 불리하게 처우하고 있는 것으로 볼 수 없다.

궁극적으로 직무 또는 작업내용에 차이가 있다 할지라도 이러한 차이가 근로조건의 차별대우를 정당화 할 수 있을 정도에 미치지 아니하는 업무인 경우 이는 동종 또는 유사 업무로 파악하여야 할 것이다.

동종 또는 유사한 업무에 종사하는 정규직 근로자가 존재하지 아니하는 경우 차별대우를 주장할 수 없다. 기간제근로자만으로 구성되는 특정 직종 또는 부서를 만들어 기간제 근로자와 정규직 근로자 간의 직종 또는 소속이 서로 다르다는 것을 이유로 근로조건을 차별대우하는 경우가 있다. 이 경우 외형상 직종 또는 부서가 다를지라도 실질적으로 수행하는 업무가 동일 또는 유사한 경우에는 서로 비교대상이 되므로 차별대우 판단여부에 적용되는 것으로 판단하여야 할 것이다.

이 경우 ⅰ) 비정규직 근로자만을 대상으로 하는 특정 직종을 만드는 것이 과연 합리성 및 정당성을 갖추고 있는지 또한 ⅱ) 비정규직 근로자로 구성된 특정 직종이

---

42) 대판 2012. 1. 27, 2009두13627.
43) 대판 2012. 1. 27, 2009두13627.
44) 대판 2012. 10. 25, 2011두7045.

과연 정규직 근로자가 속한 다른 직종의 근로조건보다 낮은 수준이 인정되는 것이 일반적인 관행인지의 여부를 판단하기 위하여 다른 사업의 사례를 비교하여 볼 수 있을 것이다.

### ㈜ 차별대우의 개념 및 기준

차별적 처우라 함은 " ⅰ) 「근로기준법」 제2조제1항제5호에 따른 임금, ⅱ) 정기상여금, 명절상여금 등 정기적으로 지급되는 상여금, ⅲ) 경영성과에 따른 성과금 및 ⅳ) 그 밖에 근로조건 및 복리후생 등에 관한 사항에서 합리적인 이유 없이 불리하게 처우하는 것"을 말한다(동법 제2조제3호).

여기서 '불리하게 처우하는 것'은 사용자가 임금 그 밖의 근로조건 등에서 기간제 근로자와 비교 대상 근로자를 다르게 처우함으로써 기간제 근로자에게 발생하는 불이익 전반을 의미한다.

'합리적인 이유가 없이'란 기간제 근로자를 달리 처우할 필요성이 인정되지 않거나, 달리 처우할 필요성이 인정되는 경우에도 그 방법·정도 등이 적정하지 아니한 경우를 의미한다. 그리고 합리적인 이유가 있는지는 개별 사안에서 문제가 된 불리한 처우의 내용 및 사용자가 불리한 처우의 사유로 삼은 사정을 기준으로 기간제 근로자의 고용형태, 업무 내용과 범위·권한·책임, 임금 그 밖의 근로조건 등의 결정요소 등을 종합적으로 고려하여 판단해야 한다.[45]

차별대우에는 직접차별과 간접차별이 있다. 직접차별이라 함은 비정규직 근로자를 정규직 근로자에 비하여 낮은 수준의 근로조건으로 대우하는 것을 말한다. 예컨대, 은행의 창구에서 비정규직 직원이 정규직 직원과 동일한 서비스를 고객에게 제공하고 있음에도 불구하고 정규직 직원 임금의 70% 정도만을 수령하는 것이 이에 해당된다. 간접차별이라 함은 외형상으로는 비정규직 근로자와 정규직 근로자를 균등대우하고 있으나, 실질적으로는 비정규직 근로자가 사업장에서 제시하는 조건을 충족하지 못하여 결과적으로 차별대우가 되는 것을 말한다. 예컨대, 3년 이상 근속한 모든 근로자에게 교통수당을 지급하는 경우 외형상으로는 비정규직 근로자와 정규직 근로자를 균등대우하고 있으나, 실질적으로는 기간제근로자가 3년이라는 조건을 충족시키는 것이 거의 불가능하므로 이는 차별대우에 해당될 수 있다.

### ㈜ 차별 대우의 구제절차

① **노동위원회에 대한 구제신청:** 기간제근로자 또는 단시간근로자는 차별적

---

45) 대판 2012. 10. 25, 2011두7045; 대판 2014. 11. 27, 2011두5301.

처우를 받은 경우 노동위원회에 그 시정을 신청할 수 있다(동법 제9조제1항본문). 다만, 차별적 처우가 있은 날(계속되는 차별적 처우는 그 종료일)부터 6개월이 지난 때에는 그러하지 아니하다(동법 제9조제1항단서).

> **관 련 판 례** 대판 2011. 12. 22, 2010두3237 기간제 및 단시간근로자 보호 등에 관한 법률 (이하 '기간제법'이라고 한다) 제9조제1항에서 정한 차별적 처우의 시정신청기간은 제척기간이므로 그 기간이 경과하면 그로써 기간제법에 따른 시정을 신청할 권리는 소멸하나, 계속되는 차별적 처우의 경우 종료일부터 (3)월 이내에 시정을 신청하였다면 계속되는 차별적 처우 전체에 대하여 제척기간을 준수한 것이 된다. 한편 사용자가 계속되는 근로 제공에 대하여 기간제근로자 또는 단시간근로자에게 차별적인 규정 등을 적용하여 차별적으로 임금을 지급하여 왔다면 특별한 사정이 없는 이상 그와 같은 임금의 차별적 지급은 기간제법 제9조제1항 단서에서 정한 '계속되는 차별적 처우'에 해당한다고 보는 것이 타당하다.

기간제근로자 또는 단시간근로자가 시정신청을 하는 때에는 차별적 처우의 내용을 구체적으로 명시하여야 한다(동법 제9조제2항).

차별적 처우와 관련된 분쟁에 있어 입증책임은 사용자가 부담한다(동법 제9조제4항).

노동위원회는 조정 및 직권중재 또는 시정명령을 하며 이에는 차별적 행위의 중지, 임금 등 근로조건의 개선(취업규칙, 단체협약 등의 제도개선명령 등을 포함한다) 및 적절한 금전보상 등이 포함될 수 있다(동법 제13조).

금전보상을 하는 경우 그 배상액은 차별적 처우로 인하여 기간제근로자 또는 단시간근로자에게 발생한 손해액을 기준으로 정한다(동법 제13조제3항본문). 다만, 노동위원회는 사용자의 차별적 처우에 명백한 고의가 인정되거나 차별적 처우가 반복되는 경우에는 손해액을 기준으로 3배를 넘지 아니하는 범위에서 배상을 명령할 수 있다(동법 제13조제3항단서).

② **고용노동부장관의 차별적 처우 시정요구 등:** 고용노동부장관은 사용자가 차별적 처우를 한 경우에는 그 시정을 요구할 수 있다(동법 제15조의2제1항).

고용노동부장관은 사용자가 시정요구에 따르지 아니할 경우에는 차별적 처우의 내용을 구체적으로 명시하여 노동위원회에 통보하여야 한다(동법 제15조의2제2항전단). 이 경우 고용노동부장관은 해당 사용자 및 근로자에게 그 사실을 통지하여야 한다(동법 제15조의2제2항후단).

노동위원회는 고용노동부장관의 통보를 받은 경우에는 지체 없이 차별적 처우가 있는지 여부를 심리하여야 한다(동법 제15조의2제3항전단). 이 경우 노동위원회는 해당 사용자 및 근로자에게 의견을 진술할 수 있는 기회를 부여하여야 한다(동법 제15조의2제3항후단).

고용노동부장관은 확정된 시정명령을 이행할 의무가 있는 사용자의 사업 또는 사업장에서 해당 시정명령의 효력이 미치는 근로자 이외의 기간제근로자 또는 단시간근로자에 대하여 차별적 처우가 있는지를 조사하여 차별적 처우가 있는 경우에는 그 시정을 요구할 수 있다(동법 제15조의3제1항).

## 2. 불리한 처우의 금지

사용자는 기간제근로자 또는 단시간근로자가 다음에 해당하는 행위를 한 것을 이유로 해고 그 밖의 불리한 처우를 하지 못한다(동법 제16조).

(ⅰ) 사용자의 부당한 초과근로 요구의 거부
(ⅱ) 차별적 처우의 시정신청, 노동위원회에의 참석 및 진술, 재심신청 또는 행정소송의 제기
(ⅲ) 시정명령 불이행의 신고
(ⅳ) 감독기관에 대한 통지

## 3. 근로조건의 서면명시

사용자는 기간제근로자 또는 단시간근로자와 근로계약을 체결하는 때에는 다음 각 호의 모든 사항을 서면으로 명시하여야 한다.

다만, (ⅵ)은 단시간근로자에 한정한다(동법 제17조).

(ⅰ) 근로계약기간에 관한 사항
(ⅱ) 근로시간·휴게에 관한 사항
(ⅲ) 임금의 구성항목·계산방법 및 지불방법에 관한 사항
(ⅳ) 휴일·휴가에 관한 사항
(ⅴ) 취업의 장소와 종사하여야 할 업무에 관한 사항
(ⅵ) 근로일 및 근로일별 근로시간

## 4. 감독기관에 대한 통지

사업 또는 사업장에서 이 법 또는 이 법에 의한 명령을 위반한 사실이 있는 경우에는 근로자는 그 사실을 고용노동부장관 또는 근로감독관에게 통지할 수 있다(동법 제18조).

# 제 3 절   파견근로자

근로자파견제도에 관한 특별법으로서 「파견근로자보호등에관한법률」(이하 "근로자 파견법"이라 한다)이 제정되어 있다.46)

한편, 「경제자유구역의지정및운영에관한법률」은 근로자파견법의 규정에도 불구하 고 "고용노동부장관은 경제자유구역위원회의 심의·의결을 거쳐 근로자파견대상업무 를 확대하거나 파견기간을 연장할 수 있다"고 규정하고 있다(동법 제17조제5항).

## I. 개    요

### 1. 근로자파견의 개념

「근로자파견」이란 파견사업주가 근로자를 고용한 후 그 고용관계를 유지하면서 근로자파견계약의 내용에 따라 사용사업주의 지휘·명령을 받아 사용사업주를 위한 근로에 종사하게 하는 것을 말한다(근로자파견법 제2조제1호).

근로자파견법의 적용을 받는 근로자파견사업에 해당되기 위하여는 일정한 장소에 서 유기적 조직하에 이를 「업」으로 행하여야 한다(동법 제2조제3호). 「업」으로 행한 다 함은 반드시 영리를 목적으로 하여야 하는 것은 아니다. 근로자파견 자체를 「업」 으로 한다는 점에서 ⅰ) 경영상 이유로 인한 기업간의 전직·전출·파견 또는 ⅱ) 민법 제657조제1항의 피고용인 대여와 구별된다.

근로자를 고용하여 타인을 위한 근로에 종사하게 하는 경우 그 법률관계가 근로 자파견에 해당하는지 여부는 당사자들이 붙인 계약의 명칭이나 형식에 구애받을 것 이 아니라, ⅰ) 계약의 목적 또는 대상에 특정성, 전문성, 기술성이 있는지 여부, ⅱ) 계약당사자가 기업으로서 실체가 있는지와 사업경영상 독립성을 가지고 있는지 여 부, 및 ⅲ) 계약 이행에서 사용사업주가 지휘·명령권을 보유하고 있는지 여부 등 그 근로관계의 실질에 따라 판단하여야 한다.47)

---

46) 1997년 6월 ILO 제85차 회의에서도 "파견근로자의 보호를 위한 협약"이 채택되었다(Internatio-nal Labour Conference, Provisional Record, 16·16A·16B, 85 Session, Geneva, 1997).
47) 대판 2013. 11. 28, 2011다60247; 대판 2015. 2. 26, 2010다93707; 대판 2015. 11. 26, 2013다14965; 대판 2016. 1. 28, 2012다17806; 대판 2016. 1. 28, 선고 2015도11659.

관 련
판 례

대판 2016. 1. 28. 선고 2012다17806    원고용주가 어느 근로자로 하여금 제3자를 위한 업무를 수행하도록 하는 경우 그 법률관계가 위와 같이 파견법의 적용을 받는 근로자파견에 해당하는지는 당사자가 붙인 계약의 명칭이나 형식에 구애될 것이 아니라, 제3자가 해당 근로자에 대하여 직·간접적으로 그 업무수행 자체에 관한 구속력 있는 지시를 하는 등 상당한 지휘·명령을 하는지, 해당 근로자가 제3자 소속 근로자와 하나의 작업집단으로 구성되어 직접 공동 작업을 하는 등 제3자의 사업에 실질적으로 편입되었다고 볼 수 있는지, 원고용주가 작업에 투입될 근로자의 선발이나 근로자의 수, 교육 및 훈련, 작업·휴게시간, 휴가, 근무태도 점검 등에 관한 결정 권한을 독자적으로 행사하는지, 계약의 목적이 구체적으로 범위가 한정된 업무의 이행으로 확정되고 해당 근로자가 맡은 업무가 제3자 소속 근로자의 업무와 구별되며 그러한 업무에 전문성·기술성이 있는지, 원고용주가 계약의 목적을 달성하기 위하여 필요한 독립적 기업조직이나 설비를 갖추고 있는지 등의 요소를 바탕으로 그 근로관계의 실질에 따라 판단하여야 한다.

## 2. 근로자파견사업의 허가 및 제한

근로자파견사업을 하고자 하는 사람은 고용노동부장관의 허가를 받아야 한다(근로자파견법 제7조제1항). 허가의 유효기간은 3년으로 한다(동법 제10조제1항). 한편 ⅰ)「식품위생법」에 의한 식품접객업, ⅱ)「공중위생법」에 의한 숙박업 및 ⅲ)「결혼중개업의 관리에 관한 법률」에 의한 결혼중개업, ⅳ) 그 밖에 대통령령으로 정하는 사업을 하는 사람은 근로자파견사업을 행할 수 없다(동법 제14조).

## 3. 근로자파견사업의 대상업무 및 기간

### (1) 관련규정

근로자파견법 제5조 [근로자파견대상업무등] ① 근로자파견사업은 제조업의 직접생산 공정업무를 제외하고 전문지식·기술 또는 경험 또는 업무의 성질 등을 고려하여 적합하다고 판단하는 업무로서 대통령령으로 정하는 업무를 대상으로 한다.
② 제1항에도 불구하고 출산·질병·부상 등으로 결원이 생긴 경우 또는 일시적·간헐적으로 인력을 확보하여야 할 필요가 있는 경우에는 근로자파견사업을 할 수 있다.
③ 제1항 및 제2항에도 불구하고 다음 각호의 어느 하나에 해당하는 업무에 대하여는 근로자파견사업을 하여서는 아니 된다.
1.~5. (생략)

### (2) 기본원칙

#### (가) 대상업무

근로자파견사업은 ⅰ) 제조업의 직접생산공정업무를 제외하고 ⅱ) 전문지식, 기술 또는 경험 등을 필요로 하는 업무로서 ⅲ) 대통령령이 정하는 업무를 대상으로 한다

(근로자파견법 제5조제1항).

### (나) 파견기간

상기 근로자의 파견기간은 1년을 초과하여서는 아니 된다(동법 제6조제1항). 그러나, 파견사업주·사용사업주·파견근로자간의 합의가 있는 경우에는 파견기간을 연장할 수 있다(동법 제6조제2항전단). 이 경우 1회 연장시 그 연장기간은 1년을 초과하여서는 아니 되며, 연장된 기간을 포함한 총파견기간은 2년을 초과하여서는 아니 된다(동법 제6조제2항후단). 파견근로자의 육아휴직기간은 파견기간에서 제외한다(남녀고용평등법 제19조제5항).

고령자고용촉진법에 의한 고령자인 파견근로자에 대하여는 2년을 초과하여 근로자파견기간을 연장할 수 있다(근로자파견법 제6조제3항).

### (3) 예    외

상기 원칙에 해당하지 아니한 경우에도 다음의 경우 예외적으로 근로자파견이 허용된다.

### (가) 대상업무

ⅰ) 출산·질병·부상 등으로 결원이 생긴 경우 또는 ⅱ) 일시적·간헐적으로 인력을 확보하여야 할 필요가 있는 경우에는 상기 대상업무에 해당되지 아니하는 경우에도 근로자파견사업을 행할 수 있다(동법 제5조제2항). 상기 파견근로자를 사용하고자 할 경우 사용사업주는 해당 사업 또는 사업장에 근로자의 과반수로 조직된 노동조합이 있는 경우에는 그 노동조합, 근로자의 과반수로 조직된 노동조합이 없는 경우에는 근로자의 과반수를 대표하는 자와 사전에 성실하게 협의하여야 한다(근로자파견법 제5조제4항).

그러나, 상기 예외적인 요건에 해당하는 경우에도 다음의 업무에 대하여는 근로자파견사업을 행할 수 없다(근로자파견법 제5조제3항).

① 건설공사현장에서 이루어지는 업무

② 항만운송사업법 제3조제1호, 한국철도공사법 제9조제1항제1호, 농수산물유통및가격안정에관한법률 제40조, 물류정책기본법 제2조제1항제1호의 규정에 따른 하역업무로서 직업안정법 제33조에 따라 근로자공급사업 허가를 받은 지역의 업무

③ 선원법 제2조제1호의 선원의 업무

④ 산업안전보건법 제58조에 따른 유해하거나 위험한 업무

⑤ 그 밖에 근로자보호 등의 이유로 근로자파견사업의 대상으로는 적절하지 못하

다고 인정하여 대통령령으로 정하는 업무

(나) 파견기간

상기 예외적인 근로자의 파견기간은 다음과 같다(동법 제6조제4항).

① 출산·질병·부상 등 그 사유가 객관적으로 명백한 경우:　　해당 사유가 없어지는 데 필요한 시간

② 일시적·간헐적으로 인력을 확보할 필요가 있는 경우:　　3월 이내의 기간. 다만, 해당 사유가 없어지지 아니하고 파견사업주·사용사업주·파견근로자 간의 합의가 있는 경우에는 3개월의 범위 안에서 한 차례만 그 기간을 연장할 수 있다.

## Ⅱ. 파견사업주·사용사업주·파견근로자의 관계

ⅰ) 파견사업주와 사용사업주 사이에는 근로자파견계약이 체결되고, ⅱ) 파견사업주와 파견근로자 사이에는 근로계약이 체결되며, ⅲ) 파견근로자는 사용사업주의 지휘·명령하에 근로를 제공하게 된다.

### 1. 파견사업주와 사용사업주 간의 관계

### (1) 근로자파견계약의 체결 및 해지

#### (가) 의　의

파견사업주는 고용노동부장관으로부터 근로자파견사업의 허가를 받아야 하며(동법 제7조제1항), 사용사업주는 허가규정을 위반하여 근로자파견사업을 하는 자로부터 근로자파견의 역무를 제공받아서는 아니 된다(동법 제7조제3항).

파견사업주와 사용사업주는 근로자파견계약의 당사자로서 근로자파견계약을 서면으로 체결하여야 한다(근로자파견법 제20조). 근로자파견계약에는 근로자의 근로조건이 규정되어 있는바, 본래 근로조건을 결정하는 근로계약의 체결은 이를 근로자가 직접 체결하여야 함에도 불구하고, 근로자가 아닌 제3자가 대신하여 체결한다는 점에서 근로자파견계약의 특수성이 존재한다.

#### (나) 근로자파견계약의 내용

##### ① 관련규정

**근로자파견법 제20조** [계약의 내용 등] 근로파견계약의 당사자는 고용노동부령으로 정하는 바에 따라 다음 각호의 사항이 포함되는 근로자파견계약을 서면으로 체결하여야 한다.

1.~12. (생략)

② **주요내용:** 근로파견계약에는 다음의 내용이 포함되어야 한다(동법 제20조). ⅰ) 파견근로자수, ⅱ) 파견근로자가 종사할 업무의 내용, ⅲ) 파견사유(동법 제5조제2항의 규정에 의하여 근로자파견을 행하는 경우에 한정한다), ⅳ) 파견근로자가 파견되어 근로할 사업장의 명칭 및 소재지 그 밖에 파견근로자의 근로장소, ⅴ) 파견근로중인 파견근로자를 직접 지휘·명령할 사람에 관한 사항, ⅵ) 근로자파견기간 및 파견근로시작일에 관한 사항, ⅶ) 업무시작 및 업무종료의 시각과 휴게시간에 관한 사항, ⅷ) 휴일·휴가에 관한 사항, ⅸ) 연장·야간·휴일근로에 관한 사항, ⅹ) 안전 및 보건에 관한 사항, ⅺ) 근로자파견의 대가, ⅻ) 그 밖에 고용노동부령으로 정하는 사항.

근로자파견계약의 내용에는 파견근로자가 근로자로서 근로기준법 및 노동조합법 등 관련 법령에서 향유할 수 있는 권리가 빠짐없이 보장되도록 하여야 한다.

**(다) 근로자파견계약의 제한**

파견사업주는 정당한 이유 없이 파견근로자의 고용관계가 끝난 후 사용사업주가 그 파견근로자를 고용하는 것을 정당한 이유없이 금지하는 내용의 근로자파견계약을 체결하여서는 아니 된다(동법 제25조제2항).

한편, 파견사업주와 사용사업주가 근로기준법 또는 산업안전보건법을 위반하는 내용의 근로자파견계약을 체결하고, 그 계약에 따라 파견근로자를 근로하게 함으로써 근로자파견법을 위반하는 경우, 양자를 모두 사용자로 보아 처벌한다(동법 제34조제4항 및 제35조제5항).

**(라) 근로자파견계약의 해지**

사용사업주는 파견근로자의 성별, 종교, 사회적 신분, 파견근로자의 정당한 노동조합의 활동 등을 이유로 근로자파견계약을 해지하여서는 아니 된다(동법 제22조제1항).

파견사업주는 사용사업주가 파견근로에 관하여 근로자파견법 또는 같은 법에 따른 명령, 근로기준법 또는 같은 법에 따른 명령, 산업안전보건법 또는 같은 법에 따른 명령에 위반하는 경우에는 근로자파견을 정지하거나 근로자파견계약을 해지할 수 있다(동법 제22조제2항).

**(2) 사용사업주에 대한 통지**

파견사업주는 근로자파견을 할 경우에는 파견근로자의 성명 그 밖에 고용노동부령이 정하는 사항을 사용사업주에게 통지하여야 한다(근로자파견법 제27조).

## 2. 파견사업주와 파견근로자와의 관계

### (1) 근로계약의 체결

파견근로자와 파견사업자 사이에는 근로계약이 체결되고, 그 관계는 원칙적으로 근로계약관계이다. 일반근로자의 경우 근로계약의 내용은 상대방인 사용자에게 직접 근로를 제공하고 임금을 수령하는 것이다. 그러나 파견근로자의 근로계약은 일반근로자와는 달리 제3자인 사용사업자의 지휘명령을 받아 근로할 의무를 부담하고 임금은 파견사업주로부터 수령하게 된다는 점에서 일반적인 근로계약과 구분된다.

#### (가) 파견근로자에 대한 고용제한의 금지

파견사업주는 파견근로자 또는 파견근로자로 고용되려는 사람과 그 고용관계가 끝난 후 그가 사용사업주에게 고용되는 것을 정당한 이유 없이 금지하는 내용의 근로계약을 체결하여서는 아니 된다(동법 제25조제1항).

#### (나) 파견근로자 고용시의 고지의무

파견사업주는 근로자를 파견근로자로서 고용하려는 경우에는 미리 해당 근로자에게 그 취지를 서면으로 알려주어야 한다(근로자파견법 제24조제1항).

파견사업주는 그가 고용한 근로자 중 파견근로자로 고용하지 아니한 자를 근로자파견의 대상으로 하려는 경우에는 미리 해당 근로자에게 그 취지를 서면으로 알리고 그의 동의를 받아야 한다(동법 제24조제2항).

#### (다) 취업조건의 고지

파견사업주는 근로자파견을 하려는 경우에는 미리 해당 파견근로자에게 취업조건을 서면으로 알려주어야 한다(동법 제26조제1항).

파견근로자는 파견사업주에게 해당 근로자파견의 대가에 관하여 그 내역을 제시할 것을 요구할 수 있다(동법 제26조제2항). 파견사업주는 그 내역의 제시를 요구받았을 때에는 지체없이 그 내역을 서면으로 제시하여야 한다(동법 제26조제3항).

### (2) 근로자파견의 제한

파견사업주는 쟁의행위 중인 사업장에 그 쟁의행위로 중단된 업무의 수행을 위하여 근로자를 파견하여서는 아니 된다(근로자파견법 제16조제1항).

## 3. 사용사업주와 파견근로자와의 관계

### (1) 사용관계의 성립

파견근로자와 사용사업주 간에는 사용관계가 성립한다. 사용관계는 파견근로자가 사용사업주의 지휘·명령을 받아 근로를 제공하는 근로자파견관계이다. 파견근로자는 고용관계의 종료 후 사용사업주와 자유로이 근로계약을 체결할 수 있다.

### (2) 파견근로자의 직접고용의무

#### (가) 직접고용의무의 사유

사용사업주가 다음에 해당하는 경우에는 해당 파견근로자를 직접 고용하여야 한다(동법 제6조의2제1항).

( i ) 제5조제1항의 근로자파견 대상 업무에 해당하지 아니하는 업무에서 파견근로자를 사용하는 경우(제5조제2항에 따라 근로자파견사업을 행한 경우는 제외한다)

( ii ) 제5조제3항을 위반하여 파견금지업무에 파견근로자를 사용하는 경우

( iii ) 제6조제2항을 위반하여 2년을 초과하여 계속적으로 파견근로자를 사용하는 경우

( iv ) 제6조제4항을 위반하여 파견기간을 초과하여 파견근로자를 사용하는 경우

( v ) 제7조제3항을 위반하여 파견업의 허가를 받지 아니한 자로부터 근로자파견의 역무를 제공받은 경우

상기 규정에 따르면 2년을 초과하여 계속적으로 파견근로자를 사용하는 경우는 물론 2년을 초과하지 아니 하더라도 i ) 파견대상업무에 해당하지 아니하는 업무 또는 파견금지업무에서 파견근로자를 사용하는 경우 및 ii ) 파견업의 허가를 받지 아니한 자로부터 근로자파견을 제공받은 경우 등에는 근로자를 직접 고용하여야 한다. 종전의 규정은 불법파견이라도 2년 이상 근무한 경우에만 직접고용의무가 부과되었으나, 현행 규정은 근무기간에 상관없이 직접고용의무를 부담하고 있다. 다만, 해당 파견근로자가 명시적으로 반대의사를 표시하거나 대통령령으로 정하는 정당한 이유가 있는 경우에는 직접 고용하지 아니하여도 무방하다(동법 제6조의2제2항).

근로자파견법은 합법적인 파견은 물론 불법적인 파견에도 적용된다.[48]

---

**관 련**
**판 례**　　대판 2010. 7. 22, 2008두4367　　직접고용간주 규정은 파견근로자보호법 제2조제1호에서 정의하고 있는 '근로자파견'이 있고 그 근로자 파견이 2년을 초과하여 계속되는 사실로부터 곧바로 사용사업주와 파견근로자 사이에 직접근로관계가 성립한다는 의미를 가지므로, 이와 달리 위 규정이 이른바 '적법한 근로자파견'의 경우에

---

48) 대판 2008. 9. 18, 2007두22320; 대판 2010. 7. 22, 2008두4367.

만 적용된다고 축소하여 해석하는 것은 그 문언이나 입법 취지 등에 비추어 아무런 근거가 없다(대법원 2008. 9. 18. 선고 2007두22320 전원합의체 판결 등 참조).

그럼에도 불구하고, 원심은 위의 법리와는 달리 사용사업주에 해당하는 참가인이 파견근로자인 원고들이 종사하고 있는 자동차조립 등 제조업의 직접생산공정업무는 파견근로자보호법 제5조제1항에서 정하는 근로자파견사업이 허용되는 업무에 해당하지 아니하고 이 사건 사내협력업체들 또한 근로자파견사업의 허가를 받은 바도없으므로 이 사건 근로자파견이 위법하다는 이유로 직접고용간주 규정이 적용되지 않는다고 판단하였다. 이러한 원심판결에는 파견근로자보호법 제6조제3항에 정한 직접고용간주 규정의 적용범위의 해석에 관한 법리를 오해한 잘못이 있다.

사용사업주가 파견기간 제한을 위반하여 파견근로자를 사용하였는지의 여부를 판단하는 경우, 파견기간 중 파견사업주가 변경되었다 할지라도 동 기간은 합산된다.[49]

파견기간 제한을 위반한 사용사업주가 직접고용의무를 이행하지 아니하는 경우, 파견근로자가 사용사업주를 상대로 고용 의사표시에 갈음하는 판결을 구할 사법상의 권리가 있으며, 판결이 확정되면 사용사업주와 파견근로자 사이에 직접고용관계가 성립한다.[50] 이 경우 파견근로자는 사용사업주의 직접고용의무 불이행에 대하여 직접고용관계가 성립할 때까지의 임금 상당 손해배상금을 청구할 수 있다.[51]

### (나) 근로조건

사용사업주가 파견근로자를 직접 고용하는 경우의 파견근로자의 근로조건은 다음과 같다(동법 제6조의2제3항).

( i ) 사용사업주의 근로자 중 해당 파견근로자와 같은 종류의 업무 또는 유사한 업무를 수행하는 근로자가 있는 경우　　해당 근로자에게 적용되는 취업규칙 등에서 정하는 근로조건에 따를 것

(ii) 사용사업주의 근로자 중 해당 파견근로자와 같은 종류의 업무 또는 유사한 업무를 수행하는 근로자가 없는 경우　　해당 파견근로자의 기존 근로조건의 수준보다 낮아져서는 아니 될 것

### (3) 파견근로자의 우선고용의무

사용사업주는 파견근로자를 사용하고 있는 업무에 근로자를 직접 고용하려는 경우에는 해당 파견근로자를 우선적으로 고용하도록 노력하여야 한다(동법 제6조의2제4항).

---

49) 대판 2015. 11. 26. 2013다14965.
50) 대판 2015. 11. 26. 2013다14965.
51) 대판 2015. 11. 26. 2013다14965.

### (4) 근로자파견의 제한

누구든지 경영해고를 한 후 일정기간이 지나기 전에는 해당 업무에 파견근로자를 사용하여서는 아니 된다(근로자파견법 제16조제2항).

### (5) 고충처리

사용사업주는 파견근로자로부터 파견근로에 관한 고충의 제시가 있는 경우에는 그 고충의 내용을 파견사업주에게 통지하고 신속·적절하게 고충을 처리하도록 하여야 한다(동법 제31조).

## Ⅲ. 파견근로자의 근로관계

### 1. 파견근로자의 개별적 근로관계

### (1) 차별적 처우의 금지

파견근로자도 다른 근로자와 마찬가지로 근로기준법 등의 법령에 의한 보호를 받고 있음은 물론이다. 파견사업주와 사용사업주는 파견근로자임을 이유로 사용사업주의 사업 내의 같은 종류의 업무 또는 유사한 업무를 수행하는 근로자에 비하여 파견근로자에게 차별적 처우를 하여서는 아니 된다(동법 제21조제1항).

「차별적 처우」란 ⅰ) 임금, ⅱ) 정기상여금, 명절상여금 등 정기적으로 지급되는 상여금, ⅲ) 경영성과에 따른 성과금 및 ⅳ) 그 밖에 근로조건 및 복리후생 등에 관한 사항에서 합리적인 이유 없이 불리하게 처우하는 것을 말한다(동법 제2조제7호). 사용사업주가 상시 4인 이하의 근로자를 사용하는 경우에는 차별적 처우의 금지조항을 적용하지 아니한다(동법 제21조제4항).

#### (가) 노동위원회의 시정조치

파견근로자는 차별적 처우를 받은 경우에 노동위원회에 그 시정을 신청할 수 있다(동법 제21조제2항).[52)]

#### (나) 고용노동부장관의 시정요구

고용노동부장관은 파견사업주와 사용사업주가 차별적 처우를 한 경우에는 그 시정을 요구할 수 있다(동법 제21조의2제1항). 고용노동부장관은 파견사업주와 사용사업

---

52) 시정신청 그 밖의 시정절차 등에 관하여는 기간제및단시간근로자보호등에관한법률 제9조 내지 제15조 및 제16조(동조제1호 및 제4호를 제외한다)의 규정을 준용한다. 이 경우 "기간제 또는 단시간근로자"는 "파견근로자"로, "사용자"는 "파견사업주 또는 사용사업주"로 본다.

주가 시정요구에 따르지 아니한 경우에는 차별적 처우의 내용을 구체적으로 명시하여 노동위원회에 통보하여야 한다(동법 제21조의2제2항전단).

### (2) 근로기준법의 적용에 관한 특례

파견근로자에게 근로기준법을 적용하는 경우 파견사업주 및 사용사업주의 양자를 근로기준법상의 사용자로 보는 것이 원칙이다(근로자파견법 제34조본문). 즉, 파견근로자의 근로조건의 보장에 대하여 파견사업주와 사용사업주가 공동으로 책임을 부담한다. 다만, 근로자파견법은 파견근로자의 특정근로조건에 관하여 파견사업주 및 사용사업주 중 누구를 사용자로 볼 것인가에 관하여 예외적인 특례를 두고 있다(동법 제34조단서).

예컨대, ⅰ) 파견사업주가 사용사업주의 귀책사유로 인하여 근로자의 임금을 지급하지 못한 때에는 사용사업주는 해당 파견사업주와 연대하여 책임을 부담하며(동법 제34조제2항), ⅱ) 사용사업주가 유급휴일·연차유급휴가·생리휴가·출산전후휴가를 주는 경우 유급으로 지급되는 임금은 파견사업자가 지급한다(동법 제34조제3항).

### (3) 산업안전보건법의 적용에 관한 특례

파견근로자에게 산업안전보건법을 적용하는 경우 사용사업주를 같은 법상의 사용자로 보는 것이 원칙이다(근로자파견법 제35조제1항). 산업안전보건법은 근로자가 근로를 제공하는 경우에 적용되는 것이 일반적이므로 파견근로자의 근로를 수령하는 사용사업주가 사용자로 되는 것이 당연한 논리적 귀결일 것이다. 다만, 근로자파견법은 예외적인 특례를 규정하고 있다(동법 제35조제2항).

### (4) 남녀고용평등법의 적용에 관한 특례

파견근로가 이루어지는 사업장에 제13조제1항(직장 내 성희롱 예방 교육 등)을 적용할 때에는 「파견근로자 보호 등에 관한 법률」상의 사용사업주를 이 법에 따른 사업주로 본다(남녀고용평등법 제34조).

## 2. 파견근로자의 집단적 노사관계

근로자파견법은 파견근로자의 집단적 노사관계의 구체적 내용에 대하여 명문의 규정을 두지 아니하고 있다. 다만, 동법 제22조제1항은 「사용사업주는 파견근로자의 정당한 노동조합의 활동 등을 이유로 근로자파견계약을 해지하여서는 아니 된다」라고 규정함으로써 파견근로자도 정당한 노동조합활동을 할 수 있음을 밝히고 있을

제 2 부 개별적 근로관계

뿐이다.

즉, 근로자파견법은 개별 근로기준에 따라 사용자를 파견사업주 또는 사용사업주로 구분하고 있으므로, 각 개별 근로기준에 따라 해당사업주를 상대로 하여 단체교섭 및 단체행동을 할 수 있을 것이다. 다만, 파견근로자의 근로조건은 파견사업주와 사용사업주 간의 파견계약에 의하여 간접적으로 결정되는 것이 원칙이므로, 사용사업주와 파견근로자 간의 단체교섭을 통하여 근로조건을 직접적으로 결정하는 것은 신중한 접근이 필요하다고 본다.

### Ⅳ. 고용보험법상의 보호

고용노동부장관은 사업주가 「파견근로자 보호 등에 관한 법률」 제2조제5호의 파견근로자에게 직업능력개발 훈련을 실시하는 경우에는 대통령령으로 정하는 바에 따라 우대 지원할 수 있다(동법 제27조제2항제3호).

## 제 4 절  특수한 근로자

특수한 근로자에는 고령자, 장애인, 선원, 외국인, 공무원, 교원, 국가유공자, 독립유공자 및 특수형태근로종사자 등이 있다.

### Ⅰ. 고 령 자

#### 1. 개    요

고령자의 고용을 촉진하고 차별대우를 금지하기 위하여 「고용상 연령차별금지 및 고령자고용촉진에 관한 법률」이 제정되어 있다. 고령자라 함은 대통령령으로 정하는 연령 이상인 사람, 즉 55세 이상인 사람을 말한다(동법 제2조제1호 및 동법시행령 제2조제1항). "준고령자"란 50세 이상 55세 미만인 사람을 말한다(동법 제2조제2호 및 동법시행령 제2조제2항).

## 2. 고용상 연령차별금지

### (1) 모집·채용 등에서의 연령차별 금지

#### (가) 원  칙

사업주는 ⅰ) 모집·채용, ⅱ) 임금, 임금 외의 금품 지급 및 복리후생, ⅲ) 교육·훈련, ⅳ) 배치·전보·승진 및 ⅴ) 퇴직·해고 분야에서 합리적인 이유 없이 연령을 이유로 근로자 또는 근로자가 되려는 사람을 차별하여서는 아니 된다(동법 제4조의4제1항).

이 경우 합리적인 이유 없이 연령 외의 기준을 적용하여 특정 연령집단에 특히 불리한 결과를 초래하는 경우에는 연령차별로 본다(동법 제4조의4제2항).

#### (나) 예  외

다음의 어느 하나에 해당하는 경우에는 상기 연령차별로 보지 아니한다(동법 제4조의5).

- ( i ) 직무의 성격에 비추어 특정 연령기준이 불가피하게 요구되는 경우
- ( ii ) 근속기간의 차이를 고려하여 임금이나 임금 외의 금품과 복리후생에서 합리적인 차등을 두는 경우
- ( iii ) 이 법이나 다른 법률에 따라 근로계약, 취업규칙, 단체협약 등에서 정년을 설정하는 경우
- ( iv ) 이 법이나 다른 법률에 따라 특정 연령집단의 고용유지·촉진을 위한 지원조치를 하는 경우

#### (다) 국가인권위원회의 진정과 권고의 통보

연령차별 금지의 위반으로 연령차별을 당한 "피해자"는 「국가인권위원회법」 제30조에 따라 국가인권위원회에 그 내용을 진정할 수 있다(동법 제4조의6제1항).

국가인권위원회는 진정을 조사한 결과 연령차별이 있다고 판단하여 피진정인, 그 소속 기관·단체 또는 감독기관의 장에게 구제조치 등을 권고할 경우 그 권고내용을 고용노동부장관에게도 통보하여야 한다(동법 제4조의6제2항).

#### (라) 고용노동부장관의 시정명령

고용노동부장관은 국가인권위원회로부터 구제조치 등의 권고를 받은 사업주가 정당한 사유 없이 권고를 이행하지 아니하고 다음의 어느 하나에 해당하여 그 피해의 정도가 심각하다고 인정되면 피해자의 신청에 의하거나 직권으로 시정명령을 할 수 있다(동법 제4조의7제1항).

제 2 부  개별적 근로관계

( ⅰ ) 피해자가 다수인인 연령차별행위에 대한 권고 불이행

( ⅱ ) 반복적 연령차별행위에 대한 권고 불이행

( ⅲ ) 피해자에게 불이익을 주기 위한 고의적 권고 불이행

( ⅳ ) 그 밖에 피해의 내용과 규모 등을 고려하여 시정명령이 필요하다고 고용노동부령으로 정하는 경우

### ㈎ 해고나 그 밖의 불리한 처우의 금지

사업주는 근로자가 이 법이 금지하는 연령차별행위에 대한 진정, 자료제출, 답변·증언, 소송, 신고 등을 하였다는 이유로 근로자에게 해고, 전보, 징계, 그 밖의 불리한 처우를 하여서는 아니 된다(동법 제4조의9).

## 3. 고령자의 고용촉진 및 고용안정

### (1) 일반 사업주의 고령자 고용 노력

상시 300명 이상 이상의 근로자를 사용하는 사업주는 기준고용률 이상의 고령자를 고용하도록 노력하여야 한다(동법 제12조 및 동법시행령 제10조).

"기준고용률"이란 사업장에서 상시 사용하는 근로자를 기준으로 하여 사업주가 고령자의 고용촉진을 위하여 고용하여야 할 고령자의 비율로서 고령자의 현황과 고용 실태 등을 고려하여 사업의 종류별로 대통령령으로 정하는 비율을 말한다(동법 제2조제5호).

### (2) 정부와 공공기관의 고용의무

#### ㈎ 우선고용직종의 선정 등

고용노동부장관은 고용정책심의회의 심의를 거쳐 고령자와 준고령자를 고용하기에 적합한 "우선고용직종"을 선정하고, 선정된 우선고용직종을 고시하여야 한다(동법 제15조제1항).

#### ㈏ 우선고용직종의 고용의무 및 고용노력

국가 및 지방자치단체, 「공공기관의 운영에 관한 법률」 제4조에 따라 공공기관으로 지정받은 기관의 장은 그 기관의 우선고용직종에 대통령령으로 정하는 바에 따라서 고령자와 준고령자를 우선적으로 고용하여야 한다(동법 제16조제1항).

상기 외의 사업주는 우선고용직종에 고령자와 준고령자를 우선적으로 고용하도록 노력하여야 한다(동법 제16조제2항).

## 4. 정 년

### (1) 정년 연령[53)]

사업주는 근로자의 정년을 60세 이상으로 정하여야 한다(동법 제19조제1항). 사업주가 근로자의 정년을 60세 미만으로 정한 경우에는 정년을 60세로 정한 것으로 본다(동법 제19조제2항).

고용노동부장관은 정년을 현저히 낮게 정한 사업주에게 정년의 연장을 권고할수 있다(동법 제20조제2항). 상기 권고를 정당한 사유 없이 따르지 아니한 경우 그 내용을 공표할 수 있다(동법 제20조제4항).

### (2) 근로계약 갱신

정년퇴직 근로자에게도 기간제근로자와 마찬가지로 근로계약의 갱신기대권이 인정된다.[54)] 이에 관하여는 제2편제3장제4절 근로계약의 기간에서 상세히 설명한 바 있다.

종전의 대법원 판례는 정년퇴직 근로자의 근로계약 갱신에 대하여 기간제근로자에 비하여 사용자의 재량권이 폭넓게 인정되었으나 최근의 대법원 판례는 양자를 구분하지 않고 있다.

### (3) 정년연장에 따른 임금체계 개편 등

정년을 연장하는 사업 또는 사업장의 사업주와 근로자의 과반수로 조직된 노동조합(근로자의 과반수로 조직된 노동조합이 없는 경우에는 근로자의 과반수를 대표하는 자를 말한다)은 그 사업 또는 사업장의 여건에 따라 임금체계 개편 등 필요한 조치를 하여야 한다(동법 제19조의2제1항).

상기 필요한 조치를 한 사업 또는 사업장의 사업주나 근로자에게 대통령령으로 정하는 바에 따라 고용지원금 등 필요한 지원을 할 수 있다(동법 제19조의2제2항).

고용노동부장관은 정년을 60세 이상으로 연장하는 사업 또는 사업장의 사업주 또는 근로자에게 대통령령으로 정하는 바에 따라 임금체계 개편 등을 위한 컨설팅

제 2 부 개 별 적 근 로 관 계

---

53) ( i ) 시행일 2016. 1. 1: 상시 300명 이상의 근로자를 사용하는 사업 또는 사업장, 「공공기관의 운영에 관한 법률」 제4조에 따른 공공기관, 「지방공기업법」 제49조에 따른 지방공사 및 같은 법 제76조에 따른 지방공단.
( ii ) 시행일 2017. 1. 1: 상시 300명 미만의 근로자를 사용하는 사업 또는 사업장, 국가 및 지방자치단체.
54) 대판 2023. 11. 2, 2023두41727; 대판 2023. 6. 29, 2018두62492.

등 필요한 지원을 할 수 있다(동법 제19조의2제3항).

### (4) 정년퇴직자의 재고용 지원

사업주는 정년에 도달한 사람이 그 사업장에 다시 취업하기를 희망할 때 그 직무수행 능력에 맞는 직종에 재고용하도록 노력하여야 한다(동법 재21조제1항).

사업주는 고령자인 정년퇴직자를 재고용할 때 당사자 간의 합의에 의하여 퇴직금과 연차유급휴가 일수 계산을 위한 계속근로기간을 산정할 때 종전의 근로기간을 제외할 수 있으며 임금의 결정을 종전과 달리할 수 있다(동법 재21조제2항).

고용노동부장관은 제21조에 따라 정년퇴직자를 재고용하거나 그 밖에 정년퇴직자의 고용안정에 필요한 조치를 하는 사업주에게 장려금 지급 등 필요한 지원을 할 수 있다(동법 제21조의2).

### (5) 퇴직예정자 등에 대한 재취업지원서비스 지원

사업주는 정년퇴직 등의 사유로 이직예정인 근로자에게 경력·적성 등의 진단 및 향후 진로설계, 취업알선, 재취업 또는 창업에 관한 교육 등 재취업에 필요한 "재취업지원서비스"를 제공하도록 노력하여야 한다(동법 제21조의3제1항). 대통령령으로 정하는 수 이상의 근로자를 사용하는 사업주는 정년 등 대통령령으로 정하는 비자발적인 사유로 이직예정인 준고령자 및 고령자에게 재취업지원서비스를 제공하여야 한다(동법 제21조의3제2항).

### 5. 고용보험법상의 보호

고용노동부장관은 사업주가 「고용상 연령차별금지 및 고령자고용촉진에 관한 법률」 제2조제1호 또는 제2호의 고령자 또는 준고령자에게 직업능력개발 훈련을 실시하는 경우에는 대통령령으로 정하는 바에 따라 우대 지원할 수 있다(동법 제27조제2항제3호).

## Ⅱ. 장애인

장애인의 고용촉진 및 직업재활을 도모하기 위하여 「장애인 고용촉진 및 직업재활법」이 제정되어 있다.

## 1. 개     요

### (1) 장애인의 개념

"장애인"이란 신체 또는 정신상의 장애로 장기간에 걸쳐 직업생활에 상당한 제약을 받는 사람으로서 대통령령으로 정하는 기준에 해당하는 사람을 말한다(동법 제2조제1호).

"중증장애인"이란 장애인 중 근로 능력이 현저하게 상실된 사람으로서 대통령령으로 정하는 기준에 해당하는 사람을 말한다(동법 제2조제2호).

### (2) 국가와 지방자치단체의 책임

국가와 지방자치단체는 장애인의 고용촉진 및 직업재활에 관하여 사업주 및 국민 일반의 이해를 높이기 위하여 교육·홍보 및 장애인 고용촉진 운동을 지속적으로 추진하여야 한다(동법 제3조제1항).

## 2. 고용상 차별금지

사업주는 근로자가 장애인이라는 이유로 채용·승진·전보 및 교육훈련 등 인사관리상의 차별대우를 하여서는 아니 된다(동법 제5조제2항).

## 3. 장애인 고용 의무

### (1) 국가와 지방자치단체의 고용의무

국가와 지방자치단체의 장은 장애인을 연도에 따라 소속 공무원 정원의 1천분의 34 이상 고용하여야 한다(동법 제27조제1항).

국가와 지방자치단체의 "각급기관"의 장은 신규채용시험을 실시할 때 신규채용인원에 대하여 장애인이 1천분의 34 비율(장애인 공무원의 수가 1천분의 34 비율 미만이면 그 비율의 2배) 이상 채용하도록 하여야 한다(동법 제27조제2항).

상기 채용의무는 공안직군 공무원, 검사, 경찰·소방·경호 공무원 및 군인 등에 대하여는 적용하지 아니한다(동법 제27조제4항본문). 다만, 국가와 지방자치단체의 장은 본문에 규정된 공안직군 공무원 등에 대하여도 장애인이 고용될 수 있도록 노력하여야 한다(동법 제27조제4항단서).

상기 채용시험 및 모집에 응시하는 장애인의 응시 상한 연령은 중증장애인인 경우에는 3세, 그 밖의 장애인인 경우에는 2세를 각각 연장한다(동법 제27조제5항).

### (2) 국가와 지방자치단체가 아닌 사업주의 고용의무

#### (가) 사업주의 장애인 고용 의무

상시 50명 이상의 근로자를 고용하는 사업주(건설업에서 근로자 수를 확인하기 곤란한 경우에는 공사 실적액이 고용노동부장관이 정하여 고시하는 금액 이상인 사업주)는 그 근로자의 총수(건설업에서 근로자 수를 확인하기 곤란한 경우에는 대통령령으로 정하는 바에 따라 공사 실적액을 근로자의 총수로 환산한다)의 100분의 5의 범위에서 대통령령으로 정하는 "의무고용률" 이상에 해당하는 장애인을 고용하여야 한다(동법 제28조제1항). 의무고용률은 전체 인구 중 장애인의 비율, 전체 근로자 총수에 대한 장애인 근로자의 비율, 장애인 실업자 수 등을 고려하여 5년마다 정한다(동법 제28조 제1항).

상기 규정에 불구하고 특정한 장애인의 능력에 적합하다고 인정되는 직종에 대하여는 장애인을 고용하여야 할 비율을 대통령령으로 따로 정할 수 있다(동법 제28조 제2항전단). 이 경우 그 비율은 의무고용률로 보지 아니한다(동법 제28조제2항후단).

#### (나) 공공기관의 장애인 의무고용률의 특례

「공공기관의 운영에 관한 법률」에 따른 공공기관, 「지방공기업법」에 따른 지방공사·지방공단과 「지방자치단체 출자·출연 기관의 운영에 관한 법률」에 따른 출자기관·출연기관은 상시 고용하고 있는 근로자 수에 대하여 장애인을 1천분의 34 비율 이상 고용하여야 한다(동법 제28조의2전단).

#### (다) 장애인 고용인원 산정의 특례

장애인 고용인원을 산정하는 경우 중증장애인의 고용은 그 인원의 2배에 해당하는 장애인의 고용으로 본다(동법 제28조의3본문). 다만, 소정근로시간이 대통령령으로 정하는 시간 미만인 중증장애인은 제외한다(동법 제28조의3단서).

#### (라) 장애인 고용부담금의 납부

의무고용률에 못 미치는 장애인을 고용하는 사업주(상시 50명 이상 100명 미만의 근로자를 고용하는 사업주는 제외한다)는 대통령령으로 정하는 바에 따라 매년 고용노동부장관에게 고용부담금을 납부하여야 한다(동법 제33조제1항).

부담금은 사업주가 의무고용률에 따라 고용하여야 할 장애인 총수에서 매월 상시 고용하고 있는 장애인 수를 뺀 수에 부담기초액을 곱한 금액의 연간 합계액으로 한다(동법 제33조제2항).

## Ⅲ. 선    원

### 1. 개    요

선원의 개별적 근로관계에 대하여는 선원법이 적용된다. 선원법은 특별법으로서 특별법우선의 원칙에 따라 일반법인 근로기준법에 우선하여 적용된다. 선원법에서 근로기준법의 일부규정을 적용할 것을 명문으로 규정하고 있거나(동법 제5조), 일정 사항에 대하여 선원법에서 아무런 규정도 아니 두고 있는 경우에는 근로기준법이 적용된다. 어선원에 대하여는 어선원 및 어선 재해보상보험법이 제정되어 있다.

### 2. 주요내용

선원법은 총칙(제1장), 선장의 직무와 권한(제2장), 선내 질서의 유지(제3장), 선원 근로계약(제4장), 임금(제5장), 근로시간 및 승무 정원(제6장), 유급휴가(제7장), 선내 급식과 안전 및 위생(제8장), 소년선원과 여성선원(제9장), 재해보상(제10장), 복지와 직업안정 및 교육훈련(제11장), 취업규칙(제12장), 감독(제13장), 해사노동적합증서와 해사노동적합선언서(제14장), 한국선원복지고용센터(제15장), 보칙(제16장) 및 벌칙(제17장)을 규정하고 있다.

선원법은 선원노동위원회를 지방노동위원회를 대신하여 두고 있으며(동법 제4조), 일정한 경우 선원의 쟁의행위를 금지하고 있다(동법 제25조).

## Ⅳ. 공무원 및 교원

### 1. 공 무 원

공무원은 근로자이다. 헌법 제33조제3항은 "공무원인 근로자"라 규정하여 공무원이 근로자임을 명확히 하고 있다. 다만, 업무의 공공성 및 중립성 등 특수한 성격으로 인하여 특별법의 적용을 받고 있다.

공무원의 개별적 근로관계에는 국가공무원법, 지방공무원법 및 공무원 보수규정 등이 특별법으로서 일반법인 근로기준법에 우선하여 적용된다.

공무원의 집단적 노사관계에는 「공무원의 노동조합 설립 및 운영 등에 관한 법률」이 특별법으로서 일반법인 노동조합법에 우선하여 적용된다. 공무원노조는 쟁의행위 및 정치활동을 할 수 없다.

한편, 공무원 노동조합 설립 및 활동과 관련하여 해직되거나 징계처분을 받은 공무원의 복직 등을 위한 절차를 마련하여 해당 공무원의 명예를 회복하고 공직사회의 개혁과 통합에 이바지함을 목적으로 2021년에 「공무원 노동조합 관련 해직공무원등의 복직 등에 관한 특별법」(약칭: 해직공무원복직법)55)이 제정되어 있다.

## 2. 교 원

교원은 국공립학교 교원과 사립학교 교원으로 구분된다. 국공립학교 교원은 교육공무원으로서 근로자임이 명확하나 다만, 교육의 특수한 성격으로 인하여 특별법의 적용을 받고 있다. 사립학교 교원은 공무원이 아니므로 일반 민간인과 동일하게 취급하여 일반법인 근로기준법과 노동조합법이 적용되는 것이 원칙이다. 그러나, 사립학교 교원 역시 국공립학교 교원과 마찬가지로 교육이라는 특수한 업무를 수행하고 있고, 사립학교법 제55조는 사립학교 교원의 복무규정에 대하여 교육공무원법을 준용하도록 규정하고 있어, 양자는 동일하게 취급되고 있다.

교원의 개별적 근로관계에는 교육공무원법, 국가공무원법, 사립학교법 및 교육공무원 승진규정 등이 특별법으로서 일반법인 근로기준법에 우선하여 적용된다.

교원의 집단적 노사관계에는 「교원의 노동조합 설립 및 운영 등에 관한 법률」이 특별법으로서 일반법인 노동조합법에 우선하여 적용된다. 교원노조는 쟁의행위 및 정치활동을 할 수 없다.

## Ⅴ. 국가유공자 및 독립유공자

국가유공자 및 독립유공자에 대하여는 본인, 유족 또는 가족에게 채용상의 혜택을 부여하고 있다. 일단 채용된 이후에는 일반 근로자와 동일하게 근로기준법 및 노동조합법이 적용된다.

### 1. 국가유공자

「국가유공자 등 예우 및 지원에 관한 법률」은 국가는 국가유공자와 그 유족 등의 생활안정 및 자아실현을 위하여 취업지원을 한다고 규정하고 있다(동법 제28조).

---

55) [시행 2021. 4. 13.] [법률 제17889호, 2021. 1. 12., 제정].

## 가. 취업지원 대상자

국가유공자 중에서 취업지원을 받을 수 있는 "취업지원 대상자"는 다음과 같다 (동법 제29조제1항).

(ⅰ) 전상군경, 공상군경, 무공수훈자, 보국수훈자, 재일학도의용군인, 4·19혁명부상자, 4·19혁명공로자, 공상공무원, 특별공로상이자 및 특별공로자 및 배우자

(ⅱ) 전몰군경, 순직군경, 4·19혁명사망자, 순직공무원 및 특별공로순직자의 배우자

(ⅲ) 전몰군경, 순직군경, 4·19혁명사망자, 순직공무원 및 특별공로순직자의 자녀

(ⅳ) 전상군경, 공상군경, 4·19혁명부상자, 공상공무원 및 특별공로상이자 중 대통령령으로 정하는 상이등급 이상으로 판정된 사람의 자녀 및 재일학도의용군인의 자녀

## 나. 취업지원 실시기관

취업지원을 실시할 취업지원 실시기관은 다음과 같다(동법 제30조).

(ⅰ) 국가기관, 지방자치단체, 군부대, 국립학교와 공립학교

(ⅱ) 일상적으로 하루에 20명 이상을 고용하는 공·사기업체 또는 공·사단체. 다만, 대통령령으로 정하는 제조업체로서 200명 미만을 고용하는 기업체는 제외한다.

(ⅲ) 사립학교

## 2. 독립유공자

「독립유공자 예우에 관한 법률」은 국가는 독립유공자, 그 유족 또는 가족에 대하여 취업지원을 한다고 규정하고 있다(동법 제16조제1항).

취업지원을 받을 수 있는 "취업지원 대상자"는 다음과 같다(동법 제16조제2항).

(ⅰ) 순국선열의 유족

(ⅱ) 애국지사와 그 가족 및 유족

(ⅲ) 독립유공자의 유족 중 장손인 손자녀가 질병·장애 또는 고령으로 취업이 어려운 경우 그 손자녀의 자녀 1명. 이 경우 질병·장애 또는 고령 등의 기준과 취업지원에 필요한 사항은 대통령령으로 정한다.

취업지원 실시기관이 그 직원을 채용하기 위하여 채용시험을 실시하는 경우에는 그 채용시험에 응시한 취업지원 대상자의 점수에 일정한 가점을 하여야 한다(동법 제16조제3항).

취업지원을 할 때 동법에 특별한 규정이 있는 것을 제외하고는 「국가유공자 등 예우 및 지원에 관한 법률」을 준용한다(동법 제16조제4항).

## Ⅵ. 외국인근로자

### 1. 관련규정

> **출입국관리법 제17조** [외국인의 체류 및 활동범위] ① 외국인은 그 체류자격과 체류 기간의 범위에서 대한민국에 체류할 수 있다.
>
> **출입국관리법 제18조** [외국인 고용의 제한] ① 외국인이 대한민국에서 취업하려면 대통령령으로 정하는 바에 따라 취업활동을 할 수 있는 체류자격을 받아야 한다.
> ② 제1항에 따른 체류자격을 가진 외국인은 지정된 근무처가 아닌 곳에서 근무하여서는 아니 된다.
> ③ 누구든지 제1항에 따른 체류자격을 가지지 아니한 사람을 고용하여서는 아니 된다.
> ④ 누구든지 제1항에 따른 체류자격을 가지지 아니한 사람의 고용을 알선하거나 권유하여서는 아니 된다.
> ⑤ 누구든지 제1항에 따른 체류자격을 가지지 아니한 사람의 고용을 알선할 목적으로 그를 자기 지배하에 두는 행위를 하여서는 아니 된다
>
> **근로기준법 제6조** [균등한 처우] 사용자는 근로자에 대하여 남녀의 성(性)을 이유로 차별적 대우를 하지 못하고, 국적·신앙 또는 사회적 신분을 이유로 근로조건에 대한 차별적 처우를 하지 못한다.
>
> **사회보장기본법 제8조** [외국인에 대한 적용] 국내에 거주하는 외국인에게 사회보장 제도를 적용할 때에는 상호주의의 원칙에 따르되, 관계 법령에서 정하는 바에 따른다.

### 2. 외국인근로자의 법적 지위[56]

#### (1) 합법적인 외국인근로자

합법적인 외국인근로자라 함은 취업활동을 할 수 있는 체류자격을 받은 외국인 근로자를 말한다(출입국관리법 제18조제1항).

합법적인 외국인근로자에게는 내국인과 마찬가지로 노동법상의 제 권리가 인정되며 내국인과 외국인을 국적을 이유로 차별대우하여서는 아니 된다. 합법적인 근로자에게는 내국인과 마찬가지로 "근로기준법", "노동조합 및 노동관계조정법" 및 "외국인근로자의 고용 등에 관한 법률" 등의 노동관련 법령이 적용되며, 외국인근로자의 고용 등에 관한 법률이 제정되어 있다.

한편 사회보장 관련 법령은 외국인이 적용대상이 되는지의 여부에 관하여 상호주의의 원칙을 기본으로 하되, 관계 개별 법령에서 정하는 바에 따르고 있다(사회보

---

56) 이상윤, 외국인근로자의 노동법상 지위, 져스티스 제70호(한국 법학원, 2002); 하갑래, 최태호, 외국인 고용과 근로관계(중앙경제사) 참조.

장기본법 제8조).

### (가) 출입국관리법상의 보호

외국인은 그 체류자격과 체류기간의 범위에서 대한민국에 체류할 수 있으므로(출입국관리법 제17조제1항), 이 한도 내에서 취업이 허용된다. 외국인이 취업의 체류자격을 가질지라도 근무장소의 제한을 받는 바, 외국인은 지정된 근무처가 아닌 곳에서 근무하여서는 아니 된다(출입국관리법 제18조제2항). 누구든지 체류자격을 가지지 아니한 사람을 고용하여서는 아니 된다(출입국관리법 제18조제3항).

### (나) 근로기준법상의 보호

사용자는 채용된 외국인근로자에 대하여 내국인근로자와 임금 및 근로시간 등의 근로조건에 대한 차별적 처우를 하지 못한다(근로기준법 제6조).

### (다) 노동조합법상의 보호

노동조합법은 외국인근로자의 법적 지위에 관하여 아무런 규정도 아니 두고 있다. 외국인근로자도 내국인근로자와 마찬가지로 자유로이 노동조합에 가입하고 조합활동을 할 수 있는 것으로 판단된다. 노동조합법은 조합원을 "인종" 등을 이유로 차별대우할 수 없다고 규정하고 있는 바(동법 제9조), 인종을 넓게 해석하면 국적 차별도 금지하고 있는 것으로 해석할 수 있을 것이다.

### (라) 사회보장법상의 보호

① **의 의:** 사회보장 관련 법령은 외국인에 대한 적용여부를 상호주의의 원칙을 기본으로 하되, 관계 개별 법령에서 정하는 바에 따르고 있다(사회보장기본법 제8조). 따라서, 외국인근로자에게도 내국인근로자와 동등한 법적 지위를 부여할 것인지의 여부는 상호주의의 원칙을 기본으로 하되, 관계 개별 법령에서 규정하는 바에 의하여 결정된다고 할 것이다.

이 경우 대상이 되는 사회보장의 내용이 실업보험과 같이 국민으로서의 권리라면 상호주의 원칙을 엄격히 지켜야 할 것이지만, 산업재해보상 등과 같이 인간의 권리라면 상호주의의 원칙을 완화하여 외국인에게도 당연히 인정되어야 할 것이다.

② **고용보험법상의 보호:** 「외국인근로자의 고용 등에 관한 법률」의 적용을 받는 외국인근로자에게는 이 법을 적용한다. 다만, 제4장 및 제5장은 고용노동부령으로 정하는 바에 따른 신청이 있는 경우에만 적용한다(동법 제10조의2제1항).

상기 외국인근로자를 제외한 외국인이 근로계약, 문화예술용역 관련 계약 또는 제77조의6제1항의 노무제공계약을 체결한 경우에는 「출입국관리법」 제10조에 따른 체류자격의 활동범위 및 체류기간 등을 고려하여 대통령령으로 정하는 바에 따라 이 법의 전부 또는 일부를 적용한다(동법 제10조의2제2항).

(마) 외국인근로자의 고용 등에 관한 법률상의 보호

외국인근로자는 외국인근로자의 고용 등에 관한 법률이 근로기준법의 특별법으로서 우선 적용된다. 외국인이라 할지라도 우리나라 동포에게는 특례고용이 인정된다.

① 외국인근로자의 개념: "외국인근로자"란 대한민국의 국적을 가지지 아니한 사람으로서 국내에 소재하고 있는 사업 또는 사업장에서 임금을 목적으로 근로를 제공하고 있거나 제공하려는 사람을 말한다(동법 제2조본문).

② 적용 범위 등: 동법은 외국인근로자 및 외국인근로자를 고용하고 있거나 고용하려는 사업 또는 사업장에 적용한다(동법 제3조본문). 다만, 「선원법」의 적용을 받는 선박에 승무(乘務)하는 선원 중 대한민국 국적을 가지지 아니한 선원 및 그 선원을 고용하고 있거나 고용하려는 선박의 소유자에 대하여는 적용하지 아니한다(동법 제3조단서).

③ 외국인근로자 고용절차

㉠ 내국인 구인 노력 외국인근로자를 고용하려는 자는 「직업안정법」에 따른 직업안정기관에 우선 내국인 구인 신청을 하여야 한다(동법 제6조제1항).

㉡ 외국인근로자 고용허가 내국인 구인 신청을 한 사용자는 직업소개를 받고도 인력을 채용하지 못한 경우에는 고용노동부령으로 정하는 바에 따라 직업안정기관의 장에게 외국인근로자 고용허가를 신청하여야 한다(동법 제8조제1항).

㉢ 근로계약 선정한 외국인근로자를 고용하려면 고용노동부령으로 정하는 표준근로계약서를 사용하여 근로계약을 체결하여야 한다(동법 제9조제1항). 사용자는 근로계약을 체결하려는 경우 이를 「한국산업인력공단법」에 따른 한국산업인력공단에 대행하게 할 수 있다(동법 제9조제2항).

④ 외국인근로자의 고용관리

㉠ 건강보험 사용자 및 사용자에게 고용된 외국인근로자에게 「국민건강보험법」을 적용하는 경우 사용자는 같은 법 제3조에 따른 사용자로, 사용자에게 고용된 외국인근로자는 같은 법 제6조제1항에 따른 직장가입자로 본다(동법 제14조).

㉡ 귀국에 필요한 조치 사용자는 외국인근로자가 근로관계의 종료, 체류기간의 만료 등으로 귀국하는 경우에는 귀국하기 전에 임금 등 금품관계를 청산하는 등 필요한 조치를 하여야 한다(동법 제16조).

㉢ 취업활동 기간의 제한 외국인근로자는 입국한 날부터 3년의 범위에서 취

업활동을 할 수 있다(동법 제18조).

　㉣ 외국인근로자 고용의 제한　　직업안정기관의 장은 다음의 어느 하나에 해당하는 사용자에 대하여 그 사실이 발생한 날부터 3년간 외국인근로자의 고용을 제한할 수 있다(동법 제20조제1항).

　( i ) 고용허가서나 특례고용가능확인서를 발급받지 아니하고 외국인근로자를 고용한 자
　(ii) 제19조제1항에 따라 외국인근로자의 고용허가나 특례고용가능확인이 취소된 자
　(iii) 이 법 또는 「출입국관리법」을 위반하여 처벌을 받은 자
　(iv) 외국인근로자의 사망으로 「산업안전보건법」 제167조제1항에 따른 처벌을 받은 자
　( v ) 그 밖에 대통령령으로 정하는 사유에 해당하는 자

⑤ **외국인근로자의 보호**

㉠ 차별 금지　　사용자는 외국인근로자라는 이유로 부당하게 차별하여 처우하여서는 아니 된다(동법 제22조).

㉡ 사업 또는 사업장 변경의 허용　　외국인근로자는 일정한 경우가 발생하여 그 사업 또는 사업장에서 정상적인 근로관계를 지속하기 곤란할 때에는 직업안정기관의 장에게 다른 사업 또는 사업장으로의 변경을 신청할 수 있다(동법 제25조제1항).

(2) 불법적인 외국인근로자

불법적인 외국인근로자라 함은 i ) 불법입국하거나, 체류기간이 만료된 자 등 체류자격이 없거나, ii ) 체류자격이 있다 할지라도 취업활동을 할 수 없거나, 허용된 취업종류 이외의 다른 종류의 취업을 하고 있는 외국인근로자를 말한다. 불법 외국인근로자가 노동법 또는 사회보장법상의 권리를 주장하는 경우 고용노동부 및 근로복지공단 등은 관련 권리를 구제하는 절차를 밟는 동시에 법무부 출입국관리소에 불법 체류 또는 불법취업을 통보하고 있다. 통보를 받은 법무부는 불법외국인 근로자가 체불임금이나 산업재해보상 등에 관한 권리구제절차가 진행되는 동안에 특별체류허가를 내주어, 이를 구제한 후 강제출국 등의 조치를 취하고 있다.

(가) 학설 및 판례

출입국관리법은 불법적인 외국인근로자의 취업을 금지하고 있는바, 동 규정의 법적 성질에 대하여 견해가 나뉘고 있다.

① **효력규정설:**　　효력규정설에 의하면 불법적인 외국인근로자를 고용하는 것은 i ) 출입국관리법 위반으로서 사용자와 불법적인 외국인근로자 양자가 모두 처벌을 받게 됨은 물론이거니와 ii ) 이들이 체결한 근로계약 등은 모두 무효이고, 불법적인 외국인근로자에게는 노동법 및 사회보장법상의 어느 권리도 인정되지 아니한다

고 한다.

불법적인 외국인근로자의 취업을 제한하는 이유는 단지 출입국관리의 효율성 제
고를 위한 행정편의적 목적뿐 아니라, 국내 고용시장의 안정 및 노동인력의 효율적
관리 등의 고용정책적 목적도 함께 갖고 있다고 한다.

이러한 견해에 따르면 불법적인 외국인근로자는 이미 제공한 기왕의 근로에 대
하여 민사상의 권리만을 보유하게 되며, 미지급임금에 대한 부당이득반환 청구 또는
사용자의 고의 과실에 의한 재해보상 등을 청구할 수 있을 뿐이라고 한다. 사용자는
강행법규 위반을 이유로 양자가 체결한 고용계약을 언제든지 해지할 수 있고, 근로
기준법 제23조의 정당한 이유가 있는 경우에만 해고가 허용되는 것은 아니라고 한다.

② **단속규정설:**     단속규정설에 의하면 불법적인 외국인근로자를 고용하는 것
은 ⅰ) 출입국관리법 위반으로서 사용자와 불법적인 외국인근로자 양자가 모두 처벌
을 받게 되지만, ⅱ) 이들이 체결한 근로계약 등은 모두 유효하며, 불법적인 외국인
근로자에게도 노동법 및 사회보장법상의 권리가 합법적인 외국인근로자와 마찬가지
로 인정된다고 한다.

불법적인 외국인근로자의 취업을 제한하는 이유는 단지 출입국관리의 효율성 제
고를 위한 행정편의적 목적에 있다고 한다.

이러한 견해에 따르면 불법적인 외국인근로자는 이미 제공한 기왕의 근로에 대
하여 노동법상의 권리를 보유하게 되며, 미지급임금에 대한 미지급임금청구 또는 산
업재해보상보험법에 의한 재해보상 등을 청구할 수 있다고 한다. 사용자는 불법적인
외국인근로자를 근로기준법 제23조의 정당한 이유가 있는 경우에만 해고할 수 있으
며, 이 경우 출입국관리법을 위반하여 채용한 불법적인 외국인근로자를 해고하는 것
은 "정당한 이유"에 해당된다고 한다.

③ **대법원 판례**

㉠ **개별적 근로관계**     대법원 판례는 일종의 절충설을 채택하고 있다. 대법원
판례에 의하면 불법적인 외국인근로자의 취업을 제한하는 이유는 단지 출입국관리의
효율성 제고를 위한 행정편의적 목적뿐 아니라, 국내 고용시장의 안정 및 노동인력
의 효율적 관리 등의 고용정책적 목적도 함께 갖고 있다고 하는 바 이 점에서는 효
력규정설의 입장과 동일하다. 그러나, 대법원 판례에 의하면 불법적인 외국인근로자
가 사실상 제공한 근로에 대하여는 근로자로서의 신분에 따른 노동관계법상의 제반
권리의 법률효과를 부정하지 않음으로써 불법적인 외국인근로자에게도 노동법 및 사
회보장법상의 권리가 인정된다고 보아 단속규정설의 입장을 취하고 있다. 한편, 이

미 형성된 근로관계가 아닌 장래의 근로관계에 대하여는 이는 정지되고, 당사자는 언제든지 취업자격이 없음을 이유로 근로계약을 해지할 수 있다고 하여 효력규정설의 입장을 취하고 있다. 즉, 대법원 판례는 불법적인 외국인근로자가 이미 제공한 근로에 대하여는 단속규정설의 입장을, 제공되지 아니한 장래의 근로에 대하여는 효력규정설에 가까운 입장을 취하고 있다.

그러나, 대법원 판례는 미지급임금, 퇴직금 및 산업재해보상보험법상의 요양급여 등 일정한 사항에 대하여 불법적인 외국인근로자의 노동관계법상의 권리가 부정되지 않음을 소극적으로 판단하고 있을 뿐이지, 이들에게 노동관계법상의 제반 권리가 보장되고 있음을 적극적으로 제시하고 있는 것은 아니다. 또한 어느 시점을 기준으로 불법적인 외국인근로자의 제공된 근로와 그러하지 아니한 근로를 구분할지에 대하여 아무런 기준도 제시하지 못하고 있다.

**관련판례** 대판 1995. 9. 15, 94누12067   가. 구 출입국관리법(1992. 12. 8. 법률 제4522호로 전문 개정되기 전의 것) 제15조제1항에서 외국인이 대한민국에서 체류하여 행할 수 있는 활동이나 대한민국에 체류할 수 있는 신분 또는 지위에 관한 체류자격과 그 체류기간에 관하여 규율하면서 아울러 같은 조 제2항에서 외국인 고용제한을 규정하고 있는바, 그 입법취지가 단순히 외국인의 불법체류만을 단속할 목적으로 한 것이라고는 할 수 없고, 위 규정들은 취업자격 없는 외국인의 유입으로 인한 국내 고용시장의 불안정을 해소하고 노동인력의 효율적 관리, 국내 근로자의 근로조건의 유지 등의 목적을 효율적으로 달성하기 위하여 외국인의 취업자격에 관하여 규율하면서 취업자격 없는 외국인의 고용을 금지시키기 위한 입법목적도 아울러 갖고 있고, 이는 취업자격 없는 외국인의 고용이라는 사실적 행위 자체를 금지하고자 하는 것뿐이지 나아가 취업자격 없는 외국인이 사실상 제공한 근로에 따른 권리나 이미 형성된 근로관계에 있어서의 근로자로서의 신분에 따른 노동 관계법상의 제반 권리 등의 법률효과까지 금지하려는 규정으로는 보기 어렵다.
나. 취업자격 없는 외국인이 구 출입국관리법상의 고용제한 규정을 위반하여 근로계약을 체결하였다 하더라도 그것만으로 그 근로계약이 당연히 무효라고는 할 수 없고, 취업자격은 외국인이 대한민국 내에서 법률적으로 취업활동을 가능케 하는 것이므로 이미 형성된 근로관계가 아닌 한 취업자격 없는 외국인과의 근로관계는 정지되고, 당사자는 언제든지 그와 같은 취업자격이 없음을 이유로 근로계약을 해지할 수 있다.

ⓒ 집단적 노사관계   대법원은 불법 외국인근로자도 노동조합법상의 근로자에 해당되므로 노동조합을 조직하거나 이에 가입할 수 있다고 판결하고 있다.[57]

출입국관리 법령에서 외국인고용제한규정을 두고 있는 것은 '취업자격'없는 외국

---

57) 대판 2015. 6. 25, 2007두4995(전원합의체).

인의 고용이라는 사실적 행위 자체를 금지하고자 하는 것뿐이지, 나아가 취업자격 없는 외국인이 사실상 제공한 근로에 따른 권리나 이미 형성된 근로관계에서 노동관계법상의 권리 등의 법률 효과까지 금지하려는 것은 아니라는 논리를 제시하고 있다.

### (나) 주요내용

불법적인 외국인근로자의 취업을 제한하는 이유는 단지 출입국관리의 효율성 제고를 위한 행정편의적 목적뿐 아니라, 국내 고용시장의 안정 및 노동인력의 효율적 관리 등의 고용정책적 목적도 함께 갖고 있다. 이와 같은 관점에서 판단하여 볼 때에 불법적인 외국인근로자가 ⅰ) 이미 제공한 근로에 대하여는 임금, 재해보상 및 노동조합 설립·가입 등의 근로자로서의 신분에 따른 노동관계법상의 제반 권리가 인정되지만, ⅱ) 장래의 근로관계에 대하여는 아무런 권리도 인정되지 아니하며, 당사자는 언제든지 취업자격이 없음을 이유로 근로계약을 해지할 수 있다고 할 것이다. 즉, 불법적인 외국인근로자는 미지급임금, 퇴직금 및 산업재해보상보험법상의 요양급여 등 일정힌 사항에 국한하여 노동법상의 권리가 부정되지 아니하며, 일단 권리가 구제된 후에는 강제출국된다.

## Ⅶ. 특수형태근로 종사자

### 1. 개　념

특수형태근로 종사자라 함은 계약의 형식 또는 명칭에 상관없이 노동법상의 근로자와 유사한 노무를 제공하고 있으나 근로기준법이 적용되지 않는 피고용인을 말한다. 보험설계사, 레미콘운송업자, 학습지교사 및 골프장 캐디 등이 이에 해당된다. 특수형태근로 종사자에 대하여 근로기준법 및 노동조합법이 적용되는지에 대하여 동법들은 명문의 규정을 두고 있지 아니하나 대법원 판례에 따라 법적 보호를 받고 있다. 산업안전보건법 및 산업재해보상보험법은 명문의 규정으로 특수형태근로 종사자들을 보호하고 있다.

### 2. 근로기준법 및 노동조합법상의 보호

근로기준법 및 노동조합법은 특수형태근로 종사자의 법적 보호에 대하여 아무런 명문의 규정을 두고 있지 않으며 대법원 판례에 의하여 법적 보호를 받고 있다. 대법원 판례는 구체적인 사안에 따라 사용종속관계의 존부를 판단하여 특수형태근로

종사자의 법적 보호를 판단하여 왔다. 종전의 대법원 판례는 특수형태근로 종사자에게 사용종속관계가 인정되지 않는 경우 근로기준법은 물론 노동조합법상의 보호도 부인하여 왔다. 그러나, 최근의 대법원 판례는 골프장 캐디[58] 및 보험설계사[59] 사건 등에 있어 근로기준법상의 사용종속관계 판단 기준과 노동조합법상의 기준을 구별하여 설사 근로기준법상의 기준을 충족하지 못하여 근로기준법상의 근로자성은 인정받지 못한다 할지라도 노동조합법상의 기준을 충족하는 경우 노동조합법상의 근로자성을 인정하고 있다.

> **관련 판례**
>
> 대판 2018. 6. 15, 2014두12598, 12604
> 가. 노동조합법상 근로자 및 노동조합에 해당하는지
> 노동조합법상 근로자는 타인과의 사용종속관계하에서 노무에 종사하고 대가로 임금 기타 수입을 받아 생활하는 자를 말한다. 구체적으로 노동조합법상 근로자에 해당하는지는, 노무제공자의 소득이 특정 사업자에게 주로 의존하고 있는지, 노무를 제공 받는 특정 사업자가 보수를 비롯하여 노무제공자와 체결하는 계약 내용을 일방적으로 결정하는지, 노무제공자가 특정 사업자의 사업 수행에 필수적인 노무를 제공함으로써 특정 사업자의 사업을 통해서 시장에 접근하는지, 노무제공자와 특정 사업자의 법률관계가 상당한 정도로 지속적·전속적인지, 사용자와 노무제공자 사이에 어느 정도 지휘·감독관계가 존재하는지, 노무제공자가 특정 사업자로부터 받는 임금·급료 등 수입이 노무 제공의 대가인지 등을 종합적으로 고려하여 판단하여야 한다.
> 노동조합법은 개별적 근로관계를 규율하기 위해 제정된 근로기준법과 달리, 헌법에 의한 근로자의 노동3권 보장을 통해 근로조건의 유지·개선과 근로자의 경제적·사회적 지위 향상 등을 목적으로 제정되었다. 이러한 노동조합법의 입법 목적과 근로자에 대한 정의 규정 등을 고려하면, 노동조합법상 근로자에 해당하는지는 노무제공관계의 실질에 비추어 노동3권을 보장할 필요성이 있는지의 관점에서 판단하여야 하고, 반드시 근로기준법상 근로자에 한정된다고 할 것은 아니다.

## 3. 산업안전보건법상의 보호

계약의 형식에 관계없이 근로자와 유사하게 노무를 제공하여 업무상의 재해로부터 보호할 필요가 있음에도 「근로기준법」 등이 적용되지 아니하는 사람으로서 다음의 요건을 모두 충족하는 "특수형태근로종사자"의 노무를 제공받는 자는 특수형태근로종사자의 산업재해 예방을 위하여 필요한 안전조치 및 보건조치를 하여야 한다(동법 제77조제1항).
( i ) 대통령령으로 정하는 직종에 종사할 것

---
58) 대판 2014. 2. 13, 2011다78804.
59) 대판 2018. 6. 15, 2014두12598, 12604.

( ii ) 주로 하나의 사업에 노무를 상시적으로 제공하고 보수를 받아 생활할 것

(iii) 노무를 제공할 때 타인을 사용하지 아니할 것

대통령령으로 정하는 특수형태근로종사자로부터 노무를 제공받는 자는 고용노동부령으로 정하는 바에 따라 안전 및 보건에 관한 교육을 실시하여야 한다(동법 제77조제2항). 정부는 특수형태근로종사자의 안전 및 보건의 유지·증진에 사용하는 비용의 일부 또는 전부를 지원할 수 있다(동법 제77조제3항).

## 4. 산업재해보상보험법상의 보호

산업재해보상보험법은 특수형태근로 종사자를 포괄하는 광범위한 개념의 노무제공자를 적용대상으로 하고 있다.

"노무제공자"란 자신이 아닌 다른 사람의 사업을 위하여 다음의 어느 하나에 해당하는 방법에 따라 자신이 직접 노무를 제공하고 그 대가를 지급받는 사람으로서 업무상 재해로부터의 보호 필요성, 노무제공 형태 등을 고려하여 대통령령으로 정하는 직종에 종사하는 사람을 말한다(동법 제91조의15제1호). 노무제공자는 이 법의 적용을 받는 근로자로 본다(동법 제91조의16제1항). 노무제공자의 노무를 제공받는 사업은 이 법의 적용을 받는 사업으로 본다(동법 제91조의16제2항).

( i ) 노무제공자가 사업주로부터 직접 노무제공을 요청받은 경우

( ii ) 노무제공자가 사업주로부터 일하는 사람의 노무제공을 중개·알선하기 위한 "온라인 플랫폼"을 통해 노무제공을 요청받는 경우

## 5. 고용보험법상의 보호

근로자가 아니면서 자신이 아닌 다른 사람의 사업을 위하여 자신이 직접 노무를 제공하고 해당 사업주 또는 노무수령자로부터 일정한 대가를 지급받기로 하는 "노무제공계약"을 체결한 사람 중 대통령령으로 정하는 직종에 종사하는 "노무제공자"와 이들을 상대방으로 하여 노무제공계약을 체결한 사업에 대해서는 제8조제2항에 따라 이 장을 적용한다(동법 제77조의6제1항).

> 고용보험법시행령 제104조의11 [노무제공자인 피보험자의 범위] ① 법 제77조의6제1항에서 "대통령령으로 정하는 직종에 종사하는 사람"이란 다음 각 호의 어느 하나에 해당하는 사람을 말한다.
> 1. 보험을 모집하는 사람으로서 다음 각 목의 어느 하나에 해당하는 사람
>   가. 「보험업법」 제84조제1항에 따라 등록한 보험설계사
>   나. 「우체국 예금·보험에 관한 법률」에 따른 우체국보험의 모집을 전업으로 하는 사람

2. 「통계법」제22조에 따라 통계청장이 고시하는 직업에 관한 표준분류(이하 "한국표준직업분류표"라 한다)의 세세분류에 따른 학습지 방문강사, 교육교구 방문강사 등 회원의 가정 등을 직접 방문하여 아동이나 학생 등을 가르치는 사람

3. 한국표준직업분류표의 세분류에 따른 택배원인 사람으로서 택배사업〔소화물을 집화(集貨)·수송 과정을 거쳐 배송하는 사업을 말한다. 이하 제11호라목에서 같다〕에서 집화 또는 배송 업무를 하는 사람

4. 「대부업 등의 등록 및 금융이용자 보호에 관한 법률」제3조제1항 단서에 따른 대출모집인

5. 「여신전문금융업법」제14조의2제1항제2호에 따른 신용카드회원모집인(전업으로 하는 사람만 해당한다)

6. 「방문판매 등에 관한 법률」제2조제2호에 따른 방문판매원 또는 같은 조 제8호에 따른 후원방문판매원으로서 상시적으로 방문판매업무를 하는 사람. 다만, 자가 소비를 위한 방문판매원·후원방문판매원 및 제2호 또는 제7호에 동시에 해당하는 사람은 제외한다.

7. 한국표준직업분류표의 세세분류에 따른 대여 제품 방문점검원

8. 가전제품의 판매를 위한 배송 업무를 주로 수행하고 가전제품의 설치, 시운전 등을 통해 작동상태를 확인하는 사람

9. 「초·중등교육법 」제2조에 따른 학교에서 운영하는 방과후학교의 과정을 담당하는 강사

10. 「건설기계관리법」제3조제1항에 따라 등록된 건설기계를 직접 운전하는 사람

11. 「화물자동차 운수사업법」에 따른 화물차주로서 다음 각 목의 어느 하나에 해당하는 사람

　　가. 「자동차관리법」제3조제1항제4호에 따른 특수자동차로 수출입 컨테이너 또는 시멘트를 운송하는 사람

　　나. 「자동차관리법」제2조제1호 본문에 따른 피견인자동차 또는 제3조에 따른 일반형 화물자동차로 「화물자동차 운수사업법 시행령」제4조의7제1항에 따른 안전운송원가가 적용되는 철강재를 운송하는 사람

　　다. 「자동차관리법」제3조에 따른 일반형 화물자동차 또는 특수용도형 화물자동차로 「물류정책기본법」제29조제1항에 따른 위험물질을 운송하는 사람

　　라. 택배사업에서 택배사업자나 「화물자동차 운수사업법」에 따른 운수사업자(이하 이 호에서 "운수사업자"라 한다)로부터 업무를 위탁받아 「자동차관리법」제3조제1항제3호의 일반형 화물자동차 또는 특수용도형 화물자동차로 물류센터 간 화물 운송 업무를 하는 사람

　　마. 「자동차관리법」제3조제1항제3호의 일반형 화물자동차 또는 특수용도형 화물자동차로 같은 법에 따른 자동차를 운송하는 사람

　　바. 「자동차관리법」제3조제1항제3호의 특수용도형 화물자동차로 밀가루 등 곡물 가루, 곡물 또는 사료를 운송하는 사람

　　사. 「유통산업발전법」에 따른 대규모점포나 준대규모점포를 운영하는 사업 또는 체인사업에서 그 사업주나 운수사업자와 노무제공계약을 체결하여 「자동차관리법」제3조제1항제3호의 일반형 화물자동차 또는 특수용도형 화물자동차로 상품을 물류센터로 운송하거나 점포 또는 소비자에게 배송하는 업무를 하는 사람

　　아. 「유통산업발전법」에 따른 무점포판매업을 운영하는 사업에서 그 사업주나 운수사업자와 노무제공계약을 체결하여 「자동차관리법」제3조제1항제3호의 일반형 화물자동차 또는 특수용도형 화물자동차로 상품을 물류센터로 운송하거나 소비자에게 배송하는 업무를 하는 사람

　　　자. 한국표준산업분류표의 중분류에 따른 음식점 및 주점업을 운영하는 사업
　　　　（여러 점포를 직영하는 사업 또는 「가맹사업거래의 공정화에 관한 법률」
　　　　에 따른 가맹사업으로 한정한다）에서 그 사업주나 운수사업자와 노무제공
　　　　계약을 체결하여 「자동차관리법」 제3조제1항제3호의 일반형 화물자동차
　　　　또는 특수용도형 화물자동차로 식자재나 식품 등을 물류센터로 운송하거
　　　　나 점포로 배송하는 업무를 하는 사람
　　　차. 한국표준산업분류표의 세분류에 따른 기관 구내식당업을 운영하는 사업에
　　　　서 그 사업주나 운수사업자와 노무제공계약을 체결하여 「자동차관리법」
　　　　제3조제1항제3호의 일반형 화물자동차 또는 특수용도형 화물자동차로 식
　　　　자재나 식품 등을 물류센터로 운송하거나 기관 구내식당으로 배송하는 업
　　　　무를 하는 사람
　12. 한국표준직업분류표의 세분류에 따른 택배원으로서 퀵서비스업자（소화물을 집
　　　화·수송 과정을 거치지 않고 배송하는 사업을 말한다）로부터 업무를 의뢰받
　　　아 배송 업무를 하는 사람. 다만, 다음 각 목의 사람은 제외한다.
　　　가. 제3호에 해당하는 사람
　　　나. 「자동차관리법」 제3조제1항제3호의 화물자동차로 배송 업무를 하는 사람
　13. 대리운전업자（자동차 이용자의 요청에 따라 목적지까지 유상으로 그 자동차를
　　　운전하도록 하는 사업의 사업주를 말한다）로부터 업무를 의뢰받아 대리운전
　　　업무를 하는 사람
　14. 「소프트웨어 진흥법」에 따른 소프트웨어사업에서 노무를 제공하는 같은 법에
　　　따른 소프트웨어기술자
　15. 「관광진흥법」 제38조제1항 단서에 따른 관광통역안내의 자격을 가진 사람으로
　　　서 외국인 관광객을 대상으로 관광안내를 하는 사람
　16. 「도로교통법」에 따른 어린이통학버스를 운전하는 사람
　17. 「체육시설의 설치·이용에 관한 법률」 제7조에 따라 직장체육시설로 설치된
　　　골프장 또는 같은 법 제19조에 따라 체육시설업의 등록을 한 골프장에서 골프
　　　경기를 보조하는 골프장 캐디
② 제1항에도 불구하고 노무제공자가 다음 각 호의 어느 하나에 해당하는 경우에
는 이 법을 적용하지 아니한다.
1. 65세 이후에 근로계약, 노무제공계약 또는 문화예술용역 관련 계약（65세 전부
　터 피보험자격을 유지하던 사람이 65세 이후에 계속하여 근로계약, 노무제공계
　약 또는 문화예술용역 관련 계약을 체결한 경우는 제외한다）을 체결하거나 자
　영업을 개시하는 경우
2. 노무제공자 중 대통령령으로 정하는 소득 기준을 충족하지 못하는 경우. 다만,
　노무제공자 중 계약의 기간이 1개월 미만인 사람（이하 "단기노무제공자"라 한
　다）은 제외한다.
3. 15세 미만인 경우. 다만, 15세 미만인 노무제공자로서 고용보험 가입을 원하는
　사람은 대통령령으로 정하는 바에 따라 고용보험에 가입할 수 있다.
③ 삭제
④ 제1항에 따라 이 장을 적용하는 노무제공자와 그와 노무제공계약을 체결한 사
업의 사업주（이하 "노무제공사업의 사업주"라 한다）는 고용산재보험료징수법에 따
라 보험료를 부담하며, 그 보험관계의 성립·소멸 및 변경, 보험료의 산정·납부
및 징수에 필요한 사항은 고용산재보험료징수법에서 정하는 바에 따른다.

# 제5장 안전과 보건 및 직장 내 괴롭힘

## 제1절 안전과 보건

### I. 관련규정 및 법적 체계

근로기준법 제76조는 근로자의 안전과 보건에 관하여 산업안전보건법에 따르도록 규정하고 있다.[1]

> 근로기준법 제76조 [안전과 보건] 근로자의 안전과 보건에 관하여는 「산업안전보건법」에서 정하는 바에 따른다.

다만, ⅰ) 근로기준법 제65조는 여성과 18세 미만의 연소자에 대하여 도덕상 또는 보건상 유해·위험한 사업에의 취업을 금지하고 있으며, 또한 ⅱ) 동법 제72조는 이들에 대한 갱내근로에의 취업을 금지하고 있다. 이에 관하여는 이미 설명한 바가 있으므로 관련내용은 생략한다.

### II. 배 경

산업사회가 급속하게 진전됨에 따라 산업재해의 발생이 증가함으로써 근로자의 안전과 보건에 대한 법적 보호의 필요성이 대두되었다. 따라서 산업안전·보건에 관한 기준을 확립하고, 그 책임의 소재를 명확하게 하여 산업재해를 사전에 예방하고 쾌적한 작업환경을 조성함으로써 근로자의 안전과 보건을 증진시키고자 산업안전보건법이 제정되었다(산업안전보건법 제1조).

---

1) 산업안전보건법은 1981년에 제정·공포되었으나, 1990년 1월 13일에 산업안전보건법이 보완·개정되면서 근로기준법하의 안전 및 보건에 관한 규정(제6장)을 흡수·통합하여 포괄적으로 규율하게 되었다.

## Ⅲ. 산업안전보건법의 적용범위

### 1. 관련규정

**산업안전보건법 제3조 [적용범위]** ① 이 법은 모든 사업에 적용한다. 다만, 유해·위험의 정도, 사업의 종류, 사업장의 상시 근로자 수(건설공사의 경우에는 건설공사금액을 말한다. 이하 같다) 등을 고려하여 대통령령으로 정하는 종류의 사업에는 이 법의 전부 또는 일부를 적용하지 아니할 수 있다.

### 2. 주요내용

산업안전보건법은 모든 사업에 적용된다(산업안전보건법 제3조).

다만, 유해·위험의 정도, 사업의 종류, 사업장의 상시 근로자 수(건설공사의 경우에는 건설공사금액을 말한다. 이하 같다) 등을 고려하여 대통령령으로 정하는 종류의 사업에는 산업안전보건법의 전부 또는 일부가 적용되지 아니할 수 있다(동법 제3조제1항단서).

### 3. 적용대상

### (1) 근 로 자

산업안전보건법은 근로자에게 적용된다. "근로자"란「근로기준법」에 따른 근로자를 말한다(동법 제2조제3호).

### (2) 기타의 자

산업안전보건법은 근로자 이외에도 다음의 자에게 확대 적용된다.

① **특수형태근로종사자:** 계약의 형식에 관계없이 근로자와 유사하게 노무를 제공하여 업무상의 재해로부터 보호할 필요가 있음에도「근로기준법」등이 적용되지 아니하는 사람으로서 다음의 요건을 모두 충족하는 "특수형태근로종사자"의 노무를 제공받는 자는 특수형태근로종사자의 산업재해 예방을 위하여 필요한 안전조치 및 보건조치를 하여야 한다(동법 제77조제1항).

( ⅰ ) 대통령령으로 정하는 직종에 종사할 것

( ⅱ ) 주로 하나의 사업에 노무를 상시적으로 제공하고 보수를 받아 생활할 것

( ⅲ ) 노무를 제공할 때 타인을 사용하지 아니할 것

② **배달종사자:** 「이동통신단말장치 유통구조 개선에 관한 법률」에 따른 이동통신단말장치로 물건의 수거·배달 등을 중개하는 자는 그 중개를 통하여「자동

차관리법」에 따른 이륜자동차로 물건을 수거·배달 등을 하는 사람의 산업재해 예방을 위하여 필요한 안전조치 및 보건조치를 하여야 한다(동법 제78조제1항).

　③ **가맹본부:** 　　　「가맹사업거래의 공정화에 관한 법률」에 따른 가맹본부 중 대통령령으로 정하는 가맹본부는 가맹점사업자에게 가맹점의 설비나 기계, 원자재 또는 상품 등을 공급하는 경우에 가맹점사업자와 그 소속 근로자의 산업재해 예방을 위하여 다음의 조치를 하여야 한다(동법 제79조제1항).

# 제 2 절  직장 내 괴롭힘의 금지

## Ⅰ. 직장 내 괴롭힘의 금지

　사용자 또는 근로자는 다른 근로자에게 "직장 내 괴롭힘"을 하여서는 아니 된다(근로기준법 제76조의2). "직장 내 괴롭힘"이라 함은 직장에서의 지위 또는 관계 등의 우위를 이용하여 업무상 적정범위를 넘어 다른 근로자에게 신체적·정신적 고통을 주거나 근무환경을 악화시키는 행위를 말한다. 직장 내 괴롭힘은 근로자의 정신적·신체적 건강에 악영향을 끼칠 뿐만 아니라 기업에도 막대한 비용부담을 초래하게 되므로 이에 대한 대책이 필요하여 새로이 신설된 조항이다.

## Ⅱ. 직장 내 괴롭힘 발생시 조치

### 1. 사용자에 대한 신고

　누구든지 직장 내 괴롭힘 발생 사실을 알게 된 경우 그 사실을 사용자에게 신고할 수 있다(동법 제76조의3제1항). 사용자는 신고를 접수하거나 직장 내 괴롭힘 발생 사실을 인지한 경우에는 지체 없이 당사자 등을 대상으로 그 사실 확인을 위하여 객관적으로 조사를 실시하여야 한다(동법 제76조의3제2항).

### 2. 피해근로자의 보호

　사용자는 조사기간 동안 직장 내 괴롭힘과 관련하여 피해를 입은 근로자 또는 피해를 입었다고 주장하는 "피해근로자등"을 보호하기 위하여 필요한 경우 해당 피해근로자등에 대하여 근무장소의 변경, 유급휴가 명령 등 적절한 조치를 하여야 한다(동법 제76조의3제3항전단). 이 경우 사용자는 피해근로자등의 의사에 반하는 조치를 하여서는 아니 된다(동법 제76조의3제3항후단).

사용자는 조사 결과 직장 내 괴롭힘 발생 사실이 확인된 때에는 피해근로자가 요청하면 근무장소의 변경, 배치전환, 유급휴가의 명령 등 적절한 조치를 하여야 한다(동법 제76조의3제4항).

### 3. 행위자에 대한 징계조치

사용자는 조사 결과 직장 내 괴롭힘 발생 사실이 확인된 때에는 지체 없이 행위자에 대하여 징계, 근무장소의 변경 등 필요한 조치를 하여야 한다(동법 제76조의3제5항전단). 이 경우 사용자는 징계 등의 조치를 하기 전에 그 조치에 대하여 피해근로자의 의견을 들어야 한다(동법 제76조의3제5항후단).

### 4. 불리한 처우의 금지

사용자는 직장 내 괴롭힘 발생 사실을 신고한 근로자 및 피해근로자등에게 해고나 그 밖의 불리한 처우를 하여서는 아니 된다(동법 제76조의3제6항).

### 5. 비밀 누설의 금지

직장 내 괴롭힘 발생 사실을 조사한 사람, 조사 내용을 보고받은 사람 및 그 밖에 조사 과정에 참여한 사람은 해당 조사 과정에서 알게 된 비밀을 피해근로자등의 의사에 반하여 다른 사람에게 누설하여서는 아니 된다(동법 제76조의3제7항본문). 다만, 조사와 관련된 내용을 사용자에게 보고하거나 관계 기관의 요청에 따라 필요한 정보를 제공하는 경우는 제외한다(동법 제76조의3제7항단서).

# 제6장 산업재해보상

## 제1절 산업재해보상의 의의

### Ⅰ. 산업재해보상제도의 배경

근로자의 업무상 부상·질병 또는 사망 등 산업재해에 대하여 이를 보상함으로써 해당 근로자 또는 유족을 보호하기 위하여 마련된 제도가 바로 산업재해보상제도이다.

산업재해보상제도는 민법상의 손해배상제도, 근로기준법상의 재해보상제도 및 산업재해보상보험법의 순서로 발전하여 왔다.

#### (1) 민법상의 손해배상제도

종래에 산업재해가 발생하였을 경우 근로자는 사용자에 대하여 민법상의 손해배상책임제도에 의하여 배상책임을 요구하였다. 그러나 민법상의 손해배상제도는 과실책임주의에 기초하고 있어 근로자는 재해발생에 대한 사용자의 고의·과실을 입증하여야 하는 어려움이 있고 소송의 비용과 시간이 많이 소요되므로 근로자의 재해보상에 충분하지 못하였다.

#### (2) 근로기준법상의 재해보상제도

근로기준법상의 재해보상제도는 민법상 손해배상제도의 과실책임주의를 극복하고 무과실책임주의를 채택하였다. 따라서 사업장에서 산업재해가 발생하는 경우, 근로자는 재해발생에 대한 자신의 고의·과실 여부에 상관없이 재해보상을 받을 수 있다. 그러나 근로기준법상의 재해보상제도는 사용자가 자신의 재산으로 근로자에게 직접 보상을 하는 직접보상방식을 채택하고 있어 사용자가 충분한 재정적 능력이 없는 경우에는 근로자에 대한 적절한 보상을 할 수 없다는 문제점이 제기되고 있다.

### (3) 산업재해보상보험법상의 재해보상제도

산업재해보상보험법에 의한 재해보상제도는 사용자를 산업재해보상보험에 가입하도록 하고, 산업재해가 발생한 경우 사용자의 고의·과실과는 상관없이 보험기관이 근로자에게 재해보상을 하는 제도이다. 동 제도는 무과실책임제도를 채택하고 있다는 점에서 근로기준법상의 재해보상제도와 동일하나, 전자가 사회보험에 의한 간접보상방식을 채택하고 있다는 점에서 직접보상방식을 채택하고 있는 후자와 구별된다. 산업재해보상보험법에 의한 보상은 신속·공정하고 사용자의 보상능력과 상관없이 언제든지 보상받을 수 있다는 장점이 있다.

## II. 법적 체계

### 1. 재해보상의 기본체계

#### (1) 근로기준법

근로기준법에 의한 보상방식은 직접보상제이며 근로자에게 산업재해가 발생되면 사용자가 근로자에게 직접 보상을 한다. 보상관계의 당사자는 근로자와 사용자이며, 따라서 사용자가 재해보상을 위한 재정적 능력이 없는 경우 재해보상의 지급은 불가능하게 된다.

#### (2) 산업재해보상보험법

산업재해보상보험법에 있어서는 보상보험제를 채택하고 있으므로, 보험금은 국가가 근로자에 지급하게 된다. 사용자는 단지 보험료의 납부의무만을 부담하고 있을 뿐이다. 즉, 근로기준법하에서는 근로자와 사용자가 보상관계의 당사자가 되나, 산업재해보상법하에서는 근로자와 국가가 당사자가 된다.

### 2. 적용범위

#### (1) 근로기준법

근로기준법은 상시근로자가 5인 이상인 사업장에는 전면 적용되며, 4인 이하의 사업장에는 대통령령이 정하는 일부조항만 적용된다. 재해보상 관련조항은 근로기준법시행령에 의하여 상시근로자가 4인 이하인 사업장에도 적용된다.[1]

---

1) 산업재해보상에 관한 규정은 1999년 1월 1일부터 적용되나, 다만 휴업보상(제82조), 장해보상(제83조), 휴업보상·장해보상의 예외(제84조) 및 유족보상(제85조)은 2001년 1월 1일부터 시행된다.

(2) 산업재해보상보험법

① 의 의:  산업재해보상보험법은 모든 사업 또는 사업장에 적용되는 것을 원칙으로 한다(동법 제6조본문). 다만, 산업재해보상보험법은 사업의 위험률·규모 및 사업장소 등을 참작하여 대통령령으로 정하는 일부 사업에는 적용되지 아니한다(동법 제6조단서). 또한 국외의 사업(제121조), 해외파견자(제122조), 현장실습생(제123조), 중소기업 사업주(제124조), 특수형태근로종사자(제125조) 및 「국민기초생활보장법」상의 수급자(제126조)에게도 특례가 적용된다.

② **노무제공자에 대한 특례:**  "노무제공자"란 자신이 아닌 다른 사람의 사업을 위하여 다음의 어느 하나에 해당하는 방법에 따라 자신이 직접 노무를 제공하고 그 대가를 지급받는 사람으로서 업무상 재해로부터의 보호 필요성, 노무제공 형태 등을 고려하여 대통령령으로 정하는 직종에 종사하는 사람을 말한다(동법 제91조의15 제1호). 노무제공자는 이 법의 적용을 받는 근로자로 본다(동법 제91조의16제1항). 노무제공자의 노무를 제공받는 사업은 이 법의 적용을 받는 사업으로 본다(동법 제91조의16제2항).

( i ) 노무제공자가 사업주로부터 직접 노무제공을 요청받은 경우

( ii ) 노무제공자가 사업주로부터 일하는 사람의 노무제공을 중개·알선하기 위한 "온라인 플랫폼"을 통해 노무제공을 요청받은 경우

### 3. 적용대상

(1) 근로기준법

근로기준법은 사용자가 보상해야 할 재해의 종류를 근로자의 업무상의 부상·질병·신체장해 및 사망으로 규정하고 있으며, 이러한 재해에 대하여 요양보상(근로기준법 제78조)·휴업보상(동법 제79조)·장해보상(동법 제80조)·유족보상(동법 제82조)과 장의비(동법 제83조)를 보상하도록 하고 있다.

(2) 산업재해보상보험법

산업재해보상보험법도 근로기준법과 마찬가지로 업무상의 사유에 의한 근로자의 부상·질병·신체장해 또는 사망을 업무상의 재해로 규정하고 있다(동법 제5조제1호). 또한 산업재해보상보험법은 요양급여, 휴업급여, 장해급여, 유족급여 및 장의비를 보험급여로서 지급하고 있다는 점에서 근로기준법과 동일하나, 이에 추가하여 간병급여, 상병보상연금 및 직업재활급여를 지급하고 있다(동법 제36조제1항본문). 다만, 진

폐의 경우에는 요양급여, 간병급여, 장의비, 직업재활급여, 진폐보상연금, 진폐유족연금을 지급한다(동법 제36조제1항단서).

# 제 2 절  산업재해의 성립요건(인정기준)

## Ⅰ. 의    의

근로기준법 및 산업재해보상보험법은 업무상 사유로 인하여 발생한 부상·질병·장해 및 사망 등에 한하여 재해보상을 인정하고 있다. ⅰ) 근로기준법은 산업재해의 성립요건에 대하여 아무런 규정도 아니두고 있으며, ⅱ) 산업재해보상보험법은 "업무상의 재해"의 용어정의 및 인정기준을 규정하고 있다.

이하에서는 산업재해보상보험법상의 산업재해의 성립요건을 중심으로 하여 설명하기로 한다.

## Ⅱ. 업무상 재해의 인정기준

### 1. 관련규정

**산업재해보상보험법 제5조** [정의] 1. "업무상의 재해"란 업무상의 사유에 따른 근로자의 부상, 질병, 장해 또는 사망을 말한다.
**산업재해보상보험범 제37조** [업무상 재해의 인정기준] ① 근로자가 다음 각 호의 어느 하나에 해당하는 사유로 부상·질병 또는 장해가 발생하거나 사망하면 업무상의 재해로 본다. 다만, 업무와 재해 사이에 상당인과관계가 없는 경우에는 그러하지 아니한다.

### 2. 의    의

산업재해가 성립하기 위하여는 근로자에게 발생된 재해가 「업무상 재해」에 해당되어야 한다. 여기서 「업무상」이라는 개념에는 ⅰ) 근로자가 업무를 수행하는 도중에 재해가 발생하였다는 의미에서의 「업무수행성」 및 ⅱ) 근로자가 수행한 업무로 인하여 재해가 발생하였다는 의미의 「업무기인성」이라는 두 가지 개념이 존재한다.

### (1) 업무기인성

「업무기인성」이라 함은 근로자가 담당하는 업무와 재해발생 사이에 인과관계가 존재하여야 하는 것을 의미한다.

어느 정도의 인과관계가 필요한가에 관하여 산업재해보상보험법 제37조제1항단서는 「업무와 재해 사이에 상당인과관계가 있을 것」이라고 규정하고 있다. 대부분의 학설[2] 및 판례[3]도 상당인과관계설을 채택하고 있다. 즉 문제된 업무에 종사하지 아니 하였다면 해당 재해는 발생하지 않았을 것이라는 것이 인정되거나, 문제된 업무에 종사한다면 해당 재해는 발생할 것이라고 예측할 수 있을 경우에 업무기인성은 존재하게 된다.

### (2) 업무수행성

업무수행성이라 함은 사용자의 지휘·명령하에서 구체적인 업무를 실제로 수행하는 도중에 발생하거나, 사업주가 관리하고 있는 시설물의 결함 또는 관리상의 하자로 인하여 발생한 재해를 말한다. 그러나 이에 국한하지 아니하고 업무에 부수하여 행하여질 것이 사회통념상 기대되는 행위 또는 사고로 인하여 발생한 재해도 이에 포함된다는 것이 일반적인 견해이다.[4] 또한, 업무수행중이라 함은 반드시 근로자가 현실적으로 업무수행에 종사하는 동안만 인정되는 것이 아니라 사업장에서 업무시간중 또는 그 전후에 휴식하는 동안도 이에 포함된다.[5]

### (3) 업무기인성과 업무수행성 간의 관계

인과관계가 존재하기 위하여 업무기인성과 업무수행성 간의 두 가지 요건이 모두 필요한가에 관하여 의문이 제기되고 있다.

### (가) 학 설

우리나라의 학설은 인과관계가 존재하기 위하여 업무기인성이 충족되어야 한다는 데에는 대부분 일치하고 있으나 업무수행성도 충족되어야 하는지에 관하여는 견해가 나뉘고 있다.

① **업무수행성필요설:**    업무수행성필요설은 인과관계가 존재하기 위하여는 업무기인성뿐 아니라 업무수행성도 충족되어야 한다는 견해이다.[6] 이러한 견해에 의하

---

2) 김형배, 노동법, p. 443; 하갑래, 근로기준법, p. 962. 인과관계에 관한 학설로서 ⅰ) 업무와 재해 간에 사실적 인과관계가 있으면 족하다는 조건설, ⅱ) 업무의 종사중에 재해가 발생하면 족하다는 기회원인설, ⅲ) 여러 원인 중 가장 유력한 원인을 기준으로 하는 최유력원인설, ⅳ) 업무와 재해 간에 상당인과관계가 필요하다는 상당인과관계설 등이 있다.
3) 대판 1993. 10. 12, 92누9408; 대판 1994. 12. 2, 94누10122; 대판 2002. 11. 26, 2002두6811.
4) 대판 1993. 1. 19, 92누13073; 대판 1993. 3. 12, 92누17471.
5) 대판 1993. 3. 12, 92누17471.
6) 대판 1986. 8. 19, 83다카1670.

면 근로자가 사용자의 지휘·명령하에서 업무를 수행하는 도중에 업무로 인하여 재해를 입은 경우에 한하여 산업재해가 인정된다고 한다. 따라서 근로자가 업무로 인한 사고일지라도 업무수행시간 이외의 시간에 재해를 입은 경우에는 산업재해가 인정되지 아니한다고 한다. 업무수행성필요설은 인과관계를 좁게 해석하는 견해이다.

② **업무수행성불요설:** 업무수행성불요설은 업무기인성만 충족되면 인과관계가 존재하며, 업무수행성은 이러한 업무기인성을 입증하기 위한 여러 가지 기준 중의 하나라는 견해이다.

이러한 견해에 의하면 업무수행중에 발생한 것이 아니어도 업무와 상당인과관계에 있다면 업무상재해에 해당된다고 할 것이다.[7]

관련  대판 2002. 11. 26, 2002두6811  원고의 나이 및 평소의 건강상태, 근무 및 생
판례  활환경, 업무의 내용 및 그 정도, 이 사건 상병의 발생 경위 등을 종합하여, 원고는 약간의 감기 증상이 있는 상태에서 평소에 누적되어 온 업무상 과로 또는 스트레스가 겹치는 바람에 현기증을 일으켜 자전거와 함께 넘어짐으로써 이 사건 상병이 발생되었다 할 것이므로, 비록 원고가 넘어진 장소가 사업장 밖이었고 업무수행중 발병한 것이 아니라고 하더라도, 이 사건 상병은 업무와 상당인과관계에 있는 질병으로서 업무상 재해에 해당한다.

(나) 사 견

사견으로는 업무수행성불요설에 찬동하고자 한다. 그 논지는 앞에서 설명한 바와 같다.

## 3. 업무상 재해의 성립요건

### (1) 관련규정

**산업재해보상보험법 제37조 [업무상 재해의 인정 기준]** ① 근로자가 다음 각 호의 어느 하나에 해당하는 사유로 부상·질병 또는 장해가 발생하거나 사망하면 업무상의 재해로 본다. 다만, 업무와 재해 사이에 상당인과관계가 없는 경우에는 그러하지 아니하다.
1. 업무상 사고
  가. 근로자가 근로계약에 따른 업무나 그에 따르는 행위를 하던 중 발생한 사고
  나. 사업주가 제공한 시설물 등을 이용하던 중 그 시설물 등의 결함이나 관리 소홀로 발생한 사고
  다. 삭제
  라. 사업주가 주관하거나 사업주의 지시에 따라 참여한 행사나 행사준비 중에 발생한 사고
  마. 휴게시간 중 사업주의 지배관리하에 있다고 볼 수 있는 행위로 발생한 사고

---

7) 대판 2002. 11. 26, 2002두6811.

　　　바. 그 밖에 업무와 관련하여 발생한 사고
　2. 업무상 질병
　　　가. 업무수행 과정에서 물리적 인자(因子), 화학물질, 분진, 병원체, 신체에
　　　　　부담을 주는 업무 등 근로자의 건강에 장해를 일으킬 수 있는 요인을 취급
　　　　　하거나 그에 노출되어 발생한 질병
　　　나. 업무상 부상이 원인이 되어 발생한 질병
　　　다. 근로기준법 제76조의 2에 따른 직장내 괴롭힘, 고객의 폭언 등으로 인한
　　　　　업무상 정신적 스트레스가 원인이 되어 발생한 질병
　　　라. 그 밖에 업무와 관련하여 발생한 질병
　3. 출퇴근 재해
　　　가. 사업주가 제공한 교통수단이나 그에 준하는 교통수단을 이용하는 등 사업
　　　　　주의 지배관리하에서 출퇴근하는 중 발생한 사고
　　　나. 그 밖에 통상적인 경로와 방법으로 출퇴근하는 중 발생한 사고
② 근로자의 고의·자해행위나 범죄행위 또는 그것이 원인이 되어 발생한 부상·
질병·장해 또는 사망은 업무상의 재해로 보지 아니한다. 다만, 그 부상·질병·
장해 또는 사망이 정상적인 인식능력 등이 뚜렷하게 낮아진 상태에서 한 행위로
발생한 경우로서 대통령령으로 정하는 사유가 있으면 업무상의 재해로 본다.
③ 제1항제3호나목의 사고 중에서 출퇴근 경로 일탈 또는 중단이 있는 경우에는
해당 일탈 또는 중단 중의 사고 및 그 후의 이동 중의 사고에 대하여는 출퇴근 재
해로 보지 아니한다. 다만, 일탈 또는 중단이 일상생활에 필요한 행위로서 대통령
령으로 정하는 사유가 있는 경우에는 출퇴근 재해로 본다.
④ 출퇴근 경로와 방법이 일정하지 아니한 직종으로 대통령령으로 정하는 경우에
는 제1항제3호나목에 따른 출퇴근 재해를 적용하지 아니한다.
⑤ 업무상의 재해의 구체적인 인정 기준은 대통령령으로 정한다.

### (2) 성립요건

업무상 재해의 성립요건은 다음과 같다(동법 제37조).

**(가) 다음의 「업무상」 사고 또는 질병 중 어느 하나에 해당될 것**

사고 또는 질병이 「업무상」 발생하여야 한다.

**① 업무상 사고**

㉠ 근로자가 근로계약에 따른 업무나 그에 따르는 행위를 하던 중 발생한 사고

㉡ 사업주가 제공한 교통수단이나 그에 준하는 교통수단을 이용하는 등 사업주의
지배관리하에서 출퇴근 중 발생한 사고

㉢ 사업주가 주관하거나 사업주의 지시에 따라 참여한 행사나 행사준비 중에 발
생한 사고

㉣ 휴게시간 중 사업주의 지배관리하에 있다고 볼 수 있는 행위로 발생한 사고

㉤ 그 밖에 업무와 관련하여 발생한 사고

**② 업무상 질병**

㉠ 업무수행 과정에서 물리적 인자, 화학물질, 분진, 병원체, 신체에 부담을 주는

업무 등 근로자의 건강에 장해를 일으킬 수 있는 요인을 취급하거나 그에 노출되어 발생한 질병

ⓛ 업무상 부상이 원인이 되어 발생한 질병

ⓒ「근로기준법」 제76조의2에 따른 직장 내 괴롭힘, 고객의 폭언 등으로 인한 업무상 정신적 스트레스가 원인이 되어 발생한 질병

ⓔ 그 밖에 업무와 관련하여 발생한 질병

③ 출퇴근 재해

"출퇴근"이란 취업과 관련하여 주거와 취업장소 사이의 이동 또는 한 취업장소에서 다른 취업장소로의 이동을 말한다(동법 제5조제8호).

산업재해보상보험법은 업무상 사고 및 업무상 재해와 별도로 "출퇴근 재해"를 규정하고 있으나(동법 제37조제1항제3호), 이는 광의에 업무상 사고에 포함되는 것으로 보아야 한다. 종전에는 출퇴근재해를 업무상 사고의 하나로서 "사업주가 제공한 교통수단이나 그에 준하는 교통수단을 이용하는 등 사업주의 지배관리하에서 출퇴근하는 중 발생한 사고"에 국한하여 규정하고 있었으나, 동 규정이 헌법재판소[8]에서 헌법불합치로 결정되었다. 이에 따라 이에 "그 밖에 통상적인 경로와 방법으로 출퇴근하는 중 발생한 사고"를 추가하여 동 조항을 개정[9]하였다. 따라서 "출퇴근 재해"라 함은 ⅰ) 사업주가 제공한 교통수단이나 그에 준하는 교통수단을 이용하는 등 사업주의 지배관리하에서 출퇴근하는 중 발생한 사고 및 ⅱ) 그 밖에 통상적인 경로와 방법으로 출퇴근하는 중 발생한 사고를 말한다(동법 제37조제1항제3호). ⅱ)의 사고는 사업주의 지배관리하에 있지 않지만, 통상적인 경로와 방법으로 출퇴근하는 중 발생한 사고를 말한다. 통상적인 경로와 방법으로 출퇴근하는 중에 경로를 일탈하거나 또는 중단이 있는 경우에는 그 도중의 사고 및 그 후의 이동 중의 사고에 대하여는 출퇴근 재해로 보지 아니하되, 다만, 일탈 또는 중단이 일상생활에 필요한 행위로서 대통령령으로 정하는 사유가 있는 경우에는 출퇴근 재해로 본다(동법 제37조제3항). 출퇴근 경로와 방법이 일정하지 아니한 직종으로 대통령령으로 정하는 경우에는 동 출퇴근 재해를 적용하지 아니한다(동법 제37조제4항).

(나) 부상·질병·장해 또는 사망의 「재해」가 발생할 것

부상·질병·장해 또는 사망의 「재해」가 반드시 발생하여야 한다. 상기 「업무상」 사고 또는 질병의 사유에 해당하는 경우에도 부상·질병·장해 또는 사망의 「재해」

---

8) 헌재 2016. 9. 29, 2014헌바254.
9) 2017. 10. 24. 법률 제14933호.

결과가 발생하지 아니하는 경우 업무상 재해에 해당되지 아니한다.

### ㈐ 「업무」와 「재해」 간의 상당인과관계의 존재

업무와 재해 간에 상당인과관계가 존재하여야 한다. 상당인과관계의 개념은 앞에서 이미 서술한 바와 같다.

### ㈑ 근로자의 고의·자해행위 등의 부존재

근로자의 고의·자해행위나 범죄행위 또는 그것이 원인이 되어 발생한 부상·질병·장해 또는 사망은 업무상의 재해로 보지 아니한다(동법 제37조제2항본문). 다만, 그 부상·질병·장해 또는 사망이 정상적인 인식능력 등이 뚜렷하게 낮아진 상태에서 한 행위로 발생한 경우로서 대통령령으로 정하는 사유가 있으면 업무상의 재해로 본다(동법 제37조제2항단서).

한편, 근로기준법의 경우 근로자가 중대한 과실로 업무상 부상 또는 질병에 걸리고 또한 사용자가 그 과실에 대하여 노동위원회의 인정을 받으면 휴업보상이나 장해보상을 하지 아니하여도 된다(동법 제81조).

> **관 련**
> **판 례**
> 대판 1996. 9. 6, 96누6103    ⅰ) 재해의 발생원인이 업무와 직접 관련이 없는 개인적 질병에 의한 것이라 하더라도 업무상 과로가 질병·사망을 악화·유발시켰더라면 인과관계가 있다고 보고 있으며, 또한 ⅱ) 평소에는 정상적인 근무가 가능한 기초질환이나 기존질병이 업무의 과중으로 급속히 악화되거나 사망한 경우에는 과로로 인한 업무상 질병·사망에 해당된다고 보아야 한다.

업무와 재해 사이의 상당인과관계의 증명책임은 업무상의 재해를 주장하는 근로자 측에게 있다.[10]

> **관 련**
> **판 례**
> 대판 2021. 9. 9, 2017두45933(전원합의체)    산업재해보상보험법(이하 '산재보험법'이라 한다)상 보험급여의 지급요건, 2007. 12. 14. 법률 제8694호로 전부 개정된 구 산업재해보상보험법(2017. 10. 24. 법률 제14933호로 개정되기 전의 것, 이하 '구 산재보험법'이라 한다) 제37조 제1항 전체의 내용과 구조, 입법 경위와 입법 취지, 다른 재해보상제도와의 관계 등을 고려하면, 2007년 개정으로 신설된 구 산재보험법 제37조 제1항은 산재보험법상 '업무상의 재해'를 인정하기 위한 업무와 재해 사이의 상당인과관계에 관한 증명책임을 근로복지공단(이하 '공단'이라 한다)에 분배하거나 전환하는 규정으로 볼 수 없고, 2007년 개정 이후에도 업무와 재해 사이의 상당인과관계의 증명책임은 업무상의 재해를 주장하는 근로자 측에게 있다고 보는 것이 타당하므로, 기존 판례를 유지하여야 한다.

---

10) 대판 2021. 9. 9, 2017두45933(전원합의체).

# 제 3 절  산업재해보상의 내용

## Ⅰ. 개요 및 관련규정

근로기준법은 요양보상·휴업보상·장해보상·유족보상 및 장의비의 다섯 가지를 재해보상의 내용으로 규정하고 있다. 산업재해보상보험법도 근로기준법과 동일하게 요양급여·휴업급여·장해급여·유족급여 및 장의비의 다섯 가지를 규정하고 있다. 산업재해보상보험법에서는 위의 다섯 가지 이외에도 간병급여, 상병보상연금 및 직업재활급여를 열거하고 있다.

근로기준법과 산업재해보상보험법은 재해보상의 정도 및 절차 등에 있어 약간의 상이한 규정을 두고 있다.

> **산업재해보상보험법 제36조** [보험급여의 종류와 산정 기준 등] ① 보험급여의 종류는 다음 각 호와 같다. 다만, 진폐에 따른 보험급여의 종류는 제1호의 요양급여, 제4호의 간병급여, 제7호의 장례비, 제8호의 직업재활급여, 제91조의3에 따른 진폐보상연금 및 제91조의4에 따른 진폐유족연금으로 하고, 제91조의12에 따른 건강손상자녀에 대한 보험급여의 종류는 제1호의 요양급여, 제3호의 장해급여, 제4호의 간병급여, 제7호의 장례비, 제8호의 직업재활급여로 한다.
> 1. 요양급여
> 2. 휴업급여
> 3. 장해급여
> 4. 간병급여
> 5. 유족급여
> 6. 상병보상연금
> 7. 장례비
> 8. 직업재활급여

## Ⅱ. 요양보상 및 요양급여

### 1. 의    의

요양보상 또는 요양급여라 함은 근로자가 업무상 부상 또는 질병에 걸린 경우에 이의 치료·회복을 위한 요양을 행하거나 필요한 요양비를 부담하는 것을 말한다.

## 2. 요양보상 및 요양급여의 내용 및 방법

### (1) 근로기준법상의 요양보상

> 근로기준법 제78조 [요양보상] ① 근로자가 업무상 부상 또는 질병에 걸리면 사용자
> 는 그 비용으로 필요한 요양을 행하거나 필요한 요양비를 부담하여야 한다.

근로기준법상의 요양보상으로서 사용자는 필요한 요양을 행하거나 또는 필요한 요양비를 부담하여야 한다(동법 제78조). 사용자는 양자 중 하나를 선택할 수 있다. 요양보상은 매월 1회 이상 지급하여야 한다(동법시행령 제42조).

### (2) 산업재해보상보험법상의 요양급여

> 산업재해보상보험법 제40조 [요양급여] ① 요양급여는 근로자가 업무상의 사유로 부
> 상을 당하거나 질병에 걸린 경우에 그 근로자에게 지급한다.
> ② 제1항에 따른 요양급여는 제43조제1항에 따른 산재보험 의료기관에서 요양을
> 하게 한다. 다만, 부득이한 경우에는 요양을 갈음하여 요양비를 지급할 수 있다.
> ③ 제1항의 경우에 부상 또는 질병이 3일 이내의 요양으로 치유될 수 있으면 요양
> 급여를 지급하지 아니한다.

산업재해보상보험법상의 요양급여는 근로자가 업무상의 사유로 부상을 당하거나 질병에 걸린 경우에 해당 근로자에게 지급한다(산업재해보상보험법 제40조제1항). 요양급여는 산재보험 의료기관에서 요양을 하게 하는 것이 원칙이다(동법 제40조제2항본문). 따라서 요양비를 지급하는 대신에 요양을 행하는 것이 원칙이며, 부득이한 경우에 한하여 요양비를 지급할 수 있다(동법 제40조제2항단서). 그리고 부상 또는 질병이 3일 이내의 요양으로 치유될 수 있는 때에는 요양급여를 지급하지 아니한다(동법 제40조제3항). 근로기준법에서는 이러한 제한이 없으므로 3일 이내의 요양에 필요한 비용은 근로기준법에 의하여 사용자로부터 요양보상을 지급받을 수 있다.

## 3. 요양보상 및 요양급여의 대상

### (1) 근로기준법상의 요양보상

근로기준법은 요양의 범위로서 ⅰ) 진찰, ⅱ) 약제 또는 진료재료와 의지 그 밖의 보조기 지급, ⅲ) 처치·수술 그 밖의 치료, ⅳ) 입원, ⅴ) 간병, ⅵ) 이송의 여섯 가지를 규정하고 있다(동법시행령 제44조제1항·별표 5).

### (2) 산업재해보상보험법상의 요양급여

산업재해보상보험법은 요양의 범위로서 ⅰ) 진찰 및 검사, ⅱ) 약제 또는 진료재료와 의지 그 밖의 보조기의 지급, ⅲ) 처치, 수술, 그 밖의 치료, ⅳ) 재활치료, ⅴ) 입원, ⅵ) 간호 및 간병, ⅶ) 이송 및 ⅷ) 그 밖에 고용노동부령으로 정하는 사항을 규정하고 있다(동법 제40조제4항).

## 4. 요양보상 및 요양급여의 특례

### (1) 근로기준법상의 일시보상

요양보상을 받는 근로자가 요양을 시작한 지 2년이 지나도 부상 또는 질병이 완치되지 아니하는 경우에는 사용자는 그 근로자에게 평균임금의 1,340일분의 일시보상을 하여 그 후의 근로기준법에 따른 모든 보상책임을 면할 수 있다(동법 제84조).

### (2) 산업재해보상보험법상의 상병보상연금 및 간병급여

#### (가) 상병보상연금

산업재해보상보험법에 있어서는 요양급여를 받는 근로자가 요양개시 후 2년이 경과하였으나 ⅰ) 그 부상 또는 질병이 치유되지 아니한 상태에 있으며, ⅱ) 그 부상 또는 질병에 의한 중증요양상태의 정도가 일정한 중증요양상태등급기준에 해당하고, ⅲ) 요양으로 인하여 취업하지 못한 경우에는 휴업급여 대신 상병보상연금을 해당 근로자에게 지급하도록 규정하고 있다(동법 제66조제1항).

#### (나) 간병급여

간병급여는 요양급여를 받은 사람이 치유 후 의학적으로 상시 또는 수시로 간병이 필요하여 실제로 간병을 받는 자에게 지급한다(동법 제61조제1항). 간병급여는 치유 후에 지급된다는 점에서 요양급여의 내용인 간병(동법 제40조제4항제6호)과 구별된다.

## Ⅲ. 휴업보상 및 휴업급여

### 1. 의 의

휴업보상 또는 휴업급여라 함은 근로자가 요양으로 인하여 취업할 수 없는 경우에 임금 대신 지급되는 보상을 말한다.

## 2. 휴업보상·휴업급여의 내용 및 방법

### (1) 근로기준법상의 휴업보상

> 근로기준법 제79조 [휴업보상] ① 사용자는 제78조에 따라 요양중에 있는 근로자에게 그 근로자의 요양 중 평균임금의 100분의 60의 휴업보상을 하여야 한다.
> ② 제1항에 따른 휴업보상을 받을 기간에 그 보상을 받을 사람이 임금의 일부를 지급받은 경우에는 사용자는 평균임금에서 그 지급받은 금액을 뺀 금액의 100분의 60의 휴업보상을 하여야 한다.

사용자는 요양 중에 있는 근로자에게 그 근로자의 요양 중 평균임금의 100분의 60의 휴업보상을 하여야 한다(근로기준법 제79조제1항). 다만, 근로자의 중대한 과실이 있고 그 과실에 대하여 노동위원회의 인정을 받은 경우에는 휴업보상을 행하지 아니하여도 된다(동법 제81조).

휴업보상기간 중에 근로자가 임금의 일부를 지급받은 경우에는 평균임금에서 지급받은 금액을 공제한 금액의 100분의 60을 휴업보상으로 지급한다(동법 제79조제2항).

### (2) 산업재해보상보험법상의 휴업급여

> 산업재해보상보험법 제52조 [휴업급여] 휴업급여는 업무상 사유로 부상을 당하거나 질병에 걸린 근로자에게 요양으로 취업하지 못한 기간에 대하여 지급하되, 1일당 지급액은 평균임금의 100분의 70에 상당하는 금액으로 한다. 다만, 취업하지 못한 기간이 3일 이내이면 지급하지 아니 한다.
> 산업재해보상보험법 제53조 [부분휴업급여] ① 요양 또는 재요양을 받고 있는 근로자가 그 요양기간 중 일정기간 또는 단시간 취업을 하는 경우에는 그 취업한 날 또는 취업한 시간에 해당하는 그 근로자의 평균임금에서 그 취업한 날 또는 취업한 시간에 대한 임금을 뺀 금액의 100분의 90에 상당하는 금액을 지급할 수 있다. 다만, 제54조제2항 및 제56조제2항에 따라 최저임금액을 1일당 휴업급여 지급액으로 하는 경우에는 최저임금액(별표 1 제2호에 따라 감액하는 경우에는 그 감액한 금액)에서 취업한 날 또는 취업한 시간에 대한 임금을 뺀 금액을 지급할 수 있다.

#### (가) 휴업급여

요양으로 인하여 취업하지 못한 기간중 1일에 대하여 평균임금의 100분의 70에 상당하는 금액을 휴업급여로서 지급한다(동법 제52조본문). 그러나 취업하지 못한 기간이 3일 이내인 때에는 휴업급여를 지급하지 아니한다(동조단서). 이 경우 근로기준법에 의한 휴업보상을 지급받을 수 있다.

#### (나) 부분휴업급여

부분휴업급여라 함은 근로자가 요양기간 중에 일정기간 또는 1일중 단시간을 근무한 경우에 지급되는 휴일급여를 말한다.

요양 또는 재요양을 받고 있는 근로자가 그 요양기간 중 일정기간 또는 단시간 취업을 하는 경우에는 그 취업한 날 또는 취업한 시간에 해당하는 그 근로자의 평균임금에서 그 취업한 날 또는 취업한 시간에 대한 임금을 뺀 금액의 100분의 90에 상당하는 금액을 지급할 수 있다(동법 제53조제1항본문). 다만, 제54조제2항 및 제56조제2항에 따라 최저임금액을 1일당 휴업급여 지급액으로 하는 경우에는 최저임금액(별표 1 제2호에 따라 감액하는 경우에는 그 감액한 금액)에서 취업한 날 또는 취업한 시간에 대한 임금을 뺀 금액을 지급할 수 있다(동법 제53조제1항단서).

## Ⅳ. 장해보상 및 장해급여

### 1. 의    의

장해보상 또는 장해급여라 함은 근로자가 업무상 부상 또는 질병을 완치한 후에도 신체상의 장해가 있는 경우 이에 대한 보상을 지급하는 것을 말한다.

장해라 함은 부상 또는 질병이 아직 존재하고 있더라도 치료에 의하여 더 이상의 치료효과를 기대할 수 없는 상태를 의미한다.

### 2. 장해보상 및 장해급여의 내용·방법

#### (1) 근로기준법상의 장해보상

> **근로기준법 제80조 [장해보상]** ① 근로자가 업무상 부상 또는 질병에 걸리고, 완치된 후 신체에 장해가 있으면 사용자는 그 장해 정도에 따라 평균임금에 별표에서 정한 일수를 곱한 금액의 장해보상을 하여야 한다.
> ② 이미 신체에 장해가 있는 사람이 부상 또는 질병으로 인하여 같은 부위에 장해가 더 심해진 경우에 그 장해에 대한 장해보상금액은 장해정도가 더 심해진 장해등급에 해당하는 장해보상의 일수에서 기금의 장해등급에 해당하는 장해보상의 일수를 뺀 일수에 보상금지사유 발생 당시의 평균임금을 곱하여 산정한 금액으로 한다.

근로자가 업무상 부상 또는 질병에 걸리고 완치된 후 신체에 장해가 있는 경우에는 사용자는 장해 정도에 따라 평균임금에 별표에서 정한 일수를 곱하여 얻은 금액의 장해보상을 하여야 한다(근로기준법 제80조). 이 조항에 따라 동법시행령 제43조제1항 및 별표 4에서 신체장해의 등급을 14등급으로 나누고 있으며, 그 등급에 해당하는 구체적인 장해의 내용과 함께 장해등급이 제1급인 경우 평균임금의 1,340일분에서부터 제14급인 경우 평균임금의 50일분의 일시금을 장해보상으로 지급한다.

근로기준법상의 장해보상은 일시금으로 지급하는 것이 원칙이나 근로기준법 제85조의 규정에 의하여 분할보상이 가능하다. 이미 신체에 장해가 있는 사람이 부상 또는 질병으로 인하여 같은 부위에 장해가 더 심해진 경우에 그 장해에 대한 장해보상금액은 장해정도가 더 심해진 장해등급에 해당하는 장해보상의 일수에서 기존의 장해등급에 해당하는 장해보상의 일수를 뺀 일수에 보상청구사유 발생 당시의 평균임금을 곱하여 산정한 금액으로 한다(동법 제80조제2항).

### (2) 산업재해보상보험법상의 장해급여

> 산업재해보상보험법 제57조 [장해급여] ① 장해급여는 근로자가 업무상의 사유로 부상을 당하거나 질병에 걸려 치유된 후 신체 등에 장해가 있는 경우에 그 근로자에게 지급한다.
> ② 장해급여는 장해등급에 따라 별표 2에 따른 장해보상연금 또는 장해보상일시금으로 하되, 그 장해등급의 기준은 대통령령으로 정한다.

산업재해보상보험법 제57조도 근로기준법 제79조와 동일한 내용의 장해급여규정을 두고 있다. 장해급여는 근로자가 업무상의 사유로 인하여 부상을 당하거나 질병에 걸려 치유 후 신체 등에 장애가 있는 경우에 그 근로자에게 지급한다(동법 제57조제1항). 다만, 산업재해보상보험법에서는 일시금만을 규정하고 있는 근로기준법과 달리 장해급여일시금과 장해보상연금을 함께 규정하고 있으며, 수급권자의 선택에 의하여 장해보상일시금 또는 장해보상연금 중 원하는 보상을 지급받을 수 있다(동법 제57조제2항 및 제3항).

## V. 유족보상 및 유족급여

### 1. 의 의

유족보상 또는 유족급여라 함은 근로자가 업무상 사고 또는 질병으로 인하여 사망한 경우에 근로자의 유족에게 지급되는 보상을 말한다.

### 2. 유족보상 및 유족급여의 내용

### (1) 근로기준법상의 유족보상

> 근로기준법 제82조 [유족보상] ① 근로자가 업무상 사망한 경우에는 사용자는 근로자가 사망한 후 지체없이 그 유족에게 평균임금 1,000일분의 유족보상을 하여야 한다.

근로자가 업무상 사망한 경우에는 사용자는 지체없이 그 유족에게 평균임금 1,000일분을 유족보상으로 지급하여야 한다(동법 제82조제1항). 근로기준법상의 유족보상은 유족보상일시금을 원칙으로 한다.

### (2) 산업재해보상보험법상의 유족급여

> **산업재해보상보험법 제62조 [유족급여]** ① 유족급여는 근로자가 업무상의 사유로 사망한 경우에 유족에게 지급한다.
> ② 유족급여는 별표 3에 따른 유족보상연금이나 유족보상일시금으로 하되, 유족보상일시금은 근로자가 사망할 당시 제63조제1항에 따른 유족보상연금을 받을 수 있는 자격이 있는 사람이 없는 경우에 지급한다.

유족급여는 근로자가 업무상의 사유로 사망한 경우에 유족에게 지급한다(산업재해보상보험법 제43조제1항). 유족급여는 별표 3에 따른 유족보상연금 또는 유족보상일시금 중에서 원하는 것을 지급하되, 유족보상일시금은 근로자가 사망할 당시 유족보상연금을 받을 수 있는 자격이 있는 사람이 없는 경우에 지급한다(동법 제62조제2항).

## Ⅵ. 장 의 비

### 1. 의 의

장의비는 근로자가 업무상 사망한 경우에 장례에 소요되는 비용을 보상하는 것을 말한다.

### 2. 근로기준법상의 장례비

> **근로기준법 제83조 [장례비]** 근로자가 업무상 사망한 경우에는 사용자는 평균임금의 90일분의 장례비를 지급하여야 한다.

근로자가 업무상 사망한 경우 사용자는 평균임금의 90일분에 해당하는 장의비를 지급한다(근로기준법 제83조). 장의비의 지급은 근로자의 사망 후 지체없이 이를 행하여야 한다(동법시행령 제51조제2항).

### 3. 산업재해보상법상의 장의비

> **산업재해보상보험법 제71조 [장의비]** ① 장의비는 근로자가 업무상의 사유로 사망한 경우에 지급하되, 평균임금의 120일분에 상당하는 금액을 그 장제를 지낸 유족에게 지급한다. 다만, 장제를 지낼 유족이 없거나, 그 밖에 부득이한 사유로 유족이 아닌 사람이 장제를 지낸 경우에는 평균임금의 120일분에 상당하는 금액의 범위에

서 실제 드는 비용을 그 장제를 지낸 자에게 지급한다.
② 제1항에 따른 장의비가 대통령령으로 정하는 바에 따라 고용노동부장관이 고시하는 최고금액을 초과하거나 최저금액에 미달하면 그 최고금액 또는 최저금액을 각각 장의비로 한다.

근로자가 업무상의 사유로 사망한 경우 사용자는 평균임금의 120일분에 해당하는 장의비를 그 장제를 행하는 자에게 지급한다(동법 제71조제1항본문). 다만, 장제를 지낼 유족이 없거나, 그 밖에 부득이한 사유로 유족이 아닌 자가 장제를 지낸 경우에는 평균임금의 120일분에 상당하는 금액의 범위에서 실제드는 비용을 그 장제를 지낸 자에게 지급한다(동법 제71조제1항단서). 장의비가 대통령령으로 정하는 바에 따라 고용노동부장관이 고시하는 최고금액을 초과하거나 최저금액에 미달하는 경우에는 그 최고금액 또는 최저금액을 각각 장의비로 한다(동법 제71조제2항).

## VII. 직업재활급여

### 1. 의    의

직업재활급여라 함은 장해급여자가 취업을 위하여 또는 사업장에 복귀하는 경우에 직업훈련 등을 위하여 지급되는 급여를 말한다. 직업재활급여는 근로기준법에 규정되어 있지 아니하며, 산업재해보상보험법에만 규정되어 있다.

### 2. 산업재해보상보험법상의 직업재활급여

산업재해보상보험법 제72조 [직업재활급여] ① 직업재활급여의 종류는 다음 각 호와 같다.
1. 장해급여 또는 진폐보상연금을 받은 사람이나 장해급여 또는 진폐보상연금을 받을 것이 명백한 사람으로서 대통령령으로 정하는 사람(이하 "장해급여자"라 한다) 중 취업을 위하여 직업훈련이 필요한 자(이하 "훈련대상자"라 한다)에 대하여 실시하는 직업훈련에 드는 비용 및 직업훈련수당
2. 업무상의 재해가 발생할 당시의 사업장에 복귀한 장해급여자에 대하여 사업주가 고용을 유지하거나 직장적응훈련 또는 재활운동을 실시하는 경우(직장적응훈련의 경우에는 직장 복귀 전에 실시한 경우도 포함한다)에 각각 지급하는 직장복귀지원금, 직장적응훈련비 및 재활운동비

### (1) 취업을 위한 직업훈련 대상자

장해급여 또는 진폐보상연금을 받거나, 받을 것이 명백한 장해급여자 중 취업을 위하여 직업훈련이 필요한 훈련대상자에게 직업훈련 비용 및 직업훈련수당이 지급된다.

## (2) 사업장 복귀 장해급여자

장해급여자가 업무상 재해가 발생할 당시의 사업장으로 복귀한 근로자에 대하여 사용자가 고용을 유지하거나 직장적응훈련 또는 재활운동을 실시하는 경우(직장적응훈련의 경우에는 직장 복귀 전에 실시한 경우도 포함한다)에 각각 직장복귀지원금, 직장적응훈련비 및 재활운동비가 지급된다.

# 제 4 절  재해보상의 방법 및 절차 등

## Ⅰ. 재해보상의 방법

재해보상의 방법은 크게 보상일시금과 보상연금으로 나누어 볼 수 있다. 보상일시금은 재해보상액의 전체 금액을 목돈으로 한꺼번에 수령하는 것을 말하며,11) 보상연금은 재해보상액을 매월마다 일정 액수를 지속하여 수령하는 것을 말한다.

근로기준법상의 재해보상은 보상일시금을 원칙으로 하고 있다. 이에 반하여 산업재해보상보험법상의 재해보상은 ⅰ) 요양급여·휴업급여 및 장의비는 보상일시금을 지급하고, ⅱ) 장해급여·유족급여는 수급권자의 자유의사에 따라 보상일시금 및 보상연금 중 어느 하나를 선택할 수 있으며, ⅲ) 상병보상연금은 보상연금을 지급하는 것을 원칙으로 하고 있다.

## Ⅱ. 재해보상·재해급여수급권의 보호

### 1. 양도·양수의 금지 등

### (1) 근로기준법상의 양도·양수의 금지 등

> 근로기준법 제86조 [보상 청구권] 보상을 받을 권리는 퇴직으로 인하여 변경되지 아니하고, 양도나 압류하지 못한다.

보상을 받을 권리는 퇴직으로 인하여 변경되지 아니하고 양도 또는 압류의 대상

---

11) 보상일시금과 근로기준법 제87조에 의한 「일시보상」 또는 산업재해보상보험법 제44조에 의한 「상병보상연금」을 혼동하여서는 아니 된다. 「일시보상」·「상병보상연금」은 요양보상·급여시 2년이 경과하였음에도 근로자가 치유되지 아니하는 경우에 지급되는 보상이다.

이 되지 아니한다(동법 제86조).

### (2) 산업재해보상보험법상의 양도·양수의 금지 등

> 산업재해보상보험법 제88조 [수급권의 보호] ① 근로자의 보험급여를 받을 권리는 퇴직하여도 소멸되지 아니한다.
> ② 보험급여를 받을 권리는 양도 또는 압류하거나 담보로 제공할 수 없다.
> ③ 제82조제2항에 따라 지정된 보험급여수급계좌의 예금 중 대통령령으로 정하는 액수 이하의 금액에 관한 채권은 압류할 수 없다.

산업재해보상보험법에서도 근로기준법과 마찬가지로 근로자가 보험급여를 받을 권리는 퇴직을 이유로 소멸하지 아니하며 양도 또는 압류하거나 담보로 제공할 수 없다고 규정하고 있다(동법 제88조제1항 및 제2항). 보험급여수급계좌의 예금 중 대통령령으로 정하는 액수 이하의 금액에 관한 채권은 압류할 수 없다(동법 제88조제3항).

### 2. 소멸시효

### (1) 근로기준법상의 소멸시효

근로기준법상 재해보상 청구권은 3년간 행사하지 아니하면 시효로 인하여 소멸한다(동법 제92조).

### (2) 산업재해보상보험법상의 소멸시효

산업재해보상보험법에서도 보험급여를 받을 권리는 3년간 행사하지 아니하면 소멸한다(동법 제112조제1항본문). 다만, 보험급여 중 장해급여, 유족급여, 장의비, 진폐보상연금 및 진폐유족연금을 받을 권리는 5년간 행사하지 아니하면 시효의 완성으로 소멸한다(동법 제112조제1항단서). 동법에 특별한 규정이 없는 다른 사항은 소멸시효에 관해 민법의 규정에 따른다(동법 제112조제2항).

## Ⅲ. 도급사업에 대한 예외

### 1. 근로기준법상의 예외

사업이 여러 차례의 도급에 따라 행하여지는 경우의 재해보상에 대하여 원수급인을 사용자로 본다(근로기준법 제90조제1항). 원수급인이 서면상 계약으로써 하수급인에게 보상을 담당하게 하는 경우에는 그 수급인도 사용자로 보되, 다만, 2명 이상의 하수급인에게 똑같은 사업에 대하여 중복하여 보상을 담당하게 하지 못한다(동법 제90

조제2항). 이 경우 원수급인이 보상청구를 받은 경우에 있어서는 보상을 담당한 하수급인에 대하여 우선최고할 것을 청구할 수 있으나, 다만 그 하수급인이 파산의 선고를 받거나 행방이 알려지지 아니하는 경우에는 그러하지 아니하다(동법 제90조제3항).

## 2. 산업재해보상보험법상의 예외

「고용보험 및 산업재해보상보험의 보험료징수 등에 관한 법률」에 의하면 건설업 등 대통령령으로 정하는 사업이 수차의 도급에 의하여 행해지는 경우에는 그 원수급인을 산업재해보상보험법상의 사업주로 본다(동법 제9조제1항본문). 다만 대통령령으로 정하는 바에 따라 공단의 승인을 얻은 경우에는 그 하수급인을 산업재해보상보험법상의 사업주로 본다(동법 제9조제1항단서).

# 제 5 절  산업재해보상에 대한 이의제기

산업재해보상에 대하여 이의가 있는 경우에는 근로기준법 및 산업재해보상보험법에 의하여 구제신청을 할 수 있다. 이 외에도 민사소송을 제기할 수 있음은 물론이다.

## I. 노동법상의 구제제도

### 1. 근로기준법상의 심사와 중재

### (1) 고용노동부장관의 심사와 중재

### (가) 절  차

업무상의 부상·질병 또는 사망의 인정, 요양의 방법, 보상금액의 결정 그 밖의 보상실시에 관하여 이의가 있는 사람은 고용노동부장관에게 심사 또는 사건의 중재를 청구할 수 있다(동법 제88조제1항). 이러한 청구가 있는 경우에 고용노동부장관은 1개월 이내에 심사 또는 중재를 하여야 한다(동법 제88조제2항). 고용노동부장관은 필요에 의하여 직권으로써 심사 또는 사건의 중재를 할 수 있다(동법 제88조제3항). 고용노동부장관은 심사 또는 중재를 위하여 필요하다고 인정되면 의사에게 진단 또는 검안을 시킬 수 있다(동법 제88조제4항). 고용노동부장관에 대한 심사 또는 중재의 청구와 고용노동부장관에 의한 심사와 중재의 시작은 시효의 중단에 관하여는 재판상의 청구로 본다(동법 제88조제5항).

### (나) 법적 성격

심사라 함은 분쟁의 개요 및 당사자의 입장에 관한 사실판단을 하는 것을 의미하며, 이는 행정처분에 해당되지 아니한다.

중재는 분쟁당사자의 입장을 서로 이해시키고 설득하여 합의를 유도하는 절차이며 분쟁당사자를 구속하는 중재결정을 내릴 수 없다.[12]

따라서 노동조합및노동관계조정법상의 당사자를 구속하는 중재와는 다르다. 고용노동부장관의 심사 및 중재는 행정처분이 아니므로 이에 대한 행정소송을 제기할 수 없다.

### (2) 노동위원회의 심사와 중재

### (가) 절   차

고용노동부장관이 근로기준법 제88조제2항에 의하여 1개월 이내에 심사 또는 중재를 하지 아니하거나 고용노동부장관의 심사와 중재의 결과에 불복하는 사람은 노동위원회에 심사 또는 중재를 청구할 수 있다(동법 제89조제1항). 이러한 청구가 있는 경우에 노동위원회는 1개월 이내에 심사 또는 중재를 하여야 한다(동법 제89조제2항).

### (나) 법적 성격

노동위원회의 심사 및 중재 역시 고용노동부장관의 심사 및 중재와 마찬가지로 설득·권고적인 성격에 불과하며, 당사자를 구속하지 아니하므로 행정처분에 해당되지 아니한다.[13] 또한 시효중단에 관해서는 고용노동부장관의 심사·중재의 경우와 달리 명문규정을 두고 있지 않지만 심사 또는 중재의 청구에 의하여 소멸시효는 중단된다고 볼 것이다.[14]

## 2. 산업재해보상보험법상의 심사와 재심사

### (1) 근로복지공단의 심사

### (가) 절   차

보험급여에 관한 결정 등에 불복이 있는 사람은 근로복지공단에 심사청구를 할

---

12) 대판 1982. 12. 14, 82누448.
13) 대판 1982. 12. 14, 82누448.
14) 박상필, 「해설」, p. 472; 김형배, 근로기준법, p. 567.

수 있다(동법 제103조제1항). 심사청구는 보험급여에 관한 결정이 있음을 안 날부터 90일 이내에 해당 보험급여에 관한 결정을 행한 근로복지공단의 소속 기관을 거쳐 근로복지공단에 제기하여야 한다(동법 제103조제2항 및 제3항). 근로복지공단은 심사청구서를 받은 날부터 60일 이내에 산업재해보상보험심사위원회의 심의를 거쳐 심사청구에 대한 결정을 하되 부득이한 경우에는 1차에 한하여 20일을 연장할 수 있다(동법 제105조제1항).

### (나) 법적 성격

심사의 청구는 시효중단에 관하여 민법 제168조의 규정에 의한 재판상의 청구로 본다(동법 제111조제1항). 보험급여에 관한 결정에 대하여는 행정심판법에 따른 행정심판을 제기할 수 없다(동법 제103조제5항).

### (2) 산업재해보상보험재심사위원회의 재심

### (가) 절 차

근로복지공단의 심사결정에 불복하는 사람은 산업재해보상보험재심사위원회에 재심사 청구를 할 수 있다(동법 제106조제1항본문). 다만, 판정위원회의 심의를 거친 보험급여에 관한 결정에 불복하는 사람은 심사청구를 하지 아니하고 재심사 청구를 할 수 있다(동법 제106조제1항단서). 재심사 청구는 근로복지공단의 결정이 있음을 안 날부터 90일 이내에 해당 보험급여에 관한 결정을 행한 근로복지공단의 소속 기관을 거쳐 산업재해보상보험재심사위원회에 제기하여야 한다(동법 제106조제2항 및 제3항).

### (나) 법적 성격

재심사의 청구는 시효중단에 관하여 민법 제168조의 규정에 의한 재판상의 청구로 본다(동법 제111조제1항). 재심사청구에 대한 재결은 이를 행정심판의 재결로 본다(동법 제111조제2항).

## 3. 재해보상구제제도 간의 상호관계

산업재해보상보험법의 적용을 받는 근로자가 보험급여에 대해 이의가 있는 경우 산업재해보상보험법에 의한 심사를 청구하지 아니하고 근로기준법 제88조 및 제89조에 따른 심사·중재를 청구할 수 있느냐 하는 문제가 제기될 수 있다.

이에 대하여는 산업재해보상보험법에 규정된 절차를 따르는 것이 법체계상 타당하다고 판단되므로 근로기준법에 의한 심사·중재는 원칙적으로 인정되지 아니하는 것으로 보아야 할 것이다.

## Ⅱ. 민사상의 손해배상

산업재해보상에 관하여 이의가 있는 경우 과연 노동법상의 구제 이외에 민사소송을 제기할 수 있는지에 대하여 의문이 제기될 수 있다.

### 1. 근로기준법상의 재해보상과 민사소송

근로기준법상의 재해보상에 대하여 이의가 있는 자는 행정기관에 대해 심사·중재의 신청을 하거나 아니면 법원에 민사소송을 제기할 수 있다.

### 2. 산업재해보상보험법상의 재해보상과 민사소송

산업재해보상보험법에 따른 심사·재심사를 청구하였으나 이에 불복하는 경우 행정소송을 제기함과 별도로 민사소송을 제기할 수 있는가 하는 문제가 제기될 수 있다. 이에 대하여는 행정소송은 근로자의 공법상의 권리구제방법을 제시한 것으로 이는 사법상의 권리구제제도를 배제하는 것이 아니므로, 민법상의 권리구제를 허용하는 것으로 보아야 할 것으로 본다. 다만, 산업재해보상보험법에 의한 장해특별급여 또는 유족특별급여는 민법상의 손해배상책임에 갈음하는 것이므로 이러한 재해보상을 받은 경우 민법상의 손해배상을 청구할 수 없다(동법 제78조제2항, 제79조제2항).

# 제 6 절   다른 보상제도와의 관계

## Ⅰ. 산업재해보상보험법상의 보상과 근로기준법상의 보상

### 1. 관련규정

근로기준법 제87조 [다른 손해배상과의 관계] 보상을 받게 될 사람이 동일한 사유에 대하여 「민법」이나 그 밖의 법령에 따라 이 법의 재해보상에 상당한 금품을 받으면 그 가액의 한도에서 사용자는 보상의 책임을 면한다.

산업재해보상보험법 제80조 [다른 보상 또는 배상과의 관계] ① 수급권자가 이 법에 따라 보험급여를 받았거나 받을 수 있으면 보험가입자는 동일한 사유에 대하여 근로기준법에 의한 재해보상책임이 면제된다.

## 2. 주요내용

산업재해보상보험법에 의하여 재해보상을 받았거나 받을 수 있으면 근로기준법에 의한 사업주의 보상책임은 면제된다(산업재해보상보험법 제80조, 근로기준법 제87조).

산업재해보상보험법의 적용을 받는 사업장의 근로자가 재해를 당하게 되면 산업재해보상보험법에 의해 보상을 받는 것이 더 편리하고 보상수준도 근로기준법보다 높으므로, 산업재해보상보험법에 의한 보상을 받는 것이 일반적이다. 또한, 산업재해보상보험법에 의한 재해보상을 받았거나, 받을 수 있는 경우에는 근로기준법에 의한 재해보상책임이 면제되므로, 동일한 사유에 대하여 근로기준법에 의한 재해보상을 먼저 청구할 수는 없다고 할 것이다.

## Ⅱ. 노동법상의 재해보상책임과 민법상의 손해배상책임

근로기준법 또는 산업재해보상보험법상의 재해보상이 행하여진 경우에도 사용자는 근로자에 대하여 민법상의 손해배상책임을 부담하는 것이 원칙이다. 그러나 근로기준법 또는 산업재해보상보험법상의 재해보상이 지급된 경우 그 가액의 한도 내에서 책임을 면한다(산업재해보상보험법 제80조제2항, 근로기준법 제87조). 이와 반대로 재해보상을 받게 될 근로자가 동일한 사유에 대하여 민법상의 손해배상을 지급받은 경우에는 그 가액의 한도 내에서 사용자는 근로기준법 또는 산업재해보상보험법상의 재해보상책임을 면한다(산업재해보상보험법 제80조제3항, 근로기준법 제87조).

## Ⅲ. 노동법상의 재해보상과 국민연금법상의 재해보상

### 1. 관련규정

**국민연금법 제113조** [연금의 중복급여의 조정] 장애연금 또는 유족연금의 수급권자가 이 법에 따른 장애연금 또는 유족연금의 지급 사유와 같은 사유로 다음 각 호의 어느 하나에 해당하는 급여를 받을 수 있는 경우에는 제68조에 따른 장애연금액이나 제74조에 따른 유족연금액은 그 2분의 1에 해당하는 금액을 지급한다.
1. 「근로기준법」 제80조에 따른 장해보상, 같은 법 제82조에 따른 유족보상 또는 같은 법 제84조에 따른 일시보상
2. 「산업재해보상보험법」 제57조에 따른 장해급여나 같은 법 제62조에 따른 유족급여, 같은 법 제91조의 3에 따른 진폐보상연금 또는 같은 법 제91조의 4에 따른 진폐유족연금
3. 「선원법」 제97조에 따른 장해보상, 같은 법 제98조에 따른 일시보상 또는 같은

　법 제99조에 따른 유족보상
4. 「어선원 및 어선 재해보상보험법」 제25조에 따른 장해급여, 같은 법 제26조에
　따른 일시보상급여 또는 같은 법 제27조에 따른 유족급여

## 2. 주요내용

근로자가 ⅰ) 산업재해보상보험법에 의한 장해급여, 유족급여, 진폐보상연금, 진폐유족연금 또는 ⅱ) 근로기준법에 의한 장해보상, 유족보상, 일시보상을 받는 경우 등에는 국민연금법 제68조에 의한 장애연금액 또는 동법 74조에 의한 유족연금액은 그 2분의 1에 해당하는 액을 지급한다(국민연금법 제113조).

# 제7장 취업규칙

## 제1절 의 의

### I. 개 념

사업장에서 근로자에게 적용되는 근로조건 또는 당사자가 준수하여야 할 경영규범에 관하여 사용자가 일방적으로 정한 통일적이고 획일적인 규칙을 총칭하여 취업규칙이라고 한다.

다수의 근로자를 사용하고 있는 사업장에서 근로자에게 적용되는 근로조건이 근로자마다 각각 다른 경우 경영의 효율성을 확보할 수 없다. 예컨대 근로자마다 각기출·퇴근시간이 다르고 임금의 지급시기 및 산정방법이 상이한 경우 이는 근로자간의 불만을 야기할 수도 있으며 또한 사업장 전체의 결집되고 조직화된 노동력을 사용할 수 없을 것이다. 이에 따라 사용자가 근로조건 및 경영규칙 등을 통일적·획일적으로 규정한 것이 바로 취업규칙이다.

한편, 취업규칙 이외에도 단체협약 역시 노사간의 근로관계를 규율하고 있다. 그러나 노동조합이 결성되어 있지 아니한 사업장의 경우 단체협약이 없으므로 취업규칙은 노사관계를 규율하는 매우 중요한 역할을 담당하고 있다.

### II. 법적 성질

취업규칙의 법적 성격에 대한 학설은 매우 다양하며 이를 간단히 요약하여 정리하면 다음과 같다.

## 1. 학    설

### (1) 법규범설

법규범설은 취업규칙이 일종의 법규범으로서 근로자와 사용자를 구속한다는 견해이다.[1]

| 관 련 | 대판 2003. 3. 14, 2002다69631    취업규칙은 노사간의 집단적 법률관계를 규정 |
|---|---|
| 판 례 | 하는 법규범의 성격을 갖는다. |

법규범설은 그 법규범성의 근거를 어디에서 찾느냐에 따라 다음과 같이 학설이 나뉘고 있다.

#### ㈎ 경영권설 또는 소유권설

취업규칙은 사용자의 소유권의 행사에 의하여 작성된 기업의 규율이고, 국가가 그러한 소유권을 법적으로 보장하기 때문에 취업규칙이 법규범이 된다는 견해이다. 그러나 사용자의 소유권행사가 아니라 당사자의 협의에 의하여 결정되어야 할 근로자의 근로조건을 사용자가 일방적으로 결정할 수 있는 근거를 정당화 하기는 어렵다.

#### ㈏ 관습법 또는 사회자주법설

취업규칙은 기업이라는 사회에서 일종의 사회규범으로서의 작용을 하기 때문에 관습법에 준하는 법규범적 성질을 갖는다고 한다.[2] 그러나 관습법이 성립하기 위하여는 「관습」이 존재하여야 하는바, 새로이 제정·변경된 취업규칙에도 이러한 관습을 인정할 수 있는지 의문시되고 있다.

#### ㈐ 수권설 또는 효력부여설

취업규칙 자체로는 법규범성을 가지지 아니하는 사회규범이지만 근로기준법 제5조(근로조건의 준수) 및 제97조(위반의 효력) 등의 규정이 취업규칙에 근로자와 사용자를 구속할 수 있는 효력을 부여함으로써 법규범으로 작용할 수 있도록 한다는 견해이다.[3] 그러나 관련조항은 취업규칙에 법적 효력을 부여하고 있을 뿐이며 취업규칙 자체가 법규범은 아니라는 의문점이 제기되고 있다.

---

1) 대판 2003. 3. 14, 2002다69631.
2) 김치선, 노동법, p. 260.
3) 임종률, 노동법, p. 351; 이병태, 노동법, p. 921; 이영희, 노동법, p. 476; 대판 1977. 12. 27, 77다1378.

### (2) 계약설

계약설은 취업규칙의 구속력의 근거를 근로자와 사용자 간의 약정 또는 합의에서 구하는 견해이다. 계약설은 다음과 같이 나뉘고 있다.

#### (가) 순수한 계약설

취업규칙은 일반적 계약의 한 유형으로서 당사자의 합의를 통해서만 취업규칙의 내용이 결정된다고 한다. 그러나 이러한 견해에 대하여는 취업규칙이 사용자가 일방적으로 정하는 것으로서 반드시 당사자의 합의에 의하여 결정되는 것이 아니라는 의문점이 제기되고 있다.

#### (나) 사실규범설

취업규칙을 사용자가 근로조건에 대하여 일방적으로 결정한 사실상의 기준, 즉 사실규범으로 보는 견해이다. 이러한 견해는 취업규칙은 사실규범에 불과하여 법적 구속력이 인정되지 아니하므로, 취업규칙의 구속력의 근거는 근로자의 묵시적·명시적 약정 내지는 동의에서 찾아야 한다고 한다. 그러나 이 견해는 취업규칙이 비록 사실규범에 불과하나 규범으로서의 성격을 인정하고 있기 때문에 규범의 근거를 당사자의 약정 또는 동의에서 구하고 있다는 의문점이 제기되고 있다.

#### (다) 사실관습설

근로조건이 당사자간의 특별한 약정이나 단체협약에서 규정되지 아니하는 한 취업규칙에 의하여 결정된다는 것이 사실인 관습(민법 제106조)으로서 통용되고 있다는 견해이다.[4] 이러한 견해는 취업규칙 자체는 사실인 관습이 아니나, 당사자간의 특별한 약정이나 단체협약으로 결정되지 아니한 근로조건에 대하여는 취업규칙에 의하여 결정된다는 것이 사실인 관습이라고 한다. 그러나 이러한 견해는 취업규칙이 사용자에 의하여 일방적으로 결정된다는 사실에 대한 근거를 명확히 제시하지 못하고 있다는 문제점이 제기되고 있다.

### (3) 혼합설

혼합설은 취업규칙의 법적 성격을 법규범이나 계약 중 어느 하나에 한정하지 아니하고 통일적으로 파악하는 견해이다. 이에는 근거이분설과 집단적 동의설이 대표적이다.

---

4) 김형배, 근로기준법, p. 193.

⒄ 근거이분설

취업규칙의 규율대상을 근로조건에 관한 사항과 취업시의 행위준칙에 관한 사항으로 나누고, ⅰ) 전자는 당사자의 동의를 구속력의 근거로 하고 있으므로 당사자간의 합의가 성립하지 아니하면 효력을 발생하지 아니하나 ⅱ) 후자는 당사자의 동의를 필요로 하지 아니하고 근로자에 대한 사용자의 고지에 의해 효력이 발생한다는 견해이다.

그러나 이 견해는 동의 또는 고지가 취업규칙의 법규범적 구속력의 근거가 되는 이유를 명확히 설명하지 못하고 있다는 의문점이 제기되고 있다.

⒃ 집단적 동의설

취업규칙상 근로조건의 결정에 관하여는 노사대등의 원칙상 근로자의 집단의사에 따른 동의가 필요하고, 이러한 집단적 동의를 근거로 하여 근로기준법 제97조가 적용됨으로써 취업규칙의 법규범성을 인정하는 견해이다.

그러나 집단적 동의의 구체적 의미가 명확하지 아니하고 노동조합이 없는 경우에는 집단적 동의의 주체를 누구로 하여야 할 것인가에 관한 의문점이 제기되고 있다.

## 2. 사    견

사견으로는 취업규칙의 작성근거와 효력의 근거를 나누어 고찰하고자 한다.

### (1) 취업규칙의 작성근거

취업규칙은 사용자가 「경영권」에 근거하여 근로자의 복무규율이나 근로조건의 기준을 획일적·통일적으로 정립하기 위하여 일방적으로 작성하는 것으로서, 취업규칙의 작성근거는 사용자의 소유권에 기초한 경영권으로 보고자 한다.

### (2) 취업규칙의 효력의 근거

취업규칙의 내용은 「당사자의 합의에 근거하는 사항」과 「당사자의 합의에 근거하지 아니하는 사항」으로 구분할 수 있으며, 어느 부분이든간에 사용자가 상기 경영권에 근거하여 일방적으로 작성할 수 있다. 다만, 근로기준법 제94조는 취업규칙의 작성·변경시에 근로자의 의견 또는 동의를 얻게 함으로써 사용자의 취업규칙작성권에 대한 제한을 규정하고 있다.

### (가) 당사자의 합의에 근거하는 사항

취업규칙의 「당사자의 합의에 근거하는 사항」은 단체협약 또는 근로계약 등의 내용을 그대로 규정하거나, 이를 구체화 또는 보완하고 있는 부분이다. 이러한 부분이 당사자를 구속할 수 있는 근거는 본래의 단체협약 또는 근로계약의 효력이며, 사용자는 단체협약 또는 근로계약의 합의된 내용 및 그 효력을 벗어나지 아니하는 한도 내에서 이를 취업규칙에 의하여 일방적으로 구체화·보완할 수 있을 뿐이다.[5]

> **관 련**
> **판 례**
> 　대판 1993. 4. 27, 92다48697　　단체협약에 "동 협약에 규정된 해고사유 이외의 사유를 가지고 근로자를 해고할 수 없다"는 배타적 조항이 있는 경우, 취업규칙에 규정되어 있으나 단체협약에 규정되어 있지 아니한 해고사유를 적용하여 근로자를 해고할 수 없다.
> 　대판 1993. 10. 23, 92가합17421　　동일한 사안에 대하여 취업규칙이 단체협약보다 해고 등의 징계요건을 더욱 쉽게 규정한 경우 이 부분에 근거를 둔 징계는 효력이 없다.

즉, 본래의 단체협약 및 근로계약 등은 당사자의 합의에 의하여 체결되지만, 이를 취업규칙에서 그대로 규정하거나 구체화 또는 보완하는 것은 사용자가 일방적으로 결정할 수 있는 것으로 본다.

근로계약에 규정되지 아니한 사항을 사용자가 취업규칙에 새로이 규정하고자 하는 경우 근로자의 묵시적·명시적 동의를 요한다고 할 것이다. 한편, 단체협약에 규정되지 아니한 사항을 취업규칙에 새로이 규정하고자 하는 경우, 해당 사항이 의무교섭대상에 속한다면 이는 허용되지 아니하나, 임의교섭대상이라면 허용될 것이다.

### (나) 당사자의 합의에 근거하지 아니하는 사항

취업규칙의 「당사자의 합의에 근거하지 아니하는 사항」은 사용자의 경영권에 근거하여 근로자와의 합의 없이 이를 결정할 수 있거나, 경영관행 등을 규정하고 있는 부분이다. 예컨대, 징계 및 인사 등 경영권행사에 관한 사항이 이에 해당될 것이다.[6] 이러한 부분의 효력의 근거는 사용자의 경영권 또는 경영관행이라고 보며, 사용자는 이를 일방적으로 취업규칙의 내용으로 작성할 수 있다.

---

　5) 이러한 관점에서 볼 때에 취업규칙에 위배되는 근로계약의 내용을 무효로 하고 있는 근로기준법 제97조의 규정은 취업규칙의 상기 성격을 단순히 확인하고 있는 규정이라고 할 수 있을 것이다. 즉, 당사자의 합의로 결정되는 근로계약은 사용자가 일방적으로 결정하는 취업규칙보다 상위의 우선적 효력을 갖고 있으나, 사용자가 근로자의 열악한 지위를 악용하여 취업규칙보다 낮은 수준의 근로계약을 체결하는 것을 동법 제97조는 금지·제한하고 있는 것으로 해석되어야 할 것이다.
　6) 근로자의 상벌 등에 관한 인사권은 사용자의 고유권한으로서 사용자에게 당연히 인정되는 권한이므로 사용자는 그 구체적인 내용을 자유롭게 정할 수 있다(대판 1994. 9. 30, 94다21337).

그러나 이러한 부분도 법령·단체협약 및 근로계약 등에 위배되어서는 아니됨은 물론이다.

관련
판례

대판 1995. 4. 7, 94다30249    단체협약의 규정을 취업규칙에서 더욱 구체적으로 정하거나, 취업규칙에 규정되지 아니한 내용을 취업규칙에서 새로이 징계사유로 규정하는 경우, 취업규칙의 해당 부분이 당연히 무효로 되는 것은 아니며, 단체협약의 근본취지에 위배되지 아니하고 사회통념상 합리성이 있다면 그 효력이 인정된다.

# 제 2 절  취업규칙의 작성

## Ⅰ. 관련규정

근로기준법 제93조 [취업규칙의 작성·신고] 상시 10명 이상의 근로자를 사용하는 사용자는 다음 각호의 사항에 관한 취업규칙을 작성하여 고용노동부장관에게 신고하여야 한다. 이를 변경하는 경우에 또한 같다.

## Ⅱ. 취업규칙의 작성의무

상시 10인 이상의 근로자를 고용하고 있는 사업장의 사용자에게 취업규칙을 작성하여 고용노동부장관에게 신고하여야 한다(근로기준법 제93조).

### 1. 적용범위

취업규칙의 작성·신고의무자는 상시 10명 이상의 근로자를 사용하는 모든 사업장의 사용자이다. 일시적으로 10명 미만이 되는 경우가 있어도 상태적으로 보아 10명 이상이 되는 경우는 상시 10명에 해당한다.[7] 고용인원수에는 상용직은 물론 일용직 및 시간제 근로자 등 근로기준법상의 근로자가 모두 포함된다.

### 2. 근로자의 의견청취

사용자는 취업규칙을 작성하는 경우 ⅰ) 해당 사업장에 근로자의 과반수로 조직된 노동조합이 있는 경우에는 그 노동조합, ⅱ) 이러한 노동조합이 없는 경우에는

---

7) 김형배, 근로기준법, p. 203; 하갑래, 근로기준법, p. 216.

근로자 과반수의 의견을 들어야 한다. 이것은 의견청취 또는 협의로써 충분하며, 근로자의 합의·동의를 필요로 하는 것은 아니다. 즉, 근로자가 취업규칙의 작성·내용에 대하여 반대의견을 제시하더라도 사용자는 이에 구속되지 아니한다. 여기서 주의할 사항은 "근로자대표"의 의견을 들어야 하는 것이 아니라 "근로자과반수"의 의견을 들어야 한다는 점이다. 다만, 노동조합의 의견을 듣는 경우 노동조합 조합원 과반수의 의견을 듣는 것이 아니라 노동조합 대표자의 의견을 들어야 한다.

이 경우 과반수의 산정대상이 되는 근로자의 개념이 노동조합법상의 근로자인지 아니면, 근로기준법상의 근로자인지에 대하여 의문이 제기될 수 있다. 이러한 문제는 노동조합법상의 근로자 범위보다 취업규칙이 적용되는 근로기준법상의 근로자 범위가 보다 넓으므로 노동조합법상 근로자의 과반수를 대표하는 노동조합이 근로기준법상 근로자의 과반수를 대표하지 못하는 경우에 발생한다.

사견으로는 근로기준법상의 근로자를 대상으로 과반수를 산정하여야 한다고 본다.

## 3. 복수의 취업규칙 작성

하나의 사업장 내에서 상이한 근로자에게 별도로 적용되는 복수의 취업규칙을 작성하거나, 근로자의 일부에게만 적용되는 취업규칙을 작성할 수 있는지의 여부가 문제시될 수 있다.

이에 대하여 근로기준법은 명문의 규정을 아니두고 있으며, 다만 단시간 근로자의 취업규칙을 일반 근로자와 별도로 작성할 수 있다고 규정하고 있을 뿐이다.

노동법은 모든 근로자를 획일적으로 동등하게 대우하는 것이 아니라 근로자의 능력·지위·특성 및 업무 등에 따라 별도로 구분하여 대우하는 것을 원칙으로 하고 있다. 따라서 근로자의 근로조건, 근로형태 및 업무의 특수성에 따라 별도의 취업규칙을 작성하는 것은 이를 위법이라고 볼 수 없을 것이다.[8]

취업규칙은 사업장 내에서 통일적으로 적용되는 규범이므로 근로자의 근로조건, 근로형태 및 직종의 특수성을 무시하고 이를 모든 근로자에게 획일적으로 적용한다면 오히려 하나의 사업장 내에서 노사관리상의 혼란을 가중시킬 우려가 있다고 할 것이다.

하나의 취업규칙에서 적용대상 근로자를 구별하여 규정하는 것도 복수의 취업규칙 작성과 마찬가지로 해석되어야 할 것이다.

---

8) 임종률, 노동법, p. 353; 대판 2000. 2. 25, 98다11628; 대판 2007. 9. 6, 2006다83246.

## Ⅲ. 취업규칙의 기재내용

### 1. 기재사항

#### (1) 관련규정

> 근로기준법 제93조 [취업규칙의 작성·신고] 상시 10명 이상의 근로자를 사용하는 사용자는 다음 각호의 사항에 관한 취업규칙을 작성하여 고용노동부장관에게 신고하여야 한다. 이를 변경하는 경우에 있어서도 또한 같다.
> 1. 업무의 시작과 종료시각, 휴게시간, 휴일, 휴가 및 교대근로에 관한 사항
> 2. 임금의 결정·계산·지급 방법, 임금의 산정기간·지급시기 및 승급에 관한 사항
> 3. 가족수당의 계산·지급방법에 관한 사항
> 4. 퇴직에 관한 사항
> 5. 「근로자퇴직급여 보장법」 제4조에 따라 설정된 퇴직급여, 상여 및 최저임금에 관한 사항
> 6. 근로자의 식비, 작업용품 등의 부담에 관한 사항
> 7. 근로자를 위한 교육시설에 관한 사항
> 8. 출산전후휴가·육아휴직 등 근로자의 모성 보호 및 일·가정양립지원에 관한 사항
> 9. 안전과 보건에 관한 사항
> 9의2. 근로자의 성별·연령 또는 신체적 조건 등의 특성에 따른 사업장 환경의 개선에 관한 사항
> 10. 업무상과 업무 외의 재해부조에 관한 사항
> 11. 직장내 괴롭힘의 예방 및 발생시 조치등에 관한 사항
> 12. 표창과 제재에 관한 사항
> 13. 그 밖에 해당 사업 또는 사업장의 근로자 전체에 적용될 사항

#### (2) 필요적 기재사항 및 임의적 기재사항

취업규칙에는 근로기준법 제93조에 규정된 사항을 기재하여야 한다. 취업규칙의 기재사항은 필요적 기재사항과 임의적 기재사항으로 구분할 수 있다. 필요적 기재사항은 임금·근로시간 및 휴일·휴가 등 법정근로기준으로서 반드시 취업규칙에 기재하여야 하는 사항이다. 이에 반하여 임의적 기재사항은 가족수당·교육시설 및 표창에 관한 사항 등 법정근로기준이 아닌 사항으로서 이는 사업 또는 사업장에서 시행하는 경우에만 취업규칙에 기재하여야 하는 사항이다.

임의적 기재사항도 모두 필요적 기재사항으로 의무화하는 견해도 있으나, 임의적 기재사항은 사업장에서 반드시 채택하여야 할 법정 근로조건이 아니므로 타당하지 아니하다고 본다.[9]

## 2. 기재사항이 미비된 취업규칙의 효력

취업규칙의 작성·신고의무를 위반한 경우 벌칙이 적용된다(근로기준법 제116조). 근로기준법 제93조에 정한 기재사항 중 필요적 기재사항의 일부가 기재되어 있지 아니한 경우 취업규칙의 작성·신고의무 위반으로 벌칙을 받게 되는 것은 물론이나 취업규칙 전체가 무효로 되는 것은 아니다. 기재되지 아니한 부분에 대해서는 관련법령·단체협약 및 근로계약 등에서 정한 내용이 적용된다.10)

# 제3절 취업규칙의 변경

## Ⅰ. 관련규정

> 근로기준법 제94조 [규칙의 작성, 변경 절차] ① 사용자는 취업규칙의 작성 또는 변경에 관하여 해당 사업 또는 사업장에 근로자의 과반수로 조직된 노동조합이 있는 경우에는 그 노동조합, 근로자의 과반수로 조직된 노동조합이 없는 경우에는 근로자의 과반수의 의견을 들어야 한다. 다만, 취업규칙을 근로자에게 불리하게 변경하는 경우에는 그 동의를 받아야 한다.
> ② 사용자는 제93조에 따라 취업규칙을 신고할 때에는 제1항의 의견을 적은 서면을 첨부하여야 한다.

## Ⅱ. 주요내용

### 1. 의견청취 또는 동의의 주체

취업규칙을 변경할 때에는 ⅰ) 해당 사업장에 근로자의 과반수로 조직된 노동조합이 있는 경우에는 해당 노동조합의, ⅱ) 이러한 노동조합이 없는 경우에는 근로자의 과반수의 의견을 듣거나 동의를 얻어야 한다(근로기준법 제94조). 근로자 개인의 동의는 아무런 효력도 없다.11)

취업규칙은 사용자가 일방적으로 작성·변경할 수 있는 것이 원칙이므로 이를 자유로이 허용할 경우에는 근로자의 근로조건이 임의로 불리하게 변경될 가능성이

---

9) 하갑래, 근로기준법, p. 218.
10) 근기 01254－8855(1991. 6. 21).
11) 대판 1991. 3. 27, 91다3031; 대판 1992. 12. 8, 91다38174.

있다. 따라서 사용자가 취업규칙을 작성·변경하는 경우에는 근로자집단의 의견 또는 동의를 얻도록 함으로써 사용자의 권한에 일정한 제한을 부과하고 있는 것이다.

### (1) 과반수의 산정 시기

과반수의 산정 시기는 의견 청취 또는 동의를 실제로 받아야 하는 시기이다. 일단 근로자의 과반수로 조직된 노동조합이라면 취업규칙의 개정 당시 조합원이 1명도 없을지라도 의견 청취 또는 동의의 주체가 될 수 있다는 견해[12]가 있으나 이는 타당하지 아니하다고 본다. 취업규칙의 작성·개정시 근로자 과반수의 의견 청취 또는 동의를 받도록 하는 입법 취지는 취업규칙의 변경에 대한 다수 근로자의 의견을 실질적으로 반영하고자 하는 데 있기 때문이다.

### (2) 과반수의 산정 대상 근로자

노동조합이 「근로자의 과반수」로 조직되었는지의 여부를 판단하는 경우, 근로자의 과반수라 함은 ⅰ) 조합원 자격 유무를 불문하고 취업규칙의 적용을 받는 전체 근로자를 의미하고, ⅱ) 취업규칙의 적용을 받는 근로자 중 조합원 자격을 가진 근로자를 의미하는 것이 아니다.[13]

**관련 판례**  대판 2009. 11. 12, 2009다49377  정년퇴직 연령을 단축하는 내용으로 취업규칙의 기존 퇴직규정을 변경하고 이에 관하여 기존 퇴직규정의 적용을 받던 근로자 전체의 과반수로 조직된 노동조합의 동의를 얻은 경우 그 취업규칙의 변경은 적법·유효하여 일정 직급 이상으로 노동조합에 가입할 자격은 없지만 기존 퇴직규정의 적용을 받았던 근로자에게도 그 효력이 미친다.

여러 개의 서로 다른 근로자 집단이 하나의 취업규칙의 적용을 받고 있는 경우 불리하게 변경된 취업규칙의 내용이 어느 일부 근로자 집단에게만 적용되고, 다른 근로자 집단에게는 적용되지 아니하는 경우에는 그 적용을 받는 근로자 집단만이 동의의 주체가 된다.[14] 그러나, 어느 근로자 집단에 대하여 변경된 취업규칙이 변경 당시에는 적용되지 아니하더라도 장래에는 적용될 가능성이 있는 경우에는 해당 근로자 집단도 동의의 주체가 된다.

---

12) 하갑래, 근로기준법, p. 223.
13) 대판 2009. 11. 12, 2009다49377.
14) 대판 2009. 5. 28, 2009두2238; 대판 2012. 6. 28, 2010다17468.

대판 2009. 5. 28, 2009두2238    [1] 여러 근로자 집단이 하나의 근로조건 체계
내에 있어 비록 취업규칙의 불이익변경 시점에는 어느 근로자 집단만이 직접적인
불이익을 받더라도 다른 근로자 집단에게도 변경된 취업규칙의 적용이 예상되는 경
우에는 일부 근로자 집단은 물론 장래 변경된 취업규칙 규정의 적용이 예상되는
근로자 집단을 포함한 근로자 집단이 동의주체가 되고, 그렇지 않고 근로조건이 이
원화되어 있어 변경된 취업규칙이 적용되어 직접적으로 불이익을 받게 되는 근로자
집단 이외에 변경된 취업규칙의 적용이 예상되는 근로자 집단이 없는 경우에는 변
경된 취업규칙이 적용되어 불이익을 받는 근로자 집단만이 동의 주체가 된다.
    [2] 일반직 직원(4급 이하)의 정년을 55세에서 58세로, 관리직 직원(3급 이상)
의 정년을 60세에서 58세로 변경하는 내용으로 취업규칙의 정년규정을 개정하고
노동조합의 동의를 얻은 사안에서, 정년규정의 개정은 관리직 직원뿐만 아니라 일
반직 직원들을 포함한 전체 직원에게 불이익하여 전체 직원들이 동의의 주체이므
로, 근로자의 집단적 의사결정방법에 의한 동의가 있다고 인정된다.

여러 개의 서로 다른 근로자 집단이 서로 다른 별도의 취업규칙의 적용을 받는
경우에도 취업규칙간에 동일한 내용이 존재할 때에는, 동 내용의 적용을 받는 모든
근로자들이 과반수 산정의 대상이 된다.

### (3) 과반수의 산정 대상 노동조합

하나의 사업 또는 사업장에 설립된 기업별 노조는 당연히 과반수의 산정 대상이
된다. 산별노조의 지부·지회는 산별노조로부터 취업규칙 변경시의 의견청취 또는
동의에 대한 위임을 받았거나, 노조 설립신고를 한 경우에 당연히 과반수의 산정 대
상이 된다. 산별노조의 지부·지회가 상기 위임이 없거나, 설립신고를 하지 않더라
도 독자적인 단체교섭권이 있는 경우 과반수의 산정 대상이 되는지에 관하여는 견
해가 나뉘고 있다. 이에 대하여 국가가 부당하게 산별노조의 단결권을 해칠 우려가
있으므로 이를 부정하는 견해가 있다.[15] 그러나, 독자적인 단체교섭권을 보유하고
있는 산별 노조의 지부·지회는 독자적인 노동조합으로 보는 것이 합당하므로 이를
긍정하는 것이 타당하다고 본다.

복수노동조합이 단체교섭창구를 단일화 하는 경우, 단일화절차에 참여한 조합원
의 수가 전체 근로자의 과반수를 넘는다 할지라도 교섭대표노조가 전체 근로자의
과반수로 조직된 노동조합이 아닌 경우, 교섭대표노조를 취업규칙 변경의 동의 주체
로 볼 수 없다.

---

15) 하갑래, 근로기준법, p. 223.

### (4) 과반수 충족 여부에 따른 의견청취 또는 동의의 주체

#### ㈎ 조합원이 과반수에 미달하는 경우

근로자의 과반수로 조직된 노동조합이 없는 경우에는 근로자 과반수가 의견청취 또는 동의의 주체가 된다. "근로자 과반수"가 직접 의견청취 또는 동의절차에 참여하여야 하며, "근로자 과반수를 대표하는 자"가 이에 참여하는 것을 의미하는 것은 아니다. 따라서, 근로기준법상 탄력적 근로시간제, 선택적 근로시간제 및 경영해고 등의 근로자 대표는 의견청취 또는 동의의 주체가 될 수 없다. 노사협의회, 이사회 또는 경영협의회 등도 의견청취 또는 동의의 주체가 될 수 없다.

#### ㈏ 조합원이 과반수에 해당하는 경우

근로자의 과반수로 조직된 노동조합이 있는 경우에는 "노동조합"이 의견청취 또는 동의의 주체가 된다. 이 경우 "노동조합"의 어느 기관에서 의견청취 또는 동의를 하여야 하는지가 문제시될 수 있다. 노동조합의 대표자, 총회 또는 대의원회는 당연히 의견청취 또는 동의를 할 수 있다. 또한, 노동조합으로부터 위임을 받은 자도 의견청취 또는 동의를 할 수 있다.

의견청취 또는 동의에 대하여 노동조합이 대표의 권한에 제한을 두고 있는 경우 이에 불구하고 노동조합의 대표가 독자적으로 의견청취 또는 동의를 할 수 있는지가 문제시된다. 노동조합 대표자의 단체교섭권한 및 단체협약체결권의 경우 이를 허용하는 명문의 규정을 두고 있으나, 취업규칙의 경우 이와 달리 명문의 규정을 두고 있지 아니한 점을 감안하여 볼 때 이를 부정하는 견해가 타당하다고 본다.[16]

## 2. 취업규칙의 변경

### (1) 불리한 변경의 판단기준

취업규칙의 ⅰ) 불리한 변경에는 근로자집단의 "동의"를, ⅱ) 불리하지 아니한 변경에는 근로자집단의 "의견청취"가 요구되므로, 과연 무엇이 불리한 변경인지의 판단기준이 필요하게 된다.

#### ㈎ 주관적 기준

주관적 기준은 불리 여부를 근로자가 스스로 판단하는 것으로서 근로기준법 제94조제1항 단서는 강행규정이므로 근로자의 과반수가 반대한 경우에는 근로자에게 불리한 변경이라고 보는 견해이다.[17]

---

16) 하갑래, 근로기준법, p. 223.

### (나) 객관적 기준

객관적 기준은 불리 여부를 사회통념상 합리성이 있는지의 여부에 따라 객관적으로 판단해야 된다는 견해로서 판례와 행정해석은 객관적 기준의 입장을 취하고 있다.[18] 따라서 취업규칙의 변경에 대하여 근로자들이 이를 불리하다고 판단하는 경우에도, 사회통념상 해당 변경이 불이익하지 아니하거나 다소 불리할지라도 그 필요성 및 내용의 양면에서 합리성이 인정된다면 사용자는 근로자의 동의 없이도 취업규칙을 변경할 수 있다고 한다.

사회적 합리성의 유무는 근로자측의 불리의 정도, 사용자측의 변경필요성의 내용과 정도, 변경 후의 취업규칙 내용의 상당성, 대상조치를 포함한 다른 근로조건의 개선상황, 근로자대표와의 교섭경위 및 근로자의 대응, 동종 사항에 관한 국내의 일반적인 상황 등을 종합적으로 고려하여 판단하여야 한다.[19]

사견으로는 객관적 기준설에 찬동하는 바이다. 취업규칙의 변경시 근로자의 의견 또는 동의를 얻도록 하는 것은 사용자의 일방적인 취업규칙 작성·변경권한의 남용을 제한·방지하는 데 그 근본취지가 있으므로 합리적인 취업규칙의 변경조차 금지하는 것은 아니기 때문이다.

### (2) 취업규칙의 불리하지 아니한 변경

### (가) 원 칙

취업규칙의 변경이 근로자에게 불리하지 아니한 경우 사용자는 근로자대표, 즉 ⅰ) 근로자의 과반수로 조직된 노동조합이 있는 경우에는 그 노동조합, ⅱ) 이러한 노동조합이 없는 경우에는 근로자의 과반수의 「의견」을 들어야 한다. 이 경우 근로자대표의 「동의」를 얻을 필요는 없다.

최저임금법 제6조의2는 최저임금 산입을 위한 취업규칙 변경절차의 특례를 규정하고 있다. 사용자가 제6조제4항에 따라 "매월 1회 이상 정기적으로 지급하는 임금"에 포함시키기 위하여 "1개월을 초과하는 주기로 지급하는 임금"을 총액의 변동 없이 매월 지급하는 것으로 취업규칙을 변경하려는 경우에는 「근로기준법」 제94조제1항에도 불구하고 해당 사업 또는 사업장에 근로자의 과반수로 조직된 노동조합이

---

17) 이병태, 노동법, p. 933; 김형배, 노동법, p. 312; 임종률, 노동법, p. 359.

18) 대판 1993. 1. 15, 92다39778; 대판 1994. 5. 24, 93다14493; 대판 2001. 1. 15, 99다70846. 정부투자기관 같은 사업장에서 퇴직금 등 취업규칙상 근로조건의 하향조정이 「정부의 재정압박」, 「일반공무원 급여 수준과의 형평」 등을 이유로 한 정부의 조정방침에 따라 이루어졌다 하더라도 이러한 것이 근로자집단의 동의를 받지 않아도 될 만한 사회통념상의 합리성이 있다고 볼 수는 없다(대판 1993. 1. 26, 92다48324).

19) 대판 2001. 1. 15, 99다70846; 대판 2002. 6. 11, 2001다6722; 대판 2010. 1. 28, 2009다32522, 32539.

있는 경우에는 그 노동조합, 근로자의 과반수로 조직된 노동조합이 없는 경우에는 근로자의 과반수의 의견을 들어야 한다.

### (나) 의견청취의 방법

근로자 과반수의 의견을 듣는 방법에는 ⅰ) 집단적 회의 방법, ⅱ) 취업규칙안을 회람시키고 서명을 받는 방법 및 ⅲ) 사내 회보, 게시판 및 인터넷 홈페이지 등에 게재하고 열람한 후 의견을 제출하도록 하는 방법 등 과반수의 의견청취를 입증할 수 있는 방법이면 모두 가능하다고 할 것이다.[20] 의견청취는 동의에 비하여 비교적 방법이 다양하다고 할 것이다.

### (다) 의견청취의 효력

① **반대의견의 효력:** 의견청취는 동의 또는 합의를 의미하는 것이 아니므로 사용자는 근로자대표의 의견에 구속받지 아니한다. 따라서 근로자대표의 의견이 취업규칙의 변경에 반대하는 경우에도 적법한 의견청취절차를 밟은 경우에는 사용자는 취업규칙을 변경할 수 있다.[21]

노동조합이나 근로자가 의견제시를 거부하는 경우에도 근로자대표의 의견을 들은 것으로 간주된다.

② **의견청취를 하지 아니한 경우의 효력:** 의견청취 자체를 하지 아니한 경우 ⅰ) 근로기준법 제94조제1항의 의견청취의무는 단속규정으로서 취업규칙의 변경은 유효하다는 견해와[22] ⅱ) 근로기준법 제94조제1항의 의견청취의무는 효력규정으로서 취업규칙의 변경은 무효라는 견해로[23] 나뉘고 있다. 사견으로는 전자의 견해에 찬동하는 바이다.

### (3) 취업규칙의 불리한 변경

### (가) 원 칙

취업규칙의 변경이 근로자에게 불리한 경우 사용자는 근로자대표의 「동의」를 얻어야 하며, 단지 「의견」을 청취하는 것으로는 부족하다.[24] 즉, ⅰ) 사업장의 근로자의 과반수로 조직된 노동조합이 있는 경우에는 그 노동조합, ⅱ) 이러한 노동조합이

---
20) 임종률, 노동법, p. 356: 하갑래, 근로기준법, p. 227.
21) 하갑래, 근로기준법, p. 227; 근기 01254－9222(1991. 6. 27).
22) 임종률, 노동법, p. 355; 김형배, 노동법, p. 302; 대판 1994. 12. 23, 94누3001; 대판 1999. 6. 22, 98두6647.
23) 이병태, 노동법, p. 928.
24) 대판 1992. 6. 23, 91다30835; 대판 1992. 7. 12, 91나43512; 대판 1993. 8. 24, 93다17898.

없는 경우에는 근로자의 과반수의 동의를 얻어야 한다.

취업규칙이 불리하게 변경된 경우 근로자들이 명시적 반대의사를 표시하지 아니하였다고 하여 근로자들의 묵시적인 동의 또는 추인이 있었다고 볼 수 없다.[25] 불리하게 변경된 취업규칙에 대한 사후승인이 인정될 수 있는지의 여부에 대하여 이는 아직 발효되지 아니한 취업규칙의 변경에 대한 동의에 해당되므로 동의 이후부터 효력을 발생하고 소급효는 인정되지 아니한다고 한다.[26]

취업규칙에서 2개 이상의 근로조건을 동시에 변경하는 경우 어느 근로조건은 불이익으로 변경되는 반면, 다른 근로조건은 이익으로 변경된다면 변경되는 근로조건 전체를 종합적으로 고려하여 불리변경의 여부를 판단하여야 할 것이다.[27]

영업양도 또는 합병 등에 의하여 근로계약관계가 포괄적으로 승계된 경우에 승계 후의 퇴직금규정이 승계 전의 퇴직금규정보다 불리하다면 근로자들의 동의없이는 승계 후의 퇴직금규정을 적용할 수 없다.[28]

### (나) 동의의 방법

① **원 칙:** 노동조합의 동의를 얻는 경우 노동조합 대표자의 동의를 얻는 것으로 충분하고, 별도로 조합원 과반수의 동의를 얻을 필요는 없다.[29] 노동조합의 동의는 개별적인 서면합의 또는 단체협약의 체결로도 가능하다.

노동조합이 소속된 개별 조합원의 동의로써 노동조합대표자의 동의를 갈음할 수 없다.[30]

근로자 과반수의 동의를 얻는 구체적 방법은 근로자 전체가 동시에 하나의 장소에 회합하여 회의의 방식으로 집단적 의사결정방식을 취하는 것을 원칙으로 한다.[31]

다만, 사업 또는 사업장이 수개의 공장·영업소 등에 분산되어 있어 근로자 전체가 동시에 회합하는 것이 불가능한 경우에는 개별 공장·영업소별로 회의방식으로 사용자측의 개입이나 간섭이 배제된 상태에서 의견을 표명하고 이를 취합하는 것도 무방하다. 그러나 회의방식이 아닌 회람·서명 등을 통하여 근로자 개개인별로 의견을 표명하고 이를 취합하는 것은 허용되지 아니한다.[32]

---

25) 대판 1994. 4. 12, 83다8714.
26) 이병태, 노동법, p. 937; 김형배, 근로기준법, p. 200.
27) 대판 1992. 2. 28, 91다30828; 법무 811-19135(1980. 2. 2).
28) 대판 1995. 12. 26, 95다41659.
29) 임종률, 노동법, p. 357; 대판 2003. 6. 13, 2002다65097.
30) 대판 2004. 7. 22, 2002다59702.
31) 임종률, 노동법, p. 358; 대판 1977. 7. 26, 77다355.
32) 임종률, 노동법, p. 358; 대판 1977. 7. 26, 77다355.

| 관 련 |
|-------|
| 판 례 |

**대판 2010. 1. 28, 2009다32522** 회의방식에 의한 동의는 전 근로자가 반드시 한 자리에 모여 회의를 개최하는 방식만이 아니라 한 사업 또는 사업장의 기구별 또는 단위 부서별로 사용자측의 개입이나 간섭이 배제된 상태에서 근로자 간에 의견을 교환하여 찬반을 집약한 후 이를 전체적으로 모으는 방식도 허용된다.

근로자들의 동의를 얻는 경우 사용자측의 개입이나 간섭이 배제되어야 한다. 여기서 사용자측의 개입이나 간섭은 사용자측이 근로자들의 자율적이고 집단적인 의사결정을 저해할 정도로 명시 또는 묵시적인 방법으로 동의를 강요하는 것을 의미하며, 사용자측이 단지 변경될 근로조건이나 취업규칙의 내용을 근로자들에게 설명하고 홍보하는 데 그친 경우에는 사용자측의 부당한 개입이나 간섭이 있었다고 할 수 없다.[33]

② **구체적 사례**

㉠ **단체협약을 통한 동의** 근로자의 과반수를 대표하는 노동조합과 취업규칙상의 근로조건을 불리하게 변경하는 내용의 단체협약을 체결한 경우 사용자가 이에 따라 취업규칙을 단체협약의 내용대로 개정하였다면, 이는 불리변경에 대한 동의로 볼 수 있다.[34]

한편, 사용자가 근로자들의 사전동의 없이 취업규칙을 불리변경한 경우에도 근로자의 과반수를 대표하는 노동조합이 이를 사후에 단체협약으로 체결한 경우에는 이를 소급적으로 동의한 것으로 본다.[35]

㉡ **노동위원회의 중재를 통한 동의** 노동위원회의 중재재정이 기존의 취업규칙의 근로조건을 불리하게 변경하는 경우 사용자가 이에 따라 중재재정의 내용대로 취업규칙을 개정하였다면 중재재정은 단체협약과 동일한 효력이 부여되므로 이는 불리변경에 대한 동의로 볼 수 있을 것이다.[36]

(다) **동의를 받은 불리한 변경의 효력**

① **원 칙:** 근로자에게 불리하게 취업규칙을 변경하는 경우 근로자집단의 동의를 받았다면 변경된 부분은 근로자 전체는 물론 변경에 동의하지 아니한 근로자 개인에게도 취업규칙 변경의 효력이 발생하는 것이 원칙이다.

② **근로계약에 유리한 조건을 정하고 있는 경우:** 대법원 판례는 근로자에게

---

33) 대판 2010. 1. 28, 2009다32522, 32539; 대판 2005. 3. 11, 2004다54909; 대판 2004. 5. 14, 2002다23185.
34) 임종률, 노동법, p. 357.
35) 대판 1993. 3. 23, 92다52115.
36) 임종률, 노동법, p. 358.

불리한 내용으로 변경된 취업규칙에 대하여 근로자의 개별적 동의가 없는 한 취업
규칙보다 유리한 근로계약의 내용이 우선하여 적용된다는 견해를 취하고 있다.[37] 근
로기준법 제97조는 근로계약에서 정한 근로조건이 ⅰ) 취업규칙에서 정한 기준에
미달하는 경우 그 부분을 무효로 하지만 ⅱ) 취업규칙에서 정한 기준보다 유리한
경우 근로계약 부분은 유효하고 취업규칙에서 정한 기준에 우선하여 적용되기 때문
이다.[38]

**관 련
판 례**

대판 2022. 1. 13, 2020다232136

[1] 근로기준법 제97조는 "취업규칙에서 정한 기준에 미달하는 근로조건을 정한
근로계약은 그 부분에 관하여는 무효로 한다. 이 경우 무효로 된 부분은 취업규칙
에 정한 기준에 따른다."라고 정하고 있다. 근로기준법 제97조를 반대해석하면, 취
업규칙에서 정한 기준보다 유리한 근로조건을 정한 개별 근로계약 부분은 유효하
고 취업규칙에서 정한 기준에 우선하여 적용된다.

한편 근로기준법 제94조는 "사용자는 취업규칙의 작성 또는 변경에 관하여 해
당 사업 또는 사업장에 근로자의 과반수로 조직된 노동조합이 있는 경우에는 노동
조합, 근로자의 과반수로 조직된 노동조합이 없는 경우에는 근로자의 과반수의 의
견을 들어야 한다. 다만 취업규칙을 근로자에게 불리하게 변경하는 경우에는 그
동의를 받아야 한다"라고 정하고 있다. 위 규정은 사용자가 일방적으로 정하는 취
업규칙을 근로자에게 불리하게 변경하려고 할 경우 근로자를 보호하기 위하여 위
와 같은 집단적 동의를 받을 것을 요건으로 정한 것이다.

그리고 근로기준법 제4조는 "근로조건은 근로자와 사용자가 동등한 지위에서
자유의사에 따라 결정하여야 한다"라고 정하고 있다. 위 규정은 사용자가 일방적
으로 근로조건을 결정하여서는 아니 되고, 근로조건은 근로관계 당사자 사이에서
자유로운 합의에 따라 정해져야 하는 사항임을 분명히 함으로써 근로자를 보호하
고자 하는 것이 주된 취지이다.

이러한 각 규정 내용과 취지를 고려하면, 근로기준법 제94조가 정하는 집단적
동의는 취업규칙의 유효한 변경을 위한 요건에 불과하므로, 취업규칙이 집단적 동
의를 받아 근로자에게 불리하게 변경된 경우에도 근로기준법 제4조가 정하는 근로
조건 자유결정의 원칙은 여전히 지켜져야 한다.

따라서 근로자에게 불리한 내용으로 변경된 취업규칙은 집단적 동의를 받았다
고 하더라도 그보다 유리한 근로조건을 정한 기존의 개별 근로계약 부분에 우선하
는 효력을 갖는다고 할 수 없다. 이 경우에도 근로계약의 내용은 유효하게 존속하
고, 변경된 취업규칙의 기준에 의하여 유리한 근로계약의 내용을 변경할 수 없으
며, 근로자의 개별적 동의가 없는 한 취업규칙보다 유리한 근로계약의 내용이 우
선하여 적용된다.

그러나 근로기준법 제4조, 제94조 및 제97조의 규정 내용과 입법 취지를 고려
할 때, 위와 같은 법리는 근로자와 사용자가 취업규칙에서 정한 기준을 상회하는

---

37) 대판 2019. 11. 14, 2018다200709.
38) 대판 2019. 11. 14, 2018다200709; 대판 2022. 1. 13, 2020다232136.

근로조건을 개별 근로계약에서 따로 정한 경우에 한하여 적용될 수 있는 것이고, 개별 근로계약에서 근로조건에 관하여 구체적으로 정하지 않고 있는 경우에는 취업규칙 등에서 정하는 근로조건이 근로자에게 적용된다고 보아야 한다.

　[2] 갑이 을 학교법인이 설치·운영하는 대학교의 조교수로 신규 임용된 후 계속 재임용되다가 교수로 승진임용되었는데, 을 법인이 교원의 급여체계에 관하여 기존의 호봉제를 연봉제로 변경하는 내용의 급여지급규정을 제정하여 시행하다가 뒤늦게 전임교원 과반수의 동의를 받은 사안에서, 갑이 기존의 호봉제가 시행되던 때 을 법인의 조교수로 신규 임용된 이래 갑과 을 법인 사이의 근로관계가 계속되어 왔을 뿐 갑과 을 법인은 급여규정 등이 규정한 바에 따라 급여를 지급받기로 하는 외에 별도로 임용계약서를 작성하거나 임금 등 근로조건에 관하여 약정을 체결하지 않았으므로, 적어도 연봉제 임금체계에 대하여 근로자 과반수의 동의를 얻은 후에는 갑에게 취업규칙상 변경된 연봉제 규정이 적용된다고 봄이 타당한데도, 이와 달리 본 원심판단에 법리오해의 잘못이 있다고 한 사례.

사견으로는 다음의 이유에서 상기 입장에 찬성하지 않는 바이다.

첫째, 근로기준법 제94조는 개별적 근로관계를 규정하고 있는 근로기준법에서 예외적으로 집단적 동의 방식을 인정하고 있는 강행규정으로 이에 대하여 개별적 동의 방식인 근로계약의 우선적 효력을 인정하고 있는 것은 집단적 동의를 통한 취업규칙 변경의 본질적 존재 의의 자체를 무의미하게 만들고 있다. 취업규칙은 순수 계약적 성질을 가진 근로계약과 달리 규범적 성격을 포함하고 있고 규범적 성격이라 함은 법률과 마찬가지로 그 본질상 다수의 결정에 소수가 따라야 하는 내재적 성격을 갖고 있다. 상기 대법원 판례는 취업규칙의 집단적 성격은 물론 법규범적 성격을 갖고 있다는 본질을 간과하고 이를 순수한 당사자 개인끼리의 사적 계약으로 파악하고 있는 잘못된 견해이다.

둘째, 근로기준법 제97조에서 규정하고 있는 근로계약과 취업규칙 간의 소위 유리한 조건 우선의 법칙은 본래 서구의 산별교섭체계하에서 적용되는 원칙으로서 산별교섭을 통하여 단체협약 또는 사업장 규칙이 결정되면 그 이후에 체결되는 근로계약은 단체협약 또는 사업장 규칙보다 더 높은 수준의 근로조건을 정하여야 한다는 원칙이다. 따라서 근로기준법 제97조의 유리한 조건 우선의 원칙은 취업규칙 및 근로계약의 체결 시기에 상관없이 무조건 적용되어야 하는 것이 아니라 취업규칙의 변경 이후에 체결된 근로계약에 한하여 적용되는 것이 타당하다고 할 것이다. 즉, ⅰ) 취업규칙이 일단 결정된 경우 그 이후에 체결되는 근로계약의 내용은 취업규칙의 기준을 상회할 것이 요구되지만, ⅱ) 일단 근로계약이 체결된 이후에 취업규칙이 변경되는 경우 기존에 체결된 근로계약보다 낮은 수준의 근로조건이 변경된다 할지라도 취업규칙의 집단적 결정 방식을 존중하여 이는 유효한 변경으로 보아야 할 것이다.

셋째, 근로기준법에는 탄력적 근로시간제도 및 선택적 근로시간제도 등 취업규칙 또는 근로자대표의 동의를 받아 채택되는 다수의 근로조건이 있다. 상기 대법원 논리에 의하면 이러한 제도들이 취업규칙 또는 근로자대표의 동의 등 집단적 의사결정 방식에 의하여 채택되는 경우에도 근로자 개인이 반대하면 당해 개인에 대하여 시행될 수 없는 경우가 발생하는 바, 이는 근로기준법의 제도 자체를 형해화하고 있는 것이다.

#### (라) 동의를 받지 못한 불리한 변경의 효력

① 원 칙: 근로자에게 불리하게 취업규칙을 변경하는 경우 근로자집단의 동의를 받지 못한 경우 변경된 부분은 근로자 전체는 물론 변경에 동의한 근로자 개인에게도 취업규칙 변경의 효력이 발생하지 아니한다.[39]

종전의 대법원 판례는 동의를 받지 못한 경우에도 변경이 「사회적 합리성」을 가지는 경우에는 변경이 당연히 무효로 되는 것은 아니라는 입장을 견지하여 왔다.

> **관 련**
> **판 례**
> 대판 2009. 6. 11, 2007도3037 사용자가 일방적으로 새로운 취업규칙을 작성·변경하여 근로자의 기득권을 박탈하여 불이익한 근로조건을 부과하는 것은 원칙적으로 허용되지 아니하나, 당해 취업규칙의 작성·변경이 그 필요성 및 내용의 양면에서 보아 그에 의하여 근로자가 입게 될 불이익의 정도를 고려하더라도 여전히 당해 조항의 법적 규범성을 시인할 수 있을 정도로 사회통념상 합리성이 있다고 인정되는 경우에는 근로자의 집단적 의사결정방법에 의한 동의가 없다는 이유만으로 그 적용을 부정할 수는 없다고 할 것이다.

그러나, 최근의 대법원 전원합의체 판결은 취업규칙을 근로자에게 불리하게 변경하면서 근로자의 동의를 받지 못한 경우, 노동조합이나 근로자들이 집단적 동의권을 남용하였다고 볼 만한 특별한 사정이 없는 한 해당 취업규칙의 작성 또는 변경에 사회통념상 합리성이 있다는 이유만으로 그 유효성을 인정할 수는 없다는 입장을 취하고 있다.[40]

상기 판례는 집단적 동의권을 남용한 경우라 함은 "관계 법령이나 근로관계를 둘러싼 사회 환경의 변화로 취업규칙을 변경할 필요성이 객관적으로 명백히 인정되고, 나아가 근로자의 집단적 동의를 구하고자 하는 사용자의 진지한 설득과 노력이

---

39) 임종률, 노동법, p. 358; 대판 1977. 7. 26, 77다355; 대판 1991. 3. 27, 91다3031; 대판 1991. 9. 24, 91다17542; 대판 1992. 12. 8, 91다38174.
40) 대판 2023. 5. 11, 2017다35588, 35595(전원합의체).

있었음에도 불구하고 노동조합이나 근로자들이 합리적 근거나 이유 제시 없이 취업규칙의 변경에 반대하였다는 등의 사정이 있는 경우를 말한다"고 판결하고 있다.

사견으로는 상기 판례는 "집단적 동의권을 남용한 것이 사회적 합리성이 없다는 것에 포함되는 것으로 보는 경우 양자는 사실상 대동소이하여 구분의 실익이 없다"는 관점에서 비판받을 여지가 있다고 할 것이다.

| 관 련<br>판 례 | **대판 2023. 5. 11, 2017다35588, 35595(전원합의체)**     [다수의견] (가) 사용자가 취업규칙을 근로자에게 불리하게 변경하면서 근로자의 집단적 의사결정방법에 따른 동의를 받지 못한 경우, 노동조합이나 근로자들이 집단적 동의권을 남용하였다고 볼 만한 특별한 사정이 없는 한 해당 취업규칙의 작성 또는 변경에 사회통념상 합리성이 있다는 이유만으로 그 유효성을 인정할 수는 없다. 그 이유는 다음과 같다. |
|---|---|

① 헌법 제32조 제3항, 근로기준법 제4조, 제94조 제1항의 취지와 관계에 비추어 보면, 취업규칙의 불리한 변경에 대하여 근로자가 가지는 집단적 동의권은 사용자의 일방적 취업규칙의 변경 권한에 한계를 설정하고 헌법 제32조 제3항의 취지와 근로기준법 제4조가 정한 근로조건의 노사대등결정 원칙을 실현하는 데에 중요한 의미를 갖는 절차적 권리로서, 변경되는 취업규칙의 내용이 갖는 타당성이나 합리성으로 대체될 수 있는 것이라고 볼 수 없다.

② 대법원은 1989. 3. 29. 법률 제4099호로 개정된 근로기준법(이하 '1989년 근로기준법'이라 한다)이 집단적 동의 요건을 명문화하기 전부터 이미 취업규칙의 불리한 변경에 대하여 근로자의 집단적 동의를 요한다는 법리를 확립하였다. 근로자의 집단적 동의권은 명문의 규정이 없더라도 근로조건의 노사대등결정 원칙과 근로자의 권익 보장에 관한 근로기준법의 근본정신, 기득권 보호의 원칙으로부터 도출된다. 이러한 집단적 동의는 단순히 요식적으로 거쳐야 하는 절차 이상의 중요성을 갖는 유효요건이다. 나아가 현재와 같이 근로기준법이 명문으로 집단적 동의절차를 규정하고 있음에도 취업규칙의 내용에 사회통념상 합리성이 있다는 이유만으로 근로자의 집단적 동의를 받지 않아도 된다고 보는 것은 취업규칙의 본질적 기능과 불이익변경 과정에서 필수적으로 확보되어야 하는 절차적 정당성의 요청을 도외시하는 것이다.

③ 근로조건의 유연한 조정은 사용자에 의한 일방적 취업규칙 변경을 승인함으로써가 아니라, 단체교섭이나 근로자의 이해를 구하는 사용자의 설득과 노력을 통하여 이루어져야 한다. 또한 노동조합이나 근로자들이 집단적 동의권을 남용하였다고 볼 만한 특별한 사정이 있는 경우에는 취업규칙의 불이익변경의 유효성을 인정할 여지가 있으므로, 근로자의 집단적 동의가 없다고 하여 취업규칙의 불리한 변경이 항상 불가능한 것도 아니다.

④ 단체협약은 법률보다 하위의 규범임에도 대법원은 단체협약에 의하여 발생한 노동조합의 동의권을 침해하여 행해진 인사처분을 무효라고 보았고, 다만 지나치게 경직되게 해석할 경우 발생할 문제점을 유연하게 해결하기 위하여 동의권 남용 법리를 통해 구체적 타당성을 확보하였다. 취업규칙의 불이익변경에 대하여는 단체협약보다 상위 규범인 법률에서 근로자의 집단적 동의권을 부여하고 있으므로, 취업규칙을 근로자에게 불리하게 변경하면서 근로자의 집단적 동의를 받지 않

았다면 이를 원칙적으로 무효로 보되, 다만 노동조합이나 근로자들이 집단적 동의권을 남용한 경우에 한하여 유효성을 인정하는 것이 단체협약에 의한 노동조합의 동의권에 관한 대법원 판례의 태도와 일관되고 법규범 체계에 부합하는 해석이다.

⑤ 사회통념상 합리성이라는 개념 자체가 매우 불확정적이어서 어느 정도에 이르러야 법적 규범성을 시인할 수 있는지 노동관계 당사자가 쉽게 알기 어려울 뿐만 아니라, 개별 사건에서 다툼의 대상이 되었을 때 그 인정 여부의 기준으로 대법원이 제시한 요소들을 종합적으로 고려한 법원의 판단 역시 사후적 평가일 수밖에 없는 한계가 있다. 이에 취업규칙 변경의 효력을 둘러싼 분쟁이 끊이지 않고 있고, 유효성이 확정되지 않은 취업규칙의 적용에 따른 법적 불안정성이 사용자나 근로자에게 끼치는 폐해 역시 적지 않았다.

⑥ 종전 판례의 해석은 근로자의 집단적 동의가 없더라도 일정한 경우 사용자에 의한 일방적인 취업규칙의 작성 또는 변경으로 기존 근로조건을 낮추는 것을 인정하는 것이어서 강행규정인 근로기준법 제94조 제1항 단서의 명문 규정에 반하는 해석일 뿐만 아니라, 근로기준법이 예정한 범위를 넘어 사용자에게 근로조건의 일방적인 변경 권한을 부여하는 것이나 마찬가지여서 헌법 정신과 근로자의 권익 보장에 관한 근로기준법의 근본 취지, 근로조건의 노사대등결정 원칙에 위배된다.

(나) 근로기준법상 취업규칙의 불이익변경 과정에서 노동조합이나 근로자들이 집단적 동의권을 행사할 때도 신의성실의 원칙과 권리남용금지 원칙이 적용되어야 한다. 따라서 노동조합이나 근로자들이 집단적 동의권을 남용하였다고 볼 만한 특별한 사정이 있는 경우에는 그 동의가 없더라도 취업규칙의 불이익변경을 유효하다고 볼 수 있다. 여기에서 노동조합이나 근로자들이 집단적 동의권을 남용한 경우란 관계 법령이나 근로관계를 둘러싼 사회 환경의 변화로 취업규칙을 변경할 필요성이 객관적으로 명백히 인정되고, 나아가 근로자의 집단적 동의를 구하고자 하는 사용자의 진지한 설득과 노력이 있었음에도 불구하고 노동조합이나 근로자들이 합리적 근거나 이유 제시 없이 취업규칙의 변경에 반대하였다는 등의 사정이 있는 경우를 말한다. 다만 취업규칙을 근로자에게 불리하게 변경하는 경우에 근로자의 집단적 동의를 받도록 한 근로기준법 제94조 제1항 단서의 입법 취지와 절차적 권리로서 동의권이 갖는 중요성을 고려할 때, 노동조합이나 근로자들이 집단적 동의권을 남용하였는지는 엄격하게 판단할 필요가 있다.

한편 신의성실 또는 권리남용금지 원칙의 적용은 강행규정에 관한 것으로서 당사자의 주장이 없더라도 법원이 그 위반 여부를 직권으로 판단할 수 있으므로, 집단적 동의권의 남용에 해당하는지에 대하여도 법원은 직권으로 판단할 수 있다.

② **신규근로자에 대한 적용여부:** 　사용자가 취업규칙의 불리한 변경에 있어 기존의 근로자집단의 동의를 얻지 못하여 그 변경이 무효가 되었음에도 불구하고 이를 신규근로자에게 따로이 적용할 수 있는가에 대한 의문이 제기될 수 있다. 이에 대하여는 절대적 무효설과 상대적 무효설로 견해가 나뉘고 있다.

㉠ **학 설**

( i ) 절대적 무효설　 절대적 무효설에 의하면 기존 근로자집단의 동의를 얻지 못한 취업규칙은 기존 근로자는 물론 신규근로자에게도 무효가 되어 변경의 효력이 미치지 아니

한다고 한다.41) 이러한 견해에 의하면 사용자가 기존 근로자에게 적용하던 퇴직금누진제를 퇴직금단수제(법정퇴직금제)로 변경하는 경우 기존의 근로자집단이 이에 동의하지 아니하였다면 기존의 근로자는 물론 신규채용자에도 퇴직금누진제가 그대로 적용된다고 한다.

(ii) 상대적 무효설    상대적 무효설에 의하면 기존 근로자집단의 동의를 얻지 못한 취업규칙은 기존 근로자에게는 당연히 적용되지 아니하지만, 신규근로자에게는 변경의 효력이 미친다고 한다.42)

---

| 관 련 판 례 | 대판 2022. 10. 14, 2022다245518    사용자가 취업규칙에서 정한 근로조건을 근로자에게 불리하게 변경함에 있어서 근로자의 동의를 얻지 못한 경우에 그 변경으로 기득이익이 침해되는 기존의 근로자에 대한 관계에서는 그 변경의 효력이 미치지 않게 되어 종전 취업규칙의 효력이 그대로 유지되지만 그 변경 후에 변경된 취업규칙에 따른 근로조건을 수용하고 근로관계를 갖게 된 근로자에 대한 관계에서는 당연히 변경된 취업규칙이 적용되어야 하고 기득이익의 침해라는 효력배제사유가 없는 변경 후의 취업근로자에 대해서까지 그 변경의 효력을 부인하여 종전 취업규칙이 적용되어야 한다고 볼 근거가 없다. |
|---|---|

이러한 견해에 의하면 사용자가 기존 근로자에게 적용하던 퇴직금누진제를 퇴직금단수제로 변경하는 경우 기존의 근로자집단이 이에 동의하지 아니하였다면 기존의 근로자에게는 퇴직금누진제가, 신규근로자에게는 퇴직금단수제가 적용될 수 있다고 한다. 최근 판례의 태도이다.

ⓒ 사 견    사견으로는 상대적 무효설에 찬동하고자 한다. 그 이유는 변경되는 취업규칙에 기존의 근로자집단이 동의를 하지 아니함으로써 기존의 취업규칙의 내용이 변경되지 아니하고 그대로 적용되는 경우에는 기존의 근로자들에 대한 불이익이 없으므로 이는 더 이상 동의의 대상이 되지 아니하기 때문이다. 한편, 신규근로자집단은 종전에 적용되던 취업규칙이 없으므로 이는 취업규칙의 불리한 변경에 해당되지 아니하므로 이들의 동의를 받을 필요가 없기 때문이다.

다만, 사견으로는 판례에서 보듯이 「퇴직금」의 본질적 내용을 취업규칙에 의하여 사용자가 일방적으로 변경할 수 있는지의 여부에 대하여 의문을 갖고 있다. 즉 퇴직금에 관한 사항은 소위 단체교섭의 「의무교섭대상」으로서 이는 단체협약에 의하여 변경되는 것이 원칙이므로, 노동조합이 반대함에도 불구하고 이를 취업규칙에 의하

---

41) 이병태, 노동법, p. 941; 박홍규, 노동법, p. 332; 대판 1990. 4. 27, 89다카7754; 대판 1990. 7. 10, 89다카31443; 대판 1991. 12. 10, 91다8777, 8784; 근기 01254−442(1987. 1. 13); 근기 01254−5946 (1987. 4. 11); 근기 01254−16532.

42) 임종률, 노동법, p. 360; 대판 1992. 12. 22, 92다45165; 대판 1993. 1. 15, 92다39778; 대판 1993. 1. 19, 92다9494; 대판 1993. 6. 11, 93다11876・11883(병합); 대판 1996. 4. 26, 94다30638; 대판 2011. 6. 24, 2009다58364; 대판 2012. 6. 28, 2010다17468; 대판 2022. 10. 14, 2022다245518.

여 사용자가 일방적으로 변경할 수는 없다고 할 것이다. 따라서 이는 취업규칙의 불리변경의 문제보다는 단체교섭의 대상문제로 접근하는 것이 타당하다고 본다.

③ **취업규칙의 수:**    앞에서 설명한 상대적 무효설에 의하는 경우 과연 사업장에는 몇 개의 취업규칙이 존재하는가에 관한 의문이 생길 수 있다.

㉠ 학설 및 판례

(ⅰ) 1개라는 견해    사업장에는 변경된 취업규칙 1개만 존재한다는 견해이다.[43] 이러한 견해는 현행의 효력을 가진 취업규칙은 변경된 취업규칙뿐이고, 다만 기존 근로자의 기득권이 침해되지 아니하도록 이들에게만 종전의 취업규칙이 적용된다고 한다.

(ⅱ) 2개라는 견해    사업장에는 기존의 취업규칙과 변경된 취업규칙이 함께 병존한다는 견해이다.[44] 이러한 견해는 취업규칙의 법적 성질에 관하여 판례가 채택하고 있는 법규범설하에서는 하나의 사업장에 1개의 취업규칙이 법령과 마찬가지로 법적 구속력을 가지고 해당 사업장 내의 모든 근로자들을 구속하여야 하지만, 상대적 무효설을 채택하는 경우에는 하나의 사업장에 2개의 취업규칙이 존재하게 되므로, 법규범설과 상대적 무효설의 입장을 동시에 취하고 있는 대법원의 판례는 상호모순된다고 한다. 이러한 견해는 취업규칙의 법적 성질을 계약설의 입장에서 보는 경우에는 계약자유의 원칙에 따라 하나의 사업장에 서로 다른 내용의 2개의 계약이 존재할 수 있으므로 상대적 무효설도 성립할 수 있다고 한다.

㉡ 사  견    사견으로는 사업장에는 변경된 취업규칙 1개만이 존재한다는 견해에 찬성하는 바이다. 즉, 판례의 상기 논리는 반드시 법규범설에 근거하고 있다고 볼 수 없으며, 또한 법규범설에 근거하고 있다고 전제하는 경우에도 긍정설은 성립될 수 있다고 본다. 즉, 사업장에 존재하는 취업규칙의 수는 1개이다.

예컨대, 취업규칙보다도 그 본질에 있어 더욱 법규범적 성질을 지니고 있는 법률의 개정을 예로 보게 되면, 개정 전의 법률에 의하여 기득권을 향유하던 자의 권리를 보호하기 위하여 개정법률의 부칙에서 이들에게 개정 전의 법률을 그대로 적용하는 경우가 있다. 이러한 경우 개정 전의 구법 및 개정 후의 신법의 2개가 동시에 존재하는 것이 아니라, 법률은 개정 후의 신법 1개만 존재하는 것이다. 대법원 판례는 이러한 논거를 취하고 있는 것으로 보인다.

④ **퇴직금차등제도:**    취업규칙의 수와 관련된 또 다른 문제는 퇴직금차등제도의 금지를 규정하고 있는 근로자퇴직급여보장법 제4조제2항과의 관계이다. 예컨대, 취업규칙의 변경으로 인하여 기존 근로자에게는 구취업규칙상의 퇴직금누진제가, 신

---

43) 대판 1992. 12. 22, 91다45165; 대판 1993. 6. 11, 93다11876·11883(병합); 대판 2003. 12. 18, 2002다2843.

44) 김형배, 근로기준법, p. 196 이하.

규근로자에게는 신취업규칙상의 퇴직금단수제가 적용된다면 이는 하나의 사업장에 서로 다른 2개의 퇴직금제도가 존재하는 셈이 되므로, 과연 퇴직금차등제도를 금지하고 있는 근로자퇴직급여보장법에 위반되는 것이 아닌가 하는 의문점이 제기될 수 있다. 이에 대하여 대법원은 변경된 퇴직금제도와 별개의 퇴직금제도를 적용하는 결과가 되었다 하여도 이는 근로자퇴직급여보장법에 위반되는 퇴직금차등제도를 설정한 경우에 해당되지 아니한다고 보고 있다.45)

**관 련 판 례**  대판 2003. 12. 18, 2002다2843   사용자가 근로자들에게 불리하게 취업규칙을 변경함에 있어서 근로자들의 집단적 의사결정 방법에 의한 동의를 얻지 아니하였다고 하더라도, 취업규칙의 작성, 변경권이 사용자에게 있는 이상 현행의 법규적 효력을 가진 취업규칙은 변경된 취업규칙이고 다만 기득이익이 침해되는 기존 근로자에 대하여는 종전의 취업규칙이 적용될 따름이며, 취업규칙 중 퇴직금규정을 기존 근로자들에게 불리하게 변경하면서 부칙의 경과규정에 의하여 퇴직금규정이 변경되기 전의 근속기간에 대하여는 종전의 퇴직금규정에 의하도록 하는 것은 근로기준법이 정한 차등퇴직금제도금지의 원칙에 위배되지 아니한다고 할 것이다.

⑤ **단체협약에 의한 추인:**   취업규칙의 불리한 변경이 근로자집단의 동의를 받지 못하여 무효가 된 경우에도 노동조합과 단체협약을 체결하여 이를 소급적으로 적용하기로 추인하는 경우에는 취업규칙은 유효하게 된다.46)

**관 련 판 례**  대판 2000. 12. 22, 99다10806   신취업규칙이 퇴직금 산정의 기준 임금 및 지급률 등에서 구취업규칙보다 불리함에도 불구하고 근로자집단의 동의를 얻지 못하여 무효라는 법원의 판결이 선고되자 이를 시정하기 위하여 근로자 과반수 이상으로 구성된 노동조합과 단체협약을 체결하여 이를 근거로 신취업규칙을 개정하고 동 취업규칙을 소급적으로 적용하기로 합의하였다면 동 취업규칙은 유효하고 기존·신규 근로자 여부에 상관없이 모든 근로자에게 적용된다.

---

45) 대판 1993. 6. 11, 93다11876·11883(병합); 대판 2003. 12. 18, 2002다2843.
46) 대판 2000. 12. 22, 99다10806.

## 제 4 절  취업규칙의 신고·변경명령 및 주지의무

### Ⅰ. 취업규칙의 신고

**1. 관련규정**

근로기준법 제93조 [취업규칙의 작성신고] 〈생략〉
근로기준법 제94조 [규칙의 작성, 변경의 절차] 〈생략〉

**2. 주요내용**

**(1) 기본원칙**

취업규칙을 작성 또는 변경한 경우에는 ⅰ) 고용노동부장관이 고시하는 서식에, ⅱ) 취업규칙 및 ⅲ) 근로자집단의 의견 또는 동의를 기입한 서면을 첨부하여 고용노동부장관에게 신고하여야 한다(근로기준법 제93조 및 제94조).

**(2) 신고하지 아니한 취업규칙의 효력**

신고하지 아니한 취업규칙이 유효한지의 여부에 관하여 견해가 나뉘고 있다. 이에 대하여 ⅰ) 신고의무규정은 행정상의 편의를 위한 절차규정으로서 신고는 취업규칙의 효력요건이 아니므로 신고를 하지 아니하여도 취업규칙은 유효하다는 견해47) 와 ⅱ) 신고는 효력요건이므로 신고하지 아니한 취업규칙은 무효라는 견해48)로 나뉘고 있다.

취업규칙의 내용이 법령 및 단체협약 등에 위반되지 아니하고 그 내용을 게시·비치 또는 배부하여 이를 근로자에게 주지시킨 경우에는 신고하지 않아도 취업규칙은 유효한 것으로 보아야 할 것이다.

---

47) 임종률, 노동법, p. 361; 박상필, 근로기준법, p. 496; 이영희, 노동법, p. 480; 김형배, 근로기준법, p. 205; 하갑래, 근로기준법, p. 240; 대판 1994. 9. 30, 94다21337.
48) 이병태, 노동법, p. 944; 박홍규, 노동법(Ⅰ), p. 221. 이병태 교수는 신고·의견청취의무 및 동의의무의 위반에 대하여 일괄적으로 ⅰ) 법규범설하에서는 무효설, ⅱ) 계약설하에서는 유효설을 취하는 것이 논리적으로 일관성을 유지할 수 있다고 한다. 그러나 신고의무·의견청취의무 및 동의의무의 법적 성질과 취업규칙의 법적 성질은 그 본질상 각기 차원을 달리 하고 있는 개념이므로 이를 개별적으로 고찰하여 그 유·무효를 판단하는 것이 보다 타당할 것이다.

## Ⅱ. 취업규칙의 변경명령

### 1. 관련규정

근로기준법 제96조 [단체협약의 준수] ② 고용노동부장관은 법령이나 단체협약에 어긋나는 취업규칙의 변경을 명할 수 있다.

### 2. 주요내용

고용노동부장관은 법령·단체협약에 어긋나는 취업규칙의 변경을 명할 수 있다(근로기준법 제96조).

근로감독관이 취업규칙의 신고를 접수한 때는 이를 20일 이내에 심사하고 심사결과 법령·단체협약에 위배되면 심사종료 후 3일 이내에 변경명령을 하게 된다(근로감독관집무규정 제51조).

## Ⅲ. 취업규칙의 주지의무

### 1. 관련규정

근로기준법 제14조 [법령 요지 등의 게시] ① 사용자는 이 법과 이 법에 따른 대통령령의 요지와 취업규칙을 근로자가 자유로이 열람할 수 있는 장소에 항상 게시하거나 갖추어 두어 근로자에게 널리 알려야 한다.

### 2. 주요내용

근로기준법은 사용자로 하여금 근로기준법령과 취업규칙을 각 사업장에 비치하여 근로자에게 널리 알리도록 의무화 하고 있다(근로기준법 제14조).

사용자가 취업규칙을 게시 또는 비치하지 아니한 경우 그 취업규칙은 당연히 무효로 되지 아니한다.49)

---

49) 임종률, 노동법, p. 353.

# 제5절 벌칙의 부과

## I. 취업규칙의 신고의무

취업규칙을 작성·변경하는 경우 신고의무가 부과되는 바, 이를 위반하는 경우 500만원 이하의 과태료가 부과된다(동법 제116조제1항제2호).

## II. 취업규칙의 작성·변경시 의견청취 또는 동의의무

취업규칙의 작성·변경시 의견청취 또는 동의의무가 부과되는 바, 이를 위반하는 경우 500만원 이하의 벌금이 부과된다(동법 제114조제1호). 다만, 취업규칙의 불이익 변경시 사회적 합리성이 있는 때에는 근로자 과반수의 동의를 받지 않아도 처벌할 수 없다.[50)]

## III. 취업규칙의 변경명령

취업규칙의 변경명령을 위반한 자는 500만원 이하의 벌금이 부과된다(동법 제114 조제2호).

## IV. 취업규칙의 주지의무

사용자가 취업규칙을 게시하거나 갖추어두지 아니한 경우 500만원 이하의 과태료가 부과된다(동법 제166조제1항제2호).

---

50) 대판 2009. 6. 11, 2007도3037.

# 제 8 장   기숙사제도

## 제1절 개   요

　기숙사제도는 근로자가 다른 지방 등 원거리에 주거하고 있어 출·퇴근이 곤란
하거나, 숙식의 해결이 용이하지 아니한 근로자를 위하여 복지후생의 한 방편으로서
제공되는 것이 일반적이다. 그러나 기숙사제도는 근로자의 자유를 제한하고 부당하
게 구속하는 수단으로 남용될 우려도 없지 아니하다. 또한 기숙사는 다수의 근로자
가 공동으로 사용하는 시설이므로 기숙사사용에 대한 규칙과 질서가 필요하다. 이에
따라 근로기준법은 근로자의 기숙사생활에 대한 자유 및 사생활의 보장, 안전·위생
의 확보 및 자치질서의 확립을 위한 규정을 두고 있다.

## 제2절   주요내용

### Ⅰ. 근로자의 기숙사생활보장

#### 1. 관련규정

　　근로기준법 제98조 [기숙사 생활의 보장] ① 사용자는 사업 또는 사업장의 부속 기
　숙사에 기숙하는 근로자의 사생활의 자유를 침해하지 못한다.
　　② 사용자는 기숙사 생활의 자치에 필요한 임원 선거에 간섭하지 못한다.

#### 2. 사생활보호 및 임원선거의 자율성 보장

　근로자는 근로시간중에는 사용자의 지휘·명령에 따라 근로를 제공할 의무를 부
담한다. 그러나 근로시간이 종료된 이후에는 사용자의 지휘·명령에서 벗어나 사생

활의 자유를 가진다.

### (1) 부속기숙사

부속기숙사라 함은 사업장 내 또는 사업장과 가까운 거리에서 다수의 근로자가 숙박하며, 사업주가 관리하는 공동주거시설을 말한다.

### (2) 사생활의 자유보장

사용자는 기숙사에 기숙하는 근로자의 사생활의 자유를 침범해서는 아니 된다(근로기준법 제98조제1항). 「사생활」이라 함은 사용자의 지휘·명령에서 벗어나 근로제공이 종료된 이후의 근로자의 모든 사적 생활을 의미한다. 일반적으로 ⅰ) 1일중 근로시간을 제외한 시간중의 생활 및 ⅱ) 휴게·휴일·휴가중의 생활을 의미한다.

기숙사 근로자의 사생활의 자유를 침해하는 구체적 사례로서는 ⅰ) 외출·외박에 대하여 사용자의 승인을 받게 하는 것, ⅱ) 교육·오락 기타의 행사에 강제로 참가시키는 것, ⅲ) 면회·전화·사신·개인사물에 대한 간섭·검열을 하는 것 또는 ⅳ) 특정한 종교를 믿도록 강요하는 것 등이 포함될 것이다.[1]

### (3) 임원선거에 대한 간섭금지

사용자는 기숙사생활의 자치에 필요한 임원선거에 간섭하여서는 아니 된다(근로기준법 제98조제2항).

그러나 이러한 임원 이외에 기숙사설비의 관리자 및 사감을 선임한다든가 또는 감독·경비원 등을 두는 것은 사용자의 권한에 속한다.[2]

## Ⅱ. 기숙사규칙의 작성·변경·신고 및 준수의무

### 1. 관련규정

**근로기준법 제99조 [규칙의 작성과 변경]** ① 부속 기숙사에 근로자를 기숙시키는 사용자는 다음 각호의 사항에 관하여 기숙사규칙을 작성하여야 한다.
1. 기상, 취침, 외출과 외박에 관한 사항
2. 행사에 관한 사항
3. 식사에 관한 사항
4. 안전과 보건에 관한 사항
5. 건설물과 설비의 관리에 관한 사항

---

1) 김형배, 근로기준법, p. 592; 하갑래, 근로기준법, p. 1023; 근기 1455－37756(1981. 12. 22).
2) 박상필, 근로기준법, p. 512; 김형배, 근로기준법, p. 592.

6. 그 밖에 기숙사에 기숙하는 근로자 전체에 적용될 사항

② 사용자는 제1항에 따른 규칙의 작성 또는 변경에 관하여 기숙사에 기숙하는 근로자의 과반수를 대표하는 자의 동의를 받아야 한다.

③ 사용자와 기숙사에 기숙하는 근로자는 기숙사규칙을 지켜야 한다.

## 2. 주요내용

근로기준법은 기숙사에서의 공동생활의 질서를 유지하기 위하여 사용자의 기숙사규칙의 작성의무 및 준수의무 등에 관하여 규정하고 있다(근로기준법 제99조).

### (1) 기숙사규칙의 작성

사업의 부속 기숙사에 근로자를 기숙시키는 사용자는 기숙사규칙을 반드시 작성하여야 한다(근로기준법 제99조제1항). 근로기준법이 사용자에게 기숙사규칙을 작성하도록 의무화 하고 있는 것은 기숙사공동생활의 질서유지를 위한 규율을 설정하고, 사용자로 하여금 근로자의 사생활침해를 방지하기 위한 것이다.

#### (가) 근로자의 과반수의 동의

사용자는 기숙사규칙을 작성·변경하는 경우에는 기숙사에 기숙하는 근로자의 과반수를 대표하는 자의 동의를 받아야 한다(근로기준법 제99조제2항). 기숙사 근로자의 과반수를 대표하는 자는 선거 등의 방법을 통하여 대표성을 인정받은 자로서 그 선출방법에는 특별한 제한이 없다고 할 것이다. 근로자대표의 동의를 받지 못한 경우 사용자는 기숙사규칙을 작성·변경할 수 없으며, 이러한 기숙사규칙은 무효이다.

기숙사에 기숙하는 근로자의 과반수가 18세 미만인 경우에는 사용자는 적어도 7일 전에 동의안을 기숙사의 보기 쉬운 장소에 게시 또는 비치하여 미리 주지시켜 알린 후에 동의를 얻어야 한다(동법시행령 제54조).

### (2) 기숙사규칙의 기재사항

근로기준법 제99조제1항은 기숙사규칙에 기재하여야 할 사항으로서 다음의 사항을 규정하고 있다.

ⅰ) 기상·취침·외출과 외박에 관한 사항, ⅱ) 행사에 관한 사항, ⅲ) 식사에 관한 사항, ⅳ) 안전과 보건에 관한 사항, ⅴ) 건설물과 설비의 관리에 관한 사항 및 ⅵ) 그 밖에 기숙사에 기숙하는 근로자 전체에 적용될 사항

### (3) 기숙사규칙의 준수의무

사용자와 기숙사에 기숙하는 근로자는 기숙사규칙을 준수하여야 한다(근로기준법

제2부 개별적 근로관계

제99조제4항). 사용자와 근로자 모두에게 기숙사규칙을 준수하도록 의무화 하고 있는 이유는 ⅰ) 근로자에게는 공동생활의 질서유지를 위한 규율을 지키도록 하고, ⅱ) 사용자에게는 근로자의 사생활침해를 금지함과 동시에 근로자의 안전 및 보건을 보장하도록 하는 것이다.

## Ⅲ. 기숙사의 설치·운영기준 및 유지관리의무

### 1. 부속 기숙사의 설치·운영 기준

사용자는 부속 기숙사를 설치·운영할 때 다음의 사항에 관하여 대통령령으로 정하는 기준을 충족하도록 하여야 한다(근로기준법 제100조).

ⅰ) 기숙사의 구조와 설비, ⅱ) 기숙사의 설치 장소, ⅲ) 기숙사의 주거 환경 조성, ⅳ) 기숙사의 면적, ⅴ) 그 밖에 근로자의 안전하고 쾌적한 주거를 위하여 필요한 사항

### 2. 부속 기숙사의 유지관리의무

사용자는 설치한 부속 기숙사에 대하여 근로자의 건강 유지, 사생활 보호 등을 위한 조치를 마련하여야 한다(동법 제100조의2).

# 제1장 총 설

## 제1절 개 요

### I. 근로관계변경의 의의

근로자와 사용자가 근로계약을 체결하여 근로관계가 개시되는 경우 근로자의 임금 및 근로시간 등의 근로조건은 물론, 근로제공의 내용·장소 및 수준 등이 결정된다. 그러나 이러한 최초의 근로관계의 내용이 근로자가 퇴직할 때까지 동일한 내용으로 유지되는 것은 아니며, 이는 수시로 변경되는 것이 보다 일반적이라고 할 것이다.

예컨대, 근로자의 근속연한이 늘어날수록 근로자는 승급·승진을 하게 되고, 근무부서도 이전하게 되며, 단체협약 등을 통하여 임금 및 근로시간 등이 변화하게 되고, 또한 사업주가 변경되는 경우도 있게 되는 것이다.

### II. 관련규정 및 기본취지

> **근로기준법 제4조** [근로조건의 결정] 근로조건은 근로자와 사용자가 동등한 지위에서 자유의사에 따라 결정하여야 한다.
>
> **근로기준법 제23조** [해고 등의 제한] ① 사용자는 근로자에게 정당한 이유 없이 해고, 휴직, 정직, 전직, 감봉 그 밖의 징벌(이하 "부당해고등"이라 한다)을 하지 못한다.

근로기준법은 근로관계의 변경에 관하여 아무런 명문의 규정도 아니두고 있다. 다만, 근로기준법 제4조는 근로조건은 당사자가 대등한 지위에서 자유로이 결정하도록 규정하고 있으며, 동법 제23조는 정당한 이유 없이 해고·휴직·정직·전직 및 감봉 등의 징벌을 하지 못하도록 규정하고 있어 사용자가 자의적으로 근로관계를 변경하는 것에 대하여 실질적인 법적 제한을 부과하고 있다.

# 제2절  근로관계변경의 주요내용

근로관계의 변경은 ⅰ) 근로조건의 변경, ⅱ) 근무장소의 변경, ⅲ) 근무성질의 변경, ⅳ) 근로자 지위의 변경 및 ⅴ) 사업주의 변경 등으로 분류하여 볼 수 있다.

## Ⅰ. 근로조건의 변경

임금 및 근로시간 등의 근로조건은 당사자가 대등한 지위에서 이를 자유로이 결정하는 것이 원칙이다(근로기준법 제4조). 따라서 근로계약의 체결시 최초로 근로조건을 결정하는 경우는 물론 나중에 근로조건을 변경하는 경우에도 당사자간의 합의에 의하여 이를 결정하여야 한다. 노동조합이 조직되어 있는 경우에는 단체교섭을 통한 단체협약의 체결을 통하여 근로조건을 변경할 수 있다. 취업규칙은 사용자가 일방적으로 작성하게 되어 있으나, 취업규칙을 근로자에게 불이익하게 변경하는 경우에는 근로자의 과반수 이상의 동의를 얻어야 하므로(동법 제94조), 이는 당사자간의 합의에 의하여 근로조건을 변경하는 것과 사실상 다름이 없다고 할 것이다.

## Ⅱ. 근무장소의 변경

근무장소는 본래 근로계약의 체결 당시 당사자간의 합의에 의하여 결정되는 것이 원칙이다. 그러나, 일단 근로관계가 형성된 이후에는 근무장소가 사용자의 지시·명령에 의해 변경되며, 근로자는 특별한 사유가 없는 한 이를 따르는 것이 일반적이다. 그러나 사용자는 근로기준법 제23조제1항의 정당한 이유가 없는 경우, 근로자의 근무장소를 변경하여서는 아니 된다. 사용자의 근무장소의 변경명령이 정당한 명령이 되는가는 해당 명령의 업무상의 필요성과 그 명령이 초래할 근로자의 생활상의 불이익과의 비교형량에 의해서 판정된다.[1] 예컨대, ⅰ) 피부양대상자로서 동거하고 있는 부모 및 동생을 남겨둔 채 홀로 타지에 부임하도록 하는 전근조치 또는 ⅱ) 대퇴부절단장애자의 근무지를 다른 지방으로 전근시킴으로써 출·퇴근을 극히 힘들게 하는 조치[2] 등은 정당한 이유 없는 근무장소변경에 해당된다.

---

1) 대판 1994. 5. 13, 94다2800.
2) 대판 1995. 5. 9, 93다51263.

## Ⅲ. 근무내용의 변경

근로자의 근무성질의 변경은 근로자가 종사하여야 할 직종의 변경을 의미한다. 직종은 근로계약의 체결 당시 당사자간의 합의에 의하여 이를 결정하는 것이 원칙이다. 그러나, 일단 근로관계가 형성된 이후에는 사용자는 인사권을 행사하여 직종의 변경을 명령하게 되고, 근로자는 이에 따르는 것이 일반적이다.3) 그러나, 이러한 경우에도 근로기준법 제23조제1항의 정당한 이유가 없는 경우에는 사용자는 근무성질을 임의로 변경할 수 없다고 할 것이다. 예컨대, 회계사로 임용된 전문직 근로자를 식당의 주방장으로 전보명령을 내리는 것은 무효가 될 것이다.

## Ⅳ. 근로자지위의 변경

근로자지위의 변경에는 승진·강등 및 정직·휴직 등이 있다.

승진이라 함은 기업 내에서의 직급의 상승을 의미하여 관리·감독권한이나 지휘·명령권한의 확대를 수반하게 되는 것이 일반적이다. 이와 반대로 강등은 직급이 저하되는 것을 말한다.

정직·휴직은 근로자가 종업원으로서의 신분적 근로관계는 유지하되 일정한 기간 동안 근로의 제공을 중단하는 것을 의미한다.

사용자는 근로자에게 승진·강등 및 정직·휴직 등의 인사명령을 내리고 근로자는 이에 따르는 것이 일반적이다. 그러나 이러한 인사명령이 근로기준법 제23조제1항에 규정된 정당한 이유가 없는 경우에는 부당한 인사명령이므로 이는 무효라고 할 것이다.

## Ⅴ. 사용자의 변경

근로관계의 당사자인 사용자가 변경되는 경우로서는 크게 전출과 전적의 두 가지 형태가 있다.

전출이라 함은 근로자가 본래 소속된 기업의 종업원이라는 지위를 유지한 채 다

---

3) 직무내용의 변경은 당사자간의 의사의 합치에 의하여 결정된다는 견해(김형배, 근로기준법, p. 606)도 있다.

른 기업에서 근로를 제공하는 경우를 말하며, 근로계약의 당사자인 사용자에는 변경이 없으나 근로제공을 수령하는 사용자의 변경을 가져오게 된다. 전적이라 함은 회사합병 및 영업양도 등 사용자의 경영권행사에 따라 근로자가 본래 소속된 기업과의 근로관계를 종료시키고 다른 회사와의 근로관계를 새로이 개시하는 경우로서 근로계약의 당사자인 사용자가 변경되게 된다. 전출과 전적은 실제 근로를 제공하는 사용자의 변경을 가져오므로 이에는 근로자의 동의를 필요로 하는 것이 원칙이다.4)

　　이하에서는 근로관계변경의 주요형태로서 인사이동, 징계 및 근로관계의 이전 등에 관하여 설명하여 보기로 한다.

---

4) 대판 1993. 1. 26, 92다11695.

# 제 2 장   인사이동

## 제 1 절   인사이동의 의의

### Ⅰ. 인사이동의 개념

인사이동은 전직, 전적, 전출, 전근, 전보, 출장, 파견, 배치전환, 근로자공급 및 근로관계의 이전 등 다양한 형태의 근로관계의 변경을 포함하는 개념으로서 이를 일률적으로 정의하기는 용이하지 아니하다. 그러나, 인사이동의 개념은 대체로 기업 내에서 또는 기업과 기업 간의 근로자의 근무내용·근무장소 및 근로관계당사자의 변경 등을 가져오는 근로관계의 변동이라고 정의할 수 있을 것이다.

### Ⅱ. 근로기준법 제23조제1항의 「전직」과의 관계

근로기준법 제23조제1항은 「사용자는 근로자에 대하여 정당한 이유 없이 해고, 휴직, 정직, 전직, 감봉 그 밖의 징벌(이하 "부당해고등"이라 한다)을 하지 못한다」고 규정하고 있는바, 이 중 「전직」의 개념이 무엇인가에 관하여 의문점이 제기될 수 있다. 이에 대하여 「전직」을 기업 내에서 업무내용, 즉 직종을 변경하는 것으로 국한 하여 파악하는 견해도 있다.[1]

그러나, 근로기준법 제23조제1항에서 전직 이외에 인사이동을 의미하는 여타의 개념이 없음을 감안하여 볼 때에 전직의 개념은 인사이동 전반을 포괄적으로 지칭 하는 광의의 개념으로 보는 것이 타당하다고 생각된다.[2]

1) 김형배, 노동법, p. 559.
2) 대판 2007. 10. 11, 2007두11566.

| | |
|---|---|
| 관 련<br>판 례 | 대판 2007. 10. 11, 2007두11566    전직이나 전보는 사용자에게 상당한 재량을<br>인정하여야 할 것이며, 이것이 근로기준법 제30조제1항(현행 제23조제1항)에 위반<br>하거나, 권리남용에 해당하는 등 특별한 사정이 없는 한 당연무효라고 할 수 없다. |

# 제 2 절  인사권의 법적 근거

인사권의 법적 근거에 관하여는 다양한 견해가 제시되고 있다.

## Ⅰ. 학     설

### 1. 경영권설

인사권은 사용자의 경영권에서 도출되는 것이며, 사용자는 이를 근거로 하여 인사권을 행사할 수 있다고 한다.[3] 즉, 근로자는 근로계약의 체결에 의하여 경영체계에 편입됨으로써 사용자의 전반적인 경영관리권한의 일부인 인사권행사에 따라 인사관리를 받게 된다고 한다.

| | |
|---|---|
| 관 련<br>판 례 | 대판 2007. 10. 11, 2007두11566    근로자에 대한 전직이나 전보는 근로자가 제<br>공해야 할 근로의 종류와 내용 또는 장소 등에 변경을 가져온다는 점에서 근로자<br>에게 불이익한 처분이 될 수도 있으나 이는 원칙적으로 사용자(인사권자)의 권한<br>에 속하여 업무상 필요한 범위 안에서는 상당한 재량을 인정해야 할 것이며, 이것<br>이 근로기준법 제30조제1항에 위반하거나 권리남용에 해당하는 등 특별한 사정이<br>없는 한 당연무효라고 할 수 없다. |

### 2. 포괄적 합의설

근로자는 사용자와의 근로계약체결을 통하여 자신의 노동력을 사용자의 지휘·관리권한에 속하게 하는 포괄적 합의를 하게 되며, 사용자는 이러한 포괄적 합의를 근거로 하여 인사권을 행사한다고 한다. 사용자의 인사권행사는 당사자간의 인사권에 대한 별다른 약정이 없는 한 포괄적으로 인정된다고 한다.

---

3) 대판 1989. 2. 28, 86다카2567; 대판 1991. 2. 22, 90다카27389; 대판 1991. 10. 25, 90다20428; 대판 1994. 4. 26, 93다10279; 대판 1995. 8. 11, 95다10778; 대판 1995. 10. 13, 94다52928; 대판 1996. 4. 12, 95누7130.

## 3. 계 약 설

근로자와 사용자는 근로계약에 의하여 근로조건에 합의하게 되며, 이 경우 인사권의 행사 역시 하나의 근로조건으로서 근로계약의 합의사항에 포함되므로 이러한 계약에 근거하여 사용자는 인사권을 행사할 수 있다고 한다. 따라서, 사용자의 인사권은 「근로계약상 합의된 범위」 안에서만 유효하고, 이러한 범위를 벗어난 인사권의 행사는 계약내용의 변경에 해당되므로 당사자간의 새로운 합의가 필요하다고 한다.

## Ⅱ. 사　　견

사견으로는 사용자는 자신의 경영권을 근거로 하여 상당한 재량권을 갖고 인사권을 행사할 수 있다고 본다. 어느 학설을 선택하든 간에 사용자의 인사권은 권리남용금지의 원칙 및 신의칙 등에 의하여 상당한 제한을 받는다.

근로자에 대한 전직이나 전보처분은 근로자가 제공하여야 할 근로의 종류·내용·장소 등에 변경을 가져온다는 점에서 근로자에게 불이익한 처분이 될 수도 있으나 원칙적으로 인사권자인 사용자의 권한에 속하므로 업무상 필요한 범위 안에서는 상당한 재량을 가지며, 그것이 근로기준법에 위반되거나 권리남용에 해당하는 등 특별한 사정이 없는 한 무효라고는 할 수 없다.[4] 다만 근로계약, 취업규칙, 또는 단체협약에서 인사의 요건이나 절차를 규정하고 있는 경우 이에 따라야 한다. 예컨대 근로계약에서 근로내용이나 근무장소를 특별히 한정한 경우에 사용자가 근로자에 대하여 전보나 전직처분을 하려면 원칙적으로 근로자의 동의가 있어야 한다.[5]

## 제 3 절　인사이동의 주요형태

인사이동은 크게 기업내 인사이동과 기업간 인사이동으로 분류하여 볼 수 있다.

---

4) 대판 2013. 2. 28, 2010다52041.
5) 대판 2013. 2. 28, 2010다52041.

## Ⅰ. 기업내 인사이동

기업내 인사이동은 기업 안에서 근로자의 직무내용 또는 근무장소 등을 장기간에 걸쳐 변경하는 것을 말한다.6)

기업내 인사이동은 장기간에 걸친다는 점에서 단기적·일시적으로 다른 사업장에서 근로를 제공하는 출장 또는 작업응원과 구분된다.

기업내 인사이동은 크게 근로자 직무내용의 변경과 근무장소의 변경으로 나누어 볼 수 있다.

### 1. 직무내용의 변경

직무내용의 변경은 근로자가 제공하는 직종의 변경을 말하며, 이를 일반적으로 「전보」라고 부른다.7) 예컨대, 경리직 근로자를 판매직 근로자로 바꾸는 경우 등이 이에 해당된다. 전보를 하는 경우에도 직무내용만이 변경되는 것이 아니라 근무장소의 변경도 함께 수반되는 것이 일반적이다.

### 2. 근무장소의 변경

근무장소의 변경은 근로자가 근로를 제공하는 장소의 변경을 말하며, 이에는 전근과 배치전환의 두 가지 형태가 있다. 전근은 동일한 기업 내에서 수개의 사업장이 있는 경우 한 사업장에서 다른 사업장으로 근무장소를 변경하는 경우를 말한다. 이에 반하여 배치전환이라 함은 동일한 사업장 내에서의 근무장소를 변경하는 경우를 말한다.8)

전근은 근로자의 생활근거의 이전을 수반하는 경우도 있으므로 배치전환에 비하여 근로자의 근로조건 및 기타 권익에 보다 커다란 불이익을 가져올 수 있다.

## Ⅱ. 기업간 인사이동

기업간 인사이동은 근로자가 다른 기업에 가서 다른 기업의 지휘·감독 아래 장기간 근로를 제공하는 것을 말한다. 기업간 인사이동은 전출과 전적으로 크게 나누

---

6) 기업내 인사이동을 배치전환으로 보는 견해(김형배, 근로기준법, p. 605)도 있다.
7) 이를 전직으로 부르는 견해(김형배, 근로기준법, p. 606)도 있다.
8) 김수복, 노동법, p. 625; 하갑래, 근로기준법, p. 587.

어 볼 수 있다.

## 1. 전  출

전출은 근로자가 본래의 소속기업에 재적한 채 다른 기업에서 상당기간 동안 근로를 제공하는 것을 말한다.

### (1) 근로관계

#### (가) 근로자와 소속기업 간의 관계

근로자는 소속기업과 근로계약을 체결하고 소속기업에 고용된다.

그러나, 근로자는 전출기업에서 근로를 제공하게 되므로 소속기업과의 근로제공 관계는 존재하지 아니하는 것이 원칙이다. 근로자가 전출하는 경우 소속기업의 근로관계는 휴직이 되는 것이 일반적이다.

#### (나) 근로자와 전출기업 간의 관계

근로자는 전출기업에서 근로를 제공하므로 전출기업의 지휘·명령에 따라 근무하게 된다. 근로자는 당사자간의 특별한 약정이 없는 한 전출기업에서 적용하고 있는 임금 및 근로시간 등의 근로조건에 따라 근무하는 것이 원칙이다. 소속기업과 전출기업간에 근로자의 근로조건이 서로 상이한 경우, 이는 소속기업·전출기업 및 당사자간의 합의에 의하여 조정될 수 있을 것이다.

#### (다) 소속기업과 전출기업 간의 관계

소속기업과 전출기업은 전출계약을 체결하게 된다. 양 기업은 근로자가 갖고 있는 헌법 및 근로기준법·노동조합법 등 노동법상의 제 권리가 전출 전에 비하여 제한·축소되지 아니하도록 서로 분담하여 보장하여야 한다. 예컨대, 양 기업간의 임금차이는 보전하여 주어야 하고, 양 기업에서의 근무기간은 통산하는 것이 원칙이며, 근로자의 근로삼권도 보장되어야 한다.

### (2) 주요사례: 근로자파견제도

근로자파견제도라 함은 사용자가 자신이 고용하고 있는 근로자를 다른 기업에 파견하여 그 지휘·명령을 받아 근로하게 하는 제도로서 파견사업주 및 사용사업주와 근로자의 3자간의 관계를 기초로 성립한다. 근로자파견제도는 「파견근로자 보호 등에관한법률」에 의하여 운용되고 있다. 이에 관하여는 후술한다.

## 2. 전적(轉籍)

전적이라 함은 본래의 소속기업과의 근로계약관계를 종료하고 다른 기업과 근로계약관계를 새로이 체결하는 것을 말한다. 전적은 본래의 소속 기업과의 근로계약이 종료된다는 점에서 소속 기업과의 근로계약이 그대로 존속되는 전출과 구별된다.

### (1) 근로관계

전적의 경우 ⅰ) 본래의 소속기업과 근로자와의 관계는 근로계약의 종료, ⅱ) 전적대상기업과 근로자와의 관계는 새로운 근로계약의 체결, ⅲ) 본래의 소속기업과 전적대상기업 간에는 전적계약의 체결이 성립된다. 전적의 법리는 ⅰ) 전적이 유효하게 성립되었는지의 여부 및 ⅱ) 유효한 전적의 경우 근로관계의 승계 여부로 구성된다.

전적은 경우에 따라 해고 또는 인사이동에 해당될 수 있는바, 어느 경우에도 근로기준법 제23조에 의한 정당한 또는 당사자간의 합의가 이유가 있어야 함은 물론이다.

유효한 전적이 이루어진 경우 당사자간의 종전 기업과의 근로관계를 승계하기로 하는 특약이 있거나, 이직하게 될 기업의 단체협약·취업규칙 등에 근로관계의 승계에 관한 특별한 규정이 없는 한 본래의 소속기업과 전적대상기업 간의 근로관계는 단절된 것으로 보는 것이 원칙이다.[9]

### (2) 주요사례

#### (가) 계열기업간의 전적

동일그룹에 속하는 계열기업간의 인사이동은 전적의 가장 대표적인 형태이다.

계열기업간 전적의 경우 두 기업의 사업주가 동일인이거나, 또는 그룹 내의 동일한 업무지휘권의 범주에 속하는 것이 일반적이다.

따라서, 전적에 대하여 근로기준법 제23조상의 정당한 이유가 없는 한 법적 근거를 상실하는 것이 원칙이다.

근로자가 종전 회사에서 계열회사로 전출되는 경우 ⅰ) 종전 회사의 일방적인 인사명령에 따라 퇴직과 재입사의 형식을 거친 것에 불과하다면 근로관계는 계속되나, ⅱ) 근로자가 자의에 의하여 종전 회사에 사직서를 제출하고 퇴직금을 지급받은 후

---

9) 대판 1998. 12. 11, 98다36924; 대판 2000. 12. 22, 99다21806.

계열사에 새로이 입사하였다면 근로관계는 단절된다.[10)

관 련  **대판 2000. 12. 22, 99다21806**  근로자가 전적을 함에 있어 자의에 의하여 종
판 례  전 기업에 사직서를 제출하고 퇴직금을 수령한 다음 이적하게 될 기업에 입사하여
근무를 하였다면 특별한 사정이 없는 한 이는 전적에 대한 동의를 전제로 한 행동
으로 보아야 하고, 당사자 사이에 종전 기업과의 근로관계를 승계하기로 하는 특
약이 있거나 이적하게 될 기업의 취업규칙 등에 종전 기업에서의 근속기간을 통산
하도록 하는 규정이 있는 등의 특별한 사정이 없는 한 해당 근속자의 종전 기업과
의 근로관계는 단절된다.

### (나) 영업양도 및 기업합병

영업양도 및 기업합병도 전적의 대표적인 예이다. 이에 관하여는 후술하기로 한다.

## Ⅲ. 인사권의 제한

사용자의 인사권은 상당한 재량권을 가지나, 단체협약, 취업규칙 및 근로계약 등
에 인사권의 행사 기준 및 절차 등에 규정을 두는 경우 이예 따라야 함은 물론이다.
또한, 단체협약, 취업규칙 및 근로계약 등에 아무런 규정이 없는 경우에도 권리남용
금지의 원칙 또는 신의측 등에 의한 제한을 받는다. 예컨대 ⅰ) 인사권행사의 업무
상 필요성과 근로자의 생활상 불이익의 비교형량 및 ⅱ) 근로자와의 사전협의 등 인
사권 행사에 신의칙상 요구되는 절차를 거쳐야 할 것이다.[11) 예컨대, 전직명령의 경
영상의 필요성이 근로자가 입는 생활상의 불이익보다 큰 경우 전직명령은 유효하며,
이러한 전직명령에 불응한 근로자를 해고한 것은 정당하다고 할 것이다.[12) 또한, 근
로자의 노동조합 활동을 방해할 목적으로 노동조합 활동이 불가능한 다른 부서로서
전보발령한 것은 부당노동행위에 해당된다.[13)

---

10) 대판 1999. 3. 28, 95다51397; 대판 2000. 12. 22, 99다21806.
11) 대판 1994. 5. 10, 93다47677; 대판 1995. 5. 9, 93다51263; 대판 1996. 4. 12, 95누7130; 대판 2007.
10. 11, 2007두11566.
12) 대판 1995. 8. 11, 95다10778; 대판 2007. 10. 11, 2007두11566.
13) 대판 1995. 4. 28, 94누11583; 대판 1995. 11. 7, 95누9792.

# 제3장 징 계

## 제1절 의　의

### Ⅰ. 개　요

징계라 함은 근로자가 자신의 귀책사유로 인하여 법령·단체협약·취업규칙 및 근로계약 등에 위반하는 행위를 한 경우에 이에 대하여 사용자가 취하는 제재조치를 말한다. 이러한 징계에는 대체로 ⅰ) 견책·경고, ⅱ) 감봉, ⅲ) 출근정지·정직 및 ⅳ) 해고 등이 이에 해당된다.

### Ⅱ. 징계권의 법적 성질

징계는 사용자의 근로자에 대한 제재조치이다. 따라서 대등한 근로관계의 일방당사자인 사용자가 타방당사자인 근로자에게 징계조치를 취할 수 있는 법적 근거가 무엇인가에 관하여 의문이 제기될 수 있다.

#### 1. 학　설

##### (1) 사용자고유권설

사용자고유권설에 의하면 사용자는 규율과 질서를 필요로 하는 기업의 경영자로서 단체협약이나 취업규칙에 아무런 규정이 없는 경우에도 당연히 고유한 징계권을 가진다고는 한다. 이러한 견해는 경영권의 한 내용으로서 경영질서의 형성 및 유지와 이의 위반에 대한 제재는 당연히 사용자의 고유권한에 속한다고 본다.1)

---

1) 대판 1994. 12. 13, 93누23275.

관 련 판 례   **대판 1994. 12. 13, 93누23275**   사용자가 근로자에 대하여 징계권을 행사할 수 있는 것은 사업활동을 원활하게 수행하는 데 필요한 범위 내에서 규율과 질서를 유지하기 위한 데에 그 근거가 있다.

### (2) 노사합의설

노사합의설은 징계권의 근거를 근로자측과 사용자측간의 합의에서 도출되는 것으로 보고 있다. 노사합의설은 크게 계약설과 자치규범설로 나누어 볼 수 있다.

#### (가) 계약설

계약설에 의하면 사용자의 징계권은 근로계약 또는 취업규칙 등에 명시되어 근로자가 이에 합의하는 경우에 한하여 인정된다고 한다.[2] 이러한 견해는 당사자간의 합의를 징계권의 근거로서 제시하고 있으며, 동 근로계약 및 취업규칙 등에 구체적으로 열거되지 아니한 징계사유나 징계수단은 인정되지 아니한다고 한다.

#### (나) 자치규범설

자치규범설에 의하면 징계권의 근거를 노사공동의 기업질서의 위반행위에 대한 제재조치를 규정하고 있는 자치규범에서 찾고 있다. 이러한 자치규범은 노사당사자가 ⅰ) 단체협약·노사협정[3] 및 ⅱ) 취업규칙[4] 등을 통하여 자치적으로 설정되며, 이는 기업공동체의 구성원들이 스스로 그들의 행위를 규율하는 규범의 정립행위와 유사하다고 한다.

### 2. 사 견

사견으로는 징계권의 근거를 사용자의 고유권한인 경영권에서 찾고자 한다. 다만, 이러한 징계권의 행사는 무제한적인 것은 아니며, 근로기준법 제23조제1항의 규정에 의한 정당한 이유가 있는 경우에 한하여 한정된다. 또한 단체협약·취업규칙 및 근로계약에 의한 제한이 적용되고, 권리남용금지의 원칙 및 신의칙 등에 의하여 제한받는다고 할 것이다.

---

2) 石井照久, 勞働法の硏究 Ⅱ, p. 153.
3) 김형배, 근로기준법, p. 716.
4) 이병태, 노동법, p. 951; 박홍규, 노동법(Ⅰ), p. 300.

# 제2절 징계의 종류

## Ⅰ. 견책·경고

견책이란 사용자가 근로자에게 시말서를 제출하도록 하여 징계하는 방법이다. 이에 대하여 경고는 상대방을 구두·문서로 훈계하는 데 그치고 시말서의 제출이 요구되지 아니하는 징계방법이다.

견책과 경고는 그 자체로서는 근로조건 및 근로자의 신분 등에 실질적 불이익이 부과되지 아니하지만, 향후의 승급 및 승진 등에 불이익하게 반영되는 경우도 있을 수 있다.

## Ⅱ. 감 봉

### 1. 관련규정

근로기준법 제95조 [제재 규정의 제한] 취업규칙에서 근로자에 대해서 감급의 제재를 정할 경우에 그 감액은 1회의 금액이 평균임금의 1일분의 2분의 1을, 총액이 1 임금 지급기의 임금 총액의 10분의 1을 초과하지 못한다.

### 2. 주요내용

감봉이란 근로자가 실제로 제공한 근로의 대가로 수령하여야 할 임금액에서 일정액을 공제하는 사용자의 징계조치를 말한다.

#### (1) 1회의 감급액 제한

「감급」은 1회의 감급액이 평균임금의 1일분의 반액을 초과하지 못한다(근로기준법 제95조).

#### (2) 1임금지급기의 감급액제한

근로자가 1임금지급기에 있어서 수차례의 감봉징계를 받는 경우 감급의 총액은 1임금지급기의 임금총액의 10분의 1을 초과하지 못한다(동법 제95조).

## Ⅲ. 정    직

### 1. 의    의

정직이란 근로자와의 근로계약은 존속되나, 근로제공을 일정기간 금지하는 징계를 말한다. 자택근신, 출근정지 또는 징계휴직이라고 부를 때도 있다.

정직중의 임금지급 여부 및 정직기간을 근속연수에 산입할 것인지의 여부는 단체협약·취업규칙·근로계약 및 경영관행 등에 따라야 할 것이다.

정직의 구체적인 사례에는 ⅰ) 징계처분으로서의 정직 및 ⅱ) 해고 등의 사전절차로서 출근정지 또는 자택대기 등이 이에 해당된다.

### 2. 대기발령

직위해제 또는 정직처분을 한 경우 대기발령을 함께 내리는 것이 일반적이다.

대기발령은 근로자가 현재의 직위 또는 직무를 장래에 계속 담당하게 되면 업무상 장애 등이 예상되는 경우에 이를 예방하기 위하여 일시적으로 해당 근로자에게 직위를 부여하지 아니함으로써 직무에 종사하지 못하도록 하는 잠정적인 조치를 의미한다.[5] 대기발령은 그 자체로는 징벌적 제재로서 징계에 해당되지 아니하나, 징계의 사전조치로서 행하여지기도 한다. 또한, 일반적인 인사이동의 사전조치 또는 업무수행의 방편으로 행하여지기도 한다.

대기발령이 정당한 인사권의 범위 내에 속하는지 여부는 대기발령의 업무상의 필요성과 그에 따른 근로자의 생활상의 불이익과의 비교교량, 근로자와의 협의 등 대기발령을 하는 과정에서 신의칙상 요구되는 절차를 거쳤는지의 여부 등에 의하여 결정되어야 한다.[6]

인사규정에 대기발령을 할 수 있는 사유에 관하여 규정하고 있으나 그 형식 및 절차에 관하여는 인사규정은 물론 취업규칙, 단체협약 등에서도 아무런 규정이 없는 경우, 또는 근로자 본인과 협의절차를 거치지 아니한 경우 이를 이유로 대기발령이 무효로 되지 아니한다.[7]

---

5) 대판 2011. 10. 13, 2009다86246.
6) 대판 2005. 2. 18, 2003다63029.
7) 대판 2002. 12. 26, 2000두801.

| 관 련 판 례 | 대판 2005. 2. 18, 2003다63029   기업이 그 활동을 계속적으로 유지하기 위하여는 노동력을 재배치하거나 그 수급을 조절하는 것이 필요불가결하므로, 대기발령을 포함한 인사명령은 원칙적으로 인사권자인 사용자의 고유권한에 속한다 할 것이고, 따라서 이러한 인사명령에 대하여는 업무상 필요한 범위 안에서 사용자에게 상당한 재량을 인정하여야 하며, 이것이 근로기준법 등에 위반되거나 권리남용에 해당하는 등의 특별한 사정이 없는 한 위법하다고 할 수 없고, 대기발령이 정당한 인사권의 범위 내에 속하는지 여부는 대기발령의 업무상의 필요성과 그에 따른 근로자의 생활상의 불이익과의 비교교량, 근로자와의 협의 등 대기발령을 하는 과정에서 신의칙상 요구되는 절차를 거쳤는지의 여부 등에 의하여 결정되어야 하며, 근로자 본인과 성실한 협의절차를 거쳤는지의 여부는 정당한 인사권의 행사인지의 여부를 판단하는 하나의 요소라고는 할 수 있으나 그러한 절차를 거치지 아니하였다는 사정만으로 대기발령이 권리남용에 해당되어 당연히 무효가 된다고는 볼 수 없다. |
| --- | --- |

## Ⅳ. 직위해제

직위해제라 함은 근로자가 직무수행능력이 부족하거나 근무성적 또는 근무태도 등이 불량한 경우, 근로자에 대한 징계절차가 진행중인 경우, 근로자가 형사사건으로 기소된 경우 등과 같이 해당 근로자가 계속 직무를 담당하게 될 경우 예상되는 업무상의 장애 등을 예방하기 위하여 일시적으로 해당 근로자에게 직위를 부여하지 아니하는 잠정적인 조치로서의 보직의 해제를 의미한다.[8]

근로자에 대한 직위해제처분의 정당성은 근로자에게 해당 직위해제사유가 존재하는지 여부는 직위해제에 관한 절차규정을 위반한 것이 해당 직위해제처분을 무효로 할 만한 것이냐에 의하여 판단된다.

| 관 련 판 례 | 대판 2003. 5. 16, 2002두8138   직위해제를 당한 원고들은 단순히 직위의 부여가 중지되던 것에 불과하고 근로관계가 종료된 것이 아니어서 당연히 출근의 의무가 있다 할 것이고, 피고보조참가인의 정관에서는 직무수행능력이 부족하거나 근무성적이 극히 불량한 자에 대한 직위해제의 경우에 3월 이내의 기간 대기를 명하고, 능력회복이나 직무성적의 향상을 위한 교육훈련 또는 특별한 연구과제의 부여 등 필요한 조치를 취하도록 되어 있으나 근로자가 직위해제를 당한 경우 단순히 직위의 부여가 금지된 것일 뿐이고 근로자와 사용자의 근로관계가 당연히 종료되는 것은 아니라 할 것이다. |
| --- | --- |

---

8) 대판 2005. 11. 25, 2003두8210.

## V. 징계해고

징계해고는 사용자의 일방적 의사표시에 의하여 근로자와의 근로관계를 종료시키는 징계처분이다. 징계처분 중에서 가장 커다란 제재효과를 갖고 있다. 징계해고는 사회통념상 고용관계를 계속할 수 없을 정도로 근로자에게 책임 있는 사유가 있는 경우에 행하여져야 그 정당성이 인정된다. 이 경우 사회통념상 해당 근로자와의 고용관계를 계속할 수 없을 정도인지의 여부는 해당 사업의 목적과 성격, 사업장의 여건, 해당 근로자의 지위 및 담당직무의 내용, 비위행위의 동기와 경위, 이로 인하여 기업의 위계질서가 문란하게 될 위험성 등 기업질서에 미칠 영향, 과거의 근무태도 등 여러 가지 사정을 종합적으로 검토하여 판단하여야 한다.[9] 이에 관하여는 상세히 후술한다.

## 제 3 절  징계의 요건 및 구제절차

### I. 징계의 요건

#### 1. 징계의 실질적 요건

#### (1) 관련규정

근로기준법 제23조 [해고 등의 제한] ① 사용자는 근로자에게 정당한 이유 없이 해고, 휴직, 정직, 전직, 감봉 그 밖의 징벌(이하 "부당해고등"이라 한다)을 하지 못한다.

#### (2) 주요내용

#### (가) 징계의 사유

사용자는 「정당한 이유」가 있는 경우에 한하여 근로자에 대한 징계를 할 수 있다(근로기준법 제23조제1항). 징계의 구체적 사유에 관하여는 이를 단체협약 및 취업규칙 등에 규정하는 것이 일반적이다. 대체로 ⅰ) 직무태만 및 해태, ⅱ) 업무지시 및 명령의 위반, ⅲ) 업무방해 및 ⅳ) 법령·단체협약·취업규칙·근로계약 및 경영

---

9) 대판 2003. 7. 8, 2001두8018.

관행의 위반 등이 이에 해당된다.[10] 그러나 단체협약 및 취업규칙에 징계사유가 규정되어 있는 경우에도 이러한 사유가 반드시 「정당한 이유」에 해당되는 것은 아니며, 이는 사회적 통념에 비추어 구체적으로 판단되어야 할 것이다.

### (나) 징계의 양정

근로자에게 징계처분을 하는 경우 어떠한 처분을 할 것인가는 원칙적으로 징계권자의 재량에 맡겨져 있으므로 그 징계처분이 위법하다고 하기 위하여서는 징계처분이 사회통념상 현저하게 타당성을 잃어 재량권을 남용한 경우에 한한다. 이 경우 징계처분이 사회통념상 현저하게 타당성을 잃은 처분에 해당하기 위해서는 구체적인 사례에 따라 직무의 특성, 징계사유가 된 비위사실의 내용과 성질 및 징계에 의하여 달성하려는 목적과 그에 수반되는 제반 사정을 참작하여 객관적으로 명백히 부당하다고 인정되는 경우라야 한다.[11]

## 2. 징계의 절차적 요건

징계절차에 관하여 근로기준법은 해고의 절차만을 규정하고 있을 뿐이고, 해고 이외의 징계절차에 관하여는 아무런 명문의 규정도 아니두고 있다. 따라서 해고가 아닌 징계처분을 하는 경우 이의 절차는 단체협약 및 취업규칙 등에 규정하는 것이 일반적이다. 대체로 ⅰ) 징계대상자에게 사전통지 및 소명기회를 부여하고, ⅱ) 징계위원회를 개최하거나, 노동조합과의 사전협의 또는 동의를 거치도록 하는 것이 일반적이다. 단체협약 및 취업규칙 등에 규정된 징계절차를 위반하는 경우 해당 징계는 무효로 되는 것이 원칙이다. 그러나 이와 같은 징계절차가 규정되어 있지 아니한 경우에는 징계절차를 거치지 아니한 경우에도 징계가 당연히 무효로 되는 것은 아니다.[12]

예컨대, 취업규칙 등에 징계대상자에게 미리 징계혐의 사실을 고지하여야 한다는 취지의 규정이 있는 경우에는 이러한 절차를 거치지 아니한 징계처분을 유효하다고 할 수 없을 것이지만, 그러한 규정이 없는 경우에는 사용자가 반드시 징계대상자에게 징계혐의 사실을 구체적으로 고지하여 줄 의무가 있는 것이 아니라고 할 것

---

10) 근로자의 업무명령 위반이나 무단결근에 대한 제재를 채무불이행에 대한 제재로 보아 이를 징계와 구분하는 견해(김형배, 노동법, p. 591)가 있으나 타당하지 아니한다고 본다. 그 이유는 채무불이행과 징계사유를 명확히 구별하는 것은 용이하지 아니하거니와 업무명령 위반이나 무단결근 등의 채무불이행행위는 결과적으로 경영질서를 해침으로써 징계사유 중의 하나가 될 수 있기 때문이다.

11) 대판 2012. 9. 27, 2010다99279.

12) 대판 1993. 7. 13, 92다42774; 대판 1994. 9. 30, 93다26496; 대판 1995. 7. 14, 95누11491.

이다.13)

대판 1993. 7. 13, 92다50263    인사합의조항이 노동조합 간부의 인사 및 징계 전반에 관하여 사전 합의를 거치게 하고 있다고 하더라도 이는 어디까지나 사용자에게 있는 인사권을 노동조합과의 합의를 거쳐 행사하도록 제한한 것일 뿐 사용자의 인사권을 근본적으로 부정하는 것은 아닌 이상, 단체협약에 노동조합 간부에 대한 징계에는 노동조합과의 사전 합의가 있어야 하도록 규정되어 있는 경우에도, 노동조합측에 중대한 배신행위가 있고 이로 인하여 사용자측의 절차의 흠결이 초래된 경우이거나, 또는 피징계자가 사용자인 회사에 대하여 중대한 위법행위를 하여 직접적으로 막대한 손해를 입히고 비위사실이 징계사유에 해당함이 객관적으로 명백하며 회사가 노동조합측과 사전 합의를 위하여 성실하고 진지한 노력을 다하였음에도 불구하고 노동조합측이 합리적 근거나 이유제시도 없이 무작정 징계에 반대함으로써 사전 합의에 이르지 못하였다고 인정되는 경우에는 노동조합측이 합의거부권을 남용한 것이 되어 사용자가 이러한 합의 없이 한 해고도 유효하다고 보아야 한다.

## Ⅱ. 징계의 구제절차

### 1. 관련규정

근로기준법 제28조 [부당해고 등의 구제신청] ① 사용자가 근로자에게 부당해고 등을 하면 근로자는 노동위원회에 구제를 신청할 수 있다.
② 제1항에 따른 구제신청은 부당해고 등이 있었던 날부터 3개월 이내에 하여야 한다.

### 2. 주요내용

사용자가 정당한 이유 없이 근로자에게 징계처분을 내린 때에는 해당 근로자는 노동위원회에 그 구제를 신청할 수 있다(근로기준법 제28조제1항). 정당한 이유 없는 징계처분에 대한 구제신청과 심사절차 등에 관하여는 해고 부분에서 상세히 설명한다.

근로자는 노동위원회에 대한 구제신청 이외에도 법원에 구제신청을 할 수 있음은 물론이다. 노동위원회에 의한 구제를 인정하는 입법취지는 노사관계의 실정에 전문적 지식을 갖추고 있는 노동위원회로 하여금 합리적이고 탄력적인 문제해결을 도모하고자 하는 데 있다.14)

---

13) 대판 2004. 1. 29, 2001다6800.
14) 이병태, 노동법, p. 653.

### 3. 이중징계금지의 원칙

사용자가 근로자에 대하여 이중징계를 한 경우 일사부재리의 원칙 또는 이중처벌금지의 원칙에 위배되므로 이는 무효가 된다. 다만, 이중징계에 해당되기 위하여는 ⅰ) 선행처분과 후행처분이 모두 법적 성질상 징계처분에 해당되고, ⅱ) 선행징계처분이 무효·취소됨이 없이 유효하게 확정되어야 하며, ⅲ) 선행징계처분과 후행징계처분이 동일한 혐의사실을 대상으로 하여야 한다.15)

예컨대 노동위원회에서 정직처분이 정당하다고 판정한 경우 사용자가 재차 높은 수준 또는 다른 형태의 징계처분을 하는 것은 이중처벌금지의 원칙에 위배되어 무효가 된다. 그러나 ⅰ) 노동위원회의 구제명령이나 법원의 무효확인판결이 있기 전에 선행처분을 취소하고, 새로운 징계처분을 하는 경우, ⅱ) 노동위원회에서 절차적 요건의 미비를 이유로 해고·징계처분을 무효로 판정한 경우 사용자가 절차적 요건을 새로이 갖추어 해고·징계처분을 재차 내리는 경우 및 ⅲ) 노동위원회에서 징계의 수준이 과다하여 해고·징계처분을 무효로 판정한 경우 등에는 사용자가 적합한 수준의 징계처분을 재차 내린다 할지라도 이중처벌금지의 원칙에 위배되지 아니한다.16)

---

15) 대판 2000. 9. 29, 99두10902.
16) 대판 2010. 6. 10, 2009다97611.

# 제4장 근로관계의 이전

## 제1절 의 의

### Ⅰ. 개 요

근로관계는 사용자와 근로자 간의 근로계약의 체결에 의하여 성립된다. 이 경우 근로계약의 당사자인 사용자가 변경되는 경우에도 근로관계가 유효하게 존속되는 것인지에 관한 의문점이 제기될 수 있다. 예컨대 영업양도, 회사합병, 자회사의 독립 및 회사의 해산·폐업 등으로 인하여 사용자의 지위가 다른 사용자에게 이전되거나 소멸되는 경우에, 기존의 근로관계가 다른 사용자에게 포괄적으로 이전될 수 있는지의 문제이다.

### Ⅱ. 관련 법령의 기본체계

#### 1. 민법의 체계

민법은 채권·채무의 개별적 이전에 관하여는 명문의 규정을 두고 있으나, 포괄적 이전은 인정하지 아니하고 있다. 다만, 민법 제657조제1항은 고용관계의 이전에 관하여 「사용자는 노무자의 동의 없이 그 권리를 제3자에게 양도하지 못한다」고 규정하고 있을 뿐이다. 따라서 민법은 사용자의 변경으로 인한 고용관계의 포괄적 이전에 관하여는 구체적인 규정을 아니두고 있다.

## 2. 상법의 체계

상법은 기본적으로 영업재산의 이전에 대한 회사간의 채권·채무관계를 규율하고 있으며, 근로관계의 이전 여부에 관하여는 명문의 규정을 두지 아니하고 있다.

상법상 영업재산이란 영리의 목적을 실현하기 위하여 조직된 유기적 일체로서의 기능적 재산을 말한다. 상법의 기본적인 입장은 합병 및 영업양도 등에 있어 「영업재산의 이전」을 주된 규율대상으로 하고, 「근로관계의 이전」 문제는 부수적인 것이다. 따라서, 이전되는 영업재산의 범위에 물적 재산뿐 아니라 인적 재산으로서의 근로자의 근로관계도 포함시킬 수 있는지의 여부를 중심으로 논의되고 있다.

## 3. 노동법의 체계

노동법 역시 사용자의 변경에 따른 근로자의 근로관계의 이전에 관하여 「파견근로자보호등에관한법률」 이외에 아무런 명문의 규정도 아니두고 있다. 따라서 근로관계의 이전에 관하여는 해석에 의존할 수밖에 없다. 노동법상의 근로관계이전 문제는 다음과 같이 근로자의 기본권보호라는 관점에서 논의되고 있다.

첫째, 영업양도 및 회사합병 등의 경우 사업주의 변동으로 인하여 근로관계가 이전되는 과정에서 근로자가 직장을 상실하여 근로의 기회가 제한되는 것을 방지하여야 한다. 이는 근로자의 「근로의 권리」 보호문제 및 부당해고의 방지문제와 관련되어 있으며, 영업양도시 근로관계이전에 대한 「사업주간의 합의」 문제와 연관되어 논의된다.

둘째, 사업주의 변동으로 인하여 근로관계가 다른 회사로 이전되는 것을 근로자가 원하지 아니하는 경우 이를 인정함으로써 근로자의 직장선택의 자유를 보장하여야 한다. 이는 근로자의 「직업선택의 자유」 문제와 「강제노동금지」의 문제와 관련되어 있으며, 영업양도시 근로관계이전에 대한 「근로자의 동의」 문제와 연관되어 논의된다.

# 제 2 절   영업양도와 근로관계

## Ⅰ. 개    요

### 1. 영업양도의 개념

영업양도는 본래 상법상의 개념이다. 상법학에 있어서의 영업양도라 함은 당사자 간의 계약에 의하여 영업조직체, 즉 인적·물적 조직을 그 동일성을 유지하면서 이전하는 것을 의미한다. 이 경우 양도의 대상으로 되는 영업조직체라 함은 영업의 목적에 따라 조직된 유기적 일체로서의 기능적 재산, 즉 영업용 재산을 비롯하여 영업비밀, 고객관계, 경영조직 등의 사실관계를 포함하는 유기적 조직체를 말한다.[1]

영업의 동질성 여부는 일반적인 사회통념에 의하여 결정되는 것으로서, 종래의 영업조직이 유지되어 전부 또는 중요한 일부로서 기능할 수 있는지의 여부에 따라 결정되어야 한다.[2]

<br>

**관 련**
**판 례**
　　대판 2002. 3. 29, 2000두8448　　영업의 동일성 여부는 일반 사회관념에 의하여 결정되어져야 할 사실인정의 문제이기는 하지만, 문제의 행위(양도계약관계)가 영업의 양도로 인정되느냐 안 되느냐는 단지 어떠한 영업재산이 어느 정도로 이전되어 있는가에 의하여 결정되어야 하는 것이 아니고 거기에 종래의 영업조직이 유지되어 그 조직이 전부 또는 중요한 일부로서 기능할 수 있는가에 의하여 결정되어야 하는 것이므로, 예컨대 영업재산의 전부를 양도했어도 그 조직을 해체하여 양도했다면 영업의 양도는 되지 않는 반면에 그 일부를 유보한 채 영업시설을 양도했어도 그 양도한 부분만으로도 종래의 조직이 유지되어 있다고 사회관념상 인정되면 그것을 영업의 양도라 볼 것이다.

영업양도는 합병과는 달리 포괄승계되는 것이 아니라 특정승계되는 것이므로 개개의 재산에 관하여 별도의 이전절차를 거쳐야 한다.

### 2. 영업양도와 근로관계

영업양도의 경우 기업의 물적 자산만이 이전되는 것이 아니라, 근로자의 고용관계도 승계되는 것이 일반적이다. 사업운영에 필요한 물적 자산만을 양도하는 경우 이는 영업의 양도에 해당되지 아니하며, 따라서 근로자의 고용승계 문제는 발생하지

---

1) 대판 1989. 12. 26, 88다카10128.
2) 대판 2001. 7. 27, 99두2680; 대판 2002. 3. 29, 2000두8448.

아니한다.

영업양도를 근로관계의 이전 또는 승계라는 관점에서 파악하는 경우 다음과 같은 문제점이 제기되고 있다.

첫째는, 양도인과 양수인이 영업양도에 관한 계약을 체결하는 경우 영업재산은 당연히 승계되지만 이와 아울러 해당 영업에 사용되고 있는 근로자의 근로관계도 함께 승계되는가의 문제이다.

둘째는, 근로자의 근로관계가 영업양도에 의하여 승계되는 경우 양도인하에서의 근로관계가 양수인하에서도 그대로 인정되는가의 문제이다.

## Ⅱ. 영업양도와 근로관계의 이전

영업양도에 있어서 근로관계의 이전에 관하여는 ⅰ) 양도자와 양수자 간의 합의 및 ⅱ) 근로자의 동의가 근로관계의 승계에 필요한 법적 요건인지가 문제시된다.

### 1. 당사자의 합의와 근로관계의 이전

영업양도에 있어 근로관계가 승계되기 위하여는 이에 대한 당사자간의 합의가 필요한지에 대하여 의문점이 제기되고 있다.3)

### (1) 학　　설

#### (가) 합의불요설

합의불요설은 영업양도 당사자간의 합의 여하에 상관없이 종래의 근로관계가 포괄적으로 양수인에게 자동승계된다는 견해이다.4) 이러한 견해에 의하면 당사자 사이에 근로자의 일부 또는 전부를 승계하지 아니하기로 하는 내용의 합의는 무효라고 한다.5) 당연승계설이라고도 한다.

---

3) 독일에서는 1972년 독일민법 제613a조를 신설하여 영업양도의 경우 당사자간의 별단의 합의가 없더라도 근로관계가 자동적으로 승계된다고 규정하고 있다.

4) 本多淳亮, 企業變動と勞働契約, 勞働契約・就業規則論(1981), p. 138. 이를 당연승계설・자동인수설 또는 조직설이라고도 부른다.

5) 대판 2005. 6. 9, 2002다70822. 임종률 교수는 영업양도 당사자의 의사 여하에 따라 근로관계의 승계 여부를 결정하는 것은 영업양도가 정당한 해고사유가 될 수 없다는 점에서 근로관계는 자동적으로 양수자에게 승계된다고 한다. 임종률, "사업의 양도와 노동관계", 숭실대학교 법학논총 제1집(1985), p. 15.

관 련
판 례
　대판 2005. 6. 9, 2002다70822　　영업의 양도라 함은 일정한 영업목적에 의하여 조직화된 업체, 즉 인적·물적 조직을 그 동일성은 유지하면서 일체로서 이전하는 것으로서 영업의 일부만의 양도도 가능하고, 이러한 영업양도가 이루어진 경우에는 원칙적으로 해당 근로자들의 근로관계가 양수하는 기업에 포괄적으로 승계된다.

⑷ 합의필요설

합의필요설은 영업양도의 경우 당사자간에 근로관계의 승계에 관한 명시적·묵시적 합의가 있는 경우에 한하여 근로관계가 승계된다는 견해이다.6) 이러한 견해에 의하면 영업양도 당사자간의 자유로운 합의에 의하여 근로자의 일부 또는 전부를 승계의 대상에서 제외할 수 있다고 한다. 특약필요설이라고도 한다.

⑸ 절충설

절충설은 영업양도의 경우 당사자간에 근로자의 일부 또는 전부를 배제한다는 별도의 합의가 없는 한 근로관계는 포괄적으로 승계된다는 견해이다.7) 원칙승계설이라고도 한다.

(2) 사　　견

사견으로는 합의불요설에 찬동하는 바이다. 따라서 영업양도의 경우 당사자의 반대의 합의가 없는 한 근로관계도 포괄적으로 승계되는 것이 원칙이다. 다만, 당사자가 합의하는 경우 근로자의 일부 또는 전부를 승계의 대상에서 제외할 수 있으며, 이러한 합의는 실질적으로는 해고나 다름이 없다 할 것이므로, 근로기준법 제23조제1항 및 제24조의 규정에 의한 정당한 이유가 있는 경우에 한하여 유효하다고 할 것이다. 이러한 경우 합의불요설은 사실상 절충설과 대동소이하다고 할 것이다.

## 2. 근로자의 동의와 근로관계의 이전

영업양도에 따른 근로관계의 이전이 유효하게 성립하기 위하여 근로관계이전에 대한 근로자의 동의가 필요한지의 여부에 관하여 견해가 나뉘고 있다. 이와 관련하여 민법 제657조제1항에서는 「사용자는 노무자의 동의 없이 그 권리를 제3자에게 양도하지 못한다」고 규정하고 있는바, 근로관계에 대한 「근로자의 동의」와 민법 제657조제1항상의 「노무자의 동의」 관계도 문제시되고 있다.

---

6) 菅野和夫, 勞働法(1989), p. 348. 이를 특약필요설·삼면계약설·비승계설 또는 계약설이라고도 부른다.

7) 곽윤직, 채권각론(1989), p. 389. 대판 1994. 6. 28, 93다33173; 대판 1994. 11. 18, 93다18938; 대판 1995. 9. 29, 94다54245; 대판 2002. 3. 29, 2000두8448.

## (1) 학     설

### (가) 동의필요설

동의필요설은 근로관계의 이전에는 근로자의 동의가 필요하다는 견해이다. 동의 필요설의 논거로서는 다양한 견해가 제시되고 있으나 ⅰ) 민법 제657조의 적용을 주장하여 근로관계의 이전에는 영업양도 당사자의 합의와 각 근로자의 동의가 필요하다고 하거나,8) ⅱ) 헌법상 보장된 직업선택의 자유, 나아가 인간의 존엄성보호 아래 근로자의 동의는 근로자의 의사에 반하는 근로관계의 자동적 이전을 저지하는 것으로 필요하다는 견해가 대표적이다.9)

영업의 일부가 양도된 경우 근로관계의 승계를 거부하는 근로자의 근로관계는 여전히 양도하는 기업과의 사이에 존속하게 되며, 이 경우 양도회사의 사용자가 해당 근로자를 해고하기 위해서는 경영해고로서의 요건을 갖추어야 한다고 한다.10)

**관 련
판 례**   대판 2010. 9. 30, 2010다41089   영업이 양도된 경우에 근로관계의 승계를 거부하는 근로자에 대하여는 그 근로관계가 양수하는 기업에 승계되지 아니하고 여전히 양도하는 기업과 사이에 존속되는 것이며, 이러한 경우 원래의 사용자는 영업 일부의 양도로 인한 경영상의 필요에 따라 감원이 불가피하게 되는 사정이 있어 정리해고로서의 정당한 요건이 갖추어져 있다면 그 절차에 따라 승계를 거부한 근로자를 해고할 수 있다고 할 것이다.

동의를 받는 방법으로는 ⅰ) 개별 근로자 모두의 의사를 일일이 확인하는 방법도 있으나, ⅱ) 근로관계가 포괄적으로 승계되는 것이 원칙이고, 이에 반대하는 근로자만 예외적으로 거부권을 행사하도록 하는 방법도 있다.

### (나) 동의불요설

동의불요설은 근로자의 동의가 없는 경우에도 근로관계는 당연히 양수인에게로 이전한다는 견해이다. 동의불요설의 논거로서는 다양한 견해가 제시되고 있으나 ⅰ) 민법 제657조상의 노무계약은 노동법상의 근로계약과 그 성질을 달리 하므로, 근로계약의 이전에는 적용되지 아니하고, ⅱ) 근로자에게 양수회사와의 근로관계를 스스로 해지할 권리가 있는 이상 직업선택의 자유나 인간의 존엄성을 침해한 것으로는

---

8) 石井照久, 營業の讓渡と勞働契約, 勞働法の研究 Ⅱ, p. 194 이하. 이러한 점에서 이 견해를 삼면 계약설이라고도 한다.

9) 일본 노동법학계의 다수설이다. 임종률, "사업주변경과 근로자의 법적 지위 - 서독에서의 문제처리를 중심으로", 후암곽윤직교수화갑기념 민법학논총(1985), p. 547 이하 참조.

10) 대판 2000. 10. 13, 98다11437; 대판 2002. 3. 29, 2000두8455; 대판 2010. 9. 30, 2010다41089.

볼 수 없으나, 부분양도의 경우에는 근로자에게 동의권이 있다는 견해가 대표적이다.[11]

### (2) 사    견

사견으로는 다음과 같은 이유에서 근로자의 근로관계의 이전에 있어서는 근로자의 동의가 필요하다고 판단한다.

첫째, 근로관계의 이전은 사용자의 변경을 의미하는바, 근로계약의 본질적 요소인 사용자의 변경이 또 다른 계약당사자인 근로자의 의사와 무관하게 변경된다는 것은 타당하지 아니하다고 본다. 영업의 전부양도의 경우 동의를 거부하는 것은 사실상 사직에 해당한다. 따라서, ⅰ) 기간의 정함이 없는 근로계약의 경우 근로자는 언제든지 사직할 수 있으며, ⅱ) 기간의 정함이 있는 근로계약의 경우에도 근로자는 계약불이행에 따른 손해배상책임을 부담하지 아니하고 언제든지 사직할 수 있다.

둘째, 영업의 부분양도 내지 분할양도 등의 경우에는 양도기업이 영업양도 후에도 독립된 기업으로서 존속하고 있으므로, 근로자의 동의 여부에 따라 근로자가 어느 기업에서 근로할 것인지를 선택할 수 있는 자유를 보장하는 것이 근로자의 직업선택의 자유 및 생존권의 이념에 적합하다고 본다. 사용자는 근로관계의 이전을 거부하는 근로자에 대하여 정리해고를 실시할 수 있다.

---

**관 련**
**판 례**    대판 2000. 10. 13, 98다11437    근로관계의 승계를 거부하는 근로자에 대하여는 그 근로관계가 양수하는 기업에 승계되지 않고, 여전히 양도하는 기업과의 사이에 존속된다.

---

## Ⅲ. 영업양도와 근로관계의 변경

### 1. 영업양도와 개별적 근로관계

근로관계의 승계로 인하여 영업양도인과 근로자 사이의 개별적 근로관계의 내용이 영업양수인과 근로자 사이의 근로관계에 변동 없이 그대로 적용되는 것이 원칙이다.

---

11) 임종률, 노동법, p. 518.

| 관 련<br>판 례 | 대판 1994. 3. 8, 93다1589   영업양수인은 영업양도인과 근로자 사이에 형성된<br>종전의 개별 근로계약, 취업규칙, 단체협약 등을 통하여 정하여진 근로조건에 따라<br>임금을 지급하고, 근로시간을 정하는 등 사용자로서의 의무를 이행하여야 하고, 근<br>로자도 종전과 동일한 내용의 근로관계상의 의무를 영업양수인에 대해 부담한다. |
|---|---|

## (1) 근로계약

근로관계의 승계에 대하여 양도인과 양수인의 양 당사자가 합의하고 해당 근로자가 이에 동의한 경우, 해당 근로자의 근로관계는 양수인과 별도의 근로계약체결 여부에 상관없이 그대로 유지되는 것이 원칙이다. 예컨대, ⅰ) 양도회사에서 근로자에게 적용되던 취업규칙은 양수회사에서도 근로자에게 그대로 인정되며,[12] ⅱ) 연차유급휴가, 퇴직금 및 승진·승급의 연한산정 등을 하는 경우 양도회사 및 양수회사에서의 근무기간은 합산되는 것이 원칙이다.

다만, 실제로는 근로자로 하여금 양도회사에서 퇴직하고 양수회사에 재입사하는 형식을 취하는 경우가 대부분이다. 이러한 경우에도 근로관계는 양도회사에서 양수회사로 계속적으로 승계되는 것으로 보아야 하며, 근로관계가 단절되었다가 새로이 개시되는 것으로 보아서는 아니될 것이다. 예컨대, ⅰ) 퇴직이 근로자의 자의에 의한 것이 아니라 사업을 양수하는 기업의 퇴직금을 축소하기 위한 방편이나, 사업을 양도·양수하는 기업들에 의한 일방적인 결정에 따라 형식적인 퇴직과 재입사를 거친 것에 불과한 경우[13] 또는 ⅱ) 서류상으로는 사직서를 제출하고 새로 입사하는 형식을 취하였지만 근로자가 계속 동일한 업무에 종사하여 온 경우[14] 등에는 양도회사와 양수회사 간에 근로관계가 지속·승계된다. 이에 반하여 근로자의 자유의사에 따라 양도회사에서 퇴직금을 수령하고 양수회사에 재입사하는 것을 선택한 경우에는 근로관계가 단절되는 것으로 보아야 할 것이다.[15]

또한, 근로자 임금의 우선변제권도 유지된다.[16]

## (2) 해   고

### (가) 일반원칙

영업양도의 경우 근로자들의 근로관계는 양수기업에 승계되어 근로의 계속성이 유지되는 것이 원칙이다.[17]

---

12) 대판 1991. 8. 9, 91다15225; 대판 1995. 12. 26, 95다41659.
13) 대판 1992. 7. 14, 91다40276.
14) 대판 1991. 3. 22, 90다6545.
15) 대판 1991. 5. 28, 90다16801; 대판 1991. 12. 13, 91나32657.
16) 대판 2002. 10. 8, 2001다31141.

이 경우 사용자는 근로기준법 제24조제1항에 규정된 경영해고의 요건을 충족시키는 경우에 한하여 근로자를 해고할 수 있다.[18] 예컨대, 영업양수인이 양수받은 영업 부분에 대하여 경영합리화를 이유로 승계된 근로자를 해고하는 경우, 이러한 해고가 단순한 경영확장을 위한 경우라면 부당한 해고라고 보아야 할 것이다.

**관련 판례**  **대판 2000. 10. 13, 98다11437**  근로관계의 승계를 거부하는 근로자에 대하여는 그 근로관계가 양수기업에 승계되는 것이 아니라 양도기업에 그대로 존속하게 된다. 이 경우 양도기업의 사용자는 영업 일부의 양도로 인한 경영상의 필요에 따라 감원이 불가피한 사정이 있어 정리해고로서의 요건이 갖추어졌다면 그 절차를 거쳐 고용승계를 거부한 근로자를 해고할 수 있다.

### (나) 해고의 효력을 다투는 자

영업양도인에 의하여 해고된 근로자가 해고의 효력을 다투는 경우 이러한 근로자의 근로관계도 영업양수인에게 승계되는지에 관한 의문점이 제기되고 있다. 이는 영업의 부분양도와 전부양도로 나누어 고찰하여 볼 수 있다.

첫째, 영업의 부분양도의 경우 해고의 효력을 다투는 근로자의 근로관계는 양수회사에 승계되지 아니하고 양도회사에 그대로 남아 있는 것으로 보아야 할 것이다.[19]

둘째, 영업의 전부양도의 경우 영업양도 후에 양도회사가 존재하지 아니하므로 해고의 효력을 다투는 근로자의 근로관계는 양수회사에 승계되는 것으로 보아야 할 것이다.[20] 이는 영업양도를 통한 부당해고의 방지를 위한 것이다. 다만, 해고가 정당한 것으로 판정된 경우 근로관계는 승계되지 아니한다.

영업 전부의 양도가 이루어진 경우 영업양도 당사자 사이에 정당한 이유 없이 해고된 근로자를 승계의 대상에서 제외하기로 하는 특약이 있는 경우에는 그에 따라 근로관계의 승계가 이루어지지 않을 수 있으나, 그러한 특약은 실질적으로 또 다른 해고나 다름이 없으므로, 근로기준법 제23조제1항에서 정한 정당한 이유가 있어야 유효하고, 영업양도 그 자체만으로 정당한 이유를 인정할 수 없다.[21]

---

17) 대판 2005. 7. 8, 2003다40798, 40804.

18) 대판 1994. 6. 28, 93다33173; 대판 1995. 9. 29, 94다54245.

19) 대법원 판례(대판 1993. 5. 25, 91다41750)는 영업의 일부양도에 있어서 근로관계를 승계하기로 약정한 경우, 양도인과 근로자 사이의 근로관계는 원칙적으로 양수인에게 포괄적으로 승계되는 것이지만, 이때 승계되는 근로관계는 계약체결일 현재 실제로 그 영업 부분에서 근무하고 있는 근로자와의 근로관계만을 의미하고 계약체결일 이전에 해당 영업 부분에서 근무하다가 해고되어 그 효력을 다투는 근로자와의 근로관계까지 승계되는 것은 아니라고 판시하였다. 동지: 대판 1995. 9. 29, 94다54245.

20) 대판 2020. 11. 5, 2018두54705.

21) 대판 2020. 11. 5, 2018두54705.

## 2. 영업양도와 집단적 노사관계

### (1) 노동조합의 지위

양도회사 노동조합의 조합원이 영업양도로 인하여 양수회사에게 근로관계가 승계되는 경우 양도회사 및 양수회사의 노동조합은 서로 어떠한 지위에 있게 되는가가 문제된다. 이는 양도회사 노동조합의 조합원 중 일부만이 승계되는 경우와 조합원 전부가 승계되는 경우로 나누어 설명하여 볼 수 있다. 대체로 전자는 영업의 일부양도의 경우, 후자는 영업의 전부양도의 경우에 해당될 것이다.

조합원의 일부승계의 경우에는 근로자가 양도회사 조합원의 자격을 상실하게 되므로, 이러한 조합원은 양수회사에 비조합원의 형태로 남아 있게 된다. 이들 비조합원이 원하는 경우 영업양수회사의 노동조합에 가입할 수 있는 것은 물론이다.

조합원의 전부승계의 경우 사업주의 변경에도 불구하고 노동조합의 존속을 그대로 인정한다면 양수회사에는 조직대상을 달리하는 두 개의 노동조합이 병존하게 된다. 이 경우 두 개의 노동조합은 합병절차를 밟게 되는 것이 일반적일 것이다.

### (2) 단체협약

양도회사의 노동조합이 체결한 단체협약에 대하여 양수회사의 사업주가 그 효력을 인정할 의무가 있는지의 여부, 즉 단체협약의 승계문제가 제기될 수 있다. 이에 대하여는 견해가 나뉘고 있다.

### (가) 학 설

① **승계긍정설:**　　　승계긍정설에 의하면 영업양도의 경우 당사자간의 별단의 특약이 없는 한 양도회사의 채권·채무관계가 양수회사로 승계되므로 단체협약의 효력도 그대로 이전한다는 견해이다.[22]

② **승계부정설:**　　　승계부정설에 의하면 영업양도의 경우 단체협약의 당사자인 사업주가 변경되므로 단체협약은 당연히 소멸된다고 한다.

③ **절충설:**　　　절충설에 의하면 단체협약의 규정 중에서 당사자간의 채무적 부분은 영업양도에 의해서 당사자의 변경으로 인하여 소멸되지만, 근로조건에 관한 규범적 부분은 단체협약의 효력발생과 함께 근로관계의 내용으로 체화되어 영업양도 후에도 그대로 존속한다고 한다.[23]

---

22) 砂山克彦, 勞働協約の效力と終了, 現代勞働法講座 6, 勞働協約, p. 176 이하.
23) 김형배, 노동법, p. 634.

**(나) 사  견**

사견으로는 승계긍정설에 원칙적으로 찬동하는 바이다. 다만, 단체협약의 효력이 양수회사에서도 인정되는 이유는 양도회사의 단체협약이 소멸하지 아니하고 그대로 존속하기 때문이 아니라, 양도회사와 노동조합 간의 단체협약상의 권리·의무관계를 양수회사가 포괄적으로 승계하기 때문이라고 본다.

## Ⅳ. 사업분할

사업분할 또는 회사분할이라 함은 회사사업의 일부가 분할되어 다른 신설회사에 승계되거나, 또는 독립된 회사를 신설하게 되는 것을 말한다. 이 경우 근로자의 고용승계가 문제시되는 바, 근로자의 동의가 필요한지에 관한 문제이다. 이에는 영업의 일부양도의 경우와 유사한 법리가 적용될 것으로 보인다.

최근의 일부 대법원 판례는 근로자의 동의를 받은 경우는 물론 동의를 받지 못한 경우에도 일정한 절차를 밟은 경우에는 동의가 필요없이 분할되는 조직으로 근로관계가 승계되는 것으로 판결하고 있다.[24] 즉, 회사측이 사전에 근로자 또는 노동조합과 협의하는 절차를 밟았다면 근로자의 동의를 얻지 못한 경우에도 고용관계는 당연히 분할되는 조직으로 승계되며 다만, 회사 분할이 해고의 방편으로 남용되는 경우에 한하여 근로자는 반대의사를 표시할 수 있다고 한다.

**관 련
판 례**  대판 2013. 12. 12, 2011두4282    회사 분할에 따른 근로관계의 승계는 근로자의 이해와 협력을 구하는 절차를 거치는 등 절차적 정당성을 갖춘 경우에 한하여 허용되고, 해고의 제한 등 근로자 보호를 위한 법령 규정을 잠탈하기 위한 방편으로 이용되는 경우라면 그 효력이 부정될 수 있어야 한다. 따라서 둘 이상의 사업을 영위하던 회사의 분할에 따라 일부 사업 부문이 신설회사에 승계되는 경우 분할하는 회사가 분할계획서에 대한 주주총회의 승인을 얻기 전에 미리 노동조합과 근로자들에게 회사 분할의 배경, 목적 및 시기, 승계되는 근로관계의 범위와 내용, 신설회사의 개요 및 업무 내용 등을 설명하고 이해와 협력을 구하는 절차를 거쳤다면 그 승계되는 사업에 관한 근로관계는 해당 근로자의 동의를 받지 못한 경우라도 신설회사에 승계되는 것이 원칙이다. 다만 회사의 분할이 근로기준법상 해고의 제한을 회피하면서 해당 근로자를 해고하기 위한 방편으로 이용되는 등의 특별한 사정이 있는 경우에는, 해당 근로자는 근로관계의 승계를 통지받거나 이를 알게 된 때부터 사회통념상 상당한 기간 내에 반대 의사를 표시함으로써 근로관계의 승계를 거부하고 분할하는 회사에 잔류할 수 있다.

---

24) 대판 2013. 12. 12, 2011두4282.

## 제 3 절   합병과 근로관계

## I. 개     요

### 1. 합병의 개념

합병에는 흡수합병과 신설합병이 있다. 흡수합병이란 수개의 회사 중 하나의 회사만이 존속하게 되고, 존속회사가 나머지 소멸회사의 권리·의무를 포괄적으로 승계하는 합병을 말한다. 신설합병이란 수개의 회사가 모두 소멸하고 이들에 의해 신설된 회사가 소멸회사의 권리·의무를 포괄적으로 승계하는 합병을 말한다.

### 2. 합병과 영업양도의 구별

합병의 경우 새로운 합병회사는 소멸회사의 모든 권리·의무를 포괄적으로 승계한다. 따라서, 권리·의무를 개별적으로 승계하는 것을 원칙으로 하는 영업양도의 경우와 구별된다.

## II. 합병과 근로관계의 이전

### 1. 당사자의 합의와 근로관계의 승계

합병의 경우 그 성질상 근로자의 근로관계는 당연히 합병회사에 포괄적으로 승계된다고 해석하는 것이 일반적인 견해이다.25) 따라서 합병에 있어서 근로자의 전부 또는 일부를 승계대상에서 제외한다는 당사자간의 합의는 합병의 성질상 무효라고 해석하여야 할 것이다.

한편, 합병계약을 체결하면서, 당사자가 근로자의 일부를 감축한 후 합병한다고 특약을 맺는 경우가 있다. 이러한 인원정리에 관한 특약은 근로기준법상의 해고에 해당되므로 근로기준법 제23조제1항 및 제31조에 의한 정당한 이유가 있는 경우에 한하여 인정될 것이다.

---

25) 대판 1980. 3. 25, 77누265(합병의 경우에는 피합병회사의 권리·의무는 그 성질상 이전을 허용하지 않는 것을 제외하고는 모두 합병으로 인하여 존속할 회사에게 승계되는 것으로 보아야 한다).

## 2. 근로자의 동의와 근로관계의 승계

합병에 의한 근로관계의 승계에 대하여 근로자의 동의를 필요로 하는가에 관한 의문이 제기되고 있다. 이에 관하여는 근로자의 동의가 없더라도 당연히 근로자의 근로관계가 합병회사로 승계된다는 견해가 있다. 그러나, 근로자의 동의는 근로관계의 승계에 대하여 필요하다고 본다. 그 이유는 근로자는 기간의 약정이 있는 근로계약하에서도 계약불이행으로 인한 아무런 손해배상책임을 부담하지 아니하고 근로를 제공하지 아니할 사직의 자유가 보장되어야 하기 때문이다.

## Ⅲ. 합병과 근로관계의 변경

### 1. 합병과 개별적 근로관계

합병의 경우 피합병회사의 근로계약은 포괄적으로 합병회사에 승계되고 근로자는 임금 및 근로시간 등의 모든 근로조건에 있어서 종전과 동일한 대우를 받는 것이 원칙이다. 경영악화 방지를 위한 합병을 하는 경우 경영해고가 인정된다(근로기준법 제24조제1항).

| 관 련 판 례 | 대판 1994. 3. 8, 93다1589  합병 후 존속되는 합병회사는 소멸회사에서 적용하던 퇴직금제도를 동일한 내용으로 승계하는 것으로 본다. |

### 2. 합병과 집단적 노사관계

합병의 경우 ⅰ) 흡수합병의 경우에는 피합병회사의 노동조합이 합병회사의 노동조합으로 흡수되거나, 두 개의 노동조합이 합병절차를 밟는 것이 일반적이며, ⅱ) 신설합병의 경우에는 피합병회사의 모든 노동조합이 해산되고 새로운 노동조합으로 신설되는 것이 일반적이다.

어떠한 경우에도 기존의 조합이 체결한 단체협약상의 권리·의무는 새로운 합병회사와 노동조합에게 포괄적으로 승계되므로 근로자는 불이익을 받지 아니한다고 보아야 할 것이다.

| 관 련 판 례 | 대판 2004. 5. 14, 2002다23185,23192  복수의 회사가 합병되더라도 피합병회사와 그 근로자 사이의 집단적인 근로관계나 근로조건 등은 합병회사와 합병 후 전체 근로자들을 대표하는 노동조합과 사이에 단체협약의 체결 등을 통하여 합병 후 |

근로자들의 근로관계 내용을 단일화하기로 변경·조정하는 새로운 합의가 있을 때까지는 피합병회사의 근로자들과 합병회사 사이에 그대로 승계되는 것이고, 합병회사의 노동조합이 유니언 숍의 조직형태를 취하고 있었다고 하더라도 위에서 본 바와 같은 피합병회사의 근로자들까지 아우른 노동조합과 합병회사 사이의 새로운 합의나 단체협약이 있을 때까지는 피합병회사의 근로자들이 자동적으로 합병회사의 노동조합의 조합원으로 되는 것은 아니다.

# 제4절  기타의 근로관계이전

영업양도 및 합병 이외에는 근로관계의 이전과 관련된 것으로는 ⅰ) 자회사의 분리·독립 및 ⅱ) 회사자산의 매각 등이 있다.

## Ⅰ. 자회사의 분리·독립

기존 회사의 특정부문을 별개의 자회사로서 분리·독립시키는 것을 「사업의 분리·독립」 또는 「자회사의 설립」이라고 한다. 「사업의 분리·독립」의 방법에는 여러 가지가 있으나 모회사가 출자하여 자회사를 설립하고 모회사의 사업 부분의 일부를 자회사에게 양도하는 사후설립의 형태가 일반적이다. 이러한 자회사의 분리·독립에는 앞에서 설명한 영업양도에 관한 법리가 그대로 적용되는 것이 일반적이다.26)

## Ⅱ. 회사자산의 매각 및 경매처분

### 1. 회사자산의 매각

회사의 경영부실로 인하여 건물·대지 및 기계 등의 회사의 자산만을 다른 회사에 매각한 경우 근로자의 근로관계는 이전되지 아니하는 것이 원칙이다. 이러한 자산의 매각이 회사폐업에 따른 정리절차인 경우 회사의 인원정리는 근로기준법상의 정당한 해고에 해당된다. 또한 자산을 매각하는 회사와 매수하는 회사는 영업의 양도·양수관계가 아닌 단순한 채권·채무관계에 있으므로 매수회사는 매각회사에서 근무하던 근로자들의 일부 또는 전부를 채용할 수도 있고, 이들이 아닌 다른 근로자들을 새로이 채용할 수도 있으며, 고용승계의무도 발생하지 아니한다.27)

---

26) 대판 1998. 8. 21, 97다18530.

## 2. 경매처분

회사의 물적 시설 전체가 법원에 의한 경매로 타인에게 양도됨으로써 근로자가 근로를 제공할 수 없는 경우에는 특별한 사정이 없는 한 근로계약의 당사자인 사업주의 소멸로 인하여 사용자와 근로자 간의 근로관계는 종료되었다고 볼 수 있을 것이다.[28]

## Ⅲ. 용역업체의 고용승계

도급업체와 종전 용역업체의 계약기간이 만료되고 새로운 용역업체가 새로운 계약을 체결하면서 종전 용역업체 소속 근로자에 대한 고용을 새로운 용역업체가 승계할 것이라는 승계기대권이 인정되는 경우, 새로운 용역업체의 합리적 이유 없는 고용승계 거절의 효력은 무효이다.[29] 이 경우 근로자에게 고용승계 기대권이 인정되는지 여부는 새로운 용역업체가 도급업체와 맺은 계약에 고용 승계 조항이 포함되어 있는지 여부 등 구체적인 계약내용, 해당 용역계약의 체결 동기와 경위, 도급업체 사업장에서의 용역업체 변경에 따른 고용승계 관련 기존 관행, 위탁의 대상으로서 근로자가 수행하는 업무의 내용, 새로운 용역업체와 근로자들의 인식 등 근로관계 및 해당 용역계약을 둘러싼 여러 사정을 종합적으로 고려하여 판단하여야 한다.[30]

> 관 련
> 판 례
>
> **대판 2021. 7. 8, 2020두40945**  도급업체가 사업장 내 업무의 일부를 기간을 정하여 다른 업체(이하 '용역업체'라 한다)에 위탁하고, 용역업체가 위탁받은 용역 업무의 수행을 위해 해당 용역계약의 종료 시점까지 기간제 근로자를 사용하여 왔는데, 해당 용역업체의 계약기간이 만료되고 새로운 용역업체가 해당 업무를 위탁받아 도급업체와 사이에 용역계약을 체결한 경우, 새로운 용역업체가 종전 용역업체 소속 근로자에 대한 고용을 승계하여 새로운 근로관계가 성립될 것이라는 신뢰관계가 형성되었다면, 특별한 사정이 없는 한 근로자에게는 그에 따라 새로운 용역업체로 고용이 승계되리라는 기대권이 인정된다. 이와 같이 근로자에게 고용승계에 대한 기대권이 인정되는 경우 근로자가 고용승계를 원하였는데도 새로운 용역업체가 합리적 이유 없이 고용승계를 거절하는 것은 부당해고와 마찬가지로 근로자에게 효력이 없다(대법원 2011. 4. 14. 선고 2007두1729 판결, 대법원 2016. 11. 10. 선고 2014두45765 판결 등 취지 참조). 이때 근로자에게 고용승계에 대한 기대권이 인정되는지 여부는 새로운 용역업체가 도급업체와 맺은 계약에 종전 용역업체 소속 근로자에 대한 고용을 승계하기로 하는 조항이 포함되어 있는지 여부

---

27) 대판 2001. 7. 27, 99두2680.
28) 대판 1988. 2. 9, 87도2509.
29) 대판 2021. 7. 8, 2020두40945.
30) 대판 2021. 7. 8, 2020두40945.

를 포함한 구체적인 계약내용, 해당 용역계약의 체결 동기와 경위, 도급업체 사업
장에서의 용역업체 변경에 따른 고용승계 관련 기존 관행, 위탁의 대상으로서 근
로자가 수행하는 업무의 내용, 새로운 용역업체와 근로자들의 인식 등 근로관계
및 해당 용역계약을 둘러싼 여러 사정을 종합적으로 고려하여 판단하여야 한다(대
법원 2021. 4. 29. 선고 2016두57045 판결 참조).

제 **5** 편

# 근로관계의 종료

노

동

법

# 제1장 총 설

## 제1절 의 의

근로관계는 근로자와 사용자 사이의 근로계약의 체결에 의하여 성립·유지되나 일정한 근로관계의 종료사유가 발생하면 소멸된다. 근로관계의 종료사유에는 ⅰ) 해고, ⅱ) 기간의 만료, ⅲ) 합의해지, ⅳ) 사직, ⅴ) 정년 및 ⅵ) 당사자의 소멸 등이 있다.

근로자는 임금을 목적으로 근로를 제공하는 자로서 근로의 제공은 근로자의 유일한 생계수단이 되고 있다. 따라서, 근로자가 자유로운 의사에 따라 사직 등 근로관계를 종료시킬 때에는 별다른 문제가 야기되지 아니하나, 사용자의 일방적인 해고 등에 의하여 근로관계가 종료될 때에는 근로자의 생존권에 커다란 위협을 가져오게 된다. 이 경우 사용자의 일방적인 근로관계 종료행위에 대하여 이를 제한하는 법리가 제시되어야 하는 한편, 근로자가 자유로운 의사에 의하여 근로관계를 종료시키는 경우에도 근로의 기회가 지속적으로 보장될 수 있는 법적·제도적 장치가 마련되어야 한다.

## 제2절 법적 체계

### 1. 근로관계종료의 판단기준

#### (1) 의 의

해고에 대하여는 근로기준법 제23조 내지 제33조상의 해고제한의 법리가 적용되고, 해고 이외의 근로관계 종료사유에 대하여는 동 해고제한의 법리가 적용되지 아니하는 것이 원칙이므로 양자의 구별은 법적용상 상당히 중요한 의의를 갖는다. 일반적으로 어느 근로관계의 종료사유가 해고에 해당하는지의 여부는 개별 사안에 따라 구체적으로 당사자의 실질적 의사를 판단하여 구분하는 것이 원칙이다. 즉 ① 사용자의 일방적 의사표시에 따라 근로자의 의사에 반하여 근로관계가 종료되는 경우에는 해고에 해당하며, ② ⅰ) 당사자간의 의사합치에 의하여, ⅱ) 근로자의 자의적 의사표시에 의하여, 또는 ⅲ) 당사자의 의사 여부와는 상관없이 근로관계가 종료되는 경우에는 해고 이외의 근로관계 종료사유에 해당된다.

### (2) 구체적 사례

① **해  고:**  해고의 경우 사용자는 해고의 예고를 통한 해고처분을 내려야 한다. 그러나 외형상 해고처분을 내리는 경우에도 실질적으로는 해고 이외의 종료사유에 해당하는 경우가 있는바, 이 경우 해고처분은 해고 등의 새로운 법률관계를 형성하는 것이 아니라 근로자가 퇴직한다는 것을 알려주는 사실의 통지에 불과하다고 할 것이다.

② **사직 · 합의해지:**  근로자가 스스로 퇴직하거나, 퇴직에 동의 · 합의하는 경우 이는 해고 이외의 근로관계 종료사유로서 근로관계는 유효하게 종료된다. 그러나 외형상 근로자가 동의 · 합의하는 경우에도 실질적으로는 사용자의 강요 · 지시에 의하여 사직하는 것이라면, 이는 해고에 해당된다.

③ **근로관계의 자동적인 종료:**  근로계약기간의 만료 및 정년 등 근로관계가 자동적으로 종료되는 경우, 이는 해고 이외의 근로관계 종료사유로서 근로관계는 유효하게 종료된다. 그러나 단체협약 및 취업규칙 등에서 「일정 사유가 발생하게 되면 당연퇴직으로 간주한다」는 당연퇴직규정이 있는 경우 당연퇴직사유의 발생으로 인한 퇴직처분은 해고에 해당하는 것이 원칙이다.

④ **당사자의 소멸:**  근로자가 사망하거나 또는 기업이 해산하는 등 당사자가 소멸하는 경우 이는 해고 이외의 근로관계 종료사유로서 근로관계는 유효하게 종료된다. 그러나 사용자가 ⅰ) 도산에 이르지 아니한 정도의 회사를 자의적으로 폐업하거나, ⅱ) 회사의 합병 · 영업양도시 근로관계를 승계하지 아니하는 것 등은 해고에 해당된다.

### 2. 근로관계 종료의 법적 효과

#### (1) 해    고

해고의 경우에는 ⅰ) 근로기준법 제23조제1항에 의한 정당한 이유가 있거나, 또는 제24조상의 경영해고에 해당하는 경우에 한하여 해고가 인정되며, ⅱ) 동법 제23

조제2항에 의하여 업무상 부상·질병 또는 출산전후휴가로 인한 휴업기간 및 그 후 30일간은 해고하지 못하고, iii) 동법 제26조에 따라 해고 30일 전에 사전예고를 하거나, 30일분의 해고예고수당을 지급하여야 한다.

다만, 사업을 계속할 수 없게 된 경우에 행하는 해고에 대하여는 근로기준법 제23조제2항이 적용되지 아니하므로 사용자는 업무상 부상·질병 또는 출산전후휴가로 인한 해고금지기간중에도 해고를 할 수 있다(근로기준법 제23조제2항단서).

### (2) 해고 이외의 근로관계 종료사유

해고 이외의 근로관계 종료사유에 대하여는 근로기준법 제23조 내지 제33조상의 해고제한의 법리가 적용되지 아니하는 것이 원칙이다. 다만, 외형상 해고 이외의 근로관계 종료사유에 해당한다 할지라도 실질적으로 해고에 해당하는 경우에는 해고제한의 법리가 적용된다.

# 제2장 근로관계종료의 사유

## 제1절 해 고

## Ⅰ. 의 의

기존 시민법체계하에서 사용자는 근로자와 자유로이 근로계약을 체결하고, 또한 이를 자유로이 해지할 수 있는 것이 원칙이다. 그러나 사용자에 의한 해지의 자유는 근로의 제공을 유일한 생활수단으로 삼고 있는 근로자에게 취업의 기회를 박탈하여 생존에 커다란 위협을 주게 된다.

따라서 사용자의 근로계약해지의 자유에 대한 법적 제한이 요구되었으며, 이것이 바로 시민법상의 원리를 극복하고 노동법상의 「해고제한의 법리」가 대두된 이유이다. 근로기준법상 해고의 요건은 크게 실질적 요건과 절차적 요건으로 나누어 볼 수 있다.

## Ⅱ. 해고의 실질적 요건

### 1. 관련규정 및 취지

근로기준법 제23조 [해고 등의 제한] ① 사용자는 근로자에게 정당한 이유 없이 해고·휴직·정직·전직·감봉 그 밖의 징벌(이하 "부당해고등"이라 한다)을 하지 못한다.

### (1) 해고의 개념

사용자는 「정당한 이유」 없이 근로자를 해고하여서는 아니 된다[1])(근로기준법 제

---

1) 일반적 해고제한법규가 규정되어 있지 아니한 일본에서는 해고자유설·권리남용설·정당사유설 등이 주장되고 있다. 그러나 명문규정에 의하여 사용자의 해고권을 제한하고 있는 우리나라에서는 논의될 실익이 적다고 할 것이다. 김형배, 근로기준법, p. 652.

23조제1항). 그러나, 근로기준법은 무엇이「해고」인가에 관하여 구체적으로 규정하지 아니하고 있다.2) 따라서, 해고의 내용은 개별적 사안에 따라 구체적으로 판단되어야 할 것이지만, 대체로 사회통념상 근로관계를 계속시킬 수 없을 정도로 근로자에게 귀책사유가 있다든가 또는 부득이한 경영상의 필요가 있는 경우가 이에 해당된다고 할 것이다.3)

해고에는 통상해고, 징계해고 및 경영해고의 세 가지 종류가 있다.

관 련
판 례    **대판 2003. 7. 8, 2001두8018**    해고는 사회통념상 고용관계를 계속할 수 없을 정도로 근로자에게 책임 사유가 있는 경우에 행하여져야 그 정당성이 인정되는 것이고, 사회통념상 당해 근로자와의 고용관계를 계속할 수 없을 정도인지의 여부는 당해 사용자의 사업의 목적과 성격, 사업장의 여건, 당해 근로자의 지위 및 담당직무의 내용, 비위행위의 동기와 경위, 이로 인하여 기업의 위계질서가 문란하게 될 위험성 등 기업질서에 미칠 영향, 과거의 근무태도 등 여러 가지 사정을 종합적으로 검토하여 판단하여야 한다.

### (2) 해고의 사유

근로기준법 제23조제1항은 "정당한 이유"가 있는 경우에 한하여 해고할 수 있다고 규정하고 있다. 그러나, 근로기준법은 무엇이 "정당한 이유"인가에 대하여 동법 제24조에 규정된 경영해고 이외에는 아무런 규정도 두지 아니하고 있다.

따라서, 해고의「정당한 이유」의 구체적 기준 및 사유에 관하여는 당사자가 단체협약 및 취업규칙 등에서 이를 정하고 있는 것이 일반적이다.4)

---

2) 다만, ① 근로기준법은 ⅰ) 성별·종교·사회적 신분으로 인한 차별적 대우의 금지(제5조), ⅱ) 근로자가 감독기관에 사용자를 신고한 것을 이유로 한 해고의 금지(제107조제2항)를, ② 노동조합법은 근로자의 근로삼권행사를 이유로 한 해고 및 불이익처분의 금지(제81조제1호 및 제5호)를, ③ 남녀고용평등법은 근로자의 정년 및 해고에 관하여 여성인 것을 이유로 한 남성과의 차별금지(제8조)를, ④ 산업안전보건법은 ⅰ) 산업재해발생위험으로 인하여 근로자가 작업중지·대피한 것을 이유로 한 해고 및 불이익처분의 금지(제26조제3항), ⅱ) 사용자의 동법 위반행위를 근로자가 신고한 것을 이유로 한 해고 및 불이익처분의 금지(제52조제2항)를, ⑤ 기간제및단시간근로자보호등에관한법률은 기간제근로자 또는 단시간근로자가 ⅰ) 사용자의 부당한 초과근로 요구의 거부, ⅱ) 차별적 처우의 시정 신청, 재심신청, 행정소송의 제기, ⅲ) 시정명령불이행의 신고, ⅳ) 통고 등(제16조)을 이유로 한 해고 기타 불리한 처우의 금지를 규정하고 있다. 이러한 규정은「정당한 이유」에 해당되지 아니하는 사용자의 해고처분을 소극적으로 제한하고 있는 것에 불과하며, 정당한 해고의 내용을 적극적·구체적으로 규정하고 있는 것은 아니다.

3) 대판 2002. 6. 14, 2000두8349; 대판 2002. 12. 27, 2002두9063; 대판 2003. 5. 27, 2001두8926; 대판 2003. 7. 8, 2001두8018.

4) 근로기준법 제96조제4호는「퇴직에 관한 사항」을 취업규칙의 필요적 기재사항으로 하고 있다. 이 퇴직에 관한 사항에는 임의퇴직뿐만 아니라 해고도 포함되므로 취업규칙에는 해고사유 및 기준에 관하여 기재하여야 한다.

### (가) 정당한 이유의 기준 및 사유

① **해고사유가 규정되어 있는 경우:**   해고사유가 단체협약 및 취업규칙에 규정되어 있다 할지라도, 이러한 해고사유가 반드시 정당한 이유가 있는 해고에 해당하는 것은 아니다.

단체협약 및 취업규칙 등에 규정된 해고사유가 ⅰ) 근로기준법 등 관련법령에 위배되지 아니하고 ⅱ) 신의칙에 위반하거나, 권리남용에 해당되지 아니하는 등 사회통념상 합리성을 지니고 있는 경우에 한하여 이러한 사유에 따른 해고는 정당한 이유가 인정된다.5) 따라서, 단체협약 및 취업규칙 등에 정하여진 사유에 단순히 해당한다 할지라도 고용관계를 계속 유지하는 것이 현저히 부당 또는 불공평하다고 인정될 정도에 이르러야 해고의 정당성이 인정될 것이다.6)

상시 4인 이하의 근로자를 사용하는 사업 또는 사업장에 대하여는 사용자가 정당한 이유 없이 근로자를 해고하지 못한다는 근로기준법 제23조제1항이 적용되지 아니하므로, 사용자는 사유를 불문하고 언제든지 근로계약의 해지를 통고할 수 있다. 그러나 사용자가 4인 이하의 근로자와 기간의 정함이 없는 근로계약을 체결하면서 해고의 사유를 열거하고 그 사유에 의해서만 해고할 수 있도록 하는 해고제한의 특약을 하였다면, 이러한 특약을 위반한 해고는 무효이다.7)

| | |
|---|---|
| **관 련**<br>**판 례** | **대판 2008. 3. 14, 2007다1418**   상시 4인 이하의 근로자를 사용하는 사업 또는 사업장에 대하여는 사용자가 정당한 이유 없이 근로자를 해고하지 못한다는 같은 법 제23조제1항이 적용되지 않고, 이 경우 그 근로계약이 기간의 정함이 없는 것이라면 민법 제660조제1항을 적용할 수 있게 되어 사용자는 사유를 불문하고 언제든지 근로계약의 해지를 통고할 수 있다. 그러나 민법 제660조제1항은 당사자의 의사에 의하여 그 적용을 배제할 수 있는 임의규정이므로, 상시 4인 이하의 근로자를 사용하는 사업 또는 사업장의 사용자가 근로자와 기간의 정함이 없는 근로계약을 체결하면서 해고의 사유를 열거하고 그 사유에 의해서만 근로자를 해고할 수 있도록 하는 해고제한의 특약을 하였다면, 근로자에 대한 해고는 민법 제660조제1항이 아닌 위 해고제한의 특약에 따라야 하고 이러한 제한을 위반한 해고는 무효라고 보아야 한다. |

② **해고사유가 규정되어 있지 아니한 경우:**   단체협약 및 취업규칙 등에 해고사유가 규정되어 있지 아니한 경우에는 그 규정되어 있지 아니한 사유로 인하여 징계해고할 수 없다는 견해가 있다.8) 그러나 사업장에서 발생하는 해고사유를 미리 예

---

5) 대판 1989. 9. 26, 89다카5475; 대판 1991. 10. 11, 91다20713; 대판 1992. 3. 13, 91다39559.
6) 대판 1992. 5. 12, 91다27518.
7) 대판 2008. 3. 14, 2007다1418.

상하여 단체협약 및 취업규칙 등에 빠짐 없이 열거하는 것은 현실적으로 불가능하므로 열거되어 있지 아니한 사항이라도 사회통념상 근로관계를 계속 유지할 수 없는 등 합리성이 인정된다면 정당한 해고사유가 될 수 있다고 보아야 할 것이다.9)

### (나) 취업규칙 및 단체협약의 관계

취업규칙은 단체협약에 위배되어서는 아니 된다(근로기준법 제96조). 따라서, 동일한 해고사유에 대하여 취업규칙에서 단체협약보다 해고조치를 더 쉽게 취할 수 있도록 정하였다면, 이러한 취업규칙상의 해고조치는 무효이다.10)

추상적인 단체협약의 규정을 취업규칙에서 더욱 구체적으로 규정하거나, 단체협약에 규정되지 아니한 내용을 취업규칙에서 새로이 징계사유로 규정하는 경우가 있다. 이러한 경우에 취업규칙의 해당 부분이 당연히 무효로 되는 것은 아니며 단체협약의 근본취지에 위배되지 아니하고 사회통념상 합리성이 있다면 유효하다고 볼 수 있을 것이다.11)

## 2. 통상해고

### (1) 개    념

통상해고는 사용자가 '근로자의 근로계약 상의 근로제공 의무의 전부 또는 일부를 이행하지 못함'을 이유로 근로자를 해고하는 것을 말한다.12) 통상해고는 일반해고라고도 하며, 일반해고 또는 근로자의 일신상의 사유로 인한 해고라고도 한다.

통상해고에는 일반적으로 ⅰ) 근로자의 부상·질병 등 그 밖의 건강상태로 인하여 근로제공의 어려움을 이유로 한 해고, ⅱ) 형사소추(구속), 유죄판결(징역·금고형) 등으로 근로제공 의무의 이행불능에 따른 해고, ⅲ) 업무능력 결여, 근무성적 부진 등을 이유로 한 해고, ⅳ) 사용자가 긴박한 경영상 필요 이외의 사유로 근로제공을 받을 수 없게 되어 행하는 해고, ⅴ) 직원 수를 줄이기 위한 것이 아닌 업무 능률화를 위한 목적으로 직제규정 개정 등에 따른 직책 폐지 등으로 전보, 전적 등을 권유하였으나 이를 거절하는 경우의 해고, ⅵ) 파산선고를 받은 기업이 사업의 폐지를 위하여 청산과정에서 근로자를 해고하는 경우 등이 이에 해당된다.

---

8) 대판 1993. 11. 9, 93다37915; 대판 1994. 12. 27, 93다52525. 단체협약이나 취업규칙 등에서 근로자에 대한 징계사유가 제한적으로 열거되어 있는 경우 이와 같이 열거되어 있는 사유 이외의 사유로는 징계할 수 없다.
9) 하갑래, 근로기준법, p. 657.
10) 서울지판 1992. 8. 18, 90가합22654; 서울지판 1993. 10. 23, 92가합17421.
11) 대판 1993. 1. 15, 92누13035; 대판 1993. 3. 23, 92다40297; 대판 1995. 4. 7, 94다30249.
12) 고용노동부, 공정인사지침(2016.1.22).

근로관계는 근로자의 근로제공과 사용자의 임금의 지급이라는 상호 양면적 관계를 본질로 하고 있으므로 근로자의 근로제공 불이행은 근로관계의 종료, 즉 해고의 사유가 될 수 있다. 또한, 근로자의 업무능력의결여, 근무성적 부진 등이 업무명령 위반 및 비위행위 등 근로자의 고의 또는 중과실에 해당하는 경우 징계해고 사유가 될 수도 있다.

### (2) 공정하고 합리적인 평가

통상해고를 하기 위하여는 우선적으로 근로자에 대한 업무평가가 이루어져야 하며, 이에는 합리적이고 객관적인 평가기준이 마련되고 이를 토대로 공정한 평가의 실시가 이루어져야 한다. 업무평가 기준의 마련 및 평가실시에는 노동조합 또는 노사협의회 등의 근로자대표가 참여하는 것이 바람직하다. 근로자의 업무능력, 근무성적 등에 대한 평가는 사용자의 인사, 경영권으로 원칙적으로 그 내용, 방식 등에 있어 재량권이 인정되며 인사평가의 본질상 정성적인 요소가 평가에 포함되어 있더라도 이를 자의적이라거나 권한을 남용한 것으로 단정할 수 없다. 그러나, 근로자의 업무능력 또는 근무실적에 대한 평가가 해고에 대한 법적 규제를 회피하고 퇴직을 강요하는 수단으로 남용되는 등 헌법과 법률을 위반하거나 객관적이고 공정한 기준을 현저히 위배한 경우에는 사법심사의 대상이 될 수 있다. 평가가 이루어진 후에는 이를 당사자에게 공개하여야 하며 근로자에게 평가에 대한 이의제기 절차가 부여되어야 한다.

### (3) 해고회피수단의 마련

통상해고를 하기 전에 근로자에 대한 교육훈련기회의 제공 및 배치전환 등의 해고회피노력이 이루어져야 한다.

근로자의 업무능력이 부족하거나 근무실적이 낮더라도 사용자는 재교육 또는 역량향상 프로그램을 시행하는 등의 업무 능력개선을 위한 노력을 기울여야 한다. 특히, 해당 근로자가 다른 업무를 수행할 의사가 있는 경우 교육 훈련 등을 통해 다른 업무를 수행할 수 있도록 기회를 부여하여야 한다.

업무능력 또는 근무실적이 낮은 원인이 근로자의 능력 또는 적성과 담당 업무와 부합되지 않는 것에 있는 경우에는 근로자의 적성과 능력에 맞는 부서로 배치전환하는 것이 우선되어야 한다.

## (4) 사업의 폐쇄

사업을 폐쇄하여 근로자를 해고하는 경우 통상해고 또는 경영해고 중 어느 방법을 선택하여야 하는지 의문시된다고 할 것이다.

대법원 판례는 ⅰ) 사업의 일부 폐쇄의 경우 경영해고, ⅱ) 사업의 전체 폐쇄의 경우 통상해고를 하여야 한다고 판결하고 있다.13)

사업의 전체 폐쇄, 즉 폐업의 경우 소속 근로자를 해고하는 것은 그것이 노동조합의 단결권 등을 방해하기 위한 위장 폐업이 아닌 한 원칙적으로 기업 경영의 자유에 속하는 것으로서 유효하다. 그러나 사업의 일부 폐쇄의 경우 ⅰ) 근로자를 해고하려면 근로기준법 제24조의 경영해고 요건을 갖추어야 하며, ⅱ) 예외적으로 통상해고를 인정받기 위해서는 일부 사업의 폐지·축소가 사업 전체의 폐지와 같다고 볼 만한 특별한 사정이 인정되어야 한다는 입장을 취하고 있다.

**관 련**
**판 례**

대판 2021. 7. 29, 2016두64876  어떤 기업이 경영상 이유로 사업을 여러 개의 부문으로 나누어 경영하다가 그중 일부를 폐지하기로 하였더라도 이는 원칙적으로 사업 축소에 해당할 뿐 사업 전체의 폐지라고 할 수 없으므로, 사용자가 일부 사업을 폐지하면서 그 사업 부문에 속한 근로자를 해고하려면 근로기준법 제24조에서 정한 경영상 이유에 의한 해고 요건을 갖추어야 하고, 그 요건을 갖추지 못한 해고는 정당한 이유가 없어 무효이다.

한편 사용자가 사업체를 폐업하고 이에 따라 소속 근로자를 해고하는 것은 그것이 노동조합의 단결권 등을 방해하기 위한 위장 폐업이 아닌 한 원칙적으로 기업 경영의 자유에 속하는 것으로서 유효하고, 유효한 폐업에 따라 사용자와 근로자 사이의 근로관계도 종료한다.

따라서 사용자가 일부 사업 부문을 폐지하고 그 사업 부문에 속한 근로자를 해고하였는데 그와 같은 해고가 경영상 이유에 의한 해고로서의 요건을 갖추지 못하였지만, 폐업으로 인한 통상해고로서 예외적으로 정당하기 위해서는 일부 사업의 폐지·축소가 사업 전체의 폐지와 같다고 볼 만한 특별한 사정이 인정되어야 한다. 이때 일부 사업의 폐지가 폐업과 같다고 인정할 수 있는지는 해당 사업 부문이 인적·물적 조직 및 운영상 독립되어 있는지, 재무 및 회계의 명백한 독립성이 갖추어져 별도의 사업체로 취급할 수 있는지, 폐지되는 사업 부문이 존속하는 다른 사업 부문과 취급하는 업무의 성질이 전혀 달라 다른 사업 부문으로의 전환배치가 사실상 불가능할 정도로 업무 종사의 호환성이 없는지 등 여러 사정을 구체적으로 살펴 종합적으로 판단하여야 한다. 근로기준법 제31조에 따라 부당해고구제 재심판정을 다투는 소송에서 해고의 정당성에 관한 증명책임은 이를 주장하는 사용자가 부담하므로, 사업 부문의 일부 폐지를 이유로 한 해고가 통상해고로서 정당성을 갖추었는지에 관한 증명책임 역시 이를 주장하는 사용자가 부담한다.

---

13) 대판 2021. 7. 29, 2016두64876.

사견으로는 다음과 같은 이유에서 상기 대법원 판례의 입장에 찬성하지 않는 바이다.

첫째, 근로기준법상 해고의 법제는 동법 제24조에서 경영해고의 요건에 대하여 규정하고 있을 뿐 그 이외의 해고의 방법 및 요건 등에 대하여 아무런 규정도 아니 두고 있다. 이에 반하여 대법원 판례가 특정 사안에 대하여 특정 해고의 방법을 강제화하고 있는 것은 근로기준법의 법체계에 어긋난다.

둘째, 사용자가 근로자를 해고하는 경우 통상해고, 경영해고 및 징계해고 중 어느 방법을 선택할지 여부는 각 해고가 법적 요건을 충족하는 한 사용자의 경영상 재량에 속하는 것으로 보아야 한다. 즉, 해고 사유가 두 개 이상 존재하는 경우 이 중에 사용자는 어느 하나를 선택할 경영상 자유가 있으므로 이를 대법원이 제한하거나 방법을 특정하는 것은 헌법상 사용자의 기본권인 경영권을 심각하게 침해한다고 할 것이다. 대법원 판례는 사업의 전부 폐쇄의 경우에는 사용자의 경영상 자유를 인정하면서 사업의 일부 폐쇄의 경우에는 경영상 자유를 인정하지 않고 있는 바, 그 논거가 명확하지 않다고 할 것이다.

셋째, 사업의 일부 폐쇄의 경우에도 사용자의 선택에 의하여 경영해고 또는 통상해고가 인정되는 것이 근로기준법상의 법원칙에 부합된다. 사업의 일부 폐쇄가 긴박한 경영상의 필요가 없어 경영해고의 요건을 갖추지 못한다 할지라도 통상해고의 요건을 갖추고 있는 경우 이는 인정되어야 한다. 사용자는 사업을 일부 폐쇄하는 경우 소속 근로자를 다른 부서로 전보 또는 전환배치할 기회를 부여하고 근로자의 의사와 능력에 부합되는 직책이 없는 경우 통상해고 할 수 있어야 한다.

## 3. 징계해고

근로자가 자신의 귀책사유로 인하여 관련법령·단체협약·취업규칙 및 근로계약에 규정된 의무를 위반하거나, 사용자의 지시·명령에 불복종하는 것을 이유로 하는 해고처분을 말한다. 이를 일반적으로 「징계해고」라고 부른다.

징계해고는 사회통념상 고용관계를 계속할 수 없을 정도로 근로자에게 책임 있는 사유가 있는 경우에 행하여져야 그 정당성이 인정된다. 이 경우 사회통념상 해당 근로자와의 고용관계를 계속할 수 없을 정도인지의 여부는 해당 사업의 목적과 성격, 사업장의 여건, 해당 근로자의 지위 및 담당직무의 내용, 비위행위의 동기와 경위, 이로 인하여 기업의 위계질서가 문란하게 될 위험성 등 기업질서에 미칠 영향, 과거의 근무태도 등 여러 가지 사정을 종합적으로 검토하여 판단하여야 한다.[14]

**관 련
판 례**  대판 2003. 7. 8, 2001두8018    해고는 사회통념상 고용관계를 계속할 수 없을
정도로 근로자에게 책임 있는 사유가 있는 경우에 행하여져야 그 정당성이 인정되
는 것이고, 사회통념상 당해 근로자와의 고용관계를 계속할 수 없을 정도인지의
여부는 당해 사용자의 사업의 목적과 성격, 사업장의 여건, 당해 근로자의 지위 및
담당직무의 내용, 비위행위의 동기와 경위, 이로 인하여 기업의 위계질서가 문란하
게 될 위험성 등 기업질서에 미칠 영향, 과거의 근무태도 등 여러 가지 사정을 종
합적으로 검토하여 판단하여야 한다.

예컨대, ⅰ) 무단결근·조퇴·지각, ⅱ) 약정된 근로제공의 거부 또는 하자 있는
근로제공, ⅲ) 불법쟁의행위의 선동·참가, ⅳ) 회사경영에 대한 손해야기, ⅴ) 회사
명예의 훼손, ⅵ) 회사상사의 지시불복종, ⅶ) 회사기밀의 누설 및 ⅷ) 학력의 허위기
재[15] 등이 징계해고의 사유에 해당된다.

근로자에게 여러 개의 징계사유가 있는 경우에는 그 징계사유 하나씩 또는 그
중 일부의 사유만을 가지고 판단할 것이 아니고 전체의 사유에 비추어 판단하여야
하며, 징계처분에서 징계사유로 삼지 아니한 비위행위라도 징계종류 선택의 자료로
서 피징계자의 평소 소행과 근무성적, 해당 징계처분 사유 전후에 저지른 비위행위
사실 등은 징계양정을 하면서 참작자료로 삼을 수 있다.[16]

학력의 허위기재가 징계해고 사유에 해당하는지에 대하여 종전의 대법원 판례[17]
는 사회통념상 고용관계를 계속할 수 없을 정도인지의 여부를 "고용 당시"에 국한하
여 판단하였으나, 최근의 판례[18]는 "고용당시뿐 아니라 그 고용이후 해고 시점"까지
모두 판단하여야 한다는 입장을 취하고 있다.

**관 련
판 례**  대판 2012. 7. 5, 2009두16763    근로자가 입사 당시 제출한 이력서 등에 학력
등을 허위로 기재한 행위를 이유로 징계해고를 하는 경우 사회통념상 고용관계를
계속할 수 없을 정도인지는 사용자가 사전에 허위 기재 사실을 알았더라면 근로계
약을 체결하지 않았거나 적어도 동일 조건으로는 계약을 체결하지 않았으리라는
등 고용 당시의 사정뿐 아니라, 고용 후 해고에 이르기까지 근로자가 종사한 근로
내용과 기간, 허위기재를 한 학력 등이 종사한 근로의 정상적인 제공에 지장을 가
져오는지 여부, 사용자가 학력 등 허위 기재 사실을 알게 된 경위, 알고 난 후 당
해 근로자의 태도 및 사용자의 조치 내용, 학력 등이 종전에 알고 있던 것과 다르
다는 사정이 드러남으로써 노사간 및 근로자 상호간 신뢰관계 유지와 안정적인 기
업경영과 질서유지에 미치는 영향 기타 여러 사정을 종합적으로 고려하여 판단하

---

14) 대판 2003. 7. 8, 2001두8018.
15) 대판 2003. 5. 16, 2002다25525; 대판 2012. 7. 5, 2009두16763.
16) 대판 2013. 10. 31, 2013두13198.
17) 대판 2003. 5. 16, 2002다25525.
18) 대판 2012. 7. 5, 2009두16763.

여야 한다. 이는 고용계약 체결뿐 아니라 고용관계 유지에서도 중요한 고려요소가 된다고 볼 수 있다. 따라서 취업규칙에서 근로자가 고용 당시 제출한 이력서 등에 학력 등을 허위로 기재한 행위를 징계해고사유로 특히 명시하고 있는 경우에 이를 이유로 해고하는 것은, 고용 당시 및 그 이후 제반 사정에 비추어 보더라도 사회 통념상 현저히 부당하지 않다면 정당성이 인정된다.

근로자의 범법행위는 직접 사용자에 대한 것은 물론이거니와 제3자에 대한 범죄 행위라 할지라도 그것이 사용자에 대한 의무이행에 부정적 영향을 미치거나, 회사의 신용·명예에 중대한 손상을 초래하는 경우에는 해고의 사유가 될 수 있다.

## 4. 경영해고

사용자가 「긴박한 경영상의 필요」로 인하여 근로자와의 근로관계의 존속이 불가 능한 것을 이유로 하는 해고처분을 말한다. 이를 일반적으로 「경영해고」라 한다.[19]

### (1) 관련규정

**근로기준법 제24조 [경영상 이유에 의한 해고의 제한]** ① 사용자가 경영상 이유에 의 하여 근로자를 해고하려면 긴박한 경영상의 필요가 있어야 한다. 이 경우 경영 악 화를 방지하기 위한 사업의 양도·인수·합병은 긴박한 경영상의 필요가 있는 것 으로 본다.
② 제1항의 경우에 사용자는 해고를 피하기 위한 노력을 다하여야 하며 합리적이 고 공정한 해고의 기준을 정하고 이에 따라 그 대상자를 선정하여야 한다. 이 경 우 남녀의 성을 이유로 차별하여서는 아니 된다.
③ 사용자는 제2항에 따른 해고를 피하기 위한 방법과 해고의 기준 등에 관하여 그 사업 또는 사업장에 근로자의 과반수로 조직된 노동조합이 있는 경우에는 그 노동조합(근로자의 과반수로 조직된 노동조합이 없는 경우에는 근로자의 과반수를 대표하는 자를 말한다. 이하 "근로자대표"라 한다)에 해고를 하려는 날의 50일 전 까지 통보하고 성실하게 협의하여야 한다.
④ 사용자는 제1항에 따라 대통령령으로 정하는 일정한 규모 이상의 인원을 해고 하려면 대통령령으로 정하는 바에 따라 고용노동부장관에게 신고하여야 한다.
⑤ 사용자가 제1항부터 제3항까지의 규정에 따른 요건을 갖추어 근로자를 해고한 경우에는 제23조제1항에 따른 정당한 이유가 있는 해고를 한 것으로 본다.

### (2) 경영해고의 요건

경영해고가 근로기준법 제23조제1항의 규정에 의한 「정당한 해고」에 해당하기 위하여는 ⅰ) 긴박한 경영상의 필요, ⅱ) 해고회피노력, ⅲ) 공정하고 합리적인 해고

---

19) 종래에는 일본에서 사용되는 「정리해고」라는 용어를 사용하였으나, 적합하지 못한 용어라고 판단되 어 이하에서는 경영해고라는 용어를 사용하기로 한다. 이에 대하여 ⅰ) 「조정해고」(손창희, 카톨릭사회과학 연구, 1998. 5. p. 70), ⅱ) 「긴박한 경영상의 필요에 의한 해고」(김형배, 근로기준법, p. 663), ⅲ) 「경영상 해고」(행정해석: 근기 68201-586, 1998. 3. 28) 등으로 부르고 있다.

기준 및 ⅳ) 근로자대표와의 협의 등 다음의 네 가지 요건을 갖추어야 한다.[20] 일부 국가의 입법례는 "근로자 대표와의 협의"를 요건으로 하지 않는 입장을 취하고 있으나, 우리나라의 근로기준법은 이러한 네 가지 요건을 모두 갖춘 경우 근로기준법 제23조제1항의 정당한 이유가 있는 것으로 본다(근로기준법 제24조제5항).

상기 요건의 구체적 내용은 확정적·고정적인 것이 아니라 구체적 사건에서 다른 요건의 충족 정도와 관련하여 유동적으로 정해지는 것이므로 구체적 사건에서 상기 요건이 충족되었는지의 여부는 각 요건을 구성하는 개별 사정 등을 종합적으로 고려하여 판단하여야 한다.[21]

### (가) 긴박한 경영상의 필요
#### ① 긴박한 경영상의 정도

㉠ 협의설　　　　협의설에 의하면 경영해고를 하지 아니하면 기업이 도산되거나 존속유지가 위태롭게 될 것이 객관적으로 인정되는 경우에 한하여 경영해고가 인정된다고 한다. 종래의 대법원 판례의 입장이다.[22]

㉡ 광의설　　　　광의설에 의하면 경영해고가 사회통념에 비추어 생산성향상·구조조정 및 기술혁신 등 객관적이고 합리적이라고 인정되는 경우에는 도산회피까지 이르지 아니할지라도 경영해고가 인정된다고 한다. 최근 대법원 판례[23]의 입장이다.

#### ② 긴박한 경영상의 필요의 판단기준:　　　긴박한 경영상의 필요성은 경영해고의
실시시기를 기준으로 하여 즉, 경영해고를 할 당시의 사정을 기준으로 판단하여야 한다.[24] '긴박한 경영상의 필요'에는 장래에 올 수도 있는 위기에 미리 대처하기 위하여 인원삭감이 필요한 경우도 포함되지만, 그러한 인원삭감은 객관적으로 보아 합리성이 있다고 인정되어야 한다.[25] 경영해고의 필요성 여부는 각 사안에 따라 구체적·객관적으로 판단하여야 한다.

#### ③ 긴박한 경영상의 필요의 구체적 사례:　　　「긴박한 경영상의 필요」의 구체적
사례로서 ⅰ) 계속되는 경영의 악화, ⅱ) 생산성향상을 위한 구조조정과 기술혁신 또

---

20) 대판 1989. 5. 23, 87다카2132. 근로기준법 제30조제1항은 기존 대법원 판례가 정립하여온 경영해고의 네 가지 요건을 법제화 한 것이다.

21) 대판 2002. 7. 9, 2001다29452; 대판 2006. 1. 26, 2003다69393.

22) 대판 1989. 5. 23, 87다카2132; 대판 1990. 1. 12, 88다카34094.

23) 대판 1991. 12. 10, 91다8647; 대판 1992. 5. 12, 90누9421; 대판 1992. 8. 14, 92다16973; 대판 1993. 1. 26, 92누3076. 광의설에는 「합리적 필요설」 및 「감량경영설」 등이 일반적으로 제시되고 있으나, 이를 엄격히 구별할 논의의 실익은 없다고 본다.

24) 대판 2013. 6. 13, 2011다60193.

25) 대판 2014. 11. 13, 2014다20875, 20882; 대판 2015. 5. 28, 2012두25873; 대판 2019. 10. 18, 2018다239110.

는 업종의 전환 및 ⅲ) 사업의 양도·인수·합병 등이 제시되고 있다.

㉠ 계속되는 경영의 악화　　경영해고를 하지 아니하면 안 될 경영상의 어려움이 계속적으로 누적되어 왔고 장래에도 쉽사리 해소되지 아니할 개연성이 존재하여야 한다. 그러나 ⅰ) 노동조합의 파업 등으로 기업에 일시적인 경영난이 있거나,26) ⅱ) 해고된 근로자 수만큼 또는 그 이상의 인원을 즉시 신규채용한 경우,27) ⅲ) 해고 전에 새로운 고급승용차를 구입하고 기사를 고용하거나, 부실기업을 새로이 인수한 경우28) 등은 계속되는 경영의 악화에 해당되지 아니한다.

㉡ 생산성향상　　생산성향상 또는 경쟁력강화를 위하여 구조조정 또는 기술혁신을 하거나 업종을 전환하는 경우에도 경영해고가 인정된다. 예컨대, ⅰ) 경영상태의 악화로 불필요한 담당부서를 폐지한 경우,29) ⅱ) 해당 사업부문을 외부 하도급제로 운영하기로 함에 따라 잉여인력을 감축한 경우30) 등에는 긴박한 경영상의 필요성이 인정된다.

㉢ 사업의 양도·인수·합병　　경영악화를 방지하기 위한 사업의 양도·인수·합병은 긴박한 경영상의 필요가 있는 것으로 본다(근로기준법 제24조제1항후단). 이 경우 「경영악화를 방지」하기 위한 경우에 한하여 긴박한 경영상의 필요가 인정되는 것으로 좁게 해석하여야 할 것이다. 따라서 단순한 사업의 확장 등의 경우에는 경영해고가 인정되지 아니하는 것으로 보아야 할 것이다.

㉣ 회사가 여러 사업으로 구성되어 있는 경우　　긴박한 경영상의 위기는 회사 전체의 영업사정을 통합적으로 검토하여 결정되어야 하며, 회사의 일개 영업부문 또는 영업소의 영업수지만을 기준으로 결정되어서는 아니 된다.31) 예컨대, '긴박한 경영상의 필요'가 있는지를 판단할 때에는 ⅰ) 법인의 어느 사업부문이 다른 사업부문과 인적·물적·장소적으로 분리·독립되어 있고 재무 및 회계가 분리되어 있으며 경영여건도 서로 달리하는 예외적인 경우가 아니라면 ⅱ) 법인의 일부 사업부문 내지 사업소의 수지만을 기준으로 할 것이 아니라 법인 전체의 경영사정을 종합적으로 검토하여 결정하여야 한다.32)

그러나, 이와 다르게 판결을 내린 판례도 있다. 예컨대, 일부 판례는 "기업의 전

---

26) 대판 1993. 1. 26, 92누3076.
27) 대판 1987. 4. 28, 86다카1873; 대판 1989. 5. 23, 87다카2132.
28) 대판 1995. 11. 24, 94누10931.
29) 서울고판 1987. 7. 10, 86나2932.
30) 대판 1995. 12. 22, 94다52119.
31) 대판 1990. 3. 13, 89다카24444; 대판 2015. 5. 28, 2012두25873.
32) 대판 2006. 9. 22, 2005다30580; 대판 2015. 5. 28, 2012두25873.

체 경영실적이 흑자를 기록하고 있더라도 일부 사업부문이 경영악화를 겪고 있으며, 그러한 경영악화가 구조적인 문제 등에 기인한 것으로 쉽게 개선될 가능성이 없고 해당 사업부문을 그대로 유지할 경우 결국 기업 전체의 경영상황이 악화될 우려가 있는 등 장래 위기에 대처할 필요가 있다면, 해당 사업부문을 축소 또는 폐지하고 이로 인하여 발생하는 잉여인력을 감축하는 것이 객관적으로 보아 불합리한 것이라고 볼 수 없다"고 판결하고 있다.[33]

### (나) 해고회피노력

① **해고회피노력의 기준:**　　　사용자는 해고회피를 위한 노력을 하여야 한다(동법 제24조제2항). 즉, ⅰ) 경영해고조치 이외의 경영상의 실현가능한 모든 조치를 신의·성실의 원칙에 따라 취하였음에도 불구하고 긴박한 경영상의 필요를 충족시키지 못하였거나, ⅱ) 경영해고조치 이외의 다른 해결방안을 강구하는 것이 불가능하여야 한다. 그 방법과 정도는 확정적·고정적인 것이 아니라 해당 사용자의 경영위기의 정도, 경영해고를 실시하여야 하는 경영상의 이유, 사업의 내용과 규모, 직급별 인원 상황 등에 따라 달라질 수 있다.[34]

② **구체적 사례:**　　　해고회피노력을 다하기 위해서는 사용자가 근로자의 해고범위를 최소화 하기 위하여 경영방침 또는 작업방식의 합리화, 신규채용의 금지, 일시휴직 및 희망퇴직의 활용, 자산매각 및 전근 등의 가능한 조치를 취하여야 한다.[35] 예컨대 ⅰ) 시간외근로의 중단, 근로시간의 축소 등 조업단축을 실시하거나, ⅱ) 전근 및 전직 등을 통한 취업의 유지, ⅲ) 새로운 시장개척 및 ⅳ) 신규채용의 중단 등이 이에 해당된다.

또한, 사용자가 고용보험법상의 휴업수당지원금·근로시간단축지원금·고용유지훈련지원금 및 인력재배치지원금 등의 고용안정지원제도를 활용하는 경우도 해고회피노력을 하는 것으로 보아야 할 것이다.[36]

### (다) 합리적이고 공정한 해고기준의 설정

① **해고기준의 설정기준:**　　　사용자는 합리적이고 공정한 해고의 기준을 정하고 이에 따라 해고대상근로자를 선정하여야 한다(동법 제24조제2항전단). 해고대상근로자의 선정기준이 단체협약 및 취업규칙 등에 규정되어 있는 경우에는 이에 따르고,

---

33) 대판 2012. 2. 23, 2010다3735.
34) 대판 2004. 1. 15, 2003두11339; 대판 2013. 6. 13, 2011다60193.
35) 대판 1992. 12. 22, 92다14779; 대판 2004. 1. 15, 2003두11339; 대판 2014. 11. 13, 2012다14517; 대판 2019. 10. 18, 2018다239110.
36) 근기 68201－586(1998. 3. 28).

규정되어 있지 아니한 경우에는 해고시점에 이러한 기준을 설정하여야 한다.37)

동 기준은 확정적·고정적인 것이 아니라 해당 사용자가 직면한 경영위기의 정도, 경영해고의 필요성, 경영해고 대상인 사업부문의 내용과 근로자의 구성, 경영해고 당시의 사회경제 상황 등에 따라 달라질 수 있다.38)

이러한 선정기준은 ⅰ) 근로자측의 입장으로서 연령, 건강상태, 가족상황 및 재취업가능성을 종합적으로 고려하여 사회적·경제적 약자를 우선적으로 보호하고, ⅱ) 사용자측의 입장으로서 근로자의 근무능력, 근속기간 및 능률성 등을 고려하여 경영에 필요한 근로자를 우선적으로 보호하도록 설정되어야 한다. 즉 근로자측의 입장과 사용자측의 입장이 서로 조화·균형되어야 한다.

② **구체적 사례:** ⅰ) 정규직 근로자보다 일용직 근로자를 우선해고대상으로 삼은 경우,39) ⅱ) 상용직 근로자보다 단시간근로자를 우선해고대상으로 삼은 경우, ⅲ) 연령이 낮거나 근속연수가 낮은 근로자를 우선해고대상으로 삼은 경우40) 등은 합리적이고 공정한 기준에 해당된다. 그러나 남녀의 성을 이유로 차별하는 것은 인정되지 아니한다(근로기준법 제24조제2항후단).

### (라) 근로자대표와의 사전협의

① **사전협의의무:** 사용자는 해고를 회피하기 위한 방법 및 해고의 기준 등에 관하여 해당 사업장의 근로자대표에 대하여 해고를 하고자 하는 날의 50일 전까지 통보하고 성실하게 협의하여야 한다(동법 제24조제3항).

비록 해고의 사전협의가 절차적 요건에 해당되지만 이는 경영해고의 필요적 요건으로서 합리적 이유없이 이를 거치지 아니하는 경우 해고는 정당성을 상실하여 무효라는 것이 근로기준법 제24조제4항 및 대법원 판례의 일관된 입장이다.41)

② **근로자대표:** 해당 사업장에 근로자의 과반수로 조직된 노동조합이 있는 경우에는 해당 노동조합과 이러한 노동조합이 없는 경우에는 근로자의 과반수를 대표하는 근로자대표와 협의하여야 한다.

협의대표자가 형식적으로는 근로자 과반수의 대표자로서의 자격을 명확히 갖추고 있지 아니할지라도 실질적으로 근로자의 의사를 반영할 수 있는 대표자라고 인정할 수 있는 경우 동 요건을 충족한다.42)

---

37) 대판 2021. 7. 29, 2016두64876.
38) 대판 2002. 7. 9, 2001다29452; 대판 2013. 6. 13, 2011다60193.
39) 대판 1966. 4. 6, 66도204.
40) 대판 1993. 12. 28, 92다34858.
41) 대판 1993. 1. 26, 92누3076.

한편, 근로자라 함은 정식의 근로계약이 이미 체결되어 확정된 근로자를 의미한다. 따라서 사용자에게 근로계약의 해약권이 유보되어 있는 채용내정자는 이에 해당되지 아니하므로 이들을 경영해고하고자 하는 경우 별도의 협의를 거칠 필요가 없다는 것이 대법원 판례의 입장이다.43)

**관 련 판 례**  **대판 2000. 11. 28, 2000다51476**  근로기준법 제31조제3항은 근로자를 해고하기 위하여는 60일 전에 이를 통보하고 근로자의 대표자와 협의할 것을 규정하고 있으나, 근로자의 신분보장을 위한 이러한 규정은 근로계약이 확정된 근로자를 전제로 하는 것으로서 사용자에게 해약권이 유보되어 있는 채용내정자에게는 그 적용이 없다고 할 것이다. 따라서 채용내정을 취소하기 위하여는 정당한 사유가 있어야 함은 당연하나 따로 근로기준법 제31조제3항의 절차를 거쳐야 하는 것은 아니다.

한편, 대법원 판례는 정리해고 대상이 노동조합에 가입할 수 없는 직급에 해당하는 경우일지라도 근로자의 과반수로 조직된 노동조합이 있는 경우에는 정리해고대상 근로자대표와의 별도의 협의를 거치지 아니하고 노동조합과의 협의를 하여도 정당한 것으로 판결하고 있다.44)

③ **해고협의의 통보:**  사용자는 경영해고를 하고자 하는 날의 「50일 전」까지 정리해고계획을 근로자대표에게 통보하여야 한다. 「50일 전 사전통보기간」은 이를 수당으로 대체하거나 단축할 수 없으며, 이를 준수하지 아니하는 경우 정리해고는 무효가 된다. 다만 「50일 전 사전통보기간」에는 근로기준법 제26조의 30일간의 해고예고기간이 포함되지 않는 것으로 보아야 할 것이다.

④ **해고협의의 수준:**  근로기준법 제24조제3항은 「해고협의」라는 용어를 사용하고 있으므로 동 「협의」의 개념이 단순한 근로자대표의 의견청취 및 자문절차에 불과한 것인지, 아니면 동의 또는 합의를 의미하는 것인지에 관하여 의문이 제기될 수 있다. 법문은 전자의 입장을 취하고 있는 것으로 보이나, 사견으로는 어느 쪽으로 해석하든간에 커다란 차이점은 없다고 본다. 즉 ⅰ)「협의」의 개념을 전자의 개념으로 해석하는 경우에도 당사자에게 성실협의의무가 부과된다면 사용자는 근로자대표의 합리적인 의견을 수용하여 합의에 도달하여야 할 것이고, ⅱ) 협의의 개념을 후자의 개념으로 해석하는 경우에도 권리남용금지의 원칙에 따라 근로자대표의 동의권 내지 합의권이 제한받기 때문이다. 성실교섭의무가 헌법 제33조제1항의 단체교섭

---

42) 대판 2006. 1. 26, 2003다69393.
43) 대판 2000. 11. 28, 2000다51476.
44) 대판 2002. 7. 9, 2001다29452.

권에 내재하고 있는 본질적 내용이라면, 성실협의의무는 헌법 제32조제1항의 근로의 권리에 내재하고 있는 본질적 내용이라고 할 것이다.

### (3) 경영해고의 신고

사용자는 1월 동안에 다음 규모 이상의 인원을 해고하고자 할 때에는 최초로 해고하고자 하는 날의 30일 전까지 고용노동부장관에게 신고를 하여야 한다(근로기준법 제24조제4항 및 동법시행령 제10조).

① 상시 근로자 수가 99명 이하인 사업 또는 사업장 : 10명 이상

② 상시 근로자 수가 100명 이상 999명 이하인 사업 또는 사업장 : 상시 근로자 수의 10퍼센트 이상

③ 상시 근로자 수가 1,000명 이상 사업 또는 사업장 : 100명 이상

### (4) 경영해고 후의 근로자보호

#### (가) 관련규정

> 근로기준법 제25조 [우선 재고용 등] ① 제24조에 따라 근로자를 해고한 사용자는 근로자를 해고한 날부터 3년 이내에 해고된 근로자가 해고 당시 담당하였던 업무와 같은 업무를 할 근로자를 채용하려고 할 경우 제24조에 따라 해고된 근로자가 원하면 그 근로자를 우선적으로 고용하여야 한다.
> ② 정부는 제24조에 따라 해고된 근로자에 대하여 생계안정, 재취업, 직업훈련 등 필요한 조치를 우선적으로 취하여야 한다.

#### (나) 사용자의 우선재고용의무

경영해고를 한 사용자가 근로자를 해고한 날부터 3년 이내에 해고된 근로자가 해고 당시 담당하였던 업무와 동일한 업무에 근로자를 채용하려고 할 경우에는 해고근로자가 원하면 경영해고된 근로자를 우선적으로 고용하도록 노력하여야 한다(근로기준법 제25조제1항).

우선재고용은 해당 근로자가 원하는 경우에 인정되며, 또한 근로자가 원하는 경우에도 사용자가 반드시 재고용하여야 하는 법적 의무를 부담하는 것은 아니다. 우선재고용하는 경우 근로자의 해고 전에 담당하였던 업무와 동일한 업무에 근로자를 채용하는 경우에 한하여 인정된다.

즉, 신규채용을 하는 경우 무조건 경영해고된 자를 우선적으로 재고용하여야 한다는 것이 아니라, 채용하고자 하는 직책에 맞는 경영해고자가 있을 경우 이를 우선적으로 고용하라는 취지이다.[45]

경영해고를 한 후 일정한 기간이 경과하기 전에는 해당 업무에 파견근로자를 사

용하여서는 아니 된다(근로자파견법 제16조제1항).

(다) 국가의 고용보장의무

정부는 경영해고된 근로자에 대하여 생계안정, 재취업, 직업훈련 등 필요한 조치를 우선적으로 취하여야 한다(근로기준법 제25조제2항).

## Ⅲ. 해고의 절차적 요건

### 1. 의 의

법령, 단체협약 및 취업규칙 등에서는 해고조치를 취할 때 일정한 절차를 거치도록 규정하고 있는바, 이를 해고의 절차적 요건이라고 한다.

현행 근로기준법은 해고의 절차에 관하여 구체적인 규정을 아니두고 있다. 다만, ⅰ) 근로기준법 제23조제2항 및 남녀고용평등법 제19조제3항에서 해고의 시기를 제한하고 있고, ⅱ) 근로기준법 제26조에서 해고의 예고제도를, ⅲ) 근로기준법 제27조에서 해고서면통지제도를 두고 있을 뿐이다. 그 이외의 해고절차에 관하여는 단체협약 및 취업규칙 등에서 이를 구체적으로 규정하는 것이 일반적이다.

### 2. 해고시기의 제한

#### (1) 근로기준법상의 제한

##### (가) 관련규정

근로기준법 제23조 [해고 등의 제한] ② 사용자는 근로자가 업무상 부상 또는 질병의 요양을 위하여 휴업한 기간과 그 후 30일 동안 또는 산전·산후의 여성이 이 법에 따라 휴업한 기간과 그 후 30일 동안은 해고하지 못한다. 다만, 사용자가 제84조에 따라 일시보상을 하였을 경우 또는 사업을 계속할 수 없게 된 경우에는 그러하지 아니한다.

##### (나) 주요내용

① 원 칙: 사용자는 ⅰ) 근로자의 업무상 부상 또는 질병의 요양을 위한 휴업기간과 그 후 30일 동안 및 ⅱ) 산전·산후 90일의 휴가기간과 그 후 30일 동안은 근로자를 해고하지 못한다(근로기준법 제23조제2항). 근로자의 사후승인이 있다 하여도 그 해고는 무효이다.[46]

---

45) 대판 2006. 1. 26, 2003다69393.
46) 대판 1984. 4. 10, 84도387.

동 규정에서 해고를 제한하고 있는 이유는 부상·질병 및 산전·후 등과 같이 근로자가 심신이 허약한 기간 동안 근로자를 실직의 위협으로부터 보호함으로써 편안하고 안정된 상태에서 심신을 회복하도록 보장하려는 데 그 목적이 있다.

해고가 금지된다는 것은 ⅰ) 해고금지기간중에 해고자체는 물론 해고예고의 의사표시도 금지된다는 견해[47]와, ⅱ) 해고자체만이 금지되고 해고예고의 의사표시는 허용된다는 견해[48]로 나뉘고 있다. 사견으로는 동 제도의 입법취지상 후자의 견해가 타당하다고 본다.

② **예 외:** ⅰ) 사용자가 동법 제84조에 규정된 일시보상을 지급하였을 경우 또는 ⅱ) 사업을 계속할 수 없게 된 경우에는 해고금지기간중에도 근로자를 해고할 수 있다(동법 제23조제2항단서).

㉠ 일시보상을 한 경우    업무상 부상 또는 질병기간이라 하더라도 근로기준법 제84조에 규정된 일시보상을 한 경우에는 해고를 할 수 있다(동법 제23조제2항단서). 근로기준법 제84조는 요양보상을 받고 있는 자가 2년을 경과하여도 부상 또는 질병이 완치되지 아니하는 경우에는 평균임금의 1,340일분의 일시보상을 행하여 근로기준법상의 모든 보상책임을 면할 수 있다고 규정하고 있다. 한편, 산업재해보상보험법상의 요양급여를 받는 자가 요양개시 후 3년이 경과한 날 이후에 상병연금을 받고 있는 경우에는 근로기준법 제23조제2항 단서의 일시보상을 지급한 것이 되므로(산업재해보상보험법 제80조제4항), 이 경우에도 해고를 할 수 있다.

㉡ 사업을 계속할 수 없게 된 경우    사업을 계속할 수 없게 된 경우에는 업무상 부상 또는 질병기간과 그 후 30일간이나 산전·산후휴가기간과 그 후 30일간이라 하더라도 정당한 사유가 있으면 해고할 수 있다(근로기준법 제23조제2항).

사업을 계속할 수 없게 된 경우라 함은 ⅰ) 천재·사변 기타 부득이한 사유 등으로 인하여 사업이 중단되는 일시적 사유는 물론 ⅱ) 회사의 파산·소멸 등 사업이 종료되는 영구적 사유가 모두 해당되는 것으로 보아야 할 것이다.

### (2) 남녀고용평등법상의 제한

### (가) 관련규정

**남녀고용평등법 제19조 [육아휴직]** ③ 사업주는 제1항의 규정에 의한 육아휴직을 이유로 해고 그 밖의 불리한 처우를 하여서는 아니되며, 육아휴직 기간 동안은 당

---

47) 김형배, 노동법, p. 672
48) 임종률, 노동법, p. 537.

해 근로자를 해고하지 못한다. 다만 사업을 계속할 수 없는 경우는 그러하지 아니하다.

### (나) 주요내용

사업주는 육아휴직 기간 동안 해당 근로자를 해고하지 못한다(남녀고용평등법 제19조제3항본문). 다만, 사업을 계속할 수 없는 경우는 그러하지 아니하다(동법 제19조제3항단서).

## 3. 해고절차의 제한

### (1) 해고예고제도

근로기준법은 예측하지 못한 해고로 인하여 근로자가 갑자기 생활기반을 상실하는 것을 방지하고 재취업에 필요한 충분한 시간적 여유를 부여하기 위하여 해고예고제도를 두고 있다(근로기준법 제26조).

#### (가) 관련규정

> **근로기준법 제26조** [해고의 예고] 사용자는 근로자를 해고(경영상 이유에 의한 해고를 포함한다)하려면 적어도 30일 전에 예고를 하여야 하고, 30일 전에 예고를 하지 아니하였을 때에는 30일분 이상의 통상임금을 지급하여야 한다. 다만, 다음 각 호의 어느 하나에 해당하는 경우에는 그러하지 아니하다.
> 1. 근로자가 계속 근로한 기간이 3개월 미만인 경우
> 2. 천재·사변, 그 밖의 부득이한 사유로 사업을 계속하는 것이 불가능한 경우
> 3. 근로자가 고의로 사업에 막대한 지장을 초래하거나 재산상 손해를 끼친 경우로서 고용노동부령으로 정하는 사유에 해당하는 경우

#### (나) 기본원칙: 해고의 예고

사용자가 근로자를 해고하고자 할 때에는 ⅰ) 적어도 30일 전에 예고를 하거나 또는 이에 대신하여 ⅱ) 30일분 이상의 통상임금을 해고예고수당으로서 지급하여야 한다(근로기준법 제26조).

해고의 예고 또는 해고예고수당의 지급은 근로기준법 제23조제1항의 규정에 의한 정당한 이유가 있는 경우에 한하여 인정되는 것이므로 해고의 정당한 이유가 없는 경우에는 해고의 예고를 하였다 할지라도 유효한 해고가 되는 것은 아니다.[49]

사용자는 해고예고의무와 해고예고수당 지급의무 중에서 어느 하나를 선택적으로 이행할 수 있다.

---

49) 대판 1981. 8. 13, 71다1400; 대판 1989. 10. 24, 89다카166; 대판 1990. 10. 10, 89도1882; 대판 1992. 3. 31, 91누6184.

① **해고의 예고:**   해고의 예고는 적어도 30일 이전에 하여야 한다. 「적어도 30일 전」으로 규정되어 있으므로 사용자와 근로자의 개별적 합의·취업규칙 및 단체협약 등에 의하여 해고예고기간을 단축할 수는 없으나 이를 연장할 수 있음은 물론이다.[50]

해고예고는 특별한 형식을 요하지 아니하며 해당 근로자에게 전달할 수 있는 적절한 방법으로 예고할 수 있다.[51] 다만, 해고의 효력발생일을 명시하여야 하고, 불확정기한이나 조건을 붙인 예고는 효력이 인정되지 아니한다.[52]

관련판례   **대판 2010. 4. 15, 2009도13833**   사용자의 해고예고는 일정 시점을 특정하여 하거나 언제 해고되는지를 근로자가 알 수 있는 방법으로 하여야 한다. 사용자인 피고인이 근로자 갑에게 "후임으로 발령받은 을이 근무하여야 하니 업무 인수인계를 해 달라", "당분간 근무를 계속하며 을에게 업무 인수인계를 해 주라"고만 말하고 갑을 해고한 사안에서, 피고인의 위와 같은 말만으로는 갑의 해고일자를 특정하거나 이를 알 수 있는 방법으로 예고한 것이라고 볼 수 없어 적법하게 해고예고를 하였다고 할 수 없으므로, 이를 적법한 해고예고로 본 원심판결에 법리오해의 위법이 있다.

② **해고예고수당의 지급:**   사용자가 해고예고를 원하지 아니하는 경우에는 이에 대신하여 30일분 이상의 통상임금을 해고예고수당으로서 지급해야 한다. 해고예고수당은 근로제공에 대한 반대급부가 아니므로 근로기준법상의 임금에 해당되지 아니하며, 근로자가 퇴직하는 경우에 근로기준법 제36조의 규정에 의하여 14일 이내에 지급하여야 하는 금품에도 포함되지 아니한다.[53]

해고예고수당은 해고가 유효한지와 관계없이 지급하여야 하고 해고가 부당해고에 해당하여 효력이 없는 경우에도 근로자가 이를 부당이득으로 반환하여야 할 의무가 없다.[54]

관련판례   **대판 2018. 9. 13, 2017다16778**   사용자가 근로자를 해고하면서 30일 전에 예고를 하지 아니한 경우, 해고가 유효한지와 관계없이 근로자에게 해고예고수당을 지급하여야 하고 해고가 부당해고에 해당하여 효력이 없는 경우, 근로자가 해고예고수당 상당액을 부당이득으로 반환하지 않아도 무방하다.

---

50) 김형배, 근로기준법, p. 703.
51) 법무 811−14939(1979. 6. 22).
52) 임종률, 노동법, p. 538; 대판 2010. 4. 15, 2009도13833.
53) 대판 1962. 3. 22, 4294민상1301.
54) 대판 2018. 9. 13, 2017다16778.

**(다) 예외: 즉시해고**

**① 법령상의 예외**

근로자를 해고하고자 하는 경우 해고의 예고를 하는 것이 원칙이다. 그러나, 사용자는 ⅰ) 근로자가 계속 근로한 기간이 3개월 미만인 경우, ⅱ) 천재·사변, 그 밖의 부득이한 사유로 사업을 계속하는 것이 불가능한 경우, 또는 ⅲ) 근로자가 고의로 사업에 막대한 지장을 초래하거나 재산상 손해를 끼친 경우로서 고용노동부령으로 정하는 사유에 해당하는 경우에는 해고의 예고를 하지 아니하여도 무방하다(근로기준법 제26조단서).

**② 근로관계의 성질상 적용제외**

㉠ **퇴 직**      해고예고제도는 근로자의 의사에 반하여 사용자가 일방적으로 근로관계를 종료시키는 해고에 적용되는 제도이다. 따라서, 정년퇴직·임의퇴직 및 합의퇴직 등에는 적용되지 아니하는 것이 원칙이다. 다만 퇴직이라 하더라도 근로자에게 미리 통보를 하여 이를 주지시키는 것이 일반적이다.

㉡ **기간의 정함이 있는 근로계약**      사업완료에 필요한 일정한 기간을 정하여 채용되고, 그 사업의 완료와 동시에 당연히 근로계약이 종료되는 경우에는 근로관계의 종료시기가 당사자에게 이미 알려져 있으므로 해고예고제도는 적용되지 아니한다.

다만 사업완료에 필요한 기간을 정한 계약이라 할지라도 예정보다 먼저 사업이 완료되어 근로계약이 사전에 해지되는 경우에는 해고의 예고가 필요하다.[55]

**(라) 해고예고기간과 해고금지기간과의 관계**

해고금지기간과 해고예고기간이 중복되는 경우에 양자의 관계가 문제시된다. 즉 첫째, 해고금지기간중에는 해고자체뿐만 아니라 해고예고까지도 금지되는 것인지의 문제와 둘째, 해고예고기간중에 해고금지사유가 발생한 경우 그 해고예고의 효력은 어떻게 되는 것인지의 문제이다.

**① 해고금지기간중의 해고예고허용 여부:**      해고금지기간중의 해고예고를 하는 경우 해고예고의 효력 문제이다.

㉠ **유효설**      유효설에 의하면 근로기준법 제23조제2항은 해고금지기간 중의 해고 자체만을 금지시키고 있는 것이므로 해고금지기간중이라도 해고예고를 할 수 있다고 한다. 따라서, 해고금지기간과 해고예고기간을 모두 중복적으로 진행시킬 수 있으며 양 기간이 모두 경과한 후에는 해고를 할 수 있다고 한다.[56]

---

55) 해외근무중 현장공사가 종료되어 근로계약만료 전에 해고되었을 경우 근로기준법 제32조의 규정에 의거 30일분 이상의 통상임금을 사용자로부터 지급받을 수 있다(해지 125－15405, 1984. 7. 12).

ⓛ 무효설          무효설에 의하면 해고금지기간중에는 해고의 예고도 할 수 없다고 한다.[57] 심신이 약화되어 있는 근로자에게 해고의 예고를 행한다면 이는 심신에 부정적 영향을 줄 우려가 있으므로, 해고금지기간 내에는 해고자체뿐만 아니라 해고의 예고까지도 금지하는 것으로 해석하는 것이 타당하다는 견해이다. 사견으로는 무효설에 찬동하는 바이다.

② 해고예고기간중의 금지사유발생과 해고예고의 효력:          해고예고기간이 진행중에 해당 근로자가 업무상의 질병·부상 등을 당하여 해고금지사유가 발생한 경우 그 해고예고의 효력은 어떻게 되는 것인가에 관한 문제가 제기될 수 있다.

㉠ 무효설          무효설은 해고예고는 당연히 효력을 상실하며 해고금지기간의 종료 후에 다시 해고예고를 하여야 한다는 견해이다.

ⓛ 효력정지설          효력정지설은 해고예고 자체는 유효하나 해고금지사유의 발생으로 그 효력의 발생이 일시적으로 정지되며, 해고금지기간이 종료되면 새로이 예고를 하지 아니하더라도 나머지 해고예고기간의 진행이 계속된다는 견해이다.[58] 사견으로는 효력정지설에 찬동하는 바이다.

㉢ 절충설          절충설은 해고금지기간이 장기인 경우와 단기인 경우로 구분하여, 장기인 경우에는 해고예고가 무효가 되고 단기인 경우에는 해고예고가 일시적으로 정지되며 해고금지기간이 종료되면 해고예고기간이 다시 진행된다는 견해이다.

### (2) 해고의 서면통지제도

#### (가) 관련규정

근로기준법 제27조 [해고사유 등의 서면통지] ① 사용자는 근로자를 해고하려면 해고사유와 해고시기를 서면으로 통지하여야 한다.
② 근로자에 대한 해고는 제1항에 따라 서면으로 통지하여야 효력이 있다.
③ 사용자가 제26조에 따른 해고의 예고를 해고사유와 해고시기를 명시하여 서면으로 한 경우에는 제1항에 따른 통지를 한 것으로 본다.

#### (나) 주요내용

사용자는 근로자를 해고하고자 하는 경우 해고사유 및 해고시기를 서면으로 통

---

56) 근기 01254 - 5080(1987. 3. 30).
57) 박상필, 「해설」, p. 176; 김형배, 근로기준법, p. 691. 판례(대판 1991. 8. 27, 91누3321)는 "트럭운전수가 업무상의 부상으로 치료를 받는 기간중에 회사에 나와 파업농성을 주도했다는 사실만으로는 업무의 성격으로 보아 부상의 요양을 위하여 휴업을 할 필요가 없는 경우라고 단정할 수는 없다"고 하여 요양을 위한 휴업기간중의 해고에 대하여 엄격한 제한을 가하고 있다.
58) 김형배, 근로기준법, p. 692; 노정근 1455 - 1812(1963. 2. 23).

지하여야 한다(동법 제27조제1항). 근로자에 대한 해고는 상기 서면으로 통지하여야 효력이 발생한다(동법 제27조).

근로기준법 제27조는 해고사유 등의 서면통지를 통해 사용자로 하여금 근로자를 해고하는 데 신중을 기하게 함과 아울러, 해고의 존부 및 시기와 그 사유를 명확하게 하여 사후에 이를 둘러싼 분쟁이 적정하고 용이하게 해결될 수 있도록 하고, 근로자에게도 해고에 적절히 대응할 수 있게 하기 위한 취지이다.[59]

① **해고 사유:**     해고 사유를 어느 정도 구체적으로 명시해야 되는지에 관하여는 명확한 기준이 없다. 근로자의 입장에서 해고사유가 무엇인지를 구체적으로 알 수 있어야 하고, 특히 징계해고의 경우에는 해고의 실질적 사유가 되는 구체적 사실 또는 비위내용을 기재하여야 하며 징계대상자가 위반한 단체협약이나 취업규칙의 조문만 나열하는 것으로는 충분하다고 볼 수 없다.[60] 이 경우 해고사유를 입증할 정도의 상세한 내용은 필요하지 아니하나, "회사의 명예실추", "공금횡령", "불법파업" 또는 "무단결근" 등의 해고사유의 최소한 개요는 제시하여야 할 것이다.

근로자가 해고통지를 받을 당시 이미 해고사유가 무엇인지 구체적으로 알고 있었고 이에 대해 충분히 대응할 수 있는 상황인 경우 해고통지서에 해고사유가 다소 축약적으로 기재되었더라도 위 회의록에 의한 해고통지가 무효라고 볼 수 없다.[61] 다만, 해고 대상자가 해고사유가 무엇인지 알고 있고 그에 대해 대응할 수 있는 상황이었다고 하더라도, 사용자가 해고를 서면으로 통지하면서 해고사유를 "전혀" 기재하지 않았다면 이는 무효인 해고통지에 해당한다고 보아야 한다.[62]

해고 사유가 2가지 이상 존재하나 이중 일부만 해고사유로 명시하는 경우 ⅰ) 명시된 이유만을 가지고 해고의 정당성을 판단하여야 하며 명시되지 아니한 이유는 정당성을 주장하는 근거가 되지 못한다는 주장이 있다.[63] 그러나, 서면에는 해고 사유의 일부만을 명시하고 이의 정당성에 대하여 당사자간의 다툼이 있는 경우 사용자는 해고 통지에 명시되지 아니한 해고 사유를 추가적으로 제시하여도 무방하다고 보아야 할 것이다.

② **해고 시기:**     해고 시기는 서면에 명시된 해고일부터 효력을 발생한다. 다만, 서면 통지는 근로자에게 도달한 날부터 효력을 발생하게 되므로 ⅰ) 서면에 명

59) 대판 2021. 7. 29, 2021두36103.
60) 대판 2011. 10. 27, 2011다42324.
61) 대판 2021. 7. 29, 2021두36103.
62) 대판 2021. 2. 25, 2017다226605.
63) 하갑래, 근로기준법, p. 633.

시된 해고일보다 서면이 먼저 도달한 경우에는 해고일부터, ⅱ) 서면에 명시된 해고일보다 서면이 늦게 도달한 경우에는 도달일부터 해고의 효력이 발생한다.

해고예고에 명시된 해고 시기와 해고 통지에 명시된 해고 시기가 상이한 경우 해고 통지에 명시된 해고 시기가 우선적 효력을 갖는다.

③ **서면 통지:**　　　서면 통지의 방법은 사용자가 기명 또는 날인한 문서를 직접 또는 등기우편으로 송부하는 것이 원칙이다. 전자서명법상의 공인전자서명이 날인된 전자문서도 서면으로 인정된다.[64] 복사 또는 전송 문서도 원본이 합리적인 기간 내에 도달하는 것을 전제로 하여 유효한 서면으로 인정된다.[65]

| 관 련 판 례 | 　**대판 2015.9.10, 2015두41401**　근로기준법 제27조는 사용자가 근로자를 해고하려면 해고사유와 해고시기를 '서면'으로 통지하여야 효력이 있다고 규정하고 있는데, 이는 해고사유 등을 서면으로 통지하도록 함으로써 사용자가 해고 여부를 더 신중하게 결정하도록 하고, 해고의 존부 및 시기와 사유를 명확히 하여 사후에 이를 둘러싼 분쟁이 적정하고 용이하게 해결되고 근로자도 해고에 적절히 대응할 수 있게 하기 위한 취지이다. |
|---|---|

　여기서 '서면'이란 일정한 내용을 적은 문서를 의미하고 이메일 등 전자문서와는 구별되지만, 전자문서 및 전자거래 기본법 제3조는 "이 법은 다른 법률에 특별한 규정이 있는 경우를 제외하고 모든 전자문서 및 전자거래에 적용한다."고 규정하고 있고, 같은 법 제4조제1항은 "전자문서는 다른 법률에 특별한 규정이 있는 경우를 제외하고는 전자적 형태로 되어 있다는 이유로 문서로서의 효력이 부인되지 아니한다."고 규정하고 있는 점, 출력이 즉시 가능한 상태의 전자문서는 사실상 종이 형태의 서면과 다를 바 없고 저장 및 보관에서 지속성이나 정확성이 더 보장될 수도 있는 점, 이메일(e-mail)의 형식과 작성 경위 등에 비추어 사용자의 해고 의사를 명확하게 확인할 수 있고, 이메일에 해고사유와 해고시기에 관한 내용이 구체적으로 기재되어 있으며, 해고에 적절히 대응하는 데 아무런 지장이 없는 등 서면에 의한 해고통지의 역할과 기능을 충분히 수행하고 있다면, 단지 이메일 등 전자문서에 의한 통지라는 이유만으로 서면에 의한 통지가 아니라고 볼 것은 아닌 점 등을 고려하면, 근로자가 이메일을 수신하는 등으로 내용을 알고 있는 이상, 이메일에 의한 해고통지도 해고사유 등을 서면 통지하도록 규정한 근로기준법 제27조의 입법 취지를 해치지 아니하는 범위 내에서 구체적 사안에 따라 서면에 의한 해고통지로서 유효하다고 보아야 할 경우가 있다.

서면 통지가 해고 시기보다 30일 전에 행하여지는 경우 해고예고의 요건도 함께 갖추고 있는 것으로 판단되어야 할 것이다.

④ **해고예고:**　　　사용자가 해고의 예고를 해고사유와 해고시기를 명시하여 서

---

64) 대판 2015. 9. 10, 2015두41401.
65) 하갑래, 근로기준법, p. 633; 김형배, 노동법, p. 678.

면으로 한 경우에는 상기 통지를 한 것으로 본다.

## 4. 단체협약 및 취업규칙상의 해고절차

### (1) 개    요

근로자의 해고절차에 관하여 단체협약이나 취업규칙 등에서 이를 정하는 것이 일반적이다. 단체협약이나 취업규칙 등에서 해고조치를 취하기 전에 노동조합과의 협의·합의를 거치도록 하거나 노사대표로 구성되는 징계위원회의 심사를 거칠 것 등이 요구되는 경우 또는 징계위원회에 출석하여 진술의 기회를 부여하도록 규정하고 있는 경우에는 그 절차를 준수해야 할 것은 당연하다고 할 것이다.

단체협약 및 취업규칙 등에 해고절차를 규정하였을 경우 그 절차를 준수하지 아니하면 해고처분은 무효가 되는 것이 원칙이다.[66]

### (2) 노동조합과의 해고협의·합의조항

해고협의조항이라 함은 사용자가 근로자를 해고하고자 하는 경우 사전에 노동조합과 의무적으로 협의를 거친다는 단체협약상의 조항을 말한다. 사용자의 인사권행사에 대하여 노동조합은 이를 되도록 제한하고자 하는바, 해고협의조항은 이러한 인사권제한의 대표적인 경우이다. 해고협의조항의 효력에 관하여는 해고유효설, 해고무효설 및 절충설로 그 견해가 나뉘고 있다. 이에 관하여는 제3부에서 상세히 설명하기로 한다.

## Ⅳ. 부당해고의 법적 효력

### 1. 해고의 실질적 요건의 결여

정당한 이유 없이 해고를 한 경우 해당 해고의 사법상(私法上) 효력은 무효이다.[67]

### 2. 해고의 절차적 요건의 결여

### (1) 해고시기제한의 위반

근로기준법 제23조제2항의 해고시기의 제한규정을 위반하여 근로자를 해고하는 경우 이는 무효이다.[68]

---

66) 대판 1986. 7. 8, 85다375.
67) 대판 1969. 3. 31, 69다135.
68) 대판 1984. 4. 10, 84도387.

### (2) 해고예고제도의 위반

해고예고를 하지 아니하고 근로자를 해고한 경우에 해당 해고의 사법상 효력에 관하여 견해가 나뉘어 있다. 이 경우 정당한 해고사유가 없는 부당해고는 해고예고 여부에 상관없이 당연무효이므로 논의의 대상이 되지 아니한다.[69]

#### (가) 유효설

해고예고제도 또는 해고수당의 지급은 단순한 단속규정에 불과하므로 동 규정에 위반된 해고일지라도 정당한 사유가 있는 한 해고 자체의 사법상 효력은 유효하다는 견해이다. 판례 및 행정해석은 주로 유효설의 입장을 보이고 있다.[70] 사견으로는 유효설에 찬동하는 바이다.

#### (나) 무효설

해고예고제도는 강행규정으로서 이에 위반된 해고는 무효라는 견해이다.[71]

#### (다) 상대적 무효설

해고예고제도에 위배된 해고는 그 자체 무효이지만 해고통지 후 해고예고기간이 지나거나 해고예고수당을 지급하는 등 근로기준법 제26조의 요건을 사후에 구비하면 유효하다는 견해이다.[72]

### (3) 해고서면통지제도의 위반

해고 전에 서면통지를 하지 아니하는 경우 해고의 효력은 발생하지 아니한다(근로기준법 제27조제2항).

### (4) 단체협약 · 취업규칙상의 해고절차 위반

단체협약 및 취업규칙 등에 해고절차를 규정하고 있는 경우 동 절차를 준수하지 아니하면 동 해고처분은 무효가 되는 것이 원칙이다.[73]

---

69) 대판 1971. 8. 31, 71다1400.
70) 대판 1970. 3. 31, 69누75(근로기준법 제27조의2의 예고수당 또는 해고예고는 즉시해고를 하고자 하는 사용자에게 과해지는 근로기준법상의 의무인 것이며 즉시해고의 요건은 아니다). 동지: 대판 1980. 12. 9, 80다1616; 대판 1993. 9. 24, 93누4199; 대판 1993. 12. 7, 93다39492; 법무 810－807(1963. 11. 13).
71) 김형배, 근로기준법, p. 711.
72) 서울고판 1990. 5. 4, 89나35884.
73) 대판 1986. 7. 8, 85다375.

## V. 부당해고의 구제절차

### 1. 개 요

부당해고에 대하여 ⅰ) 근로기준법 및 노동조합법상의 구제제도와 ⅱ) 노동위원회 및 법원에 의한 구제제도 등이 있다.

#### (1) 부당해고구제제도와 부당노동행위구제제도

사용자가 근로자를 정당한 이유 없이 해고한 때에는 해당 근로자는 노동위원회에 그 구제를 신청할 수 있다(근로기준법 제28조제1항). 이 경우에 부당노동행위로 인한 해고구제제도와의 관계가 제기될 수 있다.

##### (가) 양 제도의 관계

노동조합법상의 부당노동행위와 근로기준법상의 부당해고는 그 실체적 요건이 상이하여 서로 경합할 수 있으므로 근로자는 양자 중 하나를 선택하여 별도로 또는 동시에 구제신청을 제기할 수 있다. 그러나 양자를 동시에 제기하는 경우에도 그 절차상 별개의 구제신청을 제기하여 별개의 심리·판정을 거칠 필요는 없으며, 양자를 병합하여 하나의 절차를 밟아 구제신청을 제기할 수 있다고 할 것이다.[74]

본래 ⅰ) 노동조합법상의 부당노동행위구제제도는 집단적 노사관계질서를 침해하는 사용자의 행위를 예방·제거함으로써 근로자의 근로삼권을 보장하여 노사관계의 질서를 신속하게 정상화 하고자 함에 그 목적이 있음에 비하여, ⅱ) 근로기준법상의 부당해고구제제도는 개별적 근로계약관계에 있어서 근로자에 대한 권리침해를 구제하기 위함에 그 목적이 있는 것으로, 이는 그 목적과 요건은 물론 그 구제명령의 내용 및 효력 등에 있어서도 서로 다른 별개의 제도이다.[75] 따라서 사용자로부터 해고된 근로자는 그 해고처분이 부당노동행위에 해당됨을 이유로 노동조합법상의 부당노동행위구제신청을 하면서 그와는 별도로 동 해고처분이 근로기준법상의 부당해고에 해당됨을 이유로 근로기준법상의 부당해고구제신청을 할 수 있다.

##### (나) 양 제도의 이동(異同)

양 절차는 다음과 같이 유사점과 차이점을 동시에 지니고 있다.

---

74) 서울고판 1998. 5. 1, 97구41945.
75) 대판 1998. 5. 8, 97누7448.

① 양 제도의 유사점

㉠ 구제명령　　근로기준법상의 부당해고구제제도와 노동조합법상의 부당노동
행위구제제도는 모두 부당해고에 대한 복직명령과 임금소급지급명령을 주된 내용으
로 하고 있다. 즉 노동위원회에서 「부당해고로 인정되므로 해고자는 원직에 복직시
키고 해고기간중 받을 수 있었던 임금상당액을 지급하라」는 취지의 구제명령을 내
리는 것이 양 제도의 핵심적인 공통사항에 해당된다.

㉡ 형벌부과　　근로기준법 및 노동조합법상의 확정된 부당노동행위구제명령에
위반하는 경우 모두 형벌이 부과된다(근로기준법 제111조; 노동조합법 제89조제2호).

② 양 제도의 차이점

㉠ 신청인적격　　근로기준법상 부당해고구제의 신청인은 해고 등의 불이익 처
분을 받은 "해당 근로자"뿐이나, 노동조합법상 부당노동행위구제의 신청인은 "해당
근로자"뿐 아니라 "노동조합"도 포함된다.

㉡ 긴급이행명령제도　　노동조합법 제85조제5항의 긴급이행명령제도는 근로기
준법상 부당해고구제절차에 적용되지 아니한다.

㉢ 이행강제금부과　　근로기준법 제33조제1항의 이행강제금 부과제도는 노동
조합법상 부당해고구제절차에 적용되지 아니한다.

### (2) 노동위원회에 의한 구제와 법원에 의한 구제

부당해고행위에 대한 구제제도로서는 노동위원회에 의한 부당해고구제제도 이외
에도 법원에 의한 사법적 구제제도가 있으며, 근로자가 양자 중 하나를 선택할 수
있음은 이미 밝힌 바와 같다.

## 2. 근로기준법상 부당해고의 구제절차

근로기준법상의 구제절차에는 노동위원회에 의한 행정적 구제절차와 형벌부과에
의한 형사적 구제절차가 있다.

### (1) 행정적 구제절차

#### (가) 구제의 신청

사용자가 근로자에 대하여 부당해고 등을 한 경우에는 근로자는 노동위원회에
구제를 신청할 수 있다(근로기준법 제28조제1항).[76)]

---

76) 행정소송의 제기는 「임금지급청구권」의 소멸시효 중단사유인 '재판상 청구'에 해당된다. 대판 2012.
2. 9, 2011다20034.

상기 구제신청은 부당해고등이 있은 날부터 3개월 이내에 하여야 한다(근로기준법 제28조제2항).

### (나) 조사 및 심문

노동위원회는 구제신청을 받은 때에는 지체없이 필요한 조사를 하여야 하며, 관계 당사자를 심문하여야 한다(근로기준법 제29조제1항).

노동위원회는 심문을 하는 때에는 관계 당사자의 신청이나 직권으로 증인을 출석하게 하여 필요한 사항을 질문할 수 있다(근로기준법 제29조제2항).

노동위원회는 심문을 할 때에는 관계 당사자에게 증거 제출과 증인에 대한 반대심문을 할 수 있는 충분한 기회를 주어야 한다(근로기준법 제29조제3항).

노동위원회의 조사와 심문에 관한 세부절차는 중앙노동위원회가 정하는 바에 따른다(근로기준법 제29조제4항).

### (다) 구제명령 및 기각결정

노동위원회는 심문을 끝내고 부당해고등이 성립한다고 판정하면 사용자에 대하여 구제명령을 하여야 하며, 부당해고등이 성립하지 아니한다고 판정하면 구제신청을 기각하는 결정을 하여야 한다(근로기준법 제30조제1항).

상기 판정, 구제명령 및 기각결정은 사용자와 근로자에게 각각 서면으로 통지하여야 한다(근로기준법 제30조제2항).

노동위원회는 해고에 대한 구제명령을 하는 때에 근로자가 원직복직을 원하지 아니하는 경우에는 원직복직을 명하는 대신 근로자가 해고기간 동안 근로를 제공하였더라면 지급받을 수 있었던 임금상당액 이상의 금품을 근로자에게 지급하도록 명할 수 있다(근로기준법 제30조제3항). 이 경우 금전보상명령은 반드시 부당해고가 인정되는 경우에 내려져야 하며, 해고가 존재하지 않거나 정당해고인 경우에는 금전보상명령이 내려지지 않는다.

근로자가 지급을 청구할 수 있는 임금은 근로기준법 제2조에서 정하는 임금을 의미하므로, 사용자가 근로의 대가로 근로자에게 지급하는 일체의 금원으로서 계속적·정기적으로 지급되고 이에 관하여 단체협약, 취업규칙, 급여규정, 근로계약, 노동관행 등에 의하여 사용자에게 지급의무가 지워져 있다면 명칭 여하를 불문하고 모두 이에 포함되며, 반드시 통상임금으로 국한되는 것은 아니다.[77]

사용자의 귀책사유로 해고된 근로자가 임금 또는 손해배상을 청구하는 경우, 근

---

77) 대판 2012. 2. 9, 2011다20034.

로자가 해고기간 중에 다른 직장에서 얻은 중간수입을 공제할 수 있다. 이 경우 중간수입은 민법 제538조 제2항에서 말하는 채무를 면함으로써 얻은 이익에 해당된다. 공제의 액수는 휴업수당의 한도에서는 이를 이익공제의 대상으로 삼을 수 없고, 그 휴업수당을 초과하는 금액에서 중간수입을 공제하여야 한다.78)

| 관 련 판 례 | **대판 1996. 4. 23, 94다446** 부당하게 면직처분된 공무원이 임금 또는 손해배상을 청구하는 사안에서, 그 공무원이 면직기간 중 다른 직장에서 수입을 얻은 경우, 공무원이 지급받을 수 있었던 보수 중 근로기준법 제38조 소정의 휴업수당의 한도에서는 이를 이익공제의 대상으로 삼을 수 없고, 그 휴업수당을 초과하는 금액에서 중간수입을 공제하여야 한다. |
| --- | --- |

#### (라) 구제명령에 대한 불복절차

지방노동위원회의 구제명령 또는 기각결정에 불복하는 사용자 또는 근로자는 구제명령서 또는 기각결정서를 통지받은 날부터 10일 이내에 중앙노동위원회에 재심을 신청할 수 있다(근로기준법 제31조제1항).

중앙노동위원회의 재심판정에 대하여 사용자 또는 근로자는 재심판정서를 송달받은 날부터 15일 이내에 「행정소송법」의 규정에 따라 소를 제기할 수 있다(근로기준법 제31조제2항).

상기 기간 내에 재심을 신청하지 아니하거나 행정소송을 제기하지 아니하는 때에는 그 구제명령·기각결정 또는 재심판정은 확정된다(근로기준법 제31조제3항).

노동위원회의 구제명령·기각결정 또는 재심판정은 중앙노동위원회에 대한 재심신청이나 행정소송의 제기에 의하여 그 효력이 정지되지 아니한다(근로기준법 제32조).

#### (마) 이행강제금의 부과

노동위원회는 구제명령을 받은 후 이행기한까지 구제명령을 이행하지 아니한 사용자에게 3천만원 이하의 이행강제금을 부과한다(근로기준법 제33조제1항).

노동위원회는 이행강제금을 부과하는 날의 30일 전까지 이행강제금을 부과·징수한다는 뜻을 사용자에게 미리 문서로써 알려주어야 한다(동법 제33조제2항).

이행강제금을 부과하는 때에는 이행강제금의 액수, 부과사유, 납부기한, 수납기관, 이의제기방법 및 이의제기기관 등을 명시한 문서로써 행하여야 한다(동법 제33조제3항).

이행강제금을 부과하는 위반행위의 종류 및 위반정도에 따른 금액, 부과·징수

---

78) 대판 1996. 4. 23, 94다446.

된 이행강제금의 반환절차 그 밖에 필요한 사항은 대통령령으로 정한다(동법 제33조 제4항).

노동위원회는 최초의 구제명령을 한 날을 기준으로 매년 2회의 범위에서 구제명령이 이행될 때까지 반복하여 제1항에 따른 이행강제금을 부과·징수할 수 있다. 이 경우 이행강제금은 2년을 초과하여 부과·징수하지 못한다(동법 제33조제5항).

노동위원회는 구제명령을 받은 자가 구제명령을 이행한 때에는 새로운 이행강제금의 부과를 즉시 중지하되, 구제명령을 이행하기 전에 이미 부과된 이행강제금은 징수하여야 한다(동법 제33조제6항).

노동위원회는 이행강제금 납부의무자가 납부기한까지 이행강제금을 납부하지 아니하는 때에는 기간을 정하여 독촉을 하고, 지정된 기간에 이행강제금을 납부하지 아니하는 때에는 국세체납처분의 예에 따라 징수할 수 있다(동법 제33조제7항).

근로자는 구제명령을 받은 사용자가 이행기한까지 구제명령을 이행하지 아니하면 이행기한이 경과한 때부터 15일 이내에 그 사실을 노동위원회에 알려줄 수 있다(동법 제33조제8항).

### (바) 구제이익

#### ① 관련규정

> 근로기준법 제30조 [구제명령 등] ① 노동위원회는 제29조에 따른 심문을 끝내고 부당해고등이 성립한다고 판정하면 사용자에게 구제명령을 하여야 하며, 부당해고등이 성립하지 아니한다고 판정하면 구제신청을 기각하는 결정을 하여야 한다.
> ② 제1항에 따른 판정, 구제명령 및 기각결정은 사용자와 근로자에게 각각 서면으로 통지하여야 한다.
> ③ 노동위원회는 제1항에 따른 구제명령(해고에 대한 구제명령만을 말한다)을 할 때에 근로자가 원직복직을 원하지 아니하면 원직복직을 명하는 대신 근로자가 해고기간 동안 근로를 제공하였더라면 받을 수 있었던 임금 상당액 이상의 금품을 근로자에게 지급하도록 명할 수 있다.
> ④ 노동위원회는 근로계약기간의 만료, 정년의 도래 등으로 근로자가 원직복직(해고 이외의 경우는 원상회복을 말한다)이 불가능한 경우에도 제1항에 따른 구제명령이나 기각결정을 하여야 한다. 이 경우 노동위원회는 부당해고등이 성립한다고 판정하면 근로자가 해고기간 동안 근로를 제공하였더라면 받을 수 있었던 임금 상당액에 해당하는 금품(해고 이외의 경우에는 원상회복에 준하는 금품을 말한다)을 사업주가 근로자에게 지급하도록 명할 수 있다.

② **주요내용:** 근로기준법은 최근 대법원 판례를 반영하여 노동위원회는 ⅰ) 해고의 경우 근로계약기간의 만료, 정년의 도래 등으로 근로자가 원직복직이 불가능한 때 또는 ⅱ) 해고 이외의 경우 원상회복이 불가능한 때에는 구제명령이나 기각결

정을 하여야 한다고 규정하고 있다(동법 제30조제4항전단). 이 경우 노동위원회는 부당해고등이 성립한다고 판정하면 근로자가 해고기간 동안 근로를 제공하였더라면 받을 수 있었던 임금 상당액에 해당하는 금품(해고 이외의 경우에는 원상회복에 준하는 금품을 말한다)을 사업주가 근로자에게 지급하도록 명할 수 있도록 규정하여, 원직복직 등이 불가능할지라도 금전상의 구제이익을 인정하고 있다(동법 제30조제4항후단).

종래 대법원은 근로자가 부당해고 구제신청을 기각한 재심판정에 대해 소를 제기하여 해고의 효력을 다투던 중 사직하거나 정년에 도달하거나 근로계약기간이 만료하는 등의 이유로 근로관계가 종료한 경우, 근로자가 구제명령을 얻는다고 하더라도 객관적으로 보아 원직에 복직하는 것이 불가능하고, 해고기간 중에 지급받지 못한 임금을 지급받기 위한 필요가 있다고 하더라도 이는 민사소송절차를 통하여 해결할 수 있다는 등의 이유를 들어 소의 이익을 부정하여 왔다. 그러나, 최근 대법원 전원합의체 판결은 상기 사유로 원직에 복직하는 것이 불가능하게 된 경우에도 해고기간 중의 임금 상당액을 지급받을 필요가 있다면 임금 상당액 지급의 구제명령을 받을 이익이 유지되므로 구제신청을 기각한 중앙노동위원회의 재심판정을 다툴 소의 이익이 있다고 보고 있다.[79]

### (2) 형사적 구제

형사적 구제로서 개별규정 위반에 대한 형벌이 부과된다.

### (가) 실체적 요건의 결여

제23조제1항에 위반하여 부당해고를 한 경우에도 부당해고 자체에 대하여 형사처벌이 부과되지 아니한다.

그러나, 부당해고 구제절차에서 노동위원회 또는 법원에 의하여 확정된 구제명령, 또는 재심판정을 이행하지 아니한 경우 1년 이하의 징역 또는 1천만원 이하의 벌금에 처한다(동법 제111조).

상기 죄는 노동위원회의 고발이 있어야 공소를 제기할 수 있다(동법 제112조제1항). 검사는 구제명령 불이행이 있음을 노동위원회에 통보하여 고발을 요청할 수 있다(동법 제112조제2항).

단체협약 및 취업규칙 등에 규정된 해고사유에 위반하여 해고를 하여도 형벌이 부과되지 않는 것이 원칙이다. 다만, 단체협약에 「징계 및 해고의 사유와 중요한 절차」에 관한 규정이 있는 경우 이를 위반하면 1천만원 이하의 벌금에 처한다(노동조

---

79) 대판 2020. 2. 20, 2019두52386(전원합의체).

합법 제92조제1호).

**(나) 절차적 요건의 결여**

① **해고시기의 제한규정의 위반:** 이에 위반하여 부당해고를 한 자는 5년 이하의 징역 또는 5천만원 이하의 벌금에 처한다(근로기준법 제107조).

② **해고 예고제도의 위반:** 사용자가 근로기준법 제26조에 위반하여 해고예고를 하지 아니하고 근로자를 해고한 경우에는 2년 이하의 징역 또는 2천만원 이하의 벌금형이 부과된다(근로기준법 제110조제1호).

③ **해고 서면통지제도의 위반:** 동 규정을 위반하여도 형사벌칙이 부여되지 아니한다.

④ **단체협약·취업규칙상의 위반:** 단체협약 및 취업규칙 등에 규정된 해고절차를 위반하여도 형벌이 부과되지 않는 것이 원칙이다. 그러나, 단체협약에 「징계 및 해고의 사유와 중요한 절차」에 관한 규정이 있는 경우 이를 위반하면 1천만원 이하의 벌금에 처한다(노동조합법 제9조제11호).

# 제 2 절  해고이외의 근로관계종료사유

## Ⅰ. 사  직

### 1. 사직의 의의

사직은 근로자의 일방적 의사표시에 의한 근로관계의 해지이다. 사직에 관하여 근로기준법은 아무런 규정도 아니두고 있으므로 근로자에 의한 사직은 이를 자유로이 행사할 수 있는 것이 원칙이다.

관련판례 대판 2003.4.25, 2001두6081 사직의 의사표시라고 볼 수 없는 단순한 농담만을 기재한 것으로 인정되는 등 특별한 사정이 없는 한 사직서는 사용자와의 근로계약관계를 해지하는 의사표시를 담고 있다.

### 2. 사직의 자유

#### (1) 기간의 정함이 있는 근로계약

기간의 약정이 있는 근로계약의 경우 근로자는 자유로운 의사에 따라 언제든지 근로관계를 해지할 수 있다. 다만 근로자의 귀책사유로 인하여 또는 자의에 의하여 사직하게 되는 경우에는 사용자에게 근로계약 불이행으로 인한 손해배상책임을 부담할 뿐이다. 사용자의 귀책사유로 인하여 근로자가 사직하는 경우에는 아무런 손해배상책임도 부담하지 아니한다. 이 경우 사용자는 사직하는 근로자에게 근로제공을 강제할 수 없으며, 이러한 강제는 근로기준법 제7조에 규정된 강제근로의 금지규정에 위반된다.

기간의 약정이 있는 근로계약이라 할지라도 기간의 만료 후 ⅰ) 근로계약의 기간을 자동적으로 수차례 연장하거나, ⅱ) 근로계약의 연장 없이 근로자가 계속하여 근로를 제공하고 이에 대하여 사용자가 상당한 기간 내에 이의를 제기하지 않을 때에는 기간의 정함이 없는 근로관계로 변경된 것으로 본다.80) 이 경우 근로자는 기간의 약정이 없는 경우와 마찬가지로 아무런 손해배상책임도 부담하지 아니하고 언제든지 자유로이 근로관계를 소멸시킬 수 있다.

### (2) 기간의 정함이 없는 근로계약

기간의 약정이 없는 근로계약의 경우 근로자는 자유로운 의사에 따라 언제든지 사직할 수 있고, 이 경우 사용자에 대하여 아무런 손해배상책임도 부담하지 아니한다. 사용자가 해지의 통고를 받은 날로부터 1월이 경과하면 사직을 수리하지 않는다 할지라도 근로관계는 소멸된다(민법 제660조제1항 및 제2항).

사용자가 사직원을 수리하기 이전 또는 사직통고 후 1개월이 경과하기 이전에, 즉 근로계약 종료의 효력이 발생하기 이전에 근로자는 사직의 의사표시를 자유로이 철회할 수 있다.

### 3. 사직의 강요

사직은 그 성질상 근로자의 자유로운 의사를 본질적 내용으로 하고 있으므로 근로자가 사용자의 명시적·묵시적 강요에 의하여 사직하는 경우 해당 사직의 효력문제가 발생한다.

사직이 자의적 의사표시인지 아니면 강요·강박 등에 의한 비진의의사표시인지의 여부는 ⅰ) 근로자가 실제로 바라는 것이 무엇인가를 기준으로 하는 것이 아니라, ⅱ) 근로자가 당시 상황에서 최선으로 판단하여 의사표시를 하였는지의 여부에 따라 결정되어야 한다.81)

---

80) 대판 1994. 1. 11, 93다14843.

예컨대, 근로자가 내심으로는 사직을 원하지 아니하였으나, 사직하는 것이 본인에게 최선이라고 판단하고 사직서를 제출하였다면, 이는 유효한 사직이 된다.

**관 련 판 례**  대판 2015. 8. 27, 2015다211630  비진의의사표시에 있어서의 진의란 특정한 내용의 의사표시를 하고자 하는 표의자의 생각을 말하는 것이지 표의자가 진정으로 마음속에서 바라는 사항을 뜻하는 것은 아니므로, 표의자가 의사표시의 내용을 진정으로 마음속에서 바라지는 아니하였다고 하더라도 당시의 상황에서는 그것을 최선이라고 판단하여 그 의사표시를 하였을 경우에는 이를 내심의 효과의사가 결여된 비진의의사표시라고 할 수 없다.

강박에 의한 사직을 근거로 하여 사용자가 내린 사직처분은 근로기준법 제23조 제1항의 정당한 이유 없는 해고처분으로서 무효이다.[82] 예컨대, 사용자가 근로자에게 징계해고를 시사하면서 공포심을 갖게 하여 근로자가 퇴직의 의사표시를 한 경우에는 강박에 의한 취소가 인정된다.[83] 이 경우 근로자가 사직원을 제출하였으나, 징계해고의 사유가 없는 경우에는 근로자의 사직원을 근거로 한 의원사직처분은 무효이다.[84]

**관 련 판 례**  대판 1993. 1. 26, 91다38686  의원면직의 형식을 취하여 근로관계를 종료시킨다 할지라도 사직의사가 없는 근로자로 하여금 강제로 사직서를 작성·제출하게 하는 것은 해고에 해당되므로 정당한 이유가 없는 해고는 부당해고라 할 것이다.

### 4. 입증책임

#### (1) 해고의 입증책임

해고의 효력을 다투는 소송에서 사용자가 근로자에게 일방적인 의사에 의하여 근로계약 관계를 종료시키는 해고행위를 하였다는 점, 즉 해고의 존재 자체에 대한 입증책임은 이를 주장하는 근로자에게 있다.[85] 이 경우 해고의 정당성에 관한 입증책임은 사용자가 부담한다.

#### (2) 사직의 입증책임

근로관계 종료 원인을 둘러싸고 근로자 측에서는 해고라고 주장하는 반면, 사용

---

81) 대판 1996. 12. 10, 95누16059; 대판 2003. 4. 25, 2002다11458; 대판 2015. 8. 27, 2015다211630.
82) 대판 2002. 5. 14, 2000두4675(의원면직의 형식을 취하여 근로관계를 종료시킨다 할지라도 사직의 의사가 없는 근로자로 하여금 강제로 사직서를 작성·제출하도록 하는 것은 해고의 일종에 해당되므로, 이러한 경우 정당한 사유가 없을 때에는 부당해고라 할 것이다).
83) 대판 1977. 11. 11, 77다1605; 대판 1993. 7. 27, 92누16942.
84) 대판 1985. 5. 14, 83다카2069; 대판 1993. 5. 25, 92다18603.
85) 대판 2014. 2. 28, 2013두23904.

자 측에서는 사직이나 합의해지라고 주장하고 있는 경우에는 사용자 측에게 그 종료원인이 사직이나 합의해지라는 점에 대한 증명책임이 있다.[86]

## 5. 사직의 효과

사직의 의사표시가 사용자에게 도달한 이상 근로자로서는 사용자의 동의 없이 이를 철회할 수 없다.[87] 사용자가 사직을 수리하지 않는 경우 사직서가 도달한 후에 1개월이 경과하면 사직의 효력이 발생한다.

## 6. 사직과 합의퇴직의 구별

근로자의 근로관계 종료의 의사표시가 사직인지 아니면 사용자에 대한 근로관계 합의해지의 청약인지 여부는 그 의사표시가 기재된 사직서의 구체적인 내용, 사직서 작성 · 제출의 동기 및 경위, 사직서 제출 이후의 상황 등 제반 사정을 참작하여 판단한다.[88] 예컨대, 근로자가 회사의 근로조건이 열악하므로 ⅰ) 이를 개선하지 않는 경우 회사를 그만 두겠다고 조건을 붙이거나 거래의 여지를 사용자에게 통지하는 것은 합의퇴직의 청약에 해당되고, ⅱ) 그냥 회사를 그만 두겠다고 일방적으로 통지하는 것은 사직에 해당된다.

근로자의 사직 의사표시가 당해 근로계약을 종료시키는 취지의 해약고지인지 아니면 사용자에 대한 근로계약관계 합의해지의 청약인지 여부는 그 의사표시가 기재된 사직서의 구체적인 내용, 사직서 작성 · 제출의 동기 및 경위, 사직서 제출 이후의 상황 등 제반 사정을 참작하여 판단해야 할 것이고, 사직 의사표시가 해약의 고지라고 인정되는 경우에는 그 의사표시가 사용자에게 도달한 이상 근로자로서는 사용자의 동의 없이 이를 철회할 수 없다.[89]

## Ⅱ. 합의퇴직

### 1. 합의퇴직의 의의

합의퇴직이라 함은 근로자와 사용자가 합의에 의하여 근로계약을 장래에 대하여 소멸시키는 계약을 말한다.[90] 사직이 근로자의 일방적인 의사표시임에 반하여 합의

---

86) 대판 2014. 11. 6, 2014두39890.
87) 대판 2000. 9. 5, 99두8657; 대판 2007. 10. 11, 2007다11668.
88) 대판 2000. 9. 5, 99두8657; 대판 2007. 10. 11, 2007다11668.
89) 대판 2000. 9. 5, 99두8657; 대판 2007. 10. 11, 2007다11668.

퇴직은 근로자와 사용자 간의 합의라는 점에서 양자는 구별된다. 예컨대, 명예퇴직의 경우 근로자의 신청에 대하여 사용자가 이를 당연히 받아들인다면 사직에 해당하나, 이를 심사한 후 선별하여 명예퇴직을 받아들이는 경우 이는 합의퇴직에 해당된다.[91)]

> **관 련**
> **판 례**
> 대판 2003. 4. 22, 2002다11458  사용자측 내부에서는 근로자로부터 명예퇴직 신청이 있을 경우 이를 모두 받아들이기로 하는 결정이 있었다 하더라도, 외부적으로는 일정한 경력이 있는 근로자 전원에 대하여 명예퇴직을 신청할 수 있고 그 명예퇴직 신청자 가운데 결격사유가 있는 자를 유보한 후 인사위원회의 의결을 거쳐 명예퇴직 대상자를 정한다는 방침을 소속근로자에게 고지하고 명예퇴직 신청을 받은 사실 등 여러 가지 사정을 참작하여 볼 때 원고가 사직원에 의하여 신청한 명예퇴직은 근로자가 청약을 하면 사용자가 요건을 심사한 후 승낙함으로써 합의에 의하여 근로관계를 종료시키는 것으로서 사용자의 승낙이 있어 근로계약이 합의해지되기 전에는 근로자가 임의로 그 청약의 의사표시를 철회할 수 있다.

## 2. 의원면직제도

사용자가 근로자로부터 사직서를 제출받고 이를 수리하는 형식을 취하여 근로관계를 종료시키는 것을 의원면직이라 한다. 의원면직의 경우 ⅰ) 사직의 의사 없는 근로자로 하여금 강제로 사직서를 작성·제출케 하였다면 이는 해고에 해당되나, ⅱ) 그러하지 아니한 경우에는 사용자가 사직서 제출에 따른 사직의 의사표시를 수락함으로써 합의해지에 의하여 근로계약이 종료된다.[92)]

> **관 련**
> **판 례**
> 대판 2010. 3. 25, 2009다95974  사용자가 사직의 의사 없는 근로자로 하여금 어쩔 수 없이 사직서를 작성·제출하게 한 후 이를 수리하는 이른바 의원면직의 형식을 취하여 근로계약관계를 종료시키는 경우에는 실질적으로 사용자의 일방적인 의사에 의하여 근로계약관계를 종료시키는 것이어서 해고에 해당한다고 할 것이나, 그렇지 않은 경우에는 사용자가 사직서 제출에 따른 사직의 의사표시를 수락함으로써 사용자와 근로자의 근로계약관계는 합의해지에 의하여 종료되는 것이므로 사용자의 의원면직처분을 해고라고 볼 수 없다.

합의퇴직의 경우에는 근로기준법 제23조제1항의 규정에 의한 해고제한의 법리가 적용되지 아니한다. 그러나 모든 근로자에게 일괄사표를 제출하도록 한 후 이 중에서 사표를 선별수리하기로 합의한 경우, 이러한 일괄사표의 효력문제가 발생한다.

---

90) 합의퇴직을 "합의해지" 또는 "합의해약"이라고도 부른다.
91) 대판 2003. 4. 22, 2002다11458.
92) 대판 2003. 4. 11, 2002다60528; 대판 2010. 3. 25, 2009다95974.

사용자가 사직의 의사 없는 근로자로 하여금 선택의 여지 없이 일괄사표를 제출하게 한 경우에는 실질적으로는 사용자의 해고에 해당한다. 따라서 선별적인 사표수리가 근로기준법 제23조제1항에 근거한 정당한 이유가 없거나 또는 근로기준법 제5조에 위반되는 차별적인 해고에 해당하는 경우에는 무효라고 할 것이다.[93] 명예퇴직도 동일한 법리가 적용된다.[94]

예컨대, 인력구조조정의 필요성에 따라 강요나 강제 없이 부부사원 중 한 명으로부터 명예퇴직을 받았다면 부당한 해고에 해당되지 아니하고 합의해지에 해당된다.[95] 그러나, 부부사원 중 한 명에게 일방적으로 사직을 강요하였다면 부당해고에 해당된다.[96]

한편, 당사자의 일방이 합의퇴직에 관한 조건을 제시한 경우 그 조건에 관한 합의까지 이루어져야 합의퇴직이 성립된다.[97]

관 련
판 례
대판 2007. 11. 30, 2005다21647, 21654    공로퇴직을 전제로 한 근로자의 퇴직의사표시에 대하여 사용자가 공로퇴직을 거절하고 일반퇴직으로 처리한 경우, 공로퇴직을 전제로 한 근로계약의 합의해지에 관하여 쌍방의 의사표시가 합치되었다고 할 수 없고, 또한 근로자가 공로퇴직 의사와 별도로 그 일반퇴직에 대하여 별도로 승낙함으로써 일반퇴직에 관한 합의가 이루어졌다고 인정되지 않는다면, 위와 같은 일반퇴직은 실질적으로 사용자의 일방적인 의사에 의하여 근로계약관계를 종료시키는 것이어서 해고에 해당한다고 할 것이다.

## 3. 사직우대조치에 의한 사직

과잉근로자를 삭감하거나, 고령근로자의 조기퇴직을 유도하기 위하여 합의해약 내지 조기퇴직의 형식으로서 사직하는 근로자에게 퇴직금을 우대하는 등 사직을 권장하는 경우에는 근로자의 자유로운 선택을 존중하여야 한다.[98] 소위 희망퇴직 또는 명예퇴직 등이 이에 해당될 것이다.

그러나 근로자의 의사에 반하여, 사용자가 퇴직을 명시적·묵시적으로 강요하는 경우에는 이는 해고에 해당되므로 근로기준법 제23조제1항의 규정에 의한 해고제한의 법리가 적용될 것이다.

---

93) 대판 1992. 7. 10, 92다3809.
94) 대판 2003. 4. 11, 2002다60528.
95) 대판 2002. 11. 8, 2002다35379.
96) 대판 2002. 7. 26, 2002다19292.
97) 대판 2007. 11. 30, 2005다21647, 21654.
98) 김수복, 노동법, p. 651.

### 4. 변경해지제도

#### (1) 의 의

변경해지제도는 사용자가 근로자에게 근로관계 내용의 변경을 요구하고, 근로자가 이를 승낙하지 아니하는 경우 근로관계를 종료하는 제도를 말한다.

변경해지제도는 근로관계의 종료를 수반하므로 이 경우 근로관계의 종료가 해고에 해당하는지의 여부가 문제시된다. 변경해지제도는 근로자에게 ⅰ) 근로관계의 변경 및 ⅱ) 근로관계의 종료 중 어느 하나를 선택할 수 있는 자유를 부여하고 있으므로, 외형상 해고제한의 법리가 적용되지 아니하는 「합의퇴직」 또는 「사직」으로 볼 수도 있다.99) 그러나 변경해지제도는 실제적으로 근로조건의 변경을 원하지 아니하는 근로자를 그 의사에 반하여 근로관계를 종료시키는 것이므로, 근로기준법 제23조에 의한 해고제한의 법리가 적용되는 해고로 보는 것이 원칙이라고 할 것이다.

#### (2) 구체적 사례

##### (가) 일반해고의 경우

근로기준법 제23조의 정당한 해고에 해당하는 경우 사용자는 근로자에게 해고 대신에 근로조건의 변경을 요구하고 근로자가 이에 응하지 아니할 경우 해고하는 것은 유효한 변경해지라고 보아야 할 것이다.

##### (나) 영업양도 · 합병 등의 경우

영업양도 · 합병의 경우 양수회사 또는 합병회사가 양도회사 또는 피합병회사의 근로자를 승계하면서 근로자 개인 또는 집단에게 단체협약 · 취업규칙 또는 근로계약에 규정된 근로조건의 변경을 승계조건으로 제시하는 경우가 있다. 영업양도 · 합병 등에 수반되는 경영해고(정리해고)는 근로기준법 제24조에 의하여 해고의 정당성이 인정되고 있으므로, 사용자가 해고 대신에 근로조건의 변경을 제시하는 것은 유효한 변경해지라고 본다.

## Ⅲ. 근로관계의 자동적인 종료

### 1. 근로관계 자동종료의 의의

근로관계가 자동적으로 종료된다는 것은 당사자의 의사표시와 상관없이 일정한

---

99) 김형배, 노동법, p. 721 이하 참조.

요건을 충족하는 경우 근로관계가 당연히 종료되는 것을 말한다. 일정한 요건에는 ⅰ) 근로계약기간의 만료, ⅱ) 정년퇴직, ⅲ) 당사자의 소멸 및 ⅳ) 당연퇴직규정 등이 있다.

## 2. 근로계약 기간의 만료

근로계약기간이 만료하는 경우 해당 근로계약은 당연히 종료하는 것이 원칙이다.[100] 근로계약이 만료하는 등 당연퇴직의 경우에는 해고예고 등 해고에 관한 절차를 별도로 거칠 필요가 없다.[101]

기간제 근로계약 당사자 사이의 근로관계는 그 계약기간이 만료함에 따라 사용자의 해고 등 별도의 조처를 기다릴 것 없이 당연히 종료된다. 그러나, 근로계약에서 정한 기간이 단지 "형식"에 불과하게 된 경우 또는 근로자에게 근로계약이 갱신될 수 있으리라는 정당한 "기대권"이 인정되는 때에는, 사용자가 근로계약의 갱신을 거절하는 것은 부당해고에 해당되어 무효이고, 이 경우 기간만료 후의 근로관계는 종전의 근로계약이 갱신된 것과 동일하다고 할 것이다.[102] 이에 관하여는 앞에서 이미 설명한 바 있다.

근로계약이 종료된 후 근로자가 계속하여 근로를 제공하는 경우에 사용자가 상당한 기간 내에 이의를 제기하지 아니한 때에는 종전의 근로계약과 동일한 조건으로 재고용한 것으로 보는 것이 타당하다.[103]

> **관련 판례**   대판 1986. 2. 25, 85다카2096   민법 제662조에 의하면 고용계약이 만료된 후 노무자가 계속하여 노무를 제공하는 경우에 사용자가 상당한 기간 내에 이의를 제기하지 아니한 때에는 앞의 고용계약과 동일한 조건으로 고용한 것으로 보게 되어 있으므로 당초의 고용계약기간이 1년 이었다면 그 연장계약기간도 특단의 사정이 없는 한 1년으로 연장되었다고 보아야 하며 이에 반하는 주장을 하는 경우, 그 주장자에게 입증책임이 있다.

## 3. 정년퇴직

### (1) 정년제의 의의

정년제라 함은 「근로자가 일정한 연령에 도달하면 근로자의 의사나 능력에 불구

---

100) 대판 1996. 8. 29, 95다5783.
101) 대판 1994. 1. 25, 93다52006.
102) 대판 2011. 4. 14, 2009두3354; 대판 2011. 11. 10, 2010두24128; 대판 2013. 2. 14, 2011두24361.
103) 대판 1986. 2. 25, 85다카2096.

하고 근로계약관계를 종료시키는 제도」이다.[104]

정년제의 목적은 두 가지로 요약될 수 있다. 첫째, 정년제는 일종의 근로계약의 존속기간이므로 근로자는 정년에 도달할 때까지 기업에 대한 귀속감을 갖고 신분보장을 받게 되므로 근로관계의 안정을 도모할 수 있다. 둘째, 정년제는 고임금이고 노령화된 노동력을 저임금이고 신진층인 근로자로 대체함으로써 근로자에게 승진기회를 부여하고 근로제공의 효율성을 제고할 수 있다.

그러나, 정년제도는 근로자가 일정한 연령에 도달한 경우, 해당 근로자의 근로능력에 상관없이 이들을 퇴직시키게 된다. 따라서 근로자들간에 고령근로자를 차별대우한다는 문제가 발생할 수도 있다.[105]

**관 련**
**판 례**
대판 1994. 12. 27, 91누9244  정년이 되는 근로자에게 퇴직통지를 하는 것은 당해 근로자가 정년으로 인하여 당연퇴직된다는 것을 알려주는 「사실의 통지」에 불과하며, 「해고·면직」 등의 새로운 신분적 법률관계를 형성시키는 행위가 아니다.

정년에 도달하는 경우  i ) 당연히 근로관계가 종료한다는 견해와  ii ) 사용자의 정년해고 조치가 별도로 필요하다는 견해가 있다. 사견으로는 전자의 견해에 찬동하며, 정년으로 인한 사용자의 해고 통지는 「근로관계종료」라는 사실의 통지로 파악하여야 할 것이다.

### (2) 정년제의 주요내용

정년에 대하여 근로기준법은 아무런 규정도 아니두고 있다. 정년에 관하여는 고용상연령차별금지 및 고령자고용촉진에관한법률에서 규정하고 있다. 이에 대하여는 앞에서 이미 설명한 바 있다.

### (가) 정년제도의 의무적 채택

사업주는 근로자의 정년을 60세 이상으로 정하여야 한다(동법 제19조제1항).[106] 사업주가 근로자의 정년을 60세 미만으로 정한 경우에는 정년을 60세로 정한 것으

---

104) 김형배, 근로기준법, p. 735; 하갑래, 근로기준법, p. 621; 근기 01254−5124(1990. 4. 11).

105) 정년제도를 정년퇴직제도와 정년해고제도로 나누고 후자의 정년해고제도의 경우에만 차별대우문제가 발생하는 것으로 보는 견해(김형배, 근로기준법, p. 316)가 있으나, 차별대우문제는 정년제도 일반에 걸쳐 제기될 수 있는 문제이다.

106) 동 규정은 다음의 구분에 따른 날부터 시행한다(동법 부칙).

1. 상시 300명 이상의 근로자를 사용하는 사업 또는 사업장, 「공공기관의 운영에 관한 법률」 제4조에 따른 공공기관, 「지방공기업법」 제49조에 따른 지방공사 및 같은 법 제76조에 따른 지방공단: 2016년 1월 1일.

2. 상시 300명 미만의 근로자를 사용하는 사업 또는 사업장, 국가 및 지방자치단체: 2017년 1월 1일.

로 본다(동법 제19조제2항). 동 조항은 강행규정으로서 민사적 효력이 있다. 그러나, 이를 위반하여도 형벌은 부과되지 않는다.

### (나) 정년연장에 따른 임금체계 개편

정년을 연장하는 사업 또는 사업장의 사업주와 근로자의 과반수로 조직된 노동조합(근로자의 과반수로 조직된 노동조합이 없는 경우에는 근로자의 과반수를 대표하는 자를 말한다)은 그 사업 또는 사업장의 여건에 따라 임금체계 개편 등 필요한 조치를 하여야 한다(동법 제19조의2제1항).

### (다) 정년퇴직자의 재고용제도

재고용제도라 함은 근로자가 정년에 달한 후에도 계속하여 고용하는 제도를 말한다. 근로자의 정년을 단순히 연장하지 아니하고 정년퇴직 후 새로운 근로계약을 다시 체결하는 것도 가능하다. 「고용상연령차별금지및고령자고용촉진에관한법률」은 사용자가 정년퇴직자를 적합한 직종에 다시 재고용할 것을 권장하고 있다(동법 제21조제1항). 이 경우 정년퇴직자의 근로계약의 일부 내용이 기존의 근로조건보다 낮은 수준이라 할지라도 문제되지 아니한다. 즉, 당사자간의 합의에 의하여 ⅰ) 퇴직금 및 연차유급휴가 일수 계산을 위한 계속근로기간의 산정시 종전의 근로기간을 제외할 수 있으며, ⅱ) 임금의 결정을 종전과 달리 할 수 있다(동법 제21조제2항).

정년퇴직 근로자에게도 기간제 근로자와 마찬가지로 근로계약의 갱신기대권이 인정된다. 이에 대하여는 제2편제3장제4절 근로계약의 기간에서 상세히 설명한 바 있다.

## 4. 당사자의 소멸

### (1) 근로자의 사망

근로관계는 일신전속권적 성격을 갖고 있으므로 근로자 본인이 사망한 경우에는 근로관계가 종료되는 것이 원칙이고 그 상속인에게 승계되지 아니한다.

### (2) 기업의 소멸 및 사업의 일부 폐지

기업이 소멸하는 경우 별도의 해고, 근로계약의 해지 또는 사직 등의 특별한 조치를 취함이 없이 근로관계는 자동적으로 소멸된다고 보아야 한다. 사용자가 법인인 경우 청산의 종료시까지는 근로관계가 지속된다.

사업 중 일부만을 폐지하는 경우 기존의 사업을 그대로 유지하면서 그 규모를 축소하는 것이라면 근로계약관계가 종료되지 아니한다. 그러나, 폐지한 사업과 존속하는 사업이 별개의 독립된 내용으로서 폐지한 사업을 회사안에서 더 이상 수행하지 않는 등 근로자들을 다른 업무로의 전환배치가 사실상 어려운 경우에는 근로계약관계가 종료된다고 할 것이다. 107)

**관 련 판 례**  대판 2017. 5. 16, 2017두36571  사용자가 사업체 전부를 폐업하지는 않고 영위하던 사업 중 일부만을 폐지하였더라도, 폐지한 사업과 존속하는 사업이 별개의 독립된 내용으로서 폐업한 사업장의 근로자들을 다른 사업장으로의 전환배치가 사실상 어렵다는 등 호환성이 없는 경우에는 사용자의 사업이 단순한 양적 축소가 아니라 독자적 사업 부분 전체의 완전한 폐지에 해당하므로 사업체 전부 폐업과 마찬가지로 사용자와 근로자 사이의 근로계약관계가 종료된다고 봄이 타당하다.

### (3) 합병·영업양도와 근로계약

회사 합병의 경우에는 피합병회사의 권리·의무관계가 일괄하여 합병회사에 포괄승계되므로 피합병회사의 근로자의 근로관계도 합병회사에 승계된다고 하는 것이 통설이다. 이에 대하여 영업양도의 경우에는 양도계약에서 근로관계의 이전에 관한 당사자간의 합의가 이루어지고 또한 근로자의 동의가 있어야 비로소 영업양도에 수반하는 근로관계의 이전이 성립된다. 이에 대하여는 이미 설명한 바 있다.

### 5. 자동퇴직규정

자동퇴직규정이라 함은 단체협약 및 취업규칙 등에서 일정한 사유의 발생을 당연퇴직사유로 규정하고 동 사유의 발생일에 당연히 근로관계가 종료되는 것을 말한다. 예컨대  ⅰ) 휴직기간이 경과되었음에도 불구하고 휴직사유가 해소되지 아니한 경우, ⅱ) 업무에 필요한 자격요건을 취득하지 못하거나 상실하는 경우, ⅲ) 신체장해로 업무를 수행할 수 없는 경우, ⅳ) 대기발령을 받은 후 3개월 이내에 보직을 받지 못한 경우, ⅴ) 사망·정년·근로계약만료의 경우에 이에 당연퇴직사유로 보는 것을 말한다.

자동퇴직규정의 법적 성질에 관하여 이를 근로기준법 제23조상의 해고로 볼 것인지의 여부에 대하여 견해가 나뉘고 있다.

### (1) 학      설

#### (가) 당연퇴직으로 보는 견해

동 견해는 자동퇴직규정에서 정한 사유가 발생하는 경우 당연히 근로관계가 종

---

107) 대판 2017. 5. 16, 2017두36571.

료되므로 이는 근로기준법 제23조상의 해고에 해당되지 아니한다고 한다.108) 예컨
대, 휴직기간 만료시까지 휴직사유가 해소되지 아니하는 경우 근로관계가 당연종료
된다는 규정은 정년제와 같이 근로계약의 자동종료사유를 정한 것으로서 근로기준법
제23조상의 해고와 구별된다고 한다.109)

(나) 해고로 보는 견해

동 견해는 자동퇴직규정에서 정한 사유가 발생하는 경우에도 당연히 근로관계가
종료되는 것이 아니라, 이는 근로기준법 제23조상의 해고요건을 충족시키는 경우에
만 근로관계가 종료된다고 한다.110)

예컨대, 퇴직사유가 ⅰ) 사망·정년 및 근로계약만료 등의 경우와 같이 근로관계
의 자동소멸을 가져오는 경우를 제외하고, ⅱ) 휴직기간의 만료, 자격상실 및 신체장
해의 발생 등의 경우에는 근로기준법 제23조상의 해고에 해당한다고 한다.111)

(다) 사  견

사견으로는 자동퇴직사유를 그 성질에 따라 다음과 같이 구분하여 파악되어야
한다고 생각한다.

① **근로관계의 자동적인 종료사유:**      단체협약·취업규칙 등에서 사망·정년·
근로계약의 만료를 자동퇴직사유로 규정하고 있는 경우, 동 사유가 발생하게 되면
사용자의 별다른 퇴직처분 없이도 근로관계는 자동적으로 소멸하게 된다. 따라서 이
경우에는 근로기준법 제23조상의 해고에 해당되지 아니한다.

② **근로기준법 제23조상의 해고사유:**      단체협약 및 취업규칙 등에서 ⅰ) 휴직
기간이 만료되었으나 휴직사유가 해소되지 아니한 경우, ⅱ) 업무가 요구하는 자격
의 상실·미취득의 경우 및 ⅲ) 신체장해로 인하여 업무에 필요한 근로제공이 불가
능한 경우 등에는 이로 인한 퇴직처분은 근로기준법 제23조상의 해고에 해당되는
것이 원칙이다. 따라서 상기 자동퇴직사유가 근로기준법 제23조상의 정당한 이유에
해당되는 경우에 한하여 근로관계가 종료된다고 할 것이다.

---

108) 고용노동부예규 제36호(1966. 5. 16).
109) 김형배, 근로기준법, p. 664.
110) 대판 1993. 10. 26, 92다54210; 대판 1995. 4. 11, 94다4011; 대판 1996. 10. 29, 96다21065; 대판
1996. 12. 6, 95다45934; 대판 1997. 2. 14, 96다43904.
111) 대판 1996. 10. 29, 96다21065; 대판 1997. 2. 14, 96다43904; 대판 2007. 10. 25, 2007두2067; 대
판 2009. 2. 12, 2007다62840; 대판 2018. 5. 30, 2014다9632.

관 련
판 례

**대판 2018. 5. 30, 2014다9632**  근로기준법 제23조에서 말하는 해고란 실제 사업장에서 불리는 명칭이나 절차에 관계없이 위의 두 번째에 해당하는 모든 근로계약관계의 종료를 뜻한다. 사용자가 어떠한 사유의 발생을 당연퇴직사유로 정하고 절차를 통상의 해고나 징계해고와 달리하였더라도 근로자의 의사와 관계없이 사용자가 일방적으로 근로관계를 종료시키는 것은 성질상 해고로서 근로기준법에 정한 제한을 받는다. 이 경우 근로자는 사용자를 상대로 당연퇴직조치에 근로기준법 제23조가 정한 정당한 이유가 없음을 들어 당연퇴직처분 무효확인의 소를 제기할 수 있다.

# 제 3 장 근로관계 종료 후의 근로자보호

## 제 1 절 개    설

근로관계종료 후의 근로자보호제도에는 근로기준법상의 보호, 임금채권보장법상의 보호, 국민연금법상의 보호 및 고용보험법상의 보호 등이 있다.

근로기준법은 근로관계가 종료되거나, 또는 종료될 근로의 보호를 위하여 ⅰ) 퇴직급여의 지급, ⅱ) 금품청산, ⅲ) 임금채권의 우선변제, ⅳ) 귀향여비의 지급, ⅴ) 사용증명서의 교부 및 ⅵ) 취업방해의 금지 등의 규정을 두고 있다.

이 중 귀향여비의 지급 및 임금채권의 우선변제 및 임금채권보장법상의 임금채권보장제도에 관하여는 이미 설명한 바 있으므로, 이하에서는 이들을 제외한 퇴직근로자 보호제도들을 차례로 설명하기로 한다.

## 제 2 절    퇴직급여제도

### Ⅰ. 개    요

#### 1. 퇴직급여의 의의

퇴직급여라 함은 계속적인 근로관계의 종료를 사유로 하여 사용자가 퇴직근로자에게 지급하는 금전급부를 말한다.

퇴직급여는 해고·사직 등 퇴직의 외형적인 명칭 또는 종류와 관계 없이 근로계약이 종료되면 계속근로연수를 판단하여 의무적으로 지급하여야 한다. 따라서 자진퇴직하거나,[1] 범법행위 등으로 징계해고되었을 때에도 퇴직급여는 지급되어야 한

다.2)

또한, 근로계약을 체결한 때에 퇴직급여를 지급한다는 약정이 없거나 단체협약 또는 취업규칙에 퇴직급여를 규정하고 있지 아니한 경우에도 퇴직급여는 반드시 지급되어야 한다.3)

## 2. 퇴직급여제도의 법적 체계

### (1) 관련규정

> **근로기준법 제34조** [퇴직급여제도] 사용자가 퇴직하는 근로자에게 지급하는 퇴직급여제도에 관하여는 근로자퇴직급여보장법이 정하는 바에 따른다.
> **근로자퇴직급여보장법 제2조** [정의] 이 법에서 사용하는 용어의 정의는 다음과 같다.
> 6. "퇴직급여제도"라 함은 확정급여형퇴직연금제도, 확정기여형퇴직연금제도 및 제8조에 따른 퇴직금제도를 말한다.

### (2) 법적 체계

종래의 퇴직급여제도는 근로기준법 제34조에서 규정하는 바에 따라 ⅰ) 퇴직금제도(근로기준법 제34조) 및 ⅱ) 퇴직보험 등 제도(동법 제34조제4항)의 두 가지 유형이 인정되어 왔다.

2005년 근로자퇴직급여보장법(이하 "퇴직급여법"이라 한다)4)이 제정되면서 근로기준법 제34조를 「퇴직급여제도에 관하여는 근로자퇴직급여보장법이 정하는 바에 따른다」고 개정하여 근로기준법상의 퇴직금 제도는 폐지되고, 퇴직급여법상의 퇴직급여제도가 신설되었다.

퇴직급여법상의 퇴직급여제도에는 ⅰ) 종전의 근로기준법 제34조의 퇴직금제도와 동일·유사한 "퇴직금제도"(퇴직급여법 제8조) 및 ⅱ) 퇴직급여법에 의하여 신설된 "확정급여형퇴직연금제도"(동법 제3장), "확정기여형퇴직연금제도"(동법 제4장) 및 ⅲ) 중소기업퇴직연금기금제도를 말한다(동법 제25조).

## 3. 퇴직급여제도의 법적 성격

퇴직급여제도의 법적 성격에 관하여는 다음과 같이 견해가 나뉘어 있다.

---

1) 임금 32240-7481(1991. 5. 24).
2) 법무 81110-418(1981. 4. 2), 근기 1451-22692(1984. 11. 4).
3) 대판 1978. 6. 27, 78다425; 대판 1979. 10. 30, 79다1561; 대판 1987. 2. 24, 86다카1355; 대판 1991. 11. 8, 91다27730.
4) 2005. 1. 27, 법률 제7379호.

## (1) 학 설

### (가) 임금의 성질을 부정하는 견해

① **공로보상설:** 공로보상설은 근로자가 기업에서 장기간 근무한 공로에 대한 은혜로서 사용자가 지급하는 것이라는 설이다.

이러한 견해는 주로 사용자측 입장에서 주장되었던 것으로서 우리나라와 같이 퇴직급여제도가 법제화된 권리로 인정되는 경우에는 수용하기 힘들다는 비판이 제기되고 있다.

② **생활보장설:** 생활보장설은 근로자가 퇴직한 후에는 임금을 수령하지 못하므로 이에 따라 근로자의 생활이 보장되도록 기업이 지급하는 급부라는 견해[5]이다. 그러나, 퇴직급여제도가 근로자의 퇴직 후 생활을 보장한다는 것은 부인할 수 없으나 퇴직급여지급액이 임금수준·근속기간 등에 따라 차이가 있다는 점에서 퇴직급여의 성격을 명확히 제시하지 못하고 있다는 비판이 제기되고 있다.

### (나) 임금의 성질을 인정하는 견해

① **임금후불설:** 임금후불설은 근로자에게 재직중 적립하여 두었던 임금을 사후적으로 지급하는 근로조건으로서 후불임금이라는 설이다.[6]

② **혼합설:** 혼합설은 퇴직급여가 공로보상적 성격, 생활보장적 성격 및 임금후불적 성격을 함께 갖는다는 견해이다.[7]

> **관 련 판 례** 대판 1995. 10. 12, 94다36186 퇴직금은 사회보장적 성격과 공로보상적인 성격이 포함되어 있으나 사용자와 근로자의 관계에 있어서는 근로의 대가인 임금적인 성질을 갖는 것이다.

한편, 임금후불설과 혼합설을 구분하지 아니하고, 혼합설을 취하면서 이를 임금후불설로 부르는 견해도 있다.[8]

## (2) 사 견

사견으로는 혼합설에 찬동하는 바이다. 퇴직급여의 본질적인 성격이 후불임금이라는 점은 너무나 당연하나, 공로보상적 성격 및 생활보장적 성격이 부인되는 것은

---

5) 김치선, 노동법, p. 270.
6) 박상필, 근로기준법, p. 248; 김형배, 근로기준법, p. 294.
7) 이영희, 노동법, p. 642; 대판 1995. 10. 12, 94다36186; 헌재 1995. 7. 21, 94헌바27·29.
8) 임종률, 노동법, p. 557.

아니라고 본다. 퇴직급여법 제4조제1항 단서는 계속근로연수가 1년 이상인 경우에 한하여 퇴직급여를 지급하도록 규정하고 있는바, 퇴직급여가 단순한 임금의 성격을 갖는다면 계속근로연수가 1년 미만인 근로자에게 퇴직급여가 지급되지 아니하는 이유를 설명하기 어렵다고 할 것이다. 이는 퇴직급여가 최소한 1년 이상 근무한 근로자에 대한 공로보상적 성격을 지닌 것으로 해석하여야 할 것이다.

한편, 퇴직급여가 근로관계의 종료시점에 지급되며, 또한 퇴직연금보험제도가 인정된다는 점을 감안하여 볼 때에 이는 퇴직근로자의 생활보장적 성격을 지니고 있는 것으로 보아야 할 것이다.

## Ⅱ. 퇴직급여제도의 적용범위

### 1. 관련규정

근로자퇴직급여보장법 제3조 [적용범위] 이 법은 근로자를 사용하는 모든 사업 또는 사업장(이하 "사업"이라 한다)에 적용한다. 다만, 동거하는 친족만을 사용하는 사업 및 가구내 고용활동에는 적용하지 아니한다.

### 2. 기본원칙

퇴직급여법은 근로자를 사용하는 모든 사업에 적용된다(동법 제3조본문).

다만 4인 이하의 근로자를 사용하는 사업에 대하여는 시행시기, 급여 및 부담금 등에 대한 특례를 두고 있다(법률 제10967호; 동법부칙 제8조).

### 3. 예    외

동거하는 친족만을 사용하는 사업 및 가구내 고용활동에는 적용하지 아니한다(동법제3조단서).

## Ⅲ. 퇴직급여제도의 설정

### 1. 관련규정

**근로자퇴직급여보장법 제2조** 6. "퇴직급여제도"란 확정급여형퇴직연금제도, 확정기여형퇴직연금제도, 중소기업퇴직연금기금제도 및 제8조에 따른 퇴직금제도를 말한다.

**근로자퇴직급여보장법 제4조** [퇴직급여제도의 설정] ① 사용자는 퇴직하는 근로자에게 급여를 지급하기 위하여 퇴직급여제도 중 하나 이상의 제도를 설정하여야 한다. 다만, 계속근로기간이 1년 미만인 근로자, 4주간을 평균하여 1주간의 소정근로시간이 15시간 미만인 근로자에 대하여는 그러하지 아니하다.
② 제1항에 따라 퇴직급여제도를 설정하는 경우에 하나의 사업에서 급여 및 부담금 산정방법의 적용 등에 관하여 차등을 두어서는 아니 된다.
③ 사용자가 퇴직급여제도를 설정하거나 설정된 퇴직급여제도를 다른 종류의 퇴직급여제도로 변경하려는 경우에는 근로자의 과반수가 가입한 노동조합이 있는 경우에는 그 노동조합, 근로자의 과반수가 가입한 노동조합이 없는 경우에는 근로자 과반수(이하 "근로자대표"라 한다)의 동의를 받아야 한다.
④ 사용자가 제3항에 따라 설정되거나 변경된 퇴직급여제도의 내용을 변경하려는 경우에는 근로자대표의 의견을 들어야 한다. 다만, 근로자에게 불리하게 변경하려는 경우에는 근로자대표의 동의를 받아야 한다.

**근로자퇴직급여보장법 제5조** [새로 성립된 사업의 퇴직급여제도] 법률 제10967호 근로자퇴직급여 보장법 전부개정법률 시행일 이후 새로 성립(합병·분할된 경우는 제외한다)된 사업의 사용자는 근로자대표의 의견을 들어 사업의 성립 후 1년 이내에 확정급여형퇴직연금제도나 확정기여형퇴직연금제도를 설정하여야 한다.

**근로자퇴직급여보장법 제11조** [퇴직급여제도의 미설정에 따른 처리] 제4조제1항 본문 및 제5조에도 불구하고 사용자가 퇴직급여제도나 제25조제1항에 따른 개인형퇴직연금제도를 설정하지 아니한 경우에는 제8조제1항에 따른 퇴직금제도를 설정한 것으로 본다.

**근로자퇴직급여보장법 제25조** [10명 미만을 사용하는 사업에 대한 특례] ① 상시 10명 미만의 근로자를 사용하는 사업의 경우 제4조제1항 및 제5조에도 불구하고 사용자가 개별 근로자의 동의를 받거나 근로자의 요구에 따라 개인형퇴직연금제도를 설정하는 경우에는 해당 근로자에 대하여 퇴직급여제도를 설정한 것으로 본다.

### 2. 법정퇴직급여제도

#### (1) 기본원칙

사용자는 퇴직하는 근로자에게 급여를 지급하기 위하여 퇴직급여제도 중 하나 이상의 제도를 설정하여야 한다(퇴직급여법 제4조제1항본문).

"퇴직급여제도"란 확정급여형퇴직연금제도, 확정기여형퇴직연금제도, 중소기업퇴직연금기금제도 및 제8조에 따른 퇴직금제도를 말한다(동법 제2조제6호).

퇴직급여제도는 사용자로 하여금 퇴직급여제도를 설정하고 이를 지급하도록 하여 의무화되고 있으므로 충당금 및 적립금 등 어떠한 명목으로든지 근로자에게 이를 부담시킬 수 없다.9) 이러한 "법정퇴직금제도"는 외국의 입법례에서 거의 찾아보기 어려운 제도이다.10)

관련 판례 **대판 1998. 3. 24, 96다24699** 일용근로자라 할지라도 사실상 근로관계가 중단되지 아니하고 계속된 경우에는 상용근로자로 보아 퇴직금을 지급하여야 한다. 이 경우 매일 지급받는 일당임금 속에 「퇴직금」이란 명목으로 일정한 금액을 지급하였다 할지라도 그것은 퇴직금에 해당되지 아니하며, 퇴직시 별도의 퇴직금을 주어야 한다.

퇴직급여청구권을 포기하거나 이를 지급하지 아니하더라도 민사소송을 제기하지 않겠다는 부제소특약은 근로기준법 위반으로 무효이다.11)

**(가) 2012년 7월 26일 이전 성립된 사업**

2012년 7월 26일 이전에 성립된 사업의 사용자는 확정급여형퇴직연금제도, 확정기여형퇴직연금제도 및 퇴직금제도12) 중 하나 이상의 제도를 설정하여야 한다(동법 제4조제1항).

**(나) 2012년 7월 26일 이후 성립된 사업**

2012년 7월 26일 이후에13) 새로 성립(합병·분할된 경우는 제외한다)된 사업의 사용자는 사업의 성립 후 1년 이내에 확정급여형퇴직연금제도나 확정기여형퇴직연금제도를 설정하여야 한다(동법 제5조). 이 경우 퇴직금제도의 설정은 허용되지 아니하는 것으로 해석되어야 할 것이다.

**(다) 특례 규정**

① **개인형퇴직연금제도를 설정한 경우:** 10명 미만의 근로자를 사용하는 사업의 경우 사용자가 퇴직급여제도를 설정하지 아니 하더라도 개인형퇴직연금제도를 설정하는 경우에는 해당 근로자에 대하여 퇴직급여제도를 설정한 것으로 본다(동법 제25조). 개인형퇴직연금제도에 관하여는 후술한다.

② **퇴직급여제도를 미설정한 경우:** 사용자가 퇴직급여제도 또는 개인형퇴직연

---

9) 임금 32240−5377(1990. 4. 16).
10) 근로기준법 이외의 법에서 퇴직금제도를 두어 그 적용을 받는 특수한 신분의 근로자들이 있다. 예컨대 선원은 선원법 제51조, 공무원은 공무원연금법, 사립학교 교원은 사립학교교원연금법에 의하여 정하여진 퇴직금을 지급받고 있으며, 근로기준법에 정한 퇴직금제도의 적용을 받지 않는다.
11) 대판 2002. 8. 23, 2001다41568.
12) 종전의 근로기준법에 의하여 설정된 퇴직금제도나 지급된 퇴직금은 법률 제7379호 근로자퇴직급여보장법에 의하여 설정되거나 지급된 것으로 본다(부칙 제10조).
13) 법률 제10967호 근로자퇴직급여 보장법 전부개정법률의 시행일을 말한다.

금제도를 설정하지 아니한 경우에는 제8조제1항에 따른 퇴직금제도를 설정한 것으로 본다(동법 제11조).

### (2) 예    외

퇴직급여제도는 ⅰ) 계속근로기간이 1년 미만인 근로자 및 ⅱ) 4주간을 평균하여 1주간의 소정근로시간이 15시간 미만인 근로자에 대하여 설정하지 아니하여도 무방하다(동법 제4조제1항단서). 또한, 근로자가 아닌 자에게는 퇴직급여제도가 인정되지 아니한다.

① **계속근로기간 1년 미만인 근로자:**    퇴직급여를 지급받을 수 있는 근로자는 근로기준법 제2조제1항제1호의 규정에 의한 근로자로서 1년 이상 계속근로한 자이다.[14] 계속근로연수가 1년 미만인 자에게는 퇴직급여가 지급되지 아니한다. 근로연수가 1년 미만인 경우란 입사일 이후 전체 근속연수가 1년 미만임을 뜻한다.

② **1주간 소정근로시간이 15시간 미만인 근로자:**    4주간을 평균하여 1주간의 소정근로시간이 15시간 미만인 근로자는 퇴직급여제도를 설정하지 아니하여도 무방하다. 이는 퇴직급여의 성격이 순수한 임금이 아니라 공로보상적 성격 등을 포함하는 혼합적 성격을 갖고 있다는 것을 반영하고 있는 것이다.

③ **근로자에 해당되지 아니하는 자:**    퇴직급여를 지급받을 수 있는 근로자는 사용자와 사이에 적법·유효한 근로관계가 성립되어 근무하다가 퇴직한 근로자이어야 한다.[15] 예컨대 임시직,[16] 일용직,[17] 근로기준법상 도급계약 근로자,[18] 수련의 등 전문직[19] 및 외국인[20] 등은 모두 퇴직급여를 지급받는 근로자에 해당된다.

근로기준법상 근로자가 아닌 경우에는 퇴직급여를 지급받을 수 없다. 예컨대 회사의 대표이사 및 주식회사의 임원[21] 등은 상법 제388조에 따라 정관 또는 주주총회의 결의로 민법상 보수가 지급되므로 퇴직급여의 지급대상자에 해당되지 아니한다.

---

14) 대판 1989. 7. 11, 88다카21296; 대판 1991. 11. 8, 91다27730; 대판 1991. 12. 23, 91다24250.
15) 대판 1987. 4. 14, 86누459.
16) 대판 1973. 9. 25, 71다1078; 대판 1978. 3. 28, 78다195; 대판 1979. 10. 30, 79다1561.
17) 법무 811－6870(1979. 3. 21).
18) 대판 1981. 12. 13, 91다24250; 대판 1991. 10. 25, 91도1685.
19) 대판 1991. 11. 8, 91다27730; 법무 811－8495(1981. 3. 28).
20) 근기 01254－12062(1987. 7. 28).
21) 대판 1998. 6. 14, 87다카2268; 대판 2001. 2. 23, 2000다61312.

| 관 련<br>판 례 | 대판 2001. 2. 23, 2000다61312 구 새마을금고법(1997. 12. 17 개정되기 이전의 법) 제24조는 "주식회사와 이사의 관계에 대하여 위임에 관한 규정을 준용하도록 규정하고 있는 상법 제382조제2항을 새마을금고의 임원에 다시 준용하도록 규정하고" 있으므로 새마을금고 이사장이 금고로부터 받을 퇴직금은 근로기준법 소정의 퇴직금이 아니라 재직중의 직무집행에 대한 대가로 지급되는 보수의 일종이다. 주식회사의 임원은 일정한 보수를 받는 경우에도 이를 근로기준법상의 임금이라 할 수 없고, 회사 규정에 의하여 외형상 퇴직금을 지급하는 경우에도 이는 근로기준법상의 퇴직금이 아니라 재직중의 직무집행에 대한 대가로 지급되는 보수의 일종이다. |
|---|---|

기타의 이사 및 감사 등은 근로기준법상의 근로자에 해당되는지의 여부에 따라 퇴직급여 지급대상 여부가 결정된다. 비상근 임원,[22] 순수한 도급계약자,[23] 공인회계사 시보[24] 및 지역예비군 중대장[25] 등은 일반적으로 근로자에 해당되지 아니하므로 퇴직급여를 지급받을 수 없다.

## 3. 퇴직급여제도의 설정 및 변경

### (1) 퇴직급여제도의 설정 및 변경

사용자가 퇴직급여제도의 종류를 ⅰ) 최초로 설정하는 경우 또는 ⅱ) 이미 설정한 제도를 다른 종류로 변경하는 경우에는 근로자대표의 동의를 얻어야 한다(퇴직급여법 제4조제3항). 근로자대표라 함은 해당 사업에 근로자의 과반수로 조직된 노동조합이 있는 경우에는 그 노동조합, 근로자의 과반수로 조직된 노동조합이 없는 경우에는 근로자의 과반수를 말한다(동법 제4조제3항).

이 경우 2012년 7월 26일 이후 새로이 성립된 사업에서 퇴직급여제도를 설정하는 때에는 근로자 대표의 "의견을 듣는 것"으로 충분하며, "동의"를 얻을 필요는 없다(동법 제5조).

### (2) 퇴직급여제도 내용의 변경

사업의 설립시기에 상관없이 동일한 변경방법이 적용되는 것으로 보아야 할 것이다.

#### (가) 불이익하지 아니한 변경

사용자가 이미 설정 또는 변경된 퇴직급여제도의 "내용"을 근로자에게 불이익하

---

22) 근기 1451-29219(1983. 11. 26).
23) 근기 1455-12525(1981. 4. 22).
24) 근기 01254-6627(1987. 4. 23).
25) 대판 1979. 4. 24, 78다828.

지 아니하게 변경하고자 하는 경우 근로자대표의 의견을 들어야 한다(퇴직급여법 제4조제4항본문).

### (나) 불이익한 변경

퇴직급여제도의 내용을 근로자에게 불이익하게 변경하고자 하는 경우 근로자 대표의 동의를 얻어야 한다(동법 제4조제4항단서).

## 4. 퇴직급여차등제도의 금지

### (1) 일반원칙

사용자는 퇴직급여제도를 설정함에 있어 하나의 사업에 급여 및 부담금 산정방법의 적용 등에 관하여 차등제도를 두어서는 아니 된다(퇴직급여법 제4조제2항).

무엇이 차등인지에 관하여 근로자퇴직급여보장법은 "급여 및 부담금 산정방법의 적용"의 차별금지 외에는 명문의 규정을 아니두고 있으므로 이는 해석에 의존하는 수밖에 없다. 근로자퇴직급여보장법 제4조제1항본문은 사용자가 퇴직급여제도 중 하나 이상의 제도를 설정할 것을 의무화하고 있으므로 하나의 사업장에서 서로 다른 2개 이상의 퇴직급여제도를 채택하여도 이는 퇴직급여 차등에 해당되지 아니한다고 볼 것이다. 따라서, 퇴직금 차등은 하나의 퇴직급여 안에서 이를 근로자간에 다르게 적용하는 경우에 발생하는 것으로 파악하여야 할 것이다.26)

### (2) 구체적 사례

#### (가) 퇴직급여제도의 차등

하나의 사업 내에서 직종별 또는 직위별로 서로 다른 퇴직급여제도를 채택하는 것은 허용된다. 예컨대, ⅰ) 생산직 근로자에게는 퇴직연금제도를, 사무직 근로자에게는 퇴직금제도를 채택하거나, ⅱ) 과장급 이상은 확정급여형 퇴직연금제도를, 과장급 미만은 확정기여형 퇴직연금제도를 채택하는 것은 허용된다.

#### (나) 직위 및 직종

하나의 퇴직급여 안에서 직종별 또는 직위별로 그 지급방법을 달리하는 퇴직급여제도는 금지된다.27) 즉 퇴직근로자의 임금이 해당 근로자의 직종·직위로 인하여 다른 근로자의 임금과 다르기 때문에 결과적으로 퇴직급여액에 차이가 발생하는 것

---

26) 하갑래, 근로기준법, p. 543.
27) 퇴직금차등제도를 금지하고 있는 근로기준법 제28조제2항이 사용자의 헌법상 재산권 및 경제질서 조항에 위배되지 아니한다(대판 1990. 7. 10, 90카57).

은 무방하나, 다른 근로자와의 퇴직급여 산정방법이 다르기 때문에 퇴직급여액에 차이가 나는 것은 금지된다.

퇴직급여의 누진제를 채택하고 있는 경우 ⅰ) 직위별 및 직종별로 누진율을 달리하거나, ⅱ) 누진율을 동일하게 하되 일정한 근속연한을 가산하여 주는 것 또는 ⅲ) 입사시기에 따라 퇴직급여 지급률을 달리하는 것[28]은 급여 및 부담금 산정방법 등에 차등을 두는 것이므로 퇴직급여차등금지의 원칙에 위배된다.

> 관련 **대판 1995. 2. 22, 95나10159** 해운회사에서 육상근무자와 해상근무자가 업무
> 판례 등에 차이가 있다고 하여 퇴직금 산정기준을 각기 달리한 것은 근로기준법 제34조
> 제2항에 규정된 「퇴직금차등제도금지」에 어긋난다.

### (다) 퇴직급여제도의 불리한 변경

기존의 퇴직급여제도를 불리하게 변경하여 새로운 퇴직급여제도를 모든 근로자에게 일률적으로 적용하는 수가 있다. 이 경우 변경되기 이전의 기간에 대하여 기존의 퇴직급여제도를 그대로 적용하는 것은 퇴직급여차등금지의 원칙에 위배되지 아니한다. 즉, 기존의 퇴직급여제도를 변경되기 이전의 기간에 대하여 그대로 적용하는 것은 근로자의 기득권을 보호하기 위한 것이기 때문이다.[29]

### (라) 기존근로자와 신규근로자

퇴직급여제도의 불리한 변경에 대하여 근로자대표가 동의하지 아니하는 경우 ⅰ) 기존의 근로자에게는 변경 전의 퇴직급여제도를 그대로 적용하고, ⅱ) 신규근로자에게는 변경된 새로운 취업규칙을 적용하는 것은 근로기준법 제34조의 퇴직금차등금지의 원칙에 위배되지 아니한다는 대법원 판례가 있다.[30]

> 관련 **대판 2002. 6. 28, 2001다77970** 취업규칙에서 정하고 있는 퇴직금제도의 불리
> 판례 한 변경에 대하여 근로자대표가 동의하지 아니하는 경우 기존의 근로자에게는 변
> 경 전의 퇴직금제도가 그대로 적용된다. 그러나 그 후의 단체협약에서 "퇴직금의
> 지급률은 회사의 규정에 따른다"는 조항을 두는 경우, 단체협약의 시행일 이후에
> 퇴직하는 근로자에게는 취업규칙의 변경당시 기존 또는 신규근로자의 여부에 상관
> 없이 변경 후의 퇴직금제도가 적용된다.

---

28) 대판 2002. 6. 28, 2001다77970.
29) 대판 1990. 11. 27, 89다카15939; 근기 01254-9416, 1987. 6. 10.
30) 대판 1992. 12. 22, 91다45165.

제2부 개별적 근로관계

## 5. 퇴직급여의 우선변제제도

퇴직급여 등의 우선변제제도에 대하여는 임금채권의 우선변제제도에서 이미 설명한 바 있다.

## Ⅳ. 퇴직금제도

### 1. 퇴직금제도의 설정

#### (1) 관련규정

근로자퇴직급여보장법 제8조 [퇴직금제도의 설정] ① 퇴직금제도를 설정하려는 사용자는 계속근로기간 1년에 대하여 30일분 이상의 평균임금을 퇴직금으로 퇴직하는 근로자에게 지급할 수 있는 제도를 설정하여야 한다.

#### (2) 퇴직금 지급의 산정방법

퇴직급여법 제8조는 퇴직금으로서 ⅰ) 계속근로기간 1년에 대하여 ⅱ) 30일분의 평균임금을 지급하는 제도를 설정하여야 한다고 규정하고 있다. 이들 개념을 분설하여 보면 다음과 같다.

##### (가) 계속근로기간의 산정

계속근로기간이라 함은 「근로계약을 체결한 후 해지될 때까지의 기간」을 의미하는 것이 원칙이며, 반드시 「계속하여 근로를 제공한 기간」을 의미하는 것은 아니다.[31] 즉, 근로자가 월평균 25일 이상 근무하여야만 퇴직금지급의 전제가 되는 계속근로기간의 요건을 충족시키는 것이 아니라 최소한 1개월의 4, 5일 내지 15일 정도 계속하여 근무하였다면 그 요건이 충족된다.[32] 다만 군복무기간, 해외유학기간 및 휴직기간 등에 대하여는 예외가 인정되며,[33] 이는 당사자가 합의하는 바에 따른다.

계속근로기간은 근로기준법이 적용되는 근로계약체결일을 기산일로, 근로계약종료일을 마감일로 하는 것이 일반적이다.[34]

---

31) 대판 1996. 12. 10, 96다42024.
32) 대판 1995. 7. 11, 93다26168.
33) 군복무기간은 퇴직금산정시 근속연수에 산정되지 아니한다. 대판 1993. 1. 15, 92다41986.
34) 대판 1996. 12. 10, 96다42024.

**관련**
**판례** 　대판 1995. 7. 11, 93다26168　　고용형태가 변경되는 경우(예컨대 임시직에서 정규직으로, 또는 도급제에서 일반직으로)에도 실질적인 근로관계가 지속되는 한 계속근로연수에 산입된다.

## (나) 평균임금의 산정

① **일반원칙:**　　사용자는 근로자에게 계속근로기간 1년에 대해 30일분 이상의 평균임금을 지급하여야 한다(퇴직급여법 제8조제1항).

계속근로기간이 1년 이상인 경우에는 1년에 미달하는 기간에 대하여도 그 기간에 비례하여 퇴직금을 지급하여야 한다.[35] 예컨대, 계속근로기간이 1년 165일인 경우에는 1년 미만의 기간인 165일에 대하여도 근로일수에 비례하여 퇴직금을 지급하여야 한다. 다만, 계속근로기간이 1년 미만인 경우에는 퇴직금을 지급하지 아니한다.

퇴직금은 「퇴직시점」의 평균임금을 기준으로 하여 산정하며,[36] 매년도의 평균임금을 기준으로 산정하지 아니한다.

**관련**
**판례** 　대판 1991. 6. 28, 90다14560　　근로관계가 존속하는 한 사업주의 퇴직금지급의무는 발생할 여지가 없고, 근로관계가 종료되는 때에 그 지급의무가 생기므로 퇴직시를 시점으로 평균임금을 산정하여야 한다.

## ② **퇴직금의 구체적인 산정방법**

㉠ **퇴직금규정이 없는 경우**　　당사자간에 근로계약·취업규칙 및 단체협약으로 별도의 퇴직금제도를 규정하지 아니한 경우에는 퇴직급여법 제8조제1항의 규정에 따라 퇴직금을 산정한다. 따라서, 퇴직금액은 계속근속기간 1년에 대하여 30일분 이상의 평균임금이 된다(동법 제8조제1항).

㉡ **퇴직금규정이 있는 경우**　　당사자간에 근로계약·취업규칙 및 단체협약으로 별도의 퇴직금제도를 규정하고 있는 경우에는 해당 퇴직금제도에 따라 퇴직금을 지급한다. 다만, 해당 퇴직금의 금액이 퇴직급여법 제8조제1항에서 정한 최저기준을 상회하는 경우에 한하여 해당 퇴직금제도는 유효하다.[37] 예컨대, 일정한 근속기간에 따라 퇴직금지급기준을 더욱 높게 산정하는 누진제를 채택하고 있는 경우에는 근로기준법이 요구하는 최저기준을 충족하게 되므로 유효한 퇴직금제도가 될 것이다.

---

　35) 대판 1987. 9. 22, 86다카1651; 고용노동부예규 제38호(1981. 6. 5); 근기1451-25560(1983. 10. 11).
　36) 대판 1991. 6. 28, 90다14560.
　37) 대판 1987. 2. 24, 84다카1409.

| 관 련<br>판 례 | **대판 1997. 7. 25, 96다22174**  근로기준법 제34조제1항의 규정은 퇴직금 산정에 관한 강행규정이므로 당사자의 합의, 노사협의회에서의 합의 또는 단체협약·취업규칙의 규정이 있다 할지라도 그 기준 이하의 퇴직금계산은 무효이다. |
|---|---|

또한 판례는 퇴직금규정에 의하여 산출된 퇴직금액이 퇴직급여법 제8조제1항에서 규정한 최저기준을 상회하는 것이라면 비록 퇴직금산정방법의 일부가 근로기준법의 규정과 다르다 할지라도 이를 무효로 볼 수 없다고 한다.[38]

## 2. 퇴직금의 지급시기

### (1) 기본원칙

#### (가) 관련규정

> **근로자퇴직급여보장법 제9조** [퇴직금의 지급] 사용자는 근로자가 퇴직한 경우에는 그 지급사유가 발생한 날부터 14일 이내에 퇴직금을 지급하여야 한다. 다만, 특별한 사정이 있는 경우에는 당사자간의 합의에 따라 지급기일을 연장할 수 있다.

#### (나) 퇴직 후 14일 내에 지급

사용자는 근로자가 퇴직한 경우 그 지급사유가 발생한 날부터 14일 이내에 퇴직금을 지급하여야 한다(퇴직급여법 제9조본문). 다만, 특별한 사정이 있는 경우에는 당사자간의 합의에 따라 지급기일을 연장할 수 있다(동법 제9조단서).

### (2) 퇴직금의 중간정산제도

#### (가) 관련규정

> **근로자퇴직급여보장법 제8조** [퇴직금제도의 설정] ② 제1항에도 불구하고 사용자는 주택구입 등 대통령령으로 정하는 사유로 근로자가 요구하는 경우에는 근로자가 퇴직하기 전에 해당 근로자의 계속근로기간에 대한 퇴직금을 미리 정산하여 지급할 수 있다. 이 경우 미리 정산하여 지급한 후의 퇴직금산정을 위한 계속근로기간은 정산시점부터 새로 계산한다.

#### (나) 퇴직금의 중간정산

근로자의 요구가 있는 경우에는 근로자가 퇴직하기 이전일지라도 근무한 기간에 해당하는 퇴직금을 미리 지급할 수 있다(퇴직급여법 제8조제2항전단). 퇴직금의 중간정산제도는 근로자가 원하는 경우 퇴직금이라는 목돈을 수령할 수 있게 하여 줌과 동시에 사용자의 퇴직금적립의무를 경감시킬 수 있다는 취지하에서 인정되고 있는 것

---

38) 대판 1982. 11. 23, 80다1340; 대판 1987. 2. 10, 85다카187; 대판 1987. 2. 24, 84다카1409; 대판 1992. 6. 9, 92다6716.

이다. 이 경우, 근로자의 요구는 근로자의 이익을 위하여 자발적·명시적인 것이어야 한다. 다만, 근로자의 중간정산요구에 대하여 사용자가 이에 반드시 응할 의무가 있는 것은 아니다.

① **중간정산의 사유:**　　　종전의 중간정산제도는 중간정산의 사유를 제한하지 아니하였으나, 현행 중간정산제도는 "주택구입 등 대통령령으로 정하는 사유"로 이를 제한하고 있다. 이는 중간정산이 너무 빈발하여 근로자의 퇴직 후 생활보장이라는 퇴직금의 근본 취지를 훼손할 뿐 아니라 실질 임금이 저하될 우려가 있기 때문에 이를 방지하기 위한 것이다.

퇴직금의 중간정산 사유로서 "주택구입 등 대통령령으로 정하는 사유"란 다음의 어느 하나에 해당하는 경우를 말한다(동법시행령 제3조제1항).

( i ) 무주택자인 근로자가 본인 명의로 주택을 구입하는 경우

( ii ) 무주택자인 근로자가 주거를 목적으로 「민법」에 따른 전세금 또는 「주택임대차보호법」에 따른 보증금을 부담하는 경우. 이 경우 근로자가 하나의 사업 또는 사업장에 근로하는 동안 1회로 한정한다.

( iii ) 근로자, 근로자의 배우자 또는 「소득세법」에 따른 근로자 또는 근로자의 배우자와 생계를 같이하는 부양가족이 질병 또는 부상으로 6개월 이상 요양을 하여 근로자가 그 비용을 부담하는 경우

( iv ) 퇴직금 중간정산을 신청하는 날부터 역산하여 5년 이내에 근로자가 「채무자 회생 및 파산에 관한 법률」에 따라 파산선고를 받은 경우

( v ) 퇴직금 중간정산을 신청하는 날부터 역산하여 5년 이내에 근로자가 「채무자 회생 및 파산에 관한 법률」에 따라 개인회생절차개시 결정을 받은 경우

( vi ) 「고용보험법 시행령」에 따른 임금피크제를 실시하여 임금이 줄어드는 경우

( vii ) 사용자가 근로자와의 합의에 따라 소정근로시간을 1일 1시간 또는 1주 5시간 이상 변경하여 그 변경된 소정근로시간에 따라 근로자가 3개월 이상 계속 근로하기로 한 경우

( viii ) 그 밖에 천재지변 등으로 피해를 입는 등 고용노동부장관이 정하여 고시하는 사유와 요건에 해당하는 경우

상기 사유에 해당하지 아니하는 경우 퇴직금 중간정산의 효력은 무효이다.

한편, 확정기여형퇴직연금제도에 가입한 근로자는 주택구입 등 대통령령으로 정하는 사유가 발생하면 적립금을 중도인출할 수 있다(동법 제22조).

근로자에게 퇴직 및 재입사의 형식을 취하게 하는 경우 또는 영업양도·합병·계열회사로의 전직 등의 경우에도 i ) 근로자의 자의적 의사에 따라 퇴직금을 중간정산하는 경우에는 그 중간정산이 유효하나, ii ) 사용자의 강요에 의한 것일 때에는 무효이며 계속근로기간이 그대로 인정되는 것이 원칙이다.[39]

② **중간정산 후 계속근로기간의 계산:** 중간정산을 하는 경우 정산된 시점부터 새로운 퇴직금산정을 위한 계속근로기간이 시작된다(동법 제8조제2항후단). 퇴직금중간 정산 이후의 새로이 가산되는 계속근로기간이 1년 미만인 근로자에게도 그 기간에 상당하는 퇴직금이 지급되어야 한다.

이러한 계속근로연수의 단절은 퇴직금의 경우에만 인정되는 것이므로 연차유급 휴가, 상여금, 경력 및 승진·승급기간의 산정 등의 경우에는 계속근로연수가 그대 로 인정된다.

③ **중간정산의 방법 및 절차:** 중간정산의 구체적인 방법 및 절차 등에 관하 여는 근로기준법에 명문의 규정을 두고 있지 아니하므로 취업규칙 및 단체협약 등 으로 이를 정하는 것이 일반적일 것이다. 다만, 취업규칙 및 단체협약 등으로 중간 정산제도를 규정하는 경우에도 근로자 개인의 개별적 요구가 없는 한 중간정산을 강제할 수 없다.

한편, 중간정산을 일정한 법정 사유가 존재하는 경우에만 인정하는 현행 규정이 마련되기 이전에 근로계약을 체결하면서 매달 임금에 퇴직금을 포함시키기로 하고, 매월 근로자에게 중간정산을 신청하도록 하였으며 이에 대하여 일체의 민사·형사 책임을 묻지 않기로 약정하는 사례가 있었다. 이에 대하여 대법원 판례는 퇴직금 정 산의 효력을 인정하지 않고 있다.[40]

**관 련 판 례** 대판 2007. 11. 16, 2007도3729 사용자가 근로자들과 근로계약을 체결하면서 매월 임금에 퇴직적립금을 합산하여 지급하기로 약정하고 그들로부터 '매월 급여 수령시 퇴직금을 정산하여 지급받기를 희망하며 퇴직시 회사에 퇴직금에 관한 일 체의 이의를 제기하지 않을 것을 확약합니다'라는 내용의 '퇴직금 중간정산 신청 서'를 받았다 하더라도, 퇴직금 지급 내지 퇴직금 중간정산의 효력을 인정할 수 없 다고 한 사례

이러한 '퇴직금 분할 약정'이 무효이므로, ⅰ) 사용자는 근로자에게 퇴직금을 별 도로 지급하여야 할 의무가 발생하나, ⅱ) 미리 매달 지급한 퇴직금 명목의 금원은 근로자의 부당이득에 해당되므로 사용자는 동일한 금원 상당의 부당이득반환채권을 갖게 되어, 이를 자동채권으로 하여 근로자의 퇴직금채권과 상계할 수 있다는 대법 원의 판례가 있다.[41]

---

39) 대판 2001. 9. 18, 2000다60630.
40) 대판 2007. 11. 16, 2007도3729; 대판 2010. 5. 20, 2007다90760.
41) 대판 2010. 5. 20, 2007다90760.

| 관 련 판 례 | 대판 2010. 5. 20, 2007다90760 사용자가 근로자에게 퇴직금 명목의 금원을 실질적으로 지급하였음에도 불구하고 정작 퇴직금 지급으로서의 효력이 인정되지 아니할 뿐만 아니라 같은 법 제18조 소정의 임금 지급으로서의 효력도 인정되지 않는다면, 사용자는 법률상 원인 없이 근로자에게 퇴직금 명목의 금원을 지급함으로써 위 금원 상당의 손해를 입은 반면 근로자는 같은 금액 상당의 이익을 얻은 셈이 되므로, 근로자는 수령한 퇴직금 명목의 금원을 부당이득으로 사용자에게 반환하여야 한다고 보는 것이 공평의 견지에서 합당하다. |
|---|---|

### 3. 퇴직금의 지급방법

퇴직금도 일종의 임금에 해당된다. 따라서 근로기준법상 임금에 대한 법적 보호를 받을 수 있음은 물론이다. 예컨대 균등처우의 원칙, 위약예정의 금지, 전차금상쇄의 금지, 직접불·통화불의 원칙, 임금채권의 압류제한·소멸시효 및 임금채권우선변제 등에 관한 규정이 적용된다.[42] 다만, ⅰ) 매월 1회 이상 정기불의 원칙은 퇴직금이 근로관계의 종료시에 지급된다는 내재적 성질을 이유로, ⅱ) 전액불의 원칙은 퇴직보험제도의 연금수령인정에 따라 적용되지 아니한다.

### 4. 퇴직금의 시효

#### (1) 관련규정

> 근로자퇴직급여보장법 제10조 [퇴직금의 시효] 이 법에 따른 퇴직금을 받을 권리는 3년간 행사하지 아니하면 시효로 인하여 소멸한다.

#### (2) 퇴직금의 시효

퇴직금을 받을 권리는 3년간 행사하지 아니하면 시효로 인하여 소멸한다(퇴직급여법 제10조).

## Ⅴ. 퇴직연금제도

### 1. 퇴직연금의 제도의 종류 및 요건

퇴직연금제도라 함은 사용자가 금융기관에 퇴직연금 기여금을 납부하고, 근로자는 퇴직시에 퇴직금 대신 퇴직연금을 수령하는 제도를 말한다.

퇴직연금제도에는 확정급여형 퇴직연금제도와 확정기여형 퇴직연금제도의 두가지 유형이 있다.

---

42) 대판 1996. 4. 26, 95다2562·2579; 대판 1996. 7. 9, 96다12535; 대판 1996. 9. 10, 96다6141.

## (1) 확정급여형 퇴직연금제도

### (가) 관련규정

> **근로자퇴직급여보장법 제13조 [확정급여형퇴직연금제도의 설정]** 확정급여형퇴직연금
> 제도를 설정하려는 사용자는 제4조제3항 또는 제5조에 따라 근로자대표의 동의를
> 얻거나 의견을 들어 다음 각 호의 사항을 포함한 확정급여형퇴직연금규약을 작성
> 하여 고용노동부장관에게 신고하여야 한다.
>  1. 퇴직연금사업자 선정에 관한 사항
>  2. 가입자에 관한 사항
>  3. 가입기간에 관한 사항
>  4. 급여수준에 관한 사항
>  5. 급여 지급능력 확보에 관한 사항
>  6. 급여의 종류 및 수급요건 등에 관한 사항
>  7. 제28조에 따른 운용관리업무 및 제29조에 따른 자산관리업무의 수행을 내용으
>     로 하는 계약의 체결 및 해지와 해지에 따른 계약의 이전(移轉)에 관한 사항
>  8. 운용현황의 통지에 관한 사항
>  9. 가입자의 퇴직 등 급여 지급사유 발생과 급여의 지급절차에 관한 사항
> 10. 퇴직연금제도의 폐지·중단 사유 및 절차 등에 관한 사항
> 11. 그 밖에 확정급여형퇴직연금제도의 운영을 위하여 대통령령으로 정하는 사항

### (나) 주요내용

① **설    정:**      확정급여형퇴직연금제도를 설정하려는 사용자는 제4조제3항 또
는 제5조에 따라 근로자대표의 동의를 얻거나 의견을 들어 확정급여형퇴직연금규약
을 작성하여 고용노동부장관에게 신고하여야 한다(동법 제13조).

② **가입기간:**      가입기간은 퇴직연금제도의 설정 이후 해당 사업에서 근로를
제공하는 기간으로 한다(동법 제14조제1항).

해당 퇴직연금제도의 설정 전에 해당 사업에서 제공한 근로기간에 대하여도 가
입기간으로 할 수 있다(동법 제14조제2항전단). 이 경우 퇴직금을 미리 정산한 기간은
제외한다(동법 제14조제2항후단).

③ **급여수준:**      급여 수준은 가입자의 퇴직일을 기준으로 산정한 일시금이 계
속근로기간 1년에 대하여 30일분의 평균임금에 상당하는 금액 이상이 되도록 하여
야 한다(동법 제15조).

④ **급여 지급능력 확보 등:**      확정급여형퇴직연금제도를 설정한 사용자는 급여
지급능력을 확보하기 위하여 매 사업연도 말 다음에 해당하는 금액 중 더 큰 금액
(이하 "기준책임준비금"이라 한다)에 100분의 60 이상으로 대통령령으로 정하는 비율을
곱하여 산출한 금액(이하 "최소적립금"이라 한다) 이상을 적립금으로 적립하여야 한다

(동법 제16조제1항본문). 다만, 해당 퇴직연금제도 설정 이전에 해당 사업에서 근로한 기간을 가입기간에 포함시키는 경우 대통령령으로 정하는 비율에 따른다(동법 제16조제2항단서).

（ⅰ）매 사업연도 말일 현재를 기준으로 산정한 가입자의 예상 퇴직시점까지의 가입기간에 대한 급여에 드는 비용 예상액의 현재가치에서 장래 근무기간분에 대하여 발생하는 부담금 수입 예상액의 현재가치를 뺀 금액으로서 고용노동부령으로 정하는 방법에 따라 산정한 금액

（ⅱ）가입자와 가입자였던 사람의 해당 사업연도 말일까지의 가입기간에 대한 급여에 드는 비용 예상액을 고용노동부령으로 정하는 방법에 따라 산정한 금액

⑤ **급여 종류 및 수급요건 등:** 확정급여형퇴직연금제도의 급여 종류는 연금 또는 일시금으로 하되, 수급요건은 다음과 같다(동법 제17조제1항).

（ⅰ）연금은 55세 이상으로서 가입기간이 10년 이상인 가입자에게 지급할 것. 이 경우 연금의 지급기간은 5년 이상이어야 한다.

（ⅱ）일시금은 연금수급 요건을 갖추지 못하거나 일시금 수급을 원하는 가입자에게 지급할 것

## (2) 확정기여형 퇴직연금제도

### ⑺ 관련규정

**근로자퇴직급여보장법 제19조** [확정기여형퇴직연금제도의 설정] ① 확정기여형퇴직연금제도를 설정하려는 사용자는 제4조제3항 또는 제5조에 따라 근로자대표의 동의를 얻거나 의견을 들어 다음 각 호의 사항을 포함한 확정기여형퇴직연금규약을 작성하여 고용노동부장관에게 신고하여야 한다.
1. 부담금의 부담에 관한 사항
2. 부담금의 납입에 관한 사항
3. 적립금의 운용에 관한 사항
4. 적립금의 운용방법 및 정보의 제공 등에 관한 사항
4의2. 사전지정운용제도에 관한 사항
5. 적립금의 중도인출에 관한 사항
6. 제13조제1호부터 제3호까지 및 제6호부터 제10호까지의 사항
7. 그 밖에 확정기여형퇴직연금제도의 운영에 필요한 사항으로서 대통령령으로 정하는 사항
② 제1항에 따라 확정기여형퇴직연금제도를 설정하는 경우 가입기간에 관하여는 제14조를, 급여의 종류, 수급요건과 급여 지급의 절차·방법에 관하여는 제17조제1항, 제4항 및 제5항을, 운용현황의 통지에 관하여는 제18조를 준용한다. 이 경우 제14조제1항 중 "제13조제3호"는 "제19조제6호"로, 제17조제1항 중 "확정급여형퇴직연금제도"는 "확정기여형퇴직연금제도"로 본다.

**(나) 주요내용**

① 설　정:　　확정기여형퇴직연금제도를 설정하려는 사용자는 제4조제3항 또는 제5조에 따라 근로자대표의 동의를 얻거나 의견을 들어 확정기여형퇴직연금규약을 작성하여 고용노동부장관에게 신고하여야 한다(동법 제19조제1항).

② **가입기간:**　　가입기간은 퇴직연금제도의 설정 이후 해당 사업에서 근로를 제공하는 기간으로 한다(동법 제14조제1항 및 제19조제2항).

해당 퇴직연금제도의 설정 전에 해당 사업에서 제공한 근로기간에 대하여도 가입기간으로 할 수 있다(동법 제14조제2항 전단 및 제19조제2항). 이 경우 퇴직금을 미리 정산한 기간은 제외한다(동법 제14조제2항 후단 및 제19조제2항).

③ **급여 종류 및 수급요건 등:**　　확정기여형퇴직연금제도의 급여 종류는 연금 또는 일시금으로 하되, 수급요건은 다음과 같다(동법 제17조제1항 및 제19조제2항).

( i ) 연금은 55세 이상으로서 가입기간이 10년 이상인 가입자에게 지급할 것. 이 경우 연금의 지급기간은 5년 이상이어야 한다.

( ii ) 일시금은 연금수급 요건을 갖추지 못하거나 일시금 수급을 원하는 가입자에게 지급할 것

④ **부담금의 부담수준 및 납입 등:**　　확정기여형퇴직연금제도를 설정한 사용자는 가입자의 연간 임금총액의 12분의 1 이상에 해당하는 부담금을 현금으로 가입자의 확정기여형퇴직연금제도 계정에 납입하여야 한다(동법 제20조제1항).

가입자는 사용자가 부담하는 부담금 외에 스스로 부담하는 추가 부담금을 가입자의 확정기여형퇴직연금 계정에 납입할 수 있다(동법 제20조제2항).

⑤ **적립금의 중도인출:**　　확정기여형퇴직연금제도에 가입한 근로자는 주택구입 등 대통령령으로 정하는 사유가 발생하면 적립금을 중도인출할 수 있다(동법 제22조).

## 2. 가입자에 대한 둘 이상의 퇴직연금제도 설정

사용자가 가입자에 대하여 확정급여형퇴직연금제도 및 확정기여형퇴직연금제도를 함께 설정하는 경우 제15조 및 제20조제1항에도 불구하고 확정급여형퇴직연금제도의 급여 및 확정기여형퇴직연금제도의 부담금 수준은 다음에 따른다(동법 제6조제1항).

( i ) 확정급여형퇴직연금제도의 급여　　제15조에 따른 급여수준에 확정급여형퇴직연금규약으로 정하는 설정 비율을 곱한 금액

( ii ) 확정기여형퇴직연금제도의 부담금　　제20조제1항의 부담금의 부담 수준에 확정기여형퇴직연금규약으로 정하는 설정 비율을 곱한 금액

사용자는 상기 각각의 설정 비율의 합이 1 이상이 되도록 퇴직연금규약을 정하

여 퇴직연금제도를 설정하여야 한다(동법 제6조제2항).

### 3. 수급권의 보호

퇴직연금의 급여를 받을 권리는 양도 또는 압류하거나 담보로 제공할 수 없다(동법 제7조제1항). 다만, 주택구입 등 대통령령이 정하는 사유와 요건을 갖춘 경우에는 고용노동부령이 정하는 한도 안에서 담보로 제공할 수 있다(동법 제7조제2항전단).

### 4. 사용자의 책무 및 의무

퇴직연금제도를 설정한 사용자는 매년 1회 이상 가입자에게 해당 사업의 퇴직 연금제도 운영상황 등 대통령령이 정하는 사항에 관한 교육을 실시하여야 한다(동법 제32조제2항전단). 이 경우 사용자는 퇴직연금사업자에게 그 교육의 실시를 위탁할 수 있다(동법 제32조제2항후단).

퇴직연금제도를 설정한 사용자는 다음 어느 하나에 해당하는 행위를 하여서는 아니 된다(동법 제32조제3항).

( i ) 자기 또는 제3자의 이익을 도모할 목적으로 운용관리업무 및 자산관리업무의 수행 계약을 체결하는 행위

( ii ) 그 밖에 퇴직연금의 적정한 운영을 저해하는 행위로서 대통령령이 정하는 행위

### 5. 사용자에 대한 정부의 감독

고용노동부장관은 사용자가 퇴직연금제도의 설정 또는 그 운영 등에 관하여 이 법 또는 퇴직연금규약에 위반되는 행위를 한 때에는 기간을 정하여 그 위반의 시정 을 명할 수 있다(동법 제35조제1항).

고용노동부장관은 사용자가 기간 이내에 시정명령에 따르지 아니하는 경우에는 퇴직연금 운영의 중단을 명할 수 있다(동법 제35조제2항).

### 6. 퇴직연금제도의 폐지 · 중단시의 처리

퇴직연금제도가 폐지되거나 운영이 중단된 경우에는 폐지된 이후 또는 중단된 기간에 대하여는 제8조의 규정에 의한 퇴직금제도를 적용한다(동법 제27조제1항).

사용자는 퇴직연금제도가 폐지된 경우 지체없이 적립금으로 급여를 지급하는데 필요한 조치로서 미납 부담금의 납입 등 대통령령으로 정하는 조치를 하여야 한다 (동법 제38조제2항).

## Ⅵ. 중소기업퇴직연금기금제도

"중소기업퇴직연금기금제도"란 상시 30명 이하의 근로자를 사용하는 중소기업 근로자의 안정적인 노후생활 보장을 지원하기 위하여 둘 이상의 중소기업 사용자 및 근로자가 납입한 부담금 등으로 공동의 기금을 조성·운영하여 근로자에게 급여 를 지급하는 제도를 말한다(동법 제2조제14호). 중소기업퇴직연금기금제도는 공단에서 운영한다(동법 제23조의2제1항).

중소기업의 사용자는 중소기업퇴직연금기금표준계약서에서 정하고 있는 사항에 관하여 근로자대표의 동의를 얻거나 의견을 들어 공단과 계약을 체결함으로써 중소 기업퇴직연금기금제도를 설정할 수 있다(동법 제23조의6제1항). 중소기업퇴직연금기금 제도를 설정한 사용자는 매년 1회 이상 정기적으로 가입자의 연간 임금총액의 12분 의 1 이상에 해당하는 부담금(이하 "사용자부담금"이라 한다)을 현금으로 가입자의 중 소기업퇴직연금기금제도 계정(이하 "기금제도사용자부담금계정"이라 한다)에 납입하여야 한다(동법 제23조의7제1항전단).

## Ⅶ. 개인형퇴직연금제도

개인형퇴직연금제도는 근로자가 직장을 변경하는 경우에도 퇴직연금을 계속하여 적립할 수 있도록 하는 제도이다.

### 1. 관련규정

> 근로자퇴직급여보장법 제24조 [개인형퇴직연금제도의 설정 및 운영 등] ① 퇴직연금 사업자는 개인형퇴직연금제도를 운영할 수 있다.
> ② 다음 각 호의 어느 하나에 해당하는 사람은 개인형퇴직연금제도를 설정할 수 있다.
> 1. 퇴직급여제도의 일시금을 수령한 사람
> 2. 확정급여형퇴직연금제도 또는 확정기여형퇴직연금제도의 가입자로서 자기의 부 담으로 개인형퇴직연금제도를 추가로 설정하려는 사람
> 3. 자영업자 등 안정적인 노후소득 확보가 필요한 사람으로서 대통령령으로 정하 는 사람
> ③ 제2항에 따라 개인형퇴직연금제도를 설정한 사람은 자기의 부담으로 개인형퇴 직연금제도의 부담금을 납입한다. 다만, 대통령령으로 정하는 한도를 초과하여 부 담금을 납입할 수 없다.
> ④ 개인형퇴직연금제도 적립금의 운용방법 및 운용에 관한 정보제공에 관하여는

제21조를 준용한다. 이 경우 "확정기여형퇴직연금제도"는 "개인형퇴직연금제도"로 본다.
⑤ 개인형퇴직연금제도의 급여의 종류별 수급요건 및 중도인출에 관하여는 대통령령으로 정한다.

## 2. 주요내용

### (1) 설    정

퇴직연금사업자는 개인형퇴직연금제도를 운영할 수 있다(동법 제24조제1항).

다음의 어느 하나에 해당하는 사람은 개인형퇴직연금제도를 설정할 수 있다(동법 제24조제2항).

( i ) 퇴직급여제도의 일시금을 수령한 사람

( ii ) 확정급여형퇴직연금제도 또는 확정기여형퇴직연금제도의 가입자로서 자기의 부담으로 개인형퇴직연금제도를 추가로 설정하려는 사람

(iii) 자영업자 등 안정적인 노후소득 확보가 필요한 사람으로서 대통령령으로 정하는 사람

개인형퇴직연금제도를 설정한 사람은 자기의 부담으로 개인형퇴직연금제도의 부담금을 납입한다(동법 제24조제3항본문). 다만, 대통령령으로 정하는 한도를 초과하여 부담금을 납입할 수 없다(동법 제24조제3항단서).

### (2) 10명 미만을 사용하는 사업에 대한 특례

상시 10명 미만의 근로자를 사용하는 사업의 경우 제4조제1항 및 제5조에도 불구하고 사용자가 개별 근로자의 동의를 받거나 근로자의 요구에 따라 개인형퇴직연금제도를 설정하는 경우에는 해당 근로자에 대하여 퇴직급여제도를 설정한 것으로 본다(동법 제25조제1항).

개인형퇴직연금제도를 설정하는 경우에는 다음의 사항이 준수되어야 한다(동법 제25조제2항).

( i ) 사용자가 퇴직연금사업자를 선정하는 경우에 개별 근로자의 동의를 받을 것. 다만, 근로자가 요구하는 경우에는 스스로 퇴직연금사업자를 선정할 수 있다.

( ii ) 사용자는 가입자별로 연간 임금총액의 12분의 1 이상에 해당하는 부담금을 현금으로 가입자의 개인형퇴직연금제도 계정에 납입할 것

(iii) 사용자가 부담하는 부담금 외에 가입자의 부담으로 추가 부담금을 납입할 수 있을 것

(iv) 사용자는 매년 1회 이상 정기적으로 제2호에 따른 부담금을 가입자의 개인형퇴직연금제도 계정에 납입할 것. 이 경우 납입이 지연된 부담금에 대한 지연이자의 납입에 관하여는 제20조제3항 후단 및 제4항을 준용한다.

( v ) 그 밖에 근로자의 급여 수급권의 안정적인 보호를 위하여 대통령령으로 정하는 사항

제 2 부  개별적 근로관계

사용자는 개인형퇴직연금제도 가입자의 퇴직 등 대통령령으로 정하는 사유가 발생한 때에 해당 가입자에 대한 부담금을 납입하지 아니한 경우에는 그 사유가 발생한 날부터 14일 이내에 그 부담금과 지연이자를 해당 가입자의 개인형퇴직연금제도의 계정에 납입하여야 한다(동법 제25조제3항본문). 다만, 특별한 사정이 있는 경우에는 당사자 간의 합의에 따라 납입 기일을 연장할 수 있다(동법 제25조제3항단서).

# 제 3 절  금품청산

## Ⅰ. 관련규정

> 근로기준법 제36조 [금품 청산] 사용자는 근로자가 사망 또는 퇴직한 경우에는 그 지급 사유가 발생한 때부터 14일 이내에 임금·보상금 그 밖의 모든 금품을 지급하여야 한다. 다만 특별한 사정이 있을 경우에는 당사자 사이의 합의에 의하여 기일을 연장할 수 있다.

## Ⅱ. 주요내용

근로관계가 종료된 후에도 근로자가 당연히 지급받아야 할 임금 등의 금품이 조속히 지급되지 아니한다면 근로자는 금품을 받기 위하여 사업장에 남아 있는 등 부당하게 사용자에게 예속되기 쉽고 또한 근로자 및 근로자가족의 생활이 위협받을 우려가 있다.[43]

이를 방지하기 위해 근로기준법은 근로자가 사망 또는 퇴직한 경우에는 사용자가 14일 이내에 임금·보상금 그 밖의 모든 금품을 지급하도록 의무화 하고 있다(동법 제36조).

### 1. 금품청산의 대상

청산되어야 할 금품은 임금·퇴직금 및 재해보상금 그 밖의 모든 금품이다.

금품청산의 대상이 되는 「임금」은 근로기준법 제2조제5호에 규정된 임금을 의미하고, 「퇴직금」은 동법 제34조제1항에 규정된 퇴직금을 의미한다. 「재해보상금」이라 함은 근로기준법 제8장의 규정에 의하여 사용자가 근로자에게 지급하여야 할

---

43) 김형배, 근로기준법, p. 740; 하갑래, 근로기준법, p. 710.

산업재해보상금을 의미한다. 임금·퇴직금 및 재해보상금은 예시적인 것에 불과하며, 사용자가 근로관계의 존재로 인하여 근로자에게 지급의무가 있는 「모든 금품」을 청산하여야 한다.

### 2. 금품청산의 시기

#### (1) 기본원칙

금품의 청산은 그 지급사유가 발생한 때부터 14일 이내에 지급되어야 하는 것이 원칙이다.

금품청산의 기산점은 지급사유가 발생한 때이다. 즉 근로자의 퇴직·해고 및 사망 등 근로관계가 종료한 때가 금품청산 기간산정의 기산점이 된다. 14일의 산정은 실제 근무할 수 있는 날과 관계 없이 역일에 따라 계산한다.

> **관 련 판 례**    대판 2010. 5. 27. 2009도7722    사업주가 법인일 경우에는 위 14일이 경과할 당시에 퇴직금 등의 지급권한을 갖는 대표자가 그 체불로 인한 죄책을 짐이 원칙이고, 14일이 경과하기 전에 그 지급권한을 상실하게 된 대표자는 특별한 사정이 없는 한 그 죄책을 지지 않는다(대법원 1995. 11. 10. 선고 94도1477 판결, 대법원 2002. 11. 26. 선고 2002도5044 판결 참조). 여기서 퇴직금 등의 지급권한 상실의 원인에는 해임, 사임 등 법인과의 고용계약 종료에 기한 것은 물론 법령에 의한 지급권한 상실 또한 포함된다.

#### (2) 예외적인 기간연장

특별한 사정이 있는 경우에는 당사자 사이의 합의에 의하여 기일을 연장할 수 있다(근로기준법 제36조단서).

「특별한 사정」이라 함은 천재·사변 기타 경영부진으로 인한 자금사정 등으로 지급기일 내에 지급할 수 없었던 불가피한 사정이 사회통념에 비추어 인정되는 사정으로 인하여 사용자가 최선을 다하였음에도 불구하고 금품지급의 의무를 이행할 수 없는 경우를 말한다. 그러나, 근로기준법 제36조에서 당사자의 합의를 요건으로 하고 있다는 점을 볼 때 근로자가 받아들일 수 있는 사용자의 특별한 사정이면 충분하다는 견해도 있다.44)

---

44) 하갑래, 근로기준법, p. 737.

관 련
판 례
대판 2015. 1. 15, 2014도9691　　근로기준법 제109조, 제36조에서 정하는 임금 및 퇴직금 등의 기일 내 지급의무 위반죄는 사용자가 그 지급을 위하여 최선의 노력을 다하였으나 경영부진으로 인한 자금사정 등으로 지급기일 내에 지급할 수 없었던 불가피한 사정이 사회통념에 비추어 인정되는 경우에만 면책되는 것이고, 단순히 사용자가 경영부진 등으로 자금압박을 받아 이를 지급할 수 없었다는 것만으로는 그 책임을 면할 수 없다. 그리고 임금이나 퇴직금을 지급기일 내에 지급할 수 없었던 불가피한 사정이 있었는지 여부를 판단함에 있어서는, 사용자가 퇴직 근로자 등의 생활안정을 도모하기 위하여 임금이나 퇴직금 등을 조기에 청산하기 위하여 최대한 변제노력을 기울이거나 장래의 변제계획을 분명하게 제시하고 이에 관하여 근로자 측과 성실한 협의를 하는 등, 퇴직 근로자 등의 처지에서 상당한 정도 수긍할 만한 수준이라고 객관적으로 평가받을 수 있는 조치들이 행하여졌는지 여부도 하나의 구체적인 징표가 될 수 있다.

노동조합이 근로자들로부터 개별적인 동의나 수권을 받지 않은 이상, 사용자와 노동조합 간의 단체협약 등의 합의만으로 금품의 지급유예를 할 수 없다.[45]

관 련
판 례
대판 2007. 6. 28, 2007도1539　　이미 구체적으로 그 지급청구권이 발생한 임금 (상여금 포함)이나 퇴직금은 근로자의 사적 재산영역으로 옮겨져 근로자의 처분에 맡겨진 것이기 때문에 노동조합이 근로자들로부터 개별적인 동의나 수권을 받지 않은 이상, 사용자와 사이의 단체협약만으로 이에 대한 포기나 지급유예와 같은 처분행위를 할 수는 없다.

## 3. 금품청산과 임금채권우선변제

근로자의 금품청산권을 보장하기 위해 근로기준법 제38조는 임금채권의 우선변제에 대하여 규정하고 있다. 이에 관하여는 이미 설명한 바 있으므로 생략하기로 한다.

# 제4절　귀향여비의 지급

근로기준법 제19조에 따라 명시된 근로조건이 실제와 다른 경우에 귀향여비가 지급된다. 이에 관하여는 이미 설명한 바 있으므로 구체적인 내용은 생략한다.

---

45) 대판 2007. 6. 28, 2007도1539.

# 제 5 절 사용증명서의 교부

## Ⅰ. 관련규정

근로기준법 제39조 [사용증명서] ① 사용자는 근로자가 퇴직한 후라도 사용기간, 업무 종류, 지위와 임금 그 밖에 필요한 사항에 관한 증명서를 청구하면 사실대로 적은 증명서를 즉시 내주어야 한다.
② 제1항의 증명서에는 근로자가 요구한 사항만을 적어야 한다.

## Ⅱ. 주요내용

사용자는 근로자가 퇴직한 후에 사용기간, 업무종류, 지위와 임금 그 밖에 필요한 사항에 관한 증명서를 청구한 때에는 이를 사실대로 기입하여 즉시 교부하여야 한다(근로기준법 제39조제1항).

### 1. 사용증명서 기재사항

사용증명서의 기재사항은 「사용기간, 업무 종류, 지위와 임금 그 밖에 필요한 사항」 중 근로자가 요구하는 사항이다(근로기준법 제39조제1항·제2항).

사용증명서는 근로자가 재취업함에 있어서 근로자에게 유리한 자료가 되는 사항을 기재하는 데 목적이 있으므로, 근로자가 자신에게 불리하다고 판단하여 청구하지 아니한 사항을 사용자가 임의로 기재하여서는 아니 된다.

### 2. 사용증명서의 형식

사용증명서는 별도의 형식을 필요로 하지 아니한다. 따라서, 근로자의 요구사항이 반영되도록 합리적인 방법으로 작성하면 된다.

### 3. 사용증명청구권의 제한

사용증명서의 청구는 30일 이상 근무한 근로자에게만 인정되며, 또한 퇴직한 후 3년 이내에 청구하여야 한다(근로기준법시행령 제19조).

# 제 6 절  취업방해의 금지

## Ⅰ. 관련규정

근로기준법 제40조 [취업 방해의 금지] 누구든지 근로자의 취업을 방해할 목적으로
비밀 기호 또는 명부를 작성·사용하거나 통신을 하여서는 아니 된다.

## Ⅱ. 주요내용

누구든지 근로자의 취업을 방해하기 위하여 비밀 기호 또는 명부를 작성·사용
하거나 통신을 하여서는 아니 된다(근로기준법 제40조).

### 1. 적용범위

근로자에 대한 취업방해가 금지되는 자는 신분·지위·연령 및 자격 등에 관계
없이 모든 자가 이에 해당된다. 따라서 근로기준법 제2조의 근로자 및 사용자는 물
론 사용자단체·노동조합·직업소개기관·근로자모집기관 및 공무원 등이 모두 포
함된다.

### 2. 근로자의 취업을 방해할 목적

근로기준법 제40조 위반의 죄는 목적범이다. 따라서 명부의 작성·사용 또는 통
신행위라는 객관적 구성요건 이외에 행위자의 주관적인 구성요건으로서 취업방해의
목적을 필요로 한다.[46]

### 3. 비밀기호 또는 명부

비밀기호는 타인이 쉽게 인식하지 못하도록 암호 등으로 표시한 것을 말하고 명
부는 1명 이상의 근로자 성명이 기재된 문서를 의미한다. 특정 근로자에 관한 사항
을 구두로 전달하는 경우에도 비밀기호 또는 명부의 범주에 포함시키는 것이 타당
할 것이다.[47]

---

46) 하갑래, 근로기준법, p. 741.
47) 하갑래, 근로기준법, p. 741.

## 4. 작성·사용하거나 통신을 하는 경우

「작성」이라 함은 비밀기호 또는 명부를 만드는 행위이고, 「사용」이라 함은 취업 방해를 위하여 작성된 비밀기호 또는 명부를 이용하는 행위이다. 작성·사용에는 계획적이고 조직적으로 이를 보관하고 있는 상태까지 포함된다.[48]

통신이라 함은 구두·우편·전신·전화 및 컴퓨터 등 통신수단으로 명부를 타인과 서로 교환·전달하는 행위를 말한다.

---

48) 하갑래, 근로기준법, p. 741.

# 제 3 부　집단적 노사관계

제 *1* 편

# 단 결 권

노 동 법

# 제1장 총    설

헌법 제33조제1항은 근로자의 단결권을 보장하고 있다. 그러나 헌법은 단결권의 개념에 관하여 아무런 규정도 아니두고 있다. 따라서, 단결권의 구체적인 내용은 관련 법령, 법원의 판례, 학설 및 행정해석 등에 의존하여 파악하여야 한다. 이하에서는 단결권의 주요 내용을 단결의 주체·목적·상대방 및 방법이라는 관점에서 고찰하여 보기로 한다.

## 제1절  단결의 주체

### Ⅰ. 의    의

헌법 제33조제1항에 규정된 단결권의 주체에는 근로자 개인뿐만 아니라 근로자의 단결체인 노동조합도 포함된다. 근로자 개인의 단결권의 내용은 노동조합을 조직하고 이에 가입·활동할 수 있는 권리를 말한다. 또한, 노동조합이 향유하는 단결권의 내용은 노동조합의 존립 및 활동에 관한 권리를 의미한다.

### Ⅱ. 근 로 자

헌법 제33조제1항은 근로자가 단결권의 주체임을 명시하고 있으나, 과연 구체적으로 어떠한 자가 근로자에 해당되는지에 관하여는 밝히지 아니하고 있다.

단결권 주체로서의 근로자의 개념은 여러 종류의 노동관계 법령 중에서 원칙적으로 「노동조합 및 노동관계조정법」(이하 "노동조합법"이라고 한다)상의 근로자의 개념과 동일한 것으로 파악되어야 한다고 본다. 노동조합법상 근로자의 개념을 충족시키기 위하여는 첫째, 적극적인 요건으로서 노동조합법 제2조 제1호에서 규정하고 있는 근로자의 개념에 해당되어야 하고 헌법상 본질적 내용으로서 사용종속관계가 존재하여야 하며, 둘째, 소극적인 요건으로서 노동조합법 제2조제2호에서 규정하고 있는 사용자의 개념에 해당되어서는 아니 된다.

## 1. 적극적 요건

### (1) 관련규정

> 노동조합법 제2조 [정의] 1. "근로자"라 함은 직업의 종류를 불문하고 임금·급료 기타 이에 준하는 수입에 의하여 생활하는 자를 말한다.

### (2) 근로자의 범위

#### (가) 학설 및 판례

단결권의 주체로서의 근로자가 되기 위하여는 우선 노동조합법 제2조제1호의 「근로자」에 해당되어야 한다. 과연 어떠한 자가 노동조합법 제2조제1호의 근로자에 해당하는가에 대하여는 견해가 나뉘고 있다.

① **사용자와의 근로계약관계를 필요로 하는 견해:** 노동조합법상의 근로자가 되기 위하여는 사용자와의 명시적 또는 묵시적 근로계약관계를 필요로 한다는 견해로서 우리나라의 일부 판례 및 행정해석이 이에 따르고 있다. 이러한 견해에 따르면 현실적으로 취업하고 있는 근로자만 노동조합법상의 근로자에 해당되며, 해고자·실업자 등 취업하고 있지 아니한 자는 근로자에 포함되지 아니한다.

② **사용자와의 근로계약관계를 필요로 하지 아니하는 견해:** 노동조합법상의 근로자가 되기 위하여는 사용자와의 명시적 또는 묵시적 근로계약이 반드시 필요하지 아니하다는 견해로서 우리나라의 다수 학설이다.[1] 즉, 사용자와의 사용종속관계의 존재는 반드시 필요하지만, 이러한 사용종속관계는 현실적으로 사용자와 현재 근로계약관계를 맺은 취업근로자뿐 아니라, 이러한 사용종속관계가 앞으로 예상되는 미취업근로자에도 존재할 수 있다는 견해이다. 이러한 견해에 따르면 현실적으로 취업하고 있는 근로자는 물론 해고자 및 실업자도 모두 노동조합법상의 근로자 개념에 포함된다.

#### (나) 사 견

노동조합법상의 근로자 개념에는 사용자와 명시적 또는 묵시적 근로계약관계를 맺고 있는 취업자는 물론 근로계약관계를 맺고 있지 아니한 실업자·해고자 등 미

---

1) 김치선, 노동법, p. 297; 김유성, "노동조합을 결성할 수 있는 근로자"(법률신문, 1993. 8. 16), p. 15.

취업자도 포함된다고 본다. 우리나라 노동조합의 형태는 취업근로자만을 조합원으로 하는 기업별 노조에 국한되는 것이 아니라 그외의 형태도 인정하고 있다. 따라서 미취업자도 노동조합에 가입하여 활동할 수 있다.

### (3) 근로자의 개념

노동조합법 제2조의 근로자는, ⅰ)「직업의 종류를 불문」하고, ⅱ)「임금·급료 기타 이에 준하는 수입」에 의하여, ⅲ)「생활을 유지하는 자」이다.

첫째, 근로자는 「직업의 종류」에 의하여 한정되지 아니하며, 직종의 구별 없이 모두 근로자의 개념에 포함된다. 육체적·정신적 노동을 구별하지 아니하며 직원·공원·임시직 등은 물론 「가사사용인」과 같은 자본재생산과는 관계 없는 자도 모두 포함된다.

둘째, 근로자는 「임금·급료 기타 이에 준하는 수입」에 의하여 생활하는 자이다. 여기서 「임금·급료 기타 이에 준하는 수입」이라 함은 근로자가 타인에게 고용되어 근로를 제공하고 그 보수로서 받는 것 일체를 의미한다. 「임금·급료 기타 이에 준하는 수입」에는 기본급은 물론 각종 생활보장적 수당 등 근로의 제공과 직접적인 연관이 없이 산정되는 보수도 포함됨은 물론이다. 또한 현금급여 이외의 현물급여도 포함되며, 팁 등 고객으로부터 금전적인 이익을 받을 수 있는 기회를 제공받는 데 불과하더라도 이에 포함되어야 할 것이다.

셋째, 근로자는 임금 등의 「수입에 의하여 생활하는 자」이다. 임금 등의 「수입에 의하여 생활하는 자」라 함은 이러한 임금 등이 유일한 수입이라야 한다는 것은 아니다. 일반의 근로자에 있어서는 임금 등의 수입이 생활비의 대부분을 차지하겠지만, 이외에 기업수익에 대한 배당이나 부모로부터 부양을 받으면서 동시에 타인으로부터 임금을 받고 노동을 제공하는 경우도 포함한다. 그러나 소농, 영세어민, 소상공업자 등 자신의 자산으로 생활하는 자는 경제적 약자일지라도 근로자에 해당하지 아니한다.

넷째, 노동조합법상의 근로자 개념에 해당하기 위하여는 노동조합법 제2조에 규정된 요건 이외에도 이와 별도로 근로자와 사용자 간에 사용종속관계가 존재하여야 한다.[2] 이 경우 노동조합법상 근로자에는 경제적 종속관계가 적용됨은 이미 설명한 바와 같다.

---

2) 노동조합법상의 근로자개념에 「사용종속관계」의 유무를 별개의 요건으로 추가하는 것은 입법취지에 어긋난다는 견해(김형배, 노동법, p. 667)가 있으나, 타당하지 아니하다.

## 2. 소극적 요건

근로자의 적극적 요건을 충족하여 노동조합법 제2조제1호의 근로자 개념에 해당하는 경우에도 노동조합법 제2조제2호의 사용자의 개념에 해당하는 자는 단결권의 주체인 근로자가 될 수 없다.

헌법상 단결권의 보장은 상대적으로 열악한 지위에 있는 근로자의 지위를 향상시켜 사용자와 동등한 지위를 확보하는 데 그 목적이 있다. 그러나, 사용자 개념에 해당하는 근로자들에게 단결권을 인정하는 것은 노동조합의 자주성 또는 민주성을 해치게 되어 오히려 근로자의 지위를 약화시킬 우려가 있다. 구체적으로 어떠한 자가 사용자의 개념에 해당하는가의 여부에 관하여는 자세히 후술하기로 한다.

## Ⅲ. 노동조합

### 1. 노동조합의 발전과정

노동조합에 관한 각국의 입법정책을 개괄적으로 고찰하여 보면 다음과 같다.

### (1) 금지 및 탄압

자본주의사회의 초기에는 자유주의 및 개인주의를 원칙으로 하는 시민법질서가 강조되었다. 그리하여 노동조합의 결성이나 그 활동은 모두 시민법질서를 침해하는 불법행위에 해당되므로 이를 금지하는 입법정책이 취하여졌다. 즉, 노동조합의 결성에 대하여 민법상의 손해배상을 인정하거나 형사상의 형벌을 부과하였다.

### (2) 소극적 인정 및 방임

근로자의 정치적 세력이 증대하고 시민법의 원리가 형식적 자유주의 및 개인주의를 보호하는 차원에서 이를 실질적으로 보호하려는 경향이 대두됨에 따라 노동조합의 존재는 불법단체가 아닌 것으로 인정받게 되었다. 그러나, 이는 노동조합의 결성과 그 활동에 대한 시민법상의 민사책임이나 형사책임을 소극적으로 면제시킨 것에 불과하며 노동조합에 대한 적극적인 법적 보호와 조성을 의미하는 것은 아니다.

### (3) 법적 보호 및 조성

수정자본주의가 발달됨에 따라 근로자와 사용자 간의 균등한 지위를 보장할 필요성이 대두되었다. 이에 따라, 노동조합의 결성이나 활동의 적법성을 소극적으로 인정하는 것에 그치지 아니하고, 나아가 이에 대한 사용자의 간섭·방해행위로부터의 보호조치를 입법화 하는 등 노동조합의 결성 운영 및 활동을 헌법 또는 법률의 제정에 의하여 적극적으로 보호하게 되었다.

### (4) 남용에 대한 규제

일부 국가에서는 노동조합의 권리남용을 방지하고자 이러한 남용으로부터 공익이나 근로자 개인의 권익을 보호하기 위한 법적 규제를 부과하고 있다.

## 2. 노동조합의 조직형태

노동조합의 조직은 조합원의 자격에 의한 유형과 결합방식에 의한 유형으로 나누어 볼 수 있다. 그러나, 노동조합이 이와 같은 조직형태로 순수하게 분류되는 것은 아니며, 혼합되어 존재하는 경우도 있다.

### (1) 조합원의 자격에 의한 유형

#### ㈎ 기업별 노조

기업별 노조는 하나의 기업에 종사하는 근로자가 직종 또는 산업과 상관없이 자신이 소속된 기업을 단위로 하여 조직된 노동조합형태이다. 기업과 근로계약을 체결한 근로자는 물론 근로계약을 체결하지 아니 하였지만 해당 기업에서 근로를 제공하는 파견근로자, 용역근로자 및 도급근로자 등도 해당 노동조합의 규약이 정하는 바에 따라 기업별 노조에 가입할 수 있다. 기업별 노조는 근로자들의 직종별·산업별 공동의식이 성숙되어 있지 아니하거나 동종직종 또는 산업에 속하는 경우에도 근로자의 근로조건 등에 관하여 기업간의 격차가 큰 곳에서 일반적으로 성립된다.

이 조직유형의 장점으로서는 단일기업체에 종사하는 근로자들의 근로조건을 체계적으로 정하여 동일한 기업 내에 속한 근로자간의 형평성을 도모할 수 있고, 사용자와의 관계가 긴밀하여 기업 내부의 특수성을 반영할 수 있으며, 노동조합의 경영참가 등 노사협조가 잘 이루어질 수 있다는 점을 지적할 수 있다. 단점으로서는 사용자에 의하여 노동조합이 어용화될 위험이 있고, 조합원보다는 종업원 의식이 강하여 기업을 초월한 조합원들의 협조가 미약하며, 동일 직종에 속하더라도 기업간의 근로조건이 현저하게 차이가 날 수도 있다는 점이 있다.3)

제 3 부 집단적 노사관계

---

3) 독일의 지배적 견해에 의하면 개별 기업에 조직된 기업별 근로자단체(werksverein)는 노동조합이 아니라고 보고 있다. 그 이유는 노동조합은 일정한 산업분야의 모든 근로자들을 보호할 수 있는 기구와 조직을 갖추어야 하며 이를 통하여 근로자들의 경제적·사회적 지위향상이라는 보호적 사명을 수행하여야

**(나) 초기업별 노조**

① **산업별 노조:**  산업별 노조는 동종의 산업에 종사하는 근로자들이 자신의 직종과 소속된 기업과는 상관없이 산업을 중심으로 하여 조직된 노동조합 형태이다. 산업별 노조는 산업혁명이 진행됨에 따라 대량의 미숙련근로자들이 노동시장에 진출하면서 이들의 권익을 보호하기 위하여 발달한 것으로 오늘날 선진제국에서 일반적으로 채택되고 있는 조직유형이다.

이 조직유형은 대규모조직을 바탕으로 한 강력한 단결력 및 단체교섭권을 기반으로 하여 동종 산업에 종사하는 근로자의 지위를 통일적으로 개선할 수 있다는 장점을 들 수 있으나, 개별 근로자의 직종별 또는 기업별 특수성에 기인하는 근로조건의 확립이 어렵다는 단점이 있다.

② **직종별 노조:**  직종별 노조는 동일한 직종에 속하는 근로자들이 자신이 소속된 기업 또는 산업과는 상관없이 직종을 중심으로 하여 결합한 노동조합 형태이다. 직종별 노조는 노동조합의 형태 중 가장 일찍 발달한 형태로서 주로 숙련 근로자들이 이를 조직하고 가입하였다.

이 조직유형의 장점으로는 임금 기타 근로조건에 관한 근로자의 통일된 입장을 제시할 수 있고, 단결력이 강하여 사용자에 의한 어용화의 가능성이 적다는 점을 들 수 있다. 단점으로는 조합원과 사용자 간의 관계가 밀접하지 못하고, 다른 직종에 대한 배타적인 성격으로 인하여 근로자 전체의 근로조건향상 등을 위하여는 적합하지 아니하다는 점 등을 들 수 있다.

③ **일반 노조:**  일반 노조는 근로자들의 직종·산업 또는 소속 기업과는 상관없이 근로의 능력과 의사가 있는 근로자는 누구나 가입할 수 있는 노동조합을 말한다. 일반 노조는 특정 직종·산업 또는 기업에 속하지 아니하는 근로자를 노동조합에 가입할 수 있도록 하는 장점이 있다. 그러나 근로자들의 이질적인 성격으로 인하여 연대감·소속감이 부족하여 통일된 단결력을 발휘할 수 없다는 단점이 있다.

④ **지역별 노조:**  지역별 노조는 직종·산업 및 소속기업과 상관없이 일정한 지역에서 근무하는 근로자를 조합원으로 하는 노동조합을 말한다. 지역별 노조는 특정 지역에 공통된 노사문제를 효율적으로 다룰 수 있다는 장점이 있으나, 근로자들의 이질적인 성격으로 인하여 통일된 단결력을 발휘할 수 없다고 할 것이다.

---

하나, 기업별 노조는 이에 적합하지 아니하기 때문이라고 한다. 상세한 내용은 Löwisch, Münchner-Handbuch Arbeitsrecht, Bd. Ⅲ, 1993, §248 Rn. 12 참조.

## (2) 결합방식에 의한 유형

### (가) 단위조직

단위조직이라 함은 독자적인 노동조합으로서의 설립요건을 갖추고 있는 최소한 단위로서의 노동조합으로서, 근로자 개인을 그 구성원으로 하고 있는 노동조합형태를 말한다. 각 지부나 분회를 설치할 수도 있으나 이는 단위조직의 구성원이 아니며, 각 지부나 분회는 개별 노동조합으로서의 설립요건을 갖추지 아니하는 한 자주적인 단체교섭권이나 조합 내부의 결정권을 행사할 수 없다.

### (나) 연합체조직

연합체조직이라 함은 단일조합을 구성원으로 하는 노동조합형태를 말한다. 연합체조직의 구성원은 개개의 근로자가 아니라 개별 근로자들로 구성된 독자적인 노동조합이다.

연합체조직은 독립된 하나의 노동조합으로서 존속·활동하고 있으며, 따라서 단위노조간의 단순한 협의·연락기관에 불과한 「협의체조직」과 구별된다.[4]

### (다) 혼합조직

혼합조직이라 함은 근로자 개인 또는 단일조합을 모두 구성원으로 하는 노동조합형태를 말한다.

## (3) 우리나라 노동조합의 조직형태

### (가) 의 의

우리나라에서는 근로자들이 헌법 제33조제1항의 단결권에 근거하여 자유로이 노동조합의 조직형태를 결정할 수 있다. 이에 따라 노동조합법 제5조제1항은 "근로자는 자유로이 노동조합을 조직하거나 이에 가입할 수 있다"고 규정하고 있다.

**관련 판례** 대판 1993. 2. 23, 92누7122 근로자는 노동조합의 조직형태를 기업별·산업별·직종별·지역별 중의 어느 것으로 할 것인가를 선택할 권리를 갖고 있고, 이러한 권리는 헌법상 단결권의 본질적 내용을 구성하고 있는 것이다.

### (나) 조합원의 자격에 의한 유형

종전의 노동조합법은 기업별 노조를 노동조합의 유일한 조직형태로서 강제하고 있었으나, 1987년에 노동조합법을 개정하여 관련규정이 삭제되고 현행 노동조합법은

---

4) 이병태, 노동법, p. 104; 김형배, 노동법, p. 788.

이를 그대로 승계하여 현재는 근로자가 노동조합의 조직형태를 자유로이 결정할 수 있다.5)

현재 우리나라 노동조합의 조직형태는 기업별 노조가 다수를 차지하고 있으며, 이 이외에도 직종별 노조,6) 일반 노조7) 및 산업별 노조 등이 조직되어 있다.

### (다) 결합방식에 의한 유형
#### ① 관련규정

> 노동조합법 제10조 [설립의 신고] ② 제1항의 규정에 의한 연합단체인 노동조합은 동종산업의 단위노동조합을 구성원으로 하는 산업별 연합단체와 산업별 연합단체 또는 전국규모의 산업별 단위노동조합을 구성원으로 하는 총연합단체를 말한다.

② **연합단체의 유형:**  우리나라의 경우 연합체조직에 해당하는 노동조합은 ⅰ) 동종산업의 단위노동조합을 구성원으로 하는 산업별 연합단체와, ⅱ) 산업별 연합단체 또는 전국규모의 산업별 단위노동조합을 구성원으로 하는 총연합단체를 말한다(노동조합법 제10조제2항). 즉, 연합단체에는 「산업별 연합단체」와 「총연합단체」의 두 가지 형태가 있다. 「산업별 연합단체」는 동종산업에 속하여 있는 단위노동조합을 구성원으로 하여 조직된 연합단체이다. 「총연합단체」는 「산업별 연합단체」와 철도노조, 담배・인삼노조, 한국통신노조 및 전력노조 등의 전국적 조직을 갖추고 있는 「단위노동조합」 또는 「산업별조합」을 구성원으로 하여 조직된 연합단체이다. 총연합단체에는 한국노동조합총연맹과 전국민주노동조합총연맹이 있다.

연합단체의 유형과 관련하여 노동조합법 제10조는 「산업별」이라는 법문을 사용하고 있으므로 연합단체는 반드시 「산업별」로 조직되어야 하는가라는 의문점이 제기될 수 있다. 이에 대하여는 ⅰ) 노조조직형태결정의 자유원칙을 고려하여 볼 때에 법문상의 「산업별」이라는 용어는 노조설립의 신고대상이 되는 행정관청의 기준을

---

5) 1953년에 제정된 노동조합법에서는 노동조합의 조직형태에 관하여 아무런 규정도 두고 있지 아니하였으나, 우리나라의 노동조합은 실질적으로 기업별 조합의 형태를 취하였다. 그러나, 1963년 12월 7일에 개정된 동법에서는 전국적 규모의 단일조직형태를 지향하는 규정을 두어 산업별 조합형태로 바뀌었다. 그러다가 1973년의 노동조합법의 개정으로 산업별 조합형태에 관한 규정들을 삭제하고 1980년에 개정된 노동조합법 제13조에서는 노동조합의 조직을 기업별로 강제하는 명문의 규정을 두었다. 그러나, 1987년 11월 28일에 노동조합법이 개정됨으로써 기업별 조합강제에 관한 규정이 삭제되고 현행 노동조합법은 이를 그대로 승계하여 현재는 근로자의 자유로운 선택에 따라 노동조합의 조직형태를 임의로 선택할 수 있도록 하였다.

6) 건설일용공의 경우 기업별 노조보다 지역별 노조가 합리적인 형태이므로 서울시 전역의 건설일용공을 대상으로 하여 단일한 지역노동조합을 결성할 수 있다(서울고판 1994. 11. 17, 93구20339).

7) 한국노총 산하 전국연합노동조합연맹은 기존의 산업별 연합단체에 가입할 수 없는 의료・요식・토목・건설 등 55여개의 이질적 업종을 가입대상으로 하는 노동조합으로서 연합단체인 노동조합에 해당된다(대판 1993. 5. 25, 92누14007).

정하는 것일 뿐 연합단체의 조직형태를 제한하려는 취지가 아니며, 단순히 연합단체의 유형을 예시한 것이라는 견해8)와 ⅱ) 현행법은 산업별 연합단체 및 총연합단체가 아닌 형태의 노동조합을 예상하고 있는 것은 아니라는 견해9) 등이 있다.

사견으로는 노조조직형태결정의 자유원칙에 따라 「동종산업」에 국한하여 엄격하게 해석할 필요는 없으며, 다양한 형태의 연합단체가 성립될 수 있다고 본다.

### (라) 단위노조와 연합단체와의 관계

① **연합단체가입의 자유:** 단위노동조합은 연합단체에 가입 여부를 자유로이 결정할 수 있다. 단위노동조합도 적극적 단결권은 물론 소극적 단결권이 보장되고 있기 때문이다.

> **관 련 판 례** 대판 1992. 12. 22, 91누6726 노동조합도 대외적으로 자주적이고 대내적으로 민주적인 의사결정에 따라 자유로이 연합단체에 가입하거나 탈퇴할 수 있다.

노동조합법 제10조제1항제5호 및 동법 제11조제5호는 노동조합이 연합단체에 가입한 경우에 한해 연합단체의 명칭을 기재하도록 의무화 하고 있는 것에 불과하며, 연합단체에의 가입 자체를 의무화 하고 있는 것은 아니다.

2 이상의 산업에 속하는 사업 또는 사업장에 설립된 단위노동조합이 산업별 연합단체인 노동조합에 가입하는 경우에는 그 사업 또는 사업장의 근로자수가 많은 산업종류에 따른다(동법시행령 제8조제3항).

② **단위노조 등과 연합단체와의 관계:** 단위노동조합이 산업별 연합단체인 노동조합에 가입하거나, 산업별 연합단체 또는 전국규모의 산업별 노동조합이 총연합단체인 노동조합에 가입한 경우에는 해당 노동조합은 소속 산업별 연합단체인 노동조합 또는 총연합단체인 노동조합의 규약이 정하는 의무를 성실하게 이행하여야 한다(동법시행령 제8조제1항).

총연합단체인 노동조합 또는 산업별 연합단체인 노동조합은 해당 노동조합에 가입한 노동조합의 활동에 대하여 협조·지원 또는 지도할 수 있다(동법시행령 제8조제2항).

노동조합은 단체교섭 또는 쟁의행위와 관련하여 해당 노동조합이 가입한 산업별 연합단체 또는 총연합단체로부터 지원을 받을 수 있다(동법 제40조제1항제1호).

---

8) 김유성, 노동법(Ⅱ), p. 78.
9) 대판 1993. 5. 25, 92누14007. 55개의 이질적 업종을 대상으로 하는 노동조합법 제13조 제2항에 규정된 산업별 연합단체나 총연합단체에 해당되지 아니하고, 「현행법이 산업별 연합단체나 총연합단체가 아닌 형태의 노동조합을 예상한 것은 아니지만」 동 연맹은 개정 전의 노동법에 의하여 합법적으로 설립된 노동조합으로서 개정법의 부칙조항에 의하여 현행법상의 적법한 노동조합으로 인정될 수 있다.

### 3. 복수노조

#### (1) 복수노조의 허용

2011년 7월 1일부터 개별 사업장에도 복수노조가 허용되고 있다. 즉, 하나의 사업 또는 사업장에 노동조합이 이미 조직되어 있는 경우에도 그 노동조합과 조직대상을 같이 하는 새로운 노동조합을 설립할 수 있다.[10]

#### (2) 관련규정

복수노조에 대하여는 ⅰ) 단체교섭창구의 단일화(동법 제29조제2항·제3항·제4항, 및 제29조의2부터 제29조의5까지), ⅱ) 파업찬반투표시의 특칙(동법 제41조제1항후단) 및 ⅲ) 필수유지업무에 대한 특칙(동법 제42조의6)이 적용되고 있다. 상세한 내용은 관련부분에서 후술하기로 한다.

# 제2절 단결의 목적

## Ⅰ. 의 의

노동조합의 다양한 목적 중에서 과연 무엇이 헌법 제33조제1항에서 보장하고 있는 단결의 목적에 해당하는가의 여부는 단결권에 내재하고 있는 본질적 성격과 단결권의 내용을 구체화 하고 있는 노동조합법의 여러 규정 및 판례 등에 의하여 파악되어야 할 것이다.

## Ⅱ. 단결목적의 유형[11]

### 1. 필요목적

#### (1) 개 념

노동조합의 필요목적이라 함은 노동조합이 의무적으로 반드시 수행하여야 할 목

---

10) 복수노조의 허용 및 관련규정은 2011년 7월 1일부터 시행되고 있다. 그러나 2009년 12월 31일 현재 하나의 사업 또는 사업장에 조직형태를 불문하고 근로자가 설립하거나 가입한 노동조합이 2개 이상 있는 경우에 해당 사업 또는 사업장에 대하여는 2012년 7월 1일부터 적용되었다.

11) 단결목적을 노동조합의 기능으로 보아 이를 ⅰ) 근로조건의 유지·개선이라는 경제적 기능, ⅱ) 상호부조 등을 통하여 조합원의 경제적·사회적 곤경을 구제하는 공제적 기능 및 ⅲ) 노동조합법의

적을 말한다. 필요목적을 수행하지 아니하는 노동조합은 노동조합법상의 노동조합이라고 할 수 없다.

### (2) 주요내용

헌법 제33조제1항은 근로자는 「근로조건의 향상을 위하여」 단결권을 갖는다고 명문으로 규정하고 있다. 이에 따라 노동조합법 제2조제4호본문은 「노동조합이라 함은 … "근로조건의 유지·개선 기타 근로자의 경제적·사회적 지위향상을 도모함을 목적"으로 조직하는 단체 또는 그 연합단체를 말한다」고 규정하고 있다. 이러한 「근로조건의 유지·개선과 근로자의 복지증진 기타 경제적·사회적 지위향상을 도모함」이 노동조합의 필요목적이다. 근로조건이라 함은 임금·근로시간·휴식·휴일·휴가·안전 등의 직장에 있어서의 근로자의 대우뿐 아니라 노사관계와 관련된 근로자의 생활향상의 제 조건, 즉 주택·보건시설 등에 관한 것 등이 모두 포함된다.12)

### 2. 임의목적

### (1) 개    념

노동조합의 임의목적이라 함은 노동조합이 반드시 의무적으로 수행할 필요는 없으나 노동조합이 자유로운 의사결정에 의하여 임의로 수행할 수 있는 목적을 말한다.

### (2) 주요내용

임의목적에는 공제·수양 기타 복리사업(노동조합법 제2조제4호다목) 및 정치운동(동법 제2조제4호마목) 등이 포함된다.

#### (가) 공제·수양 기타 복리사업

노동조합은 공제·수양 기타 복리사업을 수행할 수 있다. ⅰ) 「공제」라 함은 질병·상해·사망·결혼·출산 및 수해 등으로 말미암아 경제상의 지출을 필요로 하는 경우에 그 상호부조를 위한 활동이고, ⅱ) 「수양」이라 함은 독서·연극 및 연구 등의 지적 활동을 말하며, ⅲ) 기타 복리사업에는 등산·여행·스포츠 등 모든 「복지에 관한 사업」이 포함된다. 이 외에도 친목·종교·운동 및 사교 등의 활동을 임의로 할 수 있을 것이다.

---

제정을 촉구하는 등 정치적 활동을 하는 정치적 기능으로 구분하는 견해(김유성, 노동법(Ⅱ), p. 49 이하)도 있다.

12) 김치선, 노동법, p. 294.

다만, 노동조합법 제2조제4호다목은 노동조합이 「공제·수양 기타 복리사업만을 목적으로 하는 경우」에는 노동조합법상의 노동조합이 될 수 없다고 규정하고 있다. 즉, 필요목적을 수행함이 없이 임의목적만을 노동조합의 유일한 목적으로 하는 경우에는 노동조합이 될 수 없다. 노동조합은 조합원의 근로조건의 유지·개선이라는 필요목적을 추구하면서 이를 침해하지 아니하는 합리적인 범위 안에서 임의목적을 수행하여야 한다.[13]

### (나) 정치운동

노동조합은 정치운동을 할 수 있다. 이에 따라 노동조합의 목적달성을 위하여 국가의 정책결정 및 입법과정에서 이를 비판·지지하거나 공명선거추진활동 및 후보자토론회개최 등 여타의 정치활동은 가능하다. 또한 노동조합의 대표자 또는 일반조합원이 개인의 자격으로서 특정 정당에 가입·지지하거나 선거운동을 하는 것은 당연히 허용된다.

다만, 노동조합법 제2조제4호 마목은 「주로 정치운동을 목적으로 하는 경우」에는 노동조합법상의 노동조합이 될 수 없다고 규정하고 있다. 즉 근로조건의 유지·개선이라는 필요목적을 수행하기는 하나, 이는 명목적·형식적 수준에 불과하고 실제로는 특정 정당·특정 정치인에게 예속되거나 정치집단화 하는 등 정치활동에 주력하는 경우 노동조합이 될 수 없다. 또한 노동조합이 정치활동을 하는 경우에도 완전히 자유로운 것은 아니며, 「정치자금법」 및 「공직선거및선거부정방지법」 등 정치관련 법령에 의한 제한을 받음은 물론이다.

상세한 내용은 후술한다.

### 3. 금지목적

노동조합의 금지목적이라 함은 노동조합이 수행하여서는 아니되는 목적으로서, 그 수행이 단결권의 내재적 성질에 의하여 당연히 제한되거나 또는 관계법령 등에 의하여 금지되는 목적을 말한다. 예컨대 노동조합은 현행법령상의 범죄행위 또는 사법상의 강행규정에 위반되는 행위를 목적으로 하여서는 아니 된다.

---

13) 노동조합 내의 사조직인 친목회에의 가입을 노동조합 가입의 조건으로 하는 것은 부당하며, 조합원이 동 노동조합 가입 후 친목회에서 탈퇴하거나 이에 가입하지 아니하더라도 조합원의 신분에 아무런 영향도 주지 아니한다(노조 01254-1039, 1994. 7. 4).

# 제 3 절  단결의 상대방

## Ⅰ. 의  의

노동조합은 국가·정당·종교단체 및 사용자 등의 외부세력으로부터 독립하여 자주적으로 조직·운영되어야 한다. 따라서 근로자의 단결권행사의 상대방은 단결의 목적유형에 따라 다양하게 전개될 수 있으나, 다양한 단결권 행사의 상대방 중 가장 중요한 의미를 갖는 것은 사용자이다. 헌법상 보장되는 근로자의 단결권은 사용자와의 단체교섭을 통하여 근로자의 경제적·사회적 지위를 향상시키는 것을 가장 중요한 본질적 내용으로 하고 있기 때문이다. 그러나, 단체교섭의 상대방이 사용자라고 하여, 노동조합의 설립에 있어 그 상대방인 사용자 또는 사용자단체가 반드시 존재하여야 하는 것은 아니다.[14]

**관 련**
**판 례**
대판 1993. 2. 23, 92누7122  동일직종 종사자들의 도단위 지역노조설립의 경우 현행 노동조합법상 조합에 대응하는 사용자나 사용자단체가 존재하지 아니한다는 사정이 노동조합설립의 장애사유가 될 수 없다.

다만, ⅰ) 사용자가 완전히 존재하지 아니하는 경우와 ⅱ) 사용자가 존재는 하되 불특정한 경우를 구분하여 전자의 경우에는 노동조합이 설립되지 아니한다고 할 것이다.

## Ⅱ. 사 용 자

### 1. 관련규정

**노동조합법 제2조** [정의] 2. "사용자"라 함은 사업주, 사업의 경영담당자 또는 그 사업의 근로자에 관한 사항에 대하여 사업주를 위하여 행동하는 자를 말한다.

### 2. 사용자의 개념

사용자의 범주로서 노동조합법은 ⅰ)「사업주」, ⅱ)「사업의 경영담당자」, ⅲ)「근

---

14) 서울고판 1994. 11. 17, 93구20339(건설관련직종 일용공들의 서울단위 지역노조설립의 경우 사용자단체가 존재하지 아니한다거나 사용자 수가 너무 많다는 것은 조합이 단체교섭의 상대방을 누구로 할 것인가의 문제일 뿐 그것이 곧 노동조합설립의 장애사유가 될 수 없다).

594 제1편 단 결 권

로자에 관한 사항에 대해서 사업주를 위하여 행동하는 자」 및 iv)「항상 사용자의 이익을 대표하여 행동하는 자」를 규정하고 있다. 특정인이 사용자에 해당하는가를 결정함에 있어서는 형식적인 명칭 또는 직책에 구애될 것이 아니라 실제로 그가 가진 권한 및 책임에 따라 결정되어야 할 것이다.15)

### (1) 사 업 주

「사업주」란 자신의 이름으로 사업을 경영하는 자를 말한다. 개인기업의 경우에는 기업주, 회사 기타의 법인조직의 경우에는 법인, 아파트 자치회 등 영리를 목적으로 하지 아니하는 사회단체인 경우에는 그 단체가 사업주로 된다.

### (2) 사업의 경영담당자

「사업의 경영담당자」란 사업경영의 전반에 관하여 권한을 보유·행사하고 책임을 지는 자로서, 사업주로부터 사업경영의 전부 또는 일부에 대하여 포괄적인 위임을 받고 대외적으로 사업을 대표하거나 대리하는 자를 말한다. 주식회사의 대표이사·감사, 합명회사 및 합자회사의 업무집행사원, 유한회사의 이사·지배인 및 공장·지점·지사 등의 장이 이에 해당될 것이다.

### (3) 근로자에 관한 사항에 대하여 사업주를 위하여 행동하는 자

「근로자에 관한 사항에 대하여 사업주를 위하여 행동하는 자」라 함은 인사·급여·후생·노무관리 등과 같은 근로조건의 결정·실시에 관하여 지휘·명령 내지 감독을 할 수 있는 일정한 책임과 권한이 사업주에 의하여 주어진 자를 말한다.16) 대체적으로는 i) 고용, 해고, 승진, 전보 등 인사관리를 담당하는 자, ii) 임금, 근로시간, 휴게시간 기타 근로조건의 결정에 관여하는 자, iii) 노무관리의 기획 또는 집행에 관여하는 자, iv) 노동관계에 관한 기밀사무를 담당하는 자, v) 기타의 방침 결정에 대하여 권한을 갖거나 혹은 이에 관여하는 자 등을 말하며, 일반적으로는 인사담당 직원 및 그 책임자, 노무담당 직원 및 그 책임자, 경영기획담당 직원 및 그 책임자 등이 이에 해당될 것이다.17)

---

15) 김유성, 노동법(Ⅱ), p. 55; 노조 01254-6139(1987. 4. 15).
16) 대판 1978. 2. 14, 77다3673; 대판 1983. 6. 28, 83도1090; 대판 1989. 11. 14, 88누6924; 대판 2011. 9. 8, 2008두13873.
17) 노조 01254-2642(1988. 2. 19).

## Ⅲ. 사용자단체

「사용자단체」라 함은 노동관계에 관하여 그 구성원인 사용자에 대하여 조정 또는 규제할 수 있는 권한을 가진 사용자의 단체를 말한다(노동조합법 제2조 제3호).

사용자단체는 설립 또는 조직이 법적으로 의무화되고 있지 아니하며, 이는 사용자의 자유로운 의사결정에 따른다.

# 제 4 절  단결의 방법

## Ⅰ. 의    의

헌법 제33조제1항의 단결권의 행사방법은 근로자 개인에 있어서는 노동조합을 결성하거나 이에 가입하는 것이며, 노동조합에 있어서는 노동조합을 유지·운영하는 것이다.

이러한 단결권의 행사방법 중에서 노동조합의 결성과 운영에 관하여는 다음 장에서 상세히 설명하기로 하고, 이하에서는 노동조합의 가입 및 유지라는 관점에서 사용자와 조합원 간의 고용관계를 규율하는 여러 가지 숍(shop)제도에 관하여 설명하여 보기로 한다.

## Ⅱ. 숍 제 도

### 1. 오픈 숍

오픈 숍(open shop)은 사용자가 조합원 또는 비조합원의 여부에 상관없이 아무나 채용할 수 있는 제도이다. 따라서 조합원인지의 여부와 사용자의 신규채용과는 아무런 상관도 없으며, 근로자는 채용조건 또는 고용유지조건으로서 노동조합에 가입할 의무가 없다. 가장 일반적이고 기본적인 숍제도로서 위헌의 소지가 없다고 할 것이다.

## 2. 클로즈드 숍

클로즈드 숍(closed shop)은 사용자가 조합원만을 종업원으로 신규채용할 수 있는 제도로서 비조합원은 원칙적으로 신규채용할 수 없다.

클로즈드 숍의 경우 사용자측으로부터 종업원 채용의사의 통지를 받은 후 일정기간 내에 조합이 조합원 중에서 적합한 자를 제공할 수 없는 경우 사용자는 비조합원도 고용할 수 있으나, 고용된 자는 신속히 해당 조합에 가입하여야 한다. 클로즈드 숍은 헌법상 직업선택의 자유 및 단결선택의 자유를 침해하여 위헌의 소지가 있다.

## 3. 유니언 숍

유니언 숍(union shop)제도는 사용자에게 조합원 또는 비조합원의 여부에 상관없이 종업원을 고용할 자유는 있으나 일단 고용된 후 일정 기간 이내에 종업원은 조합원이 되어야 하는 제도를 말한다.[18]

우리나라 노동조합법 제81조제2호도 예외적인 경우에 유니언 숍을 인정하고 있으며, 이에 관하여는 제3부 제5편에서 상세히 설명하기로 한다.

## 4. 조합원자격유지제도

조합원자격유지제도(maintenance of membership)는 사용자가 조합원 또는 비조합원의 여부에 상관없이 종업원을 고용할 수는 있으나 단체협약체결 당시에 조합원인 종업원은 고용계속의 조건으로서 단체협약의 유효기간 동안 조합원자격을 유지해야 하고 따라서 조합으로부터 제명되거나 탈퇴하는 경우에는 해고되는 제도이다. 다만, 단체협약의 체결 후 일정 기간 동안 탈퇴기간을 설정하여, 이 기간에 있어서는 탈퇴의 자유를 인정하는 것이 보통이다.

---

18) 미국의 NLRA Sec. 8(a)(3)은 소위 유니언 숍제도를 규정하고 있는바, 비조합원인 근로자는 고용된 후 30일 이내에 조합에 가입하여야 한다. 그러나, 이 제도는 유니언 숍이 아니라 사실상 에이전시 숍에 불과한바, 그 이유는 이러한 조합에의 가입의무는 근로자가 정상적인 조합원(full member-ship)이 될 것을 요구하는 것이 아니라, 조합비만 납부하면 충분하기 때문이다. 유니언 숍은 위헌이다. NLRB v. General Motors, 373 U.S. 734(1963); NLRB v. Hershey Foods Corp., 513 F. 2d 1083(9th Cir. 1975). 또한, 1980년에 개정된 NLRA Sec. 19는 근로자는 종교적 이유로 조합비의 납부조차도 거부할 수 있으나, 이 경우 근로자는 조합비와 동일한 액수의 금액을 다른 자선단체에 기부하여야 한다고 규정하고 있다. 또한 NLRA Sec. 14(b)는 유니언 숍제도는 각 주법으로 이를 허용하지 아니하여도 무방하다고 규정하고 있다.

## 5. 조합원우대제도

조합원우대제도(preferential shop)는 사용자가 조합원 또는 비조합원의 여부에 상관없이 아무나 종업원으로 채용할 수 있으나, 인사·해고 및 승진 등에 있어서 조합원에 우선적 특권을 부여하는 제도를 말한다. 조합원이 비조합원에 비하여 우대되기 때문에 조합원 자격의 취득을 장려하는 효과를 가진다.

## 6. 에이전시 숍

에이전시 숍(agency shop)은 종업원들 중에서 조합가입의 의사가 없는 자에게는 조합가입이 강제되지 아니하나 조합가입에 대신하여 조합비를 조합에 납입하여야 하는 제도이다. 이 제도는 비조합원인 근로자가 조합에 가입하지 아니하여 조합비를 지불하지 아니하고도 조합이 체결하는 단체협약의 수혜를 받는 것, 소위 무임승차(free rider)를 방지하기 위한 제도이다.

# 제2장 노동조합의 설립

## 제1절 의 의

노동조합은 자주적으로 조직되고 민주적 방식에 따라 운영되어야 한다. 자주성과 민주성을 확보하지 못한 노동조합은 근로자의 권익보호에 적합하지 못하고 헌법에 의하여 보장된 단결권을 유명무실하게 만들 우려가 있다. 따라서 노동조합의 자주성과 민주성은 근로자의 헌법상 단결권 보호를 위한 최소한도의 필요조건이라고 말할 수 있다.

노동조합의 자주성과 민주성은 노동조합의 설립 및 운영에 불가결한 요소이므로 노동조합법은 자주성과 민주성을 노동조합의 필수적인 설립요건으로 규정하고 있다.

## 제2절 노동조합의 설립요건

### I. 의 의

노동조합의 설립요건은 크게 실질적 요건과 형식적 요건으로 구분할 수 있다.1)

---

1) 노동조합의 설립과 관련하여 우리나라의 학설은 노동조합법 제2조제4호의 노동조합의 설립요건이 실질적 요건임에는 대부분 일치하고 있다. 그러나, 형식적 요건에 대하여는 그 견해가 나뉘고 있는바, ⅰ) 동법 제10조의 설립신고절차 및 제11조의 조합규약을 함께 형식적 요건으로(김치선, 노동법, p. 310; 박상필, 노동법, p. 400; 김형배, 노동법, p. 687) 분류하거나, ⅱ) 동법 10조만을 형식적 요건(이병태, 노동법, p. 118 이하)으로 분류하고 있다. 그러나, 사견으로는 다음과 같이 노동조합의 성립요건을 분류하고자 한다. 우선, 노동조합법 제10조는 노동조합의 설립신고를 의무화하고 있고 이러한 신고절차를 마치지 아니한 노동조합을 노동조합법상의 노동조합으로 보지 아니하므로 동법 제10조를 노동조합의 설립요건에서 제외하는 견해에는 찬동할 수 없다. 또한, 노동조합법 제11조의 조합규약의 기재는 노동조합의 「민주성」과 관련된 요건인 바, 「민주성」은 노동조합설립의 실질적 요건으로서 「자주성」과 함께 병렬적 지위에 있는 요건이므로 노동조합법 제11조를 절차상의 형식적 요건으로 분류하는 견해에도 찬동할 수 없다. 따라서 노동조합법 제2조제4호 및 제11조는 각각 노동조합설립의 자주성 및 민주성을 확보하기 위한 실질적 요건

노동조합의 실질적 요건은 노동조합이 실제로 대외적 자주성과 대내적 민주성을 갖추기 위한 실체적 요건으로서, 노동조합법 제2조제4호의 노동조합의 요건을 충족하고 동법 제11조의 조합규약을 갖추어야 한다. 이 경우 노동조합법 제2조제4호는 대외적 자주성의 요건이며, 동법 제11조는 대내적 민주성의 확보에 관한 요건이다. 노동조합의 형식적 요건은 노동조합의 설립에 관한 절차적 요건으로서 노동조합법 제10조에 따라 고용노동부장관에게 노동조합의 설립신고를 하여야 한다.

## Ⅱ. 노동조합의 실질적 요건

### 1. 대외적 자주성의 확보를 위한 요건

노동조합법 제2조제4호본문은 노동조합의 대외적 자주성의 확보에 없어서는 아니되는 필수불가결한 요건, 즉 적극적 요건을 정의하고 있으며, 이에 반하여 동조 단서는 노동조합의 대외적 자주성의 확보에 있어서는 아니되는 요건, 즉 소극적 요건을 열거하고 있다.

#### (1) 관련규정

**노동조합법 제2조** [정의] 4. "노동조합"이라 함은 근로자가 주체가 되어 자주적으로 단결하여 근로조건의 유지·개선 기타 근로자의 경제적·사회적 지위의 향상을 도모함을 목적으로 조직하는 단체 또는 그 연합단체를 말한다. 다만, 다음 각목의 1에 해당하는 경우에는 노동조합으로 보지 아니한다.
가. 사용자 또는 항상 그의 이익을 대표하여 행동하는 자의 참가를 허용하는 경우
나. 경비의 주된 부분을 사용자로부터 원조받는 경우
다. 공제·수양 기타 복리사업만을 목적으로 하는 경우
라. 근로자가 아닌 자의 가입을 허용하는 경우
마. 주로 정치운동을 목적으로 하는 경우

#### (2) 적극적 요건

노동조합은 주체 및 목적이라는 관점에서 적극적 요건을 충족시키는 경우에 한하여 성립한다.[2]

노동조합법 제2조제4호본문은 노동조합설립의 적극적 요건으로서 노동조합이 「근

---

을, 제10조는 노동조합설립의 절차로서의 형식적 요건을 규정하고 있는 것으로 보아야 할 것이다.
2) 적극적 요건을 ⅰ) 주체·목적의 둘로 분류하는 견해(김형배, 노동법, p. 662), ⅱ) 자주성·목적성·단체성의 셋으로 분류하는 견해(김유성, 노동법(Ⅱ), p. 56 이하), ⅲ) 주체·자주성·목적·단체성의 넷으로 분류하는 견해(이병태, 노동법, p. 107) 등이 있다. 자주성·단체성 또는 주체·자주성을 광의의 주체로서 통일하여 파악하는 경우 이들 견해간에 커다란 차이점은 없다고 본다.

로자가 주체가 되어 자주적으로 단결하여 근로조건의 유지 개선과 근로자의 복지증진 기타 근로자의 경제적·사회적 지위의 향상을 도모함을 목적으로 조직하는 단체 또는 그 연합단체」일 것을 요구하고 있다.

(가) 주체상의 요건

노동조합은 「근로자가 주체가 되어」 「자주적으로」 단결하는 「단체 또는 연합단체」이다. 이를 나누어 설명하여 보면 다음과 같다.

① 근로자가 주체가 되어

「근로자가 주체가 된다」는 의미에 관하여는 견해가 나뉘고 있다.

㉠ 학 설

(ⅰ) 근로자가 아닌 자의 결성·가입을 허용하는 견해　　이러한 견해에 의하면 「근로자가 주체가 된다」는 것은 조합원 중 대부분이 근로자라는 양적인 측면과 노동조합의 운영 및 활동에 있어서 근로자가 주도적 지위에 선다는 질적인 측면의 두 가지를 의미한다고 한다.3) 따라서 노동조합의 조합원 중 근로자가 아닌 자가 양적으로 미미한 소수이고, 운영 및 활동에서 주도적인 위치에 있지 아니하는 한 노동조합의 자격이 부인되지 아니한다고 한다. 다만, 이 경우 단서의 소극적 요건에 해당되어 결국은 노동조합으로서 인정되지 아니한다고 한다.4)

(ⅱ) 근로자만의 결성·가입을 허용하는 견해　　이러한 견해에 의하면 「근로자가 주체가 된다」는 것은 사용자의 지배로부터 노동조합이 독립할 것을 의미하므로 근로자가 아닌 자의 가입을 허용하는 경우 노동조합으로서 성립될 수 없다고 한다.5)

㉡ 사 견　　「근로자가 주체가 된다」고 하는 것의 의미는 노동조합활동을 크게 노동조합의 결성과정, 가입 및 운영의 세 가지 형태로 나누어 파악하여 볼 수 있다.

첫 번째 및 세 번째의 노동조합결성과정 및 운영에는 원칙적으로 근로자는 물론 비근로자도 참여할 수 있으나, 두 번째의 노동조합의 가입에는 근로자만이 참여할 수 있다고 본다.

② 자주적으로:　　노동조합이 「자주적으로」 조직되어야 한다 함은 노동조합이 사용자뿐 아니라 국가·정당·종교단체 등의 외부세력의 간섭에서 독립하여 조직·운영되어야 한다는 것을 의미한다.6)

한편, ⅰ) 외부세력의 간섭에서 독립한다는 의미뿐 아니라, ⅱ) 타율적인 가입강

---

3) 김치선, 노동법, p. 305; 김유성, 노동법(Ⅱ), p. 56; 이병태, 노동법, p. 107; 박홍규, 노동법, p. 837; 이영희, 노동법, p. 148. 하갑래, 집단적 노동관계법, p. 115.
4) 임종률, 노동법, p. 53.
5) 김형배, 노동법, p. 793.
6) 김유성, 노동법(Ⅱ), p. 56; 이병태, 노동법, p. 108; 임종률, 노동법, p. 51.

제를 배제하는 자유로운 설립·가입을 전제로 한다는 두 가지 의미를 함께 포함한다는 견해도 있다.[7)

③ **단체 또는 연합단체:**     노동조합은 「단체 또는 연합단체」에 해당되어야 한다. 단체라 함은 2인 이상의 근로자 개인이 조직한 인적 결합체를 의미하며, 곧 조합원을 구성원으로 하는 단위노동조합을 말한다. 노동조합이 단체이어야 한다는 성질은 노동조합의 개념상 그 내재적·본질적 성질에 따른 당연한 귀결이다.

연합단체라 함은 노동조합이라는 단체를 구성원으로 하여 조직된 상부단체를 말한다. 연합단체는 엄격한 의미에서의 노동조합법 제10조제2항의 연합단체만을 의미하는 것이 아니라, 이는 예시적인 것이므로 근로자 개인 및 노동조합 양자를 구성원으로 하는 혼합노조도 이에 포함된다고 본다.[8)

단체 및 연합단체는 모두 일종의 단체에 해당되므로 2인 이상의 구성원으로 조직되어야 한다. 따라서, 일시적으로 조합원이 1인만 남은 경우 그 조합원이 증가될 일반적 가능성이 없는 이상 노동조합으로서의 단체성을 상실하게 된다.[9) 또한 단체 및 연합단체는 조합규약·의사결정기관·집행기관 및 대표기관 등을 갖추어야 한다.[10)

**(나) 목적상의 요건**

노동조합은 근로조건의 유지·개선 기타 근로자의 경제적·사회적 지위향상을 목적으로 하여야 한다.

「근로조건」이라 함은 임금·근로시간 등 근로관계의 형성·유지 및 종료 등에 관한 모든 사항을 말한다. 「경제적·사회적 지위」라 함은 ⅰ) 근로자의 물가·조세·주택 및 사회보장 등 근로조건 이외의 생활이익 전반이라는 견해,[11) ⅱ) 협의의 근로조건 외에 그에 영향을 미치는 인사·경영사항과 후생복리사항에 대한 제 조건(즉 경제적 지위)과 조세법·사회보장법상의 지위와 같이 근로자가 국민일반 내지 사회구성원으로서 가지는 지위(즉 사회적 지위)도 아울러 포함하는 생활조건을 의미한다는 견해[12) 등이 있다.

「근로조건의 유지·개선」과 「경제적·사회적 지위의 향상」 간의 관계에 대하여는 견해가 나뉘고 있다. 이에 대하여 ⅰ) 노동조합이 양자를 동등한 비중으로 추구

7) 김형배, 노동법, p. 793.
8) 임종률, 노동법, p. 47; 김형배, 노동법, p. 795; 이영희, 노동법, p. 149.
9) 대판 1998. 3. 13, 97누19830.
10) 임종률, 노동법, p. 48; 이병태, 노동법, p. 110.
11) 임종률, 노동법, p. 51.
12) 김유성, 노동법(Ⅱ), p. 57.

하여야 한다는 의미가 아니라 전자를 최소한의 목적으로 후자를 최대한의 목적으로, 즉 전자를 주된 목적으로 하여야 노동조합으로 인정된다는 견해,13) ⅱ) 전자는 후자의 내용에 포섭된다는 견해14) 등이 있다. 근로자의 사회적·경제적 지위의 향상은 근로조건의 유지·개선 등 필요목적의 달성을 통하여 달성될 수도 있으나 반드시 그러한 것은 아니다. 근로자의 사회적·경제적 지위는 임의목적의 달성을 통하여도 향상시킬 수 있다. 그러나, 근로조건의 유지·개선 등 필요목적을 추구하지 아니하고 임의목적만 추구하는 노동조합은 노동조합법상의 노동조합이 될 수 없다.

### (3) 소극적 요건

노동조합설립의 소극적 요건이라 함은 이에 해당하는 경우 노동조합의 설립이 인정되지 아니하는 요건을 말한다. 노동조합법 제2조제4호단서는 다음과 같은 다섯 가지 경우를 소극적 요건으로 규정하고 있다.

### ⑺ 노동조합이 사용자 또는 항상 그의 이익을 대표하여 행동하는 자의 참가를 허용 하는 경우

사용자 또는 그의 이익을 대표하여 행동하는 자의 노동조합참여를 제한하는 것은 노동조합의 결성·운영에 있어서 노동조합이 자주성을 확보할 수 없으며, 나아가 어용조직화 할 가능성이 있기 때문이다. '사용자'의 개념은 이미 앞에서 설명한 바 있다. '항상 사용자의 이익을 대표하여 행동하는 자'란 근로자에 대한 인사, 급여, 징계, 감사, 노무관리 등 근로관계 결정에 직접 참여하거나 사용자의 근로관계에 대한 계획과 방침에 관한 기밀사항 업무를 취급할 권한이 있는 등과 같이 직무상 의무와 책임이 조합원으로서 의무와 책임에 직접적으로 저촉되는 위치에 있는 자를 의미한다.15) 대체로 ⅰ) 사용자에 전속되어 사용자의 업무를 보조하는 비서·전용운전수, ⅱ) 사용자의 지시를 받아 근로자에 관한 감시·감독적 지위에 있는 감사담당 부서의 직원, ⅲ) 회사 내의 경리·회계를 전담하는 부서의 직원 및 책임자, ⅳ) 회사 내의 재산의 보호, 출입자의 감시, 순찰 등의 경찰적 업무를 담당하는 경비직 등이 이에 해당한다고 할 것이다.16)

여기서 사용자 및 사용자의 이익을 대표하는 자의 개념 및 범위에 관하여는 형식적인 직급이나 직책보다는 개별기업의 운영실태에 따라 구체적으로 이를 판단하여야

---

13) 임종률, 노동법, p. 51.
14) 김유성, 노동법(Ⅱ), p. 56.
15) 대판 2011. 9. 8, 2008두13873.
16) 노조 01254-2642(1988. 2. 19).

한다.17) 업무의 내용이 단순히 보조적·조언적인 것에 불과하여 업무수행과 조합원 활동 사이에 실질적인 충돌이 발생할 여지가 없는 자는 이에 해당하지 아니한다.18)

예컨대 노동조합이 「외형상」 사용자의 이익대표자의 참가를 허용하는 경우에도 「실질적」으로 노동조합의 자주성·민주성을 침해하거나, 침해할 우려가 없다면 이러한 자는 「실제로」 사용자의 이익대표자에 해당되지 아니하므로 노동조합법 제2조제4호의 소극적 요건에 해당하지 아니하고, 따라서 노동조합의 지위를 상실하지 아니한다.19)

(나) **노동조합이 그 경비지출에 있어서 주로 사용자의 원조를 받는 경우**

이는 노동조합이 재정적인 면에서 사용자로부터 경비 등의 원조를 받는 경우에는 노동조합이 자주성을 상실하게 되므로 이를 노동조합으로 볼 수 없다는 것을 의미한다. 여기서 「경비」라고 함은 노동조합운영에 소요되는 모든 경비를 말한다. 이에는 조합 사무소의 설비·비품, 인건비, 조합원 수당 및 여비 등의 비용이 모두 포함된다. 그리고 원조의 방법도 현금지급은 물론 현물 또는 부담·책임의 면제 등의 금전 외적 이익공여도 이에 해당된다. 여기에서 「주된」이란 말은 사용자로부터의 원조를 조금도 받아서는 아니 된다는 것을 의미하는 것이 아니라 「일부분」은 받아도 무방하다는 뜻으로 해석된다.20)

이 경우 사용자로부터의 원조가 어느 정도까지 허용되느냐의 여부는 그 원조의 액수와 상관없이 사용자로부터의 원조로 인하여 노동조합의 자주성·민주성이 과연 침해되는지의 여부에 달려 있다고 할 것이다.21)

예컨대 사용자가 노동조합의 전임자에게 근로시간면제한도를 초과하는 급여를 지급하거나, 노동조합의 운영비를 원조하는 행위는 부당노동행위로서 허용되지 아니한다(동법 제81조제1항제4호본문). 그러나, 근로자가 ⅰ) 근로시간중에 근로시간 면제에 따른 활동을 사용자가 허용하는 것, ⅱ) 근로자의 후생자금 또는 경제상의 불행 기타의 재액방지와 구제 등을 위한 복리기금의 기부 또는 ⅲ) 최소한 규모의 노동조합 사무소의 제공 및 ⅳ) 노동조합의 자주적인 운영 또는 활동을 침해할 위험이 없는 범위에서의 운영비 원조행위 등은 경비의 원조라고 할 수 없을 것이다(노동조합법 제81조제1항제4호단서).

17) 김유성, 노동법(Ⅱ), p. 59; 대판 1988. 5. 22, 97누8076; 대판 1989. 11. 14, 88누6924.
18) 대판 2011. 9. 8, 2008두13873.
19) 서울고판 1997. 10. 28, 97라94.
20) 김치선, 노동법, p. 307.
21) 김유성, 노동법(Ⅱ), p. 59.

(다) 노동조합이 공제·수양 기타 복리사업만을 목적으로 하는 경우

이것은 노동조합의 목적에 비추어 조합원의 근로조건의 유지·개선이라는 필요목적을 도외시한 채 공제·수양 기타 복리사업 등의 임의목적만을 수행하는 경우, 이를 노동조합이라고 할 수 없다는 것을 말한다. 그러나, 노동조합이 조합원의 근로조건의 유지·개선이라는 필요목적을 추구하면서 이러한 목적달성에 위배되지 아니하는 범위 안에서 공제·수양 기타 복리사업 등의 임의목적을 영위하는 것은 무방하다.

(라) 노동조합이 근로자가 아닌 자의 가입을 허용한 경우

「근로자가 아닌 자」는 노동조합에 가입할 수 없다.

① 근로자가 아닌 자의 개념

노동조합법상 「근로자가 아닌 자」의 범위에 대하여 견해가 나뉘고 있다.

㉠ 학설 및 판례

( i ) 사용자와의 근로계약관계를 필요로 하는 견해     노동조합법상 근로자의 개념을 사용자와 근로계약관계를 체결하고 있는 자로 좁게 해석하는 입장이다. 따라서 취업자가 아닌 자, 즉 해고자 및 실업자 등의 미취업자를 노동조합의 조합원으로서 가입시키는 경우에는 노동조합의 요건을 충족시키지 못하게 된다.[22]

이러한 견해는 우리나라의 노동조합의 형태를 기업별 노동조합 이외에는 사실상 인정하지 아니하는 견해로서 기업별 노동조합 이외의 다른 형태의 노동조합을 허용하고 있는 우리나라 노동조합법의 기본체계를 부정하고 있다.

( ii ) 사용자와의 근로계약관계를 필요로 하지 아니하는 견해     노동조합법상 근로자의 개념을 사용자와의 근로계약관계를 체결한 취업근로자는 물론 체결하지 아니한 미취업근로자도 포함되는 광의의 개념으로 해석하는 입장이다.[23]

따라서 해고자 및 실업자 등의 미취업자가 노동조합의 조합원으로 가입하여도 노동조합의 요건을 갖추는 데에는 아무런 문제도 발생하지 아니한다고 한다.

이러한 견해는 우리나라 노동조합법이 기업별 노동조합 이외에도 산업별·직종별·지역별 등 다양한 형태의 노동조합을 인정하고 있다는 점을 반영하고 있다. 최근 대법원 판례의 입장이다.[24]

---

22) 대판 1992. 2. 11, 91도1342; 대판 1992. 5. 26, 90누9438.
23) 김치선, 노동법, p. 309; 김유성, 노동법(Ⅱ), p. 61; 이병태, 노동법, p. 115; 박상필, 노동법, p. 399; 김형배, 노동법, p. 798; 임종률, 노동법, p. 53; 이영희, 노동법, p. 152; 이학춘·이상덕·이상국·고준기, 노동법(Ⅱ), p. 148.
24) 대판 2004. 2. 27, 2001두8568; 대판 2013. 9. 27, 2011두15404; 대판 2015. 1. 29, 2012두28247.

| 관 련 | 대판 2004. 2. 27, 2001두8568     근로기준법은 '현실적으로 근로를 제공하는 자
|---|---|
| 판 례 | |

에 대하여 국가의 관리·감독에 의한 직접적인 보호의 필요성이 있는가'라는 관점
에서 개별적 노사관계를 규율할 목적으로 제정된 것인 반면에, 노동조합및노동관
계조정법(이하 '노조법'이라 한다)은 '노무공급자들 사이의 단결권 등을 보장해 줄
필요성이 있는가'라는 관점에서 집단적 노사관계를 규율할 목적으로 제정된 것으
로 그 입법목적에 따라 근로자의 개념을 상이하게 정의하고 있는 점, 일정한 사용
자에의 종속관계를 조합원의 자격요건으로 하는 기업별 노동조합의 경우와는 달리
산업별·직종별·지역별 노동조합 등의 경우에는 원래부터 일정한 사용자에의 종
속관계를 조합원의 자격요건으로 하는 것이 아닌 점에 비추어, 노조법 제2조제4호
(라)목 단서는 '기업별 노동조합'의 조합원이 사용자로부터 해고됨으로써 근로자성
이 부인될 경우에 대비하여 마련된 규정으로서, 이와 같은 경우에만 한정적으로
적용되고, 원래부터 일정한 사용자에의 종속관계를 필요로 하지 않는 산업별·직
종별·지역별 노동조합 등의 경우에까지 적용되는 것은 아닌 점 등을 근거로, 노
조법 제2조제1호 및 제4호 (라)목 본문에서 말하는 '근로자'에는 특정한 사용자에
게 고용되어 현실적으로 취업하고 있는 자뿐만 아니라, 일시적으로 실업 상태에
있는 자나 구직중인 자도 노동3권을 보장할 필요성이 있는 한 그 범위에 포함되
고, 따라서 지역별 노동조합의 성격을 가진 원고가 그 구성원으로 '구직중인 여성
노동자'를 포함시키고 있다 하더라도, '구직중인 여성 노동자' 역시 노조법상의 근
로자에 해당하므로, 구직중인 여성 노동자는 근로자가 아니라는 이유로 원고의이
사건 노동조합설립신고를 반려한 이 사건 처분을 위법하다고 판단하였는바 이러한
원심의 판단은 정당하다.

ⓒ 사 견     사견으로는 「근로자가 아닌 자」의 개념은 노동조합이 자율적으로
조합규약으로 정한 조직형태에 따라 개별적·구체적으로 고찰되어야 하며, 따라서 조
합규약에서 정한 조합원 자격요건을 갖추고 있지 아니한 자가 「근로자가 아닌 자」에
해당된다고 할 것이다.

근로자라고 해서 모든 노동조합에 자유로이 가입할 수 있는 것은 아니다. 각 개
별 노동조합은 자유롭고 임의적인 의사에 의하여 조합규약으로 해당 노동조합에의
가입자격을 제한할 수 있으며, 이러한 가입자격을 충족시키는 근로자만 해당 노동조
합에 가입할 수 있는 것이다.[25]

노동조합이 직종별 노조·지역별 노조 또는 산업별 노조 등 초기업노조의 형태
를 선택한 경우 근로자의 개념에는 취업자는 물론 미취업자도 당연히 포함되어 모
두 노동조합에 가입할 수 있으므로 동 규정은 사실상 별다른 의미를 갖지 못하게
된다. 그러나 기업별 노조의 형태를 선택한 경우에는 동 규정은 중요한 의미를 갖게
된다.[26]

---

25) 대판 1993. 6. 8, 92다42354; 박상필, 노동법, p. 394.
26) 노동조합법 제2조제4호라목은 우리나라의 노조가 주로 기업별 노조형태를 취하고 있고, 따라서 조

사업주와 근로계약을 체결한 종사근로자는 물론 근로계약을 체결하지 아니 하였으나 근로를 제공하는 파견근로자, 용역근로자 및 도급근로자 등도 해당 노동조합의 규약이 정하는 바에 따라 기업별 노동조합에 가입할 수 있다. 사업주와 근로계약을 체결한 종사근로자 또는 해당 사업장에서 근로를 제공하는 자가 아닌 경우에는 기업별 노동조합에 가입할 수 없는 것이 원칙이다. 따라서 종사근로자만을 노동조합의 가입조건으로 하고 있는 경우 또는 종사근로자 및 해당 사업장에서 근로를 제공하는 자를 노동조합의 가입조건으로 하고 있는 경우 해고자 또는 실업자 등은 근로자가 아닌 자에 해당되게 된다.

**② 종사근로자가 해고되어 부당노동행위구제신청을 한 경우**

㉠ 개 념　　　　종사근로자인 조합원이 해고되어 노동위원회에 부당노동행위의 구제신청을 한 경우에는 중앙노동위원회의 재심판정이 있을 때까지 종사근로자로 본다(노동조합법 제5조제3항).

조합규약에서 종사근로자를 조합원으로 규정하고 있는 기업별 노조의 설립을 방해하기 위하여 사용자가 조합임원이 될 종사근로자를 해고하게 되면 동 해고자는 「근로자가 아닌 자」로 간주되어 노동조합의 설립이 방해되는 결과가 발생하게 되므로 사용자에 의하여 노동조합의 자주성이 침해될 우려가 있다.

> **관 련**
> **판 례**　　대판 1978. 2. 14, 77다1822　　특정 기업의 종업원만을 조합원의 자격으로 정하고 있는 노동조합의 조합원은 조합의 제명결의와는 상관없이 그 기업에서 해고되어 그 종업원의 지위를 상실하면 조합원의 자격도 당연히 상실된다.

따라서, 해고의 효력을 다투고 있는 자에 대하여는 중앙노동위원회의 재심판정이 있을 때까지 일단 종사근로자로서의 지위를 인정하여 노동조합 설립 또는 활동에 대하여 아무런 부정적 영향도 미치지 못하도록 한 것이 이 규정의 취지이다.27)

이 경우 노동위원회에 부당노동행위 구제신청을 제기한 경우에만 그 효력이 인정되므로, 해고자가 ⅰ) 법원에 민법상 해고무효확인소송을 제기하거나, ⅱ) 노동위원회에 근로기준법에 의한 부당해고구제신청을 하여 해고의 효력을 다투는 경우에는 종사근로자의 지위가 인정되지 아니하는 것으로 해석되어야 할 것이다.

중앙노동위원회에서 조합원자격의 유·무에 관한 재심판정을 내린 경우 행정소

---

합원인 근로자는 당연히 기업의 취업자라는 전제하에서 해석·운용(조합 32264-16916, 1990. 12. 7: "해고를 다투고 있는 자에 관한 처리지침" 참조)되어 왔으나, 법적으로는 노조형태가 기업별 노조에 국한되지 아니하고 모든 형태의 노조를 허용하고 있어 개념상의 혼란을 야기하고 있는 것이다.

27) 대판 1992. 3. 31, 91다14413.

송의 제기에 의하여 동 재심판정의 효력이 정지되지 아니한다. 따라서 법원의 판결이 최종적으로 확정될 때까지는 중앙노동위원회의 재심판정의 효력은 그대로 유지된다.

ⓒ 적용범위

「종사근로자로 본다」는 규정의 적용범위에 관하여 여러 가지 견해가 주장되어 왔다.

( i ) 노동조합법상의 지위　　　동 규정의 노동조합법상의 적용범위를 좁게 해석하는 견해에 의하면 해고의 효력을 다투는 자가 종사근로자로서의 지위를 유지한다는 의미는 노동조합 설립의 경우에만 적용된다고 한다.[28]

이에 반하여 이 규정의 적용범위를 보다 넓게 해석하는 견해에 의하면 노동조합의 설립뿐 아니라 사업장출입·임원출마 등의 조합활동은 물론 단체교섭 및 쟁의행위의 경우에도 적용되는 것으로 해석하고 있다.[29]

> **관 련**
> **판 례**　　대판 1997. 5. 7, 96누2057　　노동조합의 위원장이 해고의 효력을 다투고 있는 경우 동 위원장은 노동조합의 설립·존속뿐 아니라 노동조합의 활동에 있어서도 조합원의 지위를 유지한다고 할 것이다.

사견으로는 사용자가 노동조합에서 주도적 역할을 하는 근로자를 해고하여 노동조합을 탄압·방해하려는 행위는 근로자가 비단 노동조합을 설립하고자 하는 때뿐 아니라 단체교섭 및 단체행동 등 노동조합의 운영 및 활동 전반에 걸쳐 취하여질 수 있다고 본다. 따라서, 동 규정을 노동조합의 설립시에만 적용하고, 단체교섭 및 쟁의행위에는 적용하지 아니하는 것은 단체교섭권 및 단체행동권을 보호하지 아니하는 결과로 나타나게 되어 근로자의 헌법상 근로삼권이 유명무실하여질 우려가 있다. 그러므로 동 규정은 넓게 해석하여 노동조합의 설립, 단체교섭 및 단체행동 등 노동조합의 모든 활동에 적용되는 것으로 파악하여야 한다.

( ii ) 근로기준법상의 지위　　　해고의 효력을 다투는 자를 「종사근로자」로 보는 경우에도 이는 근로기준법상 사용자와의 임금수령 및 근로제공 등의 근로관계가 지속적으로 유지되는 것으로 해석되어서는 아니 된다.[30]

즉, 노동조합의 설립 또는 운영 등의 활동은 인정되지만 근로계약상의 근로자의 지위

---

28) 이러한 견해는 동 규정은 「노동조합가입」에 관한 규정이므로 이를 단체교섭이나 단체행동 등에 유추해석하여서는 아니 된다고 한다. 김형배, 노동법, p. 666; 노조 01254(1988. 11. 23); 노조 01254-6055 (1989. 4. 22); 조합 32264-16916(1990. 12. 7).

29) 김유성, 노동법(Ⅱ), p. 63; 하갑래, 집단적 노동관계법, p. 121; 이학춘·이상덕·이상국·고준기, 노동법(Ⅱ), p. 150; 대판 1990. 11. 27, 89도1579; 대판 1992. 2. 11, 91도1342; 대판 1992. 3. 31, 91다14413(해고의 효력을 다투는 근로자의 후보등록을 거부한 채 실시된 노조위원장의 선거는 무효이다).

30) 대판 1990. 3. 13, 89도2399; 대판 1993. 6. 8, 92다42354; 김유성, 노동법(Ⅱ), p. 62; 김형배, 노동법, p. 670; 박홍규, 노동법(Ⅱ), p. 119.

를 주장하는 경우에 동 조항은 적용되지 아니한다.31)

(iii) 근로자참여및협력증진에관한법률상의 지위    해고의 효력을 다투는 자는 「근로자참여 및 협력증진에 관한 법률」상의 근로자위원이 될 수 없다. 그 이유는 동법상의 근로자위원은 사용자와의 근로계약관계를 맺고 있는 근로자에 한정되기 때문이다.32)

(마) 주로 정치운동을 목적으로 하는 경우

노동조합이 주로 정치운동을 목적으로 하는 경우에는 노동조합법상의 노동조합이 될 수 없다.33) 정치운동을 「주로」 하는 것만 금지되므로 「주로」의 기준이 문제시될 수 있다. 정치운동은 정치관련법령이 허용하는 한도 내에서 이를 자유로이 행할 수 있다. 다만, 정치운동은 근로자의 근로조건의 유지·개선이라는 필요목적을 침해하지 아니하는 범위 안에서 행사되어야 할 것이다.

① 정치운동의 범위

㉠ 내재적 한계    노동조합의 정치운동은 「근로조건의 유지·개선과 근로자의 경제적·사회적 지위의 향상」을 위한 목적범위 내에서만 인정되는 것이 원칙이다.34) 따라서, 노동관계법령의 제·개정 및 폐지요구 등 노동문제와 직접 관련된 사항은 정치운동의 목적에 해당되나, 순수한 정치운동은 허용되지 않는다. 그러나, 「근로조건의 유지·개선 및 근로자의 경제적·사회적 지위의 향상」과 관련된 정치운동의 범위를 명백히 획정하는 것은 사실상 불가능하므로 일반사회단체에 허용되는 정치운동은 명백히 순수한 정치운동에 해당되지 아니하는 한 광범위하게 허용되어야 할 것이다.35)

㉡ 외재적 제한

(i) 노동조합법에 의한 제한    노동조합의 정치운동에 대한 외재적 제한으로서는 노동조합법 제2조제4호마목에 의한 제한이 있다. 노동조합법 제2조제4호마목은 노동조합이 「주로」 정치운동을 하는 것을 노동조합설립의 소극적 요건으로 규정하고 있다. 동 조항은 노동조합의 목적 및 활동의 두 가지 측면에서 노동조합의 정치운동을 제한하고 있다. 우선 노동조합의 「주된」 목적은 「근로조건의 유지·개선 및 근로자의 경제적·사회적 지위의 향상」이고, 정치운동은 「부수적」 목적에 그쳐야 한다. 또한 노동조합은 자신의 목적을 달성하기 위한 활동으로서 노동조합의 조직·운영 등 근로삼권의 행사가 「주된」 활동이고, 정치운동은

---

31) 김형배, 노동법, p. 802; 노사 68130-339(1995. 11. 14).
32) 법제처유권해석, 일국 11011-304(1995. 11. 6).
33) 교원노조 및 공무원 노조의 경우 일체의 정치활동이 금지된다. 교원의 노동조합설립및운영에관한법률 제3조.
34) 김유성, 노동법(Ⅱ), p. 64; 김형배, 노동법, p. 802. 이병태, 노동법, p. 117.
35) 이학춘·이상덕·이상국·고준기, 노동법(Ⅱ), p. 153.

「부수적」 활동에 한정되어야 한다.

이 경우 「주된」 것과 「부수적인」 것 간의 구별기준이 명확하지 아니하다. 노동조합의 규약은 물론 총회 및 대의원회의 결정 및 실제 활동상황 등을 구체적·종합적으로 검토하여 판단하여야 할 것이다.36)

(ⅱ) 정치자금법에 의한 제한    정치자금법 제31조는 「① 외국인, 국내·외의 법인 또는 단체는 정치자금을 기부할 수 없다. ② 누구든지 국내·외법인 또는 단체와 관련된 자금으로 정치자금을 기부할 수 없다」고 규정하여 노동조합은 물론 모든 단체의 정치자금 기부를 금지하고 있다.37)

(ⅲ) 공직선거법에 의한 제한    공직선거법은 선거운동을 하거나 할 것을 표방한 노동조합의 a) 공명선거 추진 활동금지(동법 제10조제1항제6호) 및 b) 대통령선거 및 시·도지사선거 등의 후보자를 초청한 대담·토론회 금지(동법 제81조제1항단서)를 규정하고 있다.

② **정치운동의 구체적 내용:**    노동조합은 정치운동으로서 ⅰ) 노동관련 법령의 제·개정을 위한 입법청원, 노동관련 정책에 대한 입장표명, ⅱ) 특정 정당 또는 정치인에 대한 지지 또는 반대의사의 표명, ⅲ) 정치인의 초청대담 또는 토론회의 개최 등을 할 수 있다. 한편, 노동조합의 조합원은 개인자격으로서 국민의 정치적 자유에 따라 자유로이 정치활동을 할 수 있음은 물론이다.38)

### (4) 적극적 요건과 소극적 요건과의 관계

노동조합설립의 적극적 요건과 소극적 요건과의 관계에 대하여는 여러 가지 상이한 견해가 존재하고 있다.

#### (가) 학설 및 판례

① **독자성인정설:**    노동조합법 제2조제4호단서각호의 소극적 요건은, 동조 본문의 적극적 요건과는 별개의 노동조합설립을 위한 독자적 요건을 규정하고 있는 것이라고 한다.39)

이 견해에 의하면 노동조합이 소극적 요건에 해당하는 경우에는 노동조합법상의 노동조합이 될 수 없다고 한다.

② **독자성부정설:**    노동조합법 제2조제4호단서의 소극적 요건, 특히 가목, 나목 및 라목은 적극적 요건을 단순히 확인·부연하는 규정에 불과하며 아무런 독자

---

36) 김형배, 노동법, p. 671; 이학춘·이상덕·이상국·고준기, 노동법(Ⅱ), p. 152.
37) 정치자금에관한법률은 2005년 7월 정치자금법으로 전면개정되었다.
38) 이학춘·이상덕·이상국·고준기, 노동법(Ⅱ), p. 152.
39) 김유성, 노동법(Ⅰ), p. 67; 김수복, 노동법, p. 644. 독자성인정설을 형식설이라고 한다.

적 의미를 갖고 있지 못하다고 한다.40)

따라서, 단서 각목에 해당되는 경우라 할지라도 실질적으로 동조 본문의 적극적 요건을 충족하여 노동조합의 자주성을 구비하는 경우에는 노동조합법상의 노동조합이 될 수 있다고 한다.

(나) 사 견

사견으로는 노동조합법 제2조제4호단서의 소극적 요건은 동조 본문의 적극적 요건의 내용이 추상적이므로 이를 구체화 하고 있는 규정으로 보고자 한다. 따라서, 소극적 요건에 해당되는 경우에는 노동조합설립의 적극적 요건을 침해하는 가장 대표적이고 전형적인 사례에 해당되는 것으로 보아야 할 것이다.41)

이러한 관점에서 저자의 견해는 ⅰ) 소극적 요건은 적극적 요건의 내용을 단순히 구체화 하고 있다는 점에서, 소극적 요건을 적극적 요건과 내용을 달리 하는 독립된 요건으로 파악하고 있는 독자성인정설과 구분되며, 또한 ⅱ) 소극적 요건의 독자적인 법적 효력을 인정하고 있다는 점에서 소극적 요건의 법적 효력을 부인하고 있는 독자성부정설과 구분된다고 할 것이다.

노동조합법 제2조제4호단서는 소극적 요건에 해당하는 경우 노동조합으로 보지 아니함을 명문으로 규정하고 있고, 동법 제12조제3항은 행정관청이 노동조합의 실질적 요건을 심사하면서 제2조제4호단서의 소극적 요건에 해당하는지의 여부를 심사기준으로 삼도록 규정하고 있다. 이는 소극적 요건을 노동조합의 자주성·민주성이 상실되는 대표적 사례로 보아 이에 해당하는 경우에는 노동조합의 설립을 인정하지 아니하겠다는 취지임과 동시에, 심사의 대상을 대표적 사례에 국한함으로써 심사의 절차를 간소화 하겠다는 취지로 해석되어야 할 것이다.

다만, 소극적 요건에 해당하는지의 여부는 구체적인 경우에 따라 실질적으로 판단되어야 하며, 외형상 소극적 요건에 해당하는 경우에도 실질적으로 소극적 요건에 해당하지 아니함은 노동조합이 이를 입증하여야 할 것이다.

예컨대「외형상」사용자의 이익대표자에 해당하는 자가 노동조합에 가입하는 경우에도「실질적」으로는 이익대표자에 해당하지 아니한다면, 이는 동법 제2조 제4호단서의 소극적 요건에 본래부터 해당하지 아니하므로 당연히 노동조합의 설립이 부인되는 것은 아니며, 이 경우 이익대표자가 아니라는 구체적 입증책임은 노동조합이

---

40) 이병태, 노동법, p. 111; 임종률, 노동법, p. 41; 이학춘·이상덕·이상국·고준기, 노동법(Ⅱ), p. 142; 박홍규, 노동법, p. 842. 독자성부정설을 실질설이라고도 부른다.
41) 이상윤, 노동법, p. 574; 이상윤, 노동조합법, p. 100.

이를 부담한다고 할 것이다.

독자성부정설은 동법 제2조제4호단서 및 제12조제3항의 규정을 간과하고 있는 해석이라고 본다.

### 2. 대내적 민주성의 확보를 위한 요건

#### (1) 관련규정

**노동조합법 제11조 [규약]** 노동조합은 그 조직의 자주적·민주적 운영을 보장하기 위하여 당해 노동조합의 규약에 다음 각호의 사항을 기재하여야 한다.
1.~15. (생략)

#### (2) 주요내용

노동조합의 대내적 민주성은 조합의 조직·운영 및 활동의 모든 분야에서 요청되고 있다. 노동조합이 이러한 민주성을 갖추고 있는지의 여부는 노동조합법 제11조에서 규정하고 있는 조합규약에서 우선적으로 발견할 수 있다.[42]

노동조합법 제11조는 「노동조합은 그 조직의 자주적·민주적 운영을 보장하기 위하여」 규약을 작성한다고 규정함으로써 조합규약의 목적이 노동조합의 민주적 운영에 있음을 명문으로 규정하고 있다. 조합규약에 관한 상세한 내용은 후술하기로 한다.

## III. 노동조합의 절차적 요건

### 1. 의    의

대외적으로 자주성을, 대내적으로 민주성을 갖추어 노동조합의 실질적 요건을 충족한 노동조합은 설립신고서에 조합규약을 첨부하여 행정관청에게 노동조합의 설립신고를 하여야 한다. 이러한 신고절차를 노동조합의 절차적 요건이라고 한다. 이러한 신고절차는 크게 노동조합법 제10조의 「설립신고제도」와 동법 제12조의 「설립심사제도」로 구성되어 있다.

---

42) 이을형, 노동법, p. 159, 노동조합법 제11조에서 규정하고 있는 조합규약을 갖추는 것을 노동조합설립의 형식적 요건으로 파악하는 견해도 있으나, 조합규약의 마련은 단순한 서류의 구비절차가 아니다. 조합규약의 내용이 모두 노동조합의 민주성과 관련이 있는 것은 물론 아니나, 노동조합 내부의 민주적 운영을 유지·확인할 수 있는 최소한도의 요건이다. 따라서, 조합규약의 구비는 노동조합설립의 실질적 요건으로 파악하여야 한다.

## 2. 설립신고제도

### (1) 관련규정

> **노동조합법 제10조 [설립의 신고]** ① 노동조합을 설립하고자 하는 자는 다음 각호의 사항을 기재한 신고서에 제11조의 규정에 의한 규약을 첨부하여 연합단체인 노동조합과 2 이상의 특별시·광역시·특별자치시·도·특별자치도에 걸치는 단위노동조합은 고용노동부장관에게, 2 이상의 시·군·구(자치구를 말한다)에 걸치는 단위노동조합은 특별시장·광역시장·도지사에게, 그 외의 노동조합은 특별자치시장·특별자치도지사·시장·군수·구청장(자치구의 구청장을 말한다. 이하 제12조 제1항에서 같다)에게 제출하여야 한다.
> 1.~6. (생략)

### (2) 신고의 절차 및 대상

노동조합을 설립하고자 할 때에는 설립신고서에 조합규약을 첨부하여 ⅰ) 연합단체인 노동조합과 2 이상의 특별시·광역시·특별자치시·도·특별자치도에 걸치는 단위노동조합은 고용노동부장관에게, ⅱ) 2 이상의 시·군·구(자치구를 말한다)에 걸치는 단위노동조합은 특별시장·광역시장·도지사에게, ⅲ) 그 외의 노동조합은 특별자치시장·특별자치도지사·시장·군수·구청장(자치구의 구청장을 말한다)에게 제출하여야 한다(노동조합법 제10조제1항).

신고서에는 ① 명칭, ② 주된 사무소의 소재지, ③ 조합원 수, ④ 임원의 성명과 주소, ⑤ 소속된 연합단체가 있는 경우에는 그 명칭, ⑥ 연합단체인 노동조합에 있어서는 그 구성노동단체의 명칭, 조합원 수, 주된 사무소의 소재지 및 임원의 성명·주소를 기재하여야 한다(노동조합법 제10조제1항).

### (3) 신고의 법적 성격

노동조합의 설립신고제도는 신고행위만으로 그치는 것이 아니라, 신고사실에 대하여 행정관청이 심사를 실시하도록 되어 있으므로 과연 신고의 법적 성질이 무엇인가에 대하여 견해가 나뉘고 있다.

### (가) 학 설

① **신고주의:** 신고주의에 의하면 설립신고란 근로자의 자주적 조직으로서의 노동조합이 결성되었음을 행정관청에 단순 통지하는 것에 불과하다고 본다.[43]

---

43) 김치선, 노동법, p. 320; 김유성, 노동법(Ⅱ), p. 70; 이영희, "노동조합의 설립신고제도와 문제", 「노동법학」(한국노동법학회, 1987), p. 90; 박상필, 노동법, p. 406; 신인령, "노동기본권옹호를 위한 현행 노동관계법 소고," 「노동법의 제문제」, 가산 김치선박사 화갑기념논문집(박영사, 1993), p. 46 참조.

이러한 견해는 노동조합의 설립신고는 행정상의 편의도모를 위하여 자유설립주의에 신고주의를 결합한 것이라고 한다.

이 설에 의하면 노동조합법 제10조의 신고를 행정법상의 신고개념으로 파악하고 있으며, 이 경우 설립신고증의 교부는 노동조합의 설립을 대외적으로 확인·발표하는 의미를 갖는다고 한다. 우리나라의 다수설이다.

② **허가주의:** 허가주의에 의하면 노동조합은 일정한 법적 규제하에서만 인정·보호되는 것이므로, 설립신고는 국가로부터 인정·보호받기 위한 법적 절차로서의 허가를 신청하는 것이라고 본다. 이러한 견해는 노동조합의 자유설립주의를 사실상 부정하고 있다. 이 설에 의하면 노동조합법 제10조의 신고를 행정법상의 허가 개념으로 파악하고 있으며, 이 경우 설립신고증의 교부는 허가증의 발급과 동일한 의미를 갖는다고 한다. 현재 이 설을 취하는 견해는 없다.[44]

③ **준칙주의:** 준칙주의에 의하면 노동조합이 노동조합법상의 보호를 받기 위한 일정한 자격을 갖추었음을 심사하여 달라는 청구가 설립신고라고 본다.[45] 이러한 견해는 노동조합의 설립신고는 자유설립주의에 준칙주의를 결합한 것이라고 한다. 이 설에 의하면 노동조합법 제10조의 신고를 행정법상의 인가 개념으로 파악하고 있으며, 이 경우 설립신고증의 교부는 인가증의 발급과 동일한 의미를 갖는다고 할 것이다. 준칙주의는 일정한 요건을 갖추는 경우 의무적으로 설립신고서를 수리하여야 한다는 점에서 허가제와 구별된다.

관 련
판 례

대판 2014. 4. 10, 2011두6998 설립신고를 한 단체가 노동조합법 제2조 제4호 각 목에 해당하여 노동조합의 개념에 반하거나 노동조합으로서의 자주성 또는 민주성을 갖추지 못한 것으로 인정되는 경우에도 그 설립신고를 무조건 수리하여야 하고 자주성 등의 요건에 대해서는 사후적으로 시정을 요구할 수 있을 뿐이라고 본다면, 노동조합으로서의 실질적 요건조차 갖추지 못한 노동조합의 난립을 방지할 수 없어 오히려 노동조합이 가져야 할 자주성과 민주성이 침해될 우려가 있고, 이는 앞서 본 신고제도의 취지에도 부합하지 않는다. 따라서 노동조합법 제12조제3항제1호가 설립신고서를 제출한 단체에 대하여 같은 법 제2조제4호 각 목에 해당하는지를 심사하여 이에 해당하는 경우 그 설립신고를 반려하도록 한 것은 노동조합의 본질적 요소인 자주성 등을 확보하도록 하기 위한 부득이한 조치로서, 심사 결과 해당 사항이 없으면 의무적으로 설립신고서를 수리하여야 한다는 점에서 단체의 설립 여부 자체를 사전에 심사하여 특정한 경우에 한해서만 그 설립을 허용하는 허가와는 달라 헌법 제21조제2항 후단에서 금지하는 결사에 대한 허가제라

---

44) ILO규정도 노동조합에 관한 허가주의를 금지하고 있다.

45) 이상윤, 노동법, p. 578; 이상윤, 노동조합법, p. 106; 이영희, 노동법, p. 158; 임종률, 노동법, p. 51; 하갑래, 집단적 노동관계법, p. 137; 심태식, 전게서, p. 139.

고 볼 수 없고, 과잉금지의 원칙을 위반하여 근로자의 단결권을 침해한다고 볼 수도 없다(헌법재판소 2012. 3. 29, 선고 2011헌바53 결정 참조).

### (나) 사 견

사견으로는 노동조합법에서 노동조합의 설립요건을 규정하고, 이러한 설립요건을 갖춘 경우에만 노동조합법상의 노동조합으로 인정받게 되므로 준칙주의가 타당하다고 본다. 즉, 신고주의에 의하면 노동조합이 설립신고를 하는 경우 행정관청은 반사적·무조건적으로 이를 접수하고 노동조합법 제12조의 규정에 의하여 신고증을 교부하여야 한다.[46] 그러나, 이러한 신고주의는 노동조합의 설립요건을 규정하고 이를 충족하는 경우에만 노동조합으로 인정하고 있는 현행 노동조합법의 명문규정과 부합되지 아니한다. 다만, 신고주의는 노동조합 설립과정에서 되도록 행정관청의 관여를 배제하기를 원하는 노동정책적 차원에서 고려될 수 있다고 본다.

## 3. 설립심사제도

노동조합이 행정관청에 설립신고를 하는 경우 행정관청은 이의 적법성 여부를 심사하고 있다. 이를 노동조합의 설립심사제도라고 한다.

### (1) 관련규정

**노동조합법 제12조** [신고증의 교부] ① 고용노동부장관, 특별시장·광역시장·특별자치시장·도지사·특별자치도지사 또는 시장·군수·구청장(이하 "행정관청"이라 한다)는 제10조제1항의 규정에 의한 설립신고서를 접수한 때에는 제2항 전단 및 제3항의 경우를 제외하고는 3일 이내에 신고증을 교부하여야 한다.
② 행정관청은 설립신고서 또는 규약이 기재사항의 누락 등으로 보완이 필요한 경우에는 대통령령이 정하는 바에 따라 20일 이내의 기간을 정하여 보완을 요구하여야 한다. 이 경우 보완된 설립신고서 또는 규약을 접수한 때에는 3일 이내에 신고증을 교부하여야 한다.
③ 행정관청은 설립하고자 하는 노동조합이 다음 각호의 1에 해당하는 경우에는 설립신고서를 반려하여야 한다.
1. 제2조제4호 각목의 1에 해당하는 경우
2. 제2항의 규정에 의하여 보완을 요구하였음에도 불구하고 그 기간 내에 보완을 하지 아니하는 경우
④ 노동조합이 신고증을 교부받은 경우에는 설립신고서가 접수된 때에 설립된 것으로 본다.

---

46) 실정법에서 허가, 신고, 인가, 등록 등의 용어를 사용하였다고 하여 이러한 용어가 반드시 행정법상의 허가, 신고, 인가, 등록을 그대로 의미하는 것은 아니므로 주의를 요한다고 할 것이다. 이는 실정법상의 관련규정을 구체적·개별적으로 검토하여 그 법적 성질을 종합적으로 파악하여야 한다.

## (2) 심사제도와 노동조합 자유설립주의

헌법 제33조제1항은 근로자의 자유로운 단결권을 보장하고 있으며 노동조합법 제5조는 「근로자는 자유로이 노동조합을 조직하거나 이에 가입할 수 있다」고 규정하여 노동조합의 자유설립주의를 원칙으로 하고 있다. 따라서, 노동조합설립신고에 대한 심사제도는 노동조합의 설립에 대한 행정관청의 간여를 의미하므로 노동조합의 자유설립주의를 침해하는 것이 아닌가라는 문제점을 야기하고 있다.

그러나, 노동조합이 단순히 행정관청에 신고를 하는 것만으로 노동조합의 성립을 허용하는 것은, 노동조합의 민주성 및 자주성이라는 실질적 요건조차 갖추지 못한 비자격조합의 난립을 허용함으로써 오히려 어용조합화되거나 조합 내부의 민주성을 침해할 우려가 있다. 따라서 노동조합설립심사제도는 단순한 행정편의를 도모하고자 하는 것이 아니라 근로자의 자주적이고 민주적인 단결권 등의 행사를 위하여 필수적인 것으로 평가되어야 할 것이다.47)

| 관 련 | 대판 2014. 4. 10, 2011두6998; 헌재 2008. 7. 31, 2004헌바9 |
|---|---|

**관 련 판 례** 대판 2014. 4. 10, 2011두6998; 헌재 2008. 7. 31, 2004헌바9 노동조합 설립신고에 대한 심사도 단순히 행정관청에 신고하는 것만으로 성립을 허용할 경우 민주성 및 자주성이라는 실질적인 요건조차 갖추지 못한 노동조합이 난립하는 것을 허용함으로써 노동조합이 어용조합이 되거나 조합 내부의 민주성을 침해할 우려가 있으므로 이를 방지하고 근로자들이 자주적이고 민주적인 단결권 등을 행사하도록 하는 데 그 취지가 있다.

세계의 주요 선진국도 대부분 이러한 심사제도를 채택하고 있다.48)

주요 선진국의 입법례는 크게 ⅰ) 일본·미국 등 노동조합의 설립은 자유이나, 노동조합이 단체교섭을 하기 위하여는 일정한 법적 요건을 구비하도록 요구하고 이의 구비 여부를 심사하는 제도와, ⅱ) 우리나라와 같이 노동조합의 설립시에 일정한 법적 요건을 구비하도록 요구하고 이를 심사하여 일단 노동조합으로서 설립되면 자유로이 단체교섭을 할 수 있도록 허용하는 제도의 두 가지 형태로 구분하여 볼 수 있다.

제 3 부 집단적 노사관계

---

47) 이상윤, 노동법, p. 579; 이상윤, 노동조합법, p. 105.

48) 일본에서는 노동위원회가 노동조합의 설립요건 충족 여부에 대한 심사를 하고 있는바, 노동조합은 관련증거를 제출하여 이를 입증하여야 한다(노동조합법 제5조). 영국에서는 확인관(the Certification Officer)이 심사를 하고 설립요건을 충족한 경우에 한하여 노동조합명부에 기재한다(Trade Union and Labour Relations(Consolidation) Act of 1992 제1장). 프랑스에서는 검사가 심사하고 설립요건을 충족하지 못한 조합에 대하여는 공소에 의해 경범죄법원이 해산을 선고하도록 되어 있다(노동법전 L.411-3조, L.481-1조). 미국에서는 노동조합의 설립은 자유이나 전국노사관계위원회(NLRB)에 의하여 그 자격요건을 인정받은 다수 노조만이 사용자와의 배타적 단체교섭권을 행사할 수 있다(NLRA 제9조).

단체교섭은 노동조합 설립의 주요 목적으로서 이는 사용자의 재산권·경영권과 조화·균형을 이루어 행사되어야 하고, 따라서 일정한 자격요건을 갖춘 근로자단체 만에게만 인정되는 것이 원칙이므로 세계 주요 선진국의 대부분은 그 자격요건의 기준 및 인정방법, 시기만 다를 뿐 자격요건의 구비여부를 심사한다는 점에서는 일 치하고 있다.

다만, 이러한 심사제도는 근로자 및 노동조합의 헌법상 단결권을 침해하지 아니 하도록 자유설립주의원칙하에 최소한도로 운영되도록 하여야 할 것이다.

### (3) 심사의 대상

노동조합의 설립심사의 대상에 대하여 실질적 심사설과 형식적 심사설로 견해가 나뉘어 있다.

### ㈎ 학설 및 판례

① **실질적 심사설:**      실질적 심사설에 의하면 행정관청은 심사를 하는 경우 노 동조합이 설립요건을 실제로 충족시키는지의 여부, 즉 민주성 및 자주성을 갖추고 있는지의 여부를 실제로 파악하여야 한다고 한다.[49]

실질적 심사설을 주장하는 경우에도 산업별 노조나 연합단체의 경우는 실질적 심사가 어렵고 또한 동법 제2조제4호단서의 소극적 요건에 해당한다 하더라도 실질 적으로는 자주성을 보유하고 있는 경우도 있을 것이므로 심사의 한계가 인정되어야 한다거나 최소한의 심사에 그쳐야 한다[50]하여 실질적 심사의 제한을 인정하고 있다.

현행 대법원 판례[51] 및 헌법재판소[52]는 실질적 심사설을 채택하고 있으며, 이 경우에도 최소한의 심사를 인정하고 있다. 즉, 대법원판례에 의하면 실질심사를 하 되, ⅰ) 제출된 설립신고서와 규약만을 대상으로 소극적 요건에 해당하는지의 실질 심사를 하고, ⅱ) 설립신고서와 규약 이외의 사항에 대하여는 설립신고서를 접수할 당시 그 해당 여부가 문제된다고 볼 만한 객관적인 사정이 있는 경우에 한하여 실 질심사를 할 수 있다고 한다.[53]

---

49) 이상윤, 노동법, p. 581; 이상윤, 노동조합법, p. 112.
50) 김수복, 노동법, p. 168.
51) 대판 2014. 4. 10, 2011두6998; 대판 1990. 10. 23, 89누3243.
52) 헌재 2008. 7. 31, 2004헌바9.
53) 대판 2014. 4. 10, 2011두6998.

관 련
판 례

대판 2014. 4. 10, 2011두6998    노동조합이 행정관청으로 하여금 설립신고를 한
단체에 대하여 같은 법 제2조 제4호 각 목에 해당하는지를 심사하도록 한 취지가
노동조합으로서의 실질적 요건을 갖추지 못한 노동조합의 난립을 방지함으로써 근
로자의 자주적이고 민주적인 단결권 행사를 보장하려는 데 있는 점을 고려하면,
행정관청은 해당 단체가 노동조합법 제2조제4호 각 목에 해당하는지 여부를 실질
적으로 심사할 수 있다.

다만 행정관청에 광범위한 심사권한을 인정할 경우 행정관청의 심사가 자의적
으로 이루어져 신고제가 사실상 허가제로 변질될 우려가 있는 점 …… 등을 고려
하면, 행정관청은 일단 제출된 설립신고서와 규약의 내용을 기준으로 노동조합법
제2조제4호 각 목의 해당 여부를 심사하되, 설립신고서를 접수할 당시 그 해당 여
부가 문제된다고 볼 만한 객관적인 사정이 있는 경우에 한하여 설립신고서와 규약
내용 외의 사항에 대하여 실질적인 심사를 거쳐 반려 여부를 결정할 수 있다.

실질적 심사설을 주장하면서 신고의 법적 성격을 신고설로 보는 견해는 논리적
모순이다.

② **형식적 심사설:**      형식적 심사설에 의하면 행정관청은 심사를 하는 경우 실
질적 심사를 하여서는 아니되며, 심사는 설립신고서와 규약을 기준으로 하여 필요한
내용의 기재 여부 및 서류의 구비 여부 등 요식행위에 그쳐야 한다고 본다.[54]

(나) 사 견

현행 노동조합법상의 심사제도는 다음과 같이 실질적 심사설을 원칙으로 하고
있다고 본다.

첫째, 노동조합이 노동조합법 제2조제4호단서의 소극적 요건에 해당하는지의 판
단은 당연히 실질적 심사를 전제로 하고 있다. 예컨대, 노동조합법 제2조제4호단서
제1목의 「사용자 또는 항상 그의 이익을 대표하여 행동하는 자」의 범위는 그 자의
형식적 외형상의 지위, 명칭, 직책 등보다는 실제로 업무의 내용을 기준으로 하여
파악하도록 하고 있는바, 이러한 자의 파악에는 실질적 심사가 반드시 필요하다고
할 것이다.

둘째, 노동조합의 설립신고서 및 규약에 대한 심사의 경우 설립신고서에 규약이
첨부되어 있지 아니하거나 설립신고서 또는 규약의 기재사항 중 누락이 있는지의
여부를 심사하는 경우에는 형식적 심사로도 충분하다고 할 것이나, 설립신고서 또는
규약의 기재사항 중 허위사실이 있는지의 여부를 심사하는 경우에는 실질적 심사가
필요하다고 할 것이다.

셋째, 우리 나라의 경우 다른 외국과 달리 일단 노동조합으로서 성립하게 되면

제 3 부  집단적 노사관계

---

54) 임종률, 전게논문, p. 284.

별도의 심사를 거치지 아니하고 당연히 단체교섭을 할 수 있는 것이 원칙이므로 노동조합의 설립심사는 단체교섭의 자격요건구비 여부에 대한 심사를 내포하고 있다.

단체교섭은 사용자의 재산권과 조화·균형을 이루어 행사되어야 하고 따라서 이는 일정한 자격요건을 갖춘 근로자단체에게만 인정되어야 하는 것이 원칙이므로 이에 대한 실질적 심사가 이루어지는 것이 당연하다고 할 것이다.

다만, 실질적 심사를 행하는 경우 노동정책상 심사의 정도와 절차는 최소한도의 수준으로 제한되어야 할 것이다. 형식적 심사설은 심사가 되도록 최소한의 수준에 그쳤으면 하는 노동정책론을 제시하고 있는 것으로 보이며 현행 노동조합법상의 심사제도에 대한 법적 해석으로서는 타당하지 아니하다고 본다.

### (4) 심사의 결과

#### ㈎ 노동조합의 실질적 설립요건을 갖춘 경우

노동조합이 심사기준을 충족하여 노동조합의 설립요건을 갖춘 경우에는 행정관청은 설립신고서를 접수한 지 3일 이내에 설립신고증을 교부하여야 한다(노동조합법 제12조제1항). 이 경우 해당 노동조합은 노동조합법상의 노동조합이 된다. 노동조합이 설립신고증을 교부받은 후 설립신고서의 반려사유가 발생한 경우에는 행정관청은 30일의 기간을 정하여 그 시정을 요구하고 그 기간 내에 이를 이행하지 아니하는 때에는 해당 노동조합에 대하여 이 법에 의한 노동조합으로 보지 아니함을 통보하여야 한다(동법시행령 제9조제2항).

#### ㈏ 노동조합의 실질적 설립요건을 갖추지 못한 경우

① **노동조합의 실질적 요건 중 소극적 요건에 해당하는 경우:** 노동조합이 노동조합법 제2조제4호각목에 해당되는 경우에는 설립신고서를 반려한다(동법 제12조제3항제1호).「근로자가 아닌자」가 노동조합에 가입한 경우 설립신고서를 반려하며, 이 경우「근로자가 아닌자」의 가입으로 실제 노동조합의 자주성이 훼손되었는지의 여부는 심사대상에 해당되지 아니한다.[55]

② **설립신고서 또는 규약에 누락 등이 있는 경우:** 행정관청은 노동조합의 설립신고가 ⅰ) 설립신고서에 규약이 첨부되어 있지 아니하거나 설립신고서 또는 규약의 기재사항 중 누락 또는 허위사실이 있는 경우 또는 ⅱ) 임원의 선거절차 또는 규약의 제정절차가 법 규정에 위반되는 경우에는 20일 이내의 기간을 정하여 보완을

---

55) 대판 2014. 4. 10, 2011두6998.

요구하여야 한다(동법 제12조제2항 및 동법시행령 제9조제1항). 보완이 된 경우에는 3일 이내에 신고증을 교부하여야 한다(동법 제12조제2항). 그러나 20일 이내에 보완이 되지 아니하는 경우에는 설립신고서를 반려하여야 한다(동법 제12조제3항제2호).

# 제 3 절 노동조합의 성립과 법적 효과

## Ⅰ. 노동조합의 성립시기

### 1. 관련규정

**노동조합법 제12조** [신고증의 교부] ④ 노동조합이 신고증을 교부받은 경우에는 설립신고서가 접수된 때에 설립된 것으로 본다.

### 2. 주요내용

노동조합이 신고증을 교부받은 경우에는 설립신고서가 접수된 때에 설립된 것으로 본다(노동조합법 제12조제4항). 이는 노동조합의 성립시기를 그 설립요건을 실제로 갖추고 있는 확실한 시점으로 앞당겨 주는 역할을 하고 있다. 이에 대하여 ⅰ) 행정관청에 의한 유효한 신고증교부를 정지조건으로 하여 소급하여 신고서를 접수한 때에 노동조합이 성립한다고 보는 신고증교부 정지조건부 접수시설[56]과 ⅱ) 행정관청에 의한 유효한 신고증의 불교부를 해제조건으로 하여 노동조합은 신고서를 접수한 때부터 성립하나 신고증이 교부되지 아니하는 경우 소급하여 노동조합이 성립되지 아니한다는 신고증불교부 해제조건부 접수시설[57]로 해석하여 볼 수 있다. 사견으로는 입법취지상 후자의 견해가 타당하다고 본다.

## Ⅱ. 노동조합 성립의 법적 효과

노동조합의 설립요건을 갖추게 되면 노동조합법상의 노동조합으로서 성립하게 되며, 이에 대하여 노동조합법은 여러 가지 법적 효과를 부여하고 있다.

---

56) 김형배, 노동법, p. 821.
57) 김치선, 노동법, p. 320; 이병태, 노동법, p. 122; 이영희, 노동법, p. 165.

## 1. 노동조합의 설립요건을 갖추고 있는 경우

노동조합설립의 실질적 요건과 형식적 요건을 모두 갖춘 노동조합은 노동조합법상의 노동조합으로서 성립하게 된다.

노동조합법상의 노동조합에 대하여는 노동조합법 등의 관련 법령에 의하여 각종 법적 보호가 인정되고 있다. 즉, 노동조합법상의 노동조합에 대하여 노동조합법은 ⅰ) 노동조합이라는 명칭을 사용할 수 있고(동법 제7조제3항), ⅱ) 노동위원회에 노동쟁의의 조정을 신청할 수 있으며(동법 제7조제1항), ⅲ) 노동위원회에 부당노동행위의 구제를 신청할 수 있고(동법 제7조제1항), ⅳ) 법인격의 취득을 할 수 있으며(동법 제6조), ⅴ) 단체협약의 지역적 효력확장이 인정되고(동법 제36조), ⅵ) 조세면제의 특전이 부여되며(동법 제8조), ⅶ) 정당한 근로삼권행사에 대한 민사·형사상의 면책을 인정하고 있다(동법 제3조 및 제4조). 또한, 노동위원회법은 노동위원회에 근로자위원을 추천할 수 있다고 규정하고 있으며(노동위원회법 제6조제3항), 직업안정법은 근로자 공급사업의 허가를 받을 수 있도록 규정하고 있다(직업안정법 제33조).

**관 련 판 례** 헌재 2008. 7. 31, 2004헌바9  노동조합설립의 형식적 요건을 갖추지 못한 단결체에 대하여 노동조합이라는 명칭을 사용하지 못하게 하고 있는 노동조합법 제7조제3항은 과잉금지의 원칙에 위배하여 근로자의 근로삼권을 침해하거나, 형식적 요건을 갖춘 노동조합과의 차별을 통하여 평등권을 침해하는 것이 아니므로 합헌이다.

## 2. 노동조합의 설립요건을 갖추고 있지 못한 경우

조합이 설립신고증을 교부받지 못한 경우 노동조합법상의 보호를 받지 못한다. 즉, ⅰ) 노동쟁의조정 신청을 할 수 없고, ⅱ) 부당노동행위구제신청을 할 수 없으며, ⅲ) 노동조합이라는 명칭을 사용할 수 없다. 다만, 노동조합이 노동조합법상의 설립요건을 갖추고 있지 않더라도 그 조합원 또는 근로자는 동법 제81조에 의한 노동조합의 조직 및 활동에 대한 불이익 취급(제1호), 황견계약 체결을 고용조건으로 하는 경우(제2호) 및 단체행동참가 또는 부당노동행위 신고 등을 이유로 한 불이익 취급(제5호)에 대하여 부당노동행위 구제신청을 할 수 있다.[58]

상기 노동조합법상의 보호를 받지 못한다 할지라도 헌법상의 보호를 받을 수 있

---

58) 제7조(노동조합의 보호요건) ① 이 법에 의하여 설립된 노동조합이 아니면 노동위원회에 노동쟁의의 조정 및 부당노동행위의 구제를 신청할 수 없다.
② 제1항의 규정은 제81조제1호·제2호 및 제5호의 규정에 의한 근로자의 보호를 부인하는 취지로 해석되어서는 아니 된다.

는지에 관하여 견해가 나뉘고 있다.

## (1) 학설 및 판례

### (가) 실질적 요건은 갖추었으나 형식적 요건을 갖추지 못한 경우

설립신고를 아니하여 형식적 요건을 갖추지 못한 조합의 법적 지위에 관하여는 법내노조설, 법외노조설 및 비노조설로 분류함이 일반적이다.

① **법내노조설:**      법내노조설에 의하면 설립신고서를 제출하지 아니하였거나, 설립신고를 미필한 조합도 노동조합법상의 노동조합으로서의 적법한 자격을 갖는다고 본다. 즉, 노동조합은 설립신고와 관계없이 노동조합의 실질적 요건을 갖춘 노동조합의 조직을 결성한 때에 노동조합으로 성립되며, 노동조합법 등에서 인정하는 각종 법적 보호의 대상이 된다.

② **법외노조설:**      법외노조설에 의하면 형식적 요건을 갖추고 있지 못한 조합은 소위 법외노조로서 노동조합법에 의한 노동조합이 아니므로 노동조합법 등의 법적 보호를 받지 못하고 불이익을 받는다고 본다. 그러나, 이러한 조합도 헌법상의 단결권보장의 대상이 되는 헌법상의 노조로서 헌법상의 보호 내지 이익은 누릴 수 있다고 한다. 예컨대 ⅰ) 단체교섭권, ⅱ) 단체협약체결권 및 ⅲ) 민사·형사면책권은 법외노조에게도 인정된다고 한다. 우리 나라의 다수설이다.[59] 나아가, 법외노조도 노동조합법이 노동조합에게 의무화하는 제반규정을 준수하여야 한다는 견해도 있다.[60]

③ **비노조설:**      비노조설은 형식적 요건을 갖추고 있지 아니한 조합은 비록 실질적 요건을 갖추고 있을지라도 노동조합법 등의 법적 보호를 받을 수 없음은 물론 그 외의 노동조합으로서의 어떠한 헌법적 보호도 받을 수 없다는 견해이다.[61]

---

59) 김치선, 노동법, pp. 311~313; 김유성, 노동법(Ⅱ), p. 68; 박상필, 노동법, pp. 402~404; 임종률, 노동법, p. 60; 하갑래, 집단적 노동관계법, p. 132; 김형배, 노동법, p. 690. 일본의 경우 노동조합의 설립은 자유이나 사용자가 단체교섭을 거부하는 경우 노동위원회에서 자격심사를 받도록 규정하고 있다. 노동조합의 자격심사를 받지 아니한 근로자단체도 노동조합으로서 헌법적 보호를 받는다는 이론은 일본 노동조합론의 기본체계를 구성하고 있는 이론으로서 ⅰ) 노동조합의 자격심사를 받은 노동조합을 법내노조, 자격심사를 받지 아니한 노동조합을 법외노조로 부르는 소수 견해도 있으나, ⅱ) 일본은 노동조합의 자유설립주의를 채택하고 있어 법외노조는 존재하지 아니하므로 모두 법내노조라는 견해가 다수설이다.
 우리나라의 학설은 노동조합의 설립에 대하여 우리나라와 일본이 서로 다른 입법체계를 취하고 있음에도 불구하고 일본의 이론을 무비판적으로 수용하고 있는 것이다.
 60) 서울행지판 2005. 4. 21, 2004구합35356.
 61) 이상윤, 노동법, p. 586; 이상윤, 노동조합법, p. 121; 이영희, 노동법, p. 157. 대법원 판례는 노동조합설립신고서를 제출하지 아니한 근로자단체를 「근로자들의 단결권의 결합체」, 신고서가 반려된 근로자단체를 「인적 집합체」라고 규정하고 있다(대판 1979. 12. 11, 76누189).

(나) 실질적 요건을 갖추지 못한 경우

실질적 요건을 갖추지 못한 조합이라 함은 자주성 또는 민주성을 갖추지 못한 조합을 말한다. 실질적 요건이 결여된 조합에 대하여는 비노조설이 일반적 견해이다.62) 즉, 실질적 요건이 결여된 조합은 노동조합법상의 노동조합이 될 수 없음은 물론 법외노조설이 주장하는 단체교섭권, 단체협약체결능력 및 민사·형사면책 등의 보호도 부여되지 아니한다.

이에 대하여 근로자의 단체가 노동조합으로서의 자주성과 조직성을 갖추었으나 노동조합법 제2조제4호단서의 소극적 요건 중의 하나에 해당한다고 하여 곧 노동조합으로서의 자격을 부인할 수 없으며, 구체적인 경우에 따라 자주성 확보의 정도를 기준으로 판단하여야 한다는 견해,63) ⅱ) 노동조합법 제2조제4호다목 이외의 다른 단서 각목의 규정은 헌법상 단결체의 요건과 무관하다는 견해64) 등이 있다.

(2) 사　　견

사견으로는 노동조합의 실질적 및 형식적 설립요건 중의 어느 하나라도 충족하지 못하고 있는 조합은 노동조합이 될 수 없다는 비노조설에 찬동하고자 한다. 그 이유는 다음과 같다.

첫째, 노동조합법은 노동조합의 설립신고를 의무화 하고 있고, 이러한 신고절차를 거친 노동조합만을 「노동조합법상의 노동조합」으로 보아 노동조합법 등에 의한 법적 보호를 부여한다고 규정하고 있다. 따라서 설립신고를 하지 아니하고도 「노동조합법상의 노동조합」 설립이 가능하다고 하는 「법내노조설」은 현행 법률규정을 무시하고 있는 해석으로서 타당하지 아니하다고 본다.

둘째, 「법외노조설」은 노동조합에 대한 법적 보호를 노동조합법상의 보호와 헌법상의 보호로 이원화 하고, 「법외노조」는 소위 「헌법노조」로서 노동조합법상의 보호를 받지 못한다 할지라도 헌법상 단결권의 주체로서 헌법규정에 의하여 직접 보호를 받는다고 하며, 이러한 헌법상의 보호의 예로서 민사·형사상의 면책, 단체교섭권 및 단체협약체결능력의 인정을 들고 있는 것이다.65)

---

62) 김치선, 노동법, p. 310; 김형배, 노동법, p. 826; 박상필, 노동법, p. 401; 대판 1996. 6. 28, 93도 855(노동조합의 형식적 요건을 갖춘 경우에도 실질적 요건을 갖추지 못한 경우에는 노동조합으로 볼 수 없다).

63) 김형배, 노동법, p. 820.

64) 김유성, 노동법(Ⅱ), p. 67.

65) 법외노조설의 논리에 의하면 ⅰ) 어느 교육단체가 관련법령에서 요구하는 대학설립요건을 갖추는 경우, 행정관청의 대학설립인가를 받지 아니하고도 소위 헌법상 학문의 자유의 주체인 「교육단체」로서 대

그러나, 현행 노동조합법은 법외노조에게 부당노동행위구제 신청자격을 부여하지 아니하고 있다. 부당노동행위구제제도는 근로자의 헌법상 근로삼권이 사용자로부터 침해당하는 경우 국가가 구제하는 것을 제도적 본질로 삼고 있다. 따라서 법외노조의 헌법상 근로삼권은 국가에 의하여도 보호받지 못하는 불완전한 권리로서, 이는 「비노조」로 보는 것이 보다 타당할 것이다.

법외노조도 헌법상 단결체로서 민사·형사면책, 단체교섭권 및 단체협약체결능력 등의 헌법상 권리가 인정된다고 하는 견해는 결국 노동조합법에서 법외노조의 헌법상 권리를 부인·배제하고 있다는 논리적 귀결을 가져오게 된다.[66) 하위법령인 노동조합법이 헌법상 근로자의 근로삼권을 부인·배제하는 경우 이는 위헌심사로서 해결되어야 하며, 법외노조설이 주장하는 바와 같이 현행 헌법체제를 유지하면서 법내노조와 법외노조의 이원적 구조를 그대로 인정하는 것은 올바른 헌법해석론이라고 할 수 없을 것이다.

법외노조설은 일본에서의 노동조합의 법적 지위에 관한 이론을 무비판적으로 그대로 받아들이고 있으나, 이는 타당하지 아니하다고 할 것이다.

일본은 노동조합의 자유설립주의를 채택하고 있으므로 노동위원회에 의한 자격심사를 받기 이전에 이미 노동조합으로 성립되고 노동조합의 권능으로서 단체교섭권 및 단체협약체결권 등이 인정되고 있는 것이다. 우리나라의 경우 노동조합법 제12조는 노동조합이 신고증을 교부받은 경우에 성립된다고 명문으로 규정하고 있으므로 설립신고절차 이전에는 노동조합으로서 성립되지 아니하고 따라서 노동조합으로서의 권능을 주장할 여지는 없다고 할 것이다.

더군다나, 일본에서도 노동조합이 노동위원회에 의한 적격심사를 받기 이전까지는 사용자가 노동조합의 단체교섭을 거부하여도 부당노동행위에 해당되지 아니한다.

법외노조의 경우 사용자가 단체교섭을 거절하여도 부당노동행위에 해당되지 아니하므로, 사용자에게 교섭을 강제할 수 없는바, 이를 과연 권리라고 부를 수 있을지 의문이 생기는 바이다. 부당노동행위제도는 근로자의 헌법상 근로삼권 침해를 구

---

학생을 임의로 모집하고 학위를 수여할 수 있으며, ii) 관련법령에서 요구하는 자격요건을 실제 갖추고 있는 경우 여권을 발급받지 아니하여도 헌법상 여행의 자유를 직접 향유할 수 있으므로 자유로이 해외여행을 할 수 있다는 결론이 도출되는바, 이러한 견해가 타당하지 아니함은 물론이다.

66) 김유성 교수는 법외노조라는 개념 대신에 "헌법상 단결체"라는 개념을 도입하여 단체교섭권을 갖는다고 주장하고 있으나, 헌법상 단결체의 개념이 무엇인지에 대하여 구체적인 설명을 제시하지 못하고 있다. 또한 노동조합법상의 노동조합에 대하여 법외노조(헌법상 단결체)보다 엄격한 요건이 요구되는 것은 노동조합법 등이 헌법 이상의 특별한 보호를 창설하면서 그 수급 요건을 강화하고 있기 때문이라고 한다 (김유성, 노동법(Ⅱ), p. 68). 그러나, 현행 노동조합법은 법외노조에 대하여 부당노동행위구제신청 자격을 배제하는 등 헌법상의 보호를 부여하고 있지 아니하다는 점에서 상기 이론은 납득하기 어렵다 할 것이다.

제하는 것을 제도적 본질로 삼고 있으므로 이는 법외노조의 단체교섭을 헌법상의 권리로 보지 아니하였다는 입법적 취지를 반영하고 있는 것이다. 노동조합은 단체교섭권의 행사를 가장 중요한 기능으로 삼고 있으므로 이러한 단체교섭권이 결여된 법외노조는 노동조합이라고 볼 수 없다고 할 것이다.[67]

법외노조설은 법외노조가 노조설립의 실질적 요건을 갖추고 있다고 전제하고 있으나, 실질적 요건을 갖추고 있는지의 여부는 행정관청의 심사를 거침으로써 비로소 확인되는 것이며, 그 이전에는 누구도 이를 주장할 수 없다고 할 것이다. 따라서 행정관청의 심사이전에 노동조합의 실질적 요건을 갖추고 있다고 스스로 주장하는 것은 무의미하다고 할 것이다.

결론적으로 볼 때에 노동조합설립의 실질적 요건과 형식적 요건을 모두 갖춘 노동조합만이 「헌법상의 노조」이자 「노동조합법상의 노동조합」에 해당된다. 실질적 요건과 형식적 요건 중 어느 한 가지 요건이라도 결여되는 경우에는 「노동조합법상의 노동조합」이 아니라 근로자들의 결사체, 즉 「근로자단체」에 불과하며 아무런 법적 보호도 받을 수 없다. 즉, ⅰ) 근로자단체의 단체교섭요구를 사용자가 거부하여도 부당노동행위에 해당되지 아니하므로 근로자단체는 헌법상의 단체교섭권을 행사할 수 없고,[68] ⅱ) 노동쟁의조정의 신청을 할 수 없으므로 단체행동권의 행사도 금지된다는 것이 노동조합법의 일관적인 태도이다(동법 제7조제1항).

다만, 「근로자단체」는 자신이 갖추지 못한 설립요건을 구비하여 「노동조합법상의 노동조합」이 되기 위한 활동 등 일부 제한된 범위 내에서만 헌법상의 단결권의 행사가 인정될 뿐이다. 노동조합법 제7조제2항에서 「근로자단체」에게도 「제81조제1항 제1호·제2호 및 5호」의 부당노동행위에 대한 구제를 인정하고 있는 것도 이러한 취지로 해석되어야 할 것이다.

## Ⅲ. 설립신고 후의 변경사항

### 1. 변경신고 및 통보

설립신고증을 교부받은 후에 신고서 또는 규약기재사항에 변경이 생기는 경우가

---

67) 헌법재판소 판례도 법외노조가 "어느 정도"의 단체교섭권을 보유한다고 표현하여 일반적 의미의 단체교섭권과 구별하고 있다. 헌재 2008. 7. 31, 2004헌바9.

68) 따라서 소위 법외노조설이 주장하는 바와 같이 법외노조가 단체교섭권을 갖는다 할지라도, 법외노조의 단체교섭권은 부당노동행위제도에 의한 보호를 받고 있는 헌법상의 단체교섭권 개념이 아니라, 일반교섭 내지는 협의수준에 불과한 사실상의 교섭개념으로 보아야 할 것이다.

있다. 이 경우 사항에 따라 변경신고 또는 통보를 하여야 하며, 이는 노동조합의 법적 지위에 어떠한 영향을 주는 것이 아니라, 다만 변경된 사실관계의 확인에 불과하다.[69]

### (1) 변경신고

신고서 기재사항 중 ⅰ) 명칭, ⅱ) 주된 사무소의 소재지, ⅲ) 대표자의 성명, ⅳ) 소속된 연합단체의 명칭에 변경이 있는 경우 노동조합은 30일 이내에 행정관청에 변경신고를 하여야 한다(동법 제13조제1항).

### (2) 변경통보

신고서 기재사항 중 기타의 사항에 변경이 있거나 규약에 변경이 있는 경우에는 정기통보를 하여야 한다. 즉, 노동조합은 매년 1월 31일까지 ⅰ) 전년도에 규약의 변경이 있는 경우에는 변경된 규약내용, ⅱ) 전년도에 임원의 변경이 있는 경우에는 변경된 임원의 성명 및 ⅲ) 전년도 12월 31일 현재의 조합원 수(연합단체인 노동조합의 경우 구성단체별 조합원 수)를 행정관청에 통보하여야 한다(노동조합법 제13조제2항).

## 2. 신고증 교부의 철회

노동조합이 설립신고증을 교부받은 후 설립신고서의 반려사유가 발생한 경우에는 행정관청은 30일의 기간을 정하여 그 시정을 요구하고, 그 기간 내에 이를 이행하지 아니하는 때에는 노동조합에 대하여 이 법에 의한 노동조합으로 보지 아니함을 통보하여야 한다(동법시행령 제9조제2항). 행정관청이 신고증 교부의 철회를 통보한 때에는 지체없이 그 사실을 관할 노동위원회와 해당 사업 또는 사업장의 사용자나 사용자단체에 통보하여야 한다(동법시행령 제9조제3항). 상기 통보에 불구하고 노동조합이 30일 이내에 시정하지 아니하는 경우에는 법외노조로 그 법적 지위가 변경된다.[70]

제3부 집단적 노사관계

---

69) 임종률, 노동법, p. 62.
70) 임종률, 노동법, p. 62.

# 제4절 노동조합과 법인격

## I. 관련규정

> 노동조합법 제6조 [법인격의 취득] ① 노동조합은 그 규약이 정하는 바에 의하여 법인으로 할 수 있다.
> ② 노동조합은 당해 노동조합을 법인으로 하고자 할 경우에는 대통령령이 정하는 바에 의하여 등기를 하여야 한다.
> ③ 법인인 노동조합에 대하여는 이 법에 규정된 것을 제외하고는 민법 중 사단법인에 관한 규정을 적용한다.

## II. 법인격취득의 필요성

노동조합은 조합규약에 따라 등기를 함으로써 법인이 될 수 있다(노동조합법 제6조제1항).

노동조합은 근로삼권의 행사를 위하여 반드시 법인격을 갖출 필요가 없으며, 또한 노동조합의 실체성은 자주성과 민주성의 확보에 있기 때문에 노동조합의 성립요건에는 법인격이 필요하지 아니하다.[71]

그러나, 노동조합은 순수한 재산상의 거래관계에 있어 권리·의무의 주체가 될 수 있으며 이러한 경우에는 법인격을 취득하는 것이 편리하다. 예컨대 법인격을 갖추지 아니한 노동조합은 조합명의의 예금, 토지·건물의 등기 등 재산상의 행위가 곤란하다. 이러한 경우 노동조합법은 노동조합이 조합규약으로 정하는 경우 법인격을 취득하는 것을 허용하고 있다. 법인격의 취득은 강제적인 사항이 아니라 노동조합이 원하는 경우에만 취득할 수 있음은 물론이다.

## III. 법인설립의 절차

노동조합이 법인이 되고자 할 때에는 노동조합의 대표자가 주된 사무소의 소재지를 관할하는 등기소에 등기하여야 한다(노동조합법 제6조제2항).

등기에는 ① 노동조합의 명칭, ② 주된 사무소의 소재지, ③ 목적과 사업, ④ 대

---

71) 김유성, 노동법(Ⅱ), p. 92; 임종률, 노동법, p. 97; 김형배, 노동법, p. 864; 이병태, 노동법, p. 126.

표자의 성명과 주소, ⑤ 해산사유를 정한 때에는 그 사유를 기재하여야 한다(동법시행령 제3조).

등기신청을 하고자 하는 경우 등기신청서에 조합규약 및 설립신고증 사본을 첨부하여야 한다(동법시행령 제4조제2항). 설립신고증 사본을 첨부하여야 하므로 노동조합설립의 형식적 요건을 결여한 법외노조 등은 법인격을 취득할 수 없다. 또한 조합규약에 명문의 규정이 없는 한 노동조합은 법인격을 취득할 수 없다. 노동조합의 지부도 독립적인 법인격을 취득할 수 없으며 단지 법인인 소속 노동조합의 분사무소로서의 등기만을 할 수 있을 뿐이다.[72)]

## Ⅳ. 법인인 노동조합의 지위

### 1. 민법의 준용

#### (1) 법인인 노동조합

노동조합이 법인격을 취득한 경우에는 노동조합법에 규정된 것을 제외하고는 민법의 사단법인에 관한 규정이 준용된다(노동조합법 제6조제3항).

그러나, 앞에서 이미 설명하였듯이 노동조합의 단결권·단체교섭권 및 단체행동권의 행사에는 법인격의 취득이 필요하지 아니하며, 법인격은 재산상의 거래관계의 편의를 위하여 임의로 취득되는 것이다. 따라서, 민법의 규정이 준용되는 경우에도 재산상의 거래관계에만 준용되는 것이 원칙이며, 노동조합의 근로삼권을 제한할 우려가 있는 경우에는 준용되지 아니하는 것으로 보아야 한다.[73)]

#### (2) 법인이 아닌 노동조합

법인이 아닌 노동조합에 대하여는 민법상 법인격 없는 사단으로서 민법의 사단법인에 관한 규정이 준용되는 것이 원칙이다.[74)]

제<br>3<br>부<br><br>집<br>단<br>적<br><br>노<br>사<br>관<br>계

---

72) 법무 810 – 1032(1969. 1. 28).

73) 민법 제60조의 「이사의 대표권에 가해진 제한은 등기하지 아니하면 제3자에게 대항하지 못한다」는 규정은 대표자의 재산거래상의 행위에는 적용되나, 근로삼권의 행사에는 적용되지 아니한다고 할 것이다. 김치선, 노동법, pp. 321~322; 김유성, 노동법(Ⅱ), p. 92; 김형배, 노동법, p. 720; 박홍규, 노동법, p. 901.

74) 임종률, 노동법, p. 97. 이에 대하여 이영희 교수는 노동조합은 사단과 유사한 면이 있으나 사단과 동일한 단체는 아니며, 사단 및 조합의 성격을 동시에 갖고 있다고 한다(이영희, 노동법, p. 143).

## 2. 당사자능력

법인인 노동조합이 소송당사자능력을 갖는다는 점은 의문의 여지가 없으나 법인이 아닌 노동조합 또는 노동조합의 설립요건을 갖추지 못한 근로자단체가 소송당사자능력을 갖는지에 대하여 문제가 제기될 수 있다.

### (1) 법인이 아닌 노동조합

민사소송법 제48조는 법인이 아닌 사단으로서 대표자가 있으면 그 이름으로 소송당사자가 될 수 있다고 규정하고 있으므로, 법인격 없는 노동조합도 소송당사자능력을 갖고 있다고 할 것이다.[75]

### (2) 근로자단체

노동조합의 성립요건을 갖추지 못한 근로자단체가 소송당사자능력을 갖는지에 대하여 의문이 생길 수 있다. 해당 근로자단체가 사단으로서 인정되는 한 민사소송법 제48조의 규정에 의하여 소송당사자가 될 수 있다고 할 것이다.[76]

## 3. 조합의 재산

법인인 노동조합의 경우 물권·채권 등 재산은 노동조합의 단독소유가 된다. 그러나, 법인이 아닌 노동조합의 재산은 노동조합의 단독소유가 아니라 전체 조합원의 총유가 된다.[77] 노동조합의 재산은 노동조합의 법인여부를 불문하고 조합원 전체의 권익향상을 위하여 보유되고 있는 목적재산이므로 노동조합의 재산에 대한 조합원 개인의 지분은 인정되지 아니하는 것이 원칙이다.[78] 다만, 조합규약 등에 의하여 조합원의 지분이 인정되는 예탁금·적립금 등을 예외적으로 설치할 수 있다고 할 것이다.

---

75) 전국해원노동조합의 하부조직인 목포지부도 독자적인 규약을 가지고 독립된 활동을 하는 독자적인 사회적 조직체로서 법인격 없는 사단으로서의 실체를 가지므로 소송당사자능력을 갖추고 있다(대판 1977. 1. 25, 76다2194).

76) 대판 1979. 12. 11, 76누189.

77) 이을형, 노동법, p. 184; 임종률, 노동법, p. 98.

78) 임종률, 노동법, p. 98.

# 제3장 노동조합의 운영과 활동

## 제1절 의 의

노동조합은 민주적 방식에 따라 자주적으로 조직되고 운영되어야 한다. 현행 노동조합법은 노동조합의 운영 및 활동에 대하여 비교적 상세한 규정을 두고 있으며, 이는 소위 「조합민주주의」의 주요 내용을 구성하고 있다. 노동조합법은 조합의 조직·운영에 원칙적으로 개입하지 아니하도록 제정·운용되어야 하는 것이 원칙이며, 만약 필요한 경우라 하더라도 노동조합의 민주적·자주적 운영을 위한 최소한의 기준설정에 그쳐야 한다.

## 제2절 조합원의 지위

### Ⅰ. 조합원지위의 취득 및 상실

#### 1. 조합원지위의 취득

#### (1) 새로운 조합의 결성

조합원의 자격은 새로운 노동조합의 결성에 참여함으로써 취득되어진다. 노동조합의 결성행위는 소위 노동조합법상의 사단설립행위로서 근로자들이 방향을 같이하는 두 개 이상의 의사표시를 합치시킴으로써 이루어지는 이른바 합동행위라고 해석된다.[1]

---

1) 김형배, 노동법, p. 692.

### (2) 기존 조합에의 가입

조합원의 자격은 이미 설립되어 있는 기존의 노동조합에 가입함으로써 취득된다. 이러한 가입은 근로자의 가입신청의 의사표시와 노동조합의 승낙의 의사표시에 의하여 성립되는 일종의 계약행위이다. 노동조합에의 가입 여부는 근로자의 자유에 속하나, 유니언 숍규정이 체결되어 있는 경우에는 예외적으로 가입이 강제된다.

조합가입의 절차와 가입자격 등에 관해서는 노동조합법에 아무런 명문의 규정도 두고 있지 아니하며, 조합규약으로 정하는 바에 따르도록 하고 있다.2)

노동조합의 자주성 및 민주성 원칙에 따라 노동조합이 조합규약에 의하여 자신의 조합원 자격을 자유로이 정할 수 있음은 당연한 일이다.3) 따라서 노동조합은 일정한 직종·산업 또는 기업을 정하여 이에 종사하는 근로자만을 자신의 노동조합에 가입할 수 있도록 허용하거나, 근로자의 지위 등을 기준으로 하여 조합원자격에 일정한 제한을 둘 수 있다. 그러나, 노동조합법 제9조는 「조합원은 어떠한 경우에도 인종·종교·성별·정당 또는 신분에 의하여 차별대우를 받지 아니한다」고 규정하고 있다. 또한 법률에 명문의 규정은 없으나 학력4) 또는 연령5)에 따른 자격제한을 두어서도 아니될 것이다.

근로자가 2이상의 노동조합에 가입하는 소위 이중가입이 허용되는지가 의문시 될 수 있다. 이에 대하여 노동조합법에 명문의 규정은 없으나, 동법시행령6)은 복수 노조 가입을 허용하고 이를 전제로 개별 노조의 조합원수 산정방법을 규정하고 있으므로 이중가입이 당연무효는 아니라 판단된다. 그러나, 노동조합은 자유로이 조합규약으로 조합원의 자격을 정할 수 있으므로 이중가입을 허용하여도 무방하고 이와 반대로 이를 제한하거나, 이중가입한 조합원에 대하여 제명 등 제재를 할 수 있음은

---

2) 노조 1454-9597(1983. 4. 14); 노조 1454-11874(1984. 5. 22); 노조 1454-01254(1988. 11. 23).
3) 이영희, 노동법, p. 168.
4) 노조 1454-12913(1981. 4. 27).
5) 산업체 부설 중고등학교의 학생은 해당 산업체의 근로자 신분을 전제로 하고 있으므로 당연히 노동조합에 가입할 수 있다(노조 01254-17092, 1986. 10. 22). 고등학교를 졸업하고 곧바로 취업하는 경우 대부분 근로자의 연령은 만 19세 미만으로서 민법상 미성년자에 해당된다. 민법 원칙에 의하면 미성년자의 행위는 법정대리인의 동의를 얻어 미성년자가 행하거나, 법정대리인이 본인을 대리하여 행하도록 하고 있는바, 과연 미성년자인 근로자가 노동조합을 결성하거나 이에 가입하는 경우 이러한 민법의 원칙이 적용되는가의 문제점이 발생한다. 이에는 집단적 노동조합법에는 노동조합의 본질상 민법상의 행위무능력제도가 적용되지 아니하므로 미성년자인 근로자가 단독으로 노동조합을 결성하거나 이에 가입할 수 있다는 견해(김형배, 노동법, p. 829)가 있다.
6) 노동조합법시행령 제14조의7제6항은 "노동위원회는 제4항에 따라 조합원 수를 확인하는 경우 2개 이상의 노동조합에 가입한 조합원에 대해서는 그 조합원 1명별로 다음 각 호의 구분에 따른 방법으로 조합원 수를 산정한다."고 규정하고 있다.

물론이다.

## 2. 조합과 조합원과의 관계

### (1) 학    설

#### (가) 계약설

계약설에 의하면 노동조합의 존재는 조합원 상호간의 계약이며, 이 계약은 노동조합이라고 하는 단체를 결성하고 이것을 계속적 조직으로 운영한다고 하는 내용을 갖는다고 한다.[7]

계약내용은 대부분 조합규약으로 구체화되어 있고 각 조합원은 노동조합에 가입할 때 조합규약에 구속되는 것을 합의하여야 한다고 한다.

계약설에 의하면 노동조합은 법적 실체로서 존재하지 아니한다. 그러나, 최근에는 조합의 법적 실체를 점차 인정하여 조합원의 지위를 조합원 간의 계약보다 조합과 조합원간의 계약으로 파악하려는 견해가 대두되고 있다.[8]

#### (나) 사단설

노동조합을 별도의 법적 실체, 즉 사단으로 보고, 조합과 조합원 간의 관계는 사단의 법원칙이 적용된다는 견해이다.[9]

이 견해에 의하여 조합원은 단순히 조합이라는 사단에 가입하는 관계로 된다. 사단설은 노동조합이 조합원의 권리·의무를 정하고 조합의 운영 및 활동을 조합규약으로 정하고 있다.

### (2) 사    견

노동조합은 사단으로서의 성질을 갖는다고 본다. 그러나, 이는 사법상의 사단이 아니라 노동법상의 사단이다.[10]

노동법상의 사단이라 함은 헌법상의 단결권보장하에 조직된 단체로서 노동법상의 특성을 갖추고 있는 단체를 말한다. 따라서 노동조합은 사법상의 일반 사단보다는 조합원에 대하여 보다 강한 통제력을 행사할 수 있다.

제
3
부

집
단
적

노
사
관
계

---

7) Cyril Grunteld, 「Trade Unions and the Individual in English Law」(1963), p. 21.

8) Richard Kinder, 「Trade Union Law at Work」(London, 1980), pp. 3~9; Pitt, Employment Law, p. 402. 미국에서는 조합과 조합원의 관계를 제3자를 위한 계약(third-party beneficiary contract) 으로 보는 것이 일반적이다. Edwards *et al.,* Lab. Rel. L., pp. 799~800 참조.

9) 박홍규, 노동법, p. 865.

10) 민법상의 사단과 노동조합의 차이점에 관하여는 박홍규, 노동법, pp. 826~829 참조.

## 3. 조합원지위의 상실

조합원으로서의 지위는 조합원의 사망, 조합원자격의 상실, 탈퇴, 제명 및 조합의 해산에 의하여 상실된다. 조합원이 사망하는 경우 조합원의 지위를 상실하는 것은 당연한 일이며 제명에 관해서는 조합의 통제권, 조합의 해산에 관해서는 조합의 조직변경과 관련하여 후술하기로 하고, 이하에서는 조합원자격의 상실과 탈퇴에 관해서만 설명하기로 한다.

### (1) 조합원자격의 상실

조합원이 법령 또는 조합규약에서 정한 자격을 충족하지 못하는 경우에는 원칙적으로 조합원으로서의 지위를 상실한다. 조합원이 승진·승급함으로써 사용자의 이익을 대표하는 자가 된 경우가 자격을 상실하는 대표적인 경우이다.

우리나라의 노동조합은 기업별 노조의 형태를 취하면서 조합규약에 의하여 조합원의 자격을 해당 기업의 취업근로자에게 한정하고 있는 경우가 대부분이다. 이러한 경우 어느 조합원이 퇴직 또는 해고되어 소속된 기업과의 근로관계가 종료하면 조합원으로서의 지위를 상실한다.11)

그러나 해고된 조합원이 노동위원회에 그 구제의 신청을 한 경우에는 중앙노동위원회의 재심판정이 있을 때까지 조합원의 지위는 상실되지 아니한다(노동조합법 제2조제4호).

### (2) 조합에서의 탈퇴

탈퇴라 함은 조합원이 그의 자발적 의사에 의하여 조합원의 지위를 종료시키는 법률행위를 말한다. 근로자는 노동조합으로부터 탈퇴할 자유를 갖는다.

헌법상 단결권의 내용으로서 소극적 단결권을 인정하는 견해에 의하면 근로자는 원하지 아니하는 경우 노동조합에 가입하지 아니할 자유가 있으므로, 근로자는 당연히 노동조합으로부터의 탈퇴의 자유를 갖는다. 따라서, 탈퇴의 절차에 대하여 조합규약이 아무런 규정을 두지 아니하여도 조합원은 자유로이 탈퇴할 수 있음은 물론이다.

단결권을 단결선택의 자유로 보는 일반적 단결강제론에 의하면 근로자는 원하지 아니하는 조합으로부터의 탈퇴의 자유를 갖는다.12)

---

11) 대판 1978. 2. 14, 77다1822.
12) 김형배, 노동법, p. 833; 박상필, 노동법, p. 411.

그러나 탈퇴한 근로자는 반드시 자신이 원하는 다른 조합에 가입하여야 하는 바, 조합이 하나밖에 존재하지 아니하거나 둘 이상이 존재하여도 원하는 조합이 없는 경우에는 근로자의 탈퇴의 자유는 그만큼 제한을 받게 된다. 일반적 단결강제론과 완전한 탈퇴의 자유는 논리상 양립할 수 없는 것이다.

소극적 단결권을 완전히 부정하는 제한적 단결강제론에 의하면 근로자의 탈퇴의 자유는 보장받을 수 없다.

## Ⅱ. 조합원의 권리 및 의무

### 1. 조합원의 권리

#### (1) 평 등 권

##### ㈎ 균등참여권

노동조합의 조합원은 균등하게 그 노동조합의 모든 문제에 참여할 권리와 의무를 가진다. 그러나 노동조합은 그 규약으로 조합비를 납부하지 아니하는 조합원의 권리를 제한할 수 있다(노동조합법 제22조). 이에 대하여 근로자는 종교적·정치적 신조에 따라 노동조합을 결성할 수도 있으므로, 이 경우 노동조합 가입이나 활동에 있어 어느 정도의 제한이 허용된다는 견해가 있다.[13]

##### ㈏ 차별대우금지

노동조합의 조합원은 여하한 경우에 있어서도 인종·종교·성별·연령·신체적 조건·고용형태·정당 또는 신분에 의하여 차별대우를 받지 아니한다(동법 제9조).

#### (2) 임원선거권·피선거권

조합원은 그 조합의 임원을 선출하고, 또한 자신이 임원으로 선출될 수 있는 권리를 가지며, 임원을 해임할 수 있다(동법 제16조제1항제2호). 총회에 갈음할 대의원회를 두는 경우에 조합원은 대의원을 선출하거나 자신이 선출될 수 있는 권리를 가진다(동법 제17조제2항 및 제4항).

#### (3) 총회출석의결권 및 임시총회소집요구권

조합원은 총회에 출석하여 발언하고, 의결에 참여할 권리를 갖는다(동법 제16조제1항). 그리고, 조합원 또는 대의원의 3분의 1 이상(연합단체인 노동조합에 있어서는 그

---

13) 이영희, 노동법, p. 184.

구성단체의 3분의 1 이상)이 회의에 부의할 사항을 제시하고 회의의 소집을 요구한 때에는 조합대표자는 지체없이 임시총회 또는 임시대의원회를 소집하여야 한다(동법 제18조제2항).

### (4) 조합운영상황공개요구권

노동조합의 대표자는 회계연도마다 결산결과와 조합의 운영상황을 공표하여야 하며, 조합원의 요구가 있을 때에는 언제든지 이를 열람하게 하여야 한다(동법 제26조).

### (5) 조합재산에 관한 권리

조합의 재산은 조합원이 납부하는 일정액의 조합비 및 기타 납입금 등으로 형성되는바, 이러한 조합재산에 대하여 조합원이 권리를 갖는 것은 당연하다고 할 것이다.[14]

## 2. 조합원의 의무

### (1) 조합비 등의 납입의무

조합비 및 부과금은 조합활동의 재정적 기반이므로[15] 어느 조합원도 면제될 수 없는 기본적 의무이다.[16]

노동조합은 조합원이 규약으로 정한 금액을 납입하지 아니한 때에는 규약으로 그 조합원의 권리를 제한할 수 있다(노동조합법 제22조단서). 조합비에 관한 구체적인 내용은 후술하기로 한다.

### (2) 조합통제에 복종할 의무

노동조합의 조합원은 조합의 통제에 복종할 의무를 부담한다. 그 이유는 노동조합의 설립취지가 근로자의 단결된 힘을 전제로 하고 있는바, 조합원이 조합의 통제에 복종하지 아니하는 경우에는 단결된 힘을 가질 수 없기 때문이다. 조합의 통제에 대한 구체적인 내용은 후술하기로 한다.

---

14) 조합재산은 조합이 ⅰ) 법인격을 갖는 경우 조합의 단독소유가 되며, ⅱ) 법인격을 갖지 아니하는 경우에는 총유설(김유성, 노동법(Ⅱ), p. 86)과 단독소유설(박홍규, 노동법, p. 914)로 나뉘고 있다. 총유설은 민법상의 법인격 없는 사단이론을 적용한 것이나, 노동조합의 경우에는 비록 법인격을 갖추고 있지 못할지라도 조합의 단독소유를 인정하는 단독소유설이 타당하다고 본다. 조합원이 탈퇴·제명되는 경우에는 재산의 지분이 없으므로 재산분할청구권이 인정되지 아니한다.

15) 국민을 대상으로 하여 노조결성을 위한 투쟁기금의 모집은 기부금품모집법 제11조 등에 위반된다 (대판 1990. 8. 14, 90도870).

16) 조합의 대표자, 지부장, 부녀부장 등 조합간부도 반드시 조합비를 납부하여야 한다(노조 1454-3439, 1989. 1. 31).

# 제 3 절 노동조합의 운영 및 활동

노동조합은 근로자가 헌법상 근로삼권의 실현을 위하여 자주적·민주적으로 조직한 단체이므로 그 운영 및 활동도 자주적·민주적으로 수행되어야 한다. 이를 「조합민주주의의 원칙」이라고 한다.[17)]

## Ⅰ. 노동조합의 자주적 운영 및 활동

노동조합은 그 운영 및 활동을 위하여 노동조합이 아닌 자와 업무적 연관을 맺지 아니할 수 없다. 이러한 경우 이들로부터 노동조합의 자주성을 침해할 소지가 발생하는바 대표적인 경우가 행정관청·사용자 및 제3자이다.

### 1. 행정관청에 의한 감독

노동조합은 하나의 법적 주체로서 관련법령을 준수하여야 하고 그 활동 및 운영이 자주적·민주적이어야 함은 물론이다. 이의 확보를 위하여 노동조합의 활동 및 운영에 행정관청이 개입하고 있는바, 이러한 개입은 필요한 경우에 한하여 최소한에 그쳐야 함은 물론이다.

#### (1) 조합규약의 시정

행정관청은 노동조합의 규약이 노동관계 법령에 위반한 경우 노동위원회의 의결을 얻어 그 시정을 명할 수 있다(노동조합법 제21조제1항). 시정명령을 받은 노동조합은 30일 이내에 이를 이행하되, 정당한 사유가 있는 경우에는 그 기간을 연장할 수 있다(동법 제21조제3항). 행정관청의 조합규약에 대한 시정명령권은 일종의 행정처분이므로 이에 불복하는 경우 행정소송을 제기할 수 있다.[18)]

#### (2) 조합 결의·처분의 시정

행정관청은 노동조합의 결의 또는 처분이 노동관계 법령 또는 규약에 위반된다고 인정되는 경우에는 노동위원회의 의결을 얻어 그 시정을 명할 수 있다. 다만, 규약 위반시의 시정명령은 이해관계인의 신청이 있는 경우에 한한다(동법 제21조제2항).

---

17) 김유성, 노동법(Ⅱ), p. 81.
18) 대판 1993. 5. 11, 91누10787.

시정명령을 받은 노동조합은 30일 이내에 이를 이행하되, 정당한 사유가 있는 경우에는 그 기간을 연장할 수 있다(동법 제21조제3항).

### (3) 결산결과 및 운영상황의 보고

노동조합은 행정관청이 요구하는 경우에는 결산결과와 운영상황을 보고하여야한다(동법 제27조). 행정관청은 보고요구의 사유와 기타 필요한 사항을 기재한 서면으로 10일 이전에 보고를 요구하여야 한다(동법시행령 제12조).

### (4) 서류의 비치

노동조합은 조합설립일부터 30일 이내에 ① 조합원명부(연합단체인 노동조합에 있어서는 그 구성단체의 명칭), ② 규약, ③ 임원의 성명·주소록, ④ 회의록, ⑤ 재정에관한 장부와 서류를 작성하여 주된 사무소에 비치하여야 한다(동법 제14조제1항). 이경우 회의록 및 재정에 관한 장부와 서류는 3년간 보존하여야 한다(동법 동조제2항).

### (5) 설립신고의 변경신고 및 통보

#### (가) 변경의 신고

노동조합법 제10조제1항의 규정에 따라 설립신고된 사항 중 ⅰ) 명칭, ⅱ) 주된사무소의 소재지, ⅲ) 대표자의 성명, ⅳ) 소속된 연합단체의 명칭에 변경이 있는 때에는 변경이 있는 날부터 30일 이내에 행정관청에 변경신고하여야 한다(동법 제13조제1항).

#### (나) 변경의 통보

노동조합은 매년 1월 31일까지 ⅰ) 전년도에 규약의 변경이 있는 경우에는 변경된 규약내용, ⅱ) 전년도에 임원의 변경이 있는 경우에는 변경된 임원의 성명, ⅲ) 전년도 12월 31일 현재의 조합원 수(연합단체인 노동조합에 있어서는 구성단체별 조합원수)를 행정관청에 통보하여야 한다(동법 제13조제2항본문).

다만, 전년도에 변경신고된 사항은 통보하지 아니하여도 무방하다(동법 제13조제2항단서).

## 2. 사용자에 의한 재정 등의 지원제한

노동조합의 설립 및 활동에 대한 사용자의 지배·개입은 노동조합의 자주성을해치게 된다. 따라서 노동조합법은 사용자의 지배·개입을 제한·금지하고 있다.

## (1) 노동조합설립에 대한 지원제한

「노동조합의 경비지출에 있어서 주로 사용자의 원조를 받은 경우」에는 노동조합 설립의 실질적 요건을 갖추지 못하여 노동조합이 성립되지 아니한다(노동조합법 제2조제4호단서나목).

## (2) 노동조합 조직·운영에 대한 지원제한

「근로자가 노동조합을 조직 또는 운영하는 것을 지배하거나 이에 개입하는 행위와 노동조합의 전임자에게 급여를 지원하거나 노동조합의 운영비를 원조하는 행위」는 부당노동행위이다(노동조합법 제81조제4호). 다만, 동호 단서는 「근로자가 근로시간 중에 사용자와 협의 또는 교섭하는 것을 사용자가 허용함은 무방하며, 또한 근로자의 후생자금 또는 경제상의 불행 기타의 재액의 방지와 구제 등을 위한 기금의 기부와 최소한의 규모의 노동조합 사무소의 제공은 예외로 한다」라고 규정하여 부당노동행위의 예외를 인정하고 있다.

# Ⅱ. 조합규약

## 1. 관련규정

> **노동조합법 제11조 [규약]** 노동조합은 그 조직의 자주적·민주적 운영을 보장하기 위하여 당해 노동조합의 규약에 다음 각호의 사항을 기재하여야 한다.
> 1.~15. (생략)

## 2. 의    의

조합규약은 노동조합의 자주적이고 민주적인 조직·운영 및 활동 등에 관한 기본사항을 정하고 있는 자주적인 조합규범이다.

조합규약의 내용은 노동조합이 스스로 자유로이 결정하는 것이 원칙이나 국가는 노동조합의 실질적인 자주성·민주성을 보장하기 위하여 조합규약으로서 갖추어야 할 최소한의 요건을 노동조합법으로 정하고 있다. 즉, 노동조합법 제11조는 조합규약의 필요적 기재사항을 규정하고 있고, 동법 제10조제1항은 조합규약을 노동조합설립신고서와 함께 행정관청에 신고하도록 의무화 하고 있으며, 동조 제13조는 신고사항에 변경이 있는 때에는 매년 1월 31일까지 행정관청에 통보하도록 규정하고 있다.

### 3. 조합규약의 법적 성질

#### (1) 학    설

(가) 계약설의 입장

조합규약은 조합원간의 자유로운 의사에 기하여 체결한 일종의 계약이라고 한다.[19] 이러한 입장에 의하면 조합원의 조합규약준수의무는 계약상의 효력에 따른 것이라고 한다.

(나) 사단설의 입장

조합규약은 사단 내부의 자치규범으로서 법인의 정관과 유사한 성질을 갖는다고 한다. 조합원의 조합규약준수의무는 사단 내부의 자치규범에 복종하는 의무를 말한다.

① **법규범설:**     조합규약의 성질을 법규범으로 파악하는 견해는[20] 조합규약의 작성에 참여한 노조설립자는 물론 나중에 조합에 가입한 자도 조합규약의 내용을 알고 있는가의 여부에 상관없이 모두 조합규약의 구속을 받는다고 한다. 조합규약을 위반하는 자는 징계를 받게 되고, 조합규약의 구속을 받지 아니하려는 자는 조합에서 탈퇴하여야 한다고 한다.

② **법률행위적 합의설:**     조합규약의 성질을 법률행위적 합의로 파악하는 견해[21]는 조합규약이 사단 내부의 규범으로서 작성당사자 이외의 자를 구속하는 점에서는 법규범적 성질을 보유하나, 이는 사적 자치의 범위를 넘지 아니하므로 법률행위적 합의의 성격에 불과하다고 한다.

#### (2) 사    견

조합규약의 법적 성질은 앞에서 설명한 바와 사단설의 입장에서 파악하여야 한다고 본다. 노동조합이 갖는 사단적 성격은 사법상의 사단으로서의 성격이 아니라 헌법상의 단결권을 보장하기 위한 노동조합법상의 사단으로의 성격에 해당된다. 조합규약은 내부 조합원에만 적용되므로 법률행위적 합의의 성격을 갖는 것이 원칙이나, 근로자가 노동조합에 가입하게 되는 경우에는 조합규약에 강제로 복종하게 되므로 합의의 성격이 배제되고 법규범적 성격을 갖는다고 본다.

---

19) Cyril Grunteld, *op. cit.*, p. 21.

20) 김치선, 노동법, p. 318; 김유성, 노동법(Ⅱ), p. 82; 박상필, 노동법, p. 401; 이병태, 노동법, p. 132.

21) 김수복, 노동법, p. 672.

## 4. 조합규약의 내용

### (1) 의무적 기재사항

조합규약에는 노동조합의 민주성과 자주성을 확보하기 위하여 다음의 15가지 의무적 기재사항을 규정하여야 한다(노동조합법 제11조).

① 명칭, ② 목적과 사업, ③ 주된 사무소의 소재지, ④ 조합원에 관한 사항(연합단체인 노동조합에 있어서는 그 구성단체에 관한 사항), ⑤ 소속된 연합단체가 있는 경우에는 그 명칭, ⑥ 대의원회를 두는 경우에는 대의원회에 관한 사항, ⑦ 회의에 관한 사항, ⑧ 대표자와 임원에 관한 사항, ⑨ 조합비 기타 회계에 관한 사항, ⑩ 규약변경에 관한 사항, ⑪ 해산에 관한 사항, ⑫ 쟁의행위와 관련된 찬반투표결과의 공개, 투표자 명부 및 투표용지 등의 보존·열람에 관한 사항, ⑬ 대표자와 임원의 규약 위반에 대한 탄핵에 관한 사항, ⑭ 임원 및 대의원선거절차에 관한 사항, ⑮ 규율과 통제에 관한 사항

### (2) 임의적 기재사항

노동조합은 필요적 기재사항 이외에도 노동조합의 자주적·민주적 운영과 활동에 필요한 사항을 자유로이 기재할 수 있는바, 이를 임의적 기재사항이라 한다. 이러한 임의적 기재사항은 「법정임의적 기재사항」과 「자치임의적 기재사항」으로 나누어 볼 수 있다.

### (가) 법정임의적 기재사항

「법정임의적 기재사항」은 조합규약에 기재하지 아니하여도 무방하나, 조합규약에 기재되지 아니한 경우 법적 효력이 부여되지 아니한다고 노동조합법에 명시된 사항을 말한다. 「법정임의적 기재사항」은 조합규약에 반드시 기재할 법적 의무가 없다는 점에서 「필요적 기재사항」과 구별되며, 조합규약에 기재하는 경우에만 그 사항에 관하여 법적 효력이 부여된다는 점에서 「자치임의적 기재사항」과 구별된다. 예컨대 노동조합이 법인격을 취득할지의 여부는 노동조합이 임의로 결정할 수 있는 사항이므로 조합규약에 기재하지 아니하여도 무방하나, 노동조합이 법인격을 취득하고자 할 때에는 이를 반드시 조합규약에 기재하여야 하며, 그러지 아니한 경우에는 법인격을 취득할 수 없다.

「법정임의적 기재사항」에는 ⅰ) 노동조합의 법인격 취득(노동조합법 제6조제1항), ⅱ) 대의원회의 설치(동법 제17조제1항), ⅲ) 조합비를 납부하지 아니하는 조합원의

권리제한(동법 제22조), ⅳ) 총회 및 대의원회의 소집공고기간단축(동법 제19조) 등이 있다.

#### (나) 자치임의적 기재사항

「자치임의적 기재사항」이라 함은 조합규약에 기재하는 경우 그 사항에 관하여 법적 효력이 인정되는 것은 물론이나, 조합규약에 기재하지 아니하였다고 하여 법적 효력이 반드시 부인되는 것은 아닌 사항을 말한다. 예컨대 조합이 공제사업을 하고 자 하는 경우 이를 조합규약에 기재하여도 무방하며, 또한 이를 조합규약에 기재하 지 아니하고도 공제사업을 할 수 있다.

### (3) 금지적 기재사항

조합규약에는 강행법규에 위반되는 사항은 물론 노동조합의 목적에 위배되는 사 항을 기재하여서는 아니 된다.

노동조합법 제21조제1항은 「행정관청은 노동조합의 규약이 노동관계법령에 위반 한 경우에는 노동위원회의 의결을 얻어 그 시정을 명할 수 있다」라고 규정하고 있 다. 또한, 노동조합의 규약의 내용이 노동관계법령을 위반하지는 아니할지라도, 그 내용이 무제한적으로 자유로운 것은 아니며, 노동조합의 설립목적에 위배되지 아니 하고 조합의 운영 및 활동이 민주적·자주적으로 될 수 있도록 규정되어야 한다.

### 5. 조합규약의 행정적 심사

조합규약에 대하여는 다음과 같이 행정적 심사를 받도록 되어 있는바, 노동조합 의 자주성 확보를 위하여 필요한 최소한도의 수준에 머물러야 할 것이다.

#### (1) 노동조합설립시의 심사

노동조합을 설립하고자 하는 경우에는 조합규약을 조합설립신고서와 함께 행정 관청에 제출하여 이를 신고하여야 한다(노동조합법 제10조). 신고를 받은 행정관청은 이를 심사하여 접수한 날부터 3일 이내에 신고증의 교부여부를 결정하여야 한다(동 법 제12조).

#### (2) 노동조합설립 후의 심사

##### (가) 규약의 변경신고

조합규약은 노동조합의 총회에서 재적조합원 과반수의 출석과 출석조합원 3분 의 2 이상의 찬성으로 변경할 수 있다(동법 제16조제1항 및 제2항). 조합규약의 변경이 있는 때에는 매년 1월 31일까지 행정관청에 통보하여야 한다(동법 제13조제2항).

#### ⑷ 위법한 규약의 시정명령

행정관청은 조합규약이 노동관계법령에 위반한 경우에는 노동위원회의 의결을 얻어 그 시정을 명할 수 있다(동법 제21조).

### 6. 조합규약의 효력

#### (1) 법령등과의 관계

조합규약은 강행법규에 위반되어서는 아니 된다(노동조합법 제21조제1항). 이 경우 법령에 위반된 조합규약의 효력 문제가 발생하는바, 이는 당연무효라고 보아야 할 것이다.

> **관 련 판 례** 대판 2002. 2. 22, 2000다65086　노동조합의 조합규약에 기초하여 제정된 신분 보장대책기금관리규정에서 그 규정에 따른 위로금의 지급을 둘러싸고 벌어지는 노동조합과 조합원의 분쟁에 대하여 조합원은 노동조합을 상대로 일절 소송을 제기할 수 없다는 제소금지규정을 둔 경우, 그 규정은 국민의 재판을 받을 권리를 보장한 헌법 및 법원조직법의 규정과 부제소합의 제도의 취지에 위반되어 무효이다.

#### (2) 조합원의 조합규약 준수의무

#### ⑷ 조합 내부의 문제인 경우

조합규약을 위반한 경우, 이는 순수한 조합 내부의 문제로서 조합에 의한 자체적인 제재를 받는 것이 원칙이다.

그러나, 노동조합법 제21조제2항은 「행정관청은 노동조합의 결의 또는 처분이 노동관계법령 또는 규약에 위반된다고 인정하는 경우에는 노동위원회의 의결을 얻어 그 시정을 명할 수 있다. 다만 규약 위반시의 시정명령은 이해관계인의 신청이 있는 경우에 한한다」고 규정하고, 또한 동법 제11조제13호는 「대표자와 임원의 규약 위반에 대한 탄핵에 관한 사항」을 조합규약의 필요적 기재사항으로 기재하도록 하고 있다. 이는 조합규약을 위반하는 노동조합이나 대표자 또는 임원에 대한 제재에 행정관청이 직접·간접으로 간여하여 노동조합의 자주적인 운영 및 활동을 침해함으로써, 근로자의 헌법상 단결권을 침해할 우려가 있다.

#### ⑷ 조합 외부의 문제인 경우

문제는 조합규약을 위반하는 행위가 노동조합의 내부적인 문제로 그치지 아니하고 외부 문제와 연관되는 경우이다. 그 대표적인 경우가 조합규약에 위반하여 단결권·단체교섭권 및 단체행동권의 근로삼권을 행사하는 경우이다.

이 경우 조합규약의 위반 여부는 노동조합의 단결권·단체교섭권 및 단체행동권의 행사가 정당성을 갖추고 있는지 또한 적법한지의 여부에 아무런 영향도 미치지 아니하는 것이 원칙이다. 따라서 단결권·단체교섭권 및 단체행동권이 정당성을 갖추고 있고 관련법령에 따라 행하여진 경우에는 비록 조합규약을 위반하였다 할지라도 이러한 근로삼권의 행사는 정당하고 합법적인 것으로 보아야 하며, 단지 조합규약 위반의 효과로서 조합 내부의 제재를 받을 뿐이다. 그 이유는 헌법상의 정당성과 법령상의 합법성을 충족하고 있는 근로삼권의 행사에 대하여 조합의 내부규범에 불과한 조합규약으로 그 효력을 개·폐할 수는 없기 때문이다.

한편, 이와 반대로 노동조합의 근로삼권의 행사가 정당성을 갖추고 있지 못하거나 위법한 경우에는 비록 조합규약을 준수하였다 할지라도 해당 근로3권의 행사는 정당·합법적인 것이 될 수 없다고 할 것이다.

## Ⅲ. 노동조합의 기관

### 1. 의 의

노동조합에는 ① 의사결정을 하는 기관, ② 업무집행을 하는 기관, ③ 조합의 회계 기타 업무집행을 감사하는 기관, ④ 집행기관을 보조하여 일상적인 사무처리를 하는 기관, ⑤ 노조전임, 그리고 ⑥ 특별임무를 수행하기 위한 기관 등이 있다.

### 2. 의결기관

#### (1) 종 류

조합의 최고의사결정기관으로서 노동조합법은 총회 및 대의원회를 두고 있다.

노동조합의 최고의사결정기관은 총회이다. 총회는 모든 조합원에 의하여 구성되는 것이 보통이나 대규모의 노동조합에서는 모든 조합원이 참가한다는 것은 어려운 일이므로 총회에 갈음하여 대의원회를 둘 수 있다(노동조합법 제11조제6호, 제17조제1항).

#### (2) 총 회

(가) 의결사항

노동조합법이 규정하는 총회의 의결사항은 다음과 같다(동법 제16조제1항).

ⅰ) 규약의 제정과 변경에 관한 사항, ⅱ) 임원의 선거와 해임에 관한 사항, ⅲ) 단체협약에 관한 사항, ⅳ) 예산·결산에 관한 사항, ⅴ) 기금의 설치·관리 또는 처분에 관한 사항, ⅵ) 연합단체의 설립·가입 또는 탈퇴에 관한 사항, ⅶ) 합병·분할 또는 해산에 관한 사항, ⅷ) 조직형태의 변경에 관한 사항, ⅸ) 기타 중요한 사항

### (나) 의결방법

총회는 재적조합원 과반수의 출석과 출석조합원 과반수의 찬성으로 의결하나, ⅰ) 규약의 제정·변경, ⅱ) 임원의 해임, ⅲ) 합병·분할·해산 및 조직형태의 변경에 관한 사항은 재적조합원 과반수의 출석과 출석조합원 3분의 2 이상의 찬성이 있어야 한다(동법 제16조제2항). 다만, 임원의 선거에 있어서 출석조합원 과반수의 찬성을 얻은 자가 없는 경우에는 규약이 정하는 바에 따라 결선투표를 실시하여 다수의 찬성을 얻은 자를 임원으로 선출할 수 있다(동법 제16조제3항).

또한 규약의 제정·변경과 임원의 선출·해임에 관한 사항은 조합원의 직접·비밀·무기명 투표에 의하여야 한다(동법 제16조제4항).[22) 거수에 의한 표결은 비밀선거에 위배되므로 무효이다.[23)

노동조합이 특정 조합원에 대하여 의결할 때에는 그 조합원은 표결권이 없다(동법 제20조). 그러나, 집단제명의 경우에 있어 이 규정을 그대로 적용하면 소수조합원이 다수자를 제명할 수도 있으므로 이를 신중하게 운용하여야 할 것이다.

### (다) 개최시기

노동조합은 매년 1회 이상 총회를 개최하여야 한다(동법 제15조제1항).

노동조합의 대표자는 총회의 의장이 된다(동법 제15조제2항). 노동조합의 대표자는 필요하다고 인정할 때에는 언제든지 임시총회 또는 임시대의원회를 소집할 수 있다(동법 제18조제1항). 그 이외에 노동조합의 대표자는 조합원 또는 대의원의 3분의 1 이상(연합단체인 노동조합에 있어서는 그 구성단체의 3분의 1 이상)이 회의에 부의할 사항을 제출하고 회의의 소집을 요구한 때에는 지체없이 임시총회 또는 임시대의원회를 소집하여야 한다(동법 제18조제2항).

행정관청은 노동조합의 대표자가 회의의 소집을 고의로 기피하거나 이를 해태[24)하여 조합원 또는 대의원의 3분의 1 이상이 소집권자의 지명을 요구한 때에는 15일

---

22) 이러한 요건을 충족하지 못한 경우 해당 투표는 무효이고 하자 있는 결의가 되어 행정관청의 시정명령의 대상이 된다(전남지노위 1989. 3. 10, 89의결1).

23) 노조 01254－10191(1990. 7. 20).

24) 회의를 소집하는 경우 소요의 발생을 우려하거나 고소사건이 종결되지 아니하였음을 이유로 회의소집을 거부하는 것은 기피·해태에 해당된다(부산지노위 1988. 9. 7).

이내에 노동위원회의 의결을 요청하고 노동위원회의 의결이 있는 때에는 지체없이 회의를 소집할 자를 지명하여야 한다(동법 제18조제3항). 해당 노동조합에 총회 또는 대의원회의 소집권자가 없는 경우에는 조합원 또는 대의원 3분의 1 이상이 회의에 부의할 사항을 제시하고 소집권자의 지명을 요구한 때에는 행정관청은 15일 이내에 소집권자를 지명하여야 한다(동법 제18조제4항).[25] 이러한 요건을 충족하지 못한 회의의 소집은 당연히 위법·무효이다.[26]

### (라) 소집의 절차

총회 또는 대의원회는 회의개최일 7일 전에 그 회의에 부의할 사항을 공고하고 규약에서 정한 방법에 의하여 소집하여야 한다.[27]

그러나 노동조합이 동일한 사업장의 근로자로 구성된 때에는 그 규약으로 공고기간을 단축할 수 있다(동법 제19조).

## (3) 대의원회

### (가) 의 의

노동조합의 대규모화, 사업장의 분산, 조합업무의 전문화로 인하여 총회에 모든 조합원이 참가하는 것이 불가능하여짐에 따라 노동조합은 규약으로 총회에 갈음하여 대의원회를 둘 수 있다(노동조합법 제17조제1항). 대의원회는 총회에 갈음하여 설치되는 것이므로 총회에 관한 규정은 대의원회의 경우에 이를 준용한다(동법 제17조제5항).

대의원회는 총회에 갈음하여 두는 것이므로 총회 없이 대의원회를 최고의사결정기관으로 두는 것이 일반적이다. 다만, 총회와 대의원회를 병립시키면서 총회와 대의원회 간의 권한을 배분하는 것은 용인되어야 할 것이다.[28]

총회가 규약의 제·개정결의를 통하여 총회에 갈음할 대의원회를 두고 '규약의 개정에 관한 사항'을 대의원회의 의결사항으로 정한 경우에도 총회는 여전히 '규약의 개정에 관한 사항'을 의결할 수 있다.[29]

---

25) 소집권자의 지명요구에 대하여 행정관청이 이를 거부하는 조치를 취한 경우에도 그 자체로써 조합원에게 어떠한 권리·의무를 설정하거나 법률상의 이익에 직접적인 변동을 존재케 하는 처분이라고 할 수 없으므로 이는 행정소송의 대상이 되는 행정처분이 아니다(대판 1989. 11. 28, 89누3892).
26) 노조 01254-5489(1988. 4. 12).
27) 회의개최일 7일 전에 공고하지 아니한 총회소집은 절차상 하자가 있으므로 총회에서의 의결은 당연무효라는 행정해석이 있다(노조 01254-4313, 1990. 3. 26).
28) 이영희, 노동법, p. 178; 임종률, 노동법, p. 82.
29) 대판 2014.8.26, 2012두6063.

대판 2014.8.26, 2012두6063¹⁄₁₀¹⁄₁₀¹⁄₁₀ 노동조합이 규약에서 총회와는 별도로 총회에 갈음할 대의원회를 두고 총회의 의결사항과 대의원회의 의결사항을 명확히 구분하여 정하고 있는 경우, 특별한 사정이 없는 이상 총회가 대의원회의 의결사항으로 정해진 사항을 곧바로 의결하는 것은 규약에 반한다. 다만 규약의 제정은 총회의 의결사항으로서(노동조합법 제16조제1항제1호) 규약의 제·개정권한은 조합원 전원으로 구성되는 총회의 근원적·본질적 권한이라는 점, 대의원회는 규약에 의하여 비로소 설립되는 것으로서(노동조합법 제17조제1항) 대의원회의 존재와 권한은 총회의 규약에 관한 결의로부터 유래된다는 점 등에 비추어 볼 때, 총회가 규약의 제·개정결의를 통하여 총회에 갈음할 대의원회를 두고 '규약의 개정에 관한 사항'을 대의원회의 의결사항으로 정한 경우라도 이로써 총회의 규약개정권한이 소멸된다고 볼 수 없고, 총회는 여전히 노동조합법 제16조제2항 단서에 정해진 재적조합원 과반수의 출석과 출석조합원 3분의 2 이상의 찬성으로 '규약의 개정에 관한 사항'을 의결할 수 있다.

## (나) 구  성

대의원회의 구성에 관하여는 노동조합법에 아무런 규정도 두고 있지 아니하므로 조합규약으로 이를 정하여야 한다(동법 제11조제6항).

대의원회의 대의원은 조합원의 직접·비밀·무기명투표에 의하여 선출되어야 한다(동법 제17조제2항). 대의원을 투표로 선출하는 대신에 조합규약으로 선거에 의하지 아니하는 당연직 대의원을 규정하는 것은 무효이다.³⁰⁾ 단독 입후보자인 경우에도 투표로 선출하여야 하는 것이 원칙이다.³¹⁾

하나의 사업 또는 사업장을 대상으로 조직된 노동조합의 대의원은 그 사업 또는 사업장에 종사하는 조합원 중에서 선출하여야 한다(동법 제17조제3항).

## (다) 지위 및 운영

대의원회의 개최시기 및 소집절차 등에 관한 사항은 총회의 경우와 동일하다. 대의원회는 의결기관이지 집행기관이 아니므로 대의원은 대의원회에 참석하여 의결하는 권한만을 행사하며, 이러한 대의원의 지위 및 권한은 타인에게 위임할 수 없다.³²⁾

대의원의 임기는 규약으로 정하되 3년을 초과할 수 없다(동법 제17조제4항).

## 3. 집행기관

## (1) 구  성

집행기관은 대내적으로 의결기관이 의결한 사항을 집행하고 대외적으로 조합을

---

30) 노조 01254-1840(1987. 2. 6).
31) 노조 01254-493(1987. 3. 21).
32) 노조 01254-14930(1989. 10. 18).

대표한다. 조합의 대표자는 위원장으로 하는 것이 통례이다. 집행기관의 집행위원을 일반적으로 조합임원이라고 한다.

### (2) 권      한

조합규약상 특별한 규정이 없는 한 집행기관의 직무권한은 조합의 목적달성에 필요한 일체의 업무에 걸친다. 노조대표자는 ⅰ) 총회의 의장이 되고(동법 제15조제2항), ⅱ) 회계감사를 실시하게 하며(동법 제25조제1항), ⅲ) 임시총회를 소집하고(동법 제18조제1항), ⅳ) 노조의 운영상황을 공개하여야 한다(동법 제26조).

### (3) 선임 및 해임

집행기관 등 임원의 선임절차는 조합규약에서 정하는 바에 의한다(동법 제11조제14호). 노동조합의 임원 자격은 규약으로 정하되, 하나의 사업 또는 사업장을 대상으로 조직된 노동조합의 임원은 그 사업 또는 사업장에 종사하는 조합원 중에서 선출하도록 정한다(동법 제23조제1항). 이는 기업별 노동조합의 경우 비종사근로자들이 조합원으로 가입하고 있는 경우에도 종사근로자 중에서 대의원이 선출되어야 함을 의미한다. 임원은 조합원의 직접·비밀·무기명투표에 의하여 선출되어야 한다(동법 제16조제4항).33)

모든 조합원은 평등하게 피선거권을 보유한다. 다만 조합규약에서 임원의 자격을 "조합원 일정 수의 추천을 받은 자", 또는 "조합원경력이 일정기간 이상인 자" 등으로 제한하고 있는 경우가 있다. 이 경우 추천자의 수가 전체 조합원 수 또는 임원 출마자에 비추어 소수조합원 또는 특정임원출마자의 권리를 침해할 정도에 이르지 아니하고, 그 경력기간이 조합 및 회사의 실정파악 등 임원으로서의 직무수행에 필요하다고 인정되는 합리적 기간을 넘어서지 아니하는 한 이는 피선거권을 침해하는 것은 아니다.34)

### (4) 임      기

임원의 임기는 조합규약으로 정하되 3년을 초과할 수 없다(동법 제23조제2항). 3년이란 1회의 임기를 정한 것이므로 조합규약으로 연임을 허용하는 경우 3년을 초과할 수 있음은 물론이다.

---

33) 행정해석은 임원선거를 직선제에서 조합규약의 개정으로 대의원회에 의한 간선제로 전환할 수 있다고 한다(노조 01254-7864, 1987. 5. 15).
34) 김유성, 노동법(Ⅱ), p. 86; 대판 1992. 3. 31, 91다14413.

### (5) 노조전임

노사당사자가 단체협약으로 정하거나 사용자의 동의가 있는 경우에는 노조전임자를 둘 수 있다(노동조합법 제24조제1항). 노조전임자는 그 전임기간 동안 사용자로부터 어떠한 급여도 지급받아서는 아니 된다(동법 제24조제2항). 노조전임은 사실상 집행기관에 포함되지 아니하나, 대부분의 노조집행기관은 노조전임자의 형태를 취하고 있다. 노조전임에 관하여는 후술한다.

## 4. 감사기관

감사기관이란 업무의 집행상황을 감사하는 기관을 말한다. 노동조합법에는 감사기관을 두도록 명문으로 의무화 하고 있지 아니하나, 노동조합은 일반적으로 노조운영 전반에 대한 감사기관을 두고 있다.

현행 노동조합법은 회계감사에 한하여 이를 의무화 하고 있다. 즉, 노동조합의 대표자는 그 회계감사원으로 하여금 적어도 6월에 1회씩 해당 노동조합의 모든 재원 및 용도, 주요 기부자의 성명 및 현재의 경리상황에 대한 회계감사를 실시하게 하고, 그 내용과 감사결과를 전체 조합원에게 공개하여야 한다(노동조합법 제25조제1항). 노동조합의 회계감사원은 필요하다고 인정하는 때에 언제든지 해당 노동조합의 회계감사를 실시하고 그 결과를 공개할 수 있다(동법 제25조제2항).

## 5. 기타의 기관

사무처리기관으로서 사무국이 있고 조직부·재정부·쟁의부 및 교육부 등을 두는 경우도 있다. 특별기관에는 선거관리위원회·탄핵위원회·투쟁위원회 및 고충처리위원회 등을 두고 있다.

# Ⅳ. 노동조합의 재정

## 1. 의    의

### (1) 개    념

노동조합의 재정이라 함은 노동조합의 조직 및 활동에 필요한 재원을 확보하고 이를 관리·사용하는 일체의 활동을 말한다.

### (2) 조합재정자치의 원칙

노동조합의 재정은 국가 및 사용자 등 제3자로부터 간섭을 받지 아니하고 조합이 자주적·민주적으로 이를 확보·관리·사용하여야 한다. 이를 「조합재정자치의 원칙」이라고 한다.

### (가) 조합재정의 자주성

① 개 요: 　조합재정은 노동조합이 자주적으로 확보하고 이를 관리·사용하여야 한다. 이에 따라 노동조합법은 ⅰ) 조합비 기타 회계에 관한 사항을 규약에 기재하도록 하고(노동조합법 제11조제9호), ⅱ) 예산·결산에 관한 사항과 기금의 설치·관리 또는 처분에 관한 사항은 총회의 의결을 거쳐(노동조합법 제16조제1항제4호 및 제5호) 조합원 스스로 결정하도록 규정하고 있다. 이는 조합비의 징수방법·액수 및 그 지출용도를 조합원의 자율적인 결정에 맡기고 노조활동에 필요한 재원을 스스로 부담해 나가는 것을 의미한다.

② **사용자 및 행정관청으로부터의 독립**

㉠ 사용자의 재정지원 제한·금지 　사용자로부터 노동조합의 재정지원을 받은 경우 이는 ⅰ) 노동조합의 자주성을 해치게 되어 노동조합의 설립이 부정되거나(노동조합법 제2조제4호나목), ⅱ) 부당노동행위에 해당된다(동법 제81조제4호).

㉡ 행정관청의 간섭최소화 　노동조합재정의 부실화와 임원의 부정·부패를 막기 위하여 조합재정에 대하여 행정관청이 행정적 감독을 하고 있다. 즉, 행정관청은 필요한 때에 노동조합에게 결산결과와 운영상황을 보고하도록 하여 조사할 수 있다(동법 제27조). 이 행정적 감독은 노동조합의 자주성을 해칠 우려가 있으므로 최소한의 수준에 머물러야 한다.

### (나) 조합재정의 민주성

조합재정은 노동조합이 민주적으로 이를 관리·사용하여야 한다. 이에 따라 노동조합법은 ⅰ) 재정에 관한 장부·서류의 작성과 비치를 의무화 하고 있고(동법 제14조제5호), ⅱ) 예산·결산에 관한 사항과 기금의 설치·관리 또는 처분에 관한 사항은 조합원 전체의 의결기구인 총회에서 의결하며(동법 제16조제1항제4호·제5호), ⅲ) 노동조합의 모든 재원 및 용도, 주요한 기부자의 성명 및 현재의 경리상황에 대한 회계감사를 실시하고 그 내용 및 결과를 전체 조합원에 공개하여야 하며(동법 제25조), ⅳ) 결산결과 운영상황을 공표·열람시켜야 하고(동법 제26조), ⅴ) 행정관청이 요구하는 경우 노동조합의 결산결과 및 운영상황 등을 보고하여야 한다(동법 제

27조).

## 2. 노동조합의 수입

노동조합의 수입은 ⅰ) 조합비, ⅱ) 기부금 및 ⅲ) 사업수익금 등으로 구성되어 있다.

### (1) 조 합 비

#### (가) 의  의

조합비는 노동조합의 수입 중 가장 중요한 비중을 차지하고 있으며, 조합비를 납부하지 아니하는 조합원은 조합의 제재를 받게 된다(노동조합법 제22조단서).

조합비에는 조합비, 쟁의비, 기금, 장학금 및 공제회비 등 그 명칭 및 형태에 불구하고 조합원으로부터 징수하는 모든 금품 일체가 포함된다.[35]

#### (나) 노동조합의 조합비사전공제

① 의  의:    노동조합의 조합비 사전공제제도(check off)라 함은 조합원의 임금으로부터 조합비를 사용자가 사전에 원천공제하고 이를 노동조합에 일괄하여 직접 납입하는 조합비납입방법이다.

이러한 조합비사전공제를 인정하는 이유는 조합원이 조합비를 납입하지 아니하거나 지연하는 것을 방지하여 노동조합의 재정확보와 단결권 강화를 도모하고자 하는 데 있다.[36]

② **법적 성질**

㉠ **관련규정**

> **근로기준법 제43조** [임금 지급] ① 임금은 통화로 직접 근로자에게 그 전액을 지급하여야 한다. 다만, 법령 또는 단체협약에 특별한 규정이 있는 경우에는 임금의 일부를 공제하거나 통화 이외의 것으로 지급할 수 있다.

㉡ **근로기준법 제43조제1항의 적용 여부**    근로기준법 제43조제1항은 임금전액불의 원칙을 규정하고 있으며, 단체협약에 특별히 규정된 경우에 한하여 임금의 일부를 공제할 수 있도록 예외를 인정하고 있다. 조합비사전공제는 그 개념상 조합비

---

35) 법무 810－2345(1969. 2. 28); 법무 811－28270(1980. 10. 30).

36) 김유성, 노동법(Ⅱ), p. 111. 미국에서 조합비사전공제제도는 조합에 대한 특혜의 일종으로 인정되는 것이며, 조합이 불법행위를 하는 경우 이에 대한 제재수단으로서 조합비사전공제를 허용하지 아니하는 경우가 있다. 예컨대 Florida[Fla. Stat. §447.506(6)(1991)]에서는 조합의 위법한 쟁의행위에 대하여 주의 노사위원회가 조합비사전공제를 금지하는 명령을 내릴 수 있다.

를 임금으로부터 공제하는 것이므로 과연 근로기준법 제43조제1항이 조합비사전공제의 경우에도 적용되는가에 관한 의문점이 제기될 수 있다.

(ⅰ) 적용부정설    적용부정설에 의하면 조합비사전공제제도는 집단적 노사관계하에서 근로자의 이익을 위하여 단체협약의 대상이 되는 것이므로 개별적인 임금채권의 보호를 목적으로 하는 근로기준법 제43조제1항의 적용범위에 해당되지 아니한다고 한다. 이러한 견해에 따르면 조합비사전공제제도는 근로기준법 제43조제1항이 적용되지 아니하므로 반드시 단체협약에 근거할 필요가 없고 취업규칙, 노사관행이나 당사자간의 묵시적·명시적 합의에 의하여도 유효하게 성립될 수 있다고 한다.

(ⅱ) 적용긍정설    적용긍정설에 의하면 근로기준법 제43조제1항은 강행규정으로서 집단적 노사관계하에서의 노동조합에 관한 사항에도 적용되어야 한다고 한다.37) 이러한 견해에 따르면 조합비사전공제제도는 근로기준법 제43조제1항에 따라 단체협약으로 규정되는 경우에 한하여 비로소 유효하게 성립된다고 한다. 우리나라의 통설이다. 사견으로는 이에 찬동하는 바이다.

ⓒ 조합원 개인의 동의 여부    조합비사전공제제도가 유효하게 성립되기 위하여 근로기준법 제43조제1항에 규정된 단체협약 이외에도 총회의 의결 및 조합규약이 별도로 필요하다는 점에 학설은 일치하고 있다. 그러나, 근로자 개인의 동의가 추가적으로 필요한지의 여부에 관하여 의문이 제기되고 있다.

(ⅰ) 동의필요설    동의필요설에 의하면 조합비사전공제제도가 유효하게 성립하기 위하여는 단체협약 및 총회의결·조합규약 이외에도 조합원 개인의 동의가 필요하다고 한다.38)

그 논거로서는 단체협약상의 조합비사전공제제도는 노동조합과 사용자만을 구속하는 채무적 효력만을 갖고 조합원 개인을 구속하는 규범적 효력은 갖지 아니하므로 조합원 개인이 별도로 이에 동의하는 경우에만 조합원 개인을 구속하는 효력을 갖는다는 점을 제시하고 있다.

(ⅱ) 동의불필요설    동의불필요설에 의하면 조합비사전공제제도가 유효하게 성립하기 위하여는 단체협약의 체결 및 총회의결·조합규약만으로 충분하며 조합규약 또는 총회의결이 있는 경우 조합원 개인에 의한 별도의 동의는 필요하지 아니하다고 한다.39)

그 논거로서는 단체협약상의 조합비사전공제제도는 단체협약 및 조합규약·총회의결에 의하여 집단적 동의의 방법으로서 조합원 개인을 구속하는 근로조건의 내용이 된다는 점을 들고 있다.

---

37) 김유성, 노동법(Ⅱ), p. 105; 김형배, 노동법, p. 683; 박상필, 노동법, p. 233; 박홍규, 노동법, p. 932.
38) 김유성, 노동법(Ⅱ), p. 111; 박상필, 노동법, p. 233; 이병태, 노동법, p. 162.
39) 임종률, 노동법, p. 90; 박홍규, 노동법, p. 931; 이학춘·이상덕·이상국·고준기, 노동법(Ⅱ), p. 255; 노조 01254-22724(1985. 12. 18)

(ⅲ) 사　견　　사견으로는 동의불필요설에 찬동하는 바이다. 그 이유는 a) 근로기준법 제43조제1항은 명문으로 단체협약에 의한 예외를 인정하고 있으며, b) 조합비공제조항에 대하여 채무적 효력 또는 규범적 효력인지의 구분 여부 및 이에 따른 효력부여라는 논리는 명확하지 아니하거니와, 또한 단체협약의 채무적 부분이 조합원개인의 동의가 있는 경우에 한하여 그 효력을 갖는다는 논거 역시 타당하지 아니하기 때문이다.40) 따라서, 근로자 개인의 사전 동의보다는 조합규약 또는 총회의 결의 등을 통하여 조합비 사전공제제도를 채택하는 것이 단결력강화라는 제도취지에 부합할 수 있다고 본다.

③ **법적 효력:**　　조합비사전공제제도하에서 임금으로부터 사전공제되는 조합비의 범위는 단체협약에서 정한 바에 따른다. 단체협약에서 정한 바가 없는 경우에는 조합원이 조합규약에 따라 납입의무를 부담하는 일체의 조합비가 이에 해당된다.41)

조합비사전공제제도와 관련하여 다음과 같은 점이 문제시될 수 있다.

㉠ 조합비사전공제 중지 청구　　조합비사전공제제도가 유효하게 성립된 경우 개별조합원이 사용자에 대하여 조합비사전공제의 중지를 요구할 수 있는지의 여부가 의문시될 수 있다. 이에 대하여 ⅰ) 노동조합이「규약」에 근거하여 사용자와 조합비사전공제조항을 체결한 이상, 이를 반대하는 조합원에도 구속력을 미치므로 중지를 요청할 수 없다는 견해,42) ⅱ) 조합비 납부의무는 조합원의 기본의무에 속하고, 조합비에 관한 사항은 조합규약의 필요적 기재사항이며, 임금전액불원칙의 예외를 단체협약으로 규정하고 있고, 조합원은 탈퇴로써 조합비공제를 면할 수 있으므로 중지를 요청할 수 없다는 견해43) 등이 있다.

사견으로는 노동조합의 단결력강화라는 동 제도의 근본취지를 감안하여 볼 때에 개별조합원이 사용자에 대하여 조합비사전공제의 중지를 요청할 수 없다는 견해에 찬동하는 바이다.

㉡ 조합비와 손해배상채권의 상계　　사용자가 노동조합에 대하여 손해배상채권을 보유하고 있는 경우 이를 사전공제된 조합비와 상계할 수 있는지의 여부가 의문시될 수 있다. 상기 두 가지의 채권은「같은 종류를 목적으로 하는」채권에 해당되지 아니하므로 상계는 인정되지 않는다고 보아야 할 것이다.44)

---

40) 예컨대 단체협약상의 평화의무, 평화조항은 대표적인 채무적 부분으로서 동의필요설에 의하면 동의를 얻지 못하는 경우 평화의무, 평화조항은 조합원을 구속하지 못하므로 조합원은 이에 위배되는 쟁의행위를 언제든지 하여도 무방하다는 결론이 도출되는바, 이러한 논리는 타당하지 아니하다고 할 것이다.

41) 이병태, 노동법, p. 176; 박홍규, 노동법, p. 932.

42) 임종률, 노동법, p. 90.

43) 김유성, 노동법, p. 112.

44) 김유성, 노동법(Ⅱ), p. 112; 임종률, 노동법, p. 90.

## (2) 기부금 및 사업수익금

### (가) 기부금

노동조합은 제3자로부터 기부금을 받을 수 있다. 다만, 사용자로부터의 기부금은 ⅰ) 근로자의 후생자금, ⅱ) 경제상의 불행 기타의 재액방지와 구제 등을 위한 기금 기부 등을 제외하고는 부당노동행위에 해당된다(노동조합법 제81조). 노동조합의 대표자는 주요한 기부자의 성명공개 등 기부금에 대한 감사를 실시하고 그 결과를 공개하여야 한다(동법 제25항제1항).

### (나) 사업수익금

노동조합은 수익사업을 실시하여 그 수익금을 노동조합재정의 재원으로 사용할 수 있다. 이 경우 수익사업을 하는 사업체에 대하여는 조세면제의 특혜가 부여되지 아니한다(동법 제8조).

## 3. 조세의 면제

### (1) 관련규정

노동조합법 제8조 [조세의 면제] 노동조합에 대하여는 그 사업체를 제외하고는 세법이 정하는 바에 따라 조세를 부과하지 아니한다.

### (2) 주요내용

노동조합은 근로조건의 유지·개선을 목적으로 하는 비영리단체이므로 조세면제의 혜택이 부과되는 것이다. 따라서 수익사업을 하는 경우에도 영리목적을 위하여 계속적·반복적으로 행하는 사업이 아닌 한 면세혜택이 부여되어야 할 것이다. 예컨대 ⅰ) 조합원의 복리후생용으로 구입한 자가용버스를 조합원의 출·퇴근 목적에 사용하거나, ⅱ) 노동조합이 운영하는 소비조합이 물품을 염가로 구입하여 조합원에게 동일가격으로 판매하는 것은 면세혜택이 부여된다. 그러나 조합 임원이나 직원이 노동조합으로부터 받는 급여에 대하여는 납세의무자가 노동조합이 아닌 임원·직원 개인이 되므로 소득세 등이 면제되지 아니한다.

## V. 노동조합의 활동

### 1. 의    의

#### (1) 조합활동의 개념

#### (가) 협의의 조합활동

협의의 조합활동이라 함은 ⅰ) 이를 소극적으로 정의하는 경우 광의의 조합활동
에서 단체교섭·단체행동 및 이와 직접적으로 관련된 활동을 제외한 활동을 의미하
며, ⅱ) 이를 적극적으로 정의하는 경우 노동조합이 단결력을 유지·강화하기 위하
여 행하는 일상적 제반활동을 의미한다.45)

일반적으로 조합활동이라 함은 협의의 조합활동을 지칭한다. 조합활동에는 대체
로 ⅰ) 조합원의 모집·가입권유, ⅱ) 노동조합 방침의 결정·홍보·집행, ⅲ) 게시
판·조합사무소 등의 회사시설물의 사용, ⅳ) 각종 현수막·유인물 등 홍보물의 배
포·부착, ⅴ) 조합비의 징수 및 ⅵ) 공제·수양·기타 복리사업 등이 해당된다.

#### (나) 광의의 조합활동

광의의 조합활동이라 함은 노동조합이 헌법상 단결권·단체교섭권 및 단체행동
권을 행사하는 데 필요한 노동조합의 조직·유지 및 운영에 관한 모든 활동을 의미
한다.46)

#### (2) 조합활동의 법적 보호

#### (가) 순수한 조합활동

순수한 조합활동은 헌법상 근로삼권의 보호에 따라 당연히 인정되는 노동조합의
헌법적 권리만을 의미한다. 따라서 편의제공은 이에 포함되지 아니한다. 정당한 근
로삼권행사에 대하여 인정되는 법적 보호는 조합활동에도 그대로 인정되는 것이 원
칙이다. 예컨대, 정당한 조합활동은 민사·형사면책이 인정되며,47) 사용자가 이를
제한·침해하는 경우에는 부당노동행위가 성립되므로 이에 대한 구제를 받을 수

---

45) 김유성, 노동법(Ⅱ), p. 96; 하갑래, 집단적 노동관계법, p. 178; 이병태, 노동법, p. 170; 박홍규, 노
동법, p. 917.
46) 신인령, 노동법과 노동운동, p. 99; 대판 1980. 9. 15, 90도357.
47) 일부 견해는 쟁의행위 이외의 조합활동에 대한 민사면책을 부정하고 있으나, 근로삼권의 행사를 위
한 행위는 모두 상호연계되어 있다는 관점에서 조합활동에 대한 민사면책을 부정할 이유는 없다고 본다.
이병태, 노동법, p. 170.

있다.

### (나) 편의제공

편의제공이라 함은 대체로 사용자가 임의적으로 제공하는 지원·보장을 근로삼권에 근거하여 보호되는 조합활동과 구별하여 부르는 개념이다. 편의제공에는 대체로 노조전임제도, 조합사무소 제공 및 조합비사전공제[48] 등이 해당된다. 편의제공은 노동조합의 헌법적 권리로서 당연히 인정되는 것은 아니다. 사용자의 편의제공이 과도한 경우 조합활동에 관한 지배·개입에 해당되어 노동조합법 제81조제4호에 규정된 부당노동행위가 성립될 우려가 있다.

## 2. 조합활동

### (1) 법적 성질

### (가) 학 설[49]

① **수인의무설:** 수인의무설에 의하면 조합활동은 헌법상 근로삼권에 내재하는 권리이므로 사용자는 이에 대한 수인의무를 부담한다고 한다. 따라서, 사용자의 업무지휘권 및 시설관리권 등은 합리적인 범위 내에서 당연히 제약받는다고 한다.

② **위법성조각설:** 위법성조각설에 의하면 조합활동은 헌법상 근로삼권의 행사로서 위법성을 조각하는 면책특권으로서의 성질을 갖는다고 한다. 따라서 조합활동이 합리적인 범위 내에서 사용자의 경영권을 침해하여도 위법성이 조각되어 적법한 행위로 보장되어야 한다고 한다.

### (나) 사 견

사견으로는 수인의무설에 찬동하는 바이다. 조합활동은 정당한 근로삼권의 행사이며, 이러한 근로삼권은 위법성을 조각시키는 것이 아니라, 헌법상 보장된 합법적 권리로 보아야 하기 때문이다.

### (2) 조합활동의 주체

### (가) 노동조합과 조합원

조합활동의 주체는 노동조합과 조합원 개인이다. 이러한 노동조합과 조합원에는 이미 설립된 노동조합은 물론 설립과정중에 있는 노동조합 및 이에 속한 근로자들도 당연히 포함된다. 비조합원은 조합활동의 주체가 될 수 없는 것이 원칙이

---

48) 조합비사전공제는 일반적으로 편의제공에 해당되나 노동조합의 「조합비」에서 설명하기로 한다.
49) 이병태, 노동법, p. 172; 박홍규, 노동법, p. 924 이하.

다.50)

노동조합의 의사 내지 방침을 형성하거나 이에 근거하여 행하여진 조합원의 제반행위를 기관활동이라고 한다.51) 한편, ⅰ) 노동조합에 가입하려다 거부당한 근로자가 조합방침을 비판하는 경우52) 또는 ⅱ) 비조합원이 근로조건의 유지·개선을 위한 활동을 하는 경우53) 이를 조합활동으로 보는 견해도 있으나, 이는 해당 근로자 개인의 단결권 행사로 보는 것이 타당할 것이다.

① **노동조합:**　　　노동조합은 자신의 명의로 활동할 수 있으며, 이 경우 조합활동의 주체가 된다. 다만, 노동조합은 자연인이 아닌 단체이므로 자연인인 조합대표 또는 조합원이 실제적인 조합활동을 하고 그 법적 효과가 노동조합으로 귀속된다.

② **조합원**

㉠ 노동조합의 명시적인 수권·지시를 따르는 경우　　　관련법령, 조합규약 또는 조합의 결의·방침·지시에 근거하여 조합간부 또는 일반 조합원이 활동을 하는 경우 조합활동의 주체가 될 수 있음은 물론이다.54) 예컨대 ⅰ) 총회·대의원회의의 의결활동, ⅱ) 조합간부의 조합업무 집행 및 대표활동 또는 ⅲ) 조합원이 조합의 지시·방침에 따라 행동하는 경우가 이에 해당된다.

㉡ 노동조합의 명시적인 수권·지시가 없는 경우　　　노동조합의 명시적·구체적인 결의·방침·지시가 없이 조합원이 임의적·자발적으로 활동하는 경우가 있다. 이러한 경우에도 노동조합의 묵시적인 승인·지시를 받았다고 볼 수 있거나, 그 활동의 성질상 당연히 노동조합의 활동으로 볼 수 있는 경우 조합원은 조합활동의 주체가 될 수 있다.55) 예컨대 다른 근로자를 노동조합에 가입하도록 권유하거나, 노동조합을 선전하는 활동 또는 조합간부를 비판하는 활동 등이 이에 해당될 것이다.

㉢ 노동조합의 수권·지시에 위반하는 경우　　　노동조합의 명시적·구체적인 결의·방침·지시에 위반하여 조합원이 임의적·자발적으로 활동하는 경우 이를 조합활동의 주체로서 볼 수 있는가의 문제가 제기될 수 있다. 이에 대하여는 노동조합의 결의·방침·지시에 위반하는 행동일지라도 ⅰ) 단결권 보장의 취지에 비추어 객관적으로 용인될 수 있는 행위인 경우에는 이를 긍정하여야 한다는 견해56)와 ⅱ) 조합

---

50) 이영희, 노동법, p. 194.
51) 김유성, 노동법(Ⅱ), p. 97.
52) 김유성, 노동법(Ⅱ), p. 99.
53) 임종률, 노동법, p. 105.
54) 김유성, 노동법(Ⅱ), p. 98; 박상필, 노동법, p. 92.
55) 김유성, 노동법(Ⅱ), p. 99; 박상필, 노동법, p. 488; 이학춘·이상덕·이상국·고준기, 노동법(Ⅱ), p. 229; 대판 1990. 8. 10, 89누8217; 1991. 11. 12, 91누4164.

활동에 포함되지 아니하므로 이를 부정하여야 한다는 견해57)로 나뉘고 있다.

사견으로는 조합원개인도 헌법상 단결권을 보장받고 있고, 이러한 단결권은 노동조합의 결의·방침·지시 등에 의하여 자의로 제한·침해할 수 없음을 감안하여 볼 때에 전자의 견해가 타당하다고 본다.

한편, 노동조합의 결의·방침·지시에 위반하여 조합원이 활동하는 경우 조합내부의 통제·징계대상이 될 수 있음은 물론이다. 그러나, 노동조합의 결의·방침·지시가 위법한 경우에는 이를 위반하여도 통제·징계의 대상이 되지 아니한다고 보아야 할 것이다.

### (나) 종사근로자와 비종사근로자

#### ① 관련규정

> **노동조합법 제5조** [노동조합의 조직·가입·활동] ② 사업 또는 사업장에 종사하는 근로자(이하 "종사근로자"라 한다)가 아닌 노동조합의 조합원은 사용자의 효율적인 사업 운영에 지장을 주지 아니하는 범위에서 사업 또는 사업장 내에서 노동조합 활동을 할 수 있다.

#### ② 주요내용:　　 종사근로자는 당연히 기업별 노조 또는 산별노조에 가입하거나 조합활동을 할 수 있다. 비종사근로자인 조합원도 사용자의 효율적인 사업 운영에 지장을 주지 아니하는 범위에서 사업 또는 사업장 내에서 기업별 노조 또는 산별노조에 가입하거나 노동조합 활동을 할 수 있다(동법 제5조제2항). 비종사근로자의 노동조합 활동은 종사근로자에 비하여 범위가 좁고, 단체교섭권 또는 쟁의행위 등이 제한된다. 교섭창구 단일화과정에서 조합원의 수를 산정하는 경우(동법 제29조의2제10항) 또는 쟁의행위 찬반투표의 경우(동법 제41조)에는 종사근로자만이 대상이 된다.

### (3) 조합활동의 주요내용

#### (가) 의　의

사용자는 조합활동을 보장하여야 하며, 이를 제한·침해하는 경우에는 노동조합법 제81조에 규정된 부당노동 행위가 행위가 성립된다.

조합활동은 궁극적으로 단체교섭 또는 쟁의행위를 전제로 하여 행하는 것이므로 사용자의 경영권 등과 충돌하게 된다. 더구나, 우리나라는 대부분 기업별노조의 형태를 취하고 있으므로 조합활동은 기업 내에서 행하여지게 되고, 그 결과 사용자의

---

56) 김유성, 노동법(II), p. 99.
57) 김형배, 노동법, p. 702.

노무지휘권 및 시설관리권 등과 필연적으로 충돌하게 된다.[58] 이 경우 근로자의 조합활동권과 사용자의 노무지휘권·시설관리권 등 경영권 간의 조화·균형이 필요하게 된다.[59]

(나) 조합활동과 시설관리권

① 의 의: 사용자는 자신의 소유권, 경영권에 근거하여 회사의 물적 시설·설비 및 장소 등을 관리·사용할 수 있는 권한을 갖고 있는바, 이를 시설관리권이라고 한다. 시설관리권은 본래 사용자의 권리에 속하므로 노동조합이 기업 내에서 또는 기업시설을 이용하여 조합활동을 할 수 있는가에 관한 의문이 제기될 수 있다. 예컨대 기업 내의 유인물 게시, 현수막 게양, 강당·운동장에서의 집회 및 조합사무실의 설치 등이 이에 해당된다.

이러한 기업시설 내의 조합활동이 단체협약·취업규칙·노사관행 등에 의하여 인정되거나 사용자가 임의로 허용하는 경우에는 별다른 문제점이 없다.[60] 그러나 그러하지 아니한 경우에도 기업시설 내의 조합활동이 인정될 수 있는가에 대하여는 견해가 나뉘고 있다.

② **법적 성질**[61]

㉠ 수인의무설 수인의무설에 의하면 기업별 노조는 기업 내에서 조합활동을 하는 것이 불가피하므로 일정한 범위 안에서 기업시설을 이용할 권리를 보유하고 있고, 사용자는 이를 수인할 의무가 있다는 견해이다. 따라서, 사용자의 동의가 없는 경우에도 기업시설의 이용에 대하여 정당성이 부여된다고 한다.

㉡ 권리남용설 권리남용설에 의하면 노동조합의 기업시설 이용은 ⅰ) 사용자의 동의가 있어야 정당성이 부여되는 것이 원칙이지만, ⅱ) 사용자가 동의를 하지 않는 것이 권리남용에 해당되어서는 아니 된다는 견해이다. 따라서 사용자가 동의를 아니하는 경우에도 이것이 권리남용에 해당된다면 노동조합 기업시설을 이용할 수 있다고 한다.

---

58) 기업별 노조에서의 조합활동은 본질상 사업장 내에서의 활동을 내포하게 되므로 이러한 특성이 산업별노조 또는 직종별노조에 비하여 상대적으로 강조되어야 한다는 것을 의미하는 것이며, 기업별노조만의 조합활동이 보호되어야 한다는 것을 의미하는 것은 아니다. 산업별노조가 일반적인 서구에서도 프랑스의 1968년 「기업내 조합활동에 관한 법률」, 이탈리아의 1970년 「근로자헌장법」 및 ILO의 1987년 제135호협약(기업내 근로자대표의 보호와 편의에 관한 조약)이 제정되어 기업 내 조합활동을 보호하고 있다. 이병태, 노동법, p. 171 이하; 박홍규, 노동법, p. 918 이하 참조.

59) 노동조합의 회의·토론 및 게시·유인물이 사용자의 명예·신용을 침해하는 경우에도 노동조합의 언론권과 사용자의 명예·신용권과의 조화·균형문제가 발생한다. 김유성, 노동법(Ⅱ), p. 100 이하.

60) 대판 1994. 2. 22, 93도613.

61) 임종률, 노동법, p. 107.

ⓒ 실질적 지장설      실질적 지장설에 의하면 ⅰ) 노동조합의 기업시설 이용은 사용자의 동의가 있어야 정당성이 부여되는 것이 원칙이지만 ⅱ) 기업시설 이용의 필요성이 있고, 그로 인하여 사용자의 경영활동에 실질적 지장을 초래하지 아니한 경우에는 정당성이 인정된다는 견해이다. 따라서 사용자의 경영활동에 실질적 지장이 없는 한, 사용자의 동의가 없는 경우에도 기업시설을 이용할 수 있다고 한다.62)

사견으로는 세 번째의 실질적 지장설에 찬동한다. 우리나라는 기업별 노조형태를 원칙으로 하고 있어 조합의 기업시설이용을 허용하지 아니하고는 노조활동이 커다란 제약을 받음으로써 헌법상의 단결권이 침해될 우려가 있기 때문이다. 물론 기업 내 조합활동을 인정하는 경우에도 조합활동의 필요성 및 시설관리권의 침해정도를 구체적·종합적으로 비교·판단하는 것이 필요하다.63)

따라서, 노조의 기업시설이용이 사용자의 기업시설관리권의 행사 또는 업무의 수행에 지장을 주지 아니하는 합리적인 범위 내에서 조합원은 기업의 시설을 이용할 수 있다고 본다.

### (다) 조합활동과 노무지휘권

① 의 의:      근로자는 근로계약에 따라 사용자에게 근로를 제공하여야 하는 의무를 부담한다. 사용자는 제공된 근로를 수령하고 근로의 종류·장소 및 시간 등을 정하며 이를 지휘·감독할 수 있는 권리를 갖고 있는바, 이를 사용자의 노무지휘권이라고 한다.

즉, 근로자는 근로시간중에 근로를 제공할 의무를 반드시 부담하며, 이러한 근로제공의무는 관련법령·단체협약·취업규칙 등에 규정되어 있거나 사용자가 임의로 허용하는 경우에 한하여 면제되는 것이 원칙이다.

관 련      대판 1994. 2. 22, 93도613      조합활동이 정당하려면 취업규칙이나 단체협약에
판 례      별도의 허용규정이 있거나 관행, 사용자의 승낙이 있는 경우 외에는 취업시간 외
          에 행하여져야 하며, 사업장 내의 조합활동에 있어서는 사용자의 시설관리권에 바
          탕을 둔 합리적인 규율이나 제약에 따라야 한다.

근로자의 조합활동과 사용자의 노무지휘권이 상호관련되어 문제시되는 부분은 근로시간중의 조합활동에 관한 것이다.

② **근로시간중의 조합활동:**      근로자의 근로계약에 따라 근로시간중에 근로를

---

62) 임종률, 노동법, p. 107.
63) 김유성, 노동법(Ⅱ), p. 103.

제공할 의무를 부담한다. 따라서 근로자가 근로시간중에 근로를 제공하지 아니하고 조합활동을 하는 것은 허용되지 아니하며, 조합활동은 근로시간 외에 행하는 것이 원칙이다.64) 다만, 근로시간중의 조합활동이 단체협약 및 취업규칙 등에 규정되어 있거나 노사관행65)에 의하여 허용되는 경우 또는 사용자의 명시적인 승낙이 있는 경우에 한하여 인정될 수 있다고 할 것이다.66)

예컨대 단체협약 등에서 근로시간중에 집회 등 조합활동을 하는 경우 사용자에게 사전통보를 의무화 하는 규정의 효력이 의문시될 수 있다. 이 경우 조합활동의 사유·시간·횟수 및 내용 등을 구체적으로 엄격하게 한정한 경우에는 사전통보만으로 조합활동이 허용되나, 그러하지 아니한 경우에는 사전통보가 있더라도 그 조합활동을 근로시간중에 반드시 하여야 할 정당한 사유가 있고, 노무지휘권의 침해 정도가 경미하여야 정당성이 인정된다고 할 것이다.67)

그러나, 단체협약·취업규칙·노사관행 또는 사용자의 승낙이 없는 경우에도 근로시간중의 조합활동이 완전히 부인되는 것은 아니며, 해당 조합활동의 필요성 및 긴급성 등과 노무지휘권의 침해 정도 등을 구체적·종합적으로 판단하여 인정되어야 할 것이다.68)

예컨대 ⅰ) 조합원이 노조대의원 선거출마를 위해 부득이 하게 결근한 경우,69) ⅱ) 노조지부설립을 위하여 사용자의 승인 없이 일방적으로 월차유급휴가를 사용한 경우70) 또는 ⅲ) 정당한 근로삼권의 행사를 위하여 근무시간중에 조합활동을 하는 것 외에 다른 방법이 없는 경우71) 등은 정당한 조합활동으로 인정될 수 있을 것이다.

한편, 근로자가 근무시간중에 조합활동을 하도록 허용하는 것이 사용자의 노동조합에 대한 지배·개입에 해당되어 부당노동행위를 구성할 우려가 있으나, 근로자가 근무시간중에 사용자와 협의 또는 교섭하는 것을 사용자가 허용하는 것은 무방하다 (노동조합법 제81조제4호).

64) 휴게시간중의 유인물 배포가 "다른 근로자의 취업에 나쁜 영향을 미치거나 휴게시간의 자유로운 이용을 방해하거나 구체적으로 직장질서를 문란하게 하는 것이 아닌 한 허가를 얻지 아니하였다는 이유만으로 정당성을 잃는다고 할 수 없다(대판 1991. 11. 12, 91누4164)."
65) 노동조합의 정기총회가 종료된 후 뒤이어 문화체육행사가 근로시간중에 진행되었을지라도 이러한 행사가 노조일반에 있어 보편적으로 행하여지고 있고 선례가 있으므로 이는 정당한 조합활동이다(대판 1995. 2. 17, 94다44422).
66) 대판 1992. 4. 10, 91도3044; 노조 01254-493(1992. 5. 22).
67) 임종률, 노동법, p. 106.
68) 김유성, 노동법(Ⅱ), p. 102.
69) 대판 1992. 10. 25, 92다20842.
70) 대판 1994. 5. 10, 93누15380.
71) 대판 1994. 2. 22, 93도613.

**관 련**
**판 례**
대판 1994. 2. 22, 93도613    쟁의행위에 대한 찬반투표 실시를 위하여 전체 조합원이 참석할 수 있도록 근무시간중에 노동조합 임시총회를 개최하고 3시간에 걸친 투표 후 1시간의 여흥시간을 가졌더라도 그 임시총회 개최행위가 전체적으로 노동조합의 정당한 행위에 해당한다고 본 사례

### (라) 노동조합의 언론활동

노동조합의 유인물 배포·게시, 방송·인터넷 등을 이용한 언론활동 등이 근로시간중에 행하여지거나 또는 기업시설을 이용하여 행하여지는 경우에는 앞에서 이미 설명한 바와 같이 「근로시간중의 조합활동」 또는 「시설관리권과 조합활동」에 관한 법리가 적용된다. 그러나, 노동조합의 언론활동이 기업 외에서 근로시간이 아닌 시간에 행하여지는 경우에도 당연히 정당성이 인정되는 것이 아니라 근로계약상의 성실의무에 위반하지 아니하여야 한다. 노동조합의 언론활동이 사용자의 명예·신용을 훼손하는 경우에는 노동조합의 언론활동의 필요성 및 침해된 사용자의 명예·신용의 정도·내용 등을 구체적·종합적으로 살펴서 그 정당성을 판단하여야 한다.72) 예컨대 비판의 내용이 사용자의 경영방침 또는 노동조합에 대한 태도 등에 대하여 전반적으로 진실한 내용인 경우, 동 비판이 다소 과장·왜곡되어 있거나, 사용자의 명예·신용 등이 부수적으로 훼손·실추되는 경우에도 정당성이 인정된다.73) 그러나, 노동조합의 언론활동이 사용자의 인신공격 내지 비방을 주된 목적으로 하고 있는 경우에는 내용의 진실여부에 상관없이 정당성이 인정될 수 없다고 할 것이다.74) 예컨대, 회사 사용자에 대한 극도의 불신 내지 증오심을 유발시켜서 회사의 경영 등에 지장을 가져오고 직장질서를 문란하게 할 위험성이 있는 경우 또는 회사경영이나 조합활동과 무관한 인신공격적인 사생활의 폭로75) 등은 정당성이 인정되지 아니한다.

### 3. 편의제공

### (1) 의    의

사용자가 조합활동의 편의를 도모하기 위하여 임의로 제공하는 각종 인적·물적 지원 및 보장을 편의제공이라 한다. 편의제공에는 조합활동에 대한 사전양해·사전 추인 등 소극적 성질의 것과 조합비사전공제·노조전임의 인정 및 조합사무소의 제

---

72) 김유성, 노동법(Ⅱ), p. 104.
73) 김유성, 노동법(Ⅱ), p. 104.
74) 대판 1993. 2. 9, 92다20880.
75) 대판 1992. 2. 28, 91누9572.

공 등 적극적 성질의 것이 있다.[76]

## (2) 편의제공의 법적 근거

### (가) 학 설[77]

① **단결권설:** 단결권설에 의하면 편의제공은 헌법상 보장된 단결권을 근거로 하고 있으므로 사용자는 편의제공을 승인·보장할 의무만을 부담하고 이를 거부할 권리는 없다고 한다.[78] 이러한 견해에 따르면 단체협약, 취업규칙 및 노사관행 등에 의하여 편의제공이 인정되어 있지 아니한 경우에도 사용자는 편의제공의 적극적 의무를 부담하게 되고 이를 거부한 경우에는 부당노동행위가 성립된다고 한다.

② **협정설:** 협정설에 의하면 편의제공은 단체협약, 취업규칙 및 노사관행에 의하여 또는 사용자가 원하는 경우에 임의로 제공하는 것이며, 사용자는 편의제공을 승인할 아무런 의무도 없다고 한다.[79] 이러한 견해에 의하면 편의제공은 헌법상 단결권에서 당연히 도출되는 것은 아니며 단체협정, 취업규칙 및 노사관행 등에 의하여 보장되어 있지 아니한 경우 근로자는 사용자에게 편의제공을 요구할 수 없다고 한다. 사용자가 편의제공을 과도하게 하는 경우 지배·개입에 해당되어 부당노동행위가 성립할 우려가 있다.

### (나) 사 견

사견으로는 협정설에 찬동하는 바이다. 편의제공은 근로자의 근로삼권과 사용자의 경영권의 조화·균형이라는 관점에서 볼 때에 당연히 인정되는 권리는 아니다. 편의제공은 사용자가 원하는 경우 단체협약 및 취업규칙 등을 통하여 이를 보장하거나 임의로 제공하는 경우에 한하여 인정되는 것이 원칙이다.

**관 련**
**판 례** 대판 1996. 2. 23, 94누9177 「노동조합 조합원의 근무시간 중의 노조활동」은 원칙적으로 근로자의 근로제공의무와 배치되는 것이므로 허용되는 것이 아니고, 사용자와 근로자 사이의 근로계약관계에 있어서 근로자의 대우에 관하여 정한 근로조건에 해당하는 것이라고 할 수 없고, 종전의 단체협약이나 단체교섭을 진행하던 노동관계 당사자 쌍방의 단체협약안에 그 사항에 관한 규정이 있다 하더라도

---

76) 김유성, 노동법(Ⅱ), p. 105.

77) 김유성, 노동법(Ⅱ), p. 105; 이병태, 노동법, p. 172; 김형배, 노동법, p. 867. 김유성 교수는 편의제공 전반에 관한 학설로서, 김형배 교수와 이병태 교수는 노조전임에 국한된 학설로서 논의하고 있으나, 대동소이하다고 본다.

78) 일본의 다수설이다. 外尾, 「勞働團體法」, p. 89.

79) 우리나라의 통설이다. 김유성, 노동법(Ⅱ), p. 106; 김형배, 노동법, p. 867; 이을형, 노동법, p. 197; 이학춘·이상덕·이상국·고준기, 노동법(Ⅱ), p. 240; 대판 1995. 11. 10, 94다54566; 대판 1996. 2. 23, 94누9177.

그것이 당연히 근로조건으로 되는 것이라고 할 수도 없으므로 이에 관한 노동관계 당사자 사이의 주장의 불일치는 노동쟁의라고 할 수 없고, 따라서 특별한 사정이 없는 한 이를 중재재정의 대상으로 할 수 없다. 그리고 「노조전임제」는 노동조합에 대한 편의제공의 한 형태로서 사용자가 단체협약 등을 통하여 승인하는 경우에 인정되는 것일 뿐 사용자와 근로자 사이의 근로계약관계에 있어서 근로자의 대우에 관하여 정한 근로조건이라고 할 수 없는 것이고, 단순히 임의적 교섭사항에 불과하여 이에 관한 분쟁 역시 노동쟁의라 할 수 없으므로 특별한 사정이 없는 한 이것 또한 중재재정의 대상으로 할 수 없다.

### (3) 편의제공의 유형

편의제공의 유형으로서는 노조전임·조합사무소의 제공 및 조합비 사전공제제도 등이 논의되고 있다. 조합비 사전공제제도에 대하여는 이미 설명한 바 있으므로 이하에서는 노조전임과 조합사무소의 제공에 대하여만 논하기로 한다.

### (4) 조합사무소의 제공

#### (가) 의 의

노동조합의 사무소는 조합활동에 있어서 반드시 필요한 물적시설이다. 우리나라의 경우 기업별노조형태를 취하고 있으므로 기업 내에 조합사무소를 설치할 것이 요구된다. 이 경우 사용자의 시설관리권과의 조화·균형문제가 발생된다. 이에 대하여 ⅰ) 조합사무소는 기업별 노조하에서 조합운영에 필요불가결하다는 점에 비추어 사용자는 최소한 규모의 조합사무소를 반드시 제공하여야 한다는 견해[80]와 ⅱ) 조합사무소는 편의제공의 하나로서 그 위치, 규모, 설비 등에 관하여 사용자의 동의나 협정에 따라야 한다는 견해[81]로 나뉘어 있다.

사견으로는 사용자는 합의나 관행이 있는 경우 최소한 규모의 조합사무소를 제공하여야 하나, 그리하지 아니한 경우 이를 제공할 의무는 없다고 본다.

#### (나) 부당노동행위

근로자가 기업시설을 이용하는 것은 사용자의 노동조합에 대한 지배·개입에 해당되어 부당노동행위를 구성할 우려가 있으나 최소한의 규모의 노동조합사무소의 제공은 부당노동행위에 해당되지 아니한다(동법 제81조제4호).

---

80) 이병태, 노동법, p. 174.
81) 김유성, 노동법(Ⅱ), p. 110.

## 4. 노조전임제도 및 근로시간 면제제도

### (1) 노조전임제도의 의의

노조전임제도라 함은 조합임원 또는 일반 조합원이 근로시간중에 근로의 일부 또는 전부를 제공하지 아니하고 노동조합의 업무를 담당하는 제도를 의미한다.

노조전임은 조합임원이 되는 것이 일반적이나, 일반조합원도 노조전임이 될 수 없는 것은 아니다.

#### (가) 재적전임과 무적전임

전임의 취업여부에 따라 재적전임과 무적전임으로 구분된다.

재적전임이라 함은 현재 취업하고 있는 종업원이 노조전임의 지위를 보유하고 있는 것을 말한다. 이에 반하여 무적전임 또는 이적전임(離籍專任)이라 함은 현재 취업하고 있지 아니한 실업자·해고자 등의 미취업자가 노조전임의 지위를 보유하고 있는 것을 말한다.

#### (나) 상시전임과 반전임

전임의 정도에 따라 상시전임 및 반전임으로 구분된다. 상시전임이라 함은 근로를 일절 제공하지 아니하고 노동조합의 업무만을 전담하는 전임을 말한다. 반전임이라 함은 근로기간중의 일부를 노동조합의 업무에 사용하는 전임을 말한다.

### (2) 관련규정

**노동조합법 제24조** [근로시간 면제 등] ① 근로자는 단체협약으로 정하거나 사용자의 동의가 있는 경우에는 사용자 또는 노동조합으로부터 급여를 지급받으면서 근로계약 소정의 근로를 제공하지 아니하고 노동조합의 업무에 종사할 수 있다.
② 제1항에 따라 사용자로부터 급여를 지급받는 근로자(이하 "근로시간면제자"라 한다)는 사업 또는 사업장별로 종사근로자인 조합원 수 등을 고려하여 제24조의2에 따라 결정된 근로시간 면제 한도(이하 "근로시간 면제 한도"라 한다)를 초과하지 아니하는 범위에서 임금의 손실 없이 사용자와의 협의·교섭, 고충처리, 산업 안전 활동 등 이 법 또는 다른 법률에서 정하는 업무와 건전한 노사관계 발전을 위한 노동조합의 유지·관리업무를 할 수 있다.
③ 사용자는 제1항에 따라 노동조합의 업무에 종사하는 근로자의 정당한 노동조합 활동을 제한해서는 아니 된다.
④ 제2항을 위반하여 근로시간 면제 한도를 초과하는 내용을 정한 단체협약 또는 사용자의 동의는 그 부분에 한정하여 무효로 한다.
**노동조합법 제81조** [부당노동행위] ① 사용자는 다음 각 호의 어느 하나에 해당하는 행위(이하 "부당노동행위"라 한다)를 할 수 없다.
4. 근로자가 노동조합을 조직 또는 운영하는 것을 지배하거나 이에 개입하는 행위와 근로시간 면제한도를 초과하여 급여를 지급하거나 노동조합의 운영비를 원

조하는 행위. 다만, 근로자가 근로시간 중에 제24조제2항에 따른 활동을 하는 것을 사용자가 허용함은 무방하며, 또한 근로자의 후생자금 또는 경제상의 불행 그 밖에 재해의 방지와 구제 등을 위한 기금의 기부와 최소한의 규모의 노동조합사무소의 제공 및 그 밖에 이에 준하여 노동조합의 자주적인 운영 또는 활동을 침해할 위험이 없는 범위에서의 운영비 원조행위는 예외로 한다.

### (3) 노조전임제도의 법적 근거

노조전임에 대한 법적 근거로서 단결권설 및 협정설의 대립이 있음은 이미 설명한 바와 같다. 현행 노동조합법 제24조제1항은 「근로자는 단체협약으로 정하거나 사용자의 동의가 있는 경우에」 노조전임이 인정될 수 있다고 규정함으로써 협정설을 명문화 하고 있다.

따라서 노조전임이 근로계약상의 근로제공의무를 면제받고 노조업무에 전념할 수 있는 것은 일종의 편의제공으로서 단체협약 및 취업규칙 등에 정하여 있는 경우, 노사관행에 의한 경우 또는 사용자가 임의로 허용하는 경우에 한하여 인정되는 것이 원칙이다.

관 련
판 례
대판 1996. 2. 23, 94누9177　노조전임제는 노동조합에 대한 편의제공의 한 형태로서 사용자가 단체협약 등을 통하여 승인하는 경우에 인정되는 임의적 교섭사항에 불과하며, 이에 관한 분쟁 역시 노동쟁의라 할 수 없으므로 이것 또한 중재재정의 대상이 될 수 없다.

즉, 노조전임의 인정여부, 선임·해임절차, 노조전임기간 및 노조전임의 대우 등의 사항은 단체협약 또는 사용자의 재량에 따라 인정되는 것이다.

관 련
판 례
대판 2011. 8. 18, 2010다106054　노조전임제는 노동조합에 대한 편의제공의 한 형태로서 전임제를 인정할 것인지는 물론 노동조합 전임자의 선임과 해임절차, 전임기간, 전임자 수, 전임자에 대한 대우 등 구체적인 제도 운용에 관하여도 기본적으로 사용자의 동의에 기초한 노사합의에 의하여 유지되는 것이므로, 전임제 시행 이후 경제적·사회적 여건의 변화, 회사 경영 상태의 변동, 노사관계의 추이 등 여러 사정들에 비추어 합리적 이유가 있는 경우에 사용자는 노동조합과의 합의, 적정한 유예기간의 설정 등 공정한 절차를 거쳐 노조전임제의 존속 여부 및 구체적 운용방법을 변경할 수 있다고 보아야 한다.

사용자는 노조전임의 정당한 노동조합 활동을 제한하여서는 아니 된다(동법 제24조제3항).

### (4) 노조전임의 법적 지위

### (가) 의 의

노조전임은 기업 내의 근로자로서의 신분을 그대로 유지하나, 근로계약상의 근로제공의무를 면제받고 있다. 노조전임의 법적 지위를 휴직상태에 있는 근로자로 보는 견해도 있다.[82]

그러나 사견으로는 노조전임은 헌법상 근로삼권의 보장하에 노동조합의 업무에 전념한다는 점과 노조전임의 인정여부는 사용자의 재량여부에 달려있다는 점을 감안하여 볼 때에 노조전임의 법적 지위는 다음과 같이 휴직상태에 있는 일반 근로자와 어느 정도 구별되어야 한다고 본다.

### (나) 노조전임과 출·퇴근

노조전임은 노동조합의 업무에 전념하게 되므로 과연 다른 근로자와 마찬가지로 회사에 출·퇴근을 하여야 하는가의 의문점이 제기될 수 있다. 노조전임은 노조업무에만 전념하게 되므로 일반 근로자와 동일한 수준의 출·퇴근 개념을 적용할 수는 없다. 따라서, 단체협약 또는 노동관행에 의한 예외가 인정되는 것이 원칙이다. 노조전임자의 출근은 통상적인 노조업무의 수행을 위한 행위는 모두 이에 포함되는 것으로 광범위하게 해석되어야 할 것이다. 예컨대, 조합업무가 수행되는 조합사무실에서 조합활동을 하거나, 조합업무를 위하여 회사에 출근하지 아니하고 지방출장을 다녀왔다면 이는 징계대상에 해당되지 아니한다. 그러나, 사적인 해외유학을 가거나, 개인적인 용무로 출근하지 아니한 경우 등 노조업무와 무관한 이유로 출근을 하지 아니한 경우에 이는 징계대상이 된다.[83]

관 련
판 례

대판 2005. 6. 23, 2003두12790　　노조전임자라도 사용자와의 사이에 기본적 근로관계는 유지되는 것이므로 단체협약에 특별한 규정을 두거나 특별한 관행이 존재하지 아니하는 한 취업규칙 등에 따라 출근을 하지 아니하는 경우 이는 무단결근에 해당된다고 하며, 이 경우 노조전임자의 출근은 통상적인 조합업무가 수행되는 사무실에서 조합업무를 개시할 수 있는 상태에 임하는 것이다.

---

82) 교원노조의 노조전임은 해당 기간중 휴직명령을 받은 것으로 본다(교원의노동조합설립및운영등에관한법률 제5조제2항). 전임자는 ⅰ) 전임기간중 봉급을 받지 못하나(동법 제5조제3항), ⅱ) 전임자를 이유로 승급 기타 신분상의 불이익을 받지 아니한다(동법 제5조제4항).

83) 대판 2005. 6. 23, 2003두12790. 대판 1995. 4. 11, 94다58087. 노조전임자의 무단결근으로 인한 징계해고는 유효하다.

(다) 노조전임과 산업재해보상보험

산업재해보상보험은 근로자의 「업무상 재해」에 한하여 지급되는 것이 원칙이다. 따라서 노조전임자가 노조업무를 수행하는 과정에서 재해를 입은 경우, 과연 이를 업무상 재해로 보아 산업재해보상보험을 인정할 것인지의 의문점이 제기될 수 있다. 이에 대하여 판례는 노조전임자의 조합활동이 사용자의 사업과 무관한 상부 또는 연합단체와 관련된 활동, 불법적인 노조활동 또는 사용자와의 대립관계인 쟁의행위에 해당되는 등의 특별한 사정이 없는 한 이를 회사의 업무를 수행하는 것으로 보아 「산업재해보상보험법」상의 구제대상으로 보아야 한다고 판결하고 있다.[84]

이러한 법리는 전임자가 아닌 노동조합 간부가 사용자인 회사의 승낙에 의하여 노동조합업무를 수행하는 과정에서 발생한 재해의 경우에도 마찬가지로 적용된다.[85]

**관 련**
**판 례**   대판 2014. 5. 29, 2014두35232   노동조합 전임자가 담당하는 노동조합업무는, 업무의 성질상 사용자의 사업과는 무관한 상부 또는 연합관계에 있는 노동단체와 관련된 활동이나 불법적인 노동조합활동 또는 사용자와 대립관계로 되는 쟁의단계에 들어간 이후의 활동 등이 아닌 이상, 회사의 노무관리업무와 밀접한 관련을 가지는 것으로서 사용자가 본래의 업무 대신에 이를 담당하도록 하는 것이어서 그 자체를 바로 회사의 업무로 볼 수 있고, 따라서 전임자가 노동조합업무를 수행하거나 이에 수반하는 통상적인 활동을 하는 과정에서 업무에 기인하여 발생한 재해는 산업재해보상보험법 제5조제1호 소정의 업무상 재해에 해당한다. 이러한 법리는 노동조합업무 전임자가 아닌 노동조합 간부가 사용자인 회사의 승낙에 의하여 노동조합업무를 수행하거나 이에 수반하는 통상적인 활동을 하는 과정에서 업무에 기인하여 발생한 재해의 경우에도 마찬가지로 적용된다.

(라) 노조전임과 상여금지급, 연·월차휴가

노조전임은 근로자의 신분은 유지한 채 근로를 제공하지 아니하므로 노조전임에게도 상여금지급 또는 연·월차휴가가 부여되는지에 관한 의문점이 제기될 수 있다. 사용자로부터 급여를 받는 노조전임은 상여금지급 및 연·월차유급휴가가 인정되어야 할 것이다. 그러나 노동조합으로부터 급여를 받는 노조전임의 경우 휴직상태에 있는 근로자와 유사한 지위를 갖고 있으므로 단체협약 등에 정함이 없는 한 사용자에게 상여금 또는 연·월차휴가를 청구할 수 있는 권리가 당연히 있는 것은 아니라고 보아야 할 것이다.[86]

---

84) 대판 1993. 1. 26, 92다11695; 대판 1994. 2. 22, 92누14502; 대판 1996. 6. 28, 96다12733; 대판 1998. 12. 8, 98두14006; 대판 2007. 3. 29, 2005두11418; 대판 2014. 5. 29, 2014두35232.
85) 대판 2014. 5. 29, 2014두35232.
86) 대판 1995. 11. 10, 94다54566.

(마) 노조전임과 복직권

노조전임자가 노조전임의 임기 또는 노조임원의 지위가 종료되는 경우에는 단체협약, 취업규칙, 노사관행 또는 노사당사자 간의 합의된 사항에 따라 즉시 원직에 복귀된다. 사용자는 일방적으로 노조전임자의 원직복귀명령을 내릴 수 없다.[87]

노조전임의 임기가 만료된 후 사용자가 복직을 거부하거나, 다른 근로자에 비하여 승진·승급 및 임금 등의 근로조건에서 차별대우를 하는 경우 이는 부당노동행위에 해당된다.[88]

(바) 노조전임에 대한 임금지급 및 부당노동행위

① 의 의: 근로자는 단체협약으로 정하거나 사용자의 동의가 있는 경우에는 사용자 또는 노동조합으로부터 급여를 지급받으면서 노조전임을 할 수 있다(동법 제24조제1항). 노조전임이 노동조합으로부터 임금을 지급받는 경우에는 별다른 문제점이 없으나 사용자로부터 임금을 지급받게 되는 경우에는 노조전임에 대한 임금지급이 무노동·무임금의 원칙에 위배되는지 또는 부당노동행위에 해당하는지의 여부에 관하여 의문이 제기될 수 있다.

② **무노동·무임금의 원칙**

㉠ 의 의 노조전임은 근로를 제공하지 아니하므로 무노동·무임금의 원칙에 따라 임금이 지급되어서는 안 되는지에 대하여 견해가 나뉘고 있다.

㉡ 학 설

( i ) 긍정설 긍정설은 크게 광의설과 협의설로 나누어 볼 수 있다. 광의설은 노조전임에 대한 임금지급여부는 노동조합과 사용자가 당사자자치의 원칙에 따라 자유로이 결정할 수 있는 것으로서, 설사 노조전임이 근로를 전혀 제공하지 아니할지라도 사용자가 임의로 임금을 지급할 수 있다는 견해이다.

협의설은 노조전임이 순수한 조합내부문제만 취급하는 것이 아니라 당사자의 합의 또는 법률에서 정한 기준에 따라 사업장의 노사문제·노무관리를 담당하고 있을 때에는 이에 대하여 당연히 임금지급을 하여야 한다는 견해이다.

관 련 판 례 | 대판 2005. 7. 15, 2003두4805 노조전임이 담당하는 노동조합업무는 그 업무의 성질상 사용자의 사업과 무관한 상부 또는 연합관계에 있는 노동단체에 관련된 활동이나, 불법적인 노조활동 또는 사용자와 대립관계로 되는 쟁의단계에 들어간

---

87) 서울동부지판 1992. 10. 2, 91가합21907. 노조전임자 신분의 취득과 상실은 사용자의 일방적인 인사발령이 아니라 노사관행에 따라야 할 것이므로, 사용자의 일방적인 원직복귀명령위반을 이유로 한 징계파면은 무효이다.

88) 이학춘·이상덕·이상국·고준기, 노동법(Ⅱ), p. 248.

이후의 활동 등이 아닌 이상, 원래 회사의 노무관리업무와 밀접한 관계를 가지는 것으로서 사용자가 본래의 업무 대신에 이를 담당하도록 하는 것이어서, 그 자체를 바로 회사의 업무로 보아야 할 것이다.

구체적으로는 노조전임의 어떠한 업무가 노사문제·노무관리에 해당되는지의 여부에 대하여는 당사자의 합의 또는 법률의 규정에 의하여 결정되나 대체로 산업안전, 교육훈련, 고충처리, 인사·징계, 단체교섭 및 노동쟁의조정 등이 이에 해당될 것이다.

(ⅱ) 부정설　　부정설은 노조전임의 업무는 노동조합의 순수한 내부문제에 귀속되는 것이므로 사용자는 일체의 임금을 지급하여서는 안 된다는 견해이다.

ⓒ 법률규정　　현행 노동조합법은 근로시간면제(time-off) 한도 내에서 노조전임에 대한 임금지급을 허용하고 있다. 이는 긍정설 중 협의설에 가까운 태도를 보여주고 있는 것이다. 근로자는 사용자 또는 노동조합으로부터 급여를 지급받으면서 노조전임을 할 수 있다(동법 제24조제1항). 사용자로부터 임금을 받는 경우 근로시간면제제도가 적용되므로 노조전임은 사용자와의 협의·교섭, 고충처리, 산업안전 활동 등 이 법 또는 다른 법률에서 정하는 업무와 건전한 노사관계 발전을 위한 노동조합의 유지·관리업무를 수행하여야 하나, 노동조합으로부터 임금을 받는 경우 근로시간면제제도가 적용되지 아니한다. 근로시간면제에 의하여 임금을 받고 있는 노조전임의 퇴직금을 산정하는 경우 평균임금은 특별한 사정이 없는 한 단체협약 등에 따라 본인이 지급받은 급여를 기준으로 하되, 다만 과다하게 책정되어 임금으로서의 성격을 갖고 있지 않은 초과부분은 제외되어야 한다.[89]

③ **부당노동행위**

㉠ 학　설　　노조전임에 대한 임금지급이 과연 부당노동행위에 해당하는지의 여부에 대하여는 다음과 같이 견해의 대립이 있다.

(ⅰ) 형식설　　형식설은 노조전임에 대하여 사용자가 임금을 지급하는 경우 실제로 노동조합의 자주성에 영향을 미쳤는지의 여부에 상관없이 그 자체로 부당노동행위가 성립된다는 견해이다.[90] 형식설에 따르면 노조전임에 대한 사용자의 임금지급은 일종의 재정상의 원조로서 광범위하게 부당노동행위의 성립을 인정하고 있다. 현행 노동조합법 제81조제4호는 형식설을 근거로 규정되어 있다.

(ⅱ) 실질설　　실질설은 노조전임에 대하여 사용자가 임금을 지급하였다 할지라도 그 자체로서 부당노동행위에 해당되는 것이 아니라 실제로 노동조합의 자주성이 침해되는 경우에만 부당노동행위가 성립된다는 견해이다.[91]

---

89) 대판 2018. 4. 26, 2012다8239.
90) 한국경영자총협회, 노조전임자급여지급에 대한 검토(2000. 12); 김형배, 노동법, p. 955; 임종률, 노동법, p. 84.

실질설에 따르면 노동조합이 사용자로부터 재정적 지원을 받는다 할지라도 이것이 노동조합의 자주성을 저해할 구체적 위험성이 있는 경우에 한하여 부당노동행위가 성립된다고 한다. 더구나 사용자가 노동조합에 대하여 자발적으로 투쟁하여 노조전임에 대한 임금지급 등 재정적 지원을 얻어내는 경우에는 지배·개입 등에 해당되지 아니하므로 부당노동행위가 성립될 여지가 없다고 한다.[92]

ⓒ 법률규정　　　현행 노동조합법은 노조전임에 대한 임금지급을 부당노동행위로 보고 있지 아니하나, 근로시간면제한도를 초과한 임금지급은 부당노동행위로 인정하고 있다(동법 제81조제1항제4호).[93]

### (사) 근로시간면제제도

① 의　의:　　　근로시간면제제도(time off system)라 함은 근로자가 근로시간 중에 노동조합 활동 또는 관련 법률상의 의무이행 또는 권리행사 등을 하는 경우 이는 근로 제공에 해당되지 아니하나, 이를 근로로 간주하여 임금을 삭감하지 아니하고 그대로 지급하는 제도를 말한다. 본래 근로시간 중에는 근로자가 근로를 제공하여야 하는 의무를 부담하고, 이를 제공하지 아니하는 경우 무노동 무임금의 원칙에 따라 임금이 삭감되는 것이 원칙이다. 근로시간면제제도는 근로자가 근로시간 중에 노동조합 활동 등을 하는 경우 동 활동시간을 근로시간에서 면제하여 줌으로써 임금수준을 그대로 유지한 채 동 활동에 종사할 수 있도록 하는 제도이다.

사용자로부터 급여를 지급받는 노조전임은 사업 또는 사업장별로 종사근로자인 조합원 수 등을 고려하여 결정된 근로시간면제한도를 초과하지 아니하는 범위에서 임금의 손실 없이 사용자와의 협의·교섭, 고충처리, 산업안전 활동 등 이 법 또는 다른 법률에서 정하는 업무와 건전한 노사관계 발전을 위한 노동조합의 유지·관리 업무를 할 수 있다(동법 제24조제2항).

② **근로시간면제심의위원회의 결정:**　　　근로시간면제한도를 정하기 위하여 근로시간면제심의위원회를 「경제사회노동위원회법」에 따른 경제사회노동위원회에 둔다(동법 제24조의2제4항).

㉠ 사업 또는 사업장별　　　근로시간면제제도는 사업 또는 사업장별로 결정된다. 사업 또는 사업장이라 함은 경영상의 일체를 이루는 기업체를 의미하는 것으로 장소적 관념을 기준으로 판단하는 것이 아니라 일괄된 공정하에 유기적으로 업무가 수행되는지 여부에 따라 판단하여야 한다.

---

91) 한국노총, 민주노총. 김유성, 노동법(Ⅱ), p. 351.
92) 대판 1991. 5. 28, 90누6392.
93) 동규정은 2010년 7월 1일부터 시행한다.

하나의 법인체는 원칙적으로 하나의 사업으로 인정된다. 하나의 법인 내에 수 개의 사업장·사업부서가 존재하고 인사·노무관리에 있어 각각 재량권이 위임되어 있다 하더라도 전체적인 인사정책이나 목표 등에서 통일성 및 유기성이 있는 경우 하나의 사업으로 보는 것이 원칙이다. 다만, 하나의 법인체라 하더라도 각 사업장별로 근로조건의 결정권이 있고, 인사·노무관리, 회계 등이 독립적으로 운영되는 등 각각의 사업장이 독립성이 있는 경우에는 독립된 별개의 사업으로 본다.

ⓒ 조합원 수 등을 고려　　근로시간면제제도는 종사근로자인 조합원 수 등을 고려하여 결정된다. 법문에 "조합원 수"로 국한하는 것이 아니라 조합원 수 등이라고 규정하여 "조합원 수" 이외에도 다른 사항을 고려의 기준으로 삼을 수 있는 여지를 남겨 두고 있다. "조합원 수"는 가장 중요하고 대표적인 고려사항이며, 실제로 근로시간면제심의위원회는 "조합원 수"만을 근로시간면제한도의 결정 기준으로 제시하고 있다.

③ **노사 당사자에 의한 근로시간면제제도의 채택:**　　근로시간면제심의위원회에서 결정한 근로시간면제한도를 초과하지 아니하는 범위에서 단체협약으로 정하거나 사용자가 동의하는 경우에는 근로자는 임금의 손실 없이 법령에서 정하는 업무와 노동조합의 유지·관리업무를 할 수 있다.

㉠ **단체협약**　　노동조합 및 사용자는 단체교섭을 통하여 근로시간면제제도를 채택할 수 있다. 이 경우 근로시간면제제도의 채택이 의무적 교섭대상인지 아니면 임의적 교섭대상인지가 의문시될 수 있다. 법문에 "사용자의 동의"라고 규정되어 있어, 단체교섭도 사용자의 동의를 필요로 하는 임의적 교섭대상으로 해석될 여지가 있다. 그러나, 근로시간면제제도의 채택여부 및 면제한도의 결정은 임금에 관한 사항이므로 의무적 교섭대상으로 보아야 할 것이다.

근로시간면제에 관한 사항은 단체협약의 채무적 부분으로서 단체협약이 유효기간의 만료 등으로 효력을 상실하게 되는 경우 근로시간면제에 관한 사항도 효력을 상실하게 된다.[94]

㉡ **사용자의 동의**　　사용자의 동의가 있는 경우 근로시간면제제도를 채택할 수 있다. 이 경우 동의의 형식 및 방법 등에 관하여 법령은 명문의 규정을 두고 있지 아니하나, 이는 일종의 임금에 관한 사항이므로 문서로 작성하는 것이 필요하다고 본다.

---

94) 하갑래, 집단적 노동관계법, p. 209.

첫째, 노동조합은 사용자가 동의하는 경우 별도의 단체교섭을 통한 단체협약을 체결하지 아니하고도 근로시간면제제도를 채택할 수 있다. 이 경우 채택된 근로시간면제제도는 기존 단체협약의 일부분을 구성하고 있는 것으로 파악되어야 할 것이다. 복수노조하에서 ⅰ) 사용자가 교섭대표노동조합과 근로시간면제제도에 관한 단체교섭을 하지 아니하고 ⅱ) 소수노조가 근로시간면제제도를 활용할 수 있도록 사용자가 동의하는 경우 이는 부당노동행위에 해당될 우려가 있다.

둘째, 노동조합에 가입하지 아니한 비조합원이 사용자가 동의를 얻어 근로시간면제제도를 활용할 수 있는지가 문제시될 수 있다. 근로시간면제제도는 반드시 노동조합의 유지·관리업무에 국한되어 활용되는 것이 아니라 이 밖에 법령에서 정하는 업무의 수행에도 활용될 수 있고, 이러한 법령에서 정하는 업무는 비조합원인 근로자대표가 수행하는 경우도 있다. 현행 근로시간면제한도는 조합원 수를 기준으로 결정되므로 노동조합의 조합원을 전제로 운영되고 있다. 따라서, 비조합원인 근로자대표는 노동조합의 승인 또는 동의없이 독자적으로 근로시간면제한도를 사용할 수 없으며, 노동조합의 승인 또는 동의를 얻는 경우에 한하여 사용자의 동의를 얻어 법령에서 정하는 업무를 수행할 수 있다. 사용자의 동의는 무의미하므로 이를 법문에서 삭제하자는 의견이 제시되고 있으나,[95] 이는 타당하지 않다고 본다.

ⓒ 근로시간면제한도를 초과하지 아니하는 범위　　노사 당사자는 근로시간면제심의위원회에서 결정된 근로시간면제한도를 초과하지 아니하는 범위 안에서 이를 채택하여야 한다. 근로시간면제심의위원회에서 근로시간면제한도로 결정된 것은 ⅰ) 조합원 수 별 최대 면제시간과 ⅱ) 대상 인원의 수이므로 노사 당사자는 이의 범위 안에서 단체교섭을 수행하여야 된다.

근로시간면제한도를 초과하는 내용을 정한 단체협약 또는 사용자의 동의는 그 부분에 한정하여 무효로 한다(동법 제24조제4항).

④ **대상 업무:**　　근로시간면제가 적용되는 대상 업무를 결정하는 것은 동 제도의 운영상 매우 중요하다. 그 이유는 ⅰ) 근로자가 대상 업무가 아닌 업무를 수행함에도 불구하고 사용자가 임금을 지급하는 경우 이는 부당노동행위에 해당되고 또한, ⅱ) 근로자가 대상 업무가 아닌 업무를 수행하는 경우 사용자는 임금 지급을 거부할 수 있기 때문이다.

노동조합법은 근로시간면제가 적용되는 대상 업무를 "사용자와의 협의·교섭, 고

---

95) 하갑래, 집단적 노동관계법, p. 209.

충처리, 산업안전 활동 등 이 법 또는 다른 법률에서 정하는 업무와 건전한 노사관계 발전을 위한 노동조합의 유지·관리업무"라고 규정하고 있다(동법 제24조제2항). 상기 적용 대상 업무는 크게 "법정업무"와 "노조업무"로 대분할 수 있는 바, 이를 설명하여 보면 다음과 같다.

ㄱ) 법정업무      법정업무는 노동조합법 또는 다른 법률에서 정하는 사용자와의 협의·교섭, 고충처리, 산업안전 활동 등을 말한다.

이 경우 ⅰ) 대상 업무를 사용자와의 협의·교섭, 고충처리, 산업안전 활동에 국한하여 좁게 해석하는 제한열거설과 ⅱ) 사용자와의 협의·교섭, 고충처리, 산업안전 활동은 단순 예시에 불과하고, 여타의 법률에 규정된 모든 활동이 전부 포함된다는 단순 예시설로 대분하여 볼 수 있다. 사견으로는 "등"이라는 표현이 있는 것으로 보아 단순예시설이 타당하다고 본다. 행정지침도 대상 업무를 사용자와의 협의·교섭, 고충처리, 산업안전 활동이외에 근로자복지기본법상의 사내근로복지기금협의회 위원 등으로 활동하는 업무를 추가하여 단순예시설의 입장을 취하고 있다.

구체적으로 사용자와의 협의·교섭에는 ⅰ) 노사협의회법에 의한 노사협의회 위원으로 실제 회의와 직접 관련된 활동 ⅱ) 근로기준법에 의한 근로자대표로서 탄력적 근로시간제 및 선택적 근로시간제 도입, 보상휴가제 실시, 재량근로제 실시 등 사용자와 실제 협의하는 활동 및 ⅲ) 노동조합법상 단체협약 체결을 위하여 사용자와 실제 교섭하는 활동 등이 포함된다.[96] 이 이외에도 ⅰ) 근로자파견법상의 근로자대표와의 협의, ⅱ) 근로자퇴직급여보장법상의 퇴직급여의 선택, 변경시 근로자대표의 동의 등이 이에 해당될 것이다.[97]

고충처리 업무에는 노사협의회법에 의한 고충처리위원으로서 근로자로부터 고충사항을 청취하고 이를 처리하기 위해 사용자와 협의하는 활동 등이 이에 해당된다.

산업안전 활동에는 산업안전보건법상 ⅰ) 산업안전보건위원회 위원으로 실제 회의에 참석하는 활동 또는 ⅱ) 사업주의 산업재해예방 활동과 관련하여 개별조항의 규정에 따라 근로자대표로서 동의·입회·의견제시를 하는 활동 등이 이에 포함된다.

그 밖에 ⅰ) 근로복지기본법상 사내근로복지기금법관련 업무의 수행, ⅱ) 노동위원회법에 의한 근로자위원으로 조정, 심판 등의 업무에 참여하는 행위, ⅲ) 노동조합법 및 근로기준법에 의한 사업장내의 인사위원회 또는 징계위원회에 참여하는 활동 등이 이에 해당될 것이다.

ㄴ) 노조업무      노조업무는 건전한 노사관계 발전을 위한 노동조합의 유지·관리업무를 말한다. 과연 무엇이 "건전한 노사관계 발전을 위한 노동조합의 유지·관리업무"인지에 대하여 노동조합법은 아무런 예시나 지침을 제시하고 있지 아니하나,

---

96) 노동부, 근로시간면제 한도 적용 매뉴얼, p. 18.
97) 하갑래, 집단적 노동관계법, p. 217.

노동조합이 헌법상의 근로삼권 행사를 위하여 필요한 모든 제반 업무를 포함하는 것으로 넓게 보아야 할 것이다. 구체적인 내용은 향후 판례 또는 학설에 의하여 보완과 해석이 필요한 부분이다. 구체적으로 노동조합법 제2장 제3절에 규정된 노동조합의 관리 업무로서 총회·대의원회, 임원선출 및 회계감사 등 노동조합의 유지·관리를 위한 정기적이고 필수적인 활동이 이에 해당된다. 생산성 향상 등을 위한 노사공동위원회, 사용자의 위탁교육 등 기타 사업장내 노사공동의 이해관계에 속하는 노동조합의 유지·관리 업무 등이 이에 해당된다.

ⓒ 허용되지 아니하는 대상 업무      첫째, 사업장과 무관한 순수한 상급단체 파견 및 활동이 근로시간면제한도에 포함되는지에 관하여는 견해가 나뉘고 있다.

긍정설은 관련 법률규정에서 대상 업무를 포괄적으로 규정하고 있고, 상급단체 파견 및 활동을 금지하고 있지 아니하므로 노사가 합의하는 경우 근로시간면제한도에 포함된다는 견해이다.[98] 부정설은 상급단체의 업무는 사업장내 노조업무로 볼 수 없고, 사용자가 상부단체와 직접적인 노사관계를 맺고 있지 아니하므로 근로시간면제한도에 포함되지 아니한다는 견해이다.[99] 사견으로는 후자의 견해에 찬동하는 바이다. 다만, 사업장의 노조활동과 밀접한 관련이 있는 경우 상급단체 활동은 이에 포함된다고 할 것이다.

둘째, 파업 및 공직선거 출마 등 사업장내 노사공동의 이해관계에 속하는 업무와 무관한 활동은 근로시간면제한도에 포함되지 아니한다.

## Ⅵ. 노동조합의 내부통제

### 1. 의    의

노동조합이 근로자의 자주적인 단결체로서 조직을 유지하고 목적을 달성하기 위하여는 조합의 내부질서가 확립되고 강고한 단결력이 유지되지 아니하면 안 된다. 따라서 노동조합은 조합원에 대하여 일정한 규제와 강제를 행사하며 이러한 통제에 복종하지 아니하는 조합원에 대하여 제재를 가하게 된다. 이를 노동조합의 내부통제 또는 통제권의 행사라고 한다.

노동조합법은 조합의 내부통제에 대하여 제11조제13호에서 「대표자와 임원의 규

제
3
부

집
단
적

노
사
관
계

---

98) 한국노총 및 민주노총 자료.
99) 하갑래, 집단적 노동관계법, p. 223; 김형배, 노동법, p. 802; 노동부, 근로시간면제 한도 적용 매뉴얼, p. 32.

약 위반에 대한 탄핵에 관한 사항」 및 동조 제15호에서는 「규율과 통제에 관한 사항」을 규정하고 있고 또한 동법 제22조에서 조합비를 납부하지 아니하는 조합원의 권리를 규약으로 제한할 수 있다고 규정하고 있을 뿐이며, 조합의 내부통제에 관한 일반적인 규정을 아니두고 있다. 이는 노동조합의 자주적·민주적 운영을 기대한 것으로 생각된다. 만일 법이 상세한 규정을 두어 조합의 내부통제에 개입하게 되면 노동조합의 자주성·민주성이 상실될 염려가 있기 때문이다.100)

이에 따라 노동조합은 일반적으로 조합규약에서 자율적으로 통제의 사유, 결정기관 및 종류 등의 내부통제권을 규정하고 있다. 조합의 통제에 의거한 제재의 종류로는 경고, 견책, 제재금의 부과, 권리정지 및 제명 등을 규정하고 있다.

## 2. 통제권의 법적 근거

### (1) 학　설

#### (가) 계약설

영미법은 노동조합을 개개의 조합원으로부터 독립한 별개의 법적 실체로 보지 아니하고 조합원 상호간의 계약으로 본다.101)

이러한 계약설에 의하면 노동조합의 통제권은 조합원간의 계약에 의하여 조합원의 권리와 의무에 관한 조건을 명시하고 있으며 조합원의 신분의 취득과 상실에 관한 조건도 규정하고 있다고 한다.

오늘날 영미법에서도 노동조합에 법적 실체를 인정하려는 학설과 판례가 등장하고 있으나 아직도 기본입장은 계약설의 전통을 반영하고 있다.

#### (나) 사단설

① **단체고유권설:**　　단체고유권설은 노동조합을 하나의 일반단체로 보고, 단체는 본질상 일정한 목적수행에 필요한 한도 내에서 내부통제권을 가진다고 보는 견해이다.102)

단체고유권설에 의하면 모든 단체가 그 존립과 고유의 목적수행을 위하여 구성원에 대하여 통제권을 행사하는 것은 당연하다고 한다.

---

100) 미국의 1959년 랜드럼-그리핀법(Landrum-Griffin Act of 1959) 제101조(a)(5)항은 「조합원의 조합비 납부지체의 경우를 제외하고는 ① 조합규약을 명백히 위반한 경우에, ② 본인에게 해명의 기회를 부여하고 ③ 청문기회를 부여한 경우가 아니면 벌금, 자격정지 또는 제명 기타의 제재를 할 수 없다」고 규정하여, 입법적으로 조합의 제재절차를 규정하고 있다.

101) Clyeds W. Summers, Legal Limitations on Union Discipline, 64 Harv. L. Rev. 1054; Chafee, Internal Affairs of Association Not for Probit, 43 Harv. L. Rev. 993, 1003(1930).

102) 김려수, 한국노동법(1975), p. 155.

② **단결권설:** 　　단결권설은 노동조합은 일반단체와는 달리 헌법 제33조제1항에서 인정된 헌법상의 단체로서 보통 단체에서는 볼 수 없는 더욱 강한 통제력을 필요로 하고 이러한 통제권의 근거를 헌법상의 단결권보장에서 구한다. 다만, 단결권설은 일반 단체로서의 성질을 완전 부정하느냐의 여부에 따라, 다시 「순수단결권설」과 「절충단결권설」로 나누어진다.

순수단결권설은 노동조합의 일반적인 단체로서의 법적 성격을 완전히 부정하고 이것과는 이질적인 노동조합의 특성을 기초로 하여 통제권의 법리를 구성하려는 견해이며,103) 절충단결권설은 노동조합의 일반단체로서의 법적 성격을 인정하면서도 단결권보장에 근거한 보다 강한 통제권이 인정된다고 한다.104)

### (2) 사　　견

사견으로는 근로자의 근로삼권을 결사의 자유와 별도로 인정하고 있는 현행 헌법체계를 볼 때에 순수단결권설이 옳다고 본다. 노동조합은 단순한 일반단체가 아니라, 헌법 제33조제1항에서 보호하고 있는 근로자의 특수한 단결체이기 때문이다.

### 3. 통제의 주요내용 및 한계

조합의 내부통제에 근거한 징계사유로는 대체로 조합원의 의무를 이행하지 아니한 경우가 이에 해당되며, 구체적으로는 규약 위반, 결의·지시의 불복종, 조합의 명예훼손, 조합비체납 및 분파활동 등을 들 수 있다. 이하에서는 징계사유 중 대표적인 경우와 그 한계에 대하여 간단히 설명하고자 한다.

### (1) 조합원 개인의 정치활동

조합원이 노동조합의 구성원으로서의 자격으로서가 아니라 일반시민의 자격으로서 정치활동을 한 경우 노동조합이 이를 통제할 수 있는지의 여부가 문제시되고 있다.

노동조합의 정치활동과 조합원 개인의 정치권 행사가 상충되는 경우 조합정치활동의 목적·내용 및 성질과 조합원 개인의 정치권의 목적·내용·성질 및 노동조합에의 협력의 정도 등을 비교·형량하여 노동조합의 정치적 목적 달성과 조합원 개인의 정치권이 조화·균형될 수 있도록 하여야 한다.105) 예컨대 노동조합의 정치적

---

103) 김유성, 노동법(Ⅱ), p. 88; 이병태, 노동법, p. 165; 김형배, 노동법, p. 835.

104) 김수복, 노동법, p. 753; 임종률, 노동법, p. 88; 이학춘·이상덕·이상국·고준기, 노동법(Ⅱ), p. 211.

105) 김유성, 노동법(Ⅱ), p. 90.

활동이 ⅰ) 근로조건의 유지·개선 또는 근로삼권의 행사 등과 관련되어 있는 경우 이와 관련된 노동조합의 지시·통제에 조합원 개인은 구속되나, ⅱ) 반핵운동, 환경운동 등 순수한 정치활동의 경우 이와 관련된 노동조합의 지시·통제에 조합원 개인이 따르지 아니하는 경우에도 제재의 사유가 되지 않는다 할 것이다.106)

한편, 공직선거에 관한 노동조합의 결정에 반하는 조합원 개인의 독자적인 정치권 행사는 통제처분의 대상이 될 수 없다고 한다. 예컨대 ⅰ) 노동조합의 방침에 위반하여 공직선거에 독자적으로 출마하는 것, ⅱ) 노동조합이 지지하는 정당이나 입후보자 이외의 다른 정당이나 입후보자를 지지하거나 선거운동을 하는 것, ⅲ) 노동조합의 공직선거 노선이나 정책 등을 비판하는 것 등은 제재의 대상이 되지 아니한다.107)

### (2) 조합원의 조합비 미납

조합원이 조합비를 납부하지 아니하는 경우 노동조합은 규약으로 조합원의 노동조합법 또는 조합규약상의 권리를 제한할 수 있다(노동조합법 제22조).

### (3) 결의 또는 지시에의 불복종

노동조합이 합법적인 절차를 거쳐 결정한 의결 또는 합법적인 지시에 위반하여 조합원이 독자적인 행동을 하는 경우에는 통제의 대상이 되는 것이 원칙이다. 예컨대 조합원이 정당하고 합법적인 파업지시에 따르지 아니하거나, 조합원 일부가 무단으로 쟁의행위를 하는 경우가 이에 해당된다. 다만, 노조집행부의 구성 및 업무 등에 관하여 단순히 비판을 하거나 반대입장을 표명하는 것은 이러한 비판 또는 반대가 악의적인 목적에 의한 것이거나, 허위의 사실에 근거하는 등 구체적인 반조합 활동으로 나타나지 아니하는 한 조합민주주의의 실현이라는 관점에서 통제의 대상이 되지 아니한다.108)

한편, 노동조합의 위법·부당한 의결 또는 지시에 위반하여 조합원이 이를 따르지 아니하는 경우에는 통제의 대상이 되지 아니하는 것이 원칙이다.109)

---

106) 김유성, 노동법(Ⅱ), p. 90; 임종률, 노동법, p. 95.
107) 임종률, 노동법, p. 95; 이영희, 노동법, p. 205; 이학춘·이상덕·이상국·고준기, 노동법(Ⅱ), p. 215.
108) 김유성, 노동법(Ⅱ), p. 89; 임종률, 노동법, p. 95; 이병태, 노동법, p. 166.
109) 김유성, 노동법(Ⅱ), p. 89; 임종률, 노동법, p. 94; 박홍규, 노동법(Ⅱ), p. 188.

## 4. 통제위반에 대한 제재절차

노동조합의 내부통제는 조합원에 대한 불이익을 부과하게 되는바, 특히 제명은 조합원으로서의 자격을 상실하게 하여[110] 조합원의 단결권을 침해할 우려가 있다. 따라서 조합에는 통제위반에 대하여 제재를 하는 경우 일정한 제재절차가 마련되어야 한다.

현행 노동조합법은 제재절차에 관한 규정을 두지 아니하고 있기 때문에 제재절차는 조합규약에 정하는 것이 일반적이다.

노동조합이 조합원에 대한 제재를 부과하는 경우에는 해당 조합원에게 제재의 사유를 미리 고지하고 제재결정기관에 출석하여 소명할 수 있는 충분한 기회를 부여할 것이 요구된다.

제재처분은 조합규약에 규정된 징계위원회의 의결을 거쳐야 하며, 징계위원회가 규정되어 있지 아니한 경우 총회 등 최고의결기관의 의결을 거쳐야 한다.[111]

제명이외의 징계, 예컨대 경고, 견책, 제재금부과 및 조합원 자격의 일시정지 등은 조합규약이 정하는 바에 따라 총회 또는 대의원회가 아닌 별도의 징계위원회 또는 집행위원회 등에서도 제재조치를 결정할 수 있다. 그러나, 제명의 경우에는 노동조합법 제16조에 규정된 총회의결 사항 중에 「기타 중요사항」(동조 제9호)에 해당되므로 반드시 총회 또는 대의원회에서 직접·비밀·무기명 투표에 의하여 결정되어야 한다.[112]

이러한 소명절차 또는 징계위원회의 의견 등 절차적 요건이 충족되지 아니하는 경우 절차상의 중대한 흠결로 제재처분은 무효가 되는 것이 원칙이다.[113]

## 5. 통제에 대한 사법심사

### (1) 의 의

조합의 조합원에 대한 통제는 본질적으로는 조합의 내부문제이므로 조합의 자치

---

110) 적법절차에 따라 제명된 조합원은 제명에 대한 구제절차를 밟고 있다는 이유만으로 조합원의 지위를 유지하고 있는 것이 아니다. 노조 01254-843(1990. 1. 20); 노조 01254-5246(1990. 4. 12). 노동조합으로부터 제명된 사실만을 이유로 근로자를 해고할 수 있도록 되어 있는 취업규칙은 무효이다. 대판 1989. 1. 17, 87다카2646; 노조 01254-6546(1988. 5. 4).

111) 김형배, 노동법, p. 837; 임종률, 노동법, p. 91; 이병태, 노동법, p. 167.

112) 김유성 노동법(Ⅱ), p. 90; 김형배, 노동법, p. 703; 이병태, 노동법, p. 168; 이학춘·이상덕·이상국·고준기, 노동법(Ⅱ), p. 217.

113) 김유성, 노동법(Ⅱ), p. 90; 이병태, 노동법, p. 168; 임종률, 노동법, p. 96.

에 일임하는 것이 단결권보장의 취지에 가장 적합하다. 그러나, 조합의 통제의 수준이 지나치거나 절차상의 하자로 인하여 조합원이 이에 불복하는 경우에는 이를 구제할 수 있는 절차가 마련되어야 한다. 이러한 구제절차가 바로 조합의 통제에 대한 사법심사이다.

노동조합의 자주성이라는 관점에서 볼 때 조합의 내부통제에 대하여 법원은 가능한 한 개입을 하지 아니하는 것이 바람직하다.

### (2) 사법심사의 한계

법원의 개입을 어느 정도로 인정할 것인가는 구체적인 경우에 따라 개별적으로 판단되어야 한다.

조합규약에서 내부통제에 대한 규정을 두고 있지 아니하거나, 그 내용이 일반적·추상적이어서 명확하지 아니한 경우에는 법원은 통제처분의 합법성에 대한 판단을 할 수 있다고 본다. 그러나, 조합규약에 징계사유와 절차가 명확하고 구체적으로 규정되어 있는 경우에는 조합의 자주적인 결정을 존중해야 할 것이며, 이러한 사유와 절차를 현저히 일탈·남용한 경우에만 사법심사의 대상이 된다고 할 것이다.114)

이 경우 사법심사는 일반법원에 의한 민사소송을 통하여 이루어지며, 노동위원회에 의한 부당노동행위구제제도 등에 의하는 것은 아니다.115)

적법절차에 따라 제명된 조합원은 제명의 부당성을 이유로 사법심사를 밟고 있다는 것만으로 조합원의 지위를 계속 유지하는 것은 아니다.116)

## 제4절 노동조합의 해산과 조직변경

## I. 해 산

### 1. 관련규정

**노동조합법 제28조** [해산사유] ① 노동조합은 다음 각호의 1에 해당하는 경우에는 해산한다.
1. 규약에서 정한 해산사유가 발생한 경우

---

114) 김유성, 노동법(Ⅱ), p. 91; 이병태, 노동법, p. 169; 김형배, 노동법, p. 840.
115) 대판 1993. 3. 9, 92다29429.
116) 노조 01254-843(1990. 1. 20); 노조 01254-5246(1990. 4. 12). 반대: 박홍규, 노동법, p. 910.

2. 합병 또는 분할로 소멸한 경우
3. 총회 또는 대의원회의 해산결의가 있는 경우
4. 노동조합의 임원이 없고 노동조합으로서의 활동을 1년 이상 하지 아니한 것으로 인정되는 경우로서 행정관청이 노동위원회의 의결을 얻은 경우
② 제1항 제1호 내지 제3호의 사유로 노동조합이 해산한 때에는 그 대표자는 해산한 날부터 15일 이내에 행정관청에게 이를 신고하여야 한다.

## 2. 해산사유

노동조합의 해산이라 함은 조합이 본래의 활동을 정지하고 소멸하기 위한 절차를 개시·진행하는 것을 말한다. 해산은 이미 소멸의 절차가 종료한 것을 의미하는 것이 아니라 청산과정에 들어가는 것을 의미한다. 따라서 법인인 노동조합이 해산절차를 진행하는 경우 그 청산의 목적범위 안에서 권리를 행사하고 그 의무를 부담한다.

노동조합의 해산사유에는 ⅰ) 조합규약에 정한 해산사유의 발생, ⅱ) 합병·분할로 인한 소멸, ⅲ) 총회·대의원회의 해산결의, ⅳ) 조합활동의 정지 등이 있다.

### (1) 규약에 정한 해산사유의 발생

「해산에 관한 사항」은 조합규약의 필요적 기재사항이다(동법 제11조제11호). 조합규약에 해산사유가 규정되어 있는 경우 해당 해산사유가 발생되면 조합은 해산된다.

### (2) 합병 또는 분할로 인한 소멸

노동조합이 합병 또는 분할로 인하여 소멸되는 경우 노동조합이 해산된다. 노동조합법은 합병 및 분할에 관하여 ⅰ) 총회의 의결사항이 된다는 사실(동법 제16조제1항제7호)과 ⅱ) 동 의결에는 재적조합원 과반수의 출석과 출석조합원 3분의 2 이상의 찬성이 있어야 한다는 사실(동법 제16조제2항)을 규정하고 있는 것 이외에 별다른 규정을 두고 있지 아니하다. 따라서 합병의 구체적인 절차나 법적 효과에 관한 사항은 이를 조합규약(동법 제11조제11호)으로 정하거나 해석에 따라야 할 것이다.

### (가) 합 병

① 의  의:    노동조합의 합병이라 함은 2개 이상의 노동조합이 하나의 노동조합으로 통합되는 것을 말한다. 합병에는 흡수합병과 신설합병이 있다. 신설합병은 구노동조합을 모두 해산한 후 하나의 신노동조합을 결성하는 합병을 말하며, 흡수합병은 어느 하나의 노동조합이 다른 노동조합을 해산하고 이를 흡수하는 합병을 말한다. 흡수합병의 경우 존속하는 노동조합을 흡수노조, 소멸하는 노동조합을 소멸노

조라 하고, 신설합병에서는 각각 신설노조·소멸노조라 한다.[117]

② **합병절차:**　　합병을 하려는 노동조합은 총회 또는 대의원회에서 합병을 의결하여야 한다(노동조합법 제16조제1항).

㉠ **신설합병**　　신설노조의 조합원은 새로운 규약을 제정하고, 조합대표자는 동 규약에 설립신고서를 첨부하여 설립신고를 하여야 한다(동법 제10조). 소멸노조의 대표자는 해산한 날부터 15일 내에 행정관청에 이를 신고하여야 한다(동법 제28조제2항).

㉡ **흡수합병**　　흡수노조의 조합원은 기존의 규약을 변경하고, 조합대표자는 변경된 내용을 행정관청에 통보하여야 한다(동법 제13조제2항). 소멸노조의 대표자는 해산한 날부터 15일 이내에 행정관청에 이를 신고하여야 한다(동법 제28조제2항).

③ **법적 효과:**　　합병이 종료되면 ⅰ) 흡수합병의 경우 흡수노조는 존속하고 소멸노조는 소멸하며, ⅱ) 신설합병의 경우 신설노조는 존속하고 소멸노조는 소멸하게 된다. 이 경우 소멸노조는 노동조합법 제28조제1항제2호의 규정에 따라 해산하게 된다. 그러나 이 때의 해산은 형식적 해산에 불과하며 소멸노조의 조합원은 합병결의에 의하여 별도의 조합가입절차 없이 자동적으로 흡수노조·신설노조의 조합원이 된다.[118]

한편 합병 이전에 소멸노조가 체결한 단체협약 및 권리·의무는 흡수노조·신설노조에게 포괄적으로 이전되어 그 효력이 유지되는 것이 원칙이다.[119]

(나) 분 할

① **의 의:**　　노동조합의 분할이라 함은 하나의 노동조합이 2개 이상의 노동조합으로 분할됨으로써 기존의 노동조합이 완전히 소멸되는 것을 말한다. 분할은 기존의 노동조합이 소멸된다는 점에서 기존 노조는 그대로 존속한 채 일부 조합원들이 집단적으로 탈퇴하여 새로운 별개의 노조를 결성하는 「탈퇴」 또는 「사실상의 분리」와 구별된다.[120]

② **분할절차:**　　분할을 하려는 노동조합은 총회 또는 대의원회에서 분할을 의결하여야 한다(동법 제16조제1항제7호). 이 경우 구노동조합은 소멸하게 되므로 대표자는 해산일부터 15일 이내에 행정관청에 이를 신고하여야 한다(동법 제28조제2항).

---

117) 김유성, 노동법(Ⅱ), p. 115.
118) 김유성, 노동법(Ⅱ), p. 116.
119) 김유성, 노동법(Ⅱ), p. 117.
120) 김유성, 노동법(Ⅱ), p. 117; 김형배, 노동법, p. 851; 박홍규, 노동법(Ⅱ), p. 941; 이병태, 노동법, p. 184.

신노동조합의 조합원은 새로운 규약을 제정하고 조합대표자는 동 규약에 설립신고서를 첨부하여 설립신고를 하여야 한다(동법 제10조).

③ **법적 효과**:    분할결의에 따라 기존노조의 권리의무는 신설노조에게 포괄적으로 이전되어 그 효력이 유지된다. 기존노조의 재산도 분할결의에서 정한 바에 따라 귀속되게 된다. 그러나, 분할 이전에 기존 노조가 체결한 단체협약의 효력은 기존 노조와 신설노조 간의 실질적 동질성을 인정하기 어렵기 때문에 원칙적으로 종료한다.121)

### (3) 총회 또는 대의원회의 해산결의

총회 또는 대의원회가 조합의 해산을 의결한 경우 조합은 해산하게 된다(동법 제28조제1항제3호). 이는 노동조합의 임의해산에 관한 것으로 조합규약에 정한 해산사유의 발생과는 상관없이 조합의 해산을 의결할 수 있다. 총회의 해산의결에는 재적조합원 과반수의 출석과 출석조합원 3분의 2 이상의 찬성이 있어야 한다(동법 제16조제2항). 의결정족수의 요건을 경감시키는 것은 허용되지 아니하나, 이를 조합규약에 의하여 더욱 엄격히 하는 것은 허용된다고 본다.122)

### (4) 노동조합의 활동이 없는 경우

### (가) 실질적 요건

노동조합의 대내적·대외적 활동을 담당하는 임원인 위원장·부위원장 등이 없고, 노동조합으로서의 활동을 1년 이상 수행하지 아니한 경우에 노동조합은 해산된다. 즉, 노동조합의 기능이 사실상 정지된 경우로서 이러한 노동조합을 휴면노조라고 한다. 노동조합의 조합원이 1명도 남아 있지 아니한 경우에는 노동조합이 자연소멸되며,123) 이 경우에는 1년이 경과하기 전이라도 소멸하게 된다.

노동조합으로서의 활동을 1년 이상 하지 아니한 경우라 함은 계속하여 1년 이상 조합원으로부터 조합비를 징수한 사실이 없거나 총회 또는 대의원회를 개최한 사실이 없는 경우를 말한다(동법시행령 제13조제1항).

### (나) 절차적 요건

상기의 해산사유가 있는 경우 행정관청이 그 사유의 존재에 관하여 노동위원회

제3부 집단적 노사관계

---

121) 김유성, 노동법(Ⅱ), p. 118; 박상필, 노동법, p. 418; 이병태, 노동법, p. 186; 김형배, 노동법, p. 852.

122) 김치선, 노동법, p. 333; 김유성, 노동법(Ⅱ), p. 114; 박상필, 노동법, p. 419.

123) 노조 01254−12058(1990. 8. 29).

의 의결을 얻은 때에 해당 노동조합은 해산된 것으로 본다(동법시행령 제13조제2항). 노동위원회는 동의결을 하는 경우 해산사유발생일 이후의 해당 노동조합의 활동을 고려하여서는 아니 된다(동법시행령 제13조제3항). 이 경우 노동위원회의 의결은 해산을 단순히 확인하는 절차에 불과한 것이 아니라 효력요건으로 보아야 할 것이다.[124]

### 3. 해산의 절차

#### (1) 해산의 신고

노동조합이 해산하는 경우 노동조합의 대표자는 해산한 날부터 15일 이내에 행정관청에 이를 신고하여야 한다(노동조합법 제28조제2항). 이러한 해산신고는 해산의 효력요건이 아니라 단순한 행정절차에 불과하다.[125]

#### (2) 청산절차의 진행

해산된 노동조합은 청산절차를 개시한다. 청산중의 노동조합은 통상의 노조활동을 중단하나, 청산의 범위 내에서는 그 활동을 지속한다. 총회 또는 대의원회는 계속 존속되어 청산활동에 관한 사항을 의결한다. 체결된 단체협약의 경우 ⅰ) 청산의 범위 내에서 그 효력이 지속된다는 견해[126]와 ⅱ) 해산에 의하여 효력이 실효된다는 견해[127]가 있다. 노동조합이 법인인 경우에는 청산에 관하여 민법상의 청산절차규정이 적용된다(동법 제6조제3항).

노동조합이 법인이 아닌 경우에도 조합규약이나 총회의 의결로 달리 정하지 아니하였다면 민법상 법인에 관한 규정이 준용된다는 견해가 있다.[128] 청산절차가 완료되면 노동조합은 소멸된다.

### Ⅱ. 조직변경

### 1. 의    의

노동조합의 조직변경은 조합의 존속중에 그 동질성을 유지하면서 조직을 변경하는 것을 말한다.

---

124) 김형배, 노동법, p. 855.
125) 김유성, 노동법(Ⅱ), p. 115; 노조 01254-1780(1988. 2. 4).
126) 김유성, 노동법, p. 115
127) 임종률, 노동법, p. 103.
128) 보사노 1138(1962. 4. 30).

## (1) 「조합의 존속중」에 조직변경

조직변경은 「조합의 존속중」에 이루어지는 것이 원칙이다. 따라서, 조직변경은 반드시 기존 조합의 해산 및 신규 조합의 설립이라는 법적 절차를 거치지 아니하고 조합규약의 개정만으로 충분하다고 할 것이다.[129] 다만, 외형상 기존 조합의 해산 및 신규 조합의 설립절차를 통하여 실질적인 조직변경과 동일한 효과를 가져올 수도 있는바, 이를 「사실상의 조직변경」이라 한다.[130]

## (2) 「동질성」의 유지

노동조합의 조직변경은 그 「동질성」을 유지하면서 이루어져야 한다. 무엇이 「동질성」의 유지인가에 대하여 구체적인 학설이나 판례는 없으며, 다만 일부 판례는 노동조합의 인적 구성원의 동질성을 요건으로 제시하고 있다. 즉, 조합원의 자격범위를 변경하는 경우 어느 사업장의 근로자로 구성된 노동조합이 다른 사업장의 노동조합을 결성하거나 그 조직형태를 결정할 수 없으며, 또한 다른 사업장의 근로자를 가입대상에 포함시킬 수 없다.[131] 한편, 노동조합의 설립 또는 해산절차를 통하여 조직변경을 하는 경우에는, 구성원의 동질성 여부와 상관없이 노동조합법상의 노조 설립 또는 해산절차를 밟아야 한다.

**관 련 판 례**  대판 2002. 7. 26, 2001두5361    노동조합이 존속중에 그 조합원의 범위를 변경하는 조직변경은 변경 후의 조합이 변경 전 조합의 재산관계 및 단체협약의 주체로서의 지위를 그대로 승계한다는 조직변경의 효과에 비추어 볼 때 변경 전후의 조합의 실질적 동일성이 인정되는 범위 내에서 인정되고, 노동조합은 구성원인 근로자가 주체가 되어 자주적으로 단결하고 민주적으로 운영되어야 하므로, 어느 사업장의 근로자로 구성된 노동조합이 다른 사업장의 노동조합을 결성하거나 그 조직형태 등을 결정할 수는 없으며, 여기에서 말하는 노동조합에는 근로조건의 결정권이 있는 독립된 사업 또는 사업장에 조직된, 산업별·지역별·직종별 단위노동조합의 지부 또는 분회도 포함된다.

## 2. 절    차

조직변경을 하려는 노동조합은 총회 또는 대의원회에서 조직변경을 의결하여야 한다(노동조합법 제16조제1항제8호). 이 경우 재적조합원 과반수의 출석과 출석조합원 3분의 2 이상의 찬성이 있어야 한다(동법 제16조제2항). 따라서 조직변경을 위하여 해

---

129) 김형배, 노동법, p. 856; 김유성, 노동법(II), p. 119.
130) 이병태, 노동법, p. 181.
131) 대판 2002. 7. 26, 2001두5361.

산절차를 거친 후 별도의 새로운 노조설립절차를 밟을 필요는 없다.

조직변경으로 인하여 조합원의 자격범위 또는 지위에 변경을 가져 오는 경우 이에 관한 규약을 변경하여야 한다. 노동조합의 대표자는 변경된 규약을 매년 1월 31일까지 행정관청에 통보하여야 한다(동법 제13조제2항).

## 3. 법적 효과

조직변경의 경우 노동조합의 동질성이 그대로 인정되므로 변경 전의 노동조합이 체결한 단체협약, 권리·의무 및 조합의 재산관계가 그대로 유지되어 효력이 인정된다.[132]

> **관 련 판 례**  대판 2002. 7. 26, 2001두5361   노동조합이 존속중에 그 조합원의 범위를 변경하는 조직변경은 변경 후의 조합이 변경 전 조합의 재산관리 및 단체협약의 주체로서의 지위를 그대로 승계한다는 조직변경의 효과에 비추어 볼 때에 변경 전후의 조합의 실질적 동질성이 인정되는 범위 안에서 인정되어야 한다.

## Ⅲ. 산별노조 지부·지회의 해산 및 조직변경

### 1. 단 결 권

#### (1) 가   입

##### (가) 근로자 개인

산별노조는 조합원 개인을 구성단위로 하는 것이 원칙이다. 따라서, 근로자 개인은 자유로이 산별노조에 가입할 수 있다. 기업별 노조에 이미 가입한 근로자 개인도 기업별 노조를 탈퇴하고 산별노조에 가입할 수 있다.

##### (나) 근로자 단체

근로자단체도 산별노조의 구성단위로서 이에 가입할 수 있는지 의문이 제기될 수 있다.

기업별노조의 조합원 전원이 산별노조에 가입하는 경우에 그 방법론으로서 ⅰ) 기업별노조에서 집단 탈퇴하여 산별노조에 가입하는 방법, ⅱ) 기업별노조를 해산하고 산별노조에 가입하는 방법, 및 ⅲ) 기업별 노조의 조직변경을 통하여 산별노조의

---

132) 김유성, 노동법(Ⅱ), p. 118; 박상필, 노동법, p. 420; 이병태, 노동법, p. 181; 박홍규, 노동법(Ⅱ), p. 938; 대판 2002. 7. 26, 2001두5361.

지부·지회가 되는 방법이 있을 수 있다.

ⅰ) 및 ⅱ)의 방법은 근로자 개인이 산별노조에 가입하는 것이므로 원칙에 부합된다는 이점이 있으나, 기업별노조의 잔여재산의 귀속 및 처리 문제가 발생하게 된다는 단점이 있다. ⅲ)의 경우에는 기업별 노조의 지위를 그대로 유지한 채 가입하는 방법과 기업별노조의 지위를 포기하고 노조설립 신고증을 반납한 채 가입하는 방법의 두 가지가 있을 수 있다. 기업별 노조의 지위를 유지한 채 산별노조에 가입하는 경우 산별노조가 이를 받아들일지는 사실상의 별론으로 하더라도, 과연 이것이 법리적으로 허용될 수 있는지 의문이 생길 수 있다. 우리나라는 노조설립 자유주의를 채택하여 기업별 노조가 산별노조의 구성단위로 가입하는 것을 배제하고 있지 아니하며, 노동조합법시행령 제7조도 산별노조의 지부·지회의 노동조합 신고를 인정하고 있기 때문에 이는 허용되어야 할 것이다. 기업별노조의 지위를 포기한 채 가입하는 경우에도 사실상 노동조합으로서의 실체는 갖추고 있으므로 산별노조의 지부·지회라는 근로자단체로서 가입이 허용되어야 할 것이다.

## (2) 탈 퇴

### (가) 근로자 개인

근로자 개인은 자유로이 산별노조에서 탈퇴할 수 있다. 근로자 개인은 산별노조를 탈퇴하고 기업별노조에 가입할 수 있다.

### (나) 근로자 단체

산별노조의 지부·지회도 산별노조에서 탈퇴하고 기업별노조로 전환할 수 있는지 의문이 제기 될 수 있다.

산별노조 지부·지회의 조합원 전원이 기업별노조에 가입하거나 이를 설립하는 경우에 그 방법론으로서 ⅰ) 산별노조에서 집단 탈퇴하는 방법, ⅱ) 산업별노조의 지부·지회를 해산하는 방법 및 ⅲ) 산별 노조 지부·지회의 조직변경을 통하는 방법이 있을 수 있다.

ⅰ)의 방법은 근로자 개인이 산별노조에서 탈퇴하는 것이므로 아무런 법적 문제가 없으나, 지부·지회 잔여재산의 귀속 및 처리 문제가 발생하게 된다는 단점이 있다. ⅱ)의 경우에는 지부·지회가 과연 해산결정을 할 수 있는 법적 지위를 갖추고 있는지에 대한 의문점이 발생할 수 있으며, 여전히 잔여재산의 귀속 및 처리 문제가 남는다는 단점이 있다.

ⅲ)의 경우에는 지부·지회가 기업별 노조의 지위를 갖고 있는 경우와 갖고 있

지 아니한 경우로 나누어 볼 수 있다.

① **기업별 노조의 지위를 갖고 있는 경우:**     산별노조의 지부·지회가 기업별 노조의 지위를 갖고 있는 경우 지부·지회는 독자적인 노동조합으로서 산별노조로부터의 내부위임 또는 동의를 받지 아니하고 독자적으로 조직변경의 결정을 내릴 수 있다. 이는 설사 산별노조 규약에서 지부·지회의 조직변경 등을 금지하고 있고, 가입 당시 지부·지회가 이에 동의하였다 할지라도 달리 볼 것은 아니다.

② **기업별 노조의 지위를 갖고 있지 아니한 경우**

㉠ 부정설     지부·지회는 산별노조의 하부조직에 불과하므로 산별노조로부터 내부위임을 받지 아니하고는 조직변경 등의 의사결정권이 없다는 견해이다. 지부·지회의 독자성을 인정할 경우 산별노조의 단결력을 훼손할 우려가 있고, 조합규약에서도 지부·지회의 조직변경을 금지하고 있다는 것을 논거로 하고 있다. 종전의 대법원 판례의 입장이다.

㉡ 절충설     산별노조 하부조직인 지부·지회는 독자적 단체교섭과 단체협약 체결 능력이 있어 독립된 노동조합으로 볼 수 있는 경우에만 조직형태 변경의 주체가 될 수 있다는 견해이다.[133]

㉢ 긍정설     지부·지회가 근로자단체로서 실체를 갖추고 있는 한 산별노조로 부터 내부위임 없이도 독자적으로 조직변경 등의 의사결정권이 있다는 견해이다. 최근 대법원 판례의 입장이다.[134] 대법원은 산별노조의 지부·지회가 단체교섭·협약권이 있는 경우는 물론이고 설사 단체교섭·협약을 하지 못하더라도 독자적인 규약과 집행기관을 가지고 독립 활동을 하여 근로자단체에 준하는 지위를 가진 경우 조직형태를 변경하여 기업별 노조로 전환할 수 있다고 판결하고 있다.[135] 동 판결은 노동조합이 어떠한 조직형태를 갖출 것인지, 이를 유지·변경할 것인지 등의 선택은 단결권의 주체인 근로자의 자주적, 민주적 의사 결정에 맡겨진다고 하고 있다.

---

133) 대판 2016. 2. 29, 2012다96120 소수의견.
134) 대판 2016. 2. 29, 2012다96120(전원합의체).
135) 대판 2016. 2. 29, 2012다96120(전원합의체).

제 *2* 편

# 단체교섭권

노

동

법

# 제1장 단체교섭

## 제1절 의 의

### I. 의 의

#### 1. 단체교섭의 개념 및 기능

##### (1) 단체교섭의 개념

각 국가는 역사적·사회적 제 요인의 차이로 말미암아 서로 상이한 단체교섭제도를 보유하고 있으므로 단체교섭의 개념은 다양한 형태를 보여주고 있다. 따라서, 단체교섭의 명확한 정의는 찾아볼 수 없으며 「노동조합과 사용자 간의 근로조건 기타 사항에 관하여 진행하는 평화적인 교섭」[1]이라고 하거나 「노사의 대표자가 그 근로시간, 임금 기타의 근로조건에 관하여 평화적으로 교섭하는 것」[2]이라고 하여 극히 추상적으로 표현하고 있을 뿐이다. 단체교섭의 개념은 크게 협의와 광의로 나누어 볼 수 있다.

##### (가) 협의의 단체교섭

협의의 단체교섭이라 함은 노동조합이 사용자와 일정한 교섭절차를 거쳐 단체교섭대상에 대하여 협의·교섭하는 것을 의미한다. 각 국가마다 그 정도와 태양은 달리 하나 일반적으로 단체교섭의 주체·대상·상대방 및 방법 등에 관하여 일정한 법적 요건을 부과하고 이에 위배되는 경우 단체교섭으로서의 법적 효과를 부여하지 아니한다.

---

1) 김치선, 노동법, p. 333; 김유성, 노동법(Ⅱ), p. 121. 단체교섭에 관한 상세한 내용은 손창희, "단체교섭의 법적 구조", 「일본노동협회잡지」 제220호 및 제221호(1977, 1978) 참조.
2) 심태식, 「노동법개론」(법문사, 1981), p. 113.

제3부 집단적 노사관계

(나) 광의의 단체교섭

광의의 단체교섭이라 함은 협의의 단체교섭 이외에도 비공식적·공식적 노사협의, 고충처리 및 공동결정 등 노사간의 대화과정을 포괄적으로 포함하는 개념을 말한다. 광의의 단체교섭 개념은 주로 산업별 교섭제도하에서 협의의 산업별 단체교섭 이외에도 기업별·사업장별로 행하여지는 근로자대표와 사용자 간의 협의 또는 교섭을 보호하고자 하는 데 그 인정의 실익이 있다.

(2) 단체교섭의 기능

단체교섭은 다음과 같이 다양한 기능을 수행하고 있다.3)

첫째, 단체교섭은 근로자와 사용자 간의 근로조건에 관한 교섭에 있어 근로자의 단체인 노동조합을 당사자로 참여시킴으로써 실질적으로 대등·평등한 지위를 확보할 수 있도록 한다.

둘째, 단체교섭은 근로자와 사용자 간의 노사관계의 형성 및 유지에 관한 공동참여를 의미한다. 이 경우 단체교섭을 통하여 노사간의 광범위한 대화와 정보교환을 통하여 상호신뢰관계를 구축할 수 있음은 물론 노사갈등을 사전에 대화로써 해결하고 노사분쟁을 예방할 수 있다.

셋째, 단체교섭은 근로자 개인을 조직화 함으로써 노동조합의 단결강화에 이바지하고 있다. 근로자 개인은 자신의 근로조건의 유지·개선 등에 다양한 이해관계를 갖고 있는바, 노동조합은 단체교섭을 통하여 이를 해결하여 주는 기능을 함으로써 근로자 개인을 노동조합으로 조직화되도록 유도하고 있다.

## 2. 여러 나라의 단체교섭제도

각국의 단체교섭에 대한 입법태도는 크게 방임형과 조성형으로 분류하여 볼 수 있다.

(1) 방 임 형

방임형이라 함은 국가가 단결권 또는 단체행동권을 헌법 및 법률 등에 의하여 보장하기도 하나, 단체교섭권에 대하여는 관여하지 아니하는 입법태도를 말한다. 방임형 단체교섭제도하에서는 단체교섭의 실시 여부 또는 방법 등에 대하여 당사자의 자유의사에 일임하고 있다. 이는 영국·프랑스 및 독일 등 주로 산업별 노조형태를

---

3) 김유성, 노동법(Ⅱ), p. 121 이하; 임종률, 노동법, p. 113; 박홍규, 노동법(Ⅱ), p. 227 이하.

채택하고 있는 국가에서 그 예를 찾아볼 수 있다.

### (2) 조 성 형

조성형이라 함은 국가가 근로자의 단체교섭권을 헌법 또는 법률에 의하여 보장함으로써 사용자에게 성실교섭의무를 부과하는 등 단체교섭의 주체·대상 및 방법 등에 있어서 일정한 법적 체계를 정립하는 입법태도를 말한다. 이는 미국·일본 및 우리나라 등 주로 기업별 노조형태를 취하고 있는 국가에서 그 예를 찾아볼 수 있다.

## Ⅱ. 단체교섭의 종류

단체교섭을 단체교섭권의 보호방법에 따라 분류하여 보면 다음과 같다.

### 1. 순수한 형태의 회합 및 협의

단체교섭권을 「순수한 형태의 회합 및 협의」(pure meet and confer)로 보는 입장이다. 이러한 입장에 의하면, 근로자와 사용자는 임금 및 근로시간 등 근로조건에 대한 상호 협의를 하되, 사용자는 근로자의 의견을 청취하고 협의할 뿐 이에 구속되지 아니하고 일방적으로 근로조건을 결정하게 된다. 우리나라 「공무원직장협의회의설립운영에관한법률」에 따른 직장협의회와 기관장 간의 「협의」의 경우 기관장은 합의된 사항의 이행에 「노력」하는 의무만을 부담하게 되고, 이에 구속되지 아니한다. 이와 마찬가지로 「교원의노동조합설립및운영등에관한법률」에 따라 교원노조에 의하여 체결된 단체협약의 내용 중 법령·조례 및 예산에 의하여 규정되는 내용과 법령과 조례에 의한 위임을 받아 규정되는 내용은 단체협약으로서의 효력을 가지지 아니하나, 사용자는 그 내용이 이행될 수 있도록 성실히 노력하여야 한다.

### 2. 수정된 형태의 회합 및 협의

단체교섭권을 「수정된 형태의 회합 및 협의」(modified meet and confer)로 보는 입장이다. 이러한 입장에 의하면 근로자와 사용자는 앞에서 설명한 「순수한 형태의 회합 및 협의」를 하되, 양 당사자는 단체교섭 및 단체협약의 체결과정에서 「성실의무」(in good faith)를 부담하게 된다. 이 경우, 「성실의무」는 단순한 「회합 및 협의」에 불과한 단체교섭권을 후술하는 「단체교섭」의 형태로 사실상 격상시키는 중요한 요소이다.[4] 영국과 미국의 대표적인 단체교섭형태로서, 영국[5]에서는 체결된 단체협약이 일종의 신사협정에 불과하여 양 당사자를 구속하지 아니하는 반면, 미국에서는 체결된 단체협약이 양 당사자를 구속한다는 차이점이 있다.

### 3. 단체교섭

단체교섭권을 「단체교섭」(bargain collectively)으로 보는 입장이다. 이러한 입장에 의하면 근로자와 사용자는 동등한 지위에서 서로 교섭하여 합의를 도출한 후, 이를 단체협약으로 체결하게 된다. 따라서 「성실의무」는 이러한 단체교섭에 본질적으로 내포되어 있는 개념이 된다.

독일·일본 및 우리나라 등에서 일반적으로 사용되는 단체교섭권의 개념이다.

## Ⅲ. 단체교섭의 방식

단체교섭의 형태 중 전형적인 것은 기업별 교섭과 산업별 교섭의 두 가지이다.

### 1. 기업별 교섭

#### (1) 기본원칙

기업별 교섭은 특정 기업에 소속된 종업원의 근로조건 기타의 사항에 관하여 기업별 노조와 그 상대방인 사용자와의 사이에 개별 기업 또는 사업장을 단위로 하여 행하는 단체교섭이다. 우리나라 및 일본에서는 기업별 노조가 일반적 조합형태이므로 대부분이 기업별 내지 사업장별로 교섭이 행하여지고 있다. 또한 미국의 산업별 노조의 경우도 하부조합인 지역조합(local union)이 자신의 사용자와 기업 단위의 교섭을 하고 있다.

#### (2) 보완방식

기업별 교섭을 원칙으로 하되 산업별 교섭의 요소를 보완하고자 다음과 같은 형태의 변형된 방식이 대두되고 있다.

##### (가) 상부단체에의 교섭위임

상부단체의 임·직원이 산하 기업별 노조로부터 교섭권한의 위임을 받아 기업별

---

4) Wollett Weisberger *et al.*, Col. Bar., pp. 72~79.
5) 최근의 1992년 노동조합및노사관계(통합)법(Trade Union and Labour Relations(Consolida- tion) Act of 1992) 제179조는 단체협약을 ⅰ) 서면으로 작성하고, ⅱ) 당사자가 법적 구속력을 갖는다는 내용을 명시한 경우에 한하여 단체협약의 법적 구속력을 인정하고 있다.

교섭에 참가하는 교섭형태이다. 통일교섭이라고도 한다.

#### (나) 공동교섭

수개의 기업별 노조가 그 대표자를 선정하거나 연명으로 또는 산업별노조와 공동으로 사용자단체와 교섭을 하는 방식이다.

#### (다) 집단교섭

상부단체 또는 산업별 노조의 통제하에 수개의 기업별 노조와 각 기업 간의 교섭을 동일장소에서 동시에 행하는 교섭형태를 의미한다. 상부단체 또는 산업별 노조의 통제하에 기업별 노조가 동시에 개별적으로 기업별 교섭을 행하는 방식도 이에 포함된다. 집단교섭을 연합교섭 또는 집합교섭이라고도 한다.

### 2. 산업별 교섭

#### (1) 기본원칙

산업별 노조 및 산업별 사용자단체 간에 그 산업의 근로자에 공통된 근로조건 기타 사항에 관하여 각 산업을 단위로 하여 통일적으로 행하는 단체교섭이다. 영국 및 독일 등 서구제국에서는 산업별 노조가 일반적 조합형태이므로 산업별 교섭이 단체교섭의 중심적 형태를 이루고 있다.

#### (2) 보완방식

산업별 교섭은 해당 산업에 소속된 모든 근로자에게 공통적으로 적용될 수 있는 근로조건을 정할 수 있으나 개별 기업의 특수한 사정을 반영할 수 없다. 이에 따라 산업별 교섭을 원칙으로 하되 기업별 교섭의 요소를 보완하고자 다음과 같은 형태의 변형된 방식이 대두되고 있다.

#### (가) 대각선교섭

상부단체 또는 산업별 노조가 단독으로 개개의 사용자와 직접 교섭하는 방식이다. 대각선교섭의 상대방 사용자를 한 자리에 합석시켜 그 교섭을 동시에 집단적으로 행하는 방식인 대각선집단교섭도 있다.

#### (나) 기업별 교섭제도

개별 기업 또는 사업장의 근로자대표가 해당 기업의 사업주와 근로조건을 교섭하되, 산업별 교섭제도하에서 산업별 노조가 체결한 단체협약의 수준보다 높은 수준의 근로조건을 체결하는 제도를 의미한다. 이 경우 근로자대표의 지위는 ⅰ) 노동조합의 대표자로서 단체교섭을 하는 경우와 ⅱ) 노동조합과는 무관한 해당 기업에 소속된 근로자의 대표자의 지위에서 노사간의 협의·교섭을 하는 경우의 두 가지 형태가 있으나, 후자인 경우가 일반적이다. 산업별 교섭하에서도 기업 또는 사업장별로 단체교섭이 허용되는 경우 대각선교섭 및 공동교섭 등이 행하여질 수 있다.

### ⑷ 공동결정제도

개별 기업의 근로자대표가 개별 기업의 근로조건 및 경영방침 등의 결정에 직접 참여하는 방식이다. 독일이 대표적인 예로서, 독일에서는 개별 기업 또는 사업장에서의 기업별 노조활동이 허용되지 아니하는 것이 원칙이므로 그 대신 개별 기업 내에서의 공동결정제도가 인정되고 있다.

# 제2절 단체교섭의 주체

## Ⅰ. 의 의

### 1. 개 념

단체교섭의 주체라 함은 단체교섭을 자신의 명의로 수행하고 법적 효과가 귀속되는 단체교섭의 당사자를 말한다. 따라서 단체교섭의 주체는 노동조합과 사용자로 볼 수 있으나, 사용자는 헌법상의 단체교섭권을 갖고 있지 아니하므로 단체교섭의 주체라기보다는 단체교섭의 상대방으로 파악할 수 있을 것이다.

### 2. 단체교섭의 주체와 유사개념과의 구별

#### (1) 단체교섭권의 주체와의 구별

헌법 제33조제1항의 단체교섭권의 주체는 근로자 개인과 노동조합이다. 근로자 개인은 단체교섭을 행할 수 없다. 단체교섭권의 주체와 단체교섭의 주체는 다음과 같이 구별된다.

첫째, 단체교섭권의 주체는 근로자 개인과 노동조합이나, 단체교섭의 주체는 노동조합에 국한된다. 즉, 근로자 개인과 노동조합은 모두 단체교섭권을 보유하고 있으나, 단체교섭권의 행사는 노동조합만이 할 수 있다.

둘째, 단체교섭권의 주체는 근로자 개인과 노동조합, 즉 근로자측에만 국한되나,

단체교섭의 주체에는 근로자측 주체는 물론 사용자측도 그 상대방으로서 포함된다.

### (2) 단체교섭의 담당자와의 구별

단체교섭의 담당자는 단체교섭을 실제로 수행할 수 있는 법적 자격이 있는 자, 즉 단체교섭의 권한을 갖고 있는 자를 말한다. 이에 반하여 단체교섭의 주체는 단체교섭을 스스로의 이름으로 행하는 자, 즉 단체교섭의 당사자를 말한다. 예컨대 노동조합의 대표자와 사용자의 대표자가 단체교섭을 하는 경우 단체교섭의 담당자는 노사 양측의 대표자이나, 단체교섭의 주체는 노동조합과 사용자이다. 단체교섭의 주체의 지위는 상급단체 및 하부조직 등에 위임할 수 없으나, 단체교섭의 담당자의 지위는 이를 위임할 수 있는 것이 원칙이다.

### (3) 단체협약의 주체와의 구별

단체교섭의 주체는 단체협약의 주체와 구별된다. 그 이유는 단체교섭의 대상은 반드시 단체협약의 체결사항에 국한되는 것은 아니기 때문이다.[6]

## 3. 단체교섭권의 이양과 위임

### (1) 단체교섭권의 이양

단체교섭권의 「이양」이라 함은 단체교섭권의 당사자간에 특정 단체교섭사항에 관한 단체교섭권을 이전하는 것을 말한다.[7]

첫째, 단체교섭권의 이양은 단체교섭권의 주체 즉, 당사자간에 이루어져야 한다. 단체교섭권의 당사자가 아닌 경우 이양대상인 단체교섭권을 보유·행사할 수 없기 때문이다. 따라서, 산별노조의 지부·지회는 산별노조와 단체교섭권을 서로 이양할 수 없으며, 산별노조가 단체교섭권한, 즉 담당자의 지위를 지부·지회에게 조합 내부적으로 위임할 수 있을 뿐이다.

둘째, 단체교섭권의 이양은 포괄적·무제한적으로 할 수 없으며, 특정 단체교섭 대상에 대하여 한시적·제한적으로 하여야 한다. 단체교섭권의 포괄적·일반적 이양은 단체교섭권을 사실상 포기하게 되고 노동조합의 자주성을 상실하게 되어 노동조합으로 볼 수 없다고 할 것이다. 예컨대, 단위노조가 단체교섭권을 산별노조에게 전부 이양한 경우 노동조합의 자격을 상실하게 되어 지부·지회로 될 것이다. 단체교

---

6) 김유성, 노동법(Ⅱ), p. 127; 김형배, 노동법, p. 897.
7) 단체교섭권은 일신전속권적인 성격을 갖는 것으로서 이를 이전하는 것은 사실상 불가능하므로 「이양」이라는 표현보다는 「상호 조정」이라는 표현이 적합하다고 할 것이다.

섭권의 이양은 복수노조간에 단체교섭권이 경합하는 경우에 주로 발생하게 되며, 특정 사항에 대하여 단체교섭권을 이양하는 경우, 단체교섭권을 행사할 수 없다.

### (2) 단체교섭권의 위임

단체교섭권의 "위임"이라 함은 단체교섭권의 당사자가 제3자에게 단체교섭의 담당자의 지위, 즉 단체교섭권한을 이전하는 것을 말한다.

첫째, 단체교섭권을 위임하는 자는 단체교섭권의 당사자의 지위를 보유하고 있어야 하나, 단체교섭권을 위임받는 자는 동 지위를 보유할 필요가 없으며 상부단체, 산별노조, 일반개인 등의 제3자도 무방하다.

둘째, 단체교섭권의 위임은 영구적·포괄적·무제한적으로 할 수 없으며, 노동조합의 자주성을 상실하지 아니하는 범위 안에서 제한적으로 이루어져야 한다.[8]

셋째, 하나의 단위조합 내부에서 상부조직 및 하부조직간의 단체교섭권한의 위임은 소위 권한의 "내부위임"으로서 그 범위가 보다 포괄적이고 일반적이라 할 것이다.

넷째, 단체교섭권의 이양과 달리 위임의 경우 특정사항에 대하여 단체교섭권을 포기하는 것이 아니라, 그대로 보유·행사할 수 있다.[9]

> **관련 판례**  대판 1998. 11. 13, 98다20790   구노동조합법(1996. 12. 31, 법률 제5244호로 폐지) 제33조제1항에서 규정하고 있는 단체교섭권한의 '위임'이라고 함은 노동조합이 조직상의 대표자 이외의 자에게 조합 또는 조합원을 위하여, 조합의 입장에서 사용자측과 사이에 단체교섭을 하는 사무처리를 맡기는 것을 뜻하고, 그 위임 후 이를 해지하는 등의 별개의 의사표시가 없더라도 노동조합의 단체교섭권한은 여전히 수임자의 단체교섭권한과 중복하여 경합적으로 남아 있다고 할 것이며, 같은조 제2항의 규정에 따라 단위노동조합이 당해 노동조합이 가입한 상부단체인 연합단체에 그러한 권한을 위임한 경우에 있어서도 달리 볼 것은 아니다.

## Ⅱ. 단체교섭의 당사자

단체교섭의 당사자, 즉 단체교섭의 주체에는 근로자측 주체로서 노동조합이 있으며, 사용자측 주체로서 사용자 또는 사용자단체가 있다(노동조합법 제30조제1항).

---

8) 손창희, 단체교섭의 법적 구조(3), 일반노동협회잡지 제223호, p. 38; 이학춘·이상덕·이상국·고준기, 노동법(Ⅱ), p. 291.
9) 이영희, 노동법, p. 229.

## 1. 근로자측 당사자

### (1) 단위노동조합

#### (가) 노동조합법상의 노동조합

노동조합법상의 노동조합은 당연히 단체교섭의 당사자가 된다.

따라서 ⅰ) 노동조합이 단체교섭을 요구하는 경우 이를 사용자가 정당한 이유 없이 거부하는 경우에는 부당노동행위가 성립되고, ⅱ) 정당한 단체교섭행위는 민사·형사상의 면책을 받게 되며, ⅲ) 단체교섭이 합의에 이르는 경우 단체협약을 체결할 수 있고, ⅳ) 단체교섭이 결렬된 경우 노동쟁의조정을 거친 후에 쟁의행위를 할 수 있다.

#### (나) 근로자단체

① **실질적 요건은 구비하였으나, 형식적 요건을 구비하지 못한 경우:** 노동조합법상의 실질적 요건은 구비하였으나 형식적 요건을 갖추지 못한 근로자단체, 즉 법외노조일지라도 단체교섭권 및 단체협약의 체결능력은 물론 정당한 단체교섭에 대한 민사·형사상의 면책특권도 인정된다는 견해가 다수설이다.

사견으로는 앞에서 이미 설명하였듯이 근로자단체는 단체교섭의 주체가 될 수 없다고 본다.[10]

다수설이 주장하는 대로 근로자단체의 단체교섭권을 인정한다 할지라도 이러한 단체교섭권은 사용자가 이를 거부하여도 부당노동행위가 인정되지 아니하는 등(동법 제7조제1항), 헌법에서 보장되고 있는 단체교섭과는 전혀 차원을 달리 하는 사법(私法)상의 교섭 또는 계약에 불과하다. 따라서 헌법상의 「단체교섭」이라기보다는 사실상의 교섭개념이 더욱 적합하다고 할 것이다.

> **관련 판례** **인천지판 1992. 3. 31, 91가합15764** 비상대책위원회가 합법적인 노동조합이 아니므로, 동 위원회와 맺은 합의도 단체협약이 아니지만, 회사측이 동위원회를 농성 근로자측 대표로 인정하고 맺은 계약인 이상 이에 준하는 효력이 있다.

② **실질적 요건을 구비하지 못한 근로자단체:** 노동조합설립의 실질적 요건 중에서도 적극적 요건을 구비하지 못한 근로자단체가 단체교섭권의 당사자가 될 수 없다는 것에 대하여 학설은 대부분 일치하고 있다. 그러나 ⅰ) 실질적 요건 중 적극

---

10) 동지: 대판 1991. 5. 24, 91도324(노조집행부가 해산된 상태에서 구성된 특별단체교섭추진위원회는 단체교섭권을 갖지 못한다).

적 요건은 구비하였으나 소극적 요건 중의 일부에 해당하는 근로자단체의 경우에는 실정 노동조합법의 규정에 저촉된다고 하여 곧 헌법의 근로기본권보장에 의한 이익을 받지 못한다는 것은 법이론상 타당하지 아니하기 때문에 구체적인 경우에 따라 자주성 확보의 정도를 기준으로 하여 판단해야 한다는 견해11) 또는 ⅱ) 쟁의단과 같은 일시적 단결체도 단결교섭의 주체가 될 수 있다는 견해12) 등이 있다.

사견으로는 노동조합의 실질적 요건은 헌법상의 단체교섭권을 행사할 수 있는 노동조합으로서의 최소요건을 정한 것이므로 실질적 요건이 결여된 노동조합은 어떠한 형태의 단체교섭도 사용자에게 요구할 수 없다고 본다.

쟁의단 등 일시적 단결체도 단체교섭권의 주체가 될 수 있다는 견해는 헌법상의 단체교섭권과 사실상 또는 사법(私法)상의 교섭을 혼동하고 있는 것으로 보인다.

> **관 련 판 례**   대판 1991. 6. 25, 90누2246   노동조합법상의 적법한 노동조합이 아닌 「민주택시운전자협의회」의 간부로서 임금협상에 참가하기 위하여 부득이 회사에 결근한 경우, 이는 정당한 조합활동에 해당되지 아니하므로 취업규칙에 따라 무단결근으로 인한 징계사유가 된다.

### (2) 상부단체 및 하부조직

#### (가) 상부단체

① **개 념:**   상부단체란 단위노조가 산업별·업종별 또는 지역별로 다른 단위노조와 결합관계를 가지는 경우 그 단위노조들의 상부에 존재하는 근로자단체를 말한다. 현행법상 상부단체란 연합단체인 노동조합을 말한다.

이러한 상부단체가 단체교섭을 행할 수 있는가, 즉 단체교섭의 주체가 될 수 있는가의 문제가 대두되고 있다.

② **학 설**

㉠ 단체교섭의 주체성을 부인하는 견해   기업별 노조의 상부단체의 구성원은 조합원이 아니라 단위노조이므로 연합단체가 그 구성원이 아닌 개별 조합원에게 직접 적용될 근로조건에 관하여 교섭·결정하는 권한이 없다. 따라서 단위노조의 총회 또는 대의원회로부터 위임을 받은 경우에만 그 상부단체인 연합단체가 단체교섭의 주체가 될 수 있다고 한다.13)

---

11) 김치선, 노동법, p. 312. 이러한 견해는 노동조합의 설립요건심사과정에서 노동조합의 실질적 요건 중 소극적 요건만을 심사대상으로 하고 있는 현행 법규정(노동조합법 제12조제3항)을 간과하고 있다.
12) 김유성, 노동법(Ⅱ), p. 128; 임종률, 노동법, p. 116; 이병태, 노동법, p. 198; 박상필, 노동법, p. 426.

ⓛ 단체교섭의 주체성을 긍정하는 견해     상부 연합단체도 독자적인 노동조합으로서의 조직을 갖추고 있고 하부 단위노조에 통제력을 발휘할 수 있으면 자신에 관련된 사항과 하부 단위노조의 공통적인 사항에 대하여[14] 또는 하부 단위노조 또는 구성원에게 구속력을 갖지 아니하는 범위 내에서 한정적인 단체교섭의 주체가 된다고 한다.[15]

③ **사  견:**     사견으로는 상부단체는 하부노조에 대한 통제력 유무에 불구하고 단체교섭의 주체가 될 수 있다고 본다.

상부단체가 단위노조에 대한 실제적인 통제력이 필요한지의 여부는 동일한 단체교섭대상에 관하여 상부단체와 단위노조 간에 단체교섭 주체로서의 경합이 발생한 경우에 한하여 논의되어야 할 것으로 본다. 따라서, 상부단체가 단위노조와는 아무런 관련이 없는 상부단체에 국한된 고유사항에 관하여 단체교섭을 수행하는 경우 단위노조에 대한 통제력이 없다고 할지라도 당연히 단체교섭의 주체가 될 수 있을 것이다.

한편, 단위노동조합이 상부단체에게 위임할 수 있는 것은 단체교섭 담당자의 지위에 국한되며 단체교섭 당사자의 지위를 위임할 수 있는 것으로 해석하여서는 아니 된다.

(나) 하부조직

하부조직이란 지부·분회 등과 같이 사업소·출장소·공장 및 작업장 등의 기업 하부조직에 결성된 단위노조의 하급단체이다. 하부조직이 과연 독자적인 단체교섭의 주체가 될 수 있는가에 대하여는 의문의 여지가 있다.

① **부정설:**     산별노조의 경우 지부·지회는 독자적인 단체교섭권이 인정되지 아니하고 산별노조의 지휘·통제아래 내부위임에 의하여 단체교섭권한을 행사할 수 있다는 견해이다.[16] 이러한 견해는 산별노조의 구성조직의 하나에 불과한 지부·지회에 대하여 독자적인 단체교섭권을 인정하는 경우 이는 노동조합의 조직원리에 위배될 뿐 아니라 근로삼권 질서를 침해하게 되고 산별노조의 전체적인 정책과 의사에 반하게 되어 노동조합의 민주적 운영을 저해하는 결과를 초래한다는 것을 논거

13) 김형배, 노동법, p. 884.
14) 김유성, 노동법(Ⅱ), p. 128; 임종률, 노동법, p. 111; 박상필, 노동법, p. 421; 이병태, 노동법, p. 198; 이학춘·이상덕·이상국·고준기, 노동법(Ⅱ), p. 278.
15) 이영희, 노동법, p. 230.
16) 김형배, 노동법, p. 887; 임종률, 노동법, p. 111; 이승욱, 「노조형태 다양화에 따른 효율적 교섭체계 구축을 위한 노동법적 대응, 국제노동기준과 한국의 노사관계」(2002. 11. 29).

로 하고 있다. 동 견해에 의하면 현행 노동조합법시행령 제7조에서 노동조합 지회·
분회가 독자적인 노조설립신고를 할 수 있다고 규정하고 있음에도 불구하고 이를
부정적으로 해석하여야 한다고 한다.

② 긍정설

㉠ 노조설립신고를 필요로 하지 아니하는 견해     산별노조의 지부·지회가 실질
적으로 독립성을 가지고 있는 경우, 예컨대 독자적인 조합규약과 집행기관을 가지고
독립된 조직체로서 활동하는 경우에는 독자적인 단체교섭권이 인정된다는 견해이
다.[17] 동 견해에 의하면 노조설립신고를 하지 아니하여도 독자적인 단체교섭권을 행
사할 수 있다고 한다. 우리나라의 다수설이자 대법원 판례의 입장이다. 대법원은
"노동조합의 하부단체인 분회 또는 지부가 독자적인 규약 및 집행기관을 가지고 독
립한 단체로서 활동하는 경우 해당 조직이나 그 조합원에 고유한 사항에 대하여는
독자적으로 단체교섭 및 단체협약을 체결할 수 있고, 이는 그 분회나 지부가 노동조
합법시행령 제7조의 규정에 따라 그 설립신고를 하였는지 여부에 영향받지 아니한
다"고 판결하고 있다.[18]

> **관 련 판 례**   대판 2001. 2. 23, 2000도4299    노동조합의 하부단체인 지부·지회가 독자적인
> 규약 및 집행기관을 가지고 독립된 조직체로서 활동을 하는 경우 당해 조직이나
> 그 조직원에 고유한 사항에 대하여 독자적으로 단체교섭하고 단체협약을 체결할
> 수 있으며, 노조 설립신고를 하였는지의 여부에 영향받지 아니한다.

㉡ 노조설립신고를 필요로 하는 견해     산별노조의 지부·지회가 노조의 실질적
요건을 갖추고 노동조합법시행령 제7조의 설립신고를 마쳐 절차적 요건까지 갖춘
경우에 한하여 독자적인 단체교섭권이 인정된다는 견해이다.[19] 이러한 견해는 노조
설립신고절차는 단순한 형식적 행정절차에 불과한 것이 아니라 노조가 실질적 요건
을 갖추었는지의 여부를 판단하여 노동조합의 민주성과 자주성을 확보하기 위한 절
차이며, 동 신고절차를 마치기 전까지는 누구도 노조가 실질적 요건을 갖추었는지의
여부를 예단할 수 없다는 것을 논거로 하고 있다.

### (3) 단체교섭 주체간의 경합

단체교섭주체간의 경합이라 함은 ⅰ) 단위노조 상호간 또는 ⅱ) 단위노조와 상부

---

17) 김유성, 「노동법(Ⅱ)」, p. 129; 이영희, 노동법, p. 229; 이병태, 노동법, p. 199; 이학춘·이상덕·
이상국·고준기, 노동법(Ⅱ), p. 279.
18) 대판 2001. 2. 23, 2000도4299; 원광희, 전게논문, p. 51.
19) 이상윤, 노동법, p. 662; 이상윤, 노동조합법, p. 611 이하.

단체·하급단체가 사용자측에 동일한 단체교섭대상에 대하여 동시에 또는 중복하여 단체교섭을 요구하는 경우 누가 단체교섭의 주체가 되는가에 관한 문제이다.

### (가) 단위노조 상호간의 경합

① **의  의:**    동일한 사업장 내에 두 개 이상의 노동조합이 존재하는 경우 이들간에 단체교섭권의 행사, 즉 단체교섭의 주체성에 관한 경합 및 이에 대한 조정문제가 발생한다. 이 경우 복수노조 모두를 단체교섭의 주체로서 인정할 수 있을 것이며, 단체교섭창구 단일화의 문제가 발생하게 된다.

② **유일교섭단체조항:**    단위노조 상호간의 단체교섭의 주체성에 관한 경합 문제와 결부되는 것이 유일교섭단체조항이다. 유일교섭단체조항이란 사용자가 특정의 노동조합과만 단체교섭을 행하고, 다른 노동조합과는 단체교섭을 행하지 아니할 것을 약정하는 단체협약조항을 말한다.[20]

유일교섭단체조항의 법적 효력에 대하여 노사자치의 원칙상 이를 유효하다고 보는 견해[21]도 있으나, 무효로 보는 것이 일반적인 견해이다.[22]

그 이유는 하나의 기업 내에 수개의 노동조합이 존재하는 경우 각 노동조합은 당연히 헌법상의 단체교섭권을 행사할 수 있으며, 특정 노동조합과 사용자 사이의 단체협약에 의하여 다른 노동조합의 헌법상 단체교섭권이 제한·박탈되어질 수 없기 때문이다.

### (나) 단위노조와 상부단체 간의 경합

연합단체인 상부노조에 대하여 고유한 단체교섭의 주체성이 인정되는 경우에는 단위노조와 단체교섭권행사에 관한 경합 문제가 생기게 된다.

이에 관하여 ⅰ) 연합단체가 단위노조에 대한 통제력을 가지고 통일적 의사형성을 행하는 경우에는 연합단체가 단체교섭의 주체가 되고 단위노조는 연합단체의 단체교섭권행사에 저촉되지 아니하는 범위 안에서만 단체교섭권을 행사할 수 있다고 보는 견해,[23] ⅱ) 단위노조가 단체교섭권을 상부단체에 위임한 경우에만 연합단체가 단체교섭의 주체가 된다는 견해,[24] ⅲ) 연합단체를 구성하는 각 단위노조에 공통되

---

20) 유일교섭단체조항은 비단 단위노조 상호간뿐 아니라, 단위노조와 상급단체 또는 하급단체간에도 적용될 수 있다.

21) 菅野, 勞働法(1993), p. 460.

22) 김유성, 노동법(Ⅱ), p. 134; 박상필, 노동법, p. 426; 이병태, 노동법, p. 200; 이학춘·이상덕·이상국·고준기, 노동법(Ⅱ), p. 299.

23) 김유성·이홍재, 노동법, pp. 143~144.

24) 김형배, 노동법, p. 885.

는 문제는 연합단체에 고유의 단체교섭의 주체성이 인정되나 각 단위노조에 특유한 사항에 대해서는 단위노조에 단체교섭의 주체성이 있는 것으로 보는 견해 등이 있다.25)

사견으로는 상부단체인 연합단체와 단위노조는 상호 별개의 독립된 노동조합이므로 각기 독자적인 단체교섭의 주체가 된다고 본다. 한편, 이들 상호간의 경합 문제는 조합자치의 문제이고 조합간의 상호의사결정에 의하여 해결함이 원칙이라고 본다.

따라서 각 단위노조에 공통되는 문제라 할지라도 연합단체가 단체교섭의 주체가 되는 것에 대하여 단위노조가 명시적으로 반대하거나 단위노조와 연합단체 간의 합의가 없는 경우, 연합단체는 이에 대한 단체교섭의 주체가 될 수 없다고 할 것이다. 연합단체의 고유한 사항에 대하여 연합단체가 독자적인 단체교섭의 주체가 될 수 있음은 물론이다.

(다) 단위노조와 하부조직 간의 경합

지회·지부 등의 하부조직이 노동조합으로서의 실질적 요건을 갖추고 단체교섭의 주체로서 인정되는 경우 이는 사실상 상부단체와 단위노조 간의 경합 문제에 해당될 것이다. 우리나라의 산업별 단위노조의 경우 그 지부·분회의 특수한 사항에 대하여 교섭권을 위임할 수 있다는 견해도 있다.26)

그러나, 이는 단체교섭의 주체로서 단체교섭의 당사자의 지위를 부여하는 것이 아니라 단체교섭의 담당자의 지위를 위임하는 것에 불과한 것으로 보아야 할 것이다.27)

산업별노조가 자신의 하부조직에 관한 통제력을 강화하기 위하여 하부조직을 독립적인 노조로 설립하지 아니함으로써 하부조직이 독자적으로 단체교섭권 또는 단체행동권을 행사하지 못하고, 단체교섭 및 파업 등의 실시여부·대상결정 및 절차 등이 상부단체의 결정에 의존하게 되는 경우, 이는 지부·지회의 자주적인 단결권 및 단체교섭권을 침해하는 결과가 될 것이다. 비록 단위노조설립 대신에 지부·지회를 설치하는 것이 지부·지회 근로자의 자유로운 의사에 따른 것이라 할지라도 근로삼권 주체의 지위는 노동조합의 고유한 권리로서 이를 상부노조에게 위임·이전할 수 없다고 본다. 따라서, 산별노조의 지부·지회가 노동조합으로서의 실질적인 요건을 갖추고 있는 경우 산별노조의 지시·위임 없이도 독자적으로 제한된 범위의 단체교

---

25) 김유성, 노동법(Ⅱ), p. 128.
26) 박상필, 노동법, p. 425; 김형배, 노동법, p. 885.
27) 노조 01254-13906(1989. 9. 25); 노조 01254-312(1993. 3. 27).

섭을 할 수 있다는 대법원 판례는 타당하다고 본다.

## 2. 사용자측 당사자

### (1) 의    의

단체교섭의 사용자측 주체라 함은 근로자의 단체교섭요구에 대하여 이의 응낙의무를 지는 단체교섭의 상대방으로서의 사용자를 말한다.[28] 사용자측 단체교섭의 주체는 사용자 또는 사용자단체이다.

국가의 행정관청이 사법상 근로계약을 체결한 경우 그 근로계약관계의 권리·의무는 행정주체인 국가에 귀속되므로, 국가는 그러한 근로계약관계에 있어서 노동조합법 제2조제2호에 정한 사업주로서 단체교섭의 당사자의 지위에 있는 사용자에 해당한다.[29]

노동조합이 헌법 제33조제1항에 의한 단체교섭권의 주체로서 단체교섭의 주체가 된다는 점에 대하여는 의문의 여지가 없으나 사용자는 헌법상의 단체교섭권이 부여되지 아니한 상태에서 단체교섭에 참여하게 된다. 따라서 사용자의 단체교섭주체로서의 지위에 관하여 의문이 제기되고 있다.

### (가) 학  설

① **단체교섭을 근로자의 단체교섭권의 행사로서 파악하는 견해:**    단체교섭을 근로자의 헌법상 단체교섭권의 행사라는 측면을 강조하는 견해는 단체교섭의 주체를 단체교섭권의 적극적인 행사자로서의 노동조합으로 국한하고 사용자는 수동적인 단체교섭의무의 주체로서 파악하고 있다.[30]

② **단체교섭을 당사자간의 교섭절차로서 파악하는 견해:**    단체교섭을 노동조합과 사용자 간의 대화와 조정이라는 교섭절차의 측면을 강조하는 견해는 노동조합과 사용자가 동등한 지위에서 사실상의 단체교섭을 수행하며, 따라서 양자 모두 단체교섭의 주체로서 동등한 지위가 부여된다고 파악하고 있다.[31]

---

28) 김유성 교수는 사용자의 의무를 ⅰ) 소극적 의무로서 단체교섭대상에 대하여 이를 일방적으로 결정하여서는 아니 된다는 일방적 결정금지의무와, 조합원 개인과 개별적으로 교섭하여서는 아니 된다는 개별교섭금지의무 및 ⅱ) 적극적 의무로서 단체교섭응낙의무와 성실교섭의무로서 체계화 하고 있다. 김유성, 노동법(Ⅱ), p. 130.

29) 대판 2008. 9. 11, 2006다40935.

30) 이영희, 노동법, p. 228.

31) 미국 NLRA 제8(b)(3)조는 근로자의 단체협약거부를 부당노동행위로 규정하고 있다. 그러나, 이는 사용자에게 단체교섭권을 부여하는 것이 아니라, 근로자의 근로삼권 남용을 방지하여 노사간의 실질적인 평등관계를 이룩하겠다는 것으로, 1947년 태프트－하틀리법(Taft－Hartley Act) 제정의 기본목적이라 할 수 있다.

### (나) 사 견

단체교섭은 ⅰ) 노동조합의 헌법상 단체교섭권의 행사라는 측면과 ⅱ) 노동조합과 사용자 간의 단체교섭의 수행이라는 두 가지 측면을 모두 내포하고 있다고 본다.

노동조합이 헌법상 단체교섭권의 행사로서 사용자에게 단체교섭을 요구하는 경우, 사용자는 이에 응할 의무가 있다. 이 경우 단체교섭권은 노동조합만이 행사하는 권리이므로 노동조합은 단체교섭권의 주체, 사용자는 단체교섭의무의 주체로서 파악할 수 있을 것이다. 그러나, 일단 단체교섭이 개시된 경우에는 노동조합과 사용자의 양자가 서로 동등한 지위에서 단체교섭을 수행하는 것으로 보아야 할 것이다.

### (2) 사용자의 종류

### (가) 사용자

사용자에는 사업주, 사업경영담당자 및 근로자에 관한 사항에 대하여 사업주를 위하여 행동하는 자를 모두 포함한다. 다만 단체교섭담당자로서의 사용자는 「사업주」를 의미하는 것이 원칙이다. 사용자는 개인사업의 경우에는 사업주, 법인의 경우에는 경영주가 이에 해당된다. 사용자에는 개인·회사 등의 형태 또는 영리·비영리의 영리성 여부에 구애되지 아니하고 모두 포함된다.

### (나) 사용자단체

단체교섭의 주체로서의 사용자단체란 노동조합과의 단체교섭을 목적으로 한 사용자들의 자주적 단체이다. 노동조합법 제2조제3호는 사용자단체를 「노동관계에 관하여 그 구성원인 사용자에 대하여 「조정·규제」할 수 있는 권한을 가진 사용자의 단체를 말한다」라고 규정하고 있다. 따라서 사용자단체가 노동조합과의 단체교섭 등 노사문제에 대응하기 위하여 조직된 경우에는 단체교섭의 주체가 된다.

따라서 사용자단체가 이러한 권한을 갖기 위해서는 구성원인 사용자를 위하여 정관으로 노동조합과 단체교섭을 하고 단체협약을 체결하는 것을 목적으로 하거나, 단체교섭권을 각 사용자로부터 위임받는 등 단체교섭에 관하여 구성원인 각 사용자에 대한 통제력을 갖고 있어야 한다.[32]

---

**관 련**
**판 례**  대판 1992. 2. 25, 90누9409   각종 특별법에 의하여 결성된 사용자의 협동조합이 구성원에 대하여 실질적인 통제력을 갖고 노동조합과의 단체교섭에 의하여 근로조건의 통일을 도모하는 것이 구성원의 공통적인 이익을 가져온다면 단체교섭의 당사자가 될 수 있다.

---

32) 대판 1992. 2. 25, 90누9409; 대판 1999. 6. 22, 98두137.

그러나, 전국경제인연합회 및 한국경영자총협회 등 사용자들의 일반적인 경제적 이익의 증진을 위해 결성된 단체 또는 노동문제에 관한 정보교환·선전 및 지도만을 하는 단체는 노사문제에 관하여 조직 내부의 통일적인 의사형성이 불가능하기 때문에 단체교섭의 주체인 사용자단체라 할 수 없다.[33]

### (3) 사용자 개념의 확장

단체교섭 당사자로서의 사용자는 근로자와 근로계약을 체결한 근로계약의 당사자가 되는 것이 원칙이다.

그러나 최근의 고용형태는 근로자 파견·근로자공급·도급·모자기업 및 하청업체의 등장 등으로 인하여 상당히 복잡하여지고 있으므로 이에 따라 사용자의 개념도 반드시 근로계약의 당사자에 국한될 것이 아니라 이를 확장할 필요성이 대두되고 있다.

사용자 개념이 확장되는 경우 과연 어떠한 자를 사용자로 포함시킬 것인지에 대하여 ⅰ) 단체교섭의 대상사항이 되는 근로조건 기타 노동관계상의 제 이익에 대하여 실질적 영향력 내지 지배력을 행사하고 있는 자, ⅱ) 노동조합의 조합원의 근로조건에 대하여 현실적·구체적인 지배력을 행사하는 자[34] 또는 ⅲ)실질적으로 사용자 권한을 행사하는 자로서 근로조건의 전부 또는 일부에 대하여 구체적 영향력 내지 지배력을 미치는 자 등으로 정의하고 있다.[35]

그러나, 상기 기준하에서 사용자 개념을 확장할 경우 무한정으로 확장될 우려가 있는바, 구체적인 판단기준이 필요하다. 사견으로는 「사용종속관계」 및 「근로조건」에 실질적인 영향력 또는 지배력을 행사할 수 있는 자로 한정하는 것이 필요하다고 본다. 이러한 관점에서 구체적인 사례를 검토하여 보면 다음과 같다.

### (가) 독립된 회사간의 경영지배 또는 공유

독립된 회사가 다른 독립된 회사의 주식소유·상호출자, 임직원파견 및 업무분장 등을 통하여 경영에 간여 또는 지배하고 있으며(예컨대 모기업과 자기업의 관계), 또한 다른 회사의 근로조건 결정 등에 실질적인 영향력 또는 지배력을 행사하는 경우 단체교섭의 당사자가 될 수 있다.

---

33) 박상필, 노동법, p. 427; 이병태, 노동법, p. 202; 대판 1999. 6. 22, 98두137(식품위생법상의 동업자조합은 사용자단체에 해당하지 않는다는 견해).
34) 임종률, 노동법, p. 114.
35) 김유성, 노동법(Ⅱ), p. 130; 김형배, 노동법, p. 896; 이영희, 노동법, p. 230.

### (나) 복수의 사용자

하나의 고용관계하에서 2인 이상 복수의 사용자가 존재하는 경우가 있다. 예컨대 근로자파견의 경우 파견근로자는 파견사용자 및 사용사용자의 2인의 사용자가 존재하게 된다. 이 경우 사용자는 파견근로자와 근로계약을 체결하고 있지 아니하나, 사용종속관계가 존재하고 근로조건의 일부에 대하여 직접적인 결정권한을 보유하고 있으므로, 그 범위 내에서 단체교섭의 당사자가 될 수 있을 것이다.

다만, 이러한 간접고용제도는 본질적으로 근로자의 근로조건이 파견사업주와 사용사업주의 파견계약에 의하여 간접적으로 결정되는 것이 원칙이므로, 사용사업주와 파견근로자 간의 직접적인 단체교섭에 의하여 근로조건을 결정하는 것은 신중한 접근이 필요하다고 본다.

### (다) 도급 및 하청 등의 경우

도급의 경우 원기업은 하도급업체의 근로자와 직접적인 고용계약을 체결하고 있지 아니함은 물론 사용종속관계도 존재하고 있지 아니하다. 따라서, 도급금액 액수에 따라 결과적으로 하도급업체 근로자의 근로조건에 커다란 영향을 미칠 수 있으나, 원기업의 사용자는 단체교섭의 당사자가 될 수 없다고 본다. 그러나, 하청업체의 근로자가 원청업체의 생산과정에 투입되어 원청업체의 지휘·명령하에 근로를 제공하고 있다면 원청업체도 마찬가지로 사용자가 될 수도 있다. 다만, 이 경우에도 파견근로자의 경우와 마찬가지로 복수의 사용자가 존재하는 간접고용에 해당되는바, 원청회사와 하청근로자 간의 직접적인 단체교섭은 신중한 접근이 필요하다고 할 것이다.

### (라) 사용종속관계가 존재하지 않는 경우

항만운수노조 조합원을 사용하여 하역작업을 수행하는 냉동창고회사에 대하여 대법원판례는 하역노조의 조합원과 하역회사 간에는 사용종속관계가 존재하지 아니하므로 노조의 단체교섭신청에 응할 필요가 없다고 판결한 바 있다.[36]

---

**관 련**
**판 례**

**대판 1995. 12. 22, 95누3565** 창고업자인 원고들이 항운노조 소속 파견조합원들을 고용하지 아니하고 아무런 인사권·작업지시권 및 근로조건결정권 등을 갖지 아니한 상태하에서 파견조합원과의 단체교섭을 거부한 것은 정당하다.

---

36) 대판 1995. 12. 22, 95누3565.

## Ⅲ. 단체교섭의 담당자

### 1. 의    의

#### (1) 개    념

단체교섭의 담당자는 단체교섭의 주체인 노동조합과 사용자를 대표하여 실제로 교섭을 직접 담당하는 자를 말한다. 단체교섭의 담당자가 상대방과 교섭할 수 있는 법적 자격을 단체교섭권한이라고 한다.

#### (2) 관련규정

> **노동조합법 제29조** [교섭 및 체결권한] ① 노동조합의 대표자는 그 노동조합 또는 조합원을 위하여 사용자나 사용자단체와 교섭하고 단체협약을 체결할 권한을 가진다.
> ③ 노동조합과 사용자 또는 사용자단체로부터 교섭 또는 단체협약의 체결에 관한 권한을 위임받은 자는 그 노동조합과 사용자 또는 사용자단체를 위하여 위임받은 범위 안에서 그 권한을 행사할 수 있다.
> ④ 노동조합과 사용자 또는 사용자단체는 제3항에 따라 교섭 또는 단체협약의 체결에 관한 권한을 위임한 때에는 그 사실을 상대방에게 통보하여야 한다.

### 2. 근로자측 단체교섭담당자

노동조합측의 단체교섭담당자는 ⅰ) 노동조합의 대표자와 ⅱ) 노동조합으로부터 교섭권한을 위임받은 자가 이에 해당된다(노동조합법 제29조).

#### (1) 노동조합의 대표자

##### (가) 의    의

근로자측의 대표적인 단체교섭담당자는 노동조합의 대표자이다. 노동조합의 대표자는 당연히 단체교섭권한 및 단체협약체결권한을 보유하며, 이는 노동조합으로부터의 별도의 위임 없이도 당연히 인정된다(동법 제29조제1항).

##### (나) 단체협약체결권한에 대한 사후 인준투표제도

노동조합대표자가 단체협약을 체결하는 경우 노동조합의 규약 또는 총회의 의결에 의하여 「노동조합의 추인 또는 승인을 받아야 한다」는 조건을 부과함으로써, 노동조합대표자의 단체협약체결권한을 제한하는 경우가 있다. 이를 소위 「인준투표제도」라고 한다. 이러한 인준투표제의 효력에 관하여 견해가 나뉘고 있다.

### ① 학 설

㉠ 무효설      무효설에 의하면 노동조합의 기관으로서의 대표자는 독자적으로 단체협약체결권한을 행사하며, 노동조합은 이러한 권한행사에 별도의 조건이나 제한을 부과할 수 없다고 한다.

그 논거로서는 ⅰ) 민법상의 법인의 대표가 가지는 권한과 행위에 관한 일반이론에 따라 노동조합의 대표자는 노동조합법에 의하여 정당하게 조합원을 대표하고 있으므로 노동조합의 대표자가 체결한 단체협약은 노동조합 및 조합원은 물론 사용자에게도 효력을 갖는다고 하거나,37) ⅱ) 단체협약체결권한에 대한 사후추인제도는 동 권한을 형해화 하므로 무효라는 견해38)를 취하고 있다.

> **관 련**
> **판 례**     대판 2002. 11. 26, 2001다36504     단체협약안의 가부에 대하여 조합총회의 의결을 거쳐야 한다는 것은 대표자의 단체협약체결권한을 전면적·포괄적으로 제한함으로써 단체협약체결권을 형해화 하므로 무효이다.

㉡ 유효설      유효설에 의하면 노동조합의 대표자는 단체협약체결권한을 당연히 갖고 있으나 노동조합의 조합규약이나 총회의 의결 등에 의하여 이를 제한하는 경우 제한범위 안에서만 단체협약체결권한을 행사할 수 있다고 한다.39)

그 논거로서는 ⅰ) 노동조합의 대표자에게 민법상 법인의 대표이론을 적용시키는 것은 논리적으로 타당하지 아니하고, 노동조합의 대표자는 조합원의 의사에 관계없이 또는 이에 반하여 독립하여 단체협약을 체결할 수 없다고 하거나,40) ⅱ) 노동조합의 대표자에게 민법상의 단체대표의 법리가 적용되나 이는 인준투표제에 의하여 제한될 수 있다고 한다.41)

### ② 판 례

종전의 대법원 판례는 사후추인제도를 대표자의 단체협약체결권한을 전면적, 포

---

37) 「이사의 대표권에 대한 제한은 등기를 하지 아니하면 제3자에게 대항하지 못하는」 민법 제60조의 일반원칙이 노동법에도 적용되어 노동조합의 대표자의 권한을 등기로 제한하지 아니하는 한 노동조합 대표자는 임의로 단체협약체결권한을 행사할 수 있다고 한다. 이학춘·이상덕·이상국·고준기, 노동법(Ⅱ), p. 284.

38) 대판 1993. 4. 27, 91누12557(전원합의체); 대판 1998. 1. 20, 97도588; 대판 2002. 11. 26, 2001다 36504; 헌재 1998. 2. 27, 94헌바13·26, 95헌바44; 대판 2013. 9. 27, 2011두15404.

39) 김유성, 노동법(Ⅱ), p. 134; 이병태, 노동법, p. 205; 임종률, 노동법, p. 124; 이영희, 노동법, p. 243; 박상필, 노동법, p. 429; 박홍규, 노동법, p. 957 이하. 미국·캐나다 및 일본 등 기업별 교섭의 형태를 취하고 있는 국가에서는 노동조합의 단체협약에 대한 인준권한을 인정하고 있다. 김황조·김재원, 「단체교섭론」(법문사, 1993), p. 168 이하.

40) 김유성, 노동법(Ⅱ), p. 134.

41) 임종률, 노동법, p. 124.

괄적으로 제한하여 무효라고 보았다.[42] 그러나, 최근에는 입장을 완화하여 ⅰ) 대표자의 단체협약체결권한을 전면적, 포괄적으로 제한하는 것은 무효이나, ⅱ) 노동조합이 조합원들의 의사를 반영하고 대표자의 적절한 통제를 위하여 규약 등에서 내부 절차를 거치도록 하는 등 대표자의 단체협약체결권한의 행사를 절차적으로 제한하는 것은 허용된다는 입장을 취하고 있다.[43]

> **관 련 판 례**　　대판 2014. 4. 24, 2010다24534　　노동조합의 대표자는 그 노동조합 또는 조합원을 위하여 사용자나 사용자단체와 교섭하고 단체협약을 체결할 권한을 가지고, 이러한 대표자의 단체협약체결권한을 전면적, 포괄적으로 제한하는 것은 노동조합법 제29조 제1항에 반한다(대법원 1993.4.27. 선고 91누12257 전원합의체 판결 등 참조). 그런데 단체협약은 노동조합의 개개 조합원의 근로조건 기타 근로자의 대우에 관한 기준을 직접 결정하는 규범적 효력을 가지는 것이므로 단체협약의 실질적인 귀속주체는 근로자이고, 따라서 단체협약은 조합원들이 관여하여 형성한 노동조합의 의사에 기초하여 체결되어야 하는 것이 단체교섭의 기본적 요청인 점, 노동조합법 제16조제1항제3호는 단체협약에 관한 사항을 총회의 의결사항으로 정하여 노동조합 대표자가 단체교섭 개시 전에 총회를 통하여 교섭안을 마련하거나 단체교섭 과정에서 조합원의 총의를 계속 수렴할 수 있도록 규정하고 있는 점 등에 비추어 보면, 노동조합이 조합원들의 의사를 반영하고 대표자의 단체교섭 및 단체협약 체결 업무 수행에 대한 적절한 통제를 위하여 규약 등에서 내부 절차를 거치도록 하는 등 대표자의 단체협약체결권한의 행사를 절차적으로 제한하는 것은, 그것이 단체협약체결권한을 전면적·포괄적으로 제한하는 것이 아닌 이상 허용된다고 보아야 한다.

③ **사　견:**　　현행 노동조합법 제29조제1항은 무효설에 입각하고 있는 것으로 보이나, 사견으로는 다음과 같은 이유에서 유효설에 찬동한다.[44]

첫째, 노동조합의 대표자에게 법인의 대표 및 이사의 대표권제한 등 민법상의 이론을 적용하는 것은 헌법상 근로삼권을 구체화 하고 있는 노동법 체계의 특성을 무시한 것이다. 본래 노동법은 근대 시민국가에서의 시민법 원리가 노사관계에 내재하는 본질적 문제를 해결하는 데 미흡하고 적합하지 아니하므로 이를 해결하고자 새로이 발전된 법분야이다. 따라서 다수의 조합원들이 자주적·민주적 의사결정에 의하여 원하는 단체협약이 있음에도 불구하고, 조합대표자가 이를 무시하고 자의적으로 체결한 단체협약에 민법상의 원리를 적용하여 그 효력을 인정하는 것은 헌법상 근로삼권의 보장 중에서도 가장 궁극적이고 핵심적인 「단체협약」의 실체적 본질을

---

42) 대판 1993. 4. 27, 91누12557(전원합의체).
43) 대판 2014. 4. 24, 2010다24534.
44) 이상윤, 노동법, p. 670; 이상윤, 노동조합법, p. 206.

단순한 민법상의 절차적·형식적 흠결을 이유로 부정하고 있는 것이다. 이는 가장 노동법적 특색을 갖추고 있는 단체교섭·단체협약의 분야에 오히려 시대를 역행하여 민법원리를 재적용함으로써 노동법의 기본체계에 위배될 뿐 아니라, 헌법상 근로삼권을 침해하는 결과를 가져온다고 하겠다.

둘째, 단체협약의 내용은 임금 등 규범적 부문에 관한 내용을 포함하게 되고 이러한 규범적 부문의 존재야말로 사법상의 원리를 극복하고 노동법원리가 발전하게 된 기본요소가 됨에도 불구하고, 이러한 규범적 부문을 근로자 당사자의 자유로운 의사에 반하여 타인으로 하여금 일방적으로 결정하게 하는 것은 노동법체계의 본질을 무시하고 있다고 할 것이다.

셋째, 인준투표제가 문제시되는 경우는 노동조합 대표자의 단체협약체결권을 전면적·포괄적으로 제한하는 경우이다. 따라서 단체협약체결권의 일부를 부분적으로 제한하는 경우에는 이를 반드시 무효라고 볼 수 없을 것이다.45) 앞에서 본 최근 대법원 판례도 사견을 따르고 있다. 예컨대 단체협약의 일부조항 또는 소수 잔여쟁점에 대하여 단체협약 체결 전에 총회 또는 대의원회의 의견을 묻거나 동의를 필요로 하는 경우에는 이를 유효한 것으로 보아야 할 것이다.

인준투표제가 노동조합 대표자의 단체협약체결권을 전면적·포괄적으로 제한하고 있는 경우에도 사용자가 이를 인정하는 경우에는 유효한 것으로 보아야 한다.

대표자가 조합 총회에서 전혀 논의되지 않거나, 총회에서 합의된 사항에 위배되는 단체협약을 체결하는 경우 동 단체협약은 조합원 전체의 의사에 반하는 것으로서 무효라고 볼 것이다. 또한, 대표자와 사용자 간에 잠정합의된 사항에 대하여 조합 총회의 의결을 거치도록 하는 것은 대표자의 단체협약체결권한을 전면적, 포괄적으로 제한하여 무효라고 보아야 한다. 그러나 잠정합의 이전에 조합 총회의 의결을 거치도록 하는 것은 유효하다고 할 것이다.

결론적으로 볼 때에 노동조합법 제29조제1항의 규정은 ⅰ) 인준투표제에 불구하고 노동조합 대표자가 독자적으로 체결한 단체협약이 유효하다는 취지로 해석되어야 하며, ⅱ) 인준투표제 자체가 당연히 무효라고 해석되어서는 아니될 것이다.

### (다) 단체교섭 대상 등에 대한 사전제한

노동조합 대표자의 단체교섭대상 또는 시기·절차 방법 등에 대하여 노동조합이

---

45) 김유성, 노동법(Ⅱ), p. 135; 대판 2014. 4. 24, 2010다24534.

조합규약 또는 총회의 의결로 이를 제한할 수 있는지의 여부가 문제시될 수 있다. 동 문제는 ⅰ) 상기 제한이 유효한지의 여부와, ⅱ) 상기 제한을 위배하여 노동조합 대표자가 단체교섭을 실시하고 단체협약을 체결한 경우 동 단체교섭 및 단체협약이 유효한지의 여부로 나누어 고찰할 수 있다.

첫째, 노동조합 대표자가 단체교섭을 하는 경우 단체교섭 대상 또는 시기·절차·방법에 관한 조합규약 또는 총회의 의결에 의한 제한은 순수한 노동조합 내부의 문제이고, 노동조합 대표자의 단체교섭권한에 부정적 영향을 미치지 아니하므로 이는 유효하다고 보아야 할 것이다.[46)]

둘째, 상기 조합규약 또는 총회의 의결에 대한 제한에 위배하여 단체교섭 및 단체협약을 체결한 경우 앞에서 설명한 「단체협약체결에 관한 사후인준제도」와 동일한 논의가 적용된다고 할 것이다.

최근 대법원 판례는 노동조합 규약에서 노동조합의 대표자가 사용자와 단체교섭 결과 합의에 이른 경우에도 이에 대하여 총회의 인준을 받게 하거나 또는 단체교섭 위원들이 연명으로 서명하지 않는 한 단체협약을 체결할 수 없도록 규정한 경우에 동 규약은 동법 제29조제1항을 위반하여 무효라는 판결을 내리고 있다.[47)]

### (2) 노동조합으로부터 위임을 받은 자

#### (가) 위임의 상대방

노동조합으로부터 교섭 또는 단체협약체결에 관한 권한을 위임받은 자는 해당 노동조합으로부터 위임받은 범위 안에서 그 권한을 행사할 수 있다(노동조합법 제29 조제2항). 노동조합으로부터 위임을 받은 자라 함은 노동조합으로부터 사실행위로서의 단체교섭을 행할 수 있는 단체교섭권한을 위임받은 자를 말한다. 위임 상대방의 범위에는 별다른 제한이 없으며, 노동조합은 조합 내부의 조합원, 상부단체는 물론 교수·변호사·공인노무사 등 외부의 제3자에게도 단체교섭권한을 위임할 수 있다.[48)]

노동조합으로부터 위임을 받은 자는 위임의 범위 내에서 단체교섭권한 및 협약 체결권한을 갖는다.

노동조합이 단체교섭권한을 위임한 경우에도 노동조합의 단체교섭권한이 상실되

---

46) 이학춘·이상덕·이상국·고준기, 노동법(Ⅱ), p. 283.

47) 대판 2013. 9. 27, 2011두15404.

48) 김유성, 노동법(Ⅱ), p. 132; 임종률, 노동법, p. 126; 박상필, 노동법, p. 429; 이병태, 노동법, p. 210; 이학춘·이상덕·이상국·고준기, 노동법(Ⅱ), p. 281.

는 것은 아니다. 예컨대 단위노동조합이 상부단체인 연합단체에 단체교섭권한을 위임한 경우에도 단위노동조합의 단체교섭권한은 연합단체의 단체교섭권한과 중복하여 경합된다.[49]

> **관 련 판 례**  **대판 1998. 11. 13, 98다20790**   구노동조합법(1996. 12. 31, 법률 제5244호로 폐지) 제33조제1항에서 규정하고 있는 단체교섭권한의 '위임'이라고 함은 노동조합이 조직상의 대표자 이외의 자에게 조합 또는 조합원을 위하여, 조합의 입장에서 사용자측과 사이에 단체교섭을 하는 사무처리를 맡기는 것을 뜻하고, 그 위임 후 이를 해지하는 등의 별개의 의사표시가 없더라도 노동조합의 단체교섭권한은 여전히 수임자의 단체교섭권한과 중복하여 경합적으로 남아 있다고 할 것이며, 같은조 제2항의 규정에 따라 단위노동조합이 당해 노동조합이 가입한 상부단체인 연합단체에 그러한 권한을 위임한 경우에 있어서도 달리 볼 것은 아니다.

### (나) 위임의 방법 및 절차

노동조합이 교섭 또는 단체협약의 체결에 관한 권한을 위임하는 경우에는 교섭사항과 권한범위를 정하여 위임하여야 한다(동법시행령 제14조제1항). 제3자는 위임받은 범위 안에서 단체교섭권한을 보유한다(동법 제29조제3항). 단체교섭권한은 그 범위를 반드시 구체화 하여야 하며, 포괄적인 권한의 위임은 노동조합의 자주성을 상실하게 되므로 무효라 할 것이다.[50] 위임의 방법으로서는 사용자의 교섭에 있어 노동조합측으로부터의 위임이 있음을 증명하기만 하면 충분하며, 민법상의 위임에 관한 절차를 반드시 밟을 필요는 없다고 본다.[51]

한편, 노동조합내부의 위임절차와 관련하여 「교섭권한의 위임」이 노동조합법 제16조제1항제3호의 「단체협약에 관한 사항」에 해당하는지의 여부가 문제시될 수 있다. 이에 대하여 ⅰ) 이를 「단체협약에 관한 사항」으로 보아 총회·대의원회에서 반드시 의결해야 한다는 견해[52] 및 ⅱ) 반드시 「단체협약에 관한 사항」으로 볼 것이 아니라, 노사자치원칙에 따라 노동조합이 자율적으로 결정해야 한다는 견해[53] 등이 있다.

노동조합(사용자 또는 사용자단체)은 단체교섭 또는 단체협약체결권한의 위임사실을 상대방에게 통보하여야 한다(동법 제29조제4항). 이 경우 통보내용에 ⅰ) 위임을 받은 자의 성명(위임을 받은 자가 단체인 경우에는 그 명칭 및 대표자) 및 ⅱ) 교섭사항과 권한범위 등 위임의 내용이 포함되어야 한다(동법시행령 제14조제2항).

---

49) 대판 1998. 11. 13, 98다20790.
50) 김형배, 노동법, p. 898.
51) 김형배, 노동법, p. 898.
52) 김형배, 노동법, p. 899; 이학춘·이상덕·이상국·고준기, 노동법(Ⅱ), p. 286.
53) 김유성, 노동법(Ⅱ), p. 132.

(다) 「제3자위임금지조항」을 이유로 하는 단체교섭거부

노사간의 단체협약으로 단체교섭권한을 해당 노동조합의 조합원 이외의 제3자에게 위임하지 아니할 것을 약속하고 이를 단체협약에 명시한 경우 이러한 규정을 「제3자위임금지조항」이라 한다. 사용자가 이 조항을 근거로 노동조합으로부터 단체교섭권한을 위임받은 자와 단체교섭할 것을 거부한 경우 이 조항의 법적 효력이 문제시된다.

① 학  설

㉠ 유효설        유효설의 논거[54]로는, ⅰ) 누구에게 교섭권한을 위임할 것인가 하는 것은 교섭의 절차 문제 또는 단체교섭담당자의 자격제한에 관한 것에 지나지 아니하므로 이를 헌법상 단체교섭권의 부당한 제한으로 당연무효라고 해석하여야 할 근거가 없다는 것, ⅱ) 수임자는 대표자가 아닌 대리인에 지나지 아니하므로 교섭권한을 제3자에게 대리인으로서 위임하지 아니한다는 뜻의 협정은 공서양속에 반하지 아니하는 한 이것을 인정하여야 한다는 것 등을 들 수 있다.

㉡ 무효설        무효설의 논거[55]로서는, ⅰ) 「제3자위임금지조항」은 조합의 내부운영에 대한 지배·개입의 성격을 가지고 있으므로 무효라는 것, ⅱ) 제3자에게 단체교섭권한을 위임하는 것을 금지하는 것은 헌법상의 단체교섭권 및 자율성 등을 부인하는 결과가 되므로 무효라는 것 등을 들 수 있다.

㉢ 절충설        절충설에는 ⅰ) 「제3자위임금지조항」을 단체협약으로 체결하는 경우에는 무효이나, 총회 또는 대의원회의 의결로 결정하는 경우에는 유효라는 견해,[56] ⅱ) 연합단체인 노동조합에 단체교섭위임을 한 경우 연합단체는 제3자가 아니므로 「제3자위임금지조항」에 의하여 배제할 수 없다는 견해,[57] ⅲ) 제3자위임금지조항에 불구하고 제3자에게 위임할 필요성이 있고 단체교섭에 응하더라도 특별히 지장이 없는 경우에는 유효하다는 견해[58] 등이 있다.

② 사  견:        사견으로는 노사당사자의 자율적인 합의에 의하여 결정된 「제3자위임금지조항」은 유효한 것으로 본다. 그 이유는 단체교섭권한의 위임 여부 또는 수임자의 선정문제는 노동조합이 자유로이 결정할 수 있는 문제이기 때문이다. 그러나, 근로자의 자유의사에 반하여 체결된 경우에는 무효라고 보아야 한다.

---

54) 김유성, 노동법(Ⅱ), p. 133; 박상필, 노동법, p. 430.
55) 박홍규, 노동법(Ⅱ), p. 240.
56) 光岡, 단체교섭權, p. 134.
57) 김형배, 노동법, p. 899.
58) 임종률, 노동법, p. 127.

### (3) 복수노조와 교섭창구 단일화

#### (가) 교섭창구 단일화 의무

##### ① 관련규정

> **노동조합법 제29조의2** [교섭창구 단일화 절차] ① 하나의 사업 또는 사업장에서 조직형태에 관계없이 근로자가 설립하거나 가입한 노동조합이 2개 이상인 경우 노동조합은 교섭대표노동조합(2개 이상의 노동조합 조합원을 구성원으로 하는 교섭대표기구를 포함한다. 이하 같다)을 정하여 교섭을 요구하여야 한다. 다만, 제3항에 따라 교섭대표노동조합을 자율적으로 결정하는 기한 내에 사용자가 이 조에서 정하는 교섭창구 단일화 절차를 거치지 아니하기로 동의한 경우에는 그러하지 아니하다.
> ② 제1항 단서에 해당하는 경우 사용자는 교섭을 요구한 모든 노동조합과 성실히 교섭하여야 하고, 차별적으로 대우해서는 아니 된다.

② **주요내용:** 하나의 사업 또는 사업장에서 복수노조가 설립되어 있는 경우 노동조합은 교섭창구를 의무적으로 단일화 하여야 하되, 사용자의 동의가 있는 경우에는 그러하지 아니하다(동법 제29조의2제1항).[59]

노동조합의 조직형태에 관계없으므로 기업별노조는 물론 산별노조도 교섭창구 단일화 대상에 해당된다. 2개 이상의 노동조합의 조합원을 구성원으로 하는 교섭대표기구를 설립하여 교섭창구 단일화 과정에 참여할 수 있다. 사용자가 교섭대표노동조합을 자율적으로 결정하는 기간 내에 교섭창구 단일화 절차를 거치지 아니하기로 동의하는 경우에는 단체교섭창구를 단일화하지 아니하여도 무방하다(동법 제29조의2제1항단서). 이 경우 사용자는 교섭을 요구한 모든 노동조합과 성실히 교섭하여야 하고, 차별적으로 대우해서는 아니 된다(동법 제29조의2제2항).

단체교섭창구 단일화가 근로자의 헌법상 단체교섭권을 침해하여 위헌이라는 주장이 제기된 바 있으나, 헌법재판소는 단체교섭권의 실질적 보장을 위한 불가피한 제도라고 보아 이를 합헌으로 판결하고 있다.[60]

**관 련 판 례** 헌재 2012. 4. 24, 2011헌마338 '노동조합 및 노동관계조정법'상의 교섭창구단일화제도는 근로조건의 결정권이 있는 사업 또는 사업장 단위에서 복수 노동조합과 사용자 사이의 교섭절차를 일원화하여 효율적이고 안정적인 교섭체계를 구축하고, 소속 노동조합과 관계없이 조합원들의 근로조건을 통일하기 위한 것으로, 교섭대표노동조합이 되지 못한 소수 노동조합의 단체교섭권을 제한하고 있지만, 소수

---

59) 2011년 7월 1일 현재 단체교섭 중인 노동조합은 이 법에 따른 교섭대표노동조합으로 본다. 법 부칙 제4조; 대판 2012. 11. 12, 2012마858.
60) 헌재 2012. 4. 24, 2011헌마338.

노동조합도 교섭대표노동조합을 정하는 절차에 참여하게 하여 교섭대표노동조합이 사용자와 대등한 입장에 설 수 있는 기반이 되도록 하고 있으며, 그러한 실질적 대등성의 토대 위에서 이뤄낸 결과를 함께 향유하는 주체가 될 수 있도록 하고 있으므로 노사대등의 원리 하에 적정한 근로조건의 구현이라는 단체교섭권의 실질적인 보장을 위한 불가피한 제도라고 볼 수 있다.

더욱이 '노동조합 및 노동관계조정법'은 위와 같은 교섭창구단일화제도를 원칙으로 하되, 사용자의 동의가 있는 경우에는 자율교섭도 가능하도록 하고 있고, 노동조합 사이에 현격한 근로조건 등의 차이로 교섭단위를 분리할 필요가 있는 경우에는 교섭단위를 분리할 수 있도록 하는 한편, 교섭대표노동조합이 되지 못한 소수 노동조합을 보호하기 위해 사용자와 교섭대표노동조합에게 공정대표의무를 부과하여 교섭창구단일화를 일률적으로 강제할 경우 발생하는 문제점을 보완하고 있다.

### ㈏ 교섭창구 단일화 절차

교섭창구를 단일화 하는 절차로서는 첫째, 교섭단위의 결정, 둘째, 단일화 대상 노동조합의 선정, 셋째, 교섭대표노동조합의 결정의 순서가 필요하다.

① **교섭단위의 설정:**       교섭대표노동조합은 교섭단위별로 각각 결정하여야 하므로 하나의 사업 또는 사업장에서 교섭단위를 설정하는 것이 우선적으로 필요하다. 교섭단위는 하나의 사업 또는 사업장에 1개로 설정하는 것이 원칙이나, 예외적으로 2개 이상의 교섭단위 설정도 가능하다.

교섭대표노동조합을 결정하여야 하는 교섭단위는 하나의 사업 또는 사업장으로 한다(동법 제29조의3제1항). 하나의 사업 또는 사업장에서 현격한 근로조건의 차이, 고용형태, 교섭 관행 등을 고려하여 교섭단위를 분리하거나 분리된 교섭단위를 통합할 필요가 있다고 인정되는 경우에 노동위원회는 노동관계 당사자의 양쪽 또는 어느 한 쪽의 신청을 받아 교섭단위를 분리하거나 분리된 교섭단위를 통합하는 결정을 할 수 있다(동법 제29조의3제3항). 노동위원회의 결정에 대한 불복절차 및 효력은 중재재정에 관한 규정을 준용하며, 따라서 노동위원회의 교섭단위 결정이 "위법 또는 월권"인 경우에 불복을 허용하고 있다(동법 제29조의3제3항). 즉, 교섭단위 분리 신청에 대한 노동위원회의 결정에 관하여는 단순히 어느 일방에게 불리한 내용이라는 사유만으로는 불복이 허용되지 않고, ⅰ) 그 절차가 위법하거나, ⅱ) 노동조합법 제29조의3제2항이 정한 교섭단위 분리결정의 요건에 관한 법리를 오해하여 교섭단위를 분리할 필요가 있다고 인정되는 경우인데도 그 신청을 기각하는 등 내용이 위법한 경우, ⅲ) 그 밖에 월권에 의한 것인 경우에 한하여 불복할 수 있다.[61] 교섭단위를 분리하거나 분리된 교섭단위를 통합하기 위한 신청 및 노동위원회의 결정 기

---

61) 대판 2018. 9. 13, 2015두39361.

준·절차 등에 관하여 필요한 사항은 대통령령으로 정한다(동법 제29조의3제4항).

② **단일화 대상 노동조합의 선정:** 교섭창구 단일화 대상이 되는 노동조합은 「조직형태」와 관계 없으므로 기업별노조는 물론 산별노조, 지역별노조 및 직능별 노조 등의 초기업별 노조도 당연히 이에 포함된다. 그러나, 단체교섭능력 및 단체협약 체결능력을 갖추고 있어야 함은 물론이다. 하나의 교섭단위를 단위로 교섭창구 단일화 대상 노동조합이 선정되는바, 대상 노동조합은 다음의 요건을 갖추어야 한다.

첫째, 노동조합은 하나의 사업 또는 사업장에서 단체교섭권을 갖추고 있어야 한다. 이 경우 노동조합의 설립신고를 마친 노동조합법상의 기업별노조가 단체교섭권을 행사할 수 있음은 당연하나, 설립신고를 하지 아니한 소위 법외노조가 창구단일화과정에 참여할 수 있는지의 여부에 관하여 의문이 제기될 수 있다. 사용자가 법외노조의 참여를 거부하여도 부당노동행위에 해당되지 아니한다.

둘째, 산별노조의 지부·지회가 단체교섭권을 행사할 수 있는지의 여부에 관하여는 의문이 제기될 수 있다. 지부·지회가 ⅰ) 산별노조로부터 단체교섭권한을 위임받거나, ⅱ) 노동조합설립신고를 한 경우에는 단체교섭권이 인정된다고 할 것이다. 산별노조로부터 단체교섭권한을 위임받지 못한 경우에도 지부·지회가 조직·규약을 갖추고 독자적인 단체교섭능력을 갖추고 있는 경우 단체교섭권을 행사할 수 있다는 취지의 판례[62]가 있음은 이미 밝힌 바와 같다.

셋째, 교섭단위에 소속된 근로자에게 가입이 허용되는 노동조합이어야 한다. 즉, 하나의 사업 또는 사업장에 노동조합이 설립되어 있는 경우에도 해당 교섭단위 소속 근로자에게 가입이 허용되어 있지 아니하거나, 가입한 근로자가 없는 경우, 그 노동조합은 해당 교섭단위에서 교섭창구 단일화 대상에 포함되지 아니한다.

③ **교섭대표 노동조합의 결정**

㉠ 교섭대표 노동조합을 결정한 경우

(ⅰ) 원칙: 자율적인 창구 단일화 교섭대표노동조합 결정 절차, 즉 "교섭창구 단일화 절차"에 참여한 모든 노동조합은 대통령령으로 정하는 기한 내에 자율적으로 교섭대표노동조합을 정한다(동법 제29조의2제3항).

(ⅱ) 예외: 의무적인 창구 단일화 상기 기한 내에 교섭대표노동조합을 정하지 못하고 제1항단서에 따른 사용자의 동의를 얻지 못한 경우에는 교섭창구 단일화 절차에 참여한 노동조합의 전체 조합원 과반수로 조직된 노동조합(2개 이상의 노동조합이 위임 또는 연합 등의 방법으로 교섭창구 단일화 절차에 참여한 노동조합 전체 조합원의 과반수가 되는 경우

---

62) 대판 2001. 2. 23, 2000도4299.

를 포함한다)이 교섭대표노동조합이 된다(동법 제29조의2제4항).

노동조합 소속 근로자 수의 산정은 개별 교섭단위를 기준으로 각기 산정하여야 한다. 즉, 하나의 사업 또는 사업장 전체로 볼 때에는 다수 노조가 특정 교섭단위 내에서는 소수 노조가 될 수도 있다.

과반수 노동조합은 사용자에게 노동조합의 명칭, 대표자 및 과반수 노동조합이라는 사실 등을 통지하여야 한다(동법시행령 제14조의7제1항). 사용자는 그 통지를 받은 날부터 5일간 그 내용을 공고하여 다른 노동조합과 근로자가 알 수 있도록 하여야 한다(동법시행령 제14조의7제2항). 공고된 과반수 노동조합에 대하여 그 과반수 여부에 대한 이의를 제기하려는 노동조합은 노동위원회에 이의 신청을 하여야 하며, 이의 신청이 없는 경우에는 그 과반수 노동조합이 교섭대표노동조합으로 확정된다(동법시행령 제14조의7제3항).

노동위원회는 조합원 수를 확인하는 경우 2개 이상의 노동조합에 가입한 조합원에 대해서는 그 조합원 1명별로 다음에 따른 방법으로 조합원 수를 산정한다(동법시행령 제14조의7제6항).

(ⅰ) 조합비를 납부하는 노동조합이 1개인 경우　　　조합비를 납부하는 노동조합의 조합원 수에 숫자 1을 더할 것

(ⅱ) 조합비를 납부하는 노동조합이 2개 이상인 경우　　　숫자 1을 조합비를 납부하는 노동조합의 수로 나눈 후에 그 산출된 숫자를 그 조합비를 납부하는 노동조합의 조합원 수에 각각 더할 것

(ⅲ) 조합비를 납부하는 노동조합이 하나도 없는 경우　　　숫자 1을 조합원이 가입한 노동조합의 수로 나눈 후에 그 산출된 숫자를 그 가입한 노동조합의 조합원 수에 각각 더할 것

ⓒ 교섭대표 노동조합을 결정하지 못한 경우　　　상기 절차에 따라 교섭대표노동조합을 결정하지 못한 경우에는 교섭창구 단일화 절차에 참여한 모든 노동조합은 공동으로 "공동교섭대표단"을 구성하여 사용자와 교섭하여야 한다(동법 제29조의2제5항전단). 이때 공동교섭대표단에 참여할 수 있는 노동조합은 그 조합원 수가 교섭창구 단일화 절차에 참여한 노동조합의 전체 조합원 100분의 10 이상인 노동조합으로 한다(동법 제29조의2제5항후단).

공동교섭대표단의 구성에 합의하지 못할 경우에 노동위원회는 해당 노동조합의 신청에 따라 조합원 비율을 고려하여 이를 결정할 수 있다(동법 제29조의2제6항).

(다) 이의신청 및 불복절차 등

상기 규정에 따른 교섭대표노동조합을 결정함에 있어 교섭요구 사실, 조합원 수

등에 대한 이의가 있는 때에는 노동위원회는 대통령령으로 정하는 바에 따라 노동
조합의 신청을 받아 그 이의에 대한 결정을 할 수 있다(동법 제29조의2제7항). 노동위
원회의 결정에 대한 불복절차 및 효력은 중재조정규정을 준용한다(동법 제29조의2제8
항). 노동조합의 교섭요구·참여 방법, 교섭대표노동조합 결정을 위한 조합원 수 산
정 기준 등 교섭창구 단일화 절차와 교섭비용 증가 방지 등에 관하여 필요한 사항
은 대통령령으로 정한다(동법 제29조의2제9항). 조합원 수 산정은 종사근로자인 조합
원을 기준으로 한다(동법 제29조의2제9항).

### (라) 교섭대표노동조합의 권한 및 의무

① 권 한:　　교섭대표노동조합의 대표자는 교섭을 요구한 모든 노동조합 또
는 조합원을 위하여 사용자와 교섭하고 단체협약을 체결할 권한을 가진다(동법 제29
조제2항).

교섭대표노동조합이 가지는 대표권은 법령에서 특별히 권한으로 규정하지 아니
한 이상 단체교섭 및 단체협약 체결(보충교섭이나 보충협약 체결을 포함한다)과 체결된
단체협약의 구체적인 이행 과정에만 미치는 것이고, 이와 무관하게 노사관계 전반에
까지 당연히 미치는 것은 아니다.[63]

**관련판례** 　대판 2019. 10. 31, 2017두37772　　사용자가 교섭대표노동조합과 체결한 단체협
약에서 교섭대표노동조합이 되지 못한 노동조합 소속 조합원들을 포함한 사업장
내 근로자의 근로조건에 관하여 단체협약 자체에서는 아무런 정함이 없이 추후 교
섭대표노동조합과 사용자가 합의·협의하거나 심의하여 결정하도록 정한 경우, 그
문언적 의미와 단체협약에 대한 법령 규정의 내용, 취지 등에 비추어 위 합의·협
의 또는 심의결정이 단체협약의 구체적인 이행에 해당한다고 볼 수 없고 보충협약
에 해당한다고 볼 수도 없는 때에는, 이는 단체협약 규정에 의하여 단체협약이 아
닌 다른 형식으로 근로조건을 결정할 수 있도록 포괄적으로 위임된 것이라고 봄이
타당하다. 따라서 위 합의·협의 또는 심의결정은 교섭대표노동조합의 대표권 범
위에 속한다고 볼 수 없다. 그럼에도 사용자와 교섭대표노동조합이 단체협약 규정
에 의하여, 교섭대표노동조합만이 사용자와 교섭대표노동조합이 되지 못한 노동조
합 소속 조합원들의 근로조건과 관련이 있는 사항에 관하여 위와 같이 합의·협의
또는 심의결정할 수 있도록 규정하고, 교섭대표노동조합이 되지 못한 노동조합을
위 합의·협의 또는 심의결정에서 배제하도록 하는 것은, 교섭대표노동조합이 되
지 못한 노동조합이나 그 조합원을 합리적 이유 없이 차별하는 것으로서 공정대표
의무에 반한다.

② 의 무:　　교섭대표노동조합과 사용자는 교섭창구 단일화 절차에 참여한

---

63) 대판 2019. 10. 31, 2017두37772.

노동조합 또는 그 조합원 간에 합리적 이유 없이 차별을 하여서는 아니 된다(동법 제29조의4제1항). 이를 소위 "공정대표의무"라고 한다. 공정대표의무는 헌법이 보장하는 단체교섭권의 본질적 내용이 침해되지 않도록 하기 위한 제도적 장치로서, 교섭대표노동조합과 사용자가 체결한 단체협약의 효력이 다른 노동조합에게도 미치는 것을 정당화하는 근거가 된다. 공정대표의무는 단체교섭의 과정이나 그 결과물인 단체협약의 내용뿐만 아니라 단체협약의 이행과정에서도 준수되어야 한다.[64] 교섭대표노동조합이나 사용자가 다른 노동조합 또는 그 조합원을 차별한 것으로 인정되는 경우, 그와 같은 차별에 합리적인 이유가 있다는 입증책임은 교섭대표노동조합이나 사용자에게 있다.[65]

**관 련 판 례** **대판 2018. 8. 30, 2017다218642** 사용자가 단체협약 등에 따라 교섭대표노동조합에 상시적으로 사용할 수 있는 노동조합 사무실을 제공한 경우, 교섭창구 단일화 절차에 참여한 다른 노동조합에도 노동조합 사무실을 제공하여야 하는지 여부(원칙적 적극) 및 물리적 한계나 비용 부담 등을 이유로 노동조합 사무실을 제공하지 않거나 일시적으로 회사 시설을 사용할 수 있는 기회를 부여한 경우, 차별에 합리적인 이유가 있다고 볼 수 없다.

노동조합은 교섭대표노동조합과 사용자가 상기 규정을 위반하여 차별한 경우에는 그 행위가 있은 날(단체협약의 내용의 일부 또는 전부가 상기 규정에 위반되는 경우에는 단체협약 체결일을 말한다)부터 3개월 이내에 대통령령으로 정하는 방법과 절차에 따라 노동위원회에 그 시정을 요청할 수 있다(동법 제29조의4제2항). 노동위원회는 상기 규정에 따른 신청에 대하여 합리적 이유 없이 차별하였다고 인정한 때에는 그 시정에 필요한 명령을 하여야 한다(동법 제29조의4제3항). 노동위원회의 명령 또는 결정에 대한 불복절차 등에 관하여는 부당노동행위 구제제도에 관한 규정을 준용한다(동법 제29조의4제4항).

③ **지위 유지기간:** 교섭대표노동조합은 그 결정된 때부터 다음의 구분에 따른 날까지 그 교섭대표노동조합의 지위를 유지하되, 새로운 교섭대표노동조합이 결정된 경우에는 그 결정된 때까지 교섭대표노동조합의 지위를 유지한다(노동조합법시행령 제14조의10제1항).

(ⅰ) 교섭대표노동조합으로 결정된 후 사용자와 체결한 첫 번째 단체협약의 유효기간이 2년인 경우 그 단체협약의 유효기간이 만료되는 날

---

64) 대판 2018. 8. 30, 2017다218642; 대판 2019. 8. 29, 2017다219249.
65) 대판 2018. 8. 30, 2017다218642; 대판 2019. 8. 29, 2017다219249.

(ⅱ) 교섭대표노동조합으로 결정된 후 사용자와 체결한 첫 번째 단체협약의 유효기간이 2년 미만인 경우     그 단체협약의 효력이 발생한 날을 기준으로 2년이 되는 날

## 3. 사용자측 단체교섭담당자

사용자 또는 사용자단체의 대표자는 당연히 단체교섭권한을 보유하고 있으며, 사용자 또는 사용자단체로부터 위임을 받은 자도 역시 단체교섭권한을 보유하고 있다.

### (1) 사용자 또는 사용자단체의 대표자

사용자측의 단체교섭권한자에는 사용자 또는 사용자단체의 대표자가 해당된다. 즉, 사업주 또는 사업의 경영담당자뿐만 아니라 그 사업의 근로자에 관한 사항에 관하여 사업주를 위해 일하는 자 가운데서 적당하다고 판단되는 자를 단체교섭담당자로 선정할 수 있다.

사용자단체는 근로관계에 관하여 그 구성원인 사용자에 대하여 조정 또는 규제할 수 있는 권한을 가진 사용자의 단체를 말한다(노동조합법 제2조제3호).66) 이러한 사용자단체의 대표자는 그 단체의 내규 또는 총회 등의 절차에 의해 선출된 자이다. 구체적으로는 그 단체의 회장 및 임원·간부들이 이에 해당된다고 할 것이다.

### (2) 사용자 또는 사용자단체로부터 위임을 받은 자

사용자측에서도 근로자측과 마찬가지로 자유로이 단체교섭권한 또는 단체협약체결에 관한 권한을 타인에게 위임할 수 있다. 따라서 사용자측으로부터 정당한 절차를 거쳐 교섭권한을 위임받은 개인 또는 단체의 대표자는 위임받은 범위 안에서 단체교섭권한을 행사할 수 있다(노동조합법 제29조제2항). 구체적으로 특별한 법적 요건이 없으므로 기업 내부의 자는 물론 외부의 전문가 등 교섭권한의 위임에 제한이 없다. 사용자 또는 사용자단체는 단체교섭 또는 단체협약체결에 관한 권한을 위임한 때에는 그 사실을 노동조합에게 통보하여야 한다(동법 제29조제3항).

---

66) 원예협동조합(대판 1986. 12. 23, 85누856); 수산업협동조합(노조 01254-2305, 1988. 2. 13); 의료보험연합회(노조 01254, 1988. 12. 15); 대한환경위생협회의 이용분과위원회(노조 01254-7490, 1990. 5. 25); 국민연금관리공단의 감독기관인 보건복지부장관(노조 01254-11071, 1989. 7. 27) 등은 사용자단체에 해당되지 아니한다.

## 제 3 절   단체교섭의 대상

### Ⅰ. 의   의

#### 1. 개   념

단체교섭의 대상이라 함은 법률의 규정 또는 노사당사자간의 합의에 의하여 단체교섭의 주제 또는 목적으로 부의된 사항을 말한다. 예컨대 임금·근로시간·후생·해고 등 고용 및 근로에 관한 모든 사항이 이에 해당된다.

#### 2. 관련규정

현행 노동조합법은 단체교섭의 대상에 대하여 명문의 규정을 두고 있지 아니하며, 단지 몇 개의 조문에서 이를 간접적으로 추론할 수 있을 뿐이다. 단체교섭의 대상을 가장 구체적으로 규정하고 있는 조항은 노동조합법 제2조제5호로서 동 조항은 「임금·근로시간·복지·해고 기타 대우 등 근로조건의 결정」을 단체교섭의 대상으로 규정하고 있다.

단체교섭의 대상을 관련법령에 명문으로 구체화 하는 것은 단체교섭 대상이 다양하고 복잡한 점을 감안하여 볼 때에 바람직하지 못하며, 이는 각 개별적 사안에 따라 구체적으로 법원 또는 노동위원회에 의하여 판단·결정되어야 할 것이다.[67]

#### 3. 단체교섭대상의 범위

단체교섭의 구체적인 대상 및 기준이 제시되고 있지 아니하므로 사용자와 근로자는 단체교섭의 대상에 대하여 첨예한 이해대립을 보이고 있다. 사용자는 임금·근로시간 등 순수한 근로조건에 관련된 사항만을 단체교섭의 대상으로 국한하고 있는 것에 반하여, 근로자는 경영참가·이윤분배 및 인사권 등 사용자의 경영권까지 단체교섭의 대상으로 확대하고 있다.

---

67) 미국 노동조합법 제8조(d)도 「단체교섭이라 함은 임금·근로시간 기타의 근로조건 또는 단체협약의 교섭이나 이로 인하여 발생하는 문제에 대한 교섭」이라고 규정하고 있으나, 이는 단체교섭대상의 구체적인 기준이나 범위를 제시하고 있는 것은 아니며, 단체교섭대상의 기준 및 범위는 법원 또는 NLRB에 의하여 구체적으로 결정된다.

이러한 이해의 대립은 불필요한 노사분쟁을 야기시켜서 노사안정 및 평화를 해침은 물론 국력의 낭비라 할 수 있을 것이다. 또한, 현행 노동조합법은 사용자가 정당한 이유 없이 근로자의 단체교섭요구를 거부하는 경우 이를 부당노동행위로서 금지하고 있다. 이 경우 인사권 및 징계권 등 사용자의 경영권과 관련된 사항이 단체교섭의 대상이라고 한다면, 사용자가 이에 대한 단체교섭을 거부하는 경우 이는 부당노동행위가 성립될 것이며, 반대로 단체교섭의 대상이 아니라고 한다면 이에 대한 단체교섭을 거부할지라도 부당노동행위가 성립되지 아니할 것이다. 현행 부당노동행위제도는 원상회복주의와 아울러 형벌주의를 채택하고 있으므로 특정 대상이 단체교섭의 대상이 되는지의 여부를 결정하는 것은 범죄의 구성요건을 결정하게 되는 것이므로 단체교섭의 대상의 범위 및 기준은 반드시 명확하게 제시되어야 한다.

## Ⅱ. 단체교섭의 대상

단체교섭의 대상을 결정하는 요인은 크게 ⅰ) 단체교섭의 주제(subject), ⅱ) 조합원의 특성, ⅲ) 노동조합의 조직형태 및 ⅳ) 다른 법규범의 존재 등으로 나누어 볼 수 있다.

### 1. 단체교섭의 주제

단체교섭대상의 주제로서 ⅰ) 임금 및 근로시간 등의 근로조건이 해당됨은 명백하나, ⅱ) 경영권 등 사용자의 처분권한에 속하는 사항을 비롯하여 사용자의 처분권한에 속하지 아니하는 순수한 사회적·정치적 사항에 관하여는 견해의 대립이 있다.

#### (1) 단체교섭대상의 삼분체계

##### (가) 삼분체계의 개념

① 의무교섭대상:   의무교섭대상이라 함은 ⅰ) 노동조합이 그 대상에 대한 교섭제의를 하는 경우 사용자가 그 교섭을 정당한 이유 없이 거부하면 부당노동행위가 성립되고, ⅱ) 그 대상에 대한 단체협약의 내용을 단체교섭에 의하지 아니하고는 이를 일방적으로 결정·변경할 수 없으며, ⅲ) 그 대상에 대한 단체교섭이 결렬되는 경우 노동쟁의조정의 신청 및 쟁의행위를 실시할 수 있는 교섭대상을 말한다.

노동조합법 제48조는 「노사관계당사자는 단체협약에 노동관계의 적정화를 위한 노사협의 기타 단체교섭의 절차와 방식을 규정하고 …」라고 하여, 의무교섭대상의 개념을 간접적으로 법 제화 하고 있다.

② **임의교섭대상:**　　　임의교섭대상이라 함은 ⅰ) 노동조합이 그 대상에 대한 단체교섭의 제의를 하는 경우 사용자가 그 교섭을 거부하여도 부당노동행위가 성립되지 아니하며, ⅱ) 양 당사자가 합의하는 경우에만 단체협약을 체결할 수 있고, ⅲ) 단체협약이 종료되면 사용자는 이를 일방적으로 변경할 수 있으며, ⅳ) 노동조합은 단체교섭이 결렬되는 경우에도 노동쟁의조정의 신청 및 단체행동을 할 수 없는 교섭대상을 말한다.

노동조합법 제24조제1항은 노조전임에 관한 사항 중 임금을 제외한 사항을, 동법 제44조제1항은 파업기간중의 임금지급에 관한 사항을 임의교섭대상으로 규정하고 있다.

③ **금지교섭대상:**　　　금지교섭대상이라 함은 ⅰ) 그 대상에 대한 단체교섭이나 단체협약체결이 법적으로 금지되며, ⅱ) 그 대상을 규정하는 단체협약은 무효가 되는 교섭대상을 말한다. 금지교섭대상에는 특정종교의 강제, 노동조합에 대한 지배·개입, 임금 또는 소득의 허위신고, 구속자석방 및 클로즈드 숍규정 등이 이에 해당된다.

### (나) 삼분체계에 관한 학설 및 판례

단체교섭대상에 관한 3분체계 개념의 필요성 여부 및 법적 성질에 관하여는 다음과 같이 견해가 나뉘고 있다,

① **부정설:**　　　부정설은 우리나라의 경우 단체교섭대상의 3분체계 개념이 필요하지 아니하다는 견해이다. 이러한 견해는 단체교섭대상은 "단체교섭의 대상이 되는 사항"(의무적 교섭대상)과 "단체교섭의 대상이 되지 않는 사항"(금지적 교섭대상)으로 충분하며, 중간영역의 "임의적 교섭대상"은 불필요한 개념이라고 한다. 그 논거로서는 ⅰ) 의무적 교섭사항과 임의적 교섭사항 간의 구별이 어려운 현실에서 임의적 교섭대상을 인정하는 것은 단체교섭대상을 축소하여 근로자의 단체교섭권 및 단체행동권을 제한한다는 견해,[68] 또는 ⅱ) 우리나라의 단체교섭개념은 노동조합이 주체가 되어 쟁의행위라는 투쟁을 통하여 교섭사항을 강제로 관철할 수 있는 경우에 사용되는 법률개념이므로 노·사간의 자유로운 합의를 근거로 하는 임의적 교섭대상은 헌법상 근로3권에 의하여 보장된 단체교섭사항이 아니라고 한다.[69]

---

68) 김유성, 노동법(Ⅱ), p. 141; 이병태, 노동법, p. 212.
69) 김형배, 노동법, p. 901. 김형배 교수는 외형상 3분체계가 필요 없다고 하면서도 임의적 교섭대상의 개념을 인정하는 등 논리의 혼동을 가져오고 있으며, 결과적으로 임의적 교섭대상은 인정하면서도 이를 사

한편 부정설은 임의적 교섭대상을 인정하지 아니하므로 일반적으로 임의적 교섭대상으로 분류되고 있는 경영권에 관한 사항을 어느 대상으로 인정할지의 여부에 관하여 견해가 나뉘고 있다.

㉠ 의무적 교섭대상이라는 견해    경영권에 관한 사항은 원칙적으로 의무적 교섭대상으로서 당연히 단체교섭의 대상이 되며 따라서 이를 임의적 교섭대상으로 보는 경우 단체교섭의 대상이 축소될 우려가 있다는 견해이다.70)

㉡ 금지적 교섭대상이라는 견해    경영권에 관한 사항은 원칙적으로 금지적 교섭대상으로서 단체교섭의 대상이 되지 아니하며, 따라서 이를 임의적 교섭대상으로 볼 경우 단체교섭의 대상이 무분별하게 확장될 우려가 있다는 견해이다.71)

② 긍정설:    긍정설은 우리나라의 경우에도 단체교섭대상의 3분체계 개념이 필요하다는 견해이다.72) 이러한 견해는 의무적 교섭대상에 속하지 아니하지만 경영권에 관한 사항 등과 같이 사용자가 처분할 권한이 있고 강행법규나 공서양속에 위반하지 아니하는 사항은 당사자가 합의하는 한 이를 의무적 교섭대상 및 금지적 교섭대상 양쪽에 포함되지 않는 임의적 교섭대상으로 보는 것이 필요하다고 한다. 즉, 단체교섭의 의무적 교섭사항에 해당되는지의 구별도 중요하지만, 단체교섭의 의무적 교섭사항이 아닌 사항이 임의적 교섭사항인지 또는 금지교섭사항인지의 구별도 중요하다고 한다. 임의적 교섭대상을 인정하는 견해도 이의 법적 성질에 대하여 견해가 나뉘고 있다.

㉠ 사적 계약으로 보는 견해    헌법상 단체교섭권은 사용자에 대한 투쟁과 강제를 전제로 하여 교섭의무를 사용자에게 부과하는 것을 본질적 내용으로 하고 있는바, 임의적 교섭사항에 관한 교섭은 사용자에게 의무를 부과하는 것이 아니라 당사자간의 합의를 근거로 하고 있으므로 이는 헌법상 단체교섭권에 근거한 교섭이 아니라 사인간의 사적 자치의 일환으로 하는 교섭에 불과하고 엄격한 의미에서 단체교섭으로 볼 수 없다고 한다.73)

㉡ 헌법상 단체교섭으로 보는 견해    임의적 교섭대상도 의무적 교섭대상과 마찬가지로 헌법상의 단체교섭에 해당된다는 견해이다.74) 헌법상의 단체교섭권이 사용

---

적인 계약으로 파악하여 임종률 교수와 동일한 견해를 취하고 있다.

70) 김유성, 노동법(Ⅱ), p. 142.
71) 김형배, 노동법, p. 905.
72) 임종률, 노동법, p. 128; 하갑래, 집단적 노동관계법, p. 269.
73) 임종률, 노동법, p. 129.
74) 이상윤, 노동법, p. 648; 이영희, 노동법, p. 233; 이학춘 · 이상덕 · 이상국 · 고준기, 노동법(Ⅱ), p. 307; 이을형, 노동법, p. 220.

자에 관한 단체교섭 의무화를 본질적 내용으로 하고 있다고 하여 이는 노사합의에 의한 단체교섭을 배제하는 것은 아니며 오히려, 노사합의로 단체교섭대상을 정하는 것이 헌법상 단체교섭권의 본질적 내용이라는 견해이다.

대법원 판례75) 및 일부 하급심 판례는 "임의적 교섭대상"이라는 개념을 사용하고 있다. 한편, 대법원 판례는 경영권에 관한 사항이 단체교섭대상인지의 여부에 대하여 ⅰ) 노사간에 다툼이 있는 경우, 이를 (의무적)교섭대상이 아니라고 판결하고 있으나, ⅱ) 노사간의 다툼이 없이 단체협약으로 체결된 경우 이를 당연히 무효로 보지 않고, 이에 단체협약의 효력을 그대로 인정하여 임의적 교섭대상의 개념을 사실상 채택하고 있다.

최근 대법원 판례는 정리해고나 사업조직의 통폐합 등 고도의 경영권에 관한 사항은 원칙적으로 단체교섭의 대상이 될 수 없으나, 노사는 "임의로" 단체교섭을 진행하여 단체협약을 체결할 수 있고, 그 내용이 강행법규나 사회질서에 위배되지 않는 이상 단체협약으로서의 효력이 인정된다고 판결하여 임의적 교섭대상의 개념을 인정하고 있다.76)

③ 사 견:　　　첫째, 근로조건은 물론 경영권까지 모두 의무적 단체교섭대상으로 파악하는 견해는 헌법상 재산권 및 시장경제원리를 보호하고 있는 자본주의체제를 부정할 우려가 있는 견해라 할 것이다.

둘째, 경영권이 단체교섭대상에 포함되지 아니한다는 견해는 헌법상 단체교섭권의 본질적 내용인 노사자치에 의한 합의를 부정함으로써 단체교섭의 범위를 축소할 우려가 있다고 할 것이다. 즉, 경영권에 관한 사항을 사용자가 스스로 단체교섭대상으로 허용하는 것이 왜 헌법상 단체교섭에 해당되지 아니하는지 타당한 이유를 제시하지 못하고 있는 것이다.

셋째, 임의적 교섭대상이 노사당사자간의 합의를 근간으로 하고 있으므로 사용자에 대한 강제를 본질로 하는 헌법상 단체교섭권의 내용에 포함되지 아니한다는 견해는 헌법상 단체교섭권의 본질을 왜곡하고 있는 것으로 보인다. 헌법상 단체교섭권이 사용자에 대한 투쟁성·강제성을 본질로 하는 것은 타당하나, 이는 노사자치에 의한 합의를 배척하는 것이 아니라 오히려 합의를 원칙으로 하고, 합의에 이르지 못하는 경우에 교섭의 의무화를 인정하고 있는 것이다. 헌법상 단체교섭권은 대립과 투쟁보다는 노사자치에 의한 대화와 합의를 보다 본질적인 내용으로 하고 있는 것

75) 대판 1996. 2. 23, 94누9177.
76) 대판 2014. 3. 27, 2011두20406.

이다.

단체교섭의 대상은 의무교섭대상·임의교섭대상 및 금지교섭대상의 셋으로 구분하는 것이 합리적이다. 이는 미국식의 삼분체계[77]의 도입으로 보기보다는 단체교섭의 대상을 정하는 현실상의 기준으로서 극히 자연스러운 것이라 하겠다. 왜냐하면, 현실적으로 특정 사항이 단체교섭의 대상이 되는지의 여부에 관하여 노사간에 대립이 있는 경우 특정 사항은 단체교섭의 대상이 되든지 또는 되지 아니하든지 두 가지의 경우로 나눌 수밖에 없는바, 전자의 경우를 의무교섭대상, 후자의 경우를 금지교섭대상으로 분류하는 것은 특별한 논리나 이론이 필요 없는 사실적인 분류에 지나지 아니하는 것이다. 또한 의무교섭대상에 포함되지 아니할지라도 당사자가 합의하는 경우, 일단 아무런 의무나 부담도 가지지 아니한 채 상호 의견을 들어보는 과정이 필요한 때도 있다. 이 경우 불법적인 교섭대상을 제외하고는 단체교섭을 허용하는 것이 단체교섭대상을 확대하여 노사간의 평화로운 대화를 유도할 수 있으며, 또한 헌법상 노사자치원칙의 구현에 부합된다고 본다. 이러한 경우의 단체교섭대상을 임의교섭대상이라고 칭하는 것 역시 특별한 이론을 필요로 하지 아니하는 사실상의 분류이다. 즉, 임의교섭대상은 종전의 노사간에 개별적인 협의대상에 불과하였거나, 단체교섭의 대상이 되지 아니하였던 사항을 단체교섭대상에 포함시켜 그 범위를 확대함으로써 노사자치의 원칙 및 노사평화정착에 기여할 수 있다.[78] 우리나라의 대법원도 임의교섭대상의 개념을 도입함으로써 사실상 삼분체계를 이미 채택하고 있다고 볼 수 있다.[79]

| 관 련<br>판 례 | **대판 1996. 2. 23, 94누9177**　　노조전임에 관한 사항은 임의교섭대상으로서, 이에 대한 단체교섭의 결렬시 강제중재의 대상이 될 수 없다. |
| --- | --- |

최근 대법원 판례는 정리해고나 사업조직의 통폐합 등 고도의 경영권에 관한 사항은 원칙적으로 단체교섭의 대상이 될 수 없으나, 노사는 "임의로" 단체교섭을 진행하여 단체협약을 체결할 수 있다고 판결하여 임의적 교섭대상으로 인정하고 있다.[80]

---

77) 미국 단체교섭대상의 삼분체계는 NLRB v. Wooster Division of the Borg-Warner Co., 356 U.S. 342(1958)에서 정립되었다. 이에 관하여는 이상윤, 노동조합법, p. 219 이하.
78) 임종률, "의무적 교섭사항", 노동법학, p. 307(한국노동법학회, 1997); 임종률, 노동법, p. 122.
79) 대판 2014. 3. 27, 2011두20406; 대판 1996. 2. 23, 94누9177; 서울고판 1996. 6. 13, 95구22810.
80) 대판 2014. 3. 27, 2011두20406.

| 관 련<br>판 례 | 대판 2014. 3. 27, 2011두20406    정리해고나 사업조직의 통폐합 등 기업의 구조조정의 실시 여부는 경영주체에 의한 고도의 경영상 결단에 속하는 사항으로서 원칙적으로 단체교섭의 대상이 될 수 없으나, 사용자의 경영권에 속하는 사항이라 하더라도 노사는 임의로 단체교섭을 진행하여 단체협약을 체결할 수 있고, 그 내용이 강행법규나 사회질서에 위배되지 않는 이상 단체협약으로서의 효력이 인정된다. |
| --- | --- |

한편, i) 노동조합법 제24조제4항 및 제5항은 단체협약으로 근로시간면제한도 안에서 노조전임의 급여를 정할 수 있으나, 이를 위한 파업은 허용되지 아니한다고 규정하고 있고, ii) 동법 제44조제1항 및 제2항은 쟁의행위기간 중에 임금지급의무는 없으나 임금을 지급하는 것은 무방하되, 이를 위한 파업은 허용되지 아니한다고 규정하여 임의교섭대상의 개념을 사실상 법제화하고 있다.

### (다) 단체교섭대상과 다른 사항과의 관계

단체교섭의 삼분체계를 근거로 하는 경우 단체교섭대상과 다른 사항과의 관계를 살펴보면 다음과 같다.

① **단체교섭대상과 쟁의행위의 목적과의 관계:**    단체교섭의 대상 중 의무교섭대상만이 쟁의행위의 목적이 될 수 있고 임의교섭대상 및 금지교섭대상은 쟁의행위의 목적이 될 수 없다. 즉, 의무교섭대상에 관한 단체교섭이 결렬되는 경우에 한하여 쟁의행위를 개시할 수 있으며, 임의교섭대상에 관한 단체교섭이 결렬되는 경우에는 쟁의행위를 행하지 못한다. 금지교섭대상에 관하여는 단체교섭 자체를 행하지 못하므로 이에 대한 쟁의행위를 개시할 여지가 없다고 할 것이다.

② **단체교섭대상과 노동쟁의조정대상과의 관계:**    단체교섭이 결렬되어 노동쟁의가 발생한 경우 이 분쟁을 해결하기 위하여 노동쟁의조정을 하게 된다.

이 경우 쟁의행위의 경우와 마찬가지로 단체교섭의 대상 중 기본적으로 의무교섭대상만이 노동쟁의조정의 대상이 되며, 임의교섭대상 및 금지교섭대상은 노동쟁의조정의 대상이 될 수 없다.[81]

이론적으로 볼 때 임의교섭대상에 관한 단체교섭이 결렬되는 경우 양 당사자의 합의가 있는 경우에는 노동쟁의조정의 대상이 될 수도 있다고 하겠으나, 사용자가 실제로 노동쟁의조정에 회부하기로 합의하는 경우는 거의 없다고 할 것이다. 금지교섭대상에 관하여는 단체교섭 자체를 행하지 못하므로 이에 대한 노동쟁의조정을 개시할 여지가 없다고 할 것이다.

---

81) 대판 1996. 2. 23, 94누9177.

③ **단체교섭대상과 부당노동행위대상:**  근로자가 의무교섭대상에 관한 단체교섭을 요구하는 경우 사용자가 이를 거부하는 경우에는 정당한 단체교섭의 요구를 거부하는 것이 되어 부당노동행위가 성립한다. 임의교섭대상의 경우에는 이에 관한 단체교섭요구를 거부하여도 부당노동행위가 성립되지 아니한다.

근로자가 금지교섭대상에 관한 단체교섭을 강요하는 경우 사용자는 이를 거부하여도 부당노동행위에 해당되지 아니함은 물론 근로자는 민사 및 형사상의 면책을 받지 못하는 경우가 생길 수도 있음을 주의하여야 한다.

④ **단체교섭대상과 노사협의대상:**  전통적으로 단체교섭제도와 노사협의제도의 구별표준은 우선 그 대상사항에서 찾아볼 수 있는바, 전자는 노사의 이해가 대립되는 사항을, 후자는 노사의 이해가 공통되는 사항을 취급한다고 한다. 그러나 노사간의 실제에 있어서는 구체적 사항들이 이해대립사항인지 또는 이해공통사항인지의 구별이 어려울 것이다. 노사협의대상은 단체교섭대상에 비하여 비정형적이고 광범위하다. 따라서 노사협의대상은 사용자가 처분권한이 있는 사항은 물론 처분권한이 없는 사항도 그 대상이 될 수 있다 할 것이다.

### (2) 단체교섭대상의 구체적 사례

#### (가) 근로조건

임금·근로시간·복지·해고 기타 대우 등의 근로조건에 관한 사항은 교섭대상에 해당된다.

근로조건의 범위 및 개념은 반드시 명확한 것은 아니나, 사용종속관계에 포함되는 모든 내용이라고 할 것이다.

구체적으로는 ⅰ) 근로자가 사용자에게 제공하는 근로의 시간·종류·내용, ⅱ) 근로를 제공하는 환경·안전보건·위생·근무장소, ⅲ) 휴게·휴일·휴가 등의 휴식, ⅳ) 기본급·수당·상여금 및 퇴직금 등의 임금, ⅴ) 기업연금·주택 및 복지시설 등의 복지후생, ⅵ) 전직·징계 및 해고 등의 인사에 관한 기준이나 절차에 관한 사항 및 ⅶ) 기타 근로자의 고용 및 근로조건에 관련된 모든 사항 등을 포함하는 것으로 해석한다.

전직·징계 및 해고 등의 인사사항이 교섭대상이 되는지의 여부에 관하여는 견해가 나뉘고 있다.

이에는 ⅰ) 인사권은 원칙적으로 경영권에 속하므로 교섭대상이 될 수 없다는 견해,[82] ⅱ) 인사권이 근로조건에 영향을 미치는 경우에 한하여 단체교섭대상이 된다는 견해,[83]) iii) 인사권은 근로조건에 해당되므로 당연히 단체교섭의 대상이 된다는 견해,[84]) iv) 인사의 기준 및 절차는 단체교섭의 대상이 되나, 개별근로자에 대한 인사조치자체는 교섭사항이 아니라는 견해 등이 있다.[85]) 사견으로는 전직·징계 및 해고 등의 인사 기준이나 절차에 관한 사항은 교섭대상이나, 특정 조합원에 대한 인사조치 자체는 후술하는 경영권의 행사에 포함되므로 단체교섭의 대상이 되지 않는다고 본다.

비조합원에 관한 사항 또는 근로자 개인에 관한 사항도 해당 노동조합 또는 조합원의 근로조건에 영향을 미치는 경우에는 단체교섭의 대상이 된다.[86])

(나) 권리분쟁에 관한 사항

권리분쟁이라 함은 법령·단체협약 및 취업규칙상의 권리·의무관계에 대한 해석 및 이행 등에 관하여 발생한 분쟁을 말한다. 권리분쟁은 이미 확정된 권리·의무관계에 대한 분쟁이라는 점에서 취업규칙의 개정·단체협약의 체결 등 새로운 권리·의무관계를 설정하려는 과정에서 발생한 이익분쟁과 구별된다.

권리분쟁이 단체교섭의 대상이 되는지의 여부에 관하여는 견해가 나뉘고 있다.

이에 대하여 i) 권리분쟁은 법원 또는 노동위원회를 통하여 해결하는 것이 원칙이므로 단체교섭의 대상이 되지 아니한다는 견해,[87]) ii) 의무적 교섭은 아니나, 임의적 교섭대상에 해당된다는 견해[88]) 및 iii) 법원 또는 노동위원회에서 해결되어야 할 사항이라도 노사자치의 원칙에 의하여 당사자가 자율적으로 해결하는 것을 금지하는 것은 아니므로 권리분쟁도 단체교섭의 대상이 된다는 견해[89])가 있다.

사견으로는 권리분쟁은 공정한 제3의 기관인 법원 또는 노동위원회에서 해결되어야 하며, 단체교섭의 교섭대상에 해당되지 아니하는 것이 원칙이라 본다. 다만, 권리분쟁 중에서 i) 체불금액·시기 등 임금체불의 내용이 명확한 경우, ii) 부당노동행위가 중대하고 명백한 경우, 또는 iii) 법령·단체협약 및 취업규칙의 불이행이 중대하고 명백한 경우 등에는 이는 교섭대상에 해당된다고 본다. 그 이외의 권리분쟁

---

82) 대판 1998. 4. 28, 97누19953.

83) 김치선, 노동법, p. 340; 심태식, 노동법, p. 218.

84) 임종률, 노동법, p. 137. 임종률 교수는 인사권이 근로조건으로서 당연히 단체교섭의 대상이 된다고 하면서도 근로자에 대한 개별적 인사조치는 권리분쟁으로서 단체교섭의 대상이 될 수 없다고 한다.

85) 김유성, 노동법(Ⅱ), p. 142; 이상윤, 노동법, p. 650. 김유성 교수는 개별적 인사조치도 노동조합이나 다른 근로자의 근로조건에 영향을 미치는 경우에는 단체교섭의 의무적 교섭대상이 된다고 한다.

86) 김유성, 노동법, p. 142; 임종률, 노동법, p. 130; 이병태, 노동법, p. 219.

87) 김형배, 노동법, p. 904; 임종률, 노동법, p. 127.

88) 임종률, "단체교섭의 대상"(김형배, 화갑논문집, 1994), p. 419.

89) 이병태, 노동법, p. 221; 대판 1990. 5. 15, 90도357.

사항은 노사자율의 원칙에 따라 임의적 교섭대상에 해당될 것이다.

(다) 집단적 노사관계

노동조합이 그 본래의 활동을 하기 위하여 필요로 하는 사항, 예컨대 조합활동에 관한 사항, 단체교섭절차에 관한 사항, 노사협의기구, 고충처리기관 등에 관한 사항, 쟁의행위의 개시방법에 관한 사항, 조정·중재에 관한 사항 등 집단적 노사관계에 해당하는 사항도 교섭대상에 포함된다고 할 것이다.

그 이유는 ⅰ) 노동조합법 제29조제1항은 "노동조합을 위하여" 사용자와 교섭하도록 규정하고 있으며, ⅱ) 동법 제48조에서 단체협약에「노동관계의 적정화를 위한 단체교섭의 절차와 방식」을 규정하도록 노력하여야 한다고 규정하고 있는 것은 집단적 노사관계가 단체교섭의 교섭대상이 됨을 전제로 하고 있기 때문이다.[90] 다만, 노조전임에 관한 사항은 이미 설명하였듯이 의무적 교섭대상이 아니라 임의적 교섭대상에 해당된다.[91]

(라) 경영권

① 경영권에 관한 학설 및 판례: 경영권이 교섭대상에 해당되는지의 여부에 관하여는 견해가 나뉘고 있다.

㉠ 부정설 부정설에 의하면 경영에 관한 사항은 사용자의 고유한 경영권에 속하고 근로조건에 해당되지 아니하므로 교섭대상이 아니며,[92] 단지 사용자의 자유로운 의사에 따라 단체교섭대상이 될 수 있을 뿐이라고 한다.[93]

**관련 판례** 대판 1992. 9. 25, 92다18542 인사권은 원칙적으로 사용자의 권한에 준하나, 사용자는 스스로 자신의 권한에 제약을 가할 수 있는 것이므로 사용자가 단체협약을 체결하여 조합원의 인사에 대한 관여를 인정하였다면 이는 유효하다.

이 경우 ⅰ) 경영에 관한 사항이므로 어떠한 사항도 단체교섭의 대상이 될 수 없다는 순수부정설과 ⅱ) 정리해고, 사업의 통·폐합 및 기업의 구조조정의 실시 등 경영권행사의 본질적 부분의 경우 등에 한하여 단체교섭의 교섭대상이 될 수 없다는 제한부정설[94]이 있다.

90) 임종률, 노동법, p. 132.
91) 대판 1996. 2. 23, 94누9177.
92) 기업의 특정 조직의 해체결정은 경영상 불가피하게 취해진 조치로서 이는 단체교섭의 대상이 되지 아니한다(대판 1994. 3. 25, 93다30242).
93) 대판 1992. 9. 25, 92다18542. 정기남, 전게논문, pp. 40～41. 우리나라의 경총 등 사용자들의 입장이다.
94) 이상윤, 노동조합법, p. 235; 대판 2010. 11. 11, 2009도4558; 대판 2003. 2. 11, 2000도4169.

최근 대법원 판례는 정리해고나 사업조직의 통폐합 등 고도의 경영권에 관한 사항은 원칙적으로 단체교섭의 대상이 될 수 없으나, 노사는 "임의로" 단체교섭을 진행하여 단체협약을 체결할 수 있다고 판결하여 임의적 교섭대상으로 인정하고 있다.[95]

**관련 판례** 대판 2014. 3. 27, 2011두20406 정리해고나 사업조직의 통폐합 등 기업의 구조조정의 실시 여부는 경영주체에 의한 고도의 경영상 결단에 속하는 사항으로서 원칙적으로 단체교섭의 대상이 될 수 없으나, 사용자의 경영권에 속하는 사항이라 하더라도 노사는 임의로 단체교섭을 진행하여 단체협약을 체결할 수 있고, 그 내용이 강행법규나 사회질서에 위배되지 않는 이상 단체협약으로서의 효력이 인정된다.

ⓛ 긍정설 긍정설에 의하면 경영에 관한 사항도 사용자의 처분권한에 속하는 것으로서 교섭대상에 포함된다고 한다.

긍정설에 의하는 경우에도 ⅰ) 경영에 관한 사항은 언제든지 단체교섭의 교섭대상이 된다는 순수긍정설[96]과 ⅱ) 경영에 관한 사항이 근로조건과 구분이 안 될 정도로 속성이 미약한 경우에 한하여 경영에 관한 사항이 단체교섭이 된다는 제한긍정설[97]로 나누어 볼 수 있다.

② **경영권의 행사가 근로조건에 영향을 미치는 경우:** 경영권과 관련된 또다른 문제는 다수의 경영권에 관한 사항이 한편으로는 경영권으로 분류되면서, 또다른 한편으로는 근로자의 임금·근로시간 등의 근로조건과도 밀접한 관계를 맺거나 이에 영향을 미치고 있다는 점이다.

정리해고, 구조조정 등 경영권의 본질적 부분의 행사가 근로조건에 영향을 미치는 경우 영향을 받은 근로조건이 단체교섭의 대상이 되는 것은 당연하나, 동 경영권도 단체교섭의 대상이 되는지의 여부에 관하여 견해가 나뉘고 있다.

㉠ 부정설 정리해고, 구조조정 등 경영권의 본질적 부분의 행사가 근로조건에 영향을 미친다 할지라도 동 경영권은 단체교섭의 대상이 되지 아니한다는 견해이다. 우리나라의 소수설[98]이자 대법원 판례의 입장이다.

최근의 대법원 판례는 정리해고, 공기업의 민영화, 구조조정·합병 및 사업의 통·폐합 등 경영권의 본질적 내용은 그 자체는 물론 비록 근로조건에 영향을 미치는 경우에도 단체교섭의 대상이 될 수 없다고 판결하여 부정설을 채택하고 있다.[99]

95) 대판 2014. 3. 27, 2011두20406.
96) 우리나라 노총 등 근로자들의 입장이다.
97) 대판 1992. 5. 12, 91다34523.
98) 이상윤, 노동법, p. 682: 이상윤, 노동조합법, p. 235.
99) 대판 2010. 11. 11, 2009도4558; 대판 2003. 2. 11, 2000도4169; 대판 2002. 2. 26, 99도5380. 미국

<table>
<tr><td>관 련<br>판 례</td><td>**대판 2010. 11. 11, 2009도4558** 정리해고나 사업조직의 통·폐합 등 기업의 구조조정의 실시 여부는 경영주체에 의한 고도의 경영상 결단에 속하는 사항으로서 이는 원칙적으로 단체교섭의 대상이 될 수 없고, 그것이 긴박한 경영상의 필요나 합리적 이유 없이 불순한 의도로 추진되는 등의 특별한 사정이 없는 한, 노동조합이 실질적으로 그 실시 자체를 반대하기 위하여 쟁의행위에 나아간다면, 비록 그 실시로 인하여 근로자들의 지위나 근로조건의 변경이 필연적으로 수반된다 하더라도 그 쟁의행위는 목적의 정당성을 인정할 수 없는 것이다.</td></tr>
</table>

나아가 일부 대법원판례는 단체교섭의 대상이 될 수 없는 경영권의 본질적 내용에 대하여 노동조합의 동의를 얻어 시행한다는 단체협약을 체결하였을지라도 동 단체협약이 당연히 유효한 것이 아니라 단체협약의 체결 경위, 상황 및 노동조합의 책임 정도 등을 종합적으로 검토하여 동의의 의미를 해석하여야 한다는 판결을 하여 합의의 효력을 그대로 인정하지 않고 있다.[100]

<table>
<tr><td>관 련<br>판 례</td><td>**대판 2011. 1. 27, 2010도11030** 사용자가 경영권의 본질에 속하여 단체교섭의 대상이 될 수 없는 사항에 관하여 노동조합의 '동의'를 얻어 시행한다는 취지의 단체협약의 일부 조항이 있는 경우, 그 조항 하나만을 주목하여 쉽게 사용자의 경영권의 일부 포기나 중대한 제한을 인정하여서는 아니되고, 그와 같은 단체협약을 체결하게 된 경위와 당시의 상황, 단체협약의 다른 조항과의 관계, 권한에는 책임이 따른다는 원칙에 입각하여 노동조합이 경영에 대한 책임까지도 분담하고 있는지 여부 등을 종합적으로 검토하여 그 조항에 기재된 '동의'의 의미를 해석하여야 한다.</td></tr>
</table>

---

의 연방대법원 판례도 동일한 입장을 취하고 있다. *Fibreboard Paper Prods, Copy v. NLRB*, 379 U.S. 203(1964); *First National Maintenance Corp. v. NLRB*, 452 U.S. 666(1981). Fibreboard사건에서 사용자는 경비절감을 위한 공장경비업무를 외부에 도급하였는바, 미국의 연방대법원은 이를 근로조건(Working Condition)의 변경에 해당하는 것으로 판단하고 단체교섭의 의무적 교섭대상이라고 판결하였다. 동 판결 이후 일부 하급법원이나 NLRB에서 Fibreboard판결을 잘못 해석하여 경영권에 대하여도 의무적 교섭이 된다고 판결하여 혼란을 야기하였다. 이에 따라, 건물의 관리·유지업무의 외부도급이 문제된 First National Maintenance사건에서 연방대법원은 ⅰ) Fibreboard 판결은 외부도급이라는 "경영권"의 행사에 대하여 의무적 교섭대상을 인정한 것이 아니라, 해당 사건에서의 외부도급이 "근로조건"에 해당하기 때문에 의무적 교섭대상으로 인정한 것임을 명확히 밝힌 후에, ⅱ) 경영권의 행사가 근로조건에 영향을 미친 경우 경영권의 행사는 의무적 교섭대상에 해당되지 아니하며, 영향을 받은 근로조건만이 의무적 교섭대상에 해당한다고 판결하였다. 동 판결은 소위 영향성이론(effect theory)이라 불리우며 동 영향성이론은 Borg-Warner사건에서 정립된 단체교섭의 3분체계이론과 함께 현재까지 번복되거나 변경됨이 없이 미국 단체교섭대상론의 주요 골격을 형성하고 있다. 한편, First National Maintenance사건에서 연방대법원은 다양한 논거(reasoning) 가운데 하나로서 "이익형량기법"(balancing test)을 사용하였는바, 이는 ⅰ) 매 판결마다 경영권의 행사와 근로조건을 비교형량하여 보다 커다란 이익을 선택하라는 것이 아니라, ⅱ) 경영권의 행사는 의무적 교섭대상이 될 수 없다는 판결(holding)을 도출하는 여러 논거 중에 하나의 논거(reasoning)에 불과하다고 할 것이다. 우리나라의 일부 견해는 미국에서 경영권의 행사가 근로조건에 영향을 미치는 경우 경영권도 의무적 교섭대상이 된다고 주장하고 있으나, 이는 일본에서 그릇되게 파악하고 있는 미국 노동법 이론을 무비판적으로 수용하고 있는 대표적 이론 중의 하나이다.

100) 대판 2002. 2. 26, 99도5380; 대판 2003. 2. 11, 2000도4169; 대판 2010. 11. 11, 2009도4558; 대판 2011. 1. 27, 2010도11030.

최근의 한 대법원 판례는 정리해고 등 고도의 경영에 속하는 사항은 원칙적으로 단체교섭의 대상이 될 수 없으나, ⅰ) 사용자가 노동조합과의 협상에 따라 정리해고를 제한하기로 하는 내용의 단체협약을 체결하였다면 특별한 사정이 없는 한 이는 유효하고 ⅱ) 다만, 단체협약을 체결할 당시의 사정이 현저하게 변경되어 사용자에게 단체협약의 이행을 강요한다면 객관적으로 명백하게 부당한 결과에 이르는 경우에 한하여 사용자가 단체협약에 의한 제한에서 벗어나 정리해고를 할 수 있다고 판결하고 있다.[101]

ⓛ 긍정설    경영권의 행사가 근로조건에 영향을 미치는 경우 영향을 받은 근로조건은 물론 동 경영권도 단체교섭의 대상이 된다는 견해이다. 우리나라 및 일본의 다수설이다.[102]

**관 련 판 례**    대판 1994. 3. 25, 93다30242    부서폐지에 따라 특정 사업장에서 근무하는 근로자의 일부를 다른 사업장으로 배치하고, 남은 근로자로 하여금 기존의 업무를 수행하게 하는 경우 남은 근로자의 업무량은 증가하게 된다. 이 경우 근로자의 일부를 다른 공장으로 배치하는 것은 경영권에 속하는 사항이므로 교섭대상에 해당되지 아니하나, 재배치 결과 증가된 업무량은 경영권의 행사 결과 그 영향을 받은 근로조건에 해당되므로 교섭대상에 포함된다.

③ 사  견:    최근 교섭대상의 범위가 협의의 근로조건에서 경제적·사회적 지위 등의 향상으로 확대되고 있는 추세에서 경영권의 행사는 대부분 근로조건 등에 직·간접적으로 영향을 미치고 있으며, 또한 경영권의 본질적 내용에 근접할수록 오히려 근로조건에 보다 커다란 영향을 미치는 경우가 대부분이다. 이러한 경우, 경영권에 관한 사항을 교섭대상으로 한다면 대부분의 경영권 행사가 교섭대상이 되고, 결과적으로 경영권의 본질적 내용을 침해하여 자본주의체제하에서의 사유재산제도를 부정하는 결과를 초래할 우려가 있다. 따라서 경영권의 본질적 부분에 대해서는 그 자체는 물론 비록 근로조건에 영향을 미치는 경우에도 교섭대상이 될 수 없다고 할 것이다.[103] 다만, 경영권의 본질적 부분에 해당하지 아니하는 경영권의 행사로서 ⅰ) 경영권의 행사와 근로조건의 변경이 혼재되어 있는 바, 이를 오히려 근로조건의 변경으로 보는 것이 보다 타당한 경우, ⅱ) 경영권 행사로 인한 이익보다 근로조건의 변경으로 인한 손실이 큰 경우 또는 ⅲ) 경영권 행사보다는 근로조건에 보다 밀

---

101) 대판 2014. 3. 27, 2011두20406.
102) 김유성, 노동법(Ⅱ), p. 142; 김치선, 노동법, p. 240; 임종률, 노동법, p. 135.
103) 이상윤, 노동법, p. 682; 이상윤, 노동조합법, p. 235.

접한 경우 등에 한하여 예외적으로 교섭대상이 된다고 할 것이다. 대법원 판례도 이러한 견해를 따르고 있다.

상기 관점에서 볼 때에 교섭대상으로서 인정할 수 있는 경영권의 행사는 예외적이고 한정적인 것으로서 이를 경영권의 행사로 보기보다는 근로조건의 변경으로 보는 것이 보다 타당한 경우가 대부분이고 또한 사실상 근로조건에 영향을 미치는지의 여부에 상관없이 이미 교섭대상으로 분류되는 것도 상당 부분 있다. 따라서 일부 제한된 범위의 경영권 행사가 교섭대상으로 인정된다고 하여 이를 경영권 전반으로 확대 보편화 하는 견해는 예외를 원칙으로 삼는 것으로서 그 타당성이 의문시된다고 할 것이다.

## 2. 조합원의 특성

단체교섭대상의 범위는 노동조합의 조합원의 특성에 따라 달라진다.[104]

### (1) 전문직 근로자

전문직 근로자라 함은 해당 근로자들이 수행하는 업무의 성격이 전문적 능력과 지식을 요구하는 것이어서 다른 일반근로자들에 의하여 임의로 업무수행을 대체할 수 없는 근로자를 말한다.[105] 의료직 종사자, 학교교원들이나 첨단기술산업에 종사하는 자가 대표적인 예이다.

전문직 근로자의 노동조합이 단체교섭을 행하는 경우 단체교섭대상을 일반직 근로자에 비하여 넓게 부여하는 경우와 일반직 근로자와 동일하게 부여하는 경우가 있다.

첫째, 전문직 근로자에게 일반직 근로자들보다 넓은 범위의 단체교섭대상을 허용하는 논거로서는 특정 사항이 사용자측의 경영권에 포함된다 할지라도, 이들 내용에 관하여는 근로자 자신들이 전문가로서 가장 적합하고 합리적인 결정을 내릴 수 있으며, 또한 결정내용이 자신들의 근로조건과 밀접히 연관되어 있다는 점을 들고 있다. 예컨대 학교의 학급 수, 학급정원 및 교과내용 등에 관한 사항은 학교의 관리자보다는 학교 교원들이 더욱 정확한 지식과 능력을 가지고 결정을 내릴 수 있다는 것이다. 따라서 전문직 근로자들은 전통적으로 사용자의 경영권 등에 대하여 이들을

---

104) Wollett, Weisberger, Col. Bar., pp. 80~111.

105) John T. Delaney, Teacher's Collective Bargaining Outcomes and Trade offs, 9(4) J.Lab. Rel.(Fall 1988); Donald H. Wollett, The Coming Revolution in Public School Management, 67 Mich. L. Rev. 1017, 1030(1969).

단체교섭의 대상으로 삼을 것을 주장하고 있다.

둘째, 전문직 근로자들을 일반직 근로자와 구별하지 아니하고 동일한 범위의 단체교섭대상을 허용하는 견해는 전문직 근로자들이 단체교섭대상에 관하여 전문지식을 보유하고 있을지라도 경영권에 관한 사항은 기본적으로 사용자들이 결정할 권리를 갖고 있으며, 전문직 근로자들의 전문지식은 이러한 결정을 내리는 데 있어 참고사항이 될 뿐이라고 한다. 따라서 전문직 근로자들의 단체교섭대상에 일반직 근로자의 단체교섭대상 결정기준과 동일한 기준을 적용하여도 무방하다고 한다.

셋째, 전문직 근로자들의 단체교섭대상을 일반 근로자들보다 좁게 허용하는 견해이다. 학교 교원 등의 단체교섭이 교육 전반에 미치는 커다란 영향을 감안하여 단체교섭의 범위를 좁게 설정하여야 한다는 견해이다. 우리나라의 교원노조법도 이러한 입장을 취하고 있다.

### (2) 공 무 원

일반적으로 공무원들에게 단체교섭권이 부여되는 경우 이들의 단체교섭대상의 범위는 일반근로자들의 단체교섭대상에 비하여 대체로 좁은 것이 일반적 경향이다. 우리나라의 공무원노조법도 이러한 입장을 취하고 있다. 그 이유는 다음과 같다.

첫째, 일반적인 단체교섭대상에 포함된다 할지라도 이 중에는 국가정책결정에 관한 것이 있을 수 있는바, 이를 국민의 의견으로 수렴하여 의회 등에서 결정하지 아니하고 공무원 근로자와 그 사용자 간의 단체교섭으로 결정하는 것은 타당하지 아니 하기 때문이다.

둘째, 공무원의 임금·근로시간 등 근로조건에 관한 다수의 사항이 법령으로 이미 규정되어 있어 이러한 법정사항에 대하여는 단체교섭대상의 범위가 그만큼 축소되기 때문이다.

### 3. 노동조합의 조직형태

단체교섭대상은 노동조합의 조직형태에 따라 그 범위를 달리하는바, 단체교섭을 행하고 있는 노동조합의 지위는 단체교섭대상에 적지 아니한 영향을 미치고 있다.

우선 단위노조와 상부조직인 연합단체가 모두 단체교섭의 주체인 경우 양자는 특정 단체교섭사항에 대하여 경합관계에 놓이게 된다. 일반적으로 단체교섭이 상부노조에 의하여 행하여지는 경우에는 단체교섭대상이 일반적으로 산업 전반에 공통된 사항에 국한될 것이며, 단위노조에 의하여 행하여지는 경우에는 해당 사업장의 특수한 상황에 대하여만 단체교섭대상이 인정될 것이다.

또한, 직종별 노조가 성립되어 있는 경우 해당 직종별 노조와 개별 기업의 사업자간의 단체교섭대상은 직종별 노조 조합원 전체에 관심이 되는 사항뿐 아니라, 해당 기업에 종사하는 조합원의 관심대상도 포함될 수 있을 것이다.

### 4. 법률 및 단체협약 등 다른 규범의 존재

단체교섭대상에 관하여 법률이나 단체협약 등이 그 범위를 명문으로 규정하고 있는 경우, 이는 단체교섭대상의 결정에 중요한 영향을 미치고 있다.

#### (1) 법령의 규정

단체교섭대상에 관한 법령규정은 단체교섭대상의 범위에 결정적인 영향을 미치게 된다.[106]

첫째, 법령이 명문의 규정으로 단체교섭의 대상이 될 수 있는 사항 또는 될 수 없는 사항을 규정하고 있는 경우 동 법률은 단체교섭대상에 관하여 양 당사자를 구속하게 된다.

이 경우 헌법상 단체교섭권이 명백히 부여되어 있음에도 불구하고 법률 또는 행정지침에 의하여 임금 등의 근로조건을 정할 수 있는지의 문제가 발생한다. 예컨대 ⅰ) 사실상 노무에 종사하는 공무원의 임금 등의 근로조건은 당사자간의 단체교섭에 의하여 결정되어야 함에도 불구하고 공무원보수규정 등에 의하여 법정되어 있거나, ⅱ) 행정기관이 정부투자기관의 예산편성공동지침을 마련하여 임금 및 복리후생비 등의 기준을 제시하는 경우 또는 ⅲ) 공단 등의 인사 및 보수에 관한 규정이 효력을 가지려면 주무부 장관의 승인을 얻도록 한 경우[107]가 이에 해당된다. 헌법재판소는 이런 법령의 규정이 합헌이라고 판결하고 있다.

> **관 련 판 례**　헌재 1993. 11. 25, 92헌마293　중소기업은행노동조합이 제기한 정부투자기관 예산편성공동지침의 위헌 여부에 대하여 동 지침이 임금협상에 대한 행정관청의 내부적 기준으로서 단체교섭과정에서 동 지침과 다른 내용의 임금협약을 체결할 수도 있으므로 근로자의 단체교섭권을 침해하지 아니한다.

둘째, 법률에 특정 사항이 단체교섭대상이 될 수 있는지의 여부를 규정하고 있지

---

106) Wollett, Weisberger, Col. Bar., pp. 189～208.

107) 헌재 2004. 8. 26, 2003헌바28: 한국고속철도건설공단의 인사, 보수 등에 관한 규정이 효력을 가지려면 건설교통부장관의 승인을 얻도록 한 경우; 헌재 2004. 8. 26, 2003헌바58: 국민건강보험공단의 인사, 보수 등에 관한 규정이 효력을 가지려면 보건복지부장관의 승인을 얻도록 한 경우.

아니하거나 명확하지 아니한 경우 해당 특정 사항이 단체교섭대상이 될 수 있는지의 여부는 권한 있는 행정관청 또는 법원의 해석이나 판결에 의하게 된다.

## (2) 단체협약

### ㈎ 단체협약에 의한 단체교섭대상의 약정

노사가 기존의 단체협약에서 앞으로의 단체교섭대상을 구체적으로 정하고 있는 경우에 이러한 협정은 과연 유효한가의 문제가 발생한다.

단체협약에 의한 단체교섭대상의 제한이 헌법에 위반하여 무효인가의 여부는 해당 근로자의 단체교섭권이 실질적으로 제한되는가의 여부에 의하여 구체적으로 판단되어야 한다고 본다. 예컨대 단체협약에 의하여 종전에는 단체교섭의 대상에 포함되지 아니하였던 경영권에 관한 사항을 향후의 단체교섭대상에 포함시킨 경우 이는 단체교섭대상의 범위를 확대시킨 것으로 유효하다고 보아야 할 것이다.

### ㈏ 단체협약 유효기간중의 단체교섭

단체협약의 유효기간중에 그 단체협약에서 규정하고 있는 사항의 변경을 요구하는 단체교섭에 대하여는 사용자가 이를 거부하여도 부당노동행위가 되지 아니한다. 그러나, 단체협약의 유효기간중에 그 효력이 실효된 특정의 단체교섭대상에 대하여 단체교섭을 요구하는 경우 사용자는 기존의 단체협약이 존재한다는 이유만으로는 이를 거부할 수 없다고 할 것이다.

# 제 4 절 단체교섭의 방법

## Ⅰ. 의 의

단체교섭의 방법이라 함은 단체교섭의 구체적인 시기·시간·장소·인원 및 태도 등에 관하여 단체교섭으로서 갖추어야 할 요건을 말한다.

## Ⅱ. 단체교섭의 절차

현행 노동조합법은 단체교섭의 절차, 즉 그 시기·시간·장소 및 인원 등에 관하여 아무런 규정을 두고 있지 아니하다. 다만, 노동조합법 제81조제4호단서는 취업시간중의 단체교섭에 대하여 사용자가 이를 허용하더라도 부당노동행위에 해당되지 아니한다고 규정하고 있을 뿐이다. 이러한 노동조합법의 태도는 노사자치의 원칙에 따라 단체교섭의 절차를 노사가 자주적으로 규범화 할 것을 기대하고 있는 것으로 보아야 할 것이다.

단체교섭의 절차에 관하여는 이를 단체협약 등에서 단체교섭의 개시 이전에 이미 정하고 있는 경우가 일반적이다. 단체협약 등에 단체교섭의 절차에 관한 합의가 없다면 단체교섭 개시 이전의 예비교섭에서 이러한 사항들에 관하여 합의하여야 할 것이다.

단체협약에 의하여서든 혹은 노동관행에 의하여서든 단체교섭의 절차가 정립되어 있고 노동조합이 그러한 절차에 의하여 사용자측에게 단체교섭을 요구하고 있는 경우에 만약 사용자측이 정당한 이유 없이 단체교섭을 거부한다면 이는 당연히 부당노동행위가 된다.

## Ⅲ. 단체교섭의 방법

### 1. 성실교섭의무

#### (1) 관련규정

> **노동조합법 제30조 [교섭 등의 원칙]** ① 노동조합과 사용자 또는 사용자단체는 신의에 따라 성실히 교섭하고 단체협약을 체결하여야 하며 그 권한을 남용하여서는 아니된다.
> ② 노동조합과 사용자 또는 사용자단체는 정당한 이유 없이 교섭 또는 단체협약의 체결을 거부하거나 해태하여서는 아니된다.
> ③ 국가 및 지방자치단체는 기업·산업·지역별 교섭 등 다양한 교섭방식을 노동관계 당사자가 자율적으로 선택할 수 있도록 지원하고 이에 따른 단체교섭이 활성화될 수 있도록 노력하여야 한다.

#### (2) 의  의

노동조합과 사용자는 단체교섭 및 단체협약체결에 있어 신의성실의 원칙 및 권리남용금지의 원칙에 따라 이를 수행하여야 한다(동법 제30조제1항). 노동조합과 사용자는 정당한 이유 없이 단체교섭 또는 단체협약의 체결을 거부하거나 해태하여서는 아니 된다(동법 제30조제2항). 이러한 성실교섭의무는 ⅰ) 단체교섭에 있어 가능한 한 합의에 도달하도록 성의를 가지고 노력하고, ⅱ) 합의된 사항은 반드시 단체협약으로 체결한다는 것을 근본내용으로 하고 있다.

## (3) 성실교섭의무의 주체

노동조합법 제30조는 사용자는 물론 노동조합에게도 성실의무를 부과하고 있다. 노동조합의 성실교섭의무는 사용자의 성실교섭의무와 헌법상의 본질을 달리 함은 물론이다.[108]

### (가) 사용자의 성실교섭의무

사용자의 성실교섭의무는 단체교섭권의 대사인적 효력상 사용자에게 당연히 요구되는 의무라고 할 것이다. 따라서 사용자가 성실교섭의무를 위반하는 경우에는 근로자의 단체교섭권을 침해하는 부당노동행위에 해당되어 관련법령에 의한 제재를 받게 된다(동법 제81조제3호).

사용자의 성실교섭의무의 법적 성질에 대하여 ⅰ) 헌법상 단체교섭권에는 사용자의 교섭의무가 내포되어 있지 아니하나, 노동조합법은 단체교섭을 적극적으로 보호·조장하기 위하여 특별히 사용자의 교섭의무를 부과하고 있으며, 따라서 노동조합법상의 근로자의 성실교섭의무는 헌법상 단체교섭의 확인적 규정이 아니라 창설적 규정이라는 견해[109]와, ⅱ) 노동조합법상의 사용자의 성실교섭의무는 헌법상 단체교섭권 보장에 따라 당연히 인정되는 확인적 규정이라는 견해[110]가 있다.

사견으로는 ⅰ) 성실교섭의무는 단체교섭권의 본질적 내용으로서 사용자에게 당연히 요구되는 의무이며, ⅱ) 헌법상 단체교섭권에 사용자의 교섭의무가 내포되어 있지 아니하다면, 이를 권리로 부르는 것이 유명무실하다는 점에서 노동조합법상 사용자의 교섭의무는 헌법상 단체교섭권을 확인하고 있는 규정이라 본다.

### (나) 근로자의 성실교섭의무

노동조합의 성실교섭의무는 단체교섭권행사의 주체인 노동조합이 자신의 권리를 신의·성실의 원칙에 따라 행사하도록 요구되는 단체교섭권에 내재하는 의무라고 할 것이다. 노동조합이 성실교섭의무를 위반하는 경우에는 ⅰ) 노동조합의 기본권행사의 포기에 해당되므로 이에 대한 부당노동행위 등 아무런 법적 제재도 받지 아니하는 것이 원칙이나,[111] ⅱ) 이는 노동조합의 기본권행사의 남용에 해당되므로 사용자가 단체교섭을 거부하여도 사용자는 부당노동행위에 의한 제재를 받지 아니한다.

---

108) 이상윤, 노동조합법, p. 247 이하.
109) 임종률, 노동법, p. 139.
110) 김유성, 노동법, p. 144; 이영희, 노동법, p. 235.
111) 미국 NLRA 제8조(b)(3)은 노동조합의 단체교섭거부를 부당노동행위로서 규정하고 있다.

### (4) 성실교섭의무의 기준

사용자가 성실교섭의무를 충족하고 있는지의 여부에 대한 판단기준은 명확하지 아니하며 개별적인 단체교섭을 구체적으로 검토하여 사용자 및 노동조합의 태도 전반을 사회통념에 비추어 객관적으로 판단하여야 한다.112) 성실교섭의무를 구체적으로 살펴보면 다음과 같다.

첫째, 일반적으로 단체교섭의 구체적인 시기·시간·장소 및 인원 등에 관하여 ⅰ) 단체교섭을 개시하지 아니하거나 정당한 이유 없이 이를 중단하는 행위, ⅱ) 자기 주장을 일방적으로 고집하거나 부당한 내용을 주장하는 행위 및 ⅲ) 의사전달자에 불과한 자 등 적합한 권한 없는 자를 단체교섭의 담당자로 내세우는 행위 등은 일반적으로 성실교섭의무를 위반한 것이 된다.

둘째, 단체교섭과정중에서 노동조합이 사용자에 대하여 필요한 정보를 제공하여 줄 것을 요청하는 것은 당연한 권리이다.113)

사용자는 단체교섭과정에서 노동조합의 자료제공요구에 대하여 단체교섭대상에 관련된 제 자료 및 정보를 제공하고 이를 설명·증명하여야 한다. 그러하지 아니한 경우 성실교섭의무에 위반된다.

셋째, 단체교섭의 결과 합의가 성립되면 이를 단체협약으로 체결하여야 한다. 합의가 성립되었음에도 불구하고 성실한 단체협약의 체결을 정당한 이유 없이 거부 또는 해태하여서는 아니 된다.

이는 단체교섭 후에 당연히 단체협약을 체결하여야 한다는 것을 의미하는 것이 아니라, 단체교섭이 타결된 경우에 단체협약으로 체결하라는 것을 의미한다.

예컨대 ⅰ) 합의의 서면화를 거부하거나, 합의된 서면에 서명·날인을 거부하는 행위, ⅱ) 합의 후 비합리적인 이유를 제시하여 합의를 무효화 하거나 재교섭을 요구하는 행위 등은 성실교섭의무 위반이 된다.

넷째, 단체교섭이 결렬되어 쟁의행위를 하는 도중이라도 노동조합이 단체교섭을 요구하는 경우, 이것이 종전의 주장을 단순 반복하는 것이 아니라면 사용자는 이에 응할 의무가 있다.114)

---

112) 김유성, 노동법(Ⅱ), p. 139; 박상필, 노동법, p. 499.
113) 김수복, 노동법, p. 751; 박상필, 노동법, p. 433. 미국에서는 이를 대법원의 판례로 인정하고 있다. NLRB v. Truitt Mfg. Co., 351 U.S.149(1956).
114) 김유성, 노동법(Ⅱ), p. 146; 김형배, 노동법, p. 909; 이영희, 노동법, p. 237.

### (5) 국가 및 지방자치단체의 단체교섭 지원

국가 및 지방자치단체는 기업·산업·지역별 교섭 등 다양한 교섭방식을 노동관계 당사자가 자율적으로 선택할 수 있도록 지원하고 이에 따른 단체교섭이 활성화될 수 있도록 노력하여야 한다(동법 제30조제3항).

## 2. 폭력행위 등의 금지

노동조합법 제4조는 「형법 제20조의 규정은 노동조합의 단체교섭 … 에 적용된다. 다만, 어떠한 경우에도 폭력이나 파괴행위는 정당한 행위로 해석되어서는 아니된다」라고 규정하고 있다.

노동조합이 단체교섭을 수행하는 경우 어떠한 경우에도 폭력이나 파괴행위는 허용될 수 없다는 것을 말한다. 그러나 단체교섭은 다수 조합원의 단결력을 배경으로 하는 힘의 결집을 그 성질상 내포하고 있으므로 다소 위력적인 분위기가 생기는 것은 당연하고, 또한 노사분쟁의 성질로 보아서 우발적 행동이 개입하는 경우도 있다. 따라서, 각각의 구체적인 경우에 대하여 폭력이나 파괴행위금지의무의 위반 여부를 판단하여야 한다.

# 제2장 단체협약

## 제1절 총 설

### Ⅰ. 단체협약의 개념

노동조합은 사용자와 임금 등 근로조건에 관한 단체교섭을 수행하며 단체교섭의 결과 합의된 사항에 관하여 협약을 체결하게 된다. 물론 단체교섭이 실패하는 경우에는 근로자들은 단체행동권을 행사하여 쟁의행위를 단행함으로써 사용자에게 협약을 체결할 것을 강요하게 된다. 이렇게 평화적인 단체교섭이나 쟁의행위의 결과 사용자와 합의된 사항을 협약이라는 형태로 서면화 한 것이 단체협약이다.

노사간에 합의를 얻은 내용이라 할지라도 단체교섭을 거치지 아니한 것은 단체협약으로 볼 수 없는 것이 원칙이다. 노사협의회에서 의결된 사항은 단체교섭에 해당되지 아니한다. 그러나, 단체교섭의 본교섭을 위한 예비교섭에서의 합의사항은 단체협약으로 볼 수 있다.[1] 노동조합이 근로기준법상의 근로자대표의 자격으로 사용자와 근로조건에 대하여 합의하는 경우 이를 ⅰ) 단체협약의 내용을 변경하는 것이라면 단체협약의 일부로 볼 수 있다는 견해[2]와 ⅱ) 단체협약으로 보지 아니하는 견해[3]가 있다. 사견으로는 후자의 단체협약으로 보지 아니하는 견해에 찬동하는 바이다.

---

1) 하갑래, 집단적 노동관계법, p. 307.
2) 하갑래, 집단적 노동관계법, p. 307.
3) 임종률, 노동법, p. 146.

## Ⅱ. 단체협약의 특색

근로자의 근로삼권보장에 따라 시민법상의 개별적 고용계약을 대신하여 등장한 노사간의 계약관계가 바로 단체협약이다. 노동법상의 단체협약은 시민법상의 계약원리를 전면적으로 부정·대체하는 것이 아니라 이를 수정·보완하는 것이지만 다음과 같은 점에서 시민법상의 계약과 다른 특색을 보여주고 있다.

첫째, 시민법상의 계약은 당사자가 계약체결을 하기 전에 그 사전절차로서 당사자간의 교섭을 할 것인지의 여부에 관하여 당사자가 자유로이 결정할 수 있으나, 노동법상의 단체협약은 그 사전절차인 단체교섭이 근로자의 헌법상 기본권으로서 헌법에 의하여 강제되고 있다. 사용자가 정당한 단체교섭을 거부하는 경우에는 노동조합법 제81조제3호에 규정된 부당노동행위에 해당되어 제재를 받게 된다. 즉, 단체교섭은 그 본질상 교섭자유의 원칙을 배제하고 교섭강제의 원칙을 내포하고 있다.

둘째, 시민법상의 계약자유의 원칙은 계약을 체결할 것인지의 여부에 관한 자유를 포함하나, 노동법상의 단체협약은 그 체결의 자유가 제한된다. 즉, 노동조합법 제30조제2항은 당사자가 「정당한 이유 없이 단체협약의 체결을 거부하거나 해태할 수 없다」고 규정하여 당사자가 합의에 도달한 경우 단체협약의 체결을 법적으로 의무화 하고 있다.

셋째, 시민법상의 계약자유의 원칙은 계약의 형식·내용 및 유효기간 등에 대하여 사적자치를 원칙으로 하고 있으나, 노동법상의 단체협약의 경우에는 행정관청이 어느 정도 관여하고 있다. 즉, 노동조합법 제31조는 단체협약의 형식, 신고의무 및 위법한 단체협약의 시정명령 등에 대한 행정관청의 간여를 규정하고 있고, 동법 제32조는 단체협약의 유효기간을 정하고 있다.

넷째, 시민법상의 계약은 당사자간의 채권·채무관계를 형성하고, 이에 따른 효력이 부여되나, 노동법상의 단체협약에는 채권·채무관계에 따른 효력뿐 아니라 규범적 효력도 인정된다. 즉, 노동조합법 제33조는 단체협약에 정한 기준에 위반되는 근로계약 및 취업규칙을 무효로 규정하여 단체협약의 규범적 효력을 인정하고 있다.

다섯째, 시민법상의 계약의 효력은 계약의 당사자만을 구속하는 것을 원칙으로 하고 있으나, 노동법상의 단체협약은 단체협약의 당사자는 물론 제3자에게도 적용되는 경우가 있다. 즉, 노동조합법 제35조 및 제36조는 각각 단체협약의 일반적 구속력과 지역적 구속력을 규정하여 단체협약이 협약의 당사자 이외의 다른 근로자에게도 확대 적용되는 것을 허용하고 있다.

## Ⅲ. 단체협약의 법적 성질

단체협약의 법적 성질은 각국의 입법례에 따라 크게 영미법계와 대륙법계로 나누어 볼 수 있다. 영미법계는 단체협약의 법적 성질을 주로 당사자간의 계약으로 파악하고 있는 반면에, 대륙법계는 이를 계약적 성질이외에도 규범적 성질을 갖고 있는 것으로 파악하고 있다.

### 1. 영미법계의 단체협약

#### (1) 영 국

영국에서는 단체협약의 성질을 일종의 신사협정으로 취급하고 있으며, 단체협약은 협약체결의 당사자뿐 아니라 개별 근로자도 구속하지 못한다. 즉 단체협약의 체결과 효력은 당사자간의 노사자치에 방임하고 국가는 이에 개입하지 아니한다. 영국에서는 노동조합은 조합원을 위하여 단체협약을 대신하여 체결한다는 대리설(agent theory)이 일반적인 견해이다.[4]

다만, 1992년 노동조합및노사관계(통합)법 제197조에서는 예외적으로 ⅰ) 단체협약이 서면으로 작성되고, ⅱ) 양 당사자가 단체협약이 법적 효력을 갖는다는 명시적 규정을 둔 경우에 한하여 예외적으로 단체협약의 법적 효력을 인정하고 있다.

#### (2) 미 국

미국에서는 단체협약의 성질을 계약으로 파악하는 것이 일반적이며, 최근에는 규범적 성질도 인정하는 견해가 대두되고 있다.

##### (가) 계약설

종래의 미국에서는 단체협약의 실제적인 당사자인 노동조합이 조합원을 위한 대리인의 지위에 있다고 하는 대리설(agent theory)이 통설이었다. 대리설하에서 노동조합은 법적 실체를 갖고 있지 못하므로 노동조합은 법적 당사자가 될 수 없었다. 그러나, 1947년 태프트·하틀리법 제301조(a)항에서 노동조합에게 연방지방법원에서 단체협약의 효력분쟁에 관한 소송을 제기할 수 있는 법적 당사자의 지위를 인정

---

4) Pitt, Employment Law, p. 154; Burton Group v. Smith, 1977, IRIR 351 Employment Appeal Tribunal.

하였다. 이에 따라 단체협약은 노동조합과 사용자 간의 계약으로서의 성질을 인정받게 되었다. 이 경우 노동조합은 제3자인 근로자를 위하여 단체협약을 대신하여 체결하여 주는 것이라는 「제3자를 위한 계약설」(third-party beneficiary contract)이 제기되었다.5) 제3자를 위한 계약설은 현재 미국의 통설이자 대법원 판례의 태도이다.6)

### (나) 규범설

최근의 일부 대법원 판례는 단체협약을 일반적인 계약(ordinary contract)과 구별하여 노사간의 자치규범(generalized code for a system of industrial self-government)으로 인정하고 있다.7)

한편, 미국의 배타적 교섭제도하에서는 서로 다른 노동조합에 소속된 모든 조합원의 투표에 의하여 선출된 교섭대표가 유일하게 사용자와 단체협약을 체결하도록 되어 있다. 이 경우 체결된 단체협약은 교섭대표가 소속된 노동조합의 조합원은 물론 다른 노동조합의 조합원과 비조합원까지에도 그 효력을 미치게 되므로 사실상의 규범적 효력을 갖게 된다.

## 2. 대륙법계의 단체협약

대륙법체계하에서 단체협약의 법적 성질에 관한 문제는 독일에서 1918년 단체협약법의 제정 이전부터 20세기 중반에 걸쳐 논의되었다. 독일에서 발전한 단체협약의 법적 성질에 관한 논의는 프랑스, 일본 및 우리나라에도 계속되어 소개되고 있으나, 동일한 독일 학설에 대하여도 국내학자에 따라 상이하게 소개·해석될 만큼 상당히 복잡한 문제이다.

### (1) 학 설

단체협약은 노동조합과 사용자 간의 합의에 의하여 성립되므로 계약적 성질을 갖게 되고, 이와 동시에 단체협약은 근로자 개인과 사용자간의 개별적 근로계약을 직접 규율하므로 규범적 성질도 갖는다. 이를 「단체협약의 이중적 성질」이라고 한다.8)

단체협약의 이중적 성질 중 어느 성질을 강조하는가에 따라 단체협약의 법적 성질에 관한 학설을 규범설과 계약설로 대분하여 볼 수 있다.

---

5) NLRB v. Allis-Chalmers Mfg. Co., 388 U.S. 175(1967).
6) 상세한 내용은 Edwards, Lab. Rel. L., p. 799 이하 참조.
7) John Wiley & Sons v. Livingstone, 376 U.S. 543(1964).
8) 김치선, 노동법, p. 347; 김형배, 노동법, p. 750.

### (가) 규범설

규범설은 단체협약의 체결 및 성립에는 대체로 일반계약의 법리가 적용되나, 일단 단체협약이 성립된 경우 동 단체협약은 하나의 법적 규범으로서 존재하고 작용한다고 한다. 규범설은 단체협약의 법적 효력에 대한 근거에 따라 자치규범설과 관습법설로 나누어 볼 수 있다.

① **자치규범설:**  자치규범설은 노사간의 합의에 의하여 자치적으로 단체협약에 대하여 법적 효력이 부여된다고 한다. 이러한 견해에 의하면 단체협약에 대하여 국가의 법률이 규범적인 효력을 부여하지 아니하여도 단체협약은 그 자체의 성질상 규범적 효력을 갖는다고 한다.[9]

법률의 제·개정은 국민의 대표기관인 의회의 권한에 속하는 것인바, 자치규범설은 이러한 입법기능을 어떻게 노동조합 또는 사용자의 일반 개인이 보유·행사할 수 있는지에 관한 설명이 어렵다 할 것이다.

② **관습법설:**  관습법설은 노사간의 자주적인 합의에 의하여 단체협약을 그들의 집단적 노사관계를 규율할 법규범으로 받아들이고자 하는 오랜 관습이 법적 확신을 얻어 관습법으로 형성되었기 때문에 단체협약에 법적 효력이 부여되었다고 한다.[10]

이러한 견해에 의하면 단체협약 자체는 관습법이 아니나, 단체협약을 규범으로 인정하는 노사간의 관행에 대한 법적 확신이 관습법이라고 한다.

관습법설은 종전의 영국과 같이 단체협약이 단순한 노사간의 신사협정으로 취급되고 그 자체에 대하여 법적 효력이 부여되지 아니하는 경우에 적합한 견해이나, 근로삼권이 헌법이나 법률에 의하여 그 효력이 보장되는 경우에는 타당하지 아니한 이론이다.

### (나) 계약설

계약설은 단체협약의 체결 및 성립에 사법적 계약의 법리가 적용되는 것은 물론, 일단 성립된 단체협약의 효력도 사법적 계약이 갖는 효력에 근거한 것이라고 한다. 계약설은 노사당사자간의 사법적 계약의 효력이 어떻게 규범적 성질을 갖게 되는가에 따라 수권설과 규범계약설로 나누어 볼 수 있다.

① **수권설:**  수권설은 단체협약은 노사당사자간의 자주적 합의에 의하여 성

---

9) 심태식, 「노동법개론」(1989), p. 169.
10) 石井, 勞働法, p. 427.

립되는 사법상의 계약에 불과하며, 단체협약이 규범적 성질을 갖는 근거는 국가가 법률의 규정에 의하여 규범적 성질을 내용으로 하는 법적 효력을 부여하였기 때문이라고 한다.11) 즉, 헌법 제33조의 단체교섭권의 내용에 규범적 효력은 포함되어 있지 아니하므로 노동조합법 제33조에 의하여 단체협약의 규범적 효력이 창설된다고 한다. 이러한 견해에 의하면 단체협약의 내용에 위배되는 근로계약이 무효로 되는 것은 우리나라 노동조합법 제33조와 같은 명문의 규정이 존재하기 때문이라고 한다. 즉, 노동조합법 제33조는 단체협약의 규범적 효력에 관한 창설규정이며, 헌법 제33조를 확인하는 규정이 아니라고 한다. 헌법에서 근로3권을 명문으로 규정하지 아니하고 해석에 의하여 인정하는 독일의 통설적 견해이다. 수권설은 노사간의 단체협약을 순수한 사법상의 계약관계로 파악하여 단체협약의 노동법적 특성을 간과하고 있다.

② **규범계약설:**    규범계약설은 단체협약이 본질적으로 노사당사자간의 자주적 합의에 의하여 성립되는 계약인 것은 사실이나, 이러한 단체협약이 규범적 성질을 갖는 것은 노사가 당사자간에 적용되는 일종의 규범을 설정하고 이를 준수하기로 합의하고 이를 계약내용으로 체결하였기 때문이라고 한다.12)

이러한 견해에 의하면 단체협약의 규범적 효력을 규정하고 있는 국가의 법률은 순수한 계약적 성질을 갖는 단체협약에 규범적 성질을 새로이 부여하는 것이 아니라, 이미 당사자간의 계약에 의하여 규범적 성질을 갖추고 있는 단체협약에 대하여 근로자보호와 노사관계의 안정을 위하여 이를 확인하는 것이라고 한다.

## (2) 사    견

사견으로는 단체협약의 법적 성질은 사법상의 계약관계에서 근원되는 것이 아니라 헌법 제33조의 근로삼권보장에 따른 노동법상의 계약관계가 적용되어야 한다고 본다.

첫째, 단체협약의 규범적 성질은 근로자의 근로삼권의 보장결과 체결된 단체협약의 본질에 근본적으로 내재하고 있는 것이다. 노동조합법 제33조와 같이 법률의 규정에 의하여 단체협약에 법적 효력을 부여하는 것은 규범설에서 주장하는 바와 같이 단체협약의 규범적 효력을 확인하거나 계약설에서 주장하는 바와 같이 이를 창설하는 것이 아니라 헌법상 단체협약에 내재하고 있는 규범적 성질을 법률에 의하

---

11) 김유성, 노동법(Ⅱ), p. 154; 이병태, 노동법, p. 231; 박상필, 노동법, p. 438.
12) 김형배, 노동법, p. 914.

여 구체화 하는 것으로 파악하여야 할 것이다.

둘째, 수권설은 단체협약이 당사자간의 사적 계약에 불과하며, 국가가 노동조합법 제33조의 법률규정에 의하여 규범적 효력을 창설적으로 부여한 것이라고 하고 있으나, 동 견해는 헌법 제33조의 근로삼권 보호취지에 부합되지 아니하는 해석으로 보인다.

즉, ⅰ) 헌법상의 단체교섭권 보장은 근로자의 근로조건의 유지·개선을 가장 주요하고 본질적인 목적으로서 동 개념을 당연히 내재하고 있는바, 수권설은 근로조건의 유지·개선과 직결되는 규범적 효력이 헌법상 단체교섭권에 의하여 보장되는 것이 아니라 노동조합법에 의하여 창설된다고 하여 헌법의 법리를 오해하고 있는 것이며, ⅱ) 수권설은 헌법상의 단체교섭권 보장은 단체협약을 일반 사법상의 계약에 불과하나 노동조합법 제33조에 의하여 노동법상 단체협약으로서의 효력이 새로이 부여된다고 보고 있으나, 헌법상의 근로삼권은 사법상의 계약보다 두텁게 보호되는 단체협약을 당연히 본질적 내용으로 포함하고 있고, ⅲ) 수권설이 주장하는 바와 같이 노동조합법 제33조에 의하여 「규범적 효력」이 창설되는 것이라면, 「채무적 효력」에 대하여는 노동조합법에서 아무런 규정도 아니두고 있는바, 과연 채무적 효력은 어떻게 존재하는지 의문시된다 할 것이다.

# 제 2 절 단체협약의 성립

단체협약이 유효하게 성립하기 위하여는 당사자·내용 및 형식면에서 다음과 같은 요건을 갖추어야 한다.

## I. 단체협약의 당사자

단체협약의 당사자라 함은 「자신의 명의로 단체협약을 체결할 수 있는 자」를 말한다.13) 단체협약의 당사자에는 근로자측에 노동조합이, 사용자측에는 사용자와 사

---

13) ⅰ) 단체협약의 당사자가 될 수 있는 자격 또는 능력을 독일에서는 협약체결능력(Tariffähigkeit)이라고 하고, 이를 소개하는 견해(김유성, 노동법(Ⅱ), p. 156; 김형배, 노동법, p. 754)와 ⅱ) 독일에서는 노동조합이 단체교섭권을 행사하기 위하여는 이러한 협약체결능력을 갖추었음을 스스로 입증하여야 하므로 동 개념이 주요한 의미를 가지나, 우리나라에서는 일정한 요건을 갖춘 노동조합은 모두 단체교섭권을 행사할 수 있으므로 동 개념은 그다지 중요하지 아니하다고 하여 이를 비판하는 견해(박홍규, 노

용자단체가 있다.

## 1. 노동조합

노동조합설립의 실질적 요건과 형식적 요건을 갖춘 노동조합법상의 노동조합이 단체협약의 당사자가 될 수 있음은 당연하다. 노동조합의 조합원 개인은 단체협약의 당사자가 될 수 없다. 단체협약의 당사자와 관련하여 문제가 되는 근로자의 조직에는 다음과 같은 것이 있다.

### (1) 근로자단체

일본 및 우리나라의 통설은 노동조합설립의 형식적 요건을 갖추지 못한 소위 헌법조합 또는 법외조합 등의 근로자단체도 단체협약의 당사자가 될 수 있으며, 이들이 체결한 단체협약도 노동조합에서 말하는 단체협약이라고 한다.14)

그러나 사견으로는 이미 앞에서 설명한 바와 같이 근로자단체는 단체협약의 당사자가 될 수 없다고 본다. 노동조합설립의 실질적 요건을 갖추지 못한 비조합 또는 쟁의단도 마찬가지 이유로 단체협약의 당사자가 될 수 없다고 할 것이다.15)

한편, 일부 견해는 헌법상 단결체, 즉 법외노조 및 쟁의단은 헌법상 단체교섭권은 행사할 수 있으나 노동조합법상의 권리는 행사할 수 없는 바, 단체협약의 규범적 효력은 노동조합법에 의하여 헌법외적으로 창설된 것이므로, 헌법상 단결체는 규범적 효력을 갖는 단체협약의 당사자가 될 수 없고, 다만 위임·대리 또는 제3자를 위한 계약으로서 인정된다고 한다.16) 그러나, 이러한 견해에는 찬동할 수 없다. 헌법상 단체교섭권에는 당연히 단체협약체결권도 포함되는 것이 원칙이고 따라서 단체협약이 아닌 계약으로서의 효력으로 대체되기 위하여는 법률 차원이 아닌 별도의 헌법 차원의 헌법유보의 법리가 존재하여야 하기 때문이다.

### (2) 상부단체 및 하부조직

단위노조의 상부단체인 연합단체 역시 독립한 노동조합법상의 노동조합이므로 단체협약의 당사자가 될 수 있을 것이다.

그러나, 단위노조의 지부·분회는 독자적인 노동조합으로서의 성립요건을 갖추고

---

동법, p. 979)가 있다.

14) 박상필, 노동법, p. 439; 이병태, 노동법, p. 232.

15) 반대: 이병태, 노동법, p. 252. 임종률 교수는 쟁의단의 경우 단체교섭의 당사자는 될 수 있으나, 단체협약의 당사자는 될 수 없다고 한다(임종률, 노동법, p. 146).

16) 김유성, 노동법(Ⅱ), p. 155.

있지 못하는 한 단체협약의 당사자가 될 수 없다고 본다. 즉, 단위노조의 지부·분회는 단위노조로부터 위임을 받거나 조합규약으로 정하고 있는 경우 그 범위 안에서 단체교섭을 행할 수 있으나 단체협약의 체결은 단위노조의 명의로 하여야 한다.17)

## 2. 사용자 또는 사용자단체

단체협약의 사용자측 당사자는 「사용자 또는 사용자단체」이다. 그 중 「사용자」는 ⅰ) 개인기업일 경우에는 그 기업주 개인, ⅱ) 법인 내지 회사기업일 경우에는 그 법인 내지 회사이다. 단체협약의 당사자가 될 수 있는 「사용자단체」는 구성원인 사용자에 대해서 조정 또는 규제할 수 있는 권한을 가진 단체이어야 한다.

회사정리결정이 있는 경우 회사정리법(현 도산법)에 따라 회사의 경영과 재산의 관리·처분권한이 「관리인」에게 전속되어 있으므로, 정리회사의 대표이사가 아니라 「관리인」이 단체협약의 사용자측 대표자가 된다.18)

## Ⅱ. 단체협약의 내용

단체협약의 내용은 크게 단체협약의 내용이 될 수 있는 사항과 없는 사항으로 분류하여 볼 수 있다.

### 1. 단체협약의 내용이 될 수 있는 사항

단체협약의 내용은 의무교섭대상 및 임의교섭대상 중 양 당사자가 합의한 내용이 된다.

일단 단체협약의 내용으로 된 후에는 의무교섭대상과 임의교섭대상은 아무런 차이 없이 단체협약으로서 동일한 효력을 갖는다. 다만, 단체협약이 종료된 후 의무교섭대상에 대하여 사용자는 근로자와의 단체교섭 없이 임의로 그 내용을 변경할 수 없으나, 임의교섭대상에 대하여는 임의로 그 내용을 변경할 수 있다.

근로조건의 기준 등 의무교섭대상이 전혀 포함되어 있지 아니한 단체협약은 단체협약으로 볼 수 없다.

---

17) 노조 01254-13906(1989. 9. 25); 노조 01254-312(1993. 3. 27).
18) 대판 2001. 1. 19, 99다72422.

**대판 1996. 6. 28, 95다23415**  회사 노동조합의 위원장과 회사를 대리한 상무
이사가 작성한 것으로서 해고된 근로자들의 취업알선을 내용으로 하는 문서는 회
사 소속 근로자의 근로조건의 기준에 관한 노사간의 교섭내용을 전혀 담고 있지
아니함이 명백하므로 단체협약이라고 할 수 없다.

## 2. 단체협약의 내용이 될 수 없는 사항

금지교섭대상은 단체협약의 내용이 될 수 없다. 금지교섭대상을 단체협약의 내용
으로 한 경우 이는 무효이다. 예컨대 강행법규나 선량한 풍속 기타 사회질서에 반하
는 사항은 무효이다. 행정관청은 단체협약내용 중 위법한 내용이 있는 경우에는 노
동위원회의 의결을 얻어 그 시정을 명할 수 있다(노동조합법 제31조제3항).

## Ⅲ. 단체협약의 형식

### 1. 관련규정

**노동조합법 제31조** [단체협약의 작성] ① 단체협약은 서면으로 작성하여 당사자 쌍
방이 서명 또는 날인하여야 한다.
② 단체협약의 당사자는 단체협약의 체결일부터 15일 이내에 이를 행정관청에게
신고하여야 한다.

### 2. 주요내용

단체협약은 반드시 서면으로 작성하여 양 당사자가 이에 서명 또는 날인하여야
법적 효력이 발생한다(노동조합법 제31조제1항). 즉, 단체협약의 경우 민법상 계약방식
의 자유는 인정되지 아니한다. 이와 같이 단체협약에 요식성을 요구하는 이유는 단
체협약의 성립·당사자 및 내용 등을 명확히 하여 단체협약의 해석·적용을 둘러싼
향후의 분쟁을 사전에 예방하고자 하는 것이다.[19]

#### (1) 서면작성

단체협약을 서면으로 작성함에 있어서 서면의 명칭이나 형식은 이를 불문한다.
즉, 명칭을 반드시 「단체협약」이라고 할 필요는 없고 「임금협정」, 「단체교섭의사확
인서」 또는 「각서」 등이라도 단체협약이 될 수 있다.[20]

그러나, 구두에 의한 합의는 합의내용이 명확하더라도 단체협약이 아니다.

제3부 집단적 노사관계

---

19) 대판 1995. 3. 10, 94마605.
20) 김유성, 노동법(Ⅱ), p. 159; 박상필, 노동법, p. 441. 「노사합의서」도 단체협약으로서의 효력을 갖
는다(노조 1454−5067, 1983. 2. 26).

### (2) 서명 또는 날인

단체협약은 반드시 서명 또는 날인되어야 한다. 서명 대신에 기명이 허용되는가의 문제가 발생되는바,[21] 단체협약의 진실성과 명확성이 담보되는 이상 이를 허용하여야 한다고 본다.[22]

서명은 자필로써, 기명은 인쇄 등 자필 이외의 방법으로 당사자의 이름을 적는 것을 말한다.

서명 또는 날인으로 표기되어야 하는 자는 원칙적으로 단체협약의 당사자 및 그 대표자의 명칭이다.

### (3) 신    고

단체협약의 당사자는 단체협약의 체결일로부터 15일 이내에 이를 행정관청에게 신고하여야 한다(노동조합법 제31조제2항). 단체협약의 신고는 당사자 쌍방이 연명으로 하여야 한다(동법시행령 제15조).

## 3. 작성요건을 갖추지 아니한 단체협약의 효력

### (1) 서면으로 작성하지 아니하거나, 서명 또는 날인하지 아니한 경우

단체협약작성의 요건을 갖추지 아니한 단체협약의 효력에 관해서는 견해가 나누어지고 있다. 즉, ⅰ) 노동조합법 제31조제1항의 요건은 효력발생요건으로서 이를 충족시키지 못하는 경우 단체협약으로서의 효력을 갖지 못하며, 아무런 사법상의 법적 효력도 인정될 수 없다는 견해,[23] ⅱ) 단체협약으로서의 효력은 부정되지만 민법상 계약으로서의 효력은 인정된다는 견해,[24] ⅲ) 단체협약의 규범적 효력은 노동조합법에 의해 부여되는 것이 아니고 단체협약의 본질상 인정되는 것이기 때문에 합의가 입증되는 한 규범적 효력은 인정될 수 있다는 견해[25] 및 ⅳ) 단체협약의 규범적 효력은 부정되나, 채무적 효력은 인정된다는 견해[26] 등이 있다.

---

21) 서명·날인의 개념에 대하여는 ⅰ) 서명은 기명으로 해석하여야 한다는 견해(김여수, 노동법, p. 248), ⅱ) 기명도 서명에 포함되어야 한다는 견해(김치선, 노동법, p. 350; 박상필, 노동법, p. 442), ⅲ) 서명은 자서이므로 기명과 다르다는 견해(日最判 1951(昭26). 4. 2) 등이 있다.

22) 박상필, 노동법, p. 442; 김유성, 노동법(Ⅱ), p. 140; 임종률, 노동법, p. 147; 대판 2002. 8. 27, 2001다79457.

23) 박상필, 노동법, p. 442; 하갑래, 집단적 노동관계법, p. 307; 이학춘·이상덕·이상국·고준기, 노동법(Ⅱ), p. 331.

24) 이영희, 노동법, p. 245; 박홍규, 노동법(Ⅱ), p. 272.

25) 이병태, 노동법, p. 234; 石井, 勞働法(1979), p. 432.

26) 김유성, 노동법(Ⅱ), p. 160.

사건으로는 노동조합법 제31조제1항이 정한 요건을 갖추지 아니한 단체협약은 단체협약으로서의 효력은 물론 사법상의 효력도 갖지 아니한다고 본다.[27)]

관 련
판 례

대판 2001. 5. 29, 2001다15422·15439　　노동조합 및 노동관계조정법 제31조제1항이 단체협약은 서면으로 작성하여 당사자 쌍방이 서명날인하여야 한다고 규정하고 있는 취지는 단체협약의 내용을 명확히 함으로써 장래 그 내용을 둘러싼 분쟁을 방지하고 아울러 체결당사자 및 그의 최종적 의사를 확인함으로써 단체협약의 진정성을 확보하기 위한 것이므로, 그 방식을 갖추지 아니하는 경우 단체협약은 효력을 가질 수 없다.

### (2) 단체교섭절차를 거치지 않은 경우

단체협약은 단체교섭을 거쳐 체결하는 것이 원칙이다. 그러나, 합의가 반드시 정식의 단체교섭절차를 거쳐서 이루어져야만 하는 것은 아니며 노동조합과 사용자 사이에 노사협의회의 협의를 거쳐서 성립되었더라도, 당사자 쌍방이 이를 단체협약으로 할 의사로 문서로 작성하여 당사자 쌍방의 대표자가 각 노동조합과 사용자를 대표하여 서명날인하는 등으로 단체협약의 실질적·형식적 요건을 갖추었다면 이는 단체협약이라고 보아야 한다.[28)]

### (3) 신고를 하지 아니한 경우

단체협약의 당사자가 노동조합법 제31조제2항에 따라 단체협약이 체결되었음을 신고하지 아니한 경우 신고의무는 행정목적을 위한 단속규정에 불과하고 단체협약의 효력요건은 아니므로 단체협약의 효력은 인정되는 것으로 보아야 할 것이다.[29)] 다만, 신고하지 아니한 경우 과태료가 부과된다(노동조합법 제96조제2항).

## 제 3 절　단체협약의 내용 및 효력

## Ⅰ. 단체협약의 내용

단체협약의 내용은 크게 규범적 부분, 채무적 부분 및 제도적 부분으로 나누어

---

27) 대판 2001. 1. 19, 99다72422; 대판 2001. 5. 29, 2001다15422·15439.

28) 대판 2018. 7. 26, 2016다205908.

29) 김유성, 노동법(Ⅱ), p. 160; 임종률, 노동법, p. 148; 박상필, 노동법, p. 443; 김형배, 노동법, p. 755.

볼 수 있다.30)

## 1. 규범적 부분

단체협약의 규범적 부분이라 함은 단체협약의 내용 중 개별적 근로계약관계의 체결31) · 내용 및 종료에 관한 부분을 말한다. 대체로 노동조합법 제33조에서 규정하고 있는 「근로조건 기타 근로자의 대우에 관한 기준」이 이에 해당된다. 규범적 부분은 단체협약의 당사자가 아닌 조합원들의 근로관계를 직접 규율한다는 점에서 단체협약의 당사자인 노동조합과 사용자 간의 채권 · 채무관계를 규율하는 채무적 부분과 구별된다. 규범적 부분에 위반되는 근로계약의 내용은 원칙적으로 무효가 된다.

「근로조건 기타 근로자의 대우」라 함은 임금 · 근로시간 · 휴일 · 휴가 · 안전보건 · 재해보상 · 복무규율 · 징계 · 휴직 · 해고 및 정년제 등 기업 내에서의 근로자의 개별적 근로관계를 포함하는 개념이다.

근로조건의 기준은 근로조건에 관한 구체적이고 객관적인 준칙을 의미한다. 따라서, "임금을 10% 이상 인상하도록 노력한다"는 규정은 사용자의 추상적 노력의무만을 정하고 있으므로 규범적 부분이 아니라는 견해가32) 있으나, 이는 규범적 부분에 해당하되 단지 강행적 효력이 부여되지 아니하는 것으로 해석되어야 할 것이다.

단체협약의 규범적 부분은 근로조건의 개선을 목적으로 하는 단체협약의 본질적 기능을 실현하는 필요불가결한 부분이기 때문에 규범적 부분을 전혀 규정하고 있지 아니한 단체협약은 노동조합법상의 단체협약이라고 할 수 없다.33) 이에 대하여 헌법상 단결체는 규범적 부분이 있는 단체협약을 체결할 수 없다는 상반된 견해도 있다.34)

---

30) 원래 단체협약의 내용을 규범적 부분과 채무적 부분으로 대별하는 것이 원칙이며, 이에 ⅰ) 규범적 부분의 내용을 규범적 부분과 제도적 부분으로 다시 세분하는 견해(김형배, 노동법, p. 771), ⅱ) 제도적 부분을 채무적 부분과 동일한 것으로 간주하는 견해(김치선, 노동법, p. 353), ⅲ) 제도적 부분을 별도로 구분하지 아니하는 견해(김유성, 노동법(Ⅱ), p. 161; 이병태, 노동법, p. 237) 등이 있다.

31) 규범적 효력은 근로계약성립 후의 계약내용을 규율하는 효력이므로 채용에 관한 단체협약은 규범적 효력을 가지지 아니한다는 견해(김유성, 노동법(Ⅱ), p. 162; 김형배, 노동법, p. 759)도 있으나, 이 경우에도 규범적 효력을 갖는다고 보아야 할 것이다. 그 이유는 규범적 효력은 본래 조합원에 미치는 효력을 의미하고, 현행법상 미취업자도 조합원이 될 수 있기 때문이다.

32) 김유성, 노동법(Ⅱ), p. 163; 임종률, 노동법, p. 151; 이병태, 노동법, p. 238; 하갑래, 집단적 노동관계법, p. 312.

33) 이학춘 · 이상덕 · 이상국 · 고준기, 노동법(Ⅱ), p. 337; 김형배, 노동법, p. 923.

34) 김유성, 노동법(Ⅱ), p. 157.

## 2. 채무적 부분

단체협약은 단체협약 당사자 상호간의 권리·의무를 규정할 수 있는바, 이러한 부분을 단체협약의 채무적 부분이라고 한다.

단체협약의 규범적 부분은 노동조합법 제33조에서 그 근거를 찾아볼 수 있으나, 채무적 부분에 관하여 현행 노동법은 아무런 규정도 두고 있지 아니하다. 따라서 구체적으로 어떤 조항들이 채무적 부분에 속하느냐 하는 것은 명확하지 아니하나, 일반적으로 평화의무, 평화조항, 숍조항, 해고협의조항, 단체교섭, 쟁의행위의 절차 및 규칙에 관한 사항 등이 이에 해당된다고 할 것이다.

단체협약의 채무적 부분은 노동조합의 조합원들의 개별적 근로관계에 대하여 직접적으로 효력을 미치는 것이 아니라 단체협약의 당사자인 노동조합과 사용자에게 그 효력이 적용된다는 점에서 단체협약의 규범적 부분과 구별된다. 또한 채무적 부분은 근로계약이 이에 위반되는 경우에도 규범적 부분과 같이 근로계약이 무효화되는 것이 아니라, 노동조합 및 사용자 사이에 채무불이행의 문제가 발생한다.

## 3. 제도적 부분

단체협약의 내용에는 집단적 노사관계를 제도적으로 규율하는 조항이 있는바, 이를 특히 제도적 부분 또는 조직적 부분이라고 한다. 제도적 부분은 근로조건의 기준이나 협약당사자 상호간의 권리·의무에 해당될 뿐 아니라 집단적 노사관계를 규율할 제도에 관한 조항이라는 점에서 규범적 부분이나 채무적 부분과 구별하는 견해도 있다.

단체협약의 제도적 부분에는 근로자의 복지증진, 교육훈련, 노사분규예방, 고충처리 등에 관한 사항뿐만 아니라 징계·해고 등 인사에 관한 협의기관의 구성 및 운영이 이에 해당된다.

「근로자참여및협력증진에관한법률」이 제정되어 노사협의의 대상과 단체협약의 제도적 부분이 중복됨으로써 단체협약의 제도적 부분의 중요성이 감소되었다는 견해도 있으나, 노사협의회가 거의 활용되지 아니하는 우리나라의 현실여건을 감안하여 볼 때, 단체협약의 제도적 부분의 중요성은 여전히 존재한다고 본다.

## Ⅱ. 단체협약의 규범적 효력

### 1. 단체협약의 효력

단체협약은 규범 및 계약으로서의 이중적 성질을 동시에 보유하고 있는바, 단체협약의 당사자 및 제3자를 구속한다. 이를 단체협약의 효력이라고 한다.

단체협약의 효력에 관하여는 견해가 나뉘어 있다.

### (1) 학    설

① 일반적으로 단체협약의 내용은 크게 규범적 부분 및 채무적 부분 또는 제도적 부분으로 나뉘고, 각 부분은 각기 규범적 효력, 채무적 효력, 규범적 효력(또는 제도적 효력)을 갖는다고 한다.[35]

② 이에 대하여 ⅰ) 규범적 부분은 규범적 효력뿐 아니라 채무적 효력도 인정되나, ⅱ) 채무적 부분은 채무적 효력만이 인정된다는 견해가 있다.[36] 즉, 단체협약의 내용 전체는 그것이 규범적 부분인지 또는 채무적 부분인지의 구별에 상관 없이 노동조합과 사용자 간의 계약관계이므로 규범적 부분에도 당연히 채무적 효력이 발생된다는 것이다.

### (2) 사    견

사견으로는 단체협약의 규범적 부분, 채무적 부분 및 제도적 부분의 모든 내용이 규범적 효력과 채무적 효력을 동시에 갖고 있다고 본다. 단체협약의 규범적 부분도 노동조합과 사용자 간의 노동법상의 계약관계인 단체협약의 일부분이고, 규범적 부분의 실행도 결국은 사용자의 근로조건 등에 관한 단체협약상의 채무이행의 한 부분이므로 규범적 부분도 채무적 효력을 갖는다. 이와 반대로 단체협약의 채무적 부분도 노동조합과 사용자 간의 채권·채무관계라 하나, 노동조합의 채무이행은 상당 부분이 조합원 개인의 의무이행으로 실현되므로 채무적 부분도 규범적 효력을 갖는다. 예컨대 채무적 부분에 해당하는 평화조항은 노동조합만이 이행하여야 하는 채무가 아니라, 조합원 개인도 불법쟁의행위의 주체가 될 수 있으므로 평화조항을 준수하여야 할 채무를 부담한다. 다만, 규범적 부분은 규범적 효력이, 채무적 부분은 채무적 효력이, 제도적 부분은 규범적 효력의 성격이 강하다고 본다.

---

35) 김형배, 노동법, p. 921.
36) 김치선, 노동법, p. 357; 김유성, 노동법(Ⅱ), p. 161; 박홍규, 노동법(Ⅱ), p. 273.

## 2. 단체협약의 규범적 효력

### (1) 의의 및 관련규정

단체협약의 규범적 효력이라 함은 단체협약이 일종의 규범으로서 근로자와 사용자 간의 근로관계를 구속하는 효력을 말한다.[37]

노동조합과 사용자 사이에 체결된 단체협약은 단체협약의 당사자가 아닌 조합원과 사용자 간의 개별적 근로계약에 적용된다.

> **노동조합법 제33조 [기준의 효력]**  ① 단체협약에 정한 근로조건 기타 근로자의 대우에 관한 기준에 위반하는 취업규칙 또는 근로계약의 부분은 무효로 한다.
> ② 근로계약에 규정되지 아니한 사항 또는 제1항의 규정에 의하여 무효로 된 부분은 단체협약에 정한 기준에 의한다.

### (2) 단체협약의 규범적 효력의 법적 성질

노동조합법 제33조제1항은 「단체협약에 정한 근로조건 기타 근로자의 대우에 관한 기준에 위반하는 근로계약의 부분은 무효로 한다」고 규정하여 단체협약의 규범적 효력을 규정하고 있다. 동 조항의 법적 성질에 관하여는 견해가 나뉘고 있다.

#### (가) 학 설

ⅰ) 단체협약의 규범적 효력은 헌법상 단체협약제도를 인정하는 데서 오는 본질적 효력이므로 노동조합법 제33조제1항은 단체협약의 규범적 효력을 단순히 확인하는 데 불과한 주의적 규정이라는 견해[38]와 ⅱ) 단체협약의 효력의 본질은 채무적 효력이므로 동법 제33조제1항에 의하여 단체협약의 규범적 효력이 새로이 창설된다는 견해[39]가 있다.

#### (나) 사 견

노동조합법 제33조는 단체협약에 내재하고 있는 규범적 효력의 내용이 명확하지 아니하므로 이를 구체화 하고 있다고 보아야 할 것이다. 즉, 노동조합법 제33조는 규범적 효력을 확인하거나 창설하는 것이 아니라 이를 구체화 하고 있는 것이다. 헌법상 단체교섭권은 규범적 부분인 근로조건을 유지·향상시키는 것을 본질적인 내

---

37) 단체협약의 규범적 효력의 내용에 관하여 ① 노동조합과 사용자의 양 당사자가 체결한 단체협약이 당사자가 아닌 조합원에게 미치는 효력, ② 단체협약이 규범으로서 근로계약보다 우월한 지위에 있는 효력, ③ 단체협약의 일반적 구속력 및 지역적 구속력을 포함하는 효력 등으로 혼용되어 설명되고 있다. ①, ③의 경우는 단체협약의 적용범위에서 나중에 설명하기로 하고, 이하에서는 단체협약의 효력 중 가장 실질적 의미를 갖고 있는 ②의 경우에 관하여만 설명하기로 한다.
38) 김치선, 노동법, p. 358; 김형배, 노동법, p. 923; 이병태, 노동법, p. 245.
39) 박상필, 노동법, p. 434; 김유성, 노동법(Ⅱ), p. 155; 임종률, 노동법, p. 149.

용으로 하고 있다. 따라서, 단체협약의 규범적 효력을 헌법상의 단체교섭권에서 배제하고 있는 견해는 단체교섭권의 본질적 내용을 부정하고 있다고 할 것이다.

### (3) 단체협약의 규범적 효력의 내용

노동조합법 제33조제1항은 단체협약에 정한 근로조건 기타 근로자의 대우에 관한 기준에 위반하는 근로계약의 부분을 무효로 하여 규범적 효력 중「강행적」효력을 규정하고 있으며, 동조제2항은 무효로 된 부분은 단체협약에 정한 기준이 적용된다고 하여 규범적 효력 중「보충적」효력을 규정하고 있다.

강행적 효력과 보충적 효력 이외에 자동적 효력을 드는 경우도 있는바, 자동적 효력은 엄밀히 말하면 강행적 효력 및 보충적 효력과 동일한 차원의 규범적 효력의 한 부분이 아니라, 단체협약의 규범적 효력이 근로계약에 반영되는 하나의 과정을 말한다고 할 것이다.

### ㈎ 강행적 효력

강행적 효력이라 함은 단체협약에서 정한 근로조건 기타 대우에 관한 기준에 위반하는 근로계약의 부분을 무효로 하는 효력을 말한다(노동조합법 제33조제1항). 이는 단체협약의 본질상 그 효력이 근로계약의 효력보다 우월하므로 당연히 인정되는 효력이다. 단체협약의 강행적 효력에 의하여 근로계약의 일부가 무효가 된 경우에 해당 계약의 전부가 무효로 되지 아니한다. 그 이유는 무효가 된 부분에는 단체협약에서 정한 기준이 적용되기 때문이다.

이 경우「단체협약에서 정한 기준」이 어떠한 기준인가에 대하여「최저기준」인지 또는「절대기준」인지가 문제되고 있다.

### ① 학 설

㉠「최저기준」으로 보는 견해　　단체협약에서 정한 기준을「최저기준」으로 보는 견해는 ⅰ) 근로계약의 기준이 단체협약의 기준보다 불리한 경우 이는 무효이고 단체협약의 기준이 근로계약의 기준을 대체하여 적용되며, ⅱ) 근로계약의 기준이 단체협약의 기준보다 유리한 경우에만 근로계약의 기준이 유효하게 적용된다고 한다.[40]

이러한 견해를「유리한 조건우선의 원칙」(Günstigkeistsprinzip) 또는「유리성 원칙」이라고 한다.[41] 동 견해는 근로자 개인의「계약자유의 원칙」은 단체협약의 시행

---

40) 김치선, 노동법, p. 358; 박상필, 노동법, p. 448; 이학춘·이상덕·이상국·고준기, 노동법(Ⅱ), p. 358. 이러한 견해를 일본에서는「편면적용설」이라고도 부른다.

에 의하여 제한·유보될 수 없다고 한다.

단체협약에서 정한 기준을 「최저기준」으로 보는 대표적인 노사관행은 주로 독일에서 발견된다.[42] 독일에서는 산업별 교섭이 주된 단체교섭 방식이므로 단체협약은 산업 전반에 걸쳐 공통되는 부분에 한하여 최저기준을 정한 것이 원칙이고, 개별 단위사업장에만 해당되는 특수한 사항은 최저기준을 상회하는 범위 안에서 각 단위사업장의 실정에 맞도록 개별적 근로계약 등으로 정하고 있는 것이다.

ⓒ 「절대기준」으로 보는 견해    단체협약에서 정한 기준을 「절대기준」으로 보는 견해는 ⅰ) 단체협약의 기준이 개별 근로자에게 최종적으로 적용되는 기준으로서, ⅱ) 단체협약의 기준이 근로계약의 기준보다 유리한 경우에는 물론이거니와 불리한 경우에도 단체협약의 기준만이 유효하게 적용된다고 한다.[43] 이러한 견해에 의하면 사용자와 개별근로자 간의 근로계약에 의하여 단체협약의 기준보다 높은 기준을 체결하는 것도 허용되지 아니하므로, 결과적으로 「유리한 조건우선의 원칙」을 부인하고 있다.

이러한 견해는 ⅰ) 기업별 교섭이 지배적인 우리나라에서는 독일식의 산업별 교섭을 바탕으로 하는 유리한 조건우선의 원칙이 적용될 여지가 적고, ⅱ) 노동조합에의 가입에 의해 근로자는 스스로 계약의 자유를 일정한 범위 내에서 제약하고 있으며, ⅲ) 우리나라의 기업별 단체협약은 근로조건을 표준적·정형적으로 상세히 규정하고 있어 개별 근로자에 대한 별도의 근로계약인정은 신의칙에 위반되거나, 사용자의 지배·개입가능성이 제기될 수 있다는 점을 논거로 제시하고 있다.

단체협약에서 정한 기준을 「절대기준」으로 보는 대표적인 노사관행은 주로 미국에서 발견된다. 미국 NLRA 제9조(a)는 소위 「배타적 교섭제도」[44]를 채택하고 있는 바, ⅰ) 다수 노동조합만이 근로조건에 관하여 사용자와 단체교섭을 할 수 있고 다른 노동조합 및 근로자 개인은 사용자와 교섭을 할 수 없으며, ⅱ) 단체협약에서 정한 기준은 그 기준이 유리하거나 불리하거나에 상관없이 근로계약에서 정한 기준보

---

41) Zöllner/Loritz, ArbR, 4. Aufl., S. 358; Schaub, ArbRhandbuch, Aufl. S. 1526; Löwisch, ArbR, 3. Aufl., Rn. 284.

42) Kazuo Sugeno, Japanese Labor Law(1992), p. 513.

43) 김유성, 노동법(Ⅱ), p. 165; 임종률, 노동법, p. 152; 박홍규, 노동법(Ⅱ), p. 279; 이을형, 노동법, p. 250. 이러한 견해를 일본에서는 양면적용설이라고 한다.

44) 배타적 교섭제도는 단체교섭의 단위사업장(bargaining unit)에 존재하는 복수의 노동조합 중에서 모든 근로자의 투표에 의하여 다수를 얻은 노동조합만이 단체교섭의 배타적 대표자로서 사용자와의 단체교섭권을 독점하게 되는 제도를 말한다. 배타적 교섭제도하에서는 다른 노동조합은 물론 근로자 개인도 사용자와 근로조건 등에 관한 교섭이 허용되지 아니한다. 미국의 배타적 교섭제도에 관한 상세한 내용은 Gorman, Lab. L., pp. 40~92 참조.

다 우월한 효력을 지니고,[45) iii ) 단체협약에서 기준을 정하지 아니한 경우 또는 배타적 교섭권한을 지닌 노동조합이 없는 경우에만 예외적으로 근로계약에서 정한 기준이 유효하다고 한다.[46)

② **사 견:**　　　사견으로는 산업별 교섭하에서는 「최저기준설」이, 기업별 교섭하에서는 「절대기준설」이 타당하다고 본다.[47) 기업별 교섭하에서는 산업별 교섭과 달리 단체교섭 및 근로계약의 대상이 대부분 일치하고 조합원이 곧 종업원에 해당되므로, 단체협약의 절대기준설을 인정하는 경우에도 이것이 곧 근로자의 근로계약 자유의 원칙을 침해하는 것이 아니라고 보아야 할 것이다.

### (나) 보충적 효력

보충적 효력이라 함은 근로계약에 아무런 관련 규정을 두고 있지 아니하거나, 근로계약에 무효가 된 부분이 있는 경우에 단체협약에서 정한 기준이 대신하여 적용되는 효력을 말한다(노동조합법 제33조제2항).

보충적 효력은 근로계약의 당사자인 근로자들이 합의, 동의 또는 재계약 등을 하지 아니하더라도 무효가 된 근로계약에 직접적·보충적으로 적용되는바,[48) 이는 단체협약의 본질상 당연한 것이다.[49)

### (다) 규범적 효력의 적용방법

단체협약의 규범적 효력이 근로계약에 과연 어떻게 적용되는가에 대하여 견해가 나뉘어져 있다.[50)

① **외부규율설:**　　　외부규율설에 의하면 단체협약의 내용은 근로계약의 내용과 별개의 존재이며, 상위규범인 단체협약이 강행적 효력에 의하여 무효가 되어 내용이 존재하지 않는 근로계약 부분을 대체하는 것이라고 한다. 규범적 성질을 갖는 단체협약이 사적 계약에 불과한 근로계약의 내용으로 직접 전환될 수는 없으며, 단지 단체협약은 근로계약보다 그 효력면에서 우월한 효력을 갖고 있으므로 단체협약의 내용이 근로계약의 내용을 구속하고 이에 우선적으로 적용되는 것이라고 한다. 이러한 견해에 따르면 조합원이 노동조합으로부터 탈퇴하거나 또는 단체협약이 종료되는 경우, 해당 조합원의 근로계약에 적용될 단체협약이 존재하지 아니하므로 기존의 근로

---

45) J. I. Case Co. v. NLRB, 321 U.S. 332(1944).

46) Order of Railroad Telegraphers v. Railway Express Agency, Inc., 321 U.S. 342(1944).

47) 이상윤, 노동법, p. 712; 이상윤, 노동조합법, p. 275; 이병태, 노동법, p. 246.

48) Hueck-Nipperdey, Lehrbuch, Bd. II/1, 7. Aufl.

49) 직접적 효력: 김형배, 노동법, p. 924; 박상필, 노동법, p. 446. 보충적 효력: 김유성, 노동법(II), p. 166. 보완적 효력: 이병태, 노동법, p. 247.

50) 이를 단체협약의 자동적 효력이라고 부르는 견해(김형배, 노동법, p. 761)도 있다.

계약이 다시 적용된다고 한다. 외부규율설은 독일에서의 통설로서 단체협약의 규범적 부분은 일종의 법규범으로서 근로계약관계의 내용은 될 수 없고 단지 지배적 효력을 미칠 뿐이라고 한다.[51]

② **내부규율설:** 내부규율설에 의하면 단체협약의 내용은 근로계약에 용해되어 근로계약의 한 부분으로서 적용된다고 하며, 단체협약이 근로계약의 외부에서 별개의 효력을 가지고 근로계약에 적용되는 것은 아니라고 한다.[52]

이러한 견해에 따르면, 단체협약의 당사자인 노동조합으로부터 탈퇴한 근로자나 단체협약종료 후의 조합원의 근로계약관계에 대하여, 이러한 근로자에 적용될 단체협약이 존재하지 아니하더라도 단체협약의 내용은 이미 근로계약의 내용으로 용해되어 적용되고 있으므로 기존의 단체협약의 내용이 근로계약관계에 그대로 적용된다고 한다. 내부규율설은 프랑스에서 대체로 인정되고 있는 견해이다.[53]

> **관 련 판 례** 　대판 2009. 2. 12, 2008다70336 　단체협약이 실효되었다고 하더라도 임금, 퇴직금이나 노동시간, 그 밖에 개별적인 노동조건에 관한 부분은 그 단체협약의 적용을 받고 있던 근로자의 근로계약의 내용이 되어 그것을 변경하는 새로운 단체협약, 취업규칙이 체결 · 작성되거나 또는 개별적인 근로자의 동의를 얻지 아니하는 한, 개별적인 근로계약의 내용으로서 여전히 남아 있다.

### (4) 신 · 구단체협약 간의 경합

새로운 단체협약을 체결하는 경우, 기존의 단체협약과의 충돌 문제가 발생하게 된다.

### ㈎ 학　설

① **긍정설:** ⅰ) 단체협약의 당사자인 노동조합은 개인 근로자와는 달리 사용자에 대하여 교섭상의 대등한 지위를 보유하고 있고, ⅱ) 근로조건이 장기적 · 전체적으로 향상 · 개선될 것을 전제로 하여 일시적 · 부분적으로 저하될 수도 있으므로 노사자치의 원칙에 따라 체결된 새로운 단체협약의 규정은 그것이 기존의 단체협약보다 유 · 불리를 떠나 우선적 효력을 가져야 한다고 본다.[54]

즉, 「유리한 조건우선의 원칙」은 적용되지 아니한다고 본다. 독일의 다수설이다.

---

51) 김수복, 노동법, p. 785; Hueck－Nipperdey, Lehrbuch, Bd. Ⅱ/1, 7. Aufl., S. 536.

52) 내부규율설을 일본에서는 내용설 또는 화체설이라고 한다. 임종률, 노동법, p. 150; 이병태, 노동법, p. 247; 김형배, 노동법, p. 925; 박홍규, 노동법, p. 983 참조.

53) Rouast－Durand, Drvit du travail(1963), p. 293.

54) 김유성, 노동법(Ⅱ), p. 168; 임종률, 노동법, p. 153; 김형배, 노동법, p. 763; 박홍규, 노동법, p. 988; 이영희, 노동법, p. 248; 대판 1999. 11. 23, 99다7522; 대판 2000. 9. 29, 99다67536; 대판 2002. 4. 12, 2001다41384; 대판 2002. 11. 26, 2001다36504; 대판 2007. 6. 28, 2007도1539.

관 련
판 례
　대판 2011. 7. 28, 2009두7790　　단체협약은 노동조합이 사용자 또는 사용자 단체와 근로조건 기타 노사관계에서 발생하는 사항에 관하여 체결하는 협정으로서, 협약자치의 원칙상 노동조합은 사용자와 사이에 근로조건을 유리하게 변경하는 내용의 단체협약뿐만 아니라 근로조건을 불리하게 변경하는 내용의 단체협약을 체결할 수 있으므로, 근로조건을 불리하게 변경하는 내용의 단체협약이 현저히 합리성을 결하여 노동조합의 목적을 벗어날 것으로 볼 수 있는 경우와 같은 특별한 사정이 없는 한 그러한 노사간의 합의를 무효라고 볼 수는 없고, 노동조합으로서는 그러한 합의를 위하여 사전에 근로자들로부터 개별적인 동의나 수권을 받을 필요가 없는 것이다. 이때, 단체협약이 현저히 합리성을 결하였는지 여부는 단체협약 내용과 체결경위, 협약 체결당시 사용자측의 경영상태 등 여러 사정에 비추어 판단하여야 한다.

　② **부정설:**　　노사자치의 원칙에는 일정한 한계가 있는바, 단체협약의 목적은 근로조건의 향상 등 근로자의 경제적·사회적 지위의 향상에 있으므로, 이러한 목적에 반하는 단체협약은 인정되어서는 아니 된다고 한다. 따라서 새로운 단체협약의 내용이 기존의 단체협약의 내용보다 근로자에게 불리한 경우 새로운 단체협약은 규범적 효력을 갖지 아니한다고 한다. 즉, 「유리한 조건우선의 원칙」이 적용된다고 한다. 일본의 다수설이다.

　(나) 사　견

　긍정설에 찬동하는 바이다. 노동조합의 자유로운 단체협약체결권을 제한하는 것은 헌법과 노동조합법의 본질인 노사자치의 원칙에 비추어 적절한 해석이라 할 수 없다. 또한 국내·외 경제상황 및 기업경영환경의 변화에 따라 근로조건이 언제나 상향되는 것이 아니라, 다소 하향조정되는 경우에도 허용되는 것이 합리적이라 본다.

　즉, 새로운 단체협약이 체결된 경우에는 새로운 단체협약이 기존의 단체협약보다 불리한 규정을 가지고 있더라도 새로운 단체협약이 그대로 적용된다. 이는 「신법우선의 원칙」을 단체협약의 규범적 효력에 적용한 것이다.

　다만, 이미 발생한 조합원 개인 권리의 처분 또는 근로자로서의 지위변동에 관한 사항에 대하여 이를 불리하게 단체협약을 체결하는 경우 해당 조합원의 동의 또는 수권이 있어야 유효하게 성립한다.55)

　예컨대　ⅰ) 회사도산시의 체불임금의 일부·전부의 포기,　ⅱ) 조합원의 회사에 대한 손해배상청구권의 포기 또는 ⅲ) 조합원의 전원 퇴직 등이 이에 해당된다.

---

　55) 김유성, 노동법(Ⅱ), p. 167; 임종률, 노동법, p. 153; 이병태, 노동법, p. 250; 이영희, 노동법, p. 248.

## Ⅲ. 단체협약의 채무적 효력

### 1. 의 의

단체협약의 채무적 효력이라 함은 단체협약의 당사자간에 단체협약상의 권리·의무관계가 발생하여 이를 준수하여야 하는 의무를 말한다.[56)]

단체협약의 채무적 효력은 노동조합의 단체협약준수의무와 사용자의 단체협약준수의무로 크게 나누어 볼 수 있는바, 전자는 단체협약의 내용 중 채무적 부분에서, 후자는 규범적 부분에서 그 특징을 보이고 있다.[57)]

### 2. 채무적 효력의 일반적 내용

#### (1) 노동조합의 단체협약준수의무

노동조합은 단체협약의 당사자로서 단체협약을 준수할 의무를 갖는다. 노동조합의 단체협약준수의무는 노동조합 자신이 단체협약의 내용을 준수하여야 할 자기의무와 조합원들이 단체협약의 내용을 준수하도록 통제·감독하는 영향의무를 말한다.[58)]

#### (2) 사용자의 단체협약준수의무

사용자 또는 사용자단체는 단체협약의 당사자로서 단체협약을 준수할 의무를 갖는다. 단체협약의 당사자가 사용자일 경우 사용자는 자신이 단체협약의 내용을 준수할 의무를 부담하며, 당사자가 사용자단체인 경우 사용자단체는 그 단체의 구성원인 사용자가 단체협약의 내용을 준수하도록 그 이행을 촉구하여야 할 의무를 부담한다.

### 3. 채무적 효력의 구체적 내용

#### (1) 평화의무[59)]

##### (가) 의 의

평화의무라 함은 단체협약의 유효기간중에 쟁의행위를 하여서는 아니되는 의무

---

56) 이를 민법상 채권법에 따른 권리·의무로 보는 견해(이병태, 노동법, p. 252)도 있으나, 민법상의 채무적 효력과 단체협약상의 채무적 효력은 그 성질을 달리 한다.

57) 이러한 취지에서 노동조합의 단체협약준수의무를 「평화의무」, 사용자의 단체협약준수의무를 「실행의무」로 분류하는 견해(김치선, 노동법, pp. 359~360; 김유성, 노동법(Ⅱ), p. 170)도 있다.

58) 김형배, 노동법, p. 935.

59) 쟁의행위의 제한이나 절차에 관한 규정을 「쟁의조항」으로 포괄적으로 규정하고, 이를 ⅰ)「평화의무」, ⅱ) 쟁의행위개시 이전에 조정절차를 거치도록 하는 「평화조항」, ⅲ) 쟁의행위개시 이후의 쟁위행위의 주체, 절차, 태양을 규정하는 「쟁의절차조항」으로 구분하는 견해(김유성, 노동법(Ⅱ), p. 185)도 있다. 이에 대하여 「쟁의절차조항」을 「쟁의조항」으로 부르는 견해(이병태, 노동법, p. 258)도 있다.

를 말한다.

평화의무에는 절대적 평화의무와 상대적 평화의무가 있다. 절대적 평화의무는 단체협약의 유효기간중에 어떠한 경우에도 쟁의행위를 하여서는 아니되는 의무를 말한다. 상대적 평화의무는 단체협약의 유효기간중에 단체협약으로 노사간에 이미 합의된 사항에 대하여는 이의 개폐 또는 변경을 목적으로 쟁의행위를 하여서는 아니되나, 단체협약에 규정되지 아니한 사항에 관하여는 쟁의행위가 허용되는 의무를 말한다.

절대적 평화의무는 기존의 단체협약에 규정된 사항 이외의 다른 사항에 관하여 사용자와 단체교섭을 실시하고 동 단체교섭이 결렬된 경우에도 기존의 단체협약의 유효기간중에는 쟁의행위가 금지되므로 근로자의 헌법상 단체교섭권 및 단체행동권의 본질적 내용을 침해하게 된다. 따라서 당사자간의 특약으로 절대적 평화의무를 단체협약에 규정하여도 이는 무효로 보아야 할 것이다.[60]

이하에서는 상대적 평화의무에 관하여만 고찰하기로 한다.

(나) 평화의무의 법적 근거

단체협약의 평화의무의 근거에 관해서는 견해가 나뉘고 있다.

① 학 설: 평화의무의 근거로서는 ⅰ) 평화의무는 단체협약이 평화협정이라는 내재적 성질에서 필연적으로 생긴다는 「내재설」 또는 「제도목적설」,[61] ⅱ) 단체협약의 평화의무는 법규범인 단체협약을 설정한 당연한 효과로서 노사는 이를 법규범으로 존중해야 하며 쟁의행위로 이의 효력을 부인할 수 없다고 하는 「법규범설」 및 ⅲ) 평화의무는 당사자간의 묵시적 또는 명시적 합의에 따른 계약에 의하여 근거가 부여된다는 「계약설」 또는 「합의설」[62] 및 ⅳ) 단체협약으로부터 당연히 파생하는 신의칙상의 의무라는 신의칙설[63] 등이 있다.

② 사 견: 사견으로는 단체협약상의 평화의무의 근거를 단체협약 자체의 내재적 성질에서 구하는 내재설에 찬동하고자 한다. 평화의무는 헌법상 단체교섭권의 본질적 내용과 단체행동권의 내재적 한계를 반영하고 있다. 이미 체결된 단체협약기간중에 쟁의행위를 허용하는 것은 기존의 단체교섭을 부정하게 됨으로써 노동조합은 단체협약이 체결된 후에도 언제든지 다시 단체교섭을 재실시할 수 있다는 결과를 가져 온다. 이는 당사자가 성실하게 단체교섭을 행하고 그 합의결과를 규정하

---

60) 김유성, 노동법(Ⅱ), p. 171. 반대: 하갑래, 집단적 노동관계법, p. 325.
61) 박상필, 노동법, p. 453; 김형배, 노동법, p. 938; 박홍규, 노동법, p. 997; 이영희, 노동법, p. 466; 대판 1992. 9. 1, 92누7733.
62) 김유성, 노동법(Ⅱ), p. 172; 이병태, 노동법, p. 254.
63) 임종률, 노동법, p. 158.

는 단체협약의 본질적 내용을 부정하고 있는 것이다. 또한, 헌법상 단체행동권은 그 본질상 단체협약의 체결을 위한 단체교섭이 결렬되는 경우 이의 체결을 위하여 행사되는 것인바, 이미 체결된 단체협약의 변경·폐지를 위하여 단체행동권을 행사하는 것은 단체행동권의 한계를 일탈한 것이라 볼 수 있다. 이와 같이 볼 때에 평화의무는 단체협약으로 이를 규정하지 아니하여도 당연히 당사자를 구속하는 효력을 갖고 있다고 할 것이다.[64]

관 련   중노위 1995. 1. 16, 94쟁의99   평화의무는 단체협약에 명문으로 규정하지 아
결 정   니하였다 할지라도 단체협약의 평화유지기능에 내재하는 본래의 의무이다.

(다) **평화의무의 효력**

① **평화의무배제조항의 효력:**   평화의무에 대해서 단체협약 당사자간에 특약을 설정하고 이를 배제할 수 있는가라는 문제가 있다. 즉, 단체협약당사자간의 합의에 따라 단체협약의 유효기간중에도 쟁의행위를 할 수 있도록 하는 것이 허용되는가의 문제이다. 종래에는 제도목적설 또는 법규범설의 입장에서 평화의무는 협약에 내재하는 본질적 의무로서 이를 배제할 수 없다고 하거나,[65] 계약설의 입장에서 평화의무는 계약상의 합의로 인한 의무에 지나지 아니하므로 특약으로 이를 배제할 수 있다는 견해가 제기되어 왔다.[66]

평화의무는 근로자의 헌법상 단체교섭권의 본질적 내용과 단체행동권의 내재적 한계를 나타내고 있다. 따라서 평화의무를 당사자간의 특약에 의하여 배제하는 것은 그 효력을 인정하기 어렵다고 할 것이다.

② **평화의무위반의 법적 효과:**   평화의무위반의 법적 효과에 관하여는 견해가 나뉘어 있다.

㉠ **정당성을 상실한다는 견해**   평화의무를 위반하여 노동조합이 쟁의행위를 하는 경우, ⅰ) 내재설의 입장에서 해당 쟁의행위는 헌법상 단체협약의 본질적 내용을 침해하고 또한 ⅱ) 법규범설의 입장에서 법규범의 설정행위와 모순되는 행위이기 때문에 그 정당성을 상실하게 된다.[67] 따라서, 정당한 쟁의행위에 부여되는 민사·형사면책을 받을 수 없으며 또한, 사용자는 노동조합에 대하여 손해배상을 청구할

---

64) 중노위 1995. 1. 16, 94쟁의99.

65) 박홍규, 노동법(Ⅱ), p. 295.

66) 이병태, 노동법, p. 255; 영국에서는 일정한 조건하에 평화의무를 당사자간의 합의에 의하여 배제할 수 있다. 노동조합 및 노사관계(통합)법(Trade Union and Labour Relations(Consolidation) Act of 1992) 제180조 참조. 또한 미국에서도 단체협약으로 파업포기조항(no strike clause)을 둘 수 있다.

67) 이상윤, 노동법, p. 719; 이상윤, 노동조합법, p. 283; 중노위 1995. 1. 16, 94쟁의99.

수 있고, 쟁의행위의 중지를 청구할 수 있으며, 조합원에 대하여 징계처분을 할 수 있다.

**대판 2007. 5. 11, 2005도8005** 단체협약에서 이미 정한 근로조건이나 기타 사항의 변경·개폐를 요구하는 쟁의행위를 단체협약의 유효기간중에 하여서는 아니 된다는 이른바 평화의무를 위반하여 이루어진 쟁의행위는 노사관계를 평화적·자주적으로 규율하기 위한 단체협약의 본질적 기능을 해치는 것일 뿐 아니라, 노사관계에서 요구되는 신의성실의 원칙에도 반하는 것이므로 정당성이 없다.

ⓒ 정당성을 상실하지 아니한다는 견해  평화의무는 ⅰ) 계약설의 입장에서 단체협약상의 채무적 효력을 갖는 데 지나지 아니하고, ⅱ) 신의칙설의 입장에서 평화의무는 단체협약 이행의무에서 파생되는 신의칙상의 의무에 불과하므로 이를 위반하여도 정당성을 상실하지 아니하며, 따라서 형사·민사면책이 인정되나, 단체협약위반으로 인한 손해배상책임만은 부담한다는 견해이다.[68]

사용자는 쟁의행위의 중지를 청구할 수 없으며, 조합원 개인에 대한 징계처분을 내릴 수 없는 것이 원칙이다.

ⓒ 사 견  사견으로는 평화의무를 위반한 쟁의행위는 정당성을 상실한다는 견해에 찬동한다. 그 이유는 이러한 쟁의행위는 단체교섭권의 본질적 내용을 침해하고, 단체행동권의 내재적 한계를 일탈하고 있기 때문이다. 일반적으로 평화의무를 위반한 쟁의행위가 ⅰ) 정당성을 상실한다는 견해는 제도목적설 또는 법규범설의 입장에서 주장되며, ⅱ) 정당성을 상실하지 아니한다는 견해는 계약설의 입장에서 주장된다.

### (2) 평화조항

### (가) 의 의

평화조항이라 함은 쟁의행위의 구체적인 방법·절차 등에 관하여 단체협약에 명문으로 규정하고 있는 조항을 말한다. 예컨대 쟁의행위를 하기 전에 노동조합법 제52조의 규정에 따라 노사가 자주적으로 정한 노동쟁의조정기관에 조정을 신청한다는 등의 조항을 말한다. 평화조항을 ⅰ) 쟁의행위개시 이전에 노동쟁의조정절차를 거칠 것을 의무화 하는 협의의 평화조항과, ⅱ) 쟁의행위개시 이후의 쟁의행위의 주체, 절차 및 방법 등에 관하여 규정하고 있는 쟁의절차조항(또는 쟁의조항)으로 구분

---

68) 김유성, 노동법(Ⅱ), p. 234; 박상필, 노동법, p. 549; 이병태, 노동법, p. 256; 하갑래, 집단적 노동관계법, p. 328.

하는 견해도 있다.[69)]

평화조항은 단체협약에 명문의 규정을 두지 아니하더라도 그 효력이 당연히 발생하는 평화의무와는 달리 단체협약에 구체적인 명문의 규정을 둠으로써 그 효력을 발생한다.[70)]

### (나) 평화조항 위반의 법적 효과

① **쟁의행위의 정당성:**     평화조항을 위반하여 행한 쟁의행위의 정당성에 관하여 문제가 되고 있다.

이에 대하여 쟁의행위의 정당성을 상실하여 민사·형사책임을 부담한다는 견해가 있다.[71)]

그러나 평화조항을 위반하였다고 하여 쟁의행위가 반드시 정당성을 상실하는 것으로 보아서는 아니될 것이다. 그 이유는 앞에서 설명한 평화의무의 위반이 쟁의행위의 내재적 한계를 일탈하여 그 정당성을 상실하는 반면에, 평화조항의 위반은 노사당사자간의 편의를 도모하기 위한 쟁의행위의 단순한 절차를 위반한 것에 불과하므로 쟁의행위의 본질적 요소를 상실하는 것이 아니기 때문이다. 따라서, 노동조합이 평화조항을 위반하여 쟁의행위를 하는 경우에도 형사·민사책임은 면제되나, 다만 단체협약상의 채무불이행으로 인한 손해배상책임만을 부담할 뿐이다.[72)]

② **징계처분:**     평화조항을 위반하여 노동조합이 쟁의행위를 한 경우 해당 노동조합의 조합원 또는 조합간부는 징계책임의 대상이 되는가의 문제가 생긴다. 이에 관하여 ⅰ) 평화조항은 객관적 법규범이 아니므로 이의 위반을 기업질서 위반 또는 경영질서 위반으로 징계책임을 물을 수 없으므로 조합원 개인은 징계처분의 대상이 되지 아니한다는 견해[73)] 또는 조합간부의 경우에는 해고의 대상이 될 수 있다는 견해,[74)] ⅱ) 평화조항의 위반을 이유로 징계책임을 물을 수 없으나, 경영질서 위반을 이유로 징계를 할 수 있으며, 이 경우에도 해고는 할 수 없다는 견해[75)] 등이 있다.

사견으로 볼 때에 평화조항을 위반한 노동조합의 조합원 또는 조합간부의 징계

---

69) 김유성, 노동법(Ⅱ), p. 185; 이병태, 노동법, p. 258.
70) 김수복, 노동법, p. 793; 이병태, 노동법, p. 257.
71) 평화의무 위반의 경우에는 형사책임이 면책되고 민사책임을 부담하나, 평화조항 위반의 경우에는 오히려 정당성을 상실하여 형사·민사책임을 모두 부담한다는 견해(김형배, 노동법, p. 939)가 있으나, 논리적 근거가 확실하지 아니하다.
72) 이병태, 노동법, p. 258; 임종률, 노동법, p. 165.
73) 이병태, 노동법, p. 258.
74) 김형배, 노동법, p. 939.
75) 박상필, 노동법, p. 455.

책임에 관한 문제는 근로기준법 제23조의 정당한 징계사유 중의 하나로서 평화조항 위반이 포함되는가의 문제로 접근하여야 한다고 본다. 즉, 평화조항을 위반한 쟁의행위가 기업질서 또는 경영질서를 명백히 해치기 때문에 근로기준법 제23조의 정당한 이유에 해당되는 경우에는 조합간부는 물론 조합원 개인에게도 해고 등의 징계를 할 수 있다고 본다.

③ **부작위청구:**　　평화조항을 위반하여 쟁의행위를 하는 당사자에 대하여 부작위청구를 인정할 수 있을 것인가의 문제가 생긴다. 계약상의 이행청구의 한 내용으로서 의무위반행위의 중지를 청구하는 것을 막을 이유가 없으므로, 쟁의행위중지를 위한 가처분청구가 있을 때에는 법원은 그 보전의 필요성을 신중히 검토해야 할 것이라는 견해가 있다.76)

사견으로는 쟁의행위는 헌법상 근로자의 기본권이므로 이러한 쟁의행위가 정당성을 상실하지 아니하는 한 단순한 단체협약상의 절차 위반을 이유로 쟁의행위를 중지시킬 수 없다고 생각한다. 따라서 평화조항 위반의 쟁의행위에 대하여는 부작위청구가 인정되어서는 아니될 것이다. 이에 반하여, 평화의무 위반의 쟁의행위는 정당성을 상실하고 있으므로 부작위청구가 인정될 수 있을 것으로 본다.

④ **노동조합법에 의한 제재:**　　단체협약의 내용 중 「쟁의행위에 관한 사항」을 위반하는 경우 1천만원 이하의 벌금이 부과된다(동법 제92조제1호).

### (3) 조합원의 범위에 관한 조항

노동조합에의 가입자격은 노동조합이 자주적으로 결정하여 조합규약으로 정하는 것이 원칙이다. 우리나라의 단체협약에는 「조합원은 회사의 대리급 이하이어야 한다」는 조항 등과 같이 조합원의 범위에 관한 조항을 두고 있는 경우가 있다.

단체협약으로 조합원의 범위를 정하는 경우 관계법령에 위배되지 아니하는 한 이의 효력을 긍정하는 견해도 있다.

그러나 동 조항은 노동조합이 자주적으로 결정한 조합원의 범위를 노사간에 단순히 확인하는 규정에 불과한 것으로서 단체협약상의 아무런 효력도 갖지 못하고 따라서 당사자를 구속하지 아니하는 것으로 보아야 할 것이다.77)

노동조합이 자신의 조합원자격을 결정하는 것은 근로자의 헌법상 자주적 단결권의 본질적 내용이므로, 이를 사용자의 의사를 반영하여 단체협약으로 규정하는 것은

76) 김형배, 노동법, p. 940.
77) 보노정 1452.5－11205(1963. 7. 3); 법무 811－22079(1978. 10. 11); 근기 1455－17088(1981. 6. 2); 노조 1454－6474(1982. 3. 8); 노조 1454－9597(1983. 4. 14); 노조 01254－16562(1986. 10. 14).

사용자의 지배·개입행위로서 부당노동행위에 해당될 우려가 있기 때문이다.[78]

다만, 노동조합 가입이 법적으로 금지되는 근로자의 범위에 관하여 노·사간에 다툼이 있는 경우 이를 명확하게 하기 위하여 조합원의 범위를 설정하거나, 노동조합이 조합규약 등으로 정한 조합원의 범위를 단순확인하는 단체협약은 무방하다고 할 것이다.[79]

단체협약에서 노동조합의 조합원이 될 수 없는 자를 특별히 규정하고 있는 경우, 그 규정이 노동조합규약에서 정하여진 조합원의 범위와 배치된다고 하여 단체협약의 규정을 무효라고 할 수 없다.[80] 또한, 노동조합에 가입할 수 있는 근로자를 단체협약에서 배제하고 있는 경우, 이러한 근로자가 노동조합에 가입하여도 노동조합의 설립요건에 위배되는 것은 아니다.

**관련판례** **대판 2004. 1. 29, 2001다6800** 근로자는 자유로이 노동조합을 조직하거나 이에 가입할 수 있고, 구체적으로 노동조합의 조합원의 범위는 당해 노동조합의 규약이 정하는 바에 의하여 정하여지며, 근로자는 노동조합의 규약이 정하는 바에 따라 당해 노동조합에 자유로이 가입함으로써 조합원의 자격을 취득하는 것인바, 한편 사용자와 노동조합 사이에 체결된 단체협약은 특약에 의하여 일정범위의 근로자에 대하여만 적용하기로 정하고 있는 등의 특별한 사정이 없는 한 협약당사자로 된 노동조합의 구성원으로 가입한 조합원 모두에게 현실적으로 적용되는 것이 원칙이고, 다만 단체협약에서 노사간의 상호 협의에 의하여 규약상 노동조합의 조직 대상이 되는 근로자의 범위와는 별도로 조합원이 될 수 없는 자를 특별히 규정함으로써 일정 범위의 근로자들에 대하여 위 단체협약의 적용을 배제하고자 하는 취지의 규정을 둔 경우에는, 비록 이러한 규정이 노동조합 규약에 정해진 조합원의 범위에 관한 규정과 배치된다 하더라도 무효라고 볼 수 없다(대법원 2003. 12. 26. 선고 2001두10264 판결 참조).

### (4) 면책특약

면책특약이라 함은 단체교섭 또는 쟁의행위로 인하여 발생된 민사·형사상의 책임을 근로자에게 일체 묻지 아니하기로 하는 내용의 약정을 단체협약으로 체결하는 것을 말한다.

---

78) 조합원의 범위에 관한 조항은 단체협약의 적용범위에 관한 협정에 불과하며, 노동조합을 당연히 규제하는 효력을 갖는 것은 아니라는 견해가 있다(김유성, 노동법(Ⅱ), p. 180; 김형배, 노동법, p. 946; 이병태, 노동법, p. 242). 그러나, 이러한 해석은 동 조항의 문리해석상에도 문제가 있거니와 단체협약은 조합원에게 적용되는 것이 원칙이므로 단체협약의 적용범위를 정하는 것은 곧 조합원의 범위를 정하는 것과 일치하게 되어 이러한 견해는 논리적 타당성이 의문시된다고 할 것이다.

79) 노조 01254-16562(1986. 10. 14); 노조 01254-437(1993. 4. 27).

80) 대판 2004. 1. 29, 2001다6800.

관 련
판 례
**대판 1993. 5. 11, 93다1503** 단체협약에서 쟁의행위중에 발생한 고소, 고발, 구속 등에 대하여 「징계를 하지 아니한다」라는 문구 대신 「최대한 선처한다」라고 규정한 것은 회사가 구속자에 대한 형사처벌이 감경되도록 최대한 노력하겠다는 취지이며, 구속자들을 회사가 징계하지 아니하겠다는 내용의 합의는 아니다.

쟁의행위가 정당·합법한 경우 이러한 면책특약은 민사·형사면책을 단순히 확인하는 것에 불과하지만, 쟁의행위가 그러하지 못한 경우에는 당사자를 구속하는 법적 효력을 갖게 된다. 즉, 민사책임의 면책은 사용자의 손해배상청구권의 포기를 의미한다. 그러나 형사책임의 면책은 국가의 형벌권과 관련되므로 사용자가 형사상 고소를 하지 아니하겠다고 약정한다고 하여 형사책임이 면제되는 것이 아니므로 형사면책특약은 아무런 효력도 갖지 못한다. 다만, 폭행죄 등은 형법상 반의사불벌죄에 해당되므로 사용자가 처벌을 원하지 아니하는 경우에는 형사책임이 면제될 수도 있고, 형사책임이 부과되는 범죄의 경우에도 피해의 당사자인 사용자가 가해자인 근로자의 처벌을 원하지 아니하는 경우에는 그 정상이 참작될 수 있으므로 법적으로 아무런 효과를 갖지 못하는 것은 아니라고 판단된다.

민사면책특약의 범위 내에 징계책임의 면책도 포함되는가 하는 문제가 생긴다. 판례는 민사면책특약의 범위 내에는 쟁의행위 자체뿐만 아니라 그 쟁의행위와 일체성을 가지는 준비행위·관련행위에 대해서도 민사상의 책임은 물론 징계책임도 면책된다고 한다.81)

면책특약이 체결된 후에 동 면책특약에 위반하여 노동조합이 불법쟁의행위를 한 경우 사용자는 해당 면책특약을 해제할 수 있고 이 경우 면책특약은 효력을 상실하게 된다.

관 련
판 례
**대판 1992. 5. 8, 91누10480** 노동조합과 회사 사이에 임금교섭기간중 생겨난 민·형사상의 문제에 대해 면책약정을 체결한 후 노동조합이 비합법적인 단체행동을 저질러 약정을 위반하였다면 회사는 이를 이유로 위 약정을 해제할 수 있고 그 해제에 의하여 면책약정은 실효되는 것이라고 할 수 있다.

### (5) 조합활동조항

단체협약에는 일정한 조건하에 조합활동조항을 보장 또는 제한한다는 내용의 규정을 두고 있는 경우가 있다. 조합활동조항에는 ⅰ) 취업시간 등의 조합활동, ⅱ) 노조전임에 관한 규정, ⅲ) 조합 사무소, 전화, 게시판 기타 기업시설의 이용 및 ⅳ) 조

---

81) 김유성, 노동법(Ⅱ), p. 186; 임종률, 노동법, p. 166; 대판 1991. 1. 11, 90다카21176; 대판 1991. 8. 13, 91다1233; 대판 1993. 5. 25, 92다19859; 대판 1994. 1. 28, 93다49284.

합비공제에 관한 규정 등이 포함된다.

## Ⅳ. 단체협약의 제도적 효력

### 1. 의    의

단체협약의 제도적 효력이라 함은 단체협약에 규정된 제도적 부분에 관하여 단체협약의 당사자를 규율하는 효력을 말한다. 제도적 효력은 원칙적으로 규범적 효력이나, 그 효력의 성질은 제도적 부분의 성질에 따라 이를 결정하여야 한다는 견해가 일반적이다.[82]

### 2. 인사절차조항

#### (1) 의    의

인사절차조항이라 함은 근로자의 해고·징계·전직 및 인사이동 등의 경우에 ⅰ) 노동조합의 동의를 받거나 또는 협의를 하도록 하는 조항, ⅱ) 징계위원회 또는 인사위원회의 의결을 거치도록 하는 조항, 또는 ⅲ) 해당 근로자의 의견청취기회를 부여하도록 하는 조항 등을 말한다.

인사절차조항 중에서 근로자의 해고시 의무적으로 노동조합의 동의를 받도록 하는 해고합의조항 또는 협의를 거치도록 하는 해고협의조항 등은 그 대표적인 예이다.

#### (2) 협의 및 합의의 구별기준

인사절차조항에서의 노동조합의 협의 또는 합의·동의의 개념에 대하여 의문이 제기될 수 있다.

단체협약의 인사절차조항의 문리적 해석을 통하여 ⅰ) 노동조합과의 협의를 거치도록 규정하고 있는 경우 이는 「자문 또는 단순협의」에 불과한 절차에 불과하나,[83] ⅱ) 「합의」 및 「동의」 등 노동조합의 사전동의나 승낙을 얻어야 하는 경우에는 노사간의 의견합치를 필요로 하며, 노동조합이 반대하는 경우에는 사용자가 일방적으로 인사처분을 할 수 없다는 것이 일반적인 해석이다.[84]

예컨대, 단체협약에서 ⅰ) 노동조합 간부의 인사에 대하여는 사전"합의"를, ⅱ)

---

82) 김형배, 노동법, p. 940.
83) 대판 1993. 4. 23, 92다34940.
84) 대판 1993. 7. 3, 92다45735; 대판 1995. 1. 24, 94다24596. 대판 2012. 6. 28, 2010다38007.

일반 조합원의 인사에 대하여는 사전"협의"를 규정하고 있는 경우 노동조합 간부에 대한 인사권은 노사간 의견의 합치를 보아 행사하여야 한다.[85]

한편, 대법원 판례 중에는 단체협약에서 "합의 또는 동의"라는 용어를 명문으로 사용하고 있음에도 불구하고 이를 단순한 "협의"로 해석하는 경우도 있다.[86] 예컨대 정리해고 및 휴·폐업 등은 경영권의 본질적 사항이어서 단체교섭의 대상이 될 수 없음에도 불구하고 이를 단체협약에서 노동조합의 "합의"대상으로 규정하고 있는 경우, "합의"는 "협의 또는 의견청취"로 해석되어야 한다고 한다. 최근의 한 대법원 판례는 정리해고 등 고도의 경영에 속하는 사항은 원칙적으로 단체교섭의 대상이 될 수 없으나, ⅰ) 사용자가 노동조합과의 협상에 따라 정리해고를 제한하기로 하는 내용의 단체협약을 체결하였다면 특별한 사정이 없는 한 이는 유효하고 ⅱ) 다만, 단체협약을 체결할 당시의 사정이 현저하게 변경되어 사용자에게 단체협약의 이행을 강요한다면 객관적으로 명백하게 부당한 결과에 이르는 경우에 한하여 사용자가 단체협약에 의한 제한에서 벗어나 정리해고를 할 수 있다고 판결하고 있다.[87]

### (3) 인사절차조항의 법적 효력

단체협약에 인사협의조항 또는 인사합의조항을 규정하고 있는 경우 동 조항에 위반한 인사조치의 효력에 관하여는 견해가 나뉘고 있다.

### (가) 학 설

① **무효설:**       인사협의 또는 합의조항을 단체협약의 규범적 부분으로 보는 견해는 인사조치도 일종의 근로조건에 해당되므로 인사협의 또는 합의조항은 당연히 규범적 부분에 속하며 합리적인 이유 없이 협의·동의를 거치지 아니하거나 충분한 협의·동의를 거치지 아니하고 행한 인사조치는 무효로 된다고 한다.[88]

또한, 인사협의·합의조항을 단체협약의 제도적 부분으로 보는 견해도 해고협의는 인사권에 대한 노동조합의 경영참가를 제도적으로 인정한 것으로서 제도적 효력은 원칙적으로 규범적 효력이므로 인사조치에 대하여 협의·합의를 거치지 아니한 경우에는 무효가 된다고 한다.[89]

---

85) 대판 2012. 6. 28, 2010다38007.
86) 대판 1994. 3. 22, 93다28553.
87) 대판 2014. 3. 27, 2011두20406.
88) 김유성, 노동법(Ⅱ), p. 182; 임종률, 노동법, p. 164; 이병태, 노동법, p. 239. 임종률 교수는 규범적 부분에 속한다고 보면서도 단체협약에 위배되는 인사조치가 무효가 되는 것이 아니라 취업규칙 또는 근로계약이 무효가 된다고 한다. 찬동할 수 없는 견해이다. 대판 1994. 9. 13, 93다50017; 대판 2007. 9. 6, 2005두8788; 대판 2010. 7. 15, 2007두15797.

② **유효설:** 인사협의·합의조항을 단체협약의 채무적 부분으로 보는 견해는 인사협의·합의는 사용자가 조합원의 인사조치에 대하여 노동조합과 협의·동의한다는 채무를 지고 있는 데 불과하므로, 협의·합의를 거치지 아니하였을 경우에는 단체협약 위반으로 인한 채무불이행의 책임은 부담하나 인사조치 자체는 무효가 되는 것이 아니라고 한다.[90]

### (나) 대법원 판례

① **인사합의 조항을 위반한 경우:** 사용자가 인사합의 조항을 위반하여 노동조합의 합의 또는 동의 없이 인사처분을 한 경우 동 인사처분은 무효인 것이 원칙이다.

그러나, 노동조합이 인사합의권을 남용하거나, 합의권을 포기한 것으로 인정되는 경우에는 이러한 합의를 받지 아니하고 해고 등의 인사조치를 하여도 유효한 것으로 보아야 할 것이다. 이 경우에도 인사조치의 정당한 이유가 있어야 함은 물론이다.

예컨대, ⅰ) 노동조합측의 중대한 배신행위로 말미암아 사용자측의 절차상의 흠결이 초래되었거나, ⅱ) 징계사유에 해당함이 객관적으로 명백하여 회사가 노동조합과의 합의를 위하여 성실한 노력을 하였음에도 불구하고 노동조합이 합리적인 근거나 아무런 이유도 제시함이 없이 무작정 반대만 하는 경우 등에는 동의권의 남용에 해당된다고 할 것이다.[91]

**관련 판례** 대판 2007. 9. 6, 2005두8788 단체협약에 해고의 사전 합의 조항을 두고 있다고 하더라도 사용자의 해고 권한이 어떠한 경우를 불문하고 노동조합의 동의가 있어야만 행사할 수 있다는 것은 아니고, 노동조합이 사전동의권을 남용하거나 스스로 사전동의권을 포기한 것으로 인정되는 경우에는 노동조합의 동의가 없더라도 사용자의 해고권 행사가 가능하다.

② **인사협의 조항을 위반한 경우:** 사용자가 인사협의 조항을 위반하여 노동조합과의 협의를 거치지 않고 인사처분을 한 경우에 동 인사처분은 유효한 것이 원칙이다.[92]

단순협의절차라 할지라도 별다른 이유 없이 동 절차를 거치지 아니한 경우에는 이를 무효로 보아야 한다는 견해도 있다. 즉, 사용자가 노동조합에 대하여 일반적 통지를 하거나 형식적·일방적 설명에 불과한 경우는 협의조항위반으로 무효가 된

---

89) 박상필, 노동법, p. 179.
90) 김형배, 노동법, p. 941; 대판 1992. 4. 14, 91다4755; 대판 1992. 6. 9, 91다41477.
91) 대판 2003. 6. 10, 2001두3136; 대판 2007. 9. 6, 2005두8788.
92) 대판 1994. 12. 13, 93다59908; 대판 1995. 1. 12, 94다15653.

다고 한다.93)

# 제 4 절 단체협약의 적용범위

## I. 의    의

단체협약은 협약당사자인 노동조합과 사용자에 대하여 단체협약의 유효기간 동안 해당 사업장에 한하여 적용되는 것이 원칙이다. 그러나 예외적으로 단체협약은 노동조합과 사용자 이외의 제3자에게도 적용되고, 또한 단체협약의 유효기간이 종료된 경우에도 그대로 효력이 존속되는 경우가 있으며, 해당 사업장 이외의 다른 지역에 있는 사업장에도 확장적용되는 경우가 있다. 이 중 단체협약이 당사자 이외의 제3자 및 다른 지역에 있는 사업장에도 확장적용되는 것을 「단체협약의 효력확장」 또는 「단체협약의 일반적 구속력」이라고 부르며, 특히 전자의 경우를 「사업장단위의 일반적 구속력」, 후자의 경우를 「지역단위의 일반적 구속력」이라고 한다.

또한 단체협약의 유효기간이 종료하였음에도 불구하고 단체협약의 효력이 지속되는 것을 「단체협약의 여후효」라고 부른다.

이하에서는 이러한 단체협약의 적용범위를 인적·장소적 및 시간적 관점에서 구분하여 설명하기로 한다.

## II. 단체협약의 인적 적용범위

### 1. 의    의

단체협약의 당사자는 노동조합과 사용자이므로 단체협약의 효력은 노동조합과 사용자에게만 적용되는 것이 원칙이다.

그러나 단체협약의 효력은 단체협약의 당사자인 노동조합 이외에도 해당 노동조합의 조합원과 해당 노동조합이 설립된 사업장에 종사하는 비조합원 및 다른 지역에 있는 사업장의 제3자에게도 적용된다. 단체협약의 효력이 조합원에게 적용되는 것은 일반적으로 단체협약의 「규범적 효력」 때문이고, 비조합원에게 적용되는 것은

---

93) 김유성, 노동법, p. 184.

사용자가 이를 임의로 적용하거나, 「사업장단위의 일반적 구속력」 때문이다.

## 2. 조 합 원

협약당사자인 노동조합이 체결한 단체협약은 협약당사자가 아닌 조합원에게도 규범적 효력을 미친다.

### (1) 노동조합과 조합원 간의 법률관계

#### (가) 학 설

① **대리설:**     협약당사자인 노동조합은 조합원을 위한 대리인의 지위에 있다고 하는 견해이다. 따라서 노동조합은 단체협약의 당사자가 아니므로 사용자와 체결한 단체협약의 효과는 근로자와 사용자 사이에 발생한다고 한다.[94]

② **단체설:**     노동조합은 고유한 권한을 가지고 단체협약을 체결하는 것이며, 집단적 근로규범계약으로서의 단체협약은 자율적으로 설정된 법규범의 효력을 갖는다고 한다.[95]

③ **절충설:**     대리설과 단체설을 절충하여 단체협약을 체결하는 노동조합과 조합원이 다같이 권리·의무의 주체가 된다고 한다. 절충설은 노동조합의 의사와 그 구성원의 의사는 서로 분리·독립될 수 없다는 것을 근거로 하고 있다.

#### (나) 사 견

사견으로는 「단체설」이 타당하다고 본다. 대리설은 단체협약의 당사자가 노동조합이 아닌 조합원이라는 점에서, 절충설은 노동조합과 조합원이 동시에 단체협약의 당사자가 된다는 점에서 현행 단체협약의 규범적 효력의 기본체계를 설명하기가 용이하지 아니하다. 또한, 대리설은 단체협약이 체결된 후에 노동조합에 가입한 자에게도 단체협약이 적용되는 것을 설명할 수 없으며, 절충설은 단체협약의 채무적 부분에 대한 채무를 원칙적으로 노동조합만이 부담하고 개별 조합원은 이를 부담하지 아니하는 것을 설명할 수 없다.

### (2) 조합원의 범위

단체협약이 체결될 당시의 조합원이 단체협약의 적용을 받는 것은 당연하다. 그러나 단체협약이 이미 체결된 후에 노동조합에 가입한 조합원에게도 단체협약이 적

제3부 집단적 노사관계

---

94) Pitt, Employment Law, p. 154.
95) 김유성, 노동법(Ⅱ), p. 156; 박상필, 노동법, p. 441 이하.

용된다는 것이 일반적이며, 이 경우 단체협약에 특별한 규정이 없는 한 노동조합에 가입한 때부터 적용을 받게 된다. 단체협약의 유효기간중에 노동조합을 탈퇴하거나 제명된 자에게는 탈퇴 또는 제명된 때부터 단체협약이 적용되지 아니하는 것으로 보는 것이 원칙이다. 다만, 이는 노동조합과 사용자 간의 약정 또는 단체협약으로 달리 정할 수 있다고 할 것이다.

### 3. 비조합원

단체협약은 단체협약의 당사자인 노동조합의 조합원이 아닌 비조합원에게도 적용된다. 이에는 ⅰ) 사용자가 임의로 단체협약을 사업장 내의 비조합원에게 적용하는 경우와 ⅱ) 노동조합법 제35조의 「사업장단위의 일반적 구속력」에 의하여 사업장의 다른 종업원에게 적용되는 경우가 있다.

#### (1) 사용자가 임의로 적용하는 경우

사용자는 동일한 사업장에 종사하는 비조합원의 근로관계에 대하여도 단체협약을 적용하는 것이 일반적이다. 그러나 비조합원들에게 단체협약이 적용되는 것은 단체협약의 효력상 당연히 인정되는 것이 아니라 사용자가 이를 임의로 적용하여 주기 때문이다.[96]

그러므로 비조합원인 근로자들은 단체협약에서 정한 기준을 자신에게도 적용하여 줄 것을 사용자에게 요구할 권리가 없다. 또한, 노동조합은 사용자에게 비조합원에 대하여 단체협약의 적용을 배제하여 줄 것을 요청할 수 없다.[97]

사용자가 비조합원과 단체협약의 기준보다 유리하거나 불리한 내용의 개별적 근로계약을 체결하더라도 사용자는 노동조합법이나 단체협약에 위배되지 아니한다.

#### (2) 사업장단위의 일반적 구속력

##### (가) 관련규정

> **노동조합법 제35조** [일반적 구속력] 하나의 사업 또는 사업장에 상시 사용되는 동종의 근로자 반수 이상이 하나의 단체협약의 적용을 받게 된 때에는 당해 사업 또는 사업장에 사용되는 다른 동종의 근로자에 대하여도 당해 단체협약이 적용된다.

---

96) 노조 01254-506(1993. 5. 8). 이를 민법상의 보통계약약관으로서의 역할을 하는 것으로 보는 견해 (김형배, 노동법, p. 766)도 있으나, 단체협약과 사법상의 계약은 본질적으로 그 성격을 달리 함은 이미 밝힌 바 있다.

97) 노조 1454-14973(1983. 6. 13). 비조합원에게 단체협약의 일부 또는 전부의 적용을 배제할 것을 내용으로 하는 단체협약조항을 「단체협약배제조항」 또는 「격차조항」이라고 부르는 견해(김형배, 노동법, p. 152)가 있다.

(나) 의 의

하나의 사업장에서 근로자의 반수 이상이 동일한 단체협약의 적용을 받게 된 때에는 사업장의 다른 근로자에게도 해당 단체협약이 적용된다(노동조합법 제35조). 이는 소위 사업장단위의 일반적 구속력을 규정하고 있는 것이다.

사업장단위의 일반적 구속력제도의 대표적인 입법취지는 다음의 두 가지를 상정하여 볼 수 있다.[98]

첫째, 하나의 사업장에서 동종에 종사하는 근로자의 반수 이상의 근로자에게 적용되는 단체협약의 기준을 공정근로기준으로 간주함으로써 모든 근로자에게 획일적인 근로조건을 적용하고자 하는 것이다. 이를 통하여 노사간의 분쟁 나아가 노조분쟁을 방지할 수 있다고 한다.

둘째, 사업장단위의 일반적 구속력제도는 ⅰ) 조합원에 비하여 비조합원의 근로조건이 높은 경우, 조합원이 노동조합에서 탈퇴하고자 하는 경우가 발생할 수도 있고, ⅱ) 이와 반대로 비조합근로자들이 근로조건이 낮은 경우, 사용자들이 조합원을 비조합원으로 대체하려는 시도를 방지함으로써 조합원과 비조합원 간의 형평을 도모하여 노동조합의 단결을 보호하기 위한 것이다.

사업장단위의 일반적 구속력은 법에 의하여 강제적으로 적용된다는 점에서 사용자가 임의로 단체협약을 비조합원에게 적용하는 것과 구별된다. 또한, 「사업장단위의 일반적 구속력」은 일정 요건을 충족하는 경우 단체협약이 자동적으로 근로자에게만 확장적용되어진다는 점에서 협약당사자의 신청 또는 행정관청의 직권에 의하여 근로자 및 사용자에게도 확장적용되는 「지역단위의 일반적 구속력」과 다르다.

(다) 확장적용의 요건

확장적용의 요건은 「하나의 사업 또는 사업장에 상시 사용되는 동종의 근로자 반수 이상이 하나의 단체협약의 적용을 받게 되는 것」이다.

① **하나의 사업 또는 사업장:**　하나의 단체협약의 적용을 받는 근로자가 반수 이상인지의 여부는 「하나의 사업 또는 사업장」을 단위로 산출한다. 따라서 하나의 기업이 수개의 사업 또는 사업장으로 되어 있는 경우에는 사업 또는 사업장별로 각기 계산해야 된다.[99]

---

98) 김유성, 노동법, p. 189; 임종률, 노동법, p. 168.
99) 김유성, 노동법(Ⅱ), p. 190.

② 상시 사용되는 동종의 근로자

㉠「상시 사용되는 근로자」란 그 지위·종류·고용기간의 정함의 유무 또는 근로계약상의 명칭에 상관없이 사실상 계속적으로 고용되고 있는 동종의 근로자를 의미하며 근로자의 고용형태가 상용이라는 의미는 아니다.100)

「상시 사용되는」의 의미가 문제되는 근로자는 일용직 근로자, 임시직 근로자 또는 파트타임 근로자 등인바, 계약의 형식에 불구하고 업무의 내용과 성격에 따라 실질적으로 판단하여야 한다.

㉡「동종의 근로자」라 함은 동일한 직종 또는 직무에 종사하는 근로자를 말한다. 우리나라의 노동조합 형태는 직종별노조가 아니라 기업별노조의 형태를 취하고 있으므로 노동조합의 조합원들이 모두 동일한 직종에 종사하는 것이 아니라 기업활동 전반에 필요한 다양한 형태의 직종에 종사하고 있다. 따라서,「동종의 근로자」를「동일한 직종에 종사하는 근로자」로 한정하는 것은 동종의 근로자의 범위를 지나치게 축소함으로써 동 제도의 취지를 약화시킬 우려가 있다. 그러므로, 어떤 업무가 사업 또는 사업장에서 이루어지는 정상적인 기업활동의 일부에 해당되는 경우에는 모두 동종의 근로자에 해당되는 것으로 넓게 해석하여야 한다.101)

**관련판례**   대판 1992. 12. 22, 92누13189   사업장단위로 체결되는 단체협약이 당해 사업장 내의 모든 직종에 걸쳐 공통적으로 적용되는 경우에는 사업장 내의 모든 근로자를 직종에 구분 없이 동종의 근로자로 파악하여야 한다.

다만, 노동조합 가입자격이 없는 자는 단체협약이 적용되지 아니하는 것이 원칙이므로, 단체협약의 일반적 구속력이 미치는 동종의 근로자에 해당되지 아니한다.102)

③「반수 이상의 근로자」의 산출에는 해당 단체협약의 본래적 적용을 받는 노동조합의 조합원만이 포함되는 것으로 해석하여야 한다. 따라서, 사용자의 임의적인 의사에 따라 단체협약의 적용을 받고 있는 비조합원 또는 단체협약의 일반적 구속력에 따라 단체협약이 이미 확장적용된 근로자는 반수 이상의 근로자를 산출하는 데에 포함되지 아니한다.103) 비조합원의 신규채용 또는 조합원의 탈퇴 등으로「반수 이상」의 요건을 충족하지 못하게 될 때에는 단체협약의 일반적 구속력은 당연히 종

100) 대판 1992. 7. 31, 91구28506; 대판 1992. 12. 22, 92누13189.
101) 김유성, 노동법(Ⅱ), p. 191.
102) 대판 2004. 2. 12, 2001다63599.
103) 김유성, 노동법(Ⅱ), p. 191.

료된다.

④「하나의 단체협약의 적용을 받게 되는 때」라 함은 해당 사업 또는 사업장의 근로자에게 1개의 단체협약이 적용되는 것을 말한다. 단체협약이라 함은 노동조합법 제31조의 규정에 따라 단체협약의 당사자가 서명 또는 날인한 것이어야 한다. 이 경우 단체협약이 ⅰ) 해당 사업 또는 사업장 이외의 다른 사업 또는 사업장에도 적용되는지의 여부, ⅱ) 단체협약의 당사자가 복수인지 또는 단수인지의 여부 또는 ⅲ) 단체협약이 기업별·산업별 또는 직종별인지의 여부는 불문한다.[104] 한편, 하나의 사업장에 복수의 노동조합이 존재하고 각각 별도의 단체협약을 체결하고 있으나, 동 단체협약간에 공통된 부분이 존재하는 경우 동 공통부분을 1개의 단체협약으로 볼 수 있는지의 여부가 문제시될 수 있다.

이에 대하여 이를 긍정하는 견해[105]도 있으나, 문리해석상 1개의 단체협약에 해당되지 아니하는 것으로 보아 이를 부정하는 것이 타당하다고 본다.

### (라) 확장적용의 효과

확장적용의 효과는 해당 사업 또는 사업장에서 사용되는 다른 동종의 근로자에 대하여도 해당 단체협약이 적용된다는 것이다.[106]

① **적용부분:**   확장적용되는 단체협약의 부분은 ⅰ) 규범적 부분에 한정된다는 견해,[107] ⅱ) 규범적 부분이 아닌 경우에도 평화의무와 같이 적용이 가능한 부분은 모두 적용된다는 견해 등이 있다.[108] 사견으로는 단체협약의 규범적 부분에 한하는 것이 타당하다고 본다.

② **미조직·비조합원에 대한 적용:**   단체협약이 어느 노동조합에도 가입하고 있지 아니한 미조직·비조합원에게 확장적용되는 경우 해당 단체협약과 미조직·비조합원의 근로계약과의 경합문제가 발생된다. 이는 단체협약이 조합원의 근로계약에 대하여 강행적 효력 및 보충적 효력 등의 규범적 효력을 갖는 것과 마찬가지로 미조직·비조합원의 근로계약에 대하여도 동일한 효력을 갖는가의 문제이다.

노동조합법 제35조는 「단체협약이 적용된다」고 규정하고 있으므로 동조의 문리

---

104) 임종률, 노동법, p. 169.

105) 심태식, 노동법, p. 194; 이학춘·이상덕·이상국·고준기, 노동법(Ⅱ), p. 369.

106) 해외에 취업하고 있는 근로자에게는 국내법이 적용되지 아니하므로 단체협약의 일반적 구속력이 적용되지 아니한다(노조 01254－8223, 1988. 6. 3). 그러나, 임금 등이 국내에서 해외로 지급되는 경우에는 확장적용되는 것으로 보아야 할 것이다.

107) 이병태, 노동법, p. 261; 김유성, 노동법(Ⅱ), p. 192; 임종률, 노동법, p. 171; 이학춘·이상덕·이상국·고준기, 노동법(Ⅱ), p. 370; 이을형, 노동법, p. 275.

108) 김치선, 노동법, p. 363

해석상 규범적 효력이 인정된다는 해석이 타당하다고 본다.109) 이 경우 유리한 조건
우선의 원칙이  i ) 동 제도는 소수 근로자를 보호하기 위한 제도이지 근로조건을 획
일화 하는 데 목적이 있는 것이 아니므로 적용된다는 견해110)와  ii ) 동 제도가 단체
협약 당사자인 노동조합의 보호는 외면하고,  비조합원만 일방적으로 보호하려는 취
지는 아니므로 적용되지 아니한다는 견해111)가 있다. 후자에 찬동하는 바이다.

단체협약의 적용범위가 특정되지 아니하거나, 모든 직종 등에 공통적으로 적용되
는 경우에는 동 단체협약은 사업장의 전체 근로자에게 확대적용된다.112)

다만, 단체협약의 적용범위를 특정직종 또는 특정그룹의 근로자로 제한하고 있는
경우에는 해당 직종 또는 그룹의 근로자에게만 확대적용된다. 예컨대  i ) 고용직 및
기능직 근로자에게 적용되는 단체협약에서 청원경찰은 동종의 근로자에 해당되지 아
니하며,113)  ii ) 생산직 근로자에게 적용되는 단체협약에서 경비원은 동종의 근로자
에 해당되지 아니한다.114)

최근의 대법원 판례는 동종의 근로자를 「해당 단체협약에 의하여 그 적용이 예
상되는 자」를 의미하는 것으로 판단하고  i ) 사용자개념에 해당하거나 또는  ii ) 가
입대상 직종에 해당되지 아니하여 조합원 자격이 없는 자를 확장적용 대상에서 제
외하고 있다.115)

다만, 임시직 근로자 · 파트타임 근로자 및 촉탁 근로자 등 조합규약상 조합원 자
격을 인정하지 않고 있으나 근로의 내용 · 형태 및 조건 등이 조합원과 동일 · 유사
한 자를 동종의 근로자로 볼 수 있는지의 여부에 대하여  i ) 동 조항의 입법취지가
비조합원의 보호에 있다는 점을 강조하여 이를 긍정하는 설116)과,  ii ) 긍정설은 입
법취지의 지나친 확대해석으로서 이를 부정적으로 해석하여야 한다는 설117)이 있다.

사견으로는 비록 조합원의 자격이 부여되지 않고 있으나, 업무의 직종 · 성질 등
이 동일 · 유사한 경우에는 이를 동종의 근로자로 보는 것이 동 제도의 입법취지에

109) 박상필, 노동법, p. 468: 김형배, 노동법, p. 784.
110) 김유성, 노동법(Ⅱ), p. 192; 이병태, 노동법, p. 262.
111) 임종률, 노동법, p. 171; 박홍규, 노동법(Ⅱ), p. 302; 이을형, 노동법, p. 276.
112) 김유성, 노동법(Ⅱ), p. 192; 김형배, 노동법, p. 782; 이병태, 노동법, p. 260; 대판 1992. 12. 22,
92누13189. 임종률 교수는 사업장의 전체 근로자가 아니라, 조합원 자격을 갖춘 근로자에게만 확대적용된
다고 한다. 임종률, 노동법, p. 171.
113) 대판 1997. 4. 25, 95다4056.
114) 대판 1995. 12. 22, 95다39618.
115) 대판 1997. 10. 28, 96다13415; 대판 2003. 12. 26, 2001두10264; 대판 2004. 1. 29, 2001다5142;
대판 2004. 2. 12, 2001다63599.
116) 김유성, 노동법(Ⅱ), p. 192; 이병태, 노동법, p. 260.
117) 임종률, 노동법, p. 171.

부합된다고 본다.

③ **기조직·비조합원에 대한 적용:**       반수 미만의 소수 근로자가 별개의 노동조합을 결성하여 독자적인 단체협약을 보유하고 있는 경우에도 다수조합의 단체협약이 확장적용되는가의 문제가 생기는바, 이에 관하여는 견해가 나뉘고 있다.

㉠ **학   설**

(ⅰ) 긍정설       긍정설은 확장적용을 인정하더라도 소수조합이 보다 유리한 협약을 요구하여 단체교섭·쟁의행위를 할 수도 있으므로 확장적용을 인정하는 것이 소수조합의 보호에 도움이 된다고 한다. 긍정설에도 a) 두 개의 단체협약이 경합하여, 유리한 조건의 단체협약이 적용된다는 견해[118]와 b) 다수조합의 단체협약이 무조건 적용된다는 견해[119]가 있다.

(ⅱ) 부정설       부정설은 단체협약의 확장적용은 소수조합의 헌법상 단체교섭권을 침해하고 독자성을 부정하는 것이므로 이는 인정되어서는 아니 된다고 한다.[120]

㉡ **사   견**       사견으로는 소수조합의 단체교섭권의 보호를 위하여 부정설이 타당하다고 본다. 따라서 단체협약의 사업장단위의 일반적 구속력은 소수조합에게는 적용되지 아니한다.


## Ⅲ. 단체협약의 장소적 적용범위

### 1. 의   의

단체협약의 효력이 미치는 장소적 범위는 단체협약의 당사자인 노동조합의 조직형태에 따라 상이한 것이 보통이다.

우리나라의 노동조합의 형태는 기업별 노조가 일반적이므로 단체협약은 조합원이 근로를 제공하는 사업장 또는 공장 등에 국한되어 적용되는 것이 원칙이다. 그러나 예외적으로 단체협약이 사업장 또는 공장 이외의 지역으로 확장적용되는 경우가 있는바, 이를 「지역단위의 일반적 구속력」이라고 한다.

### 2. 지역단위의 일반적 구속력

#### (1) 관련규정

**노동조합법 제36조** [지역적 구속력] ① 하나의 지역에 있어서 종업하는 동종의 근로자 3분의 2 이상이 하나의 단체협약의 적용을 받게 된 때에는 행정관청은 당해 단체협약의 당사자의 쌍방 또는 일방의 신청에 의하거나 그 직권으로 노동위원회의

---

118) 김유성, 노동법(Ⅱ), p. 192; 이병태, 노동법, p. 262.
119) 이학춘·이상덕·이상국·고준기, 노동법(Ⅱ), p. 370.
120) 박상필, 노동법, p. 469; 박홍규, 노동법(Ⅱ), p. 303.

의결을 얻어 당해 지역에서 종업하는 다른 동종의 근로자와 그 사용자에 대하여도 당해 단체협약을 적용한다는 결정을 할 수 있다.
② 행정관청은 제1항의 규정에 의한 결정을 한 때에는 지체 없이 이를 공고하여야 한다.

### (2) 의　　의

하나의 지역에서 종업하는 근로자의 3분의 2 이상이 동일한 단체협약의 적용을 받게 된 경우 행정관청은 해당 지역의 다른 근로자에게도 해당 단체협약을 확장적용할 수 있다(노동조합법 제36조).

지역단위의 일반적 구속력의 입법취지는 일정 지역에 있어 다수의 근로자에게 적용되는 단체협약상의 근로조건을 공정근로기준으로 간주하여 이를 다른 근로자에게도 확장적용함으로써 근로자간의 근로조건에 대하여 형평성을 도모하고, 근로조건이 지나치게 높거나 낮은 수준의 근로자를 고용한 기업이 다른 기업에 비하여 부정경쟁력을 확보하는 것을 방지하는 데에 있다. 지역단위의 일반적 구속력제도는 산업별 노조가 체결하는 횡단적 단체협약을 주요 대상으로 하고 있으므로 기업별 노조가 지배적인 우리나라에서는 중요성이 작다고 할 것이다.121)

### (3) 확장적용의 요건

단체협약이 확장적용되기 위하여는 실질적 요건 및 절차적 요건을 충족하여야 한다.

#### (가) 실질적 요건

실질적 요건은 「하나의 지역에서 종업하는 동종의 근로자의 3분의 2 이상이 하나의 협약의 적용을 받게 되었을 것」이다.

① 「하나의 지역」:　　　이에 대하여 노동조합법은 아무런 규정도 두고 있지 아니하다. 이를 「단체협약의 당사자와 관련이 있는 동일한 경제적 지역, 즉 하나의 노동시장을 형성하고 있는 지역」으로 보는 견해122)도 있으나, 노동시장은 장소적·지역적 개념에 근거를 두고 있지 아니한 추상적 개념이므로 이는 타당하지 아니하다. 또한 산업별 단체협약이 적용되는 지역이라고도 볼 수 있으나, 산업별 단체협약도

---

121) 단체협약의 효력확장제도는 독일의 1918년 단체협약법에 연원을 두고 있다. 독일에서는 우리나라와 달리 「지역단위의 일반적 구속력」만을 인정하고 있다. 그 이유는 독일에서는 산업별 교섭제도가 원칙이므로 「사업장단위의 일반적 구속력」은 별다른 의미가 없기 때문이다. 이와 반면에 우리나라는 기업별 교섭을 원칙으로 하므로 오히려 「사업장단위의 일반적 구속력」이 보다 중요한 지위를 차지하고 있다. 김유성, 노동법(Ⅱ), p. 193.

122) 김형배, 노동법, p. 958.

「동일산업」을 근거로 하여 체결되는 것이므로 그 적용범위가 지역·장소와 반드시 일치하는 것은 아니다. 하나의 지역 여부를 결정하는 경우 대상산업의 동질성, 경제적·지리적·사회적 입지조건의 근접성, 기업의 배치상황 등 노사의 경제적 기초의 동일성 내지 유사성이 고려되어야 한다.[123]

단체협약의 지역단위의 일반적 구속력의 입법취지 중의 하나가 사용자간의 부당경쟁을 방지하고자 하는 것임을 감안하여 볼 때에 「하나의 지역」이라 함은 공단 등과 같이 「서로 경쟁관계에 있는 동종·유사업종에 종사하는 공장·사업장 등이 밀집되어 있는 지역」 등이 대표적인 경우라고 볼 수 있을 것이다.

하나의 지역은 특별한 제한이 없으므로 도·시·군·읍·면 등 행정지역단위와 일치될 필요는 없으나 이에 따라 정하여도 무방하다.[124]

② 「**동종**」 및 「**3분의 2**」:  이에 관하여는 사업장단위의 일반적 구속력의 경우에 준하므로 생략하기로 한다.

③ **하나의 단체협약**:  특정 지역 내에 수개의 상이한 단체협약이 존재하고, 이 중 수개의 단체협약에 공통된 규정이 있는 경우 이를 하나의 단체협약으로 보아 확장적용할 것인지의 여부가 문제시될 수 있다. 이를 긍정하는 견해도 있으나, 문리해석상 1개의 단체협약에 해당되지 아니하는 것으로 보아 이를 부정하는 것이 타당하다고 본다.[125]

우리나라의 경우 복수의 단위노조가 연합단체에게 단체교섭권을 위임하여 연합단체가 단위노조에게 공통적으로 적용되는 하나의 단체협약을 체결한 경우 동 단체협약도 하나의 단체협약에 해당된다. 다만, 본래의 단체협약을 그대로 적용하지 아니하고 단위노조별로 자신의 사업장 실정에 부합되게 이를 수정·보완하여 합의서를 별도로 작성하여 시행하는 경우 ⅰ) 본래의 단체협약은 연합단체와 사용자단체 간의 단체협약 시안에 불과하다는 견해[126]와 ⅱ) 산별단체협약이나 공동교섭의 단체협약도 산하·지부·지회 또는 단위노조가 이를 수정·보완하는 것이 제한되지 아니하므로 이를 단체협약으로 보는 견해가[127] 있다.

제 3 부 집단적 노사관계

---

123) 김유성, 노동법(Ⅱ), p. 195; 박상필, 노동법, p. 470; 임종률, 노동법, p. 173; 이병태, 노동법, p. 264.
124) 김유성, 노동법(Ⅱ), p. 195; 임종률, 노동법, p. 173; 이병태, 노동법, p. 265.
125) 이병태, 노동법, p. 265.
126) 김유성, 노동법(Ⅱ), p. 196; 대판 1993. 12. 21, 92도2247.
127) 이병태, 노동법, p. 265.

(나) 절차적 요건

절차적 요건은 ⅰ) 단체협약당사자의 쌍방 또는 일방의 신청에 의하거나 또는 행정관청의 직권으로 노동위원회의 의결을 얻어 ⅱ) 행정관청이 확장적용을 결정하고 이를 공고하여야 한다(노동조합법 제36조제2항).

노동위원회가 해당 단체협약의 내용을 일부 수정할 수 있는가에 대하여, ⅰ) 이를 부정하는 견해128)와 ⅱ) 긍정하는 견해129)가 있다. 단체협약 당사자의 자주적 의사를 존중한다는 취지에서 이를 부정하여야 할 것이다. 이 경우 단체협약의 효력확장에 관한 행정관청의 결정이 법적으로 어떤 성질을 가지는 것이냐에 대해서는 견해가 나뉘고 있다.130)

첫째, 비조합원에게 단체협약의 규범적 효력이 직접적으로 확장적용되는 것으로 보는 경우에는 행정관청의 결정은 단체협약이라는 법규범을 비조합원에게 새로이 적용함으로써 이를 창설하는 행정처분이 된다.

둘째, 비조합원에게 단체협약이 직접 적용되는 것이 아니라 단체협약의 기준과 동일한 내용의 근로기준을 행정명령에 의하여 비조합원에게도 적용하여 주는 것으로 보는 경우에는 행정관청의 결정은 사용자에 대하여 단체협약과 동일한 기준의 적용을 명하는 행정처분이 될 것이다.

사견으로는 노동조합법 제36조의 문리해석상 전자의 견해가 타당하다고 본다. 행정관청의 확대적용은 일종의 행정처분이므로 이에 대한 행정심판 및 행정소송 등의 이의제기가 허용된다.

(4) 확장적용의 효과

행정관청의 결정에 따라 단체협약은 그 지역에서 종업하는 다른 동종의 근로자와 그 사용자에게도 확장적용된다. 이 경우 확장적용되는 것은 규범적 부분에 국한된다.131) 확장적용되는 단체협약이 종료되는 경우 확장결정의 효력도 소멸하게 된

---

128) 김유성, 노동법(Ⅱ), p. 196; 임종률, 노동법, p. 174.

129) 이병태, 노동법, p. 266.

130) 행정관청의 결정에 대하여 「법규명령설」, 「행정행위설」 및 「절충설」 등의 일본학설의 용어를 소개하면서, 법규명령설하에서는 행정소송의 제기가 허용되지 아니하나 행정행위설하에서는 허용된다는 견해(김형배, 노동법, p. 959)도 있다. 그러나 동 학설에서 사용하고 있는 「법규명령」 및 「행정처분」이라는 용어는 행정법상의 「법규명령」 및 「행정처분」의 개념과 반드시 일치하지 아니함에도 불구하고 이를 혼용하여 사용하고 있으므로 주의를 요한다고 할 것이다. 이러한 견해에 따르면 부령 등의 법규명령을 제정하여 단체협약의 지역적 구속력을 인정하게 되는바, 이는 소위 「개인대상법령」으로서 법논리상 타당하지 아니하다고 할 것이다.

131) 김유성, 노동법(Ⅱ), p. 197; 임종률, 노동법, p. 174.

다. 이 경우 효력확장의 적용을 받던 근로관계는 단체협약 종료 후의 근로관계의 법리가 적용된다.[132)

### (가) 미조직・비조합원에 대한 적용

단체협약이 확장적용되는 경우 유리한 조건우선의 원칙이 적용되는지의 여부에 관하여 견해가 나뉘고 있다. 이에 대하여 ① 긍정설에는 ㉠ 지역단위 일반적 구속력 규정은 기업간의 근로조건 저하 경쟁을 방지하기 위한 것이므로 동 원칙이 적용된다는 견해,[133) 또는 ㉡ 확장되는 단체협약은 산업별 협약에서와 같이 해당 지역에서 최저기준을 설정하는 의미를 갖기 때문에 동 원칙이 적용된다는 견해[134) 등이 있으며, ② 부정설에는 동 규정의 기본취지는 획일적인 근로조건의 적용에 있으므로 동 원칙은 적용되지 아니한다는 견해[135)가 있다.

사견으로는 ⅰ) 확장되는 단체협약이 산업별 협약으로 기능하는 논거가 명확하지 아니하고, ⅱ) 기업간 근로조건 저하의 방지는 유리한 근로우선 원칙이 적용되는 경우 달성될 수 없으며, 예컨대 동 원칙의 적용에 따라 근로계약상의 높은 근로기준이 적용되는 사업장의 비조합원에 비하여 단체협약의 적용을 받는 본래 사업장의 조합원의 근로조건은 상대적으로 저하되고, ⅲ) 기업간의 부당경쟁의 방지는 기업간의 근로기준이 획일적인 경우에 보다 효율적으로 달성될 수 있다는 점에서 유리한 조건우선의 원칙은 적용되지 아니한다고 본다.

### (나) 기조직・비조합원에 대한 적용

단체협약이 확장되는 경우 소수노동조합의 조합원에게도 적용되는지의 여부가 문제시된다.

① **긍정설**: 소수노조의 조합원에게도 단체협약이 확장되며, 따라서 소수노조는 단체교섭권 및 단체행동권을 행사할 수 없다는 견해이다.[136)

② **부정설**: 소수노조의 조합원에게는 단체협약이 확장적용되지 아니하며, 따라서 소수노조는 독자적인 단체협약의 체결을 위하여 단체교섭권 및 단체행동권을 행사할 수 있다는 견해이다.[137)

---

132) 김유성, 노동법, p. 198.
133) 임종률, 노동법, p. 175.
134) 김유성, 노동법(Ⅱ), p. 197.
135) 박홍규, 노동법, p. 1003.
136) 김치선, 노동법, p. 365; 이병태, 노동법, p. 267, 이병태 교수는 유리한 단체협약이 적용되므로, 더욱 좋은 조건을 얻기 위하여 단체교섭 및 단체행동이 허용된다고 한다.
137) 김유성, 노동법(Ⅱ), p. 197; 임종률, 노동법, p. 175; 대판 1993. 12. 21, 92도2247. 김유성 교수는 소수노조가 별도의 단체협약을 ⅰ) 체결하고 있는 경우에는 확장적용되지 아니하나, ⅱ) 체결하고 있지 아

사견으로는 부정설에 찬동하는 바이다.

**관 련**  대판 1993. 12. 21, 92도2247  헌법 제33조의 취지에 비추어 볼 때에 다른 노동
**판 례**  조합이 독자적으로 단체교섭권을 행사하여 이미 별도의 단체협약을 체결한 경우에
는 그 협약이 유효하게 존속하고 있는 한 지역적 구속력선언의 효력은 여기에 미
치지 아니한다.

## Ⅳ. 단체협약의 시간적 적용범위

### 1. 의  의

단체협약은 단체협약의 유효기간 동안 존속하는 것이 원칙이다. 한편, 단체협약
의 당사자는「자동갱신협정」또는「자동연장협정」등을 단체협약의 내용으로 체결
함으로써 단체협약의 유효기간이 종료하는 경우 이를 연장할 수 있다. 단체협약의
유효기간이 종료하였으나, 협약당사자간의「자동갱신협정」또는「자동연장협정」이
존재하지 아니하는 경우에는 단체협약의 효력은 종료되는 것이 원칙이나, 그 효력이
예외적으로 인정되는 경우가 있다. 이를「단체협약의 여후효」라 한다.

### 2. 단체협약의 법정유효기간 및 연장

#### (1) 관련규정

> **노동조합법 제32조** [단체협약의 유효기간] ① 단체협약의 유효기간은 3년을 초과하지
> 않는 범위에서 노사가 합의하여 정할 수 있다.
> ② 단체협약에 그 유효기간을 정하지 아니한 경우 또는 제1항의 기간을 초과하는
> 유효기간을 정한 경우에 그 유효기간은 3년으로 한다.
> ③ 단체협약의 유효기간이 만료되는 때를 전후하여 당사자 쌍방이 새로운 단체협
> 약을 체결하고자 단체교섭을 계속하였음에도 불구하고 새로운 단체협약이 체결되
> 지 아니한 경우에는 별도의 약정이 있는 경우를 제외하고는 종전의 단체협약은 그
> 효력 만료일부터 3월까지 계속 효력을 갖는다. 다만, 단체협약에 그 유효기간이
> 경과한 후에도 새로운 단체협약이 체결되지 아니한 때에는 새로운 단체협약이 체
> 결될 때까지 종전 단체협약의 효력을 존속시킨다는 취지의 별도의 약정이 있는 경
> 우에는 그에 따르되, 당사자 일방은 해지하고자 하는 날의 6월 전까지 상대방에게
> 통고함으로써 종전의 단체협약을 해지할 수 있다.

#### (2) 단체협약의 법정유효기간

단체협약은 당사자가 정한 유효기간 동안 존속하며, 유효기간의 만료에 의하여

---

니한 경우에는 확장적용된다고 하여 절충적 입장을 취하는 것처럼 보이나, 소수노조가 단체협약을 체결하
고 있지 아니한 경우는 극히 예외적인 현상이므로 부정설과 대동소이하다고 할 것이다.

그 효력을 상실한다. 당사자가 정한 단체협약의 유효기간을 단체협약의 약정유효기간이라고 한다.138)

노동조합법 제32조제1항은 단체협약의 유효기간이 3년을 초과하지 않는 범위에서 노사가 합의하여 정하도록 단체협약의 최장유효기간을 규정하고 있다. 이를 단체협약의 법정유효기간이라고 한다. 단체협약의 법정유효기간을 정하는 이유는 당사자가 단체협약의 약정유효기간을 너무 장기간으로 정하는 경우 경제적·사회적 변화를 제대로 수용하지 못함으로써 현실성이 결여된 단체협약이 될 우려가 있기 때문이다.139)

단체협약에 그 유효기간을 정하지 아니한 경우 또는 3년의 기간을 초과하는 유효기간을 정한 경우에 그 유효기간은 3년으로 한다(동법 제32조제2항).

당사자가 법정유효기간보다 짧은 기간을 단체협약의 유효기간으로 정하는 것은 무방하지만, 법정유효기간 이상의 기간을 단체협약의 유효기간으로 정하거나 단체협약에 유효기간을 정하지 아니한 경우에는 법정유효기간이 단체협약의 유효기간으로 된다(노동조합법 제32조제2항).

### (3) 단체협약의 연장

단체협약의 유효기간이 만료하기 전에 단체협약의 당사자가 새로운 단체협약(이하 「신단체협약」이라고 한다)을 체결하기 위한 단체교섭을 실행하였으나 단체협약이 체결되지 아니한 경우 종전의 단체협약(이하 「구단체협약」이라고 한다)은 만료일부터 3개월 동안 그 효력이 연장된다(동법 제32조제3항).

## 3. 자동갱신협정과 자동연장협정

구 단체협약에서 자동갱신협정 또는 자동연장협정을 두어 단체협약의 유효기간을 자동적으로 연장할 수 있다.

### (1) 자동갱신협정

자동갱신협정이란 단체협약에 그 유효기간의 종료 전 일정 기일까지 양 당사자의 어느 쪽으로부터도 협약의 개정 또는 파기의 통고가 없는 한 해당 협약을 다시 동일 기간 또는 일정 기간 유효한 것으로 갱신시킨다는 규정을 두는 것을 말한다.

---

138) 일반적으로 단체협약의 유효기간이라 하면 약정유효기간을 지칭한다.

139) 김유성, 노동법(Ⅱ), p. 199; 임종률, 노동법, p. 176; 김형배, 노동법, p. 795; 김치선, 노동법, p. 366.

예컨대 「이 협약의 만료기간 30일 전까지 사용자 또는 조합으로부터 개정의 의사표시가 행하여지지 아니할 때에는 협약기간 만료일부터 다시 1년간 유효한 것으로 본다」는 단체협약상의 규정을 말한다.

이러한 자동갱신협정은 단체협약의 당사자가 신단체협약을 체결한 것으로 보며, 이 경우 신단체협약의 내용은 구단체협약의 내용과 동일한 것이 된다. 따라서 법정유효기간의 기산점은 구단체협약의 유효기간만료일의 다음날부터 기산된다.

자동갱신협정은 노동조합법 제32조의 법정유효기간 제도의 취지에 어긋나지 아니한다는 것이 일반적인 견해이다.[140)

### (2) 자동연장협정

#### (가) 의 의

자동연장협정이란 단체협약의 기간이 만료되어도 신단체협약의 체결을 위한 노사간의 단체교섭이 타결되지 아니하고 있을 경우 신단체협약이 성립될 때까지 또는 일정기간 동안 구단체협약의 유효기간을 연장한다고 하는 규정을 말한다. 노동조합법 제32조제3항단서는 「단체협약에 그 유효기간이 경과한 후에도 새로운 단체협약이 체결되지 아니한 때에는 새로운 단체협약이 체결될 때까지 종전 단체협약의 효력을 존속시킨다는 취지의 별도의 약정이 있는 경우에는 그에 따르되」라고 규정하여 자동연장협정을 명문으로 인정하고 있다. 이 경우 당사자 일방은 해지하고자 하는 날의 6월 전까지 상대방에게 통고함으로써 종전의 단체협약을 해지할 수 있다(동법 제32조제3항단서).

자동연장협정의 성질에 관하여는 견해가 나뉘고 있다.

첫째, 자동연장협정의 본질을 구단체협약의 유효기간을 연장하는 것으로 보는 견해는 구단체협약의 유효기간과 자동연장협정에 의하여 연장된 유효기간의 합이 법정유효기간을 초과하여서는 아니되며, 초과한 경우에는 법정유효기간으로 단축된다고 한다.[141)

이러한 견해에 의하면 법정유효기간의 기산점은 구단체협약의 최초의 유효기간 개시일이 되며, 노동조합법 제32조제3항의 규정에 의하여 단체협약의 만료일부터 3개월이 경과하였음에도 불구하고 새로운 협약이 체결되지 아니한 경우에는 구단체협

140) 박상필, 노동법, p. 444; 임종률, 노동법, p. 177; 이병태, 노동법, p. 276; 김형배, 노동법, p. 796; 대판 1993. 2. 9, 92다27102.
141) 노조 01200−477(1993. 5. 3).

약의 유효기간은 종료한다고 한다.[142]

둘째, 자동연장협정을 자동갱신협정의 경우와 마찬가지로 별도의 신단체협약의 체결로 보는 견해는 신단체협약이 체결될 때까지 구단체협약을 별도의 새로운 단체협약으로서 임시로 적용시킨다는 당사자간의 합의로 본다.[143]

이러한 견해에 의하면 법정유효기간의 기산점은 구단체협약의 만료일의 다음 날, 즉 자동연장협정의 개시일이 된다.

사견으로는 자동연장협정은 구단체협약의 유효기간이 종료된 후 신단체협약이 체결될 때까지 잠정적으로 적용될 별도의 단체협약을 당사자의 합의에 의하여 정하는 후자의 견해에 찬동한다. 그 이유는 자동연장협정도 자동갱신협정의 경우와 마찬가지로 당사자의 자유로운 합의에 의하여 단체협약으로 체결된 것이기 때문이다.

### (나) 자동연장협정의 해지

자동연장협정이 체결된 경우, 당사자 일방은 해지하고자 하는 날의 6월 전까지 상대방에게 통고함으로써 종전의 단체협약을 해지할 수 있다(동법 제33조제3항 단서).

해지는 단체협약의 효력을 장래에 대하여 소멸시키는 것을 말한다. 해지의 통고는 단체협약의 요식성에 준하여 일방 당사자가 서명·날인한 서면으로 하여야 한다.[144] 6월 이전에 통고하여야 하므로, 6월이 경과한 후에 행한 통고 즉, 예고기간이 6개월 미만인 통고의 법적 효력에 대하여 ⅰ) 이를 무효로 보아야 한다는 견해와 ⅱ) 이를 유효로 보되, 해지 통고서의 도달 후 6개월이 경과하여야 해지의 효과가 발생된다는 견해[145]가 있다. 후자의 견해에 찬동하는 바이다.

## 4. 단체협약의 여후효(餘後效)

### (1) 여후효의 의의

단체협약이 완전히 소멸된 후에도 단체협약이 지속적으로 효력을 갖는 경우 이와 같은 효력을 단체협약의 여후효라고 한다.

앞에서 이미 설명한 바와 같이 단체협약의 유효기간이 종료한 경우에도 구단체협약이 3개월간 효력을 갖게 되며, 또한 단체협약당사자간의 자동연장협정 또는 자

---

142) 이병태, 노동법, p. 270.
143) 김유성, 노동법(Ⅱ), p. 200; 김형배, 노동법, p. 971; 대판 1992. 4. 14, 91누8364.
144) 임종률, 노동법, p. 178.
145) 임종률, 노동법, p. 178.

동갱신협정에 의하여 단체협약이 지속적으로 적용될 수 있다. 이에 반하여, 단체협약의 여후효 문제는 단체협약의 유효기간이 종료한 경우가 아니라 단체협약이 전혀 적용되지 아니하는 상태, 즉 단체협약이 존재하지 않는 상태에서 단체협약의 효력이 어떻게 지속되는지의 문제이다. 단체협약의 여후효문제는 단체협약의 유효기간이 완전히 종료된 상태에서 구단체협약의 적용을 받았던 개별적 근로계약의 효력이 어떻게 처리되어야 하는가의 문제와 직결된다. 이 경우 문제가 되는 부분은 단체협약의 규범적 부분에 국한되며 채무적 부분은 그 효력이 종료되는 것이 원칙이다.

### (2) 여후효론에 관한 학설

#### (가) 학 설

① **여후효 긍정설:** 단체협약의 여후효를 인정하여야 한다는 견해는 무제한적 긍정설과 제한적 긍정설로 나누어 볼 수 있다.

㉠ 무제한적 긍정설 단체협약의 여후효를 광범위하게 인정하는 학설이다. 이러한 견해는 단체협약의 규범적 효력의 근거를 노사의 법적 확신에서 구하고 단체협약이 실효해도 신단체협약이 체결되기 전까지는 이러한 노사간의 법적 확신에 의하여 구단체협약의 규범적 부분이 개별적 근로관계에 지속적으로 적용된다고 한다.

㉡ 제한적 긍정설 제한적 긍정설에는 ⅰ) 구단체협약의 실효 후 신단체협약의 체결에 이르기까지 기존의 구단체협약의 규범적 효력 중 강행적 효력에 대하여는 여후효를 인정하지 아니하고 보충적 효력만 인정하는 견해, ⅱ) 구단체협약의 실효 후 규범적 효력은 인정되나, 이는 임의적 효력에 불과하ㅡ므로 당사자간의 합의에 의하여 개별적 근로계약의 내용을 임의로 변경할 수 있다는 견해146) 등이 있다.

② **여후효 부정설:** 단체협약의 여후효를 부정하는 학설로서 단체협약의 실효란 협약의 효력이 소멸되는 것이므로 규범적 부분의 효력이 지속적으로 존속한다는 것은 있을 수 없다고 한다.

그러나 단체협약의 규범적 부분에 대하여 ⅰ) 개별적 근로관계의 당사자의 의사를 합리적으로 해석하여 그 때까지 유지되어 온 근로계약의 내용이 그대로 존속된다는 견해, ⅱ) 단체협약의 실효 후 규범적 효력은 인정되지 아니하나 개별적 근로관계의 내용으로 화체되어 존속한다는 견해,147) ⅲ) 일단 정해진 근로계약의 내용은

146) 독일 단체협약법 제4조제5항은 단체협약의 규범적 부분에 대한 여후효를 명문으로 인정하고 있으나, 이는 임의법적 효력을 가지는 데 불과하므로 당사자간의 합의에 의하여 개별적 근로계약을 임의로 변경할 수 있다고 한다. Söllner, Grundriß, 10. Aufl. 참조.
147) 임종률, 노동법, p. 180; 이병태, 노동법, p. 276; 김형배, 노동법, p. 800.

특히 이것을 변경하는 행위가 존재하지 아니하는 경우 그 내용이 계속적 법률관계로서 지속된다는 견해148) 등에 의하여 여후효를 부정하면서 실질적으로는 여후효를 인정한 것과 같은 결과를 가져 오게 된다.

### (나) 사 견

단체협약이 실효된 경우 단체협약의 효력은 존재하지 아니한다는 여후효 부정설 중 두 번째 견해에 찬동한다. 다만, 당사자가 개별적 근로계약에 대하여 이를 변경하기로 별다른 합의를 하지 아니하는 한 단체협약의 내용이 개별적 근로계약의 내용으로 지속적으로 적용되며, 당사자가 별도의 합의에 의하여 개별적 근로관계의 내용을 변경할 수 있다고 할 것이다. 다만, 당사자간의 합의가 없는 한 사용자는 종전의 근로조건을 임의로 변경할 수 없다고 본다.

> **관 련 판 례**  **대판 2009. 2. 12, 2008다70336**   단체협약이 실효되었다고 하더라도 임금, 퇴직금이나 노동시간, 그 밖에 개별적인 노동조건에 관한 부분은 그 단체협약의 적용을 받고 있던 근로자의 근로계약의 내용이 되어 그것을 변경하는 새로운 단체협약, 취업규칙이 체결·작성되거나 또는 개별적인 근로자의 동의를 얻지 아니하는 한 개별적인 근로계약의 내용으로서 여전히 남아 있다.

### (3) 근로조건의 변경

단체협약상의 기준이 그대로 적용되는 경우에도 이를 근로자개인과 사용자 간의 개별적 합의에 의하여 이를 변경할 수 있는지의 여부에 관하여 견해가 나뉘고 있다.

### (가) 긍정설

노사자치의 원칙에 따라 당사자간의 별도에 합의에 의하여 근로기준을 자유로이 변경할 수 있다는 견해이다.149)

### (나) 부정설

헌법상 단체교섭권의 보장취지에 따라 당사자간의 합의에 의하여 근로기준을 임의로 변경할 수 없다는 견해이다.150) 헌법상 단체교섭권은 개별교섭금지의 원칙이 내포되어 있으므로, 새로운 단체교섭이 진행되고 있는 도중에 개별교섭을 허용하는 것은 헌법상의 단체교섭권 보장을 형해화 할 우려가 있다는 것을 논거로 하고 있다.

사견으로는 후자의 견해에 찬동하는 바이다.

---

148) 김유성, 노동법(Ⅱ), p. 205.
149) 임종률, 노동법, p. 180; 이을형, 노동법, p. 285.
150) 김유성, 노동법(Ⅱ), p. 206.

# 제 5 절  단체협약의 종료

단체협약은 유효기간의 만료, 단체협약의 취소·해지, 당사자의 변경 또는 새로운 단체협약의 성립 등의 사유로 종료한다.

## Ⅰ. 유효기간의 만료

단체협약은 그 유효기간이 만료하는 경우에 종료한다. 단체협약의 유효기간은 당사자의 합의에 의하여 정하는 것이 원칙이나 법정유효기간을 초과할 수 없다. 법정유효기간은 2년이다(노동조합법 제32조제1항). 당사자가 단체협약의 유효기간을 정하지 아니하는 경우나, 법정유효기간을 초과하는 유효기간을 정한 경우에는 법정유효기간이 해당 단체협약의 유효기간으로 된다(동법 제32조제2항).

## Ⅱ. 단체협약의 취소·시정 또는 해지

### 1. 단체협약의 취소

단체협약은 당사자간의 의사표시에 기한 합의에 의하여 성립되는 것이므로, 해당 의사표시의 중요 부분에 착오가 있거나, 사기·강박에 의한 것일 때에는, 당사자의 일방에 의하여 이를 취소할 수 있다. 그 이유는 단체협약의 내용은 사용종속관계를 포함하고 있으며, 또한 헌법상 근로삼권의 보장은 궁극적으로 단체협약의 체결로 종결된다는 점을 감안하여 볼 때에 당사자간의 실체적 의사가 중요시되기 때문이다.

### 2. 행정관청의 시정명령

노동조합법 제31조제3항은 「행정관청은 단체협약 중 위법한 내용이 있는 경우에는 노동위원회의 의결을 얻어 그 시정을 명할 수 있다」고 규정하고 있다. 따라서 위법한 단체협약은 그 부분에 한하여 행정관청이 시정을 명할 수 있다.

### 3. 단체협약의 해지

단체협약의 당사자는 다음과 같은 경우에 단체협약을 해지할 수 있다.[151]

### (1) 자동연장협정에 따른 해지

당사자간에 단체협약의 자동연장협정이 체결되어 있는 경우, 당사자 일방은 해지하고자 하는 날의 6월 전까지 상대방에게 통고함으로써 종전의 단체협약을 해지할 수 있다(노동조합법 제32조제3항단서).

### (2) 상대방이 단체협약을 위반하는 경우

단체협약의 어느 당사자가 단체협약을 위반한 경우 다른 당사자는 단체협약을 해지할 수 있다. 다만, 단체협약의 경미한 위반인 경우에는 이를 해지할 수 없으나, 근로자가 평화의무를 위반하거나 사용자가 단체협약상의 근로조건을 이행하지 아니하는 등 단체협약의 존재 의의를 상실시킬 만한 중대한 위반행위를 한 경우에만 이를 해지할 수 있는 것으로 보아야 한다.[152]

### (3) 사정변경의 경우

단체협약의 당사자는 「사정변경의 원칙」에 의하여 단체협약을 해지할 수 있다.[153]

단체협약체결의 명시적·묵시적 전제조건이 되는 경제적·사회적 사정이 단체협약체결 당시에 예측할 수 없을 만큼 중대한 변화를 가져 옴으로써 단체협약의 존립이 무의미하고, 일방 당사자에게 단체협약의 준수를 강요하는 것이 지극히 불합리·불공평할 때에는 소위 「사정변경의 원칙」에 의하여 이를 해지할 수 있다.

### (4) 해지계약에 의한 경우

단체협약의 당사자는 단체협약의 유효기간중에 합의에 의하여 단체협약을 해지할 수 있다. 이 경우 해지계약은 단체협약체결의 경우와 마찬가지로 서면으로 행하여지고 단체협약의 당사자 쌍방이 서명 또는 날인할 것이 요구된다고 할 것이다.[154]

---

151) 해지는 오직 장래에 대하여 효력을 발생하는 점에서 계약의 효력을 소급적으로 소멸시키는 해제와 구별된다. 단체협약은 계속적 계약관계를 다루고 있으며, 또한 단체협약의 효력을 소급적으로 소멸시킬 필요는 없다는 점에서 단체협약의 해제의 인정은 그 실익이 없다고 본다. 김치선, 노동법, p. 367.

152) 김치선, 노동법, p. 367; 박상필, 노동법, p. 472; 임종률, 노동법, p. 178; 대판 1994. 12. 13, 93다59908.

153) 김치선, 노동법, p. 367; 박상필, 노동법, p. 472; 임종률, 노동법, p. 178.

154) 김수복, 노동법, p. 808; 박홍규, 노동법, p. 1007.

## Ⅲ. 단체협약당사자의 변경

단체협약의 당사자가 변경되는 경우, 이는 단체협약의 적용대상자가 바뀌는 것이므로 단체협약은 소멸하게 된다.

### 1. 사용자의 변경

단체협약은 회사의 해산·조직변경·영업양도 및 합병 등에 의하여 그 효력이 종료되는 경우가 있다.155)

첫째, 회사가 해산하는 경우 청산절차중에 노동조합의 조합원이 모두 해고되거나, 청산이 종료됨으로써 단체협약은 종료된다.

둘째, 조직변경의 경우 회사의 동질성이 인정되는 한 단체협약은 그대로 존속된다.156)

셋째, 합병의 경우 흡수합병과 신설합병으로 나뉜다.

흡수합병인 경우에는 ⅰ) 소멸회사의 단체협약은 종료하고 합병회사의 단체협약이 적용된다는 견해,157) ⅱ) 소멸회사의 권리·의무관계가 포괄승계되므로 소멸회사의 단체협약은 그대로 존속된다는 견해158) 등이 있다. 후자의 견해에 찬동하는 바이다.

신설합병인 경우에는 ⅰ) 소멸회사의 단체협약이 모두 적용된다는 견해,159) ⅱ) 소멸회사의 단체협약은 종료되고 신설회사의 단체협약이 적용된다는 견해 등이 있다. 신설회사의 성립으로 인하여 기존의 소멸회사의 노동조합은 소멸되고 따라서 이들이 체결한 구단체협약은 모두 종료되며, 신설회사에 새로운 노동조합이 설립되고 이를 당사자로 하는 신단체협약을 체결하여야 할 것이다.

넷째, 영업양도의 경우 ⅰ) 사업의 동질성이 유지되는 한 단체협약은 승계되는 것으로 보아야 한다는 견해와,160) ⅱ) 영업양도는 노사관계가 본질적 요소가 아니므로 특별히 노사관계의 승계를 약정하지 아니하는 한 흡수합병의 경우에 준하는 것으로 보아야 한다는 견해가 있다.161) 전자의 견해에 찬동하는 바이다.

---

155) 김형배, 노동법, p. 974.
156) 김유성, 노동법(Ⅱ), p. 202; 임종률, 노동법, p. 179; 대판 1991. 11. 12, 91다12806.
157) 박상필, 노동법, p. 473.
158) 김유성, 노동법(Ⅱ), p. 203; 임종률, 노동법, p. 179.
159) 박상필, 노동법, p. 473; 임종률, 노동법, p. 179.
160) 김유성, 노동법(Ⅱ), p. 202; 박상필, 노동법, p. 473.

## 2. 노동조합의 변경

첫째, 노동조합이 해산되는 경우 청산시점에서 단체협약당사자의 실체가 없어지므로 단체협약은 당연히 종료된다. 노동조합이 형식적으로만 해산하고, 그 실질에 있어서 단순히 명의만을 변경하는 경우 단체로서의 동질성이 계속되는 한 단체협약은 그대로 존속한다는 견해가 있다.162)

둘째, 노동조합이 조직변경을 하는 경우에도 조직상의 실질적 동질성이 인정되는 한 단체협약이 그대로 존속한다는 것이 일반적인 견해이다.163) 그러나, 이러한 변경이 있는 경우 조직상의 실질적 동질성이 유지될 수 있을지 의문시되고 있다.

셋째, 노동조합에서 다수의 조합원이 탈퇴하여도 단체협약은 그대로 존속한다. 노동조합이 분열하여 두 개의 새로운 노동조합이 결성된 경우 구단체협약은 종료되나, 기존의 노동조합이 그대로 유지된 채 해당 노동조합에서 탈퇴한 조합원이 새로운 노동조합을 결성한 경우 구단체협약은 그대로 존속한다.

## Ⅳ. 신단체협약의 체결

구단체협약의 유효기간중에 신단체협약을 체결하는 경우 구단체협약은 소멸하게 된다. 신단체협약에서 구단체협약의 일부를 개정하는 경우에도 그 부분에 한하여 신단체협약이 적용된다. 구단체협약의 당사자가 구단체협약 대신에 신단체협약을 적용하기로 약정한 경우에는 당연히 신단체협약이 적용된다. 당사자가 구단체협약의 적용에 대한 아무런 약정 없이 신단체협약을 체결한 경우에는 신단체협약이 우선적 효력을 갖게 되므로 구단체협약은 소멸하게 된다.

**관 련 판 례**  대판 1998. 11. 13, 98다20790  단체협약이 유효기간을 1년으로 정하였지만, 그 유효기간중이라 할지라도 노사 쌍방이 동의할 경우에는 이를 개정할 수 있다.

---

161) 石井, 勞働法, p. 446.
162) 김형배, 노동법, p. 974.
163) 김유성, 노동법(Ⅱ), p. 203.

# 제 6 절   단체협약의 해석 및 위반

## I. 의   의

단체협약의 해석 또는 이행방법에 대하여 당사자간에 견해가 일치하지 아니하는 경우 노동조합법 제34조는 노동위원회에서 이를 해결하도록 하고 있다.

한편, 단체협약의 당사자가 단체협약을 위반한 경우에 노동조합법에 규정된 벌칙규정을 제외하고는 노동법상 아무런 제재수단도 아니두고 있다. 이 경우 민법상의 계약 위반에 대한 제재를 유추적용할 수도 있으나, 단체협약의 위반은 민법상의 계약불이행과는 그 성질을 달리 하고 있으므로 민법원리의 단순한 적용은 부적당하다.164)

그러므로 단체협약 위반의 경우 이에 대한 제재수단으로서 노동법상의 새로운 법리의 정립이 요구된다.

## II. 단체협약의 내용해석

단체협약이 이미 체결되었으나 단체협약의 해석 또는 이행방법에 관하여 당사자간에 견해가 일치하지 아니하는 경우 당사자 쌍방의 합의 또는 단체협약에 정하는 바에 의하여 어느 일방이 노동위원회에 해석 또는 이행방법에 관한 견해의 제시를 요청할 수 있다(노동조합법 제34조제1항). 노동위원회는 상기 요청을 받은 경우 그 날부터 30일 이내에 명확한 견해를 제시하여야 한다(동법 제34조제2항). 이 경우 노동위원회가 제시한 해석 또는 이행방법에 관한 견해는 중재재정과 동일한 효력을 갖는다(동법 제34조제3항). 단체협약의 해석 또는 이행방법과 관련한 집단적 권리분쟁에 대하여 법원에 의한 사법적 구제는 소송비용 및 시간소요 등 현실적인 어려움이 따르므로 노동위원회의 유권해석을 통하여 신속한 해결을 도모하기 위한 것이다.

단체협약은 근로자의 근로조건을 유지 개선하고 복지를 증진하여 근로자의 경제적, 사회적 지위를 향상시킬 목적으로 노동조합이 사용자와 사이에 근로조건에 관하여 단체교섭을 통하여 체결하는 것이므로 그 명문의 규정을 근로자에게 불리하게

---

164) 김치선, 노동법, p. 361; 김유성, 노동법(II), p. 175; 박상필, 노동법, p. 446.

해석하여서는 아니 된다.[165]

## Ⅲ. 단체협약 위반에 대한 제재

### 1. 노동법상의 제재수단

#### (1) 형벌의 부과

체결된 단체협약의 내용 중 다음 사항을 위반한 자에 대하여는 1천만원 이하의 벌금에 처한다(노동조합법 제92조제2호).

① 임금·복리후생비, 퇴직금에 관한 사항

② 근로 및 휴게시간, 휴일, 휴가에 관한 사항

③ 징계 및 해고의 사유와 중요한 절차에 관한 사항

④ 안전보건 및 재해부조에 관한 사항

⑤ 시설·편의제공 및 근무시간중 회의참석에 관한 사항

⑥ 쟁의행위에 관한 사항

즉, 단체협약을 위반하는 경우 당연히 처벌되는 것이 아니라, 단체협약의 내용 중 중요한 내용에 속하는 상기 사항을 위반한 경우에 한하여 처벌되는 것이다. 이는 단체협약 위반 자체를 이유로 형사처벌하는 것은 위헌이라는 헌법재판소의 판결에 따라 단체협약 위반 행위를 구체적으로 특정화 하기 위한 취지이다.[166]

**관 련 판 례**   **헌재 1998. 3. 26, 96헌가20**   단체협약위반행위를 형사처벌하는 법률규정은 노사간의 자치법규인 단체협약위반행위 그 자체를 형벌로써 제재하는 것으로서 죄형법정주의의 원칙에 어긋나므로 헌법에 위반된다.

한편, 노동조합법 제36조에 규정된 단체협약의 지역적 효력확장 결정에 위반하여도 형사 벌칙이 부과되지 아니한다. 종전에는 동 결정에 위반하는 경우 벌금형이 부과되었으나, 단체협약의 지역적 효력 확장 결정은 행정처분의 일종이고, 확정되지 아니한 행정처분 위반에 대하여 형사벌칙을 부과하는 것은 위헌의 소지가 있으므로[167] 벌금형규정을 삭제하게 된 것이다.

「징계……의 중요한 절차」에 관한 사항을 위반하는 경우 이에 대하여 형벌을 부

---

165) 대판 1996. 9. 20, 95다20454; 대판 2005. 9. 9, 2003두896; 대판 2014. 2. 13, 2011다86287 등 참조.

166) 헌재 1998. 3. 26, 96헌가20.

167) 헌재 1995. 3. 23, 92헌가14 참조.

과하는 것은 과잉금지의 원칙 또는 죄형법정주의 원칙에 위배되지 아니하므로 위헌이 아니다.168)

### (2) 부당노동행위제도에 의한 구제

현행 노동법체계상 단체협약의 위반은 노동조합법 제81조각호에 규정된 부당노동행위의 유형에 포함되고 있지 아니하다. 따라서 사용자가 단체협약을 정당한 이유 없이 이행하지 아니하더라도 일단은 부당노동행위에 해당하지 아니한다.

그러나 노동조합법 제81조각호에 규정된 부당노동행위의 유형은 단순히 예시사항에 불과하다는 것이 일반적인 견해이다. 단체협약의 체결은 근로자의 헌법상 근로삼권보호의 귀결점이라는 것을 감안하여 볼 때에 사용자의 단체협약 위반은 노동조합법 제81조 각호에 예시된 부당노동행위보다도 더욱 근로자의 근로삼권을 무의미하게 만들 우려가 있다고 할 것이다. 특히 노동조합법 제81조제3호는 사용자가 단체교섭을 정당한 이유 없이 거부하거나 해태하는 행위를 부당노동행위로 규정하고 있는바, 사견으로는 이보다 더욱 본질적인 단체협약의 위반은 당연히 부당노동행위의 한 유형으로서 그 구제의 대상이 된다고 본다.

## 2. 사법상의 제재수단

### (1) 강제이행

단체협약당사자의 일방이 단체협약상의 의무를 이행하지 아니하는 경우 다른 상대방은 민법 제389조에 의하여 강제이행을 법원에 청구할 수 있다. 단체협약상의 의무는 작위·부작위 등 소위 「하는 의무」가 대부분으로서 민법상의 강제이행에 적합하지 아니한 경우가 많을 것으로 본다. 그러나 단체협약상의 의무의 본질은 그 「의무의 이행」에 있으므로 노동법상의 강제이행을 허용하지 아니하는 경우 근로자의 헌법상 근로삼권보장은 유명무실하여질 우려가 있다.

### (2) 손해배상청구

단체협약당사자의 일방이 단체협약상의 의무를 위반하여 민법상의 이행지체, 불완전이행 또는 이행불능에 해당되는 경우 다른 당사자는 손해배상청구권을 갖는다. 그러나, 단체협약상의 의무 위반의 경우 이에 대한 손해액의 산정이 곤란한 경우가 많은바, 이는 민법상 손해배상이 단체협약위반에 대한 구제방법으로서 사실상 부적

---

168) 헌재 2007. 7. 26, 2006헌가9.

합한 반면에 간접강제 등의 강제집행이 더욱 적합하다는 점을 보여주는 것이다.

### (3) 단체협약의 해지

단체협약당사자의 일방이 단체협약상의 의무를 위반하는 경우 다른 당사자는 그 이행을 최고하고, 일정 기간 내에 이행을 하지 아니하는 경우에는 단체협약을 해지할 수 있을 것이다. 그러나, 단체협약의 해지는 단체협약의 중대한 위반이 있는 경우에만 허용되어야 할 것이다.

### (4) 동시이행의 항변

단체협약당사자의 일방이 의무를 이행하지 아니하는 경우 다른 당사자는 자신의 의무이행을 거절할 수 있다. 그러나, 단체협약의 경우에는 사법상의 계약과 달리, 그 의무의 내용 및 종류가 복잡·다양하므로 이들을 서로 대가적으로 상응시키기가 곤란한 경우가 많을 것으로 본다.

제*3*편

# 단체행동권

노

동

법

# 제1장 총 설

## 제1절 의 의

　근로자들은 단결권을 행사하여 노동조합을 결성하고, 노동조합을 통하여 단체교섭권을 행사한다. 그러나 단체교섭이 결렬된 경우 노동조합은 자기의 주장을 실력행사로써 관철하기 위하여 집단행위를 하게 된다. 이를 단체행동이라 하며, 단체행동을 할 수 있는 법적 권리를 단체행동권이라 한다.

　근로자의 단체행동권행사는 그 본질상 특히 사용자의 재산권의 행사와 충돌할 수밖에 없다. 우리 헌법상 자본주의경제체제하에서의 사유재산제도와 재산권은 근로자의 단체행동권 못지 아니하게 중요한 헌법상의 기본원리 및 기본권에 해당된다. 따라서, 근로자의 단체행동권과 사용자의 재산권은 상호 균형을 이루면서 조화를 이룰 수 있도록 보장되어야 한다.

## 제2절 단체행동의 개념

### I. 단체행동의 개념

　헌법상 단체행동의 개념에 관하여는 헌법 및 법률에서 아무런 규정도 두고 있지 아니하며, 구체적인 내용에 대하여 견해가 나뉘고 있다.

## 1. 학    설

단체행동의 개념에 대하여는 단체행동을 ⅰ) 업무의 정상적 운영을 저해하는 「쟁의행위」로 파악하는 협의설,1) ⅱ) 업무의 정상적 운영을 저해하는 「쟁의행위」는 물론 완장착용 등과 같이 반드시 업무의 정상적 운영을 저해하지는 아니하는 「단체과시」도 포함된다는 광의설,2) ⅲ) 「쟁의행위」 및 「단체과시」는 물론 「조합활동」도 포함된다는 최광의설3)이 있다.

## 2. 사    견

사견으로는 단체행동을 「쟁의행위」, 「단체과시」 및 「조합활동」을 포함하는 개념으로 파악하는 최광의설에 찬동하고자 한다. 단체행동은 업무의 정상적 운영을 저해하는 파업·태업 등의 「쟁의행위」는 물론 업무의 정상적 운영의 저해를 반드시 수반하지는 아니하는 가두시위·집회·완장착용 또는 피케팅 등의 「단체과시」도 포함한다는 점에서 업무의 정상적인 운영을 저해하는 쟁의행위보다 넓은 개념이라 하겠다.

노동조합법은 쟁의행위에 대해서는 여러 가지 법적 제한을 규정하고 있다. 그러나 이와 같은 법적 제한은 쟁의행위에만 적용되는 것이므로 쟁의행위가 아닌 「단체과시」로서의 전단살포·완장착용 및 피케팅 등에는 해당 제한규정들이 적용되지 아니한다. 그 이유는 업무의 정상적인 운영을 저해하지 아니하는 「단체과시」에 대하여 이러한 제한 등을 부과할 필요성이 없기 때문이다. 한편, 정당한 「쟁의행위」에 부여되는 민사·형사면책 등 각종 법령상의 보호제도가 「단체과시」에도 인정됨은 물론이다.4)

## Ⅱ. 유사개념과의 구별

### 1. 노동쟁의

노동쟁의라 함은 노동조합과 사용자 간에 임금·근로시간·복지·해고 기타 대우 등 근로조건에의 결정에 관한 주장의 불일치로 인하여 발생되는 분쟁상태를 말한다(노동조합법 제2조제5호). 그러므로 단체교섭이 단체협약의 체결에 이르지 못하고

---

1) 임종률, 노동법, p. 199.
2) 대판 1990. 5. 15, 90도357; 신인령, 전게서, pp. 99~101.
3) 김형배, 노동법, p. 979.
4) 대판 1990. 5. 15, 90도357.

결렬된 경우에는 실제적으로 실력행사를 하지 아니하더라도 노동쟁의는 발생한 것으로 된다. 따라서 실제적인 실력행사를 필요로 하는 쟁의행위 및 단체과시 등과 구분된다. 한편, 정당한 사유 없이 단체교섭자체를 거부한 경우 이는 노동쟁의가 발생한 것으로 보아야 한다.5)

## 2. 쟁의행위

쟁의행위라 함은 파업·태업·직장폐쇄 기타 노동조합 또는 사용자가 분쟁상태를 자기측에게 유리하게 전개하여 그 주장을 관철할 목적으로 행하는 실력행위로서 업무의 정상운영을 저해하는 것을 말한다(노동조합법 제2조제6호). 따라서 쟁의행위는 파업·태업 또는 직장폐쇄와 같은 구체적인 실력행사를 필요로 한다는 점에서 노동쟁의와 구별되며, 업무의 정상운영을 저해한다는 점에서 반드시 업무의 정상운영을 저해하지 아니하여도 되는 단체과시와 구별된다.

## 3. 조합활동

조합활동의 개념에 대하여 헌법 또는 법률은 아무런 명문의 규정도 두고 있지 아니하나, 일반적으로 조합의 조직 및 운영에 관한 활동 중에서 단체교섭권 및 단체행동권의 행사와 직접적인 관련이 없는 활동을 조합활동이라고 한다.

# 제 3 절   단체행동의 종류

## Ⅰ. 단체행동의 기본체계

단체행동은 단체교섭이 전제로 되는지의 여부에 따라 구분하여 볼 수 있다.

### 1. 단체교섭을 전제로 하는 경우

단체행동 중 쟁의행위는 반드시 단체교섭을 거쳐야 한다. 단체교섭을 거치지 아니하고 파업 등 쟁의행위를 하거나 단체교섭의 대상이 아닌 사항에 대하여 쟁의행위를 하는 경우 정당성을 상실하게 된다. 단체교섭을 하지 아니하는 노동조합은 명칭에 불구하고 사실상 노동조합이라 볼 수 없다.

---

5) 대판 2003. 2. 11, 2002두9919.

## 2. 단체교섭을 전제로 하지 아니하는 경우

쟁의행위에 해당되지 아니하는 단체행동은 단체교섭을 거칠 필요는 없다. 예컨대 노동조합은 단체과시, 친목활동·사회활동 및 정치활동을 할 수 있는 바, 이러한 경우 단체교섭을 거칠 필요는 없다.

## Ⅱ. 쟁의행위의 종류

단체행동권은 근로자만의 헌법상 권리이며, 사용자는 헌법상 단체행동권을 갖고 있지 아니하다. 다만, 노동조합법 제2조제6호는 「이 법에서 쟁의행위라 함은 파업·태업·직장폐쇄 기타 노동관계당사자가 그 주장을 관철할 목적으로 행하는 행위와 이에 대항하는 행위로서 업무의 정상적인 운영을 저해하는 것을 말한다」라고 규정하여 노동조합은 물론 사용자도 쟁의행위를 할 수 있도록 허용하고 있다.

### 1. 근로자측의 단체행동

근로자측의 단체행동에는 파업·태업·준법투쟁·생산관리·보이콧·피케팅 및 직장점거 등이 있다. 이 중 파업·태업·준법투쟁 및 생산관리 등은 그 자체 쟁의행위에 해당되나, 보이콧·피케팅 및 직장점거 등은 그 자체 쟁의행위가 아니라 쟁의행위에 부수되거나 이를 지원하기 위한 단체행동이다. 상세한 내용은 후술한다.

### 2. 사용자측의 쟁의행위

사용자의 쟁의행위에는 직장폐쇄가 있다. 직장폐쇄는 집단적 노사분쟁에 있어서 사용자가 그의 주장을 관철하기 위하여 일정한 산업 또는 사업체 내의 근로자들의 근로의 수령을 집단적으로 거부함으로써 근로자에게 임금지급의 중단에 의한 경제적 압력을 가하거나, 근로자의 쟁의행위로 인한 재산상의 손실을 축소시키고자 하는 사용자의 쟁의행위이다. 상세한 내용은 후술한다.

# 제 2 장   쟁의행위의 성립요건

## 제 1 절  의    의

### I. 개    념

근로자의 단체행동권 중 가장 대표적인 것이 쟁의행위이다. 그러나 과연 무엇이 쟁의행위의 개념인가에 대하여 헌법은 아무런 구체적 규정도 두고 있지 아니하고 있으며, 또한 이에 대한 어떠한 근거나 기준도 제시하고 있지 아니하다.

헌법상 보장되는 쟁의행위의 개념은 추상적인 개념이므로 이는 쟁의행위에 내재하고 있는 본질적 요소와 노동조합법 등 관련 법령의 규정 및 판례 등을 통하여 구체화되는 수밖에 없다.

이하에서는 쟁의행위의 성립요건을 실질적 성립요건 및 형식적인 요건으로 정의하여 고찰하고자 한다.[1]

### II. 쟁의행위의 실질적 성립요건

쟁의행위의 실질적 성립요건은 헌법상의 쟁의권에 내재하고 있는 본질적 요소로서 쟁의행위가 헌법적 보호를 받기 위하여 갖추어야 할 최소한의 요건이자 누구도 이를 제한·침해할 수 없는 헌법상의 본질적 내용이다. 따라서 이러한 요건을 갖추지 못한 경우에는 헌법상의 쟁의행위라고 할 수 없으며, 결과적으로 쟁의행위의 실질적 성립요건의 충족 여부가 쟁의행위의 정당성 판단 여부에 대한 기준이 될 것이다.

---

1) 종래에는 일본 쟁의행위론의 체계에 따라 노동조합법 제2조제6호에 규정된 「쟁의행위의 개념」을 설명하고 「정당한 쟁의행위」 및 「쟁의행위에 대한 법령상의 제한」을 순차적으로 논하는 것이 우리나라 교과서의 일반적인 방법론이었다. 그러나 이러한 방법론은 「헌법상 쟁의행위의 개념」과 「정당한 쟁의행위의 개념」 및 「쟁의행위에 대한 법령상의 제한의 개념」을 체계적으로 연관성을 지어 설명하지 못하고 있다.

쟁의행위의 실질적 성립요건은 헌법상 쟁의권의 내재적 본질 및 쟁의권의 내용을 구체화 하고 있는 관련법령에서 찾아볼 수 있다. 쟁의행위가 그 내재적 본질을 충족하지 못하고 있어 실질적 성립요건을 충족하지 못하는 경우에는 정당성을 상실하게 되어 민사·형사책임을 지게 된다. 한편, 쟁의행위가 실질적 성립요건을 규정하고 있는 법령에 위반하는 경우에는 쟁의행위의 정당성을 상실하여 민사·형사책임이 부과됨과 동시에 법령위반의 쟁의행위로서 형벌이 부과된다. 예컨대 노동조합법 제42조제2항에 위반하여 안전보호시설을 파괴하는 쟁의행위를 행한 경우, 이는 우선 쟁의행위의 실질적 성립요건을 충족하지 못하므로 쟁의행위의 정당성이 결여되어 민사·형사책임을 부담하게 되며, 또한 동법 제91조에 따라 1년 이하의 징역 또는 1천만원 이하의 벌금에 처하여진다.

## Ⅲ. 쟁의행위의 형식적 성립요건

쟁의행위의 형식적 성립요건은 국가정책적 목적, 노사간의 편의 또는 조합 내부적 목적을 달성하기 위하여 관련법령, 단체협약 또는 조합규약 등에 의하여 규정되는 쟁의행위의 시기·절차 및 방법 등에 관한 요건이다.

쟁의행위의 형식적 성립요건은 헌법상 쟁의권에 내재하고 있는 본질적 요소와는 밀접한 연관을 갖고 있지 아니하다. 따라서 쟁의행위의 형식적 성립요건의 충족 여부는 쟁의행위의 정당성 판단 여부에 별다른 영향을 미치지 아니한다. 다만, 형식적 요건을 충족하지 못하는 경우에는 관련법령, 단체협약 또는 조합규약에 의하여 제재를 받을 뿐이다.

이는 쟁의행위의 실질적 성립요건을 갖추어 헌법적 보호를 받고 있는 쟁의행위를 국가정책적 목적 또는 노사간의 편의를 위하여 제한·금지할 수 없다는 것을 의미한다. 다만, 쟁의행위의 형식적 성립요건을 갖추지 못한 경우 이로 인하여 실질적 성립요건을 해치는 결과를 가져온다면 쟁의행위의 정당성을 상실하게 된다.

관 련
판 례
대판 1991. 5. 14, 90누4006    쟁의행위에 대한 사전신고 등의 취지는 분쟁을 사전에 예방하거나, 손해배상을 방지할 수 있는 기회를 부여하는 데 있는 것이지 쟁의행위 자체를 금지하는 데 있는 것은 아니다. 따라서 쟁의행위가 이러한 절차를 거치지 아니하였다고 하여 정당성이 결여되는 것은 아니다. 다만 그 위반행위로 인하여 사회·경제적 안정이나 사용자의 사업운영에 예기치 아니한 혼란 또는 손해를 끼치는 등 부당한 결과를 초래하는 경우에는 그 구체적 정당성 유무를 판단하여야 한다.

# 제 2 절  쟁의행위의 실질적 성립요건

## Ⅰ. 의    의

### 1. 개    요

쟁의행위의 실질적 성립요건이라 함은 쟁의행위가 헌법적인 보호를 받기 위하여 최소한도로 갖추어야 하는 쟁의행위의 본질적 요소를 말한다.

과연 무엇이 쟁의행위의 본질적 요소를 구성하는가에 대하여는 개별국가의 사회적·역사적 배경 및 입법정책에 따라 상이하다.

우리나라의 경우 쟁의행위의 실질적 성립요건은 첫째 헌법 제33조에서 보장하고 있는 쟁의행위에 내재하고 있는 본질적 요소, 둘째 쟁의행위의 개념을 정의하고 있는 노동조합법 제2조제6호, 셋째 쟁의행위의 기본원칙을 규정하고 있는 노동조합법 제37조 및 넷째 기타 관련법령의 제 규정 및 판례·행정해석 등에서 찾아볼 수 있을 것이다.

쟁의행위의 정당성요건으로서의 실질적 성립요건은 쟁의행위의 주체·목적·상대방 및 방법의 네 가지 관점에서 고찰하여 볼 수 있다.[2]

**관련
판례**  대판 1991. 5. 24, 91도324   쟁의행위의 정당성요건으로서 ⅰ) 주체가 단체협약의 체결능력이 있는 노동조합일 것, ⅱ) 목적이 근로조건의 향상을 위한 노사간의 자치적 교섭을 위한 것일 것, ⅲ) 수단이나 방법이 소극적으로 업무의 정상적인 운영을 저해함으로써 사용자에게 타격을 주는 데 그칠 것이 필요하다.

### 2. 관련규정

**노동조합법 제2조 [정의]** 6. "쟁의행위"라 함은 파업·태업·직장폐쇄 기타 노동관계 당사자가 그 주장을 관철할 목적으로 행하는 행위와 이에 대항하는 행위로서 업무의 정상적인 운영을 저해하는 행위를 말한다.

**노동조합법 제37조 [쟁의행위의 기본원칙]** ① 쟁의행위는 그 목적·방법 및 절차에 있어서 법령 기타 사회질서에 위반되어서는 아니된다.
② 조합원은 노동조합에 의하여 주도되지 아니한 쟁의행위를 하여서는 아니된다.

---

2) 대법원 판례 및 노동조합법 제37조에서는 쟁의행위의 기본원칙을 주체, 목적 및 방법·절차의 세 가지 측면에서 규정하고 있다. 이 외에 쟁의행위의 "상대방" 또는 "객체"라는 개념은 종래에 따로이 논의되지 아니하였다. 그러나 쟁의행위의 "상대방" 개념은 쟁의행위의 본질적 요소를 설명하는 데 있어 매우 중요하므로 향후 심도 있게 별도의 정당성요건으로서 논의되어야 할 것이다.

## Ⅱ. 쟁의행위의 주체

쟁의행위의 주체라 함은 쟁의행위를 행할 수 있는 법적 자격을 갖추고 있는 자를 말한다. 노동조합법 제2조제6호는 쟁의행위의 주체를 「노동관계당사자」라고 규정하고 있으나, 과연 누가 「노동관계당사자」인가에 대하여는 아무런 기준도 제시하지 아니하고 있다.

### 1. 노동조합

#### (1) 의     의

노동조합법상의 노동조합이 쟁의행위의 주체가 될 수 있음은 의문의 여지가 없다. 그러나 비노조파업 및 비공인파업 등의 경우는 쟁의행위의 정당성이 인정될 것인지의 여부에 대하여 견해가 나뉘고 있다.

#### (2) 노동조합법상의 노동조합

쟁의행위는 본질적으로 근로자의 단체행동권 행사의 일부인바, 쟁의행위의 주체는 노동조합의 실질적 성립요건과 형식적 성립요건을 모두 구비한 노동조합법상의 노동조합이다.

한편, 쟁의행위는 기본적으로 근로자의 단체교섭이 실패하는 경우 그 주장을 관철할 목적으로 수행되는 것이므로 쟁의행위의 주체는 해당 단체교섭의 주체와 일치하는 것이 원칙이다.3)

> **관련<br>판례**　　대판 1995. 10. 12, 95도1016　　근로자의 쟁의행위가 정당성을 갖추기 위해서는 그 주체가 단체교섭이나 단체협약 체결능력이 있는 자, 즉 노동조합이어야 한다.

지부·지회가 노동조합법상의 노동조합은 아니나, 독자적인 단체교섭권을 갖고 있는 경우 동 지부·지회의 쟁의행위가 노조쟁의행위인지의 여부 또는 공인쟁의행위인지의 여부가 문제시될 수 있다.

「노조쟁의행위」 및 「비노조쟁의행위」의 구분이 특정 근로자단체 등이 정당한 쟁의행위의 주체가 될 수 있는지의 여부에 관한 것이라면, 「공인쟁의행위」 및 「비공인쟁의행위」의 구분은 일단 정당한 쟁의행위의 주체가 될 수 있는 하나의 근로자단체

---

3) 대판 1992. 7. 14, 91다43800; 대판 1994. 9. 30, 94다4042; 대판 1995. 10. 12, 95도1016; 헌재 1990. 1. 15, 89헌가103.

등의 내부에서 소수 근로자 또는 지부·지회가 독립된 정당한 쟁의행위의 주체가 될 수 있는지의 여부에 관한 문제라는 점에서 양자는 구별된다.4)

### (3) 비노조쟁의행위

비노조쟁의행위로서 주요 문제가 되는 것은 법외노조 및 쟁의단의 경우이다.

「노조쟁의행위」라 함은 노동조합법상의 노동조합이 하는 쟁의행위를 말한다. 이에 반하여 「비노조쟁의행위」라 함은 노동조합법의 노동조합이 아닌 근로자단결체 즉, 노동조합의 설립요건 중 실질적 요건을 갖추지 못한 쟁의단 등의 근로자단체 또는 실질적 요건을 갖추었으나 형식적 요건을 갖추지 못한 법외노조 등이 하는 쟁의행위를 말한다.

#### (가) 법외노조

법외노조가 단체교섭권 및 쟁의행위의 주체가 될 수 있는지의 여부에 관하여 이를 긍정하는 견해가 다수설이다.5) 그러나 이러한 견해가 타당하지 아니함은 이미 앞에서 살펴본 바와 같다.

#### (나) 쟁의단

쟁의단 등 우발적·일시적 집단이 정당한 쟁의행위의 주체가 될 수 있는지의 여부에 대하여 견해가 나뉘고 있다.

① **긍정설:** 긍정설에는 ⅰ) 쟁의단은 일시적 존속을 전제로 하고 있으므로 일반적으로 쟁의행위를 할 수 있는 주체성은 없으나, 예외적으로 일정한 사항에 대해서는 정당한 것으로 평가되어야 한다는 견해6) 또는 ⅱ) 쟁의단도 단체협약의 주체는 될 수 없지만 단체교섭의 주체는 될 수 있다는 견해7) 등이 있다.

② **부정설:** 부정설에는 ⅰ) 쟁의행위의 정당한 주체가 되기 위하여는 단체협약능력을 갖추어야 하나, 쟁의단은 단체협약능력을 갖추고 있지 아니하므로 정당한 주체가 될 수 없다는 견해,8) ⅱ) 쟁의행위의 실질적 요건을 갖추고 있지 아니하므로 정당한 주체가 될 수 없다는 견해9) 등이 있다.

---

4) 김유성, 노동법(Ⅱ), p. 220; 임종률, 노동법, p. 229; 대판 1997. 4. 22, 95도748.
5) 김유성, 노동법(Ⅱ), p. 219; 이병태, 노동법, p. 286.
6) 김유성, 노동법(Ⅱ), p. 220. 예컨대, 노동조합의 결성과정에서 노동쟁의가 발생하였거나, 다수의 피해고근로자 또는 해고근로자의 복직 또는 해고조건을 둘러싸고 노동쟁의가 발생하여 근로자측이 집단적으로 실력행사를 하는 경우 등이 이에 해당된다고 한다.
7) 임종률, 노동법, p. 229.
8) 김형배, 노동법, p. 982. 독일의 통설이다.
9) 이상윤, 노동법, p. 765; 이상윤, 노동조합법, p. 731

### (4) 비공인쟁의행위

「공인쟁의행위」라 함은 정당한 쟁의행위를 할 수 있는 노동조합에 의하여 주도되고 인정된 쟁의행위를 말한다. 이에 반하여 「비공인쟁의행위」(wildcat strike)라 함은 노동조합 내부에서 일부 조합원 또는 지부·지회가 노동조합의 의사와 무관하게 또는 이에 반하여 행하는 쟁의행위를 말한다.

비공인쟁의행위로서 주로 문제시되는 것은 ⅰ) 소수 조합원 또는 비독립적인 지부·지회에 의한 쟁의행위와 ⅱ) 독립된 지부·지회의 쟁의행위이다.

### (가) 소수조합원 또는 비독립적 지부·지회

노동조합법 제37조제2항은 「조합원은 노동조합에 의하여 주도되지 아니한 쟁의행위를 하여서는 아니 된다」고 규정하고 있다. 소수조합원 또는 독자적인 단체교섭권이 없는 비독립 지부·지회가 정당한 쟁의행위의 주체가 될 수 있는지의 여부에 관하여 견해가 나뉘고 있다.

① **긍정설:** 긍정설은 소수조합원 또는 비독립 지부·지회가 노동조합의 지시·통제를 벗어나 쟁의행위를 하는 경우 노동조합의 내부통제 위반문제에 해당될 뿐 쟁의행위의 정당성에는 영향을 미치지 아니하므로, 소수조합원 또는 비독립 지부·지회도 반드시 정당한 쟁의행위의 주체성이 부정되는 것은 아니라는 견해이다.[10]

이러한 견해는 쟁의행위에 참가한 조합원들의 규모 및 요구사항, 통제관계, 조직의 독립성 정도 등을 구체적으로 고려하여 예외적으로 정당성이 인정될 수 있다고 한다.

② **부정설:** 부정설은 소수조합원 또는 비독립 지부·지회가 노동조합의 지시·통제를 벗어나 쟁의행위를 하는 경우에는 정당성을 상실하게 된다고 한다.[11]

이러한 견해는 ⅰ) 소수조합원 또는 비독립 지부·지회는 노동조합과 별도로 독립된 단체교섭의 주체가 될 수 없다는 점,[12] ⅱ) 성실교섭의 법리상 조합원 개인과 단체교섭이 금지되고 있으므로 노사간의 실질적인 대항관계가 존재하지 아니한다는 점[13]을 논거로 하고 있다.

대법원 판례도 비공인파업은 쟁의행위의 주체가 될 수 없는 일부 근로자의 쟁의행위이므로 정당성이 인정되지 아니한다는 입장을 취하고 있다.[14]

10) 신인령, "비노조파업에 대한 법적 문제", p. 154; 이병태, 노동법, p. 317.
11) 김치선, 노동법, p. 420; 박상필, 노동법, p. 537; 김형배, 노동법, p. 982.
12) 임종률, 노동법, p. 230.
13) 김유성, 노동법(Ⅱ), p. 221.

대판 1997. 2. 11, 96누2125    전국기관체협의회는 노동조합법상의 노동조합으로 볼 수 없으므로 쟁의행위의 정당한 주체가 될 수 없고, 따라서 동 단체가 주체가 된 파업은 그 주체의 면에서 정당성을 인정할 수 없다.

사견으로는 노동조합의 통일적 의사결정에 따른 공식적 쟁의행위에 대하여만 정당성이 인정되어야 하며, 단체의 통일적 의사에 반하거나 이를 초월하여 행하여진 근로자 개인 또는 집단의 소위 비공인쟁의행위(비공인파업: wildcat strike)는 정당한 쟁의행위가 될 수 없다고 본다.[15] 그러므로 근로자 개인, 일시적인 근로자의 단체나 쟁의단은 노동조합법 제2조에서 규정된 쟁의행위의 주체가 될 수 없다.[16]

(나) 독립적 지부·지회

지부·지회가 단위노동조합에 해당되지 아니하나 독자적인 조직·규약을 갖고 독립된 단체교섭권을 갖추고 있는 등의 경우 이러한 지부·지회가 정당한 쟁의행위의 주체가 될 수 있는지의 여부에 관하여 견해가 나뉘고 있다.

① **긍정설**:    긍정설은 독립적인 지부·지회는 그 자체로서 노동조합법상의 노동조합으로 보아야 하므로 정당한 쟁의행위의 주체가 될 수 있다는 견해[17]이다.

대법원 판례도 독립된 지부·지회의 독자적인 단체교섭권을 인정하고 있는 바, 이를 유추해석하면 동 지부·지회도 정당한 쟁의행위의 주체가 될 수 있는 것으로 판단할 수 있을 것이다.

② **부정설**:    부정설은 독립된 지부·지회는 정당한 쟁의행위의 주체가 될 수 없다고 한다.

이러한 견해는 ⅰ) 독립된 지부·지회라 할지라도 그 자체로서 노동조합에 해당되지 아니하고, 단체교섭권한을 갖더라도 그 조직에 국한된 사항에 대하여 단위노조의 수권에 의한 것이므로 쟁의행위를 수행할 수 있기 위하여는 단위노조의 수권을 받아야 한다고 하거나,[18] ⅱ) 노동조합설립의 절차적 요건을 갖추고 있지 못하다는 점[19]을 논거로 제시하고 있다.

14) 대판 1991. 5. 24, 91도324; 대판 1995. 10. 12, 95도1016.
15) 김치선, 노동법, p. 420; 김유성, 노동법(Ⅱ), p. 221; 임종률, 노동법, p. 229; 박상필, 노동법, p. 537; 김형배, 노동법, p. 982; 대판 1995. 10. 12, 95도1016.
16) 헌재 1990. 1. 15, 89헌가103.
17) 김유성, 노동법(Ⅱ), p. 220; 박상필, 노동법, p. 537; 이병태, 노동법, p. 318.
18) 임종률, 노동법, p. 230.
19) 이상윤, 노동조합법, p. 732.

## 2. 쟁의행위의 주체에 대한 제한 및 금지

### (1) 공무원의 쟁의행위금지

헌법 제33조제2항은 「공무원인 근로자는 법률이 정하는 자에 한하여 단결권·단체교섭권 및 단체행동권을 가진다」라고 규정하고 있다.

공무원 중 국가공무원법 및 지방공무원법에 의하여 사실상 노무에 종사하는 현업공무원은 단결권·단체교섭권 및 단체행동권을 행사할 수 있다. 그러나 공무원노동조합의설립및운영에관한법률에 의한 공무원노조는 단결권·단체교섭권을 행사할 수 있으나, 일체의 쟁의행위가 금지된다.

「공무원직장협의회의설립·운영에관한법률」에 의하여 설립된 공무원직장협의회도 단결권 및 단체협의권은 인정되고 있으나, 단체행동권은 인정되지 아니하고 있다.

### (2) 교원의 쟁의행위금지

「교원의노동조합설립및운영에관한법률」[20]에 의하여 설립된 교원노조도 단결권 및 단체교섭권은 인정되고 있으나, 쟁의행위는 인정되지 아니하고 있다.

### (3) 방위산업체 근로자의 쟁의행위금지

#### (가) 관련규정

헌법 제33조 ③ 법률이 정하는 주요방위산업체에 종사하는 근로자의 단체행동권은 법률이 정하는 바에 의하여 이를 제한하거나 인정하지 아니할 수 있다.
노동조합법 제41조 [쟁의행위의 제한과 금지] ② 방위사업법에 의하여 지정된 주요 방위산업체에 종사하는 근로자 중 전력, 용수 및 주로 방산물자를 생산하는 업무에 종사하는 자는 쟁의행위를 할 수 없으며, 주로 방산물자를 생산하는 업무에 종사하는 자의 범위는 대통령령으로 정한다.

#### (나) 주요내용

「방위사업법」에 의하여 지정된 주요 방위산업체에 종사하는 근로자 중 전력, 용수 및 대통령령으로 정하는 주로 방산물자를 생산하는 업무에 종사하는 자는 쟁의행위의 주체가 될 수 없다(노동조합법 제41조).[21]

동 규정의 취지는 방위산업물자의 생산 및 공급의 원활한 확보가 쟁의행위를 이

---

20) 사립학교의 교원은 교육공무원이 아니지만, 사립학교법 제55조는 학교교원의 복무에 관하여 국공립학교의 교원에 관한 규정을 준용하고 있다.

21) 대판 1993. 4. 23, 93도493(방위산업체 근로자에게 쟁의행위를 금지하는 것은 헌법상의 평등권 위반에 해당되지 아니한다). 방위산업체에는 속하지 아니하나, 주한미군을 사용자로 하는 한국 근로자들의 단체행동권도 한미행정협정에 의하여 제한받고 있다. 박홍규, 노동법, pp. 1050∼1051 참조.

유로 방해되지 아니하게 함으로써 국가 안전을 유지하고자 하는 데 있다.

　① **주요 방위산업체:**　　　방위산업체 전부가 적용대상이 되는 것이 아니라, 방위산업체 중에서 「방위사업법」에 의하여 지정된 「주요 방위산업체」만이 적용대상이 된다. 또한, 형식상 동법에 의하여 주요 방위산업체로 지정되어 있는 경우에도 실질적으로 방산물자의 생산을 완전히 중단하는 등 방위산업에 종사하지 아니하는 경우에는 동법규정의 적용대상이 되지 아니한다.[22]

　② **생산업무 종사자:**　　　상기 주요 방위산업체에 종사하는 근로자 중 "전력, 용수 및 주로 방산물자를 생산하는 업무에 종사하는 자"의 쟁의행위가 금지된다.

　대통령령으로 정하는 "주로 방산물자를 생산하는 업무에 종사하는 자"라 함은 방산물자의 완성에 필요한 제조·가공·조립·정비·재생·개량·성능검사·열처리·도장·가스취급 등의 업무에 종사하는 자를 말한다(동법시행령 제20조).

　즉, 쟁의행위가 금지되는 대상은 「주요방위산업체」로 지정된 사업체에 종사하는 모든 근로자에 적용되는 것이 아니라 군수에 필요한 주요방산물자를 실제 생산하고 있는 제한된 범위의 근로자에 국한된다.[23]

　따라서, 주요 방위산업체의 근로자라 할지라도　ⅰ) 순수한 인사·경리 담당자, ⅱ) 주요방위산업체에서 민수물자 또는 수출목적의 방산물자의 생산 업무에 종사하는 자는 쟁의행위가 허용된다.[24]

## (4) 선원법에 의한 제한·금지

> **선원법 제25조** [쟁의행위의 제한] 선원은 다음 각호의 어느 하나에 해당하는 경우에는 선원근로관계에 관한 쟁의행위를 하여서는 아니 된다.
> 1. 선박이 외국의 항구에 있는 경우
> 2. 여객선이 승객을 태우고 항해 중인 경우
> 3. 위험물 운송을 전용으로 하는 선박이 항해 중인 경우로서 위험물의 종류별로 해양수산부령으로 정하는 경우
> 4. 제9조에 따라 선장 등이 선박의 조종을 지휘하여 항해 중인 경우
> 5. 어선이 어장에서 어구를 내릴 때부터 냉동처리 등을 마칠 때까지의 일련의 어획작업 중인 경우
> 6. 그 밖에 선원근로관계에 관한 쟁의행위로 인명이나 선박의 안전에 현저한 위해를 줄 우려가 있는 경우

　선원인 근로자는 ⅰ) 선박이 외국의 항구에 있는 경우, ⅱ) 여객선이 승객을 태우

---

22) 김유성, 노동법(Ⅱ), p. 251; 임종률, 노동법, p. 212; 대판 1991. 1. 15, 90도2278.
23) 김유성, 노동법(Ⅱ), p. 251.
24) 임종률, 노동법, p. 212.

고 항해중인 경우, ⅲ) 위험물 운송을 전용으로 하는 선박이 항해 중인 경우로서 위험물의 종류별로 해양수산부령으로 정하는 경우, ⅳ) 제9조의 규정에 의하여 선장등이 선박의 조종을 지휘하여 항해 중인 경우, ⅴ) 어선이 어장에서 어구를 내릴 때부터 냉동처리 등을 마칠 때까지의 일련의 어획작업 중인 경우, ⅵ) 그 밖에 선원근로관계에 관한 쟁의행위로 인명이나 선박의 안전에 현저한 위해를 줄 우려가 있는 경우에는 쟁의행위를 하여서는 아니 된다(선원법 제25조). 선박에서의 쟁의행위는 그 특수성에 비추어 인명 및 신체에 위해를 가져올 우려가 크고 국위에 손상을 가져올 우려가 있으므로 이를 제한하기 위한 것이다.

### (5) 경비업법에 의한 제한·금지

> 경비업법 제15조 [특수경비원의 의무] ③ 특수경비원은 파업·태업 그 밖에 경비업무의 정상적인 운영을 저해하는 일체의 쟁의행위를 하여서는 아니된다.

특수경비원이라 함은 「경비업법」에 근거하여 공항등 국가주요시설의 경비 및 도난·화재 그 밖의 위험발생을 방지하는 업무를 말한다(동법 제2조제1호마목).
특수경비원은 파업·태업 그 밖에 경비업무의 정상적인 운영을 저해하는 일체의 쟁의행위를 하여서는 아니 된다.

> **관 련**
> **판 례**
> 헌재 2009. 10. 29, 2007헌마1359    특수경비원 업무의 강한 공공성과 특히 특수경비원은 소총과 권총 등 무기를 휴대한 상태로 근무할 수 있는 특수성 등을 감안할 때, 특수경비원의 신분이 공무원이 아닌 일반근로자라는 점에만 치중하여 특수경비원에게 근로3권 즉 단결권, 단체교섭권, 단체행동권 모두를 인정하여야 하다고 보기는 어렵고, 적어도 특수경비원에 대하여 단결권, 단체교섭권에 대한 제한은 전혀 두지 아니하면서 단체행동권 중 '경비업무의 정상적인 운영을 저해하는 일체의 쟁위행위'만을 금지하는 것은 입법목적 달성에 필요불가결한 최소한의 수단이라고 할 것이어서 침해의 최소성 원칙에 위배되지 아니한다.

### Ⅲ. 쟁의행위의 목적

노동조합법 제2조제6호는 쟁의행위의 목적으로서 「주장을 관철할 목적」이라고 규정하고 있다. 그러나 과연 「주장」의 내용에 무엇이 포함되는지에 관하여는 아무런 규정도 아니두고 있다. 쟁의행위는 목적에 있어서 법령 기타 사회질서에 위반되어서는 아니 된다(동법 제37조제1항).

쟁의행위의 수개의 목적 중 일부는 정당성을 갖추고 있으나, 나머지 일부는 정당성을 갖추지 못하고 있는 경우가 있다. 이 경우 쟁의행위가 당연히 정당성을 상실하는 것은 아니며 정의행위의 「주된 목적」을 기준으로 정당성을 판단하여야 한다.25) 「주된 목적」이라 함은 동 목적을 쟁의행위의 목적에서 제외시켰다면 쟁의행위를 하지 않았을 것으로 인정되는 것을 말한다.

> 관 련
> 판 례
> **대판 2002. 2. 26, 99도5380**  쟁의행위에서 추구되는 목적이 여러 가지이고 그 중 일부가 정당하지 못한 경우에는 주된 목적 내지 진정한 목적의 당부에 의하여 그 쟁의목적의 당부를 판단하여야 할 것이고, 부당한 요구사항을 뺏더라면 쟁의행위를 하지 않았을 것이라고 인정되는 경우에는 그 쟁의행위 전체가 정당성을 갖지 못한다고 보아야 한다.

## 1. 쟁의행위의 목적과 단체교섭의 대상

원칙적으로 쟁의행위는 단체교섭이 결렬된 경우 단체교섭의 대상사항을 근로자의 의도대로 관철하기 위하여 수행하여야 한다. 따라서 쟁의행위의 목적은 단체교섭의 대상과 일치되는 것이 원칙이나 반드시 그러한가에 대하여는 논란의 여지가 있다.

### (1) 학    설

#### ⑺ 단체교섭의 대상과 연계시키는 견해

쟁의권의 개념을 단체교섭이 결렬된 후에 단체교섭상의 자신의 주장을 관철하기 위하여 보장된 것이라고 해석하는 견해는 쟁의행위의 목적을 단체교섭의 대상과 연계시키고 있다.26) 즉, 쟁의행위는 임금·근로시간·후생·해고, 기타 대우 등 근로조건의 결정에 관한 노사관계당사자의 주장을 관철할 목적으로 행하는 행위로서, 쟁의행위의 목적은 근로조건의 유지·개선인 단체교섭의 대상과 일치한다고 한다. 우리나라 대법원 판례의 입장이다.27)

즉, 정리해고 및 구조조정 등 단체교섭대상이 될 수 없는 사항에 대하여 이를 관철할 목적으로 정의행위를 하는 것은 목적에 있어 정당성을 상실한다.

---

25) 대판 2002. 2. 26, 99도5380.
26) 김치선, 노동법, p. 412; 박상필, 노동법, p. 532; 김형배, 노동법, p. 820. 독일의 통설이다. Hueck－Nipperdey, Grundriß, 5. Aufl., S. 300.
27) 대판 1991. 1. 29, 90도2852(쟁의행위의 목적은 임금, 근로시간, 후생, 해고, 기타 대우 등 근로조건에 관한 당사자간의 주장을 관철할 목적으로 행하는 행위이므로 이러한 목적을 갖고 있지 아니한 쟁의행위는 노동조합법상의 쟁의행위가 아니다). 대판 2001. 5. 8, 99도4659; 대판 2002. 1. 11, 2001도1687; 대판 2002. 2. 26, 99도5380; 대판 2003. 2. 11, 2000도4169.

> **관 련**
> **판 례**
> 대판 1994. 9. 30, 94다4042 쟁의행위가 정당성을 갖추기 위해서는 그 목적이 근로조건의 향상을 위한 노사간의 자치적 교섭을 조성하기 위한 것이어야 하며, 이는 쟁의행위의 요구사항이 단체교섭사항에 해당함을 의미한다.

### (나) 단체교섭의 대상과 연계시키지 아니하는 견해

쟁의행위의 목적을 반드시 단체교섭의 대상에 국한하지 아니하고 단체교섭의 대상이 아닐지라도 쟁의행위의 목적이 될 수 있다고 하여 쟁의행위의 목적을 보다 넓게 보는 견해가 있다.

쟁의행위의 목적을 단체교섭의 대상보다 넓게 보는 견해에도 ⅰ) 쟁의행위가 최소한 근로조건의 향상 등 근로자의 경제적·사회적 지위의 향상과 연계되어야 한다는 견해[28]와, ⅱ) 근로자의 경제적·사회적 지위의 향상에 국한되지 아니하고 정치·사회문제 등 근로자의 권익증진에 도움이 되는 사항은 모두 쟁의행위의 목적이 될 수 있다고 하는 견해[29]로 나누어 볼 수 있다.

### (2) 사 견

사견으로는 쟁의행위의 목적과 단체교섭의 대상을 연계시키는 견해에 찬동하고자 한다. 헌법상 쟁의권을 보장하는 주된 이유는 당사자간의 단체교섭이 결렬되는 경우 쟁의행위를 통하여 자신의 주장을 관철시키는 것에 있기 때문이다.

## 2. 구체적인 사례

### (1) 사용자의 경영권

사용자의 경영권 등 사용자가 법률상 또는 사실상 처분할 수 있는 사항이 쟁의행위의 목적에 포함되는지의 여부에 대한 견해가 대립되고 있다. 이에 대하여는 ⅰ) 사용자가 법률상 또는 사실상 처분할 수 있는 사항은 모두 정당한 쟁의행위의 목적이 되므로 경영권도 쟁의행위의 목적이 된다는 견해[30]와 ⅱ) 단체협약에 의한 근로조건의 집단적 규율 내지 형성만이 정당한 목적이 된다고 좁게 한정하여 경영상의 조치를 요구하는 쟁의행위는 부당하다고 하는 견해가 있다.[31]

---

28) 김유성, 노동법(Ⅱ), p. 226; 임종률, 노동법, p. 236; 이병태, 노동법, p. 291; 이을형, 노동법, p. 313.

29) 이영희, 「노동기본권의 이론과 실제」(까치, 1990), p. 174.

30) 박홍규, 노동법, p. 1029.

31) 독일의 통설·판례이다. Hugo Seiter, Streikrecht und Aussperrungsrecht, 1975, S. 262. 회사 폐업에 대한 항의(대판 1991. 6. 11, 91도204); 근로자 해고철회(노사 32281–16592, 1988. 11. 7); 종업원 지주제의 요구(노사 32281–10211, 1989. 7. 11); 회사명칭변경반대(노사 32281–2261, 1991. 2. 19) 등은 쟁의행위의 대상이 되지 아니한다.

사건으로는 단체교섭대상의 범위를 정하는 문제로 귀착된다고 본다. 즉, 사용자의 경영권이 단체교섭의 의무교섭대상에 포함되는 경우에는 쟁의행위의 목적이 될 수 있으나, 포함되지 아니하는 경우에는 쟁의행위의 목적이 될 수 없다고 본다. 예컨대 정리해고나 사업의 통·폐합 등 기업의 구조조정 실시여부는 경영권의 본질적 사항으로서 이는 단체교섭의 대상이 될 수 없고, 이를 목적으로 하는 쟁의행위는 정당성이 결여된다.[32]

> **관련판례** 대판 2003. 2. 11, 2000도4169 정리해고나 사업조직의 통·폐합 등 기업의 구조조정의 실시 여부는 경영주체에 의한 고도의 경영상 결단에 속하는 사항으로서 이는 원칙적으로 단체교섭의 대상이 될 수 없고, 그것이 긴박한 경영상의 필요나 합리적 이유 없이 불순한 의도로 추진되는 등의 특별한 사정이 없는 한, 노동조합이 실질적으로 그 실시 자체를 반대하기 위하여 쟁의행위에 나아간다면, 비록 그 실시로 인하여 근로자들의 지위나 근로조건의 변경이 필연적으로 수반된다 하더라도 그 쟁의행위는 목적의 정당성을 인정할 수 없는 것이다.

### (2) 단체교섭의 실시 여부

단체교섭대상에 일단 해당하기만 하면 이에 대하여 실제로 단체교섭을 실시하지 아니하였더라도 모두 쟁의행위의 목적에 해당되는 것인지, 아니면 단체교섭을 이미 실제로 거친 대상에 국한되는 것인지에 대하여 문제점이 제기될 수 있다. 쟁의행위의 목적은 단체교섭이 결렬된 후에 자신의 주장을 관철하기 위하여 실력행사를 하는 데에 있다. 따라서, 쟁의행위는 단체교섭의 실시 결과 당사자간의 주장이 불일치하는 단체교섭대상에 국한되는 것이 원칙이라고 할 것이다.[33] 근로자가 단체협약체결의 노력을 기울였음에도 불구하고 사용자가 단체교섭을 정당한 이유 없이 거부하거나, 단체협약을 체결하지 아니하는 경우 이는 단체교섭을 실시한 것에 해당되므로 노동쟁의가 발생된 것으로 간주하여 쟁의행위를 할 수 있다고 본다.[34]

> **관련판례** 대판 2003. 2. 11, 2002두9919 원고회사와 소외 조합 사이의 단체교섭 과정에서 단체교섭 자체에 불응함으로써 개별적인 근로조건의 내용에 관한 당사자 사이의 의견교환이 제대로 이루어지지 않았다고 하더라도 이는 원고회사가 정당한 사유 없이 단체교섭 자체를 거부함으로써 발생한 것이어서, 이 사건 중재재정 신청일 당시에는 개별적인 근로조건에 관한 당사자 사이의 주장의 불일치로 인하여 더 이상 자주적인 교섭에 의한 합의의 여지가 없는 노동쟁의가 발생한 상태였다고 보아야 한다고 판단하여 이에 관한 원고회사의 주장을 배척하였는바, 기록에 비추어

---

32) 대판 2003. 2. 11, 2000도4169.
33) 이상윤, 노동법, p. 770; 이상윤, 노동조합법, p. 341.
34) 김유성, 노동법(Ⅱ), p. 229; 대판 1991. 5. 14, 90누4006; 대판 2003. 2. 11, 2002두9919.

살펴보면 원심의 판단은 정당하고 노동쟁의조정의 대상인 노동쟁의에 관한 법리를 오해한 위법이 없다.

## (3) 부당노동행위

부당노동행위와 같이 근로자의 단결권·단체교섭권 또는 단체행동권을 침해하는 사용자의 행위에 대하여 쟁의행위를 할 수 있는가가 문제된다.

이에 대하여는 부정적인 견해도 있으나35) 사용자의 부당노동행위는 근로자의 헌법상 근로삼권을 침해하는 행위로서 이에 대항하여 근로자의 근로삼권을 보호하는 것을 목적으로 하는 쟁의행위는 무방하다고 본다.36)

그 이유는 「근로삼권의 보호」는 「쟁의행위의 목적」의 판단 문제보다 훨씬 본질적인 문제로서 「쟁의행위의 존립」 자체에 영향을 미치고 있기 때문이다. 특히, 사용자가 단체교섭 또는 단체협약의 체결을 정당한 이유 없이 거부하거나 해태하는 경우, 이는 단체교섭이 개시된 후 결렬된 것과 다를 바 없으므로 사용자에게 단체교섭의 개시를 목적으로 하는 쟁의행위는 당연히 인정되어야 할 것이다.37)

## (4) 권리분쟁에 관한 사항

법령상의 권리·의무 또는 단체협약의 이행·해석 등에 관하여 분쟁이 발생한 경우, 이른바 권리분쟁에 대하여 쟁의행위를 할 수 있는지의 여부가 문제된다.

이에 대하여, ⅰ) 쟁의행위는 단체교섭 즉 단체협약의 체결을 유리하게 전개하기 위한 수단이므로, 법령·단체협약의 이행 및 해석은 법원 또는 노동위원회를 통하여 해결하는 것이 원칙이며 이를 쟁의행위에 호소하여 실현하는 것은 허용되지 아니한다는 견해38)와, ⅱ) 쟁의행위는 단체협약의 체결만을 위하여 법적으로 보장된 것은 아니며 사법적으로 법원에 의한 해결이 가능한 사항이라 하더라도 오히려 당사자 사이에서 자주적으로 해결되는 것이 바람직하므로, 쟁의행위를 허용하여도 무방하다는 견해도 있다.

사견으로는 노동조합법 제2조제5호에서 노동쟁의의 개념을 "근로조건"에 관한

---

35) 노사 32281 – 10(1989. 7. 11).

36) 미국의 경우에는 쟁의행위를 ⅰ) 당사자간의 단체교섭이 결렬되어 노사분쟁이 발생하는 경우에 행하는 경제적 쟁의행위(economic strike)와 ⅱ) 사용자의 부당노동행위에 반발하여 행하는 부당노동행위 쟁의행위(unfair labor practice strike)로 대분하고 있다. 후자의 부당노동행위 쟁의행위의 경우에는 쟁의기간중에 대체고용을 허용하지 아니하는 반면에 전자의 경제적 쟁의행위에는 이를 허용함으로써 오히려 부당노동행위 쟁의행위를 두텁게 보호하고 있다. NLRB v. Mackay Radio & Telegraph Co., 304 U.S. 333(1938).

37) 대판 1991. 5. 14, 90누4006.

38) 김형배, 노동법, p. 904.

분쟁이 아니라 "근로조건의 결정"에 관한 분쟁으로 정의하고 있으므로 쟁의행위는 원칙적으로 이익분쟁에 국한된다고 본다.

다만, 사용자가 단체협약의 이행방법 및 해석상의 이견이 없음에도 불구하고 이행자체를 거부하는 행위는 해당 단체협약을 체결하기 이전에 행한 단체교섭의 존재의미를 부정하고 있으므로 단체협약의 이행을 목적으로 하는 쟁의행위는 허용된다고 본다.39)

또한, ⅰ) 임금체불의 내용이 명확한 경우, ⅱ) 부당노동행위가 중대·명백한 경우 및 ⅲ) 법령·단체협약 및 취업규칙의 불이행이 중대하고 명백한 경우 등에는 사용자에게 단체교섭을 통한 해결을 우선 요구하고, 이의 결렬시 쟁의행위가 허용되어야 할 것이다.

**관 련**
**판 례**   대판 1991. 5. 14, 90누4006   사용자측이 정당한 이유 없이 근로자의 단체협약 체결여부를 거부하거나 해태한 경우에 부당노동행위 구제신청을 하지 아니하고 노동쟁의 방법을 택하였다고 하여 노동조합법을 위반한 것이라 할 수 없다.

### (5) 평화의무위반

노동조합이 평화의무에 위반하여 단체협약에 규정된 사항의 개폐를 목적으로 쟁의행위를 할 수 있는지의 여부가 문제시된다. 이에 대하여 평화의무의 법적 근거를 헌법상 단체협약에 본질적으로 내재하는 것으로 보는 견해는, 쟁의행위의 목적은 단체협약의 체결에 있으므로 평화의무 위반의 쟁의행위는 오히려 이미 체결된 단체협약조차도 깨뜨림으로써 그 본질상 허용되지 아니한다고 한다.40)

**관 련**
**판 례**   대판 1992. 9. 1, 92누7733   평화의무는 협약에 본질적으로 내재하는 의무이므로 평화의무에 위반하는 쟁의행위는 민·형사책임이 면제되지 아니한다.

이에 반하여 평화의무의 법적 근거를 협약당사자간의 합의 내지 계약에서 구하는 입장은, 평화의무는 쟁의행위를 할 수 있는 권리를 합의 내지 계약으로 제한하는 것이므로 평화의무 위반의 쟁의행위는 당연히 허용되며, 단지 그 위반에 대하여 협약불이행의 책임을 부담할 뿐이라고 한다.41)

---

39) 노동조합법 제60조제5항은 당사자가 합의한 조정안의 해석·이행방법에 대하여 당사자간의 의견의 불일치가 생긴 경우 조정위원회의 견해가 제시되기 전까지는 쟁의행위를 할 수 없다고 규정하고 있다. 이는 단체협약과 동일한 효력을 갖는 조정안의 해석·이행에 대하여 조정위원회의 견해가 제시된 경우에는 쟁의행위를 할 수 있다는 것으로 해석되므로 권리분쟁에 대한 쟁의행위의 허용을 간접적으로 시사하고 있다.

40) 박상필, 노동법, p. 534; 대판 1992. 9. 1, 92누7733; 노사 32281-16552(1988. 11. 5).

사견으로는 평화의무의 법적 근거를 헌법상 단체협약의 본질적·내재적 제한으로 보아 평화의무를 위반한 쟁의행위는 허용되지 아니한다고 본다.

### (6) 정치파업

정치파업(political strike)이란 행정부 및 입법부 등 국가기관으로 하여금 그 권한에 속하는 일정한 법령·정책 등을 취하게 하거나 이를 저지할 목적으로, 또는 이에 대한 의견을 표명할 목적으로 행하는 파업을 말한다.42)

원래 노동조합은 자신의 의사를 국가에 전달하는 방법으로서 대정부 진정·항의의 의사표시, 대정부 협의, 각종 심의기관에의 참여 등의 다양한 활동을 전개하고도 있으나, 과연 이러한 의사전달의 방법으로서 파업의 형태가 허용되는가에 대하여는 견해가 대립되어 왔다.

### (가) 학 설

① **정치파업 부정설:**    헌법상의 쟁의권이 사용자와의 단체교섭을 보조하기 위한 수단으로서만 보장되는 것이라고 이해하는 입장에서는 쟁의행위는 단체교섭의 대상의 범위 내에서만 보장되고 있다고 본다. 따라서 정치파업은 그 목적이 특정한 정부의 퇴진을 주장하는 것이든 또는 임금가이드라인의 조정이나 노동법령의 제·개정을 주장하는 것이든 모두 허용되지 아니한다고 한다.43)

| 관 련 판 례 | **부산지판 1997. 2. 26, 97카기95**    노동관계법 무효화를 주장하면서 벌인 파업은 근로조건에 관한 주장을 관철하기 위한 것도 아니고 그 요구의 상대방도 사용자가 아닌 국가이므로 위법하다. |
|---|---|

② **정치파업 긍정설:**    정치파업을 인정하는 견해에는 정치파업은 어떠한 경우나 그 목적이 정당하다고 주장하는 견해44)와 정치파업을 경제적 정치파업과 순수 정치파업으로 구분하여 전자의 경우에만 정당한 파업으로서 인정하여야 한다는 견해가 있다.45)

---

41) 김유성, 노동법(Ⅱ), p. 234; 이병태, 노동법, p. 256.

42) 정치파업은 종래에는 쟁의행위의 목적과 결부되어 논의되었으나, 정치파업의 본질은 쟁의행위의 목적뿐 아니라 그 상대방과도 밀접한 연관성이 있다. 따라서 이하에서는 정치파업을 그 목적의 측면과 상대방의 측면으로 나누어 여기에서는 목적의 측면에 관하여만 설명하기로 한다.

43) 박상필, 노동법, p. 532; 김형배, 노동법, p. 999; 대판 1991. 1. 29, 90도2852(구속근로자에 대한 석방촉구와 형량가중에 대한 행위 등은 쟁의행위의 목적이 될 수 없다).

44) 이영희, 「노동기본권의 이론과 실제」(까치, 1990), p. 194.

45) 김치선, 노동법, p. 412; 김유성, 노동법(Ⅱ), p. 225; 임종률, 노동법, p. 231; 이병태, 노동법, p. 313; 박홍규, 노동법(Ⅱ), p. 385; 이학춘·이상덕·이상국·고준기, 노동법(Ⅱ), p. 444.

예컨대 근로조건의 향상과 관련되는 법령의 제·개정을 요구하는 경제적 파업의 경우와 특정 정부의 퇴진을 요구하는 순수한 정치파업의 경우는 다르다는 것이다. 전자가 근로자의 입장에서 행하는 「산업적·경제적」 요구라 한다면, 후자는 국민의 입장에서 행하는 순수한 「정치적」 요구라고 할 수 있다.

(나) 사 견

사견으로는 정치파업을 인정하지 아니하는 견해에 찬동한다. 그 이유는 파업의 본질은 사용자에게 처분권한이 있는 사항에 관해서 단체교섭이 결렬되는 경우 근로 자의 주장을 관철하기 위하여 행사되는 것이기 때문이다. 정치적 목적은 사용자가 이를 해결할 방안이 없으므로 파업의 대상이 아니다. 다만, 임금가이드라인의 조정, 노동법령의 제·개정은 파업을 통해서가 아니라 합법적인 조합활동에 의하여 추진 되어야 할 것이다.

(7) 상부노조와 하부노조 또는 지부·지회의 파업목적이 다른 경우

상부노조의 지휘·통제하에 단위노조 또는 지부·지회가 파업을 하는 경우 상부 노조는 정리해고 또는 사업의 구조조정 반대를 목적으로 하고 있으나 단위노조 또 는 지부·지회는 각각 임금교섭을 하고 교섭결렬을 이유로 동시에 총파업을 실시하 는 경우가 있다. 이러한 총파업에 대하여 과연 정당성이 인정될 수 있는지의 여부가 문제시될 수 있다. 이에 대한 구체적인 견해는 아직 제시되고 있지 아니하나 대법원 판례는 "구조조정 방침을 철회하기 위하여 「상부노조」의 투쟁방침과 일정에 보조를 맞추되 다만 합법화된 테두리 안에서 쟁의행위를 하기 위하여 임금협상을 실시하고 … 임금협상의 조기타결은 쟁의행위를 합법화 하기 위한 부수적인 목적에 불과하고 쟁위행위의 주된 목적은 구조조정방침에 반대하기 위한 것"이라 하여 파업의 정당성 을 부정하고 있다.[46] 동 판례는 개별 사업장 단위의 단체교섭 및 파업의 절차·목 적 등이 외형상 정당성을 갖추고 있는 경우에도 상부노조의 실제 파업 목적이 정당 하지 못한 경우에는 파업 전체가 정당성을 상실하는 것으로 보고 있다. 다만, 이 경 우에도 파업의 목적이 다수 있고 이 중 일부가 정당하지 못한 경우에는 주된 목적 내지 진정한 목적의 당부에 의하여 쟁위행위의 주된 목적을 판단하여 부당한 목적 을 제외하였다면 파업을 하지 않았을 것이라고 인정되는 경우에만 파업전체가 정당 성을 상실한다고 보아야 할 것이다.[47]

---

46) 대판 2002. 2. 26, 99도5380.
47) 대판 1992. 1. 21, 91누5204.

### (8) 쟁의행위 개시 후 새로운 쟁의사항의 부가

정당한 쟁의행위가 개시된 이후 쟁의사항과 밀접하게 관련된 새로운 내용이 부가되었다면 노동조합은 부가된 내용에 대하여 별도의 찬반투표나 노동쟁의조정을 거치지 아니하여도 무방하다.[48]

## Ⅳ. 쟁의행위의 상대방

### 1. 의    의

노동조합법 제2조제6호의 규정에 의하면 쟁의행위는 「노사관계당사자간」의 주장의 불일치가 있는 경우 그 주장을 관철할 목적으로 수행되는 행위이다. 따라서 쟁의행위는 「노사관계당사자간」에 수행되어야 하는바, 근로자의 쟁의행위는 단체교섭의 상대방인 사용자 또는 사용자단체를 그 상대방으로 하여야 하고, 반대로 사용자의 쟁의행위는 근로자를 상대방으로 수행하여야 한다.[49]

따라서, 동정파업이나 정치파업 등은 근로자의 사용자가 아닌 다른 사용자 또는 국회·정부 등을 상대방으로 하는 쟁의행위이므로 비록 그 궁극적 목적이 근로조건의 유지·향상에 있다 할지라도 이러한 쟁의행위는 쟁의행위의 상대방 요건을 충족하지 못할 것이다.[50]

노동조합의 쟁위행위가 사용자를 상대방으로 한다는 것은 궁극적으로 사용자에게 처분권한이 있는 사항에 대하여 쟁의행위를 하여야 함을 말한다. 그러나 쟁의행위가 과연 사용자의 처분권한이 있는 사항에 국한되는지의 여부에 관하여는 의견이 대립이 있다.

### (1) 학    설

① 광의설:        광의설은 쟁의행위의 대상으로서 ⅰ) 사용자에게 처분권한이 있는 단체교섭사항뿐 아니라 ⅱ) 사용자에게 처분권한이 없거나 단체교섭의 대상이 되지 아니하는 사항도 포함된다고 한다.[51] 광의설은 헌법 제33조의 「근로조건의 향상

---

48) 대판 2012. 1. 27, 2009도8917.

49) 이영희, 노동법, p. 268.

50) 정치파업 및 동정파업은 종래에 쟁의행위의 「목적」이라는 측면에서 논의되었으나, 이는 쟁의행위의 「상대방」이 사용자가 아닌 제3자라는 측면에서 더욱 논의의 중요성을 갖고 있다고 할 것이다. 박상필 교수는 이를 「사용자가 처리하여야 할 성질의 것이 아닌 사항을 목적으로 하는 경우」로 표현하고 있다. 박상필, 노동법, p. 536. 미국의 경우 자신의 사용자가 아닌 다른 사용자 또는 제3자에 대한 소위 2차적 파업(Secondary Strike)은 위법이다. NLRA Sec.8(b)(4).

은」 단체교섭은 물론 국가의 입법이나 정책결정에 의하여 실현될 수 있으므로, 쟁의행위는 단체교섭의 결렬시는 물론 국가의 입법·정책결정을 대상으로 할 수 있다고 한다. 그러나 광의설을 주장하는 경우에도 ⅰ) 사용자에게 법률상·사실상 처분권한이 없는 사항을 목적으로 하는 쟁의행위는 그 목적을 구체적으로 살펴 정당성을 판단하여야 한다거나,52) ⅱ) 사용자의 피해를 최소화 하도록 필요한 최소한의 단시간의 파업에 그쳐야 정당성을 가진다고 하여53) 그 한계를 설정하고 있다.

② **협의설:** 협의설은 쟁의행위의 대상은 사용자에게 처분권한이 있는 단체교섭 대상에 국한된다는 견해이다.54)

협의설은 ⅰ) 헌법 제33조의「근로조건의 향상」은 단체교섭은 물론 국가의 입법이나 정책결정에 의하여도 실현될 수 있다는 점에서 광의설과 일치하나, ⅱ) 쟁의행위는 사용자의 처분권한이 있는 단체교섭 대상에 국한되고 입법·정책결정사항에 대하여는 별도의 정치활동에 의하여 실현될 수 있다고 한다.

## (2) 사　　견

사견으로는 협의설에 찬동하는 바이다. 쟁의행위는 노동조합의 근로조건향상 또는 사회·경제적 지위의 향상이라는 목적달성을 위하여 어느 경우에나 할 수 있는 것이 아니라 단체교섭의 결렬시에 행하는 것이 원칙이기 때문이다. 따라서 사용자의 처분권한이 없는 입법·정책 결정사항에 대하여는 단체교섭 및 쟁의행위가 허용되는 것이 아니라 별도의 정치·사회활동을 통하여 이를 달성하여야 한다.

따라서, 동정파업이나 정치파업 등은 근로자의 사용자가 아닌 다른 사용자 또는 국회·정부 등을 상대방으로 하는 쟁의행위이므로, 비록 그 궁극적 목적이 근로조건의 유지·향상에 있다 할지라도 이러한 쟁의행위는 쟁의행위의 상대방요건을 충족하지 못할 것이다.55)

이하에서는 정치파업·동정파업 및 지역단위 노동조합의 예를 들어 쟁의행위의 상대방에 관하여 설명하여 보고자 한다.

---

51) 김유성, 노동법(Ⅱ), p. 223; 임종률, 노동법, p. 220.
52) 김유성, 노동법, p. 223.
53) 임종률, 노동법, p. 231.
54) 박상필, 노동법, p. 532.
55) 이상윤, 노동법, p. 775; 이상윤, 노동조합법, p. 346. 정치파업 및 동정파업은 종래에 쟁의행위의 "목적"이라는 측면에서 논의되었으나, 이는 쟁의행위의 "상대방"이 사용자가 아닌 제3자라는 측면에서 더욱 논의의 중요성을 갖고 있다고 할 것이다. 박상필 교수는 이를 "사용자가 처리하여야 할 성질의 것이 아닌 사항을 목적으로 하는 경우"로 표현하고 있다. 박상필, 노동법, p. 536.

## 2. 정치파업

### (1) 학    설

#### (가) 정치파업을 부정하는 견해

쟁의행위는 「근로자 및 사용자」 간의 단체협약의 체결을 둘러싼 분쟁의 해결을 목적으로 하는 것이므로 사용자가 아닌 제3자, 즉 국가를 대상으로 하여 쟁의행위를 하는 정치파업은 부당하다고 본다.[56]

#### (나) 정치파업을 인정하는 견해

노사관계에 대하여 정부의 개입 등 역할이 확대되고 있는 현실에 비추어 볼 때에 국가가 근로자에게 불리한 입법이나 정책을 결정하는 경우, 이에 대한 압력수단으로서의 정치파업은 근로자의 의사를 표명하는 가장 효율적인 수단이므로 당연히 국가도 쟁의행위의 상대방이 되어야 한다고 한다.[57]

### (2) 사    견

국가를 상대방으로 하는 정치파업을 부정하는 견해에 찬동한다. 쟁의행위의 본질은 노사당사자간의 분쟁을 자치적으로 해결하는 데에 있는 것이지 노사당사자가 아닌 제3자에 대한 물리적 압력수단으로 활용되어서는 아니 된다.

## 3. 동정파업

동정파업이란 다른 노동조합이 행하는 쟁의행위를 지원하기 위하여 행하는 파업을 말하며, 연대파업이라고도 한다. 동정파업은 언제나 다른 노동조합이 행하는 원파업이 있어야 존재할 수 있는 부수적인 성격의 파업이다.

### (1) 학    설

#### (가) 동정파업 긍정설

① **순수긍정설:** 기업의 근로조건은 다른 기업 또는 산업 전체와 유기적으로 관련되어 있으므로 어떤 기업의 파업의 결과는 당연히 다른 기업, 또는 산업의 근로조건에 영향을 미치기 때문에, 동정파업은 원칙적으로 다른 기업의 쟁의에 관한 것이지만 결과적으로는 자기의 근로조건에 대한 쟁의라고 하여 동정파업을 인정하고

---

56) Osswald, Der Streik und die ihm durch das Strafrecht gezogenen Grenzen, Bundesvereinigung der Deustschen Arbeitsgeberverbände, 1954, S. 18f. 등 참조.

57) 박홍규, 노동법, p. 1075.

있다.58)

근로자의 경제적·사회적 지위의 향상을 위한 동정파업은 헌법상의 목적에 배치되지 아니하는 한 인정되어야 한다고 한다.

② **제한적 긍정설:**    동정파업을 두 가지 형태로 구분하여 ⅰ) 순수동정파업의 경우에는 정당성이 부정되지만, ⅱ) 해당 산업의 특성, 노동조합간의 조직관계 또는 사용자간의 결합관계 등에 비추어 원파업과 동정파업간의 노사관계의 관련성을 인정할 수 있다면 정당성이 예외적으로 인정된다고 한다.59)

예컨대 ⅰ) 해당 산업의 근로조건이 통일되어 있는 등 원파업 사업장과 동정파업 사업장의 근로조건이 서로 실질적 연관성이 있는 경우, ⅱ) 원파업 노동조합과 동정파업 노동조합 간에 긴밀한 조직적 결합관계에 있는 경우 또는 ⅲ) 사용자 상호간에 자본외 결합 등 긴밀한 연관성이 있어 동정파업의 사용자가 원파업의 사용자에게 영향을 미칠 수 있는 경우 등에는 동정파업의 정당성이 인정된다고 한다.

(나) **동정파업 부정설**

동정파업에 있어서는 노동조합이 자신의 사용자에게 직접적이고 구체적인 요구를 하지 아니하고 사용자에게 처분권한이 없는 사항을 목적으로 하고 있으며, 사용자는 직접 상대방이 아닌 제3자로서 손해를 입는다는 점에서 동정파업을 부정하고 있다.60)

동 견해는 ⅰ) 동정파업의 주체가 지원대상 근로자와 근로조건에 대하여 실질적으로 이해관계를 같이 하는 경우에는 동정파업을 할 것이 아니라 스스로 자신의 사용자와 단체교섭을 하는 것이 바람직하며, 또한 ⅱ) 동정파업의 주체가 지원대상근로자와 조직적 결합관계를 가지는 경우에는 동정파업의 주체가 집단교섭·동시교섭·산업별 통일교섭 등의 방법을 취하는 것이 더욱 효과적이라 한다.61)

(2) **사      견**

동정파업은 파업의 상대방이 노동조합의 사용자가 아니라 제3자이고, 사용자와 단체교섭을 행하지 아니하였다는 점에서 쟁의행위로서 인정할 수 없다고 본다. 비록 동정파업을 통하여 근로자의 근로조건을 실질적으로 향상시킬 수 있다 할지라도 이

---

58) 박상필, 노동법, p. 532; 박홍규, 노동법(Ⅱ), p. 387.
59) 김유성, 노동법(Ⅱ), p. 227; 이병태, 노동법, p. 314; 이학춘·이상덕·이상국·고진기, 노동법(Ⅱ), p. 448. 이를 동정파업 이분론이라고도 한다.
60) 임종률, 노동법, p. 232; 박상필, 노동법, p. 532.
61) 임종률, 노동법, p. 232.

는 자신의 사용자에 대한 요구가 아니므로 정당한 쟁의행위가 아니라고 할 것이다.

### 4. 지역단위 노동조합

지역단위 노동조합은 일정한 지역에서 각기 다른 사업장에 종사하는 근로자들로 조직된 노동조합을 말한다. 즉, 일정한 지역 안에 노동조합은 하나밖에 없으나, 사용자는 여럿이 존재하는 경우이다.[62]

지역단위 노동조합과 어느 특정 사업주간의 단체교섭이 결렬되면 쟁의행위를 하게 될 것이다. 이 경우 과연 지역단위 노동조합에 소속된 모든 근로자들이 쟁의행위에 참여할 수 있는지 아니면, 해당 사업주에 고용된 근로자만이 쟁의행위에 참여할 수 있는지의 문제가 발생하게 된다. 이에 대하여 특정 사업장에서 쟁의행위가 발생되었다면 해당 사업장에 고용된 근로자만이 쟁의행위에 참여할 수 있고 다른 사업장에 고용된 근로자는 쟁의행위를 할 수 없다는 행정해석이 있다.[63]

**관 련**
**결 정**  노사 1989. 4. 28, 32281-6238    특정 사업장에서 노동쟁의가 발생한 경우, 다른 사업장에 소속된 근로자는 쟁의행위개시에 대한 찬반투표에 참여할 수 없으며 특정 사업장에서의 쟁의행위에 참여할 수도 없다.

지역단위 노동조합이 사업주별로 각각 별도의 단체교섭을 실시하고 단체협약을 체결한다면 특정 사업장에 소속된 조합원만이 쟁의행위를 할 수 있다고 보아야 할 것이다. 그 이유는 다른 사업장에 소속된 조합원은 특정 사업장의 사용자와 단체협약을 체결하지 아니하므로 이러한 사용자는 쟁의행위의 상대방이 될 수 없기 때문이다.

## V. 쟁의행위의 방법

쟁의행위는 수단·범위·절차 및 시기 등 그 행사의 방법에 있어서 일정한 요건을 충족하여야 하며, 법령·기타 사회질서에 위반되어서는 아니 된다(노동조합법 제37조제1항).

### 1. 쟁의행위의 수단

노동조합법 제2조제6호는 쟁의행위를 「업무의 정상적인 운영을 저해하는 행위」

---

62) 예컨대 서울특별시시설관리노동조합 및 서울지역인쇄공노동조합 등이 이에 해당된다.
63) 노사 32281-6238(1989. 4. 28).

로 규정하고 있는바, 이는 크게 두 가지 의미를 지닌다.

첫째, 쟁의행위는 적극적으로 「업무의 정상적인 운영을 저해」하여야 한다. 그러므로 평상시의 업무를 운영하면서 집단적으로 완장 또는 리본 등을 착용하여 사용자에 대한 불만을 표시하는 「단체과시」는 쟁의행위로 볼 수 없다.

둘째, 쟁의행위는 「업무의 정상적인 운영을 저해」하는 수준의 행위에 그쳐야 한다. 이는 쟁의행위의 내재적 제한의 측면을 의미하는 것으로서, ⅰ) 쟁의행위는 그 목적을 달성하기 위하여 필요한 최소한도의 수준에서 행사되어야 하고, ⅱ) 폭력·파괴행위는 금지되며, ⅲ) 안전보호시설의 유지·운영의 의무가 부과된다고 할 것이다. 이를 설명하여 보면 다음과 같다.

### (1) 과잉금지의 원칙

과잉금지의 원칙이라 함은 쟁의행위라는 수단이 헌법상 보장된 단체교섭의 목적 달성에 적합하고 필요한 것이어야 하며 그 정도를 초과하지 아니하도록 비례적이어야 한다는 것을 말한다.[64]

헌법과 관련법령에서는 과잉금지의 원칙에 대하여 아무런 명문의 규정도 두고 있지 아니하나, 과잉금지의 원칙은 헌법상 쟁의행위에 내재하는 본질적 요소라고 할 수 있을 것이다.

적합하고 필요하다는 것은 노동조합이 모든 가능한 단체교섭의 방법과 절차를 사용하고 이러한 평화적 단체교섭이 분쟁해결에 실패한 경우에 쟁의행위를 최후적 수단으로 사용하는 것을 의미한다. 적합하고 필요한 쟁의행위라 할지라도 목적달성을 위하여 그 수단이 균형을 유지할 수 있는 비례성이 요구된다고 할 것이다.

### (가) 가해목적의 쟁의행위

쟁의행위가 근로조건의 유지·개선 등 노동조합의 합법적 목적을 달성하기 위한 것이 아니라, 전적으로 사용자 또는 사용자의 거래상대방 등 제3자의 재산·명예 등에 손해를 끼치려는 것을 목적으로 하는 경우가 있다. 이러한 가해목적의 쟁의행위는 정당성이 부정된다.[65]

다만, 쟁의행위가 가해목적을 위한 것인지의 판단은 용이하지 아니한바, 구체적인 단체교섭의 경과, 사용자의 교섭태도, 노동조합의 요구·주장의 실질적 내용 등

제<br>3<br>부<br><br>집단적 노사관계

---

64) 하경효, "쟁의행위에 있어서의 과잉침해금지의 적용 ─ 독일에서의 논의를 중심으로 ─", 「노동법학 제3호」(1991), p. 75 이하 참조.

65) 김유성, 노동법(Ⅱ), p. 229; 박상필, 노동법, p. 534.

해당 쟁의행위의 상황을 구체적·종합적으로 고찰하여야 할 것이다.66)

### (나) 과다요구의 쟁의행위

노동조합이 사용자가 객관적으로 수용할 수 없는 과다한 요구를 하고 동 주장을 관철하고자 파업을 하는 경우가 있다. 이러한 과다요구의 쟁의행위가 정당성을 갖는지의 여부가 문제시될 수 있다.

이에 대하여 노동조합의 과다요구는 단체교섭의 단계에서 조정할 문제로서 그것만으로 쟁의행위가 정당성을 상실하는 것은 아니라는 견해가 있다.67)

그러나 사견으로는 과다요구의 수준이 기업의 경영상태 및 지불능력에 비추어 객관적으로 실현불가능하고 노동조합도 이러한 사실을 알고 있는 경우에는 노동조합이 단체교섭의 진정한 의사가 없는 것으로 보아 쟁의행위의 정당성을 부정하여야 할 것이다.

### (2) 폭력·파괴행위의 금지

### (가) 관련규정

**노동조합법 제42조** [폭력행위 등의 금지] ① 쟁의행위는 폭력이나 파괴행위 또는 생산 기타 주요업무에 관련되는 시설과 이에 준하는 시설로서 대통령령이 정하는 시설을 점거하는 형태로 이를 행할 수 없다.
**노동조합법 제4조** [정당행위] (본문 생략). 다만, 어떠한 경우에도 폭력이나 파괴행위는 정당한 행위로서 해석되어서는 아니된다.

### (나) 주요내용

① **폭력·파괴행위의 금지:**   쟁의행위는 폭력·파괴행위로서 이를 하여서는 아니 된다(노동조합법 제42조제1항; 동법 제4조단서).

「폭력·파괴행위」의 개념은 명확한 개념이 아니다. 일반적으로 「폭력행위」라 함은 사람의 생명·신체에 대한 불법적인 유형력의 행사로서 형법상의 폭행·협박에 해당하는 행위를 말하고, 「파괴행위」라 함은 재산의 일부 또는 전부에 불법적인 유형력을 행사하여 그 재산의 효용을 멸실 또는 감손시키는 행위로서 형법상의 손괴에 해당하는 행위를 의미한다.

그러나 쟁의행위는 어느 정도의 집단적 위력을 과시하는 것이 그 성질상 당연히 허용되므로, 형법상의 폭행죄·협박죄 또는 손괴죄를 엄격히 해석·적용하여서는 아

---

66) 김유성, 노동법(Ⅱ), p. 229.
67) 김유성, 노동법(Ⅱ), p. 230.

니 된다. 형법을 엄격히 적용하는 경우 이는 헌법상 보장된 단체행동권의 행사가 크게 제한받는 결과를 초래하게 될 것이다. 쟁의행위중의 폭력·파괴행위가 노동조합의 통제에 따라 조직적으로 계획되고 실행된 경우에는 쟁의행위 전체가 폭력화되므로 그 정당성이 인정되지 아니하나, 일부 조합원에 의하여 폭행·폭언 등이 산발적으로 행하여진 경우에는 쟁의행위 전체의 정당성 여부에 대하여 영향을 주지 아니한다고 보아야 할 것이다.

노동조합법 제42조제1항의 규정에 위반하여 폭력이나 파괴행위로 쟁의행위를 한 자에 대하는 3년 이하의 징역 또는 3천만원 이하의 벌금에 처한다(동법 제89조제1호).

② **직장점거의 금지:** 쟁의행위는 주요시설에 대한 직장점거의 형태를 수반하여서는 아니 된다. 직장점거에 대하여는 후술한다.

### (3) 안전보호시설의 유지

쟁의행위는 사용자에 대하여 근로제공의 거부를 통한 경제적 손실을 주는 것이므로 사람의 생명·신체에 직접적 피해를 주는 것은 쟁의행위의 본질을 일탈하는 것으로서 허용되지 아니한다.

#### (가) 관련규정

**노동조합법 제42조** [폭력행위 등의 금지] ② 사업장의 안전보호시설에 대하여 정상적인 유지·운영을 정지·폐지 또는 방해하는 행위는 쟁의행위로서 이를 행할 수 없다.
③ 행정관청은 쟁의행위가 제2항의 행위에 해당한다고 인정하는 경우에는 노동위원회의 의결을 얻어 그 행위를 중지할 것을 통보하여야 한다. 다만, 사태가 급박하여 노동위원회의 의결을 얻을 시간적 여유가 없을 때에는 그 의결을 얻지 아니하고 즉시 그 행위를 중지할 것을 통보할 수 있다.
④ 제3항 단서의 경우에 행정관청은 지체 없이 노동위원회의 사후승인을 얻어야 하며 그 승인을 얻지 못한 때에는 그 통보는 그 때부터 효력을 상실한다.

#### (나) 안전보호시설의 유지

쟁의행위는 안전보호시설의 정상적인 유지·운영을 정지·폐지 또는 방해하여서는 아니 된다(노동조합법 제42조제2항).

쟁의행위는 사용자에 대하여 근로제공의 거부를 통한 경제적 손실을 주는 것이므로 사람의 생명·신체 또는 사용자의 재산에 직접적 피해를 주는 것은 쟁의행위의 본질을 일탈하는 것으로서 허용되지 아니한다. 이는 사람의 생명 및 신체의 보호는 물론 사용자의 재산권과 근로자의 쟁의권 간의 조화·균형을 도모하고자 하는데 그 의의가 있다고 할 것이다.

① **안전보호시설의 범위:**　　안전보호시설이라 함은 사람의 생명·신체의 위험을 예방하거나 위생상 필요한 시설을 말한다. 안전보호시설에 해당하는지의 여부는 해당 사업장의 성질, 해당 시설의 기능, 해당 시설의 정상적인 유지·운영이 되지 아니할 경우에 발생할 수 있는 위험 등 제반사정을 구체적·종합적으로 고려하여 판단하여야 한다.[68]

㉠ 물적 시설　　안전보호시설에 물적 시설이 포함된다는 점에 대하여는 의문의 여지가 없다.

물적 시설에는 대체로 동력시설, 변전시설, 용광로시설, 탄광에서의 가스폭발방지시설, 통신시설, 낙반방지시설, 통기배수시설, 의무시설 등이 포함된다.[69]

이러한 시설에서 근무하는 근로자는 쟁의행위중이라도 작업을 지속하고 이를 중지하여서는 아니 된다.[70]

안전보호시설에는 ⅰ) 인명·신체의 안전보호를 위한 시설만이 포함된다는 견해[71]와 ⅱ) 이에는 인명·신체의 안전보호를 위한 시설뿐만 아니라 물적설비의 보호를 위한 시설도 포함된다는 견해로 나뉘고 있다.[72]

사견으로는 노동조합법 제38조제2항에서 「작업시설의 손상이나 원료·제품의 변질 또는 부패를 방지하기 위한 작업은 쟁의행위기간중에도 정상적으로 수행되어야 한다」고 하여 물적설비의 보호를 위한 별도의 규정을 두고 있으므로 안전보호시설의 범위에 물적설비의 보호까지 확대·포함시킬 필요성은 적다고 본다.

> **관련판례**　　대판 2006. 10. 26, 2005도9825　　노동조합 및 노동관계조정법 제42조제2항의 입법목적은 '사람의 생명·신체의 안전보호'에 있고, 여기서 '안전보호시설'이라 함은 사람의 생명이나 신체의 위험을 예방하기 위해서나 위생상 필요한 시설로서 당해 사업장의 성질, 당해 시설의 기능, 당해 시설의 정상적인 유지·운영이 되지 아니할 경우에 일어날 수 있는 위험 등 제반 사정을 구체적·종합적으로 고려하여 위 법조 소정의 안전보호시설에 해당하는지 여부를 판단할 수가 있다.

㉡ 인적 시설　　안전보호시설의 범위에 병원에서 종사하는 약제사 및 간호사 등 인적 조직도 포함되는지의 여부가 의문시되고 있다. 노동조합법 제42조제2항에서

---

68) 대판 2005. 9. 30, 2002두7425; 대판 2006. 10. 26, 2005도9825.
69) 노사 32281-3168(1988. 3. 3).
70) 이러한 근로자들이 쟁의행위를 할 수 없다고 하여 노동조합으로부터 탈퇴하도록 압력을 가하여서는 아니 된다. 노사 32281-5357(1988. 4. 11).
71) 김유성, 노동법(Ⅱ), p. 253; 이병태, 노동법, p. 327; 박홍규, 노동법(Ⅱ), p. 362; 이학춘·이상덕·이상국·고진기, 노동법(Ⅱ), p. 484.
72) 김치선, 노동법, p. 418; 박상필, 노동법, p. 546.

명문으로 "공장, 사업장 기타 직장에 대한 안전보호시설"로 규정하고 있음에 비추어 볼 때에 동 안전보호시설에 인적 조직까지 포함시키는 것은 동 조항을 지나치게 확대해석하는 것으로서 타당하지 아니하다고 본다. 이에 반하여 병원의 조리, 식기세척, 소독 등 환자의 급식 및 건강을 위한 시설은 안전보호시설에 포함된다고 본다.73)

　② **안전보호시설의 정지·폐지·방해에 대한 행정절차:**　행정관청은 쟁의행위가 안전보호시설의 정상적인 유지·운영을 저해하는 경우에는 노동위원회의 의결을 얻어 그 행위를 중지할 것을 통보하여야 한다(동법 제42조제3항본문). 중지통보의 내용은 쟁의행위자체를 중단하라는 것이 아니라 안전보호시설의 정상적인 유지·운영을 정지·폐지 또는 방해하는 행위를 중지하라는 통보이다. 다만, 사태가 급박하여 노동위원회의 의결을 얻을 시간적 여유가 없을 때에는 그 의결을 얻지 아니하고 즉시 그 행위의 중지를 통보할 수 있으며(동법 제42조제3항단서), 이 경우 해당 행정관청은 지체 없이 노동위원회의 사후승인을 얻어야 하고 그 승인을 얻지 못한 때에는 그 통보는 그 때부터 효력을 상실한다(동법 제42조제4항).

　③ **안전보호시설 유지와 쟁의행위의 정당성:**　사업장의 안전보호시설의 정상적인 유지·운영을 정지·폐지·방해하는 행위라 할지라도 사전에 필요한 안전조치를 취하는 등으로 인하여 사람의 생명 또는 신체에 대한 위험이 전혀 발생하지 아니하는 경우에는 쟁의행위가 정당성을 상실하지 아니한다.74) 안전보호시설이 정상적으로 유지·운영되는 한, 동 시설을 담당하고 있는 일부 조합이 교대로 쟁의행위에 참여하여도 정당성을 상실하는 것은 아니다.75)

　쟁의행위가 전체적으로 안전보호시설을 대상으로 조직적으로 계획·수행되지 아니하는 한, 쟁의행위의 정당성은 안전보호시설을 대상으로 한 부분에 한하여 상실되고 전체로서의 쟁의행위는 정당성을 상실하지 아니한다고 해석하는 견해가 있다.76) 그러나 동 규정은 사람의 신체·생명의 보호와 직결된 조항이므로 동 규정을 위반하는 경우 쟁의행위 자체가 정당성을 상실하는 것으로 보아야 할 것이다.

## 2. 쟁의행위의 범위

　쟁의행위는 근로자에게 보장된 헌법상의 기본권이나, 이는 여타의 헌법상의 기본원리 또는 다른 기본권과 균형·조화를 이루면서 보장되어야 한다.

---

73) 김유성, 노동법(Ⅱ), p. 253; 노사 32281-8344(1989. 5. 16).
74) 대판 2006. 5. 12, 2002도3450; 대판 2006. 5. 25, 2002도5577.
75) 김유성, 노동법(Ⅱ), p. 254.
76) 김유성, 노동법(Ⅱ), p. 252.

### (1) 쟁의권과 재산권의 균형·조화

### (가) 의 의

헌법은 사용자의 재산권과 근로자의 근로삼권을 동시에 나란히 보장하고 있으므로 쟁의행위는 재산권과 균형·조화를 이루면서 행사되어야 하는 헌법상의 내재적 한계를 갖는다.

**관 련 판 례**  대판 1994. 9. 30, 94다4042  쟁의행위는 사용자의 기업시설에 대한 소유권 기타의 재산권과 조화를 이루어야 함은 물론 폭력이나 파괴행위를 수반하여서는 아니된다.

쟁의행위는 쟁의행위의 종료 후 근로자가 다시 정상적으로 업무에 복귀하는 것을 기본 전제로 하고 있는바, 생산시설의 파괴 등은 쟁의행위의 종료 후에 근로자의 업무복귀 자체를 곤란하게 함으로써 쟁의행위의 본질적 개념에 합치하지 아니한다. 쟁의행위를 하는 경우 폭력 및 파괴행위를 금지하고 있는 것도 이러한 맥락에서 파악하여 볼 수 있을 것이다.77)

### (나) 작업시설 및 원료·제품의 보호

### ① 관련규정

노동조합법 제38조 [노동조합의 지도와 책임] ② 작업시설의 손상이나 원료·제품의 변질 또는 부패를 방지하기 위한 작업은 쟁의행위기간중에도 정상적으로 수행되어야 한다.

② **주요내용:**   작업시설의 손상이나 원료·제품의 변질 또는 부패를 방지하기 위한 작업은 쟁의행위기간중에도 정상적으로 수행되어야 한다(노동조합법 제38조제2항).

「작업시설의 손상을 방지하는 작업」에는 ⅰ) 기계에 주기적으로 윤활유 등을 공급하는 작업, ⅱ) 작업시설의 화재 등을 점검하는 소방·경비 작업, ⅲ) 생산공정상 응고·폭발·화재·가스발생 등을 방지하기 위한 가열·급수·냉각·전력공급 등의 작업 및 ⅳ) 용광로의 온도유지 작업 등이 해당된다.78)

「원료·제품의 변질 또는 부패를 방지하기 위한 작업」에는 냉동·냉장, 방부처리, 통조림·병조림·종이팩 등의 포장작업 및 고·저온 열처리 등이 이에 해당될 것이다. 이에 대하여 변질 또는 부패하기 쉬운 식품 등의 원료를 입하·보관하거나

---

77) 임종률, 노동법, p. 218.
78) 임종률, 노동법, p. 218.

가공하는 작업은 작업의 본래 목적이 원료의 변질·부패를 방지하는 데 있는 것이 아니므로 동 규정의 적용대상에서 제외된다는 견해가 있다.[79)]

### (2) 쟁의권과 공공복리와의 조화

쟁의권의 행사는 본래 근로자 및 사용자의 당사자간의 관계인바, 쟁의권의 행사로 인하여 노사당사자가 아닌 제3자에게 피해를 주어 공공복리를 침해하는 수가 있다. 예컨대 철도·전철 등 공중운수사업 및 의료사업 등의 공익사업에서 쟁의행위가 행하여지거나, 쟁의행위의 규모가 커서 국민의 일상생활에 커다란 영향을 주는 경우를 말한다.

쟁의권의 행사와 공공복리의 보호는 서로 조화·균형되어야 하는바, 이는 ⅰ) 쟁의행위는 그 상대방인 사용자에게 경제적 손실을 가하는 것을 본질적 내용으로 하고 있으므로 제3자인 공공복리를 침해하는 것은 쟁의행위의 본질에 어긋나고, ⅱ) 쟁의행위는 헌법상 기본권의 하나로서 다른 기본권과 조화되어야 한다는 기본권의 내재적 한계를 갖고 있으며, ⅲ) 기본권으로서의 쟁의행위는 헌법 제37조제2항의 규정에 의하여 「국가안전보장·질서유지 또는 공공복리」를 위하여 필요한 경우에 법률로써 제한할 수 있음을 반영하고 있는 것이다. 그러나 공공복리의 개념은 지극히 추상적인 것으로 공공복리로 인한 기본권의 제한은 극히 예외적으로 인정되어야 한다.

쟁의행위와 공공복리 간의 조화·균형을 위하여 노동조합법은 ⅰ) 중재시의 쟁의행위의 금지, ⅱ) 필수공익사업에 대한 필수유지업무의 인정 및 ⅲ) 긴급조정제도를 채택하고 있다.

### (가) 중재시의 쟁의행위의 중지
#### ① 관련규정

**노동조합법 제63조** [중재시의 쟁의행위의 금지] 노동쟁의가 중재에 회부된 때에는 그 날부터 15일간은 쟁의행위를 할 수 없다.

② **주요내용:**　　노동쟁의가 중재에 회부된 경우 그 날부터 15일간은 쟁의행위를 할 수 없다(노동조합법 제63조). 중재는 국민의 생활을 위협하는 노사분쟁을 신속히 처리한다는 측면에서 일정기간 동안 쟁의행위를 중지하도록 하는 데 그 목적을 두고 있다.

---

79) 임종률, 노동법, p. 218.

이에 대하여 ⅰ) 강제중재제도의 경우 근로자의 파업권을 지나치게 제약하여 존재하므로 쟁의행위 중지기간중에 파업을 하는 경우에도 반드시 정당성을 상실하지는 아니하나, 다만 ⅱ) 임의중재제도의 경우 그 제도의 취지가 평화적 방법을 통하여 분쟁을 궁극적으로 해결하려는 것이고 또한 당사자간의 합의를 존중하여야 하므로 쟁의행위 중지기간중에 파업을 하는 경우에는 정당성을 상실한다는 견해가 있다.[80]

사견으로는 이와 반대로 ⅰ) 강제중재제도는 긴급조정·교원노조·공무원노조 등에만 인정되는 제도로서 파업이 국민의 일상생활 또는 국가경제에 미치는 영향이 지대하므로 쟁의행위 중지기간에 파업을 하는 경우에는 정당성을 상실하게 되나, ⅱ) 임의중재제도는 주로 일반사업에서 인정되는 제도로서 파업이 당사자에게만 영향을 미치게 되어 국민의 일상생활 또는 국가경제에 미치는 영향이 미미하므로 쟁의행위 중지기간에 파업을 하는 경우 반드시 정당성을 상실하는 것이 아니라 구체적 사안에 따라 개별적으로 판단되어야 한다고 본다. 대법원 판례는 ⅰ) 임의중재에 대하여는 판결한 바 없으나, ⅱ) 강제중재의 경우 중재회부시 쟁의행위 중지기간중에 파업을 하는 경우 정당성을 상실하는 것으로 보고 있다.[81]

> **관련 판례** 대판 1990. 5. 15, 90도357 노동쟁의가 중재에 회부된 때부터 15일간은 쟁의행위를 할 수 없다고 규정하고 있는 노동조합법 제63조(종전의 노동쟁의조정법 제31조)는 근로자의 단체행동권의 본질적 내용을 침해하는 규정이라고 보기 어려우므로 위헌이 아니다. 동지; 대판 1990. 5. 25, 90초52·90도485; 대판 1990. 9. 28, 90도602; 대판 1991. 3. 27, 90도2528.

### (나) 필수공익사업에 대한 필수유지업무의 설정

필수공익사업에 대하여는 필수유지업무를 결정하고 동 필수유지업무의 정당한 유지·운영을 정지·폐지 또는 방해하는 쟁의행위가 금지된다. 또한 필수공익사업에 대하여는 대체근로가 허용되며(동법 제43조제3항), 이에 관하여는 후술한다.

#### ① 관련규정

> **노동조합법 제42조의2** [필수유지업무에 대한 쟁의행위의 제한] ① 이 법에서 "필수유지업무"라 함은 제71조제2항에 따른 필수공익사업의 업무 중 그 업무가 정지되거나 폐지되는 경우 공중의 생명·건강 또는 신체의 안전이나 공중의 일상생활을 현저히 위태롭게 하는 업무로서 대통령령이 정하는 업무를 말한다.
> ② 필수유지업무의 정당한 유지·운영을 정지·폐지 또는 방해하는 행위는 쟁의행위로서 이를 행할 수 없다.

---

80) 김유성, 노동법, p. 258.
81) 대판 1990. 5. 15, 90도357; 대판 1991. 3. 27, 90도2528.

**노동조합법 제42조의3** [필수유지업무협정] 노동관계 당사자는 쟁의행위기간 동안 필수유지업무의 정당한 유지·운영을 위하여 필수유지업무의 필요 최소한의 유지·운영 수준, 대상직무 및 필요인원 등을 정한 협정(이하 "필수유지업무협정"이라 한다)을 서면으로 체결하여야 한다. 이 경우 필수유지업무협정에는 노동관계 당사자 쌍방이 서명 또는 날인하여야 한다.

**노동조합법 제42조의4** [필수유지업무에 유지·운영 수준 등의 결정] ① 노동관계 당사자 쌍방 또는 일방은 필수유지업무협정이 체결되지 아니하는 때에는 노동위원회에 필수유지업무의 필요 최소한의 유지·운영 수준, 대상 직무 및 필요인원 등의 결정을 신청하여야 한다.
② 제1항에 따른 신청을 받은 노동위원회는 사업 또는 사업장별 필수유지업무의 특성 및 내용 등을 고려하여 필수유지업무의 필요 최소한의 유지·운영 수준, 대상직무 및 필요인원 등을 결정할 수 있다.
③ 제2항에 따른 노동위원회의 결정은 제72조에 따른 특별조정위원회가 담당한다.
④ 제2항에 따른 노동위원회의 결정에 대한 해석 또는 이행방법에 관하여 관계 당사자간에 의견이 일치하지 아니하는 경우에는 특별조정위원회의 해석에 따른다. 이 경우 특별조정위원회의 해석은 제2항에 따른 노동위원회의 결정과 동일한 효력이 있다.
⑤ 제2항에 따른 노동위원회의 결정에 대한 불복절차 및 효력에 관하여는 제69조와 제70조제2항을 준용한다.

**노동조합법 제42조의5** [노동위원회의 결정에 따른 쟁의행위] 제42조의4제2항에 따라 노동위원회의 결정이 있는 경우 그 결정에 따라 쟁의행위를 한 때에는 필수유지업무를 정당하게 유지·운영하면서 쟁의행위를 한 것으로 본다.

**노동조합법 제42조의6** [필수유지업무 근무 근로자의 지명] ① 노동조합은 필수유지업무협정이 체결되거나 제42조의4제2항에 따른 노동위원회의 결정이 있는 경우 사용자에게 필수유지업무에 근무하는 조합원 중 쟁의행위기간 동안 근무하여야 할 조합원을 통보하여야 하며, 사용자는 이에 따라 근로자를 지명하고 이를 노동조합과 그 근로자에게 통보하여야 한다. 다만, 노동조합이 쟁의행위 개시 전까지 이를 통보하지 아니한 경우에는 사용자가 필수유지업무에 근무하여야 할 근로자를 지명하고 이를 노동조합과 근로자에게 통보하여야 한다.
② 제1항에 따른 통보·지명시 노동조합과 사용자는 필수유지업무에 종사하는 근로자가 소속된 노동조합이 2개 이상인 경우에는 각 노동조합의 해당 필수유지업무에 종사하는 조합원 비율을 고려하여야 한다.

② **주요내용**

㉠ **필수유지업무에 대한 쟁의행위의 제한**    "필수유지업무"라 함은 필수공익사업의 업무 중 그 업무가 정지되거나 폐지되는 경우 공중의 생명·건강 또는 신체의 안전이나 공중의 일상생활을 현저히 위태롭게 하는 업무로서 대통령령이 정하는 업무를 말한다(동법 제42조의2제1항).

필수유지업무의 정당한 유지·운영을 정지·폐지 또는 방해하는 행위는 쟁의행위로서 이를 행할 수 없다(동법 제42조의2제2항).

필수유지업무에 대해 아무런 제한 없이 쟁의행위를 허용하는 경우 공중의 생명

이나 신체, 건강 등이 침해될 우려가 있으므로 이를 보호하기 위하여 부득이 쟁의권
행사를 제한할 수밖에 없다. 필수유지업무제도는 쟁의행위에 대한 사전적 제한이라
는 성격을 가지지만, 공중의 생명이나 건강은 그 침해가 현실화된 이후에는 회복이
어렵다는 점에서 사전제한이라는 이유로 과잉금지원칙을 위반한다고 볼 수 없다.[82]

또한, 필수유지업무에 대하여 일반 근로자보다 쟁의권 행사에 더 많은 제한을 부
과한다 하더라도 그 차별의 합리성이 인정되므로 평등원칙을 위반한다고 볼 수 없
다.[83]

> **관련
> 판례**  헌재 2011. 12. 29, 2010헌바385   필수유지업무는 그 정지나 폐지로 공중의 생
> 명·건강 또는 신체의 안전 등을 위태롭게 하는 업무로서 이에 대해 아무런 제한
> 없이 근로자의 쟁의행위를 허용한다면 공중의 생명이나 신체, 건강 등은 위험에
> 처해질 수밖에 없으므로 이를 보호하기 위해 부득이 필수유지업무에 대해서는 쟁
> 의권 행사를 제한할 수밖에 없고, 필수유지업무제도는 쟁의행위에 대한 사전적 제
> 한이라는 성격을 가지지만, 필수유지업무제도를 통해 보호하려는 공중의 생명이나
> 건강은 그 침해가 현실화된 이후에는 회복이 어렵다는 점에서 사전제한이라는 이
> 유로 과잉금지원칙을 위반한다고 볼 수 없다.
> 필수유지업무는 공중의 생명·건강 또는 신체의 안전이나 공중의 일상생활을
> 현저히 위태롭게 하는 업무이므로 이에 대한 쟁의권 행사는 그 영향이 치명적일
> 수밖에 없다는 점에서 다른 업무 영역의 근로자보다 쟁의권 행사에 더 많은 제한
> 을 가한다고 하더라도 그 차별의 합리성이 인정되므로 평등원칙을 위반한다고 볼
> 수 없다.

ⓛ 당사자 자율에 의한 필수유지업무협정   노동관계 당사자는 쟁의행위기간 동
안 필수유지업무의 정당한 유지·운영을 위하여 필수유지업무의 필요 최소한의 유
지·운영 수준, 대상직무 및 필요인원 등을 정한 필수유지업무협정을 서면으로 체결
하여야 한다(동법 제42조의3본문). 이 경우 필수유지업무협정에는 노동관계 당사자 쌍
방이 서명 또는 날인하여야 한다(동법 제42조의3단서).

ⓒ 노동위원회에 의한 필수유지업무의 결정   노동관계 당사자 쌍방 또는 일방
은 필수유지업무협정이 체결되지 아니하는 때에는 노동위원회에 필수유지업무의 필
요 최소한의 유지·운영 수준, 대상직무 및 필요인원 등의 결정을 신청하여야 한다
(동법 제42조의4제1항).

상기 신청을 받은 노동위원회는 사업 또는 사업장별 필수유지업무의 특성 및 내
용 등을 고려하여 필수유지업무의 필요 최소한의 유지·운영 수준, 대상직무 및 필

---

82) 헌재 2011. 12. 29, 2010헌바385.
83) 헌재 2011. 12. 29, 2010헌바385.

요인원 등을 결정할 수 있다(동법 제42조의4제2항).

상기 노동위원회의 결정은 특별조정위원회가 담당한다(동법 제42조의4제3항).

노동위원회의 결정에 대한 해석 또는 이행방법에 관하여 관계 당사자간에 의견이 일치하지 아니하는 경우에는 특별조정위원회의 해석에 따른다(동법 제42조의4제4항전단). 이 경우 특별조정위원회의 해석은 노동위원회의 결정과 동일한 효력이 있다(동법 제42조의4제4항후단).

노동위원회의 결정에 대한 불복절차 및 효력에 관하여는 제69조와 제70조제2항을 준용한다(동법 제42조의4제5항).

노동위원회의 결정이 있는 경우 그 결정에 따라 쟁의행위를 한 때에는 필수유지업무를 정당하게 유지·운영하면서 쟁의행위를 한 것으로 본다(동법 제42조의5).

ⓔ 필수유지업무 근로자의 지명    노동조합은 필수유지업무협정이 체결되거나 노동위원회의 결정이 있는 경우 사용자에게 필수유지업무에 근무하는 조합원 중 쟁의행위기간 동안 근무하여야 할 조합원을 통보하여야 하며, 사용자는 이에 따라 근로자를 지명하고 이를 노동조합과 그 근로자에게 통보하여야 한다(동법 제42조의6제1항본문). 다만, 노동조합이 쟁의행위 개시 전까지 이를 통보하지 아니한 경우에는 사용자가 필수유지업무에 근무하여야 할 근로자를 지명하고 이를 노동조합과 그 근로자에게 통보하여야 한다(동법 제42조의6제1항단서).

상기 통보·지명시 노동조합과 사용자는 필수유지업무에 종사하는 근로자가 소속된 노동조합이 2개 이상인 경우에는 각 노동조합의 해당 필수유지업무에 종사하는 조합원 비율을 고려하여야 한다(동법 제42조의6제2항).

### (다) 긴급조정제도

#### ① 관련규정

> **노동조합법 제77조 [긴급조정시의 쟁의행위의 중지]** 관계당사자는 제76조제3항의 규정에 의한 긴급조정의 결정이 공표된 때에는 즉시 쟁의행위를 중지하여야 하며, 공표일부터 30일이 경과하지 아니하면 쟁의행위를 재개할 수 없다.

② **주요내용:**    긴급조정의 결정을 내린 때에 관계당사자는 공표일부터 30일 동안 쟁의행위를 중단하여야 한다(노동조합법 제77조). 이는 쟁의행위가 국민경제 또는 공공의 이익에 부정적 영향을 미치게 되므로 이를 방지 또는 구제하고자 하는 것이다.

이에 대하여 긴급조정의 결정을 내렸음에도 불구하고 쟁의행위를 중단하지 아니

하고 지속하는 경우, 이는 당연히 쟁의행위의 정당성을 상실하는 것이 아니라는 견해가 있다.[84]

그러나 긴급조정의 필요성이 없음에도 불구하고 긴급조정의 결정을 위법·부당하게 내린 경우가 아니라면, 쟁의행위는 공공복리와의 조화를 위하여 당연히 중지되어야 한다고 보며, 중지되지 아니하는 쟁의행위는 정당성을 상실하게 된다고 보아야 할 것이다.

## 3. 쟁의행위의 절차

### (1) 조합원의 찬반투표절차

쟁의행위의 절차는 쟁의행위의 본질적 요소와는 직접적인 관계가 없는 것이 일반적이나, 예외적으로 조합원의 쟁의행위 찬반에 대한 투표절차는 쟁의행위의 본질적 요소인 정당한 주체 여부를 확인하는 절차에 해당된다.

### (가) 관련규정

**노동조합법 제41조** [쟁의행위의 제한과 금지] ① 노동조합의 쟁의행위는 그 조합원(제29조의2에 따라 교섭대표노동조합이 결정된 경우에는 그 절차에 참여한 노동조합의 전체 조합원)의 직접·비밀·무기명투표에 의한 조합원 과반수의 찬성으로 결정하지 아니하면 이를 행할 수 없다. 이 경우 조합원 수 산정은 종사근로자인 조합원을 기준으로 한다.

### (나) 학 설

노동조합은 쟁의행위를 하기 전에 조합원 재적과반수에 의한 찬반투표를 거쳐야 한다(노동조합법 제41조). 파업찬반투표를 거치지 아니하는 경우 과연 파업의 정당성에 어떠한 영향을 미치는지의 여부에 관하여는 견해가 나뉘고 있다.

① **소극설:** 소극설은 파업찬반투표는 조합의 의사형성에 관한 내부적 절차에 불과하므로 찬반투표를 하지 않는 경우에도 파업의 정당성 여부와는 무관하다는 견해이다.[85] 소극설에 의하면 정당한 객관적 사유가 있는 경우에는 찬반투표를 거치지 아니하거나, 과반수의 찬성을 얻지 못하고 단행된 파업이라 할지라도 파업의 정당성을 상실하지 아니하고 또한 벌칙적용도 배제되어야 한다고 한다.

② **적극설:** 적극설은 파업찬반투표는 조합의 내부적 절차에 불과한 것이 아니라 찬반투표를 거치지 아니한 경우에는 파업의 정당성을 상실한다는 견해이다.[86]

---

84) 김형배, 노동법, p. 1111.
85) 김유성, 노동법(Ⅱ), p. 236; 김형배, 노동법, p. 1006; 이병태, 노동법, p. 325; 임종률, 노동법, p. 238.
86) 이상윤, 노동법, p. 786; 이상윤, 노동조합법, p. 357; 대판 2001. 10. 25, 99도4837; 대판 2007. 5.

즉, 노동조합의 찬반투표를 거치지 아니한 쟁의행위는 쟁의행위의 주체인 "노동조합"이 행한 쟁의행위가 아니므로 당연히 정당한 쟁의행위가 될 수 없다고 한다. 대법원 판례는 나아가 직접·비밀·무기명 투표에 의한 찬반투표를 거치지 아니하고 파업을 한 경우에는 조합원의 민주적 의사결정이 실질적으로 확보되었다 할지라도 파업이 정당성을 상실한 것으로 판결하고 있다.

관 련   **대판 2001. 10. 25, 99도4837**   쟁의행위를 함에 있어 조합원의 직접·비밀·무
판 례   기명 투표에 의한 찬성결정이라는 절차를 거쳐야 한다는 노동조합및노동관계조정법 제41조제1항의 규정은 노동조합의 자주적이고 민주적인 운영을 도모함과 아울러 쟁의행위에 참가한 근로자들이 사후에 그 쟁의행위의 정당성 유무와 관련하여 어떠한 불이익을 당하지 않도록 그 개시에 관한 조합의사의 결정에 보다 신중을 기하기 위하여 마련된 규정이므로 위의 절차를 위반한 쟁의행위는 그 절차를 따를 수 없는 객관적인 사정이 인정되지 아니하는 한 정당성을 인정받을 수 없다 할 것이다. 만약 이러한 절차를 거치지 아니한 경우에도 조합원의 민주적 의사결정이 실질적으로 확보된 때에는 단지 노동조합 내부의 의사형성 과정에 결함이 있는 정도에 불과하다고 하여 쟁의행위의 정당성이 상실되지 않는 것으로 해석한다면 위임에 의한 대리투표, 공개결의나 사후결의, 사실상의 찬성간주 등의 방법이 용인되는 결과가 되어 위의 관계규정과 종전 대법원의 판례취지에 반하는 것이 된다. 이와 견해를 달리한 대법원 2000. 5. 26 선고, 99도4836 판결은 이와 저촉되는 한도 내에서 변경하기로 한다.

③ **사  견:**      사견으로는 적극설을 주장하는 바이다. 조합원의 찬반투표는 단순히 조합내부의 민주적 의사결정과정을 확보하는 것이 아니라, 쟁의행위가 과연 "노동조합"이라는 노동조합법상의 정당한 주체가 행하는 것인가를 확인하는 절차 즉, 쟁의행위의 주체에 관한 요건을 확인하는 절차로 보아야 한다. 즉, 이는 노동조합의 간부가 조합원의 다수가 쟁의행위에 반대함에도 불구하고 이러한 전체적 의사를 무시하고 독단적으로 쟁의행위를 행하거나 소수조합원이 노동조합의 지시·통제에 따르지 아니하고 임의로 쟁의행위를 행하는 것을 방지하기 위한 규정이다. 대법원 판례도 이를 따르고 있다.

(다) 주요내용

노동조합의 쟁의행위는 그 조합원의 직접·비밀·무기명 투표에 의한 조합원 과반수의 찬성으로 결정하지 않으면 이를 행할 수 없다(노동조합법 제41조제1항전단).

① **투표의 시기:**      찬반투표는 쟁의행위 이전에 행하여져야 한다. 쟁의행위가 이미 발생한 이후에 사후 추인의 형식으로 찬반투표를 하는 경우 이는 정당성을 상

11, 2005도8005; 대판 2009. 6. 23, 2007두12859.

제 3 부   집단적 노사관계

실하게 된다. 찬반투표를 노동쟁의 발생 이전, 조정기간중 또는 10일의 경과기간중 또는 경과기간 종료 후에 하여도 무방하다.

쟁의행위가 개시된 이후 이와 밀접하게 관련된 새로운 쟁의사항이 부과되는 경우 이를 위한 별도의 조정절차 및 파업찬반투표를 거칠 필요는 없다.[87]

② **투표의 방법:** 찬반투표는 조합원의 직접·비밀·무기명 투표에 의하여야 한다. 따라서 대의원회에서의 간접투표는 직접투표에 위배되므로 무효이다. 투표를 거치지 아니하고 구두결의·거수 또는 기립에 의한 방법은 비밀·무기명 투표에 위배되므로 무효이다. 찬반투표는 반드시 총회를 개최하여 실시할 필요는 없으며, 사업장별·부서별로 분산 실시하여도 무방하다.

③ **투표의 주체:** 투표는 조합원 과반수의 찬성을 얻어야 한다. 따라서, 대의원 또는 조합원 대표에 의한 간접투표는 인정되지 아니한다. 「과반수」라 함은 조합원 「재적과반수」를 의미하며, 「투표참가 조합원」의 과반수를 의미하는 것은 아니다. 이 경우 조합원 수 산정은 종사근로자인 조합원을 기준으로 한다(동법 제41조제1항후단).

지역별·산업별·업종별 등 초기업노조의 경우에는 총파업이 아닌 이상, 쟁의행위를 예정하고 있는 해당 지부·분회 소속 조합원의 과반수의 찬성이 있으면 충분하며, 쟁의행위와 무관한 지부나 분회의 조합원을 포함한 전체 조합원 과반수 이상의 찬성을 필요로 하는 것은 아니라고 할 것이다.[88]

④ **투표의 내용:** 찬반투표의 내용은 쟁의행위의 실시 여부에 관한 것이다. 따라서, 쟁의행위의 시기·방법·규모 및 참가 조합원 범위 등은 총회·대의원회의 결의 또는 조합규약의 규정에 따라 별도로 결정하여도 무방하다.

쟁의행위에 대한 찬반투표 실시 후 그 결과를 수용하지 아니하고 재투표를 실시하여도 무방한지에 대하여 의문이 제기될 수 있다. 이에 대하여 즉시 재투표를 하는 것은 허용되지 아니하나, 어느 정도의 기간이 경과한 후에는 새로운 교섭이나 상황의 변화가 없다 할지라도 재투표를 할 수 있다는 견해가 있다.[89] 그러나 이는 일사부재리의 원칙에 위배되어 무효라 할 것이다.

⑤ **복수노조의 찬반투표:** 교섭대표노동조합이 결정된 경우에는 그 절차에 참여한 노동조합의 전체 조합원의 직접·비밀·무기명투표에 의한 과반수의 찬성으로

---

87) 대판 2012. 1. 27, 2009도8917.
88) 대판 2004. 9. 24, 2004도4641; 대판 2009. 6. 23, 2007두12859.
89) 이영희, 노동법, p. 288.

결정하지 아니하면 쟁의행위를 할 수 없다(동법 제41조제1항전단). 이 경우 조합원 수 산정은 종사근로자인 조합원을 기준으로 한다(동법 제41조제1항후단).

하나의 사업 또는 사업장에 2개 이상의 교섭단위가 설정되어 있고, 이중 1개의 사업장에서 단체교섭이 결렬되어 파업 찬반투표를 하는 경우에는 노동조합의 전체 조합원이 찬반투표에 참여하는 것이 아니라, 교섭단위별로 소속된 조합원만이 참여 하는 것으로 보아야 할 것이다.

### (라) 위반의 효과

찬반투표를 거치지 아니하고 쟁의행위를 하는 경우 1년 이하의 징역 또는 1천만 원 이하의 벌금에 처한다(노동조합법 제91조). 이에 대하여 찬반투표는 민주적인 쟁의 의사의 형성에 그 목적이 있으므로 당시의 사정에 비추어 조합집행부가 조합원의 의사와 무관하게 파업을 지시하는 등 민주성이 현저하게 침해된 경우에 한하여 벌 칙이 적용되는 것이 타당하다는 견해도 있다.[90]

### (2) 노동쟁의조정전치주의

#### (가) 관련규정

**노동조합법 제45조** [조정의 전치] ② 쟁의행위는 제5장 제2절 내지 제3절의 규정에 의한 조정절차(제61조의2에 따른 조정종료 결정 후의 조정절차를 제외한다)를 거 치지 아니하면 이를 행할 수 없다. 다만, 제54조의 규정에 의한 기간 내에 조정이 종료되지 아니하거나 제63조의 규정에 의한 기간 내에 중재재정이 이루어지지 아 니한 경우에는 그러하지 아니하다.

#### (나) 주요내용

쟁의행위는 노동쟁의조정절차를 거치지 아니하면 이를 행할 수 없다(노동조합법 제45조제2항 본문). 이는 소위 「노동쟁의조정전치주의」를 채택하고 있는 것이다. 다만, ⅰ) 조정기간중(일반사업의 경우 10일, 공익사업의 경우 15일)에 조정이 종료되지 아 니하거나, ⅱ) 중재회부시 15일의 쟁의행위 금지기간중에 중재재정이 이루어지지 아 니한 경우 또는 ⅲ) 동법 제61조의2의 규정에 따라 조정의 종료가 결정된 후에 행하 는 조정의 경우에는 쟁의행위를 개시할 수 있다(동법 제45조제2항단서). 즉, 노동위원 회의 조정결정이 내린 후에 쟁의행위를 할 수 있는 것이 아니라, 조정·중재 기간이 경과하기만 하면 쟁의행위를 할 수 있다.[91]

노동쟁의조정을 거치지 아니하고, 쟁의행위를 하는 경우 과연 정당성을 상실하는

---

90) 김유성, 노동법(Ⅱ), p. 236.
91) 대판 2001. 6. 26, 2000도2871. 중노위의 행정지도 후 행한 파업은 불법이 아니다.

지의 여부에 관하여 견해가 나뉘고 있다.

① **소극설:** 소극설은 노동쟁의 조정절차는 노동행정적 목적의 실현에 주된 목적을 두고 있으므로, 동 절차를 거치지 아니하여도 쟁의행위의 정당성을 상실하는 것은 아니라는 견해이다.[92] 소극설에 의하면 노동쟁의조정은 ⅰ) 조정절차가 효과적으로 진행될 수 있도록 조정제도의 실효성 확보에 있거나, ⅱ) 예측하지 못한 실력행사로 인한 당사자 및 사회·경제적 손실을 최소화 하는 데에 입법취지가 있다고 한다. 또한 조정절차를 거치지 아니한 쟁의행위의 정당성에 관하여는 궁극적으로 최후수단의 원칙 내지 과잉금지의 원칙에 따라 법원이 판결하여야 한다는 견해도 있다.[93] 대법원 판례는 조정절차의 형식적 위반보다는 파업이 실질적으로 사회·경제적 안정이나 사용자의 사업운영에 예기치 않는 혼란이나 손해를 초래하였는지의 여부 등 구체적 사정을 살펴서 파업의 정당성 여부를 판단하고 있다.[94]

**관련 판례** 대판 2000. 10. 13, 99도4812 피고인들이 조정전치절차를 거치지 않고 파업으로 인한 업무방해로 기소된 사안에서 "전국민주택시 노동조합연맹이 기자회견 등을 통하여 미리 파업시기를 공표한 점 등에 비추어 보면 결과적으로 피고인들이 조정절차를 거치지 않고 파업에 이르기는 하였지만, 사회적·경제적 안정이나 사용자의 사업운영에 예기치 않은 혼란이나 손해를 끼치는 등 부당한 결과를 초래하였다고 보기 어렵다"고 판결한 바 있다.

② **적극설:** 적극설은 노동쟁의 조정절차는 단체교섭의 실질적 연장으로서의 성격을 갖고 있으므로 동 절차를 거치지 아니하는 경우 쟁의행위의 정당성을 상실한다는 견해이다.[95] 적극설에 의하면 노동쟁의 조정절차는 제3자가 조정자로서 당사자간의 단체교섭에 참여하여 당사자만으로 해결될 수 없는 부분을 해결·조정하여 사실상 단체교섭을 원활히 수행하려는 절차에 해당된다고 한다.

(다) 조정전치주의와 행정지도[96]

① **관련규정**

**노동조합법시행령 제24조** [노동쟁의의 조정 등의 신청] ② 제1항의 규정에 의한 신청을 받은 노동위원회는 그 신청내용이 법 제5장 제2절 또는 제3절의 규정에 의한 조

---

92) 김유성, 노동법(Ⅱ), p. 238.
93) 김형배, 노동법, p. 1008.
94) 대판 2000. 10. 13, 99도4812; 대판 2001. 11. 27, 99도4779.
95) 이상윤, 노동조합법, p. 756.
96) 상세한 내용은, 김형배, "조정신청후의 행정지도와 쟁의행위의 정당성", 「조정과 심판」(제7호, 2001), p. 29; 김선수, 전게논문, p. 260 이하 참조. 김기덕, "행정지도와 노동조합의 쟁의행위", 「노동법률」(중앙경제사, 2001. 8), pp. 41~47.

정 또는 중재의 대상이 아니라고 인정할 경우에는 그 사유와 다른 해결방법을 알려
주어야 한다.

② **의  의:**  노동위원회가 노동쟁의조정신청을 받은 경우 그 신청내용이 조
정 또는 중재의 대상이 아니라고 인정할 경우에는 그 사유와 다른 해결방법을 알려
주어야 한다(노동조합법시행령 제24조제2항). 노동위원회는 당사자로부터 노동쟁의 조
정신청을 받은 이후에 노동조합법시행령 제24조제2항을 근거로 판단하는 경우, ⅰ)
당사자간의 실질적인 단체교섭이 미진하여 아직 노동쟁의의 발생상태가 아니라고 판
단하는 경우 또는 ⅱ) 노동쟁의 대상이 인사·경영권에 관한 사항으로서 단체교섭대
상이 아니라고 판단하는 경우, 노동쟁의조정을 아니하고 당사자에게 미진한 단체교
섭을 더 진행하라거나 또는 단체교섭의 대상이 될 수 없음을 통지하는 등 행정지도
를 하여 왔다. 상기 행정지도에 따르지 아니하고 쟁의행위를 한 경우 쟁의행위의 정
당성 여부에 관하여는 견해가 나뉘고 있다.

㉠ **정당성을 부정하는 견해**  노동위원회는 노동조합이 행정지도를 이행하지 아
니하는 경우에는 조정기간의 경과 후에 쟁의행위를 하였다 할지라도 정당성을 상실
하는 것으로 보아왔다. 이러한 입장은 후술하듯이 일부 변경된 바 있다.

㉡ **정당성을 인정하는 견해**  행정지도를 따르지 아니하고 쟁의행위를 하여도
반드시 정당성을 상실하는 것은 아니라는 견해이다. 행정지도는 노동조합의 쟁의권
을 부당하게 침해하고 사용자측이 이를 교묘하게 악용하여 쟁의행위를 불법으로 유
도하도록 하는 전략을 사용할 수 있다는 것을 논거로 하고 있다.[97] 또한, 노동조합
법시행령 제24조제2항은 ⅰ) 형식상 법률에 근거규정이 없어 위임입법의 한계를 일
탈하여 그 효력을 인정하기 어려울 뿐더러, ⅱ) 그 내용도 행정지도는 "다른 해결방
법을 알려주는 경우"에 해당되지 아니하므로 행정지도의 법적 근거가 될 수 없다고
한다.[98]

㉢ **사안에 따라 판단하는 견해**  대법원 판결은 명확하지 아니하나 대체로 ⅰ)
단체교섭이 미진한 경우와 ⅱ) 단체교섭의 대상에 해당되지 아니하는 경우로 나뉘어
판단할 수 있다.

(ⅰ) **단체교섭이 미진한 경우**  대법원 판례는 사용자의 단체교섭 거부로 인하여 실
질적인 교섭이 이루어지지 아니한 경우에 노동위원회가 단체교섭을 더 진행하도록 행정지도
를 하였으나, 노동조합이 이에 따르지 아니하고 파업을 한 경우 파업의 정당성을 인정하고

---

97) 김기덕, 전게논문.
98) 김선수, 전게논문, p. 261.

있다.99)

| 관 련<br>판 례 | 대판 2001. 6. 26, 2000도2871 사용자측의 교섭거절로 실질적인 교섭이 이루어지지 아니한 경우 중노위가 이를 노동쟁의가 아니라는 이유로 조정결정을 하지 아니한다면 오히려 조정전치주의 때문에 노동조합의 쟁의권이 부당하게 침해된다는 점, 헌법상 단체행동권을 보장하는 규정취지와 노조법 제45조, 제54조의 해석상 조정종결원인과 관계없이 조정이 종료되었다면 노조법 제5장 제2절의 조정절차를 거친 것으로 보는 것이 타당한 점에 비추어 보면 '중노위의 행정지도' 이후에 이루어진 이 사건 쟁의행위는 노조법 제45조의 규정에 따라 조정절차를 거친 이후에 이루어진 쟁의행위로 보는 것이 옳다. |
| --- | --- |

동 대법원 판결은 단체교섭이 미진한 경우 이에 대한 행정지도 전반에 대한 판결로 확대해석하기는 다소 무리가 따른다고 할 것이다. 즉, 동 대법원 판례는 「사용자가 단체교섭을 거부하여」 단체교섭이 미진한 경우에 대한 판결로서, 이를 ⅰ) 노동조합이 단체교섭을 거부·해태한 경우 또는 ⅱ) 사용자가 단체교섭에 성실히 임하였으나, 단체교섭이 실제로 미진한 경우까지로 확대적용할 수는 없다고 할 것이다.100)

(ⅱ) 단체교섭의 대상이 아닌 경우 대법원 판례는 단체교섭의 대상에 해당하지 아니한 쟁의행위의 경우 설사 노동쟁의조정절차를 거쳤다 할지라도 이를 정당성을 상실한 쟁의행위로 판결하고 있다.101)

| 관 련<br>판 례 | 부산고판 1999. 5. 3, 99노34 단체교섭이나 노동쟁의의 대상이 아닌 주장을 하면서 형식적으로 노동위원회의 조정절차를 거친 후 곧바로 돌입한 쟁의행위는 그 목적이나 절차가 적법할 수 없다. 중앙노동위원회로부터 '위 노동쟁의 조정신청 사건은 노동법상의 노동쟁의라고 보기 어려워 조정안을 제시하지 아니하고 관계법의 절차에 따라 해결할 것을 권고한다'는 결정을 받은 것을 가지고 노조법이 정한 조정을 거쳤다고 보기도 어렵다. |
| --- | --- |

동 대법원 판례는 쟁의행위의 목적을 위반하여 정당성이 상실된 경우이며, 따라서, 행정지도 불이행으로 인하여 정당성을 상실한 것으로 확대해석하기는 무리가 따른다고 할 것이다.

| 관 련<br>판 례 | 대판 2003. 2. 11, 2002두9919 원고회사와 소외 조합 사이의 단체교섭 과정에서 단체교섭 자체가 불응함으로써 개별적인 근로조건의 내용에 관한 당사자 사이의 의견교환이 제대로 이루어지지 않았다고 하더라도 이는 원고회사가 정당한 사유 없이 단체교섭 자체를 거부함으로써 발생한 것이어서, 이 사건 중재재정 신청 |
| --- | --- |

---

99) 대판 2001. 6. 26, 2000도2871.

100) 동 판결이후, 중앙노동위원회는 2002. 1. 18 전국기관장회의에서 "행정지도를 최소화 하고 행정지도를 하는 경우에도 노동조합에 교섭미진 책임이 있는 사안에 대해서만 행정지도를 하고, 일부 단체교섭대상이 아닌 사안이 포함되어 있는 경우에도 전체적으로 노동쟁의에 해당하는 경우에는 행정지도를 지양하겠다"는 입장을 밝힌 바 있다. 중앙노동위원회 2002년도 주요업무 추진방향 참조.

101) 대판 2001. 4. 24, 99도4893; 부산고판 1999. 5. 3, 99노34.

일 당시에는 개별적인 근로조건에 관한 당사자 사이의 주장의 불일치로 인하여 더 이상 자주적인 교섭에 의한 합의의 여지가 없는 노동쟁의가 발생한 상태였다고 보아야 한다고 판단하여 이에 관한 원고회사의 주장을 배척하였는바, 기록에 비추어 살펴보면 원심의 판단은 정당하고 노동쟁의조정의 대상인 노동쟁의에 관한 법리를 오해한 위법이 없다.

노동조합이 노동쟁의 발생신고를 하고 노동쟁의조정을 거쳐 정당한 쟁의행위를 계속하고 있는 도중에 새로운 쟁의사항이 부가되었다 하더라도, 다시 그 사항에 관하여 별도의 노동쟁의발생신고를 하고 냉각기간을 거쳐야 할 의무는 없다.[102]

## 4. 쟁의행위의 시기

### (1) 관련규정

> **노동조합법 제2조** [정의] 5. 「노동쟁의」라 함은 노동조합과 사용자 또는 사용자단체(이하 "노동관계당사자"라 한다) 간에 임금·근로시간·복지·해고 기타 대우 등 근로조건의 결정에 관한 주장의 불일치로 인하여 발생한 분쟁상태를 말한다. 이 경우 주장의 불일치라 함은 당사자간에 합의를 위한 노력을 계속하여도 더 이상 자주적 교섭에 의한 합의의 여지가 없는 경우를 말한다.

### (2) 주요내용

쟁의행위는 당사자간의 단체교섭이 결렬된 이후에 행하는 것이 원칙이다. 단체교섭의 결렬이라 함은 당사자간에 합의를 위한 노력을 계속하여도 더 이상 자주적 교섭에 의한 합의의 여지가 없는 경우를 말한다(노동조합법 제2조제5호 단서). 이 경우 단체교섭의 결렬 여부는 쟁의행위를 개시하는 당사자의 주관적·일방적 기준에 의하여 판단되는 것이 아니라 더 이상 단체교섭을 진행시키는 것이 무의미·불가능하다는 객관적·구체적인 기준에 따라야 한다.

첫째, ⅰ) 단체교섭 이전에 위협이나 세력과시를 위하여 또는 ⅱ) 사용자가 노동조합의 주장·요구에 대하여 회신을 하기도 전에 쟁의행위를 하는 것은 정당성이 부정된다.

둘째, ⅰ) 양 당사자간의 명시적·묵시적 합의에 의하여 단체교섭이 결렬되었음을 확인하거나, ⅱ) 사용자가 정당한 이유 없이 회신을 미루거나 거부하는 경우 또는 ⅲ) 사용자가 동일한 주장을 또는 노동조합이 수용할 수 없는 주장을 되풀이 하는 등의 경우에 쟁의행위를 하는 것은 정당성이 인정된다.

셋째, 단체교섭 도중에 어느 단계에서 노동조합이 쟁의행위를 할 수 있는지에 관

---

102) 대판 1992. 11. 10, 92도859; 대판 2013. 2. 15, 2010두20362.

하여 의문이 제기될 수 있다.

이에 대하여 ⅰ) 단체교섭에 있어서 절충이 일단 개시된 이상 어느 단계에서 쟁의행위를 개시할 것인지의 여부는 노동조합이 임의로 자유의사에 따라 결정할 수도 있다는 견해,103) ⅱ) 면책적 쟁의행위는 단체교섭절차를 거치지 아니하여도 정당성이 부정되지 아니한다는 견해104) 및 ⅲ) 단체교섭을 충분히 거치지 아니한 단계에서 쟁의행위에 들어가는 것은 쟁의행위의 최후수단성이 결여되어 정당성을 상실한다는 견해105)가 있다.

사견으로는 마지막 견해에 찬동하는 바이다. 쟁의행위의 최후수단성은 ⅰ) 헌법상 단체행동권의 내재적 성질에 해당될 뿐 아니라, ⅱ) 노동조합법 제2조제5호의 명문규정에도 부합된다고 할 것이다.

# 제 3 절  쟁의행위의 형식적 성립요건

## Ⅰ. 의    의

쟁의행위의 형식적 성립요건이라 함은 우리나라 노사관계의 특성에 비추어 행정정책상의 목적달성이나 당사자간의 편의도모를 위하여 쟁의행위의 시간·절차 및 장소 등에 관하여 법령, 단체협약, 또는 조합규약 등으로 규정하고 있는 요건을 말한다.

## Ⅱ. 형식적 성립요건의 주요 유형

### 1. 노동쟁의의 통보의무

### (1) 관련규정

**노동조합법 제45조** [조정의 전치] ① 노동관계당사자는 노동쟁의가 발생한 때에는
어느 일방이 이를 상대방에게 서면으로 통보하여야 한다.

---

103) 임종률, 노동법, p. 237.
104) 김유성, 노동법(Ⅱ), p. 232.
105) 김형배, 노동법, p. 1003.

## (2) 주요내용

노동쟁의가 발생한 경우 관계당사자는 이를 상대방에게 서면으로 통보하여야 한다(노동조합법 제45조제1항).

노동쟁의 발생의 통보제도는 사전통보가 없이는 쟁의행위가 금지·제한된다는 것이 아니라 쟁의행위에 대응할 당사자의 사전준비를 위한 것이라고 해석된다. 즉, 상대방의 적절한 조치를 통한 평화적 해결을 촉구하고, 일반공중에게 향후 발생할 수 있는 쟁의행위에 대비함과 동시에 조정절차 개시시점을 명확히 하려는 행정목적을 달성하기 위한 것이다.106) 따라서 이러한 통보를 하지 아니하고 쟁의행위를 한 경우에도 쟁의행위의 실질적 성립요건을 갖추는 한 당연히 쟁의행위의 정당성을 상실하는 것은 아니다.

## (3) 벌   칙

동조 위반에 대하여 노동조합법은 아무런 벌칙규정도 아니두고 있다. 동 조항은 단순히 훈시적 성격을 갖고 있는 것으로 해석된다.

## 2. 조정안의 해석·이행에 대한 쟁의행위금지

### (1) 관련규정

> **노동조합법 제60조** [조정안의 작성] ⑤ 제3항 및 제4항에 의한 해석 또는 이행방법에 관한 견해가 제시될 때까지는 관계당사자는 당해 조정안의 해석 또는 이행에 관하여 쟁의행위를 할 수 없다.

### (2) 주요내용

조정안의 해석·이행방법에 관하여 조정위원회의 유권해석이 나오기까지 7일 동안 근로자는 쟁의행위를 하여서는 아니 된다(노동조합법 제60조제4항). 동 조항은 한편으로는 당사자가 합의한 조정안에 대하여 쟁의행위를 제한하고 있는 것으로 파악할 수도 있으나, 다른 한편으로는 단체협약과 동일한 효력이 부여된 조정안에 대하여도 쟁의행위를 허용함으로써 쟁의행위의 범위를 오히려 넓혀 주고 있는 것으로 해석할 수 있을 것이다.

후자와 같이 해석하는 경우 동 조항의 적용범위를 조정안에 한정하지 아니하고 중재안·단체협약, 나아가 법령의 해석 또는 이행방법에까지도 확대적용할 수 있는

---

106) 이병태, 노동법, p. 334; 김유성, 노동법(Ⅱ), p. 237.

지의 여부가 문제시되고 있다. 이는 소위 권리분쟁에 대한 쟁의행위의 허용 문제와 직결된다.

조정안의 해석·이행방법에 대하여 조정위원회의 유권해석이 해석의 신청일부터 7일이 경과하기 이전에 쟁의행위를 하여도 쟁의행위의 정당성 여부에는 아무런 영향도 주지 아니한다.

### (3) 벌    칙

노동조합법은 아무런 벌칙규정도 두고 있지 아니하다. 동 조항은 단순히 훈시적 성격을 갖고 있는 것으로 해석된다.

## 3. 쟁의행위의 사전신고

### (1) 관련규정

> **노동조합법시행령 제17조 [쟁의행위의 신고]** 노동조합은 쟁의행위를 하고자 할 경우에는 고용노동부령이 정하는 바에 따라 행정관청과 관할 노동위원회에 쟁의행위의 일시·장소·참가인원 및 그 방법을 미리 서면으로 신고하여야 한다.

### (2) 주요내용

노동조합은 쟁의행위를 하기 이전에 행정관청과 관할 노동위원회에 쟁의행위의 일시·장소·참가인원 및 그 방법을 미리 서면으로 신고해야 한다(동법시행령 제17조). 쟁의행위의 사전신고의무화는 행정당국의 행정정책적 목적달성을 위한 것으로서, 이를 위반하여도 쟁의행위의 정당성이 반드시 상실되지는 아니한다.

## 4. 평화조항 위반의 쟁의행위

### (1) 근    거

평화조항은 당사자간의 단체협약으로 쟁의행위의 시기·절차·방법 및 장소 등을 정한 규정을 말한다. 예컨대 쟁의행위를 하기 일정기간 전에 상대방에게 사전예고를 한다는 「쟁의예고협정」 등이 이에 해당된다.

### (2) 주요내용

단체협약을 법규범으로 보는 견해는 평화의무를 위반하는 쟁의행위는 법규범의 설정 자체와 모순되므로 정당성을 상실하나, 평화조항의 위반은 단순한 절차 위반에 불과하므로 정당성에는 아무런 영향을 미치지 아니한다고 한다. 이에 반하여 단체협약을 원칙적으로 계약으로 보는 견해는 평화의무 및 평화조항의 위반이 모두 단순한 계약 위반에 불과하므로 이를 위반하더라도 쟁의행위의 정당성과는 아무런 관련이 없다고 한다. 즉, 학설은 평화조항 위반의 쟁의행위가 정당성을 상실하지 아니하는 것에 대부분 일치하고 있다.107)

### (3) 벌        칙

노동조합법 제92조제1호는 단체협약의 내용 중 「쟁의행위에 관한 사항」을 위반한 자는 「1천만원 이하의 벌금에 처한다」고 규정하고 있다.

## 5. 조합규약 위반의 쟁의행위

### (1) 근        거

노동조합법 제11조제12호는 노동조합의 조합규약으로 쟁의행위에 관한 사항을 규정하도록 하고 있다.

### (2) 주요내용

#### (가) 학  설

조합규약상의 쟁의행위의 절차에 위반하여 개시된 쟁의행위의 정당성에 관한 문제가 생긴다. 이에 대하여 ⅰ) 쟁의행위개시에 있어서의 중대한 절차 위반으로 정당성을 상실한다는 견해108)와 ⅱ) 단순한 조합 내부의 의사형성과정의 하자에 불과하며 쟁의행위의 대외적 책임으로서의 정당성 문제에는 영향을 주지 아니한다는 견해109)가 대립하고 있다.

#### (나) 사  견

조합규약에서 정한 쟁의행위의 절차를 위반하는 경우, 이는 쟁의행위의 본질적인 내용을 침해하는 것이 아니므로 쟁의행위의 정당성에는 아무런 영향도 미치지 아니한다고 본다. 다만, 조합규약이 쟁의행위의 정당성과 관련된 내용을 확인규정하고 있는 경우 이의 위반시 정당성이 부정됨은 물론이다.

---

107) 김유성, 노동법(Ⅱ), p. 236; 임종률, 노동법, p. 157. 단체협약의 내용을 기본적으로 계약으로 보면서 평화의무 및 평화조항 위반을 단순한 계약 위반이 아닌 집단적 단체협약질서의 침해로 보아 평화의무 및 평화조항에 위반하는 쟁의행위를 민사면책에 관한 한 모두 정당성을 상실하는 것으로 보는 견해(김형배, 노동법, p. 825)도 있으나 논거가 명확하지 아니하다.
108) 김수복, 노동법, p. 943. 김치선 교수는 조합규약에 위반하는 산고양이 파업은 부당·위법한 파업이라고 한다. 김치선, 노동법, p. 420.
109) 김형배, 노동법, p. 1005.

# 제 3 장  쟁의행위의 정당성

## 제1절 총    설

### Ⅰ. 의    의

쟁의행위는 근로자의 헌법상 권리이다. 그러나 근로자의 쟁의행위는 어떤 경우에나 무제한적으로 허용되는 것이 아니라, 헌법이 보장하고 있는 쟁의권이 갖추어야 할 최소한도의 요건을 충족하고 있는 경우에만 허용되는 것이다. 쟁의행위의 정당성이라 함은 헌법상 쟁의행위로서 요구되는 최소한도의 요건을 갖추고 있는 쟁의행위에 대하여 부여되는 법적 효과를 말한다. 이러한 최소한의 요건이 바로 쟁의행위의 실질적 성립요건에 해당함은 이미 설명한 바와 같다.

### Ⅱ. 정당성판단의 기준

쟁의행위의 정당성판단의 기준은 쟁의행위의 실질적 성립요건의 충족 여부가 될 것이다. 쟁의행위가 실질적 성립요건을 충족하고 있는지의 여부는 쟁의행위의 주체·목적·상대방 및 방법 등 제반사정을 고려하여 구체적·개별적으로 판단되어야 한다. 이는 헌법 제33조제1항의 규정을 정점으로 하는 실정법 질서 전반의 입장으로부터 해석론적으로 확립되어야 할 것이며, 이를 법률규정으로 확정하여 구체화 하는 것은 타당하지 아니하다.[1]

쟁의행위가 형식적 성립요건을 충족시키는지의 여부는 쟁의행위의 정당성판단에 아무런 영향도 주지 아니한다.

---

1) 김치선, 노동법, p. 411.

# 제 2 절 정당한 쟁의행위와 민사·형사면책

## I. 관련규정

**노동조합법 제3조** [손해배상청구의 제한] 사용자는 이 법에 의한 단체교섭 또는 쟁의
행위로 인하여 손해를 받은 경우에 노동조합 또는 근로자에 대하여 그 배상을 청
구할 수 없다.

**노동조합법 제4조** [정당행위] 형법 제20조의 규정은 노동조합이 단체교섭·쟁의행위
기타의 행위로서 제1조의 목적을 달성하기 위하여 한 정당한 행위에 대하여 적용
된다. 다만 어떠한 경우에도 폭력이나 파괴행위는 정당한 행위로 해석되어서는 아
니된다.

## II. 의     의

헌법상 단체행동권보장의 당연한 법적 효과로서 정당한 쟁의행위에 대하여는 민
사책임과 형사책임이 면제된다. 정당한 쟁의행위에 대하여 민사·형사면책을 부여하
는 것은 헌법상의 단체행동권보장의 실효성을 확보하기 위한 수단이다.

노동조합법 제3조 및 제4조의 면책규정은 정당한 쟁의행위에 대한 민사·형사면
책이라는 법적 효과를 새로이 창설하는 것이 아니라 헌법 제33조제1항의 쟁의권의
본질적·내재적 내용을 단순히 확인하는 것에 지나지 아니한다.

## III. 민사·형사면책의 적용범위

민사·형사면책 문제는 주로 쟁의행위와 결부되어 논의되어 왔다. 그러나 노동조
합법 제4조에 의한 형사면책규정은 그 적용대상을 「단체교섭·쟁의행위 기타의 행
위」로서 제1조의 목적을 달성하기 위하여 행한 정당한 행위로 넓게 규정하고 있는
반면 동법 제3조에 의한 민사면책규정은 그 적용대상을 「단체교섭·쟁의행위」로 한
정하고 있어 구체적인 민사·형사면책의 범위에 관하여 의문이 제기되고 있다.

노동법상의 민사·형사면책의 적용범위는 근로자의 정당한 쟁의행위에 국한되는
것이 아니라 법문상의 차이에 불구하고 근로자의 정당한 단결권·단체교섭권 및 단
체행동권의 행사에 모두 적용되어야 한다고 본다.[2)

단결권의 행사에 대하여 형사면책은 인정하되 민사면책은 배제할 타당한 이유가

없기 때문이다.

## Ⅳ. 민사·형사면책의 법적 성질

정당한 쟁의행위에 대한 민사·형사면책을 과연 어떠한 법리로서 구성하여 설명할 것인지의 문제가 대두된다.

### 1. 학  설

#### (1) 위법성조각설

쟁의행위는 ⅰ) 민법상의 의무불이행 또는 불법행위의 법률요건에 해당하거나 ⅱ) 형법상의 범죄구성요건에 해당하는 행위로서 본래 위법한 행위이지만 예외적으로 그 위법성이 조각되어 민사·형사상의 책임이 면제된다고 한다.3)

동설이 주장하는 근거로서는 쟁의행위는 본래 위법한 행동으로서 민사·형사책임이 부과되었으나, 점차 합법성이 인정되어 위법성이 조각된다고 본다.

#### (2) 구성요건해당성조각설

쟁의행위는 처음부터 ⅰ) 민법의 의무불이행 내지 불법행위의 법률요건에 해당되지 아니하며 또한 ⅱ) 형법상의 업무방해죄나 강요죄 등의 범죄구성요건에도 해당하지 아니한다고 한다.4)

동설이 주장하는 논거로서는, 쟁의권은 헌법상의 기본권의 하나로서 보장되고 있으므로 헌법상 기본권인 쟁의권을 행사하는 경우 이에 대한 민사상이나 형사상의 제재는 애당초 있을 수 없다고 한다.

### 2. 사  견

정당한 쟁의행위는 헌법에서 보장하고 있는 기본권의 행사이며, 이는 헌법 및 노동법체계에 의하여 보장되고 있는 새로운 형태의 합법적인 행위유형이라고 본다. 즉, 쟁의행위는 기존의 불법행위·범죄행위에 대하여 단지 위법성을 조각함으로써 합법성을 부여한 것이 아니라, 쟁의행위라는 새로운 형태의 합법적 행위가 헌법에

---

2) 김유성, 노동법(Ⅱ), p. 262; 김형배, 노동법, p. 817.

3) 김유성, 노동법(Ⅱ), p. 261; 임종률, 노동법, p. 196; 박상필, 노동법, pp. 557~558; 이병태, 노동법, p. 346; 이학춘·이상덕·이상국·고준기, 노동법(Ⅱ), p. 496; 대판 1990. 7. 10, 90도766; 1991. 3. 27, 90도2528.

4) 김치선, 노동법, p. 408; 이영희, 노동법, p. 213.

의하여 탄생되고 노동법에 의하여 구체화된 것이다. 따라서 구성요건해당성조각설에 찬동하는 바이다. 위법성조각설은 공모죄·독점금지법 등에 의하여 불법행위로 간주되던 쟁의행위를 점차 용인하기 시작한 시기에 합당한 이론이다.

현행 노동조합법은 법문상 위법성조각설에 근거하고 있는 것으로 보이나, 향후 법개정이 검토되어야 할 것이다.

## V. 근로자의 구속제한

근로자는 쟁의행위기간중에는 현행범 외에는 노동조합법 위반을 이유로 구속되지 아니한다(노동조합법 제39조). 현행범은 쟁의행위기간중이라도 구속이 가능하다. 현행범이라 함은 범죄를 실행중이거나 실행 직후에 있는 자를 말한다(형사소송법 제211조).

노동조합법상의 범죄가 아니라, 형법상의 범죄인 경우에는 구속할 수 있다. 또한, 정당한 쟁의행위에 한하여 보호대상이 되고 정당하지 아니한 쟁의행위의 경우 보호대상이 되지 아니한다.[5]

## 제 3 절 정당하지 아니한 쟁의행위와 민사·형사책임

쟁의행위가 정당성을 갖고 있는 경우에는 민사·형사면책이 인정되나 정당성을 갖고 있지 아니한 경우에는 민사·형사책임을 부담하게 된다. 이 경우 과연 민사·형사책임의 구체적인 내용은 무엇이고 그 책임은 누가 부담하게 되는가의 문제가 생기게 된다.[6]

### I. 민사책임

쟁의행위가 정당하지 아니한 경우 근로자측은 사용자에 대하여 민사책임을 부담

---

5) 임종률, 노동법, p. 209.
6) 이하에서는 헌법상 근로자의 쟁의권과 사용자의 직장폐쇄는 그 본질을 달리 하므로 이를 구분하고, 또한 민법원리와 구분되는 노동법상의 특수성을 강조하여 이를 설명하고자 한다. 이에 반하여 쟁의행위와 직장폐쇄를 구분하지 아니하고 이를 민법적 관점에서 고찰하는 견해에 대하여는 김형배, 노동법, p. 853 이하 참조.

하게 되는바, 이에는 크게 손해배상책임과 징계책임이 있다.

### (1) 손해배상책임

### (가) 의 의

노동조합의 쟁의행위가 정당하지 아니한 경우 노동조합 또는 근로자 개인이 손해배상의 주체가 된다. 손해배상의 범위는 일반적인 손해배상의 산정원리와 마찬가지로 쟁의행위와 상당인과관계가 있는 손해에 국한되며, 쟁의기간중 사용자에게 발생한 모든 손해가 포함되는 것은 아니다.[7]

불법행위로 인한 손해배상의 경우 대체로 영업이익의 감소, 고정비용의 지출[8] 및 회사시설 및 자산의 파괴·훼손 등에 대한 손해배상[9]이 이에 해당될 것이다.

제조업체가 위법한 쟁의행위로 조업을 하지 못함으로써 입는 손해로는, ⅰ) 조업중단으로 제품을 생산하지 못함으로써 생산할 수 있었던 제품을 판매하여 얻을 수 있는 매출이익을 얻지 못한 손해와 ⅱ) 고정비용을 회수하지 못한 손해가 있을 수 있다. 고정비용은 조업중단 여부와 관계없이 대체로 일정하게 지출하는 차임, 제세공과금, 감가상각비, 보험료 등을 말하고, 이러한 고정비용 상당의 손해는 생산 감소에 따라 매출이 감소하여 매출액에서 매출원가의 일부로 회수할 수 있었을 비용을 회수하지 못함으로써 발생한다.[10]

관 련
판 례
　대판 2023. 6. 15, 2018다41986　　[1] 제조업체가 위법한 쟁의행위로 조업을 하지 못함으로써 입는 손해로는, 조업중단으로 제품을 생산하지 못함으로써 생산할 수 있었던 제품을 판매하여 얻을 수 있는 매출이익을 얻지 못한 손해와 고정비용을 회수하지 못한 손해가 있을 수 있다. 고정비용은 생산된 제품의 판매액에서 회수할 것을 기대하고 지출하는 비용 중 조업중단 여부와 관계없이 대체로 일정하게 지출하는 차임, 제세공과금, 감가상각비, 보험료 등을 말하고, 이러한 고정비용 상당의 손해는 생산 감소에 따라 매출이 감소하여 매출액에서 매출원가의 일부로 회수할 수 있었을 비용을 회수하지 못함으로써 발생한다.

일반적으로 불법행위로 인한 손해배상청구 사건에서 손해의 발생 및 가해행위와 손해의 발생 사이의 인과관계에 대한 증명책임은 청구자인 피해자가 부담한다. 따라서 고정비용 상당 손해의 배상을 구하는 제조업체는 위법한 쟁의행위로 인하여 일정량의 제품을 생산하지 못하였다는 점뿐만 아니라 생산되었을 제품이 판매될 수 있다는 점 및 생산 감소로 인하여 매출이 감소하였다는 점까지도 증명하여

---

7) 김유성, 노동법(Ⅱ), p. 270.
8) 손해배상의 범위는 상품의 매출이익을 얻지 못한 손해와 제세공과금, 감가상각비 및 공과금 등 조업중단의 여부에 상관없이 고정적으로 지출되는 비용의 합으로 구성된다. 대판 1993. 12. 10, 93다24735.
9) 서울고판 1994. 6. 16, 93나12338.
10) 대판 2023. 6. 15, 2018다41986; 대판 2023. 6. 15, 2017다46274.

야 함이 원칙이지만, 실제의 소송과정에서는 조업중단으로 인한 매출 감소를 증명하는 것이 쉽지 않으므로, 손해 발생을 추인게 할 간접사실의 증명을 통해 손해의 발생이라는 요건사실을 인정할 현실적인 필요성이 있다. 이에 대법원은 정상적으로 조업이 이루어지는 제조업체에서 제품을 생산하였다면 적어도 지출한 고정비용 이상의 매출액을 얻었을 것이라는 경험칙에 터 잡아, 제품이 이른바 적자제품이라거나 불황 또는 제품의 결함 등으로 판매가능성이 없다는 등의 특별한 사정의 간접반증이 없는 한, 생산된 제품이 판매되어 제조업체가 이로 인한 매출이익을 얻고 또 생산에 지출된 고정비용을 매출원가의 일부로 회수할 수 있다고 추정함이 상당하다고 판시하여, 손해배상청구권자의 증명부담을 다소 완화하여 왔다.

그런데 이러한 추정 법리가 매출과 무관하게 일시적인 생산 차질이 있기만 하면 고정비용 상당 손해가 발생한다는 취지는 아니므로, 위법한 쟁의행위로 조업이 중단되어 생산이 감소하였더라도 그로 인하여 매출 감소의 결과에 이르지 아니할 것으로 볼 수 있는 사정이 증명되면, 고정비용 상당 손해의 발생이라는 요건사실의 추정은 더 이상 유지될 수 없다. 따라서 위법한 쟁의행위가 종료된 후 제품의 특성, 생산 및 판매방식 등에 비추어 매출 감소를 초래하지 않을 정도의 상당한 기간 안에 추가 생산을 통하여 쟁의행위로 인한 부족 생산량의 전부 또는 일부가 만회되었다면 특별한 사정이 없는 한 그 범위에서는 조업중단으로 인한 매출 감소 및 그에 따른 고정비용 상당 손해의 발생을 인정하기 어렵다. 구체적인 이유는 다음과 같다.

① 경험칙에 따라 고정비용 상당 손해의 발생이 추정되는 사실이 밝혀지는 경우에도 상대방은 해당 사실이 경험칙 적용의 대상이 되지 못하는 사정을 증명하여 경험칙에 터 잡은 사실상의 추정을 복멸할 수 있다. 종래 대법원은 생산에 따른 판매 및 매출이익 발생의 추정을 복멸할 수 있는 일정한 간접반증 사유를 거시한 바 있지만, 생산 감소로 인한 매출 감소 및 그에 따른 고정비용 상당 손해 발생의 추정을 복멸할 간접반증 사유도 충분히 상정해 볼 수 있다.

② 고정비용 상당의 손해는 조업중단으로 말미암아 생산량이 감소함에 따라 판매와 매출이 감소하여 매출액에서 회수할 수 있었던 비용을 회수하지 못함으로써 발생하고, 고정비용은 추가 생산으로 생산량을 만회한다고 하여 그에 비례하여 더 지출되는 성격의 것이 아니다. 이러한 고정비용의 성격 및 고정비용 상당 손해가 현실화되는 과정에 비추어 보면, 조업중단으로 일시적인 생산 차질이 발생하였더라도 그것이 매출 감소로 이어질 개연성이 있는지를 살펴보아야 하고, 쟁의행위가 종료된 후 제품의 특성, 생산 및 판매방식 등에 비추어 매출 감소를 초래하지 않을 정도의 상당한 기간 안에 추가 생산으로 부족 생산량이 만회되었다면, 생산 감소에 따라 매출 감소를 추정하는 경험칙을 더 이상 적용할 수 없으므로 이러한 추정은 복멸된다고 봄이 타당하다. 다만 이에 대하여 제조업체는 생산량 회복이 쟁의행위로 인한 부족 생산량을 만회하기 위한 것이 아니라 그와 무관한 다른 요인에 의하여 이루어졌다는 사정 등을 증명함으로써 다시 추정법리가 유지되도록 할 수 있을 것이다.

### (나) 노동조합의 손해배상책임

### ① 단체협약의 불이행으로 인한 손해배상책임:   노동조합이 단체협약상 평화의

무에 위반하여 쟁의행위를 감행한 경우에는 이로 인하여 발생된 손해배상책임을 부담한다.

② **불법행위로 인한 손해배상책임:** 정당하지 아니한 쟁의행위를 하는 경우 노동조합은 이에 대한 불법행위책임을 진다. 법인인 노동조합이 불법행위책임의 주체가 되기 위해서는 노동조합의 대표자인 노동조합 임원의 불법행위가 성립하여야 하며, 노동조합이 권리능력 없는 사단인 경우에도 마찬가지라는 견해가 있다.[11]

그러나 노동조합의 대표자가 정당하지 아니한 쟁의행위에 반대하였음에도 불구하고 조합원의 찬반투표를 통하여 정당하지 못한 쟁의행위를 강행한 경우 노동조합은 대표자의 불법행위 없이도 불법행위책임의 주체가 될 수 있다고 본다. 법인인 노동조합의 지위에 대하여 민법상 법인의 대표자이론을 적용하는 것은 이론상 무리이다.

(다) 근로자 개인의 손해배상책임

① **학 설:** 노동조합이 손해배상책임을 지는 것은 확실하나, 조합원인 근로자 개인도 손해배상책임을 부담하여야 하는지의 여부에 관하여는 견해가 나뉘고 있다.

㉠ 개인책임 부정설 쟁의행위가 정당하지 못한 경우에도 노동조합의 조직적·통일적 행동으로서 쟁의행위가 행하여지는 경우 근로자 개인의 책임은 일절 부인된다는 견해이다.[12]

그 논거로서는, 첫째 근로자 개인의 행위는 노동조합의 집단적 의사에 따라 그 정당성 여부에 상관없이 노동조합의 집단적 행위로 전환되므로 그 집단적 행위에 대한 책임주체가 될 수 없다고 하며, 둘째 쟁의행위로 인한 손해배상책임을 근로자 개인에게 귀속시킨다면 이는 근로자들의 조합활동에의 참여를 저해하게 되어 헌법에서 쟁의권을 보장하고 있는 취지에 어긋난다고 한다.[13]

㉡ 개인책임 긍정설 쟁의행위가 정당하지 못한 경우 노동조합뿐 아니라 근로자 개인도 손해배상책임을 진다는 견해이다.[14]

이러한 견해에 의하면, 첫째 쟁의행위는 근로자 개인의 자유로운 의사결정에 따라 행사되고 있는 것이므로 실행행위의 주체로서의 근로자 개인의 책임은 부인될

---

11) 菅野, 勞働法, p. 517; 김형배, 노동법, p. 856.
12) 김유성, 노동법(Ⅱ), p. 273; 이영희, 노동법, p. 696; 박홍규, 노동법(Ⅱ), p. 406.
13) 인천지판 1991. 10. 24, 90가합15200.
14) 임종률, 노동법, p. 244; 이병태, 노동법, p. 351; 대판 1994. 3. 25, 93다32828·32835(병합).

수 없고, 둘째 현행법상 근로자 개인의 민사면책은 쟁의행위가 정당성을 가지고 있는 경우에 한해서 인정되는 것이므로 정당성이 없는 쟁의행위에 참가한 근로자 개인의 책임을 면제한다는 것은 현행 노동법의 기본취지에 위배된다고 한다.

ⓒ 사 견    노동조합법 제3조의 민사면책은 정당한 쟁의행위에 대하여만 인정되는 것인바, 정당하지 아니한 쟁의행위의 경우에는 노동조합은 물론 근로자 개인에게도 민사면책이 인정되지 아니하는 것으로 보는 것이 타당하다고 본다.

② **근로자 개인책임의 주요내용**:    근로자 개인은 노동조합의 불법행위에 대하여 노동조합과 연대하여 책임을 부담한다. 이 경우 연대책임의 범위는 ⅰ) 노동조합·조합간부 및 일반조합원이 각각 부진정연대책임을 부담한다는 견해,[15] ⅱ) 노동조합의 책임에 대하여 조합간부 및 일반조합원은 부종성과 보충성을 갖는 2차적 책임만을 부담한다는 견해, ⅲ) 노동조합과 조합간부는 부진정연대책임을 부담하나, 일반조합원은 노동조합 등의 지시에 따라 단순히 노무를 정지한 것만으로는 노동조합 또는 조합간부들과 공동 불법행위책임을 지지 아니한다는 견해[16] 등으로 나뉘고 있다.

㉠ **조합간부의 책임**    조합간부는 쟁의행위를 조직·주도·지시하는 지위에 있으므로 정당하지 못한 쟁의행위가 발생한 경우 ⅰ) 자신의 근로계약 위반으로 인한 손해배상책임을 부담하는 것은 물론 ⅱ) 노동조합의 불법행위로 인하여 발생된 손해에 대하여 노동조합과 부진정연대채무를 부담한다.[17] 이 경우 조합간부라는 이유만으로 손해배상책임을 부담하거나 가중되어서는 아니되며 해당 불법행위의 태양 및 정도 등을 개별적인 사안에 따라 구체적으로 판단하여야 할 것이다.

㉡ **일반조합원의 책임**

(ⅰ) 근로계약의 불이행으로 인한 손해배상책임    쟁의행위는 그 본질상 근로제공을 집단적으로 거부하는 것이므로 쟁의행위가 정당성을 가지지 못하는 경우 이는 곧 근로계약상의 근로제공의무에 위반하는 것이 된다. 따라서 근로제공을 거부한 일반조합원은 근로계약의무에 위반하는 것이 되어 이로 인한 손해배상책임을 부담하게 된다.

(ⅱ) 불법행위로 인한 손해배상책임    위법한 쟁의행위를 결정·주도한 주체인 노동조합과 개별 조합원 등의 손해배상책임의 범위를 동일하게 보는 것은 헌법상 근로자에게 보장된 단결권과 단체행동권을 위축시킬 우려가 있을 뿐만 아니라 손해의 공평·타당한 분담

15) 김유성, 노동법(Ⅱ), p. 273.
16) 대판 2006. 9. 22, 2005마30610; 임종률, 노동법, p. 246.
17) 대판 2006. 9. 22, 2005마30610; 대판 1994. 3. 25, 93다32828·32835(병합): 동 판례는 민법 제35조제1항의 「법인의 불법행위능력」에 관한 규정을 준용하여, 조합간부의 불법행위책임을 인정하고 있다. 서울고판 1994. 6. 16, 93나12338: 동 판례는 민법 제760조의 「공동불법행위자」의 규정을 준용하고 있다.

이라는 손해배상제도의 이념에도 어긋난다. 따라서 대법원 판례는 개별 조합원 등에 대한 책임제한의 정도는 노동조합에서의 지위와 역할, 쟁의행위 참여 경위 및 정도, 손해 발생에 대한 기여 정도, 현실적인 임금 수준과 손해배상 청구금액 등을 종합적으로 고려하여 판단하여야 한다고 판결하고 있다.[18]

일반조합원은 노동조합 등의 지시에 따라 단순히 근로제공을 거부하는 것이므로 노동조합의 불법행위로 인하여 발생한 손해에 대하여 손해배상책임을 부담하지 않는 것이 원칙이다.[19] 다만, 불법쟁의행위를 사전에 인지하고 이에 적극가담하는 경우에는 손해배상책임을 부담한다. 예컨대, 안전시설의 유지의무가 있는 근로자가, 이러한 의무를 위반하여 손해가 발생하였거나, 손해가 확대되었다면 이와 상당관계에 있는 손해를 배상할 책임이 있다.[20] 또한, 노동조합의 통제·주도에서 벗어나 일반조합원만이 정당하지 못한 쟁의행위에 참가하는 과정에서 불법행위가 성립되는 경우에는 일반조합원만이 이에 대한 손해배상책임을 부담하게 된다.

사견으로는 대법원 판례는 이론적으로는 타당한 것으로 보이나 실무적으로는 많은 문제점을 가지고 있다. 노동조합 및 쟁의행위의 비공개 특성을 감안하여 볼 때에 파업참여 조합원 개개인의 파업참여도를 개별적으로 파악하여 손해배상을 산정하는 것은 사실상 불가능하므로 사용자가 노동조합 및 조합원에 대하여 불법행위 가담 정도를 입증하고 이에 비례하여 손해배상청구를 하는 것은 매우 어렵다 할 것이다.

| 관 련<br>판 례 | 대판 2023. 6. 15, 2017다46274  위법한 쟁의행위를 결정·주도한 노동조합의 지시에 따라 실행에 참여한 조합원으로서는 쟁의행위가 다수결에 의해 결정되어 일단 방침이 정해진 이상 쟁의행위의 정당성에 의심이 간다고 하여도 노동조합의 지시에 불응하기를 기대하기는 사실상 어렵고, 급박한 쟁의행위 상황에서 조합원에게 쟁의행위의 정당성 여부를 일일이 판단할 것을 요구하는 것은 근로자의 단결권을 약화시킬 우려가 있다. 그렇지 않은 경우에도 노동조합의 의사결정이나 실행행위에 관여한 정도 등은 조합원에 따라 큰 차이가 있을 수 있다. 이러한 사정을 전혀 고려하지 않고 위법한 쟁의행위를 결정·주도한 주체인 노동조합과 개별 조합원 등의 손해배상책임의 범위를 동일하게 보는 것은 헌법상 근로자에게 보장된 단결권과 단체행동권을 위축시킬 우려가 있을 뿐만 아니라 손해의 공평·타당한 분담이라는 손해배상제도의 이념에도 어긋난다. 따라서 개별 조합원 등에 대한 책임제한의 정도는 노동조합에서의 지위와 역할, 쟁의행위 참여 경위 및 정도, 손해 발생에 대한 기여 정도, 현실적인 임금 수준과 손해배상 청구금액 등을 종합적으로 고려하여 판단하여야 한다. |
|---|---|

---

18) 대판 2023. 6. 15, 2017다46274.

19) 이에 대하여 일반조합원이 노동조합의 지시·통제에 따른 경우에는 노동조합만이 책임을 부담하고 일반조합원은 책임을 부담하지 아니한다는 견해(김유성, 노동법(Ⅱ), p. 274)가 있다.

20) 대판 2006. 9. 22, 2005마30610.

### (2) 징계처분

### (가) 의 의

정당하지 아니한 쟁의행위에 참가한 조합원에 대하여 사용자가 징계처분을 하는 경우가 있다. 이러한 징계처분은 그 성질상 노동조합에 대하여 행하여질 수 없으며, 근로자 개인에게만 행하여진다.[21]

조합원 개인에 대한 손해배상책임을 부정하는 견해는 대체로 조합원 개인에 대한 징계처분도 이를 부정하고 있다. 그러나 민사·형사면책은 정당성을 갖춘 쟁의행위에 한하여 인정되는 것이므로 정당하지 못한 쟁의행위에는 이러한 면책이 인정되지 아니한다고 볼 것이고, 따라서 조합원의 정당하지 아니한 쟁의행위가 근로기준법 제23조제1항의 정당한 징계사유에 해당되는 경우에는 징계처분의 대상이 된다고 본다.

### (나) 징계처분의 내용

징계처분은 일반조합원도 그 대상이 될 수 있음은 물론이나 일반적으로 쟁의행위를 지시·주도한 조합간부에 대한 책임추궁의 일환으로 행하여진다.

정당하지 아니한 쟁의행위의 대부분은 현실적으로 조합간부가 기획·지시·지도하는 등 실질적으로 중요한 역할을 담당하므로 조합간부가 일반조합원보다 무거운 징계처분을 받게 된다는 것은 일반적으로 당연하다고 할 것이다.

그러나 조합간부의 지위에 있다는 외형적 사실만으로 일반조합원보다 무거운 징계처분을 받거나, 일반조합원은 징계처분을 받지 아니하는데 조합간부만이 징계처분을 받아서는 아니 된다고 할 것이다. 그 이유는 징계처분은 문제가 된 행위에 대하여 그 행위자의 행태와 역할이 구체적으로 검토되어야 하기 때문이다.

조합간부가 조합의 지시·통제를 벗어나려는 일부 조합원의 위법행위를 방지하여야 할 의무가 존재하여 이를 위반하는 경우 징계가 가능한지에 대하여 견해가 나뉘고 있다. 긍정설은 ⅰ) 현행 노동조합법 제38조제3항은 쟁의행위가 적법하게 수행될 수 있도록 조합간부의 지도·관리·통제책임을 규정하고 있고, ⅱ) 이러한 책임이행의 의무를 게을리 한 것에 대하여 징계를 하는 것은 개인책임의 원리에 반하는 것이 아니라고 한다.[22] 이에 반하여 부정설은 ⅰ) 개별조합원의 행위에 대하여 영향

21) 미국에서는 정당하지 아니한 쟁의행위를 주도한 노동조합에 대하여 조합비사전공제의 특혜를 부여하지 아니하도록 규정하고 있는 주도 있다. 예컨대 Florida: Fla. Stat. §447. 507(4)(1991).

22) 임종률, 노동법, p. 248.

의무 또는 방지의무를 일반적인 형태로 인정하는 것은 타당하지 아니하고, ⅱ) 이에
대한 징계책임은 실질적으로 타인의 행위에 대한 책임을 인정하는 결과가 되어 개
인책임의 원리에 위배된다고 한다.[23]

## Ⅱ. 형사책임

### 1. 의　의

쟁의행위가 정당하지 아니한 경우 형사면책의 특권이 배제되고 일반 형법론에
따라 형사책임을 부담하게 된다.

> **관련 판례**　**대판 1990. 10. 12, 90도1431**　쟁의행위가 인정되는 범위를 넘어서 형사상의 범
> 죄를 성립시키는 경우에는 쟁의행위 자체에 성질상 집단성과 단체성이 내포되어
> 있는 것이라는 이유만으로 일반형사범죄와는 다른 특별한 취급을 하여야 할 근거
> 는 없다.

그러나 쟁의행위가 정당하지 아니하다고 하여 무조건 형사책임을 부담하는 것은
아니며, 일반형법이론에 따른 범죄의 성립요건을 충족시키는 경우에 한하여 형사책
임이 인정된다.

### 2. 형사책임의 종류

#### (1) 일반적 형사책임

정당하지 아니한 쟁의행위에 대하여 부과되는 형사책임 중에서 가장 대표적인
것은 파업에 적용되는 업무방해죄이다. 파업은 그 성질상 소극적으로 근로의 제공을
거부하는 행위에 그치지 아니하고, 이를 넘어서 사용자에게 압력을 가하여 집단적으
로 노무제공을 중단하는 실력행사에 해당되므로 다른 범죄에 해당되지 아니하더라도
파업 자체만으로도 위력에 의한 업무방해죄에 해당할 가능성이 있다.[24]

다만, 정당성을 상실한 모든 파업이 당연히 위력에 의한 업무방해죄에 해당하는
지에 대하여는 견해가 나뉘고 있다.

---

23) 김유성, 노동법(Ⅱ), p. 277.
24) 업무방해죄에 대하여 ⅰ) 소극적인 근로제공거부행위만으로도 성립된다는 판례(대판 1991. 1. 29,
90도2852; 대판 1991. 4. 23, 90도2771; 대판 1991. 11. 8, 91도326)와, ⅱ) 소극적인 근로제공거부행위로
인하여 법익침해의 결과가 발생하고 양자간의 인과관계가 존재하는 경우에 한하여 성립된다는 판례(대판
1991. 4. 23, 90도2961; 대판 1992. 9. 22, 92도1855; 대판 1992. 12. 8, 92도1645)가 있다.

#### (가) 적극설

파업은 소극적으로 근로제공 거부에 그치는 경우라도 본질상 위력에 의한 업무방해라는 위법적 요소를 갖고 있는 바, 형법상의 위법성조각사유에 해당되지 않는 한 정당성을 상실한 모든 파업은 당연히 업무방해죄에 해당된다는 견해이다.25)

#### (나) 소극설

파업이 소극적인 근로제공 거부행위를 넘어서 위력적 행태를 보이고, 이로 인하여 법익 침해의 결과가 발생하는 경우에만 업무방해죄가 성립된다는 견해이다.26) 이러한 견해는 파업이 폭력 또는 파괴행위 등의 적극적 위력행위가 수반되지 아니하고 소극적인 근로제공 거부행위에 그치는 경우 이는 부작위이기 때문에 작위를 전제로 하는 위력에 의한 업무방해죄에 해당될 여지가 없다고 한다.

#### (다) 절충설

파업이 ⅰ) 적극적인 위력행위가 수반되는 경우는 물론이고, ⅱ) 소극적인 근로제공 거부행위에 그치는 경우에도 이는 작위에 의한 위력에 해당될 여지가 있으며, 따라서 위력 해당여부를 사안별로 구체적으로 판단해서 업무방해죄 해당여부를 정하여야 한다는 견해이다.27) 이러한 견해에 따르면 파업이 폭력 또는 파괴행위 등의 적극적 위력행위가 수반되지 아니하고 소극적인 근로제공 거부행위에 그치는 경우 ⅰ) 파업이 당연히 업무방해죄에 해당되는 것은 아니지만, ⅱ) 사용자의 자유의사가 제압 또는 혼란된 경우에는 위력에 해당되어 업무방해죄가 성립될 수 있다는 견해이다. 최근의 대법원 판례는 전원합의체 판결에서 "쟁의행위로서 파업이 언제나 업무방해죄에 해당하는 것으로 볼 것은 아니고, 전후 사정과 경위 등에 비추어 사용자가 예측할 수 없는 시기에 이루어져 사용자의 사업운영에 심대한 혼란 내지 막대한 손해를 초래하는 등으로 사용자의 사업계속에 관한 자유의사가 제압·혼란될 수 있다고 평가할 수 있는 경우에 비로소 집단적 노무제공의 거부가 위력에 해당하여 업무방해죄가 성립한다고 보는 것이 타당하다."고 판결하여 절충설의 입장을 취하고 있다.

제3부 집단적 노사관계

---

25) 헌재 1998. 7. 16, 97헌바23; 대판 1991. 1. 29, 90도2852; 대판 1991. 11. 8, 91도326.
26) 대판 2011. 3. 17, 2007도482(소수 의견); 대판 1992. 9. 22, 92도1855; 대판 1992. 12. 8, 92도1645.
27) 대판 2011. 3. 17, 2007도482.

대판 2011. 3. 17, 2007도482    (가) 업무방해죄는 위계 또는 위력으로써 사람의 업무를 방해한 경우에 성립하며(형법 제314조제1항), '위력'이란 사람의 자유의사를 제압·혼란케 할 만한 일체의 세력을 말한다. 쟁의행위로서 파업(노동조합 및 노동관계조정법 제2조제6호)도, 단순히 근로계약에 따른 노무의 제공을 거부하는 부작위에 그치지 아니하고 이를 넘어서 사용자에게 압력을 가하여 근로자의 주장을 관철하고자 집단적으로 노무제공을 중단하는 실력행사이므로, 업무방해죄에서 말하는 위력에 해당하는 요소를 포함하고 있다.

(나) 근로자는 원칙적으로 헌법상 보장된 기본권으로서 근로조건 향상을 위한 자주적인 단결권·단체교섭권 및 단체행동권을 가지므로(헌법 제33조제1항), 쟁의행위로서 파업이 언제나 업무방해죄에 해당하는 것으로 볼 것은 아니고, 전후 사정과 경위 등에 비추어 사용자가 예측할 수 없는 시기에 전격적으로 이루어져 사용자의 사업운영에 심대한 혼란 내지 막대한 손해를 초래하는 등으로 사용자의 사업계속에 관한 자유의사가 제압·혼란될 수 있다고 평가할 수 있는 경우에 비로소 집단적 노무제공의 거부가 위력에 해당하여 업무방해죄가 성립한다고 보는 것이 타당하다.

(다) 이와 달리, 근로자들이 집단적으로 근로의 제공을 거부하여 사용자의 정상적인 업무운영을 저해하고 손해를 발생하게 한 행위가 당연히 위력에 해당하는 것을 전제로 노동관계 법령에 따른 정당한 쟁의행위로서 위법성이 조각되는 경우가 아닌 한 업무방해죄를 구성한다는 취지로 판시한 대법원 1991. 4. 23. 선고 90도2771 판결, 대법원 1991. 11. 8. 선고 91도326 판결, 대법원 2004. 5. 27. 선고 2004도689 판결, 대법원 2006. 5. 12. 선고 2002도3450 판결, 대법원 2006. 5. 25. 선고 2002도5577 판결 등은 이 판결의 견해에 배치되는 범위 내에서 변경한다.

### (2) 개별적 형사책임

쟁의행위가 정당성을 상실하게 된 구체적인 사유에 따라 노동관련법 또는 형법에 규정된 관련 형벌이 적용된다. 예컨대 ⅰ) 파업 또는 태업중에 기업시설·기계·제품 및 원료 등을 손상·파괴하거나 은닉하는 경우에는 재물손괴죄에 해당되고, ⅱ) 파업·보이콧·피케팅중에 사용자 또는 제3자에게 과도한 물리력을 행사하거나 폭언·폭행을 한 경우에는 불법감금죄·협박죄·강요죄 또는 공갈죄 등이 적용되며, ⅲ) 파업·직장점거가 그 정당성을 넘어 기업시설 또는 장소를 점거하는 경우에는 건조물침입죄·주거침입죄 또는 퇴거불응죄 등이 문제될 것이다.

### 3. 형사책임의 귀속

### (1) 노동조합의 형사책임

정당하지 못한 쟁의행위에 대하여 노동조합의 형사책임은 관련법령에 명시적으로 규정된 경우에 한하여 인정된다. 노동조합법 제94조는 노동조합의 대표자·대리인·사용인 기타의 종업원이 노동조합의 업무에 관하여 위법행위(노동조합법 제88조 내지 제93조 위반)를 한 경우에는 노동조합에도 벌금형을 부과함으로써 형사책임을 인정하고 있다.

### (2) 근로자 개인의 형사책임

#### (가) 조합간부의 책임

정당하지 못한 쟁의행위에 대하여 조합간부가 형사책임을 부담하는지의 여부는 구체적인 행위유형에 따라 개별적으로 판단하여야 할 것이다. 조합간부가 ⅰ) 정당하지 아니한 쟁의행위를 결의·주도·지시하였거나 이에 참여한 경우, 또는 ⅱ) 정당한 쟁의행위를 하는 과정에서 독자적으로 정당하지 아니한 쟁의행위를 주도·지시·참여하는 경우 등에는 관련형사범죄의 공동정범·교사범 또는 방조범의 책임이 인정된다.[28]

이에 반하여 조합간부가 정당하지 아니한 쟁의행위의 결의·집행에 전혀 참여·지시 등을 하지 아니한 경우에는 형사책임이 부과되지 아니한다.

조합간부의 형사책임과 관련하여 문제되는 것은 ⅰ) 조합간부라는 이유로 동일한 행위에 대하여 일반조합원보다 무거운 형벌이 부과되거나, 조합간부에게만 형사책임이 인정될 수 있는가의 문제와 ⅱ) 일반조합원의 행위에 대하여 조합간부가 형사책임을 부담하는가의 문제이다.

조합간부는 현실적으로 쟁의행위를 기획·지시·주도하므로 일반조합원에 비하여 무거운 형사책임이 부과되는 것이 일반적이다. 다만, 단지 조합간부라는 이유만으로 동일한 행위에 대하여 일반조합원보다 높은 수준의 형사책임을 부과하는 것은 죄형법정주의의 원칙상 타당하지 아니하다고 본다.

한편, 조합간부가 일반조합원의 정당하지 아니한 쟁의행위를 적극적으로 방지할 의무를 부담하고 이를 위배하는 경우 형벌이 부과되는지의 여부가 문제시된다. 이에 대하여 ⅰ) 조합간부는 이러한 의무를 부담한다는 전제하에 부당한 쟁의행위의 정도·태양 및 방지노력 등을 전체적으로 고려하여 동 의무 위반에 대한 형사책임 여부를 결정하여야 한다는 견해[29]와 ⅱ) 조합간부는 일반조합원의 부당한 쟁의행위에 대하여 형사책임을 부담하지 아니한다는 견해[30]가 있다. 사견으로는 후자의 견해에 찬동하는 바이다. 다만, 조합간부가 부당한 쟁의행위를 소극적으로 조장·방조한 것

---

28) 김유성, 노동법(Ⅱ), p. 269; 대판 1991. 4. 23, 90도2771; 대판 1992. 3. 31, 92도58; 대판 1992. 11. 10, 92도1315.
29) 임종률, 노동법, p. 249.
30) 김유성, 노동법(Ⅱ), p. 269.

이 관련형법에 위배되는 경우에는 이에 대한 형사책임을 부담함은 물론이다.

노동조합법 제38조제3항은 노동조합으로 하여금 쟁의행위가 적법적으로 수행될 수 있도록 지도·관리·통제의무를 규정하고 있으나, 이의 위반에 대한 벌칙규정은 아니두고 있다.

### (나) 일반조합원의 형사책임

일반조합원이 노동조합이 주도한 정당하지 아니한 쟁의행위에 참여한 경우 형사책임을 부담한다. 또한 노동조합의 쟁의행위는 정당하지만 조합원 개인이 노동조합의 승인을 얻지 아니하거나 노동조합의 지시·통제에 위반하여 쟁의행위를 한 경우에도 형사책임을 부담한다.[31)]

최근에는 정당성을 상실한 쟁의행위에 참가한 일반조합원에게 일률적으로 업무방해죄를 적용하는 것이 과연 타당한 것인지에 대하여 의문이 제기되고 있음은 이미 밝힌 바와 같다.

# 제 4 절   쟁의행위의 유형과 정당성

이하에서는 쟁의행위의 유형별로 구체적인 정당성의 충족 여부를 검토하여 보고자 한다.

## I. 파   업

### 1. 파업의 의의

### (1) 개   념

파업이라 함은 다수의 근로자가 하나의 단결체를 형성하여 근로조건의 유지·개선을 목적으로 조직적인 방법에 의하여 사용자에게 근로제공을 일시적으로 거부하는 행위를 말한다.

---

31) 대판 1995. 10. 12, 95도1016.

## (2) 종    류

### ㈎ 주체상의 구별

파업은 노동조합의 조합원에 의하여 행하여지는 조합파업과 노동조합의 조합원이 아닌 자가 행하는 비조합파업으로 구별할 수 있다. 전자를 조직파업 또는 노조파업, 후자를 비조직파업 또는 비노조파업이라고도 한다.[32]

비조합원파업에는 근로자단체 또는 쟁의단에 의한 파업 등이 이에 해당된다. 조합파업 중에서 특히 노동조합의 통제나 지시를 벗어나 소수조합원에 의하여 행하여지는 파업을 비공인파업(산고양이 파업: wildcat strike)이라고 한다.

### ㈏ 규모상의 구별

특정 산업 또는 기업에 소속된 모든 조합원이 파업을 하는 경우 이를 전면파업이라고 하고, 일부 조합원만이 파업을 하는 경우 이를 부분파업이라고 한다. 총파업은 모든 산업 또는 전국적으로 행하여지는 파업으로서 전면파업보다도 범위가 넓은 것을 말한다.

### ㈐ 목적상의 구별

파업이 임금 및 근로시간 등의 근로조건을 개선·향상하는 것을 목적으로 하는 경우 이를 경제적 파업(economic strike)이라고 하고, 사용자의 부당노동행위에 대하여 이의 시정을 요구하거나 항의하여 하는 경우 이를 부당노동행위파업(un-fair labor practice strike)이라고 한다.

### ㈑ 상대방에 의한 구별

파업의 상대방은 노동조합의 사용자가 되는 경우가 일반적이다. 그러나 파업의 상대방이 행정부나 입법부인 경우 이를 정치파업이라고 한다. 정치파업은 대체로 노동정책의 수립·폐지 또는 법률의 제·개정을 요구하는 것이다. 또한, 다른 노동조합이 행하는 파업을 지원하는 경우 이를 동정파업 또는 연대파업이라고 한다.

## 2. 파업의 정당성

파업은 일반적으로 사업장에서 퇴거(work-out)하는 형태를 취하고 있다. 다만, 근로제공거부의 효율성을 강화하기 위하여 때로는 피케팅을 동반하거나 직장에 체류하면서 연좌농성(sit-in, sit-down)하는 직장점거를 동반하기도 하는바, 피케팅과

---

32) 비공인파업을 ⅰ) 김유성 교수는 비공인파업으로, ⅱ) 이병태 교수는 비조합파업으로, ⅲ) 김형배 교수는 비조직파업으로, ⅳ) 박홍규 교수는 비공인단체행동으로 부르고 있다.

직장점거가 수반되는 것을 이유로 파업 그 자체가 정당성을 상실하는 것은 아니다.

파업이 일정한 지역 또는 산업의 모든 범위에 걸쳐 대규모적으로 전개되는 총파업(general strike)도 단지 규모가 크다는 이유만으로 정당성을 상실하지는 아니한다. 중요한 업무를 담당하는 특정의 근로자를 지명하여 근로제공을 거부하게 하는 이른바 지명파업이나, 근로자의 일부만 근로제공을 거부하도록 하는 부분파업도 조합의 통일적 의사결정에 따라 이루어진 것인 이상 일부 근로자만이 파업하였다고 하여 정당성을 상실하는 것은 아니다.

사용자의 하부지휘명령, 사용자에 대한 상부보고 및 회담 등 업무활동의 연락·교류를 단절함으로써 업무의 정상적인 운영을 저해하는 쟁의수단은 부작위에 그치기 때문에 정당한 파업이다.

그러나 파업에 참가한 근로자들이 적극적으로 사용자에 의한 생산설비의 지배·관리를 방해한다든가, 환자의 생명·신체의 안전에 직접 관계되는 의료행위를 거부한다든가, 공장 또는 사업장의 안전에 관한 보안작업을 거부하는 행위는 정당한 쟁의행위로 볼 수 없다.

## II. 태 업

### 1. 태업의 의의

태업이라 함은 다수의 근로자가 하나의 단결체를 형성하여 근로조건의 유지·개선을 목적으로 조직적인 방법에 의하여 작업능률을 저하시키는 쟁의행위를 말한다. 그러므로, 태업은 근로의 제공을 하되 동일한 시간에 제공되는 근로의 양을 줄이거나, 근로의 질을 저하시키는 쟁의행위이다. 사보타주(sabotage)는 생산 또는 업무를 방해하는 행위로서 단순한 태업에 그치지 아니하고 생산설비를 파괴하는 행위까지를 포함하는 개념이다.[33] 파업이 근로의 제공을 완전히 거부하는 것임에 반하여 태업 또는 사보타주는 근로의 제공은 하되 이를 불완전하게 하여 사용자의 지휘·명령을 따르지 아니하는 데 그 특성이 있다. 태업·사보타주에 대해서는 사용자가 직장폐쇄를 하는 것이 일반적이다.

---

33) 사보타주는 크게 세 가지의 개념으로 분류하여 볼 수 있는바, ⅰ) 기계제품의 파손과 불량제품의 생산 등 적극적인 생산시설 및 제품의 파괴행위, ⅱ) 사용자의 영업비밀 또는 부정거래를 사용자의 거래상대방 또는 제3자에게 폭로하거나 비방하는 행위 및 ⅲ) 근로는 지속적으로 제공하되 작업의 능률을 저하시키는 소극적 태업행위가 바로 그것이다. 이 중 일반적으로 사보타주라 함은 첫 번째의 경우를 지칭하며, 태업이라 함은 세 번째의 경우를 지칭한다. 박상필, 노동법, p. 524 참조.

## 2. 태업의 정당성

업무의 속도를 제한시키는 소위 감속근무에 대하여, 이는 파업과는 달리 노동을 부분적으로 제공하면서도 임금을 수령하는 행위이기 때문에 정당성을 인정할 수 없다고 보는 견해도 있으나, 감속근무는 단순히 작업능률을 저하시키는 데 불과하고 근로자가 아직 사용자의 지휘·명령을 받고 있으므로 그 정당성이 인정된다고 보아야 할 것이다.[34]

원료·기계·제품 등을 손괴 또는 은닉하는 사보타주는 일반적인 태업과 달리 적극적으로 사용자의 생산시설 및 경영에 간여하고 있으므로 그 정당성이 부정되거나 제한된 범위 내에서만 인정되는 것이 원칙이다. 사보타주 중에서도 원료·기계·제품 등의 생산수단에 직접적인 유형력을 행사하여 그 물건을 손괴하거나 임의로 처분함으로써 업무의 정상운영을 저해하는 경우에는, 사용자의 소유권 그 자체를 부정하는 것이므로 정당한 쟁의행위로 볼 수 없다.[35] 작업시설의 손상이나 원료·제품의 변질 또는 부패를 방지하기 위한 작업은 쟁의행위기간중에도 정상적으로 수행되어야 한다(노동조합법 제38조제2항).

고의로 상품의 기준에 미달하는 불량품을 생산하는 것도 원자재를 손괴하는 것과 동일한 효과를 가져 오므로 정당한 쟁의행위로 볼 수 없으나, 일반적인 태업을 실시하면서 결과적으로 평상시보다 불량품이 많이 나오게 된 때에는 정당성을 상실하지 아니한다.

사용자측의 파업파괴를 방지하는 등 파업의 실효성을 확보하기 위하여 단순히 기계의 부품을 은닉하거나 기계를 분해하는 등의 사보타주 형태도 「손괴」를 수반하는 사보타주와 마찬가지로 정당한 쟁의행위가 아니다.

## Ⅲ. 준법투쟁

### 1. 준법투쟁의 의의

#### (1) 의      의

준법투쟁이라 함은 노동조합의 통제하에 다수의 근로자들이 근로기준법 및 노동

---

34) 우리나라와 일본의 통설이다. 박상필, 노동법, p. 538; 김형배, 노동법, p. 830; 外尾, 勞働團體法, p. 447. 근무시간중 화장실 자주가기, 기계 공회전시키기, 화장실 동시사용 등으로 인하여 업무의 정상적인 운영이 저해된 경우 이는 쟁의행위이다. 노사 32281-6603(1988. 5. 6).

35) 대판 1991. 12. 10, 91누636.

조합법 등 관련법령 및 단체협약·취업규칙·근로계약 등(이하 "법령등"이라 한다)에 규정된 권리를 동시에 행사하거나, 의무를 동시에 이행하여 파업이나 태업과 같은 쟁의행위의 효과를 발생하는 것을 말한다.36)

준법투쟁의 유형으로서는 연장근무의 거부, 일제 휴직, 동시이행의 항변권 행사, 집단사표 및 안전투쟁 등이 있다.

### (2) 유사개념과의 구별

준법투쟁은 다음과 같이 쟁의행위, 위법투쟁 및 준법요구행위와 구별된다.

### (가) 쟁의행위와의 구별

준법투쟁은 근로자집단이 기존 업무의 정상적인 운영을 저해한다는 측면에서 파업·태업 등의 쟁의행위와 동일하다. 그러나 준법투쟁은 외형상 쟁의행위의 형태를 취하는 것이 아니라 근로자집단이 자신의 권리·의무를 동시에 행사한다는 점에서 외형상 쟁의행위의 요건을 갖추는 파업·태업과 구별된다.

### (나) 준법요구행위와의 구별

협의의 준법투쟁은 기존의 법령·단체협약·취업규칙 및 근로계약 등이 허용하는 범위 내에서 의무를 최소한도로 이행하거나 권리를 최대한으로 행사하는 것을 의미한다. 예컨대 연장근로의 거부 또는 집단연차휴가의 신청 등이 이에 해당된다.

이에 반하여, 준법요구행위는 업무가 법령 등 강행법규에 위배되는 경우 업무를 거부하거나 또는 법령기준에 부합되도록 업무를 수행하는 것을 말한다. 협의의 준법투쟁과 준법요구행위를 총칭하여 광의의 준법투쟁으로 볼 수 있다.37)

다수의 근로자들이 위법행위를 집단적으로 하는 것은 준법투쟁에 해당하지 아니하며, 이는 정당성을 상실한 쟁의행위에 해당된다.38)

## 2. 준법투쟁의 정당성

### (1) 의 의

준법투쟁은 외형상 근로자의 법적 권리의 행사 또는 의무의 이행에 해당되므로 이를 과연 정당한 쟁의행위로 볼 수 있는지의 문제가 발생된다. 준법투쟁의 정당성

---

36) 임종률, 노동법, p. 203.

37) 이병태 교수는 준법투쟁을 ⅰ) 근로기준법 및 산업안전보건법 등에서 평소에 제대로 준수되지 아니하는 조항을 엄격히 준수하여 사용자의 업무운영을 저해하는「법규준수형 준법투쟁」과 ⅱ) 근로자가 자신의 권리를 동시에 집단적으로 행사함으로써 사용자의 업무운영을 저해하는「권리행사형 준법투쟁」으로 분류하고 있다. 이병태, 노동법, p. 294.

38) 임종률, 노동법, p. 205; 대판 2000. 5. 26, 98다34331.

을 논하기 위하여는 ⅰ) 우선 준법투쟁의 제 유형이 쟁의행위에 해당되는지의 여부를 논하고, ⅱ) 쟁의행위에 해당되는 경우 그 정당성을 살펴보아야 한다.

법령 등에서 근로제공이 의무화되어 있지 아니하거나, 근로의 제공이 위법한 경우 또는 근로조건이 법령 등에 위배되는 경우 이의 불이행은 쟁의행위에 해당되지 아니한다.39)

> **관련**
> **판례**
> **대판 1979. 3. 13, 76도3657** 단체행동권의 행사란 법률상·계약상, 근로의무 있는 경우에 그 근로의무의 제공을 거부하는 것만을 가리키는 것으로서, 의무 없는 노무의 제공을 요구하는 사용자의 지시에 불응한 행위는 시민법상으로도 적법한 행위요, 따라서 이를 단체행동권의 행사라 볼 수 없다.

이에 반하여 법령 등에서 근로의 제공이 의무화되어 있는 경우 이의 집단적 불이행은 쟁의행위에 해당된다.40) 문제는 ⅰ) 법령 등에서 근로제공을 의무화 하고 있지 아니하나 근로제공이 관행화되어 있는 경우 또는 ⅱ) 법령 등에서 근로제공의 최저기준만을 규정하고, 그 이상의 근로제공은 근로자의 자유재량에 따라 합리적으로 수행하는 경우에 동 근로제공을 거부하는 것이 쟁의행위에 해당하는지의 여부이다. 예컨대 ⅰ) 연장근로가 단체협약 또는 취업규칙에 규정되어 있지 아니하나 관행적으로 수행되어온 경우, ⅱ) 지하철의 역 정차 최장 1분 시간을 탑승승객이 없음에도 엄격히 준수하는 경우 또는 ⅲ) 근로자 집단에 의한 연차휴가·조퇴의 동시 신청 등이 이에 해당될 것이다. 상기사례에 대하여는 견해가 나뉘고 있다.

### (2) 학 설

#### (가) 사실정상설

「사실정상설」41)에 의하면 노동조합법 제2조제6호에 규정된 쟁의행위는 「"업무"의 정상적인 운영을 저해하는 것」인바, 동 "업무"를 "통상적으로 제공하여 온 사실상의 업무"로 보고 있다.

사실정상설에 의하면 ⅰ) 법령 등의 근거 없이 단순히 관행적으로 수행하여 오던 근로의 제공을 거부하거나, ⅱ) 기존에 수행하여 오던 근로의 제공을 법령 등에 규정된 최저수준으로 제공하는 것, ⅲ) 또는 법령상 근로자의 재량행위에 해당하는 권리를 근로자집단에 동시에 행사하여 출·퇴근을 하지 아니하는 것 등은 모두 「통상

---

39) 임종률, 노동법, p. 205; 대판 1979. 3. 13, 76도3657.
40) 대판 1991. 7. 9, 91도1015; 대판 1994. 2. 22, 92두11176.
41) 박상필, 노동법, p. 528; 대판 1991. 10. 22, 91도600; 대판 1994. 2. 22, 92두11176, 대판 1996. 2. 27, 95도2970.

적으로 제공하여 오던 근로의 제공」을 거부함으로써 업무의 정상적 운영을 저해하
므로 쟁의행위에 해당된다.

**관 련** **대판 1996. 2. 27, 95도2970** 근로자들이 통상적으로 해오던 연장근로를 집단
**판 례** 적으로 거부함으로써 회사업무의 정상적인 업무를 저해하였다면 이는 쟁의행위에
해당된다.

### (나) 법률정상설

법률정상설에 의하면 "업무"를 "법령 등에 규정된 업무"로 보고 있다.[42] 이러한
견해에 따르면 ⅰ) 법령 등의 근거 없이 관행적으로 수행하여 오던 업무는 근로자가
이를 반드시 제공할 법령상의 의무가 없으며, ⅱ) 근로자는 법령 등에 규정된 최저
의무만을 수행하여도 이를 불법으로 볼 수 없고, ⅲ) 법령상 근로자의 재량행위에
해당하는 출·퇴근 또는 조퇴는 법적 권리의 당연한 행사에 해당되므로 이를 업무
의 정상적인 운영을 저해하는 것으로 볼 수 없다는 견해이다.

### (다) 사 견

사실정상설에 찬동하는 바이다. 다만, 사실정상설에 근거하는 경우에도 통상적으
로 제공되는 업무가 법령 등에 명백히 위배되는 경우, 동 업무제공의 거부가 쟁의행
위에 해당되지 아니함은 물론이다.

## 3. 구체적 사례

### (1) 연장근로 거부

법령 등에서 근로자 개인의 연장근로를 허용하지 아니하거나 관행화되어 있지
아니한 경우 사용자의 연장근로 명령을 집단적으로 거부하는 것은 근로자의 당연한
권리행사로서 당연히 쟁의행위에 해당되지 아니한다. 이에 반하여 법령 등에서 연장
근로를 의무화 하고 있는 경우 이를 집단적으로 거부하는 것은 쟁의행위에 해당되
므로 쟁의행위의 요건을 갖추는 경우에만 정당성이 인정된다.[43] 문제가 되는 경우는
법령 등에서 연장근로가 위법하지 아니하나 또한 명시적 근거도 없이 관행적으로
인정되어 온 경우이다. 이에 대하여 사실정상설과 법률정상설의 대립이 있음은 앞에
서 이미 살펴본 바와 같다.

---

42) 이병태, 노동법, p. 296; 이영희, 노동법, p. 271.
43) 반대: 이병태, 노동법, p. 297.

### (2) 일제휴직

연차유급휴가, 생리휴가, 점심시간 일제사용 또는 병가를 일제히 취하는 것은 이를 정당한 권리의 행사로 보아 쟁의행위에 해당되지 아니한다는 견해도 있으나,[44) 집단적인 근로제공의 거부로서 이를 쟁의행위로 보아야 할 것이다.[45) 따라서 쟁의행위의 요건을 갖추는 경우에만 그 정당성이 인정된다고 할 것이다.

> **관 련**
> **판 례**
> **대판 1996. 7. 30, 96누587**  노조위원장이 회사로부터 거부당한 요구사항을 관철할 목적으로 집단적 연차휴가를 사용하여 근로제공을 거부한 것은 이른바 쟁의적 준법투쟁으로서 쟁의행위에 해당한다고 할 것이며, 이 과정에서 노동조합법상의 적법절차를 거치지 아니하였으므로 정당한 쟁의행위의 한계를 벗어난 것이다.

### (3) 동시이행의 항변권

사용자의 계약의무 위반으로 인하여 손해를 입은 근로자들이 이에 대항하여 집단으로 동시이행의 항변권을 행사한 경우 이것이 과연 정당한 쟁의행위에 해당하는지의 문제가 생긴다.[46)

이에 대하여는 ⅰ) 근로자들의 당연한 권리행사이므로 쟁의행위에 해당되지 아니한다는 견해가 있으나, 이는 이러한 권리행사가 동시에 집단적으로 행사되었다는 점을 간과하고 있어 타당하지 아니하며, ⅱ) 이와 반대로 동시에 집단적으로 행사되었다는 점에서 언제나 쟁의행위라고 보는 견해는 계약상의 권리행사라는 점을 간과하고 있으므로 불합리하다.

사견으로는 사용자의 계약의무 위반이 단체협약의 위반에 해당되거나 사용자의 계약의무 위반에 대하여 이미 단체교섭이 실시된 경우에는 정당한 쟁의행위로 볼 수 있다고 본다. 그러나 그러하지 못한 경우에는 정당한 쟁의행위에 해당되지 아니하고 결국 근로자들의 동시이행의 항변권행사는 정당하지 아니한 쟁의행위 또는 사법상의 권리행사 중의 어느 하나에 해당될 것인바, 이는 구체적 사안에 따라 개별적으로 판단되어야 할 것이다.

### (4) 집단사표

근로자들이 노동조합의 통제하에 집단적으로 사표를 제출하는 경우, 이것이 과연

---

44) 이영희, 노동법, p. 271.

45) 박상필, 노동법, p. 536; 김형배, 노동법, p. 809; 이학춘·이상덕·이상국·고준기, 노동법(Ⅱ), p. 454; 대판 1991. 1. 29, 90도2852; 대판 1991. 12. 24, 91도2323; 대판 1992. 3. 13, 91누10473; 대판 1994. 6. 14, 93다29167; 노사 32281-6781(1988. 5. 9); 노사 32281-9767(1989. 7. 3).

46) 外尾, 勞働團體法, p. 399.

정당한 쟁의행위에 해당하는지의 문제가 생긴다. 이는 집단사표의 실질적 의미에 따라 구체적으로 판단되어야 할 것이다.

첫째, 근로자들이 실제로 근무제공의 의사가 없어서 사직하고자 집단사표를 제출하는 경우, 이는 헌법에서 보장된 근로자의 사직의 자유에 해당된다. 따라서 이를 노동법상의 쟁의행위로 보아 정당성 여부를 판단하여 민사·형사상의 책임을 부과하는 것은 불합리하다.

둘째, 근로자들이 쟁의행위의 효과를 높이는 하나의 수단으로서 집단사표를 제출하는 경우, 이는 실제로 사직의사가 없으므로 쟁의행위에 해당된다. 따라서 이러한 경우에는 쟁의행위로서의 요건을 갖추는 경우에만 그 정당성이 인정된다.

### (5) 안전투쟁

안전·위생에 관한 법령·단체협약·취업규칙 또는 근로계약의 규정을 철저히 준수하거나 위반사항의 시정을 요구하면서 근로의 제공을 거부하는 경우, 이를 안전투쟁이라고 한다. 안전투쟁이 과연 정당한 쟁의행위의 개념에 해당되는지의 문제가 생긴다.

안전투쟁을 ⅰ) 일종의 파업 또는 태업으로 보는 견해[47]와 ⅱ) 안전에 관한 규정은 사용자가 준수하여야 할 당연한 의무로서 쟁의행위에 포함되지 아니한다는 견해[48]가 있다.

안전·위생에 관한 규정이 무효이거나, 사문화되어 있거나 또는 현실적으로 실효성이 없는 경우에는 안전투쟁을 쟁의행위로 보아야 할 것이다. 반면에 안전·위생에 관한 규정의 준수가 사람의 생명 및 신체보호에 반드시 필요한 경우에, 이는 당연한 권리의 주장으로서 쟁의행위에 해당되지 아니한다고 할 것이다.

## Ⅳ. 생산관리

### 1. 생산관리의 의의

생산관리는 근로자들이 사용자의 지휘·명령을 거부하면서 사업장 또는 공장을 점거하여 조합간부의 지휘하에 생산관리를 위한 근로를 제공하는 쟁의행위이다. 생산관리에는 ⅰ) 근로자들이 직접 경영을 하되 종전의 경영방침에 따라 임금을 지급

---

47) 박상필, 노동법, p. 527; 노사 32281-11348(1989. 8. 2).
48) 김유성, 노동법(Ⅱ), p. 247; 박홍규, 노동법(Ⅱ), p. 338; 이학춘·이상덕·이상국·고준기, 노동법(Ⅱ), p. 452.

하거나 생산활동을 하는 경우와, ⅱ) 기존의 회사경영방침을 무시하고 독자적인 경영방침을 세워 생산활동을 하거나 또는 회사의 이익금을 일방적으로 인상한 임금에 충당하는 경우의 두 가지 형태가 있다. 어떠한 형태의 생산관리에 해당될지라도 생산관리는 적극적으로 근로자가 생산·경영을 직접 영위한다는 점에서 소극적으로 근로의 제공을 거부하는 행위인 파업과 구별된다.

## 2. 생산관리의 정당성

### (1) 정당성에 관한 학설

#### ㈎ 생산관리 부당설

쟁의행위는 소극적인 근로제공의 거부를 원칙으로 하기 때문에 사용자의 생산수단을 적극적으로 통제하는 생산관리는 정당한 쟁의행위가 아니라고 한다.

#### ㈏ 생산관리 정당설

생산관리는 사용자의 생산수단을 지배·통제하기는 하나 이는 사용자의 경영권을 침해하는 것이 아니라 사실적 통제에 불과하므로 정당하다고 한다.

#### ㈐ 절충설

조합이 사용자의 종래의 경영방침을 변경하지 아니하고 지속적으로 그 업무를 종전과 같이 계속하는 소극적 생산관리는 정당하지만, 종래의 경영방침을 무시하고 회사의 자재를 장악·처분하거나 조합이 일방적으로 임금을 지급하는 적극적 생산관리는 정당하지 아니하다고 한다.[49]

### (2) 사 견

근로자의 쟁의권행사는 사용자의 재산권행사와 조화·균형을 이루면서 행사되어야 한다. 따라서 사용자의 종래의 경영방침에 따라 통일적으로 근로를 제공하는 소극적 생산관리는 정당한 쟁의행위로 볼 수 있으나, 이른바 적극적 생산관리의 경우에는 정당한 쟁의행위가 아닌 것으로 평가되어야 할 것이다. 절충설에 찬동한다.

---

49) 이병태, 노동법, p. 307. 운수회사에서 운송수입금을 회사에 납금하지 아니하고 노동조합에서 쟁의행위 종결시 반환할 목적으로 일시 보관하는 행위는 정당성을 상실하지 아니한다(노사 32281－6953, 1990. 5. 15). 조합원들이 사용자의 의사에 반하여 사업장의 시설·설비·제품 등을 관리·사용·처분하는 것은 정당한 쟁의행위가 아니다(노사 32281－112, 1989. 1. 6).

## V. 쟁의행위에 대한 보조적 행위

쟁의행위는 근로의 제공을 거부하거나, 제공되는 근로의 질·양을 저하시킴으로써 「업무의 정상적인 운영을 저하시키는 행위」이다. 이에 반하여 쟁의행위에 대한 보조적 행위는 그 자체 쟁의행위에 해당되지 아니하나, 쟁의행위의 효율성을 제고하기 위하여 부수적으로 행하여지는 행위를 말한다. 다만, 피켓팅 및 직장점거 등이 그 자체 정상적인 조업을 방해하는 수준에 이르는 경우에는 「업무의 정상적인 운영을 저해하는 행위」로서 독자적인 쟁의행위에 해당될 수도 있다.

쟁의행위에 대한 보조적 행위는 독립된 쟁의행위가 아닌 것이 일반적이므로 그 "정당성"을 논함에 있어 정의행위의 "정당성"개념과 동일시 하여서는 아니되며, 오히려 "합법성"이라는 개념이 부합된다고 할 것이다.

### 1. 보 이 콧

#### (1) 보이콧의 의의

보이콧은 노동조합이 쟁의행위의 상대방인 사용자의 제품의 불매를 호소하거나 그 제품의 취급을 거부하게 함으로써 그 제품의 거래를 방해하는 쟁의수단이다. 보이콧은 업무의 정상적인 운영을 저해하는 것이 아니므로 그 자체가 쟁의행위에 해당하는 것은 아니며, 따라서 실제에 있어서는 파업을 지원하기 위한 부수적 수단으로 행하여지는 경우가 대부분이다.

#### (2) 보이콧의 정당성

보이콧은 보통 상대방이 누구냐에 따라서 1차적 보이콧(primary boycott)과 2차적 보이콧(secondary boycott)으로 분류된다.

##### (가) 1차 보이콧

1차 보이콧은 노동조합이 자신의 사용자에 대하여 사회적·경제적 압력을 가할 목적으로 사용자가 생산한 상품의 불매를 결의하거나 일반시민에게 불매 또는 거래 정지를 호소하는 쟁의수단이다.

이 경우 조합원 자신이 스스로 불매를 하는 것은 시민으로서의 자유를 가지기 때문에 부당하다고 볼 수는 없다. 또한 제3자인 일반시민에게 사용자의 상품을 불매하거나 거래를 정지하도록 호소하는 것도, 폭행 등의 쟁의행위의 실질적 성립요건을 침해하는 것이 아닌 한 합법적인 행위로 보아야 할 것이다.

### ⑷ 2차 보이콧

2차 보이콧은 쟁의당사자인 자신의 사용자를 상품시장으로부터 고립시키기 위하여 사용자의 거래상대방에게 사용자와의 거래를 정지하도록 요구하고, 이를 위하여 거래상대방 소속의 근로자에게 파업을 유도하거나, 거래상대방에게 직접 이를 강요하는 것 또는 소비자에게 상품불매운동을 하는 것을 말한다. 불매운동은 2차 보이콧의 여러 가지 수단 중의 하나이다.

2차 보이콧의 정당성이 인정되는지의 여부에 관하여는 견해가 나뉘어 있다.

#### ① 학 설

㉠ 정당성을 인정하는 견해        2차 보이콧의 정당성을 인정하는 견해는 그것이 제3자의 상품을 구매하지 아니하는 불매운동에 그치는 한 이는 시민적 자유에 속하고, 제3자가 불매대상상품을 취급하는 경우 해당 제3자는 노동조합과 대항관계에 서기 때문에 폭행이나 파괴행위 같은 위법적 요소가 없는 한 정당한 쟁의행위가 된다고 한다.50)

㉡ 정당성을 부정하는 견해        2차 보이콧의 정당성을 부정하는 견해는 쟁의행위는 원래 당사자간의 실력행사이므로 노동조합과 당사자가 아닌 제3자 간의 실력행사는 대항관계가 성립될 수 없고, 따라서 2차 보이콧은 정당한 쟁의행위가 아니라고 한다.51)

#### ② 사 견:        보이콧의 "정당성" 개념은 쟁의행위의 "정당성" 개념과 일치하지

아니하며, 보이콧의 "합법성"이라는 표현이 보다 적합한 것으로 판단된다. 자신의 사용자가 아닌 제3자에 대하여 자신의 사용자와의 거래를 중단하도록 강요·강제하거나 제3자 소속 근로자에게 파업을 유도하는 것이므로 원칙적으로 위법한 것으로 보아야 할 것이다.

## 2. 피 케 팅

### (1) 피케팅의 의의

피케팅(picketing)은 파업참가자의 파업이탈을 감시하고 파업에 참가하지 아니한 근로자들이 사업장에 출입하는 것을 저지하거나 파업에 동참할 것을 요구하며, 또한

---

50) 김유성, 노동법(Ⅱ), p. 243; 박상필, 노동법, p. 539.

51) 임종률, 노동법, p. 242; 이병태, 노동법, p. 304. 인천지판 1989. 8. 30, 89고단2276. 미국의 태프트－하틀리법(Labour－Management Relations Act: Taft－Hartley Act) 제8조b(2)는 제3자의 이익을 해하는 일련의 행위를 노동조합에 의한 부당노동행위로 규정함으로써 2차 보이콧을 불법화 하고 있다.

일반인들에게 노동조합의 요구를 이해하고 지지하여 주도록 하는 문언을 작성하여 이를 파업장소에 게시·비치 또는 방송하는 쟁의행위이다. 피케팅 자체는 파업이나 보이콧을 효과적으로 수행하기 위한 쟁의행위의 보조적 행위인 것이 일반적이나, 피케팅 자체가 단체과시로서 독자적으로 수행되는 경우도 있다.

### (2) 관련규정

**노동조합법 제38조 [노동조합의 지도와 책임]** ① 쟁의행위는 그 쟁의행위와 관계 없는 자 또는 근로를 제공하고자 하는 자의 출입·조업 기타 정상적인 업무를 방해하는 방법으로 행하여져서는 아니되며 쟁의행위의 참가를 호소하거나 설득하는 행위로서 폭행·협박을 사용하여서는 아니된다.

### (3) 피케팅의 정당성에 관한 학설

피케팅의 정당성에 관하여 견해가 나뉘고 있다.

### (가) 학 설

① **평화적 설득론:** 피케팅의 수단으로서 파업에 가담하지 아니하고 근무하려는 자에 대하여 평화적 설득을 하는 경우에만 이를 정당하다고 볼 수 있다고 한다.[52] 이러한 견해에 따르면, 폭행·협박 또는 위력에 의한 물리적 강제(physical compulsion)는 부당한 쟁의행위가 된다는 것이다.

**관 련 판 례** 대판 1990. 10. 12, 90도1431 피케팅은 파업의 보조적인 수단으로서 파업비참가자에 대하여 평화적 설득, 구두·문서에 의한 언어적 설득의 범위 안에서만 인정된다.

② **실력저지인정설:** 피케팅은 언어적 설득 등의 평화적 설득의 범위를 넘어 실력에 의한 저지행위로 나아간 경우에도 그 정당성이 인정될 수 있다고 한다.[53]

이러한 견해에 따르면 피케팅이 사용자의 시설관리권 또는 경영권을 배타적·전면적으로 배제하거나 또는 적극적으로 폭행·협박에 이르지 아니하는 한, 어느 정도의 강경한 설득 내지 집단적 시위가 행하여지더라도 이를 부당한 행위로 보아서는 안 된다는 것이다.

③ **사 견:** 파괴행위 또는 폭력의 행사는 쟁의행위의 실질적 성립요건을 충족하고 있지 못하므로 정당한 쟁의행위가 될 수 없다. 따라서 피케팅은 평화적 설득

---

52) 박상필, 노동법, p. 540; 이학춘·이상덕·이상국·고준기, 노동법(Ⅱ), p. 462; 대판 1990. 10. 12, 90도1431; 대판 1991. 5. 24, 89도1324; 대판 1992. 7. 14, 91다43800.

53) 김유성, 노동법(Ⅱ), p. 245; 임종률, 노동법, p. 242; 이병태, 노동법, p. 305.

에 머물러야 하는 것이 원칙이다. 다만, 피케팅은 쟁의행위의 한 유형이므로 폭행·협박 기타의 위력을 사용하지 아니하는 한 어느 정도의 위협적인 분위기를 조성하는 것은 부득이하다고 할 것이다.[54]

### (4) 피케팅의 범위 및 정당성

쟁의행위는 ⅰ) 그 쟁의행위와 관계없는 자 또는 근로를 제공하는 자의 출입·조업 기타 정상적인 업무를 방해하는 방법으로 행하여져서는 아니되며, ⅱ) 쟁의행위의 참가를 호소하거나 설득하는 행위로서 폭행·협박을 사용하여서는 아니 된다(노동조합법 제38조제1항).

피케팅은 ⅰ) 파업참가 조합원에 대한 독려 및 파업이탈감시, ⅱ) 파업비참가 조합원에 대한 파업참여 촉구 및 설득, ⅲ) 비조합원 및 사용자에 대한 파업의 필요성·정당성 설득, ⅳ) 일반대중·거래처 등 제3자에 대한 유리한 여론형성 등을 주요 목적으로 하고 있다.

### ㈎ 출입 등 방해의 금지

쟁의행위는 그 쟁의행위와 관계 없는 자 또는 근로를 제공하고자 하는 자의 출입·조업 기타 정상적인 업무를 방해하는 방법으로 행하여져서는 아니 된다.

「쟁의행위와 관계 없는 자」라 함은 조합원 이외의 자로서 비조합원, 사용자 및 제3자가 이에 포함된다. 「근로를 제공하는 자」라 함은 조합원 여부를 불문하고 파업 기간중의 조업에 참여하는 자를 말한다. 「출입·조업 기타 정상적인 업무를 방해할 수 없다」 함은 ⅰ) 사업장에서의 출·퇴근, ⅱ) 원자재·상품의 반출입, ⅲ) 업무와 관련된 제3자의 출입 및 ⅳ) 조업·업무 등 사업의 운영을 방해하는 일체의 행위가 금지된다는 것을 의미한다. 따라서, ⅰ) 확성기·북·꽹과리 등의 소음을 사용하여 업무를 방해하거나,[55] ⅱ) 장애물 설치·스크럼·연좌·출입증 검사 등을 통하여 출입을 방해하는 행위[56]는 정당성이 인정되지 아니한다. 그러나 ⅰ) 사용자가 위법한 대체근로를 통하여 조업을 하는 경우 이를 폭행·협박이 없이 상당한 정도의 실력을 행사하는 것[57] 또는 ⅱ) 조업참여조합원 등을 설득하기 위하여 출입시 단시간 대화를 나누는 경우[58] 등은 정당성이 인정된다.

---

54) 박상필, 노동법, p. 540.
55) 대판 1991. 7. 12, 91도897.
56) 대판 1991. 5. 24, 89도1324; 대판 1992. 7. 14, 91다43800.
57) 대판 1992. 7. 14, 91다43800.
58) 임종률, 노동법, p. 243.

문제가 되는 것은 파업참가조합원의 파업이탈 방해이다. 파업참가조합원은 「그 쟁의행위와 관계 없는 자 또는 근로를 제공하는 자」에 해당되지 아니하므로 이들의 파업이탈 및 업무복귀 등을 방해하는 행위의 정당성이 인정될 수 있는지의 여부이다. 사견으로는 ⅰ) 파업참가조합원은 노동조합법 제38조제1항의 방해금지 대상자에 포함되지 아니하고, ⅱ) 파업참가조합원의 파업이탈을 자유로이 허용하는 경우 파업의 실효성을 저하시켜 헌법상 단체행동권의 보장을 무의미하게 할 우려가 있으므로 사용자·비조합원 또는 제3자에 대한 위력보다는 상대적으로 높은 수준의 실력행사가 허용된다고 할 것이다. 그러나 어느 경우에도 폭행 및 협박 등이 사용되어서는 아니될 것이다.

⑷ 폭행·협박 기타 위력의 사용금지

쟁의행위의 참가를 호소하거나, 설득하는 행위로서 폭행·협박 기타 위력을 사용하여서는 아니 된다(노동조합법 제38조제1항). 조합원 중 파업에 참가하지 아니한 조합원에 대하여 쟁의행위에 참여하도록 호소·설득하는 경우 언어적·평화적 설득에 그쳐야 되며 폭행·협박 기타 위력을 사용하여서는 아니 된다.

## 3. 직장점거

### (1) 직장점거의 의의

직장점거는 파업에 참가한 근로자가 파업의 실효성을 제고하기 위하여 사용자의 의사에 반하여 사업장에 체류하는 부수적 쟁의행위이다. 이는 연좌 또는 농성을 하는 연좌파업의 모습을 띠는 경우도 있다.

직장점거(work-in)란, 파업을 할 때에 퇴거하지(work-out) 아니하고 사용자의 의사에 반하여 사업장에 체류하면서 연좌 또는 농성하는 경우가 일반적인 형태이다.

### (2) 관련규정

**노동조합법 제42조** [폭력행위 등의 금지] ① 쟁의행위는 폭력이나 파괴행위 또는 생산 기타 주요 업무에 관련되는 시설과 이에 준하는 시설로서 대통령령이 정하는 시설을 점거하는 형태로 이를 행할 수 없다.

### (3) 직장점거의 정당성

### ㈎ 의 의

노동조합법 제42조제1항은 「생산 기타 주요 업무에 관련되는 시설과 이에 준하는 시설로서 대통령령이 정하는 시설을 점거하는 형태로 이를 행할 수 없다」고 규정하고 있다.

**대판 1991. 8. 13, 91도1324** 적법한 직장점거일지라도 사용자가 직장폐쇄를 하고 근로자들에게 퇴거요구를 하는 경우 이러한 요구에 불응하고 불법점유를 계속한다면 이는 형법상 퇴거불응죄를 구성한다.

### (나) 직장점거의 내용 및 범위

**① 생산 기타 주요 업무에 관련되는 시설:** 「생산 기타 주요 업무에 관련되는 시설」을 점거하면서 쟁의행위를 하여서는 아니 된다. 「생산 기타 주요 업무에 관련되는 시설」이 무엇인가에 대하여 노동조합법은 명문의 규정을 아니두고 있으므로, 이의 구체적인 내용은 학설 및 판례 등 해석에 의존할 수밖에 없다.

대체로 ⅰ) 제조업체의 경우 생산라인 등의 생산과 관련된 시설 및 창고업의 경우 창고, ⅱ) 병원의 경우 진료실·수술실·입원실, ⅲ) 은행 등 사무업종의 경우 주된 업무가 행해지는 사무실을 말한다.[59]

**② 이에 준하는 시설:** 「이에 준하는 시설로서 대통령령이 정하는 시설」이라 함은 다음에 해당하는 시설을 말한다(동법시행령 제21조).

ⅰ) 전기·전산 또는 통신시설, ⅱ) 철도(도시철도를 포함한다)의 차량 또는 선로, ⅲ) 건조·수리 또는 정박중인 선박(다만, 선원법에 의한 선원이 해당 선박에 승선하는 경우를 제외한다), ⅳ) 항공기·항행안전시설 또는 항공기의 이·착륙이나 여객·화물의 운송을 위한 시설, ⅴ) 화약·폭약 등 폭발위험이 있는 물질 또는 「화학물질관리법」에 따른 유독물을 보관·저장하는 장소, ⅵ) 기타 점거될 경우 생산 기타 주요 업무의 정지 또는 폐지를 가져오거나 공익상 중대한 위해를 초래할 우려가 있는 시설로서 고용노동부장관이 관계중앙행정기관의 장과 협의하여 정하는 시설

### (다) 직장점거의 정당성

직장점거는 사용자의 생산, 기타 주요 업무에 관련된 시설을 ⅰ) 전면적·배타적으로 점거하는 경우에 한하여 정당하지 아니하고 ⅱ) 사용자의 점유를 배제하지 아니한 채, 그 조업도 방해하지 아니하는 직장점거는 정당한 쟁의수단으로 인정하고 있는 것으로 판단되어야 할 것이다.[60]

---

59) 고용노동부, 신노사문화를 열어가는 길(1997), p. 34.

60) 대판 1990. 5. 15, 90도357; 대판 1990. 10. 12, 90도1431; 대판 1991. 1. 15, 90누6620; 대판 1991. 6. 11, 91도383; 대판 1992. 2. 11, 91도1834; 대판 2007. 12. 28, 2007도5204.

관 련
판 례 대판 2007. 12. 28, 2007도 5204   직장 또는 사업장시설의 점거는 적극적인 쟁의행위의 한 형태로서 그 점거의 범위가 직장 또는 사업장시설의 일부분이고 사용자측의 출입이나 관리지배를 배제하지 않는 병존적인 점거에 지나지 않을 때에는 정당한 쟁의행위로 볼 수 있으나, 이와 달리 직장 또는 사업장 시설을 전면적·배타적으로 점거하여 조합원이외의 자의 출입을 저지하거나 사용자측의 관리·지배를 배제하여 업무의 중단 또는 혼란을 야기케 하는 것과 같은 행위는 이미 정당성의 한계를 벗어난 것이라고 볼 수밖에 없다.

노동조합은 사용자의 점유를 배제하여 조업을 방해하는 형태로 쟁의행위를 해서는 아니 된다(동법 제37조제3항).

우리나라의 경우 기업별 노조형태를 취하고 있으므로 노동조합 활동의 대부분은 직장에서 이루어지고 있으므로, 쟁의행위가 직장 내에서 행하여지는 것은 당연한 일이라고 할 것이다. 따라서, 직장점거가 쟁의행위의 목적을 달성하기 위하여 필요한 합리적인 범위 안에서 기업시설 또는 사업장의 점거를 하는 경우에는 이의 정당성이 인정되어야 할 것이다.

직장점거가 단순한 쟁의행위의 설득·선전 및 과시 등에 있는 것이 아니라 사업자의 조업을 방해하는 것을 목적으로 하거나, 결과적으로 조업이 불가능해지는 경우에는 그 정당성을 상실하게 된다. 식당·휴게실·탈의실 및 운동장의 생산 및 조업과 무관한 시설의 점거는 허용된다.

직장점거가 정당성을 상실하게 되는 경우 ⅰ) 사용자가 이를 이유로 해고하여도 부당노동행위에 해당되지 아니하고, ⅱ) 시설관리권 침해 또는 조업중단을 이유로 한 퇴거 및 업무방해금지가처분이 인정되며, ⅲ) 퇴거불응죄·건조물침입죄·주거침입죄 또는 업무방해죄 등의 형사책임도 부과된다.

# 제4장 쟁의행위의 법적 효과

## 제1절 의 의

쟁의행위가 정당한 경우 노동조합의 민사·형사책임이 면제되나, 이와 반대로 쟁의행위가 정당하지 못한 경우에는 민사·형사책임이 부과된다. 쟁의행위의 민사·형사면책의 인정 여부는 근로자와 사용자 간의 근로계약관계에 커다란 영향을 미치고 있다.

한편, 근로자의 쟁의행위는 사용자에게만 손해를 끼치는 것이 아니라 사용자의 거래상대방은 물론 당사자와 전혀 법적 연관성이 없는 일반 제3자에게도 손해를 끼치게 되는 경우가 있다. 이 경우 사용자의 거래상대방 및 일반 제3자에 대한 노동조합과 사용자의 민사책임이 문제시된다.

쟁의행위의 정당성 여부에 따른 민사·형사면책의 문제는 이미 설명한 바 있으므로 이하에서는 이를 제외한 쟁의행위의 법적 효과에 관하여 언급하기로 한다.

## 제2절 쟁의행위와 노사당사자간의 법적 관계

### I. 의 의

쟁의행위가 정당한 경우 대표적인 법적 효과로서 민사·형사면책이 인정된다. 그러나 쟁의행위는 그 본질상 근로의 제공이 거부되고, 임금의 지불이 중단되므로 근로자와 사용자 간의 근로계약관계에 커다란 변화를 가져 오게 된다. 정당한 쟁의행위에 대한 민사면책은 단지 근로자의 계약불이행 및 불법행위에 대한 손해배상책임만을 면제하여 주는 것이므로, 쟁의행위로 인한 근로계약상의 변화 자체를 부정하는 것은 아니다. 이하에서는 정당한 쟁의행위가 근로계약에 미치는 법적 효과를 쟁의행위 중 가장 대표적인 파업을 중심으로 하여 설명하고자 한다.

## Ⅱ. 파업과 근로계약관계

파업기간중에는 근로계약상의 주된 의무인 근로의 제공 및 임금의 지급의무가 정지된다. 이에 따라 파업이 근로계약에 미치는 법적 성질에 관하여 견해가 나뉘고 있다.

### 1. 학  설

#### (1) 근로계약파기설

근로계약파기설은 파업에 의하여 근로계약이 파기된다고 하며, 다시 파기의 주체가 누구인가에 따라 근로자측계약파기설과 사용자측계약파기설로 나누어진다.

전자의 견해는 파업을 근로자의 일방적 계약해제행위로 간주하여 파업에 의하여 근로계약은 당연히 그리고 즉각적으로 파기된다고 하며, 후자의 견해는 파업을 계약위반행위로 간주하여 사용자가 이를 이유로 계약파기권을 가진다고 한다. 근로계약파기설은 파업이 종료된 후 파기된 근로계약을 다시 체결하지 아니하고도 근로자가 다시 업무에 복귀하는 것을 설명할 수 없다.

#### (2) 근로계약정지설

근로계약정지설에 의하면, 파업에 의하여 근로계약은 일시로 정지될 뿐이며, 파기되는 것은 아니라고 한다. 즉, 파업에 의하여 근로자의 근로제공의무와 임금청구권, 사용자의 근로급부청구권과 임금지급의무 등의 주된 권리·의무가 정지되고, 정지된 권리·의무는 파업의 종료와 더불어 다시 원상회복된다고 한다.

근로계약정지설은 근로계약파기설의 부당한 결과를 방지하기 위하여 주장된 설로서 현재의 다수설이다.[1]

### 2. 사  견

근로계약파기설과 근로계약정지설에 대하여 모두 찬동할 수 없다. 기존의 학설들은 쟁의행위가 불법적인 행위로 간주되던 시기 또는 합법적인 행위로 용인되기 시작한 시기에 주장된 오래된 학설로서 모두 시민법상의 계약법리를 바탕으로 하여

---

1) 김유성, 노동법(Ⅱ), p. 294; 이병태, 노동법, p. 363.

이에 새로운 개념으로 등장한 노동법상의 쟁의행위를 어떻게 접목시킬 것인지의 여부를 논의하고 있다.[2)]

그러나 쟁의행위가 헌법에 의하여 명문으로 보장되어 당연히 합법적인 행위로 인정되는 현재에 있어서는, 헌법상의 쟁의권을 근로계약의 체결 이전에 존재하는 보다 높은 차원의 법규범으로서 받아들이고, 이러한 전제하에 근로계약을 체결하여야 하는 의무를 부담하여야 한다.

헌법상 쟁의행위인 파업은 그 개념상 근로의 제공을 거부하고 임금의 수령을 하지 아니하며 쟁의행위가 종료된 후 직장에 복귀하는 것을 본질적 내용으로 하고 있다. 따라서, 근로계약은 파업기간중에 근로자가 근로의 제공을 거부하고 사용자는 임금을 지급하지 아니하며, 파업이 종료된 후 근로자가 직장에 복귀한다는 것을 묵시적 내용으로서 당연히 포함하고 있는 것이다. 파업기간은 주휴일 등과 같이 본래 근로제공의무 자체가 발생하지 아니하므로 계약이 정지될 여지가 없다.

즉, 사견으로는 근로계약내용설을 제기하는 바이다. 파업기간중 근로계약은 근로가 제공되지 아니하였다고 하여 파기되거나 정지되는 것이 아니라, 파업기간중에는 근로를 제공하지 아니한다는 등의 사실 자체가 헌법상 쟁의권의 보장 아래 당연히 근로계약의 묵시적 내용으로 되어 있는 것이다.

파업기간중에는 근로의 제공의무 또는 임금의 지급의무가 정지되는 것이 아니라, 이러한 의무자체가 존재하지 아니하는 것이다. 일부 견해는 파업기간중에 근로의 제공이 정지되므로 근로계약이 정지되는 것으로 파악하고 있으나, 이는 파업과 근로계약간의 법적 관계를 설명하는 것이 아니라 파업이 근로제공을 「소극적으로 거부」하는 것이라는 개념을 「근로제공의 정지」라는 다른 용어를 사용하여 되풀이 설명한 것에 불과하다.

## III. 쟁의행위와 임금관계

### 1. 파업과 임금관계

#### (1) 파업참가자의 임금청구권

파업에 참가하는 경우 근로자는 근로계약상의 근로를 제공하지 아니한다. 따라서

---

2) 독일에서는 헌법상 단체행동권이 명문으로 규정되어 있지 아니하고 기존의 법적 체계 안에서 법해석상 인정되고 있고, 근로계약을 일반 사법상 계약의 일종으로 취급하고 있으므로, 계약론의 입장에서 이러한 해석이 타당할 수도 있다고 본다. Zöllner/Loritz, ArbR, 4. Aufl.(1992), S. 428.

파업참가 근로자에 대하여 사용자가 임금을 지급할 것인지의 문제가 발생한다.

### (가) 관련규정

**노동조합법 제44조** [쟁의행위 기간중의 임금지급 요구의 금지] ① 사용자는 쟁의행위
에 참가하여 근로를 제공하지 아니한 근로자에 대하여는 그 기간중의 임금을 지급
할 의무가 없다.
② 노동조합은 쟁의행위 기간에 대한 임금의 지급을 요구하여 이를 관철할 목적으
로 쟁의행위를 하여서는 아니된다.

### (나) 임금지급의무의 부존재

① **의 의**: 파업기간중에는 임금이 지급되지 아니하는 것이 원칙이다. 사용
자는 쟁의행위 참가근로자에게 파업기간에 대한 임금을 지급할 의무가 없다(노동조합
법 제44조제1항).

본래 근로계약상의 근로를 제공하지 아니하는 경우에는 임금을 지급하지 아니하
는 것이 원칙인바, 이를 「무노동·무임금의 원칙」이라고 한다.

파업기간중 근로자가 근로제공을 하지 아니하므로 「무노동·무임금의 원칙」을
적용하여 임금을 지급하지 아니하는 것이다. 헌법상 보장되는 쟁의행위도 「무노동·
무임금」의 원칙을 벗어나 파업기간중일지라도 임금의 지급을 청구할 수 있는 권리
까지 당연히 보장하는 것은 아니다.[3]

다만, 사용자가 쟁의행위기간중에 임의로 임금을 지급하거나, 단체협약 및 취업
규칙 등에 의하여 임금을 스스로 지급하는 것은 무방하다.[4] 즉, 쟁의행위중의 임금
지급 여부는 "임의교섭대상"에 해당된다.

노동조합은 쟁의행위기간중에 임금의 지급을 요구하거나 이를 관철할 목적으로
쟁의행위를 하여서는 아니 된다(노동조합법 제44조제2항).

② **「무노동·무임금」 원칙의 적용범위**

㉠ 임금이 근로시간에 비례하지 아니하는 경우　　「무노동·무임금」의 원칙은 임
금이 근로시간에 비례하여 지급되는 고정급의 경우에만 적용된다. 따라서, 임금이
일의 완성여부에 따라 지급되는 도급제, 일의 성취도에 따라 지급되는 능률급은 임
금이 근로시간에 비례하여 지급되는 것이 아니므로 「무노동·무임금」의 원칙이 적
용되지 아니하는 것이 원칙이다.[5]

　3) 쟁의기간중에 파업 참가근로자에게 임금을 지급하는 경우 이는 노사간의 형평성원칙에 어긋나므로
협약자치제도에 반한다고 한다. 임종률, "파업참가기간과 임금삭감", 「국제화시대의 노동법의 과제」(김치선
박사 고희기념 논문집, 1994), p. 410; 대판 1995. 12. 21, 94다26721.
　4) 김유성, 노동법(Ⅱ), p. 297; 대판 1996. 12. 6, 96다26671; 대판 1996. 2. 9, 95다19501.

도급제·능률제 등의 경우 파업으로 인하여 일정기간 동안 근로를 제공하지 아니하더라도 약정된 기간 내에 업무를 완수하는 경우에는 임금이 삭제되지 아니한다.

ⓒ 임금이 근로시간에 비례하는 경우　　임금이 근로시간에 비례하여 지급되는 경우 「무노동·무임금」의 원칙이 적용된다. 이 경우 임금의 범위가 문제된다. 이에 대하여 종전의 대법원 판례는 ⅰ) 임금을 근로자의 노동력 제공의 대가로 지급되는 교환적 부분과 노동력 제공과 상관없이 근로자의 종업원으로서의 지위에 대하여 지급되는 보장적 부분으로 이분하고, 보장적 부분에 대하여는 파업기간중에도 임금이 지급된다는 임금이원론이 제시되어 왔다.6)

이에 대하여 최근의 대법원 판례는 이러한 임금이원론을 지양하고 파업기간중에는 일체의 임금이 지급되지 아니한다는 임금일원론을 제기하고 있다.7) 즉, 모든 임금은 정상적인 근로관계를 전제로 하고 있는 것이므로, 근로를 제공하지 아니하고, 단순히 근로자로서의 지위에 기하여 지급되는 생활보장적 임금은 있을 수 없고 따라서, 임금을 교환적 부분과 생활적 부분으로 구분하는 임금이원론은 근거가 타당하지 아니하다는 견해이다.

주요 학설의 내용은 「임금부분」에서 이미 설명한 바 있다.

**관 련**
**판 례**　　대판 1995. 12. 21, 94다26721　　현실의 근로를 제공하지 아니하고, 단순히 근로자의 지위에 기하여 지급되는 생활보장적 임금은 있을 수 없고 임금을 교환적 부분과 생활적 부분으로 2분하는 임금이원론은 그 근거가 타당하지 아니하다.

노동조합법 제44조의 규정은 임금일원론에 따라 파업기간중에는 일체의 임금지급의무가 없다고 규정하고 있는 것으로 보인다.

파업기간 중에는 근로자의 근로가 제공되지 아니하는바, 사용자는 파업기간중에 임금의 전부 또는 일부를 지급하여야 할 의무를 부담하지 아니한다(노동조합법 제44조제1항). 이 경우 지급이 면제되는 임금의 범위와 그 근거에 대하여 다양한 의견이 제시되고 있다. 유급휴일 또는 유급휴가기간중에 파업을 하여도 그 기간중의 임금을 청구할 수 없다.8)

제3부 집단적 노사관계

---

5) 생명보험회사의 외근직원의 임금은 그 실적에 따라 지급되는 능률급이므로 파업공제의 대상이 되지 아니한다. 서울지판 1990. 12. 11, 90나20083.
6) 김유성, "쟁의기간중의 임금(上)·(下)", 「인권과 정의」, 152호·153호(1989). 本多淳亮, "賃金·退職金·年金"(勞働法實務大系 13, 1976), p. 28; 대판 1992. 3. 27, 91다36307.
7) 김형배, 노동법, p. 876; 대판 1995. 12. 21, 94다26721; 대판 2009. 12. 24, 2007다73277; 대판 2010. 7. 15, 2008다33399.
8) 대판 2010. 7. 15, 2008다33399; 대판 2013. 11. 28, 2011다39946.

**관 련
판 례**  대판 2010. 7. 15, 2008다33399   근로기준법상 휴일 및 유급휴일 제도를 규정
한 규범적 목적에 비추어 보면, 근로의 제공 없이도 근로자에게 임금을 지급하도
록 한 유급휴일의 특별규정이 적용되기 위해서는 평상적인 근로관계, 즉 근로자가
근로를 제공하여 왔고 또한 계속적인 근로제공이 예정되어 있는 상태가 당연히 전
제되어 있다고 볼 것이다. 그러므로 근로자는 휴직기간 중 또는 그와 동일하게 근
로제공의무 등의 주된 권리·의무가 정지되어 근로자의 임금청구권이 발생하지 아
니하는 파업기간 중에는 그 기간 중에 유급휴일이 포함되어 있다 하더라도 그 유
급휴일에 대한 임금의 지급을 구할 수 없다(대법원 2009. 12. 24. 선고 2007다
73277 판결 등 참조). 나아가 관련 법률의 규정이나 단체협약·취업규칙·근로계
약 등에 의하여 근로자에게 부여되는 유급휴가 역시 이를 규정한 규범적 목적에
비추어 보면 유급휴일과 마찬가지로 평상적인 근로관계를 당연히 전제하고 있는
것이다. 따라서 근로자가 유급휴가를 이용하여 파업에 참여하는 것은 평상적인 근
로관계를 전제로 하는 유급휴가권의 행사라고 볼 수 없으므로 파업기간 중에 포함
된 유급휴가에 대한 임금청구권 역시 발생하지 않는다.

③ **임의적인 임금지급의 허용:**    사용자는 파업기간중에 임금지급의무를 부담하
지 아니하는 것이 원칙이나, 이를 임의로 지급하거나, 단체협약 또는 취업규칙 등에
의하여 스스로 지급하는 것은 무방하다. 그러나 단체협약 및 취업규칙 등에 파업기
간중의 임금지급에 관한 아무런 규정도 없는 경우에는 임금지급의무를 부담하지 아
니하는 것이 원칙이다. 다만, 단체협약 또는 취업규칙에 결근시의 임금지급규정이
있는 경우 과연 동 규정 또는 관행을 유추하여 파업시의 임금지급에 확대적용할 수
있는지의 여부가 의문시되고 있다. 이에 대하여는 다음과 같이 견해가 나뉘고 있다.

㉠ **긍정설**    긍정설은 결근시의 임금지급 규정·관행을 파업시에도 확대적용
할 수 있으며, 따라서 결근시에 임금이 지급된다면 파업시에도 임금이 지급되어야
한다는 견해이다. 동 견해는 ⅰ) 결근과 파업은 근로제공을 하지 아니한다는 점에서
법적 성질이 동일하므로 파업시에만 임금을 지급하지 않는 것은 양자를 차별하여
부당노동행위에 해당될 우려가 있으며, ⅱ) 단체협약 및 취업규칙 등에 파업시의 임
금을 삭감한다는 특약이 없는 한 평상시의 결근·조퇴 등에 관한 규정이 적용되어
야 한다고 한다.9)

㉡ **부정설**    부정설은 결근시의 임금지급 규정·관행을 파업시에 확대적용할
수 없으며, 따라서 결근시에 임금이 지급된다 할지라도 파업시에도 당연히 임금이
지급되는 것은 아니라는 견해이다.10) 동 견해는 ⅰ) 결근시에는 사용자의 노무지휘

---

9) 김유성, 노동법(Ⅱ), p. 298; 임종률, 노동법, p. 252; 이병태, 노동법, p. 367.
10) 대판 1995. 12. 21, 94다26721.

권을 행사할 수 있으나 파업시에는 노무지휘권이 정지된다는 점, ii) 결근은 그 태양이 개별적·단기적이나, 파업은 조직적·집단적이라는 점, iii) 결근시에는 소수의 근로자에 의하여 내부·외부에서 대체근로가 가능하나, 파업시에는 외부에서의 대체근로가 불가능하다는 점, iii) 결근은 징계에 의한 예방이 가능하나, 파업은 징계가 부당노동행위가 된다는 점을 이유로 결근과 파업의 법적 성질이 다르다는 것을 논거로 제시하고 있다.

ⓒ 사 견    사견으로는 다음과 같은 점에서 파업시에 임금을 지급한다는 단체협약·취업규칙상의 명문의 규정이 없는 경우 결근시의 임금지급 규정이 적용되지 아니한다고 본다.

첫째, 파업과 결근은 단지 근로를 제공하지 아니한다는 점에서 이를 동일시 하는 긍정설은 타당하지 아니하다. 단체협약 또는 취업규칙 등에서 유급휴직·휴가 또는 휴일의 사유를 규정하고 있는 경우가 있는바, 긍정설에 따르면 동 사유에 해당되지 아니하는 휴직·휴가 또는 휴일에도 단지 근로를 제공하지 아니한다는 점에서 동일 취급을 받아야 하므로 임금이 지급되어야 한다는 모순이 발생한다.

둘째, 긍정설에 따르면 파업시에 임금을 삭감한다는 특약이 없는 한 임금이 지급되어야 한다고 하나, 이와 반대로 파업시에 임금을 지급한다는 특약이 없는 한 임금이 지급되지 아니하는 것이 타당하다고 할 것이다. 즉, 무노동·무임금의 원칙에 따라 별도의 특약이 없는 경우 파업시에는 임금이 지급되지 아니하는 것이 원칙이기 때문이다.

## (2) 파업 비참가자의 임금청구권

### (가) 파업 비참가자들이 근로를 제공한 경우

파업에 참가하지 아니한 근로자들이 근로를 제공한 경우 해당 근로자들은 조합원 여부에 상관없이 당연히 임금청구권을 갖는다. 예컨대 노동조합법 제42조제2항은 「안전보호시설」의 유지·운영은 쟁의행위를 할 수 없도록 규정하고 있는바, 파업중에 이에 종사하는 근로자는 당연히 임금청구권을 갖는다.

이 경우 근로를 제공하였다 함은 근로자가 자신의 노동력을 사용자가 처분할 수 있는 상태에 두는 것을 의미하며, 실제 조업을 하였는지의 여부는 묻지 아니한다.11)

---

11) 김유성, 노동법(Ⅱ), p. 299.

(나) 파업 비참가자들이 근로를 제공하지 아니한 경우

파업 비참가자들이 스스로 근로를 제공하지 아니한 경우에는 임금청구권을 갖지 못하는 것은 당연하다. 문제는 파업 비참가자들이 근로를 제공하고자 하였으나 다음과 같이 사용자가 이를 거부한 경우이다.

① 조업계속 및 근로수령이 가능한 경우:    조업의 계속 및 근로의 수령이 모두 가능함에도 불구하고 사용자가 근로의 수령을 임의로 거부한 경우 사용자는 임금 전액을 지급하여야 한다. 사용자가 임금지급의무를 면제받기 위하여는 직장폐쇄를 하여야 한다.

② 조업계속 또는 근로수령이 불가능한 경우:    문제가 되는 것은 ⅰ) 파업으로 인하여 전체 조업이 불가능하거나, 부분적으로 조업이 가능하다 할지라도 일부조업 만으로는 그 자체가 무의미하여 근로의 수령을 거부한 경우 또는 ⅱ) 조업의 계속은 가능하나, 파업중인 노동조합이 피케팅 및 직장점거 등을 통하여 출입·조업이 중단 됨으로써 근로의 수령이 불가능하게 된 경우이다. 이 경우의 임금지급에 대하여는 견해가 나뉘고 있다.

㉠ 임금지급 부정설    임금지급 부정설에 의하면 ⅰ) 투쟁평등의 원칙 및 근로 자 전체 연대의 관점에 비추어 임금을 지급할 필요가 없다는 견해,[12] ⅱ) 노사 쌍방 당사자의 책임 없는 사유로 근로제공을 할 수 없게 된 때에 해당되므로 채무자 위 험부담주의에 의하여 임금청구권이 부정된다는 견해[13] 등이 있다.

㉡ 임금지급 긍정설    임금지급 긍정설에 의하면, 크게 휴업수당을 지급하여야 한다는 견해와 임금전액을 지급하여야 한다는 견해로 나누어 볼 수 있다.

첫째, 휴업수당을 지급하여야 한다는 견해는 ⅰ) 근로의 수령불능 또는 지체가 사용자의 단체교섭상의 결정에 기인하는 것이므로 이는 근로기준법 제45조상의 「사 용자의 귀책사유」에 해당된다거나,[14] ⅱ) 이는 근로기준법 제45조상의 「사용자의 귀 책사유」에 해당되지는 아니하나 근로자에게 임금전액의 상실로부터 일정한 한도를 설정하여 최저한도의 생활을 보장하자는 근로기준법 제45조의 휴업수당지급 취지는 쟁의행위로 인한 조업중단의 경우에도 원용되어야 한다고 한다.[15]

둘째, 임금전액을 지급하여야 한다는 견해는 ⅰ) 근로의 수령불능 또는 지체는

---

12) 김형배, 노동법, p. 1074.
13) 임종률, 노동법, p. 246.
14) 이병태, 노동법, p. 370; 박홍규, 노동법(Ⅱ), p. 417.
15) 김유성, 노동법(Ⅱ), p. 300; 이을형, 노동법, p. 330.

민법상 사용자의 귀책사유에 기인한다거나, ⅱ) 사용자의 부당노동행위 등으로 인하여 쟁의행위가 유발되어 조업이 중단되는 등의 경우에는 그 원인을 제공한 고의·과실에 대하여 책임을 부담하여야 하며, 따라서 임금을 전액 지불하여야 한다고 한다.16)

## 2. 태업과 임금관계

태업의 경우 근로의 일부가 제공되지 아니하므로 제공되지 아니한 부분에 비례하여 임금이 삭감되는 것이 원칙이다.17) 즉, 파업의 경우에는 파업시간에 비례하여 임금이 삭감되나, 태업의 경우에는 제공되지 아니한 근로의 양 및 질에 비례하여 임금이 삭감되는 것이 일반적이다.

다만, 근로의 불완전 제공부분의 양과 질이 객관적이고 명확하게 산정될 수 있는 경우 그 비율에 따라 임금을 삭감할 수 있으나, 실질적으로 이를 산정하는 것이 용이하지 아니하다는 문제점이 발생하게 된다.

이에 대하여 「근로자 개인」이 평상시에 제공하여야 할 근로의 양과 질에 비추어 어느 정도의 불이행이 있었던가를 개별적·구체적으로 산정하여야 한다는 견해가 있다.18) 그러나 상기 산정방법은 객관성과 정확성을 확보하기 곤란하고 시간과 비용이 과다하게 소요된다. 따라서, 태업의 경우 직장폐쇄를 하여 임금지급의 의무를 면제받거나, 태업으로 인하여 감소된 생산량 또는 매출액 등을 계산하여 파업참가 조합원 전체를 대상으로 일률적으로 계산하거나, 각 근로자별로 측정된 태업시간 전부를 비율적으로 계산하여 임금에서 공제하는 것이19) 현실적이다.

태업도 파업의 일종이므로 조합전체의 의사결정에 따라 수행되고 조합원 개인은 전체의사에 따라 각자의 역할분담을 맡는 것에 불과하므로 조합원 개개인의 태업 태양에 따라 개별적으로 임금삭감을 하는 것보다는 조합원전체에 대한 일률적인 임금삭감이 타당하다고 할 것이다. 다만, 태업의 태양이 본래 근로의 불완전 제공에 그치는 것이 아니라 ⅰ) 본래 업무와 전혀 상이한 업무를 수행하거나, ⅱ) 사보타주 등과 같이 위법한 태업의 경우에는 파업과 마찬가지로 임금지급의무가 발생하지 아니한다.

---

16) 임종률, 노동법, p. 257.
17) 김유성, 노동법(Ⅱ), p. 302; 임종률, 노동법, p. 253.
18) 임종률, 노동법, p. 253.
19) 대판 2013. 11. 28, 2011다39946.

## Ⅳ. 파업과 고용관계

### 1. 사용자의 대체고용

#### (1) 관련규정

> **노동조합법 제43조 [사용자의 채용제한]** ① 사용자는 쟁의행위 기간중 그 쟁의행위로 중단된 업무의 수행을 위하여 당해 사업과 관계 없는 자를 채용 또는 대체할 수 없다.
> ② 사용자는 쟁의행위 기간중 그 쟁의행위로 중단된 업무를 도급 또는 하도급 줄 수 없다.
> ③ 제1항 및 제2항은 필수공익사업의 사용자가 쟁의행위기간중에 한하여 당해 사업과 관계없는 자를 채용 또는 대체하거나 그 업무를 도급 또는 하도급 주는 경우에는 적용하지 아니한다.
> ④ 제3항의 경우 사용자는 당해 사업 또는 사업장 파업참가자의 100분의 50을 초과하지 않는 범위 내에서 채용 또는 대체하거나 도급 또는 하도급 줄 수 있다. 이 경우 파업참가자 수의 산정 방법 등은 대통령령으로 정한다.

#### (2) 의    의

사용자가 파업기간중에 조업을 계속하기 위해서는 다른 근로자를 고용하여야 한다. 이는 사용자의 「대체고용의 자유」를 의미하며, 이 경우 고용된 근로자를 「대체근로자」라고 한다.

노동조합법은 필수공익사업을 제외한 사업에 대하여 파업기간중의 대체고용을 금지하고 있다(노동조합법 제43조제1항 및 제2항). 동 규정은 다른 나라에서는 찾아볼 수 없는 독특한 입법예라고 할 수 있을 것이다.[20] 한편, 필수공익사업에 대하여는 대체고용을 제한적으로 허용하고 있다(동법 제43조제3항 및 제4항).

#### (3) 일반사업에 대한 대체고용의 금지

사용자는 쟁의기간중에 사업과 관련 없는 자를 새로이 채용하거나 대체할 수 없다(동법 제43조제1항). 즉, 파업기간중 사용자가 스스로 업무를 수행하거나 파업참가자와 동일한 사업장에서 근무하는 파업불참자인 조합원 또는 비조합원을 대체근로하게 할 수 있을 뿐이다.[21]

---

20) 미국이나 독일에 있어서는 파업기간중 사용자는 대체근로자를 채용하여 사용할 수 있으며, 대체근로자는 반드시 파업기간에 한정하여 임시로 고용되는 것이 아니다. 그러므로 파업 참가근로자의 일자리가 대체근로자에 의하여 대체된 경우에는 해당 근로자는 이른바 복직청구권을 가질 수 없다. NLRB v. Mackay Radio & Telegraph Co., 304 U.S. 333(1938); Zöllner/Loritz, ArbR, 4. Aufl., S. 433.

21) 김유성, 노동법(Ⅱ), p. 292; 노사 01254-6671(1995. 5. 8).

「채용」이란 새로이 근로자를 고용하는 것으로서 임시직이나 시간제 근로자는 물론 일용직 근로자의 채용도 이에 포함된다.

결원충원을 위한 신규채용 등이 합법인지의 여부는 형식적·표면상의 이유로만 판단하여서는 아니되며, 기존의 인력충원 과정·절차 및 시기, 인력부족규모, 결원발생시기 및 그 이후 조치내용, 쟁의행위기간중 충원의 필요성, 신규채용인력의 투입시기 등을 종합적으로 고려하여 판단하여야 한다.[22]

쟁의행위시의 결원에 대비하여 신규채용을 한 경우 설사 쟁의행위개시 전이라 할지라도 동조위반에 해당된다.[23] 다만, 쟁의행위 이전부터 계획된 사업확장 또는 신규채용계획에 따라 쟁의행위의 저지 또는 방해와 관련 없이 근로자를 신규채용하거나 결원을 보충하는 것은 쟁의행위기간 중일지라도 위법한 채용에 해당되지 아니한다.[24]

「대체」라 함은 다른 사업의 근로자를 파업 참가근로자에 대신하여 근로를 제공하도록 하는 것을 말한다. 한 사업장 내에 수개의 부서 또는 작업장이 있어 비조합원을 배치이동하는 것은 무방하다.[25]

한편, 대체고용이 금지되는 쟁의행위는 정당한 쟁의행위에 국한되며, 정당성을 상실한 쟁의행위의 경우에는 대체고용이 인정된다고 해석되어야 할 것이다. 예컨대 안전보호시설에 종사하는 자의 쟁의행위 등 정당성을 상실한 쟁의행위의 경우에는 대체고용이 허용된다.[26]

사용자는 쟁의행위기간중 그 쟁의행위로 중단된 업무를 도급 또는 하도급을 주어서는 아니 된다(동법 제43조제2항). 이는 도급·하도급을 허용하는 경우 대체고용의 수단을 사용하지 아니하고도 대체고용과 동일한 결과를 가져오는 것을 제한·금지하기 위한 것이다. 근로자파견사업의 경우 파견사업주는 쟁의행위중인 사업장에 그 쟁의행위로 중단된 업무의 수행을 위하여 근로자를 파견하여서는 아니 된다(근로자보호등에관한법률 제16조제1항).

### (4) 필수공익사업에 대한 대체고용의 허용

필수공익사업의 사용자는 쟁의행위기간중에 한하여 해당 사업과 관계없는 자를 채

---

22) 대판 2008. 11. 13, 2008도4831.
23) 대판 2000. 11. 28, 99도317.
24) 대판 2008. 11. 13, 2008도4831.
25) 근기 01254−6671(1989. 5. 8); 노사 32281−10661(1991. 7. 24).
26) 노사 32281−8344(1989. 5. 16); 노사 32281−8345(1989. 6. 7).

용 또는 대체하거나 그 업무를 도급 또는 하도급 줄 수 있다(노동조합법 제43조제3항).

이 경우 사용자는 해당 사업 또는 사업장 파업참가자의 100분의 50을 초과하지 않는 범위 내에서 채용 또는 대체하거나 도급 또는 하도급 줄 수 있다. 이 경우 파업참가자 수의 산정 방법 등은 대통령령으로 정한다(동법 제43조제4항).

## 2. 파업참가근로자의 타기업 취업

파업중 파업 참가근로자가 다른 기업에 취업할 수 있는지의 여부에 대하여는 이를 긍정하는 견해와 부정하는 견해가 있다.

### (1) 학　설

#### (가) 긍정설

긍정설은 파업 참가근로자가 파업기간중에 다른 기업에 취업할 수 있다고 한다. 근로자가 파업기간중 다른 기업에 취업할 수 없다면 소득이 없어서 생존권의 위협을 받게 되며 또한 생산가능 노동력이 유휴상태에 있게 되므로 국가경제력 측면에서도 손실이라고 한다.

#### (나) 부정설

부정설은 파업 참가근로자가 파업기간중에 다른 기업에 취업할 수 없다고 한다. 파업은 근로의 제공을 거부하여 사용자에게 경제적 손실을 입히고자 하는 것인바, 파업 참가근로자는 파업의 본질상 파업기간중의 임금상실을 당연히 감수하여야 하므로 다른 기업에 취업할 수 없다고 한다. 부정설에 의하면 파업중 근로자가 다른 기업에 취업하면 기존의 사용자와의 근로계약은 자동적으로 파기된다고 한다.

### (2) 사　견

사견으로는 원칙적으로 단체협약·취업규칙 또는 근로계약의 규정에 의하여 결정되어야 한다고 본다. 단체협약·취업규칙 또는 근로계약에 의하여 파업기간 중에 다른 기업에 취업하는 것을 금지하고 있는 경우에는 파업기간중에 다른 기업에 취업하여서는 아니 된다.

다만 단체협약·취업규칙 또는 근로계약에서 아무런 규정도 두고 있지 아니한 경우가 문제시되는바, 사견으로는 부정설에 찬동하고자 한다. 그 이유는 쟁의행위가 근로의 제공을 거부하여 사용자에게 경제적 손실을 가져 오는 것이라면, 쟁의기간중의 임금상실을 근로자가 감수하는 것이 형평의 원칙상 타당하기 때문이다. 다만, 기존의 근로관계에 전혀 영향을 미치지 아니하는 한도 내에서 생계를 위하여 임시직 또는 단순노무직에의 취업은 가능한 것으로 본다.

### 3. 파업종료 후의 근로관계

파업이 종료하는 경우 근로계약관계는 다시 정상화되므로 파업에 참가했던 근로자들의 근로제공의무와 사용자의 임금지급의무는 원래대로 회복된다. 따라서 ⅰ) 근로자가 근로제공을 거부하는 경우 또는 ⅱ) 사용자가 근무명령을 거부하거나 임금을 지급하지 아니하는 경우에는 근로계약 위반으로 인한 책임을 부담한다. 그러나 파업으로 인한 경영상·경제상의 손실·타격으로 인하여 사용자가 파업 참가근로자들의 일부를 즉시 재취업시키지 못하는 경우에는 근로계약 위반의 책임을 지지 아니한다. 그러나 이는 근로기준법 제45조의 휴업에 해당되므로 사용자의 귀책사유의 존부문제로 파악하는 견해도 있다.[27)]

## V. 파업과 기타의 근로관계

### 1. 파업과 근로일 산정

파업기간중에도 근로관계는 그대로 유지·존속하고 있으므로 파업기간을 상여금·퇴직금 청구 및 휴가청구 등의 기초가 되는 근속기간 또는 출근율의 산정에 있어 어떻게 파악할 것인가에 관하여는 견해가 나뉘고 있다.

이에 대하여는 노동조합법상 명문의 규정이 없는바, 우선 노사 자치의 원칙에 따라 근로계약·취업규칙 또는 단체협약 등의 약정으로 정하는 바에 따라야 할 것으로 본다. 단체협약·취업규칙 및 근로계약 등에 명문의 규정이 없는 경우에는 다음과 같이 해석에 따른다.

### (1) 근속기간의 산정

파업에 참가하는 도중에도 근로계약관계는 정지하거나 소멸하지 아니하고 그대로 계속되므로 파업기간은 근속기간에 포함되는 것이 원칙이다.[28)] 그러나 일부휴직 등 근로계약관계가 계속되나 정지 상태에 있는 경우 등 휴직기간이 반드시 근로계속연수에 포함되는 것은 아니다. 따라서, 파업기간중 근로계약관계가 정지한다고 파

---

27) 김유성, 노동법(Ⅱ), p. 303.
28) 김유성, 노동법(Ⅱ), p. 302.

악하는 근로계약정지설에 의하면 동 기간이 반드시 근속기간에 포함되는 것은 아니라 할 것이다.

### (2) 출근율의 산정

이에 대하여는 연차유급휴가 부분에서 이미 상세히 설명한 바 있다. 한편, 근로기준법시행령 제2조는 쟁의행위기간을 평균임금의 산정기간에서 제외하고 있다.

### 2. 파업과 산업재해보상보험

파업중 발생한 근로자의 부상 등이 산업재해보상보험법 제5조제1호에 규정된 「업무상의 재해」에 해당되어 산재보험을 수령할 수 있는지의 문제가 제기되고 있다. 이를 부정하는 것이 판례의 태도 및 일반적인 견해이다.[29]

> **관 련**
> **판 례**
> 대판 1994. 2. 24, 92구2379   노조전임자의 조합활동중의 재해는 노조활동이 사용자의 사업과 무관한 대외활동 또는 사용자와의 대립관계인 쟁의활동에 해당되는 등의 특별한 사정이 없는 한 이를 산업재해보상보험법상의 구제대상으로 보아야 한다.

그러나 산업재해보상보험법상의 업무는 반드시 「근로의 적극적인 제공」으로 좁게 해석할 필요는 없으며, 현행 「헌법, 노사관련법령, 단체협약 및 근로계약 등의 적용 및 해석을 통하여 근로자에게 노사관계상 합리적으로 요구되거나 허용되는 행동」으로 넓게 해석되어야 한다고 본다. 따라서 쟁의행위중에 발생한 생명·신체상의 재해가 정당한 쟁의행위의 수행과 직접적으로 연관되어 발생한 것이라면 쟁의행위가 비록 사용자와의 대립관계에 있는 행위이지만 헌법상의 단체행동권보장하에 허용되는 것이므로 산업재해보상보험을 인정하여야 할 것이다.[30]

## 제 3 절  쟁의행위와 제3자간의 법적 관계

### I. 총  설

쟁의행위는 쟁의행위의 당사자인 근로자와 사용자는 물론이거니와 사용자와 계

---

29) 김수복, 산업재해보상보험법(중앙경제사, 1995), p. 175; 대판 1991. 4. 9, 90누10483; 대판 1994. 2. 22, 92누14502; 대판 1994. 2. 24, 92구2379.
30) 동지: 이병태, 노동법, p. 364.

약관계에 있는 상대방과 일반대중 등 제3자에게도 손해를 주는 경우가 있다. 이에 대하여 사용자 및 노동조합의 손해배상책임이 문제되고 있다.

## Ⅱ. 사용자의 거래상대방에 대한 손해배상책임

근로자의 쟁의행위는 사용자뿐 아니라 사용자와 계약관계에 있는 거래상대방에게도 손해를 끼치게 되는 경우가 대부분이다. 예컨대 쟁의행위의 결과 사용자가 해당 사업장에서 생산되는 상품을 거래상대방에게 공급·인도하지 못하거나 이와 반대로 거래상대방으로부터 상품·원료를 수령하지 못하는 경우이다. 이 경우 ⅰ) 사용자에게는 거래상대방과의 계약불이행으로 인한 손해배상책임, ⅱ) 근로자에게는 사용자의 거래상대방에 대한 불법행위로 인한 손해배상책임의 문제가 대두된다.

### 1. 사용자의 손해배상책임

근로자의 쟁의행위로 인하여 사용자가 거래상대방과 체결한 계약상의 채무를 이행하지 못한 경우, 사용자는 그 거래상대방에게 계약상의 채무불이행으로 인한 손해배상책임을 부담하는가에 대하여는 견해가 나누어져 있다.

### (1) 학　　설

#### ⒜ 긍정설

사용자의 거래상대방에 대한 손해배상책임을 인정하는 견해는 ⅰ) 쟁의행위의 정당성으로 인한 민사면책은 쟁의행위의 당사자간에만 인정되는 것이 원칙이고, 사용자의 거래상대방에 대한 계약 위반에 관해서는 인정되지 아니한다는 견해[31] 및 ⅱ) 쟁의참가근로자는 사용자의 이행보조자에 해당하므로 그들의 쟁의행위라는 불이행행위에 대하여 사용자가 책임을 져야 한다는 견해[32] 등이 있다.

#### ⒝ 제한적 긍정설

사용자의 거래상대방에 대한 손해배상책임을 제한적으로 인정하는 견해는 ① ㉠ 근로자의 쟁의행위가 정당성을 갖추고 있지 아니하고, ㉡ 쟁의행위와 채무불이행 사이에 밀접한 관련이 있는 경우에 한하여 파업참가근로자를 사용자의 이행보조자로 보아 사용자의 채무불이행책임을 인정하는 견해,[33] ② ㉠ 사용자의 계약상의 이행지

---

31) 김치선, 노동법, p. 421 이하; 박상필, 노동법, p. 556 이하; 이병태, 노동법, p. 359; 石井, 勞働法, p. 421.

32) Brox−Rüthers, Arbeitskampfrecht, 2. Aufl., Rn. 386.

898  제 3 편  단체행동권

체 및 이행불능책임은 사용자가 헌법 제33조제1항에서 보장된 단체협약자치제도의
당사자이고, 쟁의행위는 민법상 사용자의 귀책사유에 해당되지 아니하므로 이를 부
담하지 아니하나, ⓛ 수령지체책임은 사용자의 귀책사유를 요건으로 하지 아니하고,
쟁의행위가 발생한 경우에도 반드시 수령을 할 수 없는 것이 아니므로 이를 부담한
다는 견해34) 등이 있다.

### (다) 부정설

사용자의 거래상대방에 대한 손해배상을 부정하는 견해는 ⅰ) 사용자는 정당한
쟁의행위의 당사자이므로 거래상대방에 대한 채무불이행이 면제된다는 견해,35) ⅱ)
쟁의행위는 사용자의 지휘·명령을 이탈하여 행하여지는 것이므로 사용자의 이행보
조자가 아니라는 견해 등이 있다.

### (2) 사    견

다음과 같은 관점에서 사용자의 손해배상책임을 파악하고자 한다.

### (가) 손해배상책임에 관한 계약이 체결되어 있는 경우

근로자의 쟁의행위는 헌법상 보장된 기본권의 행사이므로 이는 노사관계의 현실
에서 언제든지 발생할 수 있는 합법적인 행위이다. 따라서 사용자와 그 거래상대방
이 계약을 체결하는 경우에는 사용자의 사업장에서 쟁의행위가 발생함으로써 사용자
가 계약을 이행하지 못하게 될 수도 있음을 사전에 염두에 두어, 손해배상책임의 인
정 여부 및 그 액수 등에 관한 합의를 사용자와 거래상대방 간에 하는 것이 바람직
하다고 본다.36)

### (나) 손해배상책임에 관한 계약이 체결되어 있지 아니한 경우

사용자와 거래상대방 간에 쟁의행위로 인한 손해배상책임에 관한 계약이 체결되
어 있지 아니한 경우 쟁의행위가 정당한 경우에는 사용자가 손해배상책임을 부담하
나, 쟁의행위가 정당하지 아니한 경우에는 이를 부담하지 아니한다고 본다. 그 논거
는 다음과 같다.

첫째, 정당한 쟁의행위에 대하여 부여되는 민사면책은 헌법상 근로삼권의 보장에

---

33) 管野, 勞働法, p. 534.

34) 김형배, 노동법, p. 1081.

35) Hueck–Nipperdey, Lehrbuch, Bd. Ⅱ/2, 7. Aufl., S. 954ff.

36) 사용자와 거래상대방 간의 손해배상책임에 관한 합의를 회사의 물품조달약관 내지 일반거래약관으
로 보는 견해(김형배, 노동법, p. 1085)도 있으나, 합의의 성질을 반드시 이에 국한하여 해석할 필요는 없
을 것이다.

의하여 근로자 또는 노동조합에게만 부여되는 권리이므로 사용자가 비록 단체협약의 당사자일지라도 이를 당연히 향유하는 것은 아니다.

쟁의행위가 정당한 경우 이는 근로자의 헌법상 권리의 행사인바, 근로자가 헌법 상의 권리를 행사하리라는 것은 사용자가 충분히 예견가능한(foreseeable) 사실이다. 파업 참가근로자를 민법상의 계약이론의 관점에서 보면 이는 사용자에 대한 이행보 조자에 해당되거나, 또는 이행보조자의 쟁의행위는 사용자의 간섭가능성이 배제된 예견불가능한 행위에 해당될 수 있다. 그러나 파업 참가근로자를 헌법상 근로삼권의 행사라는 관점에서 보면, 근로자의 쟁의행위는 ⅰ) 사용자에 대한 이행보조자로서의 행위가 아니며, 또한 ⅱ) 사용자의 예측불가능한 행위가 아니라 사용자가 예측가능 하고 그 지휘·감독범위 안에 이미 들어 있는 행위이다. 사용자와 거래상대방 간의 계약은 이러한 쟁의행위의 발생가능성을 전제로 하여 체결된 것이므로 사용자는 이 러한 계약관계의 실현에 의하여 발생한 손해에 대하여 손해배상책임을 지는 것은 당연하다.

둘째, 쟁의행위가 정당하지 아니한 경우에는 해당 쟁의행위에 헌법상 기본권행사 로서의 효력이 부여되지 아니하고 일반 민법상의 계약원리가 적용되므로 사용자는 손해배상책임을 부담하지 아니한다고 본다.

기존에는 정당하지 아니한 파업으로 인하여 사용자가 거래상대방에게 채무를 제 대로 이행할 수 없는 경우 사용자는 민법 제391조의 이행보조자의 귀책에 대한 채 무자의 책임에 의하여 채무불이행책임을 부담하여야 한다는 견해가 일반적이었다. 그러나 최근에는 이행보조자에 대한 사용자의 간섭가능성이 없다는 이유에서 민법 제391조의 적용을 배제하는 것이 일반적 견해이다.

## 2. 근로자의 손해배상책임

근로자는 정당한 쟁의행위에 의하여 사용자의 거래상대방에게 발생한 손해에 대 하여 민사책임이 면제된다.[37] 이는 헌법상 쟁의권행사에 대한 민사면책의 법적 효과 이다.

그러나 정당하지 아니한 쟁의행위로 인하여 사용자의 거래상대방에게 손해를 가 져 올 경우, 이러한 쟁의행위가 불법행위의 요건을 충족시킨다면 불법행위로 인한 손해배상책임을 부담하게 된다.[38] 예컨대 쟁의행위중에 원자재를 반입하거나 생산품

---

37) 김치선, 노동법, p. 421; 김유성, 노동법(Ⅱ), p. 279.
38) 김유성, 노동법(Ⅱ), p. 280; 박상필, 노동법, p. 561; 이병태, 노동법, p. 359.

을 출하하는 거래상대방에 대하여 이를 방해하거나 폭행을 하는 행위 등은 불법행위에 해당될 것이다. 근로자는 사용자의 거래상대방과 아무런 계약도 체결하고 있지 아니하고, 쟁의행위중에는 이행보조자에도 해당되지 아니하므로 채무불이행으로 인한 손해배상책임은 문제시되지 아니한다.

## Ⅲ. 일반 제3자에 대한 손해배상책임

근로자의 쟁의행위는 쟁의행위의 당사자 및 사용자의 거래상대방과도 관계가 없는 일반 제3자에게 손해를 미치게 되는 경우가 있다. 이 경우 사용자와 근로자의 일반 제3자에 대한 손해배상책임의 문제가 대두된다.

### 1. 사용자의 손해배상책임

사용자는 쟁의행위로 인하여 일반 제3자에게 발생한 손해에 대하여 아무런 민사책임도 지지 아니하는 것이 원칙이다. 즉, 사용자는 일반 제3자와 아무런 계약을 체결하고 있지 아니하므로 계약불이행으로 인한 손해배상책임을 부담하지 아니한다. 또한 사용자는 일반 제3자에 대하여 단체교섭을 통하여 성실히 단체협약을 체결함으로써 쟁의행위를 방지하여야 할 의무를 부담하는 것도 아니다.

사용자가 공중운수사업, 수도·전기·가스사업 및 방송·통신사업 등의 공익사업을 하는 경우, 공중의 일상생활과 국민경제에 중대한 영향을 미치는 공익사업의 특수성으로 인하여 일반 제3자에 대한 손해배상책임을 부담하게 되는지의 여부에 대하여 다음과 같은 의문점이 제기되고 있다.

첫째, 공익사업의 사용자가 공익사업에서의 쟁의행위로 인하여 제3자에게 야기될 수도 있는 손해를 회피하기 위하여 성실하게 단체교섭을 수행하여 단체협약을 체결함으로써 쟁의행위를 방지하여야 하는 의무를 부담하는가의 문제가 발생한다.

공익사업의 공익성은 불특정한 일반대중의 이익보호라는 관점에서 공익을 유지·확보하기 위한 것이지, 특정 개인의 이익을 보호하기 위한 것은 아니므로 공익사업의 쟁의행위로 인하여 특정 개인이 손해를 입는 경우에도 해당 특정 개인을 위한 손해배상책임까지 부담하는 것은 아니라고 본다.

둘째, 공익사업 중에서도 전기·수도·전신·전화의 비용은 대중교통시설 등의 이용과 달리 사용자와 이용자 간에 일종의 계약관계를 형성하는 것으로 볼 수 있다. 이러한 계약관계에 근거하여 사용자가 계약불이행에 근거한 손해배상책임을 부담하는지의 여부가 문제시된다. 이에 관하여는 구체적인 견해가 제시되지 아니하고 있다. 전기·수도·전화 등과 같이 계속적으로 이용행위가 이루어지는 경우 이들 시설의 이용자를 일반 제3자가 아닌 사용자의 거래상대방으로 파악하여 사용자에 대한 계약불이행에 의한 손해배상책임의 부과가능성 여부도 앞으로 검토하여 볼 수 있을 것이다.

## 2. 근로자의 손해배상책임

### (1) 쟁의행위가 정당한 경우

근로자의 쟁의행위가 정당성을 갖는 한, 근로자는 사용자뿐만 아니라 제3자에 대하여도 민사상의 손해배상책임을 부담하지 아니하는 것이 원칙이다.[39)]

그러나 정당한 쟁의행위일지라도 제3자의 개인적 이익을 침해하는 불법행위에 해당되는 경우에는 이에 대한 손해배상책임을 진다.

### (2) 쟁의행위가 부당한 경우

쟁의행위가 정당하지 아니한 경우 근로자가 일반 제3자에게 대하여 손해배상책임을 부담하는가의 문제가 제기되고 있다. 이에 대하여는 쟁의행위가 기업 내부 현상이므로 기업의 외부와의 관계에 대하여는 직접 손해배상책임을 지지 아니한다는 견해가 있다.[40)]

그러나 정당하지 못한 쟁의행위는 헌법에 의하여 보호받고 있지 아니하므로 일반 사법원리에 기초하여 손해배상책임을 부담하는 것으로 보아야 할 것이다. 또한 정당하지 아니한 쟁의행위가 제3자의 재산상의 이익을 직접적으로 침해하는 경우에는 손해배상책임을 인정하여야 한다고 본다. 예컨대 쟁의행위를 하는 과정에서 근로자가 일정 도로를 점유하고 일반인의 통행을 제한함으로써 영업상의 손실을 본 점포주인은 손해배상을 청구할 수 있다고 할 것이다.

한편, 공무원 및 주요 방위산업체 종사자의 쟁의행위금지 또는 공익사업에 대한 쟁의행위제한 등을 규정하고 있는 법령을 위반하여 쟁의행위를 한 경우, 이는 해당 공공서비스 이용자에 대한 불법행위로서 손해배상책임을 부담한다는 견해가 있다.[41)] 그 논거로서는 이러한 법령은 공중생활에 필요불가결한 공공서비스의 확보를 목적으로 하는 소위 「보호법규」로서, 이러한 공공서비스는 단순한 반사적 이익이 아니라

---

39) 김치선, 노동법, p. 421.
40) 박상필, 노동법, p. 561.
41) 김유성, 노동법(Ⅱ), p. 280; 박상필, 노동법, p. 561.

법적 이익으로 평가되기 때문이라고 한다. 그러나 노동조합법 제42조제2항의 안전보호시설 유지의무에 위반하여 쟁의행위를 함으로써 제3자의 생명, 신체에 대한 침해가 발생한 경우와 같이 명백한 법익침해가 있는 경우를 제외하고는 이러한 단순한 공공서비스 제공의 중단, 거부가 과연 법적 권리를 침해하는지에 관하여는 별도의 구체적인 논거가 필요하다고 할 것이다.42)

---

42) 김유성, 노동법(Ⅱ), p. 280.

# 제5장 사용자의 쟁의행위

## 제1절 의 의

### Ⅰ. 직장폐쇄의 개념

직장폐쇄라 함은 사용자가 노동조합의 쟁의행위에 대항하여 직장을 폐쇄함으로써 근로자들의 근로수령을 거부하고 임금을 지급하지 아니하는 사용자의 쟁의행위를 말한다. 「직장폐쇄」는 「조업계속」과 함께 사용자가 근로자의 쟁의행위에 대항하여 행하여지는 대표적인 수단 중의 하나이다.

### Ⅱ. 관련규정

**노동조합법 제2조** [정의] 6. "쟁의행위"라 함은 파업·태업·직장폐쇄 기타 노동관계 당사자가 그 주장을 관철할 목적으로 행하는 행위와 이에 대항하는 행위로서 업무의 정상적인 운영을 저해하는 것을 말한다.
**노동조합법 제46조** [직장폐쇄의 요건] ① 사용자는 노동조합이 쟁의행위를 개시한 이후에는 직장폐쇄를 할 수 있다.
② 사용자는 제1항의 규정에 의한 직장폐쇄를 할 경우에는 미리 행정관청 및 노동위원회에 각각 신고하여야 한다.

### Ⅲ. 직장폐쇄의 법적 성질

직장폐쇄의 법적 성질은 과연 ⅰ) 헌법상 사용자의 직장폐쇄의 근거를 어디에서 찾을 것인가의 여부 및 ⅱ) 직장폐쇄의 성질에 노동법적 특성을 부여할 것인지 아니면 시민법상의 민법원리를 적용할 것인지의 여부에 관하여 논의된다.

## 1. 직장폐쇄의 헌법적 근거

근로자의 헌법상 권리인 쟁의행위에 대항하여 사용자에게 직장폐쇄라는 권리를 인정하는 경우 과연 직장폐쇄의 법적 근거가 무엇인가에 대한 문제가 제기되고 있다.

### (1) 학    설

헌법에 근로자의 단체행동권만이 명문으로 보장되어 있으므로 그러하지 아니한 직장폐쇄는 헌법상 인정될 수 없다는 견해가 있다.[1]

그러나 대부분의 학설은 직장폐쇄를 인정하고 있는바, 그 법적 근거로서는 ⅰ) 직장폐쇄는 권리가 아니라, 단순한 자유로서 사용자에게 방임된 행위라고 보는 견해,[2] ⅱ) 노사간의 형평원칙 또는 노사 대등의 원칙에서 구하는 견해,[3] ⅲ) 사용자의 헌법상 재산권보장에서 찾는 견해,[4] ⅳ) 헌법 제33조에서 근거를 찾는 견해,[5] ⅴ) 근로자의 쟁의권남용을 방지하기 위한 쟁의권남용방지에서 근거를 찾는 견해[6] 등이 있다.

### (2) 사    견

사견으로는 직장폐쇄의 법적 근거를 헌법상 사용자의 재산권보장에 따른 재산권과 근로삼권의 조화·균형에서 찾고자 한다. 즉, 근로자의 헌법상 근로삼권의 행사는 사용자의 재산권의 행사와 조화·균형되어야 하는바, 근로자의 쟁의행위가 사용자의 재산권과의 조화·균형을 넘어서 이를 침해하는 경우, 사용자는 이에 대항하여 자신의 헌법상 재산권의 행사로서의 직장폐쇄를 행할 수 있는 것이다. 사용자의 헌법상 재산권의 행사는 두 가지 의미를 갖는바, 첫째는 노동조합과의 단체교섭에서의 노사 대등한 지위의 확보이고, 둘째는 쟁의행위로 인하여 침해된 기업시설 및 경영권 등의 보호이다.

---

1) 김철수, 헌법학, p. 530.
2) 김치선, 노동법, p. 406; 신인령, 노동기본권연구(1985), p. 102.
3) 박상필, 노동법, p. 135; 박홍규, 노동법(Ⅱ), p. 422.
4) 권영성, 헌법학, p. 466. 권영성 교수는 헌법 제23조제1항의 재산권보장과 제119조제1항의 기업의 경제적 자유에 헌법적 근거를 두고 있다고 한다; 임종률, 노동법, p. 259.
5) 片岡, 勞働法實務大系, 6卷, p. 55.
6) 이병태, 노동법, p. 308.

### 2. 직장폐쇄의 노동법적 특성

직장폐쇄가 헌법상 인정되는 경우에도 직장폐쇄의 기본적인 법원리에 대하여 노동법상의 특성이 인정되는가 아니면 시민법상의 민법원리가 적용되는가의 문제점이 발생한다.

종래의 민법원리에 의하면 사용자가 근로수령 및 임금지급의 의무를 이행하지 아니하는 경우 계약 위반으로 인한 손해배상책임을 부담한다. 만일 사용자가 손해배상책임을 부담하지 아니하고 근로수령 및 임금지급을 원하지 아니한다면 사용자는 근로자를 일시 집단해고하면 된다. 그러나 사용자의 해고의 자유는 근로기준법 제23조의 「해고남용 제한의 법리」 및 노동조합법 제81조의 「부당노동행위 금지의 법리」에 의하여 제한을 받으므로 쟁의행위에 참여하고 있는 근로자를 일시 집단해고하는 경우에는 해고남용이나 부당노동행위 등의 위법행위에 해당된다.[7]

직장폐쇄는 ⅰ) 집단해고를 하지 아니하고 근로자와의 근로계약을 존속시킴과 동시에 ⅱ) 근로계약상의 근로수령 및 임금지급을 거부하면서도 손해배상책임을 부담하지 아니하는 특성을 지닌 노동법상의 제도이다. 이러한 관점에서 볼 때에 직장폐쇄는 기존의 민법원리로서는 이를 설명할 수 없으며, 따라서 직장폐쇄는 노동법상의 특성을 지닌 사용자의 쟁의행위인 것이다.


# 제 2 절  직장폐쇄의 성립요건


## Ⅰ. 직장폐쇄의 실질적 성립요건

직장폐쇄의 실질적 성립요건은 직장폐쇄의 주체·목적·상대방 및 방법에 있어 직장폐쇄의 본질상 그 성립에 반드시 갖추어야 할 최소한의 요건을 말한다. 실질적 성립요건을 갖추지 아니하는 경우에는 직장폐쇄로서 성립하지 아니하고 따라서 임금지불의 면책이 부여되지 아니한다. 이러한 직장폐쇄의 요건을 근로자의 쟁의행위의 정당성요건과 동일시하는 견해[8]가 있으나, 이러한 견해는 근로자의 쟁의행위가 사용자의 직장폐쇄와 그 헌법적 근거를 달리 하고 있음을 간과하고 있다고 할 것이다.

---

7) 박상필, 노동법, p. 529.
8) 김형배, 노동법, p. 1056.

사용자의 쟁의행위가 정당성을 갖추기 위하여는 노사간의 단체교섭 태도·경과, 쟁의행위의 태양, 쟁의행위로 인한 사용자의 피해정도 등에 관한 구체적 사정을 감안하여 볼 때에 형평의 견지에서 쟁의행위에 대한 대항·방위 수단으로서의 상당성이 인정되어야 한다.9)

> **관련 판례**  대판 2000. 5. 26, 98다34331  사용자가 시간을 갖고 대화를 통하여 노조와 임금협상을 시도하지 아니한 채 준법투쟁 3일만에 전격적으로 단행한 직장폐쇄는 노동조합의 쟁의행위로부터 회사를 보호하기 위한 수동적·방어적인 수단으로서 부득이하게 개시된 것으로 보기 어려우므로 직장폐쇄는 정당성을 결여하였다 할 것이고 따라서 사용자는 직장폐쇄기간 동안의 임금지급의무를 면할 수 없다.

## 1. 직장폐쇄의 주체

직장폐쇄의 주체는 쟁의행위가 발생한 사업장의 사용자이다.

노동조합법 제2조제2호는 사용자로서 「사업주, 사업의 경영담당자 또는 그 사업의 근로자에 관한 사항에 대하여 사업주를 위하여 행동하는 자」를 들고 있다. 사용자 중 사업주가 직장폐쇄의 주체가 될 수 있음은 당연하다. 사업의 경영담당자 또는 사업주를 위하여 행동하는 자는 내부위임 등에 의하여 직장폐쇄를 할 수 있는 권한을 갖고 있어야 한다.

## 2. 직장폐쇄의 목적

직장폐쇄는 사용자의 재산권을 근로자의 쟁의행위로부터 보호하는 것을 그 목적으로 하고 있다. 이는 직장폐쇄의 본질이 근로자의 헌법상 쟁의권과 사용자의 재산권의 조화·균형에 있으므로 당연한 일이라고 할 것이다. 근로자의 쟁의권과 사용자의 재산권의 조화·균형이라는 헌법상의 원리를 직장폐쇄라는 측면에서 고찰하는 경우 이는 두 가지 의미를 갖는다.

첫째, 사용자는 기업시설 및 경영권 등의 보호를 위하여 직장폐쇄를 할 수 있다. 다른 근로자들의 조업방해, 예컨대 노동조합이 쟁의행위로서 태업을 단행한 경우, 근로자가 제공하는 근로의 양적 또는 질적 측면에서 판단하여 볼 때에 태업상태에서 업무를 계속하는 것보다 직장폐쇄를 하는 것이 전체 경영상 합리적인 경우 또는 쟁의행위가 기업시설을 파괴하는 등 위법한 경우 해당 직장폐쇄는 합법적이다.

둘째, 사용자는 단체교섭의 기능 내지 단체협약의 체결을 위한 노사균형을 위하

---

9) 대판 2000. 5. 26, 98다34331; 대판 2002. 9. 24, 2002도2243; 대판 2003. 6. 13, 2003두1097.

여 직장폐쇄를 할 수 있다. 예컨대 근로자들을 사업장에서 분리함으로써 단결력을 분산시켜 단체교섭력을 약화시키거나, 임금지급의 정지를 통하여 근로자에게 경제상의 압력을 가함으로써 근로자에게 쟁의행위를 중단하고 단체교섭에 응하도록 할 수 있다.

### 3. 직장폐쇄의 상대방

직장폐쇄의 상대방은 쟁의행위를 주도한 노동조합과 근로자이다. 이 경우 ⅰ) 노동조합의 쟁의행위의 정당성·합법성 여부에 상관없이 직장폐쇄를 행할 수 있는지의 여부 및 ⅱ) 쟁의행위에 참가하지 아니한 근로자에게도 직장폐쇄의 법적 효과가 미칠 수 있는지의 여부가 문제시된다.

### (1) 쟁의행위의 정당성과 직장폐쇄

근로자의 정당·합법적인 쟁의행위에 대하여 사용자가 직장폐쇄를 행할 수 있음은 의문의 여지가 없으나, 과연 정당·합법하지 아니한 쟁의행위에 대하여도 직장폐쇄를 행할 수 있는지에 대하여 문제점이 제기되고 있다.

이에 대하여 직장폐쇄는 단체교섭의 기능 내지는 단체협약의 체결을 목적으로 하는 단체협약자치의 범위 내에서 인정되는 것이므로, 단체협약자치의 범위를 일탈하는 위법한 파업에 대하여 직장폐쇄를 단행하는 것은 헌법 제33조제1항의 취지에 비추어 허용되지 아니하므로, 이에 대해서는 가처분신청·징계처분·해고 등의 사법적 구제수단으로 대응하는 것이 원칙이라는 견해가 있다.[10]

그러나 사견으로는 정당·합법하지 아니한 쟁의행위에 대하여도 직장폐쇄가 인정되어야 한다고 본다.[11] 그 이유는 직장폐쇄는 노사당사자간의 단체교섭 또는 단체협약체결시의 세력균형을 도모하고자 하는 것뿐 아니라 근로자의 쟁의행위로부터 사용자의 기업시설 및 경영권 등을 보호하는 데도 그 목적을 두고 있기 때문이다.

오히려 정당하지 못하거나 위법한 쟁의행위가 사용자의 단체교섭력이나 재산권을 침해할 가능성이 더욱 크므로 이러한 쟁의행위에 대하여 직장폐쇄를 더욱 용이하게 인정하는 것이 당사자간의 형평도모나 법체계적 논리에 타당하다고 본다.[12] 예

---

10) 김형배, 노동법, p. 1062.

11) 이상윤, 노동법, p. 847; 이상윤, 노동조합법, p. 429; 임종률, 노동법, p. 262; 하갑래, 집단적 노동관계법, p. 500.

12) 이상윤, 노동조합법, p. 429. 1996년 노사개혁위원회에서도 정당하지 아니하거나 위법한 쟁의행위에 대하여도 직장폐쇄를 할 수 있도록 종전의 행정해석의 태도를 바꾸기로 합의한 바 있다. 독일연방노동법원(BAG)도 사용자가 위법한 파업의 경우보다 적법한 파업의 경우에 더 불리한 입장에 있을 수 없다

컨대 태업중에서도 위법한 사보타주의 경우에는 직장폐쇄가 인정되는 것이 일반적인 견해이다. 또한 부당·위법한 쟁의행위를 통하여 노동조합이 단체교섭상의 우위를 점하고자 하는 경우 사용자에게 직장폐쇄를 허용하는 것이 당사자간의 단체교섭상의 균형을 도모할 수 있을 것이다.

### (2) 쟁의행위참가 여부와 직장폐쇄

부분적 직장폐쇄의 경우, 사용자는 쟁의행위에 참가하지 아니한 근로자의 근로를 수령하여 조업을 할 수 있는 조업계속의 자유를 갖고 있다. 이 경우, 파업에 참가한 근로자에게는 임금의 지급이 정지되나, 조업에 참가한 근로자에게 임금이 지급되는 것은 당연한 일이다.

반면에 전면적 직장폐쇄의 경우 사용자는 쟁의행위에 참가한 근로자들은 물론 조업을 희망하는 근로자들의 근로제공도 거부하게 되므로, 이 경우 조업을 희망한 근로자들에 대하여 사용자는 임금지급의 의무가 면제되는가에 관한 문제점이 발생한다. 이에 대하여 사용자는 조합원은 물론 비조합원을 포함한 모든 근로자들에게 임금지급의무가 면제된다고 보아야 될 것이다.

### 4. 직장폐쇄의 방법

직장폐쇄는 시기·수단 및 태양 등에서 다음과 같이 요건을 갖추어야 한다.

### (1) 직장폐쇄의 시기

직장폐쇄는 노동조합이 쟁의행위를 개시한 이후에만 이를 행할 수 있다(노동조합법 제46조제1항). 따라서, 노동조합이 쟁의행위를 개시하기 전에 행하는 선제적 직장폐쇄는 허용되지 아니하며, 노동조합의 쟁의행위개시 이후에 행하는 대항적 직장폐쇄만이 인정된다.

노동조합이 직장폐쇄에 굴복하여 파업의 종료를 선언하고 취업을 희망하였으나 사용자가 계속 직장폐쇄를 유지할 수 있는가라는 의문이 제기될 수 있다. 이에 대하여 파업종료선언 후에 직장폐쇄를 계속할 때에는 합법적 직장폐쇄가 아니라는 견해가 있다.[13)

---

는 이유로 위법한 파업에 대해서도 적법한 직장폐쇄를 수행할 수 있다는 태도를 취하고 있다(BAG AP Nrn. 6, 24, 43 zu Art. 9 GG Arbeitskampf); Hueck—Nipperdey, Lehrbuch, Bd. II/2, 7. Aufl., S. 953.

13) 이병태, 노동법, p. 310; 대판 2016. 5. 24, 2012다85335.

관 련
판 례
**대판 2016. 5. 24, 2012다85335** 근로자의 쟁의행위 등 구체적인 사정에 비추어 직장폐쇄의 개시 자체는 정당하지만, 어느 시점 이후에 근로자가 쟁의행위를 중단하고 진정으로 업무에 복귀할 의사를 표시하였음에도 사용자가 직장폐쇄를 계속 유지하면서 근로자의 쟁의행위에 대한 방어적인 목적에서 벗어나 적극적으로 노동조합의 조직력을 약화시키기 위한 목적 등을 갖는 공격적 직장폐쇄의 성격으로 변질된 경우에는 그 이후의 직장폐쇄는 정당성을 상실하고, 이에 따라 사용자는 그 기간 동안의 임금지불의무를 면할 수 없다.

## (2) 직장폐쇄의 수단

직장폐쇄의 수단은 근로자가 제공하는 근로의 수령을 거부하는 것이다.

이 경우 근로수령의 거부에 대하여 ⅰ) 단지 사용자의 통고 내지 선언만으로 성립된다는 선언설(통고설)[14]과 ⅱ) 현실적으로 사업장의 출입구를 폐쇄하여 근로자를 사실상 생산시설과 분리함으로써 사회통념상 근로자의 사업장 출입과 근로의 제공이 불가능한 상태로 만들어야 한다는 사실행위설[15]로 견해가 나뉘어 있다.

사견으로는 선언설이 타당하다고 본다. 사용자의 통고 내지 선언만으로 직장폐쇄는 성립되고 근로자에 대한 임금지불의무가 면제되어야 하며, 근로자를 생산시설로부터 사실상 분리하는 것은 직장폐쇄의 실효성을 확보하기 위한 부수적인 수단이라고 보아야 할 것이다.

대법원 판례[16]도 "근로자가 적법하게 직장점거를 개시한 경우에도 사용자가 적법하게 직장폐쇄하고 근로자에게 퇴거요구를 한 경우 근로자가 이에 응하지 아니하는 때에는 형법상의 퇴거불응죄를 구성한다"고 하여 선언설에 입각하고 있는 것으로 보인다.[17]

## (3) 직장폐쇄의 태양

직장폐쇄는 폭력이나 파괴행위로써 이를 행하여서는 아니되며(노동조합법 제42조제1항), 안전보호시설의 정상적인 유지·운영을 정지·폐지 또는 방해하여서는 아니된다(동법 제42조제2항). 또한 직장폐쇄는 대항적·방어적 성질에 국한되어야 하며, 노조파괴를 위한 공격적 행위로 나아가 직장폐쇄의 필요성 및 정도의 상당성을 상실하여서는 아니 된다.[18]

---

14) 김유성, 노동법(Ⅱ), p. 285; 박홍규, 노동법, p. 1106; 이병태, 노동법, p. 310.
15) 박상필, 노동법, p. 530; 임종률, 노동법, p. 258; 이을형, 노동법, p. 306; 이학춘·이상덕·이상국·고준기, 노동법(Ⅱ), p. 518.
16) 대판 1991. 8. 13, 91도1324.
17) 대판 1991. 8. 13, 91도1324.
18) 대판 2003. 6. 13, 2003두1097.

제3부 집단적 노사관계

직장폐쇄는 사용자와 근로자의 교섭태도와 교섭과정, 근로자의 쟁의행위의 목적과 방법 및 그로 인하여 사용자가 받는 타격의 정도 등 구체적인 사정에 비추어 쟁의행위에 대한 방어수단으로서 상당성이 있어야만 사용자의 정당한 쟁의행위로 인정될 수 있다.[19]

관 련
판 례
　대판 2003. 6. 13, 2003두1097　쟁의행위를 개시하기 전에 전체적으로 직장폐쇄를 하고, 이와 같이 불법적인 직장폐쇄로 인한 휴업기간에 근로자들에게 휴업수당을 지급하지 아니하는 등으로 노동조합및노동관계조정법과 근로기준법을 위반한 데 대하여 유죄의 확정판결을 받았음을 알 수 있는바, 우선 원고 회사의 직장폐쇄는 참가인의 쟁의행위가 개시되기 전에 이미 행해졌다는 점에서 노동조합및노동관계조정법 제46조제1항에 위배될 뿐만 아니라, 나아가 위와 같은 사정들을 앞서 본 법리에 비추어 볼 때, 참가인의 쟁의행위에 대한 방어적인 목적을 벗어나 적극적으로 참가인의 조직력을 약화시키기 위한 목적 등을 갖는 선제적, 공격적 직장폐쇄에 해당하므로 그 정당성이 인정될 수 없다 할 것이다.

## Ⅱ. 직장폐쇄의 형식적 성립요건

직장폐쇄의 형식적 성립요건이라 함은 직장폐쇄의 절차 등에 관한 요건으로서 직장폐쇄의 본질적 내용과는 관련이 없는 요건을 말한다. 직장폐쇄가 형식적 성립요건을 갖추지 못하는 경우에도 실질적 성립요건만 갖추고 있다면 사용자의 근로자에 대한 임금지불의무가 면책됨은 물론이다.

### 1. 단체협약 위반의 직장폐쇄

사용자가 직장폐쇄를 하지 아니하겠다는 단체협약상의 의무를 위반하여 직장폐쇄를 행한 경우에도 직장폐쇄는 유효하게 성립되며 사용자는 단체협약 위반으로 인한 손해배상책임만을 부담할 뿐이다.[20]

이는 단체협약상의 평화의무를 위반하여 행한 근로자의 쟁의행위가 그 정당성을 상실하게 되는 것과 구별된다. 그 이유는 단체협약을 위반하여 직장폐쇄를 하는 경우에도 단체교섭 · 단체협약의 본질적 내용을 침해하는 것이 아닌 반면, 평화의무를 위반하는 근로자의 쟁의행위는 단체교섭 및 단체협약의 본질적 내용을 침해하여 이를 부정하고 있기 때문이다.

---

19) 대판 2000. 5. 26, 98다34331; 대판 2008. 9. 11, 2008도6026; 대판 2010. 1. 28, 2007다76566.
20) 노사 32281 – 11473(1989. 8. 4).

## 2. 신고절차 위반의 직장폐쇄

노동조합법 제46조제2항은 사용자가 직장폐쇄를 하는 경우 「행정관청 및 노동위원회에 각각 신고하여야 한다」고 규정하고 있다. 사용자가 이를 위반하여 신고하지 아니하는 경우에도 직장폐쇄는 유효하게 성립된다. 그 이유는 직장폐쇄의 신고는 직장폐쇄의 본질적 내용과 관계 없는 절차적 요건에 불과하기 때문이다. 다만, 사용자가 직장폐쇄의 신고를 하지 아니한 때에는 500만원 이하의 과태료에 처한다(노동조합법 제96조).

## 3. 회사정관 위반의 직장폐쇄

회사정관 등에 직장폐쇄의 요건·절차 및 방법 등을 규정하고 있는 경우, 이에 위반하여 직장폐쇄를 행할지라도 직장폐쇄는 유효하게 성립된다. 회사의 이러한 정관은 회사 내부를 규율하는 단순한 내부규정에 불과하기 때문이다.

# 제 3 절  직장폐쇄의 법적 효과

## Ⅰ. 당사자간의 법적 효과

### 1. 직장폐쇄의 실질적 성립요건과 법적 효과

#### (1) 직장폐쇄

정당한 직장폐쇄가 성립되면 사용자는 근로자를 생산수단으로부터 단절하고 근로의 수령을 거부할 수 있다. 사용자의 쟁의행위가 정당한 쟁의행위로 인정되지 아니하는 경우, 근로자가 사업장에 출입하여도 주거침입죄에 해당하지 아니한다.[21]

##### (가) 퇴거요구권의 법적 성질

직장폐쇄를 하는 경우 사업장에서의 출입금지는 물론 사업장 내에서의 합법적인 직장점거에 대하여 퇴거를 요구할 수 있다. 이러한 사용자의 퇴거요구권의 법적 성질에 대하여는 ⅰ) 퇴거요구권은 직장폐쇄의 직접적 효과가 아니라, 직장폐쇄와 동시에 시설관리권의 일환으로서의 물권적 청구권, 특히 방해배제청구권을 행사한 결

---

21) 대판 2002. 9. 24, 2002도2243.

과라는 견해22)와 ⅱ) 퇴거요구권은 직장폐쇄의 직접적 효과로서 사업장 시설을 정당하게 점거하여 온 근로자에게 퇴거를 요구할 수 있고, 동 퇴거요구에 불응한 직장점거는 정당성을 상실하여 퇴거불응죄가 된다는 견해23)가 있다.

> **관 련**
> **판 례**
> 대판 2005. 6. 9, 2004도7218    근로자들의 직장점거가 개시 당시 적법한 것이었다 하더라도 사용자가 이에 대응하여 적법하게 직장폐쇄를 하게 되면, 사용자의 사업장에 대한 물권적 지배권이 전면적으로 회복되는 결과 사용자는 점거중인 근로자들에 대하여 정당하게 사업장으로부터의 퇴거를 요구할 수 있고 퇴거를 요구받은 이후의 직장점거는 위법하게 되므로, 적법히 직장폐쇄를 단행한 사용자로부터 퇴거요구를 받고도 불응한 채 직장점거를 계속한 행위는 퇴거불응죄를 구성한다.

사견으로는 퇴거요구권은 직장폐쇄의 개념에 내재하는 본질적 요소로서 직장폐쇄의 직접적 효과라고 본다.

직장폐쇄가 정당하지 아니한 경우, 퇴거요구에 불응하여도 퇴거불응죄에 해당하지 아니한다.24)

> **관 련**
> **판 례**
> 대판 2007. 12. 28, 2007도5204    사용자의 직장폐쇄가 정당한 쟁의행위로 인정되지 아니하는 때에는 적법한 쟁의행위로서 사업장을 점거중인 근로자들이 직장폐쇄를 단행한 사용자로부터 퇴거요구를 받고 이에 불응한 채 직장점거를 계속하더라도 퇴거불응죄가 성립하지 아니한다.

### (나) 퇴거의무의 범위

근로자가 사업장으로부터 퇴거하려는 시설의 범위는 파업의 태양, 조합활동의 보장, 복리시설의 여부 및 생산·조업활동 관련성 여부를 고려하여 종합적으로 고찰되어야 할 것이다.

대체로 ⅰ) 생산시설과 관련되어 있는 경우에는 퇴거요구의 대상이 되나, ⅱ) 조합사무소, 기숙사, 사택 및 식당 등 생산시설과 무관한 경우에는 퇴거요구의 대상이 되지 아니한다고 한다.25) 다만, 생산시설과 무관한 시설도 본래의 목적으로 사용되는 경우에 한하여 퇴거요구의 대상이 되지 아니하며, 구내식당 등이 조업을 전제로 이용되는 경우에는 퇴거요구의 대상이 된다고 한다.26)

---

22) 김유성, 노동법(Ⅱ), p. 290.
23) 임종률, 노동법, p. 264; 대판 2005. 6. 9, 2004도7218; 대판 2004. 1. 27, 2003도6026; 대판 1991. 8. 13, 91도1324.
24) 대판 2007. 3. 29, 2006도9397; 대판 2007. 12. 28, 2007도5204.
25) 김유성, 노동법(Ⅱ), p. 290; 임종률, 노동법, p. 264.
26) 임종률, 노동법, p. 253.

### (2) 임금지급의무의 면제

정당한 직장폐쇄가 성립되면 사용자는 임금지급의무가 면제된다.

사용자가 조업중단을 하는 경우는 ⅰ) 직장폐쇄 및 ⅱ) 근로기준법 제46조의 「사용자의 귀책사유로 인한 휴업」의 두 가지 형태가 있으며, 이 경우 전자의 직장폐쇄가 후자의 「사용자의 귀책사유」에 해당하는지의 여부에 대하여 견해가 나뉘고 있다.27)

### (가) 긍정설

긍정설에 의하면 직장폐쇄는 근로기준법 제46조의 휴업의 한 유형에 해당된다고 한다. 이러한 견해에도 ⅰ) 파업시 사용자는 직장폐쇄 및 휴업 중 어느 하나를 선택할 수 있다고 하는 견해와 ⅱ) 사용자가 직장폐쇄를 하는 경우에도 휴업에 관한 규정이 적용된다는 견해로 나누어 볼 수 있다.

① **직장폐쇄 및 휴업 중 선택가능하다는 견해:**   사용자가 정당한 직장폐쇄를 하는 경우 조업계속 가능성 여부에 불구하고 사용자는 임금전액에 대한 지급의무가 면제된다. 그러나 사용자가 휴업을 하는 경우 ⅰ) 휴업수당을 지급하여야 하며, ⅱ) 부득이한 사유로 인하여 사업계속이 불가능하여 노동위원회의 승인을 얻은 경우에 한하여 휴업수당의 지급을 감면받을 수 있다(근로기준법 제46조제1항 및 제2항).

> **관련**
> **판례**   대판 2000. 11. 24, 99두4280   정당성을 갖추지 못한 쟁의행위로 정상조업이 불가능하여 휴업을 하는 경우 휴업수당지급의 예외신청을 받아들인 것은 정당하다.

직장폐쇄가 정당성을 갖추지 못하는 경우에도 휴업의 요건을 갖추고 있는 경우 임금 전액을 지급하는 것이 아니라 휴업수당만 지급하면 된다.

② **직장폐쇄에도 휴업규정이 적용된다는 견해:**   직장폐쇄를 하는 경우에도 휴업규정이 적용되므로 휴업수당이 지급되어야 한다는 견해이다. 직장폐쇄가 근로기준법 제46조제2항의 부득이한 사유에 해당하여 조업이 불가능한 경우에 한하여 휴업수당의 지급을 감면받을 수 있다.

### (나) 부정설

부정설에 의하면 직장폐쇄는 근로기준법 제46조의 휴업의 한 유형에 해당되지 아니한다는 견해이다. 따라서, 직장폐쇄를 하는 경우 조업계속 가능성 여부에 상관

---

27) 김유성, 노동법(Ⅱ), p. 289.

없이 사용자는 임금 전액에 대한 지급의무가 면제된다고 한다. 따라서, 직장폐쇄의 요건을 갖추지 못하는 경우에도 휴업수당을 지급하는 것이 아니라 임금전액을 지급하여야 한다고 한다.28)

<table>
<tr><td>관 련<br>판 례</td><td>**대판 2010. 1. 28, 2007다76566**   사용자의 직장폐쇄는 사용자와 근로자의 교섭 태도와 교섭과정, 근로자의 쟁의행위의 목적과 방법 및 그로 인하여 사용자가 받는 타격의 정도 등 구체적인 사정에 비추어 쟁의행위에 대한 방어수단으로서 상당성이 있어야만 사용자의 정당한 쟁의행위로 인정될 수 있고, 그 직장폐쇄가 정당한 쟁의행위로 평가받는 경우 사용자는 직장폐쇄 기간 동안의 대상 근로자에 대한 임금지불의무를 면한다.</td></tr>
</table>

### (3) 형사면책과 민사면책

직장폐쇄가 실질적 성립요건을 충족하는 경우 정당한 쟁의행위의 경우와 마찬가지로 형사면책 및 민사면책이 인정될 것인가의 문제점이 생긴다. 직장폐쇄의 개념은 헌법상 사용자의 재산권의 보호를 위한 수단 중의 하나로서 형사면책 및 민사면책이 인정되지 아니한다면 직장폐쇄의 존재의의가 상실된 것이므로 이를 긍정적으로 해석하여야 할 것이다.29)

### 2. 직장폐쇄의 형식적 성립요건과 법적 효과

직장폐쇄의 형식적 성립요건을 위반하는 경우에도 실질적 성립요건을 갖추는 경우에는 사용자의 임금지급의무 면제에는 아무런 영향도 미치지 아니한다. 다만, 형식적 성립요건을 규정하고 있는 법령 및 단체협약 등의 위반에 따른 제재만을 받는다.

## Ⅱ. 제3자간의 법적 효과

직장폐쇄의 제3자에 대하여 사용자가 손해배상책임을 부담하는가에 대하여 의문점이 제기되고 있다.

이에 대하여는 합법적인 직장폐쇄의 경우 사용자는 헌법 제33조제1항에서 보장된 단체협약자치제도의 당사자로서 손해배상책임이 면제되나, 위법적인 직장폐쇄의 경우 손해배상책임을 부담한다는 견해가 있다.30)

---

28) 이상윤, 노동조합법, p. 816; 대판 2008. 9. 11, 2008도6026; 대판 2010. 1. 28, 2007다76566.
29) 직장폐쇄의 경우 인정되는 형사면책 및 민사면책의 개념은 노동조합법 제3조 및 제4조의 민사면책·형사면책의 개념과 그 본질을 달리 한다.
30) 김형배, 노동법, p. 868.

그러나 헌법 제33조제1항은 근로자의 권리를 보장하기 위한 규정으로서, 사용자가 근로자와 함께 단체협약의 당사자라 할지라도 이러한 권리를 당연히 향유하는 것은 아니다. 직장폐쇄는 사용자의 통제범위에 있는 예측가능한 행위로서 합법·위법 여부에 상관없이 손해배상책임을 지는 것으로 보아야 할 것이다.

# 노동쟁의조정제도

노

동

법

# 제1장 총 설

## 제 1 절 노동쟁의조정제도의 의의

단체교섭은 당사자가 자주적으로 교섭하고 그 결과 상호 이해관계가 일치함으로써 평화로운 합의상태를 도출하는 것이 바람직하다. 그러나 단체교섭은 이러한 합의상태에 이르지 못하고 분쟁상태에 놓이게 되는 경우가 있는바, 이러한 분쟁상태를 양 당사자가 아닌 제3자의 개입으로 해결하는 제도가 바로 노동쟁의조정제도이다. 그러나 노동쟁의조정제도는 노사자치를 원칙으로 하는 노사관계에 제3자가 개입하게 되는 것이므로 필요한 최소한도의 수준에서 공정하게 운영되어야 한다.

## 제 2 절 노사분쟁의 유형

노사분쟁은 그 유형에 따라 ⅰ) 개별분쟁(individual disputes)과 집단분쟁(collective disputes) 또는 ⅱ) 이익분쟁(interest disputes)과 권리분쟁(right disputes)으로 대별하여 볼 수 있다.[1]

### Ⅰ. 개별분쟁과 집단분쟁

근로자 개인과 사용자 사이의 분쟁을 「개별분쟁」이라고 하며, 노동조합과 사용자 사이의 분쟁을 「집단분쟁」이라고 한다. 이 경우 근로자 개인에 관한 문제라도 노동조합이 문제를 제기하여 사용자와의 분쟁이 야기된 경우에는 '집단분쟁'에 해당되나, 다수의 근로자가 관련된 경우라도 노동조합이 개입되지 아니하고 각기 자신의 문제

---

[1] 노사분쟁의 유형에 관한 자세한 내용은 ILO, Conciliation and Arbitration in Labor Disputes (Geneva, 1980), pp. 5~9 참조.

를 주장하는 경우에는 '개별분쟁'에 해당된다. 집단분쟁은 후술하는 이익분쟁이나 권리분쟁에 모두 해당될 수도 있으나, 개별분쟁은 대부분 권리분쟁이다.

「기간제및단시간근로자보호등에관한법률」은 기간제 및 단시간근로자에 대한 차별조치로 발생한 개별분쟁의 조정제도를 규정하고 있다.

## Ⅱ. 이익분쟁과 권리분쟁

근로자와 사용자가 일정한 사항에 관하여 합의하여 근로계약이나 단체협약을 이미 체결한 경우, 당사자 사이에는 해당 사항에 관하여 법적 권리·의무관계가 형성된다. 이익분쟁이란 근로계약이나 단체협약을 체결하기 이전, 즉 권리·의무관계가 형성되기 이전에 당사자가 이러한 권리·의무관계를 어떠한 내용으로 형성할 것인지에 대하여 각자의 이익을 주장함으로써 발생하는 분쟁을 말한다. 단체협약을 체결하는 과정에서의 단체교섭의 결렬은 대표적인 이익분쟁의 예이다.

반면에 권리분쟁이란 바로 근로자의 권리·의무관계를 이미 형성하고 있는 근로계약, 단체협약 및 법률의 해석 적용에 관한 당사자간의 분쟁을 의미한다.

이익분쟁을 경제분쟁(economic disputes), 권리분쟁을 법률분쟁(legal disputes)이라고 부르기도 한다.

## 제 3 절   노동쟁의조정제도의 유형

노동쟁의조정제도는 각국마다 서로 다른 전통과 역사적 배경을 가지고 발전하여 왔다. 따라서 각국의 노동쟁의조정제도에서 통일적인 유형을 도출하는 것은 불가능하지만, 노동쟁의조정제도는 대체로 다음과 같이 크게 분류할 수 있다.[2]

### Ⅰ. 사법적 조정제도 및 비사법적 조정제도

사법적 조정제도는 법원이 구속력 있는 판결을 하여 분쟁을 해결하는 방법으로서 주로 이익분쟁보다는 권리분쟁이 그 대상이 되고 있다. 비사법적 조정제도는 법

---

2) 신홍, "노동쟁의조정제도에 관한 연구"(노동법학, 1987), pp. 102~103; ILO, *op. cit.*, pp. 14~20 참조.

원이 아닌 제3의 독립기관이나 행정부가 조정·중재 등의 조정을 하는 방법으로서,
주로 이익분쟁이 그 대상이 되고 있다.

## Ⅱ. 약정조정제도 및 법정조정제도

당사자들의 합의에 따라 자주적·임의적으로 설정되는 노동쟁의조정제도를 약정
조정제도(agreed procedures), 법률의 규정에 의하여 획일적으로 설정되는 노동쟁의
조정제도를 법정조정제도(statutory procedures)라고 한다. 노동조합법 제52조는 약정
조정을 「사적 조정」으로 규정하고 있다. 노동쟁의조정제도의 목적을 단체교섭의 촉
진으로 보고 있는 국가는 약정조정제도에 비중을 두고 있으며, 반면에 그 목적을 산
업평화에 두고 있는 국가는 법정조정제도에 비중을 두는 것이 일반적이다.

## Ⅲ. 임의조정제도와 강제조정제도

임의조정제도(voluntary procedures)는 그 절차의 개시 여부가 당사자의 자유
로운 의사에 따라 합의에 의하여 결정되며, 이에 반하여 강제조정제도(mandatory
procedures)는 그 절차의 개시 여부가 법률의 규정 또는 권한 있는 기관의 직권에
의하여 강제적으로 결정된다. 후술하는 조정은 대체로 강제조정제도이며, 중재는 임
의조정제도인 것이 원칙이나 중재에도 강제중재가 예외적으로 허용된다.

## Ⅳ. 구속조정제도와 비구속조정제도

노동쟁의조정제도는 그 조정의 결과에 당사자가 구속되는지의 여부에 따라 구속
조정제도(binding procedures)와 비구속조정제도(non-binding procedures)로 분류하여
볼 수 있다. 구속조정제도는 제3자가 조정안을 제시하는 경우 당사자는 이에 만족하
지 아니하더라도 이를 의무적으로 수용하여 조정안에 구속되는 조정제도를 말하고,
비구속조정제도는 당사자가 만족하지 아니하는 경우 조정안을 거부할 수 있고 따라
서 이에 구속되지 아니하는 조정제도를 말한다.

일반적으로 임의조정제도는 구속조정제도, 강제조정제도는 비구속조정제도인 것
이 원칙이다. 그 이유는 당사자의 의사와 상관없이 개시되는 강제조정절차에서 그
조정안이 당사자의 만족 여부에 상관없이 당사자를 구속하는 것은 노사자치의 원칙

에 크게 위배되기 때문이다. 따라서 강제조정제도이자 구속조정제도에 해당하는 강제중재제도는 예외적인 경우에 한하여 인정되는 것이 원칙이다.

## V. 알선·조정·중재 및 사실조사

### 1. 알선과 조정

알선(conciliation)이라 함은 제3자인 알선인이 분쟁의 당사자들을 소집하여 그 쌍방의 주장의 요점을 확인하는 등 당사자가 스스로 해결에 이르도록 도움을 주는 절차를 말한다. 조정(mediation)이라 함은 제3자인 조정자가 단순히 당사자가 스스로 합의에 이르도록 도움을 주는 단계를 넘어 분쟁의 당사자들에게 분쟁에 대한 해결안을 제시하나, 당사자들은 그 해결안에 구속당하지 아니하는 절차를 말한다. 알선과 조정은 당사자를 구속하지 아니한다. 현행 노동조합법은 알선과 조정을 통합하여 하나의 조정제도만을 규정하고 있다.

### 2. 중　재

중재(arbitration)는 법원이 아닌 제3자로서의 중재인이 그 분쟁에 대하여 당사자를 구속하는 최종결정을 내림으로써 분쟁을 종결하는 절차를 말한다. 알선 및 조정은 제3자의 도움으로 당사자가 분쟁을 자주적으로 해결하는 제도이다. 이에 반하여 중재는 분쟁해결의 주체가 제3자이며 당사자들은 제3자의 의사결정에 영향을 주기 위하여 자신의 주장을 반영할 기회가 부여될 뿐이다. 중재는 노사자치의 원칙과는 그 본질을 달리 하고 있으므로 노동쟁의조정제도는 알선 및 조정을 원칙으로 하고, 중재는 알선 또는 조정이 실패하거나 국민생활에 커다란 영향을 주는 노사분쟁에 대하여만 그 적용이 예외적으로 인정된다. 중재절차의 개시에 있어서도 당사자 쌍방의 동의 내지 단체협약의 규정에 의한 임의중재가 원칙이고 행정관청의 직권 또는 법률의 규정에 의한 강제중재는 예외적인 경우에 한하여 허용된다.[3]

### 3. 사실조사

사실조사(fact-finding)라 함은 노사분쟁에 관한 사실 및 쟁점들을 명백히 조사·확정하고, 이 조사·확정된 사실 및 쟁점을 근거로 하여 당사자를 구속하지 아니하는 해결안을 제시하는 노동쟁의조정제도를 말한다.

---

3) 중재에 대한 다양한 형태는 Edwards *et al.*, Lab. Rel. L., pp. 753~798 참조.

　　사실조사의 해결안은 대부분 외부에 공표하게 되며, 이는 분쟁에 대한 대중의 여론을 유도하여 당사자간의 합의를 촉진하는 역할을 하게 된다. 사실조사는 대부분 중재 이전에 행하여지는바, 알선·조정과 사실조사는 해결안이 당사자를 구속하지 아니한다는 점에서 공통점을 갖고 있다. 알선·조정절차에서도 사실조사가 사용되는 경우가 있으나, 이는 알선·조정을 위한 부수적 수단으로 허용됨에 반하여, 사실조사는 사실조사 그 자체가 가장 중요한 목적 중의 하나이다. 「공무원노동조합법」은 사실조사를 조정의 한 방법으로서 규정하고 있다.

# 제 2 장   노동쟁의조정제도

## 제 1 절  총   설

### I. 의   의

집단적 노사관계는 당사자가 단체교섭을 행하고 단체교섭의 결과 양 당사자의 이해관계가 일치하여 단체협약을 체결하는 것이 가장 이상적이다. 그러나, 단체교섭을 행하는 경우 당사자간의 이해관계가 일치하지 아니하여 단체협약을 체결하지 못하고 분쟁상태에 놓이는 경우가 발생하게 되는바, 이러한 분쟁상태를 해결하기 위한 제도가 바로 노동쟁의조정제도이다.

노동쟁의조정제도의 목적은 첫째, 단체협약체결의 실패로 인한 분쟁상태의 해결·종결 및 둘째, 단체협약체결의 촉진·유도에 있다.[1]

### II. 노동쟁의조정제도의 기본원칙

우리나라 노동조합법상 노동쟁의조정제도의 기본원칙을 설명하면 다음과 같다.

#### 1. 자 주 성

집단적 노사관계에 있어 가장 중요한 원칙이 노사자치의 원칙이다. 근로자에게 근로삼권을 보장하는 것은 이를 통하여 노사가 실질적으로 대등한 지위를 확보하고 노사간의 이해관계 및 분쟁을 자주적으로 해결하도록 하는 것을 목적으로 하고 있다.

노동조합법상 노동쟁의의 당사자간의 자주적 해결원칙(노동조합법 제47조 및 제48조), 사적 조정제도의 채택(동법 제52조) 및 노동쟁의의 자주적 해결을 위한 정부의

---

1) 좁은 의미의 조정은 단체협약체결의 촉진·유도를 위한 보조적 행위이며, 조정의 목적은 노동분쟁을 해결·종결시키는 데 있다고 보는 견해(김형배, 노동법, p. 895 참조)도 있다.

조력(동법 제49조) 등은 모두 노사자치의 원칙을 구현한 조항이다.

## 2. 신속성

노동쟁의조정제도의 중요한 목적 중의 하나가 당사자는 물론 국민경제에 미치는 부정적 영향을 방지하는 데 있으므로 조정의 절차는 신속히 진행되어야 한다. 노동쟁의조정이 지연됨으로써 쟁의행위가 발생하는 경우에는 산업평화의 유지라는 노동쟁의조정의 기본목적을 상실하게 된다.

노동조합법상 국가 및 지방자치단체의 신속처리노력(동법 제49조) 및 당사자와 노동위원회 기타의 관계기관의 신속한 사건처리의무(동법 제50조) 등은 신속성의 원칙을 규정하고 있다.

## 3. 공정성

노동쟁의는 노동관계당사자가 이해가 대립되는 사항에 관하여 서로의 주장이 일치되지 아니함을 이유로 발생하므로 그 조정은 당사자가 모두 납득할 수 있도록 공정하게 행하여져야 한다. 더구나, 노동쟁의조정이 당사자의 임의적인 의사에 상관없이 강제로 채택되는 경우에는 이 공정성의 실현이 더욱 중요하게 된다.

노동조합법의 목적조항에서 공정한 조정을 노동쟁의조정의 목적으로 하고 있고(동법 제1조), 정부의 공정한 해결을 의무화 하고 있는 것(동법 제49조)은 노동쟁의조정의 공정성을 도모하고자 하는 것이다.

## 4. 공익성

노동쟁의는 당사자뿐 아니라 국가경제 등의 공익에도 영향을 미치고 있다. 따라서 노동쟁의조정에는 당사자의 사적 이익뿐 아니라 국가적인 공익의 측면을 고려하여 양자를 조화·균형시켜야 한다. 노동조합법 제1조에서 산업평화의 유지와 국민경제의 발전을 노동쟁의조정의 목적으로 삼고 있으며, 국가·지방자치단체·국공영기업체·방위산업체 및 공익사업에 있어서 노동쟁의조정의 우선적 취급(동법 제51조)을 의무화 하고 노동위원회의 위원에 공익위원을 포함시키는 것도 이러한 취지라고 볼 수 있다.

## Ⅲ. 노동쟁의조정제도의 적용범위

우리나라 노동조합법은 노동쟁의조정제도를 규정하고 있는바, 과연 이러한 노동쟁의조정제도의 대상이 되는 노사분쟁의 범위는 무엇인가에 대한 의문점이 제기되고 있다.

### 1. 권리분쟁

#### (1) 일반법원

노사분쟁에 관하여 일반법원의 재판관할권은 권리분쟁에 국한되며, 이익분쟁은 소송물이 될 수 없다. 권리분쟁의 경우 개별분쟁 및 집단분쟁 모두에 대하여 일반법원이 관할권을 갖는 것이 원칙이다. 법원조직법 제2조제1항은 「법원은 헌법에 특별한 규정이 있는 경우를 제외한 모든 법률상의 쟁송을 심판하고, 이 법과 다른 법률에 따라 법원에 속하는 권한을 가진다」고 규정하고 있다. 따라서, 일반법원이 관할권을 갖는 노사분쟁은 일차적으로 권리 또는 법률관계이어야 하며 또한 심판의 대상인 소송물은 법적 판단에 적합한 성질·내용을 가진 분쟁인 권리분쟁이어야 한다. 권리관계의 주장이 아닌 단순한 사실의 존부의 다툼에 해당하는 이익분쟁은 일반법원에의 소송의 대상이 될 수 없다.

#### (2) 노동위원회

관련법령에서 노동위원회에게 권리분쟁에 관한 조정권한을 부여하는 경우 노동위원회는 당연히 이에 관한 조정을 할 수 있다. 예컨대, 단체협약(노동조합법 제34조), 조정안(동법 제60조), 중재재정(동법 제68조) 및 노사협의회 의결사항(근로자참여및협력증진에관한법률 제24조제1항)의 해석 또는 이행방법에 관하여 당사자간에 의견의 불일치가 있는 경우, 노동위원회가 이를 해석하고 그 해석에 중재재정과 동일한 효력을 부여하는 경우가 이에 해당될 것이다.

그러나, 명문의 법규정이 없는 경우에 노동위원회도 권리분쟁에 관한 노동쟁의조정을 할 수 있는지의 여부에 대하여 견해가 나뉘고 있다.

##### (가) 학 설

① 긍정설:    집단적 권리분쟁이 노동위원회의 조정대상이 되는 것을 인정하는 견해는 ⅰ) 조정대상에는 권리분쟁과 이익분쟁 양자가 모두 포함되며, ⅱ) 개별적 권리분쟁도 법원의 사법적 판단에만 맡기지 아니하고 노동조합을 통한 집단분쟁으로

수렴되는 한 그 대상이 될 수 있다고 한다.2)

　이러한 견해에 의하면 노사당사자는 그들의 선택에 따라서 법원 또는 노동위원회의 조정을 선택할 수 있다고 한다.3)

　대판 1990. 5. 15, 90도357　노동쟁의조정법 제2조(현행 노동조합법 제2조제5호)의 노동쟁의의 정의에서 말하는 근로조건에 관한 '노동관련당사자간의 주장'이란 개별적 노동관계와 단체적 노동관계의 어느 것에 관한 주장이라도 포함하는 것이고 그것은 단체협약이나 근로계약상의 권리의 주장(권리쟁의)뿐만 아니라 그것들에 관한 새로운 합의의 형성을 꾀하기 위한 주장(이익쟁의)도 포함된다. 따라서 권리분쟁도 중재위원회의 중재대상에 포함된다.

　② **부정설:**　권리분쟁이 노동위원회의 조정대상이 되는 것을 부정하는 견해에 의하면 ⅰ) 권리분쟁은 사법기관에 맡기는 것이 삼권분립의 원칙에 부합하고, ⅱ) 노동위원회의 구성과 기능은 기본적으로 사법적 판단을 하는 데 적합하지 아니하며, ⅲ) 법원에 의한 재판절차와 노동쟁의의 조정은 구별되어야 하므로 권리분쟁을 조정절차의 대상으로 할 수 없다고 한다.4)

　이러한 견해에 의하면 권리분쟁에 대한 노동위원회의 조정은 허용되지 아니한다고 한다.

　(나) 사　견

　사견으로는 집단적 권리분쟁도 노동위원회의 조정대상이 되어야 한다고 본다. 그 이유는 노사관계에 대한 분쟁해결은 전문지식과 경험을 요구하기 때문이며, 당사자 자치의 원칙에 따라 당사자간의 합의에 의하여 조정을 선택하는 것도 무방하기 때문이다. 다만, 권리분쟁에 대한 노동쟁의조정을 인정하는 경우에도 이것이 곧 권리분쟁에 대한 쟁의행위를 허용하는 것이 아님은 물론이다. 권리분쟁에 해당하는 경우에도 권리분쟁의 성질이 노동위원회의 조정방법에 적합하지 아니하는 경우, 노동위원회는 해당 사건을 법원에서 해결하라는 취지의 재정을 내릴 수 있다.5)

　대판 1994. 1. 11, 93누11883　권리분쟁에 해당하는 경우에도 휴직 및 해고자복직과 같은 권리분쟁은 노동위원회의 조정방법으로는 적합하지 아니하므로, 노동위원회는 사법적 절차에 의하여 해결하라는 취지의 재정을 내릴 수 있다.

---

　2) 이영희, 노동법, p. 300; 손창희, "노동쟁의의 범위와 중재재정에 있어서의 '위법·월권'에 관한 소론", 「한양대 법학논집」 제7집(1990), p. 22 이하; 대판 1990. 5. 15, 90도357; 대판 1990. 9. 28, 90도602.
　3) 이종복, "노동위원회 및 노동쟁송제도"(노동법학, 1987), pp. 35~64 참조.
　4) 김유성, 노동법(Ⅱ), p. 395; 김형배, 노동법, p. 897.
　5) 대판 1994. 1. 11, 93누11883.

그러나 노동조합법 제2조제5호는 노동쟁의를 「근로조건의 결정」에 관한 주장의 불일치로 인한 분쟁상태라고 규정함으로써, 조정대상을 「이익분쟁」에 한정하고 있는 것으로 보인다.6)

## 2. 이익분쟁

집단적 이익분쟁에 대하여는 노동위원회가 일반적인 관할권을 갖고 있으며 일반 법원은 관할권을 가질 수 없는 것이 원칙이다.

개별적 이익분쟁의 경우 그 사례는 많지 아니할 것으로 판단되나, 대부분 노동위원회의 관할대상이 되어야 할 것이다. 근로자 개인에 의한 이익분쟁은 거의 무의미하기 때문에 개별분쟁은 언제나 권리분쟁이고, 이익분쟁은 언제나 집단분쟁이라고 하는 견해도 있으나,7) 노동조합이 결성되어 있지 아니하여 개인 근로자와 사용자 간의 근로계약이 노사관계를 형성하는 경우 개별적 이익분쟁은 중요한 의미를 갖는다 할 수 있을 것이다.

**관 련 판 례** 　대판 2003. 2. 11. 2002두9919　　원고회사와 소외 조합 사이의 단체교섭 과정에서 단체교섭 자체에 불응함으로써 개별적인 근로조건의 내용에 관한 당사자 사이의 의견교환이 제대로 이루어지지 않았다고 하더라도 이는 원고회사가 정당한 사유 없이 단체교섭 자체를 거부함으로써 발생한 것이어서, 이 사건 중재재정 신청일에 개별적인 근로조건에 관한 당사자 사이의 주장의 불일치로 인하여 더 이상 자주적인 교섭에 의한 합의의 여지가 없는 노동쟁의가 발생한 상태였다고 보아야 한다고 판단하여 이에 관한 원고회사의 주장을 배척하였던바, 기록에 비추어 살펴보면 원심의 판단은 정당하고 노동쟁의조정의 대상인 노동쟁의에 관한 법리를 오해한 위법이 없다.

# 제2절　노동쟁의조정제도의 기본체계

## I. 의　의

노동조합법은 노사분쟁의 해결에 있어 노사자치의 원칙을 천명하고 있다(동법 제47조). 이러한 노사자치의 원칙 아래 노동쟁의조정의 방식으로서 노사의 자주적 해결원리에 의한 사적조정절차(약정조정절차)와 노동조합법에 명문으로 규정된 공적조

---

6) 임종률, 노동법 p. 184.
7) 김치선, 임종률, 이상덕 및 이원희, 전게논문, p. 8 참조.

정절차(법정조정절차)를 두고 있다.

　양자의 관계에 있어서는 약정조정에 관한 당사자간의 합의가 있는 경우 사적조정절차가 우선적으로 적용된다. 공적조정절차는 당사자간의 사적조정절차가 없거나 사적조정절차에 의하여 분쟁이 해결되지 아니하는 경우에 한하여 그 보조적인 수단으로 적용되고 있다.

## 1. 사적조정절차

### (1) 관련규정

> **노동조합법 제52조** [사적조정·중재] ① 제2절 및 제3절의 규정은 노동관계 당사자가 쌍방의 합의 또는 단체협약이 정하는 바에 따라 각기 다른 조정 또는 중재방법(이하 이 조에서 "사적조정등"이라 한다)에 의하여 노동쟁의를 해결하는 것을 방해하지 아니한다.
> ② 노동관계 당사자는 제1항의 규정에 의하여 노동쟁의를 해결하기로 한 때에는 이를 노동위원회에 신고하여야 한다.
> ③ 제1항의 규정에 의하여 노동쟁의를 해결하기로 한 때에는 다음 각호의 규정이 적용된다.
> 1. 조정에 의하여 해결하기로 한 때에는 제45조제2항 및 제54조의 규정. 이 경우 조정기간은 조정을 개시한 날부터 기산한다.
> 2. 중재에 의하여 해결하기로 한 때에는 제63조의 규정. 이 경우 쟁의행위의 금지기간은 중재를 개시한 날부터 기산한다.
> ④ 제1항의 규정에 의하여 조정 또는 중재가 이루어진 경우에 그 내용은 단체협약과 동일한 효력을 갖는다.
> ⑤ 사적조정등을 수행하는 자는 「노동위원회법」 제8조제2항제2호가목의 자격을 가진 자로 한다. 이 경우 사적조정등을 수행하는 자는 노동관계 당사자로부터 수수료, 수당 또는 여비 등을 받을 수 있다.

### (2) 성　　립

　사적조정절차는 ⅰ) 노동쟁의가 발생하기 이전에, ⅱ) 노동쟁의가 발생한 후 공적조정절차가 개시되기 이전에 또는 ⅲ) 공적조정절차가 개시된 이후라도 언제든지 당사자의 합의 또는 단체협약이 정하는 바에 따라 채택될 수 있다(노동조합법 제52조제1항). 당사자가 사적조정절차를 채택한 경우에는 이를 노동위원회에 신고하여야 한다(동법 제52조제2항).

### (3) 주요내용

#### ㈎ 당사자의 자유로운 선택허용

　당사자는 내용·절차·시기 및 조정기구 등의 모든 측면에서 노동조합법에 규정된 공적조정절차와는 다른 조정·중재절차를 채택할 수 있다.

첫째, 조정·중재의 형태는 노동조합법에 규정된 조정 및 중재의 형태와 반드시 일치하지 아니하여도 무방하다. 당사자는 조정·중재의 모든 절차를 채택할 수 있으며, 이 중 어느 절차를 생략할 수도 있다. 다만, 사적조정절차는 물론 공적조정절차도 적용받지 아니하기로 하는 당사자간의 약정은 무효이다. 그 이유는 현행 노동조합법은 사적조정절차를 우선적으로 적용하되, 사적조정절차가 없는 경우에는 공적조정절차가 당연히 적용되는 조정체계를 갖추고 있는바, 이는 강행규범적 효력을 갖고 있기 때문이다.

둘째, 당사자는 사적조정절차의 조정인에 대하여 그 선임·구성·권한 및 비용분담 등에 관하여 임의로 정할 수 있다. 따라서, 조정에 간여한 조정인을 중재인으로 다시 선택할 수도 있다.

### (나) 사적조정인의 자격 및 수임료

사적조정등을 수행하는 자는 지방노동위원회의 조정담당공익위원의 자격을 가진 자(노동위원회법 제8조제2항제2호각목)로 한다(동법 제52조제5항전단).

사적조정등을 수행하는 자는 노동관계당사자로부터 수수료, 수당 또는 여비 등을 받을 수 있다(동법 제52조제5항후단).

### (4) 공적조정절차의 적용

당사자는 사적조정절차를 채택하는 경우에도 모든 사항을 당사자간의 합의에 의하여 임의로 약정할 수 있는 것은 아니다.

첫째, 사적조정절차에 대하여 공적조정절차에 관한 규정이 적용되는 경우가 있다. 예컨대 노동쟁의를 사적조정에 의하여 해결하기로 한 때에도 ⅰ) 노동조합법 제45조제2항에 의한 노동쟁의조정전치주의의 원칙이 적용되며, ⅱ) 동법 제54조에 의하여 조정을 개시한 날부터 일반사업에 있어서는 10일, 공익사업에 있어서는 15일 이내에 종료하여야 하고(동법 제52조제3항제1호), ⅲ) 노동쟁의를 중재에 의하여 해결하기로 한 때에는 제63조에 의하여 중재개시 이후 15일간은 쟁의행위를 할 수 없다(동법 제52조제3항제2호).

둘째, 공적조정절차에 관한 사항 중 강행적 효력을 갖고 있는 규정은 이를 위반하여서는 아니되며 반드시 준수하여야 한다. 예컨대 긴급조정절차는 사적조정절차의 대상이 될 수 없다.

### (5) 효　　력

노동조합법 제52조제4항은 사적조정절차에 의하여 「조정 또는 중재가 이루어진 경우에 그 내용은 단체협약과 동일한 효력을 갖는다」고 규정하고 있다.

사적조정절차에 의하여 노동쟁의가 해결되지 아니하는 경우 ⅰ) 당사자는 쟁의행위를 행할 수 있으며 또한 ⅱ)공적조정절차에 의한 조정·중재를 하여 줄 것을 관할 노동위원회에 신청할 수 있다(동법시행령 제23조제3항).

### 2. 공적조정절차

### (1) 개　　시

당사자간의 사적조정절차가 마련되어 있지 아니하거나, 사적조정절차가 마련되어 있다 할지라도 이에 의하여 노동쟁의가 해결되지 아니하는 경우에는 당사자의 신청에 의하여 공적조정절차가 적용된다.

### (2) 내　　용

노동조합법에서 규정하고 있는 공적조정절차는 크게 일반조정절차와 긴급조정절차로 분류하여 볼 수 있다.

일반조정절차는 조정·중재 등 평상시의 노동쟁의의 조정방법이다. 이에 반하여 긴급조정절차는 비상시의 노동쟁의의 조정방법으로서 쟁의행위가 공익사업에 관한 것이거나, 그 규모가 크거나, 그 성질이 특별한 경우에 한하여 예외적으로 인정되는 절차이다. 전자는 쟁의행위의 예방, 후자는 이미 발생한 쟁의행위의 중지에 그 중점을 두고 있다.[8]

일반조정절차는 중재를 하겠다는 당사자간의 합의가 없는 경우 조정절차로 종료되는 것이 일반적이나, 필수공익사업 및 교원의 경우에는 당사자간의 합의가 없더라도 노동위원회 위원장의 결정으로 중재를 행할 수 있다.

### (3) 효　　력

조정 또는 중재의 절차에 의하여 분쟁이 해결되면 조정서 또는 중재재정서가 작성되고, 그 내용은 단체협약과 동일한 효력을 갖는다.

---

8) 김치선, 노동법, p. 425.

## Ⅱ. 노동쟁의조정제도의 기본구조

현행 노동쟁의조정제도의 기본구조를 실질적인 내용면에서 파악하는 경우 ⅰ)「"중재"로 그 절차가 종료되는 조정절차」와, ⅱ)「"조정" 등 중재회부 이전에 그 절차가 종료되는 조정절차」로 대별하여 볼 수 있다.

ⅰ) 사적조정절차에 있어 당사자가 중재절차를 거칠 것을 합의하거나, ⅱ) 공적조정절차에 있어 당사자의 합의가 있거나 교원노조, 공무원노조, 또는 긴급조정에 해당되어 중재가 적용되는 경우에는 노동쟁의조정절차가 중재로 종료된다. 이에 반하여 ⅰ) 대부분의 일반사업의 경우 당사자의 합의가 없거나, ⅱ) 주요 방위산업체의 생산과 관련된 경우에는 노동쟁의조정절차가 조정으로 종료된다. 중재가 노동쟁의조정절차의 마지막 절차인 경우에는 그러하지 아니한 경우에 비하여 조정절차 및 단체교섭과정에 커다란 영향을 미치게 된다.

### 1. 중재와 조정절차와의 관계

현행 노동쟁의조정제도는 중재로 종료되는 경우와 중재로 종료되지 아니하는 경우로 구분할 수 있다. 전자의 경우 조정은 노동쟁의조정제도의 처음 절차에 해당되며, 후자의 경우에는 마지막 단계에 해당된다. 양자는 노동쟁의조정절차에서 외형상으로는 동일한 조정절차에 속하나 서로 다른 성격 및 지위를 지니고 있으므로 달리 취급되어야 하나, 현행 노동조합법은 이를 구분하지 아니하고 동일하게 취급하고 있다.

조정이 마지막 노동쟁의조정절차인 경우 조정안이 당사자를 구속하지 아니하므로 이는 노사자치의 원칙에 합치한다. 그러나, 당사자가 조정안에 합의하지 못하는 경우에는 노사분쟁을 노동쟁의조정절차로서 해결하지 못하므로 쟁의행위가 발생하게 된다.

이에 반하여, 중재를 마지막 노동쟁의조정절차로서 채택하는 경우 공익사업이나 국민경제에 커다란 영향을 미치는 분쟁에 대하여 노사분쟁을 신속히 해결할 수 있는 장점이 있으나, 노사자치의 원칙에는 위배된다고 하겠다.

## 2. 중재와 단체교섭과의 관계

### (1) 의   의

중재절차의 존재는 당사자간의 단체교섭에 부정적인 영향을 미칠 수도 있다. 즉, 당사자가 중재의 효율성 및 공정성을 불신하는 경우, 당사자는 중재의 개시 이전에 무조건 단체교섭을 종료하여 만족스럽지 못한 단체협약을 체결하거나 극단적으로는 부당·불법 쟁의행위를 행하게 되는 경우가 있다. 또한 이와 반대로 당사자가 중재절차에 의존하게 되는 경우 중재는 선행절차인 단체교섭에 부정적 영향을 미칠 수도 있는바, 대표적으로 지적되는 문제점은 다음과 같다.

첫째, 단체교섭의 당사자들은 각자 합리적인 최적의 대안을 단체교섭에서 제시하지 아니하고 무조건 자신들에게 극단적으로 유리한 안을 제시하게 되며, 그 이유는 중재위원회에서 당사자들의 제시안을 중간에서 절충할 것이라고 예상하기 때문이다.[9]

둘째, 단체교섭의 당사자들은 중재절차의 존재를 후속절차로서 염두에 두고 단체교섭을 진행함으로써 단체교섭에 전념하지 아니하게 된다.[10]

셋째, 중재절차의 중재인은 양 당사자의 주장에 근거하여 가장 합리적인 중재안을 제시하는 것이 아니라 양 당사자의 주장을 절충하는 선에 머무르게 된다.[11]

### (2) 선택식 중재

위와 같은 부정적 효과를 제거하기 위하여 여러 가지 대안이 제시되었는바, 그 중 가장 대표적인 방법이 선택식 중재(final offer arbitration)이다.[12]

선택식 중재에는 양자 선택식 중재와 삼자 선택식 중재가 있다. 양자 선택식 중재는 종래의 절충식 중재처럼 중재인이 양 당사자가 제시한 안을 검토하고 이를 절

---

9) 이러한 효과를 「chilling effect」라고 부른다. Peter Feuille, Final Offer Arbitration and the Chilling Effect, 14 Indus. Rel. 309(Oct. 1975).

10) 이러한 효과를 「narcotic effect」라 부른다. Thomas A. Kochan, Mordehai Mironi, Ronald G. Ehrenberg, Jean Baderschneiden, and Todd Jick, Dispute Resolution under Fact-Finding and Arbitration: An Empirical Evaluation 96(ABA, 1979).

11) 이러한 효과를 「flip-flop effect」라 부른다. Daniel H. Kruger and Harry E. Jones, Compulsory Interest Arbitration in the Public Sector: An Overview, 10(4) J. Col. Neg. 355, 358(1981).

12) Carl M. Stevens, Is Compulsory Arbitration Compatible with Bargaining, 5 Indus. Rel. 38(1966); Carl M. Stevens, The Management of Labor Disputes in the Public Sector, 51 Ore. L. Rev. 181(1971). 우리나라의 경우에도 선택식 중재를 채택한 적이 있으며, 이에 대하여 합법성이 인정되고 있다. 서울고판 1989. 8. 31, 89구3788. 선택식 중재에 관한 상세한 내용은 이상윤, 노동조합법, p. 461 이하 참조.

충하여 바람직하다고 판단되는 중재안을 임의로 결정하는 것이 아니라, 중재인이 양 당사자가 제시한 최종안 중 보다 합리적이라고 판단되는 안을 하나만 선택하도록 하는 것이다. 양자 선택식 중재는 두 개의 안 중에서 하나가 그대로 중재인에 의하여 선택되므로 선택된 일방 당사자는 자신이 주장한 것을 그대로 관철하게 되는 반 면 타방 당사자의 안은 모두 그 의미를 상실하게 된다. 따라서, 어느 당사자의 안이 비합리적인 내용을 포함하고 있는 경우, 이러한 안은 중재인에 의하여 채택되지 아 니할 가능성이 높으므로 양 당사자는 이러한 최악의 극단적인 경우를 서로 피하기 위하여 단체교섭을 통한 합리적인 합의에 도달하도록 노력하게 된다는 것이다.

삼자 선택식 중재는 양 당사자의 최종안 2개와 조정자의 조정안 1개를 합한 3개 의 최종안 중에서 중재인이 하나를 선택하는 것이다.

# 제3절 노동쟁의조정의 종류와 절차

## I. 일반조정절차

일반조정절차에는 ⅰ) 일반사업, ⅱ) 공익사업, ⅲ) 교원 및 ⅳ) 공무원에 관한 조 정절차가 있다.[13]

### 1. 일반사업에 대한 조정절차

#### (1) 조    정

조정은 당사자의 신청에 의하여 개시되는 절차이다. 조정위원회가 당사자의 의 견을 들어 조정안을 작성하여 수락을 권고하게 된다. 조정안은 당사자가 이를 수락 할 것을 의무화 하고 있지 아니하므로 당사자를 강제적으로 구속하는 중재안과 구 별된다.

#### (가) 조정의 개시

노동위원회는 관계당사자의 일방이 노동쟁의의 조정을 신청한 때에는 지체 없이 조정을 개시하여야 하며 관계당사자 쌍방은 이에 성실히 임하여야 한다(노동조합법

---

13) 기간제·단시간근로자에게도 차별의 시정을 위한 조정 및 중재절차가 인정되고 있다. 그러나, 동 조정제도는 노동조합에게 인정되는 집단적 분쟁이 아니라, 근로자 개인에게 인정되는 개별적 분쟁에 적용 되는 것이다.

제53조제1항).

노동위원회는 조정신청 전이라도 원활한 조정을 위하여 교섭을 주선하는 등 관계당사자의 자주적인 분쟁해결을 지원할 수 있다(동법 제53조제2항).

노동위원회는 조정신청의 내용이 조정의 대상이 아니라고 인정되는 경우에는 그 사유와 다른 해결방법을 알려주어야 한다(노동조합법시행령 제24조제2항).[14] 대체로 ⅰ) 단체교섭의 당사자가 아닌 자를 상대로 단체교섭을 주장하는 경우, ⅱ) 노동쟁의 조정의 대상에 해당되지 아니하는 경우 또는 ⅲ) 자주적 교섭을 통한 합의의 여지가 있는 상태에서 노동쟁의조정 신청을 한 경우 등이 이에 해당된다.[15]

### (나) 조정의 진행

#### ① 조정의 담당자

조정은 조정위원회 또는 단독 조정인이 이를 행한다.

㉠ 조정위원회    조정을 위하여 노동위원회에 조정위원회를 둔다(동법 제55조제1항). 조정위원회는 조정위원 3인으로 구성되며(동법 제55조제2항), 해당 노동위원회의 위원 중에서 사용자를 대표하는 자, 근로자를 대표하는 자 및 공익을 대표하는 자 각 1인을 해당 노동위원회의 위원장이 지명한다(동법 제55조제3항). 이 경우 근로자를 대표하는 근로자위원은 사용자가, 사용자를 대표하는 사용자위원은 노동조합이 각각 추천하는 노동위원회의 위원 중에서 지명하여야 한다(동법 제55조제3항본문). 다만, 회의 3일 전까지 관계당사자가 희망하는 위원의 명단제출이 없을 때에는 해당 위원을 위원장이 따로 지명할 수 있다(동법 제55조제3항단서). 근로자위원을 근로자가 희망하는 자가 아니라 사용자가 희망하는 자 중에서, 사용자위원을 사용자가 희망하는 자가 아니라 근로자가 희망하는 자 중에서 각각 지명하도록 한 것은 조정위원회에 대한 당사자의 신뢰를 확보하기 위한 것이다. 노동위원회의 위원장은 근로자를 대표하는 위원 또는 사용자를 대표하는 위원의 불참 등으로 인하여 조정위원회의 구성이 어려운 경우 노동위원회의 공익을 대표하는 위원 중에서 3인을 조정위원으로 지명할 수 있다(동법 제55조제4항본문). 다만, 관계 당사자 쌍방의 합의로 선정한 노동위원회의 위원이 있는 경우에는 그 위원을 조정위원으로 지명한다(동법 제55조제4항단서). 조정위원회의 위원장은 공익을 대표하는 조정위원이 된다(동법 제56조제2항본문). 다만, 제55조제4항에 따른 조정위원회의 위원장은 조정위원 중에서 호선한다.

㉡ 단독조정인    노동위원회는 관계당사자 쌍방의 신청이 있거나 관계당사자

---

14) 이를 실무상 "행정지도"라 부른다. 노동위원회규칙 제54조. 임종률, 노동법, p. 173.
15) 임종률, 노동법, p. 189.

쌍방의 동의를 얻은 경우에는 조정위원회에 갈음하여 단독조정인에게 조정을 행하게 할 수 있다(동법 제57조제1항). 단독조정인은 해당 노동위원회의 위원 중에서 관계당사자의 쌍방의 합의로 선정된 자를 그 노동위원회의 위원장이 지명한다(동법 제57조제2항). 단독조정제도를 인정하는 이유는 당사자의 선택에 따라 신속하고 간편한 효과를 얻기 위한 것이다.

② **조정의 활동:**　　조정위원회의 활동은 당사자의 의견청취, 조정안의 작성 및 수락권고 등으로 크게 구분된다.

조정위원회 또는 단독조정인은 기일을 정하여 관계당사자 쌍방을 출석하게 하여 그 주장의 요점을 확인하여야 한다(동법 제58조). 조정위원회의 위원장 또는 단독조정인은 관계당사자와 참고인 이외의 자의 회의출석을 금할 수 있다(동법 제59조).

조정위원회 또는 단독조정인은 조정안을 작성하여 이를 관계당사자에게 제시하고 그 수락을 권고하는 동시에 해당 조정안에 이유를 붙여 공표할 수 있으며, 필요한 때에는 신문 또는 방송에 의한 협력을 요청할 수 있다(동법 제60조제1항). 이것은 여론을 통하여 당사자간의 분쟁해결을 위한 압력을 가하기 위한 조치이다.

③ **조정의 기간:**　　조정은 당사자로부터 조정의 신청이 있은 날부터 10일(공익사업의 경우 15일) 이내에 종료되어야 한다(동법 제54조제1항). 조정기간은 관계당사자간의 합의로 일반사업에 있어서는 10일(공익사업의 경우 15일) 이내에서 연장할 수 있다(동법 제54조제2항).

(다) **조정의 효력**

① **조정안이 수락된 경우:**　　조정안이 당사자에 의하여 수락된 경우 조정위원 전원 또는 단독조정인은 조정서를 작성하고 관계당사자와 함께 서명 또는 날인하여야 한다(동법 제61조제1항). 조정서의 내용은 단체협약과 동일한 효력을 가진다(동법 제61조제2항).

조정안이 관계당사자 쌍방에 의하여 수락된 후 그 해석 또는 이행방법에 관하여 관계당사자 사이에 의견의 불일치가 생긴 때에는 관계당사자는 해당 조정위원회 또는 단독조정인에게 그 해석 또는 이해방법에 관한 명확한 견해의 제시를 요청하여야 하며, 조정위원회 또는 단독조정인은 그 요청을 받은 날부터 7일 이내에 명확한 견해를 제시하여야 한다(동법 제60조제3항 및 제4항). 당사자는 조정안의 해석 또는 이행방법에 관한 조정위원회의 견해가 제시될 때까지는 해당 조정안의 해석 또는 이행에 관하여 쟁의행위를 할 수 없다(동법 제60조제5항). 조정위원회가 제시한 해석 또

는 이행방법에 관한 견해는 후술하는 중재재정과 동일한 효력을 갖는다(동법 제61조
제3항).

② **조정안이 수락되지 아니한 경우:**　　조정위원회 또는 단독조정인은 관계당사
자가 수락을 거부하여 더 이상 조정이 이루어질 여지가 없다고 판단되는 경우에는
조정의 종료를 결정하고 이를 관계당사자 쌍방에 통보하여야 한다(동법 제60조제2항).
이 경우 조정의 종료가 결정된 후에도 노동쟁의의 해결을 위하여 조정을 할 수 있
다(동법 제61조의2). 당사자간에 중재를 하기로 합의한 경우에는 중재절차를 개시하
고, 합의가 없는 경우 노동조합은 쟁의행위를 개시할 수 있다.

10일의 노동쟁의조정기간이 경과한 경우 노동위원회의 조정결정이 없더라도 조
정절차를 거친 것으로 보아 쟁의행위를 개시할 수 있다.[16)]

### (2) 중　　재

중재는 노동쟁의조정절차 중 최종단계의 조정절차로서 조정과정에서 당사자간의
합의가 이루어지지 아니하는 경우 개시되는 절차이다. 중재의 경우 중재안이 당사자
를 구속한다는 점에서 당사자가 구속되지 아니하는 조정과 구별된다.

#### (가) 중재의 개시

중재는 ⅰ) 당사자의 쌍방이 함께 중재의 신청을 한 때, ⅱ) 당사자의 일방이 단
체협약에 의하여 중재신청을 한 때(동법 제62조), ⅲ) 긴급조정의 경우 또는 ⅳ) 교
원·공무원의 경우에 한하여 중재절차를 개시할 수 있도록 규정하고 있다.

중재절차가 개시되면 그 날부터 15일간 쟁의행위를 할 수 없다(동법 제63조).[17)]

#### (나) 중재의 진행

① **중재의 담당자:**　　중재는 노동위원회에 구성되는 중재위원회가 담당한다(동
법 제64조제1항). 중재위원회는 노동위원회의 공익위원 중에서 관계당사자의 합의로
선정한 자에 대하여 노동위원회의 위원장이 지명한 중재위원 3인으로 구성된다(동법
제64조제2항 및 제3항). 다만, 관계당사자의 합의가 이루어지지 아니한 경우에는 노동
위원회의 위원장이 공익위원 중에서 지명한다(동법 제64조제3항). 중재의 경우 조정과
달리 공익위원만으로 중재위원회를 구성하도록 한 것은 노사당사자에게 대립되는 각
자의 의견을 제시할 수 있는 기회를 부여하기보다는 공익적 차원에서 판정적 기능

---

16) 대판 2008. 9. 11, 2004도746.
17) 중재시 쟁의행위의 금지에 대하여 위헌의 소지가 있다는 비판이 있으나, 대법원(1990. 5. 25, 90초
52)은 이러한 금지가 근로자의 단체행동권의 본질적 내용을 침해하는 것이 아니라는 판결을 내린 바 있다.

(adjudiciary function)을 행사하기 위한 것으로 보인다. 또한 공익위원 중에서도 당사자의 합의에 의하여 선정된 자를 임명하는 것은 중재위원회에 대한 당사자의 신뢰도를 높이기 위한 것이다.

중재위원회의 위원장은 중재위원 중에서 호선한다(동법 제65조).

② **중재의 활동**:      중재위원회는 기일을 정하여 관계당사자 쌍방 또는 일방을 중재위원회에 출석하게 하여 주장의 요점을 확인하여야 한다(동법 제66조제1항).

중재위원회가 중재를 하는 경우 당사자는 직접 중재회의에 출석할 수 없으며 그 대신에 당사자가 지명한 노동위원회의 사용자위원 또는 근로자위원이 중재위원회의 동의를 얻어 회의에 출석하여 의견을 진술할 수 있다(동법 제66조제2항). 이와 같이 당사자가 중재위원회에 직접 출석하지 못하고 간접적으로 의견을 전달하도록 하는 것은 중재절차가 당사자에게 대립되는 각자의 견해를 진술·청취하는 절차가 아니라, 당사자의 견해는 이미 조정의 단계에서 이미 확인되었다는 전제하에 이에 대한 판정을 내리는 절차라는 특성에서 기인한다.

중재위원회의 위원장은 당사자와 참고인 이외의 자의 회의출석을 금지할 수 있다(동법 제67조).

중재위원회가 중재결정을 하는 경우 중재의 판단근거와 이에 사용되는 기준(standard)이 당연히 필요한바, 현행 노동조합법은 아무런 규정도 두고 있지 아니하다. 중재판정의 기준으로서는 동일 또는 유사업종의 임금·근로시간 등의 근로조건, 최저생계비, 기업의 경영실적, 과거의 단체협약 내용 및 단체교섭 진행상황 등을 들 수 있을 것이다.[18]

### (다) 중재의 효력

① **중재재정의 효력**:      중재의 결과 작성된 중재안을 중재재정이라고 한다. 중재재정은 서면으로 작성하고, 그 서면에는 효력발생기일을 명시하여야 한다(동법 제68조제1항).

확정된 중재재정의 내용은 단체협약과 동일한 효력을 갖는다(동법 제70조제1항). 단체협약과 동일한 효력을 갖는다는 의미는 확정된 중재재정의 내용이 단체협약의 내용으로 되는 것을 의미하며, 노동조합법상 단체협약에 적용되는 규정은 모든 면에

---

18) 미국에서는 대부분 주법으로 강제중재의 재정기준을 규정하고 있다. 상세한 내용은 Dilts & Walsh, Collective Bargaining and Impasse Resolution in the Public Sector(1988), pp. 121~135; Gillian S. Morris, The Role of Interest Arbitration in a Collective Bargaining System, 1 Indus. Rel. L. J. 427, 469-473(1976) 참조.

서 원칙적으로 중재재정에도 적용되는 것으로 보아야 한다.

중재재정의 해석 또는 이행방법에 관하여 관계당사자간에 의견의 불일치가 있는 때에는 해당 중재위원회의 해석에 따르며, 그 해석은 중재재정과 동일한 효력을 갖는다(동법 제68조제2항). 중재재정서에 기재된 문언의 객관적 의미가 명확하게 드러나지 않는 경우에는 그 문언의 내용과 중재재정이 이루어지게 된 경위, 중재재정절차에서의 당사자의 주장, 그 조항에 의하여 달성하려고 하는 목적 등을 종합적으로 고찰하여 사회정의와 형평의 이념에 맞도록 논리와 경험의 법칙, 그리고 사회일반의 상식과 거래의 통념에 따라 합리적으로 해석하여야 한다.[19]

② **중재재정에 대한 불복절차:**  중재재정에 대한 불복절차에는 재심절차와 행정소송제기절차의 두 가지가 있는바, 일정 기간 내에 이들 절차를 밟지 아니하는 경우 그 중재재정 또는 재심결정은 확정되며, 당사자는 이를 따라야 한다(동법 제69조제3항 및 제4항).

노동위원회의 중재재정 또는 재심결정은 당사자가 이에 대한 불복절차를 밟는 경우에도 이러한 불복절차의 개시에 의하여 그 효력이 정지되지 아니한다(동법 제70조제2항).

㉠ **재심절차**  당사자가 지방노동위원회 또는 특별노동위원회의 중재재정이 위법이거나 월권에 의한 것이라고 인정하는 경우에는 그 중재재정서의 송달을 받은 날부터 10일 이내에 중앙노동위원회에 그 재심을 신청할 수 있다(동법 제69조제1항).

「위법」과 「월권」의 개념에 관해서는 아직 일치된 견해가 없으나, 「위법」이란 재정의 절차 또는 내용이 법령에 위반하거나 해당 법령의 적용을 잘못하거나 중대한 법리오해를 한 경우를 가리키고, 「월권」이란 중재재량권을 일탈 내지 남용한 경우라고 해석되고 있다.[20]

중재재정이 위법하거나 월권에 의한 것이 아니라 단순히 어느 일방에게 불리하여 부당하거나 불합리한 내용이라는 사유만으로는 불복이 허용되지 아니한다.[21]

㉡ **행정소송의 제기**  당사자는 ⅰ) 중앙노동위원회가 지방노동위원회 또는 특별노동위원회의 중재재정에 대하여 행한 재심결정이나, ⅱ) 중앙노동위원회의 중재재정이 위법하거나 월권에 의한 것이라고 인정하는 경우에는 그 재심결정서 또는 중재재정서의 송달을 받은 날부터 15일 이내에 행정소송을 제기할 수 있다(동법 제

69조제2항).

## 2. 공익사업에 대한 조정절차

### (1) 공익사업의 개념

공익사업은 일반적인 「공익사업」과 「필수공익사업」으로 분류된다(동법 제71조). 이처럼 공익사업을 두 가지 형태로 분류하는 이유는 공익사업일지라도 공익에 미치는 영향이 크지 아니한 공익사업과 그러하지 아니한 공익사업이 있으므로, 이 중 후자인 필수공익사업에 대하여만 필수유지업무제도를 적용하기 위한 것이다.

#### (가) 공익사업

「공익사업」이라 함은 공중의 일상생활과 밀접한 관련이 있거나 국민경제에 미치는 영향이 큰 사업으로서 다음에 해당하는 사업을 말한다(동법 제71조제1항). ⅰ) 정기노선여객운수사업 및 항공운수사업, ⅱ) 수도사업·전기사업·가스사업·석유정제사업 및 석유공급사업, ⅲ) 공중위생, 의료사업 및 혈액공급사업, ⅳ) 은행 및 조폐사업, ⅴ) 방송·통신사업

구체적인 내용은 다음과 같다.22)

① **정기노선 여객운수사업 및 항공운수사업:** 정기노선 여객운수사업이란 일반 공중의 수요에 따라 특정 지역간의 일정한 노선을 정하여 또는 일정한 사업구역 내에서 정기적으로 기차·자동차·비행기 등을 운행·수송하는 사업과 이러한 사업과 일체를 이루는 사업 및 그 사업에 있어서 불가결한 업무를 말한다.23) 예컨대 철도, 시내버스, 고속버스 및 시외버스, 여객 항공운송사업, 여객선사업과 이와 관련된 고속도로운영관련 터미널사업도 포함된다.

② **수도·전기·가스 및 석유 등의 사업:** 상·하수도 업무는 지방자치단체에서 담당하나, 공익사업에 해당된다. 발전·송전·배전, 가스제조·도시가스 공급, 정유회사, 휘발유 등의 운송·판매업 등이 해당된다. 지역난방사업이 공중의 일상생활에 없어서는 아니 된다면 공익사업에 해당된다.24)

③ **공중위생, 의료사업 및 혈액공급사업:** 공중위생사업은 쓰레기·오물 수집 및 처리, 하수시설의 운영 등 폐수처리, 기타 살균 및 소독 등을 수행하는 업무를 말한다. 의료사업은 병원·의원·보건소·한의원 등의 사업을 말한다. 그러나 의료

---

22) 이학춘·이상덕·이상국·고준기, 노동법(Ⅱ), p. 410.
23) 노사 01254-370(1992.7. 24).
24) 노사 68140-269(1993. 8. 21).

보험의 업무를 담당하는 국민건강보험공단은 공익사업이 아니다.25) 혈액공급사업은 위급한 환자에게 필요한 혈액을 제공하는 사업을 말한다.

④ **은행사업:** 은행사업은 은행법 제9조에 의해 은행업의 인가를 받은 사업을 말한다. 은행사업은 금융업 중에서 ⅰ) 통화금융기관인 중앙은행(한국은행), 예금은행으로서 시중은행, 지방은행, 외국은행 국내지점 등 일반은행과 특별법에 의해 설립된 특수은행, 농협, 축협, 수협의 신용부문만이 포함된다.

「자본시장과 금융투자업에 관한 법률」에 의하여 기획재정부장관의 인가 또는 지정을 받아 특수한 금융 업무를 취급하는 투자금융회사와 종합금융회사는 은행사업에 해당되지 아니하므로 공익사업으로 볼 수 없다.26)

⑤ **방송·통신사업:** 방송통신사업은 TV방송·라디오방송·유선·무선전화·이동통신, 유선방송사업이 포함된다. 위성방송도 방송 통신산업에 해당된다.

### (나) 필수공익사업

「필수공익사업」이라 함은 「공익사업」 중에서 그 업무의 정지 또는 폐지가 공중의 일상생활을 현저히 위태롭게 하거나 국민경제를 현저히 저해하고 그 업무의 대체가 용이하지 아니한 다음의 사업을 말한다(동법 제71조제2항).

ⅰ) 철도사업, 도시철도사업 및 항공운수사업, ⅱ) 수도사업·전기사업·가스사업·석유정제사업 및 석유공급사업, ⅲ) 병원사업 및 혈액공급사업, ⅳ) 한국은행사업, ⅴ) 통신사업

### (2) 공익사업에 대한 특칙

공익사업의 경우도 일반사업과 마찬가지로 노동쟁의조정절차가 적용되나, 공익사업은 국민경제 및 일상생활에 커다란 영향을 미치고 있으므로 다음과 같은 몇 가지 특칙이 인정되고 있다. 공익사업에서 쟁의행위가 발생하는 경우에는 국민경제 및 일상생활에 부정적 영향을 미칠 우려가 있으므로 이를 제한하기 위한 것이다. 이러한 제한은 헌법상 쟁의권의 본질적 내용을 침해하여서는 아니 된다.

첫째, 공익사업에 관한 노동쟁의의 조정은 일반사업의 노동쟁의에 있어서보다 우선적으로 취급되고 신속히 처리되어야 한다(동법 제51조).

둘째, 공익사업에 있어서는 15일간의 조정기간이 경과하지 아니하면 쟁의행위를 할 수 없다(동법 제45조제2항·제54조제1항). 이는 일반사업의 조정기간이 10일임에

---

25) 노사 32281 – 191(1991. 4. 8).
26) 노사 32281 – 4514(1988. 3. 24).

비추어 조정기간이 5일 더 길다.

셋째, 공익사업에 대해서는 긴급조정이 인정된다(동법 제76조). 긴급조정의 결정이 공표되면 즉시 관계당사자는 쟁의행위를 중지하고 공표일로부터 30일간은 쟁의행위를 재개할 수 없다.

넷째, 공익사업에 대한 조정은 특별조정위원회가 담당한다(동법 제72조).

다섯째, 필수공익사업에 대하여는 필수유지업무의 유지가 의무화된다(동법 제42조의2 내지 제42조의6).

### (3) 특별조정

#### (가) 특별조정의 담당자

공익사업의 노동쟁의조정을 위하여 노동위원회에 특별조정위원회를 둔다(동법 제72조제1항). 특별조정위원회는 특별조정위원 3인으로 구성하되, 공익위원 중에서 노동조합과 사용자가 순차적으로 배제하고 남은 4인 내지 6인 중에서 노동위원회의 위원장이 지명한다(동법 제72조제2항 및 제3항). 다만, 관계당사자가 합의로 해당 노동위원회의 위원이 아닌 자를 추천하는 경우에는 그 추천된 자를 지명한다(동법 제72조제3항단서).

특별조정위원회에 위원장을 두며, 위원장은 ⅰ) 노동위원회의 공익위원인 특별조정위원 중에서 호선하고, ⅱ) 해당 노동위원회의 위원이 아닌 자만으로 구성된 경우에는 그 중에서 호선하되, ⅲ) 공익을 대표하는 위원인 특별조정위원이 1인인 경우에는 해당 위원이 위원장이 된다(동법 제73조).

#### (나) 조정의 활동

특별조정위원회의 조정절차 및 방법 등에 관하여 노동조합법은 아무런 명문의 규정을 아니두고 있다. 일반사업에 대한 조정절차 및 방법 등이 적용되어야 할 것이다. 조정기간은 15일 이내에 종료되어야 하나, 관계당사자간의 합의에 의하여 이를 연장할 수 있다(동법 제54조).

#### (다) 조정의 효과

① **조정이 성립된 경우:** 일반사업의 조정과 마찬가지로 조정안을 작성하여야 한다.

② **조정이 성립되지 아니한 경우:** 공익사업 및 필수공익사업의 경우 모두 조정이 성립되지 아니한 때에는 일반사업에 있어 조정이 성립되지 아니한 경우와 동일하다. 따라서 이들 공익사업 및 필수공익사업의 근로자는 쟁의행위를 개시할 수

있다. 다만, 필수공익사업의 파업의 경우 ⅰ) 대체고용이 허용되고, ⅱ) 필수업무의 유지의무가 부과된다. 당사자간의 합의에 의하여 임의중재제도가 채택된 경우에는 중재절차가 개시된다.

### (4) 중 재

필수공익사업에 대한 중재절차 및 그 효력에 관한 사항은 일반사업의 경우와 동일하다.

### 3. 교원 및 공무원에 대한 조정절차

교원노조 및 공무원노조에 대하여는 개별법에서 별도의 조정절차를 규정하고 있으며, 조정 및 직권중재가 적용된다.

교원의 노동쟁의의 조정 · 중재에 관하여는 「교원의노동조합설립및운영등에관한법률」(이하 "교원노조법"이라 한다)에서 규정하고 있다.

공무원의 노동쟁의의 조정 · 중재에 관하여는 「공무원의노동조합설립및운영등에관한법률」(이하 "공무원노조법"이라 한다)에서 규정하고 있다. 한편, 기간제 및 단시간 근로자의 차별대우 시정을 위한 조정 · 중재에 관하여는 「기간제및단시간근로자보호등에관한법률」에서 규정하고 있다.[27]

## Ⅱ. 긴급조정절차

쟁의행위가 공익사업에서 행하여지거나, 그 규모가 크거나 성질이 특별한 것으로서 현저히 국민경제를 해치거나, 국민의 일상생활을 위태롭게 할 위험이 있는 경우에는 긴급조정이 행하여질 수 있다.

긴급조정절차는 당사자의 의견과는 상관없이 고용노동부장관의 결정에 의하여 강제적으로 개시되고 쟁의행위가 이미 행하여진 후에도 이를 중지할 수 있으므로 쟁의권에 대한 중대한 제한을 가져온다. 따라서, 긴급조정제도의 운영에 있어서는 쟁의행위가 비합리적으로 제한 · 금지되는 일이 없도록 법의 해석 및 적용을 엄격하게 하여야 한다.

---

27) 동 조정제도는 기간제 및 단시간근로자 개인의 차별시정을 위하여 인정되는 일종의 고충처리제도로서, 노동조합에 인정되는 노동쟁의조정과 구별되는 것임을 유의하여야 할 것이다.

## 1. 긴급조정의 요건

### (1) 실질적 요건

ⅰ) 쟁의행위가 공익사업에 관한 것이거나 또는 그 규모가 크거나 그 성질이 특별한 것으로서 ⅱ) 현저히 국민경제를 해하거나 국민의 일상생활을 위태롭게 할 위험이 「현존」하여야 한다(동법 제76조제1항).

### (2) 형식적 요건

고용노동부장관이 긴급조정의 결정을 하고자 할 때에는 중앙노동위원회 위원장의 의견을 들어야 한다(동법 제76조제2항). 고용노동부장관이 중앙노동위원회 위원장의 의견을 듣는다 함은 해당 의견에 구속된다는 것이 아니고, 이를 존중하여 참조한다는 의미로 해석된다.[28]

고용노동부장관이 긴급조정의 결정을 한 때에는 지체 없이 그 이유를 붙여 이를 공표함과 동시에 이를 중앙노동위원회와 관계당사자에게 각각 통보하여야 한다(동법 제76조제3항). 긴급조정결정의 공표는 신문·라디오 기타 공중이 신속히 알 수 있는 방법으로 하여야 한다(동법시행령 제32조).

## 2. 긴급조정결정의 효과

### (1) 쟁의행위의 중지

관계당사자는 긴급조정의 결정이 공표된 때에는 즉시 쟁의행위를 중지하여야 하며 공표일로부터 30일이 경과하지 아니하면 쟁의행위를 재개할 수 없다(동법 제77조).

쟁의행위의 중지여부는 긴급조정결정이 공표된 전후의 상황, 파업참가조합원들의 업무복귀를 위한 준비와 실제 업무복귀가 이루어진 과정, 업무복귀에 소요되는 시간과 거리 등뿐만 아니라 파업참가 조합원들의 업무복귀에 대한 사측의 태도 및 준비상황 등을 종합적으로 고려하여 판단하여야 한다.[29]

### (2) 긴급조정의 진행

중앙노동위원회는 고용노동부장관의 통고를 받으면 지체 없이 조정을 개시하여야 한다(동법 제78조). 이 경우 중앙노동위원회는 조정이 성립할 가능성이 없다고 인정되는 경우에는 긴급조정결정의 통고를 받은 날부터 15일 이내에 그 사건을 중재

---

28) 김치선, 노동법, p. 434; 박상필, 노동법, p. 578; 김형배, 노동법, p. 914.
29) 대판 2010. 4. 8, 2007도6754.

에 회부할 것인가의 여부를 결정하여야 한다(동법 제79조제1항 및 제2항).

중앙노동위원회는 중재회부의 결정을 한 때에는 지체 없이 중재를 행하여야 한다(동법 제80조). 긴급조정에 의한 조정안과 중재재정은 일반적인 조정안 및 중재재정안과 마찬가지로 단체협약과 동일한 효력을 가진다.

# 제 5 편

# 부당노동행위구제제도

노

동

법

# 제1장 총　설

## 제1절 의　　의

　세계 각국은 사회적·역사적 배경에 따라 그 형태는 달리 하지만 대부분 근로자의 단결권·단체교섭권 및 단체행동권의 근로삼권을 보장하고 있다.

　근로자의 근로삼권은 그 본질상 사용자를 상대로 행사되는 것이 일반적이므로 국가에 의한 침해보다는 사용자에 의한 침해가 더욱 보편적이고 다양한 형태를 이루고 있다. 국가는 이러한 사용자에 의한 침해행위로부터 근로자의 근로삼권을 보호할 의무를 지고 있는바, 이러한 의무를 구체화 한 것이 바로 부당노동행위구제제도이다. 즉 부당노동행위라 함은 사용자가 근로자의 근로삼권을 침해하는 행위를 말하며, 부당노동행위구제제도라 함은 사용자의 부당노동행위로부터 근로자의 근로삼권을 보호하기 위하여 국가가 정책적으로 설정한 일종의 공법상의 권리구제제도이다.[1)]

## 제2절 부당노동행위구제제도의 기본체계

### Ⅰ. 법적 성질

　부당노동행위구제제도가 헌법 제33조제1항의 근로자의 근로삼권을 보장하기 위한 제도임은 명백한 일이다.[2)] 그러나, 헌법 제33조제1항의 근로삼권보장과 부당노동

---

　1) 대판 1988. 12. 13, 86다카1035.
　2) 일본 및 우리나라의 부당노동행위구제제도는 헌법상의 근로삼권보장의 구체화라는 규범적 성격이 강한 것이 특색인 반면에 미국의 부당노동행위구제제도는 근로기본권이 헌법상 보장되고 있지 아니하므로 그 본질상 노사간의 교섭력의 균형이라는 정책적 성격이 강하다는 것을 미국 부당노동행위구제제도와의 차이점으로 파악하는 견해가 있다. 이러한 견해는 일본에서 그릇되게 파악하고 있는 미국노동법이론을 우리나라에서 무비판적으로 수용한 대표적 이론 중의 하나이다. 이러한 견해는 다음과 같은 점에서 비판될 수 있다. 첫째, 미국의 근로삼권은 미국의 성문헌법에 규정되고 있지 아니하나 미국 대법원의 판례(Allen-Bradley Local No. 1111 v. Wisconsin Employment Relations Board, 315 U.S. 740(1942) 참

행위의 법적 관계에 대하여는 견해가 나뉘고 있다.

## 1. 학   설

### (1) 근로삼권 보장설

부당노동행위제도의 본질은 헌법상의 단결권의 보장을 국가가 보장하는 데 있다고 보는 견해이다.3) 따라서 이러한 견해에 의하면 부당노동행위의 제도는 헌법 제33조의 근로삼권을 단순히 확인하고 있는 것에 불과하며, 새로운 제도를 창설하는 것이 아니라고 한다.4)

근로삼권 보장설은 헌법 제33조에 의한 근로삼권 등의 보장은 국가권력으로부터의 자유뿐만 아니라 사용자로부터의 자유도 당연히 포함되어 있는 것이므로, 이 의미에서 대사용자관계에서의 단결권의 구체적 구조를 표현한 것이 부당노동행위제도라고 한다.

**관 련 판 례**   대판 1993. 12. 21, 93다11463   부당노동행위의 금지규정은 헌법이 보장하는 근로삼권을 구체적으로 확보하기 위한 것이다.

### (2) 노사관계질서 보장설

부당노동행위제도의 본질이 헌법상의 단결권보장에 있다는 점을 부인하는 것은 아니나, 이보다는 그 위에 확립되어야 할 "공정한 노사관계질서" 혹은 "근로삼권의 확인단계에 있어서 합리적인 노사관계질서의 형성"에 그 본질이 있다고 보는 견해이다.5)

이러한 견해에 의하면 부당노동행위는 단결권보장에 기초를 둔 노사관계질서에 위반되는 행위로서, 부당노동행위 성립의 판단은 사용자의 침해행위가 근로삼권보장

---

조)에 의하여 헌법적 보호를 인정받고 있으므로, 미국에서 근로삼권이 헌법상의 보호를 받지 아니한다고 속단하는 것은 미국의 헌법원리를 잘못 파악하고 있는 것이다.

둘째, 미국의 부당노동행위가 노사간의 교섭력의 균형이라는 정책적 목적을 갖는 한편 우리나라의 부당노동행위는 헌법상 권리의 구체화라는 견해 역시 무리가 있다고 본다. 미국의 부당노동행위는 사용자의 부당노동행위 이외에 근로자의 부당노동행위도 함께 인정하고 있으므로, 이러한 관점에서 볼 때에 노사간의 교섭력의 균형이라는 정책적 목적이 강조된다고 볼 수도 있으나, 미국 근로자의 근로삼권의 보호라는 측면을 부정하거나 소홀히 하는 것은 아니다.

3) 김치선, 노동법, p. 374; 박상필, 노동법, p. 484; 이병태, 노동법, p. 393; 이학춘·이상덕·이상국·고준기, 노동법(Ⅱ), p. 531; 대판 1993. 12. 21, 93다11463.

4) 이에 대하여 부당노동행위구제제도는 노동조합법에 의하여 창설된 행정서비스라는 견해(김유성, 노동법(Ⅱ), p. 73)가 있다. 이러한 견해는 단체교섭을 사용자가 거부하는 경우 이를 부당노동행위로 보는 현행법체계를 단순한 행정서비스로 봄으로써 헌법상 단체교섭권의 본질적 내용을 훼손할 우려가 있다고 할 것이다.

5) 박홍규, 노동법, p. 1126.

에 의한 노사관계질서에 위반하느냐의 여부를 객관적으로 고찰하여야 하며, 주관적
인 관점에서 그 행위의 권리침해의 여부를 문제삼아서는 아니 된다고 한다.

### (3) 절 충 설

부당노동행위구제제도의 설정을 통하여 사용자에 의한 근로삼권침해행위를 배제
함과 동시에 공정한 노사관계질서를 확립하는 것을 목적으로 하고 있다는 견해이다.[6]

| 관 련 판 례 | 대판 2010. 3. 25, 2007두8881 법 제81조 내지 제86조는 헌법이 규정하는 근로3권을 구체적으로 확보하고 집단적 노사관계의 질서를 파괴하는 사용자의 행위를 예방·제거함으로써 근로자의 단결권·단체교섭권 및 단체행동권을 확보하여 노사관계의 질서를 신속하게 정상화하기 위하여 부당노동행위에 대한 구제제도에 관하여 규정하고 있다. |
|---|---|

### 2. 사 견

사견으로는 부당노동행위구제제도를 「헌법상 근로삼권의 구체화」, 즉 「사용자의
침해행위로부터 근로삼권을 보장하기 위하여 국가가 근로삼권을 구체화 하여 마련한
일종의 공법상의 제도」라고 본다. 이러한 관점에서 절충설에 찬동하는 바이며, 부당
노동행위의 법적 성질을 구체적으로 설명하여 보면 다음과 같다.

첫째, 부당노동행위구제제도의 보호대상을 헌법상의 근로삼권 중 「단결권」 또는
「단체교섭권」에 한정하여 논의하는 것에 찬동할 수 없으며, 부당노동행위구제제도의
보호대상은 「근로삼권」 전체이어야 한다.

둘째, 부당노동행위구제제도를 헌법상 근로삼권의 「확인규정」으로 보는 견해가
있으나,[7] 이를 정확히 표현하면, 근로삼권의 「구체화」라고 보아야 한다. 헌법상 근
로삼권의 개념은 추상적인 것으로서 이를 보호하고 실현하는 방법으로서는 다양한
수단이 강구될 수 있는바 부당노동행위구제제도는 이러한 방법 중 하나에 불과하며,
따라서 노동조합법 제81조의 규정이 없는 경우에도 부당노동행위구제제도라는 특정
제도가 당연히 존재하는 것은 아니다.

셋째, 부당노동행위구제제도는 단결권 등의 보장 자체를 목적으로 하는 것이 아
니라 그 보장에 의하여 확립된 노사관계질서의 확보를 목적으로 한다는 견해가 있
으나, 이에 찬동할 수 없다. 그 이유는 부당노동행위구제제도는 근로자의 근로삼권
의 내용을 구체화 한 것이므로 부당노동행위구제제도가 추구하는 노사관계질서의 확

---

6) 김유성, 노동법(Ⅱ), p. 310; 대판 2010. 3. 25, 2007두8881.
7) 김치선, 노동법, p. 374; 박상필, 노동법, p. 485.

보라는 목적은 결국은 근로삼권보호라는 헌법상 목적을 달성하기 위한 하나의 수단에 불과하며, 이와 분리된 별개의 목적을 인정할 수 없기 때문이다. 부당노동행위구제제도는 국가가 마련한 공법상의 제도로서 근로삼권이 침해된 근로자를 보호·구제하는 것에 1차적 목적을 두고 있으며, 그 결과 노사관계질서를 확보하고자 하는 것을 2차적 목적으로 하고 있다.

## Ⅱ. 부당노동행위의 주체

부당노동행위의 주체에 관한 문제는 누구의 부당노동행위를 규제할 것인가의 문제이다. 즉, 사용자의 부당노동행위만 규제하고자 할 경우에는 부당노동행위의 주체는 사용자가 되지만 사용자 및 노동조합 양자의 부당노동행위를 규제하고자 할 경우에는 사용자 및 노동조합 모두가 부당노동행위의 주체가 된다. 우리나라의 경우는 사용자만이 부당노동행위의 주체가 된다.

### 1. 사 용 자

#### (1) 의    의

부당노동행위의 주체로서의 사용자의 개념은 「부당노동행위 금지명령의 수규자」, 「부당노동행위 구제명령의 수규자」 및 「형벌부과대상으로서의 사용자」로 크게 나누어 볼 수 있다.8)

사용자는 크게 사용자 개인과 사용자단체로 나누어 볼 수 있다. 이 경우 사용자 개인이 부당노동행위의 주체인 사용자 개념에 해당한다는 점에서는 의문의 여지가 없다, 사용자단체도 부당노동행위구제제도의 취지상 당연히 부당노동행위의 주체인 사용자 개념에 해당되어야 할 것이다.9) 다만, 사용자단체는 죄형법정주의의 원칙상 형벌부과대상인 사용자에서는 제외된다고 본다.

#### (가) 부당노동행위 금지명령의 수규자로서의 사용자

노동조합법 제81조는 부당노동행위의 유형을 열거하고 사용자로 하여금 이러한 부당노동행위를 할 수 없다고 규정하여, 사용자에게 부당노동행위에 대한 부작위의무를 부과하고 있다.

---

8) 상세한 내용은 김유성, 「사용자 개념의 외부적 확정: 부당노동행위의 주체를 중심으로」(김형배 교수 화갑기념 논문집, 1994), pp. 67~83 참조; 김유성, 노동법(Ⅱ), p. 310.

9) 임종률, 노동법, p. 271.

부당노동행위금지명령의 수규자로서의 사용자의 범위에는 「사용자」는 물론 「사용자로 볼 수 있는 제3자」가 포함된다고 본다.[10]

따라서 현재 ⅰ) 근로계약관계에 있는 사용자는 물론 ⅱ) 가까운 과거에 근로관계에 있었거나, 가까운 장래에 근로계약관계에 있게 될 자도 포함되며, ⅲ) 넓게는 「근로관계상의 제 이익에 대하여 실질적인 영향력 또는 지배력을 가질 수 있는 지위에 있는 자」는 모두 사용자의 범위에 포함되어야 할 것이다.

### (나) 부당노동행위 구제명령의 수규자로서의 사용자

노동위원회가 부당노동행위가 성립한다고 판정한 때에는 사용자에게 구제명령을 내리는바, 이 경우의 사용자가 부당노동행위 구제명령의 수규자로서의 사용자이다. 부당노동행위 구제명령의 수규자는 원칙적으로 고용주인 사용자에 국한된다. 부당노동행위에 대한 원상회복은 현실적으로 고용주인 사용자에게 명령하는 것으로써 충분하기 때문이다.

고용주 자신이 부당노동행위를 한 경우 이를 즉시 시정하여 원상회복하여야 함은 물론 고용주가 아닌 사용자가 부당노동행위를 행한 경우에도 고용주는 이의 시정을 구체적으로 지시·명령하여야 한다고 본다.

근로자의 기본적인 근로조건 등을 실질적이고 구체적으로 지배·결정할 수 있는 지위에 있는 자가 근로자의 노동조합 조직 또는 운영을 지배하거나 개입하는 행위를 한 경우, 부당노동행위 구제명령의 대상인 사용자에 해당된다.[11]

**관련 판례**  **대판 2010. 3. 25, 2007두8881**  원청회사가 개별도급계약을 통하여 사내 하청업체 근로자들의 기본적인 노동조건 등에 관하여 고용사업주인 사내 하청업체의 권한과 책임을 일정 부분 담당하고 있다고 볼 정도로 실질적이면서 구체적으로 지배·결정할 수 있는 지위에 있고 사내 하청업체의 사업폐지를 유도하는 행위와 그로 인하여 사내 하청업체 노동조합의 활동을 위축시키거나 침해하는 지배·개입 행위를 하였다면, 원청회사는 노동조합 및 노동관계조정법 제81조제4호에서 정한 부당노동행위의 시정을 명하는 구제명령을 이행할 주체로서의 사용자에 해당한다.

### (다) 형벌부과대상자로서의 사용자

노동조합법 제90조는 「제81조의 규정에 위반한 자는 2년 이하의 징역 또는 2천

---

10) 김유성, 노동법(Ⅱ), p. 314; 임종률, 노동법, p. 270; 이병태, 노동법, p. 396. 미국의 경우 NLRA 제2조(2)는 사용자의 범위에 「직접·간접으로 사용자의 대리인으로 행동하는 모든 자」를 포함한다고 규정하고 있다. NLRA 제2(1), (2) 및 (13)조.

11) 대판 2010. 3. 25, 2007두8881.

만원 이하의 벌금에 처한다」고 규정하고 있다. 따라서 부당노동행위를 행한 사용자는 형벌의 부과대상이 된다.

형벌부과대상자로서의 사용자는 부당노동행위 금지명령의 수규자와 일치하는 것이 원칙이나 반드시 일치하는 것은 아니다. 그 이유는 동일한 노동조합법 제81조를 해석 · 적용하는 경우에도 이를 동법 제81조 내지 제85조상의 부당노동행위구제수단으로 적용하는 경우와 제90조의 형벌부과에 적용하는 경우에는 그 해석 · 적용기준이 달라질 수 있기 때문이다. 즉, 전자의 경우에는 노사관행 등 노사제도의 전반적인 측면을 종합적으로 고려하여야 하는 반면, 후자의 경우에는 형법상의 엄격한 범죄요건을 충족시켜야 한다.

### (2) 사용자 개념의 확대

최근 부당노동행위 주체로서의 사용자 개념이 확대되고 있다. 종전에는 근로자와 근로계약관계를 맺고 있는 사용자에게만 부당노동행위책임이 부과되었으나, 최근에는 근로계약관계를 맺고 있지 아니한 사용자에게도 동 책임이 부과되고 있다.

예컨대, 근로기준법상 사용종속관계가 존재하지 아니하여 근로자성이 부정되고 있는 골프장 캐디의 초기업별 노조활동에 대하여 골프장의 사용자가 지배 · 개입하는 경우 사용자와 골프장 캐디 간에 어느 정도의 경제적 종속이 인정된다면 노동조합법상의 근로자성을 인정하여 이를 부당노동행위로 인정할 수도 있다고 한다.[12] 또한, 원청회사가 사내 하청업체 소속 근로자들의 기본적인 근로조건 등에 관하여 고용사업주의 권한과 책임을 일정 부분 담당하고 있다고 볼 정도로 실질적 · 구체적으로 지배 · 결정할 수 있는 지위에 있고 사내 하청업체의 사업폐지를 유도하고 그로 인하여 사내 하청업체 노동조합의 활동을 위축시키거나 침해하는 지배 · 개입행위를 하였다면, 원청회사는 부당노동행위 구제명령의 대상인 사용자에 해당한다.[13]

최근 개정된 노동조합법은 상기 판례를 반영하여 비종사근로자인 "조합원도 사용자의 효율적인 사업 운영에 지장을 주지 아니하는 범위에서 사업 또는 사업장 내에서 기업별 노조 또는 산별노조에 가입하거나 노동조합 활동을 할 수 있다"고 규정하여(동법 제5조제2항), 사용자가 이를 침해하거나 방해하는 경우 사용자에게 부당노동행위책임이 부과될 수 있다.

---

12) 대판 2014. 2. 13, 2011다78804.
13) 대판 2010. 3. 25, 2007두8881.

## 2. 노동조합

우리나라에서 노동조합은 부당노동행위의 주체가 되지 아니한다.

우리나라에 있어서도 부당노동행위 구제제도를 처음으로 도입하였을 때에는 사용자뿐만 아니라 노동조합도 부당노동행위의 주체가 될 수 있었다. 그러나 이는 헌법상 근로자의 근로삼권을 침해할 소지가 있다고 판단되어 근로자는 부당노동행위의 주체에서 제외되고 사용자만 부당노동행위의 주체가 되었다.

즉, 우리나라에서의 부당노동행위 구제제도는 헌법상 근로삼권의 내용을 구체화한 것이므로 노동조합의 부당노동행위라는 개념은 존재할 여지가 없다고 한다.[14]

그러나 이러한 견해에는 의문의 여지가 있다. 근로삼권은 절대적 기본권이 아니며 그 자체 내재적 한계를 갖고 있으므로 이는, 사용자의 재산권과 조화·균형을 이루어 행사되어야 하며, 또한 조합의 민주적 운영을 통하여 조합원의 근로삼권을 침해·제한하여서는 아니되고, 다른 근로자·노동조합의 근로삼권을 침해하거나, 이에 지배·개입하여서는 아니 된다. 근로삼권이 내재적 한계를 일탈하여 행사되는 경우 입법정책상 이를 근로자의 부당노동행위로 볼 수도 있으므로 헌법상 근로삼권이 보장된다고 하여 반드시 근로자의 부당노동행위가 부정되는 것은 아니다. 이러한 예로서 미국의 부당노동행위 구제제도를 들 수 있다.[15]

우리나라에서 근로삼권이 내재적 한계를 일탈하여 행사되는 경우 노동조합의 설립불가, 민사·형사책임의 부과 및 관련형벌에 의한 제재가 인정됨에 반하여, 미국에서는 이를 원상회복주의를 원칙으로 하는 단순한 부당노동행위로 취급함으로써 오히려 근로삼권이 두텁게 보장된다고 볼 수 있을 것이다.

## Ⅲ. 구제신청의 주체

### (1) 관련규정

**노동조합법 제7조 [노동조합의 보호요건]** ① 이 법에 의하여 설립된 노동조합이 아니면 노동위원회에 노동쟁의의 조정 및 부당노동행위의 구제를 신청할 수 없다.
② 제1항의 규정은 제81조제1항제1호·제2호 및 제5호의 규정에 의한 근로자의 보호를 부인하는 취지로 해석되어서는 아니된다.

---

14) 김치선, 노동법, p. 372; 김형배, 노동법, p. 1115.
15) 미국이나 캐나다에서는 사용자뿐만 아니라 노동조합도 부당노동행위의 주체가 되고 있으나, 일본이나 우리나라에서는 사용자만이 부당노동행위의 주체가 되어 있다.

### (2) 노동조합

#### (가) 노동조합법상의 노동조합

노동조합법상의 노동조합, 즉 노동조합설립의 실질적 요건 및 절차적 요건을 모두 갖춘 노동조합은 당연히 부당노동행위 구제신청을 할 수 있다.

#### (나) 법외노조

노동조합설립의 실질적 요건은 갖추었으나 절차적 요건을 갖추지 못한 법외노조는 부당노동행위의 구제신청을 할 수 없다(노동조합법 제7조제1항). 부당노동행위 중 제81조제1항제1호·제2호 및 제5호에 규정된 사항은 노동조합뿐 아니라, 조합원 개인에게도 적용되는 바, ⅰ) 노동조합법상의 노조는 자신이 직접 또는 조합원 개인이 구제신청을 할 수 있으나, ⅱ) 법외노조는 자신이 구제신청을 할 수 없고, 조합원개인이 구제신청을 하여야 한다(노동조합법 제7조제2항).

예컨대 ⅰ) 노동조합법상의 노조 또는 노동조합법상의 설립단계에 있는 법외노조에 ㉠ 가입 또는 가입하려고 하였거나, ㉡ 이를 조직하려 하였거나, ㉢ 이들의 업무를 위한 정당한 행위를 한 것을 이유로 그 근로자를 해고하거나 불이익을 주는 행위(동법 제81조제1항제1호), ⅱ) 근로자가 어느 노동조합법상의 노조 또는 노동조합법상의 노조를 지향하는 법외노조에 가입하지 아니할 것 또는 탈퇴할 것을 고용조건으로 하거나 이의 조합원이 될 것을 고용조건으로 하는 행위(동법 제81조제1항제2호) 또는 ⅲ) 근로자가 정당한 단체행동에 참가한 것을 이유로 하거나, 노동위원회에 대하여 사용자가 본조의 규정에 위반한 것을 신고하거나 그에 관한 증언을 하거나 기타 행정관청에 증거를 제출한 것을 이유로 그 근로자를 해고하거나 불이익을 주는 행위 등의 경우(동법 제81조제1항제5호)에는 법외노조의 조합원이 구제신청을 할 수 있다.

### (3) 조합원 개인

노동조합법 제81조의 부당노동행위 유형 중 ⅰ) 제81조제1항제1호 및 제5호의 불이익취급 및 동조제1항제2호의 황견계약은 조합원개인에 대한 부당노동행위이며, ⅱ) 제81조제1항제3호의 단체교섭거부 및 동조제1항제4호의 지배·개입은 노동조합에 대한 부당노동행위에 해당하는 것이 일반적이다.

조합원 개인은 자신에 대한 부당노동행위, 즉 제81조제1항제1호·제2호 및 제5호의 부당노동행위에 대하여 직접 부당노동행위 구제신청을 제기할 수 있다.

한편, 조합원 개인에 대한 부당노동행위는 궁극적으로 노동조합의 조직 및 활동에 부정적 영향을 가져오므로 이에 대하여 노동조합도 부당노동행위 구제신청을 제기할 수 있다.[16) 예컨대, 노동조합에 가입하려고 하는 비조합원에 대하여 부당노동행위를 한 경우, 해당 개인은 물론 노동조합도 자신의 권리를 침해 받은 것으로 볼 수 있으므로 독자적으로 부당노동행위구제신청을 할 수 있다.[17)

한편, 비조합원이 노조조직·활동을 지원하거나 이에 협조하여 불이익처분을 받는 경우 비조합원도 부당노동행위 구제신청을 제기할 수 있는지의 여부가 문제시될 수 있다. 사견으로는 부당노동행위 구제제도는 노동조합 및 그 조합원을 보호대상으로 하고 있으므로, 비조합원에 대한 불이익처분은 이를 근로기준법 제23조의 "정당한 이유" 없는 불이익처분에 대한 법리를 적용하여 이를 구제하여야 할 것이다.

한편, 비종사근로자인 조합원도 자신이 근로를 제공하는 사업 또는 사업장 내에서 기업별 노조 또는 산별노조에 가입하거나 노동조합 활동을 할 수 있으므로(동법 제5조제2항), 이들도 부당노동행위 구제신청을 할 수 있다.

---

16) 김유성, 노동법(Ⅱ), p. 317; 대판 2008. 9. 11, 2007두19249.
17) 대판 2008. 9. 11, 2007두19249.

# 제2장  부당노동행위의 유형

## 제1절 총  설

### I. 관련규정

**노동조합법 제81조 [부당노동행위]**  ① 사용자는 다음 각호의 어느 하나에 해당하는 행위(이하 "부당노동행위"라 한다)를 할 수 없다.
1. 근로자가 노동조합에 가입 또는 가입하려고 하였거나 노동조합을 조직하려고 하였거나 기타 노동조합의 업무를 위한 정당한 행위를 한 것을 이유로 그 근로자를 해고하거나 그 근로자에게 불이익을 주는 행위
2. 근로자가 어느 노동조합에 가입하지 아니할 것 또는 탈퇴할 것을 고용조건으로 하거나 특정한 노동조합의 조합원이 될 것을 고용조건으로 하는 행위. 다만, 노동조합이 당해 사업장에 종사하는 근로자의 3분의 2 이상을 대표하고 있을 때에는 근로자가 그 노동조합의 조합원이 될 것을 고용조건으로 하는 단체협약의 체결은 예외로 하며, 이 경우 사용자는 근로자가 그 노동조합에서 제명된 것 또는 그 노동조합을 탈퇴하여 새로 노동조합을 조직하거나 다른 노동조합에 가입한 것을 이유로 근로자에게 신분상 불이익한 행위를 할 수 없다.
3. 노동조합의 대표자 또는 노동조합으로부터 위임을 받은 자와의 단체협약체결 기타의 단체교섭을 정당한 이유 없이 거부하거나 해태하는 행위
4. 근로자가 노동조합을 조직 또는 운영하는 것을 지배하거나 이에 개입하는 행위와 근로시간 면제한도를 초과하여 급여를 지원하거나 노동조합의 운영비를 원조하는 행위. 다만, 근로자가 근로시간중에 제24조제2항에 따른 활동을 하는 것을 사용자가 허용함은 무방하며, 또한 근로자의 후생자금 또는 경제상의 불행 기타의 재액의 방지와 구제 등을 위한 기금의 기부와 최소한의 규모의 노동조합사무소의 제공 및 그 밖에 이에 준하여 노동조합의 자주적인 운영 또는 활동을 침해할 위험이 없는 범위에서의 운영비 원조는 예외로 한다.
5. 근로자가 정당한 단체행동에 참가한 것을 이유로 하거나 또는 노동위원회에 대하여 사용자가 이 조의 규정에 위반한 것을 신고하거나 그에 관한 증언을 하거나 기타 행정관청에 증거를 제출한 것을 이유로 그 근로자를 해고하거나 그 근로자에게 불이익을 주는 행위
② 제1항제4호단서에 따른 "노동조합의 자주적 운영 또는 활동을 침해할 위험" 여부를 판단할 때에는 다음 각 호의 사항을 고려하여야 한다.
1. 운영비 원조의 목적과 경위
2. 원조된 운영비 횟수와 기간
3. 원조된 운영비 금액과 원조방법

4. 원조된 운영비가 노동조합의 총수입에서 차지하는 비율

5. 원조된 운영비의 관리방법 및 사용처 등

## Ⅱ. 부당노동행위의 유형

노동조합법 제81조제1항은 다음과 같은 다섯 종류의 부당노동행위를 규정하고 이를 금지하고 있다. 첫째, 근로자가 노동조합에 가입·조직하거나 기타 정당한 조합활동을 한 것을 이유로 불이익을 주는 행위(동 제81조제1항제1호), 둘째 근로자가 노동조합에 가입하지 아니하거나 탈퇴할 것을 고용조건으로 하는 이른바 황견계약(yellow dog contract)을 체결하는 행위(동 제81조제1항제2호), 셋째 노동조합과의 단체협약체결 또는 단체교섭을 정당한 이유 없이 거부 또는 해태하는 행위(동 제81조제1항제3호), 넷째 노동조합의 조직 또는 운영에 지배·개입하거나 운영비를 원조하는 행위(동 제81조제1항제4호), 다섯째 근로자가 정당한 쟁의행위에 참가하거나 사용자의 부당노동행위를 신고한 것 등을 이유로 불이익을 주는 행위(동 제81조제1항제5호)가 바로 부당노동행위이다.

## Ⅲ. 부당노동행위유형의 법적 성질

### 1. 예시설과 제한열거설

#### (1) 학    설

##### (가) 예시설

예시설에 의하면 노동조합법 제81조제1항에 규정된 다섯 가지 유형의 부당노동행위는 수많은 부당노동행위의 유형 중 대표적인 것만 열거한 것에 불과하므로, 다섯 가지 이외에도 다른 형태의 부당노동행위가 존재할 수 있다고 한다. 예시설에 국내학설은 대부분 일치하고 있다.

##### (나) 제한열거설

제한열거설에 의하면 노동조합법 제81조제1항에 규정된 다섯 가지 형태의 부당노동행위만 부당노동행위에 해당되며 이 이외의 다른 사용자의 행위는 어떠한 경우에도 부당노동행위가 될 수 없다고 한다. 우리나라의 노동위원회의 판결 및 법원의 판례는 사용자의 특정 부당노동행위가 노동조합법 제81조제1항각호 중 어느 것에 해당하는지를 해석하고 있으므로 사실상 제한열거설에 입각하고 있다고 본다.[1]

제 3 부 집단적 노사관계

### (2) 사    견

원칙적으로 예시설에 찬동한다. 그러나 우리나라의 부당노동행위 구제제도는 원상회복주의와 형벌주의를 동시에 채택하고 있다. 형벌의 부과에는 형법상의「죄형법정주의원칙」이 엄격하게 적용되므로 단순히 예시설을 채택하는 경우 과연 부당노동행위에「죄형법정주의원칙」을 적용할 수 있는지의 문제점이 발생한다.

따라서 원상회복주의하에서는 예시설이, 형벌주의하에서는 제한열거설이 이론상 각각 타당하다고 할 것이다.

## 2. 포괄규정설과 병렬열거설

### (1) 학    설

#### (가) 포괄규정설

포괄규정설에 의하면 우리나라의 노동조합법 제81조는 미국의 부당노동행위규정2)과 달리 통칙규정을 두고 있지 아니하므로, 동조제1항제4호에 대하여 통칙적 지위를 부여하는 것이 필요하다고 한다.3)

#### (나) 병렬열거설

병렬열거설은 노동조합법 제81조제1항제4호의 지배·개입에 관한 규정을 다른 규정과 구별하지 아니하고 동법 제81조제1항각호의 모든 규정을 단순히 병렬적 또는 열거적 규정으로 보되, 다만 제4호가 다른 규정과 달리 그 지배·개입이라는 측면에서 다의적이라고 한다.4)

#### (다) 절충설

절충설은 노동조합법 제81조제1항제4호를 포괄규정설로 보거나, 병렬열거설로 보거나 모두 부당노동행위의 구제범위를 넓게 잡고자 한다는 점에서 커다란 차이점은 없다고 한다. 다만, 노동위원회가 각 유형을 형식적·피상적으로 준별함이 없이 상호 보완적으로 해석·적용하면서 사안의 내용에 적합하게 부당노동행위를 구성하고 이에 대한 적절한 구제를 내리는 것이 중요하다고 한다.5) 다수설이다.

---

1) 이영희, 노동법, p. 134.
2) NLRA 제8조(a)(1)은 부당노동행위의 개념을「근로자의 단결권·단체교섭권 및 단체행동권을 침해하는 행위」로서 포괄적으로 규정하고 있다.
3) 심태식, 노동법개론(1989), p. 219.
4) 임신웅, 노동법, p. 273.
5) 임종률, 노동법, p. 265; 이병태, 노동법, p. 398; 박홍규, 노동법, p. 1129; 이학춘·이상덕·이상국·고준기, 노동법(Ⅱ), p. 547.

## (2) 사    견

사견으로는 절충설에 찬동한다.

통설에 의하면 예시설하에서 부당노동행위의 유형은 노동조합법 제81조에 규정된 다섯 가지 유형 이외에도 얼마든지 존재할 수 있으므로, 포괄규정설과 같이 동조제1항제4호의 규정을 특별히 통칙적 규정으로 보아 이를 넓게 해석하는 것은 무의미하다고 본다. 즉, 포괄규정설은 제한열거설을 취하는 경우 그 필요성이 인정되는 견해라고 보고 있다.

그러나 사견으로는 포괄규정설을 취하는 경우에도 노동조합법 제81조제1항제4호는 통칙적 규정이 될 수 없다고 본다. 그 이유는 지배·개입행위는 근로삼권의 행사 자체는 인정하되 이에 대한 사용자의 영향력을 행사하는 행위임에 반하여, 나머지 부당노동행위는 근로삼권의 행사 자체를 침해하는 행위이므로 그 성질을 서로 달리하기 때문이다. 굳이 통칙적 규정을 들자면 오히려 노동조합법 제81조제1항제1호의 「노동조합의 업무를 위한 정당한 행위」가 이에 해당된다고 보며, 노동위원회의 판정 및 법원의 판결도 동조제1항제1호를 폭넓게 해석하고 있다.

# 제 2 절  불이익취급

## Ⅰ. 의    의

노동조합법 제81조제1항은 「근로자가 노동조합에 가입 또는 가입하려고 하였거나 노동조합을 조직하려고 하였거나 기타 노동조합의 업무를 위한 정당한 행위를 한 것」(동조제1항제1호), 또는 「근로자가 정당한 단체행동에 참가한 것을 이유로 하거나 또는 노동위원회에 대하여 사용자가 이 조의 규정에 위반한 것을 신고하거나 그에 관한 증언을 하거나 기타 행정관청에 증거를 제출한 것」(동조제1항제5호)을 이유로 하여 사용자가 그 근로자를 해고하거나 기타 불이익을 주는 행위를 부당노동행위로서 금지하고 있다.

노동조합법 제81조제1항제1호와 제5호에 규정된 부당노동행위는 그 유형을 달리하지만 모두 근로자에게 「해고 기타 불이익」을 준다는 점에서 공통되므로 함께 불이익취급으로서 설명하기로 한다.

## Ⅱ. 불이익취급의 사유

### 1. 불이익취급원인의 종류

#### (1) 노동조합에 가입 또는 가입하려고 하였거나 노동조합을 조직하려고 한 것

① 노동조합에의 가입이라는 것은 어느 근로자가 기존의 노동조합의 조합원이 되는 것을 의미한다. 따라서 어느 노동조합의 조합원인 것을 이유로 하는 불이익취급에는 조합원을 비조합원과 차별하는 경우만이 아니라, 다른 조합의 조합원과 차별하여 불이익취급을 하는 경우도 포함한다. 가입하고자 하는 노동조합은 기존의 노동조합이건, 현재 조직중인 노동조합이건을 불문한다.

② 근로자가 노동조합을 조직하려고 하였다는 것은 새로운 노동조합을 결성하려는 것을 의미한다. 이에는 노동조합조직을 위한 준비행위가 당연히 포함되고, 나아가 근로자가 노동조합조직의 의도로 취하였던 행동은 널리 준비행위로 해석하여야 한다.6)

③ 여기서 말하는 노동조합은 노동조합법상의 자주성과 민주성을 갖춘 조합이어야 한다. 따라서 노동조합의 실질적 요건과 형식적 요건을 모두 갖춘 노동조합법상의 노동조합에 가입 또는 가입하려고 하였거나, 이를 조직하려고 하여야 한다. 다만, 현재는 노동조합의 실질적 요건 또는 형식적 요건을 갖추지 못한 근로자단체에 불과할지라도, 이를 노동조합법상의 노동조합으로 만들려는 조직, 준비과정에 있는 근로자단체는 여기에서 보호하고자 하는 노동조합의 개념에 포함된다.7)

#### (2) 노동조합의 업무를 위한 정당한 행위를 한 것

##### (가) 노동조합의 업무를 위한 행위

① **노동조합활동의 목적:**　　무엇이 노동조합의 업무인가를 노동조합 활동의 목적이라는 측면에서 파악하는 경우 노동조합의 필요목적 및 임의목적을 달성하기 위한 노동조합의 활동은 당연히 노동조합의 업무에 해당되나, 금지목적을 달성하기 위한 노동조합의 활동은 이에 해당되지 아니한다고 할 것이다.

---

6) 김치선, 노동법, p. 152; 박상필, 노동법, p. 251.
7) 김유성, 노동법(Ⅱ), p. 319; 이병태, 노동법, p. 400; 이영희, 노동법, p. 320; 김치선, 단결권, p. 152. 자주성을 상실한 어용조합에 가입하는 행위를 자주적 노조에의 가입행위와 동일하게 보호할 필요는 없다는 견해(김형배, 노동법, p. 926)도 있으나, 어용노조를 자주적 노조로 만들려는 행위는 보호되어야 한다고 본다.

즉, 노동조합의 필요목적을 달성하기 위한 활동으로서 단체교섭 및 단체행동 등은 당연히 노동조합의 업무에 해당되며, 조합간부의 선출, 회의에의 출석·발언·표결, 조합업무를 위한 출장, 기타 노동조합의 간부 또는 일반조합원으로서 행하는 모든 행위도 이에 포함된다.

> **관 련**
> **판 례**
> **대판 1990. 8. 10, 89누8217** 취업규칙과 노사협의에 의하여 지급하도록 정하여진 수당을 지급하지 아니한 경우, 이를 고용노동부에 진정한 행위는 노동조합의 목적인 근로조건의 유지·개선, 기타 근로자의 경제적 지위향상을 도모하기 위한 행위로서 조합의 묵시적 승인 내지 수권을 얻은 행위이므로 노동조합의 업무를 위한 정당한 행위이다.

또한, 노동조합의 임의목적을 달성하기 위한 활동으로서의 공제·수양 기타 복리사업이나 합창반·독서반·연극반 등의 조합원간의 취미활동도 노동조합의 업무에 해당됨은 물론이다. 그러나 법령에 위반되는 등 노동조합의 금지목적을 달성하기 위한 조합활동은 노동조합의 업무에 해당되지 아니한다.

② **노동조합활동의 주체:** 노동조합의 업무를 위한 행위를 노동조합 활동의 주체라는 측면에서 볼 때에는 이를 「노동조합」의 행위와 「조합원」의 행위로 분류하여 볼 수 있다.

첫째, 노동조합이 노동조합활동의 주체가 되는 경우에는 단체교섭의 실시, 단체협약의 체결 및 쟁의행위의 행사 등 노동조합이 직접 자신의 명의로 행하는 활동이나, 조합간부가 조합 대리인으로서 하는 행위 등이 이에 포함된다.

둘째, 조합원이 노동조합 활동의 주체가 되는 경우에는 조합임원의 선출, 조합활동에 대한 투표, 다른 근로자에 대한 조합가입의 권유 등 조합원 개인의 명의로써 행하는 행위 등이 이에 포함된다.

조합원 개인이 노동조합의 업무를 위한 행위를 하는 경우 이에는 노동조합의 명시적·묵시적 결의·지시 또는 수권이 있어야만 노동조합의 활동으로 인정될 수 있다는 견해가 있으나8) 이러한 결의·지시 또는 수권이 없더라도 조합원에게 일반적으로 기대될 수 있는 행위로서 단결의 목적이나 단결의 강화에 이바지 할 수 있는 것이면 모두 조합활동으로 보아야 한다는 견해가 타당하다고 본다.9)

---

8) 대판 1989. 4. 25, 88누1950; 대판 1990. 8. 10, 89누8217; 대판 1991. 11. 12, 91누4164.
9) 김유성, 노동법(Ⅱ), p. 322; 이병태, 노동법, p 400; 노조대행체제의 비민주적 운영을 비판한 유인물의 배포행위는 노조업무를 위한 정당한 행위이다. 대판 1993. 12. 28, 93다13544; 대판 1995. 6. 13, 95다1323.

**관 련**
**판 례**
　대판 1995. 6. 13, 95다1323　"노동조합의 업무를 위한 정당한 행위"란 일반적으로는 정당한 노동조합의 활동을 가리킨다고 할 것이나, 조합원이 조합의 결의나 구체적인 지시에 따라서 한 노동조합의 묵시적인 활동 그 자체가 아닐지라도 그 행위의 성질상 노동조합의 활동으로 볼 수 있거나, 노동조합의 묵시적인 수권 혹은 승인을 받았다고 볼 수 있을 때에는 노동조합의 업무를 위한 행위로 보아야 할 것이다.

　예컨대 조합에서의 탈퇴 및 이의 권유, 새로운 노동조합의 결성, 조합간부에 대한 비판 및 반대세력의 형성 등은 근로자의 헌법상 단결권행사에 따른 합법적인 조합활동이라고 본다.

**관 련**
**판 례**
　대판 1990. 10. 23, 89누2837　조합원의 의사에 반하여 단체협약을 불리하게 체결한 노조대표에 대한 불신임운동을 주도한 조합원을 해고한 것은 부당노동행위이다.

　그러나, 노동조합의 의사결정 또는 지시·통제에 위배되는 행위는 조합활동으로 볼 수 없다.

### (나) 정당한 행위

　노동조합의 업무에 해당하는 경우에도 정당한 행위만이 부당노동행위 구제제도에 의하여 보호된다. 따라서 과연 무엇이「정당한 행위」에 해당되는지의 문제가 발생된다. 정당한 행위는 노동조합법의 목적에 비추어 조합원의 행위가 행해지는 구체적인 사정을 고려하여, 그 행위가 과연 해고, 기타의 불이익취급을 받을 만한가라는 관점에서 판단되어야 한다.[10]

　이러한「정당성」의 개념은 노동조합법 제3조 및 제4조에 규정된 형사·민사면책상의「정당성」개념과 반드시 일치하는 것은 아니다.[11] 형사·민사면책상의「정당성」개념은 헌법적 개념으로서 부당노동행위 구제제도에서의「정당성」개념보다는 좀더 엄격한 개념이다.

### (3) 노동위원회에 대하여 구제의 신청등을 한 것

　ⅰ) 근로자가 정당한 단체행동에 참가한 것, ⅱ) 노동위원회에 대하여 사용자가 이 조의 규정에 위반한 것을 신고하거나 그에 관한 증언을 하거나, 기타 행정관청에 증거를 제출한 것을 이유로 하는 불이익취급은 부당노동행위에 해당된다.

---

10) 김치선, 노동법, p. 154; 박상필, 노동법, p. 253.
11) 김유성, 노동법(Ⅱ), p. 323; 이병태, 노동법, p. 401; 박홍규, 노동법, p. 1135.

그러나 단체협약에 위반한 단체행동이나 노동조합의 결의 또는 승인 없이 행한 단체행동은 정당한 조합활동이 아니므로 이에 대한 징계처분은 부당노동행위에 해당되지 아니한다.[12)]

## 2. 불이익취급원인의 경합

사용자의 불이익취급 등이 명백하게 근로자의 정당한 조합활동 등을 이유로 하는 경우에는 부당노동행위를 입증하는 것이 어렵지 아니하다고 본다.

그러나, 사용자가 근로자에 대하여 불이익취급을 하는 경우 그 내면적·실제적 이유로는 근로자의 정당한 조합활동 등을 이유로 함에도 불구하고 외형상은 근로자에 대한 법령·단체협약이나 취업규칙 등에 의한 정당한 징계사유를 표면적 이유로 내세울 것이다. 이러한 경우에는 사용자의 불이익취급의 진정한 이유가 근로자의 정당한 조합활동 등에 원인을 두고 있는지 아니면 실제로 근로자에 대한 징계사유가 발생하였는지의 여부를 판단하여야 할 것이다.

> **관 련**
> **판 례**      대판 2008. 1. 24, 2007도6861    근로자에 대한 불이익취급이 부당노동행위에 해당되는지의 여부는 불이익취급의 시기, 사용자와 노동조합간의 관계, 조합원과 비조합원과의 불이익취급의 불균형 여부, 사유의 정당성유무, 종래의 관행에의 부합 여부, 부당노동행위의사의 추정 여부 및 불이익취급이 노동활동에 미치는 영향 등을 비교검토하여 종합적으로 고찰되어야 한다. 동지: 대판 1992. 2. 28, 91누9572; 대판 1993. 12. 10, 93누4595; 대판 1994. 1. 14, 93누9002; 대판 2008. 9. 25, 2006도7233.

사용자가 표면상의 형식적 해고사유와는 달리 실질적으로 근로자가 정당한 조합활동을 한 것을 이유로 해고한 것으로 인정되는 경우에는 물론 부당노동행위에 해당된다.[13)]

이와 반대로 사용자 해고사유가 정당하고 근로자의 정당한 조합활동을 이유로 한 것이 아닐 때에는 부당노동행위에 해당되지 아니함은 물론이다.[14)]

문제는 사용자의 불이익취급사유로서 근로자의 정당한 조합활동 등과 근로자에 대한 징계사유가 실제로 동시에 존재하는 경우인바, 이러한 경우를 「불이익취급원인

---

12) 단체협약위반: 서울고판 1982. 7. 7, 81구336; 노동조합의 결의·지시위반: 대판 1994. 1. 11, 93다49192.

13) 대판 1989. 5. 23, 88누4508; 대판 1989. 10. 24, 89누4659; 대판 1990. 1. 12, 89누1193; 대판 1990. 8. 10, 89누8217; 대판 1991. 2. 22, 90누6132; 대판 1991. 4. 23, 90누7685; 대판 1993. 12. 10, 93누4595; 대판 1994. 5. 10, 93누15380; 대판 1994. 12. 13, 94누10498.

14) 대판 1990. 10. 23, 89누4666.

의 경합」이라고 한다. 「불이익취급원인의 경합」이 발생한 경우 과연 부당노동행위를 인정할 것인가의 여부에 대하여는 다음과 같이 견해가 나뉘어 있다.

### (1) 학    설

#### (가) 부당노동행위 긍정설

부당노동행위 긍정설에 의하면 사용자가 근로자의 정당한 조합활동 등을 이유로 불이익취급을 하는 경우에는 정당한 해고 및 징계 등의 사유가 존재한다 할지라도 언제든지 부당노동행위가 성립된다고 한다.[15] 이러한 견해에 의하면 평소에 근무성적이 불량한 자가 정당한 쟁의행위에 참가한 후에 징계를 받은 경우 당연히 부당노동행위가 성립되게 된다.

#### (나) 부당노동행위 부정설

부당노동행위 부정설에 의하면 사용자가 법령·단체협약이나 취업규칙 등에 의하여 정당한 이유 있는 해고 및 징계를 하는 경우에는 근로자의 정당한 조합활동을 이유로 불이익취급을 한다 할지라도 언제든지 부당노동행위가 성립하지 아니한다고 한다.[16]

이러한 견해에 의하면 평소에 근무성적이 불량한 자가 정당한 쟁의행위에 참가한 후에 징계를 받은 경우, 근무성적의 불량이 징계사유에 해당되면 언제나 부당노동행위가 성립되지 아니한다고 한다.

#### (다) 절충설

절충설에는 ⅰ) 정당한 근로삼권의 행사와 정당한 해고 등의 불이익사유 중 어느 것이 불이익취급의 결정적 원인인가에 따라 판단되어야 한다는 「결정적 원인설」[17]과 ⅱ) 근로자가 정당한 근로삼권을 행사하지 아니하였더라면 불이익취급이 없었을 것으로 판단되는 경우에 부당노동행위의 성립을 인정하는 「상당인과관계설」[18]이 있다.

### (2) 사    견

사견으로는 「상당인과관계설」에 찬동한다. 부당노동행위 구제제도는 근로자의 근로삼권보장에 궁극적인 목적을 두고 있으므로 부당노동행위 부정설 및 결정적 원인

---

15) 김치선, 노동법, p. 380.
16) 홍영표, 「노동법론」(1962), p. 262.
17) 대판 1989. 11. 10, 89누2530; 대판 1991. 2. 22, 90누6132; 대판 1994. 12. 23, 94누3001.
18) 박상필, 노동법, p. 493; 김유성, 노동법(Ⅱ), p. 329; 이병태, 노동법, p. 407; 이영희, 노동법, p. 323.

설은 타당하지 아니하다고 본다. 또한, 근로자의 근로삼권을 보장하는 경우에도 그 보장의 수준이 절대적일 수는 없으므로 「부당노동행위 긍정설」도 타당하지 아니하다고 본다.

## Ⅲ. 불이익취급의 태양

근로자에게 해고 기타의 불이익취급을 하여야 한다. 해고 기타의 불이익취급은 현실적인 행위나 조치로 행하여져야 하며 사용자가 단순히 불이익취급의 계획을 하고 있다든지 불이익취급의 의사를 표현하는 정도는 불이익취급의 부당노동행위로 되지 아니한다.[19]

### 1. 해    고

해고는 가장 전형적인 불이익취급의 한 형태이다.

부당노동행위에 해당하는 해고는 그 형태를 묻지 아니하며, 그 해고가 실질적으로 노동조합법 제81조의 요건에 해당하는지의 여부에 따라 구체적으로 판단되어야 한다.

### (1) 부당노동행위로 인정되는 경우

부당노동행위로 인정되는 해고의 형태로는 ⅰ) 징계해고, ⅱ) 기업의 합리화를 구실로 한 해고, ⅲ) 단순한 경력사칭을 이유로 한 해고, ⅳ) 강요에 의한 의원사직, ⅴ) 영업 양도시의 일부 근로자에 대한 취업거부, ⅵ) 근로계약의 갱신거부, ⅶ) 계절 근로자의 재채용거부, ⅷ) 경미한 무단결근 또는 무단이탈을 이유로 한 해고조치, ⅸ) 노동조합 탈퇴자 또는 비조합원에 대하여 감봉처분을 하면서 동일사안에 대하여 조합원에게는 해고처분을 한 경우 등이 이에 해당된다.

### (2) 부당노동행위로 인정되지 아니하는 경우

근로자의 해고가 모두 부당노동행위로 인정되는 것은 아니다. 우선, 근로자가 회사의 업무상의 지시·명령에 복종하지 아니하거나 경영질서를 침해하는 등 단체협약이나 취업규칙상의 징계사유에 해당하는 경우 사용자가 해고할 수 있음은 물론이다.[20] 예컨대, ⅰ) 노조설립활동을 구실로 노사협의회에서 결정한 연장 및 야간근무

---

19) 김치선, 노동법, p. 155.
20) 대판 1987. 8. 25, 87누12; 대판 1990. 9. 14, 89누6679; 대판 1990. 11. 13, 89누5102.

를 거부하고 동료 근로자들을 선동한 이유로 취업규칙에 의하여 해고된 경우, ⅱ) 외국공관에서는 「외교관계에 관한 비엔나협약」에 따라 우리나라의 노동관계법령이 적용되지 아니함에도 불구하고, 외국공관에서 노동조합설립 주동을 이유로 해고조치한 경우, ⅲ) 임시적 기한부로 고용된 자를 작업이 종료됨에 따라 해고조치한 경우, ⅳ) 정당한 절차 없이 쟁의행위를 주동하여 난동사태를 유발함으로써 대다수 조합원에 의하여 쫓겨난 사실을 이유로 감원대상에 포함시킨 경우, ⅴ) 조합활동과 무관한 친목단체조직 운영을 이유로 해고한 경우, ⅵ) 경력사칭 등을 이유로 경영질서가 침해되어 해고된 경우, ⅶ) 노동조합에서 직위해제된 노조전임자가 원래 소속 부서의 폐지로 인하여 변형된 부서로의 출근을 거부하여 해고된 경우 또는 ⅷ) 조합활동과 무관한 사건으로 유죄판결을 받았음을 이유로 해고한 경우 등은 부당노동행위에 해당되지 아니한다.

## 2. 기타의 불이익취급

해고 이외의 불이익취급으로서는 징계처분, 인사상의 불이익, 경제상의 불이익 및 정신상의 불이익 등을 들 수 있다.

### (1) 징계처분

징계처분이란 근로자에 대한 경고·견책·감봉 및 출근정지 등의 신분적·경제적 불이익처분을 말한다. 정당한 조합활동 등을 이유로 징계처분을 하는 경우에는 부당노동행위에 해당된다.

예컨대 ⅰ) 근로자의 업무상 과실행위에 대하여 상당기간 동안 문제삼지 아니하다가 노동조합에 가입하자 이를 징계한 경우, ⅱ) 조합활동을 이유로 징계처분상의 차별대우를 하는 경우 이는 부당노동행위에 해당된다. 그러나 ⅰ) 기존의 노동조합을 어용노조라고 회사와 아울러 비방하고 허위사실을 유포한 것에 대하여 감봉처분한 경우, ⅱ) 단체협약 등에 의한 당사자간의 합의 없이 노조간부가 회사업무를 수행하지 아니하고 노조업무에만 전념하여 징계처분을 한 경우 등은 부당노동행위에 해당되지 아니한다.

### (2) 인사상의 불이익취급

인사상의 불이익취급이란 근로자에 대한 휴직, 배치전환, 전근, 출근정지, 복직거부, 장기출장 등의 불이익처분을 말한다. 정당한 조합활동 등을 이유로 인사상의 불이익처분을 하는 경우에는 부당노동행위에 해당된다.

예컨대  ⅰ) 노동조합의 결성을 이유로 근로자를 방계회사로 전보발령한 경우, ⅱ) 노조지부장을 조합원의 대다수가 근무하는 사업장에서 조합원이 한 명도 없는 사업장으로 전출발령한 경우, ⅲ) 조합활동을 이유로 근로자를 복직거부·휴직·전근 또는 전보시킨 경우 등은 부당노동행위에 해당된다.

그러나  ⅰ) 조합활동을 적극적으로 수행하지 아니한 일반조합원을 비조합부서로 승진·전출시킨 경우, ⅱ) 학력위장취업자를 학력에 적합한 직위로 승진발령한 경우 또는 ⅲ) 징계처분에 의한 전보조치 등은 부당노동행위에 해당되지 아니한다.

여기에서 주의할 점은 불이익취급이라는 것은 근로삼권의 침해와 관련하여 그 구체적인 사안에 따라 판단되어야 하므로 사용자의 행위 자체는 외형상 불이익취급이 아니더라도 실질적으로는 불이익취급이 될 수 있다. 예컨대 조합원을 노동조합에 가입할 자격이 부여되지 아니하는 직위 또는 직급으로 승진·승급시키는 경우, ⅰ) 근로자가 이를 거부하는 것을 업무명령 위반이라 하여 불이익취급을 하면 부당노동행위가 성립되며,21) ⅱ) 근로자가 이를 개인적으로 승낙하는 경우에도 근로자 개인에 대한 부당노동행위는 성립되지 아니하나, 노동조합에 대한 사용자의 지배·개입에 해당될 수 있다.22)

### (3) 경제상의 불이익취급

경제상의 불이익취급이란 기본급·수당·상여금·퇴직금 및 복리후생급부 등에 있어서의 불이익취급을 말한다. 정당한 조합활동 등을 이유로 경제상의 불이익처분을 하는 경우에는 부당노동행위에 해당된다.

예컨대  ⅰ) 조합원의 임금수준을 비조합원과 차별대우하는 경우, ⅱ) 비조합원의 자녀에게만 장학금을 지급하고, 조합원의 자녀에게는 지급하지 아니하는 경우 등은 모두 부당노동행위에 해당된다. 그러나  ⅰ) 파업중 근로시간에 상당하는 특별수당을 파업종료 후에 파업불참가자에게만 지급하는 경우, ⅱ) 조합원이 될 수 없는 자가 조합원이 된 경우 이를 정상근무가 아닌 것으로 보아 연장근로수당 및 위험수당을 지급하지 아니한 경우, ⅲ) 사용자에 해당하는 근로자에 대하여는 임금인상을 실행하고, 조합원인 근로자의 임금인상은 단체교섭을 통하도록 하는 경우 등은 부당노동행위에 해당되지 아니한다.

---

21) 김치선, 단결권, p. 157; 서울고판 1990. 4. 26, 89구4101.
22) 김치선, 단결권, p. 157.

### (4) 정신상·생활상 및 업무상 불이익

정신상·생활상·업무상의 불이익이라 함은 ⅰ) 업무를 주지 아니하는 행위, ⅱ) 잔심부름·잡초제거 등의 잡일을 시키는 행위, ⅲ) 망년회·운동회 등의 회사행사에 참가시키지 아니하는 행위, ⅳ) 사생활을 공개하는 행위, ⅴ) 조합원을 업무상 차별하는 행위 및 ⅵ) 집단 따돌림을 하는 행위 등을 함으로써 조합원의 정신상·생활상의 고통이나 곤란함을 야기하는 것을 말한다.

# 제 3 절 황견계약

## Ⅰ. 의 의

노동조합법 제81조제2호본문은 「근로자가 어느 노동조합에 가입하지 아니할 것 또는 탈퇴할 것을 고용조건으로 하거나 특정한 노동조합의 조합원이 될 것을 고용조건으로 하는 행위」를 부당노동행위로서 금지하고 있다. 이 경우 조합에의 불가입·탈퇴 또는 가입을 고용조건으로 하는 계약을 이른바 황견계약(yellow dog contract)이라고 한다.

황견계약은 해고 등의 불이익취급의 경우와는 달리 근로자가 황견계약을 위반하였을 경우 사용자가 해고 등의 불이익취급을 요건으로 하지 아니하며, 단지 황견계약의 체결만으로 부당노동행위가 성립된다. 황견계약은 강행규정인 노동조합법 제81조제2호에 위배되므로 사법상 당연무효이다.

## Ⅱ. 황견계약의 유형

### 1. 조합불가입을 고용조건으로 하는 경우

여기에서 금지되는 것은 모든 노동조합에의 불가입을 조건으로 하는 경우와 특정 노동조합에의 불가입을 조건으로 하는 경우를 모두 포함한다. 또한, 조합불가입을 근로계약체결시의 조건으로 하는 것은 물론 근로계약의 유지·계속을 조건으로 하는 경우도 모두 부당노동행위에 해당한다.

## 2. 조합탈퇴를 고용조건으로 하는 경우

우리나라의 노동조합은 대부분 기업별 노조이어서 고용 전의 미취업자는 조합원이 될 수 없으므로 조합에서의 탈퇴를 고용조건으로 하는 경우는 거의 없을 것이다. 그러나, 노조형태는 반드시 기업별 노조에 국한되는 것이 아니므로 산업별 노조, 직종별 노조 또는 지역별 노조의 경우 조합탈퇴를 고용조건으로 하는 것은 부당노동행위에 해당된다.

## 3. 특정한 노동조합의 조합원이 될 것을 고용조건으로 하는 경우

사용자가 근로자에게 특정 조합에의 가입을 강요하거나, 또는 다른 조합에의 가입을 방해하고 자주적인 조합의 조직을 약화시키거나 어용조합을 확장하고 있는 경우 등은 부당노동행위에 해당된다.

그러나, 노동조합법 제81조제2호단서에 의하면 유니언 숍을 예외적으로 인정하고 있다. 본래의 유니언 숍제도는 특정다수노동조합에 가입하는 조건으로 근로자를 채용하고, 이를 위반하는 근로자를 해고하는 것을 원칙으로 하고 있다. 우리나라의 유니언 숍제도는 조합원이 제명되거나 탈퇴하는 경우 이들을 반드시 해고 할 필요가 없다는 점에서 본래의 유니언 숍제도를 변형하고 있다. 이러한 유니언 숍제도를 설명하여 보면 다음과 같다.[23]

### (1) 노동조합이 해당 사업장에 종사하는 근로자의 3분의 2 이상을 대표할 것

첫째, 노동조합의 형태는 기업별 노조, 직종별 노조 또는 산업별 노조 중 어느 형태의 노동조합이라도 무방하다. 다만, 노동조합의 조합원은 개인 근로자이어야 하므로, 단위노동조합을 구성원으로 하는 연합단체 노동조합은 이에 해당되지 아니한다.

둘째, 근로자는 해당 사업장에 종사하는 근로자, 즉 취업자이어야 한다. 본래 노동조합법상 근로자의 개념에는 해고자·실업자 등의 미취업자도 포함되나, 이곳에서의 근로자는 해당 사업장에 고용되어 있는 취업자만을 지칭하는 것임을 명문으로 규정하고 있다.

셋째, 노동조합은 근로자의 3분의 2 이상을 대표하여야 한다. 이는 유니언 숍협정을 체결하는 노동조합이 다수 조합일 것을 말하는 것이다.[24]

---

23) 유니언 숍제도에 관한 상세한 내용은 송강직, 「단결권-유니언 숍협정을 중심으로-」(삼지원, 1992) 참조.

24) 미국 NLRA 제8(a)(3)도 유니언 숍협정의 체결조합이 대표조합(exclusive representative)일 것임을

노동조합의 조합원이 대량으로 조합을 탈퇴하여 노동조합이 근로자의 3분의 2 이상을 대표하지 못하는 경우에는 유니언 숍협정은 요건을 충족시키지 못하므로 그 효력을 당연히 상실하게 되고, 대량 탈퇴자도 해고할 수 없는 것으로 보아야 한다.25)

## (2) 근로자가 노동조합의 조합원이 될 것을 고용조건으로 하는 단체협약을 체결할 것

근로자의 3분의 2 이상이 특정 노동조합에 가입한 경우 나머지 근로자들은 의무적으로 해당 노동조합에 가입하여야 한다.

이 경우 근로자는 어느 노동조합에도 가입하지 아니하고 있는 비조합원인 근로자만을 말한다. 유니언 숍협정의 체결 당시 근로자가 이미 다른 노동조합의 조합원인 경우에는 이들 소수조합원의 단결권보장을 위하여 유니언 숍협정이 적용되지 아니한다.26)

이러한 유니언 숍제도는 근로자의 단결을 강제함으로써 헌법상 단결권을 침해할 우려가 있는 바, 현행 우리나라의 유니언 숍협정에 관하여는 견해가 나뉘고 있다.

### (가) 유니언 숍 위헌설

근로자의 소극적 단결권을 인정하는 견해에 의하면 유니언 숍제도는 근로자가 노동조합에 가입하지 아니할 자유, 즉 소극적 단결권을 제한하고 있으므로 위헌이라고 한다. 따라서 소극적 단결권 긍정론은 현행 유니언 숍을 위헌으로 보고 있다.27)

### (나) 유니언 숍 합헌설

소극적 단결권을 인정하지 아니하는 견해 중에서 특정 조합에의 가입강제를 허용하는 제한적 단결강제론에 의하면 유니언 숍은 헌법상 근로자의 단결권을 침해하지 아니하게 된다.

또한, 소극적 단결권을 부정하여 단결강제를 인정하는 견해 중에서 단결선택의 권리를 인정하는 일반적 단결강제론에 의하는 경우 현행 유니언 숍제도는 특정 노동조합에 근로자를 강제로 가입하게 하나, 다른 노동조합에 가입 또는 조직을 목적

---

요구하고 있다.

25) 노조 01254-714(1993. 6. 22).

26) 유니언 숍협정의 체결조합으로부터의 탈퇴자나 피제명자가 별도의 조합을 결성한 경우에도 이들에게는 유니언 숍협정이 적용되지 아니한다고 보아야 할 것이다. 동지: 박홍규, 노동법, p. 877. 행정해석(노조 01254-16377, 1989. 11. 17)은 유니언 숍협정의 체결 이전에 취업한 근로자에게도 노동조합가입을 강제할 수 없다고 하여 협정의 적용범위를 좁게 해석하고 있다.

27) 일반적 단결강제론을 취하는 김치선 교수(김치선, 노동법, p. 153)는 유니언 숍제도가 헌법이 보장하는 단결권의 침해를 용인하는 위헌입법이므로 무효라고 한다. 따라서 유니언 숍제도는 이를 당연히 부당노동행위로 보지 아니하며, 또한 이에 대한 구제도 하지 아니하겠다는 취지에 불과하다고 한다.

으로 탈퇴하는 것을 허용하고 있으므로 이는 근로자의 단결선택의 자유를 인정하고 있어 근로자의 단결권을 보장하게 된다. 따라서 이러한 소극적 단결권 부정론은 유니언 숍을 합헌으로 인정하고 있다.

헌법재판소[28] 및 대법원 판례[29]는 유니언 숍협정이 노조의 조직유지와 강화에 기여하는 측면을 고려하고, 또한 근로자의 단결하지 아니할 권리의 본질적 내용을 침해하지 않고 있으므로 이를 합헌으로 판결하고 있다.

> **관련판례** 대판 2002. 10. 25, 2000카기183 노동조합및노동관계조정법 제81조제2호 및 그 단서 규정은 유니언 숍 협정이 근로자 개인의 조합에 가입하지 않을 자유나 조합 선택의 자유와 충돌하는 측면이 있기는 하지만 조직강제의 일환으로서 노조의 조직 유지와 강화에 기여하는 측면을 고려하여 일정한 요건하에서 체결된 유니언 숍 협정의 효력을 인정한 것이라 할 것이어서 헌법상의 근로자의 단결권을 침해하는 조항으로 볼 수는 없다.

### (3) 사용자는 근로자가 해당 노동조합에서 제명된 것 등을 이유로 신분상 불이익한 행위를 할 수 없을 것

조합원이 노동조합으로부터 제명당하거나 자진탈퇴하는 경우 이에 대하여 아무런 불이익도 주지 아니한다면 유니언 숍협정은 유명무실한 존재가 되어버리게 된다. 따라서 유니언 숍협정하에서는 조합원의 자격을 상실한 자에 대하여 사용자가 해고·전직 등 신분상의 불이익을 줄 수 있도록 허용하는 것이 원칙이다.

#### (가) 조합원이 제명당한 경우

노동조합법 제81조제2호단서에서는 사용자가 노동조합으로부터 제명된 근로자에게 해고·전직 및 징계 등 신분상 불이익한 행위를 할 수 없도록 규정하고 있다. 이는 노동조합이 권한을 남용하여 조합원을 제명하는 경우 사용자로부터 신분상의 불이익을 받게 되는 것을 방지하기 위한 것이다. 이러한 신분상 불이익의 금지조치는 유니언 숍협정의 실효성을 반감시키고 있다.

#### (나) 조합원이 임의탈퇴한 경우

근로자가 노동조합에서 임의로 탈퇴한 경우에는 사용자가 신분상 불이익한 행위를 할 수 있는 것이 원칙이다. 그러나, 현행법하에서는 근로자가 노동조합을 임의로 탈퇴하여 새로 노동조합을 조직하거나 다른 노동조합에 가입하는 경우 이를 이유로 불이익을 줄 수 없다(노동조합법 제81조제1항제2호단서). 이는 근로자의 단결선택의 자

---

28) 헌재 2005. 11. 24, 2002헌바95·2002헌바96·2003헌바9.
29) 대판 2002. 10. 25, 2000카기183.

유를 인정하고 있는 것이다.

이 경우 지배적 노동조합에 대한 가입 및 탈퇴 절차를 거쳐 다른 노동조합에 가입하는 것이 아니라 신규로 입사한 근로자가 지배적 노동조합이 아닌 소수 노동조합에 이미 가입한 경우에도 불이익 처분을 할 수 없다고 보아야 할 것이다.[30]

| 관련<br>판례 | 대판 2019. 11. 28, 2019두47377　　헌법 제33조 제1항, 제11조 제1항, 제32조 제1항 전문, 노동조합 및 노동관계조정법 제5조 본문, 제81조 제2호, 근로기준법 제23조 제1항 등 관련 법령의 문언과 취지 등을 함께 고려하면, 근로자에게는 단결권 행사를 위해 가입할 노동조합을 스스로 선택할 자유가 헌법상 기본권으로 보장되고, 나아가 근로자가 지배적 노동조합에 가입하지 않거나 그 조합원 지위를 상실하는 경우 사용자로 하여금 그 근로자와의 근로관계를 종료시키도록 하는 내용의 유니온 숍 협정이 체결되었더라도 지배적 노동조합이 가진 단결권과 마찬가지로 유니온 숍 협정을 체결하지 않은 다른 노동조합의 단결권도 동등하게 존중되어야 한다. 유니온 숍 협정이 가진 목적의 정당성을 인정하더라도, 지배적 노동조합이 체결한 유니온 숍 협정은 사용자를 매개로 한 해고의 위협을 통해 지배적 노동조합에 가입하도록 강제한다는 점에서 허용 범위가 제한적일 수밖에 없다. 이러한 점들을 종합적으로 고려하면, 근로자의 노동조합 선택의 자유 및 지배적 노동조합이 아닌 노동조합의 단결권이 침해되는 경우에까지 지배적 노동조합이 사용자와 체결한 유니온 숍 협정의 효력을 그대로 인정할 수는 없고, 유니온 숍 협정의 효력은 근로자의 노동조합 선택의 자유 및 지배적 노동조합이 아닌 노동조합의 단결권이 영향을 받지 아니하는 근로자, 즉 어느 노동조합에도 가입하지 아니한 근로자에게만 미친다. 따라서 신규로 입사한 근로자가 노동조합 선택의 자유를 행사하여 지배적 노동조합이 아닌 노동조합에 이미 가입한 경우에는 유니온 숍 협정의 효력이 해당 근로자에게까지 미친다고 볼 수 없고, 비록 지배적 노동조합에 대한 가입 및 탈퇴 절차를 별도로 경유하지 아니하였더라도 사용자가 유니온 숍 협정을 들어 신규 입사 근로자를 해고하는 것은 정당한 이유가 없는 해고로서 무효로 보아야 한다. |
|---|---|

상기 사유 이외의 사유에 의하여 임의탈퇴한 경우 사용자가 불이익처분을 내릴 수도 있으나, 과연 이를 의무적으로 하여야 하는지에 관하여 의문점이 제기될 수 있다. 이에 관하여는 유니언 숍의 근본취지상 노동조합을 임의로 탈퇴한 근로자에 대하여는 신분상 불이익한 처분을 내려야 하나, 사용자가 탈퇴근로자에게 불이익처분을 내리지 아니하는 경우 이는 단체협약상의 채무불이행으로 인한 책임만을 부담하는 데 불과하며, 부당노동행위에 해당하는 것은 아니라는 견해가 있다.[31]

---

30) 대판 2019. 11. 28, 2019두47377.
31) 대판 1995. 2. 28, 94다15363; 대판 1998. 3. 24, 96누16070.

유니언 숍조항이 체결되어 있는 경우 탈퇴근로자가 다시 가입원을 제출하는 경우에는 그 승인을 거부할 수 없다.[32]

> **관련판례**　대판 1998. 3. 24, 96누16070　유니언 숍협정이 체결되어 있는 경우 노동조합으로부터 탈퇴한 자에 대하여는 단체협약에 불이익처분에 관한 규정이 없는 경우에도 사용자는 불이익처분을 내릴 의무를 부담하나, 사용자가 이에 불이익처분을 하지 아니하는 경우에도 이는 단체협약 위반에 따른 책임만이 발생하며 반드시 부당노동행위에 해당되지 아니한다.

# 제 4 절　단체교섭거부

## Ⅰ. 의　　의

노동조합법 제81조제1항제3호는 「노동조합의 대표자 또는 노동조합으로부터 위임을 받은 자와의 단체협약체결 기타의 단체교섭을 정당한 이유 없이 거부하거나 해태하는 행위」를 부당노동행위로서 금지하고 있다.

사용자의 단체교섭의무는 성실하게 단체교섭을 수행하는 것에 국한되며, 반드시 단체교섭을 타결시켜 단체협약을 체결할 의무는 없다. 단체교섭을 계속하였으나 당사자간의 주장이 첨예하게 대립하여 더 이상 교섭을 계속하는 것이 무의미하여 교섭이 결렬상태로 된 경우에는 단체교섭을 중단하더라도 단체교섭의 거부는 아니다. 그러나 단체교섭이 타결되어 당사자간의 합의가 성립된다면 반드시 단체협약을 체결하여야 하며, 이것을 거부하면 단체교섭거부로 인한 부당노동행위에 해당된다.

## Ⅱ. 단체교섭거부의 정당한 이유

노동조합법 제81조제1항제3호는 「정당한 이유」가 있는 경우에는 사용자가 예외적으로 단체교섭을 거부할 수 있도록 규정하고 있다. 따라서 무엇이 「정당한 이유」에 해당하는가의 문제가 발생한다. 이는 대체로 근로자측의 「단체교섭요건의 충족 문제」와 사용자의 「성실교섭 문제」로 귀착된다.[33]

대체로 단체교섭요건의 충족 문제는 단체교섭의 개시 이전, 성실교섭문제는 개시

---

32) 대판 1996. 10. 29, 96다28899.
33) 대판 2009. 12. 10, 2009도8239; 대판 2010. 4. 29, 2007두11542.

이후에 단체교섭거부의 정당한 이유로 되나 이와 반드시 일치하는 것은 아니다.

**관 련 판 례** 대판 2010. 4. 29, 2007두11542 '노동조합 및 노동관계조정법' 제81조 제3호는 사용자가 노동조합의 대표자 또는 노동조합으로부터 위임을 받은 자와의 단체협약체결 기타의 단체교섭을 정당한 이유 없이 거부하거나 해태할 수 없다고 규정하고 있는 바, 단체교섭에 대한 사용자의 거부나 해태에 정당한 이유가 있는지 여부는 노동조합측의 교섭권자, 노동조합측이 요구하는 교섭시간, 교섭장소, 교섭사항 및 그의 교섭태도 등을 종합하여 사회통념상 사용자에게 단체교섭의무의 이행을 기대하는 것이 어렵다고 인정되는지 여부에 따라 판단하여야 할 것이다.

## 1. 단체교섭요건의 충족

첫째, 근로자가 단체교섭의 정당한 주체가 아닌 경우 사용자는 단체교섭을 거부하여도 부당노동행위에 해당되지 아니한다.

예컨대 ⅰ) 근로자측이 노동조합법상의 노동조합이 아니라 근로자단체에 불과한 경우(노동조합법 제7조제1항), ⅱ) 노동조합측에 단체교섭의 당사자적격 또는 단체교섭 담당자의 단체협약체결능력의 확정을 요구하고 확정될 때까지 단체교섭을 연기하는 경우, ⅲ) 단체교섭 담당자가 조합총회로부터 단체교섭권한이나 단체협약체결권한을 위임받지 못한 경우, ⅳ) 단체교섭의 담당자가 지나치게 과다한 경우 등에는 사용자는 정당하게 단체교섭을 거부할 수 있다.

그러나 사용자가 ⅰ) 단체협약상의 유일교섭단체조항을 이유로 단체교섭을 거부하는 경우, ⅱ) 조합원이 소수라는 이유로 단체교섭을 거부하는 경우 등에는 단체교섭거부의 정당한 이유에 해당되지 아니하므로 부당노동행위가 성립한다.

둘째, 근로자가 요구하는 단체교섭의 대상이 그 요건을 충족시키지 못하는 경우 사용자가 단체교섭을 거부하여도 부당노동행위에 해당되지 아니한다.

예컨대 ⅰ) 근로자가 징계해고처분의 철회 등 인사·경영에 국한된 임의교섭대상이나, ⅱ) 불법행위 등 금지교섭대상에 관하여 단체교섭을 요구하는 경우 사용자가 이를 거부하여도 부당노동행위에 해당되지 아니한다. 그러나 ⅰ) 임금·근로시간 등 근로조건에 관한 사항이나 또는 단체협약에 의하여 단체교섭의 대상으로 규정된 사항 등에 관하여 사용자가 단체교섭을 거부하거나, ⅱ) 근로자가 제시한 단체교섭의 대상이 과다하거나 복잡하다고 하여 단체교섭을 거부하는 경우 이는 부당노동행위에 해당된다.

셋째, 단체교섭의 방법·태양 및 절차 등이 법령·단체협약 또는 취업규칙 등으로 정하여진 경우 이에 위반한 단체교섭의 요구를 사용자가 거부하여도 부당노동행위에 해당되지 아니한다.

예컨대, ⅰ) 근로자가 단체교섭의 개시 또는 진행을 위하여 폭력·폭언을 사용하는 경우, ⅱ) 불필요하게 많은 수의 근로자가 교섭에 입회할 것을 요구하여 정상적인 교섭을 행할 수 없는 경우, ⅲ) 특별한 사정도 없이 심야에까지 교섭을 계속할 것을 요구하는 등 지나치게 장시간에 걸치는 경우, ⅳ) 사용자의 사택에서 교섭할 것을 요구하는 등 사생활을 침해하는 경우, ⅴ) 특정 사항에 대해서 즉석의 답변을 요구하는 경우 등은 일반적으로 단체교섭거부의 정당한 이유가 된다.

그러나 ⅰ) 사용자가 일방적으로 단체교섭의 일시·장소 및 교섭인원등을 정하고 근로자가 이에 합의하지 아니하는 것을 이유로 단체교섭을 거부하는 경우, ⅱ) 단체협약의 종료에 대비하여 근로자가 합리적인 시기에 요구한 단체교섭을 사용자가 거부하는 경우 등에는 부당노동행위에 해당된다.

넷째, 근로자가 단체교섭을 요구하는 경우 사용자가 단체교섭권한을 보유하고 있지 아니한 때에는 이를 거부하여도 부당노동행위에 해당되지 아니한다.

예컨대 ⅰ) 특정 단체가 노동조합법상의 사용자단체가 아니고 사용자로부터 단체교섭권한도 위임받지 아니한 경우, ⅱ) 중소기업협동조합과 같이 조합원인 사용자에 대하여 조정·규제할 권한이 없는 조합에 불과하여 사용자단체가 아닌 경우, ⅲ) 특정 단체가 일정한 자격을 갖춘 자는 사용자 또는 근로자의 여부를 불문하고 모두 구성원으로서 받아들여 사용자단체로서의 성격이 부정되는 경우 등에는 사용자측이 단체교섭을 거부하여도 부당노동행위가 성립되지 아니한다.

그러나 ⅰ) 사용자측 대표이사의 지병에 따른 요양 또는 회사중역의 인사개편을 이유로 단체교섭을 거부하거나, ⅱ) 사용자가 스스로 단체협약의 당사자가 아니라고 잘못 판단하여 단체협약체결을 거부한 경우 등에는 부당노동행위가 성립한다.

## 2. 성실교섭의무

성실교섭의무는 그 개념상 단체교섭에 본질적으로 내재되어 있는 의무로서 당사자는 성실하게 단체교섭을 행할 의무가 있다(노동조합법 제30조). 사용자가 단체교섭을 성실하게 행하고 있는가의 판단은 구체적 사안에 따라 사회통념에 비추어 판단되어야 한다.

예컨대 ⅰ) 근로자측의 요구가 단체교섭대상에 해당되나, 그 수준이 과대하다는 이유로 단체교섭을 거부하는 경우, ⅱ) 회사의 방침이나 영업기밀에 속한다는 이유로 근로자가 요구하는 일체의 자료제공을 거부하는 경우, ⅲ) 모든 결정권을 사업주

가 독점하고 있는 중소기업에서 아무런 결정권한이 없는 현장책임자에게만 단체교섭
을 담당하게 하는 경우, ⅳ) 단순히 회사의 내부사정을 이유로 거부하는 경우, ⅴ)
단체교섭시기에 일방적으로 휴업을 하는 경우, 또는 ⅵ) 형식적으로 교섭에 응하지
만 억지주장을 하는 등 실질적으로는 전혀 성의 없는 교섭을 하는 경우 등에 있어
서는 부당노동행위가 성립된다.

이와 반면에 ⅰ) 통상적인 근로시간을 과다하게 초과하여 단체교섭이 진행되는
경우, ⅱ) 장시간에 걸친 단체교섭 결과 심신이 피로하여 더 이상의 교섭을 진행하
는 것이 불가능한 경우, ⅲ) 근로자와의 견해차이가 좁혀지지 아니하여 더 이상 단
체교섭을 진행하는 것이 무의미한 경우, ⅳ)단체교섭대상 중 대부분이 타결되고 일
부분에 관하여 타결이 되고 있지 아니한 경우 등에는 사용자가 단체교섭을 거부하
여도 부당노동행위에 해당되지 아니한다.

### 3. 사용자에 대한 의무

근로자가 단체교섭의 주체·목적 및 방법 등에서 단체교섭의 요건을 충족시키지
못하고 있는 경우 사용자가 단체교섭을 거부하여도 이는 단체교섭거부의 정당한 이
유로서 부당노동행위에 해당되지 아니한다. 이와 반면에 사용자가 성실하게 단체교
섭을 행하지 아니하는 경우에는 당연히 부당노동행위에 해당된다.

동 조항은 헌법상 보장된 단체교섭권을 실효성 있게 하기 위한 것인 바, 설사 사
용자에게만 의무가 부과된다 할지라도 ⅰ) 근로자의 단체교섭권이 사용자의 불성실
한 단체교섭 태도로 인하여 침해되는 것을 방지하기 위한 것이므로, 그 차별이 자의
적인 것이라거나 비합리적인 것이라 할 수 없고 또한, ⅱ) 비례의 원칙에 위배하여
계약의 자유, 기업활동의 자유, 집회의 자유를 침해한 것이라 볼 수 없다.[34]

## 제 5 절　지배·개입

### Ⅰ. 의　　의

노동조합법 제81조제1항제4호는 「근로자가 노동조합을 조직 또는 운영하는 것을

---

34) 헌재 2002. 12. 18, 2002헌바12.

지배하거나 이에 개입하는 행위와 근로시간 면제한도를 초과하여 급여를 지급하거나 노동조합의 운영비를 지원하는 행위」를 부당노동행위로서 금지하고 있다.

이 규정의 취지는 노동조합의 자주성·독립성을 보호하고자 하는 것인 바, 노동조합의 조직·운영에 대한 지배·개입과 지배·개입의 일종이라고 할 수 있는 경비원조를 부당노동행위의 한 유형으로서 규정하고 있는 것이다. 다른 부당노동행위가 근로자의 자주적인 근로삼권행사 자체를 직접 방해·침해하고 있는 데 반하여, 지배·개입의 경우는 근로자의 근로삼권행사 자체는 인정하되, 이를 사용자가 원하는 방향으로 움직이게 함으로써 간접적으로 근로삼권의 행사를 침해하고 있다.

## II. 지배·개입의 성립

### 1. 지배·개입의 주체

지배·개입이 성립하기 위하여는 우선 지배·개입행위가 사용자의 행위로 볼 수 있어야 한다.

지배·개입의 주체가 되는 자는 ⅰ) 사업주 자신은 물론이고, ⅱ) 회사임원·지배인·지점장·공장장 및 영업소장 등 상급감독자나 부장·과장 등 상급관리직 직원의 행위는 사업주의 명확한 위임 또는 수권이 없더라도 사용자에 해당되며, ⅲ) 계장·주임 및 반장 등의 하급관리자의 행위는 사용자의 지시 또는 명시적·묵시적 승인하에 사용자의 행위로 간주된다고 하며, ⅳ) 기타의 제3자는 사용자와의 명확한 위임이나 수권이 있는 경우에만 사용자로 간주된다고 한다. 이 이외에도 최근에 지배·개입의 주체가 되는 사용자의 범위가 확대되고 있음은 이미 밝힌 바와 같다.

### 2. 지배·개입의 요건

지배·개입이 성립하기 위하여 우선 지배·개입행위가 존재하여야 하는 것은 확실하나 지배·개입의 결과발생 또는 지배·개입의사가 필요한가에 대하여는 견해가 나뉘고 있다.

#### (1) 지배·개입행위의 존재

##### (가) 기본원칙

노동조합의 조직·운영을 지배·개입하거나, 노동조합의 전임자에게 급여를 지원하거나[35] 노동조합의 운영비를 원조하는 행위는 부당노동행위에 해당된다.

① **노동조합의 조직 · 운영에 대한 지배 · 개입행위**

㉠ 조직 및 운영의 개념        노동조합의 조직 · 운영이라는 개념은 노동조합의 단결권행사에 국한된 것으로 해석될 수도 있으나, 이는 단결권 · 단체교섭권 및 단체행동권행사 전체를 대상으로 하는 포괄적인 개념으로 보아야 할 것이다.

노동조합의 조직이라 함은 조직준비행위 등 노동조합의 결성을 지향하는 근로자의 일체의 행위를 의미한다. 노동조합의 운영이라 함은 노동조합의 내부적 운영뿐 아니라 단체교섭 및 쟁의행위 등의 필요목적을 달성하기 위한 활동은 물론 선전 · 계몽 및 교육 등의 임의목적을 달성하기 위한 활동을 포함하는 노동조합의 유지 · 존속 및 확대를 위한 일체의 행위를 의미한다.

㉡ 지배 및 개입의 개념        노동조합법 제81조제4호는 조합의 조직 · 운영에 대한 지배와 개입을 구별하여 규정하고 있다.

이에 대하여 사용자가 조합의 조직 · 운영에 대하여 주도권을 장악하여 영향력을 행사하는 경우를 지배라 하고, 이 정도에는 이르지 아니하지만 조합의 조직 · 운영에 영향력을 주는 경우를 개입이라 해석하여 간섭 · 방해의 정도에 따라 양자를 구별하는 견해도 있다.36) 그러나 지배나 개입은 그 정도의 차이는 있지만, 근로삼권에 대한 침해행위이고 그 구제의 내용과 방법도 다르지 아니하므로 특별히 양자를 엄밀하게 구별할 필요성은 없다 할 것이다. 따라서 노동조합에 대한 일체의 간섭 및 방해행위를 넓은 의미의 지배 · 개입행위로 해석하면 충분하다고 생각된다.37)

② **전임자급여 및 노동조합운영비의 지원행위:**        근로시간 면제한도를 초과하는 전임자에 대한 급여지급 및 노동조합의 자주성을 침해하는 수준의 노동조합의 운영비를 원조하는 행위는 부당노동행위에 해당된다. 노동조합법은 이를 지배 · 개입과 구별하여 규정하고 있지만, 이것은 운영비지원을 지배 · 개입의 특수한 형태로서 예시적으로 규정한 것이라고 해석된다.

근로시간 면제자에게 지급하는 급여는 면제되는 근로시간에 상응하는 것이어야 하므로 근로시간 면제한도를 초과하여 타당한 근거 없이 과다하게 책정된 급여를 근로시간 면제자에게 지급하는 사용자의 행위는 부당노동행위가 될 수 있다.38)

---

35) 전임자에 대한 급여지급을 부당노동행위로 보는 것은 2010년 1월 1일부터 시행된다(동법부칙 제1조).
36) 김치선, 노동법, p. 386.
37) 김유성, 노동법(Ⅱ), p. 342; 임종률, 노동법, p. 285; 박상필, 노동법, p. 501.
38) 대판 2016. 4. 28, 2014두11137; 대판 2018. 5. 15, 2018두33050.

**대판 2018. 5. 15, 2018두33050**    단체협약 등 노사 간 합의에 의한 경우라도 타당한 근거 없이 과다하게 책정된 급여를 근로시간 면제자에게 지급하는 사용자의 행위는 부당노동행위가 될 수 있다.

여기서 근로시간 면제자에 대한 급여 지급이 과다하여 부당노동행위에 해당하는지는 근로시간 면제자가 받은 급여 수준이나 지급 기준이 그가 근로시간 면제자로 지정되지 아니하고 일반 근로자로 근로하였다면 해당 사업장에서 동종 혹은 유사 업무에 종사하는 동일 또는 유사 직급·호봉의 일반 근로자의 통상 근로시간과 근로조건 등을 기준으로 받을 수 있는 급여 수준이나 지급 기준을 사회통념상 수긍할 만한 합리적인 범위를 초과할 정도로 과다한지 등의 사정을 살펴서 판단하여야 한다.

노동조합에 대한 운영비지원의 대표적인 유형으로는 조합설립운영비의 제공 및 조합업무에 대한 출장비지급 등을 들 수 있다. 예컨대 주기적이나 고정적으로 이루어지는 사용자의 노동조합 운영비에 대한 원조 행위는 노동조합의 전임자에게 급여를 지원하는 행위와 마찬가지로 노동조합의 자주성을 잃게 할 위험성을 지닌 것으로서 부당노동행위라고 해석되고, 비록 운영비 원조가 노동조합의 적극적인 요구 내지 투쟁으로 얻어진 결과라 하더라도 부당노동행위에 해당된다.[39] 그러나 후술하듯이 모든 형태의 운영비지원이 부당노동행위에 해당하는 것은 아니다.

③ **사용자의 언론의 자유와 지배·개입**

㉠ **개 요**    사용자는 헌법상의 기본권으로서 언론의 자유를 향유하고 있으므로 노사관계에 관하여 자신의 의사를 표명할 수 있음은 물론이다. 헌법상 언론의 자유가 노동조합의 조직 및 운영에 대한 지배·개입에 해당할 우려가 있다. 따라서 사용자의 언론의 자유는 근로자의 헌법상 근로삼권과 조화·균형을 이루어 행사되어야 한다. 즉, 사용자의 연설, 사내방송, 게시문 또는 서한 등을 통한 노사관계에 대한 비판 또는 의견표명 등의 발언이 지배·개입에 해당하는지의 여부는 그 시기·장소·내용·대상·상황, 노동조합의 조직·운영에 미친 영향 및 사용자의 의도 등을 종합적·구체적으로 판단하여 한다.[40]

㉡ **구체적 사례**

( ⅰ ) 보복·폭력의 위협 또는 이익의 제공    사용자의 노사관계 관련 발언에 노동조합 또는 조합원에 대하여 ⅰ) 보복·폭력의 위협 등의 불이익 제공 또는 이익의 제공이 포함되어 있지 아니하다면 지배·개입이 성립하지 아니한다는 견해[41]와, ⅱ) 보복·폭력의 위

---

39) 대판 2016. 1. 28, 2012두12457.

40) 김유성, 노동법(Ⅱ), p. 349; 임종률, 노동법, p. 279; 이병태, 노동법, p. 416; 대판 1998. 5. 22, 97누8076. 대판 2006. 9. 8, 2006도388; 대판 2013. 1. 31, 2012도3475.

41) 미국의 태프트-하틀리법 제8조(C).

협 등의 불이익 제공 또는 이익의 제공이 포함되어 있지 아니할지라도 제반사정을 종합적으로 고려하여 노동조합의 자주성을 해칠 우려가 있는 경우에는 지배·개입에 해당될 수 있다는 견해가 있다.42)

사견으로는 후자의 견해에 찬동하는 바이다. 다만, 사용자의 발언이 위법하거나 경영질서를 현저히 해치는 조합활동에 대하여 법령·단체협약 및 취업규칙에 근거하여 제재조치를 하겠다는 등의 경고 또는 비난에 해당하는 경우 이를 지배·개입으로 볼 수는 없을 것이다.

(ii) 내부 노조상황 및 외부 노사관계     사용자의 발언이 i) 순수한 노동조합 내부 상황에 관한 사항일 때에는 지배·개입에 해당될 가능성이 높지만, ii) 사용자의 경영권 등 권리행사와 관련된 사항일 때에는 지배·개입에 해당될 가능성이 상대적으로 낮다고 할 것이다.43) 예컨대, 상부단체 가입, 총회 및 대의원회의 개최, 파업찬반투표의 실시, 노조대표자의 선출·해임 및 조합규약의 채택 등은 순수한 노동조합 내부 상황에 관한 것으로 이에 대한 사용자의 발언은 지배·개입에 해당될 우려가 상대적으로 크다고 할 것이다.

한편, 단체교섭의 주체·시기·대상·방법 등에 관한 사항, 정당하지 아니한 쟁의행위의 중단, 및 직장복귀, 경영질서의 회복 등에 관한 사항은 사용자의 권리행사와도 밀접한 관련이 있으므로 이에 대한 사용자의 발언은 지배·개입에 해당될 가능성이 낮다고 할 것이다.

| 관련 판례 | **대판 2013. 1. 31, 2012도3475**   사용자 또한 자신의 의견을 표명할 수 있는 자유를 가지고 있으므로, 사용자가 노동조합의 활동에 대하여 단순히 비판적 견해를 표명하거나 근로자를 상대로 집단적인 설명회 등을 개최하여 회사의 경영상황 및 정책방향 등 입장을 설명하고 이해를 구하는 행위 또는 비록 파업이 예정된 상황이라 하더라도 그 파업의 정당성과 적법성 여부 및 파업이 회사나 근로자에 미치는 영향 등을 설명하는 행위는 거기에 징계 등 불이익의 위협 또는 이익제공의 약속 등이 포함되어 있거나 다른 지배·개입의 정황 등 노동조합의 자주성을 해칠 수 있는 요소가 연관되어 있지 않는 한, 사용자에게 노동조합의 조직이나 운영 및 활동을 지배하거나 이에 개입하는 의사가 있다고 가볍게 단정할 것은 아니라 할 것이다. |
|---|---|

(iii) 시설관리권 행사와 지배·개입     노동조합이 기업시설에 부착한 벽보를 철거하거나 노조회의를 위하여 기업시설을 이용하는 것은 허용하지 아니하는 것이 지배·개입에 해당하는지의 여부가 문제시 될 수 있다.

이에 대하여는 i) 상기 노동조합의 행위는 노조운영상 불가결한 활동이지만 기업의 운영에 특별한 지장을 주지 아니하므로 사용자는 이를 승인할 의무가 있고, 따라서 사용자가 벽보를 철거하거나 기업시설이용을 불허하는 것은 지배·개입에 해당한다는 수인의무설44)

---

42) 김유성, 노동법(II), p. 349; 임종률, 노동법, p. 288; 이병태, 노동법, p. 416; 대판 2013. 5. 23, 2010도15499.
43) 김유성, 노동법(II), p. 350; 임종률, 노동법, p. 289.
44) 김유성, 노동법(II), p. 347.

과, ⅱ) 상기 노동조합의 행위가 노조운영상 불가결하고 기업운영에 특별한 지장을 주지 아니한다 할지라도 노동조합이 이러한 권리를 갖고 있는 것은 아니므로, 사용자가 합법적 절차와 방법을 통하여 벽보를 철거하거나 기업시설을 불허하는 것은 지배·개입에 해당하지 아니한다는 실질적 지장설45)이 있다.

(나) 예 외

노동조합법 제81조제1항제4호단서는 ⅰ) 근로자가 근로시간 중에 근로시간면제제도에 따른 활동을 하는 것을 사용자가 허용하는 것, ⅱ) 근로자의 후생자금 또는 경제상의 불행 그 밖에 재해의 방지와 구제 등을 위한 기금의 기부, ⅲ) 최소한의 규모의 노동조합사무소의 제공 및 ⅳ) 그 밖에 이에 준하여 노동조합의 자주적인 운영 또는 활동을 침해할 위험이 없는 범위에서의 운영비 원조행위는 부당노동행위에 해당되지 아니 한다고 규정하고 있다.

단체협약으로 사무소의 제공을 규정하고 있는 경우, 이에 전기요금의 지급까지 포함되어 있는 것은 아니다.46)

여기에서 문제가 되는 것은 운영비 원조행위이다.

노동조합의 운영비지원에 대하여는 ⅰ) 사용자의 경비지원도 이로 인하여 실질적으로 노동조합의 자주성·독립성이 침해되거나 침해될 우려가 없으면 부당노동행위가 되지 아니한다는 실질설과,47) ⅱ) 경비원조는 사용자·근로자의 의도 또는 자주성의 실질적인 침해여부와 상관없이 모두 부당노동행위로 간주하는 것이 노동조합의 자주성과 독립성을 보호하려는 부당노동행위의 취지에 부합된다는 형식설48) 등이 대립되어 왔다.

사견으로는 사용자의 경비지원행위의 금지는 그 금지 자체가 목적이 아니라, 노동조합의 어용화를 방지하여 자주성 및 독립성을 유지·확보하는데 주된 목적이 있으므로 원칙적으로는 노동조합이 어용화되지 아니하는 범위 내에서 사용자로부터 경비원조를 받을 수 있다는 실질설에 찬성한다.

헌법재판소도 실질설에 따라 노동조합운영비 지원을 부당노동행위로 규정한 동법 제81조제4호에 대하여 헌법불합치판정을 내린 바 있다.49)

---

45) 임종률, 노동법, p. 289.
46) 대판 2014. 2. 27, 2011다109531.
47) 김치선, 단결권, p. 183; 김유성, 노동법(Ⅱ), p. 352; 이병태, 노동법, p. 419; 대판 1991. 5. 28, 90누6392.
48) 김형배, 노동법, p. 955. 김형배 교수는 경비원조를 너무 엄격하게 해석할 필요는 없으며 조합의 경상비를 사용자가 계속 지원하는 것은 부당노동행위에 해당되나 쟁의행위의 종료 후 사용자 지급이 누락된 임금의 전부 또는 일부를 부담하는 것은 부당노동행위에 해당되지 아니한다고 한다.

관련
판례
　헌재 2018. 5. 31, 2012헌바90 　'노동조합 및 노동관계조정법' 제81조 제4호 중 '노동조합의 운영비를 원조하는 행위'에 관한 부분은 노동조합의 단체교섭권을 침해한다. 운영비 원조 행위가 노동조합의 자주성을 저해할 위험이 없는 경우에는 이를 금지하더라도 위와 같은 입법목적의 달성에 아무런 도움이 되지 않는다. 그런데 운영비원조금지조항은 단서에서 정한 두 가지 예외를 제외한 일체의 운영비 원조 행위를 금지함으로써 노동조합의 자주성을 저해할 위험이 없는 경우까지 금지하고 있으므로, 입법목적 달성을 위한 적합한 수단이라고 볼 수 없다. 따라서 운영비 원조 행위에 대한 제한은 실질적으로 노동조합의 자주성이 저해되었거나 저해될 위험이 현저한 경우에 한하여 이루어져야 한다.

　이에 따라 법개정을 통하여 "노동조합의 자주적인 운영 또는 활동을 침해할 위험이 없는 범위에서의 운영비 원조행위"는 부당노동행위에 해당되지 아니 한다고 명문으로 규정하고 있다. "노동조합의 자주적 운영 또는 활동을 침해할 위험" 여부를 판단할 때에는 ⅰ) 운영비 원조의 목적과 경위, ⅱ) 원조된 운영비 횟수와 기간, ⅲ) 원조된 운영비 금액과 원조방법, ⅳ) 원조된 운영비가 노동조합의 총수입에서 차지하는 비율 및 ⅴ) 원조된 운영비의 관리방법 및 사용처 등의 사항을 고려하여야 한다(동법 제81조제2항).

## (2) 지배·개입의 결과발생

　사용자의 지배·개입의 성립요건으로서 사용자의 지배·개입행위 이외에도 이러한 지배·개입행위로 인한 근로삼권침해의 결과가 발생하여야 하는가의 문제가 생긴다.

　노동조합법 제81조제4호의 입법취지는 사용자의 지배·개입행위만으로도 부당노동행위의 성립을 인정하려는 것이며, 또한 부당노동행위구제제도가 民事法에 있어서와 달리 이미 발생된 손해의 배상을 목적으로 하는 것이 아니라 근로자의 근로삼권 보호 자체에 그 목적을 두고 있으므로 구체적인 결과나 손해의 발생을 요건으로 하지 아니한다고 보아야 할 것이다.[50]

관련
판례
　대판 2022. 5. 12, 2017두54005 　사용자가 한 발언의 내용, 그것이 행하여진 상황과 시점, 그것이 노동조합의 운영이나 활동에 미치거나 미칠 수 있는 영향 등을 종합하여 노동조합의 조직이나 운영 및 활동을 지배하거나 이에 개입하는 의사가 인정되는 경우에는 '근로자가 노동조합을 조직 또는 운영하는 것을 지배하거나 이에 개입하는 행위'로서 부당노동행위가 성립하고, 또 그 지배·개입으로서의 부당노동행위의 성립에 반드시 근로자의 단결권 침해라는 결과의 발생까지 요하는 것은 아니다.

---

49) 헌재 2018. 5. 31, 2012헌바90.
50) 대판 2022. 5. 12, 2017두54005. 김치선, 노동법, p. 388; 김유성, 노동법(Ⅱ), p. 353; 임종률, 노동법, p. 285; 이병태, 노동법, p. 442; 박상필, 노동법, p. 489.

### (3) 지배·개입의 의사

지배·개입에 의한 부당노동행위의 성립에 있어서 사용자의 주관적인 지배·개입의 의사가 필요한가의 문제이다. 이 문제에 대해서는 견해가 나뉘고 있다.

### (가) 학 설

① **의사불요설:** 지배·개입에 의한 부당노동행위는 근로삼권에 대한 침해행위의 배제가 목적이므로 객관적으로 지배·개입의 사실이 있다면 사용자의 의사 여하를 막론하고 부당노동행위가 성립한다는 견해이다.[51]

② **의사필요설:** 지배·개입의 경우를 포함한 부당노동행위는 일반적으로 사용자의 부당노동행위의사를 필요로 하지만, 지배·개입의 경우는 행위 그 자체 안에 부당노동행위의사를 이미 추단할 수 있거나, 또는 노동위원회가 전문적 경험·능력에 기하여 제반사정을 종합하여 추정하여야 된다는 견해이다.[52]

### (나) 사 견

의사불요설이 타당하다고 본다. 그 이유는 부당노동행위의사의 개념을 구체적으로 정립하기가 용이하지 아니하고, 부당노동행위구제제도는 사용자의 주관적 의사를 판단하여 사용자에게 책임을 부과하는 것에 목적이 있는 것이 아니라 근로자의 근로삼권을 보호하는 것에 궁극적 목적을 두고 있으므로 사용자의 주관적 부당노동행위의사의 존재는 무의미하다고 보기 때문이다.

제 3 부 집단적 노사관계

---

51) 김유성, 노동법(Ⅱ), p. 353; 임종률, 노동법, p. 285.
52) 김치선, 노동법, p. 387; 박상필, 노동법, p. 502; 임종률, 노동법, p. 286; 이병태, 노동법, p. 416.

# 제3장 부당노동행위의 구제절차

## 제1절 총 설

### I. 의 의

#### 1. 원상회복주의와 형벌주의

노동조합법에 규정된 부당노동행위에 대한 구제절차로서는 첫째, 노동조합법 제82조 내지 제86조에 규정된 노동위원회에 의한 구제절차와 둘째, 동법 제90조에 의한 형벌부과절차가 있다.

#### (1) 원상회복주의

노동위원회의 원상회복주의에 근거한 구제절차는 구제명령을 통하여 부당노동행위가 행하여지기 이전의 상태로 원상회복시킴으로써 근로자의 침해된 권리를 바로잡는다는 데 그 실익이 있다. 따라서 사용자가 구제명령을 제대로 이행하는 한 부당노동행위를 하였다는 사실에 대하여 아무런 불이익을 받지 아니하므로 사용자는 원하는 경우 언제든지 부당노동행위를 다시 행할 여지가 있다.

#### (2) 형벌주의

형벌주의는 사용자의 부당노동행위를 사전에 예방·억제하고, 이에 대한 응보로서 부당노동행위를 행한 자를 직접 처벌하고 있다. 형벌주의는 헌법상의 근로삼권을 침해하는 사용자의 부당노동행위 자체를 범죄로 보고 있는 것이다. 그러나 형벌주의는 부당노동행위를 사전에 예방하고, 부당노동행위라는 범죄를 저지른 자를 응징하는 데에는 적합하지만 근로삼권이 침해된 근로자의 피해를 회복하는 데에는 적합하지 아니하다.

### (3) 양자의 관계

현행법에서 부당노동행위에 대하여 원상회복주의와 형벌주의를 병과하는 것은 양자의 장점을 취하고 단점을 극복하여 이미 발생된 부당노동행위로 인한 근로자의 피해를 원활히 구제함과 동시에 사용자에 의한 부당노동행위의 발생을 사전에 예방하고 응징하기 위한 것이다.

현행법이 노동위원회에 의한 구제절차와 법원에 의한 형벌절차를 동시에 허용하고 있으므로 양 제도간의 경합 문제가 발생하게 된다. 노동위원회의 부당노동행위구제는 부당노동행위구제제도의 근간을 이루는 핵심적 부분이다. 따라서 우선 노동위원회에 의하여 부당노동행위가 성립된다는 판정이 있는 경우에 한하여 법원에 의한 형벌이 부과될 수 있다고 본다.

노동위원회에 의하여 부당노동행위가 성립되지 아니한다고 판정된 경우 법원은 이를 처벌하여서는 아니 된다고 본다.

## 2. 노동위원회에 의한 구제제도와 사법적 구제제도

부당노동행위에 대한 구제제도로서는 노동위원회에 의한 부당노동행위구제제도 이외에도 법원에 의한 사법적 구제제도를 드는 것이 일반적이다.

### (1) 노동위원회에 의한 구제

사용자의 근로삼권침해행위로부터 근로삼권을 적극적으로 보장하기 위하여 국가가 마련한 공법상의 제도가 바로 노동조합법에 규정된 부당노동행위구제제도이다.[1] 즉, 부당노동행위구제제도는 근로자의 근로삼권보호를 주된 목적으로 하고, 사용자의 부당노동행위에 대하여 책임을 부과하는 것은 부차적인 목적이다.

개인의 권리·의무관계의 존부와 그 범위를 확정하는 사법적 구제제도는 사용자의 부당노동행위에 대한 민사·형사책임을 부과하는 데는 적합할지 모르나, 근로자의 근로삼권보호라는 부당노동행위의 본래적 취지를 달성하는 데는 적합하지 아니하다. 따라서 근로자의 근로삼권을 보호하기 위하여는 법원에 의한 사법적 구제제도와는 별개의 제도가 필요하고, 근로삼권의 보호는 그 성질상 구제절차의 신속성·간이성 및 전문성이 요구되는 바, 이를 위하여 제도화된 절차가 노동위원회에 의한 부당노동행위구제제도이다.

---

[1] 부당노동행위구제제도는 공법상의 권리구제절차이다. 대판 1988. 12. 13, 86다카1035.

## (2) 법원에 의한 구제

노동위원회에 의한 부당노동행위구제제도가 중요하다고 하여 법원에 의한 사법적 구제제도가 필요하지 아니한 것은 아니다. 노동위원회에 의한 부당노동행위구제제도는 부당노동행위 결과 발생한 노사당사자간의 권리·의무관계의 확정 및 손해의 전보 등을 위하여 적합하지 아니하므로 이를 위하여 사법적 구제제도가 별도로 필요하게 된다.

> **관련 판례** 대판 1988. 12. 13, 86다카1035　부당노동행위구제제도는 공법상의 권리구제절차로서 노사당사자간의 사법상 권리관계에 영향을 미친 것이 아니므로 근로자는 부당노동행위구제제도와 별도로 민사소송에 의하여 권리구제를 할 수 있다.

## (3) 양자의 관계

근로자는 동일한 부당노동행위에 대하여 노동위원회에 의한 구제절차와 법원에 의한 구제절차를 동시에 밟을 수 있다. 이 경우 노동위원회에 의한 구제절차와 법원에 의한 구제절차간에 경합문제가 발생한다. 이에 대하여 부당노동행위의 구제제도와 관련하여 ⅰ) 일차적으로 노동위원회에 의한 구제제도가 전속관할권을 가지며 사법상의 구제는 이차적인 구제제도라는 견해와, ⅱ) 노동위원회에 의한 구제와 사법상의 구제가 병행된다는 견해가 있다.[2] 사견으로는 두 가지 구제제도는 병행되나 법원에 의한 구제절차가 형벌부과의 경우와 마찬가지로 민사소송에 있어서도 노동위원회의 판정을 우선적으로 존중하여야 할 것으로 본다.[3] 또한, 법원에서 구제절차가 완료된 경우 이를 노동위원회에서 다시 구제신청을 진행할 수 없다고 할 것이다.[4]

---

2) 상세한 내용은 김치선, 단결권, p. 199 이하 참조. 박홍규 교수는 양 절차는 독립된 절차이므로 효력의 상하문제는 발생하지 아니하고 서로 상반되는 내용의 판결을 내릴 수 있다고 한다. 박홍규, 노동법, p. 1150.

3) 미국에서는 사용자의 부당노동행위에 대하여 전국노사관계위원회(NLRB)에 의한 부당노동행위구제제도(NLRA §9(b)(4))와 법원에 의한 민사소송(NLRA §304) 중 어느 하나를 택일하거나 또는 양자 모두에게 동시에 구제신청을 할 수 있다. 이 경우 NLRB와 법원은 서로 독립적으로 판결을 내리며, 따라서 양 기관이 서로 상반되는 판결을 내릴 수도 있다. NLRB v. Deena Artware, Inc. 198 F.2d 645(6th Cir. 1952), Cert. denied, 344 U.S. 897(1952). 따라서 법원은 NLRB의 판결결과를 기다린 후에 이를 존중하여 판결을 내릴 필요가 없다. Inter-national Longshoremen's Union v. Juneau Spruce Corp., 342 U.S. 237(1952). 그러나 최근에는 NLRB에 의한 판결에 대하여 법원은 사법상의 구속력(res judicata effect)을 인정하여야 한다. U.S. v. Utah Constr. & Mining Co., 384 U.S. 394(1966). 상세한 내용은 Gorman, Lab.L., pp. 291~295 참조.

4) 대판 2002. 12. 6, 2001두4825.

대판 2002. 12. 6, 2001두4825   원고가 참가인 회사를 상대로 제기한 징계해고 무효확인의 소에서 원고의 청구를 기각한다는 내용의 원고 패소판결이 선고되고 그 판결이 확정되어 위 해고가 정당한 것으로 확정된 이상, 원고의 부당해고 및 부당노동행위 구제신청을 기각한 지방노동위원회의 결정을 유지하여 재심신청을 기각한 중앙노동위원회의 이 사건 재심판정의 취소를 구하는 원고의 이 사건 소는 그에 의하여 부당해고 구제의 목적으로 실현할 수 없게 되었으므로 소의 이익이 없어 부적법하다고 하여 이 사건 소를 각하한 원심은 정당하다.

# 제 2 절   노동위원회에 의한 구제절차

## I. 의   의

### 1. 개   요

노동위원회에 의한 구제절차는 초심절차 및 재심절차로 나누어 볼 수 있으며 노동위원회의 결정에 대하여 불복하는 자는 행정법원에 행정소송을 제기할 수 있다. 초심·재심절차는 신청·심사·합의 및 구제명령의 순서로 진행되며, 그 과정에서 신청의 각하·취하 또는 화해에 의하여 구제절차가 종료될 수 있다. 행정소송을 제기하는 경우 출소기간, 재심사 및 긴급이행명령에 관한 노동조합법상의 특례규정을 제외하고는 행정소송법상의 절차에 의한다.

### 2. 당 사 자

#### (1) 신 청 인

사용자의 부당노동행위로 권리를 침해당한 근로자 또는 노동조합은 노동위원회에 그 구제를 신청할 수 있다(노동조합법 제82조제1항). 따라서 부당노동행위구제의 신청인은 부당노동행위를 당한 근로자 또는 노동조합이다. 여기에서 노동조합은 노동조합의 성립요건을 모두 갖춘 노동조합법상의 노동조합을 말한다(동법 제7조제1항). 또한, 근로자는 원칙적으로 노동조합법상의 노동조합의 조합원을 말한다. 다만, 노동조합법상의 노동조합으로서의 성립요건을 갖추지 못하더라도 이를 지향·설립하는 과정에 있는 근로자단체 및 이에 속한 근로자는 부당노동행위구제의 신청인이 될 수 있다(노동조합법 제7조제2항).

대판 1991. 1. 25, 90누4952   노동조합을 조직하려 하였다는 이유로 근로자에게 행한 부당노동행위에 대하여 후에 설립된 노동조합도 구제신청권을 갖는다.

노동조합법 제81조제1호·제2호 및 제5호는 사용자의 부당노동행위로 인한 피해자를 근로자 개인으로 규정하고 있으므로 이 경우에는 근로자 개인이, 동조제3호 및 제4호는 피해자를 노동조합으로 규정하고 있으므로 이 경우에는 노동조합이 부당노동행위구제의 신청인이 되는 것이 원칙이다. 그러나 노동조합법 제81조제1호·제2호 및 제5호의 경우에도 해당 조합원이 소속된 노동조합이, 그리고 동조제3호 및 제4호의 경우에도 해당 노동조합의 간부 및 조합원이 신청인이 될 수 있다고 해석하여야 할 것이다.5)

하나의 사안에 대하여 노동조합과 조합원개인이 동시에 구제신청권을 보유하는 경우 양자는 상대방의 구제신청권과는 독립된 구제신청권을 보유하는 것이지, 상대방의 신청권을 대위하거나 대리하는 것은 아니다.6) 따라서 불이익취급을 받은 근로자가 노동조합 조합원으로서의 자격을 상실한 경우 또는 구제신청을 포기하거나 반대하는 경우에도 노동조합은 독자적으로 구제신청을 할 수 있다.7)

### (2) 피신청인

피신청인은 원칙적으로 사용자이다. 피신청인인 사용자의 범위에 대하여는 견해가 나뉘고 있다.

### (가) 사업주에 국한된다는 견해

피신청인을 사업주로 국한하는 견해는 단체교섭 및 단체협약 등 집단적 노사관계의 법적 당사자로서의 사업주와 현실적으로 부당노동행위를 행한 자는 이를 구별하여 이 중 사업주만이 부당노동행위구제의 피신청인이 될 수 있다고 한다.8)

따라서, 개인기업에서는 기업주 개인, 법인기업에서는 법인이 피신청인이 된다고 한다. 공장장·영업소장 및 지점장 등 회사의 중간책임자는 물론 부당노동행위의 직접적인 행위자라고 할지라도 법적 당사자가 아니므로 피신청인이 될 수 없다고 한다.

5) 김유성, 노동법(Ⅱ), p. 356; 박상필, 노동법, p. 509; 대판 1991. 1. 25, 90누4952.
6) 김유성, 노동법(Ⅱ), p. 356; 대판 1979. 2. 13, 78다2275.
7) 김유성, 노동법(Ⅱ), p. 356.
8) 이병태, 노동법, p. 421.

### (나) 현실적인 부당노동행위자라는 견해

피신청인에는 사업주인 사용자 이외에도 부당노동행위의 금지의무를 지닌 자도 포함된다는 견해[9]이다. 따라서, 결과적으로 현실적인 부당노동행위를 행한 자도 피신청인에 포함된다고 한다.

### (다) 사　견

사견으로는 피신청인은 사업주에 국한된다는 견해에 찬동한다.

## 3. 입증책임

부당노동행위의 입증책임은 구제신청을 하는 노동조합 또는 근로자가 이를 부담한다.[10] 즉, 부당노동행위가 존재함을 이를 주장하는 노동조합 또는 근로자가 증명하여야 하며, 부당노동행위가 존재하지 아니함을 사용자가 증명하여야 하는 것이 아니다. 부당노동행위를 입증하지 못하는 경우 부당노동행위가 성립하지 아니한다.

> **관련 판례**　대판 2014. 2. 13, 2011다78804　사용자의 행위가 노동조합 및 노동관계조정법(이하 '노조법'이라 한다)에 정한 부당노동행위에 해당한다는 점은 이를 주장하는 근로자 또는 노동조합이 증명하여야 하므로, 필요한 심리를 다하였어도 사용자에게 부당노동행위의사가 존재하였는지 여부가 분명하지 아니하여 그 존재 여부를 확정할 수 없는 경우에는 그로 인한 위험이나 불이익은 이를 주장하는 근로자 또는 노동조합이 부담할 수밖에 없다(대법원 2011. 7. 28. 선고 2009두9574 판결 참조).

## Ⅱ. 구제의 절차

### 1. 초심절차

### (1) 구제의 신청

초심절차는 부당노동행위가 발생한 사업장의 소재지를 관할하는 지방노동위원회에 그 구제를 신청함으로써 개시된다.

부당노동행위의 구제신청은 부당노동행위가 있은 날(계속하는 행위는 그 종료일)로부터 3월 이내에 이를 하여야 한다(노동조합법 제82조제2항). 이와 같은 제척기간을 설정한 이유는 상당한 기간이 경과되면 증거수집 및 실정파악 등 사실관계의 입증이 곤란하고, 그 동안에 부당노동행위에 근거한 노사관계가 이미 형성·안정되므로

---

9) 김유성, 노동법, p. 357; 박상필, 노동법, p. 509.
10) 대판 2014. 2. 13, 2011다78804.

이를 피하여 구제명령의 실효성을 확보하기 위한 것이다.

### (2) 심　사

부당노동행위의 구제신청이 각하되지 아니한 경우 부당노동행위의 성립 여부를 판정하기 위한 심사절차가 진행된다.

심사절차는 조사와 심문의 두 부분으로 나누어진다(동법 제83조제1항).

### (가) 조　사

노동위원회는 부당노동행위의 구제신청을 받았을 때에는 지체 없이 필요한 조사를 하여야 한다(노동조합법 제83조제1항).

조사는 신청인이 주장하는 사실내용 및 쟁점 등을 정리하고 당사자의 견해를 명확히 하여 사실인정의 자료로 하기 위하여 행하여진다. 그러므로 조사는 어디까지나 심문의 전 단계로서의 의미를 가질 뿐이다.

### (나) 심　문

조사가 종료된 후에는 부당노동행위의 구제명령을 내리기 이전에 반드시 필요한 심문을 하여야 한다(노동조합법 제83조제1항).

심문절차에서는 당사자의 참석기회부여, 증거제출 및 증인의 출석, 심문절차의 공개 및 노사위원의 참여 등이 보장되고 있다(노동위원회규칙 제25조).

노동위원회가 심문을 할 때에는 관계당사자의 신청 또는 직권으로 증인을 출석하게 하여 필요한 사항을 질문하게 할 수 있다(노동조합법 제83조제2항). 심문과정에서는 관계당사자에 대하여 증거의 제출과 증인에 대한 반대심문을 할 수 있는 충분한 기회를 주어야 한다(노동조합법 제83조제3항).

심문의 결과 구제명령에 필요한 심사가 충분히 진행되었다고 인정될 때에는 의장은 심문을 종결할 수 있다.

### (3) 판　정

심판위원회가 심문을 종결하였을 경우 판정위원회를 개최하여야 한다(노동위원회규칙 제59조제1항). 심판위원회위원장은 판정회의에 앞서 심문회의에 참석한 사용자위원 및 근로자위원에게 해당 사건에 대하여 의견을 진술할 기회를 주어야 한다(노동위원회규칙 제59조제2항). 심판위원회는 심문회의에서의 새로운 주장에 대한 사실 확인이나 증거의 보완 등이 필요하다고 판단되거나 화해만을 위한 회의 진행으로 추가적인 사실심문이 필요한 경우에는 추후에 심문회의나 판정회의를 재개할 수 있다

(노동위원회규칙 제59조제3항).

### (4) 화    해

노동위원회는 조사 및 심문과정에서 언제든지 당사자에 대하여 화해안을 제시하고 화해를 권고할 수 있다(노동위원회규칙 제69조). 화해는 조사·심문·합의 등 어느 절차에서도 행하여질 수 있으며, 화해가 성립된 때에는 절차가 종료되고, 위원회는 화해조서를 작성하여야 한다(노동위원회규칙 제71조제1항).

화해는 확정판결과 동일한 효력이 있으며, 당사자는 화해한 후 이에 불복할 수 없다(노동위원회규칙 제71조제2항).

헌법상의 근로삼권을 침해하는 부당노동행위에 대하여 당사자들의 화해를 권고하게 하는 것은 부당하다는 비판적 견해가 있다. 그러나 부당노동행위구제제도의 본래적 목적은 부당노동행위로 인하여 침해된 헌법상 근로삼권의 원상회복에 있으므로 그 원상회복이 노동위원회가 아닌 당사자간의 합의에 의하여 이루어졌다 하여, 반드시 부당하다고는 할 수 없을 것이다.

### (5) 구제명령

노동위원회가 심문을 종료하고 부당노동행위가 성립한다고 판정한 때에는 사용자에게 구제명령을 내려야 하며, 부당노동행위가 성립되지 아니한다고 판정한 때에는 그 구제신청을 기각하는 결정을 하여야 한다(노동조합법 제84조제1항).

#### (가) 구제명령의 기준

부당노동행위의 성립 여부 및 구제명령의 내용 등을 결정하는 경우에 있어 노동위원회가 과연 무엇을 결정의 기준(standard)으로 삼을 것인가의 문제가 제기된다. 구제명령의 기준에 관하여 법률은 명문의 규정을 두고 있지 아니하다. 따라서, 구제명령의 기준은 노동위원회의 재량에 의존하여야 하는 바, 이러한 노동위원회의 재량권도 일정한 범위 내지 한계를 갖고 행사되어야 한다. 이것이 바로 구제명령의 기준이 될 것이다. 구제명령의 기준은 크게 형식적 기준과 실질적 기준으로 분류하여 볼 수 있다.

① **형식적 기준:**    구제명령의 형식적 기준이라 함은 구제명령이 노동위원회의 공식적 행위로서 외형상 갖추어야 할 요건을 말한다.

부당노동행위에 대한 구제명령은 노동위원회에 의한 사실상의 행정조치이므로 이는 행정기관의 행정처분에 해당한다고 볼 수 있다. 따라서, 구제명령은 외형상 행정처분으로서의 요건을 갖추어야 한다.

② **실질적 기준:**　　구제명령의 실질적 기준이라 함은 구제명령의 내용이 실질적으로 갖추어야 할 요건을 말한다.

구제명령의 실질적 기준은 부당노동행위구제제도의 취지와 목적에 따라 설정되어야 한다. 이러한 관점에서 볼 때에 구체적인 기준은 구제명령이 부당노동행위를 원상회복시킴으로써 근로자의 근로삼권을 실질적으로 보호하는 데 적합하고 필요한 (proper and necessary) 조치가 될 수 있는지의 여부이다. 구제명령의 실질적인 기준에 관하여 법률은 아무런 규정도 두고 있지 아니하므로, 이러한 기준의 구체적인 내용 및 적용에 대한 판단은 노동위원회의 재량권에 속한다. 법원도 노동위원회가 이 재량권을 남용·일탈하지 아니하는 한 이를 존중하여야 한다.

### (나) 구제명령의 내용

구제명령의 내용은 신청인의 구제청구내용을 존중하되 이에 반드시 구속되는 것은 아니다. 즉 노동위원회는 신청인의 청구를 전부 또는 일부만을 인용하는 등 신청의 취지에 반하지 아니하는 한, 그 재량으로 적절한 내용의 구제명령을 발할 수 있다. 이는 유동적이고 탄력적인 노사관계를 기민하고 신속하게 해결하기 위함이다.[11)

구제명령은 부당노동행위가 행하여지지 아니하였던 것과 동일한 상태로의 회복, 즉 원상회복을 목적으로 하므로 원상회복명령을 원칙으로 하며, 사용자에 대한 형벌의 부과, 손해배상의 명령 및 원상회복을 초과하는 추상적 부작위명령은 반드시 허용되는 것은 아니라고 할 것이다. 이를 구체적으로 살펴보면 다음과 같다.

① **원상회복명령:**　　노동위원회는 부당노동행위의 유형별로 다음과 같은 구제명령을 내릴 수 있다.

㉠ **불이익취급**　　불이익취급으로서 가장 대표적인 해고의 경우 노동위원회는 근로자를 원직 또는 원직에 상당하는 지위에 복직시키도록 하고[12) 해고에 의하여 근로자가 지급받지 못한 임금[13)의 소급지급(back pay)을 명하는 것이 원칙이다.

불이익취급이 정직·감봉 등의 징계처분인 경우에는 그 처분을 취소하라는 명령

---

11) 김치선, 단결권, p. 191.

12) 부당노동행위구제제도에 의한 구제의 경우 원직등에 복직될 수 있으나, 사법적 구제의 경우에는 복직을 청구하는 복직청구권이 부여되지 아니한다는 견해가 있다. 김형배, 노동법, p. 969.

13) 임금은 근로기준법 제18조에 규정된 임금을 말하며, 근로자가 계속 근무하였을 경우 그 반대급부로서 받을 수 있는 임금 전부의 지급을 요구할 수 있다. 대판 1993. 12. 21, 93다11463. 해고기간중 근로자가 다른 직장에서 근무하여 중간수입을 얻은 경우에는 임금에서 중간수입을 공제할 수 있으나, 그 금액은 근로기준법 제45조에 규정된 휴업수당을 초과하는 금액의 범위내에서만 이를 공제할 수 있다. 대판 1991. 12. 13, 90다18999.

을 내린다. 임금의 소급지급을 명하는 경우 근로자가 해고기간 동안 다른 직장에 취업하여 받은 중간 수입을 소급지급액에서 공제하여야 하는지에 대하여 견해가 나뉘고 있다.

(ⅰ) 긍정설    긍정설은 임금의 소급지급을 하는 경우 중간수입을 공제하여야 한다는 견해이다. 이러한 견해에도 소급지급은 손해배상으로서 당연히 손익상계의 원칙이 적용되므로 중간수입을 전액 공제하여야 한다는 견해와 휴업수당의 초과분의 한도 내에서 공제하여야 한다는 견해14)로 나뉘고 있다.

(ⅱ) 부정설    부정설은 임금의 소급지급을 하는 경우 중간수입을 공제하여서는 아니된다는 견해이다. 동 견해에 의하면 중간수입을 공제하는 경우 사용자가 부당노동행위를 함으로써 오히려 이득을 취할 수 있으며, 부당노동행위는 불법행위로서 이를 두텁게 보호할 필요는 없다고 한다. 사견으로는 부정설에 찬동하는 바이다.

(ⅲ) 부분부정설    부분부정설은 노동위원회의 자유재량에 의하여 중간수입 공제의 여부 및 정도를 정할 수 있다는 견해이다.15) 동 견해에 의하면 중간수입의 공제는 해고근로자 개인의 피해구제라는 관점뿐 아니라 해고에 의한 단결권침해라는 관점에서도 검토되어야 하며, 또한 재취직의 곤란성, 재취업시의 근로의 성질·내용·대우 및 조합활동의 침해정도 등을 함께 고려하여 결정되어야 하며, 노동위원회에게 폭넓은 재량권이 인정되어야 한다는 견해이다.

ⓛ 황견계약    황견계약의 경우에는 사용자가 근로자에 대하여 특정 조합에의 가입·불가입 및 탈퇴하도록 강요하는 것을 중지하거나 이러한 황견계약을 파기하도록 명한다.

ⓒ 단체교섭의 거부    단체교섭거부의 경우에는 교섭대상, 교섭담당자, 교섭시기 및 교섭방법 등을 정하여 성실하게 단체교섭을 할 것을 명한다.

ⓔ 지배·개입    지배·개입의 경우에는 지배·개입행위를 특정하여 이를 금지하는 부작위명령을 내린다.

② **기타의 구제명령:**    부당노동행위에 대한 구제명령으로서는 원상회복 이외에도 추상적 부작위명령 및 손해배상명령 등을 들 수 있다.

㉠ **추상적 부작위명령**    노동위원회가 부당노동행위의 구제명령으로서 추상적 불작위명령을 발할 수 있는가라는 의문점이 제기되고 있다.

추상적 부작위명령이라 함은 금지대상이 되는 행위를 구체적으로 특정하지 아니하고, 광범위한 행위를 일반적·포괄적으로 금지하는 명령을 말한다. 예컨대 「사용

---

14) 대판 1991. 6. 28, 90다카25277.
15) 김유성, 노동법(Ⅱ), p. 369; 임종률, 노동법, p. 300.

자는 노동조합의 설립·운영에 영향을 주는 일체의 행위를 하여서는 아니 된다」는 내용의 명령이나 「사용자는 앞으로 노동조합과의 단체교섭을 성실히 수행하라」는 내용의 명령이 추상적 부작위명령에 해당된다.

추상적 부작위명령은 장래에 대하여 사용자에 대한 일반규범을 사실상 설정하는 것이므로, 이는 원상회복을 통하여 침해된 근로삼권을 회복한다는 부당노동행위의 취지에 어긋난다고 본다. 따라서 노동위원회는 부당노동행위의 구제명령으로서 부작위명령을 내리는 경우, 부작위의 구체적 행위유형을 특정하여 구체적 부작위명령을 내려야 할 것이다.

ⓒ 손해배상명령    노동위원회가 부당노동행위의 구제명령으로서 근로자측이 입은 손해에 대한 손해배상명령을 내릴 수 있는지에 관한 의문점이 제기되고 있다. 예컨대 사용자의 부당노동행위로 인하여 조합원이 감소함에 따라 조합비의 징수액이 감소되었다거나, 사용자의 부당노동행위에 대항하기 위하여 조합의 비용이 지출되든가 하는 경우가 이에 해당된다. 손해배상명령은 원상회복이라는 부당노동행위구제제도의 근본취지에 합당하지 아니하므로 이는 허용되지 아니한다는 것이 일반적인 견해이다.

그러나, 사견으로는 손해배상명령이 허용되어야 한다고 본다. 그 이유는 원상회복이라 함은 사용자의 행위를 부당노동행위 이전으로 환원시키는 것만을 의미하는 것이 아니라, 근로자의 침해된 근로삼권을 부당노동행위 이전으로 회복시키는 것도 포함되기 때문이다. 따라서, 부당노동행위가 근로자의 근로삼권 행사를 위한 물질적·금전적 수단의 보유·행사를 침해하는 경우, 사용자에 대한 손해배상명령을 내릴 수 있는 것으로 보아야 하며, 이 경우 손해배상은 근로자가 입은 손해를 원상회복시키는 명령으로서의 성격을 갖는다고 본다.

ⓒ 공고문의 게시    공고문게시명령은 특정 장소에 특정 내용의 공고문을 게시하도록 하는 명령이다.

노동위원회는 공고문게시명령을 내릴지의 여부 및 이를 내리는 경우 공고문의 내용·크기·형태·게시방법·게시기간 및 게시장소 등을 결정할 수 있다.16)

공고문의 내용은 ⅰ) 구제명령문의 자체 또는 요약인 경우 또는 ⅱ) 앞으로 동종·유사행위를 반복하지 아니하겠다는 취지의 약속 등이 될 것이다.

공고문의 내용이 상기 범위를 넘어서 반성·사죄·사과 등을 포함시킬 수 있는

---

16) 김유성, 노동법(Ⅱ), p. 371.

지의 여부가 의문시된다.

이에 대하여 ⅰ) 정상적 노사관계 회복을 위한 사전예방적인 형식적 조치로서 헌법상 양심적 자유를 침해하는 것은 아니라는 견해[17]와 ⅱ) 사용자의 윤리적 판단까지 개재된 사죄 등을 강요하는 것은 과도한 조치로서 헌법상의 양심의 자유의 불필요한 제한·침해가 된다는 견해[18]가 있다. 사견으로는 후자의 견해가 타당하다고 본다.

### ㈐ 구제명령의 효력

① 의 의: 부당노동행위의 구제명령은 서면으로 하되, 이를 사용자와 신청인에게 각각 교부하여야 한다(노동조합법 제84조제2항). 관계당사자는 명령서를 교부받은 때부터 지체 없이 구제명령을 이행하여야 한다(노동조합법 제84조제3항).

정하여진 기간 내에 재심을 신청하지 아니하거나 행정소송을 제기하지 아니한 때에는 그 구제명령·기각결정 또는 재심판정은 확정된다(동법 제85조제3항). 이 경우 관계당사자는 확정된 기각결정 또는 재심판정을 따라야 하며(동법 제85조제4항), 이에 따르지 아니하는 경우에는 형벌이 부과된다(동법 제89조제2호).

② **구제명령의 사법상 효력:** 이러한 노동위원회의 구제명령의 효력과 관련하여 문제가 되는 것은 구제명령의 사법상 효력이다.

부당노동행위구제제도는 헌법상 근로삼권의 대국가적 효력을 구체화한 제도로서 부당노동행위구제명령은 사용자에 대하여 공법상의 의무를 부담시키는 것에 국한되며, 당사자간의 사법상 법률관계를 발생·변경 또는 소멸시키는 것이 아니라고 본다.[19]

따라서, 노동위원회의 구제명령은 부당노동행위의 사법상 효력에 대하여 아무런 영향도 미치지 못하고 사용자가 이러한 구제명령을 따르지 아니하는 경우에는 형벌규정에 의하여 이를 간접강제할 수 있음에 불과하다고 할 것이다. 근로자가 부당노동행위에 대하여 사법상의 권리구제를 받기 위하여는 사용자를 상대로 해고무효의 소 또는 종업원의 지위확인 등을 구하는 민사소송을 법원에 제기하여야 한다.

## 2. 재심절차

지방노동위원회 또는 특별노동위원회의 구제명령 또는 기각결정에 대해서는 중앙노동위원회에 재심신청을 할 수 있다(노동조합법 제85조제1항).

---

17) 임종률, 노동법, p. 301; 윤성천, 부당노동행위구제제도에 관한 연구, p. 198.
18) 김유성, 노동법(Ⅱ), p. 371.
19) 김유성, 노동법(Ⅱ), p. 366; 박홍규, 노동법, p. 1161; 대판 1976. 2. 11, 75마496; 대판 1978. 1. 27, 75누33; 대판 1988. 12. 13, 86다카1035.

### (1) 재심신청

지방노동위원회 또는 특별노동위원회의 구제명령 또는 기각결정에 불복이 있는 관계당사자는 그 명령서 또는 결정서의 송달을 받은 날부터 10일 이내에 중앙노동위원회에 그 심사를 신청할 수 있다(동법 제85조제1항).

한편, 초심절차에서 신청인 또는 피신청인이 될 수 있었던 자는 비록 초심절차에서 신청인 또는 피신청인이 아니었을지라도 초심명령결정에 불복하여 재심을 신청할 수 있다.[20] 예컨대, 노동조합이 구제를 신청한 불이익취급사건에 있어 초심절차의 신청인이 아니었던 조합원 개인이 피해 당사자로서 재심절차의 신청인이 될 수 있다.

### (2) 재심범위

재심사는 신청한 불복의 범위 내에서 행하여지므로 불복신청은 초심에서 청구한 범위를 벗어나지 아니하는 한도 내에서만 재심할 수 있다(노동위원회규칙 제89조). 다시 말하면, 초심에서 신청한 것일지라도 재심신청인이 재심청구를 하지 아니하였다면 초심의 결정 또는 명령의 타당성 여부는 재심의 대상이 되지 아니하며, 따라서 이를 취소·변경할 수 없다. 한편, 재심신청의 대상은 초심에서 구제를 신청한 것에 국한되며, 그 범위 내에서 구제의 내용을 변경·취소할 수 있다.

### (3) 재심절차

초심절차에 관한 규정은 그 성질에 반하지 아니하는 한 재심절차에도 그대로 준용된다. 즉, 초심절차에 적용되었던 신청·조사·심사·의결·명령 등의 절차가 재심절차에서도 그대로 행하여진다. 중앙노동위원회는 재심판정, 취하, 화해, 법원의 판결에 따른 재처분의 경우에는 그 사실을 초심 지방노동위원회(특별노동위원회)에 통지하여야 한다(노동위원회규칙 제98조제1항).

### (4) 재심에서의 이행권고 및 구제명령

중앙노동위원회는 재심사의 결과 ⅰ) 그 신청이 이유 없다고 인정하는 경우에는 이를 기각하고, ⅱ) 이유 있다고 인정할 때에는 지방노동위원회의 처분을 취소하여야 한다(노동위원회규칙 제94조제1항). 중앙노동위원회는 근로관계의 소멸이나 사업장

---

20) 김유성, 노동법(Ⅱ), p. 374; 임종률, 노동법, p. 304; 김치선, 노동법, p. 395; 이영희, 노동법, p. 340.

폐쇄 등으로 초심의 구제명령 내용을 그대로 유지하는 것이 적합하지 않다고 판단하는 경우에는 그 내용을 변경할 수 있다(노동위원회규칙 제94조제2항).

### 3. 행정소송

#### (1) 행정소송의 제기

중앙노동위원회의 재심판정에 대하여 불복하는 경우 행정법원에 행정소송을 제기할 수 있다(노동조합법 제85조제2항).

##### (가) 제소기간

중앙노동위원회의 재심판정에 대하여 관계당사자는 재심판정서를 송달받은 날부터 15일 이내에 행정소송법이 정하는 바에 의하여 행정소송을 제기할 수 있다(동법 제85조제2항). 이 기간 내에 행정소송을 제기하지 아니한 때에는 그 재심판정은 확정된다(동법 제85조제3항). 이 경우 관계당사자는 이에 따라야 하며(동법 제85조제4항), 이에 따르지 아니하는 경우에는 형벌이 부과된다(동법 제89조제2호).

##### (나) 제소와 명령의 효력

노동위원회의 구제명령·기각결정 또는 재심판정은 행정소송의 제기에 의하여 그 효력이 정지되지 아니한다(노동조합법 제86조).

##### (다) 당사자

사용자측이 취소소송을 제기한 경우에는 구제명령의 명의인인 사업주가 당사자가 된다.

근로자 또는 노동조합측이 제소하는 경우 노동위원회에 부당노동행위의 구제신청을 한 신청인에게 당연히 원고적격이 인정되지만, 해당 부당노동행위의 상대방이면서도 신청인이 아니었던 근로자 또는 노동조합도 원고적격을 가진다고 해석하는 것이 타당할 것이다.[21]

취소소송에 있어서의 피고는 해당 명령 또는 결정을 내린 중앙노동위원회의 위원장이다(행정소송법 제13조 참조). 사용자가 취소소송을 제기한 경우에는 그 상대방인 근로자 또는 노동조합이, 그리고 근로자 또는 노동조합이 소송을 제기한 경우에는 그 상대방인 사업주가 그 소송에 보조참가를 할 수 있다(동법 제13조 및 제16조).

제3부 집단적 노사관계

---

21) 임종률, 노동법, p. 297.

## (2) 명령의 위법성판단의 기준시기

법원이 노동위원회의 명령 또는 결정의 위법성을 판단하는 기준시기에 대하여 처분시설과 판결시설로 나뉘고 있다. 사견으로는 취소소송은 행정처분의 당부를 심리하는 것을 목적으로 하므로 일반적인 행정처분의 경우와 마찬가지로 처분시설이 타당하다고 본다.[22]

## (3) 긴급이행명령제도

### (가) 관련규정

> **노동조합법 제85조 [구제명령의 확정]** ⑤ 사용자가 제2항의 규정에 의하여 행정소송을 제기한 경우에 관할 법원은 중앙노동위원회의 신청에 의하여 결정으로서, 판결이 확정될 때까지 중앙노동위원회의 구제명령의 전부 또는 일부를 이행하도록 명할 수 있으며, 당사자의 신청에 의하여 또는 직권으로서 그 결정을 취소할 수 있다.

### (나) 의 의

사용자가 행정소송을 제기한 경우 관할법원은 ⅰ) 중앙노동위원회의 신청에 의하여 결정으로써, 판결이 확정될 때까지 중앙노동위원회의 구제명령의 전부 또는 일부를 이행하도록 명할 수 있으며, ⅱ) 당사자의 신청에 의하여 또는 직권으로 그 결정을 취소할 수 있다(동법 제85조제5항).

현행 노동조합법 제89조제2호에 따르면 사용자가 확정된 이행명령을 이행하지 아니하는 경우에 한하여 형벌이 부과되므로, 사용자는 확정판결이 내릴 때까지 구제명령을 이행하지 아니할 수 있다. 따라서 대법원의 최종판결까지 확정되지 아니한 이행명령을 사용자가 이행하도록 강제시킬 수 있는 수단을 확보하기 위한 것이 바로 긴급이행명령제도이다.

### (다) 구체적 내용

① **사용자가 행정소송을 제기한 경우:** 사용자가 행정소송을 제기한 경우에 한하여 긴급이행명령이 허용되며, 노동조합 또는 조합원 개인이 행정소송을 제기한 경우에는 동 명령이 인정되지 아니한다. 긴급이행명령제도의 입법취지가 사용자의 이행을 확보하는 데 있으므로 당연한 것이라 할 수 있을 것이다.

② **중앙노동위원회의 신청에 의하여:** 사용자가 행정소송을 제기한 경우 중앙

---

22) 김유성, 노동법(Ⅱ), p. 376; 임종률, 노동법, p. 311; 박상필, 노동법, p. 512.

노동위원회는 해당 사건의 근로자 또는 노동조합의 요청에 의하여, 노동조합법 제85조제5항에 따른 법원에의 구제명령 이행신청 여부를 결정하여야 한다(노동위원회규칙 제96조).

③ **관할법원의 결정으로서:** 관할법원은 쌍방이 제출한 소명자료 등을 통하여 긴급이행명령을 내릴지의 여부를 결정한다. 관할법원이 중앙노동위원회의 재심명령에 중대하고 명백한 하자가 없고, 긴급이행의 필요성이 부정되는 등 특별한 사정이 없는 경우, 긴급이행명령을 내려야 함은 물론이다.[23]

이 경우 중앙노동위원회의 재심명령의 구체적 적법성 및 타당성은 본안심리에서 심사되어야 할 사항이므로, 이를 긴급이행명령 판단시에 심사되는 것은 타당하지 아니할 것이다.

④ **판결이 확정될 때까지 구제명령의 이행:** 긴급구제명령은 판결이 확정될 때까지 효력이 지속된다. 다만, 판결이 확정되기 전에도 당사자의 신청에 의하여 또는 직권으로 그 결정을 취소할 수 있다.

### (라) 위반의 효과

해당 법원의 구제명령에 위반하는 때에는 ⅰ) 해당 명령이 부작위명령인 경우 500만원 이하의, ⅱ) 해당 명령이 작위명령인 경우 그 명령의 불이행 일수 1일에 50만원 이하의 비율로 산정한 금액의 과태료가 부과된다(동법 제95조).

## (4) 판결의 내용

### (가) 취소판결의 경우

중앙노동위원회에서 부당노동행위가 성립되지 아니한다고 내린 각하 또는 기각처분에 대하여 행정소송에서 이를 취소한 경우에는 중앙노동위원회는 취소판결의 취지에 따라 다시 이전의 신청에 대한 처분을 하여야 한다(행정소송법 제30조제2항). 중앙노동위원회가 부당노동행위가 성립된다고 하여 내린 구제명령에 대하여 법원이 이를 취소한 경우에는 취소판결의 확정에 의하여 중앙노동위원회의 구제명령의 효력은 상실된다.

### (나) 청구기각판결의 경우

중앙노동위원회의 재심판정에 대하여 행정법원이 청구기각의 판결을 하게 되면 재심판정은 확정된다.

---

23) 김유성, 노동법(Ⅱ), p. 378; 임종률, 노동법, p. 308.

**(5) 화   해**

부당노동행위구제명령에 대한 취소소송 중에도 원고인 사용자는 보조참가인인 근로자 또는 노동조합과 화해를 할 수 있다. 이 경우에 사용자는 취소소송을 취하하고, 중앙노동위원회는 이에 동의함으로써 취하를 성취시킬 수 있다. 화해는 구제명령의 효력을 좌우하는 것은 아니므로 화해에 따른 소의 취하 후에도 구제명령의 효력은 지속된다고 해석하는 견해가 있다.

그러나, 행정소송에서의 화해는 노동위원회의 구제명령을 구속하는 것으로 보아야 할 것이다.

# 제 3 절   법원에 의한 구제절차

## Ⅰ. 의   의

사용자가 근로자의 근로삼권을 침해하는 부당노동행위를 행한 경우 이는 기본적으로 노동조합법 제81조 내지 제86조의 노동위원회에 의한 부당노동행위구제절차를 통하여 구제받는 것이 원칙이다. 노동위원회에 의한 부당노동행위구제제도 이외에도 법원에 직접 소송을 제기하여 부당노동행위의 무효확인, 손해배상청구 또는 작위·부작위명령 등의 부당노동행위구제를 받을 수 있는지의 여부가 문제시된다. 이것이 바로 부당노동행위의 법원에 의한 사법적 구제 문제이다.

## Ⅱ. 사법적 구제의 허용 여부

부당노동행위의 사법적 구제가 허용되어야 하는지의 여부에 관하여는 견해가 나뉘고 있다. 이는 사법적 구제가 허용되는 경우 재판의 근거규범이 과연 무엇인지의 문제와도 밀접한 관계가 있다.

### 1. 학   설

#### (1) 부 정 설

부당노동행위에 대한 사법적 구제를 부정하는 학설에는 ⅰ) 노동위원회에 의한 부당노동행위구제제도는 국가가 근로삼권을 보호하기 위하여 마련한 유일한 공법상의 제도로서 사법상의 구제는 허용되지 아니한다는 견해, ⅱ) 헌법상 근로삼권의 대사인적 효력을 부인하는 견해 등이 있다.

### (2) 긍 정 설

부당노동행위에 대한 사법적 구제를 긍정하는 견해는 노동위원회의 부당노동행위구제명령이 사용자와 근로자 사이의 사법상 법률관계에 영향을 미치지 못하므로 근로자가 사법상의 권리구제를 할 수 있기 위하여는 법원에 의한 사법적 구제가 허용되어야 한다고 본다.[24]

관 련
판 례

> **대판 1996. 4. 23, 95다53102** 부당노동행위구제제도는 공법상의 권리구제절차로서 사용자와 근로자 사이의 사법상 법률관계에 직접 영향을 미치는 것은 아니므로 근로자는 부당노동행위구제제도와 별도로 민사소송에 의하여 해고 등의 불이익처분이 부당노동행위에 해당함을 이유로 그 사법상 효력을 다툼으로써 권리구제를 구할 수 있다.

이러한 긍정설도 법원이 재판규범을 무엇으로 삼는가에 따라 ⅰ) 헌법상 근로삼권의 사인에 대한 직접적용설의 근거하에 헌법 제33조제1항의 근로삼권보호를 직접 사법상 재판의 근거규범으로 인정하는 견해,[25] ⅱ) 헌법상 근로삼권의 사인에 대한 간접적용설의 근거하에 노동조합법 제81조를 강행규범으로 보아 이를 사법상 재판의 근거규범으로 인정하는 견해,[26] ⅲ) 헌법상 근로삼권의 사인에 대한 간접적용설의 근거하에 민법 제103조의 공서양속규정을 사법상 재판의 근거규범으로 인정하는 견해[27] 등이 있다.

### 2. 사 견

사견으로는 긍정설 중 근로삼권의 사인에 대한 간접적용설의 근거하에 노동조합법 제81조를 강행규정으로 보아, 동 규정은 공법상 부당노동행위구제제도의 금지기준인 동시에 사법상 재판의 근거규범이 된다는 견해에 원칙적으로 찬동한다.[28]

---

24) 대판 1988. 12. 13, 86다카1035; 대판 1991. 7. 12, 90다9353; 대판 1992. 5. 22, 91다22100; 대판 1996. 4. 23, 95다53102.
25) 김유성, 노동법(Ⅱ), p. 382; 박상필, 노동법, p. 510.
26) 이상윤, 노동법, p. 904.
27) 김수복, 노동법, p. 1032.
28) 사견으로는 헌법상 근로삼권의 대사인에 대한 직접적용설을 주장하는 동시에, 노동조합법 제81조 또는 민법 제103조를 간접적용설하에 사법상 재판의 근거규정으로 보고 있는 견해는 법리상 모순될 우려가 있는 견해이다.

노동조합법 제81조는 공법상 부당노동행위구제제도의 부당노동행위의 유형일 뿐 아니라 노사관계에 있어서의 사법상 불법행위의 유형이다. 노동조합법 제81조에 위반되는 사용자의 부당노동행위는 현행 노동조합법 제90조의 규정에 의하여 범죄에 해당하는 바, 이러한 범죄행위에 대하여 사법상의 효력을 인정하는 것은 타당하지 아니하며, 이는 강행규정이다.

관 련
판 례
대판 1993. 12. 21, 93다11463   노동조합법 제81조(종전의 노동조합법 제39조)의 부당노동행위금지규정은 효력법규인 강행법규이므로 위 규정에 위반한 법률행위는 사법상으로 무효이다.

따라서, 노동조합법 제81조에 규정된 부당노동행위금지규정에 위반된 행위가 법률행위일 때는 무효가 되고 사실행위일 때는 불법행위로서의 위법성을 갖는다. 예컨대 불이익취급의 행위가 해고, 배치전환, 징계처분 등의 법률행위인 경우에는 이는 무효가 되고, 임금차별 및 지배·개입 등의 사실행위인 경우에는 이는 불법행위가 될 것이다.

## Ⅲ. 사법적 구제의 구체적인 내용

### 1. 의    의

사법적 구제는 노동위원회에 의한 구제와 구별된다. 즉, 부당노동행위구제제도가 부당노동행위에 의하여 침해된 근로삼권의 회복을 주된 목적으로 하고 있는 것에 반하여, 사법적 구제는 사용자와 근로자간의 부당노동행위에 대한 구체적 권리·의무관계의 확정을 주된 목적으로 하고 있다. 따라서 노동위원회에 의한 구제조치는 원상회복으로, 사법적 구제조치는 불법행위에 의한 손해배상청구 및 법적 지위의 확인 등으로 나타난다.

이러한 관점에서 볼 때에 노동위원회에 의한 구제범위와 사법적 구제범위가 반드시 일치하는 것은 아니다. 예컨대 사용자가 근로자가 정당한 쟁의행위에 참가하였음에도 불구하고 이를 정당하지 아니한 쟁의행위로 잘못 판단하여 근로자에 대한 불이익취급을 하는 경우, 부당노동행위구제제도에 의하면 구제대상이 되나, 사법적 구제제도에 의하면 구제대상이 되지 아니할 수도 있다.

## 2. 단체교섭거부에 대한 사법구제

단체교섭거부에 대한 사법적 구제로서 단체교섭응락가처분신청이 허용되는지에 관한 견해의 대립이 있다.[29]

### (1) 학    설

① **긍정설:**    단체교섭거부에 대한 단체교섭응락가처분신청을 허용하는 견해이다. 긍정설에도 ⅰ) 헌법 제33조제1항 또는 노동조합법 제81조제1항에서 바로 사법상의 단체교섭청구권이 도출되므로 이를 피보전권리로 하는 단체교섭응락가처분신청이 인정된다는 「단체교섭청구권설」과,[30] ⅱ) 단체교섭청구권은 법리상 또는 급부내용의 특정이 곤란함을 이유로 부정되나, 노동조합이 사용자에 대하여 단체교섭을 요구할 수 있는 법적 지위를 인정하고 이를 피보전권리로 하는 단체교섭응락가처분이 인정된다는 「단체교섭지위확인청구권설」[31]로 나뉘어 있다.

② **부정설:**    단체교섭거부에 대한 단체교섭응락가처분신청이 인정되지 아니한다는 견해이다.[32]

그 논리로서는 ⅰ) 헌법 제33조제1항 및 노동조합법 제81조제3호는 사용자에 대한 공법상의 의무를 부과하는 것에 그치고, 나아가 근로자의 사용자에 대한 사법상의 단체교섭권을 직접 규정하는 것은 아니며, ⅱ) 사용자의 단체교섭의무의 내용을 특정할 수 없다는 점을 들고 있다.

### (2) 사    견

사견으로는 단체교섭청구권을 바탕으로 하는 긍정설에 찬동하는 바이다. 헌법 제33조제1항에서 사법상 단체교섭청구권을 직접 도출할 수는 없으나, 노동조합법 제81조제3호는 사용자에게 단체교섭의무를 부과하는 사법상의 강행규정으로서 이로부터 단체교섭청구권이 도출된다고 본다. 단체교섭권은 사용자의 단체교섭의무를 그 개념상 내포하고 있으므로 단체교섭청구권을 배제하는 경우 헌법적 권리인 단체교섭권 자체를 부인하는 결과가 될 것이다. 단체교섭이 사용자의 성실교섭의무 등 불확정개

---

29) 단체교섭응락가처분에 관하여는 주로 일본에서 활발하게 논의되어 왔으나, 최근 우리나라에서도 이에 대한 사법구제가 신청된 바 있어(마산지법 충무지판 1992. 4. 23, 92가합684) 논의가 활발하여지고 있다.

30) 김유성, 노동법(Ⅱ), p. 148, 383.

31) 임종률, 노동법, p. 317.

32) 마산지법 충무지판 1992. 4. 23, 92가합684.

념을 내포하고 있어 급부내용을 특정할 수 없는 경우도 있다. 그러나 사용자가 단체
교섭의 담당자 및 대상 등 특정 이유를 내세워 단체교섭을 거부하는 경우에는 급부
내용을 특정할 수 있으며, 또한 성실교섭의무 위반의 경우에도 직접 사안이 되고 있
는 사용자의 구체적인 행태를 지적하여 이의 시정을 명할 수도 있을 것이다.[33]

---

33) 김유성, 노동법(Ⅱ), p. 148.

# 노사협의회

노
동
법

# 제1장 총 설

## I. 의 의

노사협의제도는 근로자의 근로조건은 물론 기업의 경영 전반에 관한 노사의 공동관심사항에 대하여 노사가 상호 협의함으로써 노사관계를 상호 협조적 관계로 정립하여 근로자의 경제적·사회적 지위를 향상시키고 기업경영을 합리화 하고자 하는 제도를 말한다.

이와 같은 관점에서 노사협의제도는 다음과 같은 의미를 갖는다.

첫째, 노사협의제도를 노사관계의 관점에서 파악할 때에 노사협의제도는 당사자간의 대립적·배타적 노사관계에서 평화적·협조적 노사관계로의 전환을 의미한다.[1]

헌법상의 단체교섭제도는 노사간의 대립·적대관계를 전제로 하여 노사가 단체교섭을 실시하고, 결렬되는 경우 근로자는 단체행동이라는 물리적 힘을 바탕으로 하여 자신의 의사를 관철시키려는 제도이다. 이에 반하여 노사협의제도는 노사간의 대립·적대관계를 지양하고, 노사 모두가 기업의 구성원이라는 인식하에 상호 협조하여 노사관계를 해결하는 제도를 말한다.

둘째, 노사협의제도를 기업경영의 관점에서 파악할 때에는 본질적으로 사용자의 배타적 권리에 속하는 기업경영에 근로자를 참여시키는 제도적 변화를 의미한다.[2] 근로자의 기업경영참가는 근로자의 기능적 측면에서의 전문성을 기업경영에 반영하고 근로자로 하여금 기업 소유의식을 고양시켜 기업의 생산성을 향상시킬 수 있고, 근로자의 인간으로서의 존엄과 가치 및 사용자와의 인격적 평등을 실현할 수 있다.

---

1) 김치선, 노동법, p. 436.
2) J. Schregle, Worker's Participation in Enterprise in Western Europe, 「노동법의 제문제」(김치선 박사 화갑기념논문집, 1983), p. 538.

## II. 노사협의제도의 유형

노사협의제도의 유형은 다음과 같이 개별국가의 역사적·사회적 배경, 노사관계 및 노동입법·정책에 따라 다양한 모습을 보이고 있다.

### 1. 노사협의의 정도

#### (1) 정보교환방식

정보교환방식은 노사 일방이 경영상의 일정 사항에 관하여 자신이 보유하고 있는 정보를 상대방에게 전달하고 또한 상대방의 정보를 수령하는 제도로서 정보에 대한 평가나 대책에 대하여는 공동으로 협의하지 아니하고 각자가 결정하는 방식이다.

#### (2) 자문방식

자문방식은 일정한 경영사항에 대하여 노사 일방이 자기의 의견이나 주장을 상대방에게 전달하나, 상대방은 이에 구속되지 아니하고 단순한 자문으로서 받아들이는 형태의 노사협의제도이다.

#### (3) 공동협의방식

공동협의방식은 경영상의 특정 대상에 대하여 정보교환이나 자문의 수준에 국한되지 아니하고 노사 쌍방이 관련문제에 대하여 상호 협의하되, 최종결정권은 경영권자가 보유하고 있는 노사협의제도이다.

#### (4) 공동결정방식

공동결정방식은 경영상의 일정 사항에 관하여 노사가 공동으로 최종적인 결정을 내리는 노사협의제도이다. 독일에 있어서 1951년의 공동결정법 및 1952년, 1972년의 경영조직법상의 경영협의회(Betriebsrat)가 대표적인 예이다.[3]

---

3) 독일의 경영협의회는 각 개별 기업단위로 근로자대표위원으로만 구성되는 단독기관이다. 산업별 노조형태를 취하고 있는 노동조합이 산업별 교섭을 하여 산업 전반에 적용되는 임금 및 근로조건에 관한 단체협약을 체결하는 반면에, 경영협의회는 기업별 고유사항에 대하여 경영협의 또는 공동결정을 하게 된다. 경영협의회는 ⅰ) 사회적 사항에 관하여는 공동결정권을, ⅱ) 인사적 사항에 관하여는 그 내용에 따라 공동결정권, 동의권 또는 제안권을, ⅲ) 경제적 사항에 관하여는 협의적 권한을 갖는다(김형배, 노동법, p. 680 이하). 독일 경영협의회가 공동결정권을 행사하는 사항은 기업별 노조형태를 취하고 있는 국가의 단체교섭대상과 상당부문 중복되므로, 이를 회사경영 전반에 관한 공동결정제도로 오인하여서는 아니 된다. 독일의 경영협의회는 종업원의 경영참가가 진일보된 노사협의제도로서 평가될 수 있으나, 이는 독특한 기업제도를 채택하고 있고 또한 단체교섭 등 기업 내 노조활동이 제한되고 있는 독일에서 이를 보완하기 위하여 마련된 독일 특유의 제도이다.

## 2. 노사협의의 방법

노사협의제도는 그 노사협의의 방법에 따라 자본참가제도, 이윤참가제도 및 경영참가제도의 세 가지 형태로 분류하여 볼 수 있다. 이 중에서 협의의 노사협의제도는 경영참가제도를 의미한다.

### (1) 자본참가제도

자본참가제도는 근로자가 기업의 자본, 즉 소유권의 일부를 보유하는 형태의 노사협의제도를 말한다. 종업원지주제도(employee stock ownership system)나 우리사주제도 등이 이에 해당한다.

### (2) 이윤참가제도

이윤참가제도는 근로자가 기업의 자본을 보유하고 있는가에 상관없이 기업의 이윤, 즉 경영성과의 배분에 참여하는 형태의 노사협의제도를 말한다. 본래, 이윤은 자본참여의 대가로서 배분되는 것이 원칙이므로 자본을 보유하고 있지 아니한 근로자에게도 이윤을 배분하는 것은 엄격한 의미에서의 성과급에 해당한다고 할 것이다. 예컨대, 중국 및 프랑스의 이익분배제도(profit sharing system)와 미국의 스캔론 플랜(Scanlon Plan) 등이 이에 해당된다.

### (3) 경영참가제도

경영참가제도는 근로자가 기업의 경영, 즉 의사결정과정에 참여하는 형태의 노사협의제도를 말한다. 이에는 우리나라의 노사협의회제도, 독일의 공동결정제도 등이 대표적인 경우에 해당된다.

## 3. 노사협의의 형태

노사협의제도의 구체적인 형태로서는 ⅰ) 우리나라의 노사협의제도와 같은 자문기구 또는 협의기구, ⅱ) 일본의 노사협의제도와 같은 단체협약에 의한 비공식적 협의기구 및 ⅲ) 독일의 감사회와 같은 공식적인 경영조직 등의 형태가 존재하고 있다.

## Ⅲ. 노사협의제도의 법적 성질

노사협의제도 중에서 근로자를 기업의 경영에 관한 의사결정과정에 참여시키는 경영참가제도의 법적 성질에 관하여는 견해가 나누어지고 있다.

## 1. 학   설

### (1) 소유권을 전제로 하는 견해

경영권은 기업의 소유권으로부터 도출되는 것이므로 근로자가 소유권을 보유하는 경우에만 근로자의 경영참가가 허용된다는 견해이다. 이러한 견해는 원칙적으로 소유권과 경영권을 상호 불가분의 관계로 보는 자본주의 경제관을 반영하고 있다. 따라서, 소유권이 없는 근로자에게 경영참가를 인정할 수 있는 이론적 가능성은 먼저 기업의 주식을 소유하게 하거나, 관련법령을 제정하여 경영참가를 위한 정당성의 근거를 마련하여야 한다고 한다.

### (2) 소유권을 전제로 하지 아니하는 견해

경영권은 반드시 기업의 소유권으로부터 도출되는 것이 아니므로 근로자가 소유권을 보유하고 있지 아니하는 경우에도 근로자의 경영참가가 허용되어야 한다는 견해이다.

이러한 견해는 노동을 자본과 함께 기업 내에서의 대등한 위치에서의 생산요소로 간주하여 경영을 자본과 노동의 유기체적 결합으로 보는 사회주의경제관을 반영하고 있다. 예컨대, 구유고슬라비아의 경우나 구소련에서는 근로자가 회사를 직접 소유·경영하는 것이 원칙이므로 소유와 경영을 구분하지 아니하고 있다.

## 2. 사   견

사견으로는 경영참가의 법적 성질에 관하여 다음과 같이 파악하고자 한다.

첫째, 경영참가에 대하여 소유권을 전제로 하는 견해는 미국 등 자본주의적 시장 경제체제하에서 당연히 용인되는 개념이다.4)

우리나라의 노사협의제도는 근로자가 경영참가를 하는 경우 근로자가 소유권을 보유하여야 하는 것을 전제로 하고 있다. 즉, 우리나라의 노사협의제도는 경영의 본질적 내용에 대한 의사결정과정에의 참여가 허용되고 있지 아니하다. 이는 소유권을 보유하고 있지 아니한 근로자를 명백히 경영상의 의사결정과정에서 배제하고자 의도

---

4) 일부 견해(김형배, 노동법, p. 1208)는 근로자의 경영참가에 대하여 소유권을 전제로 하는 견해는 사회주의국가에서, 소유권을 전제로 하지 아니하는 견해는 독일, 노르웨이, 유고 등 자본주의국가에서 채택하고 있다고 하고 있으나 이는 반대로 해석되는 것이 타당하다. 노르웨이, 유고 등은 대표적인 사회주의국가에 해당되고, 독일은 역사적·사회적 배경의 특수성으로 인하여 근로자의 경영참가를 인정하고 있을 뿐이다.

하고 있는 것으로 보아야 할 것이다.

　둘째, 기업의 소유자가 원하지 아니함에도 불구하고 소유권을 보유하고 있지 아니한 근로자의 경영참가를 법률에 의하여 강제하는 경우이다. 이러한 경우에는 헌법상 재산권과의 충돌문제가 발생하는 바 자본주의경제체제를 채택하고 있는 국가에서는 이를 반드시 극복·해결하여야 한다.[5]

---

5) 독일의 1976년 공동결정법(Mitbestimmungsgesetz)이 기업의 사유재산권을 침해하는지의 여부에 대한 위헌소송이 제기되어 합헌판결을 내린 바 있다. BVerfGE 50, 290 참조.

# 제2장 노사협의회제도

## 제1절 의 의

### Ⅰ. 연 혁

노사협의회법은 1980년 12월 31일 법률 제3348호로 제정되었다. 노사협의회법이 제정되기 이전에는 1963년 12월 7일 개정된 노동조합법 제6조에 의하여 노사협의회 제도가 운영되었다.

1997년 3월 13일 노사협의회법이 「근로자참여및협력증진에관한법률」(이하 "노사협력법"이라고 한다)로 법률명칭이 바뀌고, 일부 내용이 개정되어 시행되고 있다.

### Ⅱ. 법적 성질

#### 1. 학 설

노사협의제도의 헌법적 근거로서는 ⅰ) 노사협의제도는 헌법 제33조의 근로삼권 보장에서 당연히 도출될 수 없으며 인간의 존엄과 가치를 보장한 제10조와 보조적으로 제119조에서 근거를 찾아야 한다는 견해,[1] ⅱ) 경영참가의 근거를 헌법 제33조에서 찾기는 어려우며 이는 집단적 규범방식의 하나라고 보아야 하고, 구태여 그 근거를 찾는다면 노사협력법의 목적과 관련하여 헌법 제119조제1항 및 제2항에 근거를 두는 견해[2] 등이 있다.

---

1) 김형배, 노동법, p. 1209.
2) 박원석, 「노사협의제의 노동법적 의의」, 중원연구논문집 제1집(건국대, 1982), pp. 24~25.

## 2. 사　　견

우리나라의 노사협의제도가 노동조합의 간여를 상당히 인정하고 있음에도 불구하고, 노사협의제도를 근로자의 근로삼권행사에서 도출될 수 없다는 점에 대하여는 기존의 학설에 찬동하는 바이다. 그러나, ⅰ) 노사협의제도와 헌법 제10조의 인간의 존엄과 가치는 직접적인 연관성이 없다는 점에서, ⅱ) 헌법 제119조는 자유경쟁질서에 바탕을 둔 시장경제원리의 채택 및 이에 대한 정부의 규제허용을 규정하고 있다는 점에서 기존의 견해3)에 찬동할 수 없다.

사견으로는 헌법 제23조제1항의 재산권의 보장과 그 한계에서 노사협의제도의 헌법적 근거를 찾고자 한다. 헌법 제23조제1항의 재산권보장은 그 본질적 내용을 침해하지 아니하는 범위 안에서 법률로서 이를 제한할 수 있다.4) 이에 따라 경영에 근로자를 참여시킴으로써 생산수단 사유의 자유, 즉 소유권에 바탕을 둔 경영권에 일정한 제한을 부여하기 위하여 제정된 법률이 바로 노사협력법이다. 그러나, 노사협의제도는 근로자에게 경영권의 본질적 내용에 관한 결정권한을 부여하지 아니하므로 경영권의 본질적 내용을 침해하지 아니하고 있음은 물론이다.

## Ⅲ. 노사협의제도의 특성

### 1. 법률에 의한 의무적 설치

우리나라의 노사협의제도는 노사협력법에 의하여 사업 또는 사업장단위로 그 설치가 강제되고 있다(노사협력법 제4조). 이는 법령에 의하여 노사협의제가 실시되는 독일 및 프랑스 등과 유사한 형태이며, 단체협약이나 노사관행에 의하여 임의로 설치되는 일본・영국 및 미국 등과 구별된다.

### 2. 노사협의의 경영참가적 성격

우리나라 노사협의회의 기능은 경영참가적 성격을 갖는다(동법 제20조 내지 제22조). 그러나, 경영참가적 성격이라 하여 경영사항에 대한 노사간의 완전한 공동결정을 허용하는 것은 아니다. 당사자가 ⅰ) 일부 경영사항에 관하여 협의하고 그 결과

---

3) 이러한 견해는 독일의 공동결정제도의 헌법적 근거에서 영향을 받은 것으로 판단된다. 그러나, 독일의 공동결정제도와 우리나라의 노사협의회제도는 그 본질적 성격을 달리 한다고 할 것이다.
4) 권영성, 헌법학, p. 567.

합의에 도달할 수도 있으며 또한, ii) 일부 경영사항은 노사합의에 의하여 반드시 의결하여야 하는 합의사항에 해당되나, 경영의 본질적 내용에 대한 최종결정권한은 사용자가 갖고 있는 것을 의미한다.

### 3. 노동조합의 노사위원회에 대한 참여

노사협의회에는 노동조합의 대표자와 그 노동조합이 위촉하는 자로 하여금 근로자 대표위원이 되도록 함으로써 노동조합의 노사위원회에 대한 참여를 허용하고 있다(노사협력법 제6조제2항). 이는 기업별 노조형태를 갖고 있는 우리나라의 경우 한 사업장 안에서 노동조합과 종업원이 밀접한 연관을 맺고 있으므로 노동조합의 대표자와 종업원대표를 엄격히 분리하는 것이 현실적으로 불가능하고 노사 문제를 해결하는 데 실익도 없기 때문이다. 독일 등과 같이 산업별 노조형태가 원칙인 국가의 경우에는 노동조합이 단일사업장 내의 노사관계에 대한 직접적인 간여를 하지 아니하는 것이 원칙이다.

### 4. 노사협의제도와 단체교섭제도의 구별

노사협력법 제5조는 「노동조합의 단체교섭이나 그 밖의 모든 활동은 이 법에 의하여 영향을 받지 아니한다」고 규정하여 노사협의제도를 단체교섭제도와 명확히 구분하고 있다. 노사당사자간의 단체교섭은 헌법 제33조제1항에 근거를 둔 근로자의 헌법상 권리로서, 이는 노사간의 평화적·협동적 관계를 수립한다는 명목하에 노사협의제도에 의하여 침해되거나 변질되어서는 아니 된다.

### 5. 행정관청의 지도·감독

노사협의회의 조직과 운영에 관하여는 행정관청이 행정지도와 감독을 할 수 있다(노사협력법 제11조, 제18조, 제31조, 제32조).

## Ⅳ. 노사협의제도와 단체교섭제도의 비교

### 1. 관련규정

노사협력법 제5조 [노동조합과의 관계] 노동조합의 단체교섭이나 그 밖의 모든 활동은 이 법에 의하여 영향을 받지 아니한다.

## 2. 주요내용

노동조합의 단체교섭 등은 노사협의에 의하여 영향을 받지 아니한다(노사협력법 제5조). 이는 단체교섭제도와 노사협의제도를 별개의 제도로서 구분하고 있는 것으로 판단된다.

노사협의제도 및 단체교섭제도는 다음과 같이 비교하여 볼 수 있는 바, 이러한 구별은 절대적인 것이 아니며 여러 가지 기준을 종합적으로 고려하여 판단하여야 할 것이다.[5]

### (1) 제도의 목적

노사협의제도는 노사간의 공동이해사항을 협의하여 근로자의 복지증진과 기업의 건전한 발전을 꾀함으로써 산업평화를 달성함을 목적으로 하고 있다(노사협력법 제1조). 이에 반하여 단체교섭은 근로자의 근로조건을 유지·개선함으로써 근로자의 경제적·사회적 지위를 향상시킴을 목적으로 한다(노동조합법 제1조).

노사협의제도는 당사자 간의 공동이해사항에 대한 상호협조적 관계임에 반하여, 단체교섭제도는 당사자 간의 상반되는 이해사항에 대한 대립적 관계라고 파악할 수 있을 것이다.

### (2) 근로자의 지위

단체교섭의 근로자측 담당자는 노동조합의 대표자 또는 노동조합의 위임을 받은 자(노동조합법 제29조제1항)이다. 노사협의의 근로자측 당사자는 근로자 대표로서 근로자가 선출하나 근로자의 과반수로 조직된 노동조합이 있는 경우에는 노동조합의 대표자와 그 노동조합이 위촉하는 자(노사협력법 제6조제2항)이다.[6]

노사협의에 있어서 근로자 대표는 기업의 구성원으로서의 지위를 갖게 되며, 단체교섭의 대표자는 노동조합의 조합원으로서의 지위를 갖는다는 점에서 구별된다. 그러나, 노사협력법은 노동조합의 대표자 등을 근로자측 대표로서 노사협의회에의 참여를 인정하고 있는 바, 이는 기업별 노조 형태를 갖고 있는 우리나라의 경우 노동조합의 대표자와 근로자의 대표를 엄격히 구별하는 것이 거의 불가능하고 실익도 없기 때문이다.

---

5) 김치선, 노동법, p. 438.
6) 단체교섭의 경우와 마찬가지로 노사협의의 경우에도 담당자의 지위를 위임할 수 있는가의 문제가 제기될 수 있다. 이에 대하여 노사협의의 경우에는 위임이 금지된다는 견해(김치선, 노동법, p. 438)가 있다. 그러나 이를 반드시 금지할 이유는 없다고 본다.

### (3) 대상사항

노사협의의 대상사항은 노사간의 이해가 공통되는 사항이고(동법 제20조 내지 제22조), 단체교섭의 대상사항은 노사의 이해가 대립되는 사항으로서 임금 및 근로시간 등 근로조건에 관한 사항을 원칙으로 한다는 견해가 있다.[7] 그러나, 이러한 구별은 상대적인 것으로서 단체교섭에서 노사협의사항을 교섭할 수 있고, 노사협의회에서도 단체교섭대상을 협의할 수 있다고 보아야 한다.

**관련 판례** **대판 1994. 1. 11, 93다37540** 단체교섭에서 합의된 사항일지라도 근로자측이 노동협의회에서 이의를 제기한 경우에는 합의사항에 대하여 묵시적 동의나 추인을 한 것으로 볼 수 없다.

다만, 노사협의회에서는 단체협약사항을 노사협의회에서 이를 불이익하게 변경할 수 없으나, 단체협약에서 정한 사항을 보다 유리하게 변경하거나 구체적인 기준을 세우는 것은 무방하다고 할 것이다.[8] 단체협약의 대상이 노사협의회에서 근로자에게 불이익하게 합의·변경된 경우 이는 효력을 발생하지 아니한다.[9]

### (4) 협의 및 교섭의 결과

노사협의는 협의사항 또는 합의사항이 의결되는 경우에도 노사간의 의결에 대한 법적 효력이 명확하지 아니하다. 다만, 노사협의의 결과인 의결사항을 당사자가 이행하지 아니하는 때에는 1천만원 이하의 벌금에 처하고 있다(동법 제30조).

단체교섭이 합의에 이르게 되면 당사자간에 단체협약이 체결되며 단체협약은 당사자간에 법규범 및 계약으로서의 이중적 성질을 가지게 된다. 단체협약의 내용 중 주요부분을 당사자가 위반한 때에는 1,000만원 이하의 벌금에 처하고 있다(노동조합법 제92조).

### (5) 노동쟁의의 발생 여부

노사협의에서 의결되지 못하더라도 노동쟁의가 발생하는 것은 아니며 따라서 파업·태업 및 직장폐쇄 등의 쟁의행위를 할 수 없다. 단체교섭에서 노동조합과 사용자 간의 교섭이 결렬되면 쟁의행위를 할 수 있음은 당연한 일이다.

---

7) 김형배, 노동법, p. 1214.
8) 서울지판 1994. 9. 16, 94가합40258.
9) 대판 1995. 2. 10, 94다42860. 노사협의회에서 퇴직금산정에 관하여 새로이 합의하였으나, 해당 합의 내용이 종전의 보수규정보다 근로자들에게 불리한 경우 나중에 동 합의가 단체협약으로 체결되지 아니하였다면 동 합의내용은 무효이다.

# 제 2 절   노사협력법의 주요내용

## I. 노사협의회의 목적

노사협의회는 근로자와 사용자가 상호 참여와 협력을 통하여 노사 공동의 이익을 증진함으로써 산업평화를 도모하고 국민경제발전에 이바지함을 목적으로 한다(노사협력법 제1조).

## II. 노사협의회의 설치

### 1. 관련규정

**노사협력법 제4조** [노사협의회의 설치] ① 노사협의회(이하 "협의회"라 한다)는 근로조건에 대한 결정권이 있는 사업이나 사업장단위로 설치하여야 한다. 다만, 상시 30명 미만의 근로자를 사용하는 사업 또는 사업장은 그러하지 아니하다.
② 하나의 사업에 지역을 달리 하는 사업장이 있을 경우에는 그 사업장에도 설치할 수 있다.

### 2. 주요내용

노사협의회는 i) 근로조건의 결정권이 있는 사업 또는 사업장으로서 ii) 30인 이상을 고용하는 경우에는 의무적으로 설치하여야 한다(동법 제4조제1항). 하나의 사업에 지역을 달리 하는 사업장이 있을 경우에는 그 사업장에도 설치할 수 있다(동법 제4조제2항).

근로조건의 결정권이 있는 사업 또는 사업장이라 함은 임금·근로시간·승급·배치전환·휴가·안전위생 등 근로조건에 관하여 i) 포괄적인 결정권을 갖고 있거나, ii) 이러한 권한의 전부 또는 일부를 위임받아 결정할 수 있는 사업 또는 사업장을 말한다.[10]

---

10) 노사 68140-25(1993. 1. 29).

## Ⅲ. 노사협의회의 구성

### 1. 노사대표의 선정

노사협의회는 근로자와 사용자를 대표하는 동수의 위원으로 구성되며 그 수는 각 3인 이상 10인 이내로 한다(동법 제6조제1항).[11] 노사협의회의 구성을 근로자위원과 사용자위원의 동수로 한 것은 노사대등의 원칙에 입각하여 이를 민주적으로 운영하기 위한 것이다. 그러나, 형식적인 동수구성이 곧 노사대등을 의미하는 것은 아니며 노사대등은 회의의 운영 및 결정권의 행사 등에서 실질적으로 보장되어야 할 것이다.[12]

또한, 근로자위원과 사용자위원은 근본적으로 대립하는 관계에 있고 근로자위원들이 어용화할 우려가 있으므로, 이를 방지·해결하기 위하여 공익을 대표하는 공익위원의 참가를 검토하여 볼 필요도 있다고 본다.[13]

### 2. 근로자위원의 선임

근로자는 자주적으로 근로자를 대표하는 근로자위원을 선임한다. 사용자는 근로자위원의 선출에 개입하거나 이를 방해하여서는 아니 된다(동법 제10조제1항). 노동조합법 제2조제4호라목단서의 규정에 의하여 해고의 효력을 다투고 있는 자는 근로자위원이 될 수 없다.[14]

#### (1) 근로자의 과반수로 조직된 노동조합이 있는 경우

근로자의 과반수로 조직된 노동조합이 있는 사업 또는 사업장에서는 노동조합의 대표자와 그 노동조합이 위촉하는 자를 근로자위원으로 한다(동법 제6조제3항). 노동조합이 해당 사업 또는 사업장 근로자의 과반수를 대표하는 경우에 한하여 근로자위원을 노동조합측에 의하여 위촉하도록 하는 것은 노사협의회의 근로자위원이 근로자 전체를 대표하여야 한다는 원칙을 따르도록 한 것이다.

---

11) 김치선, 노동법, p. 451. 위원수의 하한선을 둔 이유는 원활하고 민주적인 운영을 위한 것이며, 상한선을 둔 이유는 의견분열로 인한 비능률을 감소시키기 위한 것이다.
12) 이영희, 「우리나라 노사협의회법의 문제점과 개선방안」, 노사협의회연구(한국개발연구원, 1983), p. 175 이하 참조.
13) 김치선, 노동법, p. 451.
14) 노사 68130-339(1995. 11. 14).

### (2) 근로자의 과반수로 조직된 노동조합이 없는 경우

근로자의 과반수로 조직된 노동조합이 없는 경우 근로자위원은 근로자 과반수가 참여하여 직접·비밀·무기명 투표로 선출한다(동법 제6조제2항본문). 다만, 사업 또는 사업장의 특수성으로 인하여 부득이한 경우에는 부서별로 근로자 수에 비례하여 근로자위원을 선출할 "위원선거인"을 근로자 과반수가 참여한 직접·비밀·무기명 투표로 선출하고 위원선거인 과반수가 참여한 직접·비밀·무기명 투표로 근로자위원을 선출할 수 있다(동법 제6조제2항단서).

### 3. 사용자위원의 선임

사용자를 대표하는 사용자위원은 해당 사업 또는 사업장의 대표자와 그 대표자가 위촉하는 자로 한다(동법 제6조제4항). 사용자위원을 대표자 등 최고 책임자로 선임하는 이유는 노사협의의 형식화를 방지하고 책임 있는 운영과 실효성을 얻기 위한 것이다.

### 4. 노사협의회의 의장

노사협의회는 협의회를 대표하며 회무를 통리하는 의장을 두고 의장은 위원 중에서 호선한다(동법 제7조제1항 및 제2항). 이 경우 근로자위원과 사용자위원 중 각 1인을 공동의장으로 할 수 있다(동법 제7조제1항후단). 그리고, 노·사 쌍방은 회무의 기록 등의 사무를 담당하는 간사 1인을 각각 둔다(동법 제7조제3항).

### 5. 위원의 임기 및 지위

위원의 임기는 3년으로 하되 연임할 수 있다(동법 제8조제1항). 보궐위원의 임기는 전임자의 잔임기간으로 하고, 위원은 그 임기가 만료된 경우라도 그 후임자가 선출될 때까지 계속 그 직무를 담당한다(동법 제8조제2항 및 제3항).

위원은 비상임·무보수로 하나 위원의 협의회출석에 소요되는 시간 및 이와 직접 관련된 시간으로서 노사협의회규정에서 정한 시간에 대하여는 근로한 것으로 본다(동법 제9조제1항 및 제3항). 그리고 사용자는 노사협의회의 위원으로서의 직무수행과 관련하여 근로자에게 불이익처분을 하여서는 아니 된다(동법 제9조제2항). 불이익처분을 받지 아니한다 함은 임금·근로시간 등의 근로조건은 물론 기타 모든 면에서 다른 근로자와 불평등한 대우를 받지 아니함을 의미한다.

## Ⅳ. 노사협의회의 운영

### 1. 회의의 개최

노사협의회는 3개월마다 정기적으로 개최되어야 하며 필요에 따라 임시회의를 개최할 수 있다(동법 제12조). 사용자가 정기노사협의회를 개최하지 아니하는 경우에는 200만원 이하의 벌금에 처한다(동법 제32조). 정기노사협의회를 개최하지 아니하는 경우 이에 대한 벌칙을 사용자에게만 부과하는 것은 노사협의회의 취지가 경영사항에 대한 근로자의 참가를 보장하는 것이므로 이러한 권리를 침해하는 당사자는 사용자이기 때문이다. 노사협의회는 근로자측에 의하여도 개최되지 아니할 수 있는 바, 이 경우는 근로자가 처벌받지 아니하는 이유는 근로자 스스로 경영참가라는 자신의 법적 권리를 포기하는 것이 된다.15)

#### (1) 회의의 소집

의장은 노사협의회의 회의를 소집하며 그 의장이 된다(동법 제13조제1항). 의장은 노사 일방의 대표자가 회의의 목적을 문서로 명시하여 회의의 소집을 요구한 때에는 이에 응하여야 하고, 회의개최 7일 전에 회의일시·장소·의제 등을 각 위원에게 통보하여야 한다(동법 제13조제2항 및 제3항).

#### (2) 사전 자료제공

근로자위원은 제13조제3항에 따라 통보된 의제 중 협의사항 및 의결사항과 관련된 자료를 협의회 회의개최 전에 사용자에게 요구할 수 있으며 사용자는 이에 성실히 응하여야 한다(동법 제14조본문). 다만, 그 요구자료가 기업의 경영, 영업상의 비밀 또는 개인정보에 해당하는 경우에는 그러하지 아니하다(동법 제14조단서).

#### (3) 회의의 운영

회의는 근로자위원과 사용자위원의 각 과반수의 출석으로 개최하고 출석위원 3분의 2 이상의 찬성으로 의결한다(동법 제15조).

협의회를 개최할 수 있는 정족수를 전체위원의 과반수가 아니라 노사쌍방 위원 각각 2분의 1 이상을 출석하도록 한 것은 양 당사자간의 대등한 관계를 확보하여

---

15) 근로자측이 정기 노사협의회를 개최하지 아니하는 경우에도 사용자와 마찬가지로 벌칙이 부과되어야 한다는 견해(김형배, 노동법, p. 1218)가 있으나, 이는 타당하지 아니한 견해라고 본다.

특정 사항에 대한 민주적인 협의 및 합의에 도달하는 것을 목적으로 하고 있기 때문이다.

회의는 공개를 원칙으로 하나, 협의회의 의결에 의하여 공개하지 아니할 수 있다(동법 제16조). 노사협의회의 위원은 협의회에서 알게 된 비밀을 누설하여서는 아니된다(동법 제17조). 회사의 기밀에 해당하는 경영방침이나 영업비밀이 공개될 경우 해당 기업의 커다란 경영손해를 가져 올 수도 있으므로 이를 방지하기 위한 것이다. 이 경우 기업비밀의 범위 및 비밀누설에 대한 책임범위 등이 문제시 될 것이다.[16] 근로자는 노사협의회에서 지득한 경영정책수립 및 집행에 관한 비밀을 누설하여, 기업에 경영적 손실을 가져와서는 아니 된다.

노사협의회는 의결된 사항을 근로자에게 신속히 공지시켜야 한다(동법 제23조).

노사협의회는 ⅰ) 개최일시 및 장소, ⅱ) 출석위원, ⅲ) 협의내용 및 의결된 사항 및 ⅳ) 그 밖의 토의사항을 기록한 회의록을 작성하여야 한다(동법 제19조).

### (4) 임의중재

노사협의회는 다음에 해당하는 경우에는 근로자위원 및 사용자위원의 합의에 의하여 협의회에 중재기구를 두어 해결하거나 노동위원회 기타 제3자에 의한 중재를 받을 수 있다(동법 제25조제1항).

① 제21조에 규정된 사항에 관하여 협의회가 의결하지 못한 경우

② 협의회에서 의결된 사항의 해석 또는 이행방법 등에 관하여 의견이 일치하지 아니하는 경우

이 경우 중재결정이 있는 때에는 협의회의 의결을 거친 것으로 보며 근로자와 사용자는 이에 따라야 한다(동법 제25조제2항). 이를 정당한 사유 없이 이행하지 아니한 자는 1천만원 이하의 벌금에 처한다(동법 제30조).

### 2. 노사협의회규정

노사협의회는 그 조직과 운영에 관한 노사협의회규정을 제정하고 이를 노사협의회의 설치일부터 15일 이내에 고용노동부장관에게 제출하여야 하며, 이를 변경할 때에도 또한 같다(동법 제18조제1항). 이를 이행하지 아니하는 경우에는 200만원 이하

제3부 집단적 노사관계

---

16) 부정경쟁방지법 제2조제2호는 "영업비밀"을 「공연히 알려져 있지 아니하고 독립된 경제적 가치를 가지는 것으로서 상당한 노력에 의하여 비밀로 유지된 생산방법·판매방법 기타 영업활동에 유용한 기술상 또는 경제상의 정보」라고 정의하고 있으며, 또한 동법 제10조제1항은 「영업비밀의 보유자는 영업비밀 침해행위를 하거나, 하고자 하는 자에 대하여 그 행위에 의하여 영업상의 리익이 침해되거나 침해될 우려가 있는 때에는 법원에 그 행위의 금지 또는 예방을 청구할 수 있다」고 규정하고 있다.

의 벌금에 처한다(동법 제33조).

노사협의회규정의 제정을 요구하고 있는 것은 노사협력법에 규정된 사항 이외에 노사협의회의 조직·운영 및 회의개최 등 필요한 사항을 자율적으로 정하도록 하기 위한 것이고, 고용노동부장관에게 이를 제출하도록 한 것은 동 규정의 공정성과 민주성을 확보하기 위한 것이다.[17]

## V. 노사협의회의 기능

노사협력법은 근로자의 참여 정도에 따라 노사협의회가 취급하는 대상을 크게 ⅰ) 협의사항(제20조), ⅱ) 의결사항(제21조) 및 ⅲ) 보고사항(제22조)의 세 가지로 나누고 있다.

### 1. 노사협의회의 협의사항

협의사항은 당사자가 협의에 그칠 뿐 반드시 합의할 필요는 없으나, 원하는 경우 의결할 수 있는 사항이다.

협의사항이 반드시 노사협의회에서 협의되어야 하는지 의문이 제기될 수 있다. 사용자가 동 사항을 협의하지 아니하는 경우에도 법적 제재가 부과되지 아니하므로 사실상 강제할 수 없다고 할 것이다.[18]

### (1) 협의사항의 내용

노사협의회에서 협의할 수 있는 사항은 다음과 같다(동법 제20조제1항).

① 생산성향상과 성과배분, ② 근로자의 채용·배치 및 교육훈련, ③ 근로자의 고충처리, ④ 안전·보건 그 밖의 작업환경 개선과 근로자의 건강증진, ⑤ 인사·노무관리의 제도개선, ⑥ 경영상 또는 기술상의 사정으로 인한 인력의 배치전환·재훈련·해고 등 고용조정의 일반원칙, ⑦ 작업과 휴게시간의 운용, ⑧ 임금의 지불방법·체계·구조 등의 제도개선, ⑨ 신기계·기술의 도입 또는 작업공정의 개선, ⑩ 작업수칙의 제정 또는 개정, ⑪ 종업원지주제 기타 근로자의 재산형성에 관한 지원, ⑫ 직무발명 등과 관련하여 해당 근로자에 대한 보상에 관한 사항, ⑬ 근로자의 복지증진 ⑭ 사업장 내 근로자감시설비의 설치, ⑮ 여성근로자의 모성보호 및 일과 가정생활의 양립을 지원하기 위한 사항, ⑯「남녀고용평등과 일·가정 양립 지원에 관

---

17) 김치선, 노동법, pp. 453~454.
18) 이영희, 노동법, p. 351.

한 법률」 제2조제2호에 따른 직장내 성희롱 및 고객등에 의한 성희롱 예방에 관한 사항, ⑰ 그 밖의 노사협조에 관한 사항.

### (2) 협의의 방법

협의사항에 관해서는 근로자위원과 사용자위원이 단순히 의견의 교환등 협의에 그치는 것이 원칙이다.

그러나 당사자는 적극적으로 합의에 도달하여 노사협의회의 의결절차에 따라 이를 의결할 수 있다. 노사협의회의 협의결과 의결된 사항에 대해서는 노사협의회가 신속히 근로자에게 공지시켜야 한다(동법 제23조).

## 2. 노사협의회의 의결사항

의결사항은 당사자가 합의하여 반드시 의결하여야 하는 사항이다.

### (1) 의결사항의 내용

사용자는 다음 사항에 대하여 노사협의회의 의결을 거쳐야 한다(동법 제21조).

① 근로자의 교육훈련 및 능력개발 기본계획의 수립, ② 복지시설의 설치와 관리, ③ 사내근로복지기금의 설치, ④ 고충처리위원회에서 의결되지 아니한 사항, ⑤ 각종 노사공동위원회의 설치.

### (2) 의결사항의 의결

#### (가) 의결의 방법

의결사항의 의결방법에 관하여 노사협력법은 아무런 명문의 규정도 아니두고 있으나, 동법 제15조에 규정된 일반적인 의결방법이 적용되어야 할 것이다. 노사협의회가 의결사항에 관하여 의결하지 못한 경우에는 ⅰ) 당사자합의에 의하여 노사협의회에 중재기구를 두어 해결하거나, ⅱ) 노동위원회 기타 제3자에 의한 중재를 받을 수 있다(동법 제25조제1항).

#### (나) 의결사항의 이행

노사협의회에서 의결된 사항에 대해서 그 사업 또는 사업장 내의 모든 근로자와 사용자가 성실하게 이행하여야 한다(동법 제24조).

노사협의회에서 의결된 사항을 정당한 이유 없이 이행하지 아니한 때에는 1천만원 이하의 벌금형을 받게 된다(동법 제30조제2호).

### 3. 노사협의회의 보고사항

근로자위원과 사용자위원이 각각 보고·설명할 수 있는 사항으로서 반드시 협의할 필요가 없고 일방의 보고·설명으로써 족한 사항이다.

#### (1) 사용자의 보고·설명사항

사용자는 정기회의에서 다음의 사항을 성실하게 보고·설명하여야 한다(동법 제22조제1항). 사용자가 보고 및 설명을 이행하지 아니하는 경우에는 근로자위원은 다음의 사항에 관한 자료의 제출을 요구할 수 있으며 사용자는 이에 성실히 응하여야 한다(동법 제22조제3항).

① 경영계획 전반 및 실적에 관한 사항, ② 분기별 생산계획과 실적에 관한 사항, ③ 인력계획에 관한 사항, ④ 기업의 경제적·재정적 상황.

경영계획·생산계획 및 인사계획 등은 경영에 관한 사항 중에서 가장 핵심적이고 본질적인 사항으로 경영자의 전권사항에 속하는 것이다. 따라서 노사협력법에서는 이를 협의대상 또는 합의대상으로 분류하지 아니하고 단순히 보고·설명사항으로 분류하고 있는 것이다. 본래 기업주는 이러한 사항에 대하여 근로자에게 보고·설명할 의무를 부담하지 아니하는 것이 사유재산제도를 인정하고 있는 자본주의사회의 기본원칙이나, 우리나라의 노사협력법은 이를 보고·설명하도록 의무를 부과함으로써 소극적이나마 근로자의 경영참가를 인정하고 있다.[19] 사용자가 기업운영의 주요사항을 근로자에게 공개함으로써 근로자는 사용자에 대한 신뢰감을 가질 수 있고 자신의 근로조건의 타당성을 평가할 수 있으며, 또한 사용자는 근로자에게 회사의 동일한 구성원이라는 인식을 심어 줌으로써 생산성의 향상을 가져 올 수 있을 것이다.

#### (2) 근로자위원의 보고·설명사항

근로자위원은 근로자들의 요구사항을 노사협의회에서 보고·설명할 수 있다(동법 제22조제2항). 따라서, 근로자위원은 사업장과 기업운영 전반에 대한 근로자들의 의견을 수시로 수집·청취하여 그 요구사항을 사용자측에 전달할 수 있다.

---

19) 이에 대하여 경영참가는 경영권을 제한하는 기능을 수행하여야 하나, 사용자의 보고·설명은 경영권을 제한하는 것이 아니므로 경영참가에 해당되지 아니한다는 견해(박원석, 전게논문, p. 156)가 있다. 이는 경영참가의 개념정립에 관한 견해의 차이일 뿐이다.

## Ⅵ. 고충처리제도

### 1. 의      의

고충(grievance)이라 함은 근로조건 및 근로환경 등에 대한 근로자 개인의 불만을 말하며, 고충처리제도라 함은 고충을 처리하여 주는 제도이다. 본래 고충처리는 노사당사자가 자주적으로 해결하는 것이 원칙이나 현행 노사협력법은 사업 또는 사업장에 고충처리위원을 두어 이를 처리하는 고충처리제도를 마련하고 있다.

### 2. 고충처리위원

#### (1) 선임의 적용범위

상시 30人 이상의 근로자를 사용하는 모든 사업 또는 사업장에는 고충처리위원을 두어야 하며(동법 제26조), 사용자가 고충처리위원을 두지 아니한 때에는 200만원 이하의 벌금에 처한다(동법 제32조).

#### (2) 고충처리위원의 구성

고충처리위원은 노사를 대표하는 3인 이내의 위원으로 구성하되 ⅰ) 노사협의회가 설치되어 있는 사업 또는 사업장의 경우에는 노사협의회가 노사협의회위원 중에서 선임하고, ⅱ) 노사협의회가 설치되어 있지 아니한 경우에는 사용자가 위촉한다(동법 제27조제1항).

#### (3) 고충처리위원의 임기

고충처리위원의 임기에 관하여는 노사협의회위원과 동일한 규정이 준용된다(동법 제27조제2항). 따라서, 위원의 임기는 3년으로 하되 연임할 수 있고, 보궐위원의 임기는 전임자의 잔임기간으로 하며, 위원의 임기가 만료된 경우라도 후임자가 선출될 때까지 계속 그 직무를 수행하여야 한다.

### 3. 고충처리절차

#### (1) 고충사항의 신고 및 처리

근로자가 고충사항이 있는 때에는 고충처리위원에게 구두 또는 서면으로 신고하고 신고를 접수한 고충처리위원은 지체 없이 이를 처리하여야 한다(동법시행령 제7조).

제 3 부   집단적  노사관계

### (2) 처리결과의 통보

고충처리위원이 고충사항을 근로자로부터 청취한 때에는 10일 이내에 조치사항이나 기타 처리결과를 해당 근로자에게 통보하여야 한다(동법 제28조제1항). 고충처리위원이 처리하기 곤란한 사항에 대하여는 노사협의회에 부의하여 협의처리한다(동법 제28조제2항).

제 *7* 편

# 노동위원회

노

동

법

# 제1장 총 설

## 제1절 의 의

　노사관계는 개별적 근로관계 또는 집단적 노사관계의 여부에 상관 없이 노사자치의 원칙 아래 근로자와 사용자의 양 당사자가 해결하는 것이 바람직하다. 그러나, 노사관계가 항상 당사자간의 합의의 결과로 나타날 수는 없다. 노사문제를 양 당사자에게만 맡겨 놓을 경우 서로 극단적으로 대립되어 합의의 도출 가능성이 거의 없는 때도 있다. 또한 노사문제가 집단적 현상으로 나타날 경우에는 사회 전체에 미치는 영향이 지대한 경우도 있으므로 당사자간의 입장을 조정할 제3자의 개입이 필요하게 된다. 이 제3자로서 노사문제를 합리적이고 공정하게 해결하기 위하여 설립된 기구가 바로 노동위원회이다.

　노동위원회는 합의제 행정기관으로서 심판기능을 담당하는 준사법적 기능을 갖고 있다.

## 제2절 노동위원회의 특성

노동위원회는 독립성, 공정성 및 전문성이라는 특성을 갖고 있다.

### I. 노동위원회의 독립성

#### 1. 관련규정

**노동위원회법 제4조 [노동위원회의 지위 등]** ① 노동위원회는 그 권한에 속하는 업무를 독립적으로 수행한다.
② 중앙노동위원회 위원장은 중앙노동위원회 및 지방노동위원회의 예산·인사·교육훈련 그밖의 행정사무를 총괄하며, 소속 공무원을 지휘·감독한다.

## 2. 주요내용

노동위원회는 행정위원회로서 하나의 행정기관에 해당되지만, 노동위원회법은 다음과 같이 노동위원회의 구성·기능·예산 및 인사 등에 있어서 독립성을 보장하고 있다.

첫째, 노동위원회는 그 권한에 속하는 사항을 독립적으로 수행한다(동법 제4조).

둘째, 중앙노동위원회 위원장은 중앙노동위원회 및 지방노동위원회의 예산·인사·교육훈련 그밖의 행정사무를 총괄하며, 소속 공무원을 지휘·감독함으로써(노동위원회법 제4조제2항) 예산 및 인사상의 실질적인 독립을 기하고 있다.

셋째, 노동위원회법 제25조는 「중앙노동위원회는 중앙노동위원회·지방노동위원회 또는 특별노동위원회의 운영 기타 필요한 사항에 관한 규칙을 제정할 수 있다」라고 규정하여 노동위원회의 독자적인 규칙제정권을 인정하고 있다.

넷째, 노동위원회법 제2조는 ⅰ) 중앙노동위원회 및 지방노동위원회는 고용노동부장관 소속하에, ⅱ) 특별노동위원회는 중앙행정기관의 장의 소속하에 둔다고 규정하고 있어 마치 노동위원회가 고용노동부장관 등의 산하 종속기관인 것 같은 인상을 주고 있다. 그러나, 이는 노동위원회의 운영을 행정업무적 차원에서 고용노동부장관이 관리한다는 것을 의미하는 것이며, 노동위원회의 업무 및 기능이 고용노동부장관의 지휘·감독을 받는다는 것을 의미하는 것이 아니다.

## Ⅱ. 노동위원회의 공정성

### 1. 관련규정

**노동위원회법 제11조의2 [위원의 행위규범]** ① 노동위원회의 위원은 법과 양심에 따라 공정하고 성실하게 업무를 수행하여야 한다.

**노동위원회법 제21조 [위원의 제척·기피등]** ① 위원은 다음 각 호의 어느 하나에 해당하는 경우 해당 사건에 관한 직무집행에서 제척된다.

  1. 위원 또는 위원의 배우자이거나 배우자이었던 사람이 해당 사건의 당사자가 되거나 해당 사건의 당사자와 공동권리자 또는 공동의무자의 관계에 있는 경우

  2. 위원이 해당 사건의 당사자와 친족이거나 친족이었던 경우

  3. 위원이 해당 사건에 관하여 진술이나 감정을 한 경우

  4. 위원이 해당 당사자의 대리인으로서 업무에 관여하거나 관여하였던 경우

  5. 위원이 해당 사건의 원인이 된 처분 또는 부작위에 관여한 경우

② 위원장은 제1항에 따른 사유가 있는 경우에 관계 당사자의 신청을 받아 또는 직권으로 제척의 결정을 하여야 한다.

## 2. 주요내용

노동위원회법은 다음과 같이 노동위원회가 공정하게 업무를 수행할 수 있도록 이를 보장하고 있다.

첫째, 노동위원회 위원의 임기는 3년으로 하되(동법 제7조제1항), 임기 중에 자신의 의사에 반하여 면직 또는 해촉되지 아니한다(동법 제13조제1항)고 규정하여 위원의 신분보장을 하고 있다.

둘째, 노동위원회의 위원은 법과 양심에 따라 공정하고 성실하게 업무를 수행하여야 한다(동법 제11조의2).

셋째, 노동위원회 위원은 자기와 직접 이해관계가 있는 사항에 관하여는 해당 사건에 관한 직무집행에서 제척된다(동법 제21조).

## Ⅲ. 노동위원회의 전문성

노동위원회법은 다음과 같이 노동위원회의 전문성을 보장하고 있다.

첫째, 사업장의 밀집도 및 업종특성 등을 감안하여 지방노동위원회의 명칭, 위치 및 관할구역을 대통령령으로 정하도록 규정하고 있다(동법 제2조제2항).

둘째, 특정 사항을 관장하는 특별노동위원회를 설치하고(동법 제2조제3항), 이의 조직 및 구성 등에 관하여는 별도의 법률에서 정하도록(동법 제5조) 규정하고 있다.

셋째, 공익위원을 심판사건을 담당하는 심판담당공익위원, 차별시정사건을 담당하는 차별시정담당공익위원 및 조정사건을 담당하는 조정담당공익위원으로 구분하여 위촉하고(동법 제6조제6항), 그 담당업무에 따라 자격기준을 달리 정하고 있다(동법 제8조).

제3부 집단적 노사관계

# 제2장 노동위원회의 조직 및 업무

## 제1절 노동위원회의 종류 및 조직

### Ⅰ. 노동위원회의 종류 및 관장

노동위원회에는 중앙노동위원회·지방노동위원회 및 특별노동위원회가 있다(노동위원회법 제2조제1항).

#### 1. 중앙노동위원회

중앙노동위원회는 고용노동부장관 소속하에 두며, 다음의 사항을 관장한다(노동위원회법 제3조제1항).

#### (1) 지방노동위원회 및 특별노동위원회의 처분에 대한 재심사건

중앙노동위원회는 당사자의 신청이 있는 경우 지방노동위원회 또는 특별노동위원회의 처분을 재심하여 이를 인정·취소 또는 변경할 수 있다(동법 제26조제1항).

#### (2) 둘 이상의 지방노동위원회의 관할구역에 걸친 노동쟁의의 조정사건

중앙노동위원회는 둘 이상의 지방노동위원회의 관할구역에 걸친 노동쟁의조정사건을 담당한다.

다만, 중앙노동위원회위원장은 효율적인 노동쟁의의 조정을 위하여 필요하다고 인정되는 경우에는 지방노동위원회를 지정하여 해당 사건을 처리하게 할 수 있다(동법 제3조제4항).

#### (3) 다른 법률에 의하여 그 권한에 속하는 것으로 규정된 사건

노동조합법은 ⅰ) 고용노동부장관의 긴급조정결정에 대한 중앙노동위원회 위원장의 의견제시(제76조제2항), ⅱ) 중앙노동위원회의 긴급조정 및 중재권한(제78조, 제

79조 및 제80조) 등을 규정하고 있다.

## 2. 지방노동위원회

지방노동위원회는 고용노동부장관 소속하에 두며 그 명칭·위치 및 관할구역은 대통령령으로 정한다(노동위원회법 제2조제2항).[1]

지방노동위원회는 해당 관할구역에서 발생하는 사건을 관장하되, 둘 이상의 관할구역에 걸친 사건 중 노동쟁의의 조정사건을 제외한 사건은 주된 사업장의 주소지를 관할하는 지방노동위원회에서 관장한다(동법 제3조제2항).

중앙노동위원회위원장은 주된 사업장을 정하기 어렵거나 주된 사업장의 주소지를 관할하는 지방노동위원회에서 처리하기 곤란한 사정이 있는 경우에는 직권으로 또는 관계당사자나 지방노동위원회위원장의 신청에 따라 지방노동위원회를 지정하여 해당 사건을 처리하게 할 수 있다(동법 제3조제5항).

## 3. 특별노동위원회

특별노동위원회는 특정한 사항을 관장하기 위하여 필요한 경우에 해당 특정 사항을 관장하는 중앙행정기관의 장 소속하에 둔다(동법 제2조제3항).

특별노동위원회는 관계법률에서 정하는 바에 따라 그 설치목적으로 규정된 특정 사항에 관한 사건을 관장한다(동법 제3조제3항).

현재 특별노동위원회에는 선원법 제4조의 규정 및 선원노동위원회규정에 따라 설치된 선원노동위원회가 있다.

## Ⅱ. 노동위원회의 조직

### 1. 노동위원회의 구성

노동위원회는 근로자를 대표하는 근로자위원과 사용자를 대표하는 사용자위원 및 공익을 대표하는 공익위원으로 구성된다(동법 제6조제1항). 노동위원회의 위원의 수는 근로자위원·사용자위원은 각 10인 이상 50인 이하, 공익위원은 10인 이상 70인 이하의 범위 안에서 각 노동위원회의 업무량을 감안하여 대통령령으로 정하며, 이 경우 근로자위원과 사용자위원은 동수로 한다(동법 제6조제2항). 다만, 특별노동위원회에 두는 위원의 수는 설치근거가 되는 법률에서 달리 정할 수 있다(동법 제5조제2

---

1) 각 지방노동위원회의 명칭·위치 및 관할구역은 동법시행령 제2조 및 별표 1에 규정되어 있다.

항제1호).

## 2. 위원의 위촉 및 자격

### (1) 근로자위원 및 사용자위원

#### (가) 추 천

근로자위원은 노동조합이 추천한 자 중에서, 사용자위원은 사용자단체가 추천한 자 중에서 위촉한다(동법 제6조제3항).

#### (나) 제청 및 위촉

근로자위원 및 사용자위원은 ⅰ) 중앙노동위원회의 경우 고용노동부장관의 제청으로 대통령이, ⅱ) 지방노동위원회의 경우 지방노동위원회위원장의 제청으로 중앙노동위원회 위원장이 각각 위촉한다(동법 제6조제3항).

### (2) 공익위원

#### (가) 추 천

공익위원은 노동위원회위원장·노동조합 및 사용자단체가 각각 추천한 사람 중에서 노동조합과 사용자단체가 순차적으로 배제하고 남은 사람을 위촉대상 공익위원으로 한다(동법 제6조제4항).

공익위원을 추천할 경우에는 심판담당공익위원, 차별시정담당공익위원 및 조정담당공익위원으로 구분하여 추천하되, 위촉될 공익위원수의 범위 안에서 각각 추천하여야 한다(동법 제6조제5항).

#### (나) 제청 및 위촉

위촉대상 공익위원 중에서 ⅰ) 중앙노동위원회의 공익위원은 고용노동부장관의 제청으로 대통령이, ⅱ) 지방노동위원회의 공익위원은 지방노동위원회위원장의 제청으로 중앙노동위원회위원장이 각각 위촉한다(동법 제6조제4항).

노동조합 또는 사용자단체가 공익위원의 추천 또는 추천된 공익위원을 순차적으로 배제하는 절차를 거부하는 경우에는 해당 노동위원회위원장이 위촉대상 공익위원을 선정할 수 있다(동법 제6조제5항).

#### (다) 공익위원의 자격

노동위원회의 위원 중 공익위원은 노동위원회법 제8조에서 정하는 자격요건을 갖춘 자로서 노동문제에 관한 지식과 경험이 있는 자 중에서 위촉한다(동법 제8조).

### 3. 위원회의 구성 및 지위

#### (1) 위 원 장

노동위원회에는 위원장 1명을 둔다(동법 제9조제1항). ⅰ) 중앙노동위원회의 위원장은 중앙노동위원회의 공익위원자격을 가진 자 중에서 고용노동부장관의 제청으로 대통령이, ⅱ) 지방노동위원회의 위원장은 해당 노동위원회의 공익위원 중에서 중앙노동위원회위원장의 추천과 고용노동부장관의 제청으로 대통령이 각각 임명한다(동법 제9조제2항). 위원장은 해당 노동위원회를 대표하며, 노동위원회의 사무를 총괄한다(동법 제10조제1항). 중앙노동위원회의 위원장은 정무직으로 한다(동법 제9조제2항). 위원장은 공익위원이 되며, 심판사건·차별적처우시정사건 및 조정사건을 담당할 수 있다(동법 제9조제4항).

#### (2) 상임위원

노동위원회에 상임위원을 두며 상임위원은 해당 노동위원회의 공익위원자격을 가진 자 중에서 중앙노동위원회위원장의 추천과 고용노동부장관의 제청으로 대통령이 임명한다(동법 제11조제1항). 상임위원은 공익위원이 되며, 심판사건·차별적처우시정사건 및 조정사건을 담당할 수 있다(동법 제11조제2항).

#### (3) 사 무 국

중앙노동위원회는 사무처를, 지방노동위원회에는 사무국을 둔다(동법 제14조제1항). 사무처와 사무국의 조직·운영 등에 관하여 필요한 사항은 대통령령으로 정한다(동법 제14조제2항).

### 4. 임    기

노동위원회의 위원의 임기는 3년이며 연임할 수 있다(동법 제7조제1항). 위원이 궐위된 경우 보궐위원의 임기는 전임자임기의 남은 기간으로 한다(동법 제7조제2항본문). 그리고 임기가 끝난 경우에도 후임자가 위촉될 때까지는 계속 그 직무를 집행한다(동법 제7조제3항).

# 제2절 노동위원회의 회의

## I. 회의의 구성 및 업무

노동위원회에는 전원회의 및 부문별 위원회를 둔다(동법 제15조제1항 본문). 부문별 위원회는 그 권한에 속하는 업무를 부문별로 처리하기 위하여 설치되며, 다른 법률에 특별한 규정이 있는 경우를 제외하고는 심판위원회·차별시정위원회·조정위원회·특별조정위원회·중재위원회·교원노동관계조정위원회 및 공무원노동관계조정위원회를 둔다(동법 제15조제1항 단서).

### 1. 전원회의

#### (1) 구 성

전원회의는 해당 노동위원회 소속 위원 전원으로 구성된다(동법 제15조제2항).

#### (2) 업 무

전원회의는 다음의 사항을 처리한다(동법 제15조제2항 및 노동위원회규칙 제13조). 다만, ⅲ), ⅳ)는 중앙노동위원회의 전원회의에 한정한다.

ⅰ) 노동위원회의 운영 등 일반적인 사항의 결정, ⅱ) 관련행정기관에 대한 근로조건의 개선조치에 관한 권고(제22조제2항), ⅲ) 지방노동위원회 또는 특별노동위원회에 대하여 노동위원회의 사무처리에 관한 기본방침 및 법령의 해석에 관하여 내리는 지시(제24조), ⅳ) 중앙노동위원회·지방노동위원회 또는 특별노동위원회의 운영 기타 필요한 사항에 관한 규칙제정(제25조).

### 2. 부문별 위원회

#### (1) 심판위원회

##### (가) 구 성

심판위원회는 심판담당 공익위원 중 위원장이 지명하는 3명으로 구성된다(동법 제15조제3항).

##### (나) 업 무

심판위원회는 노동조합법·근로기준법 및 근로자참여및협력증진에관한법률 그밖의 법률에 따라 노동위원회의 판정·의결·승인·인정 등을 받도록 규정된 사항을 처리한다(동법 제15조제3항). 이러한 심판위원회의 업무는 크게 행정관청의 행정처분을 위한 사전절차로서의 「의결권한」과 노동위원회의 준사법적 기능인 「판정권한」으로 나누어 볼 수 있다.

① **의결권한:**   노동위원회의 「의결권한」은 행정관청이 행정처분을 내리기 전에 그 사전절차로서 위원회의 의결을 먼저 거치도록 하는 절차적 권한을 말한다.

㉠ **종  류**   노동위원회의 의결권한으로서 노동조합법은 ⅰ) 행정관청의 노동조합 임시총회 소집권자 지명에 대한 의결(제18조제3항), ⅱ) 행정관청의 노동관계법령에 위반한 조합규약의 시정명령에 대한 의결(제21조제1항), ⅲ) 행정관청의 노동관계법령 또는 규약에 위반한 결의 또는 처분의 시정명령에 대한 의결(제21조제2항), ⅳ) 휴면노조의 해산에 대한 의결(제28조제1항제4호), ⅴ) 행정관청의 위법한 단체협약의 시정명령에 대한 의결(제31조제3항), ⅵ) 행정관청의 단체협약의 지역적 구속력확장에 대한 의결(제36조제1항), ⅶ) 행정관청의 안전보호시설의 정상적인 유지·운영을 침해하는 쟁의행위 중지통지에 대한 사전의결 및 사후승인(제42조제3항 및 제4항)을 규정하고 있다. 또한 근로기준법은 재해보상에 관한 심사·중재의 권한(제92조) 등을 규정하고 있다.

㉡ **성  질**   노동위원회의 의결은 내용적으로 판정이지만 「행정처분」은 아니다. 따라서, 노동위원회의 의결에 대하여 당사자들은 행정소송을 제기할 수 없으며, 오로지 행정처분을 내린 행정관청을 피고로 행정처분의 취소소송을 제기할 수 있을 뿐이다. 바로 이 점에서 일종의 행정처분으로서 행정소송의 대상이 되는 노동위원회의 판정기능과 구별된다고 하겠다. 행정처분은 행정관청이 내릴 뿐이고, 노동위원회의 의결기능은 행정관청의 행정처분을 내리기 위한 기초자료로서 일종의 자문적 견해를 제시하는 것이라고 보아야 할 것이다.

행정관청이 노동위원회의 의결절차를 거치지 아니하고 행정처분을 내리는 경우이는 행정행위의 절차적 요건을 결여하고 있으므로 무효인 행정처분이 되는 것으로 보아야 할 것이다. 노동위원회가 의결한 사항에 대하여 행정관청은 노동위원회의 결정이 위법하거나 재량권을 남용·일탈하지 아니하는 한 이에 구속되는 것이 원칙이다.

㉢ **법원과의 관할권문제**   노동위원회의 「의결권한」은 행정관청이 행정처분을 내리기 전에 노동위원회의 견해인 「의결」을 먼저 구하는 것을 말하는 바, 이러한 의결을 법원으로부터 구할 수는 없다. 그 이유는 법원은 법률상의 쟁송에 대한 구체적

인 심판을 내리는 것을 임무로 하고 있으며 특정 사건에 대한 단순한 견해나 의견을 제시할 수 없기 때문이다.

따라서, 노동위원회의 의결권한은 법원과 그 관할권이 경합되지 아니한다.

② **판정권한:** 노동위원회의 「판정권한」은 법원의 재판기능과 유사한 노사관계에 대한 사법적 판단권한이다.

㉠ **종 류** 노동위원회의 판정권한으로서 노동조합법은 ⅰ) 단체협약의 해석 또는 이행방법에 관한 당사자간의 의견불일치에 대한 의견제시(제34조) 및 ⅱ) 부당노동행위에 관한 판정 및 구제명령을 하는 권한(제81조 내지 제86조)을 규정하고 있다. 또한 근로기준법은 ⅰ) 근로계약상의 근로조건 위반으로 인한 손해배상청구에 대한 처리(근로기준법 제26조제2항), ⅱ) 부당해고 등의 구제신청(제33조), ⅲ) 휴업수당 지급의 예외를 인정하는 부득이한 사유에 관한 승인(제45조제2항), ⅳ) 휴업보상 또는 장해보상의 면제사유로서 근로자의 중대한 과실 여부에 관한 인정(동법 제84조) 등의 권한을 규정하고 있다. 근로자참여및협력증진에관한법률은 노사협의회의 의결사항에 관하여 분쟁이 있는 경우 노동위원회에서 이를 중재하도록 규정하고 있다(제25조).

㉡ **성 질** 노동위원회의 「판정권한」은 당사자의 권리 내지 이해를 직접 구속하는 효력을 발생시키는 준사법적 기능으로서 일종의 행정처분이며, 따라서 이에 대한 불복이 있는 경우에는 행정심판을 거친 후 행정법원에 행정소송을 제기할 수 있다. 부당노동행위에 관한 구제명령에 대하여는 불복절차를 노동조합법에서 명문으로 규정하고 있다.

㉢ **법원과의 관할권문제** 노동위원회의 판정권한은 그 대상이 대부분 권리분쟁에 해당된다. 법원도 노동위원회의 판정대상인 권리분쟁사건에 관하여 일반적인 관할권을 가지고 있다. 이 경우 법원과 노동위원회의 관할은 완전히 경합하게 되며, 근로자는 그가 원하는 바에 따라 법원이나 노동위원회에 선택적으로 판정을 요구할 수 있다. 그러나, 노동위원회에 의한 판정기능과 법원에 의한 판정기능은 그 본질을 달리 하고 있다. 노동위원회에 의한 판정은 헌법상 근로자의 근로삼권과 사용자의 재산권의 조화·균형이라는 관점에서 관련법률은 물론 노사관행 및 자치규범 등도 그 판정의 기준이 된다. 이와 반면에 법원에 의한 판정은 법령의 엄격한 적용을 기본원칙으로 하여 노사당사자간의 권리·의무관계의 존부·확정 등을 그 대상으로 하고 있다고 할 것이다.

### (2) 차별시정위원회

#### (가) 구  성

차별시정위원회는 차별시정담당공익위원 중 위원장이 지명하는 3명으로 구성한다(동법 제15조제4항).

#### (나) 업  무

차별시정위원회는 「기간제 및 단시간근로자보호 등에 관한 법률」 및 「파견근로자 보호 등에 관한 법률」 또는 「남녀고용평등과 일·가정 양립 지원에 관한 법률」에 따른 차별적 처우의 시정에 관련된 사항을 처리한다(동법 제15조제4항).

### (3) 조정위원회·특별조정위원회·중재위원회, 교원노동관계조정위원회 및 공무원노동관계조정위원회

#### (가) 조정위원회·특별조정위원회·중재위원회

① **구  성:**    조정위원회·특별조정위원회 및 중재위원회는 노동조합법이 정하는 바에 따라 구성하되, 공익위원은 조정담당공익위원 중에서 선정한다(노동위원회법 제15조제5항). 이에 관하여는 노동조합법에서 이미 설명한 바 있으므로 생략하기로 한다.

② **업  무:**    조정위원회·특별조정위원회 및 중재위원회는 노동조합법에 의한 조정·중재 기타 이와 관련된 사항을 각각 처리한다(동법 제15조제5항).

㉠ **종  류**    노동조합법은 조정위원회는 일반사업의 조정을, 특별조정위원회는 공익사업의 조정을, 중재위원회는 중재를 각각 담당하도록 규정하고 있다. 한편, 노동조합법은 조정안 또는 중재안의 해석 및 이행방법에 관하여 견해가 일치하지 아니하는 경우에는 조정위원회 또는 중재위원회가 각기 이에 관한 해석을 내리도록 규정하고 있다.

㉡ **성  질**    노동쟁의에 대한 조정안은 양 당사자를 구속하지 아니한다. 따라서, 조정은 양 당사자의 권리 및 이익을 구속하지 아니하므로 행정처분에 해당되지 아니하고, 따라서 조정안에 불복하는 경우에도 행정소송을 제기할 수 없다.

중재결정은 그 절차가 위법이거나 월권적인 경우에만 중앙노동위원회에 대한 재심신청 또는 법원에 대한 행정소송을 제기할 수 있다.

노동조합법 제61조제3항은 당사자가 합의한 조정안·중재안에 대하여 조정위원회·중재위원회가 제시하는 해석 또는 이행방법에 관한 견해는 중재재정과 동일한 효력을 가진다고 규정하고 있는 바, 이는 해당 조정위원회의 해석 또는 견해가 법에 위반하거나 또는 재량권을 남용·일탈하는 경우에는 당사자가 이에 대한 재심신청이나 행정소송을 제기할 수 있다는 것을 의미한다.

ⓒ **법원과의 관할권문제**    노동위원회의 「조정기능」은 대부분 「이익분쟁」에 관한 것이며 「권리분쟁」에 관한 것은 흔하지 아니하다. 이익분쟁에 있어서 노동위원회는 배타적 관할권을 갖는다. 그 이유는 법원의 쟁송은 법령의 해석·적용에 관한 분쟁, 즉 권리분쟁만을 그 대상으로 할 수 있을 뿐이다. 따라서 노동위원회와 법원의 조정권한에 대한 관할권경합은 오직 권리분쟁에 국한된다 하겠다. 다만, 단체협약, 조정안 및 중재안의 해석 및 이행방법에 관하여 당사자간의 다툼이 있는 경우 이는 노동위원회가 해결하도록 노동조합법은 규정하고 있는 바, 법원에도 이의 해결을 위한 소송을 제기할 수 있는가가 문제시된다.

**(나) 교원노동관계조정위원회**

① **구 성:**    교원노동관계조정위원회는 교원의노동조합설립및운영등에관한법률이 정하는 바에 따라 중앙노동위원회에 설치·구성하되(노동위원회법 제15조제8항), 중앙노동위원회 위원장이 지명하는 조정담당공익위원 3인으로 구성한다(교원의노동조합설립및운영등에관한법률 제11조제2항). 이에 관하여는 앞에서 이미 설명한 바 있으므로 생략하기로 한다.

② **업 무:**    교원노동관계조정위원회는 교원의노동조합설립및운영등에관한법률에 따라 교원의 노동쟁의를 조정·중재한다(노동위원회법 제15조제8항).

**(다) 공무원노동관계조정위원회**

① **구 성:**    공무원노동관계조정위원회는 중앙노동위원회에 설치·구성한다(노동위원회법 제15조제9항). 동위원회는 공무원노동관계의 조정·중재를 전담하는 7인 이내의 공익위원으로 구성하되(공무원노조법 제14조제2항), 공익위원은 공무원문제 또는 노동문제에 관한 지식과 경험을 갖춘 자 또는 사회적 덕망이 있는 자 중에서 중앙노동위원회 위원장의 추천과 고용노동부장관의 제청으로 대통령이 위촉한다(동법 제14조제3항).

② **업 무:**    공무원노동관계조정위원회는 「공무원의노동조합설립및운영에관한법률」에 따라 공무원의 노동쟁의를 조정·중재한다(노동위원회법 제15조제9항).

## II. 회의의 운영

### 1. 회의의 소집

부문별 위원회 위원장은 다른 법률에 특별한 규정이 있는 경우를 제외하고는 부문별 위원회의 위원 중에서 호선한다(동법 제16조제1항).

위원장 또는 부문별위원회위원장은 전원회의 또는 부문별위원회를 각각 소집하고 회의를 주재한다(동법 제16조제2항본문). 다만, 위원장은 필요하다고 인정하는 경우 부문별 위원회를 소집할 수 있다(동법 제16조제2항단서).

### 2. 회의의 의결

ⅰ) 전원회의는 재적위원 과반수의 출석으로 개의하고 출석의원 과반수의 찬성으로 의결하며(동법 제17조제1항), ⅱ) 부문별 위원회의 회의는 구성위원 전원의 출석으로 개의하고 출석위원 과반수의 찬성으로 의결한다(동법 제17조제2항). 공무원노동관계조정위원회의 전원회의는 재적위원 과반수의 출석으로 개의하고 출석위원 과반수의 찬성으로 의결한다(동법 제17조제3항). 전원회의 또는 부문별 회의에 참여한 위원은 그 의결사항에 서명하거나 날인하여야 한다(동법 제17조제4항).

# 제 3 절  노동위원회의 권한 및 의무

## I. 노동위원회의 권한

### 1. 협조요청

노동위원회는 그 사무집행을 위하여 필요하다고 인정하는 경우에 관계 행정기관에 협조를 요청할 수 있으며 협조를 요청받은 관계 행정기관은 특별한 사유가 없는 한 이에 따라야 한다(동법 제22조제1항). 노동위원회는 관계 행정기관으로 하여금 노동조건의 개선에 필요한 조치를 하도록 권고할 수 있다(동법 제22조제2항).

제 3 부  집단적 노사관계

## 2. 조 사 권

노동위원회는 그 사무집행을 위하여 필요하다고 인정할 때에는 근로자·사용자·사용자단체·노동조합 기타 관계인에 대하여 출석·보고·진술 또는 필요한 서류의 제출을 요구하거나 위원장 또는 부문별 위원회위원장이 지명한 위원 또는 직원으로 하여금 사업 또는 사업장의 업무현황·서류 그밖의 물건을 조사하게 할 수 있다(동법 제23조제1항). 이 경우 조사하는 위원 또는 직원은 그 권한을 표시하는 증표를 관계인에게 보여주어야 한다(동법 제23조제2항).

## Ⅱ. 비밀준수의 의무

노동위원회의 위원이나 직원 또는 그 위원이나 직원이었던 자는 그 직무에 관하여 알게 된 비밀을 누설하면 아니 된다(동법 제28조).

# 판례색인

## ＝ 국내 판례 ＝

= 국외 판례 =

# 사항색인

[저자약력]
서울대학교 법과대학 졸업
미국, University of Pennsylvania(법학석사 : LL.M)
미국, University of Wisconsin(법학박사 : J.D., S.J.D.)
행정고시 합격, 미국 변호사시험 합격
노사정위원회 상무위원, 중앙노동위원회 공익위원
사법고시·행정고시·변호사시험 등 국가고시출제위원
비교노동법학회 회장, 노동법학회 부회장
현, 연세대학교 법학전문대학원 명예교수

〈저 서〉
국민연금법해설(중앙경제사)
국제경제법(중앙경제사)
노동조합법(박영사)
노사관계법(박영사)
영미법(박영사)
근로기준법(법문사)
사회보장법(법문사)

# 노 동 법 [제18판]

| | | |
|---|---|---|
| 1997년 5월 25일 | 초판(구판) 발행 | |
| 1998년 8월 13일 | 제 2 판 발행 | |
| 1999년 7월 22일 | 제 3 판 발행 | |
| 2002년 4월 1일 | 제 4 판 발행 | |
| 2003년 10월 20일 | 제 5 판 발행 | |
| 2005년 9월 10일 | 초판(신판) 발행 | |
| 2006년 7월 7일 | 수정판 발행 | |
| 2007년 3월 9일 | 제 2 판 발행 | |
| 2007년 8월 28일 | 제 3 판 발행 | |
| 2008년 8월 28일 | 제 4 판 발행 | |
| 2010년 2월 26일 | 제 5 판 발행 | |
| 2011년 2월 26일 | 제 6 판 발행 | |
| 2013년 2월 28일 | 제13전면개정판 발행 | |
| 2015년 2월 25일 | 제14판 발행 | |
| 2017년 3월 25일 | 제15판 발행 | |
| 2019년 3월 5일 | 제16판 발행 | |
| 2021년 3월 15일 | 제17판 발행 | |
| 2024년 2월 25일 | 제18판 1쇄 발행 | |

저 자  이      상      윤
발행인  배      효      선
발행처  도서출판  法 文 社

주 소  10881 경기도 파주시 회동길 37-29
등 록  1957년 12월 12일/제2-76호(윤)
전 화  (031)955-6500~6 FAX (031)955-6525
E-mail (영업) bms@bobmunsa.co.kr
       (편집) edit66@bobmunsa.co.kr
홈페이지 http://www.bobmunsa.co.kr
조 판  광      진      사

정가 54,000원          ISBN 978-89-18-91479-4